nne Schnitzer de Armßheim
VEL APARCTIAS
AQVILO VEL BOREAS
CECIAS APELIOTES
ASIA
ARIA
MARE INDICVM
MARE INDICVM
PRASODVM
MARE
WITVRNVS EVRVS

RAIMUND SCHULZ

ABENTEURER DER FERNE

DIE GROSSEN ENTDECKUNGSFAHRTEN UND DAS WELTWISSEN DER ANTIKE

KLETT-COTTA

Meiner Mutter
(4. August 1932 † 29. Januar 2016)*
in Dankbarkeit

MIX
Papier aus verantwortungsvollen Quellen
FSC
www.fsc.org
FSC® C014496

Klett-Cotta
www.klett-cotta.de

Printed in Germany
Umschlag: Rothfos & Gabler, Hamburg
Unter Verwendung eines Aquarells von Peter Conolly (1935-2012)

Gesetzt von Dörlemann Satz, Lemförde
Gedruckt und gebunden von GGP Media GmbH, Pößneck
ISBN 978-3-608-94846-2

Bibliografische Information der Deutschen Nationalbibliothek
Die Deutsche Nationalbibliothek verzeichnet diese Publikation in der Deutschen Nationalbibliografie; detaillierte bibliografische Daten sind im Internet über <http://dnb.d-nb.de> abrufbar.

INHALT

EINLEITUNG ODER: EIN AMERIKANER IN KARTHAGO

Es war eine Zeit, als unendlich viele Völker der Menschen über die Erde sich hin und her bewegten.
(Kypria Frg. 1)

In Karthago lebte einst ein geheimnisvoller Fremder, der sich für verborgene Schriften interessierte. Er stamme – so seine Geschichte – von einem riesigen Festland jenseits des Atlantiks. Viele Menschen lebten dort, an einer großen Bucht siedelten Griechen, die Herakles über das Wasser geführt hatte. Zwischen dem Festland und Spanien gebe es vier Inseln, unter ihnen Ogygia, das Eiland der Nymphe Kalypso. Zu ihnen könnten nur Ruderschiffe gelangen, weil das Meer sehr träge sei. Eine Insel sei heilig, von mildem Klima und voller Wohlgerüche. Denn auf ihr schlafe der Gott Kronos in einer Höhle aus goldenem Gestein. Alle 30 Jahre entsenden die Griechen des großen Westlandes eine Opfergesandtschaft, die nach 30 Jahren durch eine neue abgelöst werde. Der Fremde – so schließt die Erzählung – habe selbst zu einer solchen Gesandtschaft gehört, sei aber nicht auf das Festland zurückgekehrt, sondern habe »vieler Menschen Länder durchreist«, bis er sich in Karthago niederließ auf der Suche nach Weisheit und Wissen.

»A strange story«, würde der Engländer sagen. Für antike Hörer war sie gar nicht abwegig. Geheimnisvolle Inseln, ferne Kontinente und Seefahrer, welche die Weiten des Ozeans überwinden auf der Suche nach Abenteuern und Weisheit – das waren beliebte Themen selbst der seriösesten Gelehrten. Zu ihnen gehörte Plutarch, der die Geschichte im 1. Jahrhundert n. Chr. aufzeichnete.[1] Doch was hat es auf sich mit den Inseln im Atlantik und dem Land im fernen Westen? Ist es Amerika, wie der große Astronom Johannes Kepler und andere glaubten? Und wenn der Fremde von dort stammte und Griechen auf ihm lebten, kann man daraus schließen, dass die Antike 1500 Jahre vor

Kolumbus von Amerika wusste? Oder ist alles nur Seemannsgarn, von dem die Welt des Mittelmeers so unendlich viel gesponnen hat.

Niemand weiß bis heute eine befriedigende Antwort. Doch eines ist sicher: Plutarch verfasste seine Geschichte in einer Zeit, als die geographische Weltkenntnis der Antike auf ihrem Höhepunkt stand und sich von dem Wissen der Westeuropäer vor den Fahrten des Kolumbus nur unwesentlich unterschied: Binnen eines Jahrtausends hatten Griechen und Römer ihren geographischen Horizont bis nach Java und zum Chinesischen Meer im Osten, zum Ural und in die sibirischen Steppen im Norden, in das innere Afrika bis zum Niger und Tschadsee, im Nordwesten nach Skandinavien und wahrscheinlich Island ausgedehnt.

Nur wenige zweifelten an der Kugelgestalt der Erde, und so gehörte auch die Möglichkeit einer Fahrt von Spanien über den Atlantik nach Indien, ja sogar die Annahme unbekannter Kontinente im Okeanos für die Intellektuellen und geographisch Interessierten zum Allgemeingut. Dieses Buch möchte erklären, wie es dazu kam, was die Alten dazu trieb, die Grenzen des Vertrauten zu durchbrechen, wie weit sie kamen und welche Konsequenzen die stete Erweiterung des Welthorizontes für die Entwicklung von Politik, Gesellschaft und Kultur hatte.

Warum es eine solche, die gesamte Antike umfassende Darstellung bisher nicht gibt – das letzte Werk aus dem Jahre 1963 ist konzeptionell veraltet,[2] neuere Arbeiten konzentrieren sich auf bestimmte Epochen, Zielgebiete und Einzelunternehmungen[3] –, hat mehrere Gründe. Antike Entdeckungsgeschichte war und ist aufgrund der schwierigen Quellenlage – wir haben keinen einzigen vollständig erhaltenen Expeditionsbericht im Original – und ihrer Deutungsvielfalt ein delikates Arbeitsfeld. Gewagte Thesen stehen neben Hyperkritik, die jedem Rekonstruktionsversuch den Boden entzieht. Hinzu kommt die Magie spektakulärer Themen wie Atlantis, Thule oder die Hyperboreer, die nicht nur versierte »Außenseiter« anziehen, sondern Tummelplatz esoterischer Phantasten sind, kurzum: Der antiken Entdeckungsgeschichte haftet immer ein wenig der Geruch des Unseriösen an. Das mag wohl ein Grund dafür sein, warum sie die zünftigen Heroen der Althistorie lange Zeit ignorierten. Sie suchten das Wesen der Antike durch die Analyse ihrer kulturellen, politischen, rechtlichen, militärischen und wirtschaftlichen Entwicklungen zu ergründen und konzentrierten sich meist auf klassische Akteure wie Sparta, Athen und Rom im Zentrum der mediterranen Welt. Wohl richtete sich der Blick auch auf deren »Ränder«, doch in der Regel nur dann, wenn es sich um militärische Großereignisse wie die Perserkriege, den Alexanderzug, die Punischen Kriege oder das Ausgreifen Roms in die europäischen Binnenräume handelte. Diese Vorgänge wurden auch in ihrer entdeckungsgeschichtlichen Dimension gewürdigt, doch hieraus ein zentrales Arbeitsfeld zu entwickeln, kam den wenigsten Gelehrten in den Sinn.

So blieb die antike Entdeckungsgeschichte lange ein Randthema, das hierzulande nur von einigen prominenten Einzelforschern bearbeitet wurde, wie Richard Hennig, Albrecht Dihle oder Dieter Timpe. Hennigs Arbeiten sind jedoch vielfach veraltet, Dihles und Timpes Studien widmen sich bestimmten Räumen (Osten bzw. Nordeuropa) und Spezialproblemen (vornehmlich der Ethnographie). Dagegen standen und stehen Gelehrte aus Ländern mit einer eigenen langen entdeckungsgeschichtlichen Tradition (wie Spanien oder England) dem Thema offener gegenüber, doch auch hier überwiegt die Spezialforschung zu territorialen und maritimen Großräumen (Indischer Ozean, Nordsee etc). Einen neuen Impuls brachte die mit dem Zerfall des Sowjetimperiums und dem Internetzeitalter einsetzende Globalisierung. Die von ihr angestoßenen »turns« der Geschichtswissenschaft suchten sich von alten Begrenzungen zu lösen, ringen aber bis heute um das methodische Profil einer modernen Welt- und Globalgeschichte. Auch die Antike wurde in diesen Trend eingefügt; manche sprachen von Globalisierungsvorgängen, die um 3000 v. Chr. einsetzten;[4] im Zuge des »spatial turn« entdeckte man die antike Geographie wieder als Untersuchungsobjekt, dem sich inzwischen eine Reihe jüngerer Gelehrter widmet,[5] und auch die Ethnographie, lange ein Orchideenfach spezialisierter Philologen, gewinnt international an Interesse.[6] Gut erschlossen ist ebenfalls die disparate Quellenlage. An Kommentaren und Fragmentsammlungen mangelt es nicht.[7]

Allerdings ist es bis heute nicht gelungen, klare methodische und inhaltliche Kriterien zu entwickeln, mit denen man all diese Initiativen in ein Gesamtbild antiker Entdeckungen einfließen lassen und deren welthistorische Bedeutung bestimmen könnte, obwohl die Analyse der Anfänge historischer Globalisierungs- und Vernetzungsvorgänge eine Fülle von Erkenntnissen verspricht. Antike Fernexpeditionen waren Voraussetzungen transregionaler Kulturkontakte, kolonialer Siedlungsbewegungen, militärischer und machtpolitischer Expansion sowie wirtschaftlicher Verflechtungen. »Heiße« Phasen der Öffnung wechselten ab mit Perioden des Innehaltens, der Selbstvergewisserung, der Sammlung und Neujustierung von Kräften, die dann wieder der Ferne entgegenstrebten.

All das führte regelmäßig zu einer Neubewertung (»reevaluation«) der Welt, indem man Vertrautes an Neuem maß und Unbekanntes dem Bekannten einfügte. Dieser Prozess schlug sich in einer pulsierenden literarischen Produktion auf verschiedenen Gebieten nieder.[8] Exploration und Expansion dynamisierten das Denken und setzten Erkenntnisschübe im Bereich geographischer, ethnographischer und philosophischer Weltkenntnis in Gang, die zu den klassischen Traditionskernen europäischer Wissenskultur gehören. Doch bis heute fehlt eine moderne Synthese, die Fernerkundungen über einen längeren Zeitraum nicht isoliert und für sich genommen würdigt, sondern in den Gesamtzusammenhang der antiken Geschichte einordnet. Das Buch wagt den Versuch einer integrierten Entdeckungsgeschichte: einer Gesamtdarstellung von Expansion und Fernerkundung im Rahmen der politischen, wirtschaftlichen und kulturellen Entwicklungen.

Um die Komplexität der Vorgänge zu verstehen, bedarf es tragfähiger Analysemodelle. Man benötigt ein Grundmuster von Faktoren, das den Weg weist durch die verwirrende Vielfalt raumgreifender Mobilität und erklärt, warum manche Gesellschaften die Grenzen des Vertrauten hinter sich ließen und andere nicht, weshalb sie das in bestimmten Zeiten und von bestimmten Orten aus häufiger taten als von anderswoher. Ich nenne dieses Muster eine »explorative Konstellation«. Sie war Grundlage jeder folgenreichen Entdeckungsaktion und erklärt an sich schon vieles von dem, was die Antike als Epoche besonders macht.

(1.) Zunächst muss es Menschen geben, die bereit sind, ihren heimischen Lebensraum zumindest für eine gewisse Zeit aufzugeben und die Risiken einer Fernerkundung auf sich zu nehmen. Bewegung über große Entfernung ist eine Urform menschlicher Existenz, besungen in Liedern, episch verklärt und verdichtet zu Gründungsmythen von Völkern und Religionen. Doch bedürfen zumal Gesellschaften wie die der (mediterranen) Antike, die zu 90 % vom Ackerbau lebten, einer besonderen *mentalen und sozialen Disposition*, die den Aufbruch ins Unbekannte auch jenseits militärischer Zwänge forcierte und ihn mit sozialer Anerkennung honorierte.

Nicht nur die Geschichte des Fremden aus Karthago, sondern auch andere Quellen deuten darauf hin, dass überregionale Mobilität eine relativ leicht zu wählende Alternative zum stationären Verharren war und dass diejenigen, die das Abenteuer auf sich nahmen, ähnlich große Verehrung genossen wie die Helden des Schlachtfeldes. Herakles, Odysseus, Jason oder Aeneas sind die großen Weltwanderer, durchdringen ferne Meere und Länder, bevor sie ihre Heimat wiedersehen oder eine neue gründen. Unzählige Mythen erzählen von jungen Männern, die sich in die Fremde wagen, Ungeheuer besiegen, reiche Schätze und das Herz schöner Jungfrauen gewinnen, bevor sie mündig und mächtig werden, ein Motiv, das mit der realen Welt insofern übereinstimmt, als in zahlreichen Gesellschaften der Antike tatsächlich junge Männer durch die Bewährung in der Fremde ihren Rang in der Welt der Erwachsenen erkämpfen mussten.[9] Könnte es sein, dass sich aus dieser Mentalität des wagemutigen Aufbruchs unter bestimmten Umständen ein der Frühen Neuzeit vergleichbarer »spirit of exploration« entwickelte? Und wenn das so war, aus welchen Quellen speiste er sich und wie weit trug er?

Um das zu beantworten, gilt es (2.) genauer nach den *Zielen* der Entdecker zu fragen sowie zu ergründen, mit welchen *Erwartungen und Vorstellungen* sie fremden Küsten und Ländern zustrebten. Augustinus bemerkt einmal, man könne an der Hafenpromenade von Karthago Mosaiken von menschenähnlichen Geschöpfen bewundern:[10] Wunderwesen mit nur einem Auge mitten auf der Stirn oder dem Gesicht auf der Brust; andere haben riesige Ohren, Hundeköpfe oder nach hinten gekehrte Füße. Über sie gab es dicke Schmöker für billiges Geld.[11] Sie sind die antike Variante der Aliens, welche die Raumschiffe der Zukunft in der endlosen Weite des Alls antreffen, äußerlich irgendwie menschlich, aber doch verstörend anders, mal freundlich hilfreich, mal tödlich verschlagen. Spitze oder große Ohren gehören zum vertrauten Arsenal des Unvertrauten damals wie heute, und wie in der Zukunft so lebten die antiken Aliens an der Schwelle zu Welten, die noch nie ein Mensch zuvor gesehen hat.[12]

In den Geschichten dieser Welten zu schwelgen und sich an den Bildern ferner Wunderwesen zu erfreuen ist das eine, sich aufzumachen und den Weg dorthin zu wagen, ein anderes und viel riskanteres Unternehmen, das handfeste *Motive* voraussetzt. Jeder Aufbruch ist mit einer Erwerbshoffnung verbunden.[13] Diese kann materieller Art sein, in Form von wertvollen Rohmaterialien und Metallen, die es zu Hause nicht gibt; sie kann in Handelsgewinnen bestehen, die sich daraus ergaben, dass man unter Umgehung von Zwischenhändlern den Weg zu fernen Schätzen fand. Sie kann aber auch politischer Art sein, wenn ein Kolonistenführer nach Macht und Einfluss strebt, der ihm zu Hause verwehrt ist, oder indem der Feldherr durch Eroberungen Ruhm, Anerkennung und Akzeptanz gewinnt; oder ideell-geistiger Art, indem der Reisende Wissen mitbringt und sich zum Experten von Routen, Ländern und Menschen erklärt, die anderen verborgen sind.

In der Regel tauchen diese Motive nicht isoliert voneinander auf – Eroberung verspricht immer auch materielle Gewinne und geht mit einer Ausdehnung des geographischen Horizontes einher. Sie bilden meist ein sich gegenseitig bedingendes Faktorenensemble. Um es vor dem Hintergrund der jeweiligen historischen Ausgangssituation zu entschlüsseln und die Dynamik antiker Entdeckungen insgesamt zu verstehen, muss man (3.) ihre *politischen und wirtschaftlichen Rahmenbedingungen* kennen.

Fernerkundung war und ist immer eine Gemeinschaftsleistung und schon allein deshalb eine politische Angelegenheit. Entdeckungen beruhten selten auf Zufällen, Naturereignissen oder gar dem Willen der Götter, sondern auf komplexen Entscheidungen, und diese entwickelten sich in einer politischen Ordnung und einem sozioökonomischen Umfeld, die für den Erfolg der Expeditionen wegweisend waren. Nicht ohne Grund wählte der Fremde aus der Geschichte des Plutarch die Hafenmetropole Karthago als neue Heimat und nicht ohne Grund war hier und in anderen Küstenstädten die Exotik der Fremde so präsent. Sie waren Anlauf- und Kulminationspunkte mobiler Abenteurer und besonders aufgeschlossen für den Aufbruch in die Fremde und die Aufnahme von Wissen über die Ferne. Das Wissen wurde innerhalb der »communities of seafarers«[14] mündlich weitergegeben und seit frühester Zeit in mythischer und epischer Form codiert. Diese Codes aufzulösen gehört zu den spannendsten, aber auch heikelsten Aufgaben antiker Entdeckungsgeschichte.

Waren es aber nur die Erfahrungen und die Hoffnung auf Handelsgewinne, welche die Küstenstädte und ihre Menschen möglicherweise zu Vorreitern von Entdeckungen machten? Wie verhielten sie sich zu den Zielen der Eroberer, die behaupteten, das Ende der Welt gefunden und neue Welten erschlossen zu haben? Antike Entdeckungen vollzogen sich nicht nur in einer Atmosphäre friedlichen Handels und freundlicher Kontaktaufnahme, sondern auch kriegerischer Gewalt, die vielfach tiefe Wunden in die Räume und Gesellschaften riss, auf die Expeditionsheere und -flotten trafen. Welches Verhältnis bestand zwischen militärischer Expansion, Fernhandel und Kolonisation? Bewegten sie sich auf ähnlichen Routen und strebten den gleichen Ländern zu, und welchen Anteil hatten sie an der Erweiterung des Welthorizontes und ihrer Verarbeitung?

All diese Fragen lassen sich nur beantworten, wenn man (4.) die *geographischen Rahmenbedingungen von Fernerkundungen und die Raumvorstellungen der Akteure* in den Blick nimmt. Kein Kapitän, kein Seeräuber, kein Kolonistenführer und auch kein Feldherr schickt seine Mannschaft in völlig unbekannte Gewässer auf der Suche nach Phantomen. Er muss eine akzeptierte, in sich stimmige Gesamtkonzeption von der relativen Lage des Zieles im Verhältnis zu den bekannten Räumen und dem Weg dorthin besitzen, auch wenn die konkreten Umstände und die genaue Länge des Weges (noch) unbekannt sein mögen. Diese Vorgaben verschafften den Akteuren Sicherheit und Autorität, doch wie weit reichten ihre Raumvorstellungen und Ziele?

Wir glauben vielfach, das Gravitationszentrum der klassischen Antike sei der Mittelmeerraum gewesen. Mittelmeerstudien stehen hoch im Kurs und sind unverzichtbar für das Verständnis der Grundlagen und Zusammenhänge antiker Geschichte.[15] Dennoch bieten auch sie nicht die ganze Wahrheit und verraten mitunter eine Perspektivverengung, die sich aus dem Interesse für politische Phänomene der mediterranen »Zentren« ergibt.

Es ist Zeit, der vertrauten Optik eine neue hinzuzufügen: das Mittelmeer (ohne dessen Besonderheit zu ignorieren) in einen größeren Zusammenhang zu stellen: dessen vermeintliche »Ränder« als pulsierende Kontaktzonen zwischen mehreren »Weltgegenden« und »Weltmeeren« zu begreifen[16] sowie Menschen als Motoren des historischen Wandels ernst zu nehmen, die von der antiken Elitenliteratur gerne an den Rand gedrängt wurden.

Damit eröffnet sich eine Geschichte auch jenseits der vertrauten Spieler Athen, Sparta und Rom, eine Geschichte von Mächten und Abenteurern der Ferne, deren Perspektive nicht nur auf die mediterrane Welt, sondern weit darüber hinaus reichte und auf Gesellschaften traf, die in umgekehrte Richtung ihre Fühler an die Ränder des mediterranen Raums ausstreckten. Dieses Buch kann zwar keine Entdeckungsgeschichte der Antike aus der Sicht der Inder, Araber oder der innerasiatischen Nomaden bieten – was immerhin eine lohnende und reizvolle Aufgabe wäre, aber den Fachleuten überlassen werden muss. Aber es kann die genannten Kulturen und ihre Menschen insoweit mit der mediterranen Geschichte verbinden, dass sie nicht als passive Objekte griechisch-römischer Exploration, sondern als gleichrangige Akteure eines interagierenden Weltgeschehens begriffen werden, die mitunter viel früher als Griechen und Römer über die Meere und Karawanenrouten in die ost- bzw. nordmediterranen Kontaktzonen gelangten.

Eine solche Ausrichtung braucht zwar immer einen Standpunkt – sonst wird sie beliebig – und dieser wird nach wie vor der griechisch-römische Zivilisationsraum bleiben (für den ich mich kompetent fühle). Diesen Standpunkt jedoch mit der Perspektive anderer Großräume zu verbinden, gehört zu den notwendigen und faszinierenden Aufgaben einer modernen Entdeckungsgeschichte. Sie ermöglicht es, die griechisch-römische Antike aus ihrer geographischen und historiographischen Vereinzelung zu lösen und in den Rahmen einer Weltgeschichte der Vormoderne einzuordnen, die mehr ist als eine Vorgeschichte historischer Globalisierung.

Die Reichweite der Fernerkundung hing – das ist der letzte in Rechnung zu stellende Faktor – natürlich (5.) immer auch davon ab, welche *technischen und materiellen Mittel* zur Verfügung standen. Ist es richtig, dass der Aufbruch über das Meer nur von solchen Orten möglich war, die über einen ausreichenden Baumbestand und Metalle zum Bau von Schiffen verfügten? Ist Mangel oder Reichtum der Wegbereiter von Fernerkundungen? Und wie steht es generell mit der Orientierungsfähigkeit und den nautischen Künsten der Antike?

Grundsätzlich neigen wir dazu, die Leistungsfähigkeit antiker Entdecker zu unterschätzen, was mitunter in einen hyperkritischen Umgang mit den Quellen mündet. Seefahrer der Antike fuhren angeblich nur entlang der Küsten und scheuten die offene See wie der Teufel das Weihwasser; widrige Winde und Strömungen sowie der stürmische Winter bildeten vermeintlich unüberwindbare Barrieren, genauso wie menschenfeindliche Wüsten. Die Nutzung von Karawanenrouten außerhalb der gemäßigten Breiten sei nur Einheimischen, nicht aber dem Mittelmeermenschen möglich gewesen – so einige der Vorbehalte. Man kann sie getrost ad acta legen.

Die Meinung, antike Seefahrt habe sich ausschließlich oder vornehmlich an der Küste entlang und nie im Winter *(mare clausum)* abgespielt, ist von der Forschung seit längerem als Mythos entlarvt.[17] Er lebt dennoch immer wieder auf, zum einen weil schon die Optik antiker Quellen und moderner Beobachter durch die Seekriegsgeschichte geprägt ist, die sich aus besonderen, aber nicht zu verallgemeinernden Gründen vornehmlich in Küstennähe abspielte. Bisher wurden Wracks im mediterranen Raum ausschließlich in Küstennähe gefunden. Das liegt aber daran, dass nur in den flachen Küstengewässern Funde möglich sind, dagegen das Mittelmeer mit einer mittleren Tiefe von 1450–1500 m (die der Ostsee beträgt nur 55 m) und die vielbefahrenen Hauptbecken mit einer Tiefe von 3000–5000 m im Hochseebereich Sichtungen und Bergungen antiker Wracks so gut wie ausschließen.[18] Bei alldem schwingt mitunter eine gewisse Skepsis gegenüber dem technischen Stand und der Innovationsfreudigkeit antiker Nautik mit,[19] die ohne Kenntnis des (wohl erst im 11. Jahrhundert n. Chr. in China entwickelten) Magnetkompasses[20] angeblich Hochseefahrten ausschloss und nicht in der Lage gewesen sein soll, gegen den Wind zu kreuzen.

Auch diese Bedenken sind von der Forschung mehrfach überzeugend zurückgewiesen worden. Manöver zum Kreuzen gegen den Wind war antiken Seglern auch ohne Lateinsegel seit dem frühen 1. Jahrtausend v. Chr. (durch Querraffen des rechtwinkligen Hauptsegels und Drehen des Mastes bei ausreichender Kieltiefe) möglich und es gibt bedenkenswerte Thesen, dass einige einen solaren Kompass an Bord führten.[21]

Tatsächlich gab es spätestens seit der mittleren Bronzezeit nicht nur im Mittelmeer, sondern auf fast allen Weltmeeren hochseetaugliche Schiffe. Man braucht gar nicht auf die vielzitierten Ozeanfahrten der (Lapita-)Polynesier zu verweisen, um zu zeigen, dass Menschen seit frühester Zeit auch ohne technische Hilfsmittel und Instrumente wie Magnetkompass und Sextant weite Strecken über das offene Meer außer Sichtweite der Küsten mehr oder weniger regelmäßig zurücklegten.[22] Auch im Mittelmeer segelte man schon seit ca. 2000 v. Chr. von Kreta nach Ägypten sowie von Sizilien nach Sardinien Strecken von bis zu 200 km, was ungefähr der Fahrtlänge der frühen Polynesier im Pazifischen Ozean entsprach.[23] Im Laufe der Antike haben sich die Distanzen erhöht und die saisonalen Zeiten der Seefahrt auf das ganze Jahr ausgedehnt. In der Kaiserzeit überquerte man die rund 1000 km des Arabischen und Indischen Meeres, und für große Getreidetransporter war eine Direktfahrt von Alexandria nach Sizilien und ins westliche Mittelmeer auch im Winter Standard.[24]

Das sparte nicht nur Zeit, sondern bot nautische Vorteile. Jeder Fahrensmann weiß, dass schwere Stürme auf hoher See leichter abzuwettern sind, dagegen die größten Gefahren in Land- und Küstennähe lauern, wo Untiefen und Riffe, unkalkulierbare Strömungen, Strudel und Fallwinde (zumal einer Lee-Küste) sowie Piraten der Fahrt schnell ein Ende setzen können. Nicht ohne Grund ist die Sorge, im Sturm oder in der Nacht an eine (womöglich unbekannte) Küste verschlagen zu werden, ein immer wiederkehrender Topos der antiken Literatur.[25]

Wenn dennoch Handels- und Kriegsschiffe die Küstenfahrt bevorzugten und sich auch die meisten Erkundungsfahrten entlang des fremden Gestades bewegten,[26] dann hatte das wenig mit der Angst vor dem offenen Meer oder gar der Unfähigkeit zu tun, außer Landsicht zu segeln, sondern mit praktischen Erwägungen. So nutzten mediterrane Segler schon immer (und noch heute) besonders im Sommer die thermischen Küstenwinde: die nach Sonnenaufgang einsetzende auflandige Seebrise und die nächtliche Landbrise, um (mit »halbem Wind«) Fahrt aufnehmen und gegen die auf See vorherrschende Windrichtung ansteuern zu können, was neben anderen Argumenten auch die Vorstellung ad absurdum führt, antike Schifffahrt habe vornehmlich bei Tage stattgefunden. Oft hat man Nachtfahrten über das offene Meer der Tagesfahrt sogar vorgezogen, weil der unbewölkte Nachthimmel eine exaktere Navigation nach den Sternen ermöglichte (»Nachtsprung«).[27]

Wenn Frachter abends die Häfen ansteuerten, dann auch deshalb, weil der nächtliche Landwind schwächer als die Seebrise am Tage ist.[28] Hinzu kamen logistische, kaufmännische und handelspolitische Erwägungen: Wenn ein Kapitän zur Erkundung von Fernrouten oder zur Anlage von Handelsplätzen und Kolonien in fremde oder nur halbwegs bekannte Gewässer aufbricht, dann sucht er geeignete Partner, Siedlungs- und Anlegepunkte naturgemäß nicht auf offener See, sondern auf küstennahen Inseln oder an den Küsten selbst, vorzugsweise in der Nähe des Mündungsgebietes von Flüssen, die Trinkwasser und einen Weg ins Landesinnere bieten. Die regelmäßige Wasser- und Nahrungsaufnahme an der Küste ersparte zudem die Mitführung von größeren Mengen an Verpflegung und schuf Raum für Handelswaren oder Ruderer bzw. Marinesoldaten. Umfangreichere Warenmengen an Bord konnte man auf einer Fahrt entlang der Küste (in Form der Kabotage) in kürzerer Zeit einer viel größeren Kundschaft anbieten.[29]

Dagegen waren die mit zahlreichen Ruderern betriebenen Kriegsschiffe von vornherein nicht in erster Linie für die Hochseeschifffahrt, sondern für das schnelle Manöver, den Rammstoß und/oder für das Entern in Küstennähe konstruiert (was nicht heißt, dass sie leicht umgerüstet nicht auch Routen über das offene Meer bewältigen konnten). Um Gewicht zu sparen und den Bordraum mit möglichst vielen Ruderern bzw. Marinesoldaten zu füllen, mussten auch sie auf Proviant verzichten und abends an Land Nahrung und Schlafmöglichkeiten suchen. Überlebende einer Seeschlacht hofften auf die rettende Küste, und die Kommandeure suchten die Sichtverbindung zu dem an Land postierten Feldherrn.

Aber es gab eben auch Konstellationen wie die Suche nach wertvollen Metallen oder Produkten unter Umgehung von Zwischenhändlern und Zwischenstationen, in denen diese Erwägungen keine Rolle spielten.

Ein wesentlicher Grund für die in diesen Fällen gefragte Fähigkeit, ohne Landkontakt das offene Meer zu überqueren sowie schier endlose Strecken am Rande der trockensten Wüsten zu meistern, besteht darin, dass die Menschen der Antike in einem viel engeren Bezug zur Natur lebten, Botanik, Tierwelt und Ökologie sinnlich viel intensiver wahrnahmen als der moderne Mensch. Positionen wurden nach dem »Pfad der Sterne« und den »Zeichen der Natur« bestimmt: auf hoher See nach Geruch, Farbe, Temperatur des Wassers, nach den Winden und der Atmosphäre, der Bewegung und dem Vorkommen von Vogel, Fisch und Pflanzenresten sowie der in allen Kulturen, auch der Inder und Polynesier, praktizierten Aussendung von Vögeln zur Bestimmung der Küsten- und Landnähe; zu Lande nach der Bewegung von Dünen, Markierungen und Oberflächenstrukturen.[30] Deshalb konnten antike Seefahrer und Landreisende in der Regel, wenn nicht militärische Großoperationen die Koordinierung mehrerer Verbände erforderten, auf präzise Karten verzichten. Nase, Auge, Gehör und der über Generationen geschärfte siebte Sinn bildeten verlässliche Hilfen, zumal wenn sie mit dem Wissen von Karawanenführern und Lotsen sowie verbesserten Transportmitteln verbunden wurden.[31] Im Falle der Hochseenavigation kommt hinzu, dass sie sich in Räumen entwickelte, die vergleichsweise geringe maritime Schwierigkeiten bereiteten. Das Mittelmeer gleicht in dieser Hinsicht den melanesischen Gewässern und unterscheidet sich vom Nordatlantik, aber auch vom Roten Meer.[32] Es ist ein vergleichsweise berechenbarer maritimer Großraum. Die Luftströmungen sind im Sommer regelmäßig, der Himmel ist überwiegend heiter, es gibt selten Nebel, schwache, nur in wenigen Regionen (Kleine Syrte, Meerengen) gefährliche Gezeiten[33] und keine Wirbelstürme. Stürme sind heftig aber kurz. Man meidet die Seefahrt im Winter vor allem deshalb, weil der bedeckte Himmel die Sternennavigation erschwert.

Die enge Verzahnung zwischen Land und Meer zumal im Norden sowie die zahlreichen Inseln machen das Mittelmeer zusammen mit den günstigen klimatischen Bedingungen zu einem idealen Trainingsgelände für Seefahrer[34], die von hier aus über die Straße von Gibraltar, den Bosporus und (mittelbar über Fluss und Kanal) das Rote Meer bzw. den Persischen Golf in den Atlantik sowie in das Indische bzw. Arabische Meer fuhren und dort an die nautische und navigatorische Expertise heimischer Seefahrer anknüpften.[35]

Trotz alledem waren Fernexpeditionen mit enormen Gefahren verbunden: Zahllose Geschichten von Menschen fressenden Riesen und Seeungeheuern, Männer mordenden Frauen und verschlagenen Göttinnen spiegeln die Ängste in epischer und mythischer Form.[36] Die Furcht vor dem Meer und die verzweifelte Suche nach dem rettenden Eiland sind klassische Topoi genauso wie der Respekt vor der grenzenlosen Steppe sowie das traurige Los des Verirrten, der von Räubern ermordet oder entführt wird und sich tot oder als Sklave fremder Herren wiederfindet. Mobilität über große Entfernungen war und blieb ein Geschäft mit hohem Einsatz und häufigen Totalverlusten, ganz abgesehen von den aus moderner Sicht fast unvorstellbaren Unannehmlichkeiten.

Leider wissen wir wenig über das Leben an Bord eines antiken Schiffes, das aus dem Roten Meer kommend die Küsten Indiens ansteuerte oder weiter in das Chinesische Meer segelte. Auch über die täglichen Nöte einer antiken Karawane an den Hängen des Hindukusch, im saharischen Fezzan oder an den Rändern der Taklamakan ist uns keine Aufzeichnung erhalten. Doch eines ist sicher: Die Entbehrungen unterschieden sich kaum von denen des Mittelalters und der Frühen Neuzeit[37]; auch deshalb haben reiche Kaufleute lange Routen gemieden und stattdessen ihre Untergebenen auf den Weg geschickt. Andererseits blieben die logistischen Mittel, der Transport von Trinkwasser und tierischen sowie pflanzlichen Lebensmitteln nicht hinter den Standards des sogenannten Entdeckungszeitalters zurück.

Wenn dem so ist und sich die Antike offenbar im Hinblick auf die technisch-nautischen Voraussetzungen (und vielleicht in Bezug auf die explorative Mentalität) nur wenig von der Frühen Neuzeit unterschied, und wenn sie außerdem vergleichbare geographische Kenntnisse von der Welt hatte, dann erhebt sich um so mehr die Frage, warum nicht schon der Antike der epochale Entdeckungsdurchbruch gelang, den die Afrikaumsegelung der Portugiesen und die Atlantikfahrten des Kolumbus einleiteten oder – anders gewendet – warum es so lange dauerte, bis Menschen des Mittelmeerraums die Barrieren der großen Ozeane nachhaltig und folgenreich überwanden, kurzum: Warum setzt die »Frühe Neuzeit« in dieser Hinsicht so »spät« ein? Diese fundamentale Frage kann nur im Rahmen einer dichten Beschreibung des politischen, wirtschaftlichen und kulturellen Entwicklungskontexts geklärt werden, in dem sich die Entdeckungsunternehmungen bewegten. Genau das soll im Folgenden geleistet werden.

Nimmt man die genannten Kriterien einer »explorativen Konstellation« zusammen, dann wird auch klar, weshalb eine Geschichte der antiken Entdeckungen nicht mit Homer oder anderen aus der klassischen Antike vertrauten Epochen beginnen kann, sondern dort, wo die entscheidenden Grundlagen organisierter Fernerkundungen gelegt wurden. Das ist die Bronzezeit des 3. und 2. Jahrtausends v. Chr. In dieser Zeit setzte eine fundamentale Wandlung ein. Erstmals ergänzen schriftliche Quellen die archäologische Überlieferung. Sie bezeugen größere Gemeinwesen im Osten des Mittelmeerraums (Mesopotamien, Ägypten), die unter monarchischer Regierung die Kunst des entwickelten Ackerbaus beherrschten, handwerkliche Differenzierung kannten und größere Armeen aufstellten. Politische Stratifizierung, gesellschaftliche Differenzierung sowie die Bedingungen einer wehrhaften Palastherrschaft führten dazu, dass die Eliten einen regelmäßigen Bedarf nach fernen Gütern entwickelten: vornehmlich Mineralien und Metalle (Zinn, Kupfer), aber auch Holz (für Tempel- und Schiffbau), Luxuswaren und exotische sowie medizinisch verwendbare Naturprodukte (Weihrauch, Opium, Bernstein, Perlen, Edelsteine).[38] Diese Produkte gab es oft nur in entfernten Gebieten des Mittelmeerraums, der ostafrikanischen Küsten, Indiens oder des atlantischen Nordens und in Innerasien.

In vielen dieser Regionen lassen sich in der gleichen Zeit Frühformen der Bergwerkskunst und Metallurgie nachweisen. Es entstand so etwas wie ein überregionales Marktgeschehen, das Handel, Netzwerkbildung und Mobilität von Menschen über weite Entfernungen stimulierte sowie die Bildung entsprechender Kulturtechniken wie Lagerhaltung und Schrift (zunächst zur Memorierung von Gütern und in Form von Listen) anregte.[39] Gleichzeitig oder wenig später spezialisierten sich an den territorialen und maritimen Transferzonen (Levante, Zypern, Kleinasien) kleinere Stadtstaaten auf den Erwerb und Transport der Produkte.

Mit der Erfindung des Segels auf Schiffen, die eine Geschwindigkeit von bis zu 5 Knoten (9 km/h) erreichten und einen Kurs von 90–100° am Wind hielten,[40] sowie mit der Domestizierung des Esels, der Lasten von bis zu 90 kg über bis zu 50 km täglich tragen konnte, standen seit dem 4. Jahrtausend revolutionäre Transporttechniken zur Verfügung, die in der Folge stetig verbessert und durch die Domestizierung des Dromedars/Kamels aus Arabien und die Einführung des Pferdes aus der russischen Steppe ergänzt wurden.[41]

All das mündete in eine erste heiße Phase organisierter Fernerkundung: Die ostmediterrane Welt war von Kulturen geprägt, deren Wohlstand und Identität zu wesentlichen Teilen auf der Beherrschung von maritimen oder territorialen Verbindungswegen beruhten. Dementsprechend ist seit der Mitte des 2. Jahrtausends eine Differenzierung im Schiffbau zwischen Handels- und Kriegsschiffen zu beobachten.[42] Der Zugriff auf die Ferne vollzog sich – nimmt man die archäologischen Zeugnisse als Beleg – in einer Atmosphäre des Wettbewerbs, der die Bewältigung langer Wege, die Kontrolle von Seerouten und Karawanenwegen sowie den Erwerb exotischer Produkte und den Besitz seetüchtiger Schiffe zu einer Quelle von Ruhm und Reichtum machte.[43] Damit waren die Grundlagen gelegt für einen über 2000 Jahre währenden Aufbruch, der am Mittelmeer begann und Schritt für Schritt entfernteren Regionen zustrebte bis zu den Grenzen der Welt … und darüber hinaus.

I.
EINE WELT IN BEWEGUNG

HERRSCHER, HÄNDLER UND HELDEN DER FRÜHZEIT

1. KAPITÄNE UND KRIEGER DER BRONZEZEIT

Schatten der Vergangenheit und Abenteurer zur See

Wer einmal das Glück hat, am Strand von Kommos in Südkreta der untergehenden Sonne zu folgen, der hört die Rufe und sieht die Schatten: Stolze Schiffe nähern sich der Bucht, begleitet von Gesängen und gerudert von Männern mit salzverkrusteten Gesichtern, selbstbewusst, kühn und zufrieden. So wie vor 4000 Jahren, als Kommos Zwischenstation von Seefahrern war, die das Meer zu ihrer Heimat und die Ferne zu ihrem Ziel erklärten.

Ängste verbreiteten sie nicht, die Männer aus Syrien, Ägypten, Anatolien und der Levante. Ihre Schiffe waren nicht viel kleiner als die Santa Maria des Kolumbus.[1] Gebaut wurden sie im nordsyrischen Ugarit, eine der bedeutendsten Handelsstädte der Bronzezeit. Von dort stammten wohl auch die Kapitäne, die Kreta anliefen. In Ugarit siedelten bis zu 8.000 Menschen, eine polyglotte Gesellschaft, die ihr Leben dem Meer und dem Seehandel verschrieben hatte, ähnlich wie andere Stadtkönigtümer an der Levante (z.B. Tell Kazel in Amurru, Byblos, Beirut, Tell Abu Hawam). Wie der Erwerb von Waren und Produkten im Einzelnen organisiert war, wissen wir nicht. In Ugarit wurden Tontafeln aus dem Palastarchiv gefunden, und man kann diese mit Zeugnissen anderer Königreiche vergleichen, doch auch sie geben kein eindeutiges Bild. Eines scheint jedoch sicher und gilt nicht nur für Ugarit: Das ist die dominierende Rolle des königlichen Palastes bei der Initiierung und Abwicklung des überregionalen Güter- und Warenaustausches. Die Herrschaft und das Prestige des Königs gründeten nicht nur darauf, dass er sein Land vor Angriffen schützte, sondern auch in einer Welt permanenter naturaler Risiken in der Lage war, sich und seine Untertanen mit Gütern, Rohmaterialien und Nahrungsmitteln zu versorgen. Die Fähigkeit, diese Güter regelmäßig an sich zu ziehen, zu verwalten, zu verarbeiten und weiterzugeben, bildete den Kern der Palastwirtschaft.[2]

Der König agierte dabei im Zentrum eines Netzwerkes von Abhängigen unterschiedlichen Grades und abgestufter Nähe, die in seinem Auftrag Güter über See gegen heimische Produkte und Silber heranschafften.[3] Ob es eine Korrelation zwischen Produkttyp und der Intensität herrschaftlicher Kontrolle gab, ist umstritten, doch sehr wahrscheinlich galt die besondere Aufmerksamkeit des Königs von Ugarit wertvollen Metallen und überseeischem Getreide sowie Luxuswaren, während der Vertrieb politisch weniger bedeutsamer und existentieller Gebrauchswaren (wie Keramik) eher in den Zuständigkeitsbereich von Personen unterhalb der engeren Elite fiel.[4] Es mag sein, dass die Beauftragten im Rahmen offizieller Aufträge auch auf eigene Rechnung (selbst im Getreidehandel) tätig waren und dass sich am Rande des palatialen Netzwerkes autonome Handlungs- und Erwerbsfelder öffneten, die von diesen Leuten genutzt wurden.[5] Gänzlich von den Befehlen und der Aufsicht des Herrschers unabhängige Händler, die privat ihren Geschäften nachgingen, gab es jedoch in der Welt der ostmediterranen Bronzezeit nicht, sondern nur unterschiedliche Grade der Abhängigkeit innerhalb des herrschaftlichen Netzwerkes, das über diplomatische Kanäle und Verträge mit den Netzwerken anderer Könige und Reiche verbunden war. Dementsprechend ist es fraglich, ob der Begriff »Handel« (»trade«), so wie wir ihn gemeinhin verstehen, adäquat ist. Eher handelte es sich um einen weiträumigen und regelmäßigen Gütererwerb und Güteraustausch zwischen den großen und mittleren Herrschern, der nach vertraglichen Regularien und diplomatischen Formen ablief und dabei den jeweiligen Ressourcen und Bedürfnissen der Palastherrschaften Rechnung trug.

Was für Güter und Rohstoffe gilt, trifft im Prinzip auch für Menschen zu, die als Spezialisten (Ärzte, Künstler, Baumeister oder Bildhauer) an den Höfen tätig waren. Sie bewegten sich in den von den Herrschern gesponnenen Netzwerken. Sicherlich war die Reichweite palatialer Zuständigkeiten und Kontrollen nicht nur auf dem Wasser, sondern auch zu Lande begrenzt; zumal in den abgelegenen Grenzregionen, an den Küsten sowie entlang der Karawanenrouten tätigten spezialisierte Gemeinden ihre Geschäfte auf familiärer Basis und in Form von kleinen Kompanien. Doch ein völlig frei agierendes »Unternehmertum«, das über die Meere und Lande reiste und seine

Dienste dem Meistbietenden anbot, gab es schon allein deshalb nicht, weil die Spezialisten von den Palästen abhängig und ohne diese nicht lebensfähig waren.[6]

Die für den Historiker der Entdeckungen entscheidende Frage ist, welche Impulse der Horizonterweiterung und welche Dynamiken des Weltwissens sich aus einem solchen System entwickeln konnten und für dessen Funktionieren Voraussetzung waren, inwieweit es Grundlagen für spätere Entwicklungen lieferte und wo seine Kapazitätsgrenzen und Schwächen lagen. Unbestritten ist: Die entscheidenden Antriebskräfte des globalen Gütererwerbs entwickelten sich in den Palastzentren und Hafenstädten, und sie waren auch die Ausgangspunkte der Fernfahrten. Allein die Palastherren besaßen einerseits die Ressourcen und die Autorität, um größere Expeditionen zum Erwerb von Gütern in Auftrag zu geben; andererseits benötigten sie zum Prestigegewinn und Machterhalt exotische Luxuswaren (Perlen, Elfenbein, Bernstein, wertvolle Metalle). Sie demonstrierten damit, dass sie allein das Wissen über die Routen und den Zugriff auf die fernsten Länder und ihre Produkte besaßen; indem sie diese durch palastinterne Handwerker ihren Bedürfnissen anpassten, demonstrierten sie die Macht, Fremdes zu domestizieren und die mit den exotischen Fernprodukten (z.B. Elfenbein) verbundene Magie den eigenen Zwecken zu unterwerfen.[7]

Allerdings schickte deshalb nicht jedes Reich regelmäßig eigene Schiffe in die Ferne; es scheint sich vielmehr eine Art Arbeitsteilung eingespielt zu haben, die auch für die spätere Zeit typisch ist: Große Territorialreiche wie die der Hethiter und später der Assyrer griffen auf das Spezialwissen maritim orientierter Stadtkönigtümer zurück. So konnte sich der König von Ugarit eine stattliche Flotte von bis zu 100 Einheiten leisten, dagegen auf eine große Landarmee verzichten, weil er sich innerhalb des Konzerts der Großmächte als Verteiler und Verarbeiter von Waren und Naturprodukten etabliert hatte, die für die Existenz der viel mächtigeren Reiche unverzichtbar waren. Ugarit besaß als Vasall der Hethiter weitreichende Autonomie und erhielt sogar Mittel für den Bau der Schiffe. Denn diese versorgten die Hethiter mit Getreide aus Ägypten und Syrien sowie Olivenöl, Wein und Salz.[8] Im Gegenzug lieferten die Ugariter dem Nilland Erze und Metalle. Zinn gelangte über Karawanenrouten aus Fernasien (Afghanistan) an die Mittelmeerküsten, Kupfer aus Anatolien und Zypern (Alasija), einer der größten Kupferlagerstätten der Welt. Beides benötigte man zur Herstellung von Bronze, dem am weitesten verbreiteten Metall der Zeit.

In Ugarit gehörten deshalb Kaufleute aus Ashdod, Zypern, der Levante, Kreta und Mykene zur alltäglichen Erscheinung des Hafengebietes. Sie erwarben im Auftrag ihrer Herrscher mit Hilfe von Dolmetschern Waren aus fernen Regionen (Zinn) oder in Ugarit verarbeitete Produkte.[9] Die Ugariter konnten eigene Produkte in die Güterströme einspeisen: purpurgefärbte Gewänder, die an den Höfen der Großreiche so beliebt waren, sowie Wein, der ins ägyptische Nildelta geliefert wurde. Ferner nutzten Handwerker die nahen Wälder zur Herstellung von Möbeln sowie Bauteilen, daneben fertigte man Produkte aus Kupfer und Gold und alles, was mit dem Schiffbau zu tun hatte.[10]

Solide Schiffe bildeten die Vehikel, etablierte Seerouten die unverzichtbaren Adern der Austausch- und Erwerbsnetze. In einem rund 15 Meter langen Schiffswrack des 14. Jahrhunderts v. Chr., das an der südtürkischen Küste etwa auf halber Strecke zwischen Ugarit und Kommos am heutigen Uluburun gefunden wurde, barg man neben zehn Tonnen Kupfer in 500 Barren (wahrscheinlich aus Zypern) eine Tonne reiner Zinn- und Glasbarren sowie an die 150 große Transportkrüge *(pithoi)* wahrscheinlich kanaanitischer Herkunft. Drei enthielten zyprische Öllampen und Schalen, sieben weitere Granatäpfel und Olivenöl, ferner Harz zum Aufbewahren von Wein, dazu 135 kleinere Keramikartikel aus Zypern, 24 Steinanker, wie man sie in Ugarit, Byblos und in Zypern benutzte; schließlich eine Reihe von Luxuswaren: eine weibliche Statuette, ägyptisches Elfenbein, Straußeneier- und Schildkrötenschalen, Trinkschalen aus Fayance, Nilpferdzähne, Gold, Silber und kanaanitische Juwelen sowie Tausende Glasperlen, davon 41 aus Bernstein.[11]

Verblüffend sind nicht nur die enormen Entfernungen der Herkunftsländer von Roh- und Fertigwaren sowie leicht verderblichen organischen Substanzen – Bernstein muss von der Ostseeküste über Land bis an die Adria oder über den Balkan ans Mittelmeer transportiert und weiter verarbeitet worden sein[12] –, sondern auch ihre Vielfalt und ihr Umfang. Ergänzt man die Waren des Uluburun-Schiffes mit denen anderer Wracks sowie den Hinweisen von Dokumenten aus den Palastarchiven, so ergibt sich das Bild eines Austausch- und Erwerbsnetzes sogar über den Mittelmeerraum hinaus: nach Süden am Nil bis zum Land Kusch (= Nubien), von wo in guten Jahren bis zu 300 kg Gold (als Tribut) nach Ägypten gelangten[13], im Südosten über das Wadi Hammamat zum Roten Meer bis nach Südarabien und Somalia/Eritrea, dem legendären Weihrauchland Punt, wohin die ägyptischen Pharaonen schon im frühen 2. Jahrtausend ihre Schiffe lenkten, und im Nordwesten bis in den Atlantik und mittelbar in die nordeuropäischen Binnenräume und Bernsteinküsten. Nimmt man den Austausch von Gütern (Lapislazuli, Kupfer, Holz) zwischen Mesopotamien und der Induskultur hinzu, der um 1800 abbrach, aber als vages Wissen verarbeitet wurde, so existierte in der mittleren Bronzezeit ein eurasisches Verteilungsnetz, das im Mittelmeer allerdings noch große Teile des fernen Westens und der nordafrikanischen Gewässer westlich Ägyptens aussparte.[14]

Bei den Uluburun-Waren dürfte es sich um die Fracht eines Kleinkönigs aus Nordpalästina oder des ägyptischen Pharaos gehandelt haben; unter den Mitreisenden befanden sich wahrscheinlich levantinische Händler sowie – nimmt man die besonderen, auf zwei Personen zugeschnittenen Schwerter und Siegelsteine als Indiz – zwei hochrangige Mykener, die vielleicht im Auftrag ihres Herrschers den Gütertransport kontrollierten. Die Fracht und der Ort des Untergangs lassen darauf schließen, dass der Kapitän Verbindungen bis in den nordwestlichen Balkan besaß, zunächst die Ägäis und dann Kommos ansteuerte, von wo ugaritische Schiffe mit Getreide, Öl und Keramik zurückkehrten.[15]

Schiffe wie das von Uluburun waren Archen von Männern, die keine ethnischen Grenzen kannten, multilingual, mutig und entschlossen, jede Chance zum Erwerb von Waren und Rohstoffen zu nutzen.[16] Sie gehörten zu den ersten Entdeckern der Alten Welt. Auch wenn sie im Auftrag oder mit Erlaubnis ihrer Herrscher handelten und in Konkurrenz zueinander um die Gunst des Königs rangen, so träumten sie einen Urtraum der Menschheit: Reichtum, Ruhm und Teilhabe an den Pfründen der Macht[17]: Sinaranu, einer der persönlichen Händler *(Tamkars)* des ugaritischen Königs, war bei seinen Fahrten nach Kreta so erfolgreich, dass er – von Naturalabgaben und Steuern befreit – zu großem Reichtum gelangte und im Rahmen offizieller Aufträge mit eigenem Schiff Güter wie Bier, Öl und Getreide erwerben konnte. Dem König musste er lediglich Geschenke abliefern.[18]

Wahrscheinlich sind es diese im Einzelnen schwer zu bestimmenden Handlungsspielräume, die jeder Herrscher seinen Beauftragten zumal auf dem Meer einräumte und einräumen musste, die zur Erweiterung der Seeverbindungen und des geographischen Horizontes wesentlich beitrugen. Manche Ugariter fuhren, nachdem sie in Kommos Wasser geladen, die Schiffe ausgebessert und den Herrschern der Paläste in Phaistos und Knossos Waren verkauft hatten, nicht gleich nach Ägypten oder die Levante zurück, sondern steuerten den fernen Westen an. Eines der Schwerter des Uluburun-Wracks

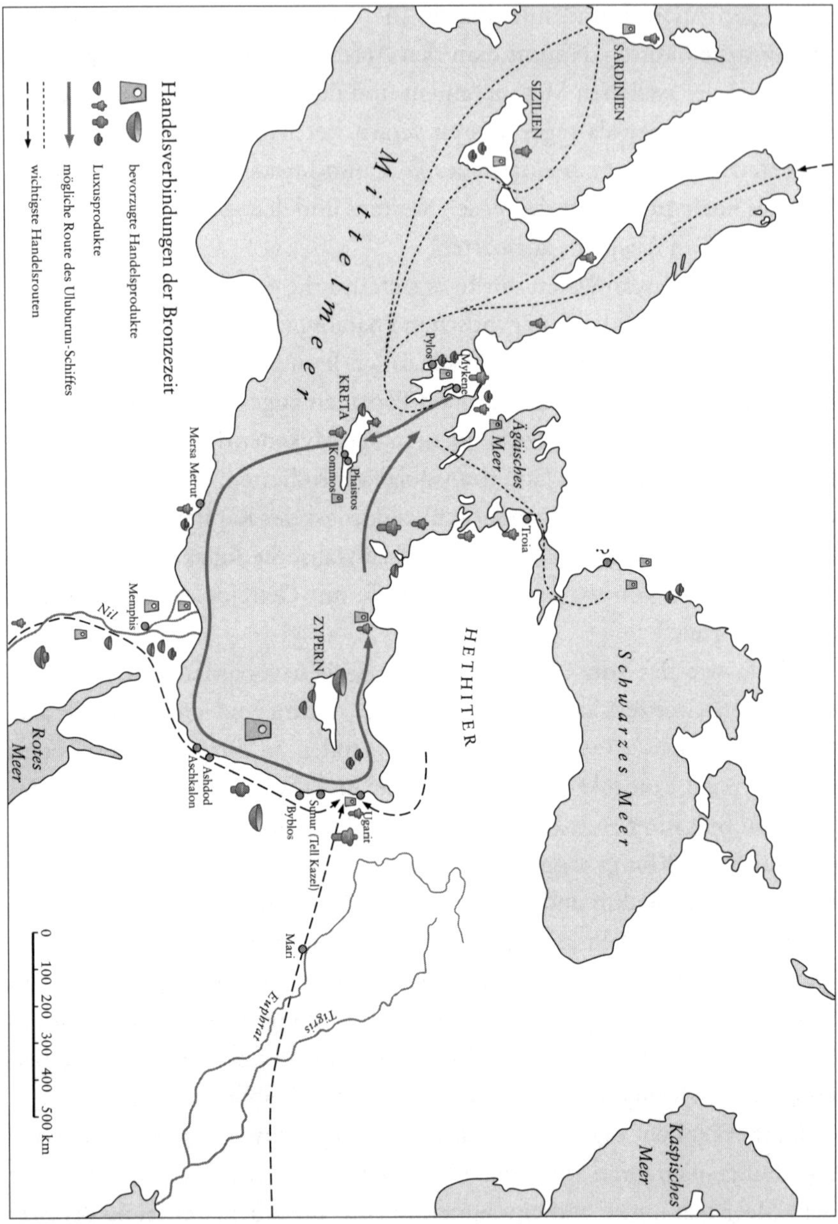
Handelsverbindungen der Bronzezeit
bevorzugte Handelsprodukte
Luxusprodukte
mögliche Route des Uluburun-Schiffes
wichtigste Handelsrouten
Mittelmeer
Ägäisches Meer
Schwarzes Meer
Kaspisches Meer
Rotes Meer
HETHITER
SARDINIEN
SIZILIEN
KRETA
ZYPERN
Pylos
Mykene
Kommos
Phaistos
Troia
Mersa Metrut
Memphis
Nil
Ashdod
Aschkalon
Byblos
Sumur (Tell Kazel)
Ugarit
Mari
Euphrat
Tigris
0 100 200 300 400 500 km

stammt aus Unteritalien. Von hier setzte man vielleicht über nach Sizilien und Sardinien. Die Insel besaß im Südwesten einige der begehrtesten Schätze der damaligen Welt: reiche Erze, Eisen, Kupfer, Zinn und Silber. Die Ugariter und andere Seefahrer der levantinischen Küste hatten Handelsverbindungen geknüpft, die von einem Ende des Mittelmeeres fast bis an das andere reichten.[19]

Kreta und die Kontakte der Minoer

In zentraler Position lag Kreta. Es besaß wie die Levante weder Kupfer noch Zinn. Deshalb versuchten sich die Minoer schon während der Altpalastzeit in das ostmediterrane Handelsnetz der Ugariter und Zyprer einzuklinken und dehnten ihre Kontakte über die Kykladen bis nach Westanatolien (Milet) aus. Eine Liste von Schiffsladungen mit Zinn aus dem syrischen Handelzentrum Mari nennt kretische Dolmetscher und Kreta als Zielgebiet. In einem Mari-Text erscheint ein kretischer Zinn-Aufkäufer für Ugarit (offenbar war Ugarit Verteilungshafen am Ende der östlichen Zinnroute).[20] Noch enger waren die Beziehungen zum Land der Pharaonen, das kretische Künstler, Architekten, Textilhersteller sowie Heiler mit kretischen Heilpflanzen anzog. Im Gegenzug verlud man neben Elfenbein, Getreide v. a. Silphium aus dem Gebiet der Kyrenaika.[21] Der Wind begünstigt eine direkte Seeroute von Kreta in das Nildelta oder weiter westlich zur späteren Kyrenaika und von dort nach Ägypten. Ein bronzezeitliches Schiff bewältigt pro Tag bis zu 150 km, die Direktfahrt von Kreta nach Ägypten dauert mehrere Tage und erfordert die Navigation nach den Sternen. Beides hatten die Minoer wohl von den Ägyptern gelernt, deren Schiffe denen der Kreter sehr ähneln.[22]

Es wundert so nicht, dass die Minoer auch nördlich ihrer Insel aktiv waren. Die Ägäis war schon seit dem 3. Jahrtausend aufgrund der Seekundigkeit ihrer Bewohner und einiger Metallvorkommen in den ostmediterranen Warenaustausch integriert.[23] Hier trafen die Minoer auf die mykenische Palastkultur, deren Eliten minoische Künstler und ihre Kenntnisse der Metallverarbeitung schätzten. Ferner versorgten sie die Mykener wahrscheinlich mit ägyptischen Produkten (Elfenbein, nubisches Gold). Umgekehrt lockte die Minoer die Chance, Silber von den Ägäisinseln sowie Kupfer (und Silber?) aus den Laureionminen bei Athen zu erwerben.[24] Dagegen benötigten die Herrscher von Mykene, Tiryns und Pylos Gold, Bernstein (vielleicht sogar indischen Pfeffer), ferner Rohmetalle, um ihren Status und die Loyalität der Aristokratie zu sichern, aber auch um die Armee zu unterhalten; ein Teil des Zinns und der 200 Kupferbarren des Uluburun-Wracks könnte für die Herstellung von Bronzeschwertern an den Höfen in Pylos oder Mykene bestimmt gewesen sein. Dagegen boten die Herrscher Keramik, Olivenöl und Textilien.[25]

Am Ende des 15. Jahrhunderts endete der friedliche Austausch zwischen Kreta und Griechenland. Die Mykener eroberten Knossos und übernahmen deren Handelsbeziehungen. Der Großteil der mykenisch-minoischen Produkte wurde weiterhin in das palatiale Austausch- und Versorgungssystem des Ostens eingespeist, einiges gelangte in den Westen. Der westliche Herrschaftsbereich der mykenischen Palastkultur war ein natürlicher Ausgangspunkt für die Überfahrt nach Süditalien und in die Adria. Er verlängerte den Seehandelskorridor entlang der Südküste Kleinasiens und der Ägäis, wobei man mitunter die direkte Route über das offene Meer von Zypern über Kreta und Sizilien bzw. Malta bis Sardinien nahm.[26]

Der entscheidende Grund für die Westorientierung war die Suche nach Zinn und Kupfer.[27] Mykenische Keramik sowie einfaches Glas und Fayanceperlen in Italien und Sardinien deuten auf Kontakte zum Verarbeitungszentrum von Rohbernstein in Frattesina di Fratta Polesine (Rovigo in Venetien). Ferner gelangte Zinn aus Zentral- und Westeuropa über Italien in den Mittelmeerraum. Vielleicht suchten die Mykener auch die Geheimnisse der Landverbindung von der Poebene in die Bernsteingebiete des Baltikum zu erkunden und Anschluss an den atlantischen Bernsteinhandel zu finden; Bernsteinartefakte und Perlenfunde weisen auf Verbindungen bis nach Britannien.[28]

Italische Krieger in Mykene

Bei alldem handelte es sich anfangs nicht um einen regelmäßigen Gütererwerb bzw. -austausch, sondern um tastende Versuche der Erkundung, die sich erst im 13. Jahrhundert v. Chr. zu einer von Sardinien bis Zypern reichenden »metallurgical koiné« verdichteten.[29] Die Kontaktaufnahme mykenischer Kapitäne mit einheimischen Ethnien überschritt kaum den Radius einer vorgelagerten Insel oder Küstensiedlung mit Anlageplätzen. Ägäisch-mykenische Handwerker oder Händler mögen hier einige Zeit verweilt haben; dass sie selbst mit ihren Waren ins Landesinnere zogen, ist unwahrscheinlich.

Die Weitergabe mykenischer oder ägäischer Produkte bis nach Britannien erfolgte über lokale Netzwerke von Zwischenhändlern nach Art eines Staffellaufes von Nachbarschaft zu Nachbarschaft und sehr selten durch einen einzelnen Händler. Unter den nach Italien verschifften Waren mykenischer und zypriotischer Herkunft (Kupferbarren) sind sehr wenige, für den Osten so typische Luxuswaren nachgewiesen. Das entspricht der Bevölkerungsstruktur der Siedlungen. Ihnen fehlten die Produktions- und Organisationsstrukturen des im Osten etablierten palatialen Austauschsystems.[30]

Anstelle der interpalatialen Netzwerke entstanden maritime Transferkanäle zwischen dem Ägäisraum und Italien sowie Sardinien. Sie öffneten auch den im Westen lebenden Menschen eine Tür in die reiche Welt der ostmediterranen Paläste. Alle archäologischen Indizien sprechen dafür, dass seit dem 14. Jahrhundert Krieger aus Italien, von den Quellen Sherdana genannt, die Routen in umgekehrter Richtung nutzten, die ihre mykenischen »Handelspartner« auf der Suche nach Zinn und Bernstein erschlossen hatten. Sie führten hochwertige, in Italien gefertigte Langschwerter mit sich, die als Stoß- und Hiebwaffe eingesetzt den ledernen Brustschutz des Gegners viel wirksamer durchschlugen und dessen Bronzehelm stärker beschädigten als die östlichen Stichschwerter und so eine neue Form des erfolgreichen Nahkampfes ermöglichten; wahrscheinlich reagierten die mykenischen Eliten als erste auf diese Herausforderung, nahmen einige westliche Kämpfer in ihre Armeen auf und rüsteten ihre eigenen Soldaten mit den »modernen« Waffen aus.[31]

Die neuen Schwerter entfalteten ihre größte Wirkung zusammen mit einer zweiten Innovation: Während die für Fernfahrten konzipierten Handelsschiffe auf Windkraft setzen, benutzten die Mykener rudergetriebene Einheiten, die auf Schnelligkeit hin konzipiert waren und unabhängiger von der Windrichtung operieren konnten. Jede Ruderreihe benötigte 25 Mann, später spricht man von Fünfzigruderern (Pentekonteren). Irgendwann in der Zeit von ca. 1300 bis 1200 v. Chr., also in dem gleichen Zeitraum, in dem die italischen Schwerter eingeführt wurden, stattete man diesen Schiffstyp mit einem im Rumpf einsetzbaren Segelmast und Geitautakelage aus.[32] Er war dazu prädestiniert, andere Schiffe sowie Küstenstädte zu überfallen; und er konnte Krieger aufnehmen, die mit den neuen Schwertern für solche Operationen am besten geeignet waren, wie entsprechende Vasenbilder zeigen.[33]

Mit dem neuen Schiffstyp und der italisch-mitteleuropäischen Nahkampftechnik besaßen die Mykener Mittel ganz neuer Art, um die ostmediterranen Küsten und Eilande mit unerwarteten Angriffen zu überziehen: Ein hethitischer König beklagte, ein Einwohner von Ahhiyawa (Mykener) habe eine Basis in Anatolien errichtet und einen Raubzug auf Zypern unternommen. Plünderungsfahrten der Mykener zielten auch auf den Herrschersitz von Troia, der Silber verarbeitete und die Einfahrt in das Marmarameer kontrollierte; von dort stießen sie vielleicht in den Schwarzmeerraum vor. 1208 v. Chr. griffen sie mit den Sherdana und anderen Kriegern über See das Pharaonenreich unter Merenptha (1213–1203) an.[34]

An sich ist diese Entwicklung wenig überraschend. Der auf Verträgen und Diplomatie beruhende Güteraustausch zwischen den Palästen war ja keine »transnationale Friedensordnung«, die Kriege oder Raubzüge verhinderte. Jede Ordnung produziert Menschen und Menschengruppen, die an der Ordnung teilhaben, sie aber gleichzeitig stören, indem sie nach alternativen Erfolgswegen suchen. Gewalt auf dem Meer und vom Meer aus gehörte zum Erscheinungsbild des Mittelmeeres, seit es Schiffe gibt, doch die Mykener brachten einen aggressiven Zug in die ostmediterrane Welt, der sich auch in der Bedeutung militärischer Heldentaten innerhalb der mykenischen Kultur spiegelt.[35] Er bildete eine riskante, aber im Erfolgsfalle sehr lukrative Alternative zu den friedlichen Austausch- und Erwerbsformen: Geraubte Luxuswaren bereicherten den königlichen Schatz, Gefangene arbeiteten als Sklaven beim Bau der Paläste sowie bei der Textil-, Keramik- und Ölherstellung.

Die Mykener erschlossen ein Feld der Bereicherung, das wie ein Magnet auf andere Kriegergruppen wirkte und die Zahl der Mitkämpfer stetig erhöhte. Zu ihnen gehörten an erster Stelle diejenigen, deren Kampftechnik ihnen den Weg gewiesen hatte. Anfangs dürften es nur Einzelne oder kleine Gruppen von Sherdana-Kriegern gewesen sein, die mitkämpften und die mykenischen Herren mit der Handhabung der neuen Waffen vertraut machten.[36] Sie sind die ersten Spezialisten, die anders als Ärzte und Baumeister nicht *innerhalb* des Austauschsystems der ostmediterranen Palastnetzwerke tätig waren, sondern *von außen* in das Palastsystem eindrangen bzw. sich ihm anlagerten. Zieht man historische Migrationsmodelle zum Vergleich heran und verbindet sie mit den archäologischen und schriftlichen Belegen der späten Bronzezeit, dann dürften den ersten Pionieren von Generation zu Generation größere Schübe organisierter Verbände (mit ihren Familien) gefolgt sein, die sich nicht nur in Mykene, sondern am gesamten östlichen Mittelmeer ausbreiteten und andere Fremdvölker mit sich zogen.[37] Sie alle suchten ihr Glück im reicheren Osten und seinen prachtvollen Palästen, agierten teilweise auf eigene Faust als Piraten, ergänzten aber auch als Nahkämpfer die

Streitwagenarmeen der östlichen Könige und Kleinkönige, die landeseigene Infanteristen wohl nur unregelmäßig aushoben.[38] Die Amarnabriefe erwähnen Sherdana (Schardana/Scherden)-krieger, die neben ägyptischen Streitwagenabteilungen kämpften. Später zogen sie für den Pharao in die Schlacht von Kadesch (Qadesch am Orontes 1275 v. Chr.) gegen die Hethiter, die sich ihrerseits auf die Fremdvölker der kleinasiatischen Lukka und Schekelesch stützten. Sherdana tauchen ferner innerhalb einer gemischten Abteilung der an der Nordgrenze operierenden ägyptischen Armee auf; vielleicht war ihre Erfahrung im Nahkampf ein mitentscheidender Grund dafür, dass Pharao Merenptha gegen Ende des 13. Jahrhunderts den Angriff der Mykener und anderer Fremdvölker (unter ihnen ebenfalls Sherdana) auf das Pharaonenreich zurückschlagen konnte.[39] In Mykene übernahmen Sherdanagruppen offenbar die Bewachung und Verteidigung von Bergregionen, wo der Einsatz von Streitwagen nicht möglich war. Ein Fresko aus Pylos (13. Jh.) zeigt vermutlich eine (mit inzwischen etwas verkürztem Schwert italischer Herkunft und Speer ausgestattete) Einheit bei der Abwehr von Eindringlingen. Auch der König von Ugarit ergänzte die einheimische Kriegerelite *(marayannu)* mit Sherdana-Kämpfern.[40] Die aus Italien stammenden Schwert- und Lanzenfunde aus dem Uluburunschiff lassen vermuten, dass Sherdana-Kämpfer als Schutzmannschaften auf Handelsschiffen mit wertvoller Fracht dienten.[41]

Wie und auf welcher Grundlage die fremden Krieger in die Armee der Paläste integriert wurden, ist nicht ganz klar. Der häufig benutzte Begriff »Söldner« impliziert ein freies Kriegertum, das sich von den Herrschern auf Vertragsbasis und für entsprechende Entlohnung (Sold) anwerben ließ.[42] Für ein solches Verfahren gibt es aber keine Belege, wohl aber für die Tatsache, dass nach gescheiterten Überfällen und Niederlagen gegnerische Gefangene in die siegreiche Armee eingegliedert und für ihre Waffenerfolge mit Land und Beuteversprechen belohnt wurden.[43] Ob sich diese Gruppen allerdings gänzlich in das Kontrollsystem der Palastwirtschaften integrieren ließen, ist ungewiss. Auch wissen wir nicht, in welchem Verhältnis die angesiedelten Fremdkrieger zu ihren frei agierenden Stammesgenossen standen. Nach wie vor gab es nachrückende Kriegergemeinschaften aus dem Westen, die zwischen den Netzwerken der Palastwirtschaften agierten und ihre Angriffsziele je nach Gelegenheit auswählten. Schon allein deshalb bildeten sie mit den »integrierten« Kriegern einen schwer kontrollierbaren Unsicherheitsfaktor, der dazu beitrug, dass viele Palastherrschaften gegen Ende des 13. Jahrhunderts in eine tödliche Krise gerieten.

Zusammenbruch der Paläste

Über die Einzelheiten wissen wir wenig. Sie lassen sich nur aus der Analyse der katastrophalen Folgen nach den Kriterien der historischen Plausibilität und unter Berücksichtigung von Einzelindizien erschließen. Fest steht, dass seit ca. 1200 viele mykenische Palastburgen zerstört oder aufgegeben wurden. Das gleiche Schicksal traf Ugarit und andere Vasallenkönigreiche der Hethiter wie Amurru mit seiner bedeutendsten Stadt Tell Kazel (Sumur). Das Hethiterreich erlebte um 1900 einen Niedergang, bevor die Hauptstadt Hattusa zerstört und verlassen wurde.

Heute werden meist mehrere, regional unterschiedliche Gründe dafür verantwortlich gemacht; das Hethiterreich fiel sicherlich anderen Krisenfaktoren zum Opfer als die syrischen Küstenstädte. Die Spannbreite reicht von ökologischen Veränderungen (Klimaschwankungen, Dürreperioden, Erschöpfung der Agrarflächen) und naturalen Katastrophen (Erdbeben) über den Zerfall des palatialen Austauschsystems bis zu Rebellionen und einem allgemeinen Systemkollaps der Paläste, deren (Hyper-) Organisation in Krisen überlastet war und bei Angriffen in sich zusammenbrach. Für viele Gründe lassen sich Indizien und plausible Argumente finden, doch mitunter neigt man dazu, den militärischen Faktor auszublenden.[44] Der Untergang einer ganzen Reihe von Territorialherrschaften und Fürstentümer in einem überschaubaren Zeitraum gänzlich ohne Angriffe von außen wäre allerdings singulär. Tatsächlich gibt es eindeutige Hinweise auf kriegerische Bedrohungen und Konflikte: So hatten die Herrscher von Mykene und Tiryns vor ihrem Untergang ihre Verteidigungsanstrengungen erhöht und die Festungsanlagen ausgebaut sowie Produktionsstätten zur Metallverarbeitung hinter die Palastmauern verlagert.[45] In Athen und anderswo wurden neue errichtet, und die Herren von Pylos verstärkten den Küstenschutz. Nicht alle Paläste waren befestigt; das bedeutet allerdings nicht, dass es keine Gefahren gab, sondern nur, dass sie auf unterschiedliche Schwerpunkte verteilt waren. In Kleinasien und Ugarit suchte man gegen »Angreifer zur See« alle Kräfte zu mobilisieren. Die Forschung fasst die Angreifer unter dem Begriff »Seevölker« zusammen, weil ägyptische Texte sie als »vom Meer«, »vom Ozean« oder als »von den Inseln inmitten des Meeres« kommend bezeichnen. Häufig nahm man an, sie stammten aus dem Ägäisraum, Westanatolien und Kilikien; archäologische Zeugnisse (Waffen und Keramik) sprechen aber für die Herkunft großer Gruppen aus Italien; unter den Angreifern befanden sich auch die Sherdana.[46]

Nun waren allerdings Piraterie und das Kriegertum der Sherdana ein dem ostmediterranen Raum bekanntes Phänomen. Vielleicht waren die von Pylos ergriffenen Abwehrmaßnahmen Routine, während die Kleinkönige weiter im Osten erst kurz vor den Angriffen von befreundeten Regenten aufgefordert wurden, ihre Städte zur Seeseite mit Mauern zu umgeben.[47] Außer dass sich die Zahl der westlichen Krieger- und Piratenverbände sprunghaft erhöhte, müssen zumindest im Falle von Mykene kurz vor den Angriffen langfristig angelegte Schwächen zum Ausbruch gekommen sein oder sich ungünstige Konstellationen so geballt haben, dass die Angreifer erst jetzt erfolgreich waren.

Eine Schwäche bestand in der Dauerversorgung mit pflanzlichen und metallenen Rohstoffen sowie in der Tatsache, dass die Einfuhrsicherheit nicht in erster Linie auf gleichwertigen Gegenleistungen, sondern auf dem militärischen und machtpolitischen Prestige des Empfängers beruhte. Geriet das Prestige durch militärische Misserfolge oder natural und organisatorisch bedingte Fehlleistungen ins Wanken, war auch die Fremdversorgung der Paläste gefährdet. Die mykenischen Herrscher dürften z.B. die Niederlage ihrer Verbände im Nildelta gegen Pharao Merenptah viel schwerer belastet haben als die verbündeten »Seevölker«, weil diese kein eigenes Herrschaftszentrum kannten, im gegnerischen Land angesiedelt wurden oder sich neue Angriffsziele suchten.

Ein weiteres Strukturproblem kommt hinzu: Für die Paläste spielten der regelmäßige Erwerb, die Lagerung und Verteilung von Gütern und Rohstoffen innerhalb des eigenen Kontrollbereiches eine wichtigere Rolle als die Überlegung, was man für die Fremdgüter anbieten kann.[48] Dieses »Redistributionssystem« scheint in Mykene besonders ausgeprägt gewesen zu sein, da die Paläste in einem rohstoffarmen Umfeld lagen. Die mykenischen Schrifttafeln sprechen nirgends vom Handel oder Handelswaren, es gibt nur vage Hinweise auf Öl. Offenbar legten die Paläste viel Wert auf die Lagerung von Getreide, Wein und Öl und überwachten die Keramik- und Textilproduktion; deren Vertrieb sowie die Produktion von Metallwaren, maritimer Geräte und Anlagen wurden jedoch lokalen Gruppen und Kaufleuten überlassen und nur durch die Erhebung von Abgaben kontrolliert.[49] Der Palast von Pylos führte Buch über den Schiffbau, Baumeister und Besatzung, doch anstatt diese Arbeiten unter eigener Regie durchzuführen, vergab er sie an

Küstengemeinden. Diese stellten Schiffbaumeister, Kapitäne und Ruderer und verfügten somit über ein »Geheimwissen« der Seefahrt und ihrer Bedingungen und Ressourcen.[50]

Das Wissen um ihre *nautischen* Spezialkompetenzen erlaubte den Küstengemeinden ein relativ autonomes Eigenleben, ähnlich wie die in den Grenzregionen angesiedelten Fremdkrieger ein *waffentechnisches* Spezialwissen besaßen; Experten im Schiffbau erhielten wahrscheinlich wie die angeworbenen Krieger Land als Belohnung.[51] Archäologische Funde deuten darauf hin, dass auch in einigen Küstenstädten Nordsyriens (Tell Kazel) in den letzten Jahrzehnten des 13. Jahrhunderts Gruppen italischer Krieger an die Sozialstruktur der Paläste angepasst waren, aber durch die Produktion von Keramik und Textilornamentik ihre Identität wahrten.[52] Dennoch war der Palast auf ihre Fertigkeiten angewiesen und musste hoffen, dass sie die Spielregeln des palatialen Systems respektierten. Nun neigen aber erfahrungsgemäß Migrationspioniere bei aller Loyalität gegenüber dem neuen Herrn dazu, nachfolgenden Landsleuten Informationen sowie Anlauf- und Anknüpfungspunkte zu bieten.[53] Sie öffneten Einfallstore, mit denen Eindringlinge angesichts der beschränkten Reichweite der zentralen Kontrollen das Mauerwerk der Paläste unterminieren konnten. Auf die Situation gegen Ende des 13. Jahrhunderts angewandt, heißt das: Piraten wie die in den späten Texten genanten *Lukka* oder *Sikalaju*, »die auf Schiffen leben«[54] konnten zwar keine Festungen wie die von Mykene oder Ugarit und schon gar nicht die hethitische Hauptstadt Hattusa im anatolischen Hochland erobern. Aber sie orientierten sich an den Erfahrungen der Vorläufer und vermochten, den für das Funktionieren der Palastwirtschaft so eminent wichtigen Güteraustausch zu stören, insbesondere die inländischen Reiche an ihrer Achillesferse, ihrer Abhängigkeit von überseeischer Versorgung mit Getreide und Rohstoffen (insbesondere Zinn) zu treffen.[55] Die Hethiterkönige besaßen wie die Mykener nur begrenzte agrarische Ressourcen und reagierten deshalb höchst empfindlich, wenn die Mykener und andere Fremdvölker die kleinasiatischen Küsten angriffen. Solange man im Innern stabil und reich genug war, um die Angriffe mit Hilfe ihrer Vasallen und integrierter Krieger abzuwehren, wurde diese Schwäche verdeckt. Doch in den Jahrzehnten vor dem »Seevölkersturm« scheinen eine Dürreperiode die agrarischen Grundlagen des Reiches erschüttert sowie Niederlagen zu Lande (gegen die Assyrer bei Diyarbakir in der Südwesttürkei) und sich verschärfende Thronwirren die Stabilität des Reiches so weit geschwächt zu haben, dass man die Mehrausgaben für Abwehrkämpfe an der Küste kaum noch aufbringen konnte. Die Quellen der unmittelbaren Zeit vor den Angriffen der »Seevölker« sprechen davon, dass neben Zypern das Hethiterreich sich um Getreideimporte aus Ägypten und über Ugarit über See bemühte und Hungersnöte im Reich ausbrachen. Als sich auch noch die Schiffe des verbündeten Zypern gegen die Hethiter wandten und auf die Seite der Seevölker wechselten, waren die Existenzgrundlagen des Reiches extrem gefährdet.[56]

Ähnliche Szenarien darf man für große Teile der mykenischen Welt vermuten. Viele Paläste waren auf einen steten Zufluss an Rohmaterialien und landwirtschaftlichen Erträgen (aus Ägypten?) angewiesen und belasteten dafür die Bevölkerung mit Naturalabgaben. Ein System, das in einem so hohen Maße abhängig ist von der Zufuhr fremder Rohstoffe sowie der Erfassung agrarischer Ressourcen, bricht zusammen, wenn sich auch nur an einer Stelle Lücken auftun, die nicht schnell genug geschlossen werden. Ernteausfälle, Erdbeben sowie ein palatiales Missmanagement mögen diese Lücken gerissen haben. Wahrscheinlich haben nicht nur die mykenischen Paläste gegen Ende des 13. Jahrhunderts den Steuerdruck gegenüber der heimischen Landbevölkerung sowie ihre Kontrollen über die in ihrem Auftrag aktiven, aber immer selbständiger agierenden Seehändler zu erhöhen bzw. ruckartig auszuweiten gesucht, allerdings mit negativem Effekt.[57] Militärische Misserfolge in Ägypten schwächten die Autorität der mykenischen Herrscher nicht nur gegenüber der Bevölkerung, die unter der Abgabenlast stöhnte, sondern auch gegenüber denjenigen, auf deren militärische Expertise sie angewiesen waren: die in die lokale Bevölkerung integrierten westlichen Krieger sowie die Küstengemeinden. Nach einer jüngeren These nutzten die auf den Einsatz der Kriegsschiffe spezialisierten Küstengemeinden die Schwäche ihrer Auftraggeber und wurden von unentbehrlichen Helfern zu gefährlichen Gegnern, die mit der unzufriedenen Landbevölkerung und den Angreifern kooperierten.[58] Vergleichbares wäre im Falle der unter mykenischen Fahnen kämpfenden Sherdana-Krieger zu vermuten. Vielleicht war die von materiellen Engpässen geschwächte Palastorganisation nicht in der Lage, die Fremdkrieger und die Bevölkerung zu versorgen, und trieb sie so in die Arme der Feinde. Ihrer letzten Ressourcen beraubt, war die mykenische Kriegsorganisation den Angreifern nicht gewachsen. Die Paläste wurden erobert, geplündert und in Brand gesetzt.

Vielleicht hatten einige Herrscher schon vorher aufgegeben und den Exodus über See und die Ansiedlung an fernen Küsten geplant.[59] Häufig floh jedenfalls die Bevölkerung noch während des Angriffes. Manche sammelten sich unter lokalen Anführern *(basileis)*, die das durch den Sturz der Paläste geschaffene Machtvakuum füllten und sich als lokale Herrscher *(big men)* etablierten. Andere schlossen sich den Kriegern und Piraten an, die den Palästen den letzten Stoß versetzten.[60] Den beutebeladenen Siegern folgten Handwerker und Mitglieder der Gemeinden, die sich von den Unternehmungen der »Seevölker« bessere Verdienste erhofften.[61] Ihr Weg wies zur kleinasiatischen Küste und nach Zypern, also dort, wohin die Mykener selbst seit Generationen ihre Raubzüge gerichtet hatten. Auf ihren Plünderungsfahrten werden sie auch Troia nicht verschont haben, doch ihr größter Erfolg war die Eroberung Ugarits um 1160 v. Chr. Auch hier dürften innere Faktoren den Fall der Stadt erleichtert haben: König Hammurapi hatte den Kontakt zu den Händlern und Handwerkern verloren und die Elite der Streitwagenkämpfer einseitig privilegiert. Ferner waren Ugarit durch die Verpflichtungen gegenüber den Hethitern die Hände gebunden. Zur Zeit des Angriffes operierte die ugaritische Flotte weiter westlich, die Palastgarde war ins hethitische Kernland abgezogen. Als die *Shikila (Sikalaju)* mit 50-Ruderern anlandeten, fehlten Verteidigungskräfte. Die Menschen flohen, ihre Siedlungen wurden geplündert und gebrandschatzt[62]; in Ugarit kam es zu Straßenkämpfen, doch das Volk war nicht bereit, sich für einen unbeliebten König zu opfern. Es flüchtete. Der Palast wurde in Brand gesetzt.[63]

Ähnlich wird es der nahe gelegenen Residenz von Ras Ibn Hani und Tell Kazel ergangen sein, das die Seevölker als Sammellager und Operationsbasis nutzten. In den meisten Siedlungen waren nach Aussage der Keramik Fremdländer aus Italien und der Ägäis ansässig, ein weiteres Indiz dafür, dass die Angreifer sich an den Routen ihrer Vorgänger orientierten und sich deren Erfahrungen zunutze machten:[64] Auch in der Levante zündeten die »Seevölker« die Lunte eines Pulverfasses, auf dem die Königreiche seit Jahrhunderten saßen. Ihre Herrschaft konnte nur durch Abgabendruck, Steuern und Getreidezufuhren aufrechterhalten werden und trug den Keim latenter Opposition in sich. Widerstand sammelte sich in marodierenden Banden, verzweifelten Bauern und Teilen der Funktionselite und brach unter bestimmten Konstellationen wie einem zeitgleichen Angriff von der See- oder Landseite hervor.[65]

»Seevölker« im Nildelta

Nur Ägypten war gegen diese Probleme besser gerüstet, weil die Legitimationsbasis der Herrscher größer und religiös abgesichert war und der Nil regelmäßig reiche Getreideernten ermöglichte. Außerdem hatten die Pharaonen mehr Erfahrung in der Abwehr mobiler Verbände zur See. Ihre Chancen waren demnach viel größer, sich der Angreifer und deren Familien zu erwehren, die sich nach der Zerstörung Ugarits und Amurrus entlang der levantinischen Küste dem Nildelta näherten. Irgendwo in Kanaan bestiegen die Männer ihre Schiffe. Dann stießen sie in mehreren Wellen zum Nildelta vor, wurden aber zwischen 1190 und 1179 von Merenptah und Ramses III. zurückgeschlagen. Ägyptische Künstler haben die sich über Jahrzehnte hinziehenden Kämpfe an der Tempelwand von Medinet Habu zu einer Schlacht zusammengefasst.[66]

Bei den Angreifern handelt es sich im Prinzip um die gleichen Gruppen der *Ekwesh*, *Lukka*, *Sherdana* und *Shekeles*, die »von den nördlichen Ländern« kommend 1208 das Nilland angegriffen hatten (s.o.S. 32).[67] Unter ihnen befanden sich auch die Peleset, die uns aus dem Alten Testament als Philister bekannt sind. Ihre Keramik weist auf mykenisch-ägäische Kontakte, Beeinflussungen oder Ursprünge hin. Sie siedelten sich nach oder noch vor der Niederlage am Nildelta wie die Sherdana in einem Küstengebiet der südlichen Levante an, das noch heute ihren Namen (Palästina) trägt. Weitgehend autonom und in Stadtstaaten organisiert, übernahmen sie den Garnisonsdienst zum Schutz des Landes, u.a. gegen die Verbände der »Könige« von Israel und Juda.[68]

Dass die Philister wie die Sherdana nicht nur ausgezeichnete Seefahrer (aber wie die Mykener keine Fernhändler), sondern auch geübte Nahkämpfer waren, lehrt die hebräische Bibel. Sie kennt *Cheretite* und *Pelethithe* (= *Krethi* und *Plethi* = Kreter und Philister) als Leibwachen und Heeresteile König Davids.[69] Ebenso weist der berühmteste Zweikampf der Geschichte zwischen David und dem Philister Goliath auf die Kriegertradition der Seevölker. Goliath ist ein Nahkämpfer, ausgestattet mit Bronzehelm, Speer, Schwert, Schuppenpanzer und Beinschienen, ähnlich wie die achäischen Helden vor Troia. Wir kennen eine vergleichbare Bronzerüstung aus dem mykenischen Griechenland (bei Dendra), die für Duelle konzipiert war.[70] Auch die Vorstellung von der riesenhaften Größe Goliaths stammt aus dem ägäischen/mykenischen Raum. Er reflektiert vermutlich den für nahöstliche Verhältnisse aufwendigen Helmbusch und dürfte eine Reminiszenz an den gefiederten »Helm« der (italischen) Seevölker sein, der auch von den Philistern benutzt wurde.[71] Im Nahkampf unbezwingbar wird Goliath von einem Steinschleuderer aus der Ferne niedergestreckt, genauso wie der achäische Held Achilles in der Ebene vor Troia nur von dem Pfeil des Paris an seiner Ferse verletzt werden kann. Schleuderer gehörten nachweislich zu den bronzezeitlichen Armeen.[72] Die äußeren Merkmale des Schwerbewaffneten mögen anachronistisch sein, doch die Verfasser der Königsbücher erachteten eine Übertragung als realistisch: Goliath bildet das Scharnier zwischen zwei Epochen: die des italischen Nahkämpfers, der im Osten sein Glück sucht, und des »griechischen« Kriegers, der seine Kampfkraft den neuen Mächten zur Verfügung stellt, die sich in den Jahrhunderten nach der Seevölkermigration etablieren sollten.

2.
PHÖNIKER UND EUBÖER AUF DEM WEG IN DIE FERNE

Der Aufstieg der phönikischen Hafenstädte

Auch wenn die »Seevölker« am Nildelta gestoppt, angesiedelt oder in die Armee der Sieger übernommen wurden – die von ihnen bewirkten Umwälzungen waren folgenreich: In Griechenland und auf Kreta traten nach einer längeren Übergangsphase an die Stelle der Paläste Dorfgemeinschaften und Fürstensitze unter Führung einflussreicher Männer *(basileis)*. In Kleinasien entwickelten sich kleinere Königreiche wie das der Phryger und Lyder auf dem Gebiet der Hethiter. Der diplomatische Verkehr zwischen den Palastherrschaften sowie der Handelsaustausch mit Luxuswaren, großen Amphoren und standardisierten Warenmengen, wie sie das Uluburunschiff mit sich führte, kamen im östlichen Mittelmeerraum (zunächst) zum Erliegen.[1]

Weniger betroffen waren die Fernverbindungen nach Westen. Die *basileis* führten die Schiffbaukunst der Mykener fort[2], und bewahrten das maritime Wissen, das die mykenischen Küstengemeinden angesammelt hatten. Händler und Handwerker, die im Gefolge der »Seevölker« in die Levante zogen, boten Waren an, die zum Teil aus Italien und dem Balkangebiet stammten und sich in der Folge wieder über Kreta (Kommos), Euböa und Zypern verbreiteten. Auch ihre Aktivitäten dürften ein Grund dafür gewesen sein, dass der Überseehandel des nordsyrischen Raumes zurückging, aber intakt blieb. Ugarits Hafen wurde wieder aufgebaut, und die Zyprer übernahmen seit dem 9. Jahrhundert einen Großteil des Überseehandels mit Keramik, Kupfer und Textilien. Die Levante lieferte Agrarprodukte gegen zyprisches Kupfer und Handwerkserzeugnisse, Silber aus Spanien, Anatolien, Attika und Sardinien kam an die ostmediterranen Küsten. Wissen um Routen und Küsten wurde mündlich tradiert.[3]

Einen neuen Aufschwung nahm auch die Levante. Byblos, Sidon und Tyros hatten die Angriffe der Seevölker fast unbeschadet überstanden, kooperierten wahrscheinlich sogar mit ihnen. Sie gewannen durch den Wegfall der nördlichen Großreiche neue Handlungsspielräume.[4] Die Menschen der Städte nannten sich Kanaaniter *(kinahhu)*. Die Griechen bezeichneten sie als Phöniker, im Anklang an das berühmteste Produkt ihrer Heimat, die rote Farbe (griechisch: *phoinikeos* = rot) der Purpurschnecke. Die Phöniker benutzten eine semitische Schrift und führten ein urbanes Leben unter lokalen Fürsten (»Königen«). Diese lenkten, unterstützt von einem Rat der Alten, die Außenpolitik, kommandierten die Flotte und überwachten die Ressourcen ihrer Stadt in einer Welt, die seit Urzeiten durch die Machtkämpfe der Territorialreiche geprägt war.[5]

Wer hier mit einem schmalen agrarischen Hinterland überleben wollte, musste Fähigkeiten besitzen, die für die mächtigeren Nachbarn so attraktiv waren, dass sie von einer Eroberung Abstand nahmen. Ugarit hatte es vorgemacht: Die nördliche Küste der Levante bot am Schnittpunkt ostmediterraner und vorderasiatischer Handelsrouten die besten Chancen, die Nachfrage Assyriens, Babyloniens und Ägyptens nach Rohstoffen und handwerklichen Produkten zu befriedigen. Ein ägyptischer »Reisebericht« erwähnt 20 Handelsschiffe im Hafen von Byblos sowie 50 Einheiten in Sidon.[6] Während jedoch die phönikischen Städte früher vornehmlich Zedernholz aus ihrem Hinterland über See exportierten, scheint sich im 10. und 9. Jahrhundert – auch aufgrund eines geänderten Bedarfs sowie der Erschöpfung der levantinischen Holzressourcen – der Export auf Textilien, Stoffe, Ledermatten, Elfenbein und Metallgefäße sowie Wein in eigens dafür hergestellten Transportamphoren verlagert zu haben. Die unterschiedlichen Waren und Produkte deuten auf handwerkliche Spezialisierung; und sie ermöglichten einen ausgedehnteren Handel über das offene Meer als der beschwerliche, nur an der Küste mögliche Holzexport. Umgekehrt erforderte die neue Warenproduktion Rohstoffe, deren Zufuhr nur durch die Ausdehnung überseeischer Verbindungen gesichert werden konnte.[7]

Ähnlich wie die Könige von Ugarit scheinen sich die Regenten der phönikischen Städte in den überregionalen Handel wenig eingemischt zu haben. Sie bewahrten lediglich ihr Monopol auf den Vertrieb von Zedernholz. Ab dem 8. Jahrhundert übernahm wahrscheinlich eine Aristokratie die

Kontrolle über den Fernhandel und die Ansiedlungen an fremden Küsten, wobei die Städte um Macht und Einfluss konkurrierten. Die bedeutendste neben Sidon wurde Tyros. Macht und Reichtum der Stadt beruhten nicht zuletzt auf dem Wissen über die Produkte und Bedürfnisse fremder Länder. Die »Totenklage von Tyros« aus dem Buch Ezechiel des Alten Testament (6. Jh. v. Chr.) nennt Kaufleute aus Saba und Rama (Südarabien), die Spezereien, Gold und Silber gegen phönikische Waren geben; Kontakte reichten bis Afrika und Spanien.[8]

Berühmt waren die Tyrer für ihre technischen Fertigkeiten und ihre Schiffsbaukunst. Sie konstruierten bauchige Handelsschiffe und schmale Pentekonteren, deren Planken und Spanten mit Eisennägeln zusammengehalten und durch einen markanten Kiel stabilisiert wurden – offenbar ein Erbe der »Seevölker«.[9] Die Phöniker nutzten ihren technischen Vorsprung, indem sie Landmächten nicht nur ihre Dienste als Fern- bzw. Zwischenhändler, sondern auch als Baumeister und Kunsthandwerker anboten.[10] Hiram I. von Tyros (971–939 v. Chr.) soll König Salomon Holz und Rohmaterialien sowie Baumeister für die Errichtung des Tempels von Jerusalem geschickt und im Gegenzug Nahrungsmittel (vor allem Getreide) erhalten haben; phönikische Handwerker schufen den Elfenbeinthron Salomons. Schließlich habe Hiram Seeleute und Schiffe zur Verfügung gestellt, die mit einer von Salomon in Ezeon Geber (Akaba am Roten Meer) gebauten Flotte nach Ophir – einem geheimnisvollen Land im Indischen Ozean, Indien, Südarabien oder an der ostafrikanischen Küste (Sudan oder Somalia) – segelten und gewaltige Mengen an Gold, Sandelholz und Edelsteinen zurückbrachten.[11]

Nun können allerdings die archäologischen Funde die Aussagen der Bibel über ein glanzvolles salomonisches Königreich im 10. Jahrhundert nicht bestätigen. Sie sprechen vielmehr für eine recht bescheidene Herrschaft von »Stammeskönigen«, der man solche Großprojekte nicht zutrauen mag.[12] Ferner gibt es nicht die geringsten außerbiblischen Hinweise auf einen mächtigen tyrischen König Hiram im 10. Jahrhundert. Sehr wahrscheinlich übertrugen demnach die Verfasser der alttestamentarischen Bücher »Könige« Verhältnisse des 9. oder des 8. Jahrhunderts (oder der Exilzeit) auf die Frühzeit. Im 9. Jahrhundert regierte die Omridendynastie das Nordreich, im 8. Jahrhundert konnte sich Juda unter dem Schutz der Assyrer zu einem blühenden Königreich entwickeln, auf das viele Beschreibungen der salomonischen Zeit passen. Die Angaben über gemeinsame Seehandelsunternehmungen der Hebräer und Phöniker gehören wahrscheinlich in diese Zeit.[13]

Sicherlich übertreibt das Alte Testament, was den Anteil der Hebräer an dem Unternehmen und ihren Gewinne angeht. Doch nicht zu bezweifeln ist, dass eine aufblühende hebräische Dynastie zur Versorgung ihres Einflussgebietes mit Metallen, Hölzern und anderen Ressourcen auf das Know-how der Phöniker angewiesen war.[14] Wahrscheinlich erhielten die Tyrer im Gegenzug Getreide und Öl (vielleicht auch Wein und Honig) sowie die Erlaubnis, das Einflussgebiet ihres Königreiches am Roten Meer als Ausgangspunkt für eine Expedition auf der Suche nach Edelmetallen, Edelhölzern (Sandelholz) und Gewürzen (Zimt) gegen beträchtliche Gewinnanteile zu nutzen.[15] Vielleicht dienten die als Krieger gut beleumundeten Hebräer als Schiffssoldaten. Die Expedition in das sagenumwobene Ophir wäre demnach eine Raubfahrt gewesen, zu der die Hebräer das nautische Wissen und die Schiffe der Tyrer benötigten. Das würde auch erklären, warum das Unternehmen im Gegensatz zu den anderen Fahrten der Phöniker nur einmal innerhalb von drei Jahren stattfand (ein zweiter Versuch scheiterte 100 Jahre später) und nicht zu dauerhaften Handelskontakten führte.[16]

Das größte Abenteuer: Die Umrundung Afrikas?

Wenn man Ophir – wie heute meist üblich – mit einer Küstenzone des Roten Meeres oder Somalias identifiziert, wird man ferner damit rechnen, dass die Ägypter einen Zugriff auf ihr Goldmonopol im »Südmeer« und die Zimt- und Elfenbeinquellen Somalias verhinderten. Wahrscheinlich suchten sie die phönikischen Eindringlinge für ihre Zwecke einzuspannen und in andere Gefilde abzulenken.[17] Diesen Bemühungen liegt eine Expedition zu Grunde, die phönikische Seefahrer im Auftrag des Pharao Necho II. (610–595) um 600 v. Chr. wiederum in das Südmeer führte.

Necho hatte sich in den ersten Jahren seiner Regentschaft nach mehreren Niederlagen gegen die Könige von Juda und Babylon aus dem syrisch-palästinensischen Raum zurückziehen müssen und seine Energien auf die Kontrolle des Seehandels im Roten Meer konzentriert. Zu diesem Zweck wurden Flotten am Mittelmeer gebaut und ein Kanal zwischen Nil und Rotem Meer ausgehoben.[18] Höhepunkt seiner Bemühungen bildete der Auftrag an phönikische Seeleute (wahrscheinlich aus Tyros), die sich während ihrer Ophir-Expedition als Rotes-Meer-Spezialisten (und vielleicht schon vorher auf den mit »Byblos«-Schiffen unternommen Punt-Fahrten) einen Namen gemacht hatten, aus dem arabischen Golf weiter südlich vorzustoßen und der gesamten Küste Afrikas (Libyens) so weit in westlicher Richtung zu folgen, bis sie die Säulen des Herakles erreichten. Von dort sollten sie durch das Mittelmeer zurückkehren. Die Umrundung Afrikas war laut Aussage des griechischen Historikers Herodot erfolgreich, ein sensationelles Unternehmen – wenn es historisch ist.[19]

Um zu einer plausiblen Einschätzung zu gelangen, gilt es zunächst, die Ausrichtung der Fahrt sowie die Nachricht, dass Afrika umrundet wurde, vor dem Hintergrund der zeitgenössischen geographischen Vorstellungen und des politischen Kontextes zu analysieren. Zu Beginn der Fahrt wussten weder Ägypter noch Phöniker von der enormen Südausdehnung des afrikanischen Kontinents. Sie nahmen an, dass nach einer relativ kurzen Südfahrt die Schiffe nach Westen abbiegen und entlang einer mehr oder weniger geraden, sanft nach Nordwesten neigenden Küstenlinie nach Gibraltar gelangen würden. Demnach sollte die Westfahrt an der afrikanischen Südküste nicht wesentlich länger dauern als die Rückfahrt durch das Mittelmeer. Die Richtung und das Ausmaß einer *so* dimensionierten Expedition knüpften organisch an die Punt- und Ophirfahrten an, und sie stehen in einem gut beglaubigten und schlüssigen Kontext: Dass die Levante Handelskontakte bis nach Südarabien oder sogar Somalia pflegte, deutet u.a. die Geschichte vom Besuch der Königin von Saba bei Salomon an. Sie brachte Balsam mit, das angeblich in den königlichen Gärten in Jerusalem und Jericho angebaut und wohl nach Tyros exportiert wurde.[20] Sicherlich passierten demnach die phönikischen Seefahrer die gleichen Gebiete der ostafrikanischen Küsten, welche die Punt- und Ophirexpeditionen auf der Suche nach Gold, Zimt und Weihrauch angesteuert hatten. Manche vermuten, dass bereits frühere Expeditionen der Ägypter von phönikischen Seeleuten durchgeführt wurden.[21]

Alles hängt nun von der Frage ab, ob man eine Weiterfahrt über die somalische Küste (Azanien) nach Süden und eine vollständige Umrundung Afrikas für realistisch hält. Eine solche Fahrt wäre ungefähr fünfmal länger als die angenommene, die in etwa der West-Ausdehnung des Mittelmeeres entsprach. Sicherlich waren die Phöniker für ein solches Unternehmen technisch, nautisch und logistisch gewappnet: Sie konnten gegen widrige Winde kreuzen und gegen Strömungen anrudern.[22] Nach Aussage Herodots hätten sie während der Fahrt um Afrika dreimal im Herbst ihre Schiffe an Land gezogen (so wie man es auch im Mittelmeer machte) und den Boden bestellt, bevor man im Frühjahr weiterfuhr und im dritten Jahr die Säulen des Herakles erreichte. Die sich hieraus ergebende Länge der Fahrt mit ihren Unterbrechungen ist an sich realistisch. Allerdings könnte die von Herodot überlieferte dreijährige Fahrtdauer auch eine aus der phönikisch-levantinischen Tradition übernommene Chiffre für eine »sehr lange Fahrt« sein (auch andere Fernfahrten der Tyrer dauerten angeblich drei Jahre, s.u. S. 44). Zudem wird man damit rechnen müssen, dass die Überlieferung mehrere Fahrten der Phöniker, die über einen längeren Zeitraum etappenweise die Küsten Afrikas erschlossen, zu *einer* großen Fahrt kondensierte, ähnliche wie die pharaonischen Siegesinschriften die sich über längere Zeit hinziehenden Migrationen der Seevölker zu einem Schlachtereignis zusammenfassten (s.o.S. 39). Möglicherweise wurden sich die phönikischen Kapitäne so auch nicht auf *einer* Expedition, sondern Schritt für Schritt des Phänomens bewusst, das Herodot als unglaubwürdig empfand: dass sie nämlich bei der Umfahrung Libyens die Sonne zur Rechten gehabt hätten.[23] Tatsächlich steht nach Passieren des Äquators die Mittagssonne zumindest während der Fahrt um das Kap der Guten Hoffnung in westlicher Richtung und die aufgehende Sonne bei der Fahrt von dort nach Norden entlang der westafrikanischen Küste bis zum Äquator zur Rechten. Herodot ging dagegen davon aus, dass der Sonnenstand gleich bleiben müsse wie bei einer Westfahrt an der nordafrikanischen Küste (im Mittelmeer).[24] Allerdings konnte man auch aus theoretischen Erwägungen zur Vermutung gelangen, dass südlich der Wüstenzone des Äquators »die Sonne zur Rechten steht«. Schon Beobachtungen in den Gebieten südlich des nördlichen Wendekreises ließen darauf schließen.

Ein weiteres Phänomen bleibt erklärungswürdig, die Tatsache nämlich, dass die Expedition keine Nachahmer fand und – noch erstaunlicher – dass sie sich weder unmittelbar danach noch während der gesamten Antike in einer entsprechenden Veränderung des geographischen Afrikabildes niederschlug. Sieht man von den Spekulationen über eine Gegenoikumene im 5. und 4. Jahrhundert ab, so hat kein antiker Autor eine auch nur annähernd realistische Südausdehnung des Kontinents angenommen. Man verharrte in der Vorstellung, wonach sich die Südküste Afrikas in einer mehr oder weniger geraden Linie von der Höhe Südsomalias bis zur atlantischen Westküste erstreckte. Eine derart hartnäckige Weigerung, die sich aus einer Afrikaumsegelung ergebenden geographischen Schlussfolgerungen anzuerkennen bzw. zu tradieren, ist merkwürdig. Man könnte sie damit erklären, dass sich traditionelle, über längere Zeit verfestigte Weltbilder erfahrungsgemäß resistent gegenüber »singulären« Neuentdeckungen verhalten, wenn diese nicht wiederholt und nachhaltig werden. Im Falle der Afrikaumrundung kam die »Entdeckung« zudem noch aus einem fremdsprachigen und nicht immer gut beleumundeten Kulturkreis (dem phönikischen) mittelbar in den Wissenshorizont der Griechen, was ihrer Akzeptanz und Verfestigung unter den Gelehrten nicht gerade förderlich gewesen sein dürfte.

Den stärksten Einwand bilden die enormen Gefahren einer Umrundung Afrikas zumal am Kap der Guten Hoffnung. Wenn die vorausgegangenen Ophirfahrten die Küstenzonen des Roten Meeres oder Somalias ansteuerten, von der aus ein Landweg zu den Goldlagerstädten Nubiens führte, wäre deshalb zu erwägen, ob es nicht anstelle einer rein maritimen Afrikaumrundung – wie häufig in der Antike – eine Kombination von See- und Landexpeditionen gab, die später von den Phönikern im vermeintlichen Wissen um die Ausdehnung des Kontinents als eine Umrundung ausgegeben wurde. So gibt es Hinweise darauf, dass im 6. Jahrhundert v. Chr. die später so bedeutende Hafenstadt Rhapta an der afrikanischen Ostküste Kontakte ins Landesinnere besaß.[25] Weiterhin darf man Verbindungswege vom Südsudan in den Bereich des Tschadsees und von dort westlich zu den Flusssystemen des Nigerbeckens und des Senegal annehmen. In manchen Gebieten konnte die Archäologie für die Zeit zwischen 600 und 500 v. Chr. protourbane Strukturen mit Kupfer- und Eisenverarbeitung nachweisen (s. u. S. 166).[26] 100 Jahre nach der Nechoexpedition zeigten die Karthager großes Interesse an den innerafrikanisch-transsaharischen Routen, so dass ein früherer Versuch, sie von Ostafrika aus zu erschließen, nicht grundsätzlich von der Hand zu weisen ist.

Das Dorado von Tartessos

Viel weniger als mit der Historizität des Unternehmens hat man sich mit der Frage beschäftigt, was die Pharaonen eigentlich zu der Expedition veranlasst hat. Wissenschaftliche Neugier und das Bemühen, die Küsten und Größe Afrikas zu erkunden[27], reichen als Antwort nicht aus. Das wäre singulär und aus einer neuzeitlichen Perspektive gedacht. Entscheidend ist der historisch-politische Kontext. Die Afrikaumsegelung war Teil der maritimen Anstrengungen, die Necho infolge des Machtverlustes in der Levante auf sich nahm. Die Suche nach alternativen Einflussgebieten war die Konsequenz dessen, dass die ostmediterranen Küsten und ihre Reichtümer dem Zugriff Ägyptens entglitten.[28] Ophir war ein lukrativer Ersatz, der aber schon lange bekannt war und in dieser schwierigen Lage nicht ausreichte. Dass im fernen Westen größere Reichtümer zu heben waren, wussten die Ägypter durch die Phöniker selbst.

So erzählt das Alte Testament von einer »Tarsis-Flotte« Salomons, die mit den Schiffen Hirams »beladen mt Gold, Silber, Elfenbein, Affen und Pfauen« heimkam und drei Jahre unterwegs war, also genauso lange wie die angebliche Umrundung Afrikas dauerte.[29] Legt man an diese Überlieferung den gleichen quellenkritischen Maßstab an wie an die Texte zur Ophirexpedition, so dürfte sich eine solche Kooperation (wenn überhaupt) erst im 8. Jahrhundert v. Chr. ergeben haben, zumal das Ziel weiter entfernt lag: Mit Tarsis ist aller Wahrscheinlichkeit nach das andalusische Tartessos gemeint, eine blühende Stadtkultur, die berühmt war für den Abbau und den Export von Silber. Die Iberische Halbinsel ist das mineralreichste Land der Antike. Die übrigen, im Alten Testament erwähnten Produkte dürften aus Westafrika kommend, in Tartessos weitergehandelt worden sein.[30]

Die Phöniker gehörten zu den ersten auswärtigen Interessenten. Sie boten im Gegenzug Gebrauchsgegenstände und orientalische Luxusprodukte.[31] Um den Austausch zu erleichtern, legten sie im 9. Jahrhundert Siedlungen an der andalusischen Küste an, der wichtigsten Kontaktzone zwischen der atlantischen und mediterranen Welt. Der am frühesten (ca. 900 v. Chr.) bezeugte Umschlagplatz Huelva sowie das etwas südlicher gelegene Gades (Cádiz) wurden zu den bedeutendsten Anlauf- und Ausgangspunkten aller Atlantikfahrten auf der Zinnroute nach Norden sowie zur marokkanischen Küste.[32] (Nicht ohne Grund legten Kolumbus nach seiner ersten Fahrt und Cortés nach der Eroberung Mexikos in Palos de la Frontera nahe Huelva an). Außerdem boten beide Siedlungen günstige Verbindungen zu den Silber- und Kupferminen des Rio Tinto, der Sierra Morena und der spanischen und portugiesischen Estremadura. Deshalb wurden die Siedlungen vornehmlich von Handwerkern, Töpfern, Bergarbeitern und Steinmetzen bewohnt. Darüber hinaus gab es phönikische Künstler, die einheimischen Fürsten die Kunst der Mosaikverzierung vermittelten.[33]

Dass die östliche Mittelmeerwelt von den Schätzen in Tartessos und den Fahrten der Phöniker erst rund 100 Jahre später erfuhr, deutet die Aussage des Propheten Jeremia (625 bis 585 v. Chr.) an, wonach die Tyrer Silber aus Tartessos bezogen.[34] Jeremia lebte in der Zeit, als Necho seinen Auftrag zur

Afrikaumsegelung an die phönikischen Seeleute vergab. Es spricht demnach viel dafür, dass auch der Pharao in der schwierigen Lage nach dem Verlust des levantinischen Einflussgebietes von den tartessischen Reichtümern profitieren wollte. Eine alternative Route außerhalb des Mittelmeeres zu suchen, lag nach dem Machtverlust in der Levante (sowie dem Aufstieg Karthagos) nahe und reiht sich nahtlos ein in seine nach Süden gerichtete maritime Politik. Die Afrikaumsegelung war somit ein ägyptisches Projekt, das von den levantinischen Phönikern nicht weiter verfolgt wurde.

Die euböisch-phönikische »connection«

Das Interesse der Phöniker richtete sich auf den Mittelmeerraum, ganz in der Tradition der bronzezeitlichen Seefahrer. Sie benutzten kleinere Schiffe, die über das offene Meer segeln konnten.[35] Über die Ägäis ging es nach Kreta, Malta und von dort nach Unteritalien und Sardinien. In Kommos errichteten phönikische Seefahrer um 800 v. Chr. innerhalb eines Tempels am Hafen einen Dreisäulenaltar nach kanaanitischem Muster. Vielleicht siedelte sich bei Knossos ein phönikischer Meister des Kupferhandwerkes an.[36]

Was die Phöniker in dieser frühen Phase antrieb, war im Prinzip das gleiche, was die Ugariter und die anderen Seefahrer der Bronzezeit bewog: Profit und der Erwerb wertvoller Mineralien. Später mag der militärische Druck der Assyrer hinzugekommen sein, der die Phöniker zwang, für die Könige des Nahen Ostens und ihre Armeen Rohstoffe – insbesondere Eisen – zu besorgen. Doch das gilt wohl nicht für die frühen Fahrten.[37] Der Zugriff auf wertvolle Mineralien und günstig gelegene Anlaufstellen waren der Grund dafür, dass die Phöniker zeitgleich mit dem Vorstoß nach Ophir und Tartessos ihre Kontakte mit Zypern (Gründung von Kition im 9. Jahrhundert) intensivierten. Neben Kreta bildeten die Küsten und Inseln Griechenlands dann einen natürlichen Zwischenstopp auf dem Weg nach Westen mit viel besseren Ankermöglichkeiten und Windverhältnissen als die Große Syrte. In Attika und auf einigen Ägäisinseln konnte man Olivenöl einladen, um es im Westen gegen Edelmetalle einzutauschen. Gleichzeitig lockten die Silbervorkommen von Athen (Laureion) und Thasos.[38]

Zwischen Athen und Thasos lag die Siedlung von Lefkandi auf Euböa, mit der die Phöniker ebenfalls intensive Handelskontakte pflegten. Mykenische Flüchtlinge und Rückkehrer hatten hier im 11. Jahrhundert eine Adelskultur mit einem Kriegerkönig etabliert, der auf seine Waffentaten nicht weniger stolz war als auf seine weitreichenden Handelsverbindungen (in den Osten).[39] Die Euböer ähnelten den Phönikern in vielerlei Hinsicht. Auch ihre agrarischen Ressourcen waren begrenzt und sie wandten sich deshalb früh dem Überseehandel zu. Als Exportprodukte dienten Keramik, Duftpflanzen, Olivenöl und Wein. Ferner transportierten sie Getreide, Kunstprodukte und Mineralien an Kunden in Griechenland und Kleinasien. Das Verhältnis zu den Phönikern war je nach Situation von Kooperation und Konkurrenz geprägt. Besonders häufig trafen euböische und phönikische Händler auf Zypern, im tyrischen Kition sowie in den levantinischen Hafenstädten zusammen. Euböische Amphoren zum Wein- und Öltransport sowie fein dekorierte Keramik fanden sich bereits zwischen 950 und 900 v. Chr. in Tyros. In der ersten Hälfte des 8. Jahrhunderts gab es euböische und kykladische Keramik in Samaria, der Hauptstadt Israels. Nicht wenige Euböer integrierten sich in »orientalische« Siedlungen; euböische Adlige strebten Heiraten mit Familien aus Tyros an.[40]

Auf diese Weise gelang es den Euböern, sich in die von den levantinischen Kaufleuten gebahnten Kommunikationskanäle mit den nahöstlichen Großreichen einzuschalten. Stützpunkte im Nahbereich der großen Austauschzonen dienten als Zwischenstation und boten Zugang zu den Ressourcen des Landes sowie Märkte zum Tausch und Handel. Ein solcher Ort war Al Mina am Orontes in Nordsyrien. Vielleicht ist die Siedlung von Euböern mit Erlaubnis lokaler Herrscher gegründet worden.[41] Doch relativ früh müssen die Lagerhäuser und Kontore auch von phönikischen Kaufleuten mit benutzt worden sein. Diejenigen Euböer, die längere Zeit in Al Mina lebten, werden sich Frauen aus dem Umland und Nordsyrien gesucht haben. Al Mina bot ein agrarisch reiches Umland sowie Zugang zu den Rohstoffen Zyperns (Gold, Zinn und Kupfer) und zu den Luxuswaren aus dem mesopotamisch-levantinisch-ägyptischen Raum. Zum anderen war der Ort eine ideale Ausgangsbasis, um sich den östlichen Mächten (Assyrer) als Söldner anzubieten oder Raubzüge zu unternehmen, denn Handel, Piraterie und Söldnerdienst waren nach wie vor keine scharf getrennten Professionen.[42] Wie später in vergleichbaren Fällen dürften die Assyrer ein Gegengewicht gegen den dominierenden phönikischen Einfluss durchaus gerne gesehen haben.

Auch im Westen bewegten sich die Euböer zumindest teilweise entlang der Routen, die von den Phönikern erschlossen waren.

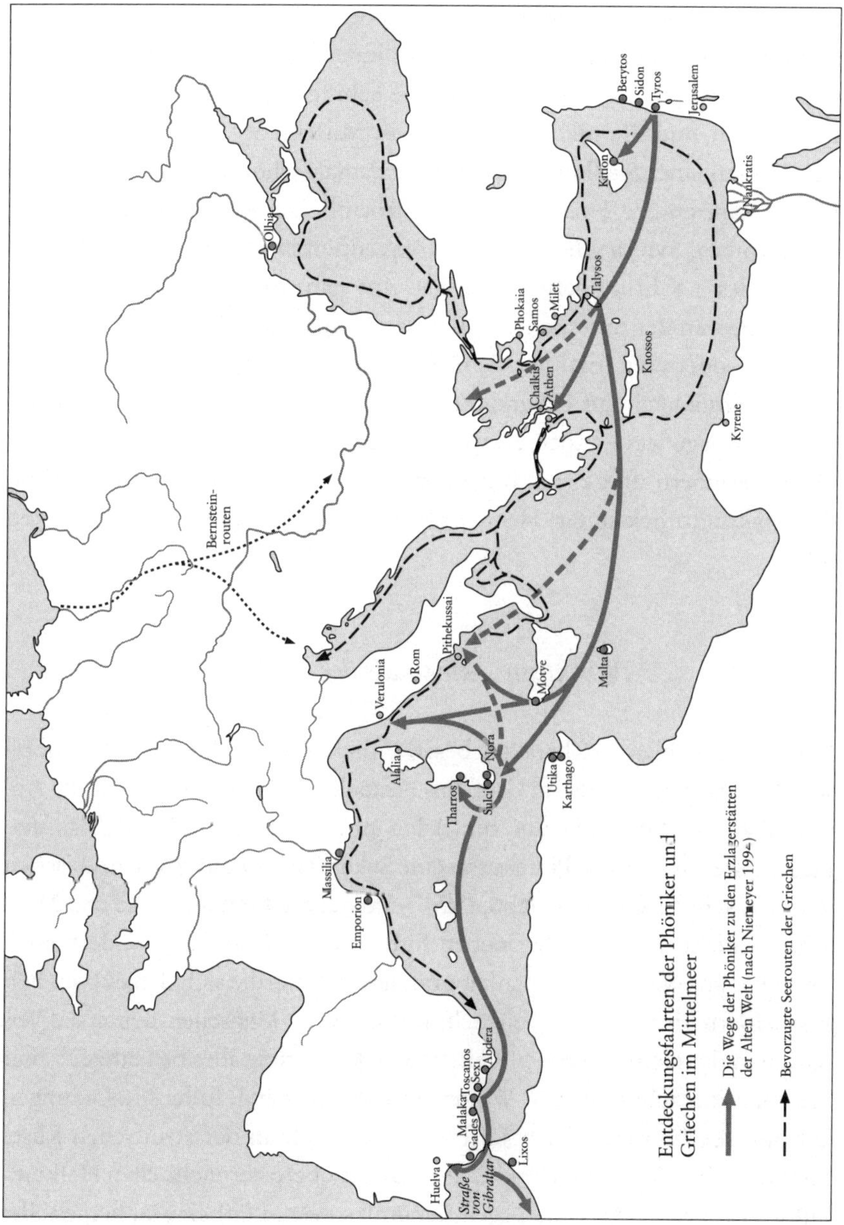

Entdeckungsfahrten der Phöniker und
Griechen im Mittelmeer

Manche glauben, dass Euböer den Transport phönikischer Keramik in das spanische Huelva übernahmen, während andere umgekehrt einen Transport griechischer Keramik durch phönikische Schiffe vermuten.[43] Vielleicht stießen Euböer und Phöniker gemeinsam in Mittelitalien den Tiber flussaufwärts bis zu einer Siedlung vor, die wohl damals schon Rom hieß. Auch die Handelsfahrten der Tyrer an der nordafrikanischen Küste waren Teil einer von Zyprern, Syrern und Euböern frequentierten Handelsregion. Die Literatur des 4. Jahrhunderts v. Chr. hat eine ganze Reihe von griechischen Ortsnamen an der tunesischen Küste wie Hippu Akra (Biserta), Pithekussai (Tabarka) oder eine Insel mit dem Namen Eubois bewahrt, die mit großer Wahrscheinlichkeit auf Erkundungen euböischer Seefahrer zurückgehen.[44] Auch Karthago war – anders als spätere Legenden suggerieren – ein von Phönikern, Euböern und Zyprern gemeinsam besuchter (und vielleicht schon den Mykenern bekannter) Handelsplatz, von dem man weiter nach Westen fuhr.[45]

Pithekussai, die Stadt der Mutigen

Einen vergleichbaren Charakter besaß Pithekussai, die berühmteste euböische Siedlung auf Ischia im Golf von Neapel. Der Name deutet auf die Anwesenheit von Affen *(pithekoi)* hin. Affen gibt es aber nur in Nordafrika, deshalb dürfte das italische Pithekussai eine Sekundärgründung des tunesischen gewesen sein.[46] Auf Ischia lebten vor rund 3000 Jahren an die 10.000 Menschen – nicht nur Korinther neben Euböern und Rhodiern, sondern auch Phöniker aus Nordafrika, Spanien und der Levante, die sich den euböischen Erstsiedlern hinzugesellten; ein Schmelztiegel von Menschen, denen das Verharren in der Heimat wenig und Erfolg in der Fremde alles bedeutete.[47] Hier zog man die Schiffe in den Wintermonaten an Land, füllte die Ladungen auf und segelte weiter nach Tartessos. Aber auch an der etrurischen Küste konnten Zinn, Kupfererze und Eisen (aus der oberösterreichischen Hallstattkultur) und vielleicht Gold gegen Keramik sowie in Pithekussai hergestellte Kunstgegenstände orientalischen Stils, Salböl und Wein eingetauscht und für die eigenen Bedürfnisse (als Pflugscharen oder Waffen) verarbeitet oder in den Osten weitergehandelt werden. Außerdem musste man Getreide aus dem nahen Kampanien beziehen, denn eine Gemeinde von 10.000 Menschen, die mehrheitlich nicht Bauern, sondern Handwerker, Händler, Piraten und Schmiede waren, konnte sich von den Erträgen der Insel allein nicht ernähren.[48]

Die Ausgrabungen offenbaren eine Kultur voller Lebensfreude und Geschmack. Man fand Parfumfläschchen und Glaswerk, das bei sportlicher Ertüchtigung sowie in trinkfesten Männergesellschaften *(symposia)* verwendet wurde. Zu den regelmäßigen Gästen der Euböer dürften phönikische und etruskische Herren gezählt haben. Wie die Euböer in Al Mina einheimische Frauen heirateten, so bemühten sich die Griechen und Phöniker von Pithekussai um etruskische Damen vom Festland. Orientalen hatten italische Frauen und bestatteten ihre Kinder nach griechischer Sitte.[49] Die Kinder wuchsen zweisprachig auf und waren für die mündliche und schriftliche Kommunikation innerhalb der Inselgemeinde und nach außen von herausragender Bedeutung.

Vielleicht erfolgte deshalb gerade hier in der multilingualen und ethnisch heterogenen Gesellschaft, die in so hohem Maße vom Handwerk und Handel zwischen Orient und Okzident lebte, der Anstoß zur Übernahme der phönikischen Alphabetenschrift durch die Griechen. Die Alphabetschrift war im späten 2. Jahrtausend v. Chr. in der Levante als ein leicht erlernbares Medium entwickelt worden, um Händlern und anderen mobilen Menschen eine einfachere Wissensfixierung und -übertragung jenseits der von professionellen Schreibern ausgeübten Keilschrift zu ermöglichen.[50] In Pithekussai war auf einem der großen, aus der Ostägäis importierten Keramikbecher zu lesen[51]: »Nestors Becher bin ich, aus dem sich gut trinken lässt,/ Wer aber aus diesem Becher trinkt, sofort wird ihn Verlangen der schön bekränzten Aphrodite ergreifen.« Nestor war der älteste Kämpfer der Achäer vor Troia und nannte einen riesigen Trinkbecher (Kratēr) sein eigen; Aphrodite war als Göttin der Liebe auf fatale Weise mit dem Kampf um Troia verbunden. Jeder schmunzelte über die Ironie der Zeilen, die versprachen, den alternden Krieger durch den Genuss des Weines noch einmal in die Welt der Aphrodite eintauchen zu lassen. Ein gemeinsamer aristokratischer Lebensstil und das kollektive Wissen um alte und immer wieder erzählte Geschichten waren Traditionselemente, die alle verstanden.

Umrisse einer neuen Ordnung im 8. Jahrhundert v. Chr.

Nach 1000 Jahren Seefahrt, Krieg und politischer Umwälzung zeichnete sich eine neue Ordnung ab, die wegweisend für die folgenden Jahrhunderte wurde. An die Stelle der Palastkulturen trat in Griechenland, Zypern und in der Levante, später in Sizilien und Sardinien ein Typ von Gemeinschaft, den wir als Stadtstaat bezeichnen: unabhängige Gemeinden (Poleis) mit einer aristokratischen Elite, eigenen Institutionen, häufig geplanten Siedlungsarealen, die sich der Küste und dem Meer zuwandten und über gute Landungs- und Verteidigungsmöglichkeiten verfügten.[52] Das hatte es in der Bronzezeit auch gegeben. Doch die neuen Städte waren kleiner und bestimmten fast durchgehend die Küsten Griechenlands und der Levante. Vor allem aber scheint der Machtanspruch des Stadtregenten geringer gewesen oder durch aristokratische Familien gänzlich ersetzt worden zu sein. Auch hierbei dürften die Städte der Seevölker und Phöniker eine Vorreiterrolle gespielt haben, ohne dass man einen direkten Einfluss auf die griechische Entwicklung nachweisen kann.[53]

Die Küstenstädte der Levante und der Ägäis erklärten das Mittelmeer zu ihrem Aktionsraum, wobei nach wie vor Teile der nordafrikanischen Küste ausgespart wurden. Die Zahl der Spieler auf dem Feld der Entdeckungen erhöhte sich (wie auch die Gesamtbevölkerung des Mittelmeerraums gewachsen war).[54] Ihr nautisches Wissen hatte sich mündlich bewahrt, und ihre Ziele und Mobilitätsformen knüpften an die Erfahrungen der Seevölker und ihrer Vorgänger an.

Zum einen lockte der Söldnerdienst für Assyrer und Ägypter. Er war vor allem für die Griechen ein Beschleunigungsfaktor des Aufbruchs. Ihre Fußsoldaten zogen ab ca. 900 v. Chr. mit Speer, eisernem Schwert und Rundschild ins Gefecht und waren so erfolgreich, dass der Nahkampf zur Grundlage ihrer politischen Ordnung wurde. Sie beruhte auf der Wehrbereitschaft jedes erwachsenen Bürgers und wurde von einer adligen Elite bestimmt. Diese übernahm den Titel *basileus* der mykenischen Anführer, die sich im Zuge der Seevölkerbewegung als lokale Herrscher etabliert oder größere Bevölkerungsgruppen nach Zypern und in die Levante geführt hatten. Der Söldnerdienst bildete für sie und ihre Gefolgschaften eine zusätzliche Chance zum Erwerb von Reichtum und Ruhm, und er war immer dann, wenn man im internen Machtkampf unterlag, eine Möglichkeit, sich neue Aktionsspielräume zu erschließen. Sie steuerten dabei die gleichen Zielgebiete an, die bereits die Seevölker aufgesucht hatten. Nun verlangten die Armeen der Assyrer und Ägypter die Anstellung griechischer Berufskrieger, die im Gefecht Mann gegen Mann und in einer geschlossenen Linie (Phalanx) zu kämpfen gelernt hatten. Die »Dark Ages« bilden auch hier keinen Bruch, sondern eine Brücke, auf der Strukturen der Bronzezeit in die Archaik hineinragten.

Ebenfalls ein Erbe der späten Bronzezeit und eng verbunden mit dem Söldnerwesen waren Piratenunternehmungen und Raubfahrten.[55] Wieder sind es die gleichen Zielgebiete und Konfrontationsräume: Laut assyrischen Quellen überfielen *Iavan(us)* wie seinerzeit die Mykener und die Seevölker die Küste von Kilikien bis zur Levante.[56] *Iavanu* ist das Äquivalent zu »Ionier«, ein Sammelbegriff für alle Griechen, die aus Sicht des Assyrerreiches aus dem Westen kamen; meist handelte es sich um Euböer.[57] Auch Ägypten blieb ein beliebtes Zielgebiet. Überfälle auf fremde Küsten ließen auf schnelle Gewinne in Form von Sklaven und Luxuswaren hoffen, die weitergehandelt oder im eigenen Haushalt verwendet wurden. Die Angreifer stützten sich auf eine Weiterentwicklung des Fünfzigruderers, der mit zusätzlichem Segel, stabilem Kiel und Rammsporn zur Versenkung gegnerischer Schiffe ausgestattet war.[58]

Fließend waren auch die Grenzen zwischen Überfällen, Piraterie und Fernhandel, der von den *basileis* oder ihren Söhnen betrieben wurde.[59] Es brauchte lange, bis die Handelsvolumina der Euböer und Phöniker die Weiten und Höhen der späten Bronzezeit erklommen hatten; dennoch blieben die Handelsnetzwerke und Seerouten intakt. Phöniker und Euböer knüpften an die Verbindungen der Mykener und Ugariter an, zogen nach Norditalien und Sardinien und nach Südspanien. Alte Knotenpunkte wie Zypern und Kommos wurden durch neue (Karthago, Pithekussai) ergänzt. Die Suche nach Mineralien konzentrierte sich nun aber mehr auf Eisen – es entstand eine reguläre Eisenproduktion – und verlagerte sich auf die neuen Eliten.[60] Der »Palasthandel«, betrieben mit großen Schiffen, wurde zunehmend durch den »privat« betriebenen Handel mit kleineren Einheiten abgelöst. Eine Crew bestand meist aus nicht mehr als einem halben Dutzend Männer unterschiedlicher (kanaanitischer, syrischer, zyprischer, ägäischer und anatolischer) Herkunft.[61] Befreit von der Kontrolle der Paläste, zogen mit ihnen Handwerker, Künstler, Baumeister und Männer, die sich mit der Metallgewinnung und -verarbeitung auskannten. Sie waren begehrte Spezialisten, stets auf der Suche nach neuen Auftraggebern, sei es an den Höfen der Assyrer, in den Städten der etruskischen Adligen oder unter den Häuptlingen Spaniens. Sie experimentierten mit neuen Methoden und tauschten Wissen, Ideen und Erfahrungen aus.[62] Eigeninitiative gepaart mit Abenteuerlust und speziellen Fähigkeiten, das war es, was zumal die Griechen in der Fremde überleben ließ und der Expansion an die entferntesten Küsten einen weiteren Schub verlieh.

Oft führte der Aufbruch zur Anlage von Siedlungen oder Handelsniederlassungen, ganz ähnlich wie es die Philister in der Levante getan hatten.[63] Nicht alle waren erfolgreich, doch manche der phönikischen Gründungen in Nordafrika und Spanien sowie die griechischen Kolonien in Sizilien und Süditalien überflügelten ihre »Mutterstädte« an Reichtum, agrarischen Ressourcen und Bevölkerungszahl. Voraussetzung war ein allgemeines Bevölkerungswachstum in der Levante und im Ägäisraum im 9. und 8. Jahrhundert. Doch nur selten zwangen Landnot oder Hunger zur Auswanderung. Land stand in Griechenland ausreichend zur Verfügung, es fehlten allerdings menschliche und tierische Arbeitskräfte, um mehr als etwa fünf Hektar zu bewirtschaften.[64] Häufiger bewogen inneraristokratische Machtkämpfe die Unterlegenen, in der Ferne ihr Glück zu suchen und die Macht zu gewinnen, die ihnen die Heimat verwehrte. Kein Auswanderer segelte dabei ins Blaue, sondern suchte Gegenden auf, die durch Handels- und Entdeckungsfahrten erschlossen waren. Die Anlage von Apoikien erfolgte auch nicht in einer »Neuen Welt«, sondern sie bewegte sich auf einem mediterranen world-wide-web, das durch Händler, Handwerker, Piraten und Künstler, die »Nomaden der See«, gesponnen war.[65] Sie gingen weniger auf einmalige Gründungsakte zurück, sondern waren Ergebnis einer allmählichen Entwicklung kleinerer Stützpunkte durch »Zusammensiedeln« oder »Ansiedeln« an bestehende Gemeinden. Vielfach dürfte die Stadtwerdung durch einheimische Bevölkerungsgruppen beschleunigt worden sein. Die griechische und phönikische Kolonisation, die binnen 200 Jahren den Mittelmeerraum mit einem Netz unabhängiger Stadtstaaten überziehen sollte, war nur möglich, weil Entdeckungs- und Handelsfahrten das Terrain erkundet und Kontakte mit den Einheimischen den Boden bereitet hatten.

3.
WUNDERINSELN, BESTIEN UND SCHÖNE FRAUEN

DIE SPUR DER HELDEN AN DEN GRENZEN DER WELT

Maritimes Geheimwissen und Erinnerung an große Taten

Wie erfuhren die Menschen des Übergangs von der Bronzezeit zur früharchaischen Epoche die Expeditionen in die Ferne, den Kampf mit dem Meer, die Suche nach Gold und Silber und die Eroberung von Städten? Derlei Erlebnisse mussten dem Vergessen entrissen und memoriert werden, wie auch das Geheimwissen der Seefahrer mündlich weitergegeben wurde.

Beobachtungen bei seefahrenden Völkern zeigen, dass die Erschließung neuer Routen, der Vorstoß in ferne Länder und die Begegnung mit fremden Menschen durch codierte Erzählungen dem vorhandenen Erfahrungsschatz angegliedert und der jüngeren Generation zugänglich gemacht werden. Der Geschichtenerzähler und die Alten, die seine Worte bestätigen, genießen hohe Autorität. Nur sie kennen die Wege in die Ferne zu den verborgensten Schätzen, wissen von den Gefahren und den Mitteln, sie zu umgehen.[1] Ihr Medium ist der Vortrag in Versform, begleitet von der Lyra und durch Bilder veranschaulicht. Ihr Publikum waren in der Bronzezeit Küstengemeinden und Paläste, die Fernfahrten subventionierten und mit deren Erträgen ihren Ruhm vergrößerten. Das sog. »Expeditionsfresko« (wohl 16. Jh. v. Chr.) aus der minoischen Siedlung auf Thera zeigt mehrere Szenen, die mit der Ausfahrt einer Flotte von sieben Schiffen über das Meer auf eine befestigte Stadt hin beginnen. Die Verzierung der Schiffe, die Kleidung der Besatzung und die feierliche Ordnung der Flotte lassen manche an eine Parade oder Prozession zu Beginn der Schifffahrtssaison im Frühjahr denken; auf den

Schiffen befinden sich allerdings auch Soldaten, die ihre Eberzahnhelme am Sonnensegel befestigt hatten. Am Nordfries folgt ein Angriff zu Wasser und zu Lande auf eine Stadt mit einem großen Gebäude und zum Strand hin offenen Galerien, vergleichbar den als Schiffshäuser gedeuteten Hallen von Kommos.[2] Eingewoben sind Beratungsszenen sowie ein Schiffsunglück auf hoher See oder an einem Kap.

Eine solche Bilderfolge bleibt ohne die dazu gehörende Geschichte unverständlich. Sie handelt von Krieg und Frieden – ein duales Muster, das später auch von Homer zur Beschreibung der Welt auf dem Schild des Achilles benutzt wird: einer feierlichen Paradefahrt und einer Raubfahrt kühner Männer, die sich weder von den Gefahren der See noch den Verteidigungskünsten einer Stadt schrecken lassen. Das war es, was die Adelsgesellschaft für wert hielt, festgehalten zu werden. Gemälde wie die von Thera mussten jedoch immer neu zum Leben gebracht werden und sie weckten die Neugier auf mehr: Professionelle Sänger nahmen Variationen vor und ergänzten das Grundgerüst der Geschichte.[3] Mal wollte man mehr wissen über die Helden und ihre Pläne, ob es Streit und Verrat gab, wer sich bewährte und welchen Gegner erschlug, ob die Götter mitkämpften und ob alle zurückkamen. Aus dem Generalthema entstand ein Fundus neuer Geschichten, die sich um das Geschehen rankten und auf neue Szenarien, Personen und Regionen verdichteten.

Schon in spätmykenischer Zeit wurde Troia als eines der beliebtesten Objekte heroischer Raubfahrten auserkoren, später traten andere Städte wie Theben hinzu, an dessen Mauern sich heldenhafte Kämpfe abspielten.[4] Auch die Zahl der Helden vermehrte sich. Einige erfreuten sich besonderer Beliebtheit. Zu ihnen gehörte Herakles, der als erster mit sechs Schiffen – das entspricht in etwa dem Therafresko – über die Ägäis fuhr und Troia eroberte. Herakles war der Inbegriff des heldenhaften Kriegers; er übernahm für fremde Könige Aufgaben, die über das menschliche Leistungsvermögen hinausgingen. Und er bewegte sich in Grenzregionen der Welt, die auch die Seefahrer der Bronzezeit auf ihrer Suche nach wertvollen Gütern anvisiert hatten: Im fernen Westen raubt er die von einer Schlange bewachten Goldenen Äpfel der Hesperiden (vielleicht eine Mythisierung des baltischen Bernstein), erlegt den nemeischen Löwen und stiehlt auf der Insel Erythia jenseits des Okeanos die Rinderherden des dreileibigen Ungeheuers Geryon. Er durchbricht sogar die von den Göttern gesetzten Schranken, wenn er den Höllenhund Cerberus entführt.[5] In Herakles spiegelt sich die Zuversicht, als

»Herr der Tiere« die Natur zu bezwingen und die Menschen von den Ungeheuern der Weltränder und des Meeres zu befreien. Der Abstieg in die Unterwelt ist die ultimative Mutprobe für alle Helden und Beweis für deren Einzigartigkeit. In seinen Taten heroisiert sich der Traum eines jeden, durch Raub und Kriegsdienst zu Ruhm und Reichtum zu gelangen; Vasenbilder des 7. Jahrhunderts zeigen den Heros in der Rüstung des Schwerbewaffneten.[6] Sein Aktionsraum entspricht dem explorativen Horizont, den die Menschen der Bronzezeit erreicht hatten und der in der Archaik wieder erschlossen wurde.[7]

Im Gefolge des Herakles durchkreuzten bald ganze Heere von Helden die Meere. So der thessalische Jason, der mit dem Wunderschiff Argo – einem klassischen Fünfzigruderer – und einer erlesenen Schar von Mitstreitern in das Schwarze Meer vorstieß und das Goldene Vlies raubte. Oder der in Thessalien verehrte und in Lefkandi besungene Achilles, der sich rühmte, zwölf Städte vom Meer aus und elf zu Lande geplündert zu haben, bevor er sich an dem zweiten Zug gegen Troia beteiligte. Homer hat später aus dem Konflikt zwischen dem berühmtesten Söldner der griechischen Archaik und seinem Auftraggeber, dem König Agamemnon von Mykene, ein ganzes Epos geschmiedet.[8]

Geschichten von Schiffbrüchigen und wundersamen Inseln

Es mussten freilich nicht immer große Kämpfe sein, mit denen ein Held seine Kühnheit bewies. Vielfach bildeten die elementaren Gefahren der Seefahrt sowie die Ungewissheit, auf wen man an fernen Küsten oder Inseln stößt, den Hintergrund der Erzählungen: So wie in der altägyptischen, wahrscheinlich im Roten Meer spielenden »Geschichte vom Schiffbrüchigen« und im letzten Kapitel der um 900 v. Chr. verschriftlichten Erzählung von Wenamun, einem ägyptischen Tempelbeamten, der eine Reise entlang der levantinischen Küsten unternahm und nach Alasija (Zypern) verschlagen wird.[9] Die Protagonisten beider Geschichten berichten in »Ich-Form« – ein typisches Merkmal der »Reiseerzählung«: Durch Sturm und Wind an eine paradiesartige Insel geworfen, trifft der eine auf einen freundlichen Schlangengott, der andere auf eine Königin, die ihm Schmaus und Liebeslager bietet; beiden wird eine glückliche Heimkehr in Aussicht gestellt. Die Überschreitung der Grenze zwischen vertrautem Zentrum (Heimat des Ich-Erzählers) und der unbekannten, aber verlockenden Peripherie (Insel) wird mit dem Einfluss unberechenbarer Naturgewalten (Stürme) und göttlichem Willen erklärt. Sie ist mit der existentiellen Erfahrung von Todesangst verbunden: Der Reisende begegnet der Welt des Paradieses und des Todes zugleich.[10]

In einem anderen Geschichtentypus bildet die Insel oder inselartige Küste nicht ein zufällig erreichtes Ziel, sondern die geplante Zwischenstation einer Reise zu noch weiter entfernten Gefilden. Die berühmteste ist die im gesamten vorderasiatischen Raum verbreitete Legende von Gilgamesch, dem König von Uruk, der nach dem Verlust seines Freundes Enkidu aufbricht, um das Geheimnis des Lebens zu finden. Nach einem abenteuerlichen Marsch durch die von Löwen und Skorpionmenschen bewachten Berge gelangt er zum Edelsteingarten und zum Wirtshaus der göttlichen Schenkerin Siduri »in des Meeres Abgeschiedenheit«. Von hier fährt er auf dem Wunderschiff des Fährmannes Urschanabi über das »Gewässer des Todes« zu einer Insel, wo der nach der Flut von den Göttern entrückte Utnapishthim mit seiner Frau lebt. Es ist das Land der Seligen und Toten, »wo die Sonne aufgeht«. Später wird Odysseus, der Held der archaischen Griechen, auf Weisung der Zauberin Kirke den Weltenstrom überqueren, um am Eingang der Unterwelt die Seelen der Verstorbenen zu befragen.

Gemeinsamen Hintergrund solcher Geschichten bildet eine im gesamten ostmediterran-vorderasiatischen Raum verbreitete mythische Geographie; die älteste Darstellung bietet die babylonische (oder assyrische) »Weltkarte« aus dem späten 8. oder 7. Jahrhundert v. Chr.; sie repräsentiert die Weltsicht des 7. Jahrhunderts, geht aber wahrscheinlich auf eine Vorlage zurück, die in vielen vorderasiatischen Kulturen kursierte und dazu diente, die Legenden der Helden geographisch zu verorten:[11] Demnach lagen die bekannte Welt und die eigene Heimat (Babylon) im Zentrum einer kreisförmigen Erdscheibe, die von einem Ringfluss (*nar marratu* = *Salzsee* oder *Bitterfluss*) umschlossen wird. Die Griechen nannten diesen Weltenstrom Okeanos; der Begriff ist wahrscheinlich dem Semitisch-Phönikischen entlehnt.[12] Auf der anderen Seite des Ringflusses liegen acht dreiecksförmige, als Inseln gedachte »Regionen« *(nagu)*, deren Spitze nach außen zeigt.[13] Die Entfernung zwischen ihnen wird im begleitenden Text mit Doppelstunden angegeben; zur nördlichsten wird angemerkt, dass hier »die Sonne nicht zu sehen ist«. Auf den »Inseln« leben Fabeltiere, hier ist auch der dreileibige Geryon anzusiedeln, dessen Rinder Herakles raubt, hier lag die Insel des Utnapishtim, die Gilgamesch nach Überquerung des »Wassers des Todes« erreicht. Und hier wird schließlich auch das Land der Toten gedacht; den Weg dorthin säumen Inseln, bewohnt von weiblichen Gottheiten, die man bezwingen oder überreden muss, um ans Ziel zu kommen.

In den Inseln kulminierten uralte Erfahrungen von Seefahrern. Für sie sind Inseln Oasen in der Wüste des Meeres, Orientierung und letzte Rettung. Deshalb errichtete man dort Tempel (deren Schätze der Legende nach Schlangen oder Drachen bewachen) meist weiblicher Gottheiten, die wie Siduri oder Kirke geheimes Wissen über die Seewege besitzen. Vielleicht spiegelt sich in ihnen auch die Kenntnis um die hohe Stellung von Priesterinnen und Königinnen, die in späteren Zeiten (Königin von Saba und »Frau der Sutean« bei den Babyloniern) den Kontakt mit den Herrschern des Nordens suchten. Das Umfeld von Tempeln auf Inseln oder Küsten diente als neutraler Ort und Treffpunkt von Fernhändlern, weil die Anwesenheit der Gottheit den Güteraustausch vor Betrug schützte und die Einhaltung von Absprachen garantierte.[14] Die Legenden von Inselgottheiten codieren auf diese Weise Erfahrungen und Wissen der Fernhändler und ihrer Auftraggeber um die Herkunft wertvollster Produkte aus fernen Ländern: aus ägyptischer Sicht das Land Punt und die Zinninsel Zypern, aus sumerisch-mesopotamischer Perspektive das mit der Siduri-Küste gleichzusetzende Failaka-Eiland (am Golf von Kuwait) und das mit dem Wohnsitz des Utnapisthim identifizierte Dilmun (Bahrein); für Phöniker, Griechen und Hebräer das Dorado von Tartessos. Die Fahrt dorthin war tatsächlich gefährlich; die Inseln bildeten wichtige, von hochstehenden Kulturen kontrollierte Zwischenstationen zur Wasserung (deshalb der stete Hinweis auf sprudelnde Quellen!) sowie Herkunftsorte und Zwischenstation zu unermesslichen Reichtümern: Gold, Kupfer (Zypern und Bahrein) Lapislazuli, Perlen (Dilmun) Gewürzen und Spezereien, im Falle von Tartessos zu den Zinninseln; ihre Fülle musste den Menschen dort, wo es diese Dinge nicht gab, außermenschlich und göttlich, kurzum: paradiesisch vorkommen.[15]

Bestien und Prinzessinnen

Eine dritte Variante bilden schließlich solche Geschichten, in denen der Held nicht die Hilfe eines Eilandes benötigt, sondern sich ihm selbst als Retter in der Not präsentiert, das ferne Land nicht nur beraubt, sondern auch gleich von gefährlichen Monstern befreit. So tat es Herakles. Ähnliches leistete Bellerophontes, als er im Auftrag des Königs Iobates die feuerspeiende Chimäre, ein Mischwesen aus Ziege, Schlange und Drachen tötet.[16] Oder Perseus, der für den König von Argos der Medusa das Haupt abschlagen muss, die Küste Aithiopiens von dem Meeresungeheuer Ketos befreit und als Lohn die Hand der Andromeda erhält.

Unverkennbar basieren solche Episoden auf alten Sagen- und Märchenmotiven eines Helden, der das Böse bekämpft und die Prinzessin gewinnt. Doch im griechischen Kontext stehen sie für weit mehr: Monströse Bestien repräsentieren die Wildnis der Natur an den Rändern der Welt, und wenn ein griechischer Held sie besiegt, dann zähmt er die rohe Gegenwelt der Polis und bestätigt deren Überlegenheit – ein genauso großer Beweis von Tapferkeit wie die Fratze des Ungeheuers und der von ihm bewachte Goldschatz. Die Heirat mit der fremden Königin symbolisiert den Übergang zur Zivilisation und begründet die Übernahme der Herrschaft. Später bilden derlei Motive die Basis für Gründungslegenden, mit denen griechische Kolonisten die Inbesitznahme fremden Landes legitimierten. In der Frühzeit war es freilich viel häufiger so, dass ein Held wie Jason oder Theseus einheimische Frauen raubte, anstatt sie vor Ort zu ehelichen. Der Mädchenraub war ein Schreckenszenario der Polisgesellschaft, für die jungen Aristokraten aber eine Art Initiationsritus, mit dem sie ihren Wert als Männer bewiesen. Beides provozierte heftige Gegenreaktionen: Der Raub der Mädchen und Frauen beschwor die Rache der Betroffenen herauf, führte zu Verfolgungsjagden um die ganze Welt, generierte Kriege (wie die um Troia) und generationenlange Feindschaften; noch der Historiker Herodot beginnt im 5. Jahrhundert sein Geschichtswerk mit einer breiten Diskussion von Frauenraublegenden und den folgenden Rachefeldzügen, die in die Perserkriege mündeten.

An derlei Verwicklungen erkennt man: Rückkehrer aus der Ferne waren nicht immer willkommen – später wurden gescheiterte Kolonisten von ihrer Heimatstadt mit Geschossen empfangen. Denn ihre Ankunft stellte eine Bedrohung für das etablierte oder sich in der Zwischenzeit gewandelte heimatliche Machtgefüge dar. Auffällig ist in diesem Zusammenhang, dass die Legenden der Rückfahrt ihrer Helden nach überstandenen Abenteuern und Kriegen größeren Raum widmen als der Hinfahrt. Die »Rückkehrgeschichten« *(nostoi)* bilden eigene Erzählkomplexe und übten einen großen Reiz auf die Griechen aus, zum einen weil man tatsächlich anders als in den Monarchien des Ostens in der labilen Welt der dunklen Jahrhunderte nie wusste, was in der Zwischenzeit in der Heimat passiert war, ob Nachbarn oder Neider den Hof und die eigene Frau übernommen hatten oder ob dem Spätheimkehrer gar ein Anschlag von beiden drohte, so wie es dem Anführer der Achäer gegen Troia erging. Ferner bot die lange Abwesenheit als Söldner, Pirat oder Händler einen geeigneten Stoff, um die zeitliche Lücke mit abenteuerlichem Seemannsgarn zu füllen, wofür das Mittelmeer einen so unendlich reichen Stoff bot. Wer wusste schon, ob der vor Jahren Aufgebrochene nicht ertrunken war oder in einer viel reicheren Welt im Bett einer schönen Frau seine Heimkehr vergessen hatte? Und wenn er dann doch zurückkehrte, hatte er viel zu erzählen und schmückte manches heroischer aus, als es war.

Kontakte mit dem Osten

Viele Erzählungen von Kämpfen der Helden gegen monströse Bestien spielen sich im Osten ab oder sind von östlichen Vorbildern beeinflusst, wie etwa die Legenden von Kämpfen einheimischer Götter gegen Schlangenwesen und Drachen, die häufig die urtümliche Gewalt des Meeres oder die verborgene Kraft der Leben spendenden Erde symbolisieren.[17] Sie gingen in Folge der Seevölkerbewegung nicht verloren, weil der Raum von Kilikien über Syrien bis Palästina mit den urbanen Strukturen auch seine Schriftkultur bewahrte. Die Konsonantenschrift wurde von den Hebräern, Phönikern und Aramäern verwendet und machte Lesen und Schreiben breiteren Kreisen zugänglich.[18] Sprach- und Verständnisbarrieren wurden spätestens dann überwunden, wenn der Händler, Söldner oder Pirat eine einheimische Frau nahm, sich in der Fremde niederließ oder in die Dienste fremder Könige trat. Der Zwang, die fremde Sprache zu beherrschen, war in einer solchen Konstellation noch einmal um vieles größer, als wenn man nur des Handels wegen für kurze Zeit unterwegs war. Die aus den Mischehen entstandenen Kinder wuchsen zweisprachig auf und wurden zu Kommunikatoren einer multikulturellen Welt, die von Geschichten kühner Helden, grausamer Götter und fürchterlicher Kämpfe gegen Ungeheuer nur so wimmelte. Auch die mit den Euböern kooperierenden Phöniker hatten Mythen und Lieder, die sich in den spätmykenischen und euböischen Erzählkontext einfädeln ließen.[19] Phönikische Silberbecher zeigen Belagerungen und Jagden, Schlachten und Königshöfe, also Szenen, die auf entsprechende Rezitationen hinweisen. Erzählt und gesungen wurde nicht nur auf Festen, sondern auch auf langen Seefahrten oder an den lauen Abenden in Pithekussai oder Al Mina, wo die Mehrsprachigkeit der Führungsschicht Überlebensgrundsatz war. Trinkgefäße aus Grabbeigaben in Pithekussai deuten darauf hin, dass Phöniker und Euböer gemeinsam tafelten, sich an epischen Gesängen erfreuten »und vielleicht sogar griechisches und orientalisches Sagengut untereinander« austauschten.[20]

Geschichten der Philister und Hebräer

Es war ein dichtes Netzwerk transmediterraner Geschichten, das durch Gesänge memoriert, auf Reisen und Gelagen erzählt und über Mischehen Eingang in die Lebenswelt der jeweils fremden Sprachkultur fand. Gegenüber militärischen Umwälzungen zeigte es sich genauso resistent wie das Wissen um die Seehandelsrouten. Ein stabilisierendes Element bildete die Tradition nahöstlicher Helden und Göttererzählungen, die den gesamten Raum von Kleinasien über die Kulturreiche Mesopotamiens bis zu den Fürstentümern der Levante umfasste. Überall erzählte man ähnliche Geschichten von dem Gott, der seine Herrschaft im Kampf gegen das Wasserungeheuer erringen muss; von Helden wie Gilgamesch, der sich gegen neidische und als Sexualpartner verschmähte Göttinnen wehrt, Riesen und Bestien bekämpft und nach dem Tode des Freundes auf der Suche nach Unsterblichkeit das Ende der Welt aufsucht und in das Land der Toten gelangt.

Fast alle diese Geschichten waren in Form epischer Dichtungen in den Palastarchiven der Hethiter, Ugariter, und Assyrer fixiert und wurden von einer Schreiberelite abgeschrieben, diktiert oder auswendig gelernt.[21] Erfahrungsgemäß verbreiten sich epische Stoffe rasch über politische und sprachliche Grenzen. Warum soll nicht auch griechischen Gesandten Einblick in die epische Literatur der Palastarchive gewährt worden sein? Es war ja kein diplomatisches Geheimwissen. Immer wieder wurden die alten Legenden an den zahlreichen Festen und Trinkzeremonien auch in der Gegenwart griechischer Gäste rezitiert.[22] Gelegenheiten zum Austausch von Geschichten gab es aber auch auf den weiten Fahrten über das Meer, die zwar häufig gefährlich, aber auch unendlich öde sein konnten.

Auf diese Weise wurde nicht nur ein Teil der hethitischen und ugaritischen Geschichten bewahrt und der griechischen Welt zugänglich gemacht; umgekehrt dürfte es den Mykenern und ihren Nachfahren gelungen sein, einige ihrer Heroengeschichten in den Erzählpool östlicher Mythen einzuspeisen.[23] Stimmt die These, wonach die Philister aus dem ägäischen Umfeld der Mykener stammten, dann bildeten ihre engen, keineswegs immer konfliktbeladenen Kontakte zu Ägypten, Phönikern und Hebräern Kommunikationsbrücken, auf denen sie ihre Mythen weitergeben konnten. Philistrische Götter wie Baal-zebub wurden von hebräischen Schreibern übernommen, während die Philister semitische Götter bzw. Göttinnen wie Astarte mit dem griechischen Namen Aphrodite belegten.[24] Seeleute nehmen ihre Schutzgottheiten mit und verehren ähnliche Meeresgötter. Angesichts der gemischten Mannschaften wundert es nicht, dass Phöniker bzw. Karthager und Griechen gleichermaßen Poseidon verehrten sowie in Herakles bzw. Milquart einen halbgöttlichen Heros fanden, dem man sich als Sieger über die Meeresungeheuer gern anvertraute; deshalb errichtete man ihm Tempel, wenn man neue Küsten mit Frischwasser erschlossen hatte, so wie es die vorderasiatischen Seefahrer für ihre zumeist weiblichen Gottheiten auf fernen Eilanden taten (s.o.S. 61).[25]

Auch zu Lande fand man schnell zueinander: Die Hebräer übernahmen – abgesehen von dem Motiv des Götterkampfes gegen das Meerungeheuer – von den Ugaritern und Griechen die Metapher vom geflügelten Schiff. Die Geschichte von Jona, der von Joppe auf einem Tarsisschiff flieht, von einem großen Fisch verschlungen und wieder (an Land) ausgespien wird, weist auf Beeinflussungen mediterran-griechischer Erzählungen hin, insbesondere der Sage von Jason (Jason–Jonah?), der nach bildlichen Darstellungen ebenfalls (während der Fahrt mit der Argo?) in den Schlund eines schlangenähnlichen Ungeheuers gerät und auf Athenas Weisung (vergleichbar dem Befehl Jahwes) ausgeworfen wird.[26] Die Episoden um David oder Samson zeigen, dass es auch zwischen Hebräern und Philistern Handelskontakte und Heiratsverbindungen gab wie zwischen Euböern und Phönikern, und dass Anführer der Hebräer für die Philister kämpften. Hebräer und Griechen dienten als Wachmannschaften auf jüdischen oder ägyptischen Festungen. Es spricht somit nichts gegen die Vorstellung, dass im 9. oder 8. Jahrhundert ein Euböer, ein Philister und ein Hebräer nach dem monotonen Garnisonsdienst miteinander tranken, sich Geschichten erzählten und euböische Becher als Andenken bewahrten.[27] Die Philister und Kanaaniter benutzten offenbar ägäisches Symposiongeschirr (Kratēre). Wir wissen von einer weitverbreiteten ugaritischen Trinkzeremonie *(marzeah)*, die dem griechischen *symposion* ähnelt und von den Propheten Israels gegeißelt wurde. Das beweist ihre Verbreitung auch unter den Hebräern.[28]

Sie alle einte als Fußsoldaten die Überzeugung, dass Siege über Streitwagenkämpfer und die Eroberung reicher Städte memoriert und besungen werden mussten. Wenn der Grieche in den Kampf zog, rief er »alala«, genauso wie es der Akkader tat, und die Hebräer schickten ein fast gleichlautendes Halleluja zum Himmel. Jeder hätte den anderen verstanden. Als Krieger fühlt man sich wesensverwandt: Wenn Griechen über Troias Fall schwadronierten, schwelgten die Hebräer vom Sturz Jerichos; beide Städte wurden angesichts eines verzagenden Belagerungsheeres durch ungewöhnliche Tricks genommen: durch das troianische Pferd bzw. durch den Schall der Posaunen. Ein anderes Thema waren die Zweikämpfe der Helden: Menelaos gegen Paris oder Achilles gegen Hektor und David gegen Goliath. Und dann gab es die gewaltigen Kämpfer, die den Intrigen schöner Frauen unterliegen, aber ihrer Aufgabe treu bleiben. Herakles war im Osten bekannt und was er vollbrachte, erinnerte an Samson, der mit bloßen Händen einen Löwen zerriss und an Säulen gekettet das Haus seiner Peiniger zum Einsturz brachte. Samson stammte aus dem Stamm Dan, der vielleicht mit den ägäischen Seevölkern der Danaer *(= Danuna, Denyan)* identifiziert werden kann.[29]

In zwei Aspekten unterschieden sich freilich die Geschichten der Hebräer von denen ihrer euböischen und philistrischen Freunde. Erstens spielten ihre Heroentaten durchweg in der Heimat bzw. in oder nahe Kanaan, während die Helden der Mykener, Philister und Euböer ihre Erfolge in fremden Ländern feierten, die nur über das Meer zu erreichen waren. Zweitens und noch bedeutsamer: Die griechischen Helden kämpften zwar mit Unterstützung wohlgesonnener Götter, aber sie errangen ihre Siege letztlich aufgrund ihres eigenen Geschicks, ihrer Klugheit und Tapferkeit. Die Erfolge der hebräischen Helden waren dagegen kein Zeichen eigener Stärke (oder gar göttlicher Abkunft), sondern Beweis der konkurrenzlosen Macht ihres Gottes. »Du trittst mir entgegen mit Schwert, Speer und Schild, ich aber trete Dir entgegen mit dem Namen Jahwes der Heerscharen«, so ruft David seinem Gegner zu.[30] Die griechischen Helden prahlen dagegen mit ihren Ahnen und Großtaten, bevor sie zum tödlichen Schlag ausholen. Die Vorstellung, wonach große Helden oder Könige göttliche Vorfahren haben oder selbst Halbgötter sind, war den Hebräern (und Ugaritern) fremd; sie wurde von außen in den kanaanitischen Raum hineingetragen.[31] Auch dieser Unterschied hängt mit der Verwurzelung der Hebräer in der levantinischen Mythentradition zusammen: Hier kämpften die Götter selbst gegen Ungeheuer und Schlangenwesen, und es wäre wohl ein zu starker Traditionsbruch gewesen, dem menschlichen Helden einen übergroßen Anteil am Ruhm des Sieges zu überlassen. Doch wie häufig kam eine besondere politische Konstellation hinzu, welche die religiöse Grundausrichtung und die heroischen Geschichten zu einem neuen Erzählkomplex zusammenfügte.

Verschriftlichung der hebräischen und griechischen Epen

Die in den Bergländern des Jordanlandes lebenden Hebräer waren in der Welt der kanaanitischen Klein- und Mittelstaaten Nachzügler. Sie hatten im 9. Jahrhundert unter den später zu großen Herrschern stilisierten David und Salomon gerade einmal den Status schlagkräftiger Freischärler und Söldner mit einem noch primitiven Zentrum in Jerusalem erklommen. Erst in den folgenden Jahrhunderten entwickelten sich Juda und Israel zu achtunggebietenden Königreichen, die jedoch sehr bald wieder unter den Druck nicht nur der Ägypter, sondern zumal der Assyrer gerieten.

Der Aufstieg Assyriens bedeutet einen der wichtigsten Einschnitte in der Geschichte des Altertums, vergleichbar mit der Expansion der Perser rund 200 Jahre später. Zum ersten Mal vereinten die Assyrer den gesamten Nahen Osten unter eine einzige imperiale Herrschaft.[32] Juda konnte sich in kleinerem Umfang und mit jährlichen Tributzahlungen als unabhängiges Königtum mit der Hauptstadt Jerusalem halten. Das Nordreich Israel wurde im letzten Drittel des Jahrhunderts assyrische Provinz, erlebte aber unter der Ägide Assyriens eine wirtschaftliche Blüte, entfaltete eine ausgeprägte Bautätigkeit und dehnte seine wirtschaftlichen Kontakte in das assyrische Wirtschafts- und Handelsnetz aus. Frühestens in dieser Zeit, wahrscheinlich aber erst in der Exilzeit stieg Jahwe zum einzigen Gott auf, der keine anderen Götter neben sich duldete.

Die Expansion Assyriens war aber noch in anderer Hinsicht für Israel und Juda von großer Bedeutung. Denn mit ihr verbreitete sich auch eine in dieser Form nicht gekannte Schreibkultur, die das geschriebene Wort zu einer Quelle von religiöser und politischer Autorität erhob.[33] So setzte sich mit der Urbanisierung unter den Hebräern eine Schriftkultur mit ausgebildeten Schreibern durch, die für die Palastbürokratie und das Berufspriestertum von großer Bedeutung war und dem Königtum neue Möglichkeiten der Herrschaftssicherung eröffnete.[34] In dieser Zeit errichteten die assyrischen Könige zahlreiche Archive und Bibliotheken, mesopotamische und ägyptische Herrscher sammelten Bücher und Geschichten; die letzte Version des Gilgameschepos wurde im 8. Jahrhundert verschriftlicht und in den Archiven des babylonischen Königs verwahrt, wo etwa zeitgleich die mit einem erklärenden Text versehene »babylonische« Weltkarte geschaffen wurde – alles Indizien dafür, dass mit der Expansion des Assyrer- und Neubabylonischen Reiches ein neues Interesse an der Ordnung der Welt, ihrer Randgebiete und ihrer Legenden entstand.[35]

In Griechenland folgte der Schriftsteller Hesiod diesem Interesse, als er eine Abstammungslehre der Götter *(Theogonie)* verfasste und im »Frauenkatalog« eine mythische Verfolgungsjagd rund um die Welt beschrieb.[36] Auch die hebräischen Gelehrten und Schreiber dürften von solchen Synthesebemühungen beeinflusst gewesen sein sowie vergleichbare Weltkarten wie die berühmte babylonische besessen haben.[37] Um ihrer heterogenen Bevölkerung eine neue Identität zu verschaffen und (im babylonischen Exil) die Erinnerung an das untergegangene Juda wach- sowie den Chroniken der Assyrer etwas Eigenes entgegenzuhalten, kreierte die Priesterschaft ein episches Geschichtswerk, das die wundersamen Abenteuer des 10. und 9. Jahrhunderts mit alten kanaanitischen Mythen kombinierte und der aktuellen Königsdynastie eine glanzvolle dynastische Vergangenheit schuf.[38] Das Zentrum des Königreiches war Jerusalem, und mit Jerusalem sollte es nur noch einen Gott geben, der die Hebräer aus Ägypten über die Halbinsel Sinai in das von den Vätern verheißene Land Kanaan geführt hatte. So entstanden zwischen dem 8. und 6. Jahrhundert die ältesten Texte des Alten Testaments.[39]

Ähnliches tat sich an der kleinasiatischen Ägäisküste. Zwischen 820 und 800 hatten euböische Händler oder Kolonisten in einem der zahllosen Handelstreffpunkte auf Al Mina oder in Pithekussai, vielleicht aber auch auf einer der langen gemeinsamen Fahrten nach Westen aus der Konsonantenschrift der Phöniker das griechische Alphabet entwickelt. Es war die erste Buchstabenschrift, die darauf zielte, die gesprochene Sprache so genau wie möglich wiederzugeben. Wie die Hebräer so verwendeten die Euböer die neue Schrift zur Fixierung ihrer Heldengeschichten. Sie wurde ein universeller Marker, der die Kenntnis griechischer Mythen bewies.[40] Doch anders als die Hebräer brauchten die Euböer die Schrift nicht, um sich gegenüber kulturell überlegenen Territorialreichen zu behaupten und einem jungen Königtum eine herrschaftliche Identität zu geben. Die griechische Welt kannte in der Archaik (mit Ausnahme Spartas) keine monarchischen Territorialmächte, sondern nur unabhängige Stadtstaaten, die sich um fruchtbare Ebenen stritten, aber sich nicht des Angriffes einer Militärmaschinerie wie der Assyrer erwehren mussten. Da es in Griechenland kein Berufspriestertum gab und die Priester geringe Autorität besaßen, war die Schriftlichkeit auch nicht an ein religiöses Programm geknüpft. Das Rezitieren von Heldengeschichten war Teil einer aristokratischen Lebensform: Es ging den *basileis* darum, ihrer Stellung durch die Anknüpfung an die Zeit der Heroen Glanz zu verleihen sowie sich des überlieferten Wissens um ferne Länder und Seewege zu vergewissern, ohne aus der Handlung unmittelbare dynastische Machtansprüche in Form eines institutionalisierten Königtums abzuleiten.

Im 8. Jahrhundert v. Chr. ging die maritime Energie der Euböer spürbar zurück, wahrscheinlich infolge der Kämpfe um die Lelantische Ebene (auf Euböa); der Niedergang war zwar nicht so dramatisch wie die Bedrängnis der hebräischen Königreiche, da es keine äußeren Aggressoren gab. Doch verlagerten sich nun die Initiativen und das Interesse an der Wahrung alter Geschichten an die kleinasiatische Küste und nach Zypern. Hier siedelten die Griechen ähnlich wie die Hebräer in unmittelbarer Nähe zum Assyrerreich, dessen Expansion die Verbreitung der Schriftkultur und die Weitergabe nahöstlicher Epen begünstigte. Das Verhältnis zwischen Assyrern und Griechen war keineswegs – wie es die Nachrichten über ›ionische‹ Piraten an den kilikischen und nordsyrischen Küsten suggerieren – dauerhaft feindlicher Natur. Ionier dienten zwar zeitweilig assyrerfeindlichen Mächten (Phrygien) und waren in lokale Aufstände verwickelt; dennoch profitierten auch sie von der Ausweitung der assyrischen Macht, indem sie sich in deren Handelsnetz einschalteten und den Bedarf der assyrischen Armeen an Eisen und Kriegsschiffen – in Konkurrenz zu den phönikischen Städten – befriedigten.[41]

Nirgendwo deuten die griechischen Mythen auf ausgesprochene Feindseligkeiten, doch waren sich die Griechen umso mehr der Unterschiede in Bezug auf ihre sozialen Organisationsformen bewusst. »Eine Polis auf ihrem Felsen« – so der Dichter Phokylides[42] –, »nach der Ordnung lebend und klein, ist besser als das unvernünftige Ninive.« Ninive war die Residenz des Assyrerreiches, und auch wenn der Spruch erst dem 6. Jahrhundert v. Chr. entstammt, darf man vermuten, dass die kleinasiatischen *basileis* 100 Jahre vorher ein ähnliches Selbstbewusstsein besaßen und wie die Hebräer danach trachteten, den Assyrern eine eigene Epik entgegenzusetzen, die ihre Besonderheit betonte.

Um 700 nahm ein Dichter namens Homer ihre Wünsche auf und verfasste zwei Großepen. Er konzentrierte seine Geschichten vor einer bekannten

Rahmenhandlung auf Konflikte, die so typisch für die Welt der Griechen waren, dass sich alle in ihnen wiederfanden: Die Ilias besang vor dem Hintergrund der Expedition der Achaeer gegen Troia den Streit zwischen dem stärksten Kämpfer Achill und dem Oberkommandierenden Agamemnon sowie dessen fatale Folgen – eine Konstellation, die in den Raubzügen der Archaik, vor allem in der Praxis des Söldnerwesens von aktueller Brisanz gewesen sein muss. Die Odyssee erzählt von einem Helden, der nach der zehnjährigen Belagerung Troias mit seiner Mannschaft über alle Meere an ferne Inseln und Küsten geworfen wird, bis er mit Hilfe seines Sohnes Heimat und Frau wiedergewinnt; in ihr verdichten sich die Träume und Ängste archaischer Seefahrer, die immer wieder das Risiko auf sich nahmen, bei der Suche nach dem Neuen das Alte zu verlieren. Meist glaubt man, die Odyssee sei jünger als die Ilias; manches spricht dafür, dass die beiden Epen nur unterschiedliche Daseinsformen und Rollenmuster des Adligen spiegeln, der sich so den Herrschern des Ostens überlegen weiß.

4.
ODYSSEUS

Lernen und leiden

Homer kannte all die Geschichten von den Kämpfen der Helden in fernen Ländern, von wundersamen Inseln und schönen Prinzessinnen, die immer wieder besungen und erzählt wurden, er wusste um die Magie der mediterranen Schiffermärchen und Heimkehrgeschichten, und er war wie die meisten seiner Hörer vertraut mit den Grundzügen der östlichen Epik, den Abenteuern des Gilgamesch und seiner Fahrt über den Weltenstrom. Doch was er aus all dem machte, war neu: Wie in der Ilias geht es auch in der Odyssee um das Schicksal eines großen Helden, den Tod vieler Männer, Trauer, Hoffnung und Leid, doch diesmal ist der geographische Handlungsrahmen nicht auf Troia fixiert, sondern dynamisch geweitet: Nicht eine Stadt, sondern viele sah Odysseus auf mannigfaltiger Irrfahrt, heißt es im zweiten Vers des Epos, nachdem der Held als Zerstörer Troias vorgestellt und der Handlungsstrang der Ilias aufgenommen wurde. Doch nun folgt das Überraschende: Anstatt anzukündigen, wie Odysseus auch diese Städte zerstörte, von Bestien befreite und Prinzessinnen als Siegespreis gewann, hat für den homerischen Helden das erzwungene Ausgreifen in die Welt und deren Menschen eine ganz andere Bedeutung: »Er *lernte* ihr Sinnen und Trachten« – eine heroische Kennzeichnung, die wir in keiner anderen epischen Dichtung der Alten Welt antreffen.[1]

Lernen zum Angelpunkt abenteuerlicher Irrfahrten zu machen, ist eine griechische Erfindung. Darin drückt sich eine intellektuelle Neugier für das Neue und Fremde aus. Es ist das Zeugnis eines ethnographischen Denkens, das es wohl nur hier in der Welt der kleinasiatischen und ägäischen Griechen gab, wo die Menschen zur Zeit Homers immer wieder als Kolonisatoren, Händler oder Piraten zu neuen Ufern aufbrachen und die Nähe der östlichen

Kulturreiche erfuhren: Aufgeschlossenheit für das Fremde und neugieriges Lernen sind Ideale seefahrender und kolonisierender Gemeinschaften. Sie bilden nicht nur die Voraussetzung für das Überleben in fernen Gefilden, sondern auch für den Erfolg in der Heimat: Erst die zehnjährige Begegnung mit unzähligen Ethnien und Wunderwesen am Rande der Welt befähigt Odysseus dazu, seine Heimat zurückzuerobern, während der von Troia direkt nach Hause segelnde Agamemnon naiv in die Falle seiner Mörder tappt. Später legitimieren die bedeutendsten griechischen Gesetzgeber, Philosophen und Historiker ihre Werke mit der Behauptung, die halbe Welt bereist zu haben.

Die Irrfahrten des Odysseus sind nun allerdings alles andere als eine behagliche Bildungsreise. Mehr als einmal bekennt Odysseus, dass ihm das Meer verhasst und nichts lieber ist als eine schnelle Rückkehr.[2] Doch die ist ungewiss, Lernprozesse vollziehen sich selten freiwillig und schon gar nicht in einem angenehmen Ambiente, sondern unter stetem Einsatz des eigenen oder fremden Lebens. Lernen in der Fremde hat einen hohen Preis, es geht einher mit Leid und Schmerz: »Er duldete viel«, so Homer im dritten Vers, »und tief im Gemüte die Leiden des Meeres, rang um das eigene Leben, um die Heimkehr seiner Gefährten.« Das Meer und seine Küsten sind nicht Schauplatz glorreicher Triumphe, sondern Orte von Not und Seelenqual, der Kampf ums Überleben wird begleitet durch die bohrende Sorge um den Verlust von Heimat und Frau, das aktuelle Ringen ist eingebunden in die Gewissheit künftiger Ungewissheiten, die das Leiden nicht enden lassen. Am Ende kehrt Odysseus allein zurück; alle Gefährten hatten ihr Leben verloren.

All das verstanden die Hörer Homers sofort: Auch Menelaos bekennt freimütig, er habe viel gelitten, als er nach der Abfahrt von Troia mit Helena in die Ferne verschlagen wurde; aber er ist eben neben Odysseus (und Nestor) auch der einzige Held der Achaier, der dafür am Ende nicht nur mit großen Reichtümern, sondern auch einem glücklichen Leben in der Heimat belohnt wird![3] Wir greifen hier einen Wesenszug hellenischer Anthropologie. Die gesamte griechische Literatur vermittelt die pessimistische Grundauffassung, dass das menschliche Leben von Not und Mühen geprägt ist, denen keiner entrinnen kann;[4] das Meer ist neben dem Krieg das gefährlichste Terrain, auf dem sich der Mensch bewegt, Urquelle des Bösen und Schreckens: Entsprechend groß ist die Bewunderung für einen Mann wie Odysseus, der aus der Not eine Tugend macht und durch seinen hartnäckigen Überlebenswillen eine Fähigkeit beweist, die selbst die Götter nicht besitzen. All das Leiden auf dem Meer, die Schmerzen um den Verlust der Gefährten und die Sorgen um die Heimat sind in der Lesart Homers notwendiges Durchgangsstadium von Selbsterkenntnis und Bewährung, an dessen Ende neues Wissen steht: »Durch Leiden lernen« wird später zu einem Kernelement der mit den homerischen Epen so wesensverwandten Tragödie, und auch der Geschichtsschreiber Herodot lässt seinen tragischen Helden Kroisos gegenüber dem Perserkönig Kyros bekennen, »meine bitteren Leiden waren meine Lehrer«.[5]

Das war auch eine Erfahrung, die man den Herrschern des Ostens entgegensetzen wollte. Odysseus hat den Beinamen *polytlas*, der die ganze Spannbreite zwischen neugierigem Lernen und geduldigem Leiden ausdrückt: Er ist der »Viel-Wagende« und der »Viel-Ertragende« zugleich, er ist der wagemutige Entdecker und derjenige, der für seinen Entdeckermut bitter bestraft wird.[6] Da er sich aber in diesem Spannungsfeld bewährt, wird mit ihm ein neuer Heldentypus geboren, dessen Qualitäten ganz andere sind als die des orientalischen Gilgamesch oder des zornigen Achilles: Homer stellt Odysseus als *aner polytropos* vor. Der Kerngehalt des schmückenden Beiwortes ist die Fähigkeit, sich durch Anpassungsvermögen, Intelligenz, List und Zähigkeit zu behaupten, Niederlagen und Verluste zu verkraften, ohne sein Ziel aus dem Auge zu verlieren.[7] Das sind die Eigenschaften, in denen sich die seefahrenden, handeltreibenden und kolonisierenden Griechen wiederfanden und die man voller Selbstbewusstsein dem Reichtum und der Kraft der orientalischen Helden entgegenstellen konnte.

Dabei ist Homer weit davon entfernt, lediglich ein altes Ideal durch ein neues zu ersetzten. Der homerische Odysseus unterscheidet sich von den bekannten Helden nicht nur durch neue Qualitäten, sondern auch durch die Mehrdimensionalität seines Charakters. Den brutalen Piraten, der aus purer Neugier das Leben seiner Mannschaft aufs Spiel setzt und die Liebe in den Armen exotischer Göttinnen genießt (was Gilgamesch verweigert hatte!), drängt am Ende die Sehnsucht zur Heimat und zur Ehefrau. Odysseus leidet unendlich viel und gewinnt dadurch unendlichen Ruhm, aber zu einem ruhmreichen Leben gehört nach Auffassung der Griechen auch die Fähigkeit, Stunden des Glücks in heiterer Stimmung zu genießen. Genauso wie man Standfestigkeit in Zeiten der Not hervorhob, so pries man Liebeserfolge und Trinkfestigkeit. Hieraus erklärt sich die fesselnde Spannung zwischen den Extremen, die Handlung und Charakter des Odysseus bestimmen: den

»tragischen« Absturz vom troianischen Triumphator zum mittellosen Schiffbrüchigen, der einfühlsame Weltenmann und der unbarmherzige Schlächter der Freier, die ruhelose Suche nach Abenteuern und die Hoffnung auf behagliche Heimat, die Liebesabenteuer mit exotischen Schönen und die Loyalität zur Ehefrau.[8]

Neue und alte Irrfahrten

Eine solche Persönlichkeit – das ist die zweite Neuerung – lässt sich nicht mit einem einfachen linearen Geschehen einfangen, wie es die orientalischen Epen um Gilgamesch oder die Erzählungen um Jason und Herakles in der Regel taten. So vielschichtig und entwicklungsfähig der Charakter des Odysseus ist, so komplex gestaltet sich die epische Handlung, die Homer um sein Schicksal rankt. Bis heute ist die Meinung verbreitet, die Odyssee handele von den Irrfahrten des Helden. Tatsächlich machen sie jedoch nur ein Sechstel des gesamten Epos aus und werden in der Rückschau von Odysseus kurz vor seiner Rückkehr erzählt (Gesänge 9–12). Parallel dazu hat sich sein Sohn Telemach auf die Suche nach seinem Vater gemacht – seine Erlebnisse schildert der Dichter in den ersten vier Gesängen. Beide Handlungsstränge fließen nach der Landung des Odysseus in Ithaka zusammen und münden in die gemeinsame Rückeroberung der Heimat und deren Folgen. Das Motiv des Spätheimkehrers ist verwoben mit der Initiationsfahrt des Jugendlichen, der auf der Suche nach seinem Vater zum Manne reift. Beides bildet den Rahmen der Irrfahrtenerzählung, die nur innerhalb dieses Zusammenhanges ihren Sinn und eine besondere Funktion jenseits einer isolierten Aneinanderreihung von Abenteuergeschichten erhält.

Dennoch bilden sie in vielerlei Hinsicht ein Zentrum der epischen Komposition, nicht nur weil sie inmitten des Epos platziert sind und das Prooemium sie ausdrücklich ankündigt, sondern weil sie wie eine klassische Reiseerzählung in Ich-Form berichtet werden. Sie gewinnen dadurch den Eindruck unmittelbarer Authentizität und sind so lebendig und voraussetzungslos, dass auch nichtgriechische Hörer und noch heutige Leser sie verstehen. Gerade das macht ihre zeitlose Faszination aus, birgt aber Interpretationsfallen: Immer wieder brachen und brechen Kapitäne auf und suchen mit der Odyssee in der einen und modernen Seekarten in der anderen Hand die Routen abzufahren und die Ziele wiederzufinden, die der Held ansteuerte.[9] Viele erkennen mit detektivischem Spürsinn Übereinstimmungen zwischen heutigen Küstenformationen und alten Beschreibungen. Ihre Suche endet nie, denn niemals können sie ihre Überlegungen durch einen archäologischen »Beweis« bestätigen, so wie er Heinrich Schliemann scheinbar gelang, als er nach der Ausgrabung am Hügel von Hissarlik behauptete, das Troia Homers wiedergefunden zu haben. Den Elan der alten und neuen »Entdecker« hat das freilich eher angespornt: Odysseus und seine Gefährten fahren heute auf allen Meeren der Welt, vom Schwarzen Meer bis zum Atlantik und Pazifik, und nicht selten gelingt ihnen sogar eine Weltumsegelung 2000 Jahre vor der des Magellan.[10]

Und dann gibt es die Spielverderber, die auch die vorsichtigsten Lokalisierungsversuche als nichtsnutzige Narretei mit dem Hinweis abtun, dass sich Odysseus und seine Gefährten nach Art der Tolkienschen Mittelerde in einer Märchenwelt bewegten, die sich schon aus Gattungs- und Genregründen jeglicher Verortung entzieht.[11] Als ihr Kronzeuge gilt der hellenistische Gelehrte Eratosthenes (3. Jh. v. Chr.), der sich über das Bemühen um geographische Lokalisierungen mit dem gerne zitierten Satz lustig machte, man würde erst dann herausfinden, wo Odysseus herumgeirrt sei, wenn man den Schuster fände, der den Schlauch des Aiolos zugenäht habe.[12] Obwohl dieser Sicht schon in der Antike widersprochen wurde, hat die Autorität des Gelehrten bis in die Moderne gewirkt. Doch so einfach ist die Sache nicht.

Komplexe Geschichten, aber keine Fantasy

Das Grundmuster der Odyssee sowie vieler Irrfahrtenabenteuer lässt sich auf archetypische Märchenmotive zurückführen, so etwa das von einem Helden, der auszog, um ein großes Abenteuer (Troianischer Krieg) zu bestehen und erst nach zahlreichen Prüfungen, dem Kampf gegen Menschen fressende Riesen, Zauberinnen und Ungeheuer zurückkehrt, um in letzter Sekunde die Heirat seiner Frau mit fremden Freiern zu verhindern. Die Leistung Homers bestand nun jedoch darin, diese Muster – soweit es nötig und möglich war – aus ihrem märchenhaften und mythischen Kontext gelöst und in ein komplexes episches Geschehen eingebunden zu haben, das die Interessen und Bedürfnisse der Hörer aufnahm sowie mündliche Traditionen und zeitgenössische Realien zu einer eigenen epischen Welt amalgierte. Die handelnden Personen werden im Zuge der Episierung mit Charaktereigenschaften und -entwicklungen belegt sowie die Einzelhandlungen in übergreifende Strukturen, Sinnaussagen und Leitmotive eingefügt, die weit über die »Moral eines Märchens« hinausgehen: so etwa die Spannung zwischen göttlichem Zorn (des Poseidon) und menschlicher Verhaltensautonomie (des Odysseus), die Bedeutung von Gastfreundschaft und ihrem Missbrauch in der Fremde und die Frage nach der Verantwortung eines Anführers, der das Leben seiner Mannschaft aufs Spiel setzt, um seiner Neugier zu frönen.

Dementsprechend werden auch die Irrfahrten nicht in der unbestimmten dritten Person erzählt, sondern in der Ich-Perspektive. Sie lässt wenig Raum für märchenhafte Elemente. Diese tauchen nur dann auf, wenn sie untrennbar verbunden sind mit einer mythischen Tradition in einem spezifisch mirakulösen Kontext, wie im Falle der Zauberin Kirke, welche die Menschen in Schweine verwandelt und erst durch den Gegenzauber des Wunderkrautes Moly besiegt wird[13]; oder wenn die Nymphe Leukothea den Helden mit ihrem Schleier vor dem Ertrinken bewahrt.[14] Doch all das sind an mythische Figuren und epische Formelmuster gebundene, aber im Rahmen des Epos seltsam isoliert wirkende Einzelmotive, die den Gesamtcharakter der Irrfahrten und ihres Helden nicht bestimmen. Odysseus selbst ist kein Magier, der Natur und Gegner mit geheimnisvollen Kräften besiegt, sondern ein Held, der kraft seiner Intelligenz und Anpassungsfähigkeit die Gefahren meistert, im Gegensatz zum hebräischen Exodusepos, wo Moses mit Zaubertricks auf Anweisung Jahwes seine Autorität festigen muss.[15] Ebenso sind Motive klassischer Seefahrergeschichten: riesige Fische, gewaltige Wellen oder Geisterschiffe, die urplötzlich überall auftauchen, im Gegensatz zur Jonageschichte des Alten Testaments eliminiert oder in der Hinsicht rationalisiert, dass sie an einen festen und im Rahmen der mythischen Geographie klar lokalisierbaren Ort gebunden sind. Die einzige Ausnahme ist die Insel des Aiolos, von der der Dichter aber auch ausdrücklich sagt, dass sie schwimme.[16]

All das kann nicht darüber hinwegtäuschen, dass sich die Irrfahrten nicht im räumlichen Irgendwo und zeitlichen Irgendwann (»es war einmal«) des Märchens abspielen; sie verlaufen vielmehr nach dem Fall Troias in einer für die Griechen historisch fassbaren Zeit sowie parallel zu anderen Geschehnissen zehn Jahre lang in einer Wirklichkeit, die zwar an den Rändern rätselhaft und geheimnisvoll ist, aber niemals ins Fiktionale oder Imaginäre abgleitet. Abgesehen davon, dass eine solche Phantasiewelt ohne jegliche reale Relationen für die Griechen weder vorstellbar noch literarisch darstellbar war, verlangen die Gattungsgesetze des Epos, dass die fernen Orte, die der Held besucht, »greifbar vor Augen geführt werden«.[17] Dieses »greifbar vor Augen führen« ist nur möglich, wenn man die »Abenteuer« in einem den bekannten Regionen angrenzenden Raum verortet und an die vertraute Geographie anknüpft. Hierin liegt der Unterschied zwischen Homers Odyssee und Tolkiens »Herr der Ringe«: Während der Fantasyroman einen konstruierten geographischen Kosmos jenseits der Realwelt benötigt, sind selbst die von Schiffermärchen gesättigten Episoden der homerischen Fahrten ohne einen engen Bezugrahmen zur vertrauten Geographie des mythischen Weltkosmos mit seinen Inseln und dem Okeanos nicht erzählbar gewesen.[18] Auch in dieser Hinsicht wirkte Homer stilbildend: Alle späteren Seefahrerepen und utopischen Romane der Antike versuchen die phantastischen und märchenhaften Erzählungen auf wirklich vorhandene Inseln oder Meere zu verlegen und transportieren auf diese Weise zeitgenössische Vorstellungen des realen Weltbildes.[19]

Da das so ist, braucht das Epos auch keine besonders markanten Verbindungselemente zwischen der Zauberwelt und der realen Welt der Märchenhelden wie z. B. magische Türen, Spiegel oder Brunnen (Frau Holle), die so typisch für das Märchen und den Fantasyroman sind.[20] Stürme oder die nüchterne Segelanweisung einer hilfreichen Göttin reichen aus, um Odysseus und seine Gefährten von ihrer vertrauten Route an die Ränder der Welt zu führen. Selbst dann, wenn die Phäaken den schlafenden Odysseus auf einem ihrer automatischen Wunderschiffe nach Ithaka kommen lassen, ist dieser Vorgang so eng an die vertraute seemännische und mythische Erfahrungsrealität (Schiffen wurden göttliche Attribute und Kräfte zugeschrieben) angebunden, dass auch hier das Mirakulöse in den Hintergrund tritt gegenüber dem Bemühen, Fernes in das Nahe und Vertraute zu integrieren: Alkinoos hatte Odysseus versprochen, ihn in seine Heimat zu bringen, mag sie auch noch so weit »jenseits von Euboia sein, das am fernsten liegen soll nach dem, was unsre Leute sagen, die es gesehen haben, als sie den blonden Rhadamanthys fuhren zu seinem Besuch des Tityos«.[21]

Die epische Verortung der Irrfahrten ist demnach weder fantastisch noch beliebig, sondern durch feste Relationen zur vertrauten Welt sowie durch mythische Gewährsmänner wie Rhadamanthys Teil der mythischen Gesamtgeographie. In ihr haben Inseln wie Euböa oder Ithaka genauso ihren Platz wie Scheria oder die Insel der Kalypso, mit dem Unterschied, dass die letzteren nach Art konzentrischer Kreise an die fernen Ränder der Welt verlegt werden und in der Regel nur den mythischen Helden zugänglich sind. Für die Zeitgenossen bestand aber – was die Frage der Authentizität angeht – zwischen beiden Bereichen nur dieser Unterschied, beide wurden für wahr und wirklich gehalten, es gibt »keine Differenz der Wirklichkeiten«.[22]

Erfahrungen und Wissen einer Welt im Aufbruch

Von dem Kriterium der *Wirklichkeit* ist die Frage nach der *Glaubwürdigkeit* zu unterscheiden. Auch sie erhält im Zuge der Episierung eine Bedeutung, die das Märchen nicht kennt: Man kann sehr viel Unglaubwürdiges erzählen, ohne sich aus der wirklichen Welt zu entfernen. Odysseus selbst spinnt nach seiner Rückkehr auf Ithaka inkognito eine Lügengeschichte über seine Abenteuer als Kreter in Ägypten und bei den Phönikern, die gerade deshalb, weil sie in realen Räumen und Verhältnissen spielen, glaubwürdig wirken. Ferner sind den Hörern Homers die zahllosen Händler vertraut, die dafür bekannt waren, Unwahres von ihren Reisen zu berichten, um Konkurrenten zu täuschen oder ihren Waren besonderen Glanz zu verleihen. Auch in der späteren Antike war das Kriterium, ihre Geschichten als unwahr zu entlarven, fast nie der Inhalt selbst – den konnte man ja selten überprüfen –, sondern die Art und Qualität des Berichtes sowie die soziale Stellung des Erzählers.

Genauso urteilen die Zuhörer des Odysseus am Phäakenhof. Alkinoos bescheinigt dem Helden in der Mitte seines Berichtes, dass sein »Sinnen edel sei« und er »einem Sänger gleich« seine Geschichte meisterhaft zu erzählen wisse.[23] Der prominenteste Hörer der Irrfahrten grenzt damit den Helden ab von den seefahrenden Händlern, die lügen und betrügen, um Profite zu erzielen[24], und er stellt ihn auf eine Stufe mit den epischen Sängern. Ihnen vertraute man blind, da sie wie die Erzähler der maritimen Küstengemeinden und die nördlichen Schamanen Träger eines esoterischen Spezialwissens waren. Homer beweist ein solches Wissen auf maritimem Gebiet, wenn er z. B. seinen Helden auf der Insel der Kalypso ein seegängiges Boot bauen und nach der Abfahrt den Kurs für 17 Tage nach den Plejaden bestimmen lässt.[25] Und er vermittelt Lehren mit einer für Seefahrer und Kolonisten zeitlosen Bedeutung. Das didaktische Potential zeigt sich gerade an den Unternehmungen, die scheitern oder zu scheitern drohen, so etwa wenn die Griechen an fremden Küsten unbekannte Pflanzen (der Lotophagen) oder Tiere (des Helios) essen und sich damit über heimische Tabus und Gebräuche hinwegsetzen – eine dauernde Herausforderung von Seefahrern, die höchste

Wachsamkeit erfordert. Oder wenn der Held seine Mannschaft für die großen Verluste (beim Überfall auf die Kikonen) verantwortlich macht, weil sie eine der Grundregeln der Piraterie missachtet haben: schnell zuzuschlagen und noch schneller zu verschwinden. Und der Klassiker unter Seefahrern: Wenn sie in den Armen »bezirzender« Schönheiten ihren Auftrag vergessen und den Erfolg des gesamten Unternehmens gefährden.[26]

Aus solchen Fehlern zu lernen und entsprechende Lehren zu ziehen – auch das ist ein Anliegen des Dichters. Es entspricht den Erzählungen maritim ausgerichteter Gemeinschaften, die den Jüngeren überlebensnotwendige Verhaltensregeln an fernen Küsten sowie das Wissen um fremde (exotische) Botanik, Tierwelt und Menschen zu vermitteln suchen.[27] Die epische Rahmung ist die beste Gewähr, diese Lehren zu verinnerlichen, sie verschafft ihnen eine Autorität, die nüchterne Regeln nicht besitzen; denn anders als bei den Hebräern konnten die Griechen diesen Geboten nicht die religiöse Legitimation eines einzigen Gottes verschaffen. Gerade deshalb aber bildeten sie einen Code, der von allen Gesellschaften der Mittelmeerküsten verstanden wurde.[28]

Auch die Abfolge der Gegenden und Völker, auf die Odysseus im Laufe seiner Fahrten trifft, bedient sich eines uralten Ordnungsprinzips, mit dem Seefahrer und Küstengemeinden ihre Entdeckungen in den vorhandenen Wissensschatz überführen: Sie legen katalogartige Listen fremder Völker an und integrieren sie in eine mythische Ethnographie und Geographie, die leicht memoriert, weitergegeben und erweitert werden können. Solche Listen liegen der Völkertafel der Genesis zu Grunde, die auch in anderer Hinsicht – der Vorstellung von dem Weltenstrom Gihon (= Okeanos) und dem Land Kush (= Aithiopia) – Parallelen mit der mythischen Geographie der homerischen Epen aufweist[29]; sie tauchen im Schiffekatalog der Ilias auf und sie werden zeitgleich mit der Fixierung der Odyssee von dem Dichter Hesiod im Rahmen der Verfolgungsjagd (der geflügelten Söhne des Boreas = Boreaden auf die Harpyien) über die Welt (s.S. 68) episch verarbeitet. Es gab sie sowohl für die an den Küsten operierenden Seefahrer als auch für die weiter inländisch wandernden Händler und Reisenden; sie wurden später als *periodos* bzw. *periplus* bezeichnet.[30]

Zusätzliche Ordnungs- und Erinnerungsstabilität ergab sich, wenn man die Völker oder Ländernamen – nach Art der hebräischen Orakel des Ezechiel über Tyros[31] – mit ihren Handelsprodukten kombinierte oder die Namen der Völker und die sie besuchenden Helden in eine genealogische Abfolge brachte, so wie es heute noch schriftlose Völker tun. Dass diese Ordnung sich mythischer Namen bediente und ständig erweiternd ihre eigene mythische Welt schuf, verwundert nicht. Denn andere Mittel standen den Menschen der Archaik nicht zur Verfügung, um die verwirrende Vielfalt der Ferne zu verstehen und in tradierbares Wissen zu überführen: Mythos und Epos bildeten Kitt und Gerüst, der die Einzelkenntnisse memorierbar machte. Auch die Komposition der homerischen Irrfahrten dürfte zumindest teilweise auf solchen Listen beruhen.

Der Dichter tradierte auf diese Weise nicht nur zeitgenössische Expertise, sondern auch exploratorisches Wissen, das in den Küstengemeinden der Mykener von Generation zu Generation weitergegeben worden war und in der aristokratischen Welt der kleinasiatischen Poleis aktualisiert wurde.[32] Homer reflektiert das Weltbild und die Interessen von Menschen, die im 8. Jahrhundert die Grenzen der heimatlichen Gefilde verließen, um im Osten, Norden (Schwarzes Meer) und im fernen Westen ihr Glück zu finden. Ihr Wissensdurst hat der Dichter aufgenommen, wenn er Odysseus an den Mast gebunden den Sirenen lauschen lässt, die alles wissen »was auf der Welt geschieht«, und wenn er den Einzelepisoden detailreiche, aber für das Verständnis der Geschichte eigentlich unnötige Schilderungen der Inseln und Küstenlandschaft vorausschickt, die in mancher Hinsicht an die späteren *Periploi* der Entdecker erinnern (s.u.S. 181f.).[33] Oder wenn er erzählt, dass die Phäaken einst von den Kyklopen bedrängt die Heimat verließen und in Scheria eine neue Stadt gründeten.[34] Eine klassische koloniale Konstellation schildert Odysseus selbst, als er eine dem Kyklopenland vorgelagerte, mit einem natürlichen Hafen ausgestattete, fruchtbare und nur von Ziegen bewohnte Insel ansteuert, bevor er mit einem Erkundungstrupp ans Festland übersetzt, um zu »prüfen, wer sie (die Einheimischen) wohl seien, ob es wilde Verbrecher, die gar nicht wissen, was recht ist, oder gastliche Leute mit gottesfürchtigem Denken.«[35] Kyklopen und Phäaken bilden die Extreme auf der Skala möglicher Fremdkontakte: gastfreundliche Aufnahme und die Hand der Königstochter oder die Feindschaft von Menschenfressern. Es sind episierte Sinnbilder von Grenzerfahrungen an fernen Küsten, die mit dem Kriterium zivilisatorischen Niveaus – hier die höchste Stufe des Polislebens, dort die tiefste Stufe der Barbarei – aufgeladen und vermittelbar sind.

Keine reale Irrfahrt, aber codiertes Wissen

All diese Bezüge auf nautisches Wissen und protokoloniale Lehren bedeuten nun allerdings nicht, dass man die geographischen, nautischen und topographischen Angaben minutiös mit den realen Gegebenheiten abgleichen und die Fahrtroute eines realen Kapitäns aus den Angaben der Odyssee einfach herauspräparieren könnte. Gegen ein solches Vorgehen sperren sich das epische Amalgam und die Episierung der Einzelepisoden. Sie gehorchen immer auch Regeln und Vorentscheidungen, die auf exakte Rekonstruktionsversuche keine Rücksicht nehmen und mögliche reale Bezüge und Assoziationen beeinflussen, abgesehen davon, dass ein solcher Versuch auch der Erwartung der Hörer widersprach. So lässt Homer Odysseus mit einer großen Flotte und zahlreichen Mannschaften aufbrechen, um sie dann sukzessive so weit zu reduzieren, bis der Held die letzten Abenteuer allein bestehen kann. Die Reduzierung der Irrfahrtenteilnehmer spiegelt keine Realexpedition, sondern gehorcht einer Entscheidung im Rahmen der Episierung des Stoffes und sie kann nur innerhalb bestimmter Etappen erfolgen: Einige Abenteuer (wie die Kirkeepisode) erfordern eine große Zahl, während andere (die Phäakenepisode) den Einzelhelden verlangen. Weiterhin musste Homer bei der Gestaltung der Irrfahrten mit anderen Abenteuern wie der Kolchisfahrt der Argonauten konkurrieren. Er konnte deren Handlungsstrukturen (wie die Fahrt durch die »Klappfelsen«) genauso wenig ignorieren wie die Tatsache, dass der Verlauf dieser Fahrten und ihre Helden an feste Orte gebunden waren.[36] Schließlich fand Homer einige Episoden in einer strukturellen Koppelung vor.[37] So bilden das Abenteuer auf der Insel der Kalypso und der Gang zur Unterwelt eine Einheit, die ihre Entsprechung in der Verbindung zwischen der Insel der Kalypso und dem Aufenthalt bei den Phäaken hat. In beiden Gruppen geht es um die Landung auf einer fernen Insel und den Übergang in das Totenreich. Das war ein klassisches Erzählmotiv, das den Zeitgenossen aus dem Gilgamesch-Epos und anderen Heldensagen vertraut war und nicht einfach aufgelöst und schon gar nicht der realen Seefahrt eines einzelnen Kapitäns angepasst werden konnte. Aber es war so flexibel, dass es sich an die reale Erfahrungs- und Erwartungswelt des homerischen Publikums ankoppeln ließ. Mythische Inseln und Totenwelten ließen sich nicht in vertrauten Gefilden, in der Ägäis oder im östlichen Mittelmeer denken, sondern nur in einer Zone jenseits davon. Da diese Zone keine Märchenwelt war, konnte (und musste) sie im Zuge der Episierung mit Erzählungen angefüllt werden, die Seefahrer aus fernster Ferne mitbrachten.[38] Was man demnach rekonstruieren kann, ist nicht eine reale Einzelfahrt, sondern der exploratorische Horizont der seefahrenden Zeitgenossen, der irgendwo zwischen der durch Protokolonisation erschlossenen und der durch Hörensagen angedeuteten Fernzone der Welt lag. Diesen Horizont gilt es zu bestimmen, wenn man die Odyssee unter entdeckungsgeschichtlichem Aspekt interpretieren möchte.

Abenteuer an den kolonisatorischen Randzonen – der Süden

Alle Erklärer Homers lassen die »Irrfahrten« des Odysseus in dem Augenblick beginnen, als seine Flotte von Nordwinden daran gehindert wird, um Kap Malea (Südpeloponnes) und Kythera herum nach Westen zu segeln, und stattdessen in einer neuntägigen Fahrt an die Küste der Lotophagen gelangt, irgendwo westlich von Ägypten an der Kleinen (»Tritonsee«) oder Großen Syrte; manche verlegen sie nach Djerba, auf jeden Fall aber in einer den Griechen halbwegs vertrauten Weltregion.[39]

Die Handlung und ihr Kontext sind dementsprechend alles andere als außergewöhnlich: Die Mannschaften gehen an Land, trinken aus einer Quelle oder einem Fluss und stillen ihren Hunger. Ein Erkundungstrupp dringt ins Landesinnere vor. Hier begegnen sie den freundlichen Lotophagen. Sie lassen die Ankömmlinge als Willkommensgeschenk »von der honigsüßen Lotosfrucht kosten«. Der Name Lotus ist semitischen Ursprungs, wahrscheinlich ließ sich Homer von Datteln anregen oder einer Pflanze, die in Libyen oder Ägypten als Nahrungsmittel verwendet wurde, vielleicht hatte er auch von dem später berühmten Silphium Kyrenes gehört.[40] Sie hat auf Menschen, die ihren Verzehr nicht gewohnt waren, eine so berauschende Wirkung, dass sie – so Homer – die Weiterfahrt verweigern. Das ist keine Magie, sondern eine Grunderfahrung von Seefahrern an fernen Küsten. Odysseus reagiert wie ein verantwortungsvoller Kapitän der englischen Marine: Er lässt die pflichtvergessenen Männer unter Deck schaffen und befiehlt den Rest der Mannschaft an die Ruder, bevor noch mehr der südlichen Idylle erliegen.[41]

Auch die Weiterfahrt bewegt sich in einer maritimen Welt, die von Griechen und Phönikern gleichermaßen erschlossen war. Eine kurze Fahrt führt zu einer Insel, die dem Land der Kyklopen vorgelagert ist. Sie besitzt einen guten Hafen mit einer Quelle am Kopfende, ist sehr fruchtbar und nur von Ziegen bewohnt. Das ist keine Wunderinsel, sondern eine ideale Kolonisationskonstellation; vielleicht nimmt die Beschreibung Erfahrungen an der sizilischen oder libyschen Küste auf, die von Menelaos als ebenso ziegenreich geschildert wird.[42]

Doch Odysseus will an das gegenüberliegende Land, und man könnte sagen, dass hier ein Vorgang des allmählichen, sich über Generationen vollziehenden Abtastens von einer Insel zum Festland, wie er z.B. auf Pithekussai zu beobachten ist, wie in einem Brennglas auf wenige Tage verdichtet wird. In der folgenden Geschichte von der Begegnung mit den Kyklopen verarbeitet Homer wie bei allen Episoden mehrere Traditionen und Erfahrungen. Zum einen das alte Märchen und Sagenmotiv des Kampfes eines Helden gegen einen Menschen fressenden Unhold. Dieses Motiv wird aus seinem alten Zusammenhang in die epische Konstellation der »Irrfahrt« transponiert und funktional mit dem schon bei der Lotophagenepisode anklingenden Grundmotiv verbunden, nämlich der Frage, auf was für Wesen ein Seefahrer und Kolonist an fremden Küsten treffen kann. Lotophagen und Kyklopen stehen für die Extreme der Skala möglicher Erstkontakte: auf der einen Seite freundliche und arglose Einheimische, auf der anderen Seite rücksichtslose Kannibalen.

Die Botschaft der Geschichte zieht erneut die Lehre aus der Begegnung, sie ist hoffnungsvoll und warnend zugleich und entspricht dem ambivalenten Charakter des Hauptschelden: Auf der einen Seite müssen mehrere Gefährten ihr Leben lassen – weil Odysseus es an Vorsicht hat fehlen lassen –, auf der anderen Seite gelingt es Odysseus, den Gegner mit Intelligenz und Techniken zu besiegen, über die nur eine seefahrende Zivilisation verfügt: So hatte er in weiser Voraussicht, »auf einen wilden Mann, gewappnet mit riesiger Wehrkraft« zu treffen, einen Schlauch besonders süßen Weines mit sich gebracht, den ihm der Apollonpriester Maron in Ismaros bereitet hatte.[43] Dessen »köstlich berückender« Wirkung wird der Riese hoffnungslos erliegen. Odysseus wendet damit die Erfahrung der Sinnesberauschung, die seine Männer an der Lotophagenküste machen mussten, seinerseits auf einen Gegner an, der im Gegensatz zu den Griechen den Wein ungemischt in großen Mengen trinkt (im Lotophagenland hatten die unwissenden Griechen zu viel von der süßen Frucht in sich hineingeschlungen).[44] Die Lehre ist zeitlos. Das griechische »Feuerwasser« wird zur Geheimwaffe aller Seefahrer, Händler und Kolonisten, Exportschlager und ultimativer Türöffner selbst zu den

Welten der brutalsten Barbaren. Nun darf allerdings der Kyklop nicht getötet, sondern nur geblendet werden, denn anders wären die Griechen nicht aus der mit einem Felsblock verschlossenen Höhle entkommen. Mit dem geübten Blick des Seemannes suchen sie den passenden Holzpfahl aus, den sie dem Kyklopen ins Auge rammen: »Er schien etwa der Mast eines schwarzen, zwanzigrudrigen Lastschiffs/ breitesten Baus«. Und dann ist es Odysseus, der den zugespitzten Pfahl ansetzt, »sich aufwärts stemmend (...) wie einer den Bohrer in Planken des Schiffes hineindreht«.[45]

Der in der Kyklopengeschichte versinnbildlichte Gegensatz zwischen primitiver Rohheit (in Form des Kannibalismus) und überlegener Zivilisation (in Form von Intelligenz, Wissen und Technik) besitzt allerdings noch eine andere, weniger martialische Deutungsebene, die vielleicht aus nahöstlichen Vorstellungen stammt.[46] Polyphem ist ein furchterregender Menschenfresser, er lebt aber wie seine Gefährten in einer götternahen Idylle, in der sich der paradiesartige Zustand des Goldenen Zeitalters konserviert hat. Sie kennen weder die Vorzüge und Geheimnisse der Zivilisation wie Landarbeit noch städtische Siedlungen, Gesetze und Religion, aber sie müssen sie auch nicht kennen, weil der fruchtbare und von regelmäßigem Regen begünstigte Boden nach Entschluss des Göttervaters Zeus alles Nötige bereithält.[47] Ihre Siedlungen bestehen aus Höhlen, in die sie – wie Homer versichert – Kleinvieh, Schafe und Ziegen am Abend zu bringen pflegen. Um die Höhle des Polyphem erstreckt sich ein wohlgeordnetes Hofgelände, eingerahmt durch eine hohe Mauer aus Steinen und Baumstämmen. In der Höhle strotzen Barren von Käse, »und Pferche waren gedrängt voll von Lämmern und Ziegen. Und abgesondert voneinander waren sie, jegliche für sich, eingesperrt: an ihrem Ort die ersten Würfe, an ihrem Ort die mittleren und an ihrem Ort hinwieder die Spätlinge. Und es troffen von Molken alle Gefäße, Kübel und Eimer, von ihm selbst gefertigt, worin er melkte«.[48]

Das ist nicht das primitive Land fürchterlicher Riesen, die das rohe Fleisch ihrer Beute verzehren, aber auch nicht eine der Realität gänzlich »entrückte« Welt[49], sondern eine Randzone, die dem Erfahrungshorizont kolonisierender Seefahrer recht nahe war. Land und Leben der Kyklopen bieten eine ethnographische und ökologische Typisierung, die der aufmerksame Hörer in den westmediterranen Küstengebieten wiederfinden konnte, wo es noch heute wie auf dem Kyklopenland üblich ist, das Vieh zum Schutz vor Wind, Wetter und wilden Tieren in nahe Höhlen zu treiben. Homer beschreibt einen prosperierenden landwirtschaftlichen Hof mit einer Molkerei, die mit

Ausnahme von Getreide alles zum Leben Notwendige produzierte. Hierzu passt, dass die Kyklopen nach einer alten und von Hesiod bewahrten Tradition friedliche und den Göttern hilfreiche Handwerker waren.[50] Wie sollten sie auf Eindringlinge wie Odysseus und seine Gefährten reagieren? Da kommt ein Haufen Abenteurer und Vagabunden auf sein wohl bestelltes Eiland, dringt in die Vorratsräume ein und verzehrt die sorgfältig gestapelten Erträge, um sich alsbald wieder aus dem Staub zu machen. Wohl jeder wäre im höchsten Grade erzürnt, wenn er wie Polyphem nach Verrichtung seines Tagewerkes solch ungebetene Gäste vorfände, die auch noch die Dreistigkeit besitzen, ihren richtigen Namen zu verschweigen und – das setzt der Frechheit die Krone auf – ihren Mundraub damit zu rechtfertigen versuchen, indem sie ihn als Gastgeschenk betrachten: Odysseus und seine Spießgesellen sind nichts anderes als Seeräuber, die plündernd von Küste zu Küste ziehen und die friedlichen Hirten um den Lohn ihrer Arbeit bringen. Homer ist die erste uns bekannte Quelle, die für diese Leute den Begriff *peirates*, »Piraten« verwendet.

Die Zonen der Protokolonisation im Nordosten

Dass das Land der Kyklopen westlich von der Küste der Lotophagen gedacht wurde, ergibt sich aus der Abfolge der nächsten Stationen: Odysseus gelangt nach der Flucht von der Kyklopeninsel zur »schwimmenden Insel« des Aiolos und dieser lässt ihn mit Westwind (Zephyros) nach zehntägiger Fahrt in Sichtweite Ithakas kommen. Nach der Lösung des Windsackes kurz vor Ithaka und der erzwungenen Rückkehr zur Aiolosinsel sind die Achäer wieder dort im Westen angelangt, von wo sie aufgebrochen waren.[51] Nun wird die »Irrfahrtengeographie« komplizierter.

Nach einer siebentägigen Fahrt landet man in Telepylos, dem Land der Laistrygonen. Auch sie sind Menschen fressende Riesen. Ihre an sich ebenfalls aus einem märchenhaften Kontext stammende Geschichte hat eine kompositorische Funktion: nämlich Flotte und Mannschaft des Odysseus weiter zu reduzieren, um den Helden allmählich zum heroischen Einzelkämpfer gegen alle Gefahren werden zu lassen. Nachdem die Riesen mehrere Griechen verzehrt und viele Schiffe mit Steinwürfen zerschmettert hatten, ist nur noch das Schiff des Odysseus übriggeblieben.[52] Gleichzeitig variiert die Episode das Thema gefährlicher Erstkontakte, doch diesmal nicht in einer dem westlichen Mittelmeer vertrauten Szenerie mit einer fruchtbaren Insel als Ausgangspunkt und einer gegenüberliegenden Hügel- und Höhlenlandschaft. Die Griechen fahren vielmehr in einen, wegen seiner Lage und Beschaffenheit »hochberühmten« Hafen, geräumig am Ende und gegen alle Stürme und Wogen geschützt, verbunden mit dem Meer nur durch eine schmale Fahrrinne, die von steil abfallenden Felswänden umsäumt wird. Die Einheimischen sind zwar ebenfalls (wie die Kyklopen) Viehzüchter, wohnen aber nicht verstreut in Höhlen und an den Bergen, sondern in einer Stadt mit einem Markt sowie regiert von einem König, dessen Haus die anderen überragt.

Die realistische und detailreiche Schilderung wird durch ein erdkundliches Phänomen ergänzt, das nur auf den ersten Blick wunderlich erscheint: Der im Laistrygonenland ausziehende Hirte ruft dem Heimkehrenden zu, hier könne ein Mann, der keinen Schlaf braucht, doppelten Lohn gewinnen, indem er die Schafherde austreibt, nachdem er die Rinderherde eingetrieben hat. Episch verklausuliert bedeutet das: Wir befinden uns in einem Land, in dem die Nächte so kurz sind, dass die Tage mehr oder weniger bruchlos aufeinanderfolgen. Die Beschreibung entspricht den Mittsommernächten des hohen Nordens, wo die Sonne nur kurz hinter dem Horizont verschwindet[53], und man hat deshalb vermutet, dass Homer über Bernsteinhändler, die seit mykenischer Zeit von Thrakien aus bis zum Baltikum vorstießen, oder über skythische Häuptlinge – den »Rossemelkern« und »Milchessern« der Ilias – hiervon Kunde erhielt und das Phänomen in die Beschreibung des Laistrygonenlandes hineinkomponiert hat.[54]

Vielleicht ließ sich Homer darüber hinaus bei der Darstellung der menschenfressenden Laistrygonen von dem Kult der Menschenopfer anregen, der von den Taurern auf der Krim ausgeübt wurde und später in den Iphigeniemythos eingeflossen ist.[55] Der Pontos war sicherlich schon im 8. Jahrhundert v. Chr. Zielgebiet kleinasiatischer Händler und Piraten; die in der 2. Hälfte des 7. Jahrhunderts einsetzende Anlage von Kolonien (Sinope, Bérézan, Istros) ist ohne eine längere Phase der Erkundung (Protokolonisation) schwer verständlich. Die Kenntnisse waren freilich noch sehr vage. Hesiod weiß immerhin in dem sog. Flusskatalog der Theogonie von zwei Strömen (Istros = Donau und Phasis), die in das Schwarze Meer münden.[56] Das in Nordafrika einsetzende und über den Westen weitergeführte Rahmenthema der Erstkontakte findet somit eine sinnvolle – fast erwartungsgemäße – Fortsetzung im Norden. Das Schwarze Meer galt als nebelig und (wie die Küste der Laistrygonen) insellos, aber keineswegs menschenleer: Homer kennt die Städte der Paphlagonier[57], man erzählte von den wilden Taurern und den »männergleichen« Amazonen, die den Troianern zu Hilfe kommen und gegen Helden wie Bellerophon, Achilles und Herakles zu Felde ziehen. Sie sind nichts anderes als eine mythische Verklausulierung der Skythen.[58]

Über den Okeanos zum Jenseits

Im Amazonenmythos vereint sich die Suche nach einem identitätsstiftenden Gegenbild zu der von Männern dominierten Polis mit der Kenntnis weiblichen Kriegertums, wie es für die nomadischen Gesellschaften des Nordens typisch war.[59] Homer knüpft jedoch noch an einen anderen Mythenkomplex an, der wie die Laistrygonenepisode auf den Schwarzmeerraum verweist. Von den Laistrygonen gelangt Odysseus nach Aiaia, der Insel der Zauberin Kirke. Sie verwandelte die Gefährten des Odysseus in Schweine und wird erst mit Hilfe des Wunderkrautes Moly besiegt und zur Gefährtin des Liebeslagers.[60] Hinter der märchenhaften Geschichte steht ein uraltes, während der gesamten Antike und schon während der Bronzezeit bekanntes Grundmotiv, nämlich die Suche nach Aromatika sowie therapeutisch nutzbaren Pflanzen und Gegengiften. Zauberinnen und »Herrinnen der Tiere« wie Kirke, die ein reiches Wissen über Heilmittel und Drogen besitzt *(polypharmakos)*,[61] kennt auch der Jasonmythos: Hier verhilft Medea, die Tochter des Kolcherkönigs Aietes, dem Helden dazu, mit einer Zaubersalbe den Drachen einzuschläfern, der das Goldene Vlies bewacht. Nach alter Tradition war Kirke die Tochter des Sonnengottes Helios und die Schwester des Aietes, nach einer anderen Überlieferung die Tochter des Aietes und die Schwester der Medea.[62] Aia, das Zielgebiet der Argonauten, ist demnach mit dem homerischen Aiaia identisch oder es handelt sich um die Insel, die König Aietes seiner Schwester schenkte.

Das Land des Aietes besitzt seinerseits eine alte mythographische Zuordnung. Der wahrscheinlich zu Beginn des 7. Jahrhunderts schreibende Eumelos von Korinth kennt die Herrschaft des Aietes als »kolchisches Land«; ein kolchisches Königreich »Qulha« taucht in Inschriften des urartischen Königs Sarduri II. (762–735 v. Chr.) auf.[63] Nach Zeugnis des um 600 in Kleinasien lebenden Dichters Mimnermos lag Aia, das Königreich des Aietes am Rand des Ozeans, wo die Strahlen des Helios in einem goldenen Bett ruhen.[64] Ähnlich verortet Homer die Kirkeinsel Aiaia »bei den Wohnungen der Morgenröte und dem Platz, wo die Sonne aufgeht«. Später sagt er, dass von Aia der Weltenstrom nur eine Tagesfahrt entfernt sei.[65] Da die Laistrygonen dem Norden zugeordnet sind, Aia am Aufgang der Sonne liegt, befindet sich Odysseus im äußersten Nordosten der Welt, jenseits der den Griechen vertrauten Sphäre nahe oder am Rande des Okeanos.[66]

Viele Gelehrte hat es gestört, »dass ein bereits nach Nordafrika gelangter Odysseus später wieder sozusagen am Ausgangspunkt seiner Fahrt Ilion vorbei ins Schwarze Meer getrieben worden sei«.[67] Einige behalfen sich mit der These, dass sich beim Übergang zum Kirkeabenteuer zwei Epentraditionen (die des Odysseus und die der Argonauten) mischen, die Irrfahrten unterschiedliche chronologische Schichten und Bearbeitungen vereinen und die gesamte Odyssee oder zumindest Teile von ihr zunächst im Schwarzmeerraum gespielt haben (»Schwarzmeerhypothese«) und erst im Laufe der Westkolonisation in den Westen verlegt wurden.[68] Für die Hörer Homers spielten derartige Konstruktionen keine Rolle. Im Rahmen einer Weltvorstellung, die durch ein Amalgam mythischer Kosmographie, realen geographischen Wissens und Sagentraditionen gebildet wird, war es unproblematisch, dass ein Held der alten Zeit aus den westlichen Gefilden der Ailosinsel in die nördlichen Regionen der Laistrygonen und zur Kirkeinsel im Okeanos fährt, zumal den Hörern Homers weder die nördlichen Küstenlinien der Adria noch die Tatsache hinreichend vertraut war, dass Griechenland im Norden mit dem europäischen Festland zusammenhing. Und da man zur Zeit Homers auch noch nicht wusste, dass es sich bei dem Schwarzen Meer um ein Binnenmeer handelte – es wurde vielmehr für einen Teil des Okeanos gehalten –, widersprach eine Kombination der Schwarzmeerfahrt mit dem Vorstoß in die okeanischen Gefilde der Kirke weder der Logik der mythischen Geographie noch der realen Erfahrung.[69]

Zur Verlagerung der »Irrfahrten« an den nordöstlichen Rand der Welt passt auch die Wegbeschreibung, die Kirke – im Besitz maritimen Geheimwissens – Odysseus nach einem Jahr Aufenthalt auf Aiaia »zum Haus des Hades und der schrecklichen Persephoneia« gibt, um dort die Seele des Teiresias zu befragen.[70] »Dein Schiff« so die Zauberin – »werden Boreas' Winde befördern./ Hast den Okeanos du auf dem Schiff dann glücklich durchfahren,/Dort an der niedrigen Küste beim Hain der Persephoneia … dann lass landen dein Schiff in Okeanos' wirbelndem Tiefstrom.«

Boreas ist der Nordwind. Er treibt Odysseus vom äußersten Nordosten über den Okeanos in den fernsten Nordwesten zur Stadt der Kimmerier »am Rand des Okeanos«, an die Pforten der Unterwelt, wie alte Legenden erzählen.[71] Hier hebt Odysseus eine Grube aus und lockt die Seelen der Toten durch ein Opfer aus Honig, süßem Wein, Wasser und Blut von Opfertieren an. Dunstige Nebel hüllen die Kimmerier und ihre Stadt ein, und niemals erreichen sie die Strahlen der Sonne.[72] Das erinnert frappierend an die alte babylonische Weltkarte, die eine Insel im Norden des »Salzflusses« (*marraru* = Okeanos) verzeichnet, »wo man die Sonne nicht sieht«.[73] Homer verbindet dieses Vorbild wahrscheinlich erneut mit vagen Informationen oder nordischen Legenden eines geisterhaften Volkes auf einer Insel am Rande des Hades, die ihn über die Bernsteinwege oder über die Nordlandfahrten der Phöniker (bis nach England?) erreichten. Hatte der Dichter bei der Schilderung des Laistrygonenlandes den überlangen Tag zur epischen Verklausulierung des nordischen Sommers benutzt, so deutet das endlose Dunkel der Kimmerier vielleicht auf die Polarnächte des nordischen Winters.[74]

Inseln im Okeanos

Nach der Seelenbefragung fahren Odysseus und seine Mannschaft mit günstigem Wind über den Okeanos zurück zur Insel der Kirke, dem Land des Sonnenaufgangs.[75] Sie folgen demnach bei der zweimaligen Überquerung des Okeanos dem Weg, den die Sonne vom Aufgang im Osten zum Untergang im Westen und wieder zurück nimmt, mit dem Unterschied, dass nach antiker Vorstellung die Sonne auf ihrem Rückweg in den Osten entweder unterhalb des Okeanos hindurchzieht oder auf einem goldenen Schiff (Becher) gefahren wird. Damit setzt die Odyssee dem Epos des Gilgamesch, der den Interessen der mesopotamischen Reiche entsprechend den Persischen Golf auf der Suche nach Unsterblichkeit »bis zum Aufgang der Sonne« überquert hatte, eine gen Nordwesten gewandte Ozeanüberquerung entgegen, die der griechischen Kolonisation des 8. und 7. Jahrhunderts entsprach.[76]

Erneut gibt Kirke die weitere Wegbeschreibung. Zunächst müssen sie vorbei an den Sirenen, »auf grasigen Auen sitzende« Wesen, die mit ihrem Gesang die Menschen betören und sie zum Landen verleiten. Den Argonauten glückte die Weiterfahrt, weil – so wussten die Hörer Homers – Orpheus den Gesang der Sirenen übertönte. Kirke rät dagegen Odysseus, sich selbst an den Mast des Schiffes zu binden und die Ohren seiner Ruderer mit Wachs zu verschließen, um sie gegen die Wirkung zu immunisieren.[77]

Danach eröffnet Kirke eine Alternative: Entweder vorbei an den Plankten (oder »Symplegaden«), von Schiffstrümmern umsäumte Doppelfelsen, die bisher ebenfalls nur die Argo auf ihrer Heimfahrt mit Hilfe der Hera passieren konnte. Oder nicht weit entfernt durch das Felsenpaar, auf dem zur einen Seite das Ungeheuer Skylla haust und ihr gegenüber der Schlund der Charybdis droht.[78] Die an sich ortlosen Märchen der Skylla, Charybdis und Sirenen erhalten durch die epische Koppelung mit den *Planktai* aus den Argonautenerzählungen eine Verortung im östlichen Meer.[79] Sieht man von der kompositorischen Funktion dieser Aneinanderreihung ab, die Mannschaften des Odysseus weiter zu reduzieren, so will Homer damit wohl andeuten: Der Held verlässt nun den Raum des Schwarzen Meeres. Der Alternative »Plankten« oder »Skylla und Charybdis« liegen vielleicht nicht nur unterschiedliche Mythentraditionen, sondern auch zwei Grobrouten aus dem Schwarzen Meer im Rahmen der mythischen Geographie zu Grunde: die eine durch die gefährlichen Strudel des Bosporos, den der Argonautenkenner gerne mit den Plankten gleichsetzte, oder die andere über die Ausbuchtung des Weltmeeres nördlich an Griechenland vorbei, die Odysseus schon auf der Hinfahrt von der Ailosinsel in den Bereich der Argonautenabenteuer hat kommen lassen.[80] Mit dieser Variante freunden sich diejenigen Gelehrten an, die das regelmäßige Einsaugen und Ausspeien des Meeres durch die Charybdis mit den Gezeiten in Verbindung bringen und glauben, dass die mit zwölf Klauen und sechs Hälsen ausgestattete Skylla Erzählungen von Riesenpolypen oder Tiefseekraken spiegele – beides Phänomene, die es nur im Atlantik gibt.[81]

Odysseus entscheidet sich auf Kirkes Rat erneut für die Nordroute. Dementsprechend macht Homer wie auf der Hinfahrt keinerlei Wind-, Strömungs- oder Ortsangaben, sondern schiebt nur die relative Zeitangabe »bald« ein, um die Überwindung der Skylla und Charybdis mit der Landung auf der Insel des Helios zu verbinden. Kirke und Teiresias hatten Odysseus davor gewarnt, das Eiland zu betreten.[82] Doch der unablässige Nordwind bewog die Gefährten zum Bleiben; vielleicht – so mochte ein aufmerksamer Hörer denken – wollten sie nicht noch einmal am Kap Malea zu weit nach Süden abgetrieben werden. Doch auch die Ost- und Westwinde wehten ununterbrochen, und Odysseus warnt vor dem plötzlich aufkommenden Südwind.[83] Offensichtlich sollen die Hinweise auf Winde aus allen Richtungen eine Parallele zur Insel des Aiolos herstellen: Beide sind im Besitz männlicher Gottheiten. Die eine ist Heimat und Ursprung der Winde, die andere von Winden umpeitscht. Und wie seinerzeit Odysseus kurz vor Ithaka und der Lösung des Schlauches von einem mächtigen Ostwind erfasst wird, so lässt Zeus nach der Abfahrt von Thrinakia einen Orkan entfachen und das Schiff untergehen.[84]

Odysseus kann sich auf einem Floß retten, doch wieder treibt ihn der Nordwind zum Doppelfelsen von Skylla und Charybdis. Nach erneutem Passieren der Meerenge befindet er sich wieder am Rand des Okeanos. Neun Tage wird er ziellos auf einem Schiffsholz umhergetrieben, bis er nach Ogygia, der Insel der Kalypso, gelangt.[85] Der Name Ogygia geht wohl auf phönikische Wurzeln zurück. Kalypso ist die Tochter des Atlas, der die Säulen hält, auf denen das Himmelsfirmament ruht. Die Insel liegt »im Nabel des Meeres«. Das ist weniger ein Hinweis auf die durch den Blick auf den fernsten Horizont entstehende Wölbung[86] als vielmehr darauf, dass die Insel im Zentrum des gewaltigen Okeanos gedacht wird, so wie Delphi, der »Nabel der Welt«, inmitten Griechenlands (und der Oikumene) liegt.

Hierfür spricht auch die Tatsache, dass sie nach Homer eine Seefahrt von 18 Tagen vom Land der Phäaken entfernt ist, die von sich sagen: »Wir wohnen abgesondert im wogenrauschenden Meere, ganz am Ende, und haben mit keinem Gemeinschaft«.[87] Die Hörer Homers dachten sich demnach die Insel der Kalypso im westlichen Okeanos, so wie die der Kirke in dessen nordöstlichen Bereich gehörte. Eilande von Zauberinnen und Göttinnen lagen nach alter Tradition schon immer im Weltenmeer und die Inseln der Kalypso und der Kirke bilden nicht nur in dieser Hinsicht eine strukturelle Doppelung. Es gehört zur Episierung des Stoffes, dass sie den Helden immer wieder magisch anziehen und er aus eigener Kraft nicht in der Lage ist, die Bannmeile zwischen Okeanos und vertrauten Meeren zu durchbrechen. Nur weil Zeus es befahl, konnte Odysseus nach sieben Jahren von Ogygia scheiden.

Die Phäaken

Wie Kirke übernimmt die traurige Kalypso die Rolle der Vermittlerin maritimen Geheimwissens: Ihre »Segelanweisung« lautet, auf der Fahrt über den Okeanos die Plejaden immer zur Linken zu halten.[88] So kam Odysseus zu den Phäaken *am* äußersten Rande der Welt (aber nicht *im* Okeanos!). Ihr Land lag auf der Route heimwärts, demnach näher an Ithaka als Ogygia.[89] Deshalb sind die Phäaken (unter dem Vorgänger des Alkinoos) auf der Flucht vor den Kyklopen als Kolonisten nach Scheria gekommen, während die weiter entfernten Inseln der Göttinnen im Okeanos als Kolonisationsobjekte für Sterbliche ausscheiden. Und deshalb ist die Schilderung der Phäakenwelt zwar mit klassischen Märchenmotiven versehen; der König besitzt einen Palast sowie einen paradiesischen Garten und Wunderschiffe, die wie von Geisterhand getrieben jede Entfernung bewältigen.[90] Doch erscheint sie in Bezug auf Stadt und Bewohner deutlich realer als die Inseln der Kirke und Kalypso.

Dementsprechend greift Homer, kaum dass Odysseus der Welt des Okeanos entronnen ist, auch wieder das Generalthema des kolonialen Erstkontaktes auf. Während die liebende Nymphe Kalypso dem gestrandeten Odysseus Unsterblichkeit verspricht, bietet der sterbliche Alkinoos dem Helden Haus, Land sowie die Hand seiner Tochter an[91] – eine kolonisatorische Wunschkonstellation für jeden jungen Griechen, wie sie später immer wieder durchgespielt und literarisch verarbeitet wurde. Die Schilderung der Phäaken knüpft einerseits an das Bild der in Städten lebenden und von einem König regierten Laistrygonen an – auch hier begegnen die Griechen zunächst wie Odysseus in Scheria der Königstochter! – und steigert es zur idealen Polis. Die Phäaken bilden damit andererseits das kontrastive Gegenstück zu den Kyklopen: dort die unzivilisierten, der Seefahrt unkundigen Wilden, hier die scheuen, aber hilfsbereiten Meister der Schiffe in einer blühenden Kolonialstadt mit Hafen, Marktplatz, Häusern sowie einer klaren politischen Struktur, einer adligen Elite von zwölf *basileis* und einem Oberbasileus an der Spitze.

All das suggeriert vertraute (wenn auch episch übersteigerte) Nähe und Ferne zugleich. Man darf deshalb vermuten, dass Homer sich auch bei dieser Amalgierung von märchenhaften Erzählungen eines am Weltenrand lebenden glücklichen Volkes und der Idealisierung einer blühenden Kolonialstadt von Informationen realer Gegebenheiten hat anregen lassen. Wichtige Indizien bietet wie immer die epische Codierung maritim-nautischer Phänomene: Als Odysseus an das Land der Phäaken getrieben wurde, gewahrte er einen ins Meer strömenden Fluss, der auf die flehentlichen Gebete des Helden »seine eigene Strömung staute, stillte vor ihm das Meer und ließ sein Gewoge verebben«.[92] Der erzähltechnisch unnötige Hinweis lässt sich als eine vage Kunde von dem sog. »Stillwasser«, dem zeitweiligen Stillstand einer Flussströmung in der Phase der ozeanischen Flutwelle deuten, genauso wie man in dem Einsaugen und Ausspeien des Meeres durch die Charybdis die episierende Umschreibung der Gezeiten erkennen mag.[93] Die Straße von Gibraltar als westlicher Zugang zum Okeanos war den Hörern Homers durch die Erzählungen um Herakles, der sich »jenseits des berühmten Okeanos« bewegte, zum Bestandteil der mythischen Weltsicht geworden. Er hatte als »Zeichen seiner Expedition« zwei Säulen aufgestellt, die wir mit der Straße von Gibraltar identifizieren.[94]

Hinter diese Ferne zurückzufallen, war für Homer schwer möglich, er konnte ja seinen Hörern nicht zumuten, die Abenteuer nahe des »berühmten Weltenstroms« gleichsam vor die Haustür zu verlegen. Hieran scheitern auch alle Versuche, Scheria im Nahbereich der griechischen Gewässer zu verorten.[95] Das Land wurde zwar nach Homer kolonisiert, aber eben von dem Wundervolk der Phäaken, die keinen Kontakt mit den Menschen pflegen und stattdessen den Göttern nahe sind. Bevor die Phäaken nach Scheria kamen, lebten sie in Hypereia, dem Jenseitsland.[96] In diesem Zusammenhang erhalten sie (und ihre Schiffe) eine besondere mythische Funktion, die zunächst von ihrer (realistischen) Rolle als Bewohner einer idealen Kolonialstadt verdeckt wird: Schon immer hat man sich gefragt, weshalb sie sich so sehr um ihre Schiffe kümmern und als Meister der Seefahrt gelten, wenn sie weder Handel treiben noch Krieg führen, keinen Kontakt zu den Menschen pflegen und auch nicht als Entdecker unterwegs sind.

Die Antwort verweist erneut auf die magische Grenzzone am Rande des Okeanos: Scheria ist die letzte »kontinentale« Zwischenstation auf dem Weg ins Jenseits und die Phäaken sind die »Graumänner«, deren Wunderschiffe den Verstorbenen über den Okeanos in dieses Jenseits geleiten und nur in ganz seltenen Fällen einen sterblichen Helden wie Odysseus (oder Rhadamanthys) in die entgegengesetzte Richtung bringen.[97] Diese Vorstellung eines durch geheimnisvolle Fährleute betriebenen Geleits der Seelen über das Weltmeer zum Jenseits gehört zu den ältesten Bestandteilen indoeuropäischer Mythen (auch Gilgamesch wird vom Zauberschiff des Urschanabi zu Utnapishtim gebracht).[98] Sie verlegen die Heimat der Seelenschiffer jenseits der von Menschen üblicherweise aufgesuchten Gefilde an den Rand des Weltenstroms, wie es Homer im Falle der Phäaken tut; deshalb weist ihr Land nicht nur Elemente einer idealen Kolonialstadt, sondern auch die eines goldenen Zeitalters auf, in dem die Menschen nahe den Göttern lebten. Der Fluss führt so gutes Wasser, dass es den gröbsten Schmutz beseitigt, das Gras schmeckt den Maultieren wie Honig. Die Herrscherfamilie ist von einer göttergleichen Aura umgeben, der Eingang zum Palast wird von goldenen und silbernen Hunden bewacht. Der Garten bringt ohne Feldarbeit zu jeder Zeit und vom Westwind begünstigt die köstlichsten, nie verderbenden Früchte hervor.[99]

Ein solches Wunderland gehört genauso wie der ältere Mythos von den Seelenschiffern in die okeanische Welt des Westens – nicht ohne Grund ähnelt die Fauna des Alkinoosgartens der Kalypsoinsel sowie den Inseln der Seligen im Weltenstrom. Als nun Homer daran ging, dieses mythische Bild den maritimen Erfahrungen seiner Zeitgenossen anzupassen und mit der Idealisierung einer weit entfernten Kolonialstadt zu übermalen, konnte er sich diese kaum in der Ägäis, in der Straße von Otranto oder der Straße von Messana vorstellen, auch nicht im Tyrrhenischen Meer und an dessen Küste, die nach Homer von Erzhändlern wie Mentes, dem Gastfreund des Odysseus, angesteuert wurde und als das Erz produzierende Temese bekannt war; Pithekussai bestand zur Zeit der Verschriftlichung der Odyssee mindestens seit einer Generation.[100] Der Kontext verwies vielmehr auf die äußerste Grenze der durch Seefahrer erschlossenen Zone am Ufer des Okeanos, wo die auf Handelskontakte und Protokolonisation beruhende Weltkenntnis endete und die mit Gerüchten belegte Welt des Unbekannten begann, ein Kosmos, der in den Mythen nicht als potentielles Kolonisationsgebiet, sondern als Ort märchenhafter Reichtümer (Äpfel der Hesperiden) erscheint.

Um diese Zone zu bestimmen, wird man vor allem die engen Kontakte der kleinasiatischen Griechen zu den Phönikern berücksichtigen, die zur Zeit Homers als ähnlich schiffsberühmt galten wie die Phäaken. Es ist vielleicht kein Zufall, dass Ino Leukothea, die den schiffbrüchigen Odysseus zum Land der Phäaken weist, die Tochter des mythischen Phönikerkönigs Kadmus ist.[101] Phönikische Schiffe, Händler und Handwerker waren in der Zeit Homers ein vertrauter Anblick; nach phönikischen Vorbildern geformte Vasen zeigen Episoden der odysseischen Irrfahrten. Die Kontaktaufnahme phönikischer Händler mit dem andalusischen Tartessos lag einige Generationen zurück, die Kolonien in Gades oder an der spanischen Mittelmeerküste dürften einige Jahrzehnte vor Homer angelegt worden sein.[102]

Schon immer lag deshalb der Gedanke nahe, dass phönikische Halbwahrheiten über Gades oder Tartessos die Anregungen für Scheria gaben. Die Lage am Okeanos, die Friedfertigkeit der Phäaken, die völlige Abgeschiedenheit am Rand der griechischen Erfahrungswelt, die keinen Sterblichen (außer eben den Phönikern!) zu ihnen gelangen ließ, all das mag dem Dichter durch phönikische Vermittler zu Ohren gekommen sein. Vielleicht hat

Homer bei der epischen Integration der phäakischen Wunderschiffe, die in Dunkelheit und Nebel gehüllt ihr Ziel finden, den Mythos von den Totenschiffern mit der Kunde von Seefahrern kombiniert, die phönikische Schiffe durch widrige Gewässer geleiteten und die nächtliche Navigation (nach den Sternen) beherrschten.[103]

Menelaos in der Südsee

Die vage Kenntnis der andalusischen Atlantikküste wird schließlich noch von einer anderen Seite nahegelegt, der sog. Irrfahrt des Menelaos. Dieser wurde wie Odysseus am Kap Malea von seinem Kurs abgebracht und sei – so erklärt Nestor dem jungen Telemach – heimgekehrt aus fernen Ländern und entlegenen Völkern, »woher kein Sterblicher jemals/ hoffen dürfte zu kommen, den Sturm und Woge so weithin/ über das Meer verschlugen, woher auch selbst nicht die Vögel/ fliegen können im Jahre, so furchtbar und weit ist die Reise«.[104] Als Stationen seiner Fahrt nennt er die Aithiopen, Sidonier und Erember und fügt hinzu, er habe Libyen gesehen. Der Aufzählung liegen offensichtlich anders als dem protokolonisatorischen Nahbereich katalogartige Listen zugrunde. Alle Völker haben direkt oder indirekt etwas mit Afrika zu tun, das Homer erstmals in der griechischen Literatur als *Libya* bezeichnet und das von Menelaos als reich an Schafen und Lämmerherden mit einem Überfluss an Milch, Fleisch und Käse beschrieben wird.[105]

Der Name Aithiops taucht bereits in mykenisch-pylischen Schrifttafeln auf; Hesiod kennt sie als südlichste Menschen nahe eines Volkes und einer Stadt von »Schwarzen« (*Melanoi*).[106] In der Odyssee werden sie als frommes Volk nahe den Göttern – Poseidon ist ihr häufiger Gast – am Ozeanstrom im äußersten Südosten sowie am äußersten Südwesten der Welt (also Libyen) vorgestellt, eine geographische Doppelung, für die es bisher keine befriedigende Erklärung gibt.[107] Eine ähnliche Doppeldeutung ergibt sich für die Sidonier: Zum einen sind sie die Einwohner des levantinischen Sidon und stehen als Sammelbegriff für die Phöniker, andererseits lassen sie sich mit den phönikischen Kolonien im Westen (Spanien) identifizieren, die sich in Inschriften gelegentlich als solche bezeichneten.[108] Am schwierigsten ist die Interpretation der Erember: Der Philosoph und Grammatiker Krates von Mallos (2. Jh. v. Chr.) hielt sie für Inder und mancher moderne Gelehrte vermutet, Homer hätte »aufgrund phönikischer Berichte« Kunde vom Indischen Ozean gehabt.[109] Leitet man dagegen die *Eremboi* vom hebräischen und phönikischen Wort *ereb* ab, das den Sonnenuntergang bzw. den Abend bezeichnet, dann wäre auch dieses Volk nicht nur im Osten, sondern auch im Westen zu suchen; Eremboi stünde für die Völker am Westrand der Oikumene.[110]

So unterschiedlich die mythischen bzw. historischen Traditionskontexte der drei Völkernamen auch sein mögen, sie verbindet die auffällige Tatsache, dass sie sowohl an das westliche wie das östliche Okeanosufer Libyens verlegt und dort gedacht werden konnten. Kombiniert man diese merkwürdige Doppelung mit dem Hinweis des Nestor über die ungewöhnlich lange Fahrt des Menelaos in einem Meer »woher auch selbst nicht die Vögel/ fliegen können im Jahre«, so liegt die Vermutung nahe, dass der epische Menelaos von Zypern entlang der Levanteküste zunächst nach Ägypten gesegelt war, um von dort durch das Rote Meer (oder den Persischen Golf, wo man später die Urheimat der Phöniker vermutete) zu den Aithiopen zu fahren. Dann ging es um Libyen herum zu den westlichen Aithiopen, den westlichen Kolonien der Phöniker (Sidonier) bzw. nach Tartessos, um im Mittelmeer auf »westliche« Menschen *(eremboi)* zu treffen.

Die Aufzählung der von Menelaos besuchten Völker wäre demnach eine epische Vorwegnahme der phönikischen Afrikaumsegelung (s.o.S. 46f.), wobei zu berücksichtigen ist, dass die Zeitgenossen Homers nicht die geringste Vorstellung von der Südausdehnung des Kontinents hatten und insofern ähnlich wie im Norden der Welt, den Odysseus und die Argonauten auf dem Okeanos umfahren können, eine Umschiffung nicht für undurchführbar hielten.[111] Dem Versuch einer Afrikaumsegelung durch die Phöniker gingen ohne Zweifel längere Planungen und tastende Expeditionen (im Rahmen der Wiederaufnahme des maritimen Arabienhandels im 7. Jahrhundert) voraus.[112] Dass die Hörer Homers und der Dichter selbst mit Phönikern zusammengetroffen sind und mit deren exotischen Waren bruchstückhafte Informationen über Routen und Zielgebiete solcher Expeditionen erhielten, ist sehr wahrscheinlich – schon in der Antike vertrat man die Auffassung, Homer habe seine geographischen Kenntnisse von den Phönikern bezogen.[113] Menelaos brachte einen silbernen Mischkrug von den Sidoniern mit und seine Palasthalle ist mit Bernstein geschmückt. Die vielen Hinweise auf die Wohlgerüche der atlantischen Wunderinseln lassen auf eine vage Kenntnis phönikischer Fernprodukte aus dem Okeanos schließen; vielleicht haben sich einige *basileis* den Fahrten der Phöniker angeschlossen; die Schiffsmannschaften setzten sich wie in früherer Zeit aus unterschiedlichen Ethnien zusammen; Odysseus hat einen hoch geschätzten Gefährten namens Eurybates, der als kraushaarig und dunkelhäutig beschrieben wird; Homer und Hesiod kannten dunkelhäutige und kleine Menschen (Pygmäen) an den südlichen Gestaden (Aithiopien) des Okeanos.[114]

Neue Lehren und Horizonte

Setzt man voraus, dass Homer und seinen kleinasiatischen Hörern die mythische Geographie der Welt, wie sie im Grundmodell der babylonischen Karte festgehalten war, bekannt war, so bezeugt sein Epos eine markante Nord- und Westausdehnung des mythisch codierten Weltwissens.[115] Sie reicht bis zur äußersten Zone der Vorstöße ionischer Griechen in den Schwarzmeerraum sowie in Kombination mit den Fahrten der Phöniker mindestens bis zur Straße von Gibraltar und wahrscheinlich darüber hinaus bis zum Guadalquivir (Tartessos). Vage Kenntnisse über die Natur der Gewässer und Länder jenseits dieser Zone sowie Spekulationen über den Zusammenhang von Klima und Lebensweise (am Beispiel der Laistrygonen)[116] sind episch codiert in die Beschreibung der äußeren Fahrtstationen eingegangen. Das Ganze repräsentiert in vielerlei Hinsicht die uralte Form der Weitergabe nautischen und ethnographischen Geheimwissens, das die ägäischen Küstengemeinden seit mykenischer Zeit gesammelt hatten. Waren es einst die Oberhäupter dieser Gemeinden, deren Erzählungen den Vorstoß in die unbekannte Ferne dokumentierten, so sind es nun die Göttinnen der Wunderinseln sowie die alten Seher (Teiresias), die den Weg weisen zu den fernsten Zonen des Okeanos und wieder zurück. Allein dass der Held an diesem Wissen teilhaben darf und von seinen Fahrten glaubhaft erzählt, verschafft ihm und dem Epos sakrosankte Autorität, an der niemand zweifelte, der auf den Spuren des Helden die Grenzen der Welt zu erreichen suchte.

Wegekundige Experten, Propheten und Heiler begleiteten aber auch die frühen Seefahrer und Kolonisten auf ihren Wegen in die Ferne. Und so enthält die Odyssee in nuce sämtliche Lehren im Umgang mit fremden Völkern, die die Griechen – neben den Phönikern – zu den größten Entdeckern der Antike machen sollten: Vorsicht vor, aber Vertrautheit mit anders gearteten Ritualen und Ernährungsweisen sowie mit den Schlichen einheimischer Stämme, die wohl schon in der Antike wie später in der frühen Neuzeit Seefahrer als Freunde gewinnen wollen, indem sie behaupten, dass ihre Nachbarn Menschenfresser sind; das Wissen um die berauschende Wirkung des Weines, dem die rohesten Barbaren erlegen sind und der den Händlern die fernsten Weltränder öffnet; nicht nur nautische und maritime, sondern auch botanische Spezialkenntnisse verschiedener Wunderkräuter und Gegengifte *(moly)*, die griechischen Ärzten bzw. Seefahrern Spitzenstellungen an den Höfen orientalischer Könige verschaffen werden. Und überhaupt die Kunst, sich gegen alle Widrigkeiten in ferne Ethnien zu integrieren: nicht nur, sich das Bett und das Geheimwissen fremder Schönheiten zu sichern, sondern auch das klassische »chercher la femme« der Diplomatie, lehrbuchreif demonstriert von Odysseus bei den Phäaken, wo er über die Gunst der Tochter und der Ehefrau das Wohlwollen des Königs gewinnt und von ihm ein Angebot erhält, von dem viele Kolonisten träumen: die Hand der schönen Prinzessin, Siedlungsland und unermessliche Reichtümer.

II.
JÜNGER APOLLS

FERNERKUNDUNGEN IM 7. UND 6. JAHRHUNDERTS V. CHR.

1.
GEHEIMNISSE DES NORDENS
GRIECHEN IN WESTSIBIRIEN

Die letzte Fahrt des Odysseus

Unendlich haben die Griechen darüber gefabelt, wie es weiterging mit dem Helden, nachdem er Ithaka wiedergewann. Mal stirbt Odysseus im fernen Westen, mal wird er in ein Pferd verwandelt oder von seinem (zweiten) Sohn getötet, den er mit Kirke gezeugt hat. Diese bizarren Sequels kümmern sich wenig um die Tatsache, dass Homer den entscheidenden Hinweis zur Weiterentwicklung des Epos selbst gegeben hat: Odysseus eröffnet seiner verdutzten Frau in der ersten Liebesnacht nach der Tötung der Freier, der Seher Teiresias habe ihm aufgetragen, »zahllose Städte der Menschen/ aufzusuchen, in Handen ein handliches Ruder zu tragen/, bis ich zu jenen dann käme, die nichts mehr wissen vom Meere/, Menschen, die Salz auch nicht mit den Speisen genießen, die also/ gar nichts wissen von Schiffen mit rot gestrichenen Seiten ...«. Wenn ein anderer Wanderer das Ruder auf den Schultern des Helden für eine Schaufel zum Trennen der Getreidekörner halte, solle er das Ruder im Boden verscharren und Poseidon ein Opfer darbringen. Dann werde er ein langes Leben in Ithaka verbringen.[1]

Von den vielen Deutungen, die diese Zeilen erfahren haben, ist noch immer diejenige am plausibelsten, die in der Weisung des Teiresias eine Art Sühnefahrt sieht, die Odysseus zur Beschwichtigung des nach wie vor grollenden Poseidon unternehmen muss. Sie führt ihn landeinwärts bis zu Menschen, die nichts vom Meer und der Seefahrt wissen. Indem der Einheimische das Ruder auf der Schulter des Odysseus für eine Getreideschwinge hält, spricht er das erlösende Wort (»kenning«), das den Verwunschenen (Odysseus) von der Zaubermacht (Meer) des Dämons (Poseidon) befreit.[2] Die »letzte Fahrt« des Odysseus ist jedoch weit mehr als ein episiertes Märchenmotiv. Sie spiegelt die tastenden Versuche der Griechen des 7. Jahrhunderts v. Chr., territoriale Räume jenseits von Küste und Inseln zu erkunden. Welche Räume hatten sie dabei im Blick? Oder episch codiert: Wo lag das Land und wer waren die Menschen, auf die Odysseus treffen sollte?

Einen Hinweis gibt die *Arimaspeia*, ein Epos aus der zweiten Hälfte des 7. Jahrhunderts v. Chr. Sein Schöpfer Aristeas stammte aus Prokonnesos, einer von Milesiern gegründeten Inselstadt im Marmarameer.[3] Hier heißt es in einem Fragment: »Und auch dieses erfuhr mein Geist mit höchstem Erstaunen:/ Menschen wohnen im Wasser, vom Lande getrennt, in der Meerflut./ Elende Leute sind es, sie haben mühsame Arbeit,/ haben die Seele im Meer, die Augen in den Gestirnen./ Oft wohl, empor zu den Göttern die lieben Hände erhebend,/ beten sie aus ihrem Innern, dem übel nach oben geworfenen.«[4]

Aristeas beschreibt offensichtlich das mitleidige Staunen eines fern vom Meer lebenden Menschen über das Leben der Inselbewohner[5] – ein revolutionärer Perspektivwechsel: Zum ersten Mal drückt ein Dichter nicht die Sicht der seefahrenden Griechen auf die seeunkundigen Landbewohner (Kyklopen) aus, sondern er versetzt sich in die Rolle der Landbewohner, die selbstbewusst auf das elende Dasein der Insulaner schauen, die ihr ganzes Leben (= Seele), alles Sinnen und Trachten der See und deren Gefahren widmen, die Gestirne zur Orientierung nicht aus den Augen verlieren dürfen und von Seekrankheit (»dem übel nach oben geworfenen«) geplagt die Götter um Hilfe flehen. Das Leid auf dem Meer, dessen Überwindung für Odysseus Voraussetzung von Lernen und Heldentum war, ist für den Landbewohner unsinniges Plagen, ein Zeichen von verwirrter Unzivilisiertheit. Es ist der erste »edle Wilde«, der den Griechen den Spiegel über ihr eitles Tun vorhält.[6]

Später haben die Griechen oft Männern aus dem skythischen Norden die Rolle des zivilisationskritischen Weisen zugewiesen.[7] Diese Nordung entspricht dem Wenigen, was wir vom Inhalt und der Komposition des Epos wissen. Während Homer seinen Helden Odysseus am Phäakenhof von seinen Irrfahrten erzählen lässt, beschreibt Aristeas seine *eigene* Reise in die Steppengebiete des Nordpontos bis zu dem Volk der Hyperboreer.[8] Voraussetzung dürfte die sensationelle Erkenntnis der kolonisierenden Griechen gewesen sein, dass das Schwarze Meer im Gegensatz zur Vorstellung Homers ein Binnenmeer ist.[9] Die *Arimaspeia* ist das erste Zeugnis eines realen Entdeckers, der nicht mehr mit dem Schiff die Meere durchkreuzt, sondern nach dem Übersetzen zum Nordufer des Pontos den Landweg in die Binnenräume Mittelasiens antritt.

Der wundersame Aristeas

Allein dieses Wagnis hat die Person des Verfassers schon zu Lebzeiten mit einer sprießenden Legendenbildung umwoben. Aristeas wurde zum Wundermann, der über die Fähigkeit der Bilokation, des gleichzeitigen Auftauchens an zwei Orten, verfügt, der verschwindet, um Jahrhunderte später wieder zu erscheinen, und dessen Seele den Körper verlassen kann, um sich auf weite Reisen zu begeben.[10] Aristeas hat diesen Vorstellungen selbst Vorschub geleistet, indem er zu Beginn seines Werkes behauptet, er sei von »Phoibos (= Apoll) ergriffen worden«, bevor er seine siebenjährige Reise antrat.[11] »Ergriffensein« durch Apoll bedeutet zwar für griechische Ohren zunächst nur, dass die Person »seine gewohnten Bahnen, seine Vernünftigkeit verlassen hat«[12], wir würden heute sagen: sich in einem mentalen Ausnahmezustand befindet. Die Formulierung zu Beginn eines Epos und in Verbindung mit dem Antritt einer langen Reise ist jedoch singulär, und man wird sie auch nicht damit erklären können, »daß damit ein zweitklassiger Dichter den herkömmlichen Musenanruf effekthascherisch zu überbieten suchte.«[13]

Stattdessen nahm man schon in der Antike an, Aristeas habe seine Expedition in Form einer Seelenreise angetreten, so wie man das auch von dem Wundermann Abaris glaubte, der mit bzw. auf einem Pfeil über die ganze Erde geflogen sei, ohne je etwas zu essen.[14] Maximus von Tyros erzählte im 2. Jahrhundert n. Chr., die Seele des Aristeas habe den Körper verlassen und, wie ein Vogel fliegend, Länder, Seen, Flüsse und Menschen in all ihrer Verschiedenheit beobachtet.[15] Nach Plinius d. Ä. soll »dem Aristeas die Seele in Gestalt eines Raben aus dem Munde geflogen sein«.[16] Aristeas behauptet selbst, er sei als Rabe in Begleitung Apolls nach Metapont gekommen und habe die Einwohner angewiesen, ihm ein Standbild und Apoll einen Altar zu errichten.[17] Eine schwarzfigurige Vase aus dem Athen des 6. Jahrhunderts zeigt einen geflügelten Krieger in voller Rüstung, der über das Meer fliegt und dabei von einem Raben auf einem Felsen beobachtet wird. Dargestellt ist sehr wahrscheinlich die (in der *Aithiopis* beschriebene) Entrückung des Achilles vom Scheiterhaufen auf die »Weiße Insel«, die von späteren Dichtern mit dem Elysion oder der Insel der Seligen identifiziert wurde. Die Beischrift einer vergleichbaren Vase deutet daraufhin, dass mit dem geflügelten Krieger die *Psyche* des Toten gemeint ist. Der Rabe gehörte zu den Vögeln, die von Seeleuten ausgesandt wurden, um die Nähe von Land zu erkunden, und er war der heilige Vogel Apolls. Spätere Dichter haben die Szene als eine von Apoll initiierte Seelenreise interpretiert.[18]

Der Dichter Alkaios verweist die »Weiße Insel«, zu der Achilles »entrückt wurde«, ins Land der Skythen – also in die gleichen nördlichen Zonen, die Aristeas bereiste.[19] Der hohe Norden galt auch schon Homer als Land der Toten und des Jenseits (s.o.S. 88f.). Wie Hermes die Seelen der Toten mit Flügelschuhen über die Fluten des Okeanos an den »Toren des Helios« vorbei ins Jenseits geleitet, so besteht eine der Hauptaufgaben des Schamanen darin, den Geist des Toten in die Unterwelt zu begleiten und ihn dort niederzusetzen.[20] Der Schamane ist ein bei Hirten und Jagdvölkern verbreiteter Typ eines ekstatisch begabten Sängers, Priesters und Heilers, der exklusiv mit Göttern und Geistern Kontakt pflegt und über die Fähigkeit der Bilokation verfügt. In Nordsibirien und Amerika galt der Rabe als Vorfahre und Urbild des Schamanen, da er bei seinem Flug magische Kraft und Geheimwissen erwirbt. Raben und Vögel gelten nicht nur der griechischen Antike als Symbol der Seele; auch die Seele des Schamanen konnte die Form eines Vogels annehmen.[21] Schließlich sind auch die siebenjährige Reisedauer des Aristeas in den Norden und das sich über sieben Generationen hinziehende Verschwinden (= 240 Jahre, wie Herodot errechnete) nach der Rückkehr nicht nur eine Reminiszenz an den siebenjährigen Aufenthalt des Odysseus bei Kirke; die Siebenzahl hat gleichermaßen eine wichtige Bedeutung im Apollonkult und im Schamanismus.[22] Alles in allem liegt der Verdacht nahe, dass Aristeas zwar nicht selbst ein »griechischer« Schamane war (dazu fehlen Hinweise auf entsprechende Accessoires wie Musikinstrumente und Verkleidung) und auch keine schamanistische Seelenreise unternommen hat (dazu passt nicht das abrupte Ende der Reise bei den Issedonen), sich aber bei der Abfassung des Epos von der vagen Kenntnis einer solchen hat anregen lassen, so wie sich Homer z.B. bei der Beschreibung der Seelenbefragung des Odysseus im Hades von orientalisch-hethitischen Ritualvorbildern leiten ließ.[23]

Zu dieser Deutung passen auch die auf den Nordpontosraum gerichteten Interessen seiner Heimatstadt. Griechische Händler und Abenteurer pflegten schon vor der Gründung von Kolonien mit einheimischen Völkern dieses Gebietes Kontakt; im Zuge der Kolonisierung der Schwarzmeerküsten und der Ausweitung des Handels kam es zu einer »einzigartige(n) Symbiose und gegenseitige(n) Assimilation von Griechen und Skythen« auch auf religiösem Gebiet.[24] In einer Stadt namens Gelonos im Lande der Budiner – einem nördlichen Nachbarstamm der Skythen (wahrscheinlich Bel'sk an einem östlichen Zufluss des Dnjpr) – feierten Griechen und Skythen ein Dionysosfest, bei dem sie »bakchische Tänze aufführten«, also offenbar durch rituelles Tanzen sowie Weingenuss in »dionysische« Raserei gerieten.[25] Laut Herodot legen die Skythen Hanfkörner auf glühende Steine, nehmen Schwitzbäder in dem Rauch und »werden so froh dabei, dass sie laut heulen«.[26] Archäologisch bestätigt und durch Feldversuche erhärtet ist die Vermutung, dass es sich hierbei um ein Reinigungsritual mit narkotisierender Wirkung handelt. Nun hat ein Rauschzustand im Rahmen von Reinigungszeremonien allein noch nichts mit schamanistischen Ekstasetechniken und Seelenreisen zu tun; eher wird man an einen schlaf- oder todesähnlichen Trancezustand denken, so wie nach Aussage der Epen Odysseus von den Phäaken vor der Überfahrt nach Ithaka in einen Schlaf versetzt wurde und Medea den Drachen, der das Vlies bewachte, mit einer Wundersalbe (oder einem Zaubertrank) schlafend machte – vielleicht ein episch codierter Hinweis auf das in skythischen Gräbern gefundene Kannabis oder fernöstliche Aromapasten aus Weihrauch, die von skythischen Frauen benutzt wurden.[27] Immerhin nahmen altiranische Kulturen wie diejenige der Perser (und Inder) an, dass ritualisiertes Schwitzen infolge eines Rauschzustandes auch eine Jenseitsfahrt ermögliche; im iranischen Bereich galt der Rabe als Bote der Götter und repräsentierte die Verbindung zu ihrer Welt.[28] In skythischen Kurganen fand man metallene Stangenaufsätze in Form von Tier- oder Vogelfigürchen, teilweise mit Glöckchen versehen, die an Schamanenrasseln erinnern.[29]

Aufgeschlossene Beobachter wie Aristeas konnten somit leicht Verbindungen zwischen skythischen Ritualen und den Praktiken der Wundermänner herstellen, die als »apollinische« Reinigungs- und Sühnepriester (sowie Zukunftsdeuter) in Griechenland herumwanderten und in »ekstatische Raserei« verfielen, um Kontakt herzustellen mit Apoll, dem Gott der Reinheit und Entrückung. Reinigungszeremonien und die Verehrung Apolls spielten zudem bei der Koloniegründung, an der die Familie des Aristeas oder der Dichter selbst führend beteiligt war, eine zentrale Rolle. Es spricht somit manches dafür, dass ein Mann wie Aristeas, der wie alle ekstatisch begabten Charismatiker immer auf der Suche war nach neuem »Geheimwissen«, bei seiner Reise in den Norden von den Skythen Kunde schamanistischer Zauberpraktiken aus dem zentralasiatischen Raum vermittelt bekam. Nach griechischem Verständnis dürfte ohnehin die Distanz zwischen einem griechischen Weisen – und dazu zählte man Seher und Dichter – und einem Schamanen nicht so groß gewesen sein. Beide sind im Besitz geographischen und ethnographischen Geheimwissens, beide erzählen in Ich-Form von ihren Abenteuern, den Kämpfen an den Welträndern und in der Unterwelt, von Tieren und Mischwesen sowie seligen Völkern, nur tut das der griechische Gewährsmann in Bezug auf maritime, der Schamane meist in Bezug auf weite territoriale Räume.[30] Vielleicht schien Aristeas gerade deshalb die Anlehnung an schamanistische Seelenreisen als geeignete Möglichkeit, einen so weiten Vorstoß zu Menschen zu gestalten, die noch nie etwas vom Meer gehört hatten.

Der Weg ins westliche Sibirien

Wie der Schamane seine Glaubwürdigkeit erhöht, indem er reale Lokalitäten als Etappen seiner Reise aufzählt, so sucht der Dichter seine Autorität durch die realistische Darstellung des geographischen und ethnographischen Kontextes zu festigen.[31] Aus dem Referat Herodots ist zu erkennen, dass den Angaben des Aristeas eine ähnliche Völkerliste zugrunde lag wie der homerischen Irrfahrt des Menelaos, mit einem wesentlichen Unterschied: Die Issedonen (bzw. *Issedoi*) waren nach der Durchquerung des Skythenlandes für ihn die erste und *letzte* Reisestation, während die übrigen Völker und Wesen, die Arimaspen, Greife und Hyperboreer, durch mündliche Informationen der Issedonen vermittelt wurden.[32] Allein diese Selbstbeschränkung verleiht seinen Angaben Glaubwürdigkeit. Sie wird noch dadurch gestärkt, dass Aristeas die genannten Völker episch verklausuliert in einen nachvollziehbaren historischen Zusammenhang bringt. »Die Issedonen seien zuerst von den Arimaspen aus ihrem Land vertrieben worden, dann von den Issedonen die Skythen.« Die Skythen hätten schließlich die Kimmerier von ihrem Land am Südmeer (offenbar das Schwarze Meer) verdrängt.[33] Dieses Szenario der sich gegenseitig nach Süden drängenden Völker spiegelt die Erfahrung von Völkerverschiebungen, die immer wieder zu Einbrüchen nomadisierender Stämme in die sesshaften Kulturräume Kleinasiens und Nordmesopotamiens führten. In der Mitte des 7. Jahrhunderts v. Chr. fiel tatsächlich ein nomadisches Volk, das die griechischen Kolonisten mit den Kimmeriern identifizierten, aus dem transkaukasischen Raum in Kleinasien ein, griff dort das Phryger- und Lyderreich an, um wenig später griechische Städte der pontischen und ägäischen Küsten zu zerstören.[34]

Offensichtlich hatte Aristeas ein waches Auge für diese Realitäten. Er stammte aus einer der vornehmsten Familien von Prokonnesos, war vielleicht Priester des örtlichen Apollonkultes. Seine Mitbürger waren sich bewusst, dass er als charismatischer, mit ekstatischen Künsten begabter »Heiliger Mann« des Apoll bei den nördlichen Nomadenvölkern große Autorität genießen würde. Wahrscheinlich sollte er für seine Heimatstadt als Mitglied einer Gesandtschaft Erkundigungen über die politischen Entwicklungen im Norden einziehen und für die heimischen Kaufleute oder eine der nordpontischen Kolonien (Olbia) Handelswege zu den begehrten Gütern des Nordens erschließen; denn neben Pelzen und Heilpflanzen wie Rhabarber lockte vor allem Gold, das gemäß der *Arimaspeia* von Greifen bewacht wurde.[35]

Herodot weiß 200 Jahre später von einem Netz solcher Wege (die Wegstrecken werden in Tagesreisen angegeben), deren Stationen sich mit den Völkerangaben des Aristeas in Deckung bringen lassen und deshalb möglicherweise auch von ihm benutzt wurden.[36] Folgt man seinen Angaben in west-östlicher Richtung, so wanderte man entlang des Hypanis (der südliche Bug) durch das Land der »Ackerbauskythen« östlich bis zu einem waldreichen, heute versteppten Land (Hylaia, östlich des unteren Dnjepr) der nomadischen Skythen. Dann ging es östlich über den Don (Tanais) und von dort nach Nordosten in das Land der Sauromaten und Budiner. Wieder nach Osten gewandt, durchqerte man in sieben Tagesreisen eine Wüste und gelangte schließlich durch »steinhartes und unebenes Land« zu den Argippaiern, die am Fuße »hoher unzugänglicher Berge« wohnen.[37] Einige Forscher glauben das steinharte Gelände mit den Salzsteppen des nördlichen Kaspischen Meeres identifizieren zu können, die Wohnsitze der Argippaier wären demnach am Syr-Darja (Jaxartes) zu suchen.[38] Eine andere These orientiert sich stärker an den in das Schwarze Meer führenden Flussläufen und lässt die Händler vom Asovschen Meer den Don hinauf bis in die Gegend von Wolgograd (am Don-Knie) ziehen, wo der Fluss nur rund 80 km von der weiter östlich nach Norden fließenden Wolga entfernt war. Dann folgten sie nach der Überquerung der Überlandstrecke dem Strom flussaufwärts bis in den Raum des Uralpasses von Jekatarinenburg (so wie es später die Araber taten).[39] Die mysteriösen »hohen, unzugänglichen Berge« wären demnach der Ural, bei den Argippaiern könnte es sich um einen kirgisischen Stamm (z.B. die Baschkiren) oder um ein finnisches Volk handeln, das an deren West- bzw.

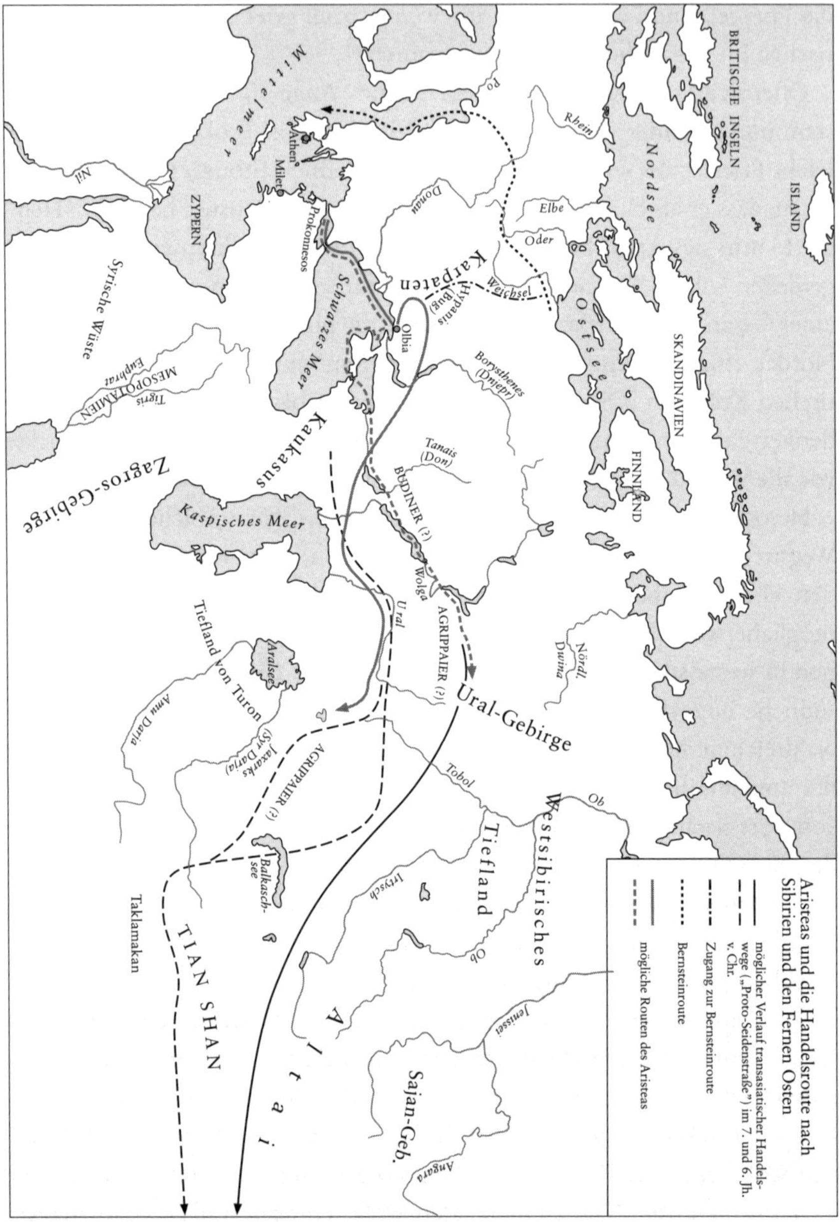
Aristeas und die Handelsroute nach Sibirien und den Fernen Osten
möglicher Verlauf transasiatischer Handelswege („Proto-Seidenstraße") im 7. und 6. Jh. v. Chr.
Zugang zur Bernsteinroute
Bernsteinroute
mögliche Routen des Aristeas
ISLAND
BRITISCHE INSELN
Nordsee
SKANDINAVIEN
FINNLAND
Ostsee
Rhein
Elbe
Oder
Weichsel
Po
Donau
Karpaten
Hypanis (Bug)
Borysthenes (Dnjepr)
Tanais (Don)
Olbia
Schwarzes Meer
Prokonnesos
Milet
Athen
Mittelmeer
ZYPERN
Nil
Syrische Wüste
MESOPOTAMIEN
Euphrat
Tigris
Zagros-Gebirge
Kaukasus
Kaspisches Meer
BUDINER (?)
Wolga
AGRIPPAIER (?)
Nördl. Dwina
Ural-Gebirge
Ural
Tiefland von Turon
Aralsee
Amu Darja
Syr Darja (Jaxartes)
AGRIPPAIER (?)
Tobol
Ob
Westsibirisches Tiefland
Irtysch
Balkasch-see
Taklamakan
TIAN SHAN
Altai
Jenissei
Sajan-Geb.
Angara

Südausläufern des Urals lebte.[40] Ihr äußeres Erscheinungsbild – Kahlheit, eingedrückte (stumpfe) Nasen und breites Kinn – hat manche aber auch an ein mongolisches Volk denken lassen, während ihre friedliche und vegetarische, auf Baumfrüchten und Milch basierende Lebensweise wiederum Züge der von Homer erwähnten Hippomolgen (Milchesser) und Abier annimmt (s.o.S. 86). Wie immer vermischen sich epische Topoi mit ethnographischen Realien zur Kennzeichnung eines Volkes am Rande des durch Handel und Erkundung erschlossenen Erfahrungshorizontes.[41]

Um sich mit den Agrippäern zu verständigen, müssten die Skythen – so Herodot weiter – sieben Dolmetscher für sieben Sprachen mit sich nehmen – vielleicht auch eine Anspielung auf die für schamanistische Beschwörungen so wichtige Siebenzahl.[42] Dementsprechend stellt Herodot jetzt auch wieder die Verbindung zu Aristeas her, indem er sagt: »Das Land östlich von den Kahlköpfigen kennen wir; da wohnen die Issedonen.«[43] Offensichtlich konnten auf den Märkten der Argippaier am Ural griechische und skythische Händler die Agenten der Issedonen treffen. Auch bei ihnen handelt es sich um ein reales Volk, mit dem die Griechen im 7. Jahrhundert Handelskontakte pflegten; der Dichter Alkman kennt sie unter dem Namen Essedones. Vielleicht waren *sie* das Vorbild der seeunkundigen Binnenbewohner des Aristeas (bzw. Homers).[44] In dem Referat Herodots, das sich wesentlich aus den Angaben des Aristeas speist, werden sie als friedliebende und gerechte Viehzüchter geschildert, bei denen Frauen die gleiche Macht wie die Männer genießen. Beim Tod des Vaters wird das von den Verwandten herbeigebrachte Vieh geschlachtet und zerlegt. Der Leichnam des Vaters wird zerteilt, das Innere unter das Viehopfer getan und gegessen, dem Schädel wird die Haut abgezogen, er wird gereinigt und vergoldet.[45]

Die Betonung der Friedfertigkeit und Gerechtigkeit mag (wie vergleichbare Topoi Homers über die Abier) ein Hinweis auf die Handels- und Vermittlungstätigkeit der Issedonen sein. Die Gleichrangigkeit der Geschlechter wird man (ähnlich wie im Falle des Amazonenmythos) auf die Beobachtung zurückführen, dass bei nomadischen Völkern Frauen häufig ähnliche Tätigkeiten (auch im Kriege) auszuführen haben wie die Männer.[46] Was das ritualisierte Verspeisen des väterlichen Fleisches angeht, so kann ein griechischer Beobachter die durch das Wintereis aufgeschobene Bestattung missgedeutet haben; oder er beschrieb eine Form des rituellen (endogenen) Kannibalismus. Beides deutet auf ein halbnomadisches Volk, das entsprechend der geographischen Zuordnung der Argippaier am *westlichen* Ural an dessen *östlichen* Ausläufern im Raum von Jekatarinenburg am Isset gelebt haben dürfte. Andere nehmen ein Siedlungsgebiet weiter südlich im Bereich des Jaxartes (heute: Syr-Darja) westlich des Aralsees oder südöstlich vom Balkaschsee an.[47] Unbestritten waren Argippaier und Issedonen integraler Teil eines Systems nördlicher Handelswege, deren Existenz schon in archaischer Zeit durch griechisch-skythische Artefakte entlang des Don, der Wolga und des Ural gesichert ist.[48]

Zu den Höhen des Altai: Der Kampf der Einäugigen mit den Greifen

Nördlich und östlich des Urals sind archäologische Überreste griechisch-skythischer Handelsgüter hingegen seltener. Dementsprechend nehmen die Beschreibungen der antiken Gewährsmänner wundersamere Züge an: Jenseits der Issedonen beginnt das Land der einäugigen Arimaspen und der Gold hütenden Greife, und man darf vermuten, dass große Teile des Arimaspen-Epos von ihren Kämpfen erzählten. Einäugige kannte die griechische Tradition aus den Werken Homers und Hesiods. Der Greif ist ein geflügeltes Wesen mit einem dem Löwen nachgebildeten Körper und Adlerkopf (wobei es manche Varianten gibt). Er war in den orientalischen Kulturen weitverbreitet, gelangte über Kreta und Mykene nach Griechenland, wo er als dämonisches Raubtier, aber auch als Begleiter des Apoll und Dionysos in den Mythos eingegangen ist; heute taucht der Greif in Fantasy-Romanen wieder auf und dient einem großen deutschen Verlag als Emblem.[49]

Der Hinweis auf die Existenz mythischer Mischwesen oder von menschlichen Völkern mit nichtmenschlichen Merkmalen (ein Auge) im Rahmen des Epos bedeutete für die Griechen nicht, dass sie sich in einem »vollends märchenhaften« Raum bewegten, sondern nur, dass sie diesen Raum durch Autopsie (noch) nicht erschlossenen hatten. Um ihn an die bekannte Welt anzubinden, griffen sie auf Versatzstücke ihres Mythos zurück, die so flexibel waren, dass sie mit fremder Folklore sowie vage (v)ermittelten geographischen Realitäten kombiniert und im Rahmen einer »neuen« epischen Welt funktional gedeutet werden konnten.

So steckt hinter der Legende vom Kampf der Arimaspen mit den goldhütenden Greifen zunächst die alte Vorstellung, dass man der wilden Natur am Rande der Welt ihre Schätze nur unter großer Kraftanstrengung gegen gefährliche Monster abringen könne, so wie Herakles oder Jason gegen Drachen, Hydren, Löwen oder Zentauren antreten mussten, um das Gold der Hesperiden oder das Goldene Vlies zu gewinnen.[50] Aristeas weist die Rolle des heldenhaften Räubers den Arimaspen »im Binnenlande des Nordens« zu, wobei er an die positive Variante der Kyklopen (s.S. 84) und an den Topos der edlen Rossemelker des Nordens anknüpft:[51] Sie »sind sehr zahlreich, sehr tapfer im Kriege/, reich an Rossen, mit Herden von vielen Schafen und Rindern. (...)/ üppig ihr Haarwuchs sprießt, und sie sind die stärksten der Menschen«.[52]

Der ausdrückliche Hinweis auf die menschliche Natur der Einäugigen deutet darauf hin, dass Aristeas ethnographische Realitäten episch zu vermitteln suchte: Herodot meinte später, ihr Name sei aus dem skythischen *Armina* (= eins) und *Spu* (= Auge) herzuleiten, doch genauso könnte er dem iranischen Wort *aspa* (= Pferd) nachgebildet sein, die Arimaspen wären so das »Volk der wilden Pferde«.[53] Wahrscheinlich handelt es sich um kriegerische Nomadenvölker, die zwischen dem Ural und dem Altai anzutreffen waren; viele besaßen einen ähnlich klingenden Namen: *almas*, *almasty* oder *albasty*, der in den mongolischen, turkischen und iranischen Sprachen Zentralasiens und des Kaukasus sowie in Ortsnamen der Südwestmongolei enthalten ist. Einäugige Wesen kennt auch die Mythologie der Mongolen, Tibeter und Turkvölker – meist als Dämonen im Dienst des Unterweltkönigs.[54]

Wie steht es aber mit dem Gold, dem Traum aller Entdecker, dessen magische Anziehungskraft auch Aristeas in den hohen Norden trieb? Der auf Aristeas fußende Aischylos lässt die Arimaspen an einem »Goldstrom« wohnen, worunter manche den goldreichen Jenissei verstehen.[55] Zahlreiche skythische Gräber zwischen dem Balkasch-See und dem Baikalsee sowie entlang der nordwestlichen Hänge des Tian Shan und des Altai bergen spektakuläre Goldartefakte. Verbindet man sie mit der Ableitung des Namen »Arimaspen« aus dem zentralasiatischen Bereich und der Raumsicht des Epos – die Arimaspen liegen »hinter« den Issedonen –, darf man auch hierin einen Hinweis auf eine Handelsroute in das Altaigebiet sehen, eines der »reichsten Erzreviere der Alten Welt«. »Altai« besagt »Gold«, die Mongolen sprechen von den »Goldenen Bergen«.[56]

Der Charme dieser Deutung besteht nicht nur darin, dass sie epische Traditionen, zentralasiatische Legenden und Realkenntnisse auf befriedigende Weise erklärt, sondern auch die Rolle der Greifen. Ihr bildliches Symbol taucht häufig in den Gräbern der Tschudhen von der Wolga bis zum Amur auf. Greife mit Adlerköpfen zieren ferner zahlreiche Objekte, die man in den Gräbern der Pazyryk-Bevölkerung im Hochaltai gefunden hat.[57] Dass die Greife die – üblicherweise Drachen, Schlangen oder Riesenameisen zugewiesene – Rolle der Goldbewacher übernehmen, lässt sich vielleicht mit einer Fehldeutung realer Objekte erklären: Die große Karawanenroute, die durch die Gobi, Turfan und die Dsungarischen Wüsten zwischen dem Altai und dem Tien Shan verläuft, ist eine der reichsten Fossillagerstätten der Welt. Viele Fossilien wiesen einen raubvogelartigen Schädel mit Schnabel sowie einen löwenartigen Körper auf; häufig scheinen sie in ihrer zusammengekrümmten Haltung Eier zu bewachen. Vielleicht haben Skythen und Issedonen die seltsamen Überreste mit alten zentralasiatischen Mythen kombiniert und aus den Fundumständen die Legende entwickelt, sie hätten im Kampf um das Gold den Tod gefunden – eine Monstergeschichte, die den zusätzlichen Effekt hatte, Goldsucher vom Weg zu den Lagerstätten des Altai abzuschrecken.[58] Im Falle des Aristeas war diese Taktik in zweifacher Hinsicht erfolgreich: Er wagte sich nicht weiter als bis zu den Issedonen und hatte dennoch einen Stoff gefunden, um die asiatischen Legenden mit der eigenen Greifentradition und mit der apollinischen »Ergriffenheit« zu verbinden, mit der er sein Epos legitimierte: Der Greif gilt nicht nur als Begleittier des Apoll (und des Dionysos); Greifen und Arimaspen werden auch als Figuren zentralasiatischer Folklore gedeutet, die von einem mythischen Jenseits als Ziel der Schamanenreise erzählen; ein Schamane des Altaigebietes behauptete in einem Gedicht, er habe den gesamten Altai bis China durchquert.[59]

Apoll und die Hyperboreer

Wenn wir uns mit den Greifen und Arimaspen im Altaigebiet befinden, wo sind dann die Hyperboreer zu suchen, die nach dem Referat Herodots »jenseits der Greife« leben und »an ein Meer grenzen«?[60] Eine kühne, aber dennoch weitverbreitete Deutung erkennt in ihnen Nachrichten (der Issedonen) über die Chinesen.[61] Das von Herodot genannte Meer wäre aus griechischer Perspektive der östliche Okeanosstrom, also das ostchinesische Meer, und der von Aristeas episch verklausulierte Handelsweg ein nördlicher Arm der sog. Seidenstraße. Völlig abwegig ist eine solche Erklärung nicht; immerhin hatten die sesshaften Bewohner des chinesischen Siedlungsraumes keinen Anteil an den Verschiebungen der innerasiatischen Nomadenvölker, so wie es Aristeas von den Hyperboreern sagt. Das Uralgebiet stand seit prähistorischer Zeit in einem regen Güteraustausch mit dem fernen Osten einschließlich China, bei dem Gold und Seide eine wichtige Rolle spielten. Schon im 2. Jahrtausend v. Chr. fungierten indoeuropäische Völker als Mittler zwischen dem europäischen und chinesischen Siedlungsraum, im 6. Jahrhundert gelangte wahrscheinlich Rohseide über skythische Mittelsmänner in das Gebiet der Kelten. In Athen des 5. Jahrhunderts waren Seidenstoffe bekannt, die man wohl gegen Öl und Wein eintauschte.[62]

Was allerdings gegen die extreme Ostausdehnung der epischen Weltsicht bis hin zu den Chinesen spricht, ist der griechische Mythos von den Hyperboreern selbst. Sie leben – wie der Name sagt – »jenseits *(hyper)* des Nordwindes *(boreas)*«. Hesiod präsentiert sie in der Völkerliste des Frauenkatalogs (s. o. S. 68) als Steppennomaden, berühmt für ihre Pferde nahe der Mündung des »tief fließenden Eridanos«, eines Flusses hoch im Norden am Rande der Welt.[63] Die auf Hesiod folgende Tradition verlegt die Hyperboreer – wenn sie nicht an ihrer Realität überhaupt zweifelte – an den Rand des Eismeeres, dort wo die Polarnacht die Menschen sechs Monate schlafen lässt.[64] Sie sind durch die Rhipäischen Berge nicht nur vor den Menschen und ihren Kriegen – laut Aristeas nahmen sie an den Verdrängungskämpfen der Nordvölker nicht teil –, sondern auch vor dem eisigen Nordwind geschützt, der nach Süden fegt. Gemäß der geographischen Zuordnung der Völker des Arimaspen-Epos könnte man in den Rhipäen die Höhen des Altai erkennen.[65] Jenseits dieses Gebirges leben die Hyperboreer in einem gleichbleibend angenehmen Klima ohne Not, Krankheiten und Tod (außer dem selbst gewählten) wie im Goldenen Zeitalter, vergleichbar der Insel der Seligen oder dem Elysium im Okeanos, dem Olymp oder den Aithiopen.

Diese ambivalente Sicht des Nordens – einerseits Ursprung aggressiver, nach Süden drängender Nomadenvölker, wie sie Aristeas beschreibt, andererseits Sitz eines friedlichen Jenseitsvolkes – kennt auch die altindische Tradition (die göttlichen Wesen jenseits des Berges Meru) sowie die assyrisch-babylonische und hebräische Überlieferung, weshalb man an einen orientalischen Ursprung der Hyperboreerlegende gedacht hat.[66] Nur die von Göttern geliebten Helden wie Perseus oder Wundermänner wie der »Hyperboreer« Abaris sowie Aristeas können mit göttlicher Hilfe, vorzugsweise Apolls, zu den Hyperboreern gelangen, so wie ja nach Homer manche Helden der Frühzeit ins Elysium versetzt wurden.[67] Regelmäßig besucht sie allein Apoll auf einem von Schwänen gezogenen Wagen, verbringt dort, Recht sprechend, den Winter und kehrt erst zu Beginn des Sommers nach Delphi zurück, nachdem ihn die Delphier mit Paianen und Liedern gerufen haben.[68]

Die Priester von Delphi verbanden die Ankunft des Apoll aus dem hohen Norden mit der Begrüßung der sommerlichen Jahreshälfte und seine Rückkehr auf dem Schwanenwagen mit der eigentlich konträren Beobachtung, dass der Singschwan *(cygnus musicus)* in Norditalien und Nordgriechenland zur Brutzeit im Frühling mit dem befruchtenden Zephyroswind gen Norden zieht und erst im Herbst vom Eismeer wieder in die wärmeren Regionen des Südens kommt. Der Lebenszyklus *(kyklos)* des Schwanes *(kyknos)* als heiliges Tier Apolls spielte sich demnach *im Norden* parallel zum pflanzlichen Zyklus *im Süden* ab: Er zog zu den Hyperboreern, wenn der Frühling in Delphi das Leben sprießen ließ, und kehrte im Herbst zurück, wenn die Natur verging.[69]

Eine ähnliche Zyklenvorstellung, in der sich pflanzliches und tierisches Leben miteinander verschränken, verband man mit der Apollonlegende auf Delos. Hier gebar einst Leto die Geschwister Apoll und Artemis, an eine Palme gelehnt. Bei der Geburt sollen Schwäne die Insel singend umflogen haben. Die Palme wird Phoenix genannt, sie trägt nur im heißen Süden Früchte und treibt jeden Monat ein neues Blatt aus. Bekannter ist der Vogel Phoenix, der jedes Jahr stirbt und neu »geboren wird«. Die Pflanze steht für den Monatszyklus, der Vogel (nach ägyptischem Vorbild) für den jährlichen Sonnenzyklus. Beide Mythen sind in die Apollongeschichte integriert: Apoll repräsentiert die Sonne, seine Schwester Artemis den Mond und der südliche (ägyptische) Phoenixvogel wurde durch den nördlichen Schwan ersetzt.[70]

Vielleicht lässt die Schwanenmythologie in Kombination mit dem Sonnenzyklus darüber hinaus auf ein vages Wissen um den nordeuropäischen Schwanenkult schließen. Hier symbolisiert der über das Wasser gleitende weiße Schwan den Sonnenwagen. Und es mag daher sein, dass skythische Händler (die mitunter mit den Hyperboreern gleichgesetzt wurden)[71] oder griechische Kaufleute, die über den Pontos oder die Adria nach Norden vorstießen, Kenntnisse von ihm mitbrachten, die dann mit den Kultlegenden des Apoll in Delphi und der griechischen Mythologie verschmolzen.[72] Denn auch sie verbinden die Sonne in Gestalt des Helios mit dem Norden. Als sein Sohn Phaëthon – so Hesiod – den Sonnenwagen fahren durfte, entfachte er ein kosmisches Feuer, das die Welt fast vernichtet hätte. Zeus tötete daraufhin Phaëthon mit einem Blitz. Der Leichnam fiel in den Eridanos, an dessen Ufern die Hyperboreer wohnten. Sein Freund und seine Schwestern (Heliaden) vergingen vor Trauer und Schmerz. Die Götter erbarmten sich, verwandelten den Freund in einen Schwan sowie die Heliaden in Bäume. Ihre Tränen wurden zu Bernstein, der von Hesiod im Frauenkatalog zusammen mit dem Eridanos und den Hyperboreern genannt wird. Der Eridanos war der Bernsteinfluss, Bernsteine galten als Tränen der Götter und Symbol der Sonne.[73]

Die Bernsteinroute

Die Legenden von Phaëthon und den nach Norden ziehenden Schwänen deuten offenbar nicht nur auf Beziehungen zu den nördlichen Völkern und ihrer kultischen Sonnenverehrung hin; sie zeigen vielleicht auch eine Kenntnis der Bernsteinroute, die seit mykenischer Zeit vom Schwarzen Meer aus über Bug, Dnjestr und Weichsel erreicht werden konnte und von Oder und Elbe sowie Rhein an Rhône oder Po verlief.[74] Der Eridanos wurde – wenn man an seine Existenz glaubte – mit dem Po oder der Rhône identifiziert. Nach der delischen Lokallegende brachten hyperboreische Gesandte unter Vermittlung der Skythen über das Schwarze Meer und die Adria jährlich in Stroh verpackte Erstlingsgaben *(aparchai)* nach Delos; hier verehrte man in mykenischen Gräbern die ersten Gesandten, zwei hyperboreische Jungfrauen.[75] Das Darbringen von Erstlingsfrüchten in Strohbehältern erinnert an nordeuropäische Erntefeste und Ernteprozessionen. Es passt zu den Anspielungen der delischen Apollonlegende auf die monatlichen bzw. jährlichen Wachstumszyklen. Es ergibt sich sogar eine Verbindung zur Prophezeiung des Teiresias, wonach die Bewohner des Binnenlandes das Ruder des Odysseus für eine Getreideschwinge halten – auch das ein Hinweis auf einen Fruchtbarkeitsritus mykenisch-minoischer Provenienz, der vom Dichter in die nördlichen Breiten versetzt und mit dem Getreidereichtum des Nordpontosraums kombiniert wurde.[76]

Die enge Verbindung mit den nordischen Schwänen und dem Bernstein des Eridanos hat manche Gelehrte vermuten lassen, dass es sich bei den hyperboreischen Gaben nicht nur um Erstlingsfrüchte, sondern auch um Schwaneneier oder Bernstein(perlen) handelte, zumal die Gesandten etwa den gleichen Weg nahmen, den der Handel mit Bernstein und anderen Waren (Getreide?) zwischen Adria und Schwarzem Meer über die Donau nahm.[77] Nun waren die Griechen am Bernsteinhandel selbst nicht beteiligt, sondern nur Abnehmer. Der Schluss liegt nahe, dass die Delier die Repräsentanten eines realen Volkes aus dem Norden, das sie mit Bernsteingaben und anderen Naturprodukten versorgte, als Hyperboreer identifizierten und sie so in die um Apoll kreisende Lokalsage integrierten; ihre Gaben galten fortan als Geschenke der Hyperboreer.[78] Doch wer war dieses Volk?

Schon die griechische Antike verwies auf die Kelten, die aus der Sicht der Griechen des 7. Jahrhunderts im fernen Nordwesten der Welt lebten, also dort, von wo auch die hyperboreischen Gesandten kamen.[79] In der Zeit zwischen 650 und 600, also in etwa der Zeit des Aristeas, entwickelte sich in Nordeuropa die keltische Späthallstattkultur; monumentale Hügelgräber nahe befestigter Höhensiedlungen deuten auf eine fortschreitende soziale Differenzierung. Ihre Eliten engagierten sich in der Verhüttung und der Verarbeitung von Eisen und vertrieben Zinn, Kupfer sowie Schmuckgegenstände in den Mittelmeerraum, vornehmlich gegen griechischen Wein und Tafelgeschirr. In einem Frauengrab der griechischen Kolonie Megara Hyblaia aus der Zeit um 600 v. Chr. fanden Ausgräber ein Kollier, dessen Teile aus verschiedenen Teilen des nördlichen Mittelmeerraums vom Balkan bis zum keltischen Languedoc stammten und die verschiedenen Phasen des Verlaufs der Sommersonne symbolisierten. In Gela, einer anderen sizilischen Kolonie, wurden Goldringe aus dem Kaukasus geborgen, dem Kolchis des Heliossohnes Aietes (s. o. S. 87).[80] Zusammengenommen könnten auch diese Befunde auf den nördlichen Sonnenkult verweisen, der über Schmuckgegenstände oder Opfergaben (vergleichbar den hyperboreischen) durch keltische Gesandte, Händler oder Gastfreunde den Griechen bruchstückhaft vermittelt wurde. Die Kelten gehörten jedenfalls neben den Skythen zu dem Volk des Nordens, mit dem griechische Abenteurer in den Jahrhunderten des archaischen Aufbruchs immer häufiger zu tun haben sollten.

2.
GO WEST! DIE FERNFAHRTEN DER KLEINASIATISCHEN GRIECHEN

Griechischer Jüngling trifft keltische Prinzessin

An einem lauen Sommertag gegen Ende des 7. Jahrhunderts näherten sich zwei Schiffe der gallischen Mittelmeerküste. Für den Stamm der Segobriger kein Grund zur Besorgnis, es war nicht das erste Mal, dass Fremde ihr Land besuchten. Seit Generationen pflegte man gute Kontakte zu den Etruskern sowie zu griechischen Kaufleuten und Handwerkern. Doch diesmal kamen die Griechen aus der kleinasiatischen Stadt Phokaia nicht mit Handelswaren, sondern mit der Bitte um einen Siedlungsplatz. Es traf sich gut, der König der Segobriger war mit den Hochzeitsfeierlichkeiten seiner Tochter Gyptis (nach einer älteren Version: Petta) beschäftigt. Der Bräutigam sollte nach heimischer Sitte beim Festmahl gewählt werden. Aus nah und fern strömten die Freier herbei, und so war es nur natürlich, dass auch Protis, der Anführer der Griechen, und seine Gefährten eingeladen wurden. Alle warteten mit Spannung darauf, wem die Prinzessin wohl Wasser bzw. Wein als Zeichen der Vermählung reichen würde. Doch anstatt den Blick umher schweifen zu lassen, ging sie zielgerichtet auf Protis zu und gab ihm die Trinkschale. So wurde »aus einem fremden Gast gleich ein Schwiegersohn, der den Platz für die zu gründende Stadt von seinem Schwiegervater bekam«.

Eine wunderbare Geschichte, die in leicht abweichenden Varianten[1] noch heute Schülerinnen und Schüler der Stadt auswendig lernen, die Protis gründete: Massilia, das heutige Marseille. Vieles an ihr erinnert an Märchen und Epenmotive, wie die Begegnung des Odysseus mit Nausikaa. Es handelt sich um eine Gründungslegende, wie man sie wohl ähnlich auch in anderen Städten des Westens erzählte.[2] Die bekannteste kursierte im 6. Jahrhundert im etruskischen Mittelitalien. Hier sei einst der Held Aeneas nach dem Untergang Troias und einer langen Irrfahrt mit mehreren Schiffen gelandet, habe (wie Protis) gegen Konkurrenten die Tochter des einheimischen Königs zur Frau erhalten sowie nach langen Kämpfen die Stadt Lavinium (nach dem Namen seiner Gemahlin Lavinia) gegründet. Wahrscheinlich waren es die aus Kleinasien stammenden Phokaier, welche die Geschichte nach Italien brachten.[3]

Legenden drücken bei aller Formelhaftigkeit reale Sehnsüchte und Hoffnungen aus: Welcher junge Kolonistenführer träumte nicht davon, in der Fremde die Hand einer schönen Prinzessin zu gewinnen? Gleichzeitig haben sie eine legitimatorische Funktion.[4] Spätere Legenden anderer Kolonien vergleichen die Heirat des Griechen mit einem einheimischen Mädchen mit der Urbarmachung eines Feldes; das neue Land erhält Eigenschaften, die mit weiblichen Idealen wie Fruchtbarkeit und Schönheit verbunden sind, und die Kolonisation legitimiert sich als Akt der zivilisatorischen Ordnungsstiftung in einer »barbarischen« Umwelt. Mitunter reinigt sich der Oikist erst mit diesem Erfolg auf Anweisung Apolls von einer früheren Schuld, die ihn zur Auswanderung gezwungen hat. Wie im Falle der letzten, von Teiresias angeordneten Fahrt des Odysseus wird das Kolonisationsunternehmen zu einer Art Sühnefahrt, die erst dann beendet ist, wenn neues Land urbar gemacht wird.

Bei allen politisch-ideologischen Funktionen bewahren die Legenden historische Wahrheiten. Der Hinweis auf eine Schuld der Oikisten verklausuliert politische Zerwürfnisse *(staseis)* in der Heimatstadt. Noch wichtiger ist die Tatsache, dass man in der Fremde auf Gemeinschaften und Regenten trifft, die auf friedlichem Wege, durch Heiratserlaubnis und Landvergabe, oder (seltener) als Kriegsgegner zu Mitspielern des Kolonisationsaktes werden. Moderne Karten der griechischen Kolonisation suggerieren hingegen, die Griechen hätten solche Küsten ausgespart, die von anderen Mächten besetzt waren. Die Massilia- und Aeneas-Legenden sowie der gesunde Historikerverstand lehren, dass dies allenfalls eine Halbwahrheit ist. Natürlich konnte man nicht gegen den Willen der großen Reiche Ägyptens und der Levante Siedlungen anlegen und hat deshalb auch den ostmediterranen Raum gemieden. Das bedeutet aber nicht, dass man umgekehrt nur Gebiete ansteuerte, die frei von menschlichen Gemeinschaften waren. Hätten die Griechen das getan, wären sie in kurzer Zeit verhungert, abgesehen davon, dass der Kolonistenführer gar keine Mannschaft für ein solch närrisches Unternehmen gefunden hätte. Kein Kapitän steuert sein Schiff in völlig unbekannte Gewässer und kein Auswanderungsführer leitet seine Leute in menschenleere Einöden. Jeder Grieche war darauf angewiesen, in der Fremde mit anderen Kulturen Kontakt aufzunehmen, denn nur mit deren Hilfe konnte er überleben und auf eine gedeihliche Zukunft hoffen.

Die Kelten der Hallstattkultur

Deshalb gingen allen Auswanderungsunternehmen zahlreiche Erkundungsfahrten, Handelskontakte und ein reger Informationsaustausch voraus. Man nennt die Summe dieser Aktivitäten »Protokolonisation«. Ideal für einen Erst- oder Zweitkontakt waren fremde Gemeinschaften mittlerer Größe, die den in der Entstehung befindlichen Poleis entsprachen und anders als die großen Reiche des Ostens keine weiträumige Territorialherrschaft ausübten, sondern die Neuankömmlinge als Partner in einem vergleichbaren Siedlungsambiente zu integrieren bereit waren. Die Keltenstämme des ausgehenden 7. Jahrhunderts v. Chr., die im heutigen Frankreich bis zur Mittelmeerküste siedelten, entsprachen diesen Vorgaben. Wir ordnen sie gemeinhin der (späten oder jüngeren) Hallstattkultur zu, eine Bezeichnung, die auf ein Gräberfeld im österreichischen Salzkammergut zurückgeht und eigentlich eher den nördlichen, mitteleuropäischen Raum umfasst, aber sicherlich auch auf die keltischen Stämme an der Provence anzuwenden ist.

Die Kelten waren wie die Griechen Ackerbauern. Sie zeichneten sich durch eine ausgereifte Eisenverarbeitung aus, die seit rund 800 v. Chr. mit handwerklicher und sozialer Differenzierung sowie der Entwicklung proto-urbaner Strukturen einherging. Neben umwehrten Gehöften (»Herrenhöfen«) und Flachsiedlungen gab es eindrucksvolle Burganlagen auf Bergrücken und -plateaus mit einem integrierten Siedlungsareal, das bis zu 2000 Menschen Platz bot und den Dimensionen griechischer Poleis entsprach. An der Spitze der Höhensiedlungen stand wie in Griechenland eine aristokratische Elite (»Fürsten«), die über »relativ kleinräumige Herrschaftsgebiete« verfügte und sich mit Hilfe ihrer Gefolgschaft und der übrigen Bevölkerung monumentale, mit etruskischen und griechischen Luxuswaren bestückte Hügelgräber errichten ließ. Aber auch die führenden Männer und Frauen der »Herrenhöfe« wurden häufig mit prestigeträchtigen Grabbeigaben bestattet, die (wie etwa Seide) über große Entfernungen in das keltische Gebiet gelangten.[5] All das deutet darauf hin, dass die keltischen Eliten seit geraumer Zeit Beziehungen mit der mediterranen Welt pflegten und griechische Händler gut unterrichtet waren über die Sitten und Gebräuche, die an den keltischen Höfen herrschten.[6]

Die Massilia-Legende hat diese Vertrautheit bewahrt. Die Sigobriger waren ein ligurischer Stamm, der sich (ähnlich wie die Keltiberer in Spanien) früh mit den Kelten vermischt hatte und von den Griechen in der Regel mit ihnen gleichgesetzt wurde. Es gibt zwar keine Belege dafür, dass der »König« der Sigobriger eine ähnliche Burganlage besaß wie manche Fürsten der nordeuropäischen Hallstattkultur; doch auch er unterhielt Kontakte zu Griechen, die im Zuge etruskischer Händler und Seefahrer zu seinem Sitz gekommen waren. Justin, der jüngste Gewährsmann der Massilia-Legende, sagt, Protis und seine Gefährten hätten vor der Ankunft mit dem (damals etruskischen) Rom Freundschaft geschlossen. Manche halten das für einen unhistorischen Zusatz, doch immerhin ist die Anwesenheit von Phokaiern in den etruskischen Häfen von Pyrgi und Gravisca gesichert.[7] Seine Notiz könnte also ein Hinweis darauf sein, dass sich die Griechen nicht blindlings der französischen Küste näherten, sondern Erkundigungen eingezogen hatten und sich das Placet der Etrusker verschafften, die nicht weit entfernt von Massilia beim heutigen St. Blaise wahrscheinlich mit einheimischen Ligurern, Kelten und Griechen eine Handelsstation (vermutlich zur Salzgewinnung und zum Vertrieb etruskischen Weines) angelegt hatten.[8] Das würde auch die Selbstverständlichkeit erklären, mit der die Phokaier zur Hochzeitsfeierlichkeit eingeladen wurden.

Vielleicht hat die Legende darüber hinaus reale ethnographische Details oder zumindest Bruchstücke keltischer Legenden bewahrt. Dass sich eine junge Frau ihren Gatten mit einer symbolischen Geste, der Übergabe einer Trinkschale oder sonstigen Symbolen (Apfel) sucht, ist ungriechisch, aber nordischen Legenden bekannt.[9] Dass nach der jüngeren Version der Legende in der Trinkschale Wasser war (die ältere spricht von Wein), erscheint auf den ersten Blick als eine patriotische Einfärbung der Massilier, die ausdrücken wollten, dass erst sie die Kelten mit dem Weinanbau vertraut gemacht hätten.[10] Vielleicht hat die Überlieferung aber auch einen keltischen Brauch bewahrt, etwa einen rituellen Akt der Reinigung bei der Ankunft fremder Gäste, mit dem die Griechen bestens vertraut waren: Niemand ist überrascht, und der künftige Ehemann spielt seine Rolle perfekt.[11]

Aus Sicht der Griechen und Kelten lag der Episode ohnehin ein ganz pragmatischer Vorgang zu Grunde. Die Kulturen der europäischen Binnenräume heirateten sehr wahrscheinlich exogam, dass heißt: die Ehepartner entstammten nicht dem gleichen Stamm, sondern fremden Gruppen.[12] Auch die ansiedlungswilligen Griechen gehörten in diese Kategorie. Sie hatten ihrerseits einen hohen Bedarf an heiratsfähigen Frauen. An den Rudern der Auswandererschiffe saßen ausschließlich (junge) Männer und so war es ein Gebot des Überlebens, dass man mit der Bitte um Siedlungsland auch dem eklatanten Frauenmangel abhalf. Die Episode um Gyptis und Protis steht repräsentativ für den üblichen Lösungsweg, der in der Realität pragmatischer und auf Verhandlungswegen vorher geregelt war, aber wie in der Legende in der Mehrzahl der Fälle friedlich vonstattenging. Denn in der Regel waren die Ankömmlinge viel zu schwach und in der Minderzahl, um sich gewaltsam Frauen zu verschaffen (wie es der Legende nach die Römer bei den Sabinern taten). Kooperation anstelle von Konfrontation bestimmte die Annäherung: Nach der ältesten, von Aristoteles bewahrten Version der Massilia-Legende heißt der griechische Anführer »Euxenos«, was soviel wie »guter Gast« oder »guter Fremder« bedeutet, und die Prinzessin nahm nach der Heirat den sprechenden Namen »Aristoxene«: »bester Gast«/ »beste Fremde« an; ihrer Ehe entsprang das noch später in Massilia bekannte Geschlecht der Protiaden.[13] Die sprechenden Namen sollten das harmonische Verhältnis der ethnisch fremden Ehepartner unterstreichen. Tatsächlich kam es auch bei anderen Koloniegründungen zu Mischehen, und oft wurde der neue Siedlungsplatz von Einheimischen mitbewohnt. Im Falle von Massilia betrug der Anteil einheimischer Siedler mindestens 20 %.[14] Der hohe Bestand etruskischer Keramik auf dem Gebiet der jungen Siedlung deutet vielleicht auf ein phokaiisch-etruskisches Gemeinschaftsunternehmen hin, vergleichbar der Zusammenarbeit zwischen Karthagern und Euböern in Pithekussai (s.o.S. 52).

In einem Punkt unterschied sich freilich die Gründung von Massilia von den früheren Kolonien im Westen. Das felsige Siedlungsgebiet rund 43 km östlich der Rhônemündung erlaubte Wein- und Olivenanbau, doch fehlten ausreichende agrarische Ressourcen für die Ernährung der Bevölkerung; auch Fisch und Meeresfrüchte boten keinen hinreichenden Ersatz. Wie aber konnte dann die junge Gemeinde überleben? Massilia besaß einen ausgezeichneten Hafen, und so wird die Stadt Lebensmittel von befreundeten Stämmen – keltische Siedlungen am Rhônedelta wiesen Speicherräume für Getreideüberschüsse auf – importiert haben.[15] Doch was boten die Kolonisten im Gegenzug und – die entscheidende Frage –, weshalb wurden sie überhaupt geduldet?

Phokaia und der Aufschwung der kleinasiatischen Hafenstädte

Protis und die meisten seiner Gefährten stammten aus Phokaia an der kleinasiatischen Ägäisküste, heute ein kleines Fischerdorf (Foca), doch im 6. Jahrhundert eine der größten Städte des östlichen Mittelmeerraums. Archäologische Funde zeigen, dass die Siedlung schon im 11. Jahrhundert v. Chr. ein Zentrum der Eisenverarbeitung war, was auch das Interesse der Bewohner an den Metallen und Mineralien des fernen Westens erklärt.[16] Dagegen besaß Phokaia (wie Massilia) kein besonders fruchtbares Ackerland, aber zwei ausgezeichnete Häfen in der Nähe zu anderen Poleis, die trotz ihrer bescheidenen agrarischen Ressourcen sehr wohlhabend waren.[17] Sie alle bezogen Getreide aus den Agrarkolonien Siziliens und Süditaliens, die schon im 7. Jahrhundert Exportüberschüsse produzierten, sowie aus Kyrene und Ägypten; im 6. Jahrhundert kam der nördliche Schwarzmeerraum als Getreide exportierendes Land hinzu. Der Getreidehandel umfasste damit beinahe den gesamten Mittelmeerraum.[18]

Im Gegenzug lieferten die kleinasiatischen Küstenstädte Keramik, Wein und Öl und machten sich als Zwischenhändler zwischen den mediterranen »Rand- und Kolonialgebieten« und der Ägäis unentbehrlich. Sie reagierten dabei auf die Bedürfnisse ihrer Handelspartner, die keineswegs nur friedlicher Art waren. Das späte 7. Jahrhundert war eine Zeit machtpolitischer und militärischer Konflikte, die – wie bereits Aristeas andeutete – sich vornehmlich an den Randgebieten der griechischen Welt abspielten bzw. in diese hineingetragen wurden: Die Poleis der Nordägäis und des Marmarameeres mussten sich gegen Kimmerier und thrakische Stämme behaupten. In etwa der gleichen Zeit schoben die Lyderkönige ihr Reich bis an die Ägäisküste vor, in Ägypten suchten die Regenten von Saïs ihre Herrschaft gegen die Libyer zu sichern, und die sizilischen und unteritalischen Kolonien sahen sich mit den Expansionsgelüsten Karthagos und der Konkurrenz der Etrusker konfrontiert.

Alle in diese Kämpfe verwickelten und von ihnen bedrohten Mächte hatten einen großen Bedarf an zusätzlichen Soldaten, weil ihr heimisches Militärpotential nicht ausreichte oder weil sie (wie die Eliten der westlichen Kolonien) aus innenpolitischen Gründen die Ausbildung einer breiten Bürgermiliz von Schwerbewaffneten (Hopliten) verhindert hatten. Erneut erfuhren so das mediterrane Söldnerwesen und die Kaperei einen enormen Aufschwung. Beides führte zu wichtigen Innovationen in der Schiffstechnik. In Samos entwickelte man auf der Basis des Fünfzigruderers ein Transportschiff, das Söldner nach Ägypten brachte, auf der Rückfahrt Getreide an Bord nahm und sich gegen Überfälle durch einen unter Wasser liegenden Rammsporn verteidigen konnte.[19] Der Fünfzigruderer blieb zwar für längere Fahrten das klassische Kaper- und Kriegsschiff, doch im phönikisch-karthagischen Machtbereich und/oder in Ägypten begannen Ingenieure, durch die Hinzufügung einer dritten Ruderreihe ein noch schnelleres Kriegsschiff, die später so berühmte Triere, zu konstruieren. Ferner ging man in den Hafenstädten der Levante seit dem 7. Jahrhundert dazu über, die Teile des Schiffskörpers mit Zapfen und Nute (anstelle einfacher Holzüberlappungen) herzustellen, was den Bau längerer Einheiten (bis zu 40 m) erlaubte und dem Schiff größere Stabilität gab; die Verstärkung des Kiels mit Metallstiften erhöhte die Seegängigkeit. Beides machte den Überseehandel wirtschaftlicher und den Söldnertransport in alle Krisenregionen des Mittelmeerraums rentabler.[20]

Der steigende Bedarf nach maritimer Rüstungstechnik und Söldnern hat den Handelsaustausch stimuliert und die binnenländischen Randgebiete weiter in den mediterranen Güteraustausch integriert. Für die Bewaffnung der Soldaten sowie die technisch verbesserten Schiffe und ihre Rammsporne brauchte man größere Mengen an Edelmetallen (Zinn, Bronze, Eisen), für die Bezahlung der Söldner Silber. Jeder Söldner wurde von mindestens einem Sklaven begleitet, und auch die Ruderbänke der Kriegsschiffe konnten wohl nur mit zusätzlichen Sklaven besetzt werden. Da im griechischen Mutterland seit Beginn des 6. Jahrhunderts die Zeit großflächiger Versklavungen vorbei war, musste dieser Bedarf aus »barbarischen« Gebieten gedeckt werden.

Der expandierende Handel mit Kaufsklaven dürfte auch dazu beigetragen haben, dass sich das Münzgeld über die Vermittlung griechischer Söldner nach Griechenland und in die westlichen Kolonien ausbreitete. Münzen waren ein praktisches Zahlungsmittel für Söldner, und Gebiete wie Ägypten, die viele Söldner beschäftigten, aber keine Silbervorkommen besaßen, benötigten große Mengen des Edelmetalls von außerhalb. Ferner erwarteten die in Ägypten, Palästina und Syrien beschäftigten Griechen eine stete Versorgung mit Hetären, Öl, Wein und Tafelgeschirr. Etwa gleichzeitig entstanden in Etrurien, Spanien, Unteritalien und am Pontos Märkte für spezialisierte Keramik und Marmorplastik aus dem Ägäisraum.[21]

Profitiert haben von dieser Entwicklung neben einigen Poleis auf der griechischen Halbinsel wie Korinth und Aigina[22] die Hafenstädte der kleinasiatischen Küste. Sie konnten nun in einem Ausmaß wie nie zuvor mit ihren Handelsverbindungen und maritimen Erfahrungen wuchern. Der Dank ausländischer Herrscher war ihnen gewiss: So richtete der ägyptische König Amasis um 650 v. Chr. griechischen Händlern gegen eine zehnprozentige Steuerabgabe das Niederlassungsrecht auf einer Insel im Nildelta ein. Die Siedlung gewann unter dem Namen Naukratis (»Stadt des Krates«) eine Monopolstellung im Import- und Exporthandel zwischen Ägypten und der Ägäis. Unter den Städten, die in Naukratis ein Heiligtum errichteten, befand sich Phokaia.

Phokaiische Krieger in Tartessos und Massilia?

Die Phokaier waren auch im Norden der Ägäis, vor allem aber im fernen Westen aktiv. Herodot betont, dass sie »als erste Hellenen weite Seefahrten unternahmen«, und zwar nicht auf »runden Handelsschiffen, sondern in Fünfzigruderern«[23], das klassische Kriegs- und Kaperschiff der Archaik, bewaffnet mit einem bronzenen Rammsporn. Die Aussage wiegt schwer und trifft sich mit dem archäologischen Befund: Offensichtlich gründeten die Erfolge der Phokaier im fernen Westen weniger auf den Export von Keramik oder Wein und Öl – sie dienten vornehmlich als Gastgeschenke und diplomatische Türöffner –, sondern darauf, dass sie ihre Erfahrungen als Kaperer wie Söldner anboten und im Gegenzug Mineralien sowie Edelmetalle erhielten und in den Mittelmeerraum, insbesondere in das silberarme Ägypten, weiterhandelten.[24]

Ein einträgliches Beschäftigungsfeld ergab sich einige Zeit vor der Gründung von Massilia im andalusischen Tartessos. Dessen Gesellschaft war durch die Ausbeutung der heimischen Silber- und Kupferminen (s.o.S. 48) reich geworden und erlebte einen markanten Bevölkerungsanstieg mit sozialer Differenzierung wie die keltischen Stämme der Hallstattkultur, besaß aber einen auffällig friedlichen und wenig wehrhaften Charakter. Dementsprechend war der tartessische Herrscher auf auswärtige Unterstützung gegen einheimische Konkurrenten und die Karthager angewiesen. Zwei in Andalusien gefundene griechische Kriegerhelme könnten auf Berufskrieger in tartessischen Diensten hindeuten. Unter ihnen dürften auch Phokaier gewesen sein. Der tartessische König Arganthonios soll ihnen Siedlungsraum angeboten haben, so wie es der ägyptische König in Naukratis gegenüber den kleinasiatischen Griechen und später der König der Sigobriger laut der Massilia-Legende taten. Sehr wahrscheinlich war das Angebot Teil eines Soldvertrages, wie wir es ebenfalls aus Ägypten kennen.[25]

Doch die Phokaier lehnten ab und ließen sich auch in anderen nahegelegenen Küstenabschnitten Spaniens nicht dauerhaft nieder. Es mag sein, dass einige von ihnen als Kunsthandwerker einheimischer Fürsten tätig waren, doch der Gesamtbefund deutet darauf hin, dass es sich bei den meisten um Kriegergruppen handelte, die mit Billigung ihrer Heimatgemeinde überall dort aktiv wurden, wo schnelles Geld zu verdienen und wertvolle Mineralien zu erwerben waren. Der Lohn des Königs – sein Name ist vom keltischen Wort *arganto* (= Silber) abgeleitet – war so großzügig, dass die Phokaier mit ihm in ihrer Heimat den Bau einer der größten Stadtmauern der Zeit finanzieren konnten.[26] Doch am Ende hatten sich beide Seiten verkalkuliert: Tartessos musste sich in der Mitte des 6. Jahrhunderts v. Chr. der Dominanz der Karthager beugen, während die Phokaier vor den anrückenden Persern flohen.[27]

Anders verlief die Entwicklung in Massilia: Hier nahm die phokaische »Jungmannschaft« (Justin) das Angebot zur Ansiedlung an und musste sich von Beginn an viel intensiver mit den Verhältnissen und Bedürfnissen der Einheimischen arrangieren. Wahrscheinlich wurde Massilia wie die meisten phokaiischen Siedlungen als *emporium*, eine von den Einheimischen geduldete Enklave mit gemischter Bevölkerung, angelegt, die sich erst allmählich zu einer eigenständigen Polis entwickelte.[28] Doch wie man auch immer den Prozess der Kolonisation deutet – eines steht fest: Mit irgendwelchen Formen des Handels hatte auch er zumindest in seinen Anfängen nichts zu tun. Archäologische Hinweise auf einen aus Massilia kommenden oder über Massilia verlaufenden Waren- oder Produktexport (Wein, Kermamik) die Rhône aufwärts in die keltischen Lande gibt es erst seit 540 v. Chr., also 60 Jahre (bzw. knapp zwei Generationen) nach der Gründung. Auch dieser war zunächst sporadisch, tastend und unspezialisiert, weniger kommerziell als politisch motiviert.[29] Natürlich kamen die Phokaier nicht mittellos an die Provence, aber die wenigen Gegenstände und Produkte, die sie mitbrachten, waren Geschenke an den König; ihnen entsprang nicht das Bedürfnis, durch Handel mit ihnen reich zu werden. Dazu war auch die Dominanz der etruskischen Waren und Weinamphoren (noch) zu groß. Die nur in geringer Quantität gefundene ostgriechische, attische und frühe massiliotische Keramik in und um Massilia diente dem Eigenverbrauch und wurde allenfalls als »Kommissionsware« oder »Kontaktgaben« von den Etruskern weitergegeben.[30]

Wenn aber kein Handel und keine Handelswaren, was machte die Phokaier dann so attraktiv für den einheimischen König, dass er ihnen Siedlungsplätze und Heiratsverbindungen anbot? Es ist das gleiche wie in Tartessos: nämlich Hilfen als Söldner und Kaperer sowie militär- und marinetechnisches Know-how. Thukydides schrieb später, die Phokaier, »die Massilia gründeten«, besiegten die Karthager in einer Seeschlacht; Pausanias bestätigt, die Kolonisten von Massilia hätten sich den Karthagern zur See als überlegen erwiesen, was zusammengenommen auf frühe militärische Aktivitäten der Massilier zur See verweist.[31] Justin erzählt, die Bewohner von Massilia hätten viele Kämpfe gegen die Ligurer geführt, während sie zu den Kelten meist gute Beziehungen pflegten.[32] Die Ligurer waren berüchtigte Piraten, und so liegt die Vermutung nahe, dass die Massilier dem keltischen Küstenhandel Geleitschutz boten und keltische Siedlungen gegen Konkurrenten unterstützten. Waren nicht auch der Legende nach die Mannen des Aeneas in Latium zunächst als Krieger aktiv, bevor sie ihre erste Siedlung gründeten? Immerhin galt es, einheimische Konkurrenten um die Hand der Königstochter zu besiegen; nach Justin bereiteten kurz nach dem Tod des Sigobrigerkönigs dessen Nachfolger Anschläge gegen die junge Kolonie vor.[33] Eine bei Livius bruchstückhaft bewahrte Version der Gründungslegende deutet darauf hin, dass sich die Phokaier nach ihrer Ankunft gegen die keltischen Salyer verteidigen mussten, hierbei von anderen Kelten unterstützt wurden und ihre Stadt befestigten.[34]

Die Summe der Quellenhinweise und historischen Indizien weisen auf einen für die Ankunft der Griechen im fernen Westen typischen Umstand: Sie waren nach der zunächst friedlichen Kontaktaufnahme mit einem einheimischen Fürsten in Kämpfe gegen konkurrierende Regionalmächte verwickelt, und sie taten das nicht nur zur eigenen Existenzsicherung, sondern auch als Gegenleistung für die Aufnahme auf fremder Erde. Explizite Belege für fremde Kämpfer in keltischen Diensten gibt es zwar erst für das 1. Jahrhundert v. Chr. (s. u. S. 327), doch sprechen die Herkunft der Kolonisten sowie ihre Ausrüstung für ähnliche Dienste bereits in der Archaik in einer Zeit, in der das Söldnerwesen und der Transfer militärtechnischer Innovationen einen enormen Aufschwung erfuhren.

Tatsächlich wanderte im Falle der Phokaier seit der Kontaktaufnahme und Ansiedlung auch technisches Know-how. Die Bauweise keltischer

Plankenschiffe deutet auf einen Transfer mediterraner Schiffbautechnik im 6. Jahrhundert v. Chr., der in der Folgezeit kontinuierlich fortgesetzt wurde.[35] Justin behauptet ferner, die Phokaier hätten den Einheimischen beigebracht, Städte mit Mauern zu umgeben. Offenbar gaben die Phokaier den Kelten Hinweise zur Verbesserung der militärischen Infrastruktur, so wie das Griechen auch in anderen Teilen der Welt taten. Die Hilfen reichten weit in den Norden. Kurz nach der Gründung von Massilia, aber weit vor archäologisch nachweisbaren Handelsaktivitäten, wurde die (um 620 v. Chr. angelegte) keltische Heuneburg am Oberlauf der Donau (nahe Ulm) mit einer eindrucksvollen Lehmziegelmauer mit bearbeitetem Kalksteinfundament sowie mehreren nach außen ragenden rechteckigen Türmen umgeben – eine in Mitteleuropa unbekannte Bauweise. Dass sie auf Anregungen und mit Hilfe massiliotischer Ingenieure (vor Ort?) errichtet wurde, gehört zu den plausibelsten Erklärungen.[36]

Sicherlich ging es den Keltenfürsten in diesen wie auch anderen Fällen, in denen sie die Hilfe griechischer Baumeister und Militärs annahmen, auch um die Festigung ihres Status und Prestiges innerhalb der eigenen Gesellschaft und gegen keltische Konkurrenten. Die Fürsten waren die wichtigsten, wenn nicht einzigen Abnehmer von Luxusprodukten (Wein, Symposiongeschirr) griechischer und etruskischer Herkunft, die sie u. a. zur »repräsentativen Überhöhung heimischer Trinksitten« benutzten;[37] sie waren es ja auch, die fremden Kolonisten Land anboten und mit ihnen Heiratsverbindungen eingingen.[38] Vielleicht suchten sie sich durch die Hinzuziehung der Griechen ein Gegengewicht gegen den dominierenden Einfluss der Etrusker zu verschaffen, die auf ihrem bis nach Mitteleuropa reichenden Handelsnetz in der ersten Hälfte des 7. Jahrhunderts Wein und Keramik gegen begehrte Mineralien (Gold, Silber, Eisen, Kupfer, Zinn), Naturprodukte (Salz, Bernstein, Getreide, Bauholz) und Sklaven eintauschten.[39]

Händler, Siedlergruppen und Kampfverbände gegeneinander auszuspielen, gehörte zu den bevorzugten Strategien einheimischer Mächte. Größere Konkurrenz und Vielfalt unter den Anbietern von Luxuswaren und (militärischen) Dienstleistungen erhöhten ihr Prestige und verschafften ihnen ein zusätzliches militärisches Drohpotential, zumal wenn ihnen (wie im Falle der Kelten) in bestimmten Bereichen wie der Marine oder dem Festungsbau ein solches Potential fehlte oder wenn sie selbst mehr Energien in »friedliche« Praktiken der Statussicherung (Jagd, Festgelage, Geschenktausch) als in die eigene Kriegsführung zu investieren bereit waren, wie das manche

Forscher nicht nur bei den Tartessiern, sondern auch in Bezug auf die Hallstadtkelten vermuten.[40] Der König von Tartessos suchte die Freundschaft der Phokaier, um die aggressiven Karthager zurückzudrängen. Ähnliches darf man im Falle des Königs der Sigobriger vermuten, der die jungen Krieger von Massilia gegen die plündernden Ligurer oder allzu aufdringliche etruskische Händler und Piraten einzusetzen gedachte.[41] Allerdings ist das immer ein Vabanquespiel, und deshalb war aus Sicht des Keltenfürsten eine Heiratsverbindung mit den fremden Helfern die beste Gewähr dafür, dass sich deren militärisches Potential nicht gegen ihn wenden würde.

Der Seehandelsweg nach Tartessos – und zu den Zinninseln?

Letztlich profitierten auch die Phokaier von dem Arrangement: Seit der Mitte des 6. Jahrhunderts gingen etruskische Importe über das Rhônesystem ins Keltengebiet Westzentraleuropas signifikant zurück. Etruskische Weinamphoren wichen denen aus Massilia. Offensichtlich hatten die keltischen Fürsten an den diplomatischen Gastgeschenken der Massilier Geschmack und die Massilier Zeit gefunden, eine mit den etruskischen Amphoren konkurrenzfähige Weintransporttechnik zu entwickeln: Massilia avancierte zur einzigen griechischen Kolonie mit einem eigenen Amphorentypus.[42] Mit dessen Hilfe gelang es, den einträglichen Weinhandel von den Etruskern (auf friedlichem Wege und vielleicht unter Gewinnbeteiligung) zu übernehmen – die Etrusker konzentrierten sich fortan auf Norditalien und die Gegenden nördlich der Alpen[43] – und gegen Ende des 6. Jahrhunderts auf deren Handelsnetz die Gebiete bis zum Oberrhein und der oberen Donau mit ihrem Wein zu überschwemmen. Mit im Angebot waren Gebrauchskeramik sowie feines Tischgeschirr für die Trinkgelage der keltischen Fürsten; attische Trinkschalen und Großgefäße (wie der Krater von Vix) zum Mischen von Wasser und Wein sowie aromatischen Zusätzen zeigten griechische Kriegs- wie Wehrszenen und wahrten so in gewissem Sinne die Tradition der Phokaier als Krieger, auch wenn sie sich nun dem profitableren Handel zuwandten.[44]

Dabei ist umstritten, ob die Massilier selbst über die Rhône bis in die keltischen Fürstensitze Zentraleuropas zogen, ob einheimische Zwischenhändler den Transport übernahmen oder ob die Massilier ihre Kontakte (und militärische Eskorten?) fremden Kaufleuten gegen Gewinnbeteiligung und Zollabgaben zur Verfügung stellten. In jedem Fall gelang es ihnen, ihre Stadt als eine zentrale Relaisstation für den Austausch zwischen Mittelmeer und den mitteleuropäischen Breiten zu etablieren.[45] Ein Impuls für die wirtschaftliche Entwicklung war der Zuzug phokaischer Siedler nach der Einnahme der Heimatstadt durch die Perser 545 v. Chr. Erst jetzt – nach zwei Generationen der Bewährung als Krieger und Kaperer – erweiterten die Kolonisten ihr Siedlungsgebiet, legten Subkolonien an und wandten sich konsequenter dem Fernhandel über See zu. Erst jetzt begann die Stadt, eigene Münzen (aus tartessischem und südkeltischem Silber) zu prägen und sich eine Verfassung zu geben, in der die reiche Adelsschicht das Sagen hatte und Beamte wie Ratsmitglieder nach timokratischen und erblichen Prinzipien bestellt wurden. Aus einer kleinen Siedlung wurde eine der führenden Handels- und Hafenmetropolen des westlichen Mittelmeeres.[46]

Dass der Ausbau der Handelskontakte einem anfänglichen Dienst als Söldner und Kaperer folgte bzw. sich aus ihm entwickelte, ist nicht ungewöhnlich; eine ähnliche Abfolge lässt sich im Ägypten der Saïs-Dynastie beobachten, wo Naukratis erst einige Generationen nach dem Engagement kleinasiatisch-griechischer Söldner angelegt und unter anderen ebenfalls von Phokaiern genutzt wurde. Ägypten empfing Öl, Wein, Keramik und vor allem Silber und lieferte dafür Getreide. Was aber suchten die Massilier im Keltengebiet im Gegenzug für Wein und Keramik? Zum einen die klassischen Metalle, die schon die Etrusker nach Norden gelockt hatten: Kupfer an den südlichen Ausgängen des Zentralmassivs, Eisen und Gold, ferner wollte man über die Rhône, Saône und das untere Loiretal Anschluss an die Überlandverbindungen zu den galizischen und atlantischen Zinnvorkommen gewinnen. Als Zugabe lockten Salz, Getreide und vor allem Sklaven, nach denen Italien (Rom) und der Mittelmeerraum so gierten (s.o.S. 123).[47]

Parallel hierzu stießen eigene Schiffe in See, um sich den atlantischen Zinnvorkommen zu nähern. Eine Küstenbeschreibung des 6. Jahrhunderts v. Chr. schildert eine von Massilia ausgehende Route nach Tartessos und den von deren Herrschern kontrollierten Zinnhandelswegen. Wahrscheinlich war der Autor ein Kapitän oder Händler aus Massilia.[48] Der Vorspann erzählt von den Küsten von Tartessos sowie den Inseln und Völkern weiter im atlantischen Norden. Von den oestrymnischen Inseln (wahrscheinlich die Bretagne) seien es zwei Tagesreisen entfernt zu den Inseln der Hierer und Albionen (England?). Hier erhielten die Bewohner der oestrymnischen Inseln das Zinn und lieferten es nach Tartessos. Dort oder im südspanischen

Mainake übernahmen es die Phokaier, und man darf vermuten, dass es dann entlang der Mittelmeerküste nach Massilia und von dort in den mediterranen Raum verschifft wurde.[49]

Vieles spricht dafür, dass die Massilier schon bald versuchten, diese Route zu kontrollieren oder zumindest im Bereich der französischen Mittelmeerküste durch eigene Kolonien und Handelsstationen *(emporia)* zu sichern. Ob sie darüber hinaus selbst bis zu den berühmten Zinninseln vorstießen, ist unwahrscheinlich. Nach einer Angabe von Plinius d. Ä. habe ein gewisser Midakritos als erster »weißes Blei« (= Zinn) von der *Cassiteridis insula* geholt. Manche vermuten in ihm einen Phokaier oder einen Massilier und datieren seine Fahrt in die Zeit vor 500 v. Chr.[50] Doch all das ist genauso unsicher wie die beliebte Identifikation der Kassiteriden mit Cornwall oder den britischen Inseln. Es kann sich ebenso um ein der spanischen bzw. bretonischen Küste vorgelagertes Eiland handeln, auf dem Zinn vertrieben wurde. Abgesehen davon, dass wir nicht die geringsten Parallelhinweise auf direkte Kontakte der Massilier nach Cornwall in der Archaik haben, spricht auch die Logik der Umstände dagegen: Solange mit den Tartessiern ein freundschaftliches Verhältnis bestand, gab es keinen Grund, in deren Seehandelsverbindungen einzubrechen, zumal man genug damit zu tun hatte, die Kontakte in das Keltenland und nach Tartessos zu sichern.

Kolaios und die Samier in Tartessos

Denn erfahrungsgemäß wecken exklusive Verbindungen zu reichen Geldgebern und Handelspartnern schnell die Gelüste ehrgeiziger Konkurrenten: So soll der samische Kapitän Kolaios mit seinem Schiff auf dem Weg nach Ägypten zuerst auf eine Insel namens Platea verschlagen, dann vom Ostwind bis zu den Säulen des Herakles getrieben und »gleichsam durch göttliche Fügung nach Tartessos gelangt« sein.[51] Tatsächlich wird kein Kapitän durch Wind und göttliche Fügung gegen seine Absicht durch das gesamte Mittelmeer getrieben. Der Verfasser der Geschichte wollte die Fahrt und ihr Ergebnis – Kolaios kehrte mit dem größten Gewinn, den ein Hellene (außer dem Aiginaten Sostratos) je gemacht hatte, zurück – in eine epische Dimension rücken.[52]

Die Realität brauchte weder Götter noch unnatürliche Winde. Die Samier hatten gute Kontakte zu Ägypten und zu Kyrene, um Getreide zu importieren. Vier Elfenbeinkämme westphönikischer Provenienz im Heraion von

Samos belegen – ob es sich nun um Votivgaben phönikischer Seefahrer oder Weihegaben samischer Tartessosfahrer handelt – Beziehungen zu den Phönikern und Karthagern. Was lag näher, als auf deren Spuren (von Kyrene) eine Fahrt nach Tartessos zu wagen, von dessen Existenz die Samier genauso wussten wie die wenig entfernt wohnenden Phokaier? Immerhin sind beide in den gleichen etruskischen Häfen nachgewiesen.[53]

Herodot behauptet, die Samier seien die ersten Besucher von Tartessos gewesen, während er wenige Kapitel zuvor versicherte, die Phokaier hätten Tartessos entdeckt. Einer späteren Quelle zufolge sollen dagegen die Rhodier noch vor den Phokaiern nach Tartessos gelangt sein.[54] Dahinter steht eine für die Explorationsgeschichte typische Konstellation: Offenbar konkurrierten mehrere Poleis darum, eine Direktroute ins silberreiche Tartessos zu finden, und rühmten sich später, als erste Kontakte geknüpft zu haben. Die Phokaier erschlossen wahrscheinlich die Nordroute über Sizilien, Italien, Korsika und die ligurische und französische Küste und sicherten sie durch Handelsstationen und Kolonien (wie Alalia auf Korsika), Kolaios nahm die von den Karthagern bzw. Phönikern bevorzugte Route entlang der Südküste des Mittelmeeres.[55] Wie die Phokaier waren die Samier im Söldnergeschäft tätig und als Kaperer und Piraten bekannt; Reste eines im Samosheiligtum geweihten Schiffes, das gerne mit dem des Kolaios in Verbindung gebracht wird, gehörten zu einem Kriegsschiff. Einige Forscher beziehen den in Südspanien gefundenen Kriegshelm (s. o. S. 124) auf Kolaios. Wie die Phokaier hatten die Samier vor ihren Vorstößen in den Westen Kontakte mit den Einheimischen geknüpft, die – nimmt man die Weihegaben im Heraheiligtum als Indiz – über Afrika und Ägypten bis nach Etrurien und Spanien reichten.[56]

Ein derart weitreichendes Netz an Fernkontakten war – auch das betraf beide Städte – nur mit Unterstützung der Mehrheit des heimischen Adels und der Priester städtischer Gottheiten möglich: Sie bewahrten das Wissen über Routen und Ansprechpartner in der Fremde und konnten auf dieses Wissen zurückgreifen, wenn in einer besonderen Notsituation eine Gemeinde wie Phokaia in der Mitte des 6. Jahrhunderts zur Auswanderung gezwungen war. Und sie waren es auch, die aus den Erlösen der Auslandsgeschäfte den Bau städtischer Anlagen (wie die Stadtmauer in Phokaia) organisierten, die Gesamtgemeinde an den überseeischen Erfolgen teilhaben ließen und sicherstellten, dass Städte wie Phokaia, die über geringe agrarische Ressourcen verfügten, regelmäßig Getreide und wertvolle Mineralien importieren konnten.

Die Priester und ihre Institutionen hatten darüber hinaus noch eine andere Funktion: Nicht ohne Grund stiftete Kolaios ein Zehntel seines Gewinnes dem Heratempel, vergleichbare Gaben überreichten wahrscheinlich die Phokaier dem Artemisheiligtum von Ephesos. Berücksichtigt man die aus verschiedenen Küstengebieten des Mittelmeeres sowie aus Vorderasien und dem Balkan stammenden Weihegaben des Heiligtums und die Verbreitung ihrer Götterkulte entlang der Handelsrouten und Kolonien, so dürften Heiligtümer wie die von Ephesos und Samos den Kapitänen, Söldnern, Händlern und Kolonisten eine religiöse Identität verschafft haben. Sie führten die Seefahrer über die Meere, waren somit ein wichtiger Motor der Fernreisen und nahmen eine Mittlerrolle ein zwischen den Kapitänen und der Gesamtgemeinde, ähnlich wie der Melkarttempel für die phönikischen Expeditionen.[57]

Was für Phokaia und Samos gilt, das trifft sicherlich auch für andere Hafenstädte der Ostägäis zu, so für Chios, das Sklaven und Hetairen aus Thrakien und Phrygien nach Lydien, Ägypten und in die Levante verschiffte sowie das Land mit thrakischem Silber und die mediterranen Küstengebiete mit Tafelgeschirr versorgte. Oder für Milet, das Kolonien im Schwarzen Meer nicht nur gründete, um als Zwischenhändler den Metallhunger mediterraner Mächte zu stillen, sondern auch, um den Bürgern Ackerflächen zu sichern, die durch die lydischen Vorstöße bedroht schienen.[58]

3.
EINE NEUE ORDNUNG DER WELT
DIE GEISTIGE VERARBEITUNG VON FERNFAHRTEN UND KOLONISATION IM 6. JAHRHUNDERT V. CHR.

Die Naturphilosophen in Milet

Die Menschen der kleinasiatischen Hafenstädte begriffen sich als Teil einer dynamischen Welt. Manche wussten aus alten Erzählungen, wie einst ihre Familien an den Küsten gelandet waren und die »ionischen« Poleis gegründet hatten, die nun in voller Blüte standen. Das Wissen um die koloniale Vergangenheit verband sich mit dem aktuellen Ausgreifen in das Schwarze Meer und den fernen Westen. Gebannt lauschte man den Erfolgsmeldungen der Seefahrer, hörte von bizarren Landschaften und seltsamen Menschen mit unterschiedlichen Gebräuchen und staunte, wie mannigfaltig und wandelbar die Welt hinter den vertrauten Grenzen mediterraner Küsten war. Gleichzeitig bewunderte man die Kolonisten, denen es gelang, sich in dieser Welt zu behaupten, rieb sich verwundert die Augen über die Reichtümer, die mancher Kapitän nach Hause brachte, und bestaunte die Leistungsfähigkeit ihrer Schiffe, die über gewaltige Entfernungen ihr Ziel fanden.

Wie so oft in der Geschichte, wenn der Mensch Grenzen durchbricht und Legendenhaftes durch Erfahrung ersetzt, so verlangt er nach neuen Erklärungen. Seit dem ersten Drittel des 6. Jahrhunderts v. Chr., auf dem Höhepunkt der kolonisatorischen Erfolge der kleinasiatischen Hafenstädte, wollten Männer aus Milet wissen, nach welchem Prinzip die Welt zusammengesetzt war und nach welchen Gesetzen sie sich veränderte. Ihre Suche galt einer Weltformel, die diese Veränderungen bewirkte und Ausdruck einer »abstrakten göttlichen Allkraft« war. Wir nennen diese Männer Naturphilosophen. Ihre Überlegungen waren spekulativ – genaue Messungen und chemische

Analysen kannte man noch nicht –, doch basierten sie auf Beobachtungen und logischen Argumenten. Deshalb gelten sie als Begründer der Philosophie. Der antike Begriff *philosophia* meint eine umfassende *Liebe* zur *Weisheit*, die sich auf naturwissenschaftlich-kosmologische, religiöse, politische und in diesem Sinne auch auf philosophische Bereiche der Welt bezieht. Ein Weiser gibt sich nicht mit alltäglichen und traditionellen Lehren zufrieden, er will mehr wissen über die Welt und ihre Funktionsgesetze. Dieses Suchen nach »Mehr-Wissen« nannten die Ionier *historie*. Warum begnügte sich die *historie* nicht mit der Erklärung einzelner Phänomene, sondern nahm die ganze Welt in den Blick und warum tat sie das an der kleinasiatischen Küste in Milet?

Ausgangspunkt allen Philosophierens ist – so Aristoteles – das neugierige Staunen über die Welt und ihre Veränderungen. Dieses Staunen fand in Milet mannigfaltige Objekte. Hier trafen sich die Handelswege aus den östlichen Kulturreichen mit den Schifffahrtsrouten in die Ägäis, ins Schwarze Meer und in den Westen. Hier verbanden sich die Nachrichten über die Horizonterweiterung der eigenen Seefahrer und Kolonisten mit der Vermittlung altorientalischer Weisheitsliteratur und Kosmologien. Es war dieser Mix alter Weisheit und neuer Erfahrung, der das Staunen über die Einzelphänomene in eine neue Art des »globalen« Denkens und Erklärens überführte. Denn Staunen allein bewirkt noch keine Wissenschaft, keine *theoria*. Hinzu müssen die hartnäckige Neugier wie der Wunsch treten, neue Fragen zu stellen und neue Antworten zu formulieren und diese in ein Erklärungssystem zu bringen. Wer staunt und forscht – so sagten die Griechen –, der verlässt gedanklich die vielen kleinen und beschränkten Welten des Alltages; er erweitert seinen Blickwinkel (Horizont, griechisch: *horizein* = »begrenzen«) und erkennt das Weltganze, den *kosmos*.

Für dieses Streben nach geistiger Horizonterweiterung und Welterklärung auf empirischer Basis scheint neben der Beeinflussung durch den Osten die Erfahrung maritimer Expansion ein entscheidender Stimulus gewesen zu sein. Es fehlte zwar ein auf Kapitänen, Reedern oder Kolonisten lastender ökonomischer bzw. nautischer Dauerdruck, der zu einem der frühneuzeitlichen Expansion vergleichbaren Innovationsschub geführt hätte; dennoch trugen der stete Kampf mit dem Meer, die Erfahrung von Kolonisation und Fernhandel mit ganz unterschiedlichen Kulturen wesentlich zur Ausbildung und Weiterentwicklung wissenschaftlicher und philosophischer Weltauffassung bei.[1] Anders als der Wüstenbewohner, der wie der Seefahrer täglich mit dem Phänomen räumlicher Weite konfrontiert wird, machte der archaische Seefahrer die stupende Erfahrung, dass man diese Weite mit technischen Hilfsmitteln, Wissen und logischer Erkenntnis bewältigen konnte. Nicht von ungefähr unternahmen fast alle Naturphilosophen in ihrer Jugend lange Seereisen und beschäftigten sich intensiv mit Geometrie, Astronomie und Navigationskunst: Thales, ein Ingenieur aus Milet und angeblich Sohn phönikischer Eltern, der als Begründer der ionischen Naturphilosophie gilt, wird von den Quellen als sensibler Politiker und versierter Praktiker zumal im Bereich der Nautik geschildert. So verfasste er nach einer Reise nach Ägypten und in den Mittleren Osten ungefähr in der gleichen Zeit, als die Phokaier Massilia gründeten, ein astronomisches Lehrbuch für Seeleute, berechnete mit geometrischen Beweisen den Abstand der Schiffe von der Küste und erklärte die Bedeutung des Kleinen Bären für die Navigation. Sein jüngerer Landsmann Anaximander gründete nach milesischer Überlieferung die Kolonie Apollonias am Schwarzen Meer, suchte nach natürlichen Erklärungen für kosmische Phänomene und machte die Griechen mit dem babylonischen Schattenzeiger (Gnomon) zur Bestimmung der Tageszeiten vertraut.[2]

Thales und seine Nachfolger verharrten aber nicht bei der Adaption astronomischen Wissens, sondern sie erschlossen sich den Horizont globaler Welterklärung. Die Weite des Meeres öffnet den Blick für die Natur der Welt und verlangte nach Erklärungen: Anaximander gab sie in einer Prosaschrift »Über die Natur«. Ferner förderte der wiederholte Vorgang der Koloniegründung die Fähigkeit der kreativen Abstrahierung und des Experimentierens mit vorgegebenen Mustern und Denkmodellen; man wird es deshalb den auf praktische Erfahrung und Expertise angewiesenen Seefahrern, Fernhändlern und Kolonisatoren sowie ihrem wachen Blick für alles Neue am ehesten zutrauen, dass sie sich von den Erklärungen des Mythos und dessen literarischen Gattungen lösten und eigene Argumentationsmodelle in einem eigenen Schreibmodus – nämlich der Prosa – entwickelten, der sonst nur in Delphi praktiziert wurde.[3] Diese Schriften waren zugleich die Voraussetzung für einen weiteren Ansporn: die Konkurrenz der Denker untereinander und die daraus erwachsende Kritik an vorliegenden Erklärungen. Die Überlegenheit eines neuen Ansatzes musste begründet werden – die Erkenntnis selbst wurde zum Gegenstand des Denkens.

Nun waren allerdings die Milesier nicht die einzigen, die zur See fuhren, Fernhandel betrieben und Kolonien gründeten. Zu den geistigen, mentalen und naturbedingten Voraussetzungen mussten spezifische gesellschaftlich-politische Bedingungen hinzutreten. Da die Menschen anders als in vielen Städten Griechenlands – so Aristoteles[4] – nicht von unmittelbarer Lebensnot belastet waren, sondern Zeit und Muße besaßen, begannen sie zu philosophieren. Milet war durch den Überseehandel reich geworden und erfreute sich – das unterschied sie von vielen Poleis der griechischen Halbinsel, aber auch der kleinasiatischen Küste – einer ungewöhnlichen innenpolitischen Stabilität. Seit der erfolglosen Belagerung durch die Lyder in der Mitte des 6. Jahrhunderts kamen ein gesichertes außenpolitisches Umfeld und eine achtunggebietende Seemacht hinzu. Die Stadt verfügte über eine der stärksten Kriegsflotten der Ägäis und hatte im Gegensatz zu anderen Küstenpoleis (insbesondere Phokaia und Samos) – ähnlich wie seinerzeit die Ugariter gegenüber den Hethitern – einen Sonderstatus, der von den Lyderkönigen und bis zum Ende des Jahrhunderts auch von den Persern beachtet wurde.[5] Die Milesier pflegten so nicht nur exklusive Kontakte zu den Königshöfen des Ostens, sondern sie verbanden Prosperität und Stabilität mit einer außenpolitischen Sicherheit, die den Philosophen vom engen Horizont des politischen Tagesgeschäftes entlastete.

Diese Faktoren bildeten die Rahmenbedingungen, um das Denken der Milesier in eine Richtung zu bewegen, die sich von früheren Wegen der Weisheit unterschied. Dass die scheibenförmig gedachte Erde wie eine Insel vom Okeanos umflossen wurde, ist eine für Küstenbewohner naheliegende Vorstellung. Thales übernahm von den Babyloniern ferner die These, dass der Okeanos unter der Erdscheibe hindurch laufe. Schon Homer und die Mythen hatten dem Okeanos die Rolle des Erzeugers der Götter, des »Ursprungs für alles« zugewiesen. Kombinierte man diese Erklärungen mit den babylonischen Thesen über die Welt und berücksichtigte die lebensweltliche Konfrontation der Milesier mit dem Meer, dann lag es nahe, das Wasser als das gesuchte Urelement der Welt anzunehmen, wie es Thales tat.[6]

Auch Anaximander maß dem Meer bei der Erklärung der Natur eine zentrale Bedeutung bei: Grundlage seiner Welterklärung war die Annahme, dass alles Seiende in einem steten Wandel begriffen sei. Die ersten Lebewesen seien im Meer entstanden und auch der Mensch habe sich im Innern von Fischen entwickelt. Den Urgrund alles Seienden bezeichnete Anaximander als *apeiron*, »das Unbegrenzte«, ein Zustand, der anstelle von Hierarchie Unordnung und statt Struktur unstrukturierte Formlosigkeit besaß.[7] Das ähnelte der Vorstellung, die man sich vom Okeanos machte. Er war nach Ansicht der

Epiker und Philosophen das Element, aus dem alle Lebewesen entstanden seien, aber auch Inbegriff von Chaos und Unordnung gegenüber der durch die olympische Hierarchie begründeten Ordnung. Indem der Philosoph dazu beitrug, die Struktur der Welt durch die Aufdeckung des Gegensatzes von Ordnung und Unordnung zu erkennen, schuf er einen rationalen Gesamtentwurf anstelle älterer mythischer Vorstellungen.

Göttliche Wegweiser – das Orakel von Delphi

Die Suche nach einer rationalen Ordnung auf der Grundlage empirischer Beobachtung und plausibler Spekulation bedeutet aber nicht, dass die Polisreligion und ihre Götter als Quelle von Sinngebung ausfielen. Der Seefahrer braucht bei allen technischen Fertigkeiten göttliche Unterstützung nicht weniger als der Kolonist: Seefahrt und Siedlungsgründung, die von Männern unterschiedlicher Herkunft betrieben wird (manche Gefährten des Protis stammten aus kleinasiatischen Nachbargemeinden)[8], benötigen einen stabilisierenden und sinnstiftenden Rahmen. »Kolonisation« war deshalb wie in der Frühen Neuzeit, in der Kapitäne das Banner des Kreuzes in den Strand rammten, immer auch ein von den Göttern begleiteter Akt, die den Aufbruch aus der Heimat über die Anlandung bis zur Erfolgsmeldung nach geglückter Ansiedlung begleiteten.

Nach Ausweis vieler Gründungslegenden spielte Apollon eine zentrale Rolle. Er führte als *Apollon Delphinios* die Auswanderer wie ein Delphin sicher über das Meer, so wie er als *Apollon Archegetes* die Koloniegründung beschützte.[9] In anderen Versionen fliegt Apoll dem Oikisten (Koloniegründer) in Gestalt eines Raben voran – ein Motiv, das bereits im Arimaspen-Epos angedeutet wird (s.o.S. 104).[10] Viele Geschichten erzählen, der Oikist sei vor seinem Unternehmen nach Delphi gezogen, wo ihn die Priester mit der Gründung einer Apoikie beauftragen und in Form von rätselhaften Sprüchen Weg und Ziel bestimmen. Der Siedlungsführer muss die Sprüche dekodieren und erweist sich damit als fähig, seine Aufgabe zu erfüllen. Erst wenn er diesen Eignungstest bestanden hat, ist er sich der Unterstützung Apolls gewiss und besitzt die Autorität, um eine Mannschaft um sich zu sammeln und Befehle zu erteilen.

Ob dieser Gang zum Orakel nach Delphi allerdings wirklich regelmäßig schon im 7. Jahrhundert v. Chr. erfolgte, ist für die aus Kleinasien stammenden Siedlungsführer unwahrscheinlich.[11] Ein Besuch des Orakels war wegen der langen Anreise und der damit verbundenen Kosten sehr aufwendig und zeitlich auf wenige Termine (neunmal im Jahr) beschränkt (vielleicht wandte man sich stattdessen an das nahe Orakel von Didyma oder Klaros).[12] Zudem setzt er voraus, dass die Gründung einer Apoikie das alleinige und in einem irgendwie gearteten kommunalen Entscheidungsprozess beschlossene Ziel der Fahrt war, der Orakelspruch also ein geplantes Unternehmen nicht initiierte, sondern sanktionierte.[13]

Beides wird man bei der (durch die persische Invasion erzwungenen) Emigration der Phokaier in der Mitte des 6. Jahrhunderts, aber nicht oder jedenfalls nicht durchgängig für die Zeit davor annehmen können. In der frühen Archaik war die feste Ansiedlung eine Alternative unter mehreren Möglichkeiten, die man in der Fremde situativ wahrnahm.[14] Bezeichnenderweise weiß auch die Gründungslegende von Massilia (und anderer Kolonien kleinasiatischer Herkunft) nichts von einem Besuch des delphischen Orakels. Nach Strabon hätten die Phokaier zwar einen Orakelspruch erhalten, der sie gemahnte, sich auf der Überfahrt eines von der Artemis von Ephesos bestellten Führers in Form eines Abbildes zu bedienen, doch bezieht sich das augenscheinlich nicht auf die »Jungmannschaft« des Protis, sondern auf die Nachsiedler rund 50 Jahre später. Erst sie errichteten dem Delphischen Apoll (und der Ephesischen Artemis) am Vorgebirge der Hafenausfahrt am heutigen Vieux Port einen Tempel, von wo er die Stadt bewachte und Seefahrern von weitem Orientierung bot. Die Bewohner der massilischen Subkolonien sollen einheimischen Stämmen heilige Objekte der Artemis überbracht haben, wahrscheinlich kleine Kultstatuen.[15] Auch Aristeas soll den Metapontiern erst lange *nach* der Koloniegründung aufgetragen haben, Apoll einen Altar zu errichten, worauf diese sich beim Orakel vergewisserten.[16]

All das deutet darauf hin, dass die Kontaktaufnahme mit dem delphischen Apoll und die Einrichtung entsprechender Kulte in der neuen Kolonie meist erst in der zweiten oder dritten Generation erfolgte. Erst wenn sich eine junge Kolonie bewährt und etabliert hatte, war es üblich, den Orakelstätten Dank abzustatten und Stiftungen zu überbringen. Jetzt war der Besuch auch politisch sinnvoll: In Delphi fand man einen neutralen, von keiner Polis exklusiv besetzten Raum, der einer im Wachsen begriffenen Kolonie die Anerkennung als neue Bürgergemeinde verschaffe, ohne an die religiösen oder politischen Autoritäten der »Mutterstadt« gebunden zu sein.[17] Seit dem frühen 6. Jahrhundert v. Chr. bot Delphi den Kolonien eine Plattform, auf der sie ihren Erfolg in der Fremde der griechischen Welt verkünden und ihre Attraktivität als Handelspartner steigern konnten.

Das kam auch dem Orakel zugute: Mit jeder erfolgreichen Koloniegründung vermehrte sich nicht nur der Reichtum, sondern auch das Wissen der delphischen Priester um die Verhältnisse an fernen Küsten. Dieses Wissen besaßen zwar die künftigen Kolonisten und Seefahrer auch, doch Delphi bot ihnen einen geschützten Raum des Erfahrungsaustausches, der ihren Unternehmungen und Landnahmen durch den Spruch Apolls eine zusätzliche und bald überall akzeptierte religiöse Legitimation verlieh. Man wird zwar nicht so weit gehen, im delphischen Orakel eine dem Papsttum der Frühen Neuzeit vergleichbare Koordinierungseinrichtung aller Kolonisationsunternehmungen zu sehen – dafür blieb auch der Einfluss lokaler Tempel und Kulte an der kleinasiatischen Küste zu groß. Doch bildete die Priesterschaft eine überregionale Instanz, die ihr Wissens- und Erfahrungsmonopol mit religiöser Autorität verband und Delphi zu einem »geistigen Umschlagplatz« politischer Problemlösungen und neben Milet und dem phokaiischen Elea zu einem Kulminationspunkt griechischen Denkens machte. Deshalb verband man die wohl ursprünglich in Milet entwickelte Legende von den Sieben Weisen, von denen vier Männer kleinasiatischer Herkunft waren (Thales von Milet, Bias von Priene, Pittakos von Mytilene und Kleobulos von Lindos), mit Delphi. Der überregionalen Rolle des Heiligtums entsprach die Durchbrechung partikularer Horizonte durch die Philosophen. Anaximander sah in Delphi das Zentrum der Welt.[18]

Neue religiöse Modelle: Seelenlehre und Wiedergeburt

Über allem wachte die Autorität Apolls. Er wurde nicht nur für ausländische Herrscher, sondern auch für fremde Ethnien so attraktiv, dass sich nicht selten die Möglichkeit eines Zusammenwirkens ergab. Dabei dürften sog. »middle-grounds«, also Kontaktzonen zwischen verschiedenen Ethnien in einer noch frühen Phase der politischen Organisation wie die jungen Kolonien nahe der Rhônemündung oder im Nordschwarzmeerraum für gegenseitige Beeinflussungen geeigneter gewesen sein als griechische Enklaven und Ansiedlungen in Ägypten, dessen zivilisatorischer Abstand auch in Bezug auf das Alter der Kultur von den Griechen immer deutlich wahrgenommen und akzeptiert wurde. Nachhaltige Übernahmen ägyptischer Gottheiten und ihrer Kulte (Isis) erfolgten erst 400 Jahre später, als sich mit den hellenistischen Königen eine neue »griechisch-makedonische« Herrschaft im Nilland etablierte.

Gegenüber den Ackerbau treibenden Kelten und Skythen des Schwarzmeerraums bis zum Rand der Steppengebiete scheint die Situation offener gewesen zu sein. Hier konnte das Selbstbewusstsein griechischer Händler und Kolonisten mit dem Wissen um die Abhängigkeit von einheimischer Hilfe leichter in eine praktische und für beide Seiten nützliche Kooperation münden. Alle archäologischen Hinweise sprechen dafür, dass die archaischen »Kolonien« des Pontosgebietes (genauso wie die Anlage von Massilia) von einer gemischten Bevölkerung aus zugezogenen Griechen und einheimischen »Barbaren« bewohnt wurden. Sie verbanden lokale und griechische Traditionen, benutzten der Natur und dem Klima angepasste Hausformen (»Grubenhäuser«).[19] Für die Kolonisten aus den kleinasiatischen Küstenstädten scheint das auch deshalb völlig normal gewesen zu sein, weil sich schon ihre Vorväter bei der Ansiedlung in Kleinasien auf ähnliche Weise mit den einheimischen Karern arrangiert hatten.

Militärische Konflikte waren zwar nie ausgeschlossen und die Intensitätsgrade der Kontakte immer von politischen Konjunkturen sowie regionalen Kontexten abhängig.[20] So deuten die von Herodot überlieferten Geschichten um Anacharsis und den Skythenkönig Sykles an, dass eine allzu abrupte und zur eigenen Machterweiterung von »oben« forcierte Einführung griechischer »Zivilisationsformen« ohne Zustimmung des indigenen Adels und eine ausreichende Zeit der vertrauensbildenden Annäherung brutal scheitern konnte.[21] Doch zeigen gerade diese Überlieferung sowie archäologische Zeugnisse, wie vertraut Skythen und Griechen mit den Mythen und Legenden der »Gegenseite« waren und diese in die Lebenswelt der »middlegrounds« übernahmen.[22]

All das war nur möglich, wenn man bereits längere Zeit miteinander verkehrte und die fremde Sprache verstand. Solche Kommunikationsbrücken wird man bei den vor Ort aktiven Händlerkreisen und – wie immer – bei Mischehen und deren Kindern in den Siedlungen der »Grenzländer« voraussetzen. Auf dieser Basis entwickelten sich unter bestimmten Umständen gemeinsame Kulte und Kultstätten. So errichteten griechische Händler in der skythischen Waldsteppe des Nordpontos einen Altar für Apollon, der sehr wahrscheinlich von den Einheimischen mit benutzt wurde.[23] Die skythischen *Geloni* verehrten laut Herodot griechische Götter nach griechischer

Weise und sprachen ein griechisch-skythisches Kauderwelsch.[24] In der von einer gemischten Bevölkerung bewohnten Kolonie Olbia gab es – wie in anderen milesischen Apoikien – einen Kult des Apollon Delphinios.[25] Der »hyperboreeische« Wundermann Abaris soll die Verehrung eines Gottes gelehrt haben, den die Griechen mit Apoll identifizierten, Herodot setzte den skythischen Zaubergott (G)Oitosyros mit Apoll gleich.[26] Umgekehrt übernahmen griechische Siedler auf Samothrake, einem wichtigen Zwischenstopp für Seeleute, Händler und Kolonisten, Elemente thrakischer Mysterien für den Dionysoskult.

Gerade die Kolonien waren wegen ihrer Nähe zu fremden Kulturen und ihres »hybriden« Siedlungscharakters viel aufgeschlossener für »barbarische« Praktiken, vor allem wenn sie Orientierung und Zukunftssicherheit versprachen. Erfahrungsgemäß sind Kontaktzonen mit Mischbevölkerung ein beliebtes Aktionsfeld von Wundermännern und Wanderpredigern. So hatte Aristeas die Kolonien des Nordpontos mit schamanistischen Reinigungs- und Ekstasepraktiken vertraut gemacht (s.o.S. 105). Nicht ohne Grund machten gerade Orakeldeuter und Reinigungspriester in den Kolonien gute Geschäfte: Nach Aussage der Koloniallegenden müssen die Oikisten die Apoikie durch den Akt der Gründung von einer Befleckung *(miasma)* reinigen und von allem Unreinen fernhalten. Der im Zusammenhang mit Kolonisations- und Wunderlegenden auftauchende Rabe Apolls wird zum gefiederten »Pharmakos«, zum »Sündenbock«, der die Schuld auf sich nimmt und die Reinigung ermöglicht.[27]

Neben der legitimatorischen Funktion, sich in einer fremden Umwelt als neue Gemeinschaft gegenüber der alten zu konstituieren, verfolgten solche Akte ein doppeltes Ziel: Jede Ansiedlung an fernen Küsten war ein riskantes Unternehmen; viele Auswanderungsunternehmungen scheiterten gerade in der kritischen Zeit des Anfangs, mussten aufgegeben werden oder standen vor der Gefahr des Totalverlustes, nicht nur weil Überfälle drohten, sondern weil das ungewohnte Klima, fremde Pflanzen und ökologische Bedingungen die Krankheitsrate unter den Siedlern emporschnellen ließen – nicht ohne Grund widmeten Schriften aus dem Corpus des Hippokrates den nördlichen und südlichen Kolonisationsgebieten ihr besonderes Interesse.[28]

Krankheit im wörtlichen Sinne wurde nach archaischer Auffassung mit Unreinheit gleichgesetzt, aber auch inneren Zwist und Streit bezeichnete man als Krankheit der Bürgerschaft; Poleis werden zu Patienten und Gesetzgeber zu Ärzten, so wie Ärzte die körperlichen Krankheiten der Menschen behandeln. »Politische« und »körperliche« Krankheiten waren tödliche Gefahren, die den jungen Kolonien in besonderem Maße drohten. Es wundert insofern nicht, dass sie Apoll nicht nur als Helfer bei der Gründung, sondern auch als Heilergott verehrten und für kathartische Kulte und deren Priester empfänglich waren.[29]

Aber auch andernorts wuchs der Bedarf nach göttlichen und menschlichen Helfern gegen Krankheiten: Der Aufschwung der Seefahrt erhöhte an sich schon die Anfälligkeit für Krankheiten, das Sprichwort, »keine Krankheit ist dem Seemann fremd«, gilt auch für die Antike. Berücksichtigt man ferner die bürgerkriegsähnlichen Auseinandersetzungen, die sich oft vor den Auswanderungen in den Poleis des »Mutterlandes« abspielten, und stellt man die Seuchengefahr in Rechnung, die nicht nur in den engräumigen Verhältnissen einer wachsenden Bürgerschaft drohte, sondern auch mit dem Einsatz großer Söldnerarmeen in Ägypten und Sizilien einherging (s. o. S. 122 f.), so wird verständlich, warum seit Ende des 7. Jahrhunderts ein ganzes Heer von charismatischen Heilern, Sehern und Reinigungspriestern aus den nördlichen und östlichen Randgebieten (wie der mythische Abaris) über die Kolonien in die Mittelmeerwelt strömte. Sie alle waren darauf spezialisiert, Unsicherheit und Krisen der Gegenwart durch Entsühnung und Zukunftsschau zu bannen.

Die Kolonialgebiete fungierten hierbei als entscheidende Vermittler verschiedener Wissenstraditionen. Ihre historische Leistung bestand darin, dass sie die Vielzahl »religiöser« Angebote selektiv mit eigenen Traditionen verbanden und zu kohärenten Gedankengebäuden ausbauten. Wir wissen, dass die Pontoskolonien und ihre kleinasiatischen Mutterstädte erstaunlich gut mit den Mythen und Legenden der skythischen Nomaden Eurasiens und Kaukasiens vertraut waren und dass diese Geschichten von Händlern und Handwerkern nach Griechenland und in den Mittelmeerraum getragen wurden.[30] Die Legenden von und um Aristeas bezeugen nicht nur eine Begegnung mit schamanistischen Ekstasevorstellungen (s. o. S. 105), sie deuten auch an, dass sich etwa gleichzeitig in Teilen der griechischen Welt eine der bedeutendsten Veränderung auf dem Gebiet des Seelenglaubens vollzog: Reinigungsrituale und Ekstasepraktiken verbanden sich im Laufe des 6. Jahrhunderts mit Entlehnungen ägyptischer, indischer und iranischer (vielleicht auch keltischer) Herkunft[31] zur Vorstellung von der Unsterblichkeit der Seele, die durch verschiedene Körper wandern muss, bis sie zu ihrer göttlichen Heimat zurückkehrt. In der zweiten Hälfte des 6. Jahrhunderts entwickelten orphische Wanderpriester zusammen mit der Seelenwanderung eine ausgefeilte Weltentstehungslehre (Kosmogonie), die in den Kolonialgebieten Siziliens und Süditaliens, auf Kreta sowie in Thrakien und im Nordpontosraum Verbreitung fand. Im 5. Jahrhundert führten orphische Kultgemeinschaften in Süditalien, Sizilien und dem Nordägäisraum Initiationen durch und gaben den Toten Goldplättchen mit Anweisungen für ihr Verhalten im Totenreich mit.[32]

Pythagoras und seine Lehren

Eschatologische Heilsversprechen, initiatorisches Geheimwissen und Reinigungsrituale bieten Antworten auf ein Gefühl der Unsicherheit, das von traditionellen religiösen und gesellschaftlichen Instanzen nicht mehr hinreichend bewältigt wird. Die Nähe der Kolonien zu fremden Kulten erleichterte die Adaption; das für Kolonialgesellschaften typische Bedürfnis, sich in der Fremde eine besondere religiös untermauerte Identität zu geben, dürfte ein weiterer Impuls gewesen sein, diese Angebote mit dem Tradierten zu etwas Neuem zu verbinden.

Wie ein solcher Prozess der Amalgierung alter und neuer religiöser bzw. philosophischer Modelle vor dem Hintergrund konkreter Bedürfnisse vonstattenging und zur politischen Stabilisierung einer als unsicher empfundenen Gesamtlage beitragen konnte, zeigt der Erfolg des um 530 v. Chr. aus Samos kommenden Charismatikers Pythagoras im unteritalischen Kroton. Seine Lehre deutet – soweit sie rekonstruierbar ist – auf wesentliche Übernahmen orphischer Gedanken sowie Adaptionen von Legendenmotiven wie des Wiedergängertums und der Gestaltveränderung, wie sie im Umkreis des Aristeas sowie in den süditalischen Kolonialstädten erzählt wurden (Metapont, wo man Aristeas verehrte, bildete ein Zentrum der Pythagoreer).[33]

In Kroton fand Pythagoras, der später als »Hyperboreischer Apoll« bezeichnet wurde, ein geeignetes Bewährungsfeld: Einige Jahre zuvor hatte eine Seuche die Stadt heimgesucht, die Aristokraten mussten sich nach einer vernichtenden Niederlage gegen Lokris und Rhegion den Vorwurf verweichlichten Luxuslebens gefallen lassen. Indem Pythagoras die orphischen Lehren aufgriff und die postmortale Existenz der göttlichen Seele abhängig von *moralischen* Verdiensten im Diesseits und Reinheit zum *ethischen* Postulat eines streng regulierten Lebens machte, stärkte er das angeschlagene aristokratische Selbstbewusstsein. Der pythagoreische *bios* entsprach in dieser Hinsicht den auch in der zeitgenössischen Dichtung nachzuweisenden Bemühungen eines in die Defensive geratenen Adels, sich durch moralische Qualitäten, Maßhalten und intellektuelle Überlegenheit gegenüber den Nichtadligen abzugrenzen.[34] Der sich aus der Seelenwanderung ergebende (nur im getreidereichen Süditalien mögliche?) Vegetarismus – ein altes Kennzeichen der Idealvölker des Nordens –, sowie die Vorstellung, dass der Körper nur ein Anhängsel der göttlichen Seele sei, widersprachen den Normen der Poliswelt; sie schufen aber gerade deshalb einen Dignitätsraum, der die Aristokraten nicht nur von dem Vorwurf eines überbordenden Luxus und des militärischen Versagens zu befreien versprach, sondern ihnen auch die Möglichkeit eröffnete, sich gegenüber den aufbegehrenden Schichten des Volkes sowie gegenüber den Aristokraten der mutterländischen Poleis abzugrenzen. Das machte die Lehre von der Seelenwanderung auch für die kolonialen Tyrannen so attraktiv. Sie lenkten ab von der Tatsache der Gewaltherrschaft und boten die Chance, ihre politisch prekäre Stellung religiös zu untermauern. Denn von der Göttlichkeit der Seele zum gottgleichen Menschen ist der Weg nur kurz. Die neue Seelenlehre war nicht mehr nur Krisenreaktion, sondern Ausdruck eines optimistischen Selbstbewusstseins, das aus den machtpolitischen Erfolgen der monarchisch regierten Randgebiete erwuchs.

Neben den Fürsten, Sängern und Sehern stellten die Ärzte die höchste soziale Stufe dar, welche die Seele im Kreislauf ihrer Wiedergeburten erreichen kann. Die Erlösung der Seele aus dem Kreis der Geburten hatte nach Auffassung der Orphiker und der Pythagoreer immer etwas mit Reinigung *(katharsis)* zu tun, deshalb traten viele Orphiker vornehmlich als Reinigungspriester auf.[35] Es ist so gewiss kein Zufall, dass die Ankunft des Pythagoras in Süditalien zeitlich mit einer der größten Seuchen zusammenfiel, die Kroton heimsuchte. Das pythagoreische Verbot des Bohnenessens reagierte auch auf eine in Süditalien und Sizilien verbreitete, mitunter tödlich endende Überempfindlichkeit gegen Ackerbohnen.[36] Als Gegenmaßnahme empfahlen die Pythagoreer Maßhalten und Enthaltsamkeit. Denn »Übermaß« – so der Meister – ruiniert nicht nur das Vermögen der Leute, sondern auch deren Körper, denn die meisten Krankheiten entstehen durch unverdaute Speisen, und das ist die Folge von Überfluss.«[37] Die Warnung vor Luxus als politisch-ethisches Problem wird kombiniert mit einer Diätetik, die neben der Gymnastik und Musik zu Grundlagen der süditalischen »Ärzteschule« von Kroton (und vielleicht derjenigen von Kyrene) wurde. Ihre Vertreter – sämtlich Pythagoreer oder den Lehren des Pythagoras nahestehend – meinten, dass Krankheiten ohne religiöse Erklärungen unter dem Aspekt ihrer natürlichen Ursachen durch die Beobachtung von Lebensweise und Umwelt zu heilen seien bzw. ihnen vorgebeugt werden könne. Krotonische Ärzte wie Demokedes verbreiteten ihre Kunst nach Osten in umgekehrter Richtung, die Pythagoras gen Westen geführt hatte.

Revolutionäre kosmologische Modelle: Die Erde als Kugel?

Damit stößt man auf ein letztes, für die Kontaktzonen des Nordens und Westens typisches Phänomen: Kolonisten und Seefahrer mussten ein besonderes Augenmerk auf die Natur der Welt und deren Veränderungen legen. Auch die Erfolge der charismatischen Spezialisten beruhten auf der Beobachtung der Natur.[38] Empedokles aus Akragas (ca 495–435 v. Chr.), einer der berühmtesten pythagoreischen Seher, Ärzte und Heilskünder, verfasste neben einem Lehrgedicht über »Reinigungen« eines »Über die Natur«.[39] Seine Kosmologie war von den naturräumlichen Verhältnissen Siziliens beeinflusst. Pythagoras verband seine Seelenvorstellungen mit einem besonderen Interesse an der Ordnung der Welt. Seine Herkunft aus Samos, die phokaiische Neugründung von Elea (Velia), dem Zentrum der eleatischen Philosophie, und die Reisen der krotonischen Ärzte lassen auf einen steten Wissens- und Erfahrungsaustausch zwischen Ost und West schließen. Das war auch die Voraussetzung für die bahnbrechendste Entdeckung, die griechische Gelehrte am Ende des 6. Jahrhunderts v. Chr. machten.

Anaximander aus Milet (ca. 610–547 v. Chr.) hatte nach babylonisch-hethitischen Vorbildern den erweiterten geographischen Horizont, Fahrtberichte und Küstenbeschreibungen zum Entwurf einer kreisrunden Abbildung der *gesamten* Erdoberfläche *(ges periodos)* genutzt.[40] Sie umfasste fast sämtliche Mittelmeeranrainer bis zur Straße von Gibraltar und wurde durch das Mittelmeer sowie das Schwarze Meer in zwei etwa gleich große Hälften geteilt: Europa nahm den nördlichen, Asien den südlichen Halbkreis ein, Libyen war als Teil Asiens gedacht. Die gesamte Oikumene wurde nicht mehr wie bei Homer von einem Okeanos-Fluss umgeben, sondern durch ein »äußeres« Meer. Die erhöhten Ränder der Erdscheibe begrenzten ihn jenseits der Oikumene und verhinderten, dass er über die Ränder abfloss.[41]

Anaximander ging es bei dieser Konstruktion nicht um konkrete Orientierungshilfen, und anders als den frühen chinesischen Weltkarten lagen seinen Bemühungen auch keine herrschaftlichen oder verwaltungstechnischen Zwecke zu Grunde. Seine Ziele waren theoretischer Natur: Er wollte die Erde nach den Vorgaben orientalisch-milesischer Geometrie sowie kosmologischer Konstruktionen als eine harmonische Struktur erfassen und zum Objekt von Berechnungen machen.

Nach seiner Vorstellung schwebte die scheibenförmige Erde durch den Druck der sie umgebenden Luft als Oberfläche eines Zylinders in der Mitte eines kugelförmigen Weltalls und wurde von der halbkreisförmigen Himmelskugel überwölbt.[42] Der Analogieschluss von der Kugelform des Weltalls und der Umlaufbahn der Planeten, die Anaximander vielleicht aus dem Nahen Osten (Babylonien) übernahm, sowie von der zylinderartigen Erdscheibe zur kugelförmigen Erde lag an sich nahe;[43] so galt das Argument für die Kugelgestalt des Himmels – die sichtbare Bewegung der Gestirne – unter Berücksichtigung der Zeitlichkeit dieser Bewegung auch für die Kugelgestalt der Erde.

Erneut waren es jedoch weniger natürliche Anschauung oder Empirie (sie kamen später als Bestätigung hinzu), sondern das Bemühen, die Erde als eine geometrische Figur mit einer größtmöglichen harmonischen Ordnung zu konzipieren, das vielleicht schon Pythagoras in Kroton oder einen seiner Schüler (Archytas) zu diesem letzten Gedankenschritt drängte. Er sprach sich unter anderem deshalb für die Kugelgestalt der Erde aus, weil die Kugel als vollkommenster geometrischer Körper galt; vielleicht war diese Vorstellung aus östlichen Modellen entwickelt, die sich die Erde als Würfel oder Viereck dachten.[44] Dass sich die Pythagoreer für die Form der Erde interessierten und für die Kugelform aussprachen, dürfte auch mit der Bedeutung zusammenhängen, die zumindest die späteren Schüler des Meisters der Zahl als Grundlage der Kosmogonie zumaßen. Vielleicht ist deshalb die These der Kugelgestalt irgendwie mit den Bemühungen entstanden, den Umfang der Erdoberfläche zu berechnen.[45]

Auf einen anderen Zusammenhang verweist der kaiserzeitliche Schriftsteller (um 200 n. Chr.) Diogenes Laertius. Ihm zufolge behauptete der mit den Pythagoreern verkehrende Parmenides aus der phokaischen Kolonie Elea (Mitte des 5. Jahrhunderts v. Chr.) »als erster, dass die Erde kugelförmig *(sphairoiedes)* ist und in der Mitte (des Universums) ihren Platz hat«.[46] Wenn diese Angabe stimmt und Parmenides nicht lediglich den kreisförmigen

Kegelstumpf des Anaximander mit »rund« wiedergab, dann beruhte seine Argumentation nicht auf geometrisch-philosophischen Spekulationen, sondern auf physikalischen Erwägungen: Dichte Bestandteile im Kosmos sammeln sich nach der Mitte hin, und deshalb schwebt auch die Erdkugel im Zentrum.[47] Erstaunlicherweise liefert die Überlieferung jedoch nicht das, was man eigentlich als Indiz für die Kugelgestalt der Erde erwartet hätte, nämlich empirische Beobachtungen, die dem Seefahrer und Küstenbewohner vertraut waren: die Wölbung der Wasseroberfläche bei Sichtung eines am Horizont auftauchenden Schiffes, die Veränderlichkeit der Sternbilder beim Wechsel des Beobachtungsstandortes oder den runden Erdschatten bei Mondfinsternissen. Diese Erklärungen tauchen erst 100 Jahre später (bei Aristoteles) auf, was allerdings (angesichts der trümmerhaften Überlieferung der Lehre) nicht ausschließt, dass Parmenides sie kannte. Es könnte demnach sein, dass die Philosophen die den Seefahrern vertrauten Beobachtungen als Anregung aufnahmen und sie – ohne ihre Quelle zu nennen – zur Ausgangsbasis weiterführender Überlegungen machten, die dann aus verschiedenen Richtungen und über Zwischenlösungen (wie die Vorstellung eines muldenförmigen Beckens) gegen Ende des 5. Jahrhunderts in die These von einer Kugelgestalt der Erde mündeten. Von da an war sie fester, wenn auch noch nicht völlig konkurrenzloser Bestandteil griechischer Weltvorstellungen. Wir finden sie in keiner anderen Weltregion der Vormoderne, sie bildet ein Kontinuum abendländischer Wissenstradition, das von der Antike über das Mittelalter bis in die Neuzeit reichte.

Die Gelehrten Kleinasiens hielten dagegen noch lange an der Scheibenform fest, auch wenn dies Probleme bei der Erklärung der Sternen- und Sonnenkonstellationen mit sich brachte. Vielleicht lag es daran, dass die kleinasiatischen Poleis in einem engeren Kontakt zu den östlichen Kulturreichen standen, welche die Erdkugelthese nicht kannten (und nie akzeptierten). Das mag auch erklären, warum sie die Fragen nach dem Ursprung und den Wandlungsgesetzen der materiellen Welt unter Rückgriff auf Weisheitsliteratur und Kosmologien, aber unter Verzicht auf eschatologische Heilsversprechen und Lebensregeln zu beantworten suchten. Hinzu kam, dass der stärker empirische Zug ionischer *historie* mit der Scheibenform gut zurechtkam, ja diese für eine »kartographische« Darstellung sogar besser geeignet erschien. In einem trafen sie sich allerdings mit den Gelehrten des Westens, und diese Gemeinsamkeit bildete einen Kulminationspunkt aller philosophischen Bemühungen des 6. Jahrhunderts: Es ist die Suche nach einer sinnvollen Ordnung der größer werdenden und sich immer schneller verändernden Welt. Dieser Suche entsprangen nicht nur die pythagoreischen Zahlentheorien und die naturphilosophischen Thesen über die Wandlungskräfte des Kosmos; sie waren die Antriebsfaktoren für den Versuch, das erweiterte Wissen über die Welt und ihre Bewohner in geographische Ordnungsmuster zu bannen. Ohne die Erweiterung des Erfahrungshorizontes über die bekannten Grenzen hinaus und ohne die stete Bereitschaft der Kontaktaufnahme mit fremden Ethnien wären diese Entwicklungen nicht möglich gewesen.

III.
JENSEITS DES MITTELMEERES

KARTHAGO UND PERSIEN ERKUNDEN AFRIKA UND INDIEN

1.
VERLOCKUNGEN DES SÜDENS
DIE KARTHAGER AN DER WESTAFRIKANISCHEN KÜSTE

Der Aufstieg der Perser und die Ausweitung des karthagischen Einflusses im Westen

In der Mitte des 6. Jahrhunderts v. Chr. wurde die Dynamik der Welterkundung durch zwei machtpolitische Veränderungen neu entfacht, die vom Osten und vom Südwesten des Mittelmeerraums ihren Ausgang nahmen. 559 v. Chr. hatte Kyros den medischen Königsthron im iranischen Hochland usurpiert und sein Reich mit dem der Meder vereinigt. Das war die Geburtsstunde des Perserreiches, das über mehr als zwei Jahrhunderte die machtpolitischen Koordinaten des Nahen Ostens und der östlichen Mittelmeerwelt bestimmen sollte. Das Königshaus des Reiches bildete die Familie des Kyros, die Achaimeniden. Kaum an der Macht, startete Kyros einen Eroberungszug, der sich zunächst auf das Lyderreich des Kroisos richtete. Nach der Eroberung des Reiches standen seine Feldherren vor den Toren der griechischen Poleis. Bias von Priene soll im Jahre 546 auf der Versammlung der kleinasiatischen Griechen geraten haben, sich mit Sack und Pack auf die Schiffe zu werfen und nach Sardinien aufzumachen. Befolgt haben seinen Rat nur wenige; zu ihnen gehörten die Phokaier. Als die Perser ihre Stadt einzuschließen begannen, segelten sie mit sämtlichen Familien zunächst nach Chios und danach Richtung Italien. Hier siedelten sie sich auf Korsika (Kyrnos) an, dem 20 Jahre zuvor gegründeten Alalia.[1]

Doch auch im Westen hatten sich die Zeiten geändert. Um 600 scheinen die Karthager der Bitte von Gades um Unterstützung sowie den Machtverlust von Tyros genutzt zu haben, um an der spanischen Atlantikküste aktiv zu werden und gegen die Kaperfahrten der Phokaier vorzugehen. Dieses Ziel traf sich mit den Interessen der Etrusker, die an der Provence durch die Massilier zurückgedrängt wurden (s.o.S. 129). Zudem störten phokaische Piraten den Seehandel zwischen Karthago und Etrurien entlang der sardinischen Ostküste – Grund genug für die betroffenen Mächte, sich zusammenzutun. 540 v. Chr. kam es bei Alalia zu einer Schlacht zwischen der karthagisch-etruskischen Flotte auf der einen und dem Aufgebot der Phokaier auf der anderen Seite. Die Verluste der Phokaier waren so groß, dass sie ihre Kolonie auf Korsika aufgeben mussten und sich nach Rhegion und ins süditalische Elea (Velia) zurückzogen. Damit war es den Karthagern möglich, Stützpunkte auf Korsika und Sardinien zu errichten und von hier aus die Handelswege zu schützen; wenige Jahrzehnte später hatten karthagische Feldherren einen Einflussbereich im Westen Siziliens erkämpft.[2]

Die westafrikanischen Küsten und die Nilfrage

Gegen Ende des 6. Jahrhunderts hatten die Karthager die Phokaier als Konkurrenten zurückgedrängt. Nur Massilia konnte sich behaupten.[3] Irgendwann in der zweiten Hälfte des 6. Jahrhunderts stieß ein gewisser Euthymenes aus Massilia »über das äußere Meer« in den Atlantik vor. Vielleicht segelte er zunächst entlang der Bretagne auf der Suche nach den oestrymnischen Inseln (die Lagunenlandschaft Grand Brière bei Saint Nazaire oder die Scilly-Inseln an der Südwestküste Englands) in den Nordatlantik;[4] dann kehrte er an die Straße von Gibraltar zurück und wandte sich zur westafrikanischen Küste. Hier kam er zur Mündung eines großen Flusses, wahrscheinlich des Senegal.[5] Euthymenes glaubte, das Mündungsgebiet des Nils gefunden zu haben.

Diese zunächst befremdliche Aussage wird verständlich, wenn man bedenkt, dass viele zeitgenössische Gelehrte über den Oberlauf und die inländischen Verbindungen des Nils rätselten. Einige meinten, es gäbe eine Verbindung mit dem Indus, andere nahmen an, sein Ursprung sei im westlichen Okeanos zu suchen.[6] Euthymenes teilte offensichtlich diese Auffassung und glaubte, hiermit gleich ein weiteres, heftig diskutiertes Problem lösen zu können, nämlich das der Ursachen der alljährlichen Nilschwemmen in Ägypten.[7] Seine Antwort war so einfach wie verblüffend: Nach den dürftigen Hinweisen auf seinen Fahrtbericht (*periplus*) beobachtete er am Mündungsgebiet des von ihm mit dem Nil identifizierten Stromes (im Atlantik), dass bei inländischen Winden Süßwasser ins Meer gedrückt werde, bei nachlassenden Landwinden und einsetzenden Seewinden (den Kernpassaten) sich das Wasser wieder zurückziehe bzw. zurückgestaut werde.[8] Da eine direkte Verbindung zwischen den Mündungen des Nils in Ägypten und an der atlantischen Küste angenommen wurde – Euthymenes wies darauf hin, dass die Tiere auf der atlantischen Seite den ägyptischen ähnelten[9] – mussten die Nilüberschwemmungen durch die windbeeinflussten Strömungen am Atlantik verursacht werden. Manche meinen, er habe damit zum ersten Mal die Gezeiten zu erklären versucht.[10]

Solche Beobachtungen hatten nicht nur wissenschaftlichen Wert. Eine mögliche Flussverbindung zwischen dem Nildelta in Ägypten und der afrikanischen Atlantikküste erschloss ungeahnte strategische Dimensionen. Es ergab sich die Möglichkeit, von Ägypten durch Libyen zu den goldreichen Küsten Westafrikas zu fahren und zu den Reichtümern von Tartessos und der atlantischen Zinninseln vorzustoßen. Das hätte die angeblich einst von den Phönikern unternommene Afrikaumsegelung um ein Vielfaches verkürzt. Nicht von ungefähr haben sich rund 30 Jahre später auch die Perser (unter Xerxes) nach der Eroberung des Pharaonenlandes an der Erkundung der westafrikanischen Gewässer beteiligt. Ein gewisser Sataspes segelte von Ägypten über das Mittelmeer durch die Straße von Gibraltar, fuhr dann eine beträchtliche Strecke entlang der westafrikanischen Küste mindestens bis Südmarokko, bis er nach mehreren Monaten zurückkehrte; man hat die kleinen, mit Palmenblättern bekleideten Menschen, auf die er traf, als Stämme am Senegal oder in Guinea identifizieren wollen.[11] Das (offizielle) Ziel soll die Umfahrung Libyens gewesen sein, doch nichts spricht dagegen, dass zumindest ein Teilaspekt auch dieser Expedition die Klärung der Nilfrage war. Das würde erklären, warum die Fahrt mehrere Monate dauerte. Vielleicht hat ihn auch Herodot mit einem anderen Perser namens Mago verwechselt, der in etwa der gleichen Zeit Afrika umrundet haben soll.[12]

Das karthagische Ausgreifen in den Nordatlantik – die Expedition des Himilko

Man wird nun aus alldem zwar nicht auf einen regelrechten Wettlauf um die Erkundung und Kontrolle der westafrikanischen Küstengewässer schließen; doch offensichtlich geriet dieser Bereich auch im Zuge der machtpolitischen Veränderungen im Mittelmeerraum immer stärker ins Visier solcher Staaten und Städte, die (wie das Perserreich) aus ideologischen oder herrschaftspolitischen Gründen transregionale Verbindungen sichern wollten oder (wie Massilia) deren Wohlstand und Unabhängigkeit auf der Erschließung neuer Seewege zu den wertvollen Mineralien angewiesen waren. Dass auch Karthago in die Reihe dieser Mächte gehörte und bemüht sein musste, Konkurrenten aus den Gewässern jenseits der Straße von Gibraltar herauszuhalten, versteht sich von selbst. In den 520er Jahren hatte man sich so viele Stützpunkte im westlichen Mittelmeer sowie an der spanischen Atlantikküste um Tartessos und Gibraltar gesichert, dass eine stärkere Kontrolle der Küstenzonen und Seehandelsrouten möglich schien. So legten die Karthager zu Beginn des 6. Jahrhunderts dem etruskischen Rom maritime Verkehrsbeschränkungen auf, die Sardinien, Nordafrika und wohl auch Spanien mit einschlossen. Die Klauseln des Vertrages lassen darauf schließen, dass sich Karthago eine Art Handelsmonopol an den nordafrikanischen Küsten und in Sardinien sichern wollte.[13]

Es entspricht der Logik dieser Entwicklung, dass man in etwa der gleichen Zeit versuchte, Piraten und Seehändlern die Durchfahrt durch die Straße von Gibraltar in den Atlantik zu erschweren und den eigenen Einfluss am Guadalquivir zu stärken.[14] Zudem suchten die Karthager Zugriff auf die Ursprungsgebiete des atlantischen Zinns zu bekommen, um das Fehlen von Zinn in Nordafrika auszugleichen. In etwa zeitgleich (ca. 525 v. Chr.) mit der Fahrt des Euthymenes oder als Reaktion auf dessen Atlantikexpedition stach der Karthager Himilko aus dem Mittelmeer über Tartessos in den nördlichen Atlantik auf der Suche nach dem »Land der Oestrymnier«.[15] Zielgebiete dürften neben den galizischen Zinnminen die Zinnlager von Cornwall gewesen sein. Tatsächlich scheint Himilko genauere Kunde vom Verlauf der nordwestlichen Atlantikküste geliefert und neben Südengland eine große Insel erreicht zu haben, die man als heilig, *iera* bezeichnete, das heutige *Ir*land. Die Fahrtdauer von vier Monaten deutet darauf hin, dass er viel Zeit investierte, um Handelskontakte zu knüpfen.[16]

Der Periplus des Hanno an der westafrikanischen Küste

Mehr oder weniger gleichzeitig zur Expansion im westlichen Mittelmeer und an der spanischen Atlantikküste begannen die Karthager, ihren Einfluss an der Küste Marokkos voranzutreiben. Hier wurden wohl noch im 6. Jahrhundert mit Erlaubnis von Berberfürsten unter anderem die Kolonien Tingis, Lixos, Rusibis und Mogador angelegt.[17] Wie ein Unternehmen an der afrikanischen Atlantikküste verlief und welche Räume dabei erschlossen wurden, zeigt der *Periplus* des (Strategen) Hanno. Er ist nur aus einem, in Heidelberg aufbewahrten griechischen Manuskript bekannt.

Der Verfasser hat (wahrscheinlich um 500 v. Chr.) punische Originaldokumente eingesehen, ausgewählt und für ein griechisches Publikum relativ frei übersetzt.[18] Der erste Teil geht zurück auf eine punische Inschrift oder Schrifttafel aus dem Heiligtum des Baal Hammon in Karthago. Sie trägt in der griechischen Version die Überschrift *periplus*. *Periplus* heißt »Umfahrung« und steht für ein katalogartiges Verzeichnis von Informationen, die für einen Seemann bei der Fahrt entlang der Küste wichtig sind: günstig gelegene Ankerplätze, Angaben zur Topographie und den ansässigen Völkern. Üblicherweise wurden solche Informationen in Seefahrerkreisen mündlich weitergegeben. Ob der Periplus in schriftlicher Form auf griechische und/oder altorientalische Ursprünge zurückgeht, ist umstritten.[19] Wenn der Übersetzer des punischen Originals den Begriff benutzt, dann wollte er jedenfalls seinen griechischen Lesern deutlich machen, dass es sich um einen Expeditionsbericht handelt, der von offizieller Seite, in diesem Fall der karthagischen Regierung, in Auftrag gegeben worden war, so wie auch der Periplus des Euthymenes wohl auf Anregungen des Rates von Massilia zurückging. Dementsprechend nennt der Text zu Beginn den Leiter und das offizielle Ziel – die Anlage von Kolonien außerhalb der Säulen des Herakles –, was für eine reine Aufzeichnung nautisch relevanter Informationen unnötig gewesen wäre. Wahrscheinlich wurde das Original von den Behörden oder dem Leiter des Unternehmens nach Abschluss der Expedition angefertigt und aufgestellt.[20]

Der zweite Teil gibt dagegen einen literarischen Kommentar oder eine Ergänzung in Periplusform wieder, den Hanno selbst verfasst hat. Er beschreibt die nach Abschluss der Kolonisation weiter nach Süden verlaufende Fahrt entlang der afrikanischen Küste. Hier tauchen vermehrt griechische Motive, poetische Wendungen und Ausschmückungen auf, was manche veranlasst hat, in ihm nur eine Ansammlung von Mythen mit utopischen Elementen zu sehen.[21] Nun ist allerdings die Verwendung mythischer Elemente an sich nicht zwangsläufig ein Zeichen mangelnder Authentizität, sondern ein Mittel, Unbekanntes an das Bekannte anzuknüpfen. Man muss demnach auch im Falle des Hannotextes zunächst damit rechnen, dass es dem Übersetzer darum ging, die Fahrt in unerschlossene Gewässer und Gefilde mit literarischen Elementen zu schildern, die der Erwartung und dem Geschmack seiner Leser entsprachen und damit einen Nachvollzug des Erzählten ermöglichten. Zu verwerfen ist dieser Teil erst dann, wenn der historisch-geographische und nautische Kontext unplausibel ist und eindeutig dagegen spricht.[22]

Zweifel an der Authentizität des Textes und des ganzen Unternehmens gründen vor allem auf nautischen Einwänden. So meinte man, eine Rückfahrt vom Senegal nach Marokko sei bei völligem Ausbleiben des Südwindes auf den rund 850 km vom Kap Juby (Südmarokko gegenüber den Kanaren) und dem Kap Blanc (Mauretanien) gegen die vorherrschenden Nordwinde unmöglich, ein Argument, das auch gegen die Nechoexpedition vorgebracht wurde.[23] Tatsächlich war jedoch phönikischen Schiffen, die mit Rudern und Segeln ausgerüstet waren, ein Kreuzen gegen den Wind möglich[24], ferner konnte man die Küstenbrisen (gegen die Passatwinde) nutzen[25] und selbst die Kritiker räumen ein, dass dort, wo Gegenwinde und -strömungen zu stark waren, die Möglichkeit bestand, über Land und mit Hilfe einheimischer Führer auf einer der westafrikanischen Karawanenwege nach Norden zu wandern, bis man günstigere maritime Bedingungen fand.[26] Ob man dabei die Schiffe zurückließ, auseinanderbaute und/oder auf von Ochsen gezogenen Wagen transportierte, bleibt unklar. Vielleicht deutet die geographische Verteilung von Felsbildern in Südmarokko und Mauretanien auf Pisten (»chariot routes«) hin, die mit der Küste in Verbindung standen. Abgebildete Wagen mit Ochsengespann lassen auf den Transport auch mittelschwerer Lasten schließen.[27] Der Transport von (vorgefertigten) Schiffsteilen sogar durch die Wüste war eine schon der frühesten Antike bekannte Praxis.[28] Die Erzählung des Argonautenepos in der Version Pindars, wonach Jason und seine Gefährten 12 Tage ihr Schiff auf den Schultern über das Land (also die Strecke zwischen Rotem Meer und Tritonsee) trugen, könnte ein Hinweis darauf sein, dass die Zeitgenossen einen Transport an den afrikanischen Küsten nicht für unmöglich hielten.[29]

Auch die Dimensionen des Unternehmens erscheinen nur auf den ersten Blick singulär.[30] Hanno soll mit einer Flotte von 60 Pentekonteren und 30 000 Männern und Frauen von Karthago aus aufgebrochen sein.[31] Auch die Phokaier nahmen angesichts der Belagerung ihrer Stadt durch die Perser Frauen und Kinder auf ihren Pentekonteren mit, wenig später stellten sie 60 Einheiten den Karthagern und Etruskern entgegen und gründeten Kolonien in vertrauten Regionen des tyrrhenischen Meeres.[32] Nun wurden zwar die Karthager im 6. oder 5. Jahrhundert nicht von einer fremden Macht wie den Persern angegriffen oder belagert, doch mussten sie im Jahre 480 v. Chr. in der Schlacht gegen die Syrakusaner bei Himera einen empfindlichen Rückschlag bei dem Versuch hinnehmen, ihren Einfluss auf Sizilien zu erweitern. Manche glauben zwar, dass diese »angespannte Lage des karthagischen Staates« gegen eine Datierung der Expedition in der Zeit kurz nach Himera spricht.[33] Doch lässt sich das Argument auch umkehren: Gerade weil die Karthager Gefahr liefen, von den Handelsverbindungen und agrarischen Reichtümern Siziliens abgeschnitten zu werden, lag es nahe, alternative Gebiete dort zu erschließen, wo zu Lande kein militärischer Widerstand zu erwarten war, andererseits neue Reichtümer, insbesondere Gold, lockten und bereits Ausgangsbasen bestanden. So haben es die Karthager nach der Niederlage im Ersten Punischen Krieg gegen Rom um Sizilien rund 200 Jahre später getan, und eine vergleichbare Konstellation militärischer Rückschläge zu Lande ging seinerzeit auch den Bemühungen des Pharaos Necho voraus, seine Energien auf die Erkundung des Südmeeres und die Umrundung Afrikas zu konzentrieren (s. o. S. 44)[34]. Warum sollten nicht ähnliche Verhältnisse die Karthager zur weiteren Erkundung der westafrikanischen Gewässer veranlasst haben, zumal sie erwiesenermaßen als Reaktion auf Himera ihre Expansionsenergien im Mittelmeerraum reduzierten und militärisch stärker nach Süden in das libysche Inland vorrückten und einen Teil Tunesiens eroberten?[35]

Die Anlage von Kolonien und die Erkundung des Senegal

Als offizielles Ziel nennt der Hanno-Bericht die Gründung von Kolonien, und wie immer in der Antike legte man sie in Küstengegenden an, die man kannte und die in nicht weiter Entfernung von bestehenden Niederlassungen (in Marokko) lagen.[36] Zwei Tage nach der Durchfahrt durch die Gibraltarstraße entstand Thymiaterion an der Mündung des Oues Sebou. Dann fuhren die Schiffe weiter westwärts, opferten am Kap Soloeis dem Poseidon und segelten über einen Tag an einer von zahlreichen Tieren (unter anderem Elefanten) bevölkerten Lagune vorbei. Es folgte die Anlage der Kolonien Karikon Teichos, Gytte, Akra, Melitta und Arambys. Ihre genaue Lage lässt sich zwar nicht mit letzter Sicherheit bestimmen (Karikon Teichos wird häufig mit Mogador gleichgesetzt)[37], doch dürften sie in der Regel an Flussmündungen in einer Zone zu suchen sein, die vom Kap Cantin im Norden und dem heutigen Fluss Oued Draa, dem antiken Lixos begrenzt wird.[38] Dieser Raum schließt sich unmittelbar an die marokkanischen Gründungen an.

Nach der Anlage von Arambys war der offizielle Auftrag der Expedition im Wesentlichen erledigt. Die folgenden Unternehmungen dienten zunächst dazu, das Umland der Neugründungen zu sichern sowie Handelsbeziehungen zu knüpfen. Zu diesem Zweck fuhr Hanno mit einer sicherlich reduzierten Flottille oder nur seinem Flagschiff den Lixos hinauf. »An seinen Ufern«, so der Periplus, »weideten lixitische Nomaden ihre Schafherden. Wir blieben einige Zeit bei ihnen und freundeten uns mit ihnen an.«[39] Die Lixiten dürften Berber gewesen sein, Karthago pflegte mit ihnen seit geraumer Zeit enge Kontakte. Sie sollten im Verlauf der Fahrt als Dolmetscher und Führer dienen, was ein weiteres Argument für die Annahme ist, dass sich Hanno bis zum Lixos in vertrauten Breiten bewegte.[40]

Von den Lixiten werden die Karthager erfahren haben, dass die »Aithioper« im Quellgebiet des Lixos ungastlich seien, ihr Land von hohen Bergen umgeben sei und von wilden Tieren wimmele. Bei ihnen sollten die sonderbaren Troglodyten wohnen, »die schneller als Pferde liefen«. Die Troglodyten werden häufig mit den seit Homer und Hesiod bekannten Pygmäen gleichgesetzt, manche halten sie für eine Chiffre libysch-nubischer Völker.[41] Bei alldem gilt es zu bedenken, dass die Karthager bei ihren Vorstößen flussaufwärts ins Landesinnere keineswegs auf menschenleere Wüsten stießen: Archäologische Funde weisen darauf hin, dass sich in etwa dem gleichen Zeitraum, in dem die Hanno-Fahrt stattfand, Eisen produzierende Siedlungen (von Walaldé) am mittleren Senegal etablierten, die sehr wahrscheinlich Verbindungen zur Atlantikküste und nach Marokko besaßen.[42] Dem Hanno-Bericht sind zwar keine direkten Hinweise auf diese Kultur zu entnehmen; klar ist jedoch, dass sich die Expedition in einem Umfeld bewegte, das Kontakte wahrscheinlich machte, und dass es den Karthagern auch darum ging, fremde Völker und ihre Produkte im Landesinnern zu erkunden. Weshalb hätte man sonst lixitische Dolmetscher mitgeführt?

Azoren
Madeira
Kanarische Inseln
Kap Blanco
Golf von Aguin
Kap Verde
Äquator
Gades
Lixos
Tymiaterion
Kap Soloeis (K. Cantin)
Gytte
Karikon Teichos (Mogador ?)
Akra
Melitta
Arambys
Lixos (Wadi Draa)
Kerne
Senegal (Chretes)
Gambia
Kakulima
Walalde
Tichitt
Tichitt
Tombonæ (Timbuktu)
Goa
Niger
S a h a r a
Karthago
Bornusstraße
GARAMANTEN
Garama
Zinkekra
Oase von Ghat
Air
Hoggar-Massiv (Atlantes)
(?)
Tripoli
Leptis Magna
Murzuk
Fuqaha
FEZZAN
Kyrene
Augila (Augila)
Memphis
Siwah
Theben
Nil
Napata
Maroë
Tibestigebirge
Tschadsee
Zilum
Sao Kultur
Kamerunberg
Bucht von Biafra
Bucht von Benin
Kongo
PUNT
0 500 1000 km
Hannofahrt und transsaharische Karawanenrouten
eisenzeitliche Kulturen
Felsbilder
Nasamonen
Hannofahrt

Nach einer zweitägigen Fahrt südlich entlang der Wüste und einen Tag nach Osten gewahrten die Karthager in einem Golf eine kleine Insel. Hier legten sie die Siedlung Kerne an. Wahrscheinlich handelt es sich um die Insel Herne in der Bucht des Rio Oro. Offenbar hatte Hanno eine neue Zone erschlossen, der er sich an der Küste nicht anvertrauen mochte. Stattdessen wählte er wie im Mittelmeer eine Insel, die vor Angriffen schützt, aber nahe genug am Festland ist, um Handelskontakte zu knüpfen.[43] Auch der Hinweis darauf, Kerne liege nahe dem Mündungsdelta eines großen Flusses namens Chretes, lässt auf die Hoffnung schließen, nicht nur Süßwasser für die Siedlung, sondern auch einen Weg ins Landesinnere zu finden. Meist identifiziert man den Chretes mit dem Senegal.[44] Hanno hätte demnach den Punkt erreicht, den 30 Jahre vor ihm Euthymenes als Mündungsgebiet des Nil ausgegeben hatte. Eine Erkundungsfahrt flussaufwärts führte ihn zu einem See mit drei Inseln. Einen ganzen Tag benötigte Hanno, um das Ende des Sees zu erreichen, »hinter dem sich« – so der Bericht – »ein sehr hohes Gebirge auftürmt«. Wilde, mit Tierfellen umhüllte Menschen bewarfen die Schiffe mit Steinen und hinderten sie an der Landung. Da keine Handelskontakte zu erwarten waren, kehrte er um und fuhr über einen Seitenarm des Chretes (Senegal) flussabwärts nach Kerne zurück.[45]

Gold und andere Produkte

Unverkennbar ist der Bericht mit epischen Motiven garniert (so erinnern die Steine schleudernden, mit Fellen bekleideten Einwohner an das Kyklopenabenteuer des Odysseus); die Realität der Erkundungsfahrt und ihr Ziel sind jedoch davon unbenommen. Hierfür spricht nicht nur, dass Hanno wie der Massilier Euthymenes den Senegal (= Chretes) ansteuerte und relativ weit in ihn hineinfuhr, sondern auch der auffällige Hinweis, der »tiefere und größere Fluss« sei von Krokodilen und Flusspferden bevölkert. Diese für Handelszwecke eigentlich unnötige Information erinnert an die Aussage des Euthymenes, er habe in dem von ihm entdeckten Fluss Tiere getroffen, die den Nilarten ähneln. Offensichtlich wurden nicht nur in griechischen Kreisen (Massilia), sondern auch in Karthago die Frage nach dem Oberlauf des Nils in westlicher Richtung und dessen Verbindung zum Okeanos diskutiert. Wir werden später sehen, dass selbst die Perser sich für diese Fragen interessierten (S.u.S. 177), und vielleicht war auch Sataspes mit einem entsprechenden Auftrag an die westafrikanische Küste entsandt worden.[46]

Für Karthago ging es wohl in erster Linie darum, Verbindungen in das Landesinnere zu finden. Die Erwähnung von Elefanten könnte darauf hindeuten, dass sie eine neue Quelle für das im Mittelmeerraum so begehrte Elfenbein suchten, von anderen Spezialartikeln und Tieren (Affen) zu schweigen.[47] Noch wichtiger waren Mineralien: In Westafrika lockten das Kupfer von Akjoujt in Mauretanien, das Zinn des Jos-Plateaus in Nigeria und besonders Gold, das man wahrscheinlich auf der »Goldroute« den Senegal aufwärts vermutete.[48] Gerade weil Gold im Bericht des Hanno nicht erwähnt wird, scheint es zu den begehrtesten Waren gehört zu haben; Entdecker und Händler pflegen ihre wertvollsten Beuteobjekte zu verheimlichen.[49] Das nahe der Flussmündung angelegte Kerne wurde jedenfalls bald ein Zentrum des Goldhandels, ein griechischer Autor des 4. Jahrhunderts v. Chr. bezeichnet die Einwohner als sehr goldreich.[50] Herodot bestätigt, dass die Karthager an den Küsten Westafrikas Gold erwarben, und zeigt, wie das vor sich ging:[51] »Wenn die Karchedonier (= Karthager) dorthin (d. h. an die westafrikanische Küste) fahren, laden sie ihre Waren aus und legen sie auf den Strand. Dann steigen sie in ihre Schiffe und zünden ein Feuer an. Sobald die Eingeborenen den Rauch sehen, kommen sie ans Meer, legen als Preis für die Waren Gold hin und ziehen sich wieder weit zurück. Nun steigen die Karchedonier aus, um nachzuschauen, und wenn das Gold dem Werte der Waren gleichkommt, nehmen sie es und fahren ab. Wenn es aber nicht genug ist, steigen sie wieder in die Schiffe und warten. Die Eingeborenen kommen dann wieder und legen Gold dazu, bis jene zufriedengestellt sind.«

Das ist der älteste Bericht über den »stummen Tauschhandel«, der an der Westküste Afrikas bis ins 19. Jahrhundert praktiziert wurde. Vielleicht hat ihn bereits Hanno angewandt, denn die lixitischen Dolmetscher konnten sich nicht mit allen Einheimischen verständigen. Ein Periplus des 4. Jahrhunderts v. Chr. bestätigt,[52] dass die Phöniker, wenn sie mit Schiffen in Kerne ankamen, Parfumöl, Glas und attische Keramik auf kleineren Booten an das gegenüberliegende Festland beförderten, wo die Einheimischen u. a. mit Hirsch-, Löwen- und Leopardenfellen sowie Elefantenzähnen warteten. Einen solchen Handel mag es in der Zeit Hannos noch nicht gegeben haben, doch deutet der Bericht immerhin die Bandbreite möglicher Produkte an, welche die Karthager zu erwerben hofften. Der Hanno-Bericht erzählt beiläufig, dass die Karthager eine halbe Tagesreise vom Kap Soleis an einem sumpfigen

See große Mengen an Riedgras (oder Röhricht) gefunden hätten. Riedgras wurde in der Antike und speziell von den Phönikern für die Herstellung von Weihrauch verwendet; im späteren Verlauf weist der Bericht darauf hin, dass Hanno an einer Küste voller »Wohlgerüche« entlang gefahren sei. Die Phöniker waren berühmt für ihren Handel mit Weihrauch, den sie im 8. Jahrhundert vornehmlich aus Syrien und Israel an die Mittelmeerküsten brachten und von dort weiter verschifften.[53] Unter persischer Herrschaft hatten phönikische Städte wie Tyros jedoch ihr Monopol im Weihrauchhandel eingebüßt, und so wundert es nicht, dass die Karthager bei der Erkundung der westafrikanischen Küsten besonderes Interesse für die Pflanze zeigten.

Nicht weniger berühmt als der phönikische Handel mit Weihrauch war der mit Holz für den Schiff- und Haus- bzw. Tempelbau, wie schon die Angaben des Alten Testaments auf die Hilfen der Tyrer für Salomon verdeutlichen; die Phöniker selbst stellten hochwertige Möbel her und benutzten dafür eine Holzart, die sich durch ihren angenehmen Geruch und marmoriertes Aussehen auszeichnete. Als Hanno von Kerne aufbrach und weiter nach Süden entlang der Küste vorstieß, ankerten die Schiffe nach einer Fahrt von zwölf Tagen an einer Küste, von der aus sich ein großes, dicht bewaldetes Gebirge ins Landesinnere erstreckte. »Das Holz« – so der Periplus § 12 – »war wohlriechend und mannigfaltig.« Der Hinweis könnte auf den im antiken Nordafrika verbreiteten Zitrusbaum deuten.[54]

Offensichtlich eröffneten demnach die Fahrten bis hierhin neben der Hoffnung auf Gold den Zugang zu einer Fülle von wertvollen Pflanzen und Tieren in halbwegs vertrauten Regionen. Doch was trieb die Karthager noch weiter nach Süden auf einer zwölf Tage dauernden Fahrt, die keine neuen Landesprodukte erschloss und auch zu keinen weiteren Handelsbeziehungen führte? Warum wagten sie sich weiter in unbekannte Gewässer, wenn sie dem Auftrag der Koloniegründung und der Suche nach wertvollen Produkten vollauf Genüge getan hatten?

Eine Ostpassage um Afrika?

Schon in der Antike vermutete man, dass die letzte Etappe der Expedition dem Ziel galt herauszufinden, ob die einst (angeblich) von den Phönikern vom Osten unternommene Umrundung Afrikas trotz der ungünstigeren Strömungs- und Windverhältnisse auch in entgegengesetzter Richtung möglich sei.[55] Spätestens jetzt beginnt die Abenteuerfahrt ins Unbekannte, entsprechend nehmen die Hinweise des Textes auf wundersame Begebenheiten und Naturphänomene zu. All das muss jedoch nicht bedeuten, dass das Erlebte bzw. der ganze Bericht fiktional ist. Getreu antiker Tradition war der Kapitän einer Fernexpedition gehalten, seine Erzählung mit solchen Farben zu zeichnen, ohne dass die realen Orte dahinter gänzlich verschwimmen. So fahren die Karthager, nachdem sie die wohlriechenden Bäume gefunden und Wasser aufgenommen hatten, fünf Tage entlang der Küste und kommen an eine Bucht, die von den Dolmetschern »das Abendhorn genannt« wird. Hier stoßen sie erneut auf eine große Insel mit einem Salzwassersee, in dem wiederum eine Insel lag. In der Nacht vernehmen sie von der Insel Feuer, Schalmeien- und Zimbelklänge, das Dröhnen von Pauken und »schauerliches Schreien«. Panik erfasst die Seefahrer, und sie ergreifen auch auf den Rat der mitgeführten »Seher« die Flucht.[56]

Inselabenteuer gehörten zum klassischen Arsenal epischer Erzählungen, doch auffällig ist hier, dass die Karthager nicht etwa das Abenteuer und die heroische Herausforderung suchen, sondern klugerweise jedes Risiko vermeiden und ihre Fahrt weiterführen. Auch der Hinweis auf den Salzwassersee ist völlig unepisch und lässt auf das natürliche Interesse jedes Kapitäns an möglichen Frischwasserquellen schließen. Wahrscheinlich steht dahinter aber auch erneut die Suche nach lohnenden Naturprodukten, nämlich Salz. Herodot beruft sich in einem anderen Kontext auf karthagische Informationen über einen See an der libyschen Küste, aus dessen Schlamm eingeborene Mädchen mit Hilfe von pechbestrichenen Vogelfedern Goldstaub hervorziehen.[57] Wahrscheinlich hat er Nachrichten aus goldreichen Gegenden Westafrikas umgedeutet. Noch der große Afrikaforscher Mungo Park berichtet im 19. Jahrhundert, dass Eingeborene mit aus Federn gefertigten Wagen Gold den Niger entlang an die Küste transportierten.[58] Vergleicht man mit diesen Erzählungen das, was Hanno über die Klänge berichtet, die von der Insel zum Lager der Karthager hinüberschallten, so ist die epische Ummalung viel zurückhaltender. Keine Monster, sondern nur unbekannte Gesänge, wie sie wohl so mancher Entdecker an den afrikanischen Küsten vernahm. Insofern besteht wenig Anlass, an der Begebenheit und der Existenz der Insel (in der Bucht von Benin?) zu zweifeln.[59]

Entscheidender für das Verständnis des Unternehmens ist, dass Hanno 20 Tage lang nicht mehr südwärts, sondern nach Westen eingebogen war. Hieraus schloss er, bald das Erythräische Meer zu erreichen. Diese Zuversicht ermutigte zur Weiterfahrt. Vorbei ging es an einem »ganz von Feuer durchsetzten und von Rauchschwaden erfüllten Land, von dem sich feurige Bäche ins Meer ergossen und dessen Boden vor lauter Hitze nicht betretbar war«. Angeblich ließen die Karthager auch diese Küsten voller Schrecken schnell hinter sich, obwohl ihnen das Phänomen nicht unbekannt gewesen sein dürfte. In Sizilien gab es einen Feuer und Schlacke spuckenden Berg, bei dessen Ausbruch Land und Himmel von Rauch bedeckt wurden. Vielleicht erblickten die Karthager aber auch die von Einheimischen zur Erleichterung der Jagd entzündeten Brände. Nach weiteren vier Tagen sahen sie ein steiles Feuer; es entpuppte sich am Tage als hoher Berg. Der Vulkan hieß nach Aussage der Dolmetscher »Götterwagen«. Noch heute nennen die Einheimischen den 4075 Meter hohen Kamerunberg »Berg der Götter«.[60]

Doch weiter trieb sie der Ehrgeiz. Nach drei Tagen kam man in einen Sund, der »Horn des Südens« genannt wurde. Erneut sichtete man eine große Insel, und in dieser Insel lag wieder ein See mit einer zweiten Insel. Was man bei der ersten Insel nur hören konnte, sah man jetzt: wilde Menschen, die meisten – so der Periplus – weiblichen Geschlechts und am ganzen Körper behaart. Da es Tag war und die Wesen den Dolmetschern bekannt waren – sie nannten sie »Gorillas« – setzt man über, fing drei Weibchen und zog ihnen das Fell ab, um sie zu Hause zu zeigen; die Männchen waren zu schnell, um sie zu fangen. Der kaiserzeitliche Autor Plinius schreibt, zwei »Menschenaffen-Felle« seien in Karthago, allerdings nicht im Tempel des Melkart, sondern in dem der Iuno (Tanit), aufbewahrt worden.[61] Vielleicht spielt er an auf das Interesse an Fellen. Deutlicher als zuvor ist es jedoch der Stolz des Entdeckers, der die Fahrt zu ihrem Höhe- und Endpunkt treibt: Lakonisch bricht der Bericht ab mit dem Satz: »Weiter fuhren wir nicht mehr, da das Korn auszugehen begann«.[62]

Die Wahrheit war komplexer. Wenn die Karthager tatsächlich bis zum Kamerunberg am Golf von Biafra kamen[63], dann bemerkten sie, dass sich nun die Küste südlich wendete, anstatt wie man aus der Kenntnis der phönikischen Umrundung und der Auffassung von der Gestalt Libyens meinte schließen zu können, weiter in einer mehr oder weniger geraden Linie östlich. Die Südwendung der Küste überzeugte Hanno davon, dass eine Weiterfahrt ins Erythräische Meer die eigenen Kapazitäten überstieg. Das war auch ein Ergebnis, das wert war, nach Hause gemeldet zu werden.

2.

DER WEG NACH TIMBUKTU

KARTHAGO UND DIE SAHARA

Transsaharische Karawanenrouten

In etwa der gleichen Zeit, als die Karthager die westafrikanischen Küsten und Flusssysteme von See aus erkundeten, verstärkten sie ihre Kontakte nach Innerafrika vom Norden. Die weitverbreitete Meinung, die Sahara sei eine undurchdringliche, lebensfeindliche Sandbarriere, trifft auch für die frühe Antike nur bedingt zu, in der die Klimabedingungen zudem etwas günstiger (feuchter) waren. Tatsächlich ist die größte Wüste der Welt »nur« zu 25 Prozent (9,4 Quadratkilometer) mit Sand bedeckt und besteht zu überwiegenden Teilen aus felsigen Geröllebenen. Wer einmal die Sahara durchquert hat, weiß, dass die Wüste voller pflanzlichen und tierischen Lebens ist (und war). Bereits im 3. Jahrtausend v. Chr. konnte man sie entlang der semiariden Zonen des Hoggar- und Tibestimassivs zumal im Winter durchqueren, wenn die Luft kühler war und Wasserlöcher ausreichend vom Sommerregen gefüllt waren. Zum Transport dienten Maultiere, Pferde und (für kurze Strecken) wohl auch Ochsen. Felszeichnungen deuten darauf hin, dass pferde- und ochsengezogene »Streitwagen« in der Sahara bekannt waren (vielleicht ein Erbe der libyschen »Seevölker«), wobei Wagen mit Ochsen in den Zeichnungen der Ostsahara dominieren (vgl. o.S. 156)[1]: Zumindest die Ochsen konnten Wagen mit Lasten transportieren. Die Pferdegespanne dienten als Prestigeobjekt und zur Sklavenjagd; reichere Reisende werden sie aber auch für bestimmte Etappen zur Durchquerung der Wüste benutzt haben.[2] Manche Forscher rekonstruieren aus der Verbreitung der Felszeichnungen ein Wegenetz pferdebespannter Wagen (»chariot tracks«), das sich über zwei große Achsen von Marokko und Tripoli (entlang des Hoggarmassivs) jeweils zum Nigerbogen bei Goa erstreckte sowie weiter östlich den

Tschadsee von Leptis Magna aus erreichte. Die in Ägypten und in Arabien im 1. Jahrtausend v. Chr. bekannten Kamele wurden um 500 v. Chr. wohl nur ergänzend als Transporttiere genutzt.[3]

In jedem Falle ermöglichten die ökologischen Bedingungen der Wüste, die Kenntnis transsaharischer Verbindungswege sowie der Natur angepasste Transportmittel schon im 1. Jahrtausend zumindest einen sporadischen Austausch zwischen den für Ackerbau und Viehzucht geeigneten Wüstenrandzonen im mediterranen Norden, dem Nilland im Osten und dem Gebiet des Tschadsees sowie dem Flusssystem des Niger im Süden (der das Äquivalent zum Nil bildet), wahrscheinlich sogar (seit dem 7. Jahrhundert) Migrationsbewegungen aus dem Vorderen Orient über den Sudan nach Süden. Von entscheidender Bedeutung ist nun, dass es in der Zeit, in der die Karthager ihre Anstrengungen zur Erkundung der westafrikanischen Küste und der libyschen Wüste von Nordafrika aus forcierten, im Bereich des Tschadsee mit dem Beginn der subsaharischen Eisenzeit zur Bildung urbaner Siedlungsstrukturen mit komplexer gesellschaftlicher Gliederung in Gestalt der sog. Sao-Kultur (an den Rändern der *firki*-Schwemmgebiete südlich des Tschadsees) und dem Stadtzentrum Zilum kam. Früher führte man die Entstehung dieser Kulturen auf Handelsbeziehungen mit dem Norden und auf Klimaveränderungen zurück. Heute erklären manche Forscher den Umbruch zur Urbanität mit Einwirkungen emigrierender Bevölkerungsteile aus dem Vorderen Orient im Zuge des Zerfalls des Assyrischen Reiches, vielleicht auch in Folge einer Rückzugsbewegung gegen berberische Sklavenjagden im Norden des Tschadbeckens. Die Expansion der Berber hatte vielleicht auch zu einer Umgestaltung der protourbanen Kultur der Tichitt im südöstlichen Mauretanien in der Mitte des 1. Jahrtausends v. Chr. geführt.[4] Auf etwa den gleichen Zeitraum datiert man die Eisen produzierenden Siedlungen von Walaldé am mittleren Senegal, die offenbar Verbindungen zur Atlantikküste und nach Marokko besaßen und Eisen über die Netzwerke halbnomadischer Kulturen bezogen.

Die Kunde von der Entstehung bzw. Weiterentwicklung solcher Eisen produzierender Kulturen dürfte mit der Südwärtsbewegung der Berber einen wichtigen Antriebsfaktor für einen zumindest sporadischen transsaharischen Handel gewesen sein: Er war nun durch mindestens zwei urbane Anknüpfungspunkte in fruchtbaren Gebieten des Südens und Nordens sowie Zentren der Eisenherstellung am Niger (Dia Shoma) und Senegal (Walaldé) über Karawanenwege in dem Sinne verbunden, dass zwar selten ein Händler die *komplette* Strecke bewältigte. Stattdessen zirkulierten transportable »Luxuswaren« (Amazonit und Karnelstein) und Technologien (wie die Streitwagen als Prestigeobjekte) über integrierte Teilnetzwerke, wobei eine Drehscheibe das von den Garamanten bewohnte Fezzan war.[5]

Dass dieses System im mediterranen Raum bekannt war, bezeugt Herodot.[6] Er teilte Nordafrika in drei Zonen, die bewohnte Küste, weiter landeinwärts das Gebiet der wilden Tiere und noch weiter südlich die wasserlose Wüste; zwischen der zweiten und dritten Zone erstrecke sich von Theben in Ägypten bis zu den Säulen des Herakles eine hügelige Sandwüste.[7] In ihr gäbe es jeweils ungefähr 10 Tagesreisen voneinander entfernt salzhaltige Anhöhen mit Süßwasserquellen. Um die Hügel wohnen einheimische Völker: auf einer Linie von Ost nach West zunächst die Ammonier, zehn Tagesreisen vom ägyptischen Theben entfernt; wieder zehn Tagesreisen weiter folgt ein nicht bekannter Stamm an der Oase Augila. Dann kommt man zu den Garamanten, zu den Ataranten und wieder in 10-Tagesreisen zu den Atlanten erneut um einen Salzhügel mit Quelle. Jenseits der Atlanten siedeln jeweils zehn Tagesreisen entfernt Völker, deren Namen Herodot unbekannt sind.[8]

Wir kennen solche Völkerlisten aus der archaischen Epik, mit dem Unterschied, dass sie mythische und reale Namen miteinander kombinierte und sparsam mit topographischen Angaben umging. Herodot ergänzt dieses Prinzip – auch bei ihm haben die Völker manch wundersame Eigenschaften (keine Waffen, keine Namen, keine Träume) – mit konkreteren Angaben aus anderen Quellen und Itinerarien[9], so wie er es schon bei der Beschreibung des Handelsweges in den sibirischen Raum getan hatte. Die als Distanzangabe zwischen den Völkern benutzte 10-Tagereise entspricht der auch in späteren Zeiten üblichen Marschleistung einer transsaharischen Kamelkarawane zwischen zwei Oasen. Bei einer durchschnittlichen Tagestour von 45–50 km und der Kampierung im offenen Gelände war man in der Regel jeden 10. Tag auf einen längeren Aufenthalt in einer Oase angewiesen, um Wasser- und Nahrungsvorräte aufzufrischen und den Tieren Erholung zu gönnen.[10]

Diese Oasen beschreibt Herodot – ebenso wie die nordafrikanische Tier- und Pflanzenwelt insgesamt[11] – recht treffend als Salzhügel mit sprudelndem Quellwasser, mitunter werden Dattelpalmen erwähnt, einige lassen sich unter Berücksichtigung der Entfernungsangaben sowie späterer (arabischer) Angaben mit Sicherheit identifizieren. Die östlichste und erste auf dem Weg von Theben zu den Ammoniern war die Oase von Siwah rd. 560 km westlich des Nils. Dann folgten die von Herodot explizit genannte Oase von Augila (das moderne Awgila bzw. die Oasengruppe Audjila (Djalo) in der libyschen Wüste[12]), weiter südwestlich sehr wahrscheinlich die Ghat-Oase. Offensichtlich zog sich die Route demnach nicht bis zum marokkanischen Atlasgebirge, sondern führte südwestlich in das Hoggarmassiv (Karte).[13] Der disparat erscheinende Hinweis auf die Salzhügel dokumentiert eines der wichtigsten Handelsprodukte der Sahara, nämlich Salz, das neben Gold und Sklaven schon in der Antike ein Motor des transsaharischen Karawanenhandels war.[14]

Die Expedition der Nasamonen

Welche Zielgebiete verband dieser Karawanenweg aber genau, und stand er in irgendeiner Beziehung zur karthagischen Explorationspolitik? Auch dazu gibt uns Herodot Hinweise in einer Geschichte, die er in Kyrene hörte. Sie erscheint in einem größeren Argumentationszusammenhang, in dem der Autor sich über die Geographie der Welt und der Meere äußert und schließlich auf den Nil und die Frage zu sprechen kommt, wo seine Quellen zu vermuten seien. Sicherlich hat Herodot hier wie bei anderen Gelegenheiten seine Informationen aus fremdem Mund dazu benutzt, sein Weltbild in Auseinandersetzung mit anderslautenden Meinungen zu untermauern; man wird damit rechnen, dass er die überlieferte Geschichte entsprechend modifiziert und zurechtgestutzt hat.[15] Ihrer Kernaussage tut das allerdings keinen Abbruch und sie wird deshalb auch mehrheitlich für authentisch gehalten.[16]

Demnach hätten die Kyrener bei einem Besuch des Ammonorakels in Siwah von dem einheimischen König Folgendes erfahren: Einst seien fünf Männer aus dem Stamm der Nasamonen (an der libyschen Mittelmeerküste) ausgewählt worden, um »die libysche Wüste zu durchstreifen, ob sie weiter vordringen und mehr schauen könnten als alle, die vordem die Wüste durchquert hätten«.[17] Gut gerüstet mit Wasser und Nahrung zogen sie südlich in die »Zone der wilden Tiere und dann in die Wüste hinein, immer in Richtung Westen«.[18] Da die Nasamonen – so Herodot an einer anderen Stelle[19] – regelmäßig zur Dattelernte zur Oase Augila ziehen, dürften die jungen Männer zunächst dieses Ziel angesteuert haben, um sich hier, ausgestattet mit Wagen und Pferden, in die von Ägypten ausgehende Karawanenroute einzuklinken.

Sie folgten ihr entsprechend den Stationen, die Herodot mit Hilfe der Völker- und Oasenliste in 10-Tagesabschnitten aufgezählt hatte.[20] »Und nachdem sie viele Tage lang durch sandige Gegenden gewandert waren, sahen sie endlich wieder Bäume in einem Tal stehen. Sie gingen hin und pflückten von den Früchten, die die Bäume trugen.« Der Oasen- und Völkerliste entsprechend sowie in Übereinstimmung mit späteren Angaben, die wir über den Verlauf transsaharischer Karawanenwege besitzen, müssten sich die Nasamonen von Augila südwestlich gewandt und nach 10 Tagen zur gut bewässerten Senke des Fezzan gelangt sein.[21] Das Fezzan war (und ist) eine der fruchtbarsten Gegenden der Sahara und einer der wichtigsten Karawanenknotenpunkte. Im Wadi al-Ajal (ca. 1000 km südlich von Tripolis) um Zinkekra siedelten die von Herodot genannten Garamanten. Sie bauten seit ca. 500 v. Chr. mit Hilfe eines ausgeklügelten Bewässerungssystems, welches das Grundwasser des Tales nutzte (Foggera-System), Weizen, Gerste, Trauben und Dattelpalmen an.[22] Die von Herodot als »Salzhügel mit Quelle und vielen fruchttragenden Datteln« beschriebene Oase dürfte östlich des modernen Sebha (Sabha) zu lokalisieren sein, gemessen an der zehntägigen Marschleistung von rd. 500 km am ehesten Fuqaha.[23] Wenn er weiter sagt, die Garamanten würden »das Salz mit Erde bedecken und darauf Korn bauen«,[24] so beschreibt er ein noch heute übliches Verfahren der Oasenbewohner, den salzhaltigen Boden zu neutralisieren, indem sie frische Alluvialerde von den Wadis und stehenden Gewässer ausgraben und auf dem Boden verteilen. Herodot kannte diese Gegend und ihre Bewohnern »südlich der Nasamonen«[25] offenbar so gut, weil von den Garamanten im Fezzangebiet ein zweiter, noch in der Neuzeit bekannter Karawanenweg nach Norden an die Küste in das Land der »Lotosesser« verlief. Das Land der Lotusesser wird meist mit dem östlichen Tripolitanien gleichgesetzt. Der Weg dauerte – so Herodot – 30 Tagesreisen. Der große Afrikaforscher Gustav Nachtigall nahm 1869 als erster Europäer die Route und benötigte exakt die dreißig Tage, um Murzuk im Fezzan zu erreichen.[26]

Timbuktu und der Niger

Stimmen die bisherigen Kombinationen, dann befanden sich die Nasamonen auf der sog. Bornusstraße, die seit dem Altertum bis ins 19. Jahrhundert von Händlern auf ihrem Weg von Tripoli nach Zentralafrika benutzt wurde. Ihr Ziel war der Tschadsee, und vieles spricht dafür, dass auch die Nasamonen sich nicht, wie Herodot aufgrund einer »schiefen« Vorstellung Libyens annahm, immer weiter westlich nach Marokko zur Straße von Gibraltar bewegten (ein solcher Weg existierte in der Antike nicht und hätte durch völlig unberührte Wüste geführt), sondern südwestlich durch die Hochebene zwischen den Hoggar- und Tibesti-Bergen hindurch zogen. Eine erste Zwischenstation nach 10 Tagen (und rd. 500 km) könnte die Oase Ghat an den Westhängen des Ahaggar gewesen sein, das Land der Ataranten, der nächste Halt vielleicht die Oase von Air (Asben).[27]

Wenn man mit dieser letzten Station das Land der Atlanten am Hoggar-Massiv verbindet, dann begann ab hier die Zone, über die Herodot keine Namen mehr anzugeben wusste. Immerhin bewegte sich die Karawane weiter über Oasen in den üblichen 10-Tagesabständen.[28] »Währenddessen aber« – so Herodot – »kamen kleine Menschen hinzu, kleiner als ein mittelgroßer Mann; die packten sie und schleppten sie fort. Aber ihre Sprache konnten die Nasamonen nicht verstehen und auch jene nicht, was die Nasamonen sagten.« Meist deutet man die »kleinen Männer« als Pygmäen, die in der Antike nördlicher als heute lebten.[29] Es können aber auch negroide Stämme gewesen sein, die kleinwüchsiger als die Berber waren.[30] »Sie führten sie durch weite Sümpfe hindurch, und endlich kamen sie in eine Stadt, in der alle Menschen so klein waren wie ihre Führer und von schwarzer Farbe. Und an der Stadt vorbei floss ein großer Strom, und zwar von Westen nach Osten, und in ihm sah man Krokodile.«[31]

Offenbar wurden die Nasamonen durch die subäquatorialen Regenwälder und Sümpfe geschleppt.[32] Aber wohin? Eine oft geäußerte Vermutung wäre eine einheimische Siedlung nahe des Tschadsees in der Bodélé-Senke, in der es in der Antike sicherlich Krokodile gab; das Ufer des Tschadsees konnte aufgrund seiner Verzweigung und Größe leicht als Fluss gedeutet werden. Damit wären sie in die Nähe der Kultur von Zilum gekommen (s. o.).[33] Eine andere Interpretation, die etwas besser in das Schema der 10-Tages-Märsche und die hiermit verbundenen Distanzen passt, erkennt in der von kleinwüchsigen Negroiden bewohnten Stadt *(polis)* das um 500 v. Chr. gegründete Tombouze, die Vorläufersiedlung des später so berühmten Timbuktu am Niger.[34] Die großen Sümpfe wären die vom Niger gebildeten Seen und Marschgebiete bei Timbuktu.[35]

Das große Ziel? – Eine Verbindung der transsaharischen Landrouten mit dem westafrikanischen Flusssystem

Fügt man alle Indizien zusammen und setzt sie mit den von Herodot genannten Stationen sowie den aus späteren (arabischen) Zeiten bekannten Karawanenrouten in Beziehung, so deutet einiges darauf hin, dass der Niger tatsächlich das Ziel der Nasamonen war und dass sie dieses Ziel auch erreichten.[36] Die Gesamtroute der Karawane verlief vom unteren Niltal (bei Theben) bis zum Nigerknie, das entspricht weitgehend der berühmten Kairo-Timbuktu-Route des Mittelalters. Herodot sagt ausdrücklich, dass der von den Nasamonen erreichte große Strom von Krokodilen belebt sei und von West nach Ost fließe. Das passt zum Niger, doch Herodot dachte offensichtlich an eine andere Verbindung: nämlich an die auch aus den Periploi des Euthymenes und Hanno vertraute Suche nach dem transsaharischen Nil, dessen Wasser gemäß Euthymenes bei Ozeanwinden vom Atlantik landeinwärts gedrückt wird und demnach in dieser Zeit gen Osten strömt (s. o. S. 152 f.). Tatsächlich behauptete der König der Ammonier nach der Rückkehr der Nasamonen, der große Fluss sei der Nil. Von ihm oder den Nasamonen übernahm Herodot diese Deutung, weil er von dem parallelen bzw. spiegelbildlichen Verlauf des Nils und der Donau überzeugt war.[37] Er blieb mit seinem Irrtum nicht allein: Noch zu Beginn des 19. Jahrhunderts wurde eine Verbindung zwischen Niger und Nil diskutiert.

Es gibt aber noch einen weiteren Zusammenhang mit der Hanno-Expedition. Hanno war weit in den Senegal hinaufgefahren; dessen Quellgebiet im goldreichen Bambuk ist nur wenige Kilometer vom Oberlauf des Niger entfernt. Frühe arabische Geographen nahmen an, dass der Senegal und Niger einen zusammenhängenden, von Ost nach West fließenden Fluss bildeten; sie nannten ihn den »westlichen Nil« oder den »Nil der Schwarzen«.[38] Eine vielbenutzte Karawanenroute verlief vom Tschadsee am Niger entlang nach Timbuktu und dann südwestlich zum Senegal. Am oberen Niger waren die Goldlagerstätten Nordwestafrikas konzentriert. Der Goldhandel wurde von den Karawanenstädten Timbuktu, Jenne und Goa kontrolliert. Gold zu finden oder zumindest dessen Hauptabbaugebiete zu lokalisieren, war sicherlich eines der Motive der Hannofahrt; der Goldhandel machte das karthagische Kerne an der Mündung des Senegal berühmt; der Senegal hieß im frühen Mittelalter »Fluß des Goldes«.[39]

Aber auch Salz, das zweite so wichtige Handelsprodukt der Karawanenrouten, weist eine Verbindung zur Hanno-Expedition auf. Die Hinweise des Periplus auf die Lagunen an der afrikanischen Westküste und im Senegalgebiet könnten auf ein Interesse am salzhaltigen Wasser und der Salzgewinnung deuten.[40] Das würde zu den Oasen der Karawanenroute passen, die Herodot als Orte mit »Salzklumpen auf Anhöhen und kalten Süßwasserquellen« beschreibt, ferner zu den Salzminen auf der Route vom Fezzan südwestlich.[41]

Und es gibt noch eine dritte Klammer: Die im Fezzan lebenden und den Handel mit Innerafrika kontrollierenden Garamanten sollen laut Herodot Jagd auf die »troglodytischen (höhlenbewohnenden) Aithiopier«, das »schnellfüßigste Volk« gemacht haben.[42] Wahrscheinlich handelt es sich um die Urbevölkerung am Hoggarmassiv oder den negroiden Stamm der Tebu am Tibesti-Gebirge. Noch heute gelten die Bewohner der Tibesti-Oasen als besonders gute Läufer.[43] Die Garamanten unternahmen offensichtlich *raids* in ihr Gebiet und verkauften die Gefangenen zum Teil als Sklaven, zum Teil behielten sie sie bei sich. Skelettfunde deuten darauf hin, dass eine schwarzafrikanische Bevölkerung als Sklaven beim Bau des Bewässerungssystems half, vielleicht auch beim Ackerbau eingesetzt wurde, während sich ihre Herren der Sklavenjagd und dem Handel widmeten.[44] Auch Hanno hatte erfahren, dass östlich des Lixos in den Bergschluchten »Menschen von verschiedener Gestalt wohnen, Troglodyten, denen die Lixiten nachsagen, sie seien im Lauf schneller als die Pferde«.[45] Sicherlich übertragen die Autoren manch topische Elemente; dennoch drücken sie hiermit offensichtlich aus, dass es eine Verbindung zwischen dem westafrikanischen Küstengebiet bzw. dem dort in den Atlantik mündenden Flusssystem und den transsaharischen, am Niger und am Tschadsee endenden Karawanenrouten über den Sklavenhandel gab.

Es war diese Verbindung zwischen Westafrika und der Nigerroute, welche die Karthager von der west- und der nordafrikanischen Küste aus zu erschließen suchten.[46] Viele Informationen Herodots über Westafrika (und den Niger?) stammten offenbar aus karthagischen Quellen.[47] Die Karthager besaßen Kolonien nicht nur an der westafrikanischen Küste, sondern auch in Tripolitanien (Oea, Sabratha; Leptis Magna bestand seit dem 7. Jahrhundert)[48], von wo aus der Karawanenweg zu den Garamanten im Fezzan und weiter zum Tschadsee verlief. Dass einer der Gründe für die Bedeutung der tripolitanischen Kolonien in ihrer Rolle als Endpunkt der transsaharischen Handelsroute über das Fezzan bestand, ist mehrfach vermutet worden.[49] Nicht von ungefähr haben die Karthager andere Mächte von diesem Küstengebiet genauso herauszuhalten versucht wie von der marokkanischen Küste.[50] Libysche Inschriften legen eine phönikische Präsenz im Fezzan nahe, die Garamanten benutzten »eine vom phönizischen Alphabet inspirierte Methode zur Aufzeichnung ihrer Sprache, die von den Tuareg noch heute verwendet wird«.[51] Neuere Forschungen machen phönikisch-karthagische Einflüsse auf die Gesellschaften am Tschadsee wahrscheinlich.[52] Die Karthager waren wie die Phöniker der Levante als Sklavenjäger und -händler aktiv (und berüchtigt). Die Vermutung liegt nahe, dass sie ihre weitreichenden Beziehungen zumal zu den Garamanten dazu nutzten, um ihre Armeen mit schwarzen Hilfstruppen (sie werden im 5. Jahrhundert erwähnt) und die mediterranen Gesellschaften mit Sklaven (s.o.S. 123) zu versorgen. Dass wir in den Quellen davon nichts hören, muss nicht überraschen. Das gleiche Phänomen begegnet in dem viel umfangreicheren Schrifttum des 15. Jahrhunderts n. Chr. bezüglich der Portugiesen. Immerhin tauchen negroide Sklaven seit dem 6. Jahrhundert v. Chr. im Mittelmeerraum auch als Objekt der bildenden Kunst auf und sind ein vertrautes Bild der städtischen Kulturen.[53]

Auch mit den Nasamonen pflegten die Karthager Handelsbeziehungen; von ihnen erhielten sie u.a. Edelsteine (Karbunkel).[54] Wahrscheinlich nahm ein Karthager namens Mago, der dreimal die Wüste durchquert haben soll, die Karawanenroute von Tripolitanien über das Fezzan nach Timbuktu oder zum Tschadsee, die vor ihm die Nasamonen benutzt hatten. Vielleicht suchte er sich in den Goldhandel am Senegal und oberen Niger einzuschalten.[55] Ein zweiter Weg verlief weiter westlich von Algerien (Tlemcen) in südwestlicher Richtung zum Senegal und zum Niger.[56] Die Quellen berichten zwar nichts davon, dass sich eine karthagische Expedition vom Senegal aus mit einer von Tripolitanien oder Algerien kommend getroffen hätte, doch alle Indizien sprechen dafür, dass sie kurz davor waren.

Sicherlich wurden auch die Griechen von ihrem Optimismus angeregt. Söldner dürften aus Ägypten Kunde von schwarzen Menschen nach Griechenland gebracht haben.[57] Es ist kaum Zufall, dass Pindar just in der Zeit der karthagischen Expeditionen in Kyrene eine neue Version der Argonautensage vorlegte, nach der Jason und seine Gefährten auf dem Rückweg von

Kolchis zunächst über den Okeanos nach Lybien kamen und den Kontinent mitsamt ihrem Schiff in 12 Tagen zu Fuß durchquerten, bis sie am Tritonsee das Mittelmeer erreichten.[58] Wie üblich formuliert die episch-mythische Dichtung eine neue Etappe der Weltkenntnis, nämlich die Zuversicht, dass dem Menschen auch die südlichen Hemisphären kein ernstes Hindernis mehr sind.

3.
PERSIENS VORSTOSS NACH INDIEN

... UND DIE EXPEDITION DES SKYLAX VON KARYANDA

Kambyses in der libyschen Wüste

Wie wichtig der transsaharische Handel geworden war, zeigt auch die Tatsache, dass das Perserreich zeitweise seine Interessen auf die Sahara richtete. 539 v. Chr. war Kyros nach der Einnahme von Babylon bis zur Grenze Ägyptens vorgestoßen. 522 eroberte sein Nachfolger Kambyses das Pharaonenreich. Nach dem Einzug in Theben teilte er sein Heer. Eine Gruppe sollte zu den Aithiopen im heutigen Sudan vorrücken. Eine zweite Armee von angeblich 50.000 Mann erhielt den Auftrag, zur Oase von Siwah zu ziehen, um die Bewohner zu versklaven und das Orakel des Zeus Ammun zu verbrennen.[1] Wahrscheinlich geht diese letzte Nachricht auf eine Erfindung ägyptischer Priester oder anderer orientalischer Quellen zurück, die den Eroberer des Landes in ein schlechtes Licht rücken wollten. Herodot hat es zu einem Zerrbild des Perserkönigs weiterentwickelt, das einen Kontrast zu Kyros, dem Begründer des Reiches, bot.[2]

In Wirklichkeit bestimmten vernünftige außen- und handelspolitische Erwägungen die Planungen. Von Siwah brachten ägyptische Händler afrikanische Sklaven nach Naukratis.[3] Priester und Anwohner des Heiligtums besaßen ausgezeichnete Informationen über den Transsaharahandel, vielleicht übten sie eine ähnliche Koordinierungsfunktion aus wie das delphische Orakel. Offensichtlich wollte Kambyses die Oase und das Heiligtum nicht zerstören – was hätte er damit erreicht? –, sondern durch Garnisonen den Weg nach Siwah sichern sowie die Kontrolle über den so wichtigen Handelsknotenpunkt an der Grenze zu Libyen zu verstärken, indem er als neuer Herrscher Präsenz zeigte.[4]

Die Perser kamen laut Herodot nach einem siebentägigen Marsch mindestens bis zur Siedlung von Oasis (wahrscheinlich el-Kharga). Über ihr weiteres Schicksal wisse man nichts. Allein die Ammonier erzählten, ein Sandsturm habe das anrückende Heer unter sich begraben. Bis heute hat diese Angabe zu wildesten Spekulationen Anlass gegeben. Tatsächlich wurden in der Geschichte der Sahara nicht selten Karawanen von Sandsstürmen verschluckt. Ob das aber für eine *ganze* Armee von angeblich rund 50.000 Mann gilt, bleibt sehr zweifelhaft. Jüngst hat man den Untergang der Kambysesarmee mit einer Niederlage gegen Rebellen erklärt, die dann später in einen Wüstensturm umgedeutet wurde. Wahrscheinlicher ist, dass Kambyses einfach an der logistischen Herausforderung scheiterte, ein großes Heer über die Karawanenwege zu führen, und irgendwann den Befehl zum geordneten Rückzug gab und/oder von den einheimischen Führern in die Irre geführt wurde. Die Priester des Siwah-Orakels machten hieraus eine grandiose Katastrophe, die ihnen die kostspielige Anwesenheit von Garnisonen ersparte.

Indien

Dennoch war der Ägyptenfeldzug des Kambyses insgesamt ein großer Erfolg. Sogar die Phöniker hatten ihre Schiffe zur Verfügung gestellt und damit den Grundstein für den Aufbau der persischen Flotte gelegt. Es entstand ein geschützter Wirtschaftsraum mit Verbindungen bis in die Ägäis und den Endpunkten der großen Karawanenrouten im Süden, der auch den Griechen Beschäftigungsmöglichkeiten als Künstler, Architekten, Ärzte oder Flottenkommandanten verschaffte.[5]

Als Kambyses zur Unterdrückung eines Aufstandes nach Norden zog, verstarb er überraschend. Sein Nachfolger wurde Dareios I. aus einer Nebenlinie der Königsdynastie. Er setzte die Eroberungspolitik fort und nahm konsequent die maritimen Randgebiete und Halbinseln der von Kambyses eroberten Länder ins Visier. Vielleicht erhob er mit diesem Streben zu den Küsten der Meere (in Ost und West) in altorientalischer Tradition den Anspruch auf Weltherrschaft.[6] Strategische und materielle Erwägungen spielten in jedem Fall eine wichtige Rolle: Im Westen war die Sicherung der kleinasiatischen Küste auf Dauer nur mit der Kontrolle der Ägäis und der Hegemonie über

Thrakien und Makedonien möglich. Angeblich erkundeten Geheimexpeditionen bereits die südlichen Küsten der griechischen Halbinsel.[7] Im Osten lockte dagegen ein Land, das mit Mesopotamien über den Persischen Golf verbunden war und seinen Glanz auch am Ende des 6. Jahrhunderts nicht verloren hatte: Indien.

Indien (altpersisch = *Hindus*, Sanskrit = *Sindh/Sindhu*) bezeichnete nach Aussage der persischen Königsinschriften das mittlere und untere Tal des Indus. Die nordwestlichen Regionen des heutigen Punjab, von den Persern *tagatus* und Gandhara genannt, hatte wahrscheinlich schon Kyros nach 546 oder 539 v. Chr. erobert. Zwanzig Jahre später (519 oder 518) ordnete Dareios an, vom persischen Grenzgebiet im heutigen Afghanistan »den großen Fluss« (Indus) hinabzufahren und zu prüfen, ob es eine maritime Verbindung zum Persischen Golf gab. Das Hauptinteresse des Königs galt dabei nicht dem Handel, sondern der Eroberung des Indusgebietes, die dann auch wenige Jahre später erfolgte. Die Inschriften des Dareios nennen *Hindus* (= Sindh) als neue Provinz.[8]

Als führendes Mitglied der Indus-Expedition nennt Herodot Skylax aus der karischen Küstenstadt Karyanda.[9] Karien war seit der Mitte des 6. Jahrhunderts Teil des persischen Reiches. Die Karer galten als wagemutige Piraten und Seehändler. Mehrere Dokumente bezeugen die Anwesenheit karischer und griechischer Söldner, Schiffszimmerleute und anderer Spezialisten an den Höfen vorderasiatischer Könige.[10] Die Perser knüpften an diese Tradition an: Karer transportierten für Dareios Zedernholz aus dem Libanon von Babylon nach Susa, zwei Karer sind in Bannesu am Pihatu sa Dur-Enlil-Kanal belegt; vermutlich gab es eine karische Marinestation am Shatt al-Arab.[11] Skylax gehörte zu diesem Kreis. Er dürfte demnach nicht nur reiche Erfahrungen im vorderasiatischen Raum und seinen südlichen Gewässern gesammelt haben – sonst hätte ihn Dareios wohl kaum zum Kapitän der Indus-Expedition ernannt; er muss auch vor Beginn der Fahrt zumindest mit den Grundzügen der persischen Weltgeographie vertraut gewesen sein. Die Entscheidung, das Indusgebiet zu erkunden und zu erobern, geht dabei auch zurück auf globale geographische Überlegungen, die an die griechisch-karthagischen Spekulationen über den Verlauf des Nils in Libyen erinnern (s. o. S. 160 f.). Laut Herodot wollte nämlich Dareios wissen, wo der Indus, außer dem Nil der einzige Fluss, in dem Krokodikle leben«, ins Meer flösse.[12] Der eigentlich unnötige Hinweis, dass es nur im Nil und im Indus Krokodile gäbe, erinnert an den Analogieschluss des Euthymenes, der eine Verbindung zwischen Atlantik und Nil aufgrund der Ähnlichkeit der Tiere und des Süßwassers an der Mündung des Senegal (Chretes) angenommen hatte.[13] Wenn nun Dareios das gleiche Analogieverfahren der Tiere auf den Indus anwandte und nach dessen Mündung in den (östlichen) Ozean suchen ließ, so wollte er doch offensichtlich die alternative These des Nilverlaufs nach Osten überprüfen und herausfinden, ob der Indus der Oberlauf des Nil war. Diese These konnte zusätzlich durch die auch von griechischen Autoren betonte Ähnlichkeit zwischen den indischen und aithiopischen Randvölkern gestärkt werden.

Natürlich hatten griechische Gewährsmänner wie Herodot keinen Einblick in die Diskussionen des persischen Planungsstabes, doch es gab nicht nur phönikische, sondern auch griechisch-karische Kapitäne wie Skylax, die mit den geographischen Konzeptionen ihrer Auftraggeber vertraut gewesen sein müssen und diese auch dem griechischen Publikum zumindest andeutungsweise vermitteln konnten. Tatsächlich spricht die Selbstverständlichkeit, mit der den persischen Königen die genannten geographischen Überlegungen in den Mund gelegt werden, für eine Art »common-sense-Geographie«, die die Perser mit den Griechen und Karthagern teilten und für ihre machtpolitischen Zwecke zu nutzen gedachten.[14] Offenbar wollte Dareios klären, ob die äußersten Enden des Perserreiches im Südosten (Ägypten/Aithopien) über den Indus/Nil mit Indien zu verbinden waren. Wie stark solche Überlegungen im Dienste herrschaftlicher Interessen standen, zeigte sich noch rd. 100 Jahre später, als der Perserkönig Artaxerxes III. (390–338 v. Chr.) die rebellierenden Ägypter durch die Umleitung des Oberlaufes des Indus (!) zur Raison bringen wollte. Weitere dreißig Jahre später brach Alexander in den Osten auf in der Überzeugung, Indus und Nil hingen miteinander zusammen.[15]

Die Indien-Expedition des Skylax von Karyanda

Die Expedition des Skylax begann von einem Ort namens Kaspatyros in der Landschaft Paktya. Das Volk der Paktyer ist wahrscheinlich eine Ableitung des modernen Pashtun oder Paktun, einem afghanischen Volk in den Grenzregionen Indiens.[16] Kaspatyros dürfte identisch sein mit der »Stadt Kaspapyros in Gandhara« in der Gandhara-Ebene bei Peschawar am Zusammenfluss von Indus und Kabul, vielleicht Kabul, Casyapa-pur oder Casypa (Kashmir).[17]

Ab hier war der Kabulfluss schiffbar und so wurde nun die Expeditionsflotte gebaut und zu Wasser gelassen. Die nächsten Etappen sind nur aus dem Werk des etwas jüngeren Gelehrten Hekataios aus Milet zu rekonstruieren, der sehr wahrscheinlich den Fahrtbericht des Skylax ausgewertet hat. Er nennt eine »Stadt« Argante in Indien *(Argantê polis Indias)*, wahrscheinlich noch im Kabultal.[18] Vom Zufluss des Kabul ging es dann den Indus hinab.[19] Am Unterlauf kam die Flotte zum Gebiet der Opier und an eine »königliche Festung«.[20] Jenseits der Festung lag eine Wüste, wohl die Wüste Thar.[21] Wahrscheinlich im Osten des Indusdeltas (in der Nähe des heutigen Palanpur) siedelten die *Kalatiai*, ein Volk mit schwarzer Hautfarbe, das laut Herodot Untertan des Dareios gewesen sei. Zusammen mit dem Hinweis auf die königliche Festung könnte das darauf hindeuten, dass Dareios bereits vor der Expedition einen Brückenkopf im Indusdelta errichtet und die Bevölkerung zur Kooperation gewonnen hatte.[22]

Vom Delta aus segelte die Flotte entlang der alten Wasserstraße zum Golf von Hormuz.[23] Wahrscheinlich ist sie dann aber nicht in den Persischen Golf eingebogen, denn diese Route war bekannt. Hekataios nennt »kamarenische Inseln Arabiens«, wahrscheinlich ein Eiland der Südwestküste Arabiens, vielleicht die Insel Kamaran bei Ras Iusa nördlich von Hodeidah am Ausgang des Roten Meeres.[24] Deren Kenntnis könnte zwar auf die Expansion der Perser im Roten Meer zurückgehen, die unabhängig von der Skylaxfahrt erfolgte; da sich jedoch auch die anderen Angaben des Hekataios gut in die bisherige Route des Skylax einfügen, dürften sich auch diese Information auf seine Fahrt beziehen. Skylax hätte demnach als erster Seefahrer des Mittelmeers die arabische Halbinsel umrundet.[25] Hierzu passt schließlich der Hinweis Herodots, Skylax sei zu dem Punkt zurückgekehrt, »wo einst jener ägyptische König (gemeint ist Necho) die Phöniker ... zur Umschiffung Libyens (= Afrikas) ausgesandt hatte«.[26] Ausgangspunkt ihrer Fahrt war der Golf von Suez!

Eine Alternative? – Fahrt auf dem Ganges

Zählen schon die Fahrt von der Indusmündung nach Westen und die Umrundung Arabiens zu den bedeutendsten Entdeckerleistungen der Antike, so könnte die Expedition eine noch sensationellere Note bekommen, wenn man einer jüngeren These folgt, wonach die Schiffe nicht den Indus, sondern den Ganges hinabgefahren sind. Herodot schreibt, dass der von Skylax befahrene Fluss ostwärts fließe, was nur auf den Ganges zutrifft.[27] Kaspatyros könnte das am Ganges gelegene Pataliputra sein. Von hier aus verläuft eine Landroute nach Westen und der Ganges fließt ca. 250 km ostwärts.[28] Der Geograph Strabon (1. Jahrhundert n. Chr.) kennt ein Land *Gandaris* im östlichen Punjab. Andere Autoren nennen ein Volk der *Gandaridai* oder *Gangaridai* am Ganges. Insofern spräche nichts dagegen, *Gandariké* mit dem Gebiet um den Ganges zu identifizieren.[29] Das Gangestal erlebte ab 600 v. Chr. einen starken Bevölkerungsanstieg, was zur Charakterisierung Indiens als 20. Satrapie durch Herodot passt.[30]

Doch all diese und andere Kombinationen, wie etwa dic Hypothese von zwei Expeditionen (einer den Indus und einer den Ganges hinunter)[31], scheitern letztlich an einer Tatsache, die auch die Afrikaumsegelung der Phöniker fraglich erscheinen ließ: Es mag sein, dass Skylax von Einheimischen Nachrichten über einen nach Osten fließenden Strom erhielt. Wenn er ihn aber auch benutzte sowie den Subkontinent umfahren hat und spätere Gewährsmänner Einsicht in seine Fahrtbericht hatten, dann ist schwer zu erklären, weshalb sie (bis ins 1. Jahrhundert v. Chr.) nichts von der Südausdehnung Indiens wussten und, wenn es ein solches Wissen gab, warum es nicht in die Abbildung der Oikumene eingeflossen ist. Davon abgesehen ist eine Fahrt über den Ganges nur schwer mit den Eroberungsplänen des Perserkönigs in Einklang zu bringen. Er war bestimmt nicht an einer Eroberung des Gangestals interessiert, sondern wollte seine Kontrollen über die Gewässer vom Persischen Golf zur Indusmündung ausweiten und musste Arabien im Blick haben. Die ungewöhnlich lange Dauer der Expedition, die mitunter als Argument für eine Umrundung Indiens ins Feld geführt wird, lässt sich mit Verzögerungen erklären, die sich durch den Monsun und das vorsichtige Entlangtasten an der arabischen Küste ergaben.[32]

Der Periplus über Indien

Skylax hielt seine Beobachtungen in einem Periplus fest. Allerdings enthielt sein Bericht – soweit es die sieben Fragmente erkennen lassen – wie der des Hanno und anderer Expeditionsleiter keine nautisch-metereologischen Angaben über Winde, Landbrisen oder Strömungen, die für einen Seefahrer zumal in unbekannten Gewässern von so eminenter Bedeutung sind.[33] Das lässt darauf schließen, dass solche Angaben weiterhin (bis in das 1. Jh. v. Chr.) mündlich weitergegeben wurden. Der eigentliche Impuls zur Abfassung des Expeditionsberichtes ging auf das Interesse des persischen Auftraggebers an Daten zurück, die zur Eroberung und Beherrschung des Landes notwendig waren. Entsprechend erwartete der Perserkönig einen Rechenschaftsbericht in Prosa – dem Schreibstil der ionischen Gelehrten.[34] Sieht man einmal von den dürftigen Hinweisen auf den Periplus des Euthymenes ab, so ist der Skylax-Periplus die erste Prosaschrift, die über die Aufzählung von linearen Fixpunkten hinaus länderkundliche Informationen über die Natur, politische Organisationsformen sowie soziale Phänomene gab. Sehr wahrscheinlich verfasste er neben seinem offiziellen Bericht eine zweite Version für seine Landsleute, in die Elemente eingeflossen sind, die aus der griechischen Tradition stammen, ganz ähnlich wie der Übersetzer des Hanno-Periplus den zweiten Teil freier gestaltet und mit griechischen Motiven bereichert hat.[35]

Dennoch lässt sich hinter den erhaltenen Fragmenten noch das ursprüngliche Informationsbedürfnis der persischen Planer erkennen. So berichtet Skylax, das Land um den Indus sei feucht wegen der zahllosen Quellen und Kanäle. Diese Aussage trifft zumindest für die Regenzeit zu. Sie war insofern von besonderem Interesse, als man hieran die Wasser- und Nahrungsmittelversorgung der Armee sowie die möglichen Tribute des Landes ermessen konnte. An den Ufern – so ein weiteres Fragment – wächst Holz, an den Berghängen zusätzlich eine Pflanze namens *kunára*, was wohl mit dem Griechischen Wort *kinára* für »Artischocke« identisch ist. Holz aus Indien war schon immer im Zweistromland begehrt und musste für den Perserkönig nicht nur zum Bau der Indusschiffe, sondern auch als Ergänzung zu den Zedernhölzern des Libanon interessant sein. Bei der Artischocke handelt es sich zwar nicht um die den Griechen vertraute Pflanze (sie kam in dieser Zeit in Indien nicht vor), sondern wahrscheinlich um einen dornigen Busch (vielleicht einen Rosenstrauch).[36] Das wussten aber die Leser des Skylax nicht. Wohl aber war die (antirheumatische sowie galle- und harntreibende) Heilwirkung der Artischocke bekannt. Etwa zeitgleich mit Skylax weilten griechische Ärzte am persischen Königshof, und die indische Medizin genoss hohes Ansehen. Zwischen indischer und griechischer Medizin gab es Übereinstimmungen und Beeinflussungen. Vielleicht hängen demnach die botanischen Informationen des Skylax mit der allgemeinen Förderung zusammen, welche die Medizin am Hof der Perserkönige genoss.[37] Weiterhin benötigte Dareios Daten über die politische Lage im Land. Der Hinweis des Skylax, die »Könige« würden sich von den Regierten deutlich abheben, spielt vielleicht auf das vedische »Kastenwesen« an. Dass er nichts von städtischen Gemeinwesen weiß, entspricht insofern der Realität, als zu seiner Zeit der Punjab zwar dicht besiedelt war, die Urbanisierung im südlicheren Industal aber erst nach der Expedition einsetzte.[38]

Umso mehr muss es Skylax in seiner späteren Überarbeitung für das griechische Publikum gereizt haben, das ferne Land mit wundersamen Wesen zu bevölkern, welche die Epen schon immer für Orte und Inseln am Rande der Welt reserviert hatten. Manche Völker aus dem Indienbuch waren denn auch der griechischen Tradition vertraut: so die »Schattenfüßler« *(Skiapodes)*, »Einäugigen« *(Monophtalmoi)*, »Riesenköpfigen« *(Makrokephaloi)* und wohl auch die »Hundsköpfigen« *(Kynokephaloi)*; sie gehören offenbar nicht dem Rechenschaftsbericht, sondern der literarischen Überarbeitung an.[39] Vielleicht verlegte Skylax die von Homer, Hesiod und den Expeditionsleitern des späten 6. Jahrhunderts in Libyen/Afrika lokalisierten »Kleinwüchsigen« *(Pygmaioi, Troglodyten)* nach Indien.[40]

Für die »Worfelkorbohrigen« *(Otoliknoi)* und die »Einmalgebärenden« *(Henotiktontes)* gibt es dagegen keine griechischen Vorläufer, zumindest für die *Otoliknoi* aber indische Entsprechungen.[41] Auch die übrigen Wunderwesen finden sich mit wenigen Ausnahmen in der indischen Mythologie. Skylax hat von ihnen wohl durch indische Gewährsmänner erfahren. Zur Wiedergabe ihrer Erzählungen nutzte er griechische Begriffe und übertrug einiges aus der griechischen Epik und Mythologie auf ein Land, von dem man selbst nur wenig wusste.[42] Menschen mit einem Auge dienen auch in anderen Kulturen und zu anderen Zeiten als Chiffre für die ferne Fremdheit eines ungewöhnlichen Äußeren.[43] Die Wundervölker am östlichen Rand der Welt gingen so zum Teil auf indische Informanten zurück, gleichzeitig bildeten sie einen Code, der indische Erzählungen und Realien verständlich machte. Skylax schuf hiermit eine Facette des Indienbildes, die kanonisch blieb, variiert und ergänzt, aber selten in Frage gestellt wurde.

Die Integration der Expeditionsberichte in eine Gesamtdarstellung der Welt: Hekataios aus Milet

Für die Gelehrten stellte sich am Ende des 6. Jahrhunderts die Aufgabe, das stetig vermehrte empirische Wissen, das die Expeditionen des Skylax sowie anderer Seefahrer über den fernen Süden und Osten erbrachten, in die bis dahin üblichen Weltbilder zu integrieren. Sie mussten dabei zwei sich eigentlich widersprechende Prinzipien der Raumdarstellung kombinieren: nämlich die lineare Routenbeschreibung des Periplus und die von der Empirie abstrahierenden, auf geometrischer Harmonie basierenden »Erdkarten« der Philosophen.

Einer der ersten, dem das gelang, war Hekataios (ca. 560–480 v. Chr.), ein Adliger aus Milet. Er fügte die Angaben von Expeditionsberichten wie die des Skylax, das koloniale Wissen seiner Heimatstadt (zumal im Schwarzmeergebiet) sowie eigene Reisefrüchte und Erkundungen im Perserreich in eine Gesamtdarstellung der Erde ein in Form einer »Reise um die Welt« (*periodos, perihegesis ges*). Diese Darstellungsform knüpfte an uralte Modelle der Erdbeschreibung an, wurde nun aber konsequent mit empirischen Daten gefüttert. Hekataios hat sie den ionischen »Erdkarten«, wie sie Anaximander konzipiert hatte, vermutlich als Erläuterung (oder »Legende«) hinzugefügt und wahrscheinlich zusätzlich eine eigene Karte angefertigt.[44]

Hekataios teilte die Erde in eine halbkreisförmige Nord- und Südhälfte, die mit Europa und Asien gleichgesetzt wurden. Vielleicht hat er sich Libyen als dritte Landmasse gedacht aufgrund der Nachrichten, die man über die Ausdehnung der Sahara gewonnen hatte.[45] Europa und Asien sind durch eine von West (Gibraltar) nach Ost (Phasis = Rion) verlaufende Wasserlinie voneinander getrennt. Daneben nahm Hekataios eine durchgehende Nord-Süd-Linie von der Donau zum Nil an. Sie teilte die Erde in vier etwa gleich große Quadranten. Innerhalb der Quadranten waren Länder und Landschaften in Form geometrischer Figuren (Vierecke, Kreise, Trapeze) konzipiert; wahrscheinlich gab es zusätzlich eine Einteilung in Klimazonen.[46]

Der beschreibende Rundgang um die Welt *(Perihegese)* begann in Spanien und führte über Europa, Asien, Ägypten und Libyen wieder zu den Säulen des Herakles zurück. Persien, Indien und Arabien werden entlang der Küsten des Erythräischen (= Indischen) Meeres beschrieben, wobei sich Hekataios nicht scheute, Angaben seiner Gewährsmänner zu modifizieren.

Der Stoff wurde in Kapitel *(logoi)* zu den geographisch-ethnographischen Großräumen (Skythien, Ägypten, Libyen) unterteilt und das alte Schema der Völkerkataloge mit Informationen über Städte, Flüsse und Häfen sowie mit Angaben über Lebensweise, Brauchtum, Wirtschaft und Ernährung sowie die religiösen Formen und Kulte ergänzt, außerdem mit Daten zur Natur des Landes, seinen Bodenschätzen, der Ökologie, Flora und Fauna weiter im Landesinneren. Damit setzte Hekataios eine seit Aristeas beginnende Tendenz fort, sich von der Küstengebundenheit zu lösen, was besonders dort nahelag, wo Küste und Binnenland eine politische Einheit bildeten.[47]

Wie einige wenige Fragmente andeuten, scheinen die völkerkundlichen Angaben zumindest stellenweise und besonders dann, wenn Hekataios zusätzlich auf eigene Reiserfahrungen zurückgreifen konnte, viel anschaulicher gewesen zu sein als die dürren Angaben über Orte und Küsten. So geht z. B. die lebendige Schilderung einer Krokodiljagd in Ägypten, die bei Herodot erhalten ist, wahrscheinlich auf Hekataios zurück. Dagegen schied er die indischen Wundervölker aus seiner Beschreibung aus, offenbar weil andere Informanten ihre Existenz nicht bestätigen konnten.[48] Besaß er zu wenige Informationen, um Korrekturen oder Auslassungen vorzunehmen, beließ er die Randvölker dort, wohin sie seine Vorgänger und die epische Tradition versetzt hatten (Arimaspen, Pygmäen, Schattenfüßler).

Ein wesentliches Anliegen des Hekataios war es, aus der Fülle der Daten das Typische eines Volkes und seines Lebensraumes herauszufiltern – ein Vorgehen, das die griechische Ethnographie auch weiterhin bestimmen sollte. Vielleicht versuchte er dabei Zusammenhänge zwischen dem Klima, dem physischen Bild und der Lebensführung ihrer Bewohner herzustellen. Geschichtliche Hintergründe werden dagegen nur in Form von Gründungssagen und Heldenlegenden genannt, alte Mythen rationalisiert, indem er z. B. den dreileibigen Riesen Geryones, dessen Rinder Herakles stahl, zum realen König von Ambrakia erklärte. Für die Richtigkeit seiner Deutungen steht Hekataios mit seiner Person ein: »Hekataios von Milet verkündet folgendes«, so beginnt seine Mythenkritik: »Dies schreibe ich, wie es mir wahr zu sein scheint. Denn die Erzählungen der Griechen sind zahlreich und lächerlich, wie sie mir jedenfalls vorkommen.«[49] Hekataios repräsentierte auch in dieser Hinsicht die ionische Gelehrsamkeit, deren Konstruktionen auf Beobachtung und Empirie beruhten, aber die Interpretation einzelner Aspekte verlangte. Mit ihm und den ausgearbeiteten Expeditionsberichten, wie sie Skylax verbreitete, hatte die griechische Ethnographie ihre beiden, für die Folgezeit gängigen Formen gefunden: Die Darstellung eines einzelnen Landes (z.B. *Indiká*) und die Zusammenfügung der Einzelberichte zu einer Beschreibung der ganzen Welt. Was sich in der Folgezeit änderte, waren die Interessen, Fragestellungen und Kategorien, die griechische Autoren anwandten, und diese wiederum wurden nicht nur von intellektuell-kulturellen, sondern auch von politischen und militärisch-machtpolitischen Veränderungen beeinflusst: Den gravierendsten Einschnitt bildeten die Perserkriege zu Beginn des 5. Jahrhunderts v. Chr.

4.
DAS WESEN DES MENSCHEN IN DER WELT

DIE AUSBILDUNG DER ETHNOGRAPHIE NACH DEN PERSERKRIEGEN

Die Perserkriege und ihre Deutung

500/499 v. Chr. erhoben sich die Poleis der kleinasiatischen Küsten gegen die persische Herrschaft. Der Aufstand wurde binnen fünf Jahren niedergeschlagen und endete mit der Zerstörung Milets. Kurzzeitig hatten sich Athen und Eretria am Widerstand beteiligt, und so befahl König Dareios eine Strafexpedition. Seine Armee wurde allerdings in der Ebene bei Marathon (an der Ostküste von Attika) 490 v. Chr. von den Athenern zurückgeschlagen. 10 Jahre später setzte ein weitaus größeres Heer unter dem Befehl des Xerxes über den Hellespont. Von Thrakien und Makedonien aus wurde Mittelgriechenland aufgerollt. Nur rund dreißig Poleis unter der Führung Spartas wagten den Widerstand und taten sich zu einem Verteidigungsbündnis (sog. Hellenenbund) zusammen. Nach anfänglichen Niederlagen (bei den Thermopylen) gelang ihnen im September 480 in der Seeschlacht bei Salamis ein ebenso überraschender wie durchschlagender Erfolg, der ein Jahr später durch den Sieg der Landtruppen bei Plataiai und die Zerstörung der restlichen persischen Kriegsschiffe bei Mykale (an der kleinasiatischen Küste) gekrönt wurde. In den Folgejahren eroberten die Truppen des Hellenenbundes die letzten persischen Stützpunkte in der Ägäis. Die ionischen Städte sagten sich erneut von der persischen Herrschaft los und schlossen sich unter Athens Führung zu einem Seebund zusammen, der die Perser weiter in die Defensive drängte. Zeitlich mehr oder weniger parallel hatten im Westen die Tyrannen von Syrakus die Invasionen der Karthager abgewehrt und die Seeherrschaft der Etrusker im Tyrrhenischen Meer erschüttert.

Der Sieg über Karthager und Perser war ein epochales Ereignis vor allem für die Griechen des Mutterlandes. Zum ersten Mal hatten sie nicht nur die Erfahrung gemacht, auf eigenem Boden von einem waffenstarrenden Aggressor bedrängt zu werden; noch erregender muss die Erkenntnis gewesen sein, sich wider Erwarten gegen die Weltmacht, die alle Kulturreiche des Ostens hinweggefegt hatte, durchgesetzt zu haben. Der Sieg verlangte nach Erklärungen. Eine erste gab der Athener Aischylos. In seiner 472 v. Chr. aufgeführten Tragödie »Die Perser« rief er seinen Landsleuten ins Gedächtnis, was auf dem Spiel gestanden hatte. »Söhne der Hellenen« – so der Schlachtruf der Griechen vor Salamis –, »befreit das Vaterland, befreit auch die Kinder, Frauen und der Heimatgötter Sitz, der Ahnen Gräber, jetzt um alles geht der Kampf«.[1] Damit drückte er aus, was erst die Perserkriege bewirkt hatten: nämlich das Bewusstsein, eine Form von Freiheit verteidigt zu haben, deren Wert man vorher nicht zu schätzen wusste. Wenn man um einen solchen Wert gerungen hatte, dann musste der Kampf Kräfte freigesetzt haben, die den Persern überlegen waren. Anstatt vor der Übermacht zu fliehen, seien die Griechen mit »beherztem Mut« nach Salamis gestürmt, so berichtet der Bote der Mutter des Perserkönigs.[2]

Die Disposition des Polisbürgers zur mutigen Verteidigung der Freiheit bildete eine Voraussetzung, aber noch keine Garantie des Sieges. Denn andere Poleis z. B. der kleinasiatischen Griechen hatten vergeblich um ihre Freiheit gekämpft. Wie häufig in solchen Konstellationen kamen Zustimmung und Hilfe der Götter hinzu. Sie hätten bestimmt – so Aischylos –, dass Europa und Asien niemals von einer einzigen Macht beherrscht werden, sondern jeweils den Griechen und Persern gehören sollten. Indem Xerxes den Hellespont überschritt (und griechische Tempel zerstörte), durchbrach er die von den Göttern gesetzte Grenze zwischen den Erdteilen und brachte damit das Gleichgewicht zwischen Griechen und »Barbaren« ins Wanken. Für diesen Frevel wurde er bestraft: Die Götter kämpften auf Seiten der Griechen unsichtbar in den großen Schlachten mit, brachten zur See günstige Winde und flößten den Kriegern Mut ein. Nur so konnte die Übermacht der Perser zurückgeschlagen werden.[3]

Zweierlei ist an dieser Deutung bemerkenswert: erstens die selbstverständliche Verbindung von Freiheitsdrang und göttlicher Hilfe; zweitens die Tatsache, dass Aischylos Griechen und Perser im Rahmen einer göttlichen

Weltordnung gleichrangig behandelt, indem er ihnen die Verfügung über je einen Erdteil zuerkennt. Mit der göttlich sanktionierten Grenzziehung zwischen Asien (Orient) und Europa (Okzident) stehen die »Perser« am Beginn einer Weltinterpretation, welche die europäische Geistesgeschichte tief prägen sollte. Sie ist bei Aischylos allerdings (noch) nicht mit einer Degradierung der Perser verbunden.[4] Wohl werden ihnen mitunter stereotype Eigenschaften wie luxuriöser Reichtum, Emotionalität und Weichlichkeit beigelegt, die negativ aufgeladen und bald toposartig auf fast alle östlichen Völker angewandt werden konnten.[5] Doch bilden diese Elemente noch keinen eigenständigen Motivkomplex, der den Argumentationsgang der Tragödie ähnlich gewichtig trägt wie die These von dem Frevel, den der Perserkönig beim Übergang über den Hellespont voller Hybris begangen hätte. Hybris ist eine Verhaltensweise, die bei allen Menschen zu Tage treten kann und von den Umständen und dem Charakter des Einzelnen abhängig ist. So brachte Aischylos mit dem Geist des Dareios einen geläuterten und von griechischer Bildung geprägten Herrscher auf die Bühne, während Xerxes fehlerhaft ist, weil er die moralischen Lehren missachtet und sein Schicksal nicht verstanden hat.[6] Auch den Athenern, so die Botschaft, kann ähnliches blühen, wenn sie voller Hybris die göttliche Weltordnung aus dem Gleichgewicht bringen. Die Suche nach Mitteln zur Wiederherstellung der Ordnung reiht sich ein in die Suche der ionischen Gelehrten nach einer Ordnung der natürlichen Welt. Aischylos weitet diese Suche aus auf die Erklärung eines globalen militärischen Ereignisses und versichert den Griechen, dass ihnen die Götter Europa zugewiesen hätten. Das war eine gewaltige Botschaft, die das Selbstbewusstsein der Griechen in ungeahnte Höhen schraubte.

Der geistige Aufbruch in der Zeit des Staunens: Der Mensch als Maß aller Dinge

Weitere Erfolge bestätigten den Trend: Im östlichen Mittelmeer führten Athens Kriegsschiffe Angriffe gegen persische Stellungen in Zypern und Ägypten. Trotz einiger Rückschläge wurde die Stadt zur führenden Seemacht und der Piräus zum Handelszentrum des ostmediterranen Raums. Die Athener wurden immer reicher und konnten mit den Tributen ihrer Bündner auch ihre extravagante demokratische Ordnung finanzieren.

All diese staunenswerten Entwicklungen in so kurzer Zeit provozierten neue Fragen. Waren es wirklich die Götter, denen man alles verdankte? Bewiesen nicht die Erfolge der athenischen Kriegschiffe und ihrer Ruderer, dass der Mensch aus sich zu Leistungen fähig war, die keine natürlichen (oder göttlichen) Grenzen kannten. »Viel des Ungeheuren ist, doch nichts ist ungeheurer als der Mensch,« so Sophokles.[7] »Der jagt über das graue Meer vor dem winterlichen Föhn dahin unter stürzender Wogen Gewölbe sich ans Ziel.« Er ist ein Alleskönner, »sein Können versagt vor nichts, was ihn erwartet … Sein meisterlich findiger Geist/(ge)braucht Künste, die keiner geahnt.« Blickte Aischylos noch ehrfürchtig auf die von den Göttern geordnete Welt und schlugen die Griechen, beseelt von Freiheitsliebe, in ihrem Auftrag die Störenfriede dieser Weltordnung zurück, so können sich nun die Menschen die Welt durch ihre Künste gefügig machen. Weltbemächtigung tritt an die Stelle der Weltbewahrung. Die göttlich geordnete Natur wird zum Objekt menschlicher *technai*.

Diese Erkenntnis musste dem Nachdenken über die Stellung des Menschen grundsätzlich neue Impulse geben. Was Sophokles so wortgewaltig auf die Bühne brachte, wurde seit der Mitte des 5. Jahrhunderts zum Diskussionsstoff gelehrter, vornehmlich aus den Kolonialgebieten stammender Männer (»Sophisten«). Sie unterrichteten überall in der griechischen Welt gegen Honorar ihre Schüler in allen Wissensgebieten, von der Lehre über die Natur der Welt, Geschichte bis zur Rhetorik und praktischen Politik. Im Mittelpunkt ihres Interesses standen der Mensch und seine Fähigkeiten, und sie fragten nach der praktischen Anwendbarkeit, der Technik und der Nützlichkeit des von ihnen vermittelten Stoffes. Der Mensch sei das Maß aller Dinge, so verkündete Protagoras das Grundsatzprogramm der Sophisten. Ihr Selbstbewusstsein machte keinen Halt vor Traditionen. Einige Sophisten setzten den pessimistischen Vorstellungen von einer Abwärtsentwicklung des Menschen, wie sie Hesiod vertrat, die These eines steten Aufstieges menschlicher Kultur entgegen bis zu Höhen, wie sie Sophokles angedeutet hatte. Die Götter spielten dabei keine oder allenfalls eine untergeordnete Rolle. Einige Sophisten behaupteten, auch sie seien eine Erfindung, indem einst verdiente Könige, Wohltäter oder Erfinder zu Göttern erklärt worden seien.[8]

Diskussionen über Natur (physis) und menschliche Ordnungen (nomoi)

Die Leistungsfähigkeit des Menschen zu konstatieren und sie in einen kulturhistorischen Entwicklungsprozess einzuordnen, war das eine. Ihre Gründe zu erkennen sowie hieraus Konsequenzen abzuleiten, bedeutete die viel schwierigere Aufgabe. Angelpunkt der über den gesamten Mittelmeerraum geführten Diskussionen bildete der erstmals von Hippias von Elis (um 430 v. Chr.) formulierte Gegensatz zwischen menschlichen Lebensweisen, Bräuchen, Einrichtungen und (Rechts-)ordnungen *(nomos)* einerseits und den von der Natur vorgegebenen Wesen und Anlagen *(physis)* andererseits. Welcher Bereich ein größeres Gewicht besaß, war heftig umstritten. Die Griechen hatten im Zuge ihrer Erkundungs- und Kolonisationsfahrten immer neue und fremdartige Bräuche kennengelernt. Auch innerhalb der Poliswelt war das 5. Jahrhundert von einem Wechsel der Verfassungen geprägt. Beides führte viele Gelehrte zur Überzeugung, dass man die Bedeutung des von den Menschen gesetzten Rechts *(nomos)* relativieren müsse. Letztlich spiegele es – so Gorgias – nur reale Machtverhältnisse und könne durch die Stärke *(physis)* der Handelnden außer Kraft gesetzt werden. Andere zogen aus der Vielfalt menschlicher Bräuche den Schluss, dass sich Barbaren und Griechen von ihrer *physis* her, d. h. als biologische Wesen, völlig gleich seien und sich lediglich durch ihre unterschiedlichen Bräuche *(nomoi)* voneinander unterschieden. Wieder andere meinten, auch die Göttervorstellungen der Völker seien nach ihren *nomoi* gestaltet.[9] Alle diese Überlegungen fußten auf der Kenntnis und Sichtung einer Vielzahl von Völkersitten. Einige Sophisten scheinen regelrechte Kataloge aufgestellt zu haben.

In einem weiteren Schritt führten die Beobachtungen zu fundamentalen anthropologischen Fragen wie der nach der Stellung des Menschen in der Natur. An dieser Diskussion beteiligten sich in einer Zeit, in der es noch keine klaren Disziplingrenzen gab, zahlreiche Gelehrte unterschiedlicher Wissensfelder. Als sich die Sophisten von althergebrachten Normen lösten, begannen sich auch griechische Ärzte von den Heilern und Wundermännern (wie Abaris oder Aristeas) abzusetzen, indem sie methodische Prinzipen und vernunftgeleitete Heilungsverfahren entwickelten, die ohne religiöse oder pseudoreligiöse Hilfen auskamen. Damit verbunden war eine ganz bestimmte, auf Rationalität zielende Art, über die Gegenstände der eigenen Bemühungen zu reden. Ahnherr dieser »Medizin als Wissenschaft« war Hippokrates aus Kos.

Ärzte waren in hohem Maße darauf angewiesen, sich ein Bild von den natürlichen Zuständen *(physis)* und Lebensumständen *(nomoi)* ihrer Patienten zu machen. Sie unterschieden sich in ihren Methoden nur graduell von den an der Natur der Welt interessierten Philosophen *(physiologoi)*.[10] Seit der Mitte des 5. Jahrhunderts suchten Schüler und Anhänger des Hippokrates ihre Beobachtungen in Regeln zu fassen, die für alle Menschen galten. Diese konnten zu ethnographisch-klimatologischen Modellen ausgearbeitet werden, wie sie rudimentär schon von Homer angedeutet (nach ihm leben die gesündesten und langlebigsten Menschen in einem angenehmen Klima und einer fruchtbaren Umwelt) und von Hekataios durchgespielt worden waren. Eine aus dem hippokratischen Umkreis stammende, zwischen 430 und 400 v. Chr. entstandene Schrift »Über Winde, Wasser und Ortslagen« (oder: »Über die Umwelt«) will darlegen, dass die Unterschiede der Völker (und Länder) auf die Klima- und Bodenverhältnisse ihrer Heimat zurückzuführen seien. Das geschehe auf zwei Weisen: Entweder, indem Klima und Natur die körperliche und geistige Beschaffenheit der Menschen direkt beeinflussen, oder indirekt, indem sie die Lebensweise *(nomos)* prägen, die dann wieder in bestimmten Konstellationen körperliche und geistige Disposition bestimme.[11] Zur Erläuterung dieser These griffen hippokratische Autoren auf eine Fülle schriftlich und mundlich vermittelter Daten zurück (Autopsie, Entdeckungsberichte, Informationen griechischer Kolonien, Beobachtungen an Sklaven).[12] Sie belegten ihre Erkenntnisse vorzugsweise an den Völkern der Peripherie. Denn mit zunehmender Entfernung und Verschiedenheit der Ethnien – so ihre Annahme – wächst der Erkenntnisgewinn. »Die Völker, die sich wenig voneinander unterscheiden, werde ich übergehen,« so der Autor »Über Winde, Wasser und Ortslagen«.[13] »Dagegen werde ich über die Völker, die große Unterschiede infolge ihrer Natur *(physis)* oder ihrer Bräuche *(nomoi)* aufweisen, des näheren sprechen.«

Ein unerschöpfliches Reservoir an Erkenntnissen boten (neben den libyschen Ethnien) die Völker des Schwarzmeerraums, nicht nur weil Händler, Reisende und Kolonisten mit ihnen seit Jahrhunderten Kontakt pflegten, sondern weil sich ihre nomadische Lebensweise so gänzlich von derjenigen der Polisgriechen unterschied. Das am intensivsten behandelte Studienobjekt waren die Skythen[14], doch konnten auch kleinere, weniger bekannte Völker herangezogen werden, wenn ihre Lebensweise Besonderheiten aufwies, die nicht allein durch den Einfluss von Klima und Bodenbeschaffenheit erklärt werden konnten. In diese Kategorie fielen die »Riesenköpfigen« *(Makrokephaloi)*, die uns erstmals bei Skylax in Indien begegnet waren (s.o.S. 182), aber auch (wahrscheinlich von Hekataios) in einer Gegend westlich oder südöstlich von Kolchis am Schwarzen Meer vermutet wurden.[15] »Ursprünglich« – so belehrt der Autor »Über Winde, Wasser und Ortslagen« – »wurde der menschliche Brauch *(nomos)* die eigentliche Ursache der Länge des Kopfes, jetzt aber wirkt auch die Natur *(physis)* mit dem Brauch zusammen.« So sei es bei den Makrokephalen üblich gewesen, dass der Schädel der Säuglinge (durch Binden und Geräte) künstlich in die Länge geformt werde. Dieser Einwirkung sei die Natur gefolgt: Heute würden langköpfige Eltern ohne Eingriffe langköpfige Kinder zur Welt bringen, so wie es auch bei Kahlköpfigen, Blauäugigen und Schielenden der Fall ist – in nuce eine Theorie der Vererbung erworbener bzw. »anerzogener« Eigenschaften, die im Zusammenspiel zwischen *nomos* und *physis* präsentiert wird, ohne dass der Autor eine wertende Gewichtung beider Bereiche vornimmt.[16]

Die Neuentdeckung der Vergangenheit – Herodots »Historien«

Angesichts der polisübergreifenden Leidenschaft, mit der griechische Gelehrte die mannigfaltigen Ausdrucksformen und Fähigkeiten des Menschen durch die Verarbeitung immer neuer ethnographischer Daten zu deuten und für ihre Zwecke einzusetzen suchten, musste irgendwann der Gedanke reifen, ähnliche Methoden nicht nur zur Erklärung gegenwärtiger Zustände, sondern auch vergangener Leistungen anzuwenden. Bereits die sophistischen Kulturentstehungslehren und die Art, wie der hippokratische Autor die Langköpfigkeit erklärte, besaßen eine zeitliche Tiefendimension, in der sich offenkundige Veränderungen vollzogen. Auch Homer zeugt von einem Bewusstsein historischen Wandels, der sich in den unterschiedlichen Qualitäten früherer und aktueller Generationen manifestierte.

Die unbestritten größte Leistung der Griechen in der unmittelbaren Vergangenheit war der Sieg über die Perser. Aischylos hatte das Geschehen zum Thema der Tragödie gemacht, die eigentlich aus Stoffen einer viel ferneren, mythischen Vergangenheit schöpfte. Die Griechen selbst mythisierten und heroisierten die Perserkriege. Damit war die Voraussetzung gegeben, das zeitnahe Geschehen an die mythische Zeit anzubinden und im großen

Stil literarisch zu bearbeiten.[17] Wenn gleichzeitig der Optimismus über das menschliche Leistungsvermögen ins Grenzenlose wuchs, die Sophisten die Lernbarkeit von Erfolgstechniken »für jedermann« lehrten sowie die Wirksamkeit der Götter leugneten und wenn schließlich die Naturphilosophen und Ärzte das Wesen des Menschen durch Empirie zu verstehen suchten, dann mussten alte Erklärungen wie die von der göttlichen Verteilung der Machtbereiche über die Kontinente revidiert oder durch neue Argumente ergänzt werden.

Intellektuelle Impulse sowie literarische Vorgaben bildeten notwendige Rahmenbedingungen und den Ausgangspunkt dessen, was wir als »Geburt der Geschichtsschreibung« bezeichnen. Hinzu traten aktuelle Bedürfnisse: Seit der Jahrhundertmitte war es nicht mehr so einfach, Zeitzeugen für die Perserkriege zu finden. Der Druck zur Bewahrung und Erklärung der Ereignisse und Taten wuchs in dem Maße, wie sie mit dem Schleier der Mythisierung umgeben wurden. Im Gegenzug sahen viele Gelehrte in der Empirie und Beobachtung den Schlüssel zum Verständnis des Menschen und der Welt. Gleichzeitig erfuhr die Nachkriegsgeneration mit der Entstehung der direkten Demokratie in Athen und weiterer Ordnungen, die einer größeren Zahl von Bürgern politische Verantwortung übertrugen, sowie mit dem Aufstieg Athens zur maritimen Großmacht in kurzer Zeit so intensive Veränderungen der »realhistorischen« Gesamtlage wie nie zuvor.

Diese drastisch beschleunigten Veränderungen erzeugten bei allem Stolz über das Erreichte ein Gefühl der Unsicherheit, das – wie es Sophokles ausdrückte – schaudern konnte und nach Orientierung verlangte.[18] Am überzeugendsten fiel diese aus, wenn sie von außen und mit gleichermaßen unverstelltem und geschultem Blick erfolgte. In den 440er Jahren hielt Herodot in Athen Lesungen aus seinem Werk über die Perserkriege. Es ist uns bereits öfters als Quelle von Entdeckungsfahrten und Fernerkundungen begegnet, und das nicht von ungefähr. Herodot war ein weitgereister Mann aus der kleinasiatischen Hafenstadt Halikarnassos im Umkreis anderer Poleis, aus denen nicht nur große Gelehrte wie Thales und Hekataios stammten, sondern auch viele Kapitäne aufgebrochen waren, die Welt zu erkunden.

Wie sehr Herodot Teil der lebendigen, an Empirie und Beobachtung geschulten Diskussionen über die Natur des Menschen war, zeigt das Prooemium seines Werkes: »Herodot aus Halikarnassos bietet hier die Darlegung *(apodeixis)* der (seiner) Erkundung *(historie)*, damit weder die von Menschen ausgehenden Begebenheiten im Laufe der Zeit in Vergessenheit geraten noch die großen und staunenswerten Leistungen, die Hellenen und Barbaren gleichermaßen aufzuweisen haben, ohne Anerkennung bei der Nachwelt bleiben; die Erkundung aber bezog sich neben manch anderem vor allem auf die Frage, wer für den Krieg (der Hellenen und Barbaren) gegeneinander verantwortlich war.«[19]

Die Namensnennung entspricht dem Prosastil der Zeit[20] und erinnert an Hekataios (und wohl auch an Periplusautoren wie Skylax). Wenn sich Herodot wie ein Redner auf öffentlicher Bühne zu erkennen gibt, dann kündigt das Neues, Originelles und Streitbares an. Wie die Sophisten, Ärzte und Naturforscher konkurrierende Erklärungsmodelle entwarfen, erhebt Herodot den Anspruch, über sein Thema in Auseinandersetzung mit anderslautenden Meinungen reden zu können. Herodot wird diesen »Ich-Stil« im Laufe seines Werkes denn auch vorzugsweise dann anwenden, wenn er – nicht selten polemisch – andere Auffassungen kritisiert.[21] Kritik, Korrektur und Konkurrenz sind seitdem Schmierstoff nicht nur der Naturbeobachtung, sondern auch der Geschichtsschreibung.[22]

Entsprechend bruchlos fügen sich Form und Methode, die Herodot anwenden will, in den Modus der zeitgenössischen Diskussionen ein. *Apodeixis* bedeutet soviel wie öffentliche Darlegung einer Argumentation oder eines Beweises. Sophisten und hippokratische Autoren verwenden den Begriff in seiner Verbalform sehr häufig zu Beginn ihrer Traktate. Indem Herodot das Substantiv gleichsam als Überschrift seines Werkes benutzt, macht er unmissverständlich klar, dass er nicht einfach erzählen, sondern überzeugend und ansprechend argumentieren sowie konkurrierende Deutungen durch Beweise widerlegen oder unwahrscheinlich machen will (das Verb *apodeiknymi* taucht in seinem Werk nicht weniger als 137 mal auf!).[23] Und ebenso wie die hippokratischen Autoren versichern, ihre Thesen auf der Basis der Beobachtung und Sammlung empirischer Daten der Natur *(physis)* und menschlicher Lebensweise *(nomos)* entwickelt zu haben, so weist Herodot mit dem Begriff *historie* daraufhin, dass er gleiches in Bezug auf sein Untersuchungsobjekt beabsichtige.

Wenn es ihm zunächst darum geht, die Begebenheiten der Menschen nicht in Vergessenheit geraten zu lassen, stellt er sich in das von den Gelehrten der Zeit geteilte Interesse an der menschlichen Welt und knüpft an den universalen Anspruch der Welterfassung ionischer Gelehrter an. Indem er aber zusätzlich Empirie und Argumentation nicht auf *gegenwärtige* Zustände, sondern auf *vergangene*, von Menschen ausgehende Ereignisse bezieht, schafft er einen neuen Erkundungsraum, ein neues Feld der erklärenden Deutung und – ohne es zu wissen – ein neues Genre, das wir heute als Geschichtsschreibung bezeichnen.[24] Im Zentrum seines Interesses stehen menschliche Leistungen und Taten *(erga)*, aber eben nicht nur der Griechen, sondern auch der Barbaren. Die Perser sind die Barbaren par excellence und man darf vermuten, dass mit der Darstellung ihrer und der Griechen Taten (wie im Epos) Misserfolge und Scheitern eingeschlossen sind. Wie die hippokratischen Ärzte und Sophisten macht Herodot aber keine grundsätzlichen Unterschiede zwischen Griechen und Barbaren und behandelt sie gleichrangig. Und wie Sophisten und Ärzte Beobachtungen und Daten des Menschen und der Welt nicht einfach nur sammeln, sondern für ihre Thesen, Modelle und Handlungsanweisungen auswerten, so eröffnet Herodot am Ende seiner Einführung, welches Problem (oder welche Fragestellung) *er* mit der Bewahrung von Taten und Leistungen klären will: Es ist die Ursache des großen Krieges, den Griechen und Perser gegeneinander führten (wohlgemerkt nicht: den die Perser nach Griechenland hineingetragen hatten). Damit ist der Perserkrieg als Objekt unvoreingenommener und (nach zeitgenössischen Maßstäben) rationaler Analyse, mithin als ein »historisches« Thema entwickelt.

Um die *Ursache* zu erkennen, müsse man – das ist die nächste, nicht minder revolutionäre Entscheidung – nicht nur den *Verlauf* des Krieges darstellen, sondern auch die vor ihm liegenden, zu ihm hinführenden Ereignisse analysieren[25], wie ja auch die hippokratischen Ärzte ungewöhnliche Phänomene der menschlichen Gestalt (wie die langen Köpfe der Makrokephalen) durch den Blick auf deren Ursprünge zu erklären suchten. Die Aufgabe Herodots ist freilich anspruchsvoller: Sammeln und deuten die Naturwissenschaftler Daten über die Natur der Welt und die Gestalt und Bräuche der Menschen, so muss er zunächst nach den Erzählungen der Griechen und Perser fahnden *(historie)* und in kritischer Auseinandersetzung mit ihnen seine Darlegung entwickeln *(apodeixis)*. Dabei greift er weit in die mythische bzw. epische Vergangenheit (Vorgeschichte des Troianischen Krieges) zurück, zieht diese als Zeugnis vergangener Ereignisketten zwar nicht in Zweifel, hält aber ihre Aussagekraft für die Frage nach den Ursachen der Perserkriege für zu vage und unergiebig.[26]

Den eigentlichen Ausgangspunkt bildet ein Mann, »von dem ich (sc. Herodot) sicher weiß, dass er es war, der mit den Feindseligkeiten gegen die Hellenen den Anfang gemacht hat«. Gemeint ist der Lyderkönig Kroisos. Er war für das kollektive Gedächtnis seiner Zuhörer weitaus präsenter und mit ihm ließ sich überzeugend eine argumentative Verbindung zu der noch frischen Erinnerung an die Perserkriege herstellen.[27] Die ausführliche Darstellung der inneren Verhältnisse und äußeren Politik des Lyderkönigs mündet in dessen Entscheidung, gegen den Perser- (= Meder-)könig Kyros ins Feld zu ziehen, eine Entscheidung, die sich gegen ihn wendet und Kyros den Weg an die Ägäis öffnet. Es folgt eine sich über fast die Hälfte des Gesamtwerkes erstreckende Darstellung der persischen Expansion bis zur Vorgeschichte des Ionischen Aufstandes, dem einzigen, von zwei der Hybris verfallenen Tyrannen angezettelten Übergriff der Griechen.[28] Ab da widmet sich Herodot dem eigentlichen »Perserkrieg« von 480/79.

Mit der Darstellung der lydischen Geschichte und der persischen Eroberungen (unter den jeweiligen Königen) hat Herodot eine schlüssige Antwort auf die Frage nach den Ursachen bzw. der Schuld am Ausbruch der Perserkriege gegeben. Es ist der durch große Ressourcen gespeiste Expansionsdrang östlicher Monarchien und ihr hierdurch verschärfter Hang zur Hybris, wie er sich zunächst bei Kroisos zeigt und dann immer gewaltiger in Gestalt der Perserkönige, die auf kurz oder lang zu den Auseinandersetzungen mit den Griechen führten.[29] Individuelle (Fehl-)Entscheidungen und Handlungen (»Taten«) sowie zufällige Ereigniskonstellationen sind wichtige Katalysatoren, was die Darstellung Herodots so bunt und lebendig macht. Gleiches gilt für die Frage nach den Gründen des persischen Scheiterns. Auch sie sind nach Herodots Überzeugung nur aus der Befragung von »Zeugen« und den aus ihren Angaben zu rekonstruierenden Ereignissen abzuleiten. Auch hier spielen Zufälle und unvorhersehbare Konstellationen eine große Rolle. Aus alldem ließ sich eine fundamentale Lehre ziehen: Niemals könne eine Macht dauerhaft und über alle Menschen herrschen (eine Ansicht, die Aischylos allein mit göttlicher Entscheidung begründet hatte); die menschliche Geschichte unterliegt vielmehr dem beständigen Wandel der Machtverhältnisse. Macht und Erfolg tragen oft den Keim des Abstieges in sich.[30]

Der nomos der Völker

An zwei Stellen seines Werkes geht Herodot genauer auf die Frage ein, warum sich die Griechen gegen die persische Übermacht durchsetzen konnten. So erklärt der spartanische Flüchtling Demaratos dem Xerxes am Vorabend seines Angriffes, Griechenland sei ein armes Land, doch die Armut habe die Weisheit *(sophie)* und den *nomos* (zum geordneten Zusammenschluss) der Bewohner gestärkt.[31] Beides sei die Ursache der besonderen Tüchtigkeit *(areté)*, mit deren Hilfe sie Armut und Tyrannei überwinden. Das gelte besonders für die Spartaner. Sie könnten auch auf sich allein gestellt gegen jeden noch so übermächtigen Eindringling kämpfen. Auf den spöttischen Einwurf des Xerxes, auch ein Spartaner könne doch nicht mit einer 10-oder 20-fachen Übermacht fertig werden, ergänzt Demaratos, dass es der Gehorsam gegenüber dem *nomos* und die Eigenheit des Formationskampfes (Phalanx) sei, nicht die *physis* des Einzelnen, durch die sich die Spartaner allen Völkern überlegen fühlten.

Herodot überträgt damit Argumente aus der Debatte um das Verhältnis von *nomos* und *physis* auf ein »historisches« Ereignis. Er bezieht deutlich Stellung, indem er dem *nomos* gegenüber den natürlichen Gegebenheiten einen Vorrang einräumt, der den entscheidenden Unterschied ausmacht.[32] Gleiches gilt für die Athener, die laut Herodot erst nach der Vertreibung der Tyrannen und der Einführung des *nomos* der kleisthenischen »Demokratie« mächtig geworden seien[33], und zwar so mächtig, dass sie nicht nur den Angriff ihrer Nachbarn, sondern 30 Jahre später den der Perser zurückschlagen konnten und zum Retter von Hellas aufstiegen. Auch hier entscheidet der *nomos* (die freiheitliche Demokratie) über Erfolg und Misserfolg (die Perser kämpfen genauso ausdauernd und tapfer). Insofern ist es folgerichtig, dass Herodot die Athener auch eine Art hellenische Ethnizität formulieren lässt, die sich aus *nomoi* – der gemeinsamen Sprache, Religion und Lebensweise – zusammensetzt.[34]

Herodot hat somit die *nomoi* als entscheidende Faktoren machtpolitischen bzw. militärischen Erfolges und Misserfolges sowie des historischen Wandels allgemein bestimmt, dem jedes Volk unterworfen ist. Es wundert insofern nicht, dass die *nomoi* auch zentrale Bestandteile der ethnographischen Exkurse *(logoi)* sind, die in den ersten fünf Büchern immer dann integriert werden, wenn im Zuge der Darstellung die persischen Eroberer auf ein fremdes Volk stoßen. Die Lyder machen den Anfang, weil sie zum ersten Mal griechische Städte unterworfen hatten. Dann folgen die Perser selbst, die Ägypter und Skythen, Libyer und Thraker. Hinzu kommen kleinere Abschnitte über Aithiopien, Arabien und Indien sowie verstreute Verweise, die der Gelehrsamkeit des Autors ein hohes Zeugnis ausstellen.

Die Einzellogoi behandeln im Wesentlichen vier Themen: Geographie, Ökologie und Klima (1), Auffälligkeiten (*thomata, thomasia*) (2) sowie Kultur (3) und Geschichte (4).[35] Was den engeren Bereich der »Völkerkunde« angeht, interessiert sich Herodot besonders für religiöse Riten, Sitten sowie Wohn- und Ernährungsweisen, ein Themenkatalog, der an Hekataios und Skylax erinnert. Doch in der Zwischenzeit stand Herodot eine erheblich gewachsene Datenmenge zur Verfügung. Sophisten und Ärzte werteten diese Daten aus, um Theorien über den Zusammenhang von *physis* und *nomos* zu formulieren sowie politische bzw. medizinische Handlungsweisungen abzuleiten. Herodot dienten sie dazu, die Mannigfaltigkeit der *nomoi* an sich zu dokumentieren und die Besonderheit der jeweiligen Ethnien und ihres Landes als ethnographisch-historische Größe zu bestimmen. Das Staunen über die Welt und ihre Veränderungen, das die ionischen Naturphilosophen angetrieben hatte, wandelt sich zum Staunen über die Vielfalt menschlicher Lebensäußerungen.

Die ethnographischen Exkurse zeugen von Herodots Vertrautheit mit den Theorien um den Einfluss bzw. das Wechselspiel von Klima und Bodenbeschaffenheit, so etwa wenn er die außergewöhnliche Gesundheit der Ägypter (und Libyer) damit begründet, dass dies »wohl« (!) an dem Klima liege, besonders dem Fehlen von Jahreszeiten: »Veränderungen bringen ja dem Menschen die meisten Krankheiten, zumal die Veränderungen der Jahreszeiten.«[36] Allerdings hatten laut Herodot die Ägypter selbst ihre Gesundheit mit einem *nomos*, nämlich der monatlichen Zuführung von Abführmitteln erklärt. Ebenso begründen die Libyer ihr Wohlbefinden damit, dass sie ihren Kinder die Adern an Scheitel und Schläfe ausbrennen (um den Abfluss von Schleim zu verhindern). Hierbei handelt es sich eigentlich um eine hippokratische Lehre, und ob das die wirkliche Ursache besonderer Gesundheit ist, will Herodot nicht entscheiden. Wesentlich ist: Die Völker selbst sind davon überzeugt, mit ihren *nomoi* die *physis* beeinflussen zu können und nicht irgendwelchen Gesetzen von Klima und Bodenbeschaffenheit hilflos ausgesetzt zu sein![37]

Dabei bestreitet Herodot keineswegs den zeitlichen und raumbedingten Wandel von *nomoi*: So scheinen sich die Perser von einem einfachen, in einer rauen Gegend lebenden Nomadenstamm zu einem verweichlichten Volk unter potentiell zur Hybris (Hochmut) neigenden Herrschern entwickelt zu haben, weil sie seit der Eroberung des Lyderreiches den Einflüssen des Luxus ausgesetzt waren.[38] Das sophistische Argumentieren in Antithesen beeinflusste schließlich auch die Entscheidung, große Exkurse über das alte, im Süden wohnende Volk der Ägypter und das junge, im Norden umherschweifende Nomadenvolk der Skythen in vielen Aspekten ihrer *nomoi* als Gegensatz zu gestalten.[39] Doch all diese Konzepte besitzen nur den Rang sekundärer Ordnungsmuster, ohne dass sie in ein selbst tragendes Modell überführt werden. So erliegt Herodot auch nicht der Versuchung, die Unterschiede der *nomoi* in eine evolutionäre Entwicklung nach dem Vorbild sophistischer Kulturentstehungslehren einzufügen. Genauso skeptisch bleibt er gegenüber der Annahme *grundlegender* Veränderungen von *nomoi* in der Zukunft.[40] Auch wenn er mit dem großen Skythenexkurs den Zweck verfolgt haben mag, den Griechen einen Spiegel vorzuhalten, so entsteht hieraus kein moralischer Appell, der sein eigentliches Interesse überdecken könnte: Das ist und bleibt die Erkenntnis, dass auch aus Sicht der jeweiligen Völker allein der *nomos* bestimmend ist. »Denn wenn man an alle Völker der Erde die Aufforderung ergehen ließe«, so Herodot, »sich unter all den verschiedenen Sitten die vorzüglichsten auszuwählen, so würde jedes, nachdem es alle geprüft, die seinigen vorziehen. So sehr ist jedes Volk davon überzeugt, dass seine Lebensformen die besten sind«.[41] Illustriert wird das durch ein Experiment, das angeblich Dareios durchführen ließ. Er befragte Griechen und Inder nacheinander, zu welchem Preis sie bereit wären, die Leichen ihrer Väter nach der jeweiligen Sitte des anderen Volkes (Erdbestattung oder rituelles Verspeisen) zu behandeln. Beide weigerten sich entschieden, das jeweils Fremde auch nur versuchsweise zu übernehmen. Damit bewiesen sie, dass (wie schon Pindar sagte) die Sitte (*nomos*) aller König ist.

Vergleichende Ethnographie und persische Anregungen

Die gewaltige Menge der auf Reisen und durch Befragung gesammelten Daten hat Herodot demnach einerseits zur Relativierung der Sitten fremder Völker geführt (ähnliches, aber komplexer und mit größeren Rückwirkungen lässt sich im Zuge der europäischen Expansion beobachten). Unbenommen davon blieb andererseits die Erkenntnis, dass der *nomos* im Gegensatz zur Auffassung des Protagoras nicht der freien Verfügbarkeit des Menschen obliegt, sondern durch Tradition und Landesnatur vorgeprägt und verbindlich ist.[42] Deshalb bildet der *nomos* das entscheidende *arcanum*, mit dem das Typische eines Volkes erkannt werden kann. Diese Erkenntnis hebt die ethnographische Tradition (Hekataios) auf ein neues Niveau: Mit Herodot wird ethnographisches Denken in echte Ethnographie überführt und Ethnographie zum »wert- und ideologiefreien« Selbstzweck.

Ein Aspekt der neuen Ethnographie sind die expliziten Vergleiche. Herodot galt noch in der Frühen Neuzeit als Spezialist für das »vergleichende Studium der Sitten und Gebräuche der Völker«.[43] Vergleiche drängen sich bei einer Vielzahl ethnischer Daten eigentlich von selbst auf, und so waren sie sicherlich bereits bei Hekataios angelegt, der eine Vielzahl von Periploi über fremde Länder und Ethnien auswertete. Ebenso werden in der Schrift »Über die Umwelt« mehrere Ethnien des Nordens unter bestimmten Gesichtspunkten implizit miteinander verglichen. Doch erst Herodot nutzt den Vergleich der *nomoi*, um Unterschiede und Ähnlichkeiten z.B. zwischen Hellenen und Lydern sowie zwischen Hellenen und Ägyptern herauszuarbeiten.[44] Mitunter stellt er Parallelen zwischen Großethnien (Ägyptern) und griechischen Teilethnien (Spartanern) fest. Und er verglich fremde Völker untereinander, wenn er Unterschiede zwischen ägyptischen Priestern und persischen Magern oder Gemeinsamkeiten babylonischer, ägyptischer und arabischer Totenriten schildert.[45]

Sicherlich förderte Herodots historisches Thema den *militärischen* Vergleich der Kampfstärke, Kampfesweise und der Größe feindlicher Heere. Ebenso war Herodot der Vergleich von Polisverfassungen vertraut, wie die berühmte, angeblich am persischen Hof geführte Verfassungsdebatte zeigt.[46] Doch all das erklärt nicht die Reichweite der expliziten Vergleiche, die sich auf die Lebensweise von Völkern der *gesamten* Oikumene beziehen. Wenn man bedenkt, dass die ursprüngliche Fassung des Periplus des Skylax auf persische Aufträge zurückging, dann könnten persische Vorbilder eine zusätzliche Anregung gegeben haben. Wenn es tatsächlich so etwas wie eine von Griechen und Persern geteilte common-sense-Geographie gab, warum sollte ähnliches nicht auch für bestimmte Bereiche der Ethnographie gegolten haben? Die Höfe der persischen Könige waren kosmopolitische Zentren der Weltenschau und des Erfahrungsaustausches. Die Wandfresken der großen Treppe zur Empfangshalle in Persepolis bildeten eine Art »ethnographisches Museum«. Unter den Besuchern waren griechische Gesandte, Exilierte und Ärzte, die am Perserhof Karriere machten und von den Königen (ähnlich wie 1500 Jahre später Marco Polo vom Mongolenherrscher) für Erkundungsmissionen eingesetzt wurden.[47] Mehrfach weist Herodot auf die ethnographischen Interessen der Perserkönige im Zusammenhang mit Eroberungen hin, die dem ethnographischen Raster Herodots ähneln. So sandte Kambyses vor seinem Aithiopen-Feldzug eine Erkundungsmission in das Land, die nach Herodot Informationen über Lebensweise, Lebensdauer und religiöse Riten der Menschen, Landesschätze sowie Kuriosa mitbrachte.[48]

Natürlich gehorchen solche Textpartien immer auch der narrativen Logik der sie umgebenden Erzählung. Sie entsprechen der Erwartung eines *griechischen* Publikums und bewegen sich in einem *griechischen* Diskussionszusammenhang. Immerhin kennen wir aber Fragenlisten vergleichbaren Inhalts zur Erkundung eines Landes auch aus nichtgriechischen literarischen Traditionen z.B. der Hebräer.[49] Geographisches Ordnungswissen mit ethnographischen Daten zu verbinden war ein altes Prinzip vorderasiatischer Weltkunde. So enthält die Sargon-Geographie (s.o.S. 60) Kommentare über eroberte Völker wie die Amoriter, »die kein Getreide kennen«, die Lullubu, »die keine Konstruktionen kennen«, oder die Karzina, »die kein Begräbnis kennen, sondern ihre Toten verbrennen«.[50] Die Perser als Herrscher über ein ethnisch so heterogenes Reich waren auf ethnographische Empirie, verbunden mit geographischen und ökologischen Informationen angewiesen, um ihre bunt zusammengesetzte Armee sicher zu führen, die Herrschaft zu organisieren, mit den Untertanen zu kommunizieren und Steuern zu veranlagen und einzuziehen.[51]

Nun hatte Herodot zwar sicherlich keinen Zugang zu persischen oder vorderasiatischen Originalquellen, und er war auch kaum in der Lage, Teilnehmer persischer Expeditionen oder Mitglieder des persischen Planungsstabes zu konsultieren. Doch er konnte Leute befragen, die mit der persischen Außenpolitik vertraut waren und die Art persischer Dokumentationsmodelle kannten.[52] In jedem Fall spricht mehr dafür als dagegen, dass Herodot dort, wo es ihm möglich war, *mittelbar* persische Erzählungen berücksichtigte, so wie er es auch zu Beginn bei der Erörterung der Ursachen der Auseinandersetzungen zwischen Griechen und Barbaren betont. Auch wenn das nicht der Wahrheit entsprochen haben sollte – immerhin glaubte Herodot es seinem Publikum so präsentieren zu können.[53] Und so fungierte das Perserreich sicherlich für die Kenntnis der fernen östlichen und südöstlichen Völker als wichtiger Vermittler.[54]

Die wundersamen Randvölker: Indien und Arabien

Grundsätzlich bildeten die Randvölker für Herodot den äußeren Kreis einer die gesamte Oikumene umfassenden Ordnung: Im mediterranen Zentrum führen die Menschen ein geordnetes, aber mit der Mühsal des eisernen Zeitalters belastetes bäuerliches Leben mit ausgefeilten Begräbnissitten. Dann folgt eine von Nomaden bewohnte Zwischenregion, deren Menschen sich von der Milch und dem Fleisch ihrer Tiere ernähren; weiter entfernt schließen sich Völker an, die sich wenig um ihren Lebensunterhalt kümmern und mitunter eine gemäßigte Form des rituellen Kannibalismus (Massageten, Issedonen, indische Stämme) pflegen. An den äußersten Grenzen *(eschatiai)* der Welt trifft man schließlich (und zumal im Norden) auf Völker, die sich nur von Rohem ernähren: Gras, Wurzeln, Früchte, Fisch oder Fleisch.[55] Es sind zum einen sehr wilde, grausame Völker und sogar reine Menschenfresser (Anthropophagen), zum anderen (im Süden und Osten) Gemeinschaften wie die Aithiopen, die abgekoppelt von den Wirren der Geschichte das Glück einer Goldenen Zeit bewahrt haben, friedliebend sind und auf fruchtbaren Böden wegen des gesunden Klimas ein hohes Alter genießen.[56]

Diese Einteilungen erinnern an hippokratische Modelle, doch stärker sind die Anklänge an epische Traditionen. Bei Homer repräsentieren Kyklopen und Laistrygonen die grausam-wilde Variante, Scheria und Aithiopen die Glückseligkeit und Gottesnähe südlicher und nördlicher Randvölker.[57] Mit der Erweiterung des geographischen Horizontes werden in der Folgezeit die idealen bzw. grausam-wilden Völker mit neuen Ethnien identifiziert. Mit Hilfe der Extreme konnte man sich der Vorzüge der eigenen Zivilisation versichern, indem man sie von wilder Grausamkeit absetzte, oder ihren Zustand kritisieren, indem man ihr die idealen Verhältnisse entgegenhielt.

Herodot folgt jedoch auch diesem Muster nicht sklavisch, es ist eine Schablone, die ergänzt und modifiziert werden kann. So besitzt für ihn nicht *ein* Volk *alle* positiven oder negativen Eigenschaften, sondern es gibt Abstufungen und Differenzierungen sowie viele Ethnien, die sich einer Einordnung in die Dichotomie der Randvölkertopik völlig entziehen. Auch hier zeigt sich seine Skepsis gegenüber kategorialen Globalmodellen, weil sie sich mit der von ihm registrierten, viel differenzierteren Wirklichkeit nicht in Deckung bringen ließen. So ist er von der Existenz der Hyperboreer und Arimaspen nicht überzeugt und ignoriert die von Skylax in die Randvölkertopik des

Ostens eingeführten Großohrigen, Einäugigen und Einmalgebärenden. Im ersten Fall werden sie von unglaubwürdigen griechischen Quellen erwähnt. Im zweiten bildeten sie typische Elemente der *Indiká*, die mit dem Anspruch der Historien nicht zu vereinbaren waren.[58]

Aufgeschlossen ist Herodot dagegen für Nachrichten aus den Randgebieten, wenn sie von nichtgriechischen Quellen stammen oder bestätigt wurden. So gebe es in Indien Gold grabende Ameisen, denen die Einheimischen unter Lebensgefahr die Schätze abringen. In Arabien erschweren geflügelte Schlangen den Erwerb einheimischer Schätze (Weihrauch).[59] Beide Motive entsprechen zwar zeitgenössischer Klimalehre, wonach die südlichen Randländer viel fruchtbarer und reicher sind sowie ungewöhnliche Tiere hervorbringen (Arabien ist für seine Aromatika und Spezereien berühmt, in Indien gibt es wild wachsende Bäume, die Baumwolle spenden);[60] aber sie tauchen in den archaischen Epen und wohl auch bei Skylax oder Hekataios nicht auf.[61] Dagegen kennen indische Epen »Ameisengold«.[62] Wahrscheinlich beruht die Geschichte auf einer lokalasiatischen Nachricht von Murmeltieren, die beim Bau ihrer Gänge goldhaltigen Sand an die Oberfläche befördern. Das ural-altaische Wort für »Murmeltier« ähnelt der Sanskrit-Bezeichnung für »Ameise«. Ursprünglich kam demnach das tatsächlich im Nordwesten Indiens nachgewiesene Gold aus dem Altai. Vermutlich haben Herodots Gewährsmänner das Sanskritwort anstelle des altaischen Wortes übersetzt, und so wurden aus den Murmeltieren die Gold grabenden Ameisen Indiens.[63] Desgleichen lassen sich die geflügelten Schlangen Arabiens auf ägyptische und arabische Folklore zurückführen. Sie finden sich aber auch in hebräischen und assyrischen Geschichten, welche die Beobachtung wandernder Heuschrecken mit dem Topos wundersamer Schlangenwesen kombinierten.[64]

Entscheidend ist bei alldem: Herodot akzeptierte diese Geschichten, weil sie aus glaubwürdigen Quellen stammten und weil sie nach seiner Auffassung ein typisches und wesentliches Merkmal zweier Großregionen waren, die zwar viele Abstufungen ethnischer *nomoi* kannten, aber sich als einheitliche ethnographische Räume präsentieren ließen. Und vielleicht erkannte er hinter beiden Geschichten auch ein ganz pragmatisches Phänomen: Die indische Satrapie zahlte mit 360 Talenten Goldstaub den höchsten Tribut an die persische Zentrale, die Araber sandten jährlich 1000 Talente Weihrauch.[65] Geschichten von Gold und Weihrauch bewachenden Tieren ernst zu nehmen lag somit auch im persischen Reichsinteresse.

IV.
NEUE WELTERKENNTNIS UND DAS AUSGREIFEN IN DEN OKEANOS

1.
GROSSE ENTWÜRFE
DIE GEOGRAPHISCHEN UND KOSMOLOGISCHEN GRUNDLAGEN GLOBALER FERNERKUNDUNG

Herodots Kritik an der ionischen Geographie

Angesichts der weitgespannten Interessen Herodots und seiner intensiven Anteilnahme an den Diskussionen über die Natur der Welt wundert es nicht, dass er die neuen Informationen, die seit Ende der Kriege mit Persien nach Kleinasien flossen, nicht nur für eine Darstellung Indiens und Arabiens, sondern auch für eine Revision des *geographischen* Weltbildes nutzte. Er ist der erste Autor, der für die Welt den Begriff *Oikumene* benutzt, was eigentlich »bewohnte Welt« oder »bewohntes Land« bedeutet.[1]

Lächerlich erscheint ihm zunächst die Kreisform, mit der die ionischen Gelehrten die Gestalt der Welt abbildeten; ferner die Annahme, dass die Erde von einem ringförmigen Okeanosstrom umflossen werde.[2] Beides war mit den neuen Nachrichten über die Natur des Kaspischen Meeres als Binnenmeer sowie über die Ausdehnung Asiens nach Osten nicht mehr vereinbar. Die grundsätzliche Zweiteilung der Welt in Asien und Europa blieb davon jedoch unbenommen, was auch mit dem Generalthema seines Werkes zusammenhängt. Europa umfasste die Nordhälfte und war durch eine von West nach Osten durch das Mittelmeer verlaufende Linie von den restlichen Landmassen getrennt; Grenzzone zu Asien bilden die Meerengen des Bosporus und Hellespont. Sie führt weiter über das Marmarameer in das Schwarze Meer (Pontos Euxenos), dann am Fluss Phasis, dem Kaukasus und Kaspischen Meer entlang. Weitere Orientierungshilfen sind die im Westen entspringenden und parallel nach Osten und schließlich südlich oder nördlich in die Gewässer mündenden Ströme Ister (Donau) und Nil. Sie verlaufen symmetrisch um die durch das Mittelmeer von West nach Ost gedachte Achse.[3] Integriert in die Kontinentalordnung sind drei Klimazonen: der feuchte und kalte Norden, der trockene und heiße Süden sowie die gemäßigte Zone am Mittelmeer mit günstigsten Verhältnissen in Griechenland.[4]

Die Grenzziehung der Kontinente und der parallel gedachte Verlauf von Nil und Donau sind eine eigenständige Konzeption Herodots, mit der er die gewaltige Masse der Oikumene zu ordnen suchte. Unbeeinflusst von geometrischen Ordnungsbemühungen dachte er sich dagegen die Gestaltung der äußeren Meere.[5] An Stelle des umfließenden Okeanos ließ er nur noch das Erythräische (»Rote«) Meer (was etwa dem Indischen Ozean entspricht), das Kaspische (oder Hyrkanische) und das große Meer im Westen gelten, das er erstmals als »Atlantik« bezeichnete.[6] Während das Erythräische Meer und der Atlantik um Libyen in Verbindung standen, sei das Kaspische Meer ein Binnenmeer. Der Persische Golf wird als maritimer Raum nicht gewürdigt, weil ihn Skylax ignoriert hatte.[7]

Astronomische Interessen

Herodots Weltbild setzte auch deshalb Maßstäbe, weil sich das Wissen der Griechen über ferne Länder in der folgenden Generation nicht wesentlich erweiterte. Explorationsenergien erlahmten im Zuge der Kriege zwischen Athen und Sparta und ihren Bündnissystemen (»Peloponnesischer Krieg«) oder mussten sich militärischen Zielen unterordnen. Am ehesten wäre Athen in der Lage gewesen, den Blick in die Ferne zu richten. Doch erneut zeigt sich, dass die Akteure »im Zentrum« der griechischen Geschichte im Gegensatz zu den Poleis »am Rande« als Entdecker oder Förderer von Expeditionen eine eher untergeordnete Rolle spielten. Wohl zeigen die Tragödien eine enge Vertrautheit mit der mythischen Geographie und den Geschichten des Nordpontos. Reales Wissen zumal über den fernen Westen kam jedoch nicht hinzu. Die Komödiendichter erwähnen Stockfisch aus Gades und Muränen aus Tartessos, doch viele glaubten auch den Erzählungen der Karthager, wonach das Meer jenseits der Straße von Gibraltar unbefahrbar sei.[8]

Wie fast immer in der Antike blieben solche Phasen des Innehaltens nach Jahrhunderten des Aufbruches nicht ungenutzt. Sie boten die Chance, die Fülle der in der archaischen Zeit erbrachten Informationen zu durchdenken und in Modelle zu integrieren, die auch ohne neue empirische Daten auskamen. Erst aus diesem Verarbeitungsprozess erwuchsen wieder Impulse, sich unter veränderten politischen Bedingungen zu den noch unerforschten Grenzen der Welt aufzumachen. Seit der Mitte des 5. Jahrhunderts wandten in Athen Philosophen wie Anaxagoras und Hippias trotz (oder gerade wegen) des nachlassenden geographischen Erkenntnisfortschrittes den Blick zum Himmel, erklärten astronomische Phänomene und nahmen mit Hilfe eines Schattenanzeigers *(Gnomon)* und einer hohlen Halbkugel als Abbild des Himmelsgewölbes *(Skaphé)* Versuche zur Vermessung des Himmels und der Erde vor. Viele pflegten Kontakte zu gleichgesinnten Gelehrten in Sizilien und Kleinasien. Nach dem Peloponnesischen Krieg forderte Platon (nach dem Vorbild der Pythagoreer) eine neue Astronomie auf mathematischer Grundlage; einer seiner Hörer war Eudoxos aus Knidos (ca. 391–338 v. Chr.), der zum Begründer der mathematischen Astronomie werden sollte.[9]

Das Hauptanliegen der griechischen Astronomie bestand in der Tradition metereologischer Bauernkalender darin, das Erscheinen und Verschwinden der Fixsterne am Nachthimmel zeitlich zu bestimmen; hieraus entwickelte sich im 4. Jahrhundert die Planetenbahntheorie des Eudoxos. Demgegenüber hatten sich die Naturphilosophen unabhängig von einer konkreten Nutzanwendung für die Position der Planeten interessiert, um ihren Weltmodellen eine harmonische Ordnung zu verschaffen. Ihre Bemühungen suchte Platon in seine naturphilosophischen Schriften und deren Mythen der Seelenwanderung und Weltenschau zu integrieren. Gleichzeitig betonte er den Nutzen der mathematischen Astronomie für die Erziehung sowie Harmonie und Proportionen als Grundlage des Wissens um die Welt.[10]

Die Forschung neigt mitunter dazu, diese auf verschiedenen Ebenen und mit unterschiedlichen Schreibstilen und Erkenntniszielen verlaufenden Diskurse nach dem Grad der »Wissenschaftlichkeit« zu hierarchisieren und zu qualifizieren, ganz ähnlich wie man im Bereich der Ethnographie gerne klare Grenzen zwischen den »harten Fakten« empirischer Bobachtung und den Topoi der Wunderwesen zieht und hieraus auf die Glaubwürdigkeit der Autoren schließt. Vieles spricht dafür, dass diese Sichtweise nicht oder doch nur sehr bedingt dem antiken Verständnis entsprach. Es gab (wie im Mittelalter, s. u. S. 447) eine Pluralität der Wahrheiten über die Welt, die unterschiedliche Denkstile, Methoden und Ausdrucksweisen einschlossen, sich mitunter ergänzten, aber auch bekämpfen konnten, dabei jedoch als *möglicher* Zugang zur Erkenntnis nie von vornherein ausgeschlossen wurden. Das gilt auch und in besonderem Maße für die astronomisch-kosmologischen Diskussionen des 4. Jahrhunderts. Sie verliefen in einem Raum des scharfen Wettbewerbs, der nicht selten in persönliche Gegnerschaften (z.B. zwischen Eudoxos und Platon) und Kämpfe um Anhänger mündete, aber immer einen fruchtbaren Austausch ermöglichte. Sie spiegeln die Konkurrenz unter den explorativ aktiven Poleis und setzen sie auf einer anderen Ebene und mit anderen Akteuren fort.

Allerdings war mit ihnen zunächst noch keine empirische Erweiterung des geographischen Horizontes und vor allem kein machtpolitischer oder militärischer Nutzen verbunden; das war auch ein Grund für den Spott des Volkes, das die Himmelsbeobachtungen als Narretei adliger Wichtigtuer abtat. Dennoch schuf der Wille zur Durchdringung astronomischer *und* terrestrischer Globalphänomene die Grundlagen für eine neue Art der Weltbetrachtung und der Lösung von Problemen, welche die Erkundungen der Zeit davor hinterlassen hatte.

So wunderte sich Herodot über den Sonnenstand zur Rechten der Seefahrer, die angeblich Afrika umschifften. Seine These, Libyen erweitere sich nach Süden hin zu immer trockeneren, vegetationslosen Breiten, stimmte nicht mit der Expedition der Nasamonen und der Hannofahrt überein (s.o.S. 155–172). Die Einteilung der Erdscheibe in einen kälteren nördlichen und einen wärmeren südlichen Teil erschien nicht mehr zeitgemäß, doch was sollte man an deren Stelle setzen?[11] Genauso schwierig zu deuten waren die Phänomene des hohen Nordens: Herodot hatte keine Erklärung für die Nachricht, dass die Menschen jenseits der Rhipäen sechs Monate zu schlafen pflegen.[12] Nur die langen Tage ließen sich darauf zurückführen, dass die Sonne während des sommerlichen Nachtbogens einen geringen Abstand zu den untersten Punkten der nördlichen Breiten wahrte. Schwer zu verstehen war aber, warum die längsten Tage und Nächte nach Norden immer länger wurden, warum sich die Horizonthöhe der Sterne und Sternbilder nahe dem Himmelspol veränderten, wenn man sich in nördlicher oder südlicher Richtung bewegte (sie stehen umso höher, je weiter man nach Norden kommt und sinken in entgegen gesetzter Richtung) und weshalb im Süden neue Sterne erschienen, die man im Norden nicht sah.[13]

Die einzige Möglichkeit, diese Veränderungen zu erklären und mit den erweiterten geographischen Kenntnissen zu verbinden, war die Annahme, dass es eben nicht einen gleichbleibenden Horizont auf der flachen und lediglich an den Rändern erhabenen (»muldenförmigen«) Erde gab, wie Anaximander und die Ionier behaupteten[14], sondern dass die verschiedenen Horizonte, Licht- und Beleuchtungsverhältnisse sowie Sternenkonstellationen mit *unterschiedlichen Standpunkten* auf der Erde zusammenhingen. Hatte man diesen Gedankenschritt vollzogen, war der logische nächste, sich endgültig von der Vorstellung der scheibenförmigen Erde zu lösen. Und hier kam die in Süditalien entwickelte These von der Kugelgestalt der Erde ins Spiel, die zu Beginn des 5. Jahrhunderts noch keineswegs Allgemeingut war.[15] Die Vertreter der Erdkugelthese wiesen darauf hin, dass für einen Polbewohner die Sonne zur Zeit der Herbstnachtgleiche für ein halbes Jahr lang unter dem Horizont versinkt und von der südlichen Erdsphäre verdeckt wird; damit war der »halbjährige Schlaf« der Nordlandbewohner erklärt, von dem Herodot erzählte und den Homer angedeutet hatte.[16] Und nun wurde auch verständlich, warum sich bei einer Veränderung des Standortes von Nord nach Süd der Sternenhimmel veränderte, warum der Himmelspol nach Norden hin anstieg, der Pol sich vom Horizont entfernte oder sich ihm näherte, wenn man sich auf ihn zu- oder von ihm wegbewegte, und warum sich schließlich die Tagesbahn der Sonne je nach geographischer Breite wandelte.[17] Xenophanes sagte, es gebe viele Sonnen und Monde nach dem jeweiligen Verhältnis der Klimate, Abschnitte und Zonen der Erde; auch heute sprechen wir von einer Tropensonne und einer Polarsonne.[18] Die erste Messung der Schiefe der Ekliptik (dem Winkel zwischen der scheinbaren Sonnenbahn am irdischen Himmel mit dem Himmelsäquator) fällt in die erste Hälfte des 5. Jahrhunderts und wird dem Oinopides von Chios zugeschrieben; er bemaß dessen Neigung mit Hilfe des Gnomon auf einen konstanten Wert von 24°.[19]

Die Erdkugelthese ermöglichte auch eine ordnende Integration der Klimata. Parmenides von Elea (s. o. S. 146) teilte die Kugeloberfläche gemäß der unterschiedlichen Sonneneinstrahlungen und -bewegungen in fünf »Gürtel« (griechisch: *zoné*) ein, indem er nach dem Vorbild der Pythagoreer die Sonnen- und Sternenbahnen des Himmels durch Zentralprojektion analog auf die Erdoberfläche übertrug. Die mittlere Zone zwischen den Wendekreisen war wegen der senkrechten Stellung der Sonne eine verbrannte und für Menschen unbewohnbare Fläche. Südlich und nördlich davon schloss sich unter den Wendekreisen eine gemäßigte und bewohnbare Zone an, die an die »erfrorenen Zonen« der Polkappen grenzte. Die verbrannte Zone, welche die gemäßigten Zonen voneinander trennte, bemaß Parmenides fast doppelt so breit wie den Raum zwischen den Wendekreisen.[20]

Als nächstes galt es, die bekannten und neu entdeckten Erdgegenden in dieses Schema einzuordnen. Ein Problem bildeten die Expeditionen der Karthager. Während sich ihre Erkenntnisfortschritte gen Westen problemlos auf den gemäßigten Nordgürtel übertragen ließen, mussten die Vorstöße in den nördlichen und südlichen Atlantik zu einer Korrektur der Grenze der kalten und der heißen Zone führen, weil die südlich des Wendekreises des Krebses entdeckten bewohnbaren Gegenden in die verbrannte Zone hineinragten.[21] Eine Lösung bot der vielgereiste Geograph, Mathematiker und Astronom Eudoxos von Knidos, nicht zufällig der erste, der die Veränderlichkeit des Horizontes bezeugte, mit einem Gnomon Messungen vornahm und einen Sternenglobus benutzte. Er übertrug die von Hekataios vorgenommene Dreiteilung der Oikumene in Asien, Europa und Libyen auf die nördliche gemäßigte Zone in Form eines Rechteckes, dessen Länge die Breite um das Doppelte übertraf.[22] Wohl angeregt durch die Expeditionen der Karthager nahm er ferner an, dass Libyen über die heiße Zone südlich des nördlichen Wendekreises in die noch weiter südlicher (jenseits des südlichen Wendekreises) gelegene gemäßigte Zone hineinreichte. Dieses Bild entsprach konzeptionell der tatsächlichen Ausdehnung des Kontinents, mit dem Unterschied, dass die breite Zone der verbrannten Erde der Vorstellung einer kontinentalen Einheit entgegenstand. Stattdessen bildete die südliche Ausdehnung Libyens in die gemäßigten Breiten eine Gegenoikumene (Antioikumene); sie galt als von Menschen bewohnt. Später bezeichnete man sie als »Gegenfüßler« (Antipoden).[23]

In der südlichen Oikumene, so die weitere These, entspringe der Nil. Er werde durch den Winterregen im Süden gespeist und verlaufe in einer mehr oder weniger geraden Linie nach Norden durch die heiße Zone bis ins Mittelmeer. Die Niederschläge des Winterregens im Süden ließen den Nil anschwellen und bewirkten die sommerlichen Nilschwemmen.[24] Oikumene und Gegenoikumene standen so in einem dauernden, physikalisch erfahrbaren Wechselverhältnis. Allerdings nahm Eudoxos wohl an, dass kein Mensch von einer Oikumene durch die heiße und menschenleere Zone (zwischen den Wendekreisen) zur anderen gelangen könne; deshalb habe man auch die Nilquellen bisher nicht finden können.[25]

Wenn man aber die Quellen des Nils auf einer sich gen Süden bis zur Gegenoikumene erstreckenden Landmasse vermutete und der Nil stromaufwärts keine Verbindung zum Okeanos hatte (wie Hekataios und Euthymenes meinten), wurde dann die Gegenoikumene vom Okeanos umflutet? Oder umgaben ihre Arme das äußere Meer in einem riesigen Bogen, der östlich an Indien anschloss und das Erythräische Meer zu einem Binnenmeer machte? Und die aufregendste Frage: Wenn Libyen viel weiter südlich reichte, als man angenommen hatte: Gab es auf anderen Teilen der Erdkugel weitere Oikumenen, und wie verhielten sie sich zum äußeren Meer?[26]

All diese Fragen lösten unter den Intellektuellen heftige Diskussionen aus und führten zu unterschiedlichen, teils sich ergänzenden, teils miteinander konkurrierenden Modellen. Die bekannteste Antwort gab Platon. Er ist der erste griechische Autor, der unzweideutig im *Phaidon* (verfasst kurz nach 378 v. Chr.) von der Kugelgestalt der Erde ausgeht und damit eine offenbar in Athen zu Beginn des 4. Jahrhunderts noch revolutionäre These präsentiert.[27] Die Erdkugel wird als riesig gedacht. Der bekannte Ausspruch, die Menschen des Mittelmeerraums hockten wie Frösche um einen Sumpf, nimmt die Fixierung auf den vertrauten Lebensraum der kleinen Oikumene aufs Korn. Tatsächlich gebe es aber noch weitere Erdinseln auf dem Globus. Versteht man die im Abschlussmythos des *Phaidon* entwickelte These von den vier Erdströmen zumindest teilweise auch als Abbild der überirdischen Welt, so ergäbe sich eine Erdkugel, die von zwei sich rechtwinklig kreuzenden »Gürtelozeanen« (dem Okeanos und dem Acheron) in vier Oikumenen geteilt wird. Dieses Erdbild hat Karriere gemacht, es diente wahrscheinlich den Streifenelementen des mittelalterlichen Reichsapfels als Vorbild.[28] Für die Zeitgenossen Platons entsprach es den Vorstellungen, die man sich über das Verhältnis der Erde zu den Weltmeeren machen konnte: Der sich von Nord nach Süd ersteckende Ozean wäre mit dem Atlantik gleichzusetzen, der rechtwinklig zu diesem von West nach Ost verlaufende zumindest teilweise mit dem Erythräischen Meer. Das durch die Ozeane gebildete rechte obere Dreieckssegment wäre die bekannte Oikumene, das darunter die Gegenoikumene (der *Antioiken*), die ihnen jeweils gegenüberliegenden Felder die Oikumene der Periöken und der Antipoden. Der von West nach Ost verlaufende Gürtelozean füllte in etwa die Zone aus, die nach der Parmenideischen und Eudoxischen Zonenlehre von der verbrannten Zone eingenommen wurde.[29] Eigentlich müsste das Wasser in der heißen Zone verdunsten; deshalb gab es wohl auch Gelehrte, die aus dem platonischen Gürtelozeanmodell den äquatorialen Ozean entfernten und nur den atlantischen, von Nord nach Süd sich erstreckenden akzeptierten.[30] In der Atlantiserzählung des um 362 verfassten Timaios-Dialogs spricht Platon selbst anstelle der vier Oikumenen innerhalb der durch die Erdströme gebildeten Segmente von einem riesigen (»wahren«) Festland, das im Westen den Atlantik und den gesamten Okeanos (das »wahre Meer«) umschließt.[31]

All diese Überlegungen nahmen alte Mythen wie den vom Totenland jenseits des Okeanos (Homer) oder von den Inseln der Seligen sowie zeitgenössische (später auch von Aristoteles geäußerte) Spekulationen über ein im Süden von Indien bis nach Libyen reichendes Festland auf[32] und verbinden sie mit dem Bedürfnis nach einer geometrisch ausgewogenen Verteilung von Wasser und Land auf der Erdkugel. So spekulativ diese Konstruktionen sind, sie haben das Weltbild bis unmittelbar vor den Entdeckungsfahrten der Frühen Neuzeit fast unverändert bestimmt: Wir haben mit dem Antipodenkontinent das Urmodell der *terra australis*, mit der die portugiesischen Kapitäne bei ihren Fahrten an der afrikanischen Westküste rechneten, genauso wie dem großen Westkontinent und den Erdinseln im Atlantik, die Kolumbus und seine Zeitgenossen nie gänzlich aus ihren Überlegungen verbannten, auch wenn der Genuese eine freie Durchfahrt propagierte. Und es deuten sich schon jetzt die gleichen Diskussionen über die Möglichkeit der Überquerung und Bewohnbarkeit der »verbrannten Äquatorialzone« an, die auch die frühneuzeitlichen Seefahrer beschäftigten (s.u.S. 442f.).

Das Weltbild des Aristoteles

Auch wenn die Fragen nach der Verbindung und den Kontaktmöglichkeiten *zwischen* den Oikumenen nicht im Zentrum der Überlegungen standen und wohl auch noch nicht an eine Direktfahrt von Spanien bis nach Indien über den Atlantik gedacht wurde – sie waren in den Thesen über die Verteilung von Wasser und Land auf der Erdkugel angelegt. Es entspricht griechischer Denkweise, dass diese Fragen in der Folgezeit nicht in erster Linie nach nautisch-technischen Kriterien angegangen wurden, sondern sich weiter auf mathematisch-konstruktiver Ebene bewegten. Wer wissen wollte, wie groß der Abstand zwischen der bekannten Oikumene und den anderen Oikumenen war und ob es zwischen ihnen Landbrücken gab, dem standen zwei Vorgehensweisen zur Verfügung: Er musste Berechnungen der Gesamtausdehnung der Erdoberfläche mit der Ost-West- bzw. Nord-Südausdehnung der Oikumene in Beziehung setzen, und er konnte zusätzlich ethnographische bzw. zoologische und botanische Analogien bemühen getreu der Vorstellung, dass Erdgegenden auf der gleichen Klimazone auch eine vergleichbare Tier und Pflanzenwelt hervorbrachten.

Beide Wege beschritt Aristoteles. Er war der erste, der die Erdkugelthese nicht nur vertrat, sondern auch schlüssig zu beweisen suchte (wobei er allerdings die platonische Vorstellung ablehnte, dass sich die Erde um ihre Achse dreht).[33] Der bekannteste Beweis beruhte auf der Beobachtung, dass bei Mondfinsternissen der Rand der Erdscheibe auf der Mondfläche eine gleichmäßig gekrümmte Linie aufweist; unwiderlegbar war sein Hinweis auf die Wandelbarkeit des Horizontes und des Sternenhimmels bei einer nur geringfügigen Verlagerung des Standortes nach Süden oder Norden. Diese Tatsache führte ihn zur Überzeugung, dass die Erde vergleichsweise klein sei, jedenfalls viel kleiner als sie sich Platon im *Phaidon* vorstellte. Nach dem Vorbild von »Mathematikern« (darunter wohl Eudoxos) und deren Distanz- und Routenberechnungen legte er den Erdumfang auf 400.000 Stadien (= ca. 74204 km) fest.[34] Die Autorität des Aristoteles begründete die berühmte Sentenz, wonach die Erde nur ein winziger Punkt im Weltall sei.[35] Wenn die Erde klein war, dann mussten die auf ihr entdeckten Landmassen einen relativ großen Raum einnehmen. Dementsprechend verkürzten sich die Verbindungen zwischen den Landmassen, und es erschien einfacher als auf einem riesigen Globus, zu den Enden der Oikumene vorzustoßen bzw. neue Oikumenen zu entdecken.

Gleichzeitig modifizierte Aristoteles die Zonenlehre, indem er die kalte Zone verbreiterte und die verbrannte Zone etwas nach Norden (nördlich des Wendekreises des Krebses) verschob.[36] Im Norden markierte das Land der Skythen die Grenze der gemäßigten Zone, ob sie aber wirklich in ihrer ganzen Ausdehnung bewohnt ist, könne – so Aristoteles – nur die Erfahrung, d. h. neue Expeditionen lehren. Die südliche Gegenoikumene hielt er wie die meisten seiner Zeitgenossen für unerreichbar, mit der Folge, dass sich erneut ganz in griechischer (aber entgegen karthagischer) Tradition das Interesse auf die West-Ostausdehnung der nördlichen Erdhalbkugel konzentrierte.[37] Zwischen dem Westrand (Spanien) und dem Ostrand (Indien) der Oikumene gäbe es – so Aristoteles – ein einziges Meer, dessen Breite unterschiedlich gedeutet wird, das aber nicht sehr groß sein kann.[38] Andererseits hielt er aufgrund der Ähnlichkeit der Tierarten (Elefanten) die These »für nicht unwahrscheinlich«, dass die Gegend von Gibraltar und das Ostende Indiens nicht nur recht nahe, sondern irgendwie territorial miteinander verbunden seien (oder waren); ob sich diese Verbindung über die Nord- oder die Südhälfte der Erdkugel erstreckte, blieb ungeklärt.[39]

Aristoteles hat mit diesen Überlegungen sowie der Vorstellung eines vergleichsweise geringen Erdumfanges dem Entdeckeroptimismus neuen Auftrieb gegeben. Denn je mehr Landmassen es auf einer kleinen Erdkugel gab, desto größer war die Chance, unentdeckte Länder auf der gemäßigten Zone zu erschließen und die gelehrten Konstruktionen einer empirischen Klärung zuzuführen. Wohin sollte man aber zuerst vorstoßen, nach Osten oder Westen oder gleichzeitig in beide Richtungen? Wie meist waren es Zufälle und machtpolitische Veränderungen, welche die Richtungen vorgaben.

2.
DER VORSTOSS IN DEN NORDWESTLICHEN OKEANOS

DIE ENTDECKUNGSFAHRTEN DES PYTHEAS AUS MASSILIA

Die keltische La-Tène-Kultur

Leicht vergisst der auf die klassischen Akteure fixierte Beobachter, dass sich zeitlich mehr oder weniger parallel zu den militärischen Konflikten im östlichen Mittelmeerraum eine nicht minder gravierende Umwälzung im Gebiet der Kelten abspielte, die zusammen mit einer machtpolitischen Neuausrichtung im etruskischen Italien zeitverzögert auf die mediterrane Welt ausstrahlte. Seit der Mitte des 5. Jahrhunderts v. Chr. wurden viele Fürstensitze der Hallstattkultur aufgegeben oder zerstört. An ihre Stelle traten kleinteiligere Herrschaften mit Siedlungen, die später von Caesar als *oppida* bezeichnet werden. Wir ordnen sie in ihrer Gesamtheit und in Abgrenzung zu den Hallstatt-Kelten der sog. La-Tène-Kultur zu.

Die Gründe für den Wandel sind unklar. Vielleicht war die heimische Agrarwirtschaft nicht mehr in der Lage, die Erwartungen der Eliten und ihren Hunger nach Luxusprodukten zu befriedigen, zumal gleichzeitig – wenn man römischen Schriftstellern glauben will – die Gesamtbevölkerung wuchs und versorgt werden musste. Vielleicht hatten die Fürsten ihre Rolle als Verteilungszentren von Gütern und Dienstleistungen überreizt und konkurrierende Clanführer um ihre Machtchancen betrogen.[1] Diese erzwangen einen Umsturz der Verhältnisse und gerierten sich – nimmt man ihre Grabbeigaben als Maßstab – martialischer als ihre Vorgänger. Viele begründeten neue Kleinherrschaften oder brachen, anstatt auf die mediterranen Händler zu warten, seit Ende des 5. Jahrhunderts selbst auf, um sich in Italien, später sogar Griechenland als Beute in viel größeren Mengen das zu holen, was ihre Vorgänger als diplomatische Geschenke erhalten hatten; bei einem dieser Raubzüge wurde Rom beinahe vollkommen eingenommen.[2]

Massilia blieb zwar von solch massiven Invasionen verschont (die Quellen berichten nur von einer Belagerung durch einen ligurischen Stamm).[3] Doch um so schwerer wogen die wirtschaftlichen Konsequenzen der innerkeltischen Umwälzungen. Nach Aussage der Archäologen erlebte der Handel mit dem keltischen Norden über die Rhône just in der Zeit einen signifikanten Rückgang, als sich die La-Tène-Kultur durchsetzte.[4] Offensichtlich fehlten den massiliotischen oder über Massilia gehandelten Waren die alten Abnehmer, weil diese vertrieben waren und sich die neuen das, was sie brauchten, gewaltsam oder von einem näher liegenden Partner, den Etruskern, besorgten.

Die Etrusker hatten in Reaktion auf die dominierende Rolle Massilias als Verteilungszentrum mediterraner Waren und nach empfindlichen Niederlagen gegen die süditalischen Griechen im frühen 5. Jahrhundert ihre Siedlungsgebiete in die Po-Ebene verlagert. Von hier aus knüpften sie über die Pässe der Zentralalpen neue Handelsverbindungen zu den Zentren der La-Tène-Kultur an Rhein, Mosel und Saar.[5] Die direkte Nord-Südverbindung erwies sich als effektiver als der von Massilia monopolisierte Weg über die Rhône, zumal sie die im Niedergang befindlichen Hallstattsitze am Mont Lassois und auf der Heuneburg links liegen lassen konnte. In der Zeit, als sich im östlichen Mittelmeer Athen und Sparta für den entscheidenden Waffengang um die Vorherrschaft in Griechenland rüsteten, hatten die Etrusker den Nordhandel weitgehend unter Kontrolle gebracht und das Zinnhandelsmonopol wiedergewonnen.

Massilia reagierte zunächst mit der Intensivierung seiner Handelsbeziehungen in die Mittelmeerwelt. Doch für eine Stadt, deren Existenz und Wohlergehen seit der Mitte des 6. Jahrhunderts wesentlich von den Kontakten ins Keltenland abhingen, bedeutete diese Entwicklung mittelfristig einen schweren Schlag, zumal ihnen die Karthager auch den maritimen Zugang zu den atlantischen Silber- und Zinnabbaugebieten Nordwestspaniens erschwerten. Erste Versuche, verlorene Positionen zurückzugewinnen, dürfte es zu Beginn des 4. Jahrhunderts gegeben haben, als sich auch das befreundete Rom im Kampf mit etruskischen Städten und mittelitalischen Stämmen befand. Der Schlüssel zur Verbesserung der Lage war eine Wiederbelebung der Rhôneverbindungen gen Norden, und vielleicht wohnte der Not eine ungeahnte Chance inne: Wenn die Hallstattfürsten als Lieferanten und Zwischenhändler ausfielen, was lag näher, als selbst zu den Quellen von Zinn und Bernstein vorzustoßen? So ließen sich nicht nur Kosten sparen, sondern auch die etruskischen Konkurrenten abschütteln.

Pytheas' Suche nach den Zinninseln

Diese Gedanken mögen in den 440er oder 430er Jahren einen massiliotischen Kapitän namens Pytheas und seine Geldgeber veranlasst haben, die Direktroute zu den Zinninseln zu suchen, um die etruskische Handelsdominanz zu brechen. Wieder haben wir eine klassische Konkurrenzsituation, wie sie so oft am Beginn explorativer Dynamiken steht. Und wie häufig schloss sich dem handelspolitischen Nahziel das Ausgreifen in entferntere Regionen an. Spätestens bei diesen weiteren Etappen bestimmte auch die Klärung wissenschaftlicher Fragen die Fahrt.[6] In der Gestalt des Pytheas verbindet sich so das geographische und astronomische Gelehrtentum des 4. Jahrhunderts mit einem durch Handelsinteressen angetriebenen Entdeckerehrgeiz. Er nimmt die Rolle des wissenschaftlich-literarisch produktiven Entdeckers vorweg, der in der Zeit des Frühhellenismus unter der Ägide der seleukidischen und ptolemäischen Könige zum Standardtypus wird (s. u. S. 272 f.).

Die Quellen bezeichnen Pytheas als *doctissimus* und *philosophos*; vielleicht war er ein Schüler des Eudoxos und nutzte die Handelsbeziehungen seiner Heimatstadt zu Athen, um sich über astronomische Messmethoden auszutauschen und mit Aristoteles und seiner Schule in Kontakt zu treten (während umgekehrt Aristoteles massiliotische Informanten konsultierte, um seine Verfassung von Massilia zu schreiben).[7] Nach der Rückkehr aus dem Norden verfasste Pytheas eine Schrift »Über den Ozean«. Sie löst sich von den Beschränkungen früherer Periploi und nahm entsprechend der geweiteten Weltsicht des 4. Jahrhunderts das gesamte Weltmeer in den Blick. Die wenigen Fragmente und Bezeugungen zeigen, dass Pytheas dezidiert an der Lösung naturwissenschaftlicher Probleme wie dem Gezeitenphänomen sowie der Sammlung neuer astronomischer und geographischer Daten auf mathematischer Grundlage interessiert war.

Manche Gelehrte vermuten deshalb, Pytheas habe als führender Astronom seiner Stadt ein eigenes Observatorium auf einem Platz nahe des Artemis- oder Apollontempels besessen und mit Hilfe eines zehn Meter hohen

Gnomon die Schattenlängen der Sonne berechnet. Ursprünglich hatte man den Gnomon wohl nur zur Zeitbestimmung benutzt; Oinopides bemaß dann mit ihm die Schiefe der Ekliptik konstant auf 24°, indem er sie als eine Seite des regelmäßigen Fünfecks definierte. Eudoxos dürfte kurz danach versucht haben, die vom Gnomon gelieferten Schattenverhältnisse in geographische Breiten der jeweiligen Orte (die Parallelkreise nördlich (+) oder südlich (-) vom Äquator) umzurechnen.[8] Pytheas perfektionierte diese Methode, indem er das Verhältnis der Höhe des Gnomon zur Länge des von ihm zur Sommersonnenwende geworfenen Schattens brachte und in Winkel- bzw. Breitengrade umrechnete. Auf diese Weise bestimmte er vor seinem Aufbruch die geographische Breite (bzw. den Parallelkreis) von Massilia. Während seiner Weiterfahrt nach Norden wiederholte er das Verfahren mit einem transportablen Gnomon mindestens vier Mal, um die relativen Entfernungen von dem Breitengrad Massilias festzustellen. Hieraus ergibt sich eine Gesamtdauer der Fahrt von mehreren Jahren, da die astronomischen Daten für den hohen Norden die Beobachtung des Sonnenstandes während der Wintersonnenwende voraussetzten.[9] Die Messungen erschienen der Nachwelt so überzeugend, dass die großen Mathematiker und Astronomen Hipparchos (aktiv ca. 160–130 v. Chr.) und Eratosthenes (ca. 276–194 v. Chr.) sie später neben anderen astronomischen Beobachtungen (z. B. zur Sternenkonstellation des Poles) übernahmen. Sie bilden eines der wichtigsten Argumente für die Authentizität der Expedition insgesamt.[10]

Lange Zeit nahm man an, Pytheas sei mit einem eigenen Schiff durch die Säulen des Herakles an Tartessos vorbei in die Biskaya gefahren. Dafür gibt es jedoch keine Hinweise, und es würde auch schwer mit der Tatsache zu vereinbaren sein, dass Massilia seit Jahrhunderten über Zwischenhändler von den Vorteilen des Binnenhandels wusste und angesichts der Konkurrenz der Etrusker gerade hier eine Alternative suchen musste. Händler und Expeditionsleiter haben Land- und Seerouten immer zu kombinieren gesucht und Abkürzungen über Land genutzt, wenn sie damit eine längere Seefahrt einsparen konnten. Eine Fahrt um Spanien herum bis zum Mündungsgebiet der Gironde war viel länger und wegen der Kontrollen der Karthager schwieriger, als wenn man von Agde zur Mündung der Aude über Land die kurze Strecke nach Tolosa, von dort nach Burdigala fuhr und die Gironde flussabwärts an die Küste nahm; oder man nutzte den Weg vom Rhônetal oder Narbo über die Loire in die Biskaya.[11] Der Verzicht auf ein eigenes Schiff bot den weiteren Vorteil, dass man die mit den Routen zu den Zinninseln ver-

Die Fahrt des Pytheas
wahrscheinlichste Route
mögliche und alternative Routen
Bernsteinrouten
Umschlagplätze von Zinn und Bernstein
0 200 400 600 800 km
THULE? (ISLAND)
Polarkreis
Färöer
(?)
SKANDINAVIEN
Shetlands
Orkneys
Hebriden
Prettaniké
Basileia Abalus (Héligoland)
Abalus(?)
Trusco (Eibing)
Halthab
Tanais (Don)
Vistula (Weichsel)
Oder
Elbe
Asciburgum
Lands End
Kap Kantion (?)
Kassiteriden (?)
Ictis
Oexisame (Oestrymniden ?)
Seine
Rhein
Donau
Carnuntum
Passau
Brennerpass
Aquileia
Corbilo(?)
Loire
Biskaya
Gironde
Burdigala
Garonne
Rhône
Po
Spina
Narbo (Narbonne)
Tolosa
Adge
Massilia (Marseille)
Brigantium
Ebro
Guadalquivir
Gades (Cádiz)
67°
20°
10°
0°
10°
20°
30°
60°
50°
40°

traute einheimische Seefahrerkunst nutzen konnte, deren Schiffe viel besser auf die raue Nordsee eingestellt waren. Die Mitfahrt entsprach zudem den Usancen des Seehandels im 4. Jahrhundert.

So kam Pytheas problemlos an die Nordwestküste Spaniens *(Aremorica)* zu den *Ostimioi* sowie zu einer Insel namens Ouexisame, wahrscheinlich das heutige Ushant. Die *Ostimioi* sind wohl mit den von Avienus erwähnten und den massiliotischen Seefahrern bekannten Oestrymniden (s.o.S. 152–154) gleichzusetzen; Caesar nannte sie später *Osimi*. Irgendwo an der Küste der *Aremorica* (vielleicht am alten Hafen von Le Vaudet) nahm Pytheas seine zweite Breitenmessung vor. Sie belief sich auf 48° 42'; die Parallele verlief durch die Küstenlinie der *Keltike* (= Aremorica).[12] Danach ging es, sicherlich mit einem Schiff nach der Art, die später die Veneter benutzten, und mit Hilfe der Polarsternnavigation zu den Zinninseln.

Das direkte Ziel war die Südwestspitze Englands, das heutige Lands End von Cornwall. Hier konnte Pytheas die Orte und Methoden des Zinnabbaus beobachten; der Vertrieb des in transportable Formen gegossenen Materials erfolgte auf einer der vorgelagerten Halbinseln oder Inseln wie die von Ictis (St. Michael's Mount oder Mount Batten).[13] Das wohl ebenfalls als Ausfuhrhafen genutzte *Kap Kantion* wird mit Kent oder der Insel Thanet gleichgesetzt.[14] Die Einheimischen nannten sich Pretani oder Pritani (wohl keltisch für »die Bemalten« / »die mit Tattoes«); von ihnen übernahm Pytheas – wenn man den Bericht Diodors auf ihn zurückführt – den Namen *Pretannia* oder *Prettantiké* für die Insel, und von ihnen dürfte er erstmals von der nördlichen Ausdehnung Britanniens erfahren haben.[15] Nun beginnt eine Etappe, die mit der Erkundung der Zinnabbaugebiete nichts mehr zu tun hat. Wie bei früheren Entdeckungsunternehmungen (Hanno, Euthymenes) rücken geographische, ethnographische und astronomische Interessen in den Vordergrund, an die sich handelspolitische Ziele anschließen konnten.

Thule und der Vorstoß zum Polarkreis

Pytheas ist der erste uns bekannte Mensch des Mittelmeerraums, der von Cornwall oder Kent aus große Teile der Insel bereiste. Seine Behauptung, ganz Britannien durchwandert zu haben, ist allerdings übertrieben und wurde gerne als Indiz für die generelle Unglaubwürdigkeit seines Berichts aufgegriffen. Die Kritiker kannten freilich nur die europäischen Gebiete des

Festlandes, die durch Land- und Seeverbindungen schlechter erschlossen waren als die britischen Inseln. Dass sich Pytheas mit einheimischer Hilfe ein gutes Bild von der Lebensweise der Bewohner machen konnte, ist jedenfalls nicht zu bezweifeln. Es weist idealisierende Züge der Randvölkertopik (Einfachheit und Bedürfnislosigkeit) auf, wirkt aber vor allem im Hinblick auf Ernährung und Getreideanbau authentisch.[16]

Nach den Landexkursionen bewegte er sich per Schiff an der Westküste Englands durch den St. Georges Channel nach Norden. Während der Fahrt passierte er zahllose Inseln – Irland wohl am Vorgebirge von Galway. Ferner dürfte er hier oder bereits im Kanal das Gezeitenphänomen mit den Mondbewegungen in Verbindung gebracht haben. Mehrfach machte er an der Küste Station und unternahm weitere Exkursionen ins Landesinnere, nicht nur um mehr über die Einheimischen zu erfahren, sondern auch um am Mittag der Hochsommersonnenwende Messungen der Sonnenhöhe vorzunehmen und zu errechnen, wie weit er sich von Massilia nach Norden bewegt hatte; Messungen erfolgten wahrscheinlich auf der Höhe des heutigen Cambridge und Dundee sowie auf der Insel Man und auf der Höhe Nordirlands, dessen Breite später von Hipparch auf 54° 14' festgelegt wurde. Die nördlichste Messung nahm er wohl auf den äußeren Hebriden (Lewis) vor; sie wurde in einen Breitengrad von 58° 13' umgerechnet.[17]

Auf den höheren Breiten beobachtete Pytheas, dass das fahle Licht der Sonne auch im Winter scheint und entgegen der Erfahrung von West nach Ost wandert.[18] Jetzt begann der aufregendste Abschnitt der Reise. Von dem nördlichen Zipfel Britanniens segelte er wahrscheinlich am Cape Wrath vorbei zu den Orkneys, einer Inselgruppe, die nach Aussage archäologischer Funde dicht besiedelt war. Steinkreise lassen auf astronomische Beobachtungen der Einheimischen schließen, die sicherlich das Interesse des Massalioten fanden. Seine Beobachtung, dass es zur Zeit der Sommersonnenwende »keine Nacht gebe«, trifft auf die nördlichen Breiten der Shetlands und Orkneys zu.[19]

Gebannt wird Pytheas, inzwischen der keltischen Sprache kundig, den Erzählungen der Orkney-Bewohner gelauscht haben. Sie wussten von einer noch weiter nördlich gelegenen Insel Thule (Thoule), die per Schiff in sechs Tagen zu erreichen war.[20] Thule hat Pytheas unsterblich gemacht. Dabei ist nicht einmal sicher, ob er die Insel selbst besucht hat oder nur das wiedergab, was die Bewohner der Orkneys oder Shetlands erzählten (der zweite Fall würde den Aussagen des Aristeas über das Land westlich der Issedonen ähneln).[21] Die Römer nahmen später an, er habe die Shetlandinseln entdeckt; moderne Forscher denken an die Küste Norwegens oder eine Insel bzw. Inselgruppe (Smøla) vor Skandinavien.[22] In jüngerer Zeit sprechen sich wieder vermehrt französisch- und englischsprachige Gelehrte für Island aus: Das Eiland ist bei günstigen Verhältnissen von den Färöern aus sichtbar, und nautisch spricht vieles für, aber nichts gegen eine Überfahrt von den Orkneys oder Shetlands, wie sie später die Wikinger unternahmen. Die Bewohner der nördlichsten Inseln Britanniens waren mit den Strömungen und dem Vogelflug vertraut und stießen sicherlich (auch während der Wintermonate) zum Fischfang und auf Waljagd oder auf der Suche nach essbaren Vögeln (auf den Färöer-Inseln) in die nördlicheren Breiten vor; dass sie bis Island kamen, ist nicht unwahrscheinlich.[23]

Pytheas notierte zahlreiche Beobachtungen über die Botanik Thules, die später von seinen Gegnern (Strabon) mit Beschreibungen anderer nördlicher Regionen vermengt wurden, um ihn als Lügner zu erweisen. So bezieht sich der Hinweis, die Einwohner würden aus Getreide und Honig ein Getränk bereiten, auf andere Gegenden und kann nicht als Argument gegen die Identifizierung Thules mit Island verwendet werden.[24] Dagegen trifft die Aussage, dass in der Nähe der kalten Zone »Kulturpflanzen und Haustiere teils völlig fehlen, teils selten sind und dass man sich von Hirse, wild wachsenden Kräutern, Früchten und Wurzeln ernähre«, auf Island zu. Hierbei mögen idealisierende Topoi einer primitiven Ernährungsweise mitschwingen, doch erweist sich Pytheas auch auf ethnographischem Gebiet als hochgebildeter Gelehrter, der spätere Modelle vorwegnimmt, indem er Zusammenhänge zwischen Natur *(physis)* bzw. (kaltem) Klima und Lebensweise *(nomos)* herzustellen sucht. Die Beschreibungen waren immerhin so eindrucksvoll und konsistent, dass wenige Jahrzehnte nach dem Erscheinen seines Werkes Hekataios von Abdera die Heimat der Hyperboreer auf eine Insel im Okeanos verlegte.[25]

Ebenfalls auf Island lässt sich die Feststellung beziehen, wonach Thule auf dem Polarkreis liegt: Pytheas drückte das so aus, dass der Abstand des Sommerwendekreises (Wendekreis des Krebses) nördlich vom Äquator gleich mit dem Abstand des arktischen Kreises (Kreis des Bären) (23,5°) vom Nordpol ist, und dass es auf Thule keine Nacht im Sommersolstitium und keinen Tag im Wintersolstitium gibt.[26] Hierzu passt das einzig erhaltene wörtliche Zitat des Ozeanbuches: »Hier zeigten uns die Eingeborenen den Ort, wo die Sonne schlafen geht. Es traf sich nämlich, dass in diesen Gegenden die Nacht ganz kurz war, an manchen Orten zwei, an anderen Orten drei Stunden, so dass die Sonne, nachdem sie untergegangen ist, nach Verlauf einer kurzen Zwischenzeit gleich wieder aufging.«[27] Was Pytheas in bildhafter Sprache beschreibt, ist ein reales Phänomen am Polarkreis, wie es irische Mönche auf Island 1000 Jahre später erzählten. Für einen Bewohner südlicher Breiten geht die Sonne abends unter, und er weiß nicht, wo sie sich in der Nacht verbirgt. Am Polarkreis verschwindet die Mitternachtssonne dagegen nicht richtig, sondern die Menschen können verfolgen, dass sie sich auf den Horizont legt oder hinter Gebirgen (dem »Ruhebett«?) nur kurzzeitig versinkt: sich »schlafen legt« und »wieder aufsteht«.[28]

Und Pytheas schildert noch weitere Naturphänomene, die nur deshalb für die Ohren seiner Zeitgenossen so wundersam klangen, weil sie ähnlich wie das »Bett der Sonne« zum ersten Mal beschrieben wurden, mit sprachlichen Mitteln, die hierfür nicht entwickelt waren: Nördlich von Thule (wohl im Abstand von einer Tagesreise) beginnt das »geronnene« Meer. Gemeint ist offensichtlich das Eismeer mit seinen Gletschern und Eisbergen.[29] Auf der Insel gab es Orte, wo die See »kochte« (oder »lebte«). Stimmt die Identifikation Thules mit Island, so denkt man an küstennahe Vulkane oder Geysire. In dieses Bild fügt sich die Beobachtung einer Gegend, »in der nicht mehr Erde für sich, noch Meer, noch Luft zu finden sei, sondern nur ein Gemisch aus diesen, einer Meereslunge ähnlich, in welcher Erde und Meer und alles in der Schwebe gehalten werde«[30]. Vielleicht beschrieb Pytheas das Nordlicht oder (in Verbindung mit den Gezeiten) den Wechsel küstennaher Eispartien mit einer Begrifflichkeit, die an ein von Aristoteles und Platon entwickeltes metaphysisches Konzept erinnert, wonach am Rande der Welt Himmel und Erde ineinander übergehen.[31]

Die Bernsteinrouten

Irgendwann verabschiedete sich der Massilier aus dem hohen Norden und segelte wahrscheinlich entlang der Ostküste Englands zurück in den Kanal. Nun begann der dritte Abschnitt der Expedition, die wieder stärker die geographische Erkundung mit der Suche nach Rohmaterialien und deren Ursprungsgebieten verband. Nicht allein für Zinn, auch als Heimat des Bernsteins war das Nordmeer berühmt; dass er von den Küsten des nördlichen Okeanos kam, vermutete man schon in der Zeit Herodots. Die Massilier wussten, dass das Material über Flüsse und Saumpfade bis zur Saône und Rhône bzw. weiter östlich über die Alpen und den Donauraum in die Po-Region geliefert wurde. Insofern lag es für Pytheas nahe, die fluvialen Verbindungen im Nordseeraum zu erkunden und das Geheimnis des Ursprungsortes zu lüften.

Wahrscheinlich fuhr er deshalb auf einem heimischen Schiff durch das Wattenmeer der friesischen Inseln zur Elbmündung, von wo aus Bernstein in das binnenländische Handelsnetz gelangte. Die Elbe wäre dementsprechend mit dem legendären Bernsteinfluss Eridanus gleichzusetzen.[32] An der Küste des Wattenmeeres bzw. nahe der Elbmündung wohnten – so Pytheas – die Guionen und Teutonen, die später von Plinius als germanische Stämme klassifiziert wurden; Pytheas bietet die früheste Überlieferung germanischer Stämme,[33] wobei ihm die ethnische Bezeichnung und die Differenzierung gegenüber den Kelten nicht bewusst und bekannt war – sie tauchte rund 200 Jahre später bei dem griechischen Gelehrten Poseidonios auf. Ohnehin interessierten die Stämme den Massilier vornehmlich deshalb, weil sie Hinweise auf die Herkunft des Bernsteins gaben. Die Teutonen kauften ihn von den Bewohnern einer Insel namens Abalus (das keltische Avalon?); sie war einen Segeltag von der Küste entfernt. Angeblich verwendeten die Inselbewohner Bernstein, den sie nicht weiterhandelten, als Brennstoff (vielleicht zu rituellen Zwecken), ein Indiz dafür, in welcher Menge dass Material vorhanden war. Der von anderen Quellen verwendete Inselname *Basilia/Basileia* (»Königliche«) könnte auf eine monarchische Herrschaft deuten.[34] Viele identifizieren die Bernsteininsel mit dem damals größeren Helgoland und sehen in ihr nicht das Ursprungsland des Bernsteins, der im Frühjahr »an ihre Gestade gespült wird« (auf Helgoland gibt es keine originären Bernsteinfunde), sondern einen »Markt- und Stapelplatz« für den Vertrieb des jütländischen Bernsteins. Das würde nicht nur zur vergleichbaren Funktion der Inseln an der südenglischen Küste für den Vertrieb von Zinn (s.o.S. 222) passen, sondern auch zu dem Hinweis, wonach die Teutonen dort Bernstein erwarben.[35]

Es entspräche den Zielen des Pytheas, auch die jütländische Westküste angesteuert zu haben. Manche glauben, er sei sogar durch die dänischen Inseln in die Ostsee bis in das Baltikum (Samland) und zum zweiten großen, aber erst in der Eisenzeit zugänglichen Ursprungsgebiet des Bernsteins vorgedrungen. Nach dieser Deutung könnten Bornholm, eine der Inseln der baltischen See (Gotland) oder die Halbinseln Skandinaviens Abalus gewesen sein. Trifft diese These zu, dann hätte Pytheas das erreicht, was sich seine Landsleute erhofften: die Erschließung einer Direktverbindung zu den Quellen des Bernsteins, die mit den binnenländischen Verbindungen der Etrusker konkurrieren konnte.[36]

Wie häufig in der Überlieferung zeigen die Quellen für die Rückfahrt kein Interesse: Naheliegend wäre eine Route durch die Helgoländer Bucht und den Kanal in die Biskaya und von dort wieder über Land ins Mittelmeer oder die Elbe stromabwärts und dann längs des Rheins über eine der Bernsteinhandelsrouten.[37] Es gibt aber auch antike Stimmen, die eine andere Richtung vermuten: Nach Polybios (bei Strabon) führte die Fahrt des Pytheas entlang »der gesamten europäischen Ozeanküste von Gades bis zum Tanais (Don)«. Wenn man ausschließt, dass Pytheas die Elbe mit dem Don/Tanais gleichsetzte, dann wäre zu vermuten, er habe von der Ostsee über die Weichsel (die er für den Don hielt) und den Bug (Hypanis) oder Dnjestr den Weg zum Schwarzen Meer und damit den östlichen Arm der Bernsteinroute gefunden und sei von dort ins Mittelmeer und nach Massilia gefahren.[38] Ganz so abwegig ist diese These nicht. Wenn Pytheas tatsächlich bis ins Baltikum kam, konnte er von Einheimischen erfahren, dass von dort Flüsse südlich verliefen und deren Quellgebiete nahe der Ströme lagen, die wie der Djnepr und die Wolga ins Schwarze Meer flossen und den Griechen bekannt waren. Nicht ohne Grund verglichen spätere Autoren seine Reise mit der Fahrt der Argonauten![39]

Doch wie man auch immer die Fahrtroute im Einzelnen rekonstruiert, die wenigen sicheren Anhaltspunkte zeigen, dass seine Expedition zu den ganz großen exploratorischen Leistungen der Antike zählt. Ihn allerdings mit Kolumbus zu vergleichen – wie man das zumal in Marseille gerne tut – wird dem Unternehmen und generell dem Modus antiker Entdeckungsunternehmungen nicht gerecht. Pytheas stieß nicht in unbekannte Gewässer vor, sondern nutzte (wie seinerzeit Aristeas zu Lande) etablierte Küstenrouten und Seeverbindungen, allerdings so konsequent und mit Hilfe der neuesten astronomischen Orientierungs- und Messmethoden wie kein Mensch vor ihm. Seine Leistung besteht darin, dass er die von unterschiedlichen Ethnien benutzten Teilrouten selbst nahm und über Land, Fluss und Meer zu einer großen Tour in Gegenden verband, die seinen Landsleuten bisher allenfalls vage bekannt waren.

Manche Zeitgenossen haben diese Leistung zumal im Hinblick auf die nördlichsten Breiten als so ungeheuerlich empfunden, dass sie Pytheas als

Lügner bezeichneten. Bei dem bekanntesten Kritiker Polybios handelt es sich allerdings um einen Historiker, der dafür berüchtigt war, an seinen Vorgängern Kritik zu üben und allen Seefahrern und Händlern zu misstrauen. Zudem musste er zur eigenen Profilierung die Leistungen des Pytheas schmälern: Polybios unternahm im 2. Jahrhundert v. Chr. selbst eine Fahrt entlang der afrikanischen Küste, die trotz der Patronage des Scipio Aemilianus – wenn überhaupt – nur wenig über die Straße von Gibraltar hinauskam. Deshalb konnte er nicht zulassen, dass Jahrhunderte zuvor ein »Privatmann« ohne solch mächtige Rückendeckung viel weiter vorgedrungen war. Ernsthafte geographisch-ökologische oder nautische Gründe gegen die Authentizität der Fahrt bringt er nicht vor, genauso wenig wie der Geograph Strabon, der die Reise des Pytheas für unglaubwürdig erachtet, weil dieser seine Fahrt nicht im offiziellen Auftrag eines großen Herrschers unternahm, und weil entsprechend der klassischen Klimalehre die Bewohnbarkeit der nördlichen Regionen des arktischen Kreises ausgeschlossen sei.[40]

Genau das Gegenteil aber hatte Pytheas bewiesen, und seine Annahmen werden durch die Siedlungsarchäologie bestätigt. Darüber hinaus sprechen alle nautischen, archäologischen und politischen Daten für Rahmenbedingungen, die eine solche Fahrt ermöglichten. Insofern gibt es angesichts der Quellenzeugnisse (anders als im Falle der Afrikaumrundung) keinen Grund an ihr zu zweifeln, zumal sie in den wissenschaftsgeschichtlichen und macht- bzw. handelspolitischen Kontext der Zeit passt. Pytheas suchte eine Direktroute zu den Zinnabbaugebieten und dem Bernsteinland und nutzte die mathematische Astronomie zur Kritik an älteren Auffassungen und zur Bestimmung von Breitenpositionen so überzeugend, dass sie nicht nur von Strabon anerkannt, sondern auch von späteren Gelehrten wie Eratosthenes und Hipparchos übernommen wurden; sie hegten an seiner Fahrt keine Zweifel und würdigten seine Erkenntnisse: als erster bis in die Gegend des Polarkreises (ca. 65° nördlicher Breite) gekommen zu sein; die gemäßigte Zone weiter nach Norden als seine Zeitgenossen (Aristoteles bemaß die Grenze bei $54^{\circ N}$) geschoben und astronomische Phänomene wie die Mitternachtssonne auf empirischer Grundlage beschrieben zu haben.[41]

Eines jedoch würdigen auffälligerweise weder die Quellen noch moderne Autoren: Die nüchterne Selbstverständlichkeit, mit der der Massilier seine Reisen unternahm. Nirgendwo – auch nicht bei den Kritikern – findet sich ein Hinweis auf die Gefahren und Ängste, die das Nordmeer und die unbekannten Breiten dem Mittelmeerbewohner bereiten mussten. Es ist die den

Griechen seit Homer so vertraute Selbstgewissheit, mit der auch Aristeas, Skylax und andere aufbrachen, um mit Hilfe der Götter Welten zu erkunden, die irgendwie mit der vertrauten verbunden waren. Im Falle des Pytheas kommt die Zuversicht hinzu, mithilfe einheimischer Erfahrung und wissenschaftlicher Methoden sich den Weg zu den Weltgrenzen zu bahnen und sie zur Wissenserweiterung nutzen zu können. Auch in dieser Hinsicht ist Pytheas ein Kind des 4. Jahrhunderts. Neue Erkenntnisse auf ethnographischem, astronomisch-geographischem oder medizinischem Gebiet werden zu komplexen Modellen zusammengefügt; mit unterschiedlichen Zielen: der Erfassung fremder Länder, der Entwicklung von Theorien der Erdoberfläche oder der publizistischen Präsentation ferner Weltgegenden unter dem Aspekt medizinischen Nutzens.

Dennoch hat die Pytheasfahrt der Erforschung des nördlichen Weltmeeres lange Zeit keine Impulse verliehen. Es kam lediglich im Zuge der Expedition oder kurz davor an der Mündung der Loire zur Anlage eines Handelsplatzes (Emporium) namens Korbilon/Corbilo, der den Zugang zu den bretonischen Zinnabbaugebieten erleichterte.[42] Die Herren von Massilia waren hiermit zufrieden; andere Mächte wie die Etrusker und Karthager wurden in machtpolitische Konflikte in Italien bzw. im tyrrhenischen Meer verwickelt, die Expeditionen in den Nordatlantik zu einem verzichtbaren Luxus erhoben. Und auch die keltische Welt wurde in Italien und Karthago (sowie bald auch in Griechenland) immer mehr als bedrohlicher Kriegsgegner wahrgenommen; ihre Rolle als Verbindungsscharnier zur Welt des Nordens verfiel und wurde erst mit der Expansion Roms an die gallische Mittelmeerküste wiederentdeckt.

3.
DER NAHE UND FERNE OSTEN

Das facettenreiche Bild der Perser

Anders war die Lage im Osten. Er blieb auch nach Herodot das große Studienobjekt und Experimentierfeld der Griechen. Hier bildete das Perserreich eine stabile Brücke in die Ferne. Die Beziehungen der Griechen zu den Persern waren komplex: Auf individueller Ebene dominierte die Suche nach Aufstiegsmöglichkeiten in persischen Diensten als Arzt, Söldner, Expeditionsleiter oder Ingenieur. Auf der Ebene der Gesamtpolis war das Verhältnis durch militärische und machtpolitische Erwägungen sowie durch das Bemühen geprägt, das eigene Selbstverständnis mit der Existenz des Riesenreiches in Beziehung zu setzen. Innerhalb dieses vielschichtigen Handlungs- und Deutungsrahmens entwickelten sich mehrere Interpretationsmodelle.

Als Persien nach dem Peloponnesischen Krieg seinen beherrschenden Einfluss bis in die Ägäis ausweiten konnte, schwankten die Griechen zwischen trotzigem Selbstbewusstsein und politischer Resignation. Das Gefühl machtpolitischen Versagens konnte nur dadurch gedämpft werden, dass man sich einredete, kulturell, geistig und technisch den »Barbaren« überlegen zu sein. Diese Kompensationsstrategie vertiefte Gegensätze, die bereits bei Aischylos angelegt waren: Die Perser wurden als asiatische Barbaren verachtet, die einem despotischen, grausamen und hochmütigen Herrscher gehorchten und deshalb anders als die in Freiheit lebenden Griechen in Europa nicht in der Lage waren, die besten Eigenschaften des Menschen zu entfalten. Dieser kontinental determinierte Gegensatz findet sich politisch instrumentalisiert vor allem in Athen. Denn Athener Politiker benötigten ein mächtiges Feindbild, um zunächst ihre Herrschaft über die Poleis des Seebundes zu rechtfertigen und im 4. Jahrhundert ihre Bürger zu einer Wiederaufnahme imperialer Außenpolitik zu ermutigen.

Demgegenüber gab es aber auch nach wie vor das von politischen Vorgaben und Vorurteilen weitgehend freie ethnographische Interesse. Es wurde vor allem von solchen Griechen gepflegt, die im Herrschaftsbereich der Perser aufgewachsen waren und sich berufsbedingt ein differenzierteres Bild von der Natur des Landes und der Physis seiner Bewohner machen konnten (und mussten). Hierzu zählten neben Historikern wie Herodot vor allem Söldner und Ärzte, die am Perserhof tätig waren.

Zwischen beiden Perspektiven gab es Überschneidungen und Beeinflussungen, und es ist nicht immer klar, welche Verbindungen zwischen ihnen und dem Verhalten in der Praxis bestanden, wie es ja überhaupt sehr schwierig ist, von Wertungen und Beschreibungen der Literatur auf tatsächliche Einstellungen größerer Gemeinschaften zu schließen. Einstellungen und Wertungen wurden zudem immer von alltäglicher Praxis überlagert. Persien war und blieb der große Gegner, doch das verhinderte nicht, dass sich die Eliten Athens in persischer Grabkunst, Mode und Lebensstil (Sonnenschirme) gefielen, dass ihre Politiker Bauprojekte (Odeion), Herrschaftsmethoden und Repräsentationsformen an persischen Vorbildern ausrichteten und die Volksversammlung im 4. Jahrhundert sogar Ehrendekrete und die Vergabe des athenischen Bürgerrechts an persische Satrapen beschloss.[1] Das Gewicht der jeweiligen Sichtweisen blieb zudem abhängig von politischen »Konjunkturen« und Stimmungslagen. So unterminierte Euripides in der Endphase des Peloponnesischen Krieges den kontinental und kulturell determinierten Griechen-Barbaren-Gegensatz, indem er die »europäischen« Achäer als grausame Barbaren, die »asiatischen« Troianer(innen) als noble Opfer auf die Bühne brachte.[2] Hieraus konnte man den Schluss ziehen, dass das Handeln der Menschen nicht geographisch festgelegt ist, sondern sich nach dem Brauch *(nomos)*, nicht nach der Natur, sondern nach den Umständen richtet, konsequenterweise sich jeder Mensch »barbarisch« grausam oder »nichtbarbarisch« edel verhalten konnte.[3]

Nun war Euripides (wie die Sophisten) ein bekanntermaßen kritischer Diagnostiker der athenischen Gesellschaft. Gerade weil er in seinen Stücken so pointiert den konventionellen Griechen-Barbaren-Gegensatz auszuhebeln suchte, ist zu vermuten, dass dieser in den Köpfen seiner Mitbürger tief verwurzelt war.[4] Gleiches galt für die alte Vorstellung, es gäbe Zusammenhänge zwischen geographisch-klimatologischen Verhältnissen und Charaktereigenschaften.[5] Hippokratische Ärzte hatten Beziehungen zwischen Klima, Landschaft, Ernährung und Physis hergestellt und übertrugen Gesetzesmäßigkeiten, die sie durch die Beobachtung von Teilregionen (Skythien – Libyen – Ägypten) zu erkennen glaubten, auf die Kontinente der Oikumene.[6] Asien sei – so die Schrift »Über Winde, Wasser und Ortslagen« – zwar von der Natur bevorzugt, wasserreich und fruchtbar sowie nicht von jahreszeitlichen Klimaextremen betroffen; doch es sind diese Zustände, die die Menschen sanft, schwächlich und zu geeigneten Objekten monarchischer Herrschaft machen. Verweichlicht seien aber auch die Skythen wegen der (durch das nördliche Klima bedingten) Feuchtigkeit und Schlaffheit ihrer Körper. Dagegen wären die »südeuropäischen« Griechen (in der Goldenen Mitte) durch stärkere Klimaschwankungen infolge des Wechsels der Jahreszeiten und die karge Natur herausgefordert. Sie müssten Mut und Tapferkeit beweisen und könnten nur in Freiheit leben, die ihnen aber im Gegensatz zu den Asiaten den Raum zur Entfaltung ihrer Anlagen verschaffe.[7]

Obwohl die Schrift die klimatologischen und geographischen Determinismen mit politischen Einrichtungen (Monarchie) kombiniert, leitet sie hieraus keine politischen Folgerungen ab.[8] Um die physischen Zusammenhänge politisch zu nutzen, musste man sie mit den Barbarenklischees verbinden in einem Umfeld, das für solche Verbindungen aufgeschlossen war. Das geschah in Athen. Platon ließ in der *Politeia* den weisen Sokrates erklären, dass der Globus in drei Kulturzonen mit unterschiedlichen ethischen Qualitäten eingeteilt ist: Bei den Thrakern und Skythen sei der aggressive Mut in hohem Maße ausgebildet, die Griechen seien durch Weisheits- und Erkenntnisliebe geprägt und die Ägypter und Phöniker noch weiter im Süden zeichnen sich durch Erwerbsdrang aus. Die Griechen werden mit dem Seelenteil identifiziert, der Anteil am Göttlichen hat und über die anderen Teile herrscht.[9]

Aristoteles zog aus diesem Modell politische Konsequenzen, indem er es mit dem Kontinentalgegensatz verband: Die Bewohner des nördlichen *Europa* waren tapfer, doch fehle ihnen Klugheit und Kunstfertigkeit, welche (städtische) Kultur hervorbringen konnte. Dagegen seien die Einwohner des heißen *Asien*, das in etwa mit dem Persischen Reich übereinstimme, klug und kunstfertig, aber träge. Nur die Griechen in der Mitte eines gemäßigten Klimas verbinden Tapferkeit und Klugheit in angemessener Weise. Sie seien »von Natur aus« frei, während die Barbaren des Ostens sklavisch seien. Dementsprechend müssten Griechen über Barbaren herrschen.[10]

Dieses Modell widersprach genauso wie die von der Schrift »Über Lüfte, Gewässer und Örtlichkeiten« geäußerte Schlaffheit der Skythen in eklatanter

Weise realen Erfahrungen mit den Nordvölkern, die als äußerst kriegstüchtig galten und sehr wohl eine hochstehende Kultur zu schaffen in der Lage waren. Und dass die Perser als östliche Barbaren par excellence das größte Weltreich der Geschichte erobert hatten, ließ sich ebenso wenig mit ihrer angeblich so trägen Natur in Übereinstimmung bringen. Es handelt sich um Konstrukte, die auf der gedanklichen, aber nicht realen Symmetrie von einfachen Gegensätzen beruhten sowie hieraus ihren intellektuellen Reiz und politischen Anwendungswert bezogen. Der Athener Publizist Isokrates radikalisierte das aristotelische Modell. Er entwickelte einen unüberwindbaren ethnisch-kulturellen Gegensatz und formulierte daraus ein Aufbruchssignal, das in der Zeit nach dem Peloponnesischen Krieg gern gehört wurde: Die Griechen fühlten sich *kulturell* der gesamten Welt überlegen, aber sie waren von Bürgerkriegen paralysiert und unfähig, der Außenpolitik Persiens etwas gleichwertiges entgegenzusetzen. Die Lösung war ein Krieg *aller* Griechen (»Panhellenismus«) gegen den Erzfeind: Er würde den Griechen Freiheit bringen, die kleinasiatischen Brüder von persischer Oberherrschaft lösen und Vagabunden neue Lebensperspektiven eröffnen.[11]

Der wache Blick des Söldners: Xenophons persische Freunde

Der Optimismus des Isokrates speiste sich allerdings nicht nur aus den pseudowissenschaftlichen Konstruktionen der Philosophen, sondern auch aus realer Erfahrung. Im Jahre 402 v. Chr. war Kyros (der Jüngere), der persische Oberbefehlshaber des westlichen Kleinasien, mit rund 10.000 griechischen Kriegern nach Osten gezogen, um seinem Bruder die Königswürde zu entreißen. Die Söldner bewiesen in der Schlacht von Kunaxa ihre Kampfkraft, doch Kyros starb bei der Attacke auf den König. Die Griechen standen ohne Soldherren inmitten des feindlichen Landes und verloren durch Anschläge auch noch ihre Offiziere. Doch sofort wählten sie neue Anführer, unter ihnen den Athener Xenophon. Dann schlugen sie sich durch unbekanntes Terrain bis zum Schwarzen Meer durch. Xenophons Bericht über den Marsch *(Anabasis)* sucht bewusst die Verbindung zur Rückkehr des Odysseus nach Ithaka.[12] Er ist von hohem ethnographischen Wert und ein weiteres Zeugnis dafür, welche Bedeutung das Söldnerwesen für die Exploration besaß. Die Schilderung des Gastmahls beim Thrakerkönig Seuthes gehört zu den wertvollsten ethnographischen Beschreibungen der antiken Literatur.[13]

Unabhängig davon verbreitete die *Anabasis* eine Botschaft, die auch ohne philosophische Modelle verständlich war: Der griechische Berufssoldat, gestählt im Peloponnesischen Krieg, war den Persern selbst in deren Land so überlegen, dass sie eine direkte Konfrontation scheuten. Eine griechische Armee konnte – das bewies der Rückmarsch – große unbekannte Räume durchqueren. Die mit eigentlich unzureichenden Mitteln errungenen Erfolge des spartanischen Königs Agesilaos gegen die kleinasiatischen Satrapen in den Jahren 396–394 bestätigten den Eindruck. Zusätzlich mochte man aus den Unabhängigkeitsbestrebungen persischer Satrapen und Statthalter (wie Maussolos) den Schluss ziehen, dass die einstige Überlegenheit des Persischen Reiches wankte. All das war Wasser auf die Mühlen des Isokrates, der umso nachdrücklicher den Offensivkrieg gegen Persien propagierte.

Das neue Selbstbewusstsein war auch Xenophon nicht fremd. So macht er sich lustig über den Reichtum des Perserkönigs und fordert seine Landsleute auf, vor einem Barbaren nicht um Silber zu katzbuckeln. Allerdings stand Xenophon selbst im Sold eines Persers und wusste zu differenzieren. Der jüngere Kyros ist ein vorbildlicher Soldherr, von dem es »weder Schimpfliches zu sehen noch zu hören gab«.[14] Xenophons *Kyrupädie* zeigt den älteren Kyros als Idealherrscher, der nur deshalb Barbar ist, weil er kein Grieche war. Erst als die Perser *nach* Kyros medische Sitten übernahmen und sich vom traditionellen Erziehungssystem verabschiedeten – so Xenophon (und Platon) –, befanden sie sich auf dem absteigenden Ast.[15] Wenn er allerdings in der *Anabasis* die Verschlagenheit des Persers Tissaphernes thematisiert, so tut er das in einem Rahmen, in dem sich Griechen ähnlich verhalten hätten. Ebenso wenig dient die Schilderung persischer Niederlagen gegen Agesilaos dazu, die Schwäche und Feigheit der Unterlegenen zu verdeutlichen; sie soll vielmehr den Ruhm des Siegers mehren und von dessen Fehlern in Griechenland ablenken.[16] In den *Hellenika* schildert Xenophon ein Gespräch zwischen Agesilaos und dem Satrapen Pharnabazos, bei dem sich beide im Wissen um die gegenseitigen kulturellen »Codes« respektvoll begegnen: Der Perser erscheint in herrschaftlich-luxuriöser Gewandung, nimmt aber neben Agesilaos auf dem Erdboden Platz und zeigt sich als intellektuell und argumentativ überlegener Partner.[17]

Dieses positive Bild der persischen Führungsschicht in *ethisch-intellektueller* Hinsicht ist von großer Bedeutung für die Folgezeit. Es schuf die Grundlagen für die von Alexander angestrebte Vereinigung griechisch-makedonischer und persischer Granden, während gleichzeitig die Überzeugung von der *militärischen* Schwäche der Perser den Eroberungsoptimismus stärkte. Beides widersprach sich nicht unbedingt: Man konnte trotz der Erfahrung eigener Stärke Respekt vor den Leistungen der Perser haben. Ihre Weltherrschaft über so zahlreiche Völker beeindruckte die Griechen zumal in einer Zeit, als sich ihre Bündnissysteme unfähig zeigten, Macht zu konzentrieren und zu organisieren. Gerade weil die Polis als Expansionsinstrument versagte, erlebte das monarchische Regierungsprinzip, repräsentiert von einem gütigen und vernünftig handelnden Regenten, als eine von den Göttern gewollte Form der Führung eine ungeahnte Aufwertung: Platon stellt Dareios als großen Monarchen und Gesetzgeber (auf einer Stufe mit Solon und Lykurg) vor, wie es dem Selbstverständnis der persischen Könige entsprach. Xenophon beschreibt im *Oikonomikos* die Haushaltung des griechischen Großgrundbesitzers nach dem Vorbild der persischen Monarchie.[18]

Die positive Seite barbarischer Eliten am persischen Beispiel zu veranschaulichen, hatte auch persönliche Gründe: Platon und Xenophon zählten (im Gegensatz zu Isokrates) zu den Adligen, die von der Demokratie Athens wenig hielten und in den persischen Granden angenehmere Gesprächspartner sahen als in dem kleinen Mann von der Straße.[19] Für sie war das Perserreich auch im Innern weit weniger servil als in den Augen derjenigen, welche die Monarchie als Quelle von Unfreiheit verstanden: Xenophon betont, dass »im Herrschaftsbereich des (jüngeren) Kyros Grieche wie Barbar, wenn er nur nichts Unrechtes tat, furchtlos reisen (konnte), wohin er wollte und womit es ihm passte«.[20] Nutzen konnte diese Freiheit vor allem die wachsende Schar der in persischen Diensten stehenden und mit den persischen Großen kommunizierenden Männer. So hat Xenophon bei der an griechischen Idealen ausgerichteten Schilderung des älteren Kyros eine Fülle authentischer Details sowie mündliche und schriftliche Traditionen des Ostens verarbeitet. Die letzten Bücher der *Kyropädie* verraten eine intime Kenntnis der Psychologie und Methodik persischer Herrschaft. Herrschaftswissen war immer auch Wissen um Land und Leute. Deshalb besaß Xenophon wie vor ihm Herodot einen offenen Blick für alle nicht-griechischen Völker – wie sollte ein Söldneroffizier sonst überleben? – und war mit den Klimalehren vertraut. Doch im Gegensatz zum Theoretiker Aristoteles nutzte er sie nicht zur degradierenden Deutung des ethnographischen Materials.[21]

Manche meinen, Herodot und Xenophon seien mit dieser Einstellung eine Ausnahme gewesen, während der gemeine Mann den Negativklischees anhing.[22] Nun wissen wir allerdings über den »gemeinen Mann« und seine

Einstellung wenig. Allerdings wird man sich fragen, wie viele Athener mit den Theorien des Aristoteles vertraut waren; der »kleine Mann« sicherlich nicht. Belegt ist dagegen, dass Herodots Vorträge in Athen großen Erfolg hatten und Xenophon viel gelesen wurde. All das spricht dafür, dass Herodot und Xenophon mit ihrer behutsamen und an authentischen Details interessierten Sicht keine Minderheit repräsentierten.[23] Viele aus der Schar derjenigen, die berufs- oder politikbedingt (als Exilierte) einen näheren Kontakt zu den Persern pflegten, hatten jedenfalls einen anderen Eindruck von ihnen als der Stammtischpolitiker.

Der Wissensdurst des Arztes: Ktesias über Indien

Einer von jenen war Ktesias von Knidos. Seine beiden Bücher über Persien und Indien sind bis heute eine Zielscheibe der Kritik, die nicht einmal mehr vor seinen Lebensumständen halt macht.[24] Vieles an der Kritik ist berechtigt, doch mitunter schießt sie über das Ziel hinaus, etwa wenn Daten zu Ktesias oder bestimmte Einzelheiten aus seinen Schriften allein deshalb als »fiktiv« angesehen werden, weil sie Versatzstücken literarischer Traditionen (Reisetätigkeit der Schriftsteller) entsprechen, so in Parallelquellen nicht auftauchen, oder weil man von ihm Besseres und Genaueres als von den Parallel- oder Vorgängerquellen erwartet hätte. Das ist allerdings eine recht problematische Umkehrung der Beweislast. Sie stellt nicht genügend die Tatsache in Rechnung, dass wir ja nur einen Bruchteil der antiken Literatur zu den Persern und demnach auch zu den Lebensumständen des Ktesias haben. Zudem messen moderne Forscher die Intention und die literarische Qualität der ktesianischen Schriften oft unausgesprochen an modernen Kriterien bzw. an den Standards der besten Historiker der Antike. Nun verstand sich aber Ktesias selbst – auch wenn er nach der späten Bezeugung für sein Werk den Begriff *historie* = Erkundung benutzte[25] – gar nicht in erster Linie als Historiker nach Art des Herodot oder Thukydides, sondern setzte (auch berufsbedingt) andere Schwerpunkte.

Lässt man zunächst einmal die Hyperkritik an den biographischen Angaben unberücksichtigt und stützt sich auf die antiken Quellen, so nahm er wie Xenophon an der Schlacht bei Kunaxa teil, allerdings auf der Seite des Großkönigs. Seit 405 weilte er als Arzt am Hofe des Artaxerxes und nutzte seine Stellung zur Abfassung einer »Persischen Geschichte«. Sie bot eine Art

Sittengemälde des Hofes, enthielt Erfundenes und Sensationsheischendes, bemühte sich aber um realistische Details, die allerdings nur selten ein spezifisch ethnographisches Interesse an den persischen Zuständen verraten. Doch darum ging es Ktesias auch nicht. Sein Werk ist von dem Bemühen geprägt, die von Herodot ausgelassenen Aspekte der persischen Welt in dramatischer und novellistischer, auf die Psychologie, Motive und Charaktereigenschaften handelnder Personen konzentrierter Form zu schildern. Mitunter erinnert er in dieser Hinsicht an den viel späteren Plutarch, und viele sehen in den *Persiká* einen Vorläufer der Roman- und (»fiktionalen«) Reiseliteratur. Manche vermuten persische Vorbilder, andere sehen in den phantasievollen Geschichten und der Gegenposition zu Herodot eine gezielte Provokation zum Amüsement griechischer Leser.[26] Doch das war nicht alles. Der Perserhof und seine Eliten dienten auch als warnendes Exemplum dafür, wie sich unter monarchischen Verhältnissen, dem Luxus und insbesondere dem starken Einfluss mächtiger Frauen gute Charaktere und Anlagen (der Könige) zum Schlechten wandeln können; erst unter diesem Aspekt lassen sie sich als Gegenbild griechischer Tugenden kennzeichnen, doch sie bilden keine Bausteine für pauschale und einseitige Negativstereotype der Perser insgesamt.[27]

Sein zweites Buch, die *Indiká*, gehorcht schon allein von seiner Thematik her anderen Vorgaben. In dem Maße, in dem Persien im Laufe der Zeit vom bedrohlichen Erbfeind zum mächtigen, aber vertrauten Nachbarn wurde (was Raum schuf für novellistische Sittengemälde), steigerte sich das Bedürfnis der Griechen nach genaueren Nachrichten über die noch weiter südlich (Arabien) bzw. östlich liegenden Länder.[28] Die These, dass die *Indiká* des Ktesias auch dazu dienten, der persischen Monarchie ein ideales Kontrastbild an die Seite zu stellen[29], will schon allein deshalb nicht recht einleuchten, weil es in Indien keinen vergleichbaren Hof gab. Dementsprechend handelt das Indienbuch im Gegensatz zu den *Persiká* – soweit die Fragmente erkennen lassen – nicht von Personen, ihren Charaktereigenschaften und Intrigen, sondern von ethnographischen, zoologischen und botanischen Zuständen. Viele Forscher halten es allerdings ebenfalls für ein literarisches Machwerk, für eine Sammlung von Wundergeschichten und Exotika ohne realen Hintergrund. Sie stützen sich auf antike Kritiker, die Ktesias als Lügner brandmarkten. Nun gehörten allerdings solche Pauschalkritiken an Kollegen und Vorgängern in der Antike zum guten Ton. Im Falle des Ktesias sind sie besonders wohlfeil. Denn sie stammen von solchen Autoren, welche die Werke späterer Indienautoren zum Maßstab nahmen. Diese konnten allerdings in der Zeit nach Alexander aufgrund der völlig geänderten machtpolitischen Situation auch viel mehr und Genaueres über das Land sogar jenseits des Indus erfahren. Ein Vergleich dieser Autoren mit Ktesias musste demnach zwangsläufig ungünstig für den letzteren ausfallen, sagt aber noch nichts über dessen Glaubwürdigkeit aus.[30]

Hinzu kommt ein weiterer Aspekt, der von modernen Kritikern gern übersehen wird: Ktesias verstand sich nicht in erster Linie als Historiker, der sein ethnographisches Analyseobjekt in ein umfassendes historisches Thema einordnet, sondern als Erzähler und Arzt. Als solcher musste er ein waches Auge für alles Fremde haben, um sich im Konkurrenzkampf um die königliche Gunst zu behaupten. Dementsprechend hat sein Indienbuch gar nicht den Anspruch, sämtliche Fakten auf ihre Authentizität hin zu prüfen und sie in einen verlässlichen historischen Kontext zu integrieren. Es ging vielmehr darum, ausführliche Informationen aus dem fernen Wunderland zu bekommen und sie dem griechischen Publikum in spannender Form zu präsentieren. Dabei müssen wir uns wiederum davor hüten, zwischen harten ethnographischen »Fakten« und wundersamen Exotika allzu scharf zu unterscheiden. Für die Zeitgenossen galt diese Trennung weniger, für sie waren es zwei Ausprägungen ein und derselben Realität. Wundersame Völker und Naturerscheinungen gehörten seit Skylax zum Bestandteil des Indienbildes. Sie mussten deshalb auch von Ktesias aufgenommen werden, um dem Genre und der Erwartung der Leser gerecht zu werden.

Nun schilderten allerdings die *Indiká* die »monströsen« Völker, die von Skylax nur beiläufig erwähnt worden waren, viel ausführlicher und es werden neue aus anderen Weltgegenden oder indischen Traditionen hinzugefügt. Die bekanntesten sind die zuvor in Afrika lokalisierten »Hundsköpfigen«. Sie gehen offenbar auf Beobachtungen oder Nachrichten von Affen zurück.[31] Affen gibt es auch in Indien und entsprechend kommen sie wie die Großohrigen, Einäugigen oder Rückwärtsfüßler in der Hindu-Mythologie, den Paranas und den großen Epen vor. Allerdings sahen die Inder in ihnen nichts Exotisches, sondern ein Mittel, um soziale und politische Unterschiede im eigenen Land auszudrücken. Die Hundsköpfigen standen für Gemeinschaften jenseits der brahmanischen Eliten, für niedrige »Kasten« oder für »Kastenlose«. Ferner gibt es altindische Geschichten, die nichtarische Bergstämme im Himalaya wegen ihrer unverständlichen Sprache (»Bellen«) mit hundsköpfigen Wilden gleichsetzten.[32]

Dass Ktesias von diesen Geschichten erfuhr, wird heute kaum noch bezweifelt. Er hat sie wie seinerzeit Skylax mit Angaben und Erklärungsmustern griechischer Provenienz zu erklären bzw. zu verbinden gesucht. Damit erweiterte er die Welt der indischen Wunderwesen um viele Details und Facetten, er hat aber nichts erfunden (oder »erlogen«), wie mitunter behauptet wird. Abgesehen davon steht gar nicht fest, ob diese Geschichten den Charakter der *Indiká* insgesamt bestimmten. Bei den überlieferten Partien handelt es sich nur um solche, die von den nachfolgenden Generationen nach Art eines Readers Digest ausgewählt und bewahrt wurden. Es gibt aber selbst unter den Fragmenten Texte, die ohne jegliche Wunder *(thaumata)* auskommen. Offensichtlich enthielt demnach das Werk auch viel Nüchtern-Sachliches.[33] Hätten wir es vollständig vor uns, würden Urteile wohl differenzierter ausfallen.

Doch selbst die Wundergeschichten sind an sich kein Zeichen für mangelnde Seriosität. Die Sophisten sahen in ihnen einen Modus des sinnvollen Argumentierens. Herodot hatte gerade wegen seines Bemühens um eine vorurteilsfreie Erfassung der Welt ein Faible für ungewöhnliche Pflanzen und Tiere aus Indien und Ägypten. Selbst Aristoteles, einer der schärfsten Kritiker des Ktesias, verfasste eine Schrift über »wundersame Dinge« und benutzte die Angaben des Ktesias über die indische Pflanzenwelt, ohne ihn als Quelle zu nennen, während er ihn gleichzeitig als Lügner abstrafte.[34] Schließlich interessierten sich die hippokratischen Ärzte für die Wunder der Randvölker, weil sie sich durch den Vergleich der Extreme Antworten auf die *physis* des Menschen erhofften und auf die Heilkunst, Heilpflanzen und Aromatika der Ferne angewiesen waren; viele Produkte hippokratischer Rezepturen haben den Zusatz »ägyptisch, aithiopisch und indisch«.[35]

Ktesias ist von diesen Strömungen nicht zu trennen. Indien war nicht nur Lieblingsobjekt des geographischen und ethnographischen, sondern auch des medizinischen Interesses, und – was im Falle des Ktesias besonders ins Gewicht fällt – die indische Heilkunst stand neben der ägyptischen im 5. und 4. Jahrhundert hoch im Kurs.[36] Ktesias handelte wie jeder Arzt an einem so internationalen Schmelztiegel wie dem persischen Königshof: Er sammelte Informationen, befragte Kaufleute und Reisende (vor allem aus Baktrien), tauschte sich mit indischen Kollegen aus, erkundigte sich über Herkunft und Hintergrund von Geschenken indischer Gesandter und wollte wissen, was auf den exotischen Kunstwerken und Bildern dargestellt ist, die am Perserhof zu bestaunen waren; vielleicht hatte er Zugang zu königlichen Dokumenten. Ähnlich war Xenophon bei seinen Recherchen für die *Kyrupädie* vorgegangen, und die Iranistik hat ihn mehrfach bestätigt.[37]

Auch wenn Ktesias selbst nie einen Fuß nach Indien gesetzt hat, so konnte er über einen Zeitraum von rund 14 Jahren an reiche Informationen über das ferne Land kommen wie wohl kein Grieche vor ihm. Er verband die Informationsfülle nicht nur mit der unvoreingenommenen Neugier eines Griechen, der sich wie Xenophon in der Welt der Perser zu Hause fühlte, sondern mit dem professionellen Interesse eines experimentierfreudigen Arztes an der Ethnographie der Fremde.[38] Jeder Arzt hört zu, bevor er urteilt, er sammelt, und vergleicht das Gehörte mit Bekanntem, bevor er vorschnelle Schlüsse zieht; er nimmt ernst, was ihm erzählt wird, bevor er es als unsinnig verwirft, und er versucht sich ein Gesamtbild zu machen, das möglichst viele Facetten enthält und sämtliche Wahrnehmungsebenen berücksichtigt. Dass er dabei seinen Patienten (bzw. sein Publikum) bei der Stange halten muss, versteht sich. Doch geht das nicht so weit, erwiesenermaßen Falsches oder Erfundenes zu präsentieren. Genauso wie antike Ärzte körperliche Vorgänge des Menschen verstehen wollten, ohne in ihn hineinsehen zu können, so meinte Ktesias die Natur Indiens durch Zuhören verständlich zu machen, obwohl er das Land nie betreten hat.[39]

In diesem Rahmen kann er Überkommenes durch Empirie plausibel korrigieren, wie etwa die Meinung Herodots, dass alle Inder wie die Aithioper von Natur aus, d. h. wegen der extremen Sonneneinstrahlung, schwarzhäutig seien. Tatsächlich habe er zwei indische Frauen (wohl am persischen Königshof) gesehen, die zu den hellhäutigsten der Welt gehörten.[40] Die Herodotkritik als Ziel der ethnographischen Literatur hat in derartiger Offenheit für Erfahrungen ihren vernünftigen Kern. An anderen Stellen übernimmt Ktesias alte Auffassungen von der Gesundheit und Langlebigkeit der südlichen Randvölker und schreibt, die Inder würden 120, 130, 150 und mitunter 200 Jahre alt werden. Doch fügt er ganz in der Manier des Arztes hinzu, dass sie nicht an Kopfschmerzen, Bindehautentzündung, Zahnschmerzen oder Fäulniserregern leiden.[41]

Manche Gelehrte schließen aus diesen Angaben, Ktesias habe seiner Beschreibung der Sitten eine Erörterung der indischen Medizin angeschlossen.[42] Die Fragmente stützen diese Vermutung. Zunächst wird ein bemerkenswertes, mitunter wundersames Phänomen der Natur bzw. Pflanzen- und Tierwelt geschildert, dann folgt ein Hinweis auf den medizinischen Nutzen oder die Verwendung, die der persische König dafür fand. So gewann man aus dem Baum *karpion*, von den Griechen »duftende Rose« genannt, eine am Hof geschätzte Parfümessenz. Ebenso werden indische Quellen mit »magischer« Wirkung auf ihre konkrete Funktion hin vorgestellt. Aus einer Quelle gewinnt man ein vom König gern eingesetztes Wahrheitsserum: »Wenn Du jemandem drei Obolen davon mit Wasser vermischt zu trinken gibst, dann wird er Dir alles erzählen, weil es ihn all seiner Sinne und Gesundheit für einen Tag beraubt.«[43] Solche Praktiken wurden von Indienreisenden des 5. Jahrhunderts n. Chr. bestätigt. Heilende Funktionen besitzt eine Quelle namens Ballade, ein altes Sanskritwort, das laut Ktesias so viel wie »nützlich« bedeutet. Sie schleudert alle, die mit den Füßen zuerst in sie hineinspringen, sowie alles außer Eisen, Silber und Gold wieder heraus. Das Wasser sei kalt und süß, gebe ein lautes Geräusch von sich wie in einem erhitzten Kessel und werde dazu benutzt, lepröse Hautkrankheiten zu heilen – die Inder kannten offenbar die therapeutische Wirkung von Mineralquellen.[44]

Selbst die Tierwelt wird nicht nur wegen ihrer fremdartigen Exotik, sondern im Hinblick auf ihren medizinischen Nutzen untersucht: Ktesias kennt eine Eselart, mindestens so groß wie ein Pferd, mit weißem Körper, rotem Kopf, tiefblauen Augen und ... einem langen, von der Stirn ausgehenden Horn. Ktesias beschreibt das indische Rhinozeros *(Rhinoceros unicornios)*; kombiniert mit iranischen und indischen Legenden und Bildern, die man am Perserhof sehen konnte, ist seine Darstellung die Geburtstunde des im Mittelalter so viel besungenen Einhorns. Der Hinweis, der Trank aus dem Horn besäße eine therapeutische Schutzfunktion gegen Gift und Epilepsie, stützte sich auf östliche Traditionen über die Wirkung des Rhinozeroshorns als Gegengift.[45]

Es sind aber nicht nur die Schilderungen der Pflanzen- und Tierwelt, die uns einen unschätzbaren Einblick in indische Traditionen und Realien verschaffen. Ktesias beschreibt (neben den am Perserhof so begehrten indischen Hunden) indische Vögel (Wellensittiche) und Affenarten (u. a. Languren). Er ist der erste Europäer, der sehr genau den Einsatz indischer Kriegselefanten mit *mahouts* schildert. Durch Ktesias (und nicht erst durch Alexander) erfuhren die Griechen, dass in Indien regelmäßig Elefanten als Kriegswaffe verwendet wurden. Sein schärfster Kritiker Aristoteles hat seine Kenntnisse über indische Tiere und Fauna wohl ausnahmslos von ihm übernommen.[46] Dort, wo Ktesias auf Hörensagen und Bildmaterial angewiesen war, fügte er wundersame Elemente hinzu, doch auch sie gehen auf Realien zurück: Das bekannteste Beispiel ist der *martichora* (von persisch *mard* = Mensch und *khora* = Fresser = »Menschenfresser«): ein Wesen so groß wie ein Löwe, mit menschlichem Kopf, Ohren und Augen sowie skorpionenartigem Schweif, das die Inder von ihren Elefanten herab mit Pfeilen jagen. Es ist der indische Tiger.[47]

Die *Indiká* haben darüber hinaus einen unschätzbaren ethnographischen Wert. Vielfach stützen sich die Schilderungen indischer Lebensweisen und Kulte auf einheimische Traditionen, von denen wir sonst nichts wüssten und die erst später in die indischen »Nationalepen« eingeflossen sind. So erzählt Ktesias von einem 15 Tagesmärsche vom Berg Sardo entfernten Heiligtum, an dem die Inder Helios und Selene verehren. Das entspricht der großen Bedeutung, die das Epos *Ramayana* der Sonne als personifiziertem Gott Surya zumaß, es ist vielleicht der erste Hinweis auf einen indischen Kult der Sonne und des Mondes.[48] Und wenn Ktesias von einem Fluss erzählt, der Honig führt, so erinnert das an das im *Ramayana* beschriebene Paradiesland Uttarakuru, wo Milch und Honig fließen.[49] Ähnlich verhält es sich mit dem Hinweis auf kleinwüchsige Schwarze (Pygmäen) in Indien. Ktesias hat hier keineswegs – wie oft behauptet – die seit Homer bekannte Geschichte vom Kampf der afrikanischen Pygmäen gegen die Kraniche nach Indien übertragen (von dieser Geschichte sagt er gar nichts), sondern einheimische Erzählungen über die dunkelhäutige und kleinwüchsige Urbevölkerung mit den Mitteln griechischer Ethnographie wiederzugeben gesucht.[50]

Schließlich sind die Angaben über die Landeskunde der östlichen Geographie zwar nicht frei von Versatzstücken, die auch in anderen geographischen Zusammenhängen erwähnt werden: Schilfreichtum, Seen, von deren Oberfläche die Einheimischen Öl schöpfen, Brunnen voller Gold.[51] Daneben bieten sie aber Neues und Originäres. Ktesias ist der erste Grieche, der vom Toten Meer berichtet. Der von den nördlichen Bergen kommende und in den östlichen Ozean mündende Fluß Hypobaros (= Hyparchos, Spabarus) dürfte der Ganges sein.[52] Der Sardo, der 15 Tagesmärsche vom Heiligtum der Sonne und des Mondes entfernt ist, wird heute im Himalaya oder in den Aravallizügen nahe der Wüste Rajastan im Nordwesten Indiens vermutet.[53] Wenn ferner Aristoteles vom Gebirge Paropamisus im Südosten, dem Fluss von Baktra und von der Flussrichtung des Oxos (Jaxartes) sowie dem indischen Chaspes weiß, so geht auch das auf Ktesias zurück.[54] Und noch in einer anderen Hinsicht war Ktesias dem Allgemeinwissen seiner Zeitgenossen voraus: Er glaubte nämlich an eine gewaltige, bewohnbare Ausdehnung Indiens weit über den Indus hinaus.[55] Auch hierin hat er recht behalten, wie bald ein junger Mann aus dem makedonischen Königshaus bestätigen sollte.

4.
ALEXANDERS SUCHE NACH DEN ENDEN DER WELT

Der makedonische Musenhof

Im Windschatten der griechischen Dauerkämpfe hatte sich im Norden der Halbinsel das makedonische Königreich zu einem neuen Machtfaktor entwickelt. Der energische Regent Philipp II. nutzte seit der Mitte des 4. Jahrhunderts die Ressourcen des Landes und dessen Nähe zum goldreichen Thrakien zum Aufbau einer der modernsten Armeen der Zeit. Allein er schien fähig, nicht nur die ideologischen Diskussionen über die persischen »Barbaren«, sondern auch die wissenschaftlichen Energien des 4. Jahrhunderts einem neuen Expansionsschub dienstbar zu machen.

Schon früher hatten die makedonischen Könige Dichter und Künstler wie Pindar, Bakchylides, Euripides oder Zeuxis, aber auch Ärzte wie Hippokrates an ihren Hof geholt. Der Vater des Aristoteles war Leibarzt des Amyntas III. Ein stattliches Honorar lockte Aristoteles selbst nach Pella.[1] Hier stieg er auf zum Erzieher des Prinzen Alexanders. Als dieser in den 330er Jahren dem Ruf des Isokrates folgte und den Plan eines panhellenischen Rachefeldzugs gegen Persien in die Tat umzusetzen begann, träumte er nicht nur den Traum des großen Kriegers; ihn prägte auch der von Aristoteles geförderte Wissensdurst, der so typisch für die gelehrte Diskussion des Jahrhunderts war. Beides trug zur Dynamik bei, die Alexanders Feldzüge vorantrieb.[2]

Der junge König war mit dem geographischen Weltbild seines Lehrers, der geographischen Literatur und den Periploi sowie den Diskussionen über die Weltränder und der Okeanosfrage vertraut. Ferner kannte Alexander sicherlich das Werk Herodots und ließ sich durch die *Indiká* des Ktesias von der Faszination für das ferne Wunderland anstecken.[3] Auch die Offiziere zeigten

Interesse an der Botanik und Tierwelt ferner Länder. Sie alle waren Kinder des 4. Jahrhunderts und dessen überschäumender Lust, Wissen in komplexe Theorien zu integrieren und so dem Rätsel der Welt näher zu kommen. Dem Heer, das im Frühjahr 334 den Hellespont überquerte, folgte ein Tross von Ingenieuren, Geographen, Geologen, Naturforschern sowie eine Gruppe sogenannter Bematisten. Sie sollten – vielleicht auf Anregung des Aristoteles – die Entfernungen durch Zählung der zurückgelegten Schritte aufzeichnen und alle Informationen über die Ausdehnung, Fruchtbarkeit und Bevölkerung der durchquerten Länder und ihre Wasserstellen und Verpflegungsmöglichkeiten festhalten. Die Leiter größerer Expeditionen mussten über Land und Leute Rechenschaft ablegen. Aus ihren Berichten entstanden Bücher, die später von Geographen und Historikern ausgeschrieben wurden.[4]

Alexander und seine Offiziere kannten auch ihre unmittelbaren Gegner besser als viele der laut krakeelenden Redner. Das makedonische Königshaus pflegte seit langem freundschaftliche Kontakte zu den Persern; eine makedonische Prinzessin hatte in die Familie der Achaimeniden eingeheiratet.[5] Alexander konnte in Pella persische Gesandte und Exilierte treffen. Unter ihnen befand sich Artabazos. Er hatte eine griechische Frau geheiratet und war Schwager der in persischen Diensten stehenden Söldnergeneräle Memnon und Mentor aus Rhodos.[6] Sicherlich hatte sich Alexander auch über den Feldzug des jüngeren Kyros informiert und die Schriften Xenophons eingesehen. Sie lehrten ihn, dass ein gut organisiertes Heer von Berufssoldaten relativ ungehindert ins Herz des Perserreiches vorstoßen konnte. Auf der anderen Seite musste er aus der eigenen Begegnung mit persischen Großen und den Hinweisen Xenophons schließen, dass die persische Oberschicht mutige Männer waren, die ihre Pflichten ernst nahmen. Auch sie besaßen gute Informationen über die Makedonen und konnten griechische Söldner verdingen. Immerhin gelang es ihnen, eine makedonische Vorausabteilung im nördlichen Kleinasien zurückzuschlagen.[7] Auch der Großkönig erschien als respektabler Gegner in einer Zeit, in der das monarchische Prinzip in der intellektuellen Diskussion einen hohen Stellenwert besaß und durch den makedonischen Aufstieg seine Überlegenheit bewiesen hatte.

Alexanders Feldzug gegen Persien

Der Eroberungszug, den Alexander im Jahre 334 v. Chr. startete, erscheint unter diesen Vorzeichen weniger als Aufbruch in eine neue Zeit, sondern als Höhepunkt einer Entwicklung, die sich seit Ende der Perserkriege angebahnt hatte. Dass Alexander so sicher in Kleinasien und über den Taurus nach Kilikien marschierte, lag auch an der Kenntnis des Weges, den Xenophon genommen hatte.[8] Nicht weniger wichtig war das Wissen um die Rolle des persischen Königs im Krieg. Während der Makedonenkönig den direkten Kampfkontakt suchte, stand der persische Herrscher nur symbolisch als erster Krieger hinter der Infanterie, ohne aktiv ins Schlachtgeschehen einzugreifen. Das hatte nichts mit Feigheit zu tun, sondern mit Staatsraison: Der Perserkönig repräsentierte die Ordnung und den Bestand des Reiches. Sein Tod hätte genau dieses in seinen Grundfesten erschüttert. Alexander hat deshalb (wie Kyros bei Kunaxa) alles daran gesetzt, durch einen schnellen Vorstoß auf den König den Kampf zu entscheiden. Das gelang ihm bei Issos, weil seine Offiziere die Flanken sicherten und er mit der makedonischen Schlachtenreiterei über die beste Kavallerie der Zeit verfügte. Seine Erfolge beruhten auf dem klugen Einsatz überlegener Waffengattungen und auf genauen Informationen über die Rolle des Königs im Krieg.

Den Perserkönig in der Schlacht zu besiegen, war das eine, ihn als Eroberer zu übertreffen die andere Aufgabe. Ein Marsch nach Ägypten war deshalb nicht nur aus strategischen Gründen unerlässlich. Hier wurde Alexander von der Mehrheit als Befreier begrüßt und wahrscheinlich in Memphis zum Pharao gekrönt. Danach zog er westwärts bis Paraitonion (Marsa Matruch) und von dort 300 Kilometer durch die Wüste nach Siwah.[9] Kambyses war laut Herodot bei seinem Wüstenmarsch gescheitert, Herakles und Perseus hatten die Oase erreicht – so der Mythos.[10] Wenn Alexander gleiches versuchte, so bewog ihn vor allem das Bedürfnis, in den härtesten Naturräumen seine gottgleichen Erobererqualitäten zu beweisen. Die Priester begrüßten ihn als Sohn des Zeus Ammun und prophezeiten wohl auch seine Welteroberung.[11] Was die Götter Xerxes verwehrt hatten – die Vereinigung Europas und Asiens – war nun göttlicher Auftrag.

Göttergleich erschien ein Mensch aber nicht allein als Sieger auf dem Schlachtfeld, sondern auch als Städtegründer. Alexanders Wahl fiel auf das westliche Mündungsgebiet des Nildelta gegenüber einer von Homer er-

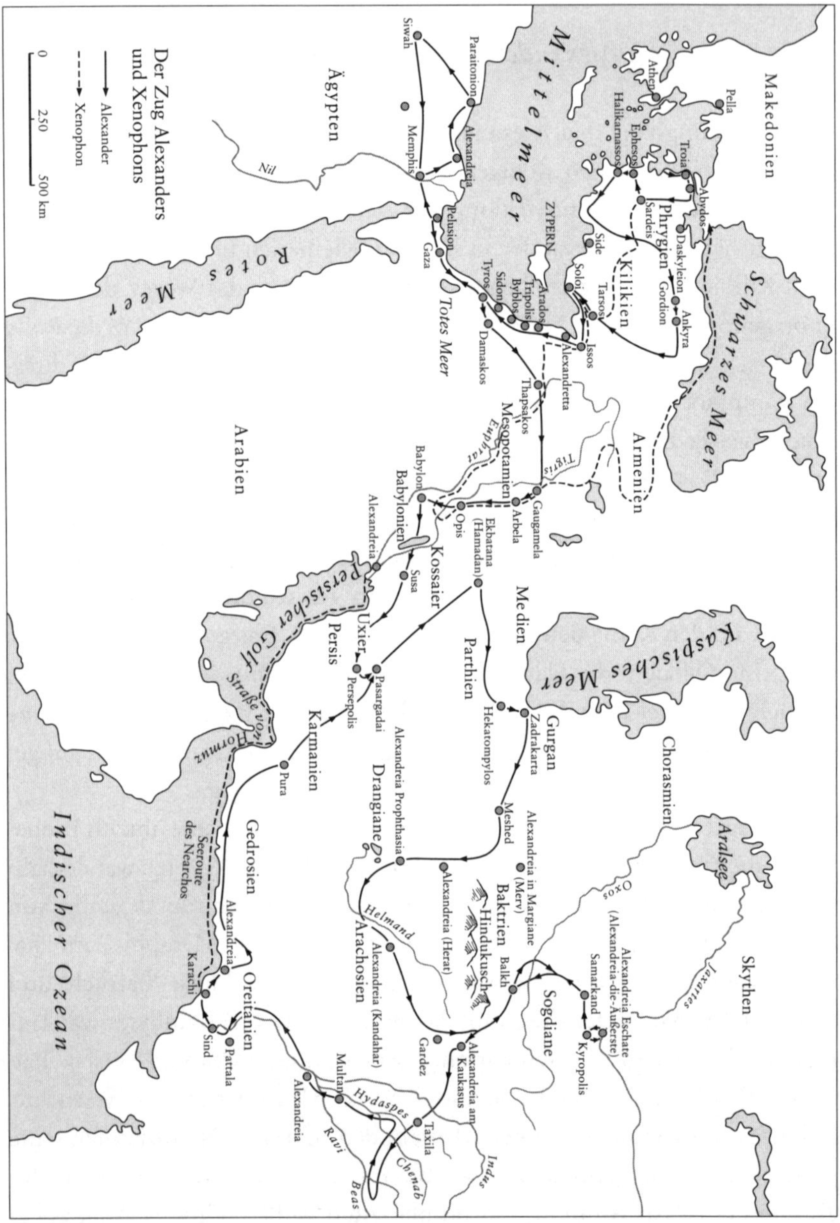
Der Zug Alexanders
und Xenophons
Alexander
Xenophon
0 250 500 km
Makedonien
Pella
Athen
Halikarnassos
Ephesos
Troia
Abydos
Sardeis
Phrygien
Daskyleion
Gordion
Ankyra
Side
Soloi
Kilikien
Tarsos
Issos
Schwarzes Meer
Mittelmeer
ZYPERN
Arados
Tripolis
Byblos
Sidon
Tyros
Alexandretta
Damaskos
Totes Meer
Gaza
Pelusion
Alexandreia
Memphis
Paraitonion
Siwah
Ägypten
Nil
Rotes Meer
Thapsakos
Euphrat
Tigris
Mesopotamien
Armenien
Gaugamela
Arbela
Opis
Babylon
Babylonien
Alexandreia
Arabien
Ekbatana
(Hamadan)
Kossaier
Susa
Medien
Persischer Golf
Uxier
Persis
Pasargadai
Persepolis
Straße von Hormuz
Kaspisches Meer
Parthien
Hekatompylos
Gurgan
Zadrakarta
Karmanien
Pura
Alexandreia Prophthasia
Drangiane
Meshed
Chorasmien
Aralsee
Alexandreia in Margiane
(Merv)
Alexandreia (Herat)
Baktrien
Hindukusch
Balkh
Helmand
Arachosien
Alexandreia (Kandahar)
Gedrosien
Seeroute
des Nearchos
Alexandreia
Karachi
Oreitanien
Sind
Pattala
Indischer Ozean
Oxos
Jaxartes
Skythen
Alexandreia Eschate
(Alexandreia-die-Äußerste)
Samarkand
Sogdiane
Kyropolis
Gardez
Alexandreia am
Kaukasus
Multan
Alexandreia
Hydaspes
Taxila
Indus
Ravi
Chenab
Beas

wähnten Insel namens Pharos. Die Neugründung trug den Namen ihres Gründers: Alexandria. Vielleicht sollte sie den Seehandel nach Griechenland erleichtern und Ägypten unabhängiger von den phönizischen Metropolen machen.

Voll Zuversicht brach Alexander im April 331 auf, um die persischen Zentrallande zu erobern. Wieder konnte er in der Ebene von Gaugamela die neu aufgestellte Reichsarmee besiegen. Der geschlagene König flüchtete in den Osten. Alexander wurde zum »König von Asien« ausgerufen. Der Marsch in die Persis glich einem Triumphzug. In Babylon wurde Alexander wie in Ägypten als Befreier empfangen. Zu Beginn des Jahres 330 öffneten sich die Tore von Persepolis. Noch während des Siegergelages ging der Palast in Flammen auf. Die Zerstörungen der Perser in Griechenland waren gerächt. Der offizielle Auftrag war erfüllt.

Alexander am Kaspischen Meer und am Hindukusch

Doch Alexander musste weiter nach Ekbatana, der Sommerresidenz der persischen Könige, um sich der Person des Dareios zu versichern und die Loyalität der nördlichen und östlichen Reichsteile zu prüfen. Spätestens ab jetzt verband sich geographisches Interesse mit dem Ehrgeiz, durch immer neue Eroberungen unsterblichen Ruhm zu erlangen, zu einem inneren Drang, den die Quellen und Alexander selbst als »Sehnsucht« *(pothos)* bezeichnen: Wenn ihm das Orakel von Siwah die Weltherrschaft prophezeit hatte, dann musste er wie Dionysos und Herakles den Grenzen der Oikumene entgegenstreben. Dieses Ziel ging über den panhellenischen Rachefeldzug hinaus. Deshalb wurden nach der Eroberung von Ekbatana die letzten Griechen entlassen, doch stand es ihnen frei, als Söldner dabei zu bleiben.[12]

Dareios war durch die sog. Kaspischen Tore geflohen. Um die rückwärtigen Verbindungen zu sichern, ließ der Makedonenkönig den alten Haudegen Parmenion mit 6.000 Makedonen und einem Teil der Heereskasse zurück. Er selbst zog auf der Königsstraße zwischen der persischen Salzwüste im Süden und dem Elburs-Gebirge im Norden. Jetzt bewegten sich die Makedonen in Regionen, die bisher allenfalls von deportierten Griechen betreten worden waren. In Ostiran begann das große Entdeckungsabenteuer.[13]

In oder nahe Rhagai wurde gemeldet, Dareios sei gefangen. Sofort hetzte Alexander mit einer Eliteeinheit weiter, erreichte nach einem zweitägigen

Gewaltritt das letzte Lager des Dareios am Rande der Wüste Dascht-e Kavir und stieß nach weiteren 65 Kilometern auf eine Leiche am Wegesrand. Es war die des Dareios, erstochen von einem Höfling. Alexander ließ den Leichnam nach Persepolis schaffen und in allen Ehren beerdigen. Sein Selbstverständnis als legitimer Nachfolger verpflichtete ihn, sich auf die Spur des Königsmörders zu machen, der unter dem Namen Artaxerxes seinerseits die Herrschaft beanspruchte. Er hatte sich in das städtereiche Baktrien jenseits des Hindukusch zurückgezogen, ein Knotenpunkt innerasiatischer Karawanenrouten am Rande der indischen, chinesischen und iranischen Zivilisation.[14] Die treulosen Höflinge des Dareios flüchteten dagegen in die Schluchten am Südufer des Kaspischen Meeres. Ihnen folgte Alexander in der richtigen Erkenntnis, dass er ohne ihre Mitwirkung das königliche Erbe nicht antreten und das Eroberte nicht sichern konnte. Im Spätsommer erreichte er Zadrakarta, die Hauptstadt von Gurgan in Hyrkanien, eine von üppiger Fruchtbarkeit gesegnete Landschaft, die den Makedonen nach der Durchquerung der wüstenartigen Gegenden und Schluchten Mediens wie eine Neue Welt vorkommen musste.

Die Existenz des Kaspischen Meeres war den griechischen Geographen bekannt, doch niemand wusste Genaues über seine Ausdehnung. Viele hielten es für eine Ausbuchtung des Okeanos – das Kaspische Meer ist salzhaltig! – und genau das faszinierte den Makedonenkönig. Denn hiermit eröffneten sich ungeahnte strategische Möglichkeiten: Alexander ging wie Aristoteles von einer relativ geringen Ausdehnung der Oikumene aus (s.o.S. 000).

Dementsprechend glaubte er, das Weltmeer zum Transport einer Armee von einem Erdteil zum anderen nutzen zu können.[15] Schon in Ägypten soll Alexander eine Expedition zur Erforschung der Nilquellen ausgesandt haben, wohl auch um festzustellen, ob man nilaufwärts nach Indien gelangen könnte; die Frage hatte bereits Dareios beschäftigt und war auch von Aristoteles behandelt worden.[16] Als er 330 das Südufer des Kaspischen Meeres erreichte, soll er den Eindruck geäußert haben, das Meer sei von ähnlicher Größe wie der Pontos. Seine Begleiter stellten fest, dass sein Wasser süß schmecke, jedenfalls süßer als das anderer Meeresteile. Ferner beobachtete man Wasserschlangen – von Ktesias wusste man um deren Bedeutung. Und so folgerte Alexander im Sinne des Aristoteles, dass es sich beim Kaspischen Meer um einen Binnensee, »nicht kleiner als das Schwarze Meer«, handelte, der sich bis zum Asowschen Meer *(Maiotis)* erstreckte.[17]

Für eine genauere Erkundung ließen die Umstände allerdings keine Zeit;

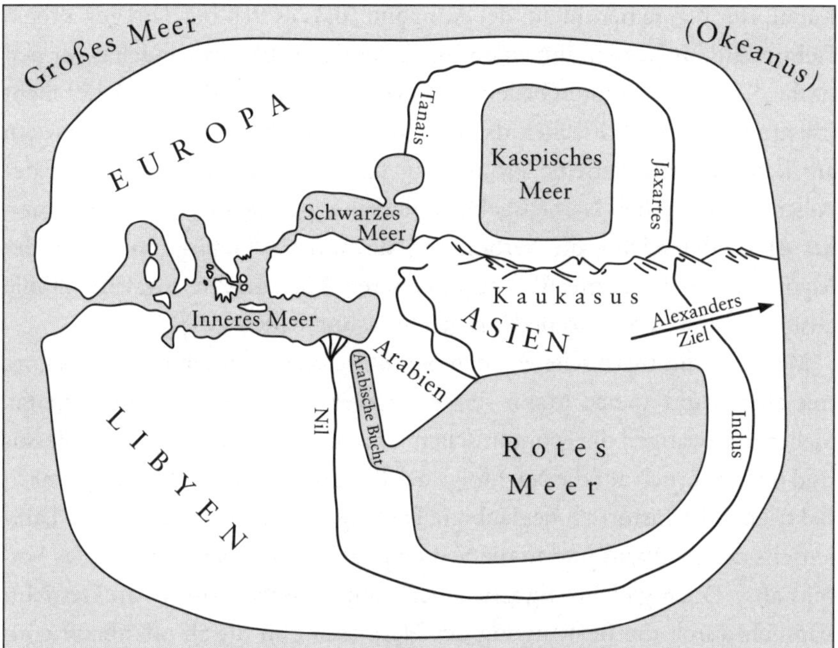

ALEXANDERS WELTBILD

Alexander hat sie später nachzuholen versucht.[18] Noch konnte der Gegenkönig Bessos in Baktrien schalten und walten, und auch im südlicheren Areia zeigte sich der Satrap Satibarzanes unbotmäßig. So wandte sich Alexander noch vor Herbstbeginn 329 wieder nach Osten. Vom heutigen Meshed führten zwei Routen nach Baktrien: die eine nordöstlich durch Berge und Wüste über die Oase Merv (Alexandreia in Margiane). Der längere Weg bahnte sich südöstlich zu den Wüstenregionen von Seistan durch die Satrapie Drangiane, von dort in nordöstlicher Richtung dem Tal des Flusses Helmand folgend über den Hindukusch.[19]

Alexander wählte zunächst die kürzere Route. Doch dann bewog ihn der Gedanke, den Satrapen von Seistan westlich von Arachosien zu unterwerfen. Auf dem Marsch von Seistan über Arachosien »gründete« Alexander auf den Resten einer persischen Zitadelle Alexandreia Areia am mittleren Lauf des Herirud sowie Alexandreia in Arachosien, die später unter den Namen Herat und Kandahar berühmt wurden.[20] Als sich seine Armee den Südhängen des Hindukusch näherte, folgte eine dritte »Gründung« Alexandreia am Kaukasus auf dem Boden der persischen Satrapenresidenz Kapisa nordöstlich von

Kabul. Der Name beruht auf der Annahme, dass es sich bei dem gewaltigen Gebirgszug im Norden um einen Ausläufer des Kaukasus handelte; der persische Name Hindukusch bedeutete so viel wie, »Gipfel, den der Adler nicht überqueren kann«. Griechen dachten unwillkürlich an den Adler, der dem am Kaukasus angeketteten Prometheus die Leber zerfraß. Auch wenn der Adler der persischen Namensgebung Teil einer ganz anderen Legende war – für Alexander reichte die Verbindung aus, um das Gebirge mit Hilfe des Mythos in die bekannte Welt zu integrieren. Man machte sogar die Höhle ausfindig, in welcher Prometheus geschmachtet haben soll.[21]

Mehr als die mythische Wiedererkennung reizte Alexander das Wagnis, mit einer rund 30.000 Mann starken Armee das Gebirge zu überqueren. Sicherlich zwangen die geopolitischen Umstände, die Verfolgung des Bessos und der Anspruch auf die Nachfolge der Perserkönige zum Vordringen nach Baktrien – der historisch beglaubigte Feldzug des Großen Kyros in das Land jenseits des Kaukasus und in die Sogdiana gaben ein nacheifernswertes Vorbild ab.[22] Doch gleichzeitig gewannen »unpolitische« Motive an Gewicht: nämlich durch die Bezwingung der Natur seine in Siwah offenbarte göttliche Abkunft zu beweisen und sämtliche Könige und Helden zu übertreffen. Der Marsch über den schneebedeckten, 3500 Meter hohen Hindukusch (wahrscheinlich am Chawak-Pass) gehört zu den großen Leistungen Alexanders, die bis heute im Schatten der spektakulären Schlachtensiege stehen. Vielleicht wurde er durch die *Anabasis* der 10.000 Söldner Xenophons über das schneebedeckte Gebirge der Karduchen bestärkt; die Schilderung der späteren Alexanderhistoriker erinnert jedenfalls daran. Die Kaukasusüberquerung war tollkühn, sie erreichte aber das gleiche wie gut 100 Jahre später Hannibal gegenüber Rom: Der sich jenseits des Massivs in Sicherheit wiegende Bessos wurde überrascht und flüchtete panisch über den Fluss Oxos (Amur–Darja). Alexander nahm Baktrien und dessen bedeutende Stadt Baktra ohne Mühe in Besitz. Von dort quälte man sich durch die 80 km breite Steinwüste von Turkestan dem Oxos entgegen, überquerte ihn (wegen Holzmangel) auf selbstgefertigten, mit Heu ausgestopften Schwimmflößen und setzte damit den Fuß in die nordöstlichste persische Provinz, die sog. Sogdiane, ein karges, sandiges Steppenland. Die Mühen lohnten sich: Bessos wurde ausgeliefert und von Alexander zur weiteren Bestrafung nach Baktra geschickt.[23]

Damit war das politische Ziel des Feldzuges erreicht. Herrschaftssicherung und Erkundung fielen zusammen: Wieder war Alexander in Räume vorgestoßen, die den Geographen seiner Zeit Rätsel aufgaben. Ktesias hatte Kunde von Baktrien – dem *ultima Thule* des Ostens – am persischen Königshof erhalten und wusste von indischem Wein und Käse in dieser Region. Aristoteles kannte aus der Lektüre des Ktesias den Oxos unter dem Namen Araxes, und vom Araxes nahm er an, dass er mit dem Tanais (heute: Don) verbunden sei. Vom Tanais waren den meisten Griechen mit Ausnahme einiger Händler wohl nur der Unterlauf und das Mündungsgebiet vertraut.[24] Alexander stieß jedoch bei seinem Vordringen durch die Sogdiane auf einen zweiten, von Tannen am jenseitigen Ufer gesäumten Fluss, von den Einheimischen damals Jaxartes genannt. Er musste zur Überzeugung kommen, dass dieser der bisher unbekannte Oberlauf des Tanais sei, mit dem der Oxos laut Aristoteles zusammenhing.[25] Das war zwar falsch; tatsächlich hatte Alexander einen neuen Fluss, den Syr-Darja entdeckt, und er wusste nicht, dass der Syr-Darja und der Amur-Darja in den Aralsee mündeten. Doch auch die von ihm und seinem Stab vertretene Identifizierung war eine Leistung, die eines gottgleichen Feldherrn würdig war: Nach traditioneller Vorstellung bildete der Unterlauf des Tanais die Grenze zwischen Europa und Asien. Deshalb konnte er weiter folgern, dass der Oberlauf des Tanais im fernen Osten auch die äußerste Grenze Asiens sei.[26] Alexander war zwar nicht zum nördlichen Okeanos gekommen, doch er hatte einen Winkel des asiatischen Kontinents erreicht, den kaum ein Grieche zuvor betreten hatte. Programmatisch gab er seiner letzten (und nördlichsten) Stadtgründung am oberen Jaxartes auf dem Boden eines persischen Außenpostens den Namen Alexandreia-die-Äußerste (Alexandreia Eschate, das heutige Chodjend).[27]

Gekrönt wurde der Zug in die nördlichen Satrapien mit einer märchenhaften Hochzeit: Im Frühjahr 327 heiratete Alexander die Tochter eines vornehmen Prinzen der Sogdiane namens Roxane. Zuneigung verband sich mit dem Ziel, seine Nachfolge zu sichern und sie den einheimischen Eliten akzeptabel zu machen. Sein Schwiegervater Oxyartes wurde in den Beraterkreis des Makedonenkönigs aufgenommen, dessen Söhne in die königliche Reiterformation eingegliedert. Diese und andere Maßnahmen, die darauf zielten, einheimische Würdenträger in die makedonische Heeres- und Herrschaftsstruktur zu integrieren, wurden von dem Bemühen Alexanders begleitet, sich auch äußerlich durch die Anlegung des Diadems und die Einführung der Proskynese in die persische Königszeremonie einzufügen. Alexander war seit seiner Jugend mit persischen Sitten vertraut und zeigte den gleichen Respekt vor dem Königshaus der Achaimeniden wie Xenophon.

Für die Einheimischen der nördlichen Satrapien war Alexander längst ein neuer Perserkönig, der einen aufrührerischen Satrapen bestrafte.[28] Bei seinen Offizieren und Freunden mussten die Bemühungen zur Annahme des persischen Herrschaftsstils dagegen Verbitterung hervorrufen, und zwar nicht in erster Linie, weil sie aus intellektueller Überzeugung die Kluft zu den Barbaren wahren wollten, sondern weil sie sich zurückgesetzt fühlten. Nie fällt es Offizieren leicht, die Nähe zu ihrem Feldherrn mit denen zu teilen, die man in jahrelangen Kriegszügen bekämpft und besiegt hatte. Selbst wenn Alexander seinen alten Freunden und Offizieren auf gemeinsamen Trinkgelagen suggerierte, dass er diese Nähe zu ihnen exklusiv zu wahren suchte, so widersprach die schrittweise Einführung persischen Zeremoniells den Gesten.

Hinzu kamen die Strapazen, die er dem erfolgsverwöhnten Heer zumal bei der Überquerung des Hindukusch und dem Zug durch die Wüste von Turkestan zumutete.[29] Es häuften sich Nachrichten von offener Kritik bis zu Verschwörungen, denen Alexander mit unerbittlicher Härte selbst gegenüber loyalsten Offizieren und Freunden (Philotas, Parmenion) entgegentrat.[30] In dem Maße, wie sich Alexander von seinem offiziellen Auftrag löste und seine Eroberungsträume ohne Rücksicht auf makedonische Empfindlichkeiten zu verwirklichen suchte, verbreiterte sich die Kluft. Das harte Durchgreifen wurde von den Quellen mit dem Jähzorn Alexanders erklärt und später gerne als schwarze Seite seiner Seele gedeutet. Tatsächlich wusste Alexander: Nur der leiseste Verdacht der Insubordination aus dem Kreis seiner Vertrauten gefährdete das ganze Unternehmen. Zur Herrschaftsdelegierung an iranische Eliten gab es angesichts der geringen Zahl erfahrener Makedonen keine Alternative. Deshalb musste er seine Linie konsequent verfolgen, um Stabilität zu wahren. Am Ende setzte sich Alexander durch. Das Heer, das seit dem Abmarsch aus Ekbatana aus vielen Söldnern und iranischen Verbänden bestand, hielt ihm selbst unter härtesten Bedingungen, auf den schneebedeckten Pässen des Hindukusch und in den Wüsten der Sogdiane, die Treue. Von Meutereien hören wir nichts, und diese wären ja das sicherste Zeichen dafür gewesen, dass der Unmut unter manchen Offizieren eine gefährlichere Basis gehabt hätte. Doch Alexander hatte zweifellos die Grenzen der Belastbarkeit erreicht. Wie weit diese Belastung noch auszudehnen war, musste der Weitermarsch erweisen.

Das indische Abenteuer

Auch wenn Alexander keinem Königsmörder oder Rebellen mehr folgen musste, so gebot es seine Rolle als Nachfolger des Perserkönigs, die Gebiete des Punjab zu sichern, die zeitweise Teil des Persischen Reiches waren. Das ist der Grund für die erbarmungslose Gewalt, die Zerstörung ganzer Orte und das Niedermetzeln der Bevölkerung, die seinen Indienfeldzug prägten. Wer sich seinem Herrschaftsanspruch widersetzte, verdiente kein Pardon.[31]

Doch Alexander wollte mehr als die machtpolitische Demonstration und die Huldigung der Rajas. Aristoteles hatte die Ausdehnung der östlichen Landmasse und damit auch die Größe Indiens erheblich unterschätzt. Dementsprechend vermutete er, dass man von den Gipfeln des Hindukusch (= Parnassos) gen Osten die Grenze der Oikumene und das Weltmeer erblicken könnte.[32] Doch Alexander und seine Mannen gewahrten vom Chawakpass nur endlose Bergketten. Hatte sich Aristoteles geirrt? Und wenn ja, wo war dann das östliche Ende der Oikumene und wo begann der Okeanos? Alexander konnte diese Fragen nicht einfach ad acta legen; dazu war er zu sehr Kind einer wissensdurstigen Zeit. Nachdem er am Jaxartes die nördliche Grenze der Oikumene erreicht hatte, musste er auch im Osten das Ende der Welt suchen, um den Anspruch auf Weltherrschaft durchzusetzen. Als östlichstes Land galt Indien. Alexander und seine Berater vermuteten, dass weiter östlich der Okeanos liegt; von den weiten Landmassen bis nach China wusste man (noch) nichts.[33]

Hinzu kam ein strategisches Kalkül, das schon Dareios zur Indienexpedition des Skylax mit motiviert hatte und auch von Artaxerxes III. geteilt worden war (s.o.S. 178): Wie die Perserkönige neigte Alexander zur Auffassung, dass der Indus mit dem Nil verbunden war und das Südmeer (Erythräische Meer) von einer Landbrücke eingeschlossen sei, die von Indien bis Ägypten reichte. Nun bot sich die Chance, das Vordringen an das östliche Weltende mit der Rückfahrt auf dem Indus bzw. dem Nil abzuschließen. Die Rückkehr zum Pharaonenland hätte den Kreis der in Siwah prophezeiten Weltherrschaft geschlossen und zu einem triumphalen »Weltumritt« verbunden.[34]

Im Frühsommer 327 brach das Heer von Baktra auf und überschritt in 10 Tagen wahrscheinlich auf der gleichen Passroute wie beim Hinweg erneut den Hindukusch. Im Herbst zog man von Alexandreia am Kaukasus zum Punjab. Ein Teil des Heeres marschierte über den Khyberpass, das nordöstliche Einfallstor aller Invasoren Indiens, zum Kabultal. Alexander selbst wählte eine schwierigere Route weiter nördlich. Gemeinsam zog man durch die alte Kulturlandschaft Gandhara, bis man im Frühjahr 326 den Indus erreichte. Die Ankömmlinge sahen zum erstem Mal bewässerte Reisfelder und stießen bald auf eine Pflanze, von denen sich die indischen Asketen ernährten. Sie wurde später von den Portugiesen »indische Feige« genannt. Wir bezeichnen sie als Banane.[35]

All dies heißt nicht, dass die Gegend *terra incognita* war. Griechen und griechische Siedlungen gab es in Indien seit den Tagen des großen Kyros;[36] Skylax hatte eine ähnliche Route genommen, und sein Werk wurde von Hekataios und Herodot benutzt. Alexander und seine Offiziere kannten die *Indiká* des Ktesias. Für die makedonischen Haudegen müssen die Geschichten von der langen Lebensdauer der Inder genauso faszinierend gewesen sein wie die von den Völkern mit Hundsköpfen und Riesenfüßen, den seltsamen Tieren, dem Einhorn, den Induswürmern und den Bestien mit Menschengesicht und skorpionartigem Schwanz. Und natürlich lockten die Erzählungen über die Goldschätze, die von fleißigen Ameisen aus der Erde geholt und von Greifen bewacht wurden.[37] Die Gelehrten im Stabe Alexanders interessierten sich für die Heilquellen und Heilpflanzen, von denen Ktesias erzählte.

Wie alle Entdecker und Eroberer zogen so die Makedonen mit Vorstellungen, die der Bestätigung harrten. Alexanders Offiziere schürten die Überzeugung ihres Königs, dass Indien einst von Herakles und Dionysos besucht und erobert worden war.[38] Alexander folgte als Sohn des Zeus den Schneisen, die seine göttlichen Vorgänger geschlagen hatten. Die vertraute Ferne bot Sicherheit für das eigene Gelingen und Konkurrenzobjekte, mit denen sich Alexander messen konnte. Sie verlieh dem Vordringen nach Indien – bei aller abenteuerlichen Exotik – eine selbstbewusste Selbstverständlichkeit.

Das Selbstbewusstsein schien gerechtfertigt. Denn Alexanders Armee war den Indern haushoch überlegen. Mobile Belagerungsmaschinen kannte man in Indien genauso wenig wie den kombinierten Einsatz von Schwerbewaffneten und Reiterei. Und schließlich umstrahlte den Eroberer die Aura des Unbesiegbaren. Nicht überraschend signalisierten noch vor Überschreiten des Indus viele indische Fürsten, dass sie die Oberherrschaft des neuen Königs anerkennen würden. Sie machten Alexander mit der heimischen Kriegstechnik vertraut, besonders in Bezug auf den Einsatz der Kriegselefanten. Ihre Informationen über die Natur und Tierwelt regten einen intensiven

Handel mit den Fellen exotischer Tiere und Pflanzen an.[39] Umgekehrt erfuhren sie von den mythischen Vorstellungen, die Alexander begleiteten. Viele waren so klug, seine Erwartungen zu bestätigen. So wurde der indische Gott Krishna als Manifestation des Herakles vorgestellt und Alexander als Dionysos begrüßt, auch um den Eroberungsdrang des Makedonen im Kampf gegen regionale Konkurrenten zu nutzen.[40] Ambhi, der bedeutendste Raja im westlichen Punjab (Gandhara), bot Alexander Unterstützung an gegen Poros, den König der Paravas, dessen Reich sich vom Fluss Jhelam bis zum Chenab erstreckte. Alexander bestätigte Ambhi in seinem Reich mit der Maßgabe, sich nach seinen Wünschen zu richten. Danach nahm Ambhi den griechischen Namen Taxiles an.

In Taxila!

Alexander konnte sich nun über ein halbes Jahr dem Kampf gegen die indischen Fürsten in den nördlicher gelegenen Swatbergen widmen. Taxiles hielt ihm den Rücken frei und versorgte ihn mit Getreide, Geschenken, Vieh und Elefanten. Im Frühjahr zog Alexander in Taxila ein. Die Residenz des Rajas war eine blühende Siedlung am Schnittpunkt transregionaler Verkehrsrouten von Zentralasien nach Nordindien und weiter gen Westen in Richtung Kaschmir. Und es war ein Zentrum nordindischer Medizin und Rechtspflege, Pilgerort des Buddhismus und der Hindulehren.[41] Alexanders Stab sammelte Daten über das Aussehen der einheimischen Bevölkerung, über die Gebräuche der Verheiratung junger Mädchen und über die Witwenverbrennung (Sati).

Eines Tages sollen die Makedonen Männer beobachtet haben, die auf einem Markt mit Öl versorgt wurden und sich nehmen konnten, was ihnen gefiel. Alexander meinte unter diesen Männern zwei »Schulen« unterscheiden zu können: die der Langhaarigen und die der Kahlgeschorenen. Um mit ihren Meistern zu sprechen, soll er Onesikritos angewiesen haben, sie ausfindig zu machen. Von ihm sowie einem anderen Gelehrten in Alexanders Stab stammen die Berichte über die Begegnung mit den indischen »Weisen«; sie gehört zum klassischen Erzählgut der Alexanderlegende.[42]

Nahe Taxila fand Onesikritos 15 nackte »Weise« regungslos in verschiedenen Körperhaltungen stehend, sitzend oder liegend bis zum Einbruch der Nacht.[43] Mit Hilfe von Dolmetschern gelang es ihm, mit zwei Weisen Gespräch zu führen. Angeblich – so Onesikritos – waren sie mit den griechischen Philosophen vertraut und kannten Sokrates, Pythagoras und Diogenes. Das ist sicherlich erfunden. Wahrscheinlich übertrug Onesikritos griechische Vorstellungen, indem er die indischen Asketen mit derjenigen Philosophenschule gleichsetzte, die ihnen am ähnlichsten schien, nämlich den Kynikern.[44] Verzerrungen und Missverständnisse nahm man dabei in Kauf: Tatsächlich waren die indischen Weisen nicht völlig nackt, wie es die griechische Körperkultur vorsah.[45] Der ältere Weise antwortete auf die Frage, wie sein Name sei, wahrscheinlich mit einem klassischen Sanskritausdruck des Grußes *kalyana*. Die Makedonen machten hieraus den Namen Kalanos, ähnlich wie die Spanier in Mexiko das einheimische Wort *tectetan* für »ich verstehe Dich nicht« als Bezeichnung des Landes missdeuteten und hieraus Yucatan machten.[46] Geht nicht auch der Trick des Odysseus, sich dem Kyklopen als »Niemand« auszugeben, auf eine ähnliche, von »Entdeckern« genutzte Sprachkonfusion zurück?

Falsch wäre es jedoch, die Authentizität der Begegnung in Taxila an sich zu bezweifeln.[47] Nach brahmanischer Auffassung gehörte es sich für einen guten König, sich mit den Vedas zu beschäftigen und den Rat der Weisen zu befolgen. Außerdem enthält die Erzählung des Onesikritos jenseits der für Erstkontakte typischen Missverständnisse und Übertragungen griechischer Modelle viele ungriechische Elemente.[48] Der jüngere der indischen Weisen folgte Alexander nach dem Gespräch nur kurze Zeit und wahrte Distanz zum königlichen Hof. Kalanos, der ältere, gehörte dagegen bis zu seinem Tod in Babylon zum engsten Beraterkreis des Königs, weil er, so seine Erklärung, nach 40 bzw. 37 Jahren der »Disziplin« frei war, sein Leben zu bestimmen. Er spielt damit an auf das erste *asram*, die Phase der 36-jährigen Studienzeit *(brahmacharin)* und Askese, die der Brahmane durchlaufen muss, bevor er seine Kleidung wechseln, Goldringe tragen und eine Familie gründen konnte. Allerdings besaß er nach Aussage der Quellen vor dieser Entscheidung bereits Schüler und Kinder. Vielleicht handelt es sich bei ihm um den Vertreter einer weniger strengen Schule der Brahmanen, die im Nordwesten Indiens verbreitet war; oder er war gar kein Brahmane, sondern Anhänger der Jainisten oder Buddhas.[49]

In jedem Falle war Kalanos für Alexander Gold wert: Er versorgte den Stab mit Informationen über die politischen Verhältnisse, den Glauben der Inder und die Stellung der Brahmanen. Außerdem führte er Befragungen gefangener Brahmanen durch. Wahrscheinlich hat Alexander auf seine Anregung hin im Verlauf des Feldzuges alle Brahmanen, die zum Widerstand aufriefen, genauso brutal behandelt wie jeden anderen »Rebellen«.[50] Ferner wird er Alexander auf den im Frühjahr einsetzenden Monsunregen hingewiesen haben. Umso wichtiger war es, so schnell wie möglich gegen Poros, den Konkurrenten des Taxiles, vorzurücken. Verstärkt mit 5000 indischen Kämpfern zog Alexander im Sommer 326 an den Hydaspes (Jhelum) bis auf die Höhe des heutigen Haranpur.[51] Nach einigen Scheinmanövern überquerte er den Fluss und besiegte die Armee des Poros. Danach bestätigte er den Unterlegenen als Vasall und legte die Stadt Nikaia (»Siegesstadt«) an.

Auf dem Weg zum Ganges?

Der Weg nach Osten war frei, doch nun prasselte der Monsunregen auf die Eroberer nieder und ließ die Flüsse anschwellen. Der Weitermarsch wurde zu einer Strapaze. Abgesehen davon, dass Alexander seine Männer zur Eroberung widerspenstiger Städte antrieb, mussten rund 100 Transportschiffe zerlegt und auf Ochsenkarren von einem Fluss zum nächsten geschleppt werden, zunächst vom Indus 60 km nach Taxila, dann weitere 180 km zum Hydaspes und von dort bis zum Chenab und Beas, wo sie wieder zusammengesetzt wurden.[52] Das ist nur mit der engen Kooperation heimischer Hilfskräfte möglich. Es zeigt aber einmal mehr, zu welchen Leistungen antike Entdecker beim Transport von Schiffen in der Lage waren.

Die Belastung für die Makedonen muss gewaltig gewesen sein, zumal sie sich mit typischen Entdeckerproblemen herumschlugen. Irgendwo nahe des Flusses Chenab sollen sie »bohnenartige Hülsenfrüchte« gekostet haben, »die zehn Zoll lang waren und süß wie Honig«. Es waren Bananen; sie verursachten schwere Magenprobleme, so dass Alexander wie einst Odysseus seinen Leuten verbot, auch nur eine der seltsamen Früchte zu berühren.[53] Zahlreiche Schlangen wurden durch das Hochwasser bis in die Häuser getrieben. Indische Heiler verschafften Linderung, doch der psychische Druck blieb immens. Als das Expeditionsheer den Hyphasis (Beas), den östlichsten oberen Nebenfluss des Indus, erreichte, verweigerten die Offiziere (zum ersten Mal) den Weitermarsch. Alexander zog sich drei Tage lang in sein Zelt zurück. Dann gab er nach und ließ zwölf gewaltige Altäre zum Dank an die Götter errichten. Damit markierte er das definitive Ende des Vormarsches nach Osten.

Auf den ersten Blick erscheint die Weigerung der Offiziere nicht nur verständlich, sondern auch vernünftig, während man in Alexander einen einsamen Eroberer sieht, der sich allen Realitäten verweigert und nur noch von der Sehnsucht *(pothos)* bestimmt wird, die letzten Enden der Welt zu finden – koste es was es wolle. Doch so einfach ist die Sache nicht. Die Makedonen hatten von einheimischen Fürsten erfahren, dass sich jenseits des Beas ein fruchtbares Land erstrecke mit einer reichen Adelsgesellschaft und einem König Xandrames (Aggrammes), der angeblich über 200.000 Krieger, 2000 Streitwagen und 4000 Elefanten gebot. Die Situation ähnelt der Ankunft der spanischen Konquistadoren an den Grenzen des Inkareiches:[54] Das Reich des Xandrames war achtunggebietend, doch genauere Erkundigungen ergaben, dass es von einem schwachen Herrscher regiert wurde und seinen Zenit überschritten hatte. Alexander war auf das einst blühende Königreich von Magadha gestoßen. Dessen Herrscher residierte im Palast von Palimbrotha, seine Herrschaft war aber von inneren Streitigkeiten zerrissen und besaß nicht (mehr) die militärische Stärke, wie die Legenden behaupteten – eine fette Beute für die siegesgewohnte Armee der Makedonen.[55] Diese Armee wurde zudem von rund 35.000 frischen Ersatzkräften verstärkt, die angelockt durch die Nachrichten über Edelsteinfunde an den Punjabflüssen aus Griechenland gekommen waren und unter Alexander jeden Kampf gewagt hätten. Alexander hätte mit einer Armee von 100.000 Mann ein altersschwaches Reich angegriffen, das relativ problemlos zu erreichen war: Ein Marsch von rd. 12 Tagen auf einer gut erschlossenen Straße führte durch ein Wüstengebiet – das hatte Alexander inzwischen erfahren – zu einem großen Fluss, der alsbald in den Okeanos mündete und an dessen Unterlauf das Zentrum des Magadhareiches lag.

Der Fluss war wahrscheinlich der Ganges.[56] Im Vergleich zu den fast 20.000 km, die Alexanders Armee in den letzten 8,5 Jahren auf unwegsamem Gelände zurückgelegt hatte, musste der rund 250 km Marsch zum Ganges und die insgesamt 1000 km von Beas zur Gangesmündung fast wie eine Spazierfahrt erscheinen, zumal die Nachrichten von dem Wüstengebiet, das zwischen beiden Flusssystemen lag, falsch war.[57] Zudem hätte eine Fahrt auf dem Ganges nicht nur die Transportprobleme erleichtert, sondern auch die Rückfahrt über den Okeanos ermöglicht. Indische Gewährsmänner hatten Alexander darüber informiert, dass der Indus keine Verbindung mit dem Nil besaß, obwohl die Makedonen Krokodile und den aus Ägypten bekannten »heiligen Lotus« (am Chenab/Akesines) entdeckt hatten. Ferner konnte Alexander die von Hekataios und Herodot vertretene Strömung des Indus nach Osten korrigieren.[58] Und wer weiß: Vielleicht zog er in diesem Zusammenhang eine Verbindung zu Skylax, der nach einer modernen Deutung nicht den Indus, sondern den Ganges herunter gefahren war.[59]

Alles in allem erscheint der Plan Alexanders, den Beas zu überschreiten und weiter nach Osten vorzustoßen, keineswegs so unvernünftig wie häufig angenommen. Dass das Kriegsziel realistisch war, bewies 10 Jahre später der indische Held Chandragupta, als er das Magadhareich in einem schnellen Feldzug eroberte. Wenn also trotz günstiger Voraussetzungen, frischen Kräften und realistischem Ziel Alexander die Chance verstreichen ließ und zur Rückkehr schon am Beas gezwungen wurde, so kann dies nicht am Widerstand der gesamten Armee, sondern an der Offizierselite gelegen haben, von denen ja nach glaubhafter Überlieferung die Opposition getragen wurde.

Ihr Widerstand speiste sich aus drei Quellen: Zum einen hatten die Kämpfe gegen die indischen Bergfesten im Punjab hohe Verluste unter den Offizierskorps gefordert[60]; hinzu kam der Unmut über den Führungsstil Alexanders, der sich von einem nahbaren Heerkönig zu einem unnahbaren orientalischen Herrscher wandelte. Ein Ausbruch dieses Unmutes war von Alexander mit aller Härte bekämpft worden, und so lange die Erfolge sich einstellten und er argumentieren konnte, dass er doch nur die Grenzen des Perserreiches abschritt, mochte man ihm folgen. Die hohen Verluste im Punjab, das unberechenbare Klima, Versorgungsprobleme in Folge des Monsunregens sowie die Tatsache, dass es Alexander nur noch um Eroberungen jenseits des Perserreiches ging, schweißte notorische Nörgler mit loyal Gebliebenen zusammen.

Dieser Fronde konnte Alexander nichts entgegensetzen, und er gab der Vernunft gehorchend nach, auch wenn er die Niederlage so gestaltete, dass sie seine Autorität nicht untergrub. Wenn nicht hier, dann wo sonst, erhält das Bild eines von irrealen Zielen in seiner Urteilskraft beeinträchtigten Eroberers tiefe Risse. Alexander wusste, was er tat und was zu tun möglich war, und es spricht wenig gegen die Vorstellung, dass er bei günstigerer Konstellation nicht in Babylon, sondern im Palast der Magadhaherrscher am Ganges sein Leben beendet hätte.

Durch Wüste und Meer

Was blieb, war die Rückkehr über den Indus, von dem man erfahren hatte, dass auch er in ein großes Meer mündete. Alexander konnte argumentieren, dass er dann eben nicht über den Ganges, sondern über den Indus den (südlichen) Okeanos und das Ende der Welt erreichen würde. Die Schiffe wurden ergänzt und am Hydaspes komplettiert. Im Herbst fuhr der Großteil des Heeres vom Hyphasis auf angeblich 2000 Einheiten und bemannt von erfahrenen Matrosen des östlichen Mittelmeeres (Griechen, Karer, Phöniker, Kyprier) unter dem Kommando des Kreters Nearchos zunächst den Hydaspes, dann den Akesines und schließlich den Indus hinab. Zu Lande begleitete ein Transporttross die Schiffe. Noch vor dem Erreichen des Indusdeltas kommandierte Alexander Krateros mit 10.000 Veteranen und Infantrieabteilungen sowie Elefanten ab, den Rückweg auf einer bekannten Route durch Arachosien und die Drangiana nach Karmanien und Susa zu nehmen; damit wollte Alexander Präsenz in diesen Gebieten demonstrieren und deren Satrapen veranlassen, Lebensmittel an die Küste zu transportieren. Schon damals muss er den Plan gefasst haben, einen Teil des Restheeres über See zurückzuführen.[61]

Nach zahlreichen Kämpfen, bei denen Alexander schwer verwundet wurde, erreichte die Flotte im Juli 326 Pattala (Haiderabad) im Indusdelta. Hier mündete der Indus in ein großes Meer, und das Gezeitenphänomen bewies: es musste der Okeanos sein.[62] Alexander hatte *ein* Ende der Welt erreicht. Er fuhr auf die See, »um nachzusehen, ob in der Nähe ein anderes Land über dem Meere aufsteige, hauptsächlich aber, wie mir (sc. Arrian) scheint, um sich zu rühmen, (als Erster) auf dem großen Meer hinter Indien gefahren zu sein.«[63] Auf einer Insel vor der Indusmündung ging er an Land, opferte den Göttern und soll ein Gebet gesprochen haben, wonach »kein Mensch nach ihm … je über die Endpunkte seines Marsches hinauskommen (möge)«.[64]

Der Okeanos war aber nur ein Objekt des imaginären Wettkampfes, den Alexander nur noch mit sich selbst (und den Göttern) führte. Wie der Okeanos eine gewaltige Wasserwüste darstellte, so bot das Land unwirtliche Wüsten. Alexander hatte in Ägypten diese Herausforderung in Konkurrenz zu den persischen Königen gesucht, als er die Wüste auf dem Weg zur Oase Siwah durchquerte, die einst die Armee des Perserkönigs Kambyses verschlungen haben soll. Nun erstreckte sich westlich vom Indusdelta die Gedrosische Wüste (heute: Makran), eine grauenhafte, meist wasserlose und sandige Einöde erodierter Hügel, die hervorragend als Inspiration für Tolkiens Beschreibung der Wüsten von Mordor hätte herhalten können.[65] Man erzählte sich, Kyros der Große und die babylonische Königin Semiramis seien bei dem Versuch der Durchquerung gescheitert oder nur mit wenigen Männern durchgekommen. Alexander wollte sie übertreffen und noch mehr: Die Natur sollte sich vor ihm beugen. Der 750 km lange Marsch (bis Pura) mit einem 40.000 Mann starken Heer wurde zur letzten Probe seiner Göttlichkeit.[66]

Das war die eine Seite des Unternehmens. Nachdem man erkannt hatte, dass Indus und Nil nicht miteinander verbunden waren, drängte sich eine Schifffahrt vom Indus in den Persischen Golf auf. Skylax war seinerzeit nicht in den Persischen Golf hineingefahren, sondern um Arabien in das Rote Meer gesegelt. Alexander wusste durch persische, ägyptische und indische Informanten von der Existenz des Persischen Golfes, doch wie die Küste genau verlief und wo sie sich nordwärts in den Golf öffnete, war weder den griechischen Geographen der Zeit noch den Führern des Unternehmens bekannt.[67]

Insofern war die Expedition des Nearchos auch eine Entdeckungsfahrt. Alexander trug ihm auf, sämtliche Anlaufstellen, Flussmündungen, die Natur des Landes und der Menschen festzuhalten; vielleicht hoffte er einen regelmäßigen Seehandelsverkehr zu etablieren. Nearchos hat später das Schiffsjournal nach Art eines Periplus für Alexander ausgeschrieben und dann für die Öffentlichkeit literarisch überarbeitet, so wie es seinerzeit Skylax getan hatte. Es ist fast vollständig aus zweiter Hand im Indienbuch des kaiserzeitlichen Schriftstellers Arrian, der manche literarischen Ausschmückungen hinzufügte, sowie in Auszügen bei Strabon erhalten.[68]

Doch erschöpfte sich die Nearchosfahrt keineswegs darin, neue Seewege und Küsten zu erschließen oder einen Teil des Heeres zurückzutransportieren. Nach Alexanders Plan sollte die Flotte engen Kontakt zum Landheer halten und an vorher bestimmten Versorgungsdepots treffen. Bis heute ist umstritten, ob die Armee die Flotte oder umgekehrt die Schiffe die durch die Wüste marschierende Armee mit versorgen sollten; angesichts der (zu erwartenden) Schwierigkeiten des Landmarsches und unter Berücksichtigung vergleichbarer Paralleloperationen von Heer und Flotte (in der Zeit der persischen Invasion Griechenlands) spricht manches für die zweite Variante.[69]

Was Alexander nicht berücksichtigte, waren die Bedingungen des Monsuns. Wäre die Flotte im Juli abgefahren, hätte sie mit Südwind nach Westen entlang der Küsten segeln können. Doch diesen Zeitpunkt ließ man verstreichen, wahrscheinlich, um sich nicht der Sommerhitze an der Küste Makrans auszusetzen.[70] Als die 150 Schiffe mit 3000–5000 Mann unter dem Kommando Nearchs und dem Navigator Onesikritos in See stachen, wehte der Wind aus Südost; man musste einen Zickzackkurs wählen, was die Fahrtdauer nach dem Aufkommen des Nordostmonsuns im Herbst erheblich verlängerte. Die Fahrt bis zum Persischen Golf dauerte rund 130 Tage bis Ende Januar 324. Die Schiffe konnten aber nur für 10 Tage Proviant und für fünf Trinkwasser fassen.[71] Deshalb mussten sie fast täglich anlanden, doch eine Kontaktaufnahme zu dem Landheer und dessen Versorgung war kaum noch möglich.

Alexander störte das wenig. Der Marsch zum Tal des Kolwa führte durch Regionen, deren Bergflüsse und Herbsternten die Versorgung sicherten; manche Offiziere fanden Zeit, die exotische Pflanzenwelt zu beschreiben.[72] Doch mit dem Eintritt in die Wüste südwestlich der Oase von Turbat verschlechterte sich die Lage. Nicht nur dass die Hilfe der Flotte ausblieb; Alexanders Landarmee verlor zunehmend die Orientierung, obwohl sie von einheimischen Führern geleitet wurde. Der Triumph über die Natur wurde zum Höllenmarsch. Bisher hatte man Fels- und Kieswüsten durchquert, nun stolperte man durch Sanddünen, die jeden Schritt zur Qual machten. Bald war man gezwungen, nur noch nachts zu marschieren, doch dann fielen die Temperaturen unter 35°. Viele starben nicht nur an Hunger und Durst, sondern auch an Schlangenbissen. Man begann, die Transporttiere zu schlachten.

Als Alexander wie durch ein Wunder die Grenzen Makrans überwunden hatte und die Landschaften Karmaniens erreichte, hatte er drei Viertel seines Heereszuges, ungefähr 25.000 Menschen, verloren. Allerdings betrafen die Verluste vor allem die nichtmakedonischen Begleiter und ihre Frauen und Kinder. Das Heer selbst hatte wohl einen privilegierten Zugang zu Wasser und Nahrung und blieb weitgehend intakt[73], und damit konnte Alexander behaupten, auch diese Probe seiner Einzigartigkeit bestanden zu haben – allerdings zu einem hohen Preis. Die landwirtschaftlich produktiven Gegenden Gedrosiens waren für die nächsten Jahre ausgezehrt, Hunger und Verzweiflung folgten dem Marsch der Makedonen. Auch das störte Alexander wenig. Den Rest des Marsches inszenierte er als dionysische Prozession, thronend auf einem Prunkwagen und begleitet von Frauen und Musikanten – ein makabres Schauspiel angesichts der im Wüstensand Zurückgebliebenen – für Alexander jedoch das geeignete Mittel, seinen Sieg über die Natur zu feiern.[74]

Nearchos hatte derweil mit weniger Schwierigkeiten zu kämpfen. Er konnte zwar nur zu Beginn an der Mündung des Flusses Hab Nahrungsmittelrationen nutzen, die Alexander zurückgelassen hatte. Doch bot die Fahrt entlang der Küste den Vorteil, sich von den – wenn auch mitunter kargen – Erzeugnissen des Landes und der See (Fisch, Muscheln, Frutti di mare) zu ernähren, so wie es Skylax 200 Jahre zuvor wohl auch getan hatte. Mitunter nahm man den Küstenbewohnern Getreide und ihre spärliche Habe weg.[75] Gefährlich waren die Begegnungen kaum, und so konnte Nearch ihnen sein ethnographisches Interesse widmen. Berühmt ist die Beschreibung der »Fischesser« *(Ichthyophagen)*. Typisch an ihnen war die Art der Nahrungsbeschaffung durch Fischerei. Sie ergebe sich aus den Lebensbedingungen der Küste. Das Fischen beeinflusse sämtliche materiellen und kulturellen Äußerungen. Die Ichthyophagen sind Rohfleischesser auf einer den Tieren vergleichbaren Stufe der Menschheitsentwicklung.[76]

Ein weiterer Grund für den Erfolg der Fahrt und die geringen Verluste bestand darin, dass Nearch ähnlich wie die karthagischen Expeditionen an der Westküste Afrikas vertrauensvolle Lotsen und Dolmetscher an Bord hatte. Sie geizten zwar nicht mit Wundergeschichten: geheimnisvolle Inseln, die von Geistern oder Zauberinnen bewohnt würden, die alle Ankömmlinge in Fische verwandelten. Doch diese Erzählungen reizten einen Mann wie Nearchos um so mehr, die Eilande aufzusuchen und dem Schrecken ein Ende zu bereiten.[77] Wer für solche Erkundungen Zeit aufbringt – die Reisedauer von fast vier Monaten ist sehr lang –, ist nicht von unmittelbaren Nöten bedroht.[78] Tatsächlich zeigte sich auch Nearchos als Kind des wissenschaftlichen Aufbruches seiner Zeit. Er nahm während der Fahrt Beobachtungen über die wechselnden Sonnenstände und ihre Schatten sowie die sich verändernden Sternenbilder vor und verglich sie mit ähnlichen Phänomenen im ägyptischen Syene und Meroe.[79] Rund 100 Jahre später sollte Eratosthenes in diesen Gebieten seine Erdumfangsmessungen anstellen. Ferner erbrachte die Nearchosfahrt geographische und botanische Erkenntnisse: Kurz vor der Abfahrt hatte einer der Kapitäne erfahren, dass indische Schiffe in etwa 20 Tagen zu einer Insel namens Taprobane gelangten – die erste Erwähnung von Ceylon in der westlichen Literatur. Nearchos ist offenbar der erste, der chinesische Seide erwähnt und die Griechen mit den Mangrovenbüschen warmer Küstengewässer vertraut machte. Wahrscheinlich gingen seine botanischen und geographischen Interessen, die er bereits im Punjab bei der Beobachtung des monsunbedingten Anschwellen des Indus zeigte, auf seine Studienjahre bei Aristoteles zurück.[80] Und wieder spielte das medizinische Interesse eine große Rolle, wenn er z. B. behauptet, dass indische Ärzte anders als ihre griechischen Kollegen Schlangenbisse heilen könnten.[81] Wenn Nearchos schildert, wie seine Mannen die Herzen wilder Palmblätter herausschneiden und verzehren, so erinnert man sich an vergleichbare Passagen in Xenophons *Anabasis*.[82] Die Fahrt vom Indus westwärts ist so weniger eine abenteuerliche Kühnheit als eine auf Wissenserweiterung angelegte Expedition, die auf den Schultern respektierter Vorbilder ruhte, insofern ein typisches Produkt des 4. Jahrhunderts. Selbst die Begegnung mit Walen schreckte die Seefahrer nur kurz. Auf den Rat der Einheimischen nahm Nearchos direkten Kurs auf die Ungetüme und vertrieb sie mit dem Kriegsschrei und Ruderschlag seiner Männer. Dass man sich vom Walfleisch ernähren konnte, erfuhren die Entdecker nicht. Immerhin bewies die Existenz der Tiere erneut, dass man sich im Okeanos befand.[83]

Die Lotsen kannten die Einfahrt in den Persischen Golf, und so gelangte die Flotte kurz vor Ende des Jahres 325 fast ohne Verluste – nur vier Schiffe gingen verloren – durch den Golf von Hormuz. Die Landeskundigen rieten, in einer Bucht an der Mündung des Anamisflusses nahe der Region Harmozeia anzulegen. Es handelt sich um Hormuz (Ormuz), später ein Handelszentrum für portugiesische und englische Kaufleute. Ein Erkundungstrupp stieß auf einen griechisch gekleideten und griechisch sprechenden Mann, der – wie ein Wunder – erklärte, er gehöre zum Heer Alexanders, das nur fünf Tagesreisen entfernt lagerte. Kurz danach fielen sich Admiral und Feldherr in die Arme.[84] Alexander hatte sich bei allen Verlusten als global denkender Stratege erwiesen, der seine Heeresteile durch alle Einöden der Welt schicken und an jedem Ort zusammenführen konnte, ohne moderne Kartographie und technische Hilfsmittel. Wenig später stieß Alexander auf den Armeeteil des Krateros.

Alexanders maritimes Denken

Doch wer geglaubt hätte, Alexander würde sich, als er im Frühjahr 324 v. Chr. in Susa anlangte, zurücklehnen, sah sich getäuscht. Wie Odysseus nach 20-jähriger Abwesenheit erklärte, er müsse nach der Prophezeihung des Tereisias wieder aufbrechen, so trieb Alexander die Weissagung der Priester von Siwah zu neuen Ufern. Noch war die Weltherrschaft allenfalls zur Hälfte realisiert. Dass sie möglich war, bezweifelte Alexander nicht. Auch wenn die Welt im Osten größer war, als Aristoteles angenommen hatte, so dürfte er nach wie vor die Auffassung von der vergleichsweise kleinen Oikumene geteilt haben.

Die Fahrt des Nearchos bestärkte ihn ferner in der Überzeugung, dass die Welt vom Okeanos aus zu erschließen und durch die Landung an jeder Küste zu erobern sei. Das kontinentale Denken wird spätestens jetzt durch ein okeanisches ergänzt, wenn nicht gar abgelöst: Flotten und Seewege, nicht Heere und Landmärsche bestimmten fortan die Planungen. Jetzt holte Alexander im Norden das nach, was ihm die Umstände verwehrt hatten. So schickte er einen gewissen Herakleides zum Kaspischen Meer, um endgültig zu klären, ob es eine Verbindung mit dem Okeanos gebe.[85] Parallel richtete sich sein Interesse auf den Süden. Spätestens mit der Nearchosfahrt war Arabien ins Blickfeld des Königs gerückt. Schon während seines Rückmarsches hatte er die Statthalter von Mesopotamien und dem Libanon angewiesen, Holz für den Flottenbau zu schlagen. In Babylon ließ er einen neuen Hafen aus dem Boden stampfen sowie Matrosen und Kolonisten anwerben. Weiter südlich wurde Alexandreia am Tigris gegründet (später Spasinou Charax), nicht nur um von hier aus arabische Piraten abzuwehren und dem Handel mit südöstlichen Luxusgütern ein Zentrum zu bieten, sondern auch als Basis von Großexpeditionen nach Arabien selbst.[86]

Arabien war wohl erst durch die Nearchosexpedition als ein eigenständiger, sich weit nach Süden erstreckender Subkontinent erkannt worden, obwohl ihn schon Skylax umfahren hatte.[87] Das Innere des Landes galt als *terra incognita*, bewohnt von Nomaden, welche die Levante und Mesopotamien unsicher machten. Alexander musste diese Raubzüge unterbinden und noch mehr: Ein Feldherr, der nicht nur die Oikumene, sondern auch deren Ozeane zu beherrschen suchte, konnte in der Tradition der Perser nicht darauf verzichten, Arabien seinem Herrschaftsbereich einzuverleiben. Gleichzeitig ließ sich so erneut parallel zur Erkundung des Kaspischen Meeres auch im

Süden der Oikumene ein klassisches Problem des 4. Jahrhunderts seiner Lösung zuführen. Schon an der Indusmündung hatte Alexander eine Hypothese des Aristoteles über den Binnencharakter des Südmeeres erschüttern können. Doch noch war unklar, ob auch Arabien gänzlich vom Okeanos umflossen wurde. Hinzu kamen materielle Motive: Alexander wusste, dass die Araber laut Herodot jährlich 1000 Talente Weihrauch an den persischen Hof lieferten. Eine Fahrt um Arabien war demnach nicht nur eine Voraussetzung für die militärische Invasion, sondern sollte die durch den Rückmarsch aus Indien demotivierte Armee mit neuer Beute versorgen und langfristig vielleicht auch eine für den Gewürzhandel wichtige Seeverbindung von Babylon nach Alexandria erschließen.[88]

Als erster gelangte Archias von Pella, der einen Dreiruderer der Nearchosflotte kommandiert hatte, bis Tylos, der größten Insel Bahreins.[89] Danach erhielt Androsthenes von Thasos, den Auftrag, entlang der Westküste des Persischen Golfes zu fahren und die Gestade Arabiens zu erforschen (324/23); sein Logbuch wurde zu einem der wichtigsten Dokumente über den Persischen Golf (s. u. S. 272).[90] Andere Kapitäne folgten, doch ob auch nur einer Arabien umsegelte und Ägypten erreichte, ist unwahrscheinlich. Eine Umfahrung in der Gegenrichtung gelang nicht. Anaxikrates startete aus dem ailanitischen Golf (von Akaba) an der Sinaihalbinsel, eine zweite Fahrt führte aus dem heroonpolitischen Golf (von Suez). Beide kamen nur bis zum Bab el-Mandeb bzw. bis nach Südarabien.[91]

Über die unmittelbaren militärischen und handelspolitischen Ziele hinaus besaßen die Arabienfahrten eine weitere Dimension: Sie schlossen an den ersten Teil der Welteroberung an, die Alexander am Unterlauf des Indus begonnen hatte. Nach wie vor unterschätzte Alexander die Größe Afrikas bzw. Libyens erheblich. Warum sollen dementsprechend die im königlichen Geheimarchiv gefundenen Aufzeichnungen nicht recht haben? Nach ihrer Aussage waren die Fahrten nach Arabien nur der Auftakt zu einem viel größeren Unternehmen, nämlich der Umsegelung Afrikas und der Eroberung der westlichen Oikumene durch den parallelen Vorstoß einer zweiten Flotte und eines Heeres an der mediterranen Küste Afrikas.[92]

Zu alldem kam es nicht mehr. Kurz vor dem Aufbruch nach Arabien im Juni 323 wurde Alexander von Fieberanfällen geschüttelt. Vermutlich hatte er Malaria, oder eine am Indus erlittene Pfeilwunde war nicht ausgeheilt. Zechgelage schwächten die Widerstandskraft. Am 10. Juni starb Alexander 33-jährig in Babylon. Noch auf dem Sterbebett soll ihm Nearch von seiner

Seefahrt entlang der Gedrosischen Küste erzählt haben.[93] Das Weltmeer hatte die Seele des Sterbenden gefangen. Und war es nicht das Elysium jenseits des Okeanos, in dem die größten Helden immerwährende Glückseligkeit genossen? Wohl wäre Alexander auch von dort aufgebrochen, um neue Welten zu erobern, die nur ein Gott, aber nie ein Mensch zuvor gesehen hatte.

V.
DIE ERKUNDUNG DES OSTENS

UND DIE FORSCHUNGEN DER HELLENISTISCHEN ZEIT

1. SELEUKIDEN UND MAURYAS

Das Erbe Alexanders

Nach dem Tod Alexanders fiel die Macht in die Hände seiner Offiziere. Nach langwierigen Kämpfen und Intrigen schälten sich drei große Territorialherrschaften heraus: Ptolemaios begründete in Ägypten das Reich der Ptolemäer, in den vorderasiatischen Ländern des Perserreiches regierten die Seleukiden, im makedonischen Kernland setzten sich die Antigoniden durch.

Die Könige mussten beweisen, dass sie Land erobern, militärische Erfolge feiern und sich als Herrscher über die Oikumene präsentieren konnten. Sie knüpften damit auch an das Erbe der Erkundungen an, das ihnen die Perser und Alexander hinterlassen hatten. Aufs Ganze gesehen haben sie jedoch weniger geleistet, als man hätte erwarten können. Denn die Voraussetzungen waren hervorragend: Ptolemaios und Seleukos konnten mit Ägypten und Babylonien sowie Teilen von Syrien über die reichsten und fruchtbarsten Gebiete des Alexanderreiches und über große finanzielle Mittel (aus dem Staatsschatz Alexanders) disponieren. Doch während Alexander von dem Schwung des großen Eroberers und mit dem Rückenwind des Sieges über Persien in immer neue Gebiete getragen worden war, mussten seine Nachfolger alle Energien in den Erhalt ihrer Herrschaft stecken; gleichzeitig waren sie durch die machtpolitische Dauerkonkurrenz untereinander in ihrem Aktionsspielraum eingeschränkt. Wenn sie an die Ränder ihrer Machtbereiche strebten, dann taten sie das unter dem Gesichtspunkt der Sicherung, Wiedergewinnung oder Stärkung ihrer Herrschaft. Handelspolitische und finanzielle Erwägungen konnten das machtpolitische Kalkül ergänzen. Doch durchweg bewegten sich die Könige in Räumen, die Alexander selbst durchzogen oder anvisiert hatte, oder sie knüpften an Traditionen der Vorgängermonarchien an, ohne sehr viel weiter darüber hinaus zu kommen.

Nicht der Durchbruch zu Neuem, sondern die Durchdringung des Gewonnenen (z.B. durch intensive Kolonisationspolitik) und die Aufarbeitung des Alten bestimmten das exploratorische Denken. Positiv gewendet könnte man sagen, dass mit der Epoche der hellenistischen Könige die Wissens- und Entdeckungsdynamik des 4. Jahrhunderts zu einem gewissen Abschluss gelangte, ein Abschluss, der allerdings auch Höhepunkt war: Jetzt mündeten das vielfach spekulative Denken der Zeit nach dem Peloponnesischen Krieg sowie die nicht weniger wilde Expansion Alexanders in eine ordnende Konsolidierungsphase. Sie schuf den notwendigen Raum, die hastig geknüpften Verbindungen in die Ferne zu intensivieren sowie altes und neues Wissen zu verarbeiten und auf neue Höhen zu führen.

Im Süden der Oikumene knüpfte man an die maritimen und handelspolitischen Aktivitäten der Perser an. Seit alters her hatten die altorientalischen Reiche versucht, in Arabien Fuß zu fassen und an ihre legendären Reichtümer heranzukommen. Der griechischen Welt blieb das Land weithin verschlossen. Erst die Erkundungsfahrten seit Alexander änderten die Lage. Wohl noch zu Lebzeiten des großen Makedonen (S.o.S. 266), vielleicht aber auch erst im Auftrag des Seleukos I. Nikator segelte Androsthenes vom Euphrat in den Persischen Golf.[1] Er hinterließ ein vielgelesenes Buch mit dem Titel »Fahrt nach Indien« oder »Fahrt entlang der Indischen Küsten«.[2] Auf der Bahreininsel Tylos setzte er die von Nearch begonnenen Studien über die Mangroven fort. Da seine Fahrt in die Wintermonate fiel, konnten er und seine Mannschaft die frisch grünenden Dattelpflanzungen im Norden der Insel bei Manama bestaunen. Ferner stießen sie auf reiche Waldbestände mit wertvollen (Teak-)Hölzern sowie auf Baumwollstauden, die sie aus Indien kannten und vielleicht von dort importiert waren.

Die Erkundungsfahrten im Persischen Golf hatten von Beginn an auch eine handelspolitische Dimension, die vom Golf nach Arabien und Indien reichte. Sehr wahrscheinlich legte schon Seleukos I. in Ikaros auf der Insel Falaika (ca. 13 km von der Küste Kuwaits) einen Flottenstützpunkt an. Die Marineexpeditionen der Könige im Persischen Golf sowie die Neugründung des alten Alexandreia am Tigris unter dem Namen Antiocheia Charax (unter Antiochos III., das spätere Spasinou Charax) dürften auch der Sicherung und Förderung des Seehandelsverkehrs gedient haben.[3]

In diesem Rahmen vermehrte sich auch das Wissen über die Fauna der Golfländer. Die Beobachtungen des Androsthenes fanden mit den Berichten anderer Expeditionen sowie den Informationen der Bematisten und Historiker Alexanders Eingang in die »Pflanzenkunde« *(Historia Plantarum)* des Theophrast aus Eresos (auf Lesbos, ca. 370–285 v. Chr.), der nach dem Tod des Aristoteles die peripatetische Schule leitete. In seinen Werken verbanden sich die botanischen und klimatologischen Interessen der Zeit vor Alexander mit der empirischen Erweiterung des Wissens nach Osten und Süden zum ersten Werk der Disziplin, das sich um eine klare Systematik und morphologische Begrifflichkeit bemüht; es galt in dieser Hinsicht bis zum 16. Jahrhundert als unerreicht.[4] Wie stark allerdings auch Theophrast auf den Schultern der Gelehrten des 4. Jahrhunderts stand, zeigt zum Beispiel die Tatsache, dass er die Thesen vom Einfluss klimatischer und geographischer Verhältnisse auf Mensch und Tier auf die Erklärung der Erscheinungsformen der Pflanzen übertrug und hieraus Schlüsse für deren Pflege und Bearbeitung zog[5]; ferner, dass er (im letzten Buch der *Historia Plantarum*) die medizinische Nutzung von Pflanzensäften und -teilen erörterte. In einem kleineren Werk *de odoribus* beschäftigte er sich mit den aus Pflanzenextrakten hergestellten Düften, wobei er auch auf die reiche Tradition vorderasiatischen und ägyptischen Wissens zurückgriff. Sein Werk steht so für den großen Zusammenhang, der zwischen der Entdeckungseuphorie und der auf die *gesamte* Welt gerichteten Suche nach einer Durchdringung empirischen Wissens im 5. und 4. Jahrhundert bestand. Der Alexanderzug war auch in dieser Beziehung kein Einschnitt, sondern eine dynamisierende Fortsetzung bestehender Interessen.[6]

Auch im Norden suchte Seleukos I. zu vollenden, was Alexander geplant hatte, aber nicht mehr durchführen konnte. Zwischen 310 und 304 v. Chr. zog er mit einer Armee über Baktrien nach Nordindien, um die verlorenen oder politisch instabil gewordenen nordöstlichen Gebiete des ehemaligen Perserreiches sowie die Handelsrouten von Babylon nach Baktra (Balkh), der Hauptstadt des so bevölkerungsreichen Baktrien, zu sichern.[7] Ein Armeeteil unter dem wahrscheinlich als Satrap in Baktrien und Sogdien fungierenden Kommandeur Demodamas aus Milet, einer Stadt, mit denen die ersten Seleukidenkönige beste Beziehungen pflegten, überschritt den Jaxartes (Syr Darja). Man nahm an, er münde ins Kaspische oder ins Schwarze Meer. An der nördlichsten Grenze der Oikumene und des seleukidischen Herrschaftsbereiches zu den nomadischen Steppengebieten errichtete Demodamas Altäre, reorganisierte und erneuerte das »Äußerste Alexandria« und gründete im Namen seines Königs »Antiocheia in Skythien«.[8]

In der gleichen Zeit oder etwas später (285–282 v. Chr.) beauftragten Seleukos I. und Antiochos I. Patrokles, einen hochrangigen General aus dem eng-

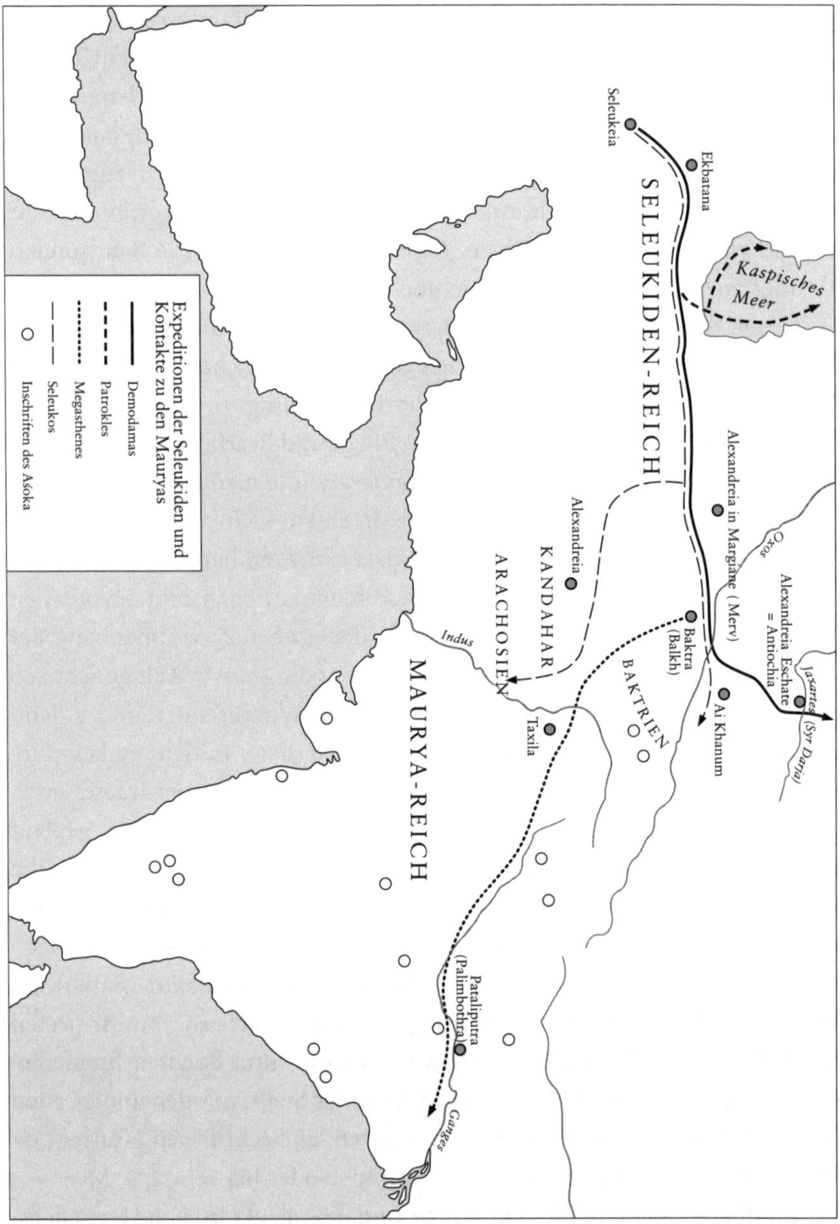
Expeditionen der Seleukiden und Kontakte zu den Mauryas
Demodamas
Patrokles
Megasthenes
Seleukos
Inschriften des Aśoka
SELEUKIDEN-REICH
MAURYA-REICH
Seleukeia
Ekbatana
Kaspisches Meer
Alexandreia in Margiane (Merv)
Oxos
Alexandreia Eschate = Antiochia
Jaxartes (Syr Darja)
Baktra (Balkh)
Ai Khanum
BAKTRIEN
Alexandreia
KANDAHAR
ARACHOSIEN
Indus
Taxila
Pataliputra (Palimbothra)
Ganges

sten Beraterkreis, das Kaspische Meer selbst zu erkunden und endgültig die Frage zu klären, ob es ein Binnenmeer oder eine Ausbuchtung des Okeanos war. Die Suche nach der Mündung des Jaxartes war Teil der Erkundungsmission. Auch sie knüpfte an die Pläne Alexanders an, der kurz vor seinem Tod Herakleides ins Kaspische Meer geschickt hatte, um herauszufinden, ob es mit dem Schwarzen Meer oder dem Indischen Ozean verbunden sei (s. o. S. 265). Patrokles hatte Zugang zu den königlichen Archiven und kannte die alten Expeditionsberichte, und er war kurz vor oder nach seiner Fahrt als Gesandter in Indien. Das eigentliche Ziel dürfte deshalb die Suche nach einer okeanischen Nordostpassage vom Kaspischen Meer nach Indien gewesen sein.[9]

Seine Fahrt erstreckte sich allerdings wohl nur auf das West- und Ostufer des Kaspischen Meeres. Dabei identifizierte er einen der Flüsse (vielleicht den Usboi) mit dem Oxos oder brachte einheimische Nachrichten über den nicht weit entfernten Aralsee und seine Zuflüsse mit dem Kaspischen Meer in Verbindung. Vielleicht gehört eine spätere Nachricht, wonach über den Oxos indische Waren ins Kaspische Meer und von dort ins Schwarze Meer gelangten, in diesen Kontext. Darüber hinaus dürften ihn die Einfahrt in die salzhaltige Bucht von Kara Bugas sowie die Beobachtung von Robben zur Annahme geführt haben, dass von hier eine Passage nach Indien möglich sei.[10]

Der Expeditionsbericht überzeugte Seleukos. Er plante darauf, nördlich des Kaukasus einen Kanal vom Schwarzen zum Kaspischen Meer zu graben, um die Seehandelsrouten aus der Ägäis ins Kaspische Meer bzw. nach Indien zu verlängern und sich Durchgangszölle zu sichern, vielleicht aber auch, um Kriegsschiffe in das Mittelmeer bzw. nach Indien bewegen zu können. Plinius fabelte später, Patrokles sei mit den Diadochenkönigen von Indien ins Kaspische Meer gesegelt.[11] So phantastisch die Angaben sind, sie zeigen, dass die Seleukidenkönige von der okeanischen Weltsicht Alexanders befangen waren, der auch schon die Persischen Könige anhingen: Die Vorstellung einer Nordpassage entspricht der Erschließung der Südmeere durch Dareios und der Suche nach einer Verbindung zwischen Rotem Meer und Indischem Ozean durch Skylax, der angestrebte Kanalbau im Norden der Wiederherstellung des Nechokanals vom Mittelmeer zum Roten Meer. Die von Patrokles erhärtete Auffassung von der Okeanusverbindung des Kaspischen Meeres hat sich seitdem unausrottbar in der antiken Geographie eingenistet.

Die Seleukiden und das Mauryareich

Gleichzeitig mit der Erkundung der Nordgrenzen des Reichsgebietes intensivierten sich die Landverbindungen nach Indien. Ausgangspunkt war eine machtpolitische Umwälzung, die ihren Ausgang in Nordwestindien nahm. Hier holte der 25-jährige Chandragupta aus der Dynastie der Mauryas (von den Griechen Sandrokottos genannt) 322–320 v. Chr. das nach, auf was der Makedonenkönig verzichten musste: Er stieß in das Herz des Nandareiches vor, tötete dessen König und begründete in Pataliputra das Mauryareich. Rasch weitete er sein Einflussgebiet nach Westen aus, vertrieb die letzten makedonischen Verbände und gliederte das Gebiet des Poros (317 v. Chr.) seinem Reich an.[12]

Es dauerte mehr als 10 Jahre, bis Alexanders Nachfolger reagierten: 305 v. Chr. überschritt Seleukos mit einem Heer den Hindukusch. Ob es zu einer Schlacht kam, ist ungewiss. Fest steht, dass man sich auf einen Vertrag einigte, der die beiderseitigen Interessen wahrte.[13] Chandragupta wurde anerkannt und behielt die eroberten oder beanspruchten Gebiete im Punjab sowie Gandhara, Teile von Arachosien und Gedrosien; die Westgrenze des Mauryareiches war für Generationen gesichert. Umgekehrt konnte Seleukos weitgehend darauf verzichten, militärische Kräfte nach Osten zu verlagern. Außerdem erhielt er im Gegenzug für die territorialen Zugeständnisse 500 Kriegselefanten mit indischen Ausbildern und Mahouts. Auch wenn die Zahl vielleicht übertrieben ist; Seleukos verfügte damit über mehr Kriegselefanten als seine Konkurrenten im Westen. Gekrönt wurde die Übereinkunft durch eine »Heiratsklausel«. Sie bezog sich entweder auf die Herrscherhäuser und räumte den Königen das Recht ein, Töchter der Gegenseite zu ehelichen; oder aber – das ist wahrscheinlicher – sie suchte Mischehen zwischen Indern und Griechen zu regeln, indem sie Kindern auf griechischer Seite das Bürgerrecht zugestand und auf indischer Seite Griechen und Makedonen Aufnahme in die »Kaste« der Krieger einräumte.[14]

Der Vertrag bildete die Grundlage für ein 100 Jahre währendes friedliches Nachbarschaftsverhältnis. Er begründete die bis dahin intensivsten Kontakte zwischen Indien und dem asiatisch-griechischen Westen. Eine wichtige Voraussetzung hierfür war, dass das seleukidische und das indische Reich sich strukturell ähnelten. Mauryas und Seleukiden herrschten über multiethnische und multilinguale Gebiete, die eine »nationale« Identität nicht kannten.

Wie die Seleukiden Kolonien gründeten, um die östlichen Reichsteile an das westliche Regierungszentrum anzubinden, so entwickelten die Mauryas eine rege Siedlungstätigkeit in ihrem Reich. Wie fast alle hellenistischen Monarchen suchten sie die Steuererfassung des Landes zu optimieren, um ihre stehende Armee und das Beamtenwesen zu finanzieren; wie im Ptolemäerreich gab es staatliche Monopole auf Handelsobjekte und Rohstoffgewinnung (Metallurgie, Bergbau), und wie in den hellenistischen Reichen waren die Könige Indiens große Landbesitzer.[15]

Vielleicht gingen diese Parallelen, abgesehen von den vergleichbaren Ausgangsbedingungen der Herrschaft, auch auf einen Informations- und Erfahrungsaustausch zurück. Dieser ist auf militärischem Gebiet zu erkennen. Hellenistische Könige übernahmen indische Elefanten mit ihren Ausbildern, die Mauryas waren an Belagerungstechniken interessiert. Der in Pataliputra weilende Deimachos von Plataiai verfasste ein Werk über Belagerungstechnik (Poliorketik). Die militärischen Erfolge der Mauryas beruhten auch darauf, dass sie von den Makedonen gelernt hatten, befestigte Städte zu erstürmen.[16]

Eine zweite Basis gemeinsamer Interessen bildete der Handel (vornehmlich über See bis nach China). Er war Teil einer Migrationswelle, die mit der Etablierung der hellenistischen Reiche seit dem 3. Jahrhundert v. Chr. Griechen unterschiedlicher Herkunft erfasste und von der kleinasiatischen Küste über die großen Handelstraßen in die Weiten Mittelasiens führte. Auf ihnen zogen neben Siedlern und Kolonisten, Söldnern, Künstler, Philosophen und Ärzten auch Handwerker und Händler, die nicht nur am Erwerb von wertvollen Mineralien (Gold, Silber z. B. in Baktrien), sondern auch an fernöstlichen und arabischen Pflanzenprodukten interessiert waren. Theophrast hatte ausführlich indischen Reis, Baumwolle, Gerste, Pfeffer sowie Weihrauch, Myrrhe, Zimt und Cassia behandelt.[17] Seleukos ließ auf dem Seeweg die Aromapflanzen Amomum und Narde zum Anbau in sein Reich schaffen, dem Apollorakel von Didyma sandte er Costus/Kostus, Cinnamomum (Ceylonzimt) und Cassia. In der Folgezeit intensivierte sich der Import indischer (und arabischer) Gewürze und Kosmetika über den Persischen Golf und arabische sowie indische Zwischenhändler. Die bis in die Neuzeit reichende Vorstellung der Europäer von den magischen Düften des Ostens nimmt hier ihren Ausgang.[18]

Der Seleukidenherrscher dürfte die Vorteile, die sich für den Erwerb östlicher Produkte ergaben, bei dem Vertragsschluss mit Chandragupta mitbedacht haben. Die Gegenseite verfolgte vergleichbare Interessen. So soll Bindusara/Binusura (Nandasara, Bhadrasara, 300–273 v. Chr.), der Sohn des Chandragupta, den Nachfolger des Seleukos um süßen Wein bzw. Traubensirup *(glukos)* und Feigen *(ischades)* sowie einen »Weisen« (Sophisten) gebeten haben.[19] Wein gehörte zu den Exportschlagern Griechenlands, der in der Folgezeit auch den fernen Osten erreichte. Bei den Feigen könnte es sich um diejenigen handeln, die Androsthenes auf der Bahreininsel entdeckt hatte. Schwierig ist die Identifizierung des »Weisen«. Philosophen waren Teil der großen Mobilitätswelle, die Griechen bis nach Afghanistan und in den Nahbereich der Mauryaherrschaft führte. Einer von ihnen, ein gewisser Klearchos (vermutlich aus Soloi und Schüler des Aristoteles), brachte wohl auf Anweisung der Seleukiden moralische Lebensregeln der »Sieben Weisen« aus Delphi über 5000 km Landweg in die seleukidische Neugründung Ai Khanum (Ai Xanum) am Zusammenfluss von Kokcha und Oxos (Amur Darja in Nordafghanistan an der Grenze zu Tadschikistan). Hier wurden sie laut Aussage eines Säulenepigramms im Innern des Heiligen Bezirkes (*temenos* des Kineas) aufgeschrieben.[20]

Ai Khanum war zu Beginn des 2. Jahrhunderts v. Chr. für griechische Siedler aus Makedonien und Kleinasien angelegt und unter Eukratides (171–145 v. Chr.) als großflächige Residenzstadt zur Überwachung der Flussufer an einer verkehrs- und militärtechnisch günstigen Lage ausgebaut worden, die bereits die Perser genutzt hatten. Der Zusammenfluss von Oxos und Kokcha schützte die Stadt auf zwei Seiten und versorgte ein ausgeklügeltes Bewässerungssystem. Und es gab vielfältige Quellen des Reichtums. Ai Khanum kontrollierte den Abbau und Handel von Lapislazuli aus den nicht weit entfernten Minen der südlichen Badakshan-Berge. Im Schatzhaus der Residenz fand man 75 Kilogramm unbearbeitete Blöcke neben einer kleineren Menge an bearbeitetem Material.[21] Die Architektur der Stadt ist von klassisch griechischen (Gymnasion, Theater für 6000 Besucher) und orientalischen (baktrischen, persischen und mesopotamischen) Elementen geprägt. Hier lebten Griechen und Nichtgriechen eng zusammen, und es dürfte wie in den anderen von den Seleukidenkönigen gegründeten Städten viele Mischehen gegeben haben. Nur in dieser Hinsicht ähneln die seleukidischen Neugründungen den archaischen Kolonien, die nicht auf Initiative eines Regenten, sondern aristokratischer Gruppen und Polisgemeinschaften an den Küsten entstanden waren.[22]

Moralische Lehren, wie sie Klearchos nach Ai Khanum brachte, dienten der Selbstvergewisserung und Identitätsbildung von Neusiedlern in fernen Ländern. Sie eigneten sich aber auch für transkulturelle Kontakte in Räumen mit ähnlicher Schrift- und Denktradition. Besonders in Indien und dem Indien nahen Raum stießen sie auf interessierte Ohren. Denn es gab Parallelen zwischen der indischen und griechischen Philosophie, die schon Onesikritos in Taxila aufgefallen waren. Seit dem Alexanderzug waren Kontakte zwischen philosophisch gebildeten Männern des Westens und indischen Weisen, den Brahmanen, nicht ungewöhnlich. Sie hatten immer einen Bezug zur politischen Herrschaft, so wie auch der Transfer der moralischen Lehren Delphis in die Residenzstadt auf Anweisung des Seleukidenkönigs erfolgte.

Schon Alexander wusste, dass sich die Rajas von Brahmanen beraten ließen; das brahmanische Gesetzbuch Manu (Manusmrti) verlangte von den Herrschern das Veda-Studium.[23] In der Zeit des Chandragupta und seiner Nachfolger breiteten sich allerdings neben den Hindureligionen viele andere (asketische) Schulen und religiöse Strömungen, unter ihnen der Jainismus und der Buddhismus, an den Residenzen aus. Hier herrschte eine intellektuelle Atmosphäre, die offen war für fremde Ideen. Der Gedankenaustausch mit griechischen Sophisten fügte sich in die vielfältigen Weisheitsangebote ein, mit denen die Mauryakönige konfrontiert waren.[24]

Vor diesem Hintergrund erklärt sich auch eine Initiative des dritten Mauryakönigs Aśoka (Aschoka), die nicht nur für die Zeit der Antike einmalig ist: Aśoka ist der erste Herrscher Indiens, überhaupt der erste Inder, der sich in Form von Inschriften kundtut. Bekannt sind (neben einigen kleineren Inschriften zum Teil in Griechisch und Aramäisch sowie sieben Säulen- und zwei Regionaledikten) 14 große Felsenedikte.[25] Gemäß dem 13. Edikt sandte er Botschafter *(duta)* zur Unterweisung in der Lehre des *dhamma* nach Syrien zu Antiochos II. (261–246), zu Ptolemaios II. Philadelphos, zu Antigonos Gonatas von Makedonien, zu Megas von Kyrene und sogar zu Alexander von Epirus.[26]

Das Wort *dhamma* hat im buddhistischen Kontext eine religiöse Konnotation, taucht aber auch in nichtreligiösen Dokumenten, etwa in frühen Rechtsbüchern auf. Es ging Aśoka nicht um eine aggressive Glaubensverkündigung, sondern eher darum, mit der Proklamation einer ausgreifenden »Botentätigkeit« seinen Anspruch als Herrscher der Welt *(cakravartin)* geltend zu machen.[27] Die Präsentation eines ethischen Rahmens, der die soziale Verantwortung von Herrschaft unterstrich, diente der Integration der heterogenen Reichsteile und ihrer religiösen Strömungen. Ferner suchte er kooperationsbereite Griechen zu gewinnen sowie den Austausch buddhistischer Gelehrsamkeit mit der Ethik stoischer und peripatetischer Philosophen zu fördern, deren Lehren in der gleichen Zeit an den hellenistischen Königshöfen Tugenden des weltlichen Herrschers diskutierten.[28] Offenbar trafen hier Denkmodelle aufeinander, die von den Regenten als kompatibel eingeschätzt wurden. Der Buddhismus erschien dabei offener und anpassungsfähiger als die ritualistischen Vorschriften der brahmanischen Hindus. Die griechischen Inschriften des Aśoka aus Kandahar geben *dhamma* mit *eusebeia* wieder. Deimachos von Plataiai, der als Gesandter des Antiochos I. am Hofe des Bindusara weilte, schrieb neben seinen *Indiká* ein Werk *peri eusebeias*.[29]

Ferner deuten die Quellen auf eine regelmäßige Korrespondenz zwischen Antiochos und Bindusara. Auch die Aussendung der *dhamma*-Boten dürfte brieflich vorbereitet und begleitet worden sein, wie es unter hellenistischen Königen üblich war.[30] Die griechischen Texte der Kandaharinschriften können nur von einem Schreiber (einem ansässigen Griechen?) verfasst worden sein, der sich in der griechischen Philosophie und der Welt des Buddhismus gleichermaßen auskannte. Es muss demnach eine große Zahl von Schreibern gegeben haben, die mit der fremden Sprache und den diplomatischen Umgangsformen vertraut waren.[31]

... und wieder: Ärzte als Vermittler

Auch wenn wir nicht wissen, was aus den Gesandten geworden ist und wie weit sie kamen, so setzen die Edikte eine genaue Kenntnis der transregionalen Handelswege sowie der geographischen Lage westlicher Herrschaften und ihrer Residenzen voraus.[32] Nicht von ungefähr nahm der indische Überseehandel nach Westen (zum Persischen Golf) und Süden (Sri Lanka) unter den Mauryas und mit dem Aufstieg des Buddhismus erheblich zu, und wie immer dürften solche Transfertrassen auch die diplomatischen und »religiösen« Kontakte befördert haben.[33] Umgekehrt fühlten sich die hellenistischen Regenten von der diplomatischen Offensive der Mauryas nicht bedrängt, vermutlich war sie sogar willkommen: Aus dem 13. Edikt geht hervor, dass es sich bei den Botschaftern um »Heilkundige« handelte. Dass Ärzte eine wichtige Rolle bei Fernerkundungen und Wissenserwerb spielten, ist uns schon mehrfach begegnet. In der Zeit nach Alexander wurde die Migration griechischer Ärzte erstmals durch eine vergleichbare Mobilitätsbereitschaft indischer Ärzte ergänzt, die sich auch fachlich mit ihren griechischen Kollegen auf gleicher Ebene begegneten.

Verantwortlich hierfür war der Aufstieg des Buddhismus. Buddhistische Asketen *(śramanas, samana)* und Mönche setzten sich über die brahmanischen Verbote der Berührung menschlicher Körper hinweg und entwickelten anstelle der magisch-religiösen Heilmethoden der Brahmanen ähnlich wie ihre griechischen Kollegen im Westen eine empirisch-rationale, auf die Beobachtung von Körper, Natur (Winde, Jahreszeiten etc.) und Ernährung basierende Medizin mit klaren Anweisungen für die Verabreichung pflanzlicher Arzneien (u.a. Pfefferextrakte) und Speisevorschriften (Diätetik).[34] Und ähnlich wie griechische Ärzte an den Randgebieten unterwegs waren, so durchbrachen heilkundige buddhistische Asketen die engen Handlungsspielräume, welche die Brahmanen der indischen Bevölkerung auferlegt hatten. Sie legten weite Stecken zu entfernten Dörfern zurück, behandelten auch nichtarysche Menschen und unterschieden nicht zwischen Indern und Griechen.[35] Ihre Klöster waren Heilungszentren und offen für jedermann. Unter Aśoka entfalteten sie sich entlang der großen Handelswege, und sie wurden von reichen Kaufleuten finanziell unterstützt. Die buddhistischen Mönche waren somit prädestiniert, um die Lehren des *dhamma* zu verbreiten. Aśoka verkündete im 2. Felsedikt (bei Girnar), dass medizinische Fürsorge den Menschen und Tieren zukommen sowie Heilpflanzen, -wurzeln und -früchte importiert und überall angebaut werden sollten. Diese universale, die sozialen Hierarchien und Tabuvorschriften der Brahmanen unterlaufende Fürsorge atmet den Geist der buddhistischen Asketen. Ein griechischer Beobachter bezeichnete die asketischen Ärzte als »Philosophen bezüglich der Menschheit«, was gut zum Anspruch der *dhamma*-Lehren des Aśoka passt.[36]

Dass ihr wachsender Einfluss Spannungen und Gegenreaktionen der Brahmanen hervorrief, liegt auf der Hand. Sie spiegeln sich in den verschiedenen Bearbeitungsschichten des berühmten indischen Werkes *Arthasastra*, mit dem brahmanische Gelehrte den indischen Herrscher für ihre Interpretation des *dhamma* einzunehmen und festzulegen suchten.[37] Buddhistische Ärzte konnten deshalb die magisch-religiösen Heilmethoden der Brahmanen nicht völlig verdrängen, aber immerhin um eine neue Art der Medizin ergänzen. Das wachsende Angebot medizinischer Kunst glich der Vielfalt philosophischer Angebote, und der Mauryaherrscher stand vor der nicht einfachen Aufgabe, sich gegenüber den verschiedenen Strömungen wohlwollend zu zeigen. Die indischen Könige förderten auf diese Weise und mit der Intensivierung der Handelskontakte und des diplomatischen und philosophischen Austausches die Weiterentwicklung der Medizin auf beiden Seiten.[38] Wahrscheinlich weilten neben Künstlern, Philosophen und Astrologen auch griechische Ärzte an ihren Höfen und in den Handelszentren ihres Reiches.[39] Es zeichnete sich ein Globalisierungsschub ab, der Indien eng an die mediterrane und westasiatische Oikumene anband und eine sich vom Bengalischen Golf bis Gibraltar erstreckende Kultur des Wissensaustausches ermöglichte.

2.
GRIECHEN AM GANGES
MEGASTHENES UND DAS GRAECO-INDISCHE REICH DES MENANDER

Tatsächlich gibt es keine Epoche der Antike, in der die Griechen mehr über das Wunderland des Ostens erfahren konnten als in den beiden Generationen nach Alexander. In dieser Zeit entstanden Klassiker, die das Indienbild des europäischen Westens bis in die Neuzeit prägten und zu den wichtigsten Quellen der indischen Antike zählen. Ausgangspunkt bildeten die Alexanderhistoriker, die in der Tradition des 4. Jahrhunderts Zusammenhänge zwischen klimatologischen und physikalischen Bedingungen und der Lebensweise herzustellen suchten. Zentral blieb der Vergleich zwischen Indien und dem Nilgebiet. Die Fruchtbarkeit beider Länder hing – so die allgemeine Auffassung – von der Sonnenwärme und ihrem Einfluss auf die Luft sowie von dem Wasserreichtum des Landes ab, wobei Indien vom Monsunregen begünstigt war.[1] Zur Fruchtbarkeit kam Indiens Reichtum an Gold, Edelsteinen und Perlen hinzu. Deshalb führten die indischen Könige einen so luxuriösen Lebensstil. Kleitarchos von Alexandrien (ca. 300 v.Chr) bot viele Details, die er nur aus Erzählungen indischer Gesandter erfahren konnte. Mit der Darstellung königlicher Prachtentfaltung korrespondiert die Bewunderung für die Asketen, die in der »Wildnis lebend, bäuerlich und einfach« nach Weisheit streben und sich im hohen Alter verbrennen.[2]

Wer Genaueres wissen wollte, musste sich an den Hof der Mauryas begeben. Dazu gab es nun reichlich Gelegenheit. Wie indische Vertreter an den Höfen der Seleukiden weilten, so zogen griechische Gesandte an die Residenz der Könige am Ganges. Der bedeutendste war der aus Kleinasien stammende Megasthenes. Er kam kurz nach Alexanders Tod im Auftrage des Satrapen von Arachosien oder als Gesandter des Seleukos Nikator nach Pataliputra (beim heutigen Patna am Ganges), vielleicht hatte er sogar an dessen

Friedensvertrag mit Chandragupta mitgewirkt.[3] Über 10 Jahre hielt er sich in der Residenz oder im Feldlager des Königs auf. Einige Zeit verbrachte er bei dem ostindischen Stamm der Prasioi, dem Kronland der Mauryas am unteren Ganges. Über Südindien konnte er Einheimische befragen. Sie bestätigten die Nachricht des Onesikritos über eine 20-tägige Seereise nach Ceylon von einem Hafen im Mündungsgebiet des Ganges.[4]

Während seines Aufenthaltes oder etwas später verfasste er ein Werk über Indien *(Indiká)*. Spätere Autoren haben von ihm längere Passagen überliefert.[5] Sehr wahrscheinlich geht es auf einen Rechenschaftsbericht für Seleukos zurück, der dann (wie im Falle anderer *Periploi* und *Indiká*) für ein breiteres Publikum überarbeitet wurde. Es behandelte in drei oder vier Abschnitten Geographie, Fauna, Flora und Klima, dann die Ethnographie zunächst der frühen Zeit und daran anschließend die Städte und Verwaltung, ferner die Gesellschaft und Philosophie des Mauryareiches. Die Darlegungen des Megasthenes ergänzten oder korrigierten das alte Indienbild entscheidend, zunächst im Bereich der Geographie: Bislang lag das Zentrum Indiens am Indus, nun verlagerte es sich an den Ganges und die Größe des Subkontinents wurde im Wissen um dessen Umfahrbarkeit vom Gangesdelta aus neu konzipiert.[6]

Andere Herausforderungen stellten sich im Bereich der Ethnographie. Wie seine Vorgänger schrieb Megasthenes für ein griechisches Publikum und konnte fremde Einrichtungen nur mit Hilfe von oder in Auseinandersetzung mit griechischen Kategorien darstellen.[7] Bei allem Bemühen um Authentizität muss man deshalb immer damit rechnen, dass er indische Verhältnisse nicht in vollem Ausmaß erfasste oder durch Anpassung an griechische Denkmodelle vereinfachte, verallgemeinerte oder verfälschte. Schwer wog zusätzlich das Gewicht der Tradition. Megasthenes war ein glühender Verehrer Alexanders und suchte die von ihm und seinen Offizieren konstruierten Legenden auszubauen und mit dem Gütesiegel indischer Überlieferung zu versehen. Demnach hätte Dionysos Indien nicht nur erobert, sondern die Inder mit Ackerbau, Städtewesen, Gesetzesregeln und der Kunst des Krieges vertraut gemacht. 15 Generationen nach Dionysos folgte Herakles und vollendete das Werk, indem er weitere Städte gründete und befestigte; seine wichtigste Gründung war Pataliputra, die Residenz der Mauryas. Hier stieg Herakles zum letzten König Gesamtindiens auf.[8]

Was Megasthenes mit diesem Entwicklungsmodell bezweckte, ist nicht ganz klar. Die einen vermuten, er wollte die Leistungen Alexanders in einem glanzvolleren Licht erstrahlen lassen. Denn während Dionysos und Herakles in ein ungerüstetes Nomadenland eingedrungen wären (was immerhin im Vergleich zum gescheiterten Skythenfeldzug des Perserkönigs auch eine beachtenswerte Leistung war), hatte Alexander ein von seinen Vorgängerhelden befestigtes Reich erobert, das ein ebenbürtiger Gegner war.[9] Andere konstruieren einen Zusammenhang mit der Außenpolitik des Seleukos. Demnach spiegeln einerseits die Städtegründungen des Dionysos und Herakles und ihre Bedeutung als Kulturbringer die Rolle, in der sich Seleukos als neuer König bei der Durchdringung seines asiatischen Herrschaftsraumes sah. Auf der anderen Seite würde die Tatsache, dass er in Indien dank der Aktivitäten griechischer Helden auf ein gut gerüstetes Reich traf, erklären, warum dieses Reich nicht erobert, sondern »nur« zu einem Vertragspartner gemacht werden konnte.[10]

All das mag – auch wenn es reichlich konstruiert erscheint – die Darstellung des Megasthenes beeinflusst haben. Es entspricht der Tatsache, dass ethnographische Länderbeschreibungen nie unabhängig von persönlichen Umständen oder politischen Bezügen denkbar waren. Im Falle des Megasthenes kommen die Zwänge seines Themas hinzu: Anders als seine Vorgänger stand er vor dem Dilemma, eine seit Alexander begründete Tradition mit dem aktuellen Befund eines urbanisierten und mit den Seleukiden auf gleicher Ebene kommunizierenden Königreiches zu verbinden. Die Lösung, die er hierfür fand, dürfte er nicht nur als ein politisches Programm verstanden haben, sondern als ein neues *ethnographisches Modell*, das herodoteische Vorbilder (wie den skythischen Nomadendiskurs) aufnahm und griechische Traditionen mit aktuellen Befunden verband.

In diesem Rahmen entwickelte er auch die bekannten Facetten indischer Mirabilia weiter: die Gold grabenden Ameisen und Einäugigen, die Mundlosen und Schnellfüßler, die man in den Erzählungen der Brahmanen, den Epen und den von Skylax etablierten und von Ktesias weitergeführten *Indiká* fand; ferner die Fruchtbarkeit und sprießende Fauna sowie die Gerechtigkeit und Glückseligkeit der Bewohner, welche die Alexanderhistoriker im Reich des Musikanos und im asketischen Leben der indischen Weisen verwirklicht sahen.[11]

Megasthenes ging jedoch einen Schritt weiter: Was seine Vorgänger und Zeitgenossen bei bestimmten Personengruppen oder Herrschaftsräumen wiederzufinden glaubten, übertrug er auf *alle* Inder. Sie machten viel Aufhebens um ihren Gold- und Kleiderschmuck, lebten aber dennoch bescheiden, einfach, maßvoll und glücklich, und sie zeigten sich gegenüber Fremden gerecht und wahrhaftig.[12] Um dieses utopische Bild zu untermauern, scheute er sich nicht, unzutreffende Befunde hinzuzufügen, wie etwa die, dass es in Indien keine Sklaven gäbe.[13] Wahrscheinlich betrachtete er die Sklaven auf den Äckern und in den Häusern nicht als unfreie Schicht im griechischen Sinne, weil sie aus allen Gesellschaftsschichten stammten und Arbeiten wie die Berührung von Exkrementen und Leichen nicht ausführen mussten, die den kastenlosen *candalas* (die Unberührbaren) vorbehalten waren. Die Einzelbeobachtungen hat er dann mit dem von den Brahmanen vertretenen Widerwillen gegen die Versklavung der Arier verbunden und zur Idee einer sklavenlosen Gesellschaft sowie zur Idealvorstellung einer Gleichheit der Menschen verallgemeinert, die eigentlich der brahmanischen Vorstellung widersprach.[14]

Megasthenes über die Gesellschaft und Regierung des Mauryareiches

Wirklichkeitsnäher wird Megasthenes, wenn er sich dem Zentrum der indischen Königsherrschaft nähert und von hier aus die Gesellschaft zu beschreiben sucht.[15] Sicherlich schwingt bei der Darstellung des Mauryastaates immer auch das Vorbild des seleukidischen Reiches mit.[16] Doch lassen diese Übertragungen immerhin auch indische Realien sichtbar werden. Das gilt zum einen für den militärischen Bereich und für das Verhältnis des Königs zur Armee. Zum anderen scheinen sich hinter den mit wundersamen Elementen angereicherten Hinweisen auf die Weisen und Ärzte am Hofe zutreffende Einsichten in die Vielfalt der um die Gunst des Königs konkurrierenden Weisheitsangebote zu verstecken.

So beschrieb Megasthenes wahrscheinlich zum ersten Mal jainistische Asketen.[17] Aus Sorge um den Schutz jedweden Lebens ernährten sie sich vegetarisch. Manche säuberten den Boden, bevor sie ihn betraten, um das Zertreten von Kleintieren zu vermeiden, und trugen Mullbinden vor Mund und Nase, um das Einsaugen von Insekten zu verhindern. Megasthenes hat hieraus die bis in die frühe Neuzeit rezipierte Geschichte von den »Mundlosen« *(Astomi/Astomoi)* gemacht, die sich nur von den Gerüchen gebratenen Fleisches und den Düften einiger Blumen und Pflanzen ernähren. Dass sie am Ganges lebten und die Nähe zu Chandragupta suchten, stimmt mit dem überein, was indische Quellen über die Jainas berichten.[18]

Der bis heute umstrittenste Text ist die Einteilung der indischen Gesellschaft in sieben Berufsgruppen oder Stände *(méros)*[19]: (1.) die im höchsten Ansehen stehenden »Weisen« (die Brahmanen?), (2.) die Bauern, die nicht zum Krieg eingezogen werden, aber dem König eine Steuer entrichten, (3.) Hirten, (4.) Handwerker und Händler, (5.) Krieger, (6.) Aufseher und Spione und (7.) höhere und ältere Beamte, die für das Gerichtswesen und die Gesamtverwaltung zuständig sind. Es gibt zwar keinen indischen Text, der diese Gliederung *insgesamt* erwähnt; *einzeln* tauchen die Gruppen jedoch so häufig in den Quellen auf, dass man annehmen darf, Megasthenes habe eine recht genaue Schilderung der Gesellschaft zumindest in und um Pataliputra gegeben.[20]

Manche Gelehrte glauben sogar, dass der Gliederung der beruflichen Tätigkeiten eine vage Kenntnis des indischen »Kastensystems« zu Grunde liegt.[21] Der Begriff »Kaste« (englisch: caste) stammt nicht aus der Antike, sondern von portugiesischen Händlern des 16. oder 17. Jahrhunderts, die mit »castas« eine ursprünglich für Pflanzen und Tierphänomene angewandte Begrifflichkeit auf die indische Gesellschaft ihrer Zeit übertrugen. Die komplizierten Verhältnisse und Begrifflichkeiten der indischen Antike, die zwischen theoretischen Konstrukten und realen sozialen Gliederungen changieren, lassen sich damit nur schwer abbilden.[22] Die brahmanischen Quellen kennen jedenfalls vier soziale »Klassen« (Varna), nämlich die Brahmanen, Kśatriyas, Vaiśyas und Śudras, und sie lassen sich mit den von Megasthenes genannten Gruppen auch nicht sauber in Deckung bringen. Ferner gehorchen sie einer anderen Hierarchie (Aufseher und Spione werden von buddhistischen Quellen und Beamtenlisten an erster Stelle genannt). Die Unberührbaren (Śudras) scheint Megasthenes gar nicht zu kennen. Auf der anderen Seite nennt er eine Reihe von Aspekten, die durch vedische bzw. brahmanische Texte bestätigt werden: so die Tatsache, dass der König Besitzer des Landes ist und die Bauern keinen Kriegsdienst leisten, dafür aber ein Viertel ihrer Produkte abgeben müssen, aus denen der König einen Teil der Ausgaben für Staat, Beamte und Armee bestreitet.[23] Auch die Wertschätzung der »Weisen«, die die »gesamte Philosophie kennen« und den König beraten[24], war eine reale Auffälligkeit, die schon die Alexanderhistoriker bemerkt hatten.

Aus alldem wird man schließen: Megasthenes fehlten zwar die Voraussetzungen und Begrifflichkeiten, um die sozialen Gliederungen und ihre Entstehungsgründe aus sich heraus zu erfassen.[25] Das war aber auch kaum seine Absicht. Ihm ging es darum, wesentliche berufliche oder administrative Tätigkeiten vorzustellen und in ein Schema einzuordnen, das sich an bekannten Modellen orientieren konnte. So entlehnte er die Terminologie zur Gliederung der indischen Gesellschaft (*meros* bedeutet »Teil« oder »Abteilung«) der Kritik des Aristoteles an der Musterstadt des Hippodamos, die in die drei Abteilungen der Handwerker, Bauern und Verteidigungsstreitkräfte eingeteilt war. Die Siebenzahl stammt offenbar aus Herodots Beschreibung der ägyptischen Gesellschaft, und sie taucht in Platons Idealstaat auf.[26]

Es gibt allerdings einen Unterschied, der beweist, dass Megasthenes keineswegs sklavisch seine Informationen in ein griechisches Schema einordnete. Platons »Staat« gründet auf der Gemeinschaft von Frauen und Kindern; die Position eines Menschen in einer der sieben »Stände« wird nicht durch Geburt, sondern durch Talente festgelegt. In Indien, so Megasthenes zutreffend, darf man dagegen nicht außerhalb des Klans *(genos)* heiraten, berufliche Spezialisierung wird durch die Familien monopolisiert und vererbt. Tatsächlich wurde das Varna-System von Verwandtschaftsgruppen *(gotras)* getragen – ein Aspekt, der in den griechischen Parallelmodellen keine Rolle spielt.[27]

Das Gleiche gilt für bestimmte Aspekte des indischen Regierungssystems: Die Berater des Königs, die Megasthenes als siebte Berufsgruppe aufführt, seien berühmt für ihre Weisheit und Gerechtigkeit, und aus ihrer Reihe würden die lokalen Fürsten gewählt.[28] Bei diesen »Fürsten« handelt es sich offensichtlich um die *Mahamatras*, die als Distriktbeamte die Verbindung zwischen der Residenz in Pataliputra und den Außenprovinzen herstellten. Dass der König sich durch sie und weise Männer beraten ließ, gehört zu den alten, durch die Veden tradierten Regierungsmaximen. Ferner kannte Megasthenes die beiden großen Ratsversammlungen, den exklusiven Rat der Minister (*parisad* = die, die bei dem König sitzen) und die Versammlung der Offiziellen *(raja-sabha)*, die in der Zeit des Bindusara 500 Mitglieder umfasst haben soll.[29]

Inwieweit Megasthenes noch andere Einzelheiten des Regierungssystems kannte und verstand, ist umstritten und hängt auch von der Interpretation des im Jahre 1909 entdeckten *Arthaśastra* ab.[30] Das Werk stammt aus brahmanischen Kreisen und soll dem König Mittel und Wege aufzeigen, seine Macht zu erweitern, dagegen den Einfluss konkurrierender Regenten einzuschränken. Hierzu brauchte der König ein gut organisiertes Spitzelwesen, das ihn mit Informationen versorgte und innere Staatsfeinde bekämpfte, aber auch Unruhe in benachbarten Reichen schüren sollte.[31] Allerdings ist die Datierung dieser (und der übrigen) Teile des Buches unklar, und man weiß auch nicht, ob ihnen konkrete Phänomene oder nur eine sehr allgemeine, ideale Perspektive zugrunde lagen, die bestimmte brahmanische Kreise vertraten. Es mag immerhin sein, dass Megasthenes durch Beobachtungen und Gespräche mit Brahmanen von deren Vorstellungen erfuhr und hieraus Bestätigungen für seine Auffassung von der sklavenlosen Gesellschaft der Inder fand.[32] Nach den *Arthaśastra* beruhte der Staat auf sieben Säulen, den Eigenschaften des Königs, der Minister, der Provinzen, der Hauptstadt, auf dem Staatsschatz, der Armee und den Verbündeten.[33] Bedenkt man, dass zur Zeit der Mauryas das Varna-System der vedischen Zeit fluider war[34], so kann es sein, dass ein fremder Betrachter verschiedene Kategorien miteinander vermischte, die Siebenzahl der Bereiche, die dem König die Erweiterung seiner Macht erlaubten, als sieben Berufsgruppen definierte, die den sieben Ständen griechischer Tradition entsprachen.

Griechen erobern das Gangestal

Trotz dieser Unsicherheiten ergibt sich insgesamt das Bild eines recht straff organisierten Reiches sowie eines Königs, der viel Energie darauf verwenden musste, durch genaue Erfassung des Landes und seiner Bewohner größtmögliche Erträge abzuschöpfen. Nur so waren die stehende Armee, der Beamtenapparat und das Hofleben sowie weitere Expansionserfolge zu finanzieren, wie sie dem dritten Mauryaherrscher Aśoka mit der Unterwerfung des Landes Kalinga 261 v. Chr. gelang. Offensichtlich wurde ihm jedoch bald bewusst, dass weitere Eroberungen Spannungen schüren würden und das Reich auf Dauer durch militärische Gewalt und Überwachung nicht zu halten sei.[35] Deshalb hat Aśoka der größten Ausdehnung des Reiches mit der Propagierung der *dhamma*-Lehre eine moralische Basis zu verschaffen und innerreligiöse Konflikte durch die Ausrichtung auf eine gemeinsame Ethik abzubauen gesucht. Gleichzeitig sollte die *dhamma*-Lehre das Volk an seine Pflichten gegenüber einem »geläuterten« Regenten erinnern.

Doch wie fast immer in der Geschichte blieb der Erfolg auch dieser staatlich angeordneten »moralischen Erneuerung« aus. Vielleicht stieß der von selbstherrlichen Beamten gesteigerte Steuerungsanspruch nicht nur auf den Widerstand der Landbevölkerung, sondern auch auf den Unwillen der Brahmanen, die sich in ihrer Führungsrolle als Ratgeber der Könige bedroht fühlten; die Nachfolger des Aśoka verzichteten deshalb auf vergleichbare Erlasse.

Dennoch gelang es ihnen nicht, das Reich zu einen. Es zerfiel in mehrere Teilreiche und wurde angreifbar.

Wie fast immer in der Geschichte Indiens kam die Gefahr aus dem Nordwesten. Seit 256 v. Chr. begann sich Diodotos, der griechische Satrap des traditionell als Unruheherd bekannten Baktrien, in etwa zeitgleich mit dem Abfall Parthiens von der seleukidischen Oberherrschaft zu lösen; um 238 v. Chr. nahm er die Königswürde an und gründete ein »griechisch-baktrisches« Reich.[36] Die Herrschaft seines Sohnes Diodotos II. stürzte ein gewisser Euthydemos (aus Magnesia). Er weitete das Reichsgebiet nach Osten und Norden (bis zum Oxostal) sowie vor allem nach Süden bis zum Hindukusch aus und erzwang von Antiochos III. (223–187 v. Chr.) die Anerkennung als unabhängiger König. Die günstige Lage an der Seidenstraße sowie die Urbanisierung und Fruchtbarkeit des Landes machten sein Königreich zu einer der erfolgreichsten Staatsgründungen nach Alexander. Unter ihnen wurde auch Ai Khanum als Residenz eines graeco-baktrischen Statthalters ausgebaut und erlebte eine Blüte als lokales Zentrum des Handels, der Zoll- und Tributerhebung, ablesbar u.a. an den zahlreichen indischen Münzen, die man im Residenzbereich fand.[37] Wie die Seleukiden so förderten die baktrischen Könige hellenistische Lebensweise, ohne sich indischen und iranischen Einflüssen zu verschließen. Die prachtvollen Portraitmünzen der graecobaktrischen Könige verwendeten im Zuge der Machtausweitung über den Himalaya im Revers auch die einheimische Sprache (Prakrit).[38] Vielfach waren die Könige auf einheimische Verwaltungserfahrung und auf die Mitarbeit indischer Familien angewiesen, die sich griechischer Sprache, Erziehung und Kultur öffneten und diese als Statusmerkmal präsentierten. Das berühmteste Beispiel ist Sophytos, ein Inder mit einem gräzisierten Namen vermutlich aus Kandahar (Arachosien), der in seiner griechischen Grabstele Homerverse imitiert.[39]

183 v. Chr. stieß Demetrios I., wahrscheinlich der Sohn des Euthydemos, über den Hindukusch nach Arachosien, Gandhara und Taxila vor und eroberte schließlich das gesamte Industal; die alte Hafenstadt Pattala wurde in Demetrias umbenannt. Dann folgten die Griechen dem Traum Alexanders: Apollodotos (155–130 v. Chr.), vielleicht ein Sohn des Demetrios, führte einen Heeresteil entlang der Küste bis Bharakaccha (Broach, Bharuch), das später für den römischen Osthandel so bedeutende Barygaza.[40] Eine zweite Armee erreichte Pataliputra. Ein Aufstand (unter Eukratides) in der Heimat erzwang zwar den Abbruch der Belagerung, doch bildete der Feldzug die

bedeutendste Expansionsleistung der hellenistischen Zeit. Sie sicherte den Griechen ein Herrschaftsgebiet, das sich vom Ganges bis zum Indus und dem heutigen Belutschistan erstreckte. Demetrios I. residierte in Sagala als erster König des indo-griechischen Reiches.[41] Eukratides I. (171–145 v. Chr.) drang erneut nach Indien vor, doch wenig später ging der baktrische Teil des Reiches, von Machtkämpfen und Konflikten mit Parthien geschwächt, an die aus Innerasien kommenden Yuezhi verloren; im Zuge dieser Wirren wurde auch die Residenzstadt Ai Khanum niedergebrannt.[42]

König Menander und die Begegnung mit dem Buddhismus

Südlich des Hindukusch konnte dagegen Menandros (Menander) I. Soter (der Retter; 166–150 oder 155–130 v. Chr.) die Lage stabilisieren. Er ist der bedeutendste König des griechischen Reiches auf indischem Boden und neben Alexander der einzige griechische Herrscher, den die indische Überlieferung bis heute bewahrt hat. Menander regierte wahrscheinlich mit Hilfe von indischen »Vasallen« (ähnliches taten die Seleukiden im Iran und den östlichen Teilen des Reiches)[43] ein großes Gebiet von Kabul und dem Swat-Tal bis zum Punjab. Er konnte als Herrscher nur überleben, wenn er in der Tradition der Mauryas die Vertreter unterschiedlicher religiöser und philosophischer Gruppen als Berater hinzuzog.[44]

Auf indischer Seite suchten vor allem buddhistische Mönche die Nähe der Griechen. Viele waren nach dem Ende der Mauryadynastie unter Druck geraten und flüchteten sich nun in den Schutz des neuen Königs, weil sie sich von ihm Hilfe gegen den wieder erstarkenden Brahmanismus versprachen. Unter den Buddhisten dürften sich auch Griechen befunden haben, die seit Aśoka als Mittler zwischen den Herrschern und der einheimischen Elite fungierten. Indisierte Namen von Griechen *(Yona)* finden sich in Pali-Texten und Inschriften. Ein griechischer Mönch war wahrscheinlich an der Mission in Gujarat und dem Himalayagebiet nach dem Dritten Buddhistischen Konzil (um 250 v. Chr.) beteiligt.[45]

Es war die seit der Aśoka-Zeit angelegte Verbindung zwischen Griechen und Buddhismus, die in der Regierungszeit Menanders vielleicht sogar zu einem gedanklichen Austausch auf höchster Ebene führte, so wie es wohl auch an den Höfen der Mauryas üblich war. Das berühmteste Zeugnis sind die *Milindapanha* (»Die Fragen des Milinda = Menander«), ein Dialog zwischen Menander und dem ansonsten unbekannten Mönch Nagasena über die Probleme des *dhamma*.[46] Der Text wurde in verschiedenen Versionen bis nach Ceylon und China verbreitet und gilt noch heute als einer der populärsten Klassiker des Buddhismus. Menander wird in den Anfangskapiteln als »weise, erfahren, eloquent und überaus talentiert« charakterisiert und zeichnet sich als fairer Fragender aus, der sein Gegenüber niemals ungebührlich unterbricht, sondern geduldig dessen Belehrungen lauscht. Am Ende soll er (wie vor ihm König Agathokles) zum Buddhismus übergetreten sein.[47]

Die historische Aussagekraft der *Milindapanha* ist freilich begrenzt, es ist eigentlich kein historischer Text; die früher vermuteten griechischen Einflüsse haben sich nicht bestätigt. Vieles dürfte aus indischen Traditionen und Buddhalegenden hineinkomponiert sein.[48] Ähnliche Vorbehalte gibt es gegenüber den archäologischen Zeugnissen: Münzen Menanders zeigen ein achtspeichiges Rad, das man gerne mit dem von Buddha in Bewegung gesetzten Rad der Lehre *(Dharma Cakra)* gleichsetzt. Allerdings hat das auf den Aśoka-Pfeilern abgebildete Rad 24 Speichen, so dass die Münzen Menanders wohl eher das Sternenemblem der makedonischen Königsdynastie repräsentieren. Ferner soll laut Plutarch die Asche des toten Königs auf alle Städte des Reiches verteilt worden sein. Das ist eine dem Buddhismus vertraute Art der Totenverehrung. Doch die auffälligen Parallelen zur Bestattung des Buddha nach indischen Quellen könnten auch darauf hindeuten, dass Plutarch Elemente dieser Geschichten im Nachhinein in die Menanderlegende eingefügt hat.[49]

So unsicher die Interpretation im Einzelnen ist, eines beweist sie in jedem Fall: die Tatsache, dass griechische und indische Religionssymbolik und Gedankengebäude leicht aufeinander bezogen und miteinander kombiniert werden konnten, genauso wie die philosophischen Systeme beider Kulturen als kompatibel eingeschätzt wurden. Insofern wundert es nicht, dass eingewanderte Griechen sich recht unproblematisch und zumal, wenn sie offizielle Funktionen bekleideten, in die religiösen Strömungen des Landes einfügten: In einer Säuleninschrift aus Besnagar (im heutigen Staat Madhya Pradesh) gibt sich Heliodoros, der als Gesandter des indo-griechischen Königs Antialkidas (ca. 115–95 v. Chr.) am Hofe des Fürsten Bhagahbhadra weilte, als Verehrer des hinduistischen Gottes Krishna-Vasudeva und als Anhänger der Bhagavata-Sekte zu erkennen (ca. 110 v. Chr.)[50] Ähnlich wie der Inder Sophytos Homerverse imitiert und sich im griechischen Herrschafts-

und Verwaltungskontext von Arachosien seiner griechischen Bildung rühmt, so präsentiert sich Heliodoros als »indisiert«, indem seine Inschrift Anklänge an das Epos *Mahabharata* erkennen lässt.[51]

Die Frage, welcher religiösen Strömung der Herrscher zuneigte oder ob Menander zum Buddhismus konvertierte oder nicht, spielt vor diesem Horizont und angesichts der breiten Öffnung für die Kultur der »Gegenseite« eine untergeordnete Rolle. Wenn die Nachfolger Menanders Münzen schlugen, auf denen Zeus und Athene oder die Könige selbst die buddhistische Geste des ausgestreckten rechten Arms mit abgespreiztem Zeige- und Mittelfinger nachahmten oder Münzen mit buddhistischen Zeichen und Symbolen neben der griechischen Legende die altindische Kharosthi(Gandhari)-Schrift prägen ließen, so ist das kein Zeichen für ein *spezifisches* religiöses Herrscherbekenntnis (das wäre modern oder christlich gedacht). Es steht eher für den Versuch, sich den vielfältigen religiösen und philosophischen Strömungen des griechisch-indischen Reiches als fürsorglicher Regent zu präsentieren. Die Könige und ihre Mitarbeiter und Gesandten konnten religiöse und philosophische Zeichensysteme verwenden, die sowohl die griechische als auch die indische Bevölkerung verstanden und in ihrem Sinne zu deuten vermochten. Das ist das eigentliche Faszinosum der indisch-griechischen Beziehungen, die mit dem Vertrag zwischen Seleukos und Chandragupta begannen und mit Menander ihren Höhepunkt erreichten. Auch deshalb trugen buddhistische Mönche das Wissen über die Griechen bis nach Ceylon, wo sich noch heute jeder singhalesische Buddhist voller Bewunderung an König Menander (Milandi) erinnert.[52]

3. EXPEDITIONEN DER PTOLEMÄER UND DIE GEOGRAPHIE DES ERATOSTHENES

Die Erkundungsfahrten der Ptolemäer im Roten Meer

Auch die Ptolemäer pflegten Kontakte zu den indischen Königreichen. Unter Ptolemaios II. Philadelphos weilte ein Gesandter namens Dionysios am Hof des Bindusara oder Aśoka, und er war sicher nicht der einzige, wie der römische Gewährsmann Plinius andeutet.[1] Aśoka selbst hatte Botschafter des *dhamma* auch an den Hof Ptolemaios' II. geschickt (s.o.S. 279). Dennoch besaß die Beziehung zu Indien für die Ptolemäer einen geringeren Stellenwert als für die Seleukiden. Sie geboten über ein ethnisch viel kompakteres Reich und richteten ihre Interessen – sieht man von der strategisch so wichtigen Levante ab – vor allem auf das Rote Meer. Schon der erste Ptolemäerkönig hatte seinen Admiral Philon an die aithiopische Küste geschickt. Auf der Fahrt entdeckte er die Topasinsel und brachte der Königin einen großen Edelstein mit.[2] Pythagoras (»der Nauarch«) erkundete unter dem zweiten Ptolemäer nach 277 v. Chr. die arabische Seite des Roten Meeres; er berichtete von kostbaren Steinen in Arabien sowie der Tierwelt und den Menschen der Küsten.[3] Wenige Jahre zuvor hatte Timosthenes aus Rhodos königliche Schiffe nach Arabien, Ostafrika und in den Sudan geführt. Die Expeditionsleiter fassten ihre Beobachtungen in Büchern mit reichen Angaben zur Ethnographie, Geographie, Botanik und Zoologie zusammen. Ihre Fahrten haben die Kenntnis der Küsten des Roten Meeres und dessen Hinterland zu einer Detailgenauigkeit geführt, die erst wieder die portugiesischen Berichte des 17. Jahrhunderts erreichten.[4]

In den Südsudan und nach Meroe

Dass keine der Expeditionen über den südlichsten Ausgang des Roten Meeres, das »Tor der Tränen«, hinauskam, mag zunächst überraschen.[5] Es wird jedoch verständlich, wenn man bedenkt, dass das Rote Meer eine Nord-Südausdehnung von rund 2190 km besitzt, was ungefähr der Entfernung von der Levante bis Sardinien entspricht. Einen solch riesigen Raum mit großen nautischen Gefahren zu kontrollieren und finanziell nutzbar zu machen, war eine gewaltige Aufgabe, die zunächst jeden maritimen Expansionsdrang weiter südlich absorbierte. Stattdessen suchten die Ptolemäer (ähnlich wie die Seleukiden ab 220 v. Chr. im Persischen Golf) vom Seehandel zu profitieren, indem sie Zollgebühren von bis zu 50% vor allem auf arabische Aromatika (Weihrauch, Myrrhe, Kassia) und Gewürze (Zimt, Safran) erhoben, auf die der Ptolemäerhof ein Monopol besaß. Um ausreichende Mengen für den Eigenverbrauch (in Tempeln) und zum Weiterexport in den Mittelmeerraum (vielleicht auch nach Indien) sicherzustellen, entriss Ptolemaios II. den arabischen Nabatäern die Kontrolle über die Weihrauchroute von Marib nach Petra. Seit der Mitte des 3. Jahrhunderts wurde der Warenstrom über Gerrha an der arabischen Ostküste nach Syrien und Ägypten umgeleitet.[6] Der Ausbau der Transportwege zwischen Rotem Meer und Nil sowie die Wiedereröffnung des Nechokanals kurz nach 280 v. Chr. schufen eine direkte Verbindung zur Hauptstadt. Die Anlage von Kolonien wie Myos Hormos (Mussel) bei Kosseir an der arabischen, Leukos Limen oder Arsinoe und Berenike an der afrikanischen Küste des Golfes von Elath erleichterte die Kontrollen und den Kampf gegen nabatäische Piraten.[7]

Doch es gab noch einen anderen Grund für das Engagement der Ptolemäer, das weit über das ihrer Vorgänger hinausging; am Ende sollen mehr als 270 Stützpunkte und Hafenplätze entlang der ägyptischen Küste bis zur Straße von Bab el-Mandeb angelegt worden sein.[8] Seit den Kriegszügen Alexanders bildeten Kriegselefanten einen wichtigen Bestandteil der hellenistischen Armeen. Die Seleukiden bezogen ihren Nachschub aus Indien und versperrten anderen Mächten den Zugang; gleichzeitig dehnten sie ihren Einfluss am Persischen Golf sowie an den Küsten Ostarabiens mindestens bis zu den Inseln von Falaika und Dilmun aus, der alten Zwischenstation des indisch-mesopotamischen Seehandels.[9]

Da die Ptolemäer beinahe ständig Kriege um das fruchtbare Syrien führten, mussten sie nach alternativen Fanggebieten Ausschau halten. Als bevorzugter Lebensraum der afrikanischen Dickhäuter galt das Hinterland des Roten Meeres südlich des fünften Nilkataraktes. Was lag also näher, als von den Küstenbasen und entlang des Nils diese Regionen aufzusuchen? Der dritte Ptolemäer scheint ein militärisches Kommando für die Jagdgebiete am Roten Meer eingerichtet und für den Fang und die Ausbildung der Elefanten indische Mahouts beschäftigt zu haben; vielleicht organisierte sein Gesandter Dionysios die Anwerbung.[10] Ein gewisser Satyros erhielt den Auftrag, die Wüstenstraße von Edfu über das Wadi Abad zum Meer zu befestigen und das Elefantenjagdgebiet im Land der Troglodyten zu erkunden. Während seiner Expedition wurde nach 270 v. Chr. Philothera südlich von Arsinoe gegründet. Vorher hatte Ptolemaios Berenike (Trogodytike) am Endpunkt der Karawanenstraße vom Nil anlegen und Spezialschiffe zum Elefantentransport bauen lassen. Zur Finanzierung der Transporte sowie zur Bezahlung der Soldaten verkauften die Könige aithiopisches Elfenbein und suchten den Zugriff auf die Gold- und Amethystminen der Wüsten östlich des Roten Meeres bis zum Nordsudan zu erlangen.[11]

Griechen in Meroe und am Blauen Nil

Eumedes errichtete einen Stützpunkt mit dem bezeichnenden Namen *Ptolemaïs Tōn Thērōn* (Ptolemaïs der Jagden = heute Marsa Aqiq) südlich von Port Sudan. Der Platz war allerdings nur mit kleinen Booten zu erreichen.[12] Deshalb verlief ein Handelsweg ins Landesinnere zum Nil und in das nubische Reich von Meroe; die Stadt lag am rechten Nilufer, 90 km südlich von Atbara. Seit 230 v. Chr. kontrollierte der meroitische König Ergames ganz Aithiopien, seine Nachfolger beschäftigten griechische Bildhauer und Musiker und empfingen Gesandte und Wissenschaftler aus Alexandria.[13] Für die Ptolemäer öffnete sich mit diesen Kontakten der Weg zu den Goldminen des Wadi Allaqi sowie zur Zimtküste Somalias; von hier aus konnten sie nicht nur Elefanten, sondern auch exotische Tiere (Pythons, Kamele, Affen) für die Paraden und den königlichen Zoo in Alexandria beziehen. Auf einer der Prozessionen des Ptolemaios II. trugen »Aithiopier« Elfenbein, Ebenholz, Gold und Silber.[14]

Männer wie Simonides, Bion und Basilis (der auch eine *Indiká* schrieb) oder Damokritos und Charon weilten mehrere Jahre in Meroe, dem »nubischen Alexandria« und verfassten Bücher über das Königreich sowie *Aithiopiká*; ein gewisser Dalion soll unter Ptolemaios II. als erster Grieche über Meroe hinaus nach Aithiopien vorgedrungen sein. Sie avancierten zu Experten für die südlichen Gefilde und lieferten wichtige astronomische und geographische Daten: So stellte der von Ptolemaios an die aithiopische Küste entsandte Philon fest, dass die Sonne im Bereich von Meroe 45 Tage vor der Sommerwende im Zenit stand. Ferner korrigierten sie (wie Pytheas im Norden) die Zonenlehre, indem sie nachwiesen, dass der bewohnbare Bereich sich viel weiter nach Süden erstreckte. Im Zuge der Kontakte mit der »Insel« Meroe, wie das fruchtbare Land zwischen dem Atbara und dem Nil und seinen Nebenflüssen genannt wurde, und der Erschließung der Wüste vom Roten Meer zum Nil erfuhren die Griechen wohl auch erstmals vom Koloë-See (Tana-See) und vom Blauen (Nil el Azrag) und Weißen Nil (Nil el Abyadh) bis zu seinen Sümpfen unterhalb der Sobat (Astasobas)-Einmündung. Reisende brachten vielleicht Kunde vom Albertsee und Victoriasee; sie waren den Quellen des Nils ganz nahe.[15]

Je weiter man kam, desto häufiger werden nur noch die Namen von Stämmen genannt und mit klassischen Randvölkertopoi ergänzt. So lebten jenseits der Wüste Stämme, deren Könige nur ein Auge auf der Stirn haben, Menschenfresser *(Anthropophagen)*, Hundsköpfige und Menschen, die auf allen Vieren umherschweifen[16]; solche Erzählungen fanden noch in naturwissenschaftlichen Arbeiten des 16. Jahrhunderts ihren Platz. Daneben gibt es aber auch ethnographisch wertvolle Berichte, vor allem wenn sie von Kapitänen verfasst wurden, die im königlichen Auftrag ihre Erkundungsfahrten festhielten. So schrieb Timosthenes aus Rhodos im 3. Jahrhundert v. Chr. einen elfbändigen Periplus mit dem Titel »Über Häfen«. Das Riesenwerk beruhte auf eigenen Erfahrungen sowie auf der Konsultation literarischer Quellen. Es verfolgte wahrscheinlich den Anspruch, die gesamte Oikumene systematisch darzustellen. Überliefert sind nur rund 40 Fragmente und Zitate; ihre nautischen, geographischen und ethnographischen Angaben sowie die über küstennahe Bauwerke gehen über die üblichen Periploi hinaus und bieten eine Art »beschreibende Geographie« mit wissenschaftlichem Anspruch.[17] Distanzschätzungen werden mit Angaben über die relative Position von Häfen und Küstenplätzen zueinander verbunden; die Bedeutung von Massilia als Referenzpunkt für die Beschreibung des westlichen Mittelmeeres basiert auf der astronomischen Breiteneinschätzung, die an Pytheas erinnert. Die zentrale Position von Rhodos und der Seeverbindung nach

Ägypten spiegelt wohl auch den maritimen Machtanspruch der Ptolemäer im ostmediterranen Meer.[18]

Nicht weniger interessant sind die völkerkundlichen Angaben. In einem Fragment erzählt Timosthenes, die kaukasischen Völker seien so wild und misstrauisch, dass sie nicht miteinander reden und keine gemeinsame Sprache ausgebildet hätten. Dieser Hinweis ähnelt dem Bericht eines anderen ptolemäischen Expeditionsleiters (vielleicht Simmias), der während seiner Fahrt entlang der »Ichthyophagen-Küste« des Roten Meeres auf einheimische Stämme stieß:[19] »Die Aithiopen ließen sich mit Fremden in kein Gespräch ein, würden auch durch den unerwarteten Anblick von Ankömmlingen nicht dazu angeregt, sondern sie hielten den Blick niedergeschlagen, selbst wenn niemand zugegen sei, und ihre Gefühle blieben ohne Empfindung und unbewegt. Sie fliehen nicht, wenn sie mit gezückten Schwertern angegriffen werden, und werden durch Dulden von Unrecht und von Schlägen nicht gereizt. Auch die Menge wurde durch schlechte Behandlung nicht erregt und stand oft, wenn Frauen und Kinder vor ihren Augen getötet wurden …, unbewegt dabei und gab kein Zeichen von Zorn oder Mitleid zu erkennen. Wenn sie schließlich selbst mit furchtbarsten Schmerzen angegriffen wurden, blieben sie auch ruhig und sahen nur mit starren Augen zu, was geschah, oder begleiteten lediglich einzelne Handlungen mit Kopfnicken. Sie gebrauchten keine Sprache, sondern machten mit Handbewegungen klar, was der Brauch erfordert.«[20]

Wie immer schwingen in solchen Beschreibungen bekannte Motive mit: so die Erzählung Nearchs über die »Fischesser«, die nach Aussage anderer Berichte aus dem späten 2. Jahrhundert auch an den Küsten des Roten Meeres lebten.[21] Die passive Duldsamkeit erinnert an den uralten Topos der friedlichen Aithioper, vielleicht auch an die indischen Brahmanen. All diese Elemente werden jedoch in einen realistischen Kontext eingebunden: nämlich den Erstkontakt zwischen zwei Welten, die sich durch Gesten verständigen können, der aber auch vom Misstrauen der Einheimischen geprägt sein kann. Sie hatten mit Fremden schlechte Erfahrungen gemacht, waren als Sklaven gefangen oder zur Hilfe bei der Jagd auf Elefanten gezwungen worden. Der Unwille und die Unfähigkeit zur Kommunikation waren ein beliebtes Thema der hellenistischen Zeit (ähnliches erzählte Timosthenes); manche vermuten gar ein ethnographisch-ethnologisches Experiment.[22] Nicht weniger wichtig war das Interesse der königlichen Auftraggeber, die genau wissen mussten, mit welchen Stämmen sie es an den fernen Küsten zu tun hatten.

Alexandria und das neue Erdbild des Eratosthenes

Wenn es in der Antike jemals eine zentral organisierte »wissenschaftliche« Institution gab, die Fernerkundungen nicht nur vorbereitete, finanzierte und koordinierte, sondern auch kontinuierlich auswertete, dann unter den ersten drei Ptolemäern in Alexandria. Sämtliche Berichte gelangten in die von Ptolemaios I. (Soter) eingerichtete Bibliothek des Museion nahe dem Königspalast. Ein Museion war ein Heiligtum der Musen. Ptolemaios schuf einen Musentempel in neuen Dimensionen und mit neuer Ausrichtung. Überragt wurde das von Säulen und Wandelhallen umrahmte Heiligtum durch die königliche Bibliothek. Bibliotheken unter monarchischer Patronage waren den Griechen vertraut; bereits die Tyrannen Peisistratos und Polykrates sollen Büchersammlungen besessen haben. Auch die Staatsarchive der nahöstlichen Königreiche bewahrten »heilige« und literarische Schriften. Der Anspruch der neuen Bibliothek war jedoch enzyklopädisch: Sie sollte mit bis zu 500.000 Schriftrollen das *gesamte* Wissen der Zeit bewahren und der Forschung zugänglich machen. Ursprünglich als Erziehungsstätte für die Prinzen gedacht, wurde sie zum Zentrum einer Universität unter königlicher Patronage und zur bedeutendsten Forschungsstätte des Altertums.

Um 245 v. Chr. betraute der dritte Ptolemäerkönig Eratosthenes aus Kyrene mit der Leitung der Bibliothek.[23] Eratosthenes hatte bei den großen Philosophen Athens studiert und sich auf dichterischem, philosophischem und mathematischem Gebiet einen hervorragenden Ruf erworben. In Alexandria avancierte er zum Universalgelehrten, was ihm manche Häme von seinen (neidischen) Kollegen einbrachte. Er arbeitete auf dem Gebiet der Philosophie, Mathematik, Astronomie, Musiktheorie, Chronologie, Geschichte und Grammatik; doch seine wichtigsten Werke aus entdeckungsgeschichtlicher Sicht bilden die geographischen Schriften.

Sein großes Ziel war die Erstellung eines neuen Erdbildes auf mathematischer Grundlage.[24] Eratosthenes nahm als erster Gelehrter der Antike eine auf empirischen und mathematischen Methoden beruhende Messung des Erdumfangs vor, wahrscheinlich angeregt sowie technisch und finanziell gefördert vom König, der zur Berechnung der Steuereinkünfte an genauen Informationen über den Flächenumfang seines Reiches interessiert war.[25]

Grundlage der neuen Erdumfangsberechnung waren einfache geometrische Überlegungen. Die Sonne, so der Gedanke des Eratosthenes, ist so weit von der Erde entfernt, dass ihre Strahlen als Parallelen angesehen werden können. Die Strahlen fielen jedes Jahr am 21. Juni um 12 Uhr senkrecht auf die südägyptische Stadt Syene (Assuan), die geschätzte 4.900 Stadien von Alexandria entfernt war. Dort nahm Eratosthenes mit Hilfe von Schattenanzeigern seine Messungen vor. In Alexandria ermittelte er einen Winkel von 83° für die mittags einfallenden Sonnenstrahlen. Den Komplementärwinkel von 7° übertrug der Gelehrte auf den Erdmittelpunkt und erzeugte so ein Dreieck (Erdmittelpunkt-Syene-Alexandria), aus dem er folgende Gedanken herleitete: 7° verhielten sich zur Entfernung zwischen Syene und Alexandria wie 360° zum Erdumfang U. Rechnerisch ergibt sich demnach U/360=4.900/7 oder U=4.900x360/7 = 252.000 Stadien. Das Ergebnis war ungenau, weil es von einigen falschen Voraussetzungen – etwa der angenommenen Lage von Syene und Alexandria auf demselben Meridian – ausging, aber es kam der Wirklichkeit (40.077 km) doch erheblich näher als alle vorherigen Schätzungen, und noch wichtiger: es beruhte auf einem Verfahren, das wiederholt und verbessert werden konnte.

Nicht weniger wichtig war seine *Geographiká*. Der Titel deutet an, dass es nicht um eine Beschreibung, sondern um Messen, Einteilen und um das Zeichnen *(graphein)* der Erde *(ge)* ging.[26] Dabei sollten die gleichen Prinzipien, die er für die Erdmessung angewandt hatte, zur Erstellung einer Karte der bewohnten Welt genutzt werden. Grundlage bildeten Berechnungen über die Lage von Orten und Entfernungsangaben. Um Daten zu erhalten, griff Eratosthenes auf die Angaben der Bematisten Alexanders und die in Alexandria gesammelten Expeditionsberichte zurück: nicht nur die der Fahrten des Androsthenes und Timosthenes, sondern auch den Periplus des Patrokles, das Ozeanbuch des Pytheas, die Periploi des Hanno und Euthymenes sowie die Schriften des Megasthenes, des Deimachos und vielleicht des Gesandten Dionysios.[27]

Die auf Grund ihrer Angaben und der geschätzten Streckenabschnitte gewonnene Grobgestalt der Oikumene wurde zunächst durch die Einziehung eines parallel zum Äquator verlaufenden Breitengrades *(Diaphragma)* in zwei Teile geteilt.[28] Hinzu kamen weitere fünf Parallelkreise und vier Meridiane, jeweils orientiert an geographischen bzw. morphologischen Großeinheiten (so wurde der erste östlichste Meridian durch den Verlauf des Indus gebildet). Dieses Gradnetz bildete die Grundlage der Kartenzeichnung. Indem Eratosthenes Einzel- bzw. Teilstrecken der Periploi und Itinerare addierte, ergab sich eine Breite der bewohnten Erde von 38.000 Stadien und eine Länge von 77.800 Stadien. Die Oikumene erschien in Folge der Entdeckungsfortschritte im Westen und Osten in die Länge gedehnt. Da gleichzeitig Eratosthenes einen geringeren Umfang der Erde als Aristoteles annahm, musste das Meer zwischen dem Westende (Spanien) und dem Ostende (Indien) der Oikumene schrumpfen. Die Konsequenz war, dass man von Spanien über den Atlantik nach Indien fahren könne![29]

Innerhalb des Koordinatensystems von Längen- und Breitengraden fanden auch die aus den Entdeckungsberichten überlieferten Informationen über Küsten, Flüsse, Gebirge, Städte und Länderkomplexe ihren Platz. Sie wurden mit ethnographischen, klimatischen, wirtschaftlichen und politischen Angaben in Beziehung gesetzt. Das war eine Syntheseleistung, die erstmals die mathematische Richtung der Geographie und die kulturgeschichtlich-ethnographische Richtung verband.[30] Mehrere Ländereinheiten wurden zu Vierecken (den rhombusähnlichen »Siegeln« [*Sphragides*]) zusammengefasst. Während die Weltkarte den Mittelmeerraum, Nordafrika und Nordarabien recht zutreffend abbildete, kam es an den Welträndern aufgrund unzureichender Daten und der Abstrahierung von Küsten- und Landformen zu erheblichen Verzerrungen der Realität. So wurde die südliche Erstreckung des indischen Subkontinents nicht erfasst, sondern durch eine nach Osten verlaufende Linie auf der Höhe von Meroe ersetzt. Taprobane wurde dadurch viel zu weit östlich und viel zu wenig südlich lokalisiert. Auch dem afrikanischen Kontinent fehlte die Südausdehnung. Im Norden besaß das Kaspische Meer eine Verbindung zum Okeanos, Britannien war als stumpfwinkliges Dreieck eingefügt. Thule erschien unterhalb des Polarkreises.[31]

Eudoxos von Kyzikos und der Seeweg nach Indien

Zwei Entwicklungen ließen den Blick der Ptolemäer gegen Ende des 2. Jahrhunderts v. Chr. über das Rote Meer und die ostafrikanischen Küsten hinaus schweifen: Zum einen verloren seit Ende des 3. Jahrhunderts (nach dem 4. Syrischen Krieg) Elefanten ihren Nimbus als kriegsentscheidende Waffe; die Suche nach ostafrikanischen Jagdgebieten hatte nicht mehr höchste Priorität. Dementsprechend wurden ab Ptolemaios IV. Philopator (221–202 v. Chr.) auch keine weiteren Gründungen an der Küste des Roten Meeres angelegt und die bestehenden zum Schutz des Seehandels und der Karawanenrouten umfunktioniert.[32] Zum zweiten konnten sich die Ptolemäer nur mit Mühe der Aggression der Seleukiden erwehren. Diese hatten 200 v. Chr. nach dem Schlachtensieg bei Panion ganz Syrien gewonnen und rückten rund 30 Jahre später auf das Nilland vor. Nur dank einer römischen Intervention überlebte das Ptolemäerreich, doch die mediterranen Außenbesitzungen gingen verloren und der levantinisch-syrische Transithandel lag außer Reichweite. So suchten die Ptolemäer dort Ersatz, wo keine Gegenkräfte drohten. Die Pharaonen hatten es 1000 Jahre zuvor ähnlich getan (s. o. S. 44 f.). Einen direkten Seeweg nach Indien zu finden war ein naheliegendes Ziel.

Bisher hatte man keine Versuche unternommen, weil arabische Seefahrer das Monsunsystem geheim hielten. Hinzu kam ein geographisches Problem: Eratosthenes hatte aus den Berichten des Patrokles, Megasthenes und Deimachos den Schluss gezogen, der Subkontinent habe eine rhombenartige Gestalt mit sehr geringer Südausdehnung. Die südlichste Gegend lag auf einer Breite mit Meroe, die Insel Taprobane auf einer Breite mit der Somaliküste. Nach dieser Vorstellung drohte jedes Schiff, das vom Roten Meer nach Osten segelte, an Indien vorbeizufahren, wenn es nicht durch regelmäßigen Südwind rasch nach Norden gedrückt würde; sich hierauf zu verlassen, schien jedem verantwortungsvollen Kapitän ein zu großes Wagnis.[33]

Die Voraussetzungen konnten sich nur ändern, wenn Kunde über die wahre Südausdehnung Indiens nach Westen gelangte. Das geschah in etwa zeitgleich mit der machtpolitischen Schwächephase der Ptolemäer in der Mitte des 2. Jahrhunderts v. Chr. Rund 1000 km östlich griffen die baktrischen Griechen unter Demetrios das Reich der Mauryas an und erschlossen das indische Küstengebiet östlich der Indusmündung. In der Folgezeit erkundeten griechische Seefahrer die Westküste noch weiter südlich; die baktrischen Griechen erfuhren von der Ausdehnung des Subkontinents bis zur Malabarküste und den Tamilreichen. Im Laufe der nächsten Generation müssen diese Informationen in den Wissenshorizont der Ptolemäer gelangt sein. In dieser Zeit entstand der Periplus »Über das Rote Meer« des Knidiers Agatharchides, der Erzählungen von Händlern und ptolemäischen Expeditionsleitern verarbeitete und die Gefahren beschrieb, die mit deren Unternehmungen verbunden waren. Seine Kapitel über die Küstenvölker, Botanik und Tierwelt des Roten Meeres gehören zum besten, was die hellenistische Ethnographie zu bieten hatte. Sie zeigen, über welch enormes Wissen der Hof in Alexandria inzwischen verfügte.[34]

Erst jetzt wiesen die Ptolemäerkönige ihre Kapitäne an, über die Meerenge des Bar-el Mandeb in den Golf von Aden hinauszufahren. Diodor aus Samos kam bis nach Azanien, Charimortos erreichte (wahrscheinlich unter Ptolemaios IV.) das Kap Guardafui und erschloss die für die Indienfahrt günstig gelegene Insel Sokotra, wo indische und arabische Händler ihre Waren ägyptischen Kaufleuten anboten. Ein Kapitän, der von einem dieser Ausgangspunkte die Fahrt an die indische Westküste wagte, musste nicht mehr fürchten, an seinem Ziel vorbeizusteuern. Das einzige, was ihm noch fehlte, war eine genaue Kenntnis des Monsuns.[35]

Wie diese letzte Schwierigkeit überwunden wurde, schildert eine der berühmtesten Entdeckererzählungen der Antike, die der Gelehrte Poseidonios um 100 v. Chr. in Gades aufzeichnete und die noch im 20. Jahrhundert historische Romane inspiriert hat.[36] Demnach kam gegen Ende (oder Mitte?) des 2. Jahrhunderts ein Mann namens Eudoxos aus Kyzikos (an der Propontis) im Rahmen einer Festgesandtschaft an den Hof der Ptolemäer. Kyzikos war eine bekannte Hafenstadt mit besten Verbindungen ins östliche Mittelmeer. Eudoxos gehörte zum Kreis der wohlhabenden Honoratioren, die wahrscheinlich von den Ausweitungen des Handelsverkehrs in den fernen Osten profitieren wollten; aus Kyzikos stammte eine der ältesten mediterranen Münzen, die man in Indien gefunden hat.[37] Auch wenn die Quellen die folgenden Ereignisse auf die Person des Eudoxos konzentrieren, wird man vermuten, dass er im Interesse oder in Konkurrenz zu anderen Honoratioren handelte. Da seine Heimatstadt Handelsverbindungen nach Indien pflegte, lag es nahe, dass sich Eudoxos für die Möglichkeiten einer direkten Seeroute an die indische Westküste interessierte.

So erfuhr er laut Poseidonios während einer Nilfahrt, die arabische Küstenpatrouille habe einen indischen Matrosen »halbtot in einem Schiff aufgefunden« und an den Hof gebracht. Dieser habe dann Ptolemaios VIII. (Euergetes) angeboten, als Führer einer Rückfahrt in sein Heimatland zu dienen, wenn man ihm geeignete Männer und Schiffe zur Verfügung stelle. Das klingt ziemlich konstruiert. Tatsächlich mussten die Ptolemäer, wenn sie Informationen über die Monsunschifffahrt bekommen wollten, kaum darauf warten, bis ihnen der Zufall einen indischen Seefahrer in die Fänge ihrer Patrouillen spülte. Sie hätten einfach einige der in ihrem Dienst stehenden Mahouts oder indische Händler und Kapitäne befragen können, die seit Generationen von Indien ins Rote Meer fuhren. Und sicherlich hätte man in den königlichen Archiven auch Angaben über die Skylaxfahrt gefunden. Es waren demnach nicht Sturm und Zufall, sondern die politischen Umstände am Ende des 2. Jahrhunderts, die den Ptolemäer ermutigten, das Wissen über das Monsunsystem mithilfe indischer Lotsen zu einer Direktfahrt unter Umgehung der arabischen Zwischenhändler einzusetzen. In Eudoxos fand man einen Kapitän, der bereit war, das nach wie vor riskante Unternehmen zu wagen.[38]

Die Überfahrt verlief problemlos, wahrscheinlich vom Ausgangshafen Berenike nach Barygaza. Reich beladen mit Gewürzen und Edelsteinen (Onyx?) kehrte Eudoxos zurück. Dass er sich bei der Ablieferung der Waren übervorteilt fühlte (Ptolemaios besaß ein Monopol auf importierte indische und arabische Waren), erinnert an Geschichten anderer Entdecker; doch dient diese Episode vor allem dazu, die weitere Handlung voranzutreiben. Denn nicht Ptolemaios, sondern dessen Nachfolgerin Kleopatra (III.) ernannte Eudoxos zum Leiter einer zweiten Fahrt. Auf der Rückfahrt wurde er vom Nordostmonsun über das Kap Guardafui an die Küste Aithiopiens getrieben; erst mit einheimischer Hilfe fand er den Weg zurück nach Ägypten.[39]

Auch dieser Teil der Erzählung weist novellistische Elemente auf. Die Leistung des Eudoxos schmälert das jedoch nicht. Die Unterstützung durch indische Seefahrer und die zweite Überfahrt unter eigenem Kommando sprechen dafür, dass er der erste Grieche war, der das Monsunsystem zu einer Direktfahrt aus dem Roten Meer nach Indien und zurück nutzte. Der Wind, der die Schiffe von den Küsten Arabiens nach Indien trug, wurde wahrscheinlich nach dem Vorgebirge, von dem aus er ins Meer zu wehen schien, *Hippalus* genannt. Indienfahrten konnten nun um ein Dreivierteljahr verkürzt werden. Ein gewisser Diogenes wurde wie Eudoxos auf der Rückfahrt von Indien vom Nordostmonsun an die aithiopische Küste verschlagen und erreichte offenbar die Nilquellen, was die Glaubwürdigkeit des Eudoxosberichtes noch einmal erhöht.[40]

Die Ptolemäer erkannten die Vorteile des Monsunsystems, reorganisierten die Verwaltung der Küstengebiete und vertrauten einem Oberbeamten die Aufsicht über das Erythräische und Indische Meer an. Offenbar wollten sie den Schutz der Seerouten verstärken und die Zolleinnahmen erhöhen. 80 Jahre nach den Fahrten des Eudoxos sollen jährlich 120 Schiffe von Alexandria nach Indien aufgebrochen sein, mit dem Unterschied, dass zu dieser Zeit eine neue Macht das Kommando in Ägypten übernommen hatte, die fortan auch die Geschichte der antiken Exploration im Westen bestimmen sollte: Rom.[41]

VI.
DIE ERSCHLIESSUNG DES NORDENS DURCH DIE RÖMER

1.
AMERIKA RÜCKT NÄHER
DIE ATLANTISCHEN INSELN IM 2. JAHRHUNDERT V. CHR.

Der Fall Karthagos und die Expedition des Polybios

Mit der Rückkehr aus Indien beginnt der zweite Teil der Eudoxosgeschichte. Als der Seefahrer von Winden abgetrieben an den Küsten Aithiopiens landete und sich die Eingeborenen durch Geschenke geneigt machte, fand er das Vorderteil eines Schiffs in Pferdegestalt. Die Eingeborenen erzählten, es stamme von Männern, die aus dem Westen kommend Schiffbruch erlitten hätten. Wieder in Alexandria zeigte er die Galeonsfigur Schiffseignern und Kapitänen. Sie meinten, es käme aus Gades, einige behaupteten sogar, das Schiff zu kennen. Es sei entlang der westafrikanischen Küste bis zum Lixos gesegelt; dann habe man nichts mehr von ihm gehört.[1]

Eine elektrisierende Nachricht! Wenn das Vorderteil des verschollenen Seglers in Ostafrika gefunden wurde, dann musste er den Kontinent umrundet haben. Von einer solchen Fahrt träumten viele, wenige hatten sie gewagt. Der Erschließung der südöstlichen Seewege nach Indien eine südwestliche Route hinzuzufügen, muss so berauschend gewesen sein, dass Eudoxos nicht die Möglichkeit erwog, gaditanische Schiffe könnten über das Mittelmeer und den Nechokanal an die aithiopische Küste gelangt sein. Manche Gelehrte halten ohnehin die ganze Geschichte vom Schiffsvorderteil für ein Wandermotiv aus dem Arsenal mediterraner Schiffermärchen.[2]

Doch diese Bedenken berühren nicht den Kern der Ereignisse: Nachdem Eudoxos seine Aufgabe am ptolemäischen Hof erfüllt hatte, brauchte er neue Ziele. Die Suche nach einer Westpassage von Spanien nach Indien knüpfte an seine bisherigen Fahrten an und passte in die Zeit. 50 Jahre zuvor war Karthago von Rom zerstört worden. Damit fiel das Monopol der Stadt über die westafrikanischen Seewege. In dieser Zeit dürfte auch der Hannobericht den römischen Generälen zugänglich geworden sein. Kurz nach dem Ende Karthagos überließ der Oberkommandierende Scipio Aemilianus Polybios, der offiziell als achäische Geisel im Hause der Scipionen weilte, eine Flotte »zur Erkundung Afrikas«. Sie soll »entlang der Küste« gefahren sein, doch unklar ist, wie weit sie tatsächlich kam.[3] Polybios sah sich als neuer Odysseus, kannte Eratosthenes und das Ozeanbuch des Pytheas und soll ein Werk mit dem Titel »Über die Bewohnbarkeit der Äquatorialzonen« verfasst haben.[4] All das könnte darauf hindeuten, dass er auf den Spuren der karthagischen und massiliotischen Entdecker entlang der westafrikanischen Küste mindestens bis zum Draa, wahrscheinlich bis zum Mündungsgebiet des Senegal kam. Manche Gelehrte bezweifeln dagegen, dass er überhaupt über die Straße von Gibraltar hinausfuhr.[5] Für die Minimaldeutung spricht, dass es keine weiteren Nachrichten über die Fahrt gibt und aus ihr auch kein Impuls zur Erschließung der Seewege ausging. Rom war kurz nach dem 3. Punischen Krieg nicht bereit, die Rolle Karthagos zu übernehmen, zumal sich die Aufmerksamkeit der Politiker auf innere Konflikte richtete.

Die Fahrt des Eudoxos an der westafrikanischen Küste

Der Verzicht auf *staatliche* Atlantikexpeditionen bot Fernhändlern neue Chancen. Seit dem Fall von Korinth und Karthago, der Provinzialisierung von Makedonien, Griechenland und Kleinasien flossen gewaltige Geldsummen an den Tiber. Der Verkauf von Kriegsgefangenen, Raubzüge und Plünderungen füllten die Taschen der Feldherren in einem Maße, von dem frühere Generationen nicht einmal zu träumen wagten. Ein Großteil der Mittel wurde in Grundbesitz gesteckt, zusätzlich kaufte man immer mehr Sklaven, um die größeren Betriebe auf die rentablere Produktion von Olivenöl und Exportwein umzustellen. Der ältere Cato empfahl, zusätzlich in den Fernhandel und Geldverleih zu investieren.

Das nach Rom und Italien strömende Geld suchte sich neue Anlagemöglichkeiten, und ein allgemeines Gewinn- und Profitdenken setzte sich auch in Kreisen der Elite, bei den *nobiles*, durch. Angetrieben wurde es auch dadurch, dass man durch immer teurere Wahlkämpfe die Konkurrenten ausstach und seinen Lebensstil nach dem Vorbild hellenistischer Herrscher gestaltete: Teure Gemälde und Statuen zierten Villen und Gärten, man leistete sich aufwendiges Silbergeschirr und Teppiche, fand Gefallen daran, die Speisen mit exotischen Gewürzen zu verfeinern; indischer Pfeffer war in Rom leicht zu haben; aber auch die an den Tiber ziehenden griechischen Ärzte benötigten Aromatika und Spezereien zur Herstellung von Arzneien und machten die therapeutische Wirkung fernöstlicher Produkte bekannt.

Der wachsende Bedarf an Luxusobjekten und Spezialisten auf der einen, der nicht enden wollende Geldzufluss auf der anderen Seite sowie die Verknüpfung weit auseinander liegender Wirtschaftsräume durch die Massenverschiffung von Sklaven, Getreide sowie Wein, Öl und fernöstlichen Waren führten dazu, dass – nimmt man die Zahl der Schiffswracks und Transportamphoren als Maßstab – der Mittelmeerraum eine nicht gekannte Steigerung des Seehandels und der wirtschaftlichen Produktion erlebte. Um die fernöstlichen Waren zu erwerben, wandten sich wohlhabende Römer an spezialisierte Zwischenhändler. Längst hatte sich der Seehandel von dem Prinzip des Einmannbetriebes gelöst, wonach ein Kaufmann *(emporos)* allein oder mit einem Partner von Hafen zu Hafen fuhr; natürlich gab es diese Form der *cabotage* nach wie vor, doch das große Geschäft machten nun Konsortien *(synergoi)* von Händlern, Finanziers und Transporteuren, die über ein mittelmeerweites Netzwerk von Kontaktleuten in mehreren Häfen verfügten und schneller auf Bedarfsentwicklungen reagieren und mit bestimmten Produkten (Getreide) gewinnbringend spekulieren konnten sowie die Risiken auf mehrere Schultern verteilten.[6]

Diese Verhältnisse galten auch für den Warenverkehr aus dem östlichen Mittelmeer (Alexandria) nach Italien. Zentraler Zielhafen war Puteoli. Dort sammelte sich das Geld der Reichen und verband sich mit dem Know-how der Händler, Spediteure und Bankiers, welche die transmediterranen Seetransporte organisierten, indem sie z.B. den Export italischen Weines in den Osten für den Import von Pfeffer oder Zimt übernahmen, dazu entsprechende Mengen an Transportamphoren herstellten, ihre Kontaktleute oder Familienmitglieder in Alexandria mit Aufträgen versahen und Kontrakte mit den Geldgebern aufstellten. Mitunter fuhren sie selbst mit: Plautus erwähnt einen aus Indien heimkehrenden *trapezita* (Bankier) und *naukleros* (Kapitän oder Schiffseigner); ein Darlehensvertrag aus der Zeit des Eudoxos bezieht sich auf ein »gewürzerzeugendes Land«, wahrscheinlich Somalia; Teilhaber des Geschäftes waren u.a. ein Massiliote, ein Karthager und ein Italiker.[7]

Ein Mann wie Eudoxos dürfte mit diesen Verhältnissen vertraut gewesen sein, als er in Alexandria nach neuen Gewinnen und Aufträgen Ausschau hielt. Nicht zufällig steuerte er nach seiner kurzzeitigen Rückkehr in die Heimat Puteoli an. Was er hier suchte, ist offensichtlich: Geldgeber und Partner für seinen Plan, die von der römischen Elite so begehrten indischen und ostafrikanischen Luxuswaren über eine Route um Afrika herum zu erwerben, die den aufwendigen Zwischenhandel über Ägypten umging. Im Gegenzug bot er vielleicht die neueste, in der Ägäis entwickelte Segeltechnik mit Spriet an, ein viereckiges, durch eine Stange vom Mast abzuspreizendes Segel, das zu den effektivsten Formen des Segelns in der Antike gehörte.[8]

Dass seine Bemühungen erfolglos blieben und er unter den italischen Geschäftsleuten und Bankiers keine Unterstützung fand, überrascht nicht. Die Akzeptanz neuer maritimer Techniken hing in der Antike selten von logischen Erwägungen ab, sondern sie musste sich gegen Traditionen behaupten; der seit ca. 500 v. Chr. im Mittelmeer eingesetzte Fockmast bedeutete eine erhebliche Verbesserung der Navigationsfähigkeit, gegen das sich das Sprietsegel offenbar im Westen nicht so schnell durchsetzen konnte.[9] Hemmend waren zudem finanzielle Überlegungen: Der Erfolg der Geschäftsleute von Puteoli basierte nicht allein auf dem Handel mit östlichen Gewürzen und Spezereien, sondern in größerem Maße auf dem Getreide- und Sklavenhandel.[10] Dieser verlief über die Ägäis (Delos) und Ägypten. Ihre Geschäfte in Ägypten wurden durch Verwandte und Freigelassene vor Ort gesteuert und gewinnbringend genutzt. Der Plan einer alternativen Route zu den indischen Waren um Afrika mochte verlockend sein, doch er zielte ausschließlich auf den Erwerb indischer Waren und betraf damit zwar einen zukunftsträchtigen, aber in der Gegenwart noch recht kleinen Teil der Gewinnmargen und Geschäftsbereiche der Leute aus Puteoli. Nach Abwägung von Risiko und Routine erschien der Plan des Eudoxos zu riskant, zumal im Erfolgsfalle das mit so viel Energie ausgebaute Geschäftsnetz nach Ägypten Einbußen erlitten hätte.

So tröstete sich Eudoxos damit, dass er im Auftrag einiger Geschäftsleute eine Handelsfahrt nach Westen übernahm und auf diese Weise seine Geldmittel aufbesserte.[11] Sein Ziel war Massilia, eine Stadt, deren maritime Traditionen ein viel größeres Interesse an einer Atlantikfahrt die afrikanische Küste entlang erwarten ließen. Doch auch hier blieb er erfolglos. Man verwies ihn nach Gades, seit Jahrhunderten Ausgangspunkt aller Atlantikexpeditionen ins Unbekannte. Hier setzte er alles auf eine Karte, steckte den Rest seines Vermögens in die Ausrüstung dreier Schiffe und die Heuer der Mannschaft, warb Ärzte, Künstler und Musikerinnen an. Sie waren nicht nur auf einer langen Seereise nützlich (auch Francis Drake nahm Musiker zur Unterhaltung der Mannschaft auf seine Weltumsegelung mit), sondern sollten wohl auch die Einheimischen günstig stimmen; griechische »Kurtisanen« standen besonders am indischen Königshof genau so hoch im Kurs wie griechische Ärzte.[12]

Doch erneut nutzten alle Vorbereitungen nichts. Kurz nach der Abfahrt aus Gades meuterte offenbar ein Teil der Mannschaft und zwang den Leiter, aus Furcht vor den Gezeiten an der westafrikanischen Küste zu landen. Eudoxos ließ sich nicht entmutigen und setzte die Fahrt mit einem neuen Fünfzigruderer fort, bis er zu Menschen kam, die angeblich die gleiche Sprache sprachen wie die Aithioper an der ostafrikanischen Küste – eine Annahme, die sich wohl aus der homerischen Vorstellung speiste, wonach es westliche und östliche Aithioper gab. Hinzu kommt, dass Eudoxos, den Vorstellungen seiner Zeit folgend, die Länge der afrikanischen Küstenlinie dramatisch unterschätzte und von der Südausdehnung des Kontinents nichts wusste.[13]

Dass er nicht weit über die marokkanische Küste hinausgekommen war, dürfte Eudoxos bald selbst erkannt haben. Man sagte ihm, das marokkanische Königreich des Bocchus (I., ca. 120–80 v. Chr.) sei nahe.[14] So kehrte er um und landete in Mauretanien, verkaufte sein Schiff und ging an den Hof des Bocchus in Volubilis, um ihn zur Finanzierung einer neuen Fahrt zu bewegen. Als auch dieser Versuch scheiterte – möglicherweise fürchtete Bocchus um seine (profitable) Rolle als Mittelsmann im Überseehandel nach Indien[15] –, kehrte er wahrscheinlich vom römischen Numidien nach Spanien zurück, ließ erneut einen Fünfzigruderer und zusätzlich ein Frachtschiff bauen. Eudoxos muss inzwischen erkannt haben, dass die Fahrt um Afrika länger dauern würde als gedacht. Der Transporter sollte Saatgut und Ackergeräte mit sich führen und offensichtlich eine Überwinterung und Ernte an den Küsten ermöglichen, so wie es rund 500 Jahre zuvor die Phöniker bei ihrer Umsegelung vom Osten aus getan hatten. Erneut brach er auf, doch was aus dem Vorläufer Vasco Da Gamas wurde, weiß der Gewährsmann nicht mehr zu berichten. Vielleicht könne man in Gades oder Spanien – so sein Fazit[16] – mehr über das Schicksal des Entdeckers erfahren.

Inseln im Atlantik: Von Madeira zu den Kanaren

Wie fast alle Afrikafahrer war Eudoxos auf seiner Rückfahrt von den Aithiopern an der südmarokkanischen Küste auf eine »wasserreiche und dicht bewaldete, aber unbewohnte Insel« gestoßen. Angeblich soll König Bocchus wenig später geplant haben, den aufdringlichen Griechen auf einer einsamen Insel auszusetzen.[17] Inselabenteuer gehörten zum Standardrepertoire abenteuerlicher Entdeckergeschichten. Doch in diesem Fall ist die Vertrautheit des mauretanischen Königs Bocchus mit dem Eiland so groß, dass die Realität das Topische überlagert. Und auch Eudoxos bewegte sich ja keineswegs in Gewässern jenseits der realen Erfahrungswelt.

Tatsächlich ist es schwer vorstellbar, dass die Karthager und die Seefahrer von Gades seit der Hannofahrt nicht irgendwann auch auf die der westafrikanischen Küste so nahen Inselgruppen gestoßen sind. Manche vermuten, dass sich bereits die Fahrt des Hanno um die Kanaren bewegte.[18] Sie liegen nur rund 60 Meilen von der afrikanischen Küste entfernt; Fuerteventura ist vom Festland aus zu sehen. Auch wenn es keine expliziten Hinweise auf eine Entdeckung im 3. oder 2. Jahrhundert v. Chr. gibt, war es für Schiffe, die an der westafrikanischen Küste kreuzten, fast unmöglich, sie nicht wahrzunehmen. Dass die Könige von Mauretanien von ihnen wussten, zeigt eine rund 100 Jahre später unternommene Expedition des Numiderkönigs Iuba II. Er hatte offenbar Teile der karthagischen Staatsbibliothek einschließlich der Schriften des Eudoxos in seinen Palast gebracht und einen Kommentar zum Hanno-Periplus verfasst. Mehrere Male besuchte er nach Aussage des Plinius die Kanaren und gab ihnen Namen. Erhalten blieb nur derjenige von Canaria, offensichtlich abgeleitet von den heimischen Hunden, von denen zwei an den Hof des Königs gelangten. Iuba soll sogar Gebäude- und Tempelreste gefunden haben, doch von den Einheimischen fand sich keine Spur.[19]

Möglicherweise waren die Karthager noch weiter vorgestoßen. Der Geschichtsschreiber Diodor (1. Jh. v. Chr.) erzählt von einer großen Insel im Atlantik, die mehrere Segeltage von den Küsten Afrikas entfernt von den Phönikern (Karthagern) entdeckt wurde, als eines ihrer Schiffe weit auf den Ozean getrieben worden sei. Die Insel sei äußerst fruchtbar, besitze schiffbare Flüsse, fischreiche Küsten, Süßwasserquellen und mannigfach bewaldete Berge. Dass die Karthager auf ihren Fahrten an der westafrikanischen Küste zu einer solchen Insel kamen, ist möglich, nur können es nicht die Kanaren gewesen sein. Die liegen zu nahe an Afrika. Eher ist es die Inselgruppe, von der wenige Jahrzehnte nach der Eudoxos-Expedition der römische Rebell Sertorius durch spanische Seeleute erfuhr. Sie lag rund 1800 km von Afrika entfernt. Viele haben diese Eilande später mit Madeira identifiziert.[20]

Auf nach Amerika?

Es gibt jedoch noch eine andere Deutung, die zu einer der heikelsten Probleme der antiken Entdeckungsgeschichte führt. Die Beschreibung der Insel bei Diodor weist einige Züge auf, die sich mit der realen Beschaffenheit von Madeira oder den Kanaren schwer in Deckung bringen lassen. Die ungewöhnliche Fruchtbarkeit, die Gesundheit fördernden Quellen sowie das sorgenlose und mangelfreie Leben der Bewohner, die in einem äußerst angenehmen Klima ihre Zeit mit Jagd und Festen verbringen, lassen sich mit dem Topos der Insel der Seligen verbinden, die möglicherweise die griechischen Autoren mit den karthagischen Nachrichten verwoben. Allerdings fehlen wesentliche Aspekte der Idealisierung, unter anderem die Langlebigkeit und Gerechtigkeit der Inselbewohner. Andererseits gibt es markante Elemente wie die von dicht bewaldeten Höhen und schiffbaren Flüssen, die weder zum Repertoire griechischer Ideallandschaften gehören noch zum realen Landschaftsbild Madeiras; Erklärungen, wonach die Karthager die Wasserbecken des Sommerregens als Flüsse fehldeuteten,[21] sind genauso wenig überzeugend wie die These, die antiken Wälder seien durch neuzeitliche Abholzung verschwunden. Tatsächlich hat es auf Madeira niemals dichte und schon gar nicht artenreiche Wälder gegeben. Die Vorstellung einer fruchtbaren und durch verschiedenartige Pflanzen ausgezeichneten Vegetation ist ein Produkt neuzeitlicher Aufpflanzungsbemühungen.[22] Diese Widersprüche sind schwer zu erklären. Griechische Texte bieten entweder in sich schlüssige Idealbilder nach Art der Seligen Inseln oder (seit dem 4. Jahrhundert v. Chr.) gerade im Bereich der Botanik sehr exakte Beschreibungen realer Landschaften (s.o.S. 00). Beides trifft aber hier nicht zu, ob man nun die besagte Insel mit Madeira identifizieren oder sie als Phantasieprodukt abtun möchte.

Nun gibt es allerdings Weltgegenden der Antike, die in der Tat wesentliche Merkmale des von Diodor beschriebenen Eilandes aufweisen, nämlich Indien mit seinen beiden großen Strömen, den bewaldeten Höhen und seiner sprichwörtlichen Fruchtbarkeit. Ktesias wusste von zahllosen Quellen mit therapeutischer Wirkung, und die Jagdfreudigkeit der Rajas war im Westen bekannt – alles Aspekte, die für Diodors Beschreibung wesentlich sind. Doch wie kam Indien in den Atlantik? Genauso wie 1500 Jahre später vor der Kolumbusfahrt. Dass angesichts der Kugelgestalt der Erde eine Fahrt von Spanien nach Westen über den Atlantik nach Indien möglich sei, hatte schon Aristoteles geglaubt, und Eratosthenes bestätigte ihn.[23] Die Fahrt schien immer kürzer zu werden, da sich einerseits die Oikumene in Folge der Entdeckung des Gangesgebietes und Britanniens in ihrer Breite ausdehnte, andererseits der Erdumfang reduziert wurde, bis ihn Poseidonios am Ende des 2. Jahrhunderts auf nur noch 180.000 Stadien (33.400 km) schätzte. Je kleiner die Erde und je größer die Ost-Westausdehnung der Oikumene, desto geringer war die Ausdehnung des Atlantiks: Poseidonios folgerte, »dass man mit Ostwind von Westen her segelnd, mit ebenso vielen 1.000 Stadien (70.000 = 12.950 km) nach Indien kommen könne«. 100 Jahre später bemaß Seneca die Fahrt bei günstigem Wind auf wenige Tagesreisen.[24]

Wenige Tagesreisen entfernt von der afrikanischen Küste lag auch die Insel des Diodor, und das karthagische Schiff soll durch entsprechende Winde dorthin gelangt sein. Haben die Karthager in Wirklichkeit die Küste des amerikanischen Kontinents bzw. aus Sicht der antiken Gewährsmänner eine neue Oikumene im Westen erreicht, die sie – wie später Kolumbus – mit den Eigenschaften Indiens beschrieben, weil sie glaubten, den Subkontinent erreicht zu haben? Dass die antiken Zeitgenossen in der Zeit des späten Hellenismus mit diesem Gedanken spielten und eine Überquerung des Atlantiks von beiden Richtungen aus für möglich hielten, zeigen nicht nur die Angaben der Geographen und Philosophen. Plinius erzählt, im 1. Jahrhundert v. Chr. seien indische Kaufleute während ihrer Fahrt über den Atlantik durch Stürme nach Germanien verschlagen und dann zu dem römischen Statthalter von Gallien gebracht worden.[25] Das erinnert an den schiffbrüchigen Inder, der am Eingang des Roten Meeres aufgegriffen wurde, an den Hof der Ptolemäer kam und die Indienfahrt des Eudoxos initiierte. Man mag gegenüber diesen Geschichten skeptisch sein, entscheidend ist: Die Zeitgenossen haben sie als Beleg für die Befahrbarkeit des Okeanos zwischen Spanien und Indien angesehen; sie begründeten eine bis in die Neuzeit reichende Tradition ähnlicher Vorkommnisse.[26] Etwa zeitgleich mit der Ankunft der Inder in Germanien verfasste Statius Sebosus, ein gelehrter Freund des Konsuls Catulus, eine Schrift über die Merkwürdigkeiten Indiens und sammelte in

Gades alle Nachrichten, die er über die glücklichen Inseln im Okeanos beschaffen konnte; wahrscheinlich unternahm er selbst eine Fahrt von Gades aus entlang der westafrikanischen Küste und zu den Kanaren; manche glauben, dass er später wie Eudoxos auf dem Indischen Meer unterwegs war.[27]

Wie man auch immer diese Notizen deutet, eines zeigen sie ganz klar: Die einstige, durch die Dominanz Karthagos bewirkte Furcht der späten Archaik vor dem Atlantik war einem zuversichtlichen Optimismus gewichen, dass einer Atlantikfahrt nach Indien keine natürlichen oder göttlichen Hemmnisse im Wege standen. Der Plan einer Indienfahrt lag in der Luft: Der Nutzen einer direkten Seeroute war seit der Mitte des 2. Jahrhunderts v. Chr., als die Ptolemäer ihre Bemühungen in diese Richtungen verstärkten, augenscheinlich. Denn aus Sicht der Mittelmeerländer waren die Überlandrouten zwar nicht gesperrt, aber infolge der parthischen Eroberung Baktriens und der territorialen Isolierung der graeco-indischen Reiche unsicherer geworden.

Und ähnlich wie in der frühen Neuzeit Kolumbus mit der Möglichkeit rechnete und bei der zweiten Amerikafahrt auch erkannte, dass auf der Route zwischen der westafrikanischen Küste und Indien ein unbekannter Kontinent lag, so kursierte in den intellektuellen Kreisen auch des Westens die Vorstellung, dass es mehrere Welten auf der Höhe der bekannten Oikumene gab. Krates von Mallos, der Vorsteher der Bibliothek von Pergamon, weilte 169/68 v. Chr. als Gesandter seiner Heimatstadt am Tiber und dürfte wie üblich die lange Wartezeit dazu genutzt haben, interessierten Kreisen seinen Erdglobus mit den zwei atlantischen Oikumenen vorzuführen. Cicero übernahm das Weltbild rund 100 Jahre später in sein Werk »Über den Staat«. Der Globus des Krates dürfte das Vorbild für Weltdarstellungen auf römischen Münzen seit 76 v. Chr. gewesen sein.[28] Dass die Karthager die ersten Kandidaten waren, eine weite Atlantikfahrt zu unternehmen, war den Zeitgenossen ebenfalls bewusst. Plutarch erzählte später in seinem Dialog »Vom Gesicht des Mondes« (s. o. S. 7), ein Karthager habe berichtet, er sei von den westlichen Inseln des Atlantiks (eine davon war Ogygia) mit einem Ruderschiff zu dem rund 5.000 Stadien entfernten großen Festland gekommen, von dem aus – wie er ausdrücklich betont – zahllose Flüsse ins Meer mündeten. War aber eine solche Atlantiküberquerung technisch und nautisch überhaupt möglich?

Grundsätzlich erfordert eine Westfahrt von einer der Westafrika vorgelagerten Inseln keine große seemännische Kunst. Die kürzeste Strecke zwischen Westafrika und der Neuen Welt (Kapverdische Inseln bis Brasilien) ist nur um weniges länger als die direkte Seeroute vom Ausgang des Roten Meeres an die westindische Küste, und sie wäre nach der üblichen Fahrtleistung phönikisch-karthagischer Schiffe in drei bis vier Wochen zu bewältigen gewesen. Die Geschwindigkeit antiker Segler war nicht viel geringer als die der neuzeitlichen Karavellen.[29] Die Möglichkeiten zur Nahrungsversorgung längerer Seefahrten (Mitnahme essbarer Tiere wie z.B. Schildkröten, Salzfleisch, Obst und fermentierten Fisch) blieben ebenfalls nicht hinter den Standards frühneuzeitlicher Expeditionen zurück; Amphoren scheinen zur Trinkwasseraufbewahrung sogar besser geeignet gewesen zu sein als die späteren Holzfässer.[30] Es liegt demnach durchaus im Rahmen des Möglichen, dass Schiffe etwa auf der Höhe der Kanaren vom Nordäquatorialstrom über den Atlantik an die brasilianische Küste getrieben wurden. Genauso erging es Pedro Cabral, als er entlang der westafrikanischen Küste nach Südafrika segeln wollte, dann aber vom Nordostpassat und dem Äquatorialstrom erfasst über den Atlantik fuhr und zum Entdecker Brasiliens wurde.[31] Und wer weiß: Vielleicht ist Eudoxos, der von Gades aus die gleiche Route wie Cabral verfolgte, das gleiche Schicksal widerfahren wie dem Portugiesen. Wären antike Seefahrer in den brasilianischen Tropen gelandet, dann wären sie auf naturale Gegebenheiten gestoßen, die Diodor/Ephoros als charakteristisch für die mysteriöse Insel im Atlantik nennt: Tropische Pflanzenpracht, mannigfach bewaldete Höhen, schiffbare Flüsse. Dass Neuankömmlinge die Küsten der Neuen Welt als Inseln oder Halbinseln identifizierten, würde nicht verwundern: Auch Pedro Cabral glaubte »eine üppige paradiesische Insel entdeckt zu haben.«[32]

Nimmt man all das zusammen, die Übereinstimmungen der Naturbeschreibungen, die Hinweise auf atlantische Verbindungen, die nautischen Verhältnisse und die gesamtpolitische Lage im 2. und 1. Jahrhundert v. Chr., so ist es nachvollziehbar, dass schon die frühneuzeitlichen Entdecker der Überzeugung waren, sie wandelten auf den Spuren der Alten und entdeckten nur das, was antike Seefahrer kannten.[33] Allein: Es fehlen bis heute eindeutige Belege für die Überfahrt und Anwesenheit antiker Seefahrer in der Neuen Welt. Antike Münzen in Amerika und den Azoren, die angesichts der Strömungsverhältnisse die naheliegende Zwischenstation einer Rückfahrt gewesen wären, haben sich als Fälschung erwiesen oder gehören einem zeitlich viel späteren Niederlegungskontext an.[34] Nun wäre ein Fehlen archäologischer Zeugnisse im Falle einzelner Schiffe verständlich. Doch für die jüngst wieder mit viel Engagement vorgetragene These einer geplanten

Überfahrt karthagischer Flotten bedeutet dieser Negativbefund eine schwere Hypothek. Denn üblicherweise starteten die Karthager solche Fahrten, zumal wenn sie als Emigrationsunternehmen kurz vor der Einnahme ihrer Stadt 146 v. Chr. erfolgten, nur dann, wenn sie die Absicht hatten, in der Fremde Kolonien anzulegen; von solchen Neugründungen fehlt jedoch in Amerika jede Spur. Davon abgesehen wäre ein solches Motiv, das im Mittelmeerraum (Phokaier) und an den westafrikanischen Küsten bekannt ist, auch im Kontext frühneuzeitlicher Atlantiküberquerungen singulär: Hier zählten andere Motive als der Zwang, die Bevölkerung einer mediterranen Metropole vor dem Ansturm aggressiver Mächte zu retten. Es gab zwar auch im 2. und 1. Jahrhundert v. Chr. handelspolitische und wirtschaftliche Motive; das Ziel, Indien um Afrika herum und über den Atlantik zu erreichen, spielte auch in den Überlegungen der Karthager und der Gaditaner eine Rolle. Auffällig bleibt jedoch die mangelnde Unterstützung, die Eudoxos von staatlichen Autoritäten erfuhr. Offenbar schien es lohnender, den Zwischenhandel der westafrikanischen Küste und die Routen zu den Zinngebieten zu kontrollieren als sich an die Reichtümer Indiens über den Atlantik heranzuwagen, zumal eine solche Fahrt die Schiffe nicht an die West-, sondern an die Ostküste des Subkontinents getrieben hätte.

Als mit Karthago die einzige Macht gefallen war, die eine solche Fahrt hätte unterstützen können, blieb außer den Gaditanern nur noch Rom, das die finanziellen und machtpolitischen Möglichkeiten hatte, eine Expedition zu wagen. Doch die Republik nutzte die Chancen nicht, obwohl sie 146 v. Chr. in den Besitz der karthagischen Staatsbibliothek gekommen war und das Material über Atlantikexpeditionen systematisch hätte auswerten können. Die Fahrt des Polybios um 145 v. Chr. blieb fast 100 Jahre die einzige Expedition auf römischen Befehl hin, sie kam, wenn überhaupt, nur wenig über Marokko hinaus.[35] Ferner gab es griechische Geographen, die sich nach dem Fall Karthagos für Fahrten von Händlern in den Atlantik interessierten; Xenophon von Lampsakos konnte in seinem »Periplus über das Äußere Meer« wohl in Anschluss an Pytheas das vage Wissen über die Ostsee verbessern. Doch es brauchte lange, bis man in Rom von diesen Arbeiten Notiz nahm.[36]

2.
ROMS VORSTOSS IN DIE MITTELEUROPÄISCHEN BINNENRÄUME

CAESAR EROBERT GALLIEN UND »ENTDECKT« DIE GERMANEN

Poseidonios im Keltenland

Am Ufer der Wolga lagert ein Trupp rauer Wikingerkrieger. Abseits lauscht der arabische Gelehrte Ahmad Ibn Fadlan den Gesprächen. Zunächst versteht er nichts, dann begreift er die Bedeutung kurzer Wortfetzen, entschlüsselt kleinere Dialoge und beginnt schließlich zur Überraschung aller in der Sprache der Nordmänner zu reden. Aus dem verachteten Fremdling wird ein gleichwertiges Mitglied der Reisegesellschaft und bald ihr »13. Krieger«.

Ähnliche Szenen wie diese aus dem gleichnamigen Film dürften sich in den 90er Jahren des letzten vorchristlichen Jahrhunderts im Grenzgebiet zwischen der *Gallia Narbonensis* und dem »freien Gallien« abgespielt haben, als der im syrischen Apamea geborene Poseidonios am Gastmahl eines keltischen Fürsten teilnahm.[1] Er steigt allerdings nicht zum Kampfgefährten auf, er will nicht Handel treiben oder Söldner anwerben, wie das in den Jahrhunderten zuvor so häufig der Fall war. Poseidonios repräsentiert eine neue Gelehrtengeneration, welche die römische Provinzialherrschaft im Westen nutzte, um mehr über Land und Leute zu erfahren, ähnlich wie seinerzeit das Perserreich reiselustigen Griechen die Möglichkeit genauerer Erkundigungen des Ostens eröffnet hatte.

Erstes Ziel war die spanische Atlantikküste. Hierhin hatten sich Griechen vor allem wegen des Zinnhandels und der inländischen Silbervorkommen aufgemacht. Nun kamen Männer mit anderen Interessen: Asklepiades aus

Myrleia (Kleinasien), einer der führenden Rhetoriker und Philologen der Zeit, zog nach seiner Lehrtätigkeit in Rom ins Tal des Guadalquivir, brachte den Einheimischen Griechisch bei und verfasste eine Schrift über die dortigen Stämme. Artemidoros aus Ephesus erstellte nach Befragung gaditanischer Kaufleute eine auf Wegstrecken (Itineraren) aufgebaute Karte der spanischen Küsten.[2]

Auch Poseidonios zog es nach Gades.[3] In seinen Schriften kulminieren die seit dem 4. Jahrhundert angestoßenen und durch den Alexanderzug intensivierten Bemühungen, kausale Zusammenhänge zwischen Natur und kulturellen Erscheinungen aufzuzeigen. Als Vertreter der mittleren Stoa vertrat er die Ansicht, die gesamte Welt sei ein lebendiges Wesen, durchwirkt von göttlicher Vernunft und einer schöpferischen Lebenskraft, deren Gesetze überall wirksam waren. Auch der Ozean lebte. Seine stete Wellenbewegung zum Strand hin glich der Atmung; der ans Ufer gespülte Tang, Kork und Hölzer waren ein reinigender Auswurf von Fremdartigem. Die Vorstellung, dass alles mit allem durch vitale Kräfte zusammenhing, führte ihn zu neuen Lösungen alter Rätsel: Seit dem 4. Jahrhundert hatten sich Gelehrte mit dem Gezeitenphänomen beschäftigt. Einige nahmen in Anschluss an Platon und Krates die Verbindung der vier Ozeanströme als Ursache an. Pytheas erkannte den Einfluss des Mondes. Seine Beobachtungen wurden von einem gewissen Seleukos im Roten Meer ergänzt. Hieran knüpfte Poseidonios an und notierte 30 Tage lang in Gades die Veränderungen der Tide. Die Gezeiten waren am stärksten bei Vollmond, wenn Sonne und Mond in Konjunktion oder in Opposition standen. Mit dem Einfluss dieser Konstellation (der »Sympathie«, die Himmel und Erde verband) hatte er die Antwort gefunden, die bis Newtons Gravitationstheorie vorherrschend blieb.[4]

Die Ergebnisse der Untersuchungen flossen ein in das Werk »Über den Ozean und die anliegenden Gebiete«. Hier sprach sich Poseidonios nach Auswertung zahlreicher Expeditionsberichte – unter ihnen die des Eudoxos und Pytheas – für die vollständige Umfahrbarkeit der Oikumene aus und nahm in platonischer Tradition weitere Erdinseln im Okeanos an. Die Oikumene selbst dachte er sich »in der Form einer Schleuder, breit in der Mitte von Süden nach Norden, schmal gegen Osten und Westen, das Südoststück bei Indien jedoch wieder breiter«. Den Umfang der Erdkugel bemaß er auf 180.000 Stadien (ca. 28.350 Kilometer), die Länge einer Atlantikfahrt von Spanien nach Indien auf nur 70.000 Stadien (wenig mehr als 11.000 Kilometer).[5]

Einen integralen Teil der Welterklärung bildete die Ethnographie. Poseidonios folgte der hellenistischen Überzeugung, wonach man auch die »primitivsten« Erscheinungen menschlicher Sitten mit der Annahme erklären könne, dass sich Menschen auf die unterschiedlichen Gegebenheiten der Umwelt und des Klimas einstellen mussten. So hatte Nearchos die »Fischesser« der gedrosischen Küste und Agatharchides die Stämme Aithiopiens beschrieben. Komplexe Zusammenhänge vermutete man auch im Bereich der Botanik und Zoologie, so wenn man die größere Fruchtbarkeit Indiens gegenüber Ägypten bzw. Aithiopien mit ingeniösen Theorien über das Wechselverhältnis von Sonneneinstrahlung und Feuchtigkeit erklärte.[6] Die Suche nach Kausalzusammenhängen konzentrierte sich bislang auf den Osten (Indien) und Süden der Oikumene (Meroe, Rotmeerküsten). Der Westen und Norden dienten nur als komplementäres Gegenstück. Mit dem Aufstieg der Römer wurde das anders. Nun betrat nicht nur ein übermächtiges okzidentales Volk die Weltbühne, dessen Expansion Polybios beschrieben hatte. Die Ausweitung der römischen Herrschaft bot auch die Gelegenheit, die anthropologisch-klimatologischen Theorien auf die Kelten anzuwenden, die nach allgemeiner Auffassung den Nordwesten der Oikumene bis zu den Skythen bewohnten. Einen zusätzlichen Schub erhielt das Interesse am zentraleuropäischen Norden mit dem Einfall der Kimbern nach Italien gegen Ende des 2. Jahrhunderts v. Chr. Sie entstammten der rätselhaften ozeanischen Randwelt, aus der immer wieder eruptiv Menschenmassen in den Mittelmeerraum geschleudert wurden und dessen Zivilisation bedrohten.

All diese Phänomene suchte Poseidonios im Rahmen einer Weltgeographie und Weltgeschichte neu zu bestimmen. Wie die meisten Gebildeten war er überzeugt, dass die Ausprägungen menschlicher Gesellschaften auf ein Wechselspiel von Klima, Sonneneinstrahlung und physischer Natur sowie auf die sich hieraus ergebenden Anpassungskräfte zurückgingen. Anders als seine Vorgänger nahm er jedoch fließende Übergänge an und suchte die von Nord nach Süd zunehmende Lebensqualität zu ergründen.[7] Nach dem Studium der spanischen Küsten, ihrer Bewohner und Botanik begab er sich über Neukarthago zum Schlachtfeld von Aquae Sextiae, wo zehn Jahre zuvor Marius die Teutonen und Ambronen geschlagen hatte. Sie gehörten nach zeitgenössischer Auffassung zu den Kelten (Keltoskythen). Wie eng für Poseidonios Historisches mit den natürlichen Wirkungsgesetzen der Welt zusammenhing, zeigt seine These, die Überschwemmung ihrer Heimat durch den Okeanos habe diesen Zweig der Kelten zur Auswanderung gezwungen.[8]

Danach reiste Poseidonios vielleicht mit Unterstützung eines Gastfreundes aus Massilia ins Keltenland. Auch wenn er nicht sehr weit kam, so gewann er Kenntnisse über Land und Leute wie nur wenige Gelehrte vor ihm. Was er über die Kelten erfuhr, fasste er in einem Exkurs seiner Universalgeschichte zusammen.[9] Athenaios (2./3. Jh. n. Chr.) bewahrte in seinem Werk über die Gelagesitten der Völker ein Fragment, das unser Keltenbild bis heute prägt:[10] »Die Kelten legen Heu auf den Boden und tragen das Essen auf Holztischen auf, die sich nur wenig über die Erde erheben. Das Essen besteht aus wenig Brot, aber viel Fleisch, in Wasser gekocht und auf Kohlen oder am Spieß gebraten. Sie essen ... mit Löwenappetit, wobei sie mit beiden Händen ganze Glieder greifen und davon abbeißen. Ist das Abbeißen schwierig, schneiden sie den Bissen mit einem Dolch ab, der in einem besonderen Futteral an der Schwertscheide steckt. Jene Kelten, die an Flüssen oder am Atlantik und am Mittelmeer wohnen, essen auch Fisch, und zwar gebraten, mit Salz, Essig und Kümmel. Letzteren tun sie auch in den Wein. Öl gebrauchen sie nicht, weil sie wenig davon haben und, da es ihnen ungewohnt ist, es als unangenehm empfinden. Essen mehrere zusammen, so sitzen sie im Kreis beieinander, in der Mitte der Tüchtigste sozusagen als Chorführer, der sich von den anderen durch kriegerische Tapferkeit, durch edle Abkunft oder Vermögen auszeichnet. Der Gastgeber sitzt ihm zur Seite, dann der Reihe nach die übrigen nach der Stellung, die sie einnehmen. Hinter ihnen stehen Bewaffnete mit hohen Schilden, während die Leibwächter im Kreise nebenbei sitzen und am Gelage wie ihre Herren teilhaben. Die Weinschenke bringen den Wein in Gefäßen, die Schnabelbechern ähneln, aus Ton oder Silber. Aus diesem Material sind auch die Serviceplatten, doch gibt es auch Tabletts und Körbe aus Holz oder Flechtwerk. Das Getränk ist bei den Reichen importierter Wein aus Italien oder dem Gebiet von Massilia. Getrunken wird er ungemischt, manchmal wird ein wenig Wasser zugesetzt. Bei den Ärmeren ist das Getränk ein Weizenbier, mit Honig gewürzt, die große Menge trinkt es pur. Es wird *korma* genannt. Sie trinken nur immer kleine Schlucke aus dem gleichen Becher, aber das tun sie oft ...«

Auch diese Zeilen stehen in einer langen Tradition der Nordvölkerbeschreibung, die zwischen idealisierenden und negativen Bildern schwankt, aber auch reale Erfahrungen verarbeitet. Die Zeit der großen Keltenüberfälle des 3. Jahrhunderts v. Chr. war vorbei. Deshalb ist die Beschreibung des keltischen Gelages frei von extremen »Barbarisierungen« und sucht die fremde Gesellschaft als (exotische) Adelskultur zu würdigen.[11] Sie verbindet dazu Motive homerischer Epen (wie das löwenhafte Zerteilen des Fleisches) mit authentischem Wissen über die Bedeutung von Rangordnung und Gefolgschaftswesen, Silbergeschirr, Wein sowie über die Handelsbeziehungen der Kelten (nach Massilia und Italien/ Etrurien) zu einem plastischen Bild des Gelages als einer für die keltische Elite bedeutsamen Praxis der Statussicherung. Andere Passagen beschreiben Kleidung, Bewaffnung und Sozialstruktur.[12]

Danach sucht er aus den Einzelaussagen das Typische des Volkes herauszuschälen sowie Zusammenhänge zwischen Klima, Umwelt und Lebensweise zu erschließen. Nach klassischer Klimalehre lasse die geringe Sonneneinstrahlung im Norden die Feuchtigkeit des menschlichen Körpers nicht verdunsten. Deshalb hätten die Nordvölker große, von Feuchtigkeit »aufgeschwemmte« Körper, helle Haut, rötlich-blondes strähniges Haar, blaue Augen, tief tönende Stimmen sowie viel Blut. Ihr Blutreichtum mache sie weniger abgehärtet gegenüber Hitze, dafür aber tapferer im Kampf; allerdings stürmten die Kelten ohne Plan und Verstand auf den Gegner, seien unbeherrscht, triebhaft und zügellos – Eigenschaften, wie sie schon Aristoteles den von *thymos* (Leidenschaft) beherrschten Nordvölkern zuerkannt hatte. Ungemischten Wein tränken sie so übermäßig, dass sie in wahnsinnsartige Rauschzustände verfielen; in aller Öffentlichkeit gäben sie sich homosexuellen Handlungen hin.[13]

Allerdings können sich diese Eigenschaften verändern, wenn sich die Kelten von den Anpassungszwängen des Klimas lösen und den Mittelmeerländern und ihrer Zivilisation nähern. Dann legen sie ihre wilde Lebensart ab, dann gelangen Lernbereitschaft und scharfer Verstand zur Entfaltung, repräsentiert durch Sänger, Wahrsager, Philosophen und Druiden.[14] Die von den Druiden gelehrte Unsterblichkeit der Seele und ihrer Wanderung befähigen die Kelten dazu, unerschrocken und ohne Rüstung (»nackt«) in den Kampf zu ziehen (dabei hat sich reales Wissen über rituelle Nacktheit keltischer Elitekämpfer bewahrt). Doch bei den nördlichen Stämmen schlägt Todesverachtung in Grausamkeit um: »Sie sind die allerwildesten«, verzehrten Menschen, schlügen den gefallenen Feinden die Köpfe ab und »schlachteten« Gefangene »wie Opfertiere«. Manche Häuptlinge ließen sich beim Bankett im Rahmen des Gabentausches nach Art eines rituellen Selbstmordes die Kehle durchschneiden.[15]

Das römische Interesse an der Welt

Solche Nachrichten befriedigten auch das Sensationsbedürfnis römischer Leser. Die Elite der Republik kannte die ethnographisch-klimatologischen Modelle hellenistischer Provenienz. Der ihnen zugrundeliegende Gedanke von der Wandlungsfähigkeit selbst des unzivilisiertesten Barbaren wurde später ein Fundament der römischen Eroberungs- und Herrschaftsideologie unter Augustus. Doch so weit war es noch lange nicht. In der Zeit des Poseidonios haben römische Politiker und Feldherren die ethnographischen Systeme nur selektiv unter pragmatischen Erwägungen zur Beschreibung von Ländern in ihrem Nahbereich genutzt. Damit folgten sie dem Vorbild des Polybios, der die Beschäftigung mit der Geographie der Weltränder und ihrer mathematischen Erfassung zugunsten einer praktisch orientierten Geographie vertrauter Länder aufgegeben hatte. So finden wir in der Überlieferung, die auf Poseidonios aufbaut, viele Hinweise auf die Rolle der Druiden, das Gefolgschaftswesen sowie die Modalitäten, mit denen die Eliten ihre Stellung sicherten und den Kontakt zu den Gefolgsleuten wahrten. Diese Informationen verschafften Statthaltern oder Feldherrn Einblicke in die militärische, politische und soziale Struktur des möglichen Kriegsgegners. Sie waren auch deshalb interessant, weil die Römer Herrschaft an der Peripherie stets zu sichern suchten, indem sie sich mit indigenen Eliten ins Benehmen setzten.

Einen zweiten Schwerpunkt bildeten die Edelmetalle, welche die Natur *(physis)* des Landes hervorbrachte und die Kelten angeblich ohne größere Mühen aus den Flüssen gewannen, zu Schmuck verarbeiteten und als Weihegaben für ihre Götter verwendeten.[16] »Überall gab es Gold in der *Keltiké*« – so Poseidonios.[17] »Besonders die Teiche, in denen sie Gold- und Silberbarren versenkten, gewährten den Schätzen Schutz.« Dass besonders die Römer an den Schätzen interessiert waren, wusste er auch. Nach der Einrichtung der Provinz *Gallia Narbonensis* »verkauften sie die Teiche von Staatswegen, und viele Käufer fanden Mühlsteine aus gehämmertem Silber«.[18] Jeder kannte die Geschichte von dem Schatz von Tolosa im Land der Tektosagen (nordöstlich der Pyrenäen), der – einst von einem Statthalter gewonnen – auf mysteriöse Weise verlorenging. Händler erzählten vom Goldschmuck der gallischen Kleidung und bestätigten die Nachricht des Poseidonios, dass die reichen Goldgaben der Heiligtümer und heiligen Bezirke von den Kelten nicht angerührt wurden. Vielleicht hängt das große Interesse der Quellen an den Druiden auch mit der Tatsache zusammen, dass sie die Aufsicht über Haine und Heiligtümer führten.[19]

Caesar an der spanischen Atlantikküste

Die Kunde von einem zweiten Dorado – neben dem iberischen – im Keltenland ließ die adlige Elite Roms aufhorchen. Viele suchten einen lukrativen Feldzug, um die immensen Wahlkampfkosten auszugleichen und ihre angeschlagenen Vermögensverhältnisse zu sanieren. Zu ihnen gehörte ein junger Mann namens C. Caesar aus der berühmten, aber verarmten Familie der Julier. 69 v. Chr. weilte er als Quästor der Provinz *Hispania Ulterior* in Gades, um die Bemannung der provinzialen Kriegsschiffe zu organisieren. Bei dieser Gelegenheit dürfte er die Schriften des Poseidonios eingesehen haben. Nach der Rückkehr aus Spanien erklomm Caesar die nächste Sprosse der Karriereleiter, allerdings zu einem hohen Preis. Als Ädil verschuldete er sich mit der exorbitanten Summe von 25 Millionen Denaren. Nur ein Provinzialkommando konnte ihn vor dem Ruin retten, doch seine Gläubiger verlangten Sicherheiten. In diesem kritischen Augenblick sprang ein Helfer ein, der zu den reichsten Männern der Zeit zählte: Marcus Licinius Crassus. Sein Vater war in den 90er-Jahren als Statthalter im jenseitigen Spanien *(Hispania Ulterior)* gewesen und hatte seinem Sohn spanische Silberminen vererbt. Doch Crassus wollte mehr. Ein Angehöriger seiner Familie hatte vergeblich von Spanien aus über See die legendären Zinninseln angesteuert, die man gegenüber der spanischen Atlantikküste vermutete. In der Zeit Caesars sprach man von *Britannia*. In Rom wusste man von der sagenhaften Insel nicht viel mehr als das frühneuzeitliche Europa von Mexiko oder Peru vor den Eroberungen des Cortés und Pizarro.

Bisher war es nicht gelungen, den Gaditanern das Geheimnis der Route zu entreißen; nun verpflichtete Crassus den jungen Caesar durch eine Bürgschaft von 830 Talenten (ca. fünf Millionen Denare), ihm bei der Suche nach den Zinnabbaugebieten zu helfen. Als Caesar nach seiner Prätur für 61 v. Chr. mit der Statthalterschaft in Spanien betraut wurde, begann er fieberhaft mit den Vorbereitungen. Den Oberbefehl über die Expeditionsflotte erhielt der junge Decimus Iunius Brutus, dessen Großvater sich der Unterwerfung Spaniens bis zum Ozean gerühmt hatte. Im Sommer stießen die Schiffe an

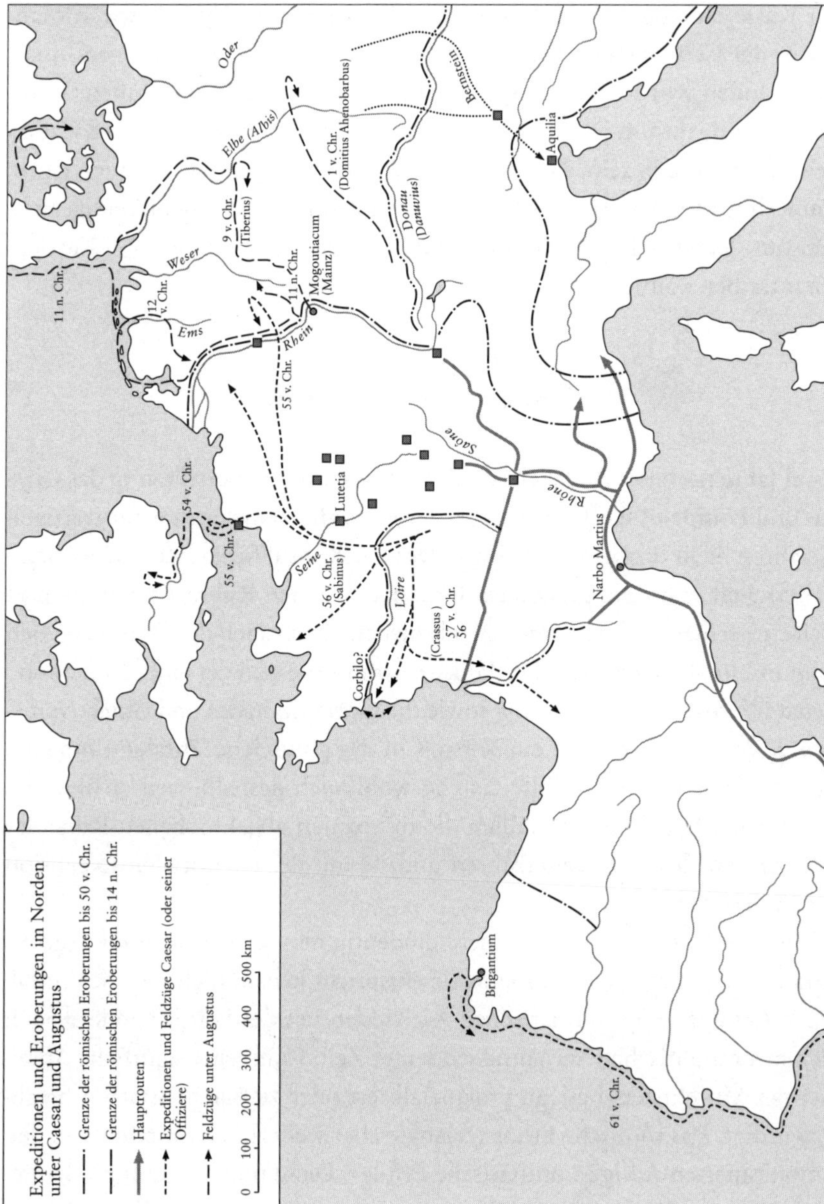
Expeditionen und Eroberungen im Norden unter Caesar und Augustus
Grenze der römischen Eroberungen bis 50 v. Chr.
Grenze der römischen Eroberungen bis 14 n. Chr.
Hauptrouten
Expeditionen und Feldzüge Caesar (oder seiner Offiziere)
Feldzüge unter Augustus
0 100 200 300 400 500 km
Oder
Elbe (Albis)
Weser
Ems
Rhein
11 n. Chr.
12 v. Chr.
9 v. Chr. (Tiberius)
11 n. Chr.
Mogontiacum (Mainz)
1 v. Chr. (Domitius Ahenobarbus)
Donau (Danuvius)
Bernstein
Aquilia
55 v. Chr.
54 v. Chr.
55 v. Chr.
Lutetia
Seine
Saône
Rhône
56 v. Chr. (Sabinus)
Loire
Corbilo?
57 v. Chr. 56 (Crassus)
Narbo Martius
Brigantium
61 v. Chr.

der Küste entlang in den Atlantik vor. Caesar folgte (ähnlich wie Alexander in der Gedrosischen Wüste) zu Lande. Die auf die vorgelagerten Inseln Flüchtenden wurden abgefangen. Danach ging es mit den Schiffen weiter bis nach Brigantium in der Nähe des heutigen La Coruña. Dort muss Caesar bewusst geworden sein, dass die Zinninseln nicht gegenüber Spanien lagen. Immerhin barg das nordwestliche Galizien Zinn-, Gold- und Silberlagerstätten, mit denen sich der Kommandeur sanieren und seine weitere Karriere vorantreiben konnte.[20]

Vorstoß ins »freie Gallien«

Zwei Jahre nach der Rückkehr erreichte Caesar mit Unterstützung des Crassus und Pompeius das Konsulat. Da der Republik keine ernsten auswärtigen Gefahren mehr drohten, suchte sich der neue Konsul für die Zeit seiner Statthalterschaft selbst ein geeignetes Terrain, um seinen Ruhm zu mehren und sich eine schlagkräftige Armee zu schmieden. Doch auch der Traum von den Zinninseln blieb lebendig. Die Volksversammlung und der eingeschüchterte Senat übertrugen ihm *Illyricum* sowie die *Gallia Cisalpina* und *Gallia Narbonensis*. Von *Illyricum* wäre ein Vorstoß in das goldreiche Thrakien möglich gewesen, doch Caesar wählte Gallien wohl auch deshalb, weil er über das nicht weniger goldreiche Gallien die in Spanien abgebrochenen Pläne der Atlantikexpeditionen weiterführen und sie mit der territorialen Expansion verbinden konnte.

Aus den Quellen geht zwar nicht eindeutig hervor, ob Caesar diese große Strategie von Beginn an verfolgte, sie entspricht jedoch nicht nur der auffälligen Abfolge seiner militärischen Aktivitäten seit der Prätur, sondern auch den machtpolitischen Verhältnissen seiner Zeit: Rom hatte sämtliche Anrainer des Mittelmeers besiegt, provinzialisiert oder zu Klientelstaaten herabgewürdigt. Das römische Ethos verlangte aber weiterhin zumindest von den ambitionierten Adligen militärische Erfolge. Diese mussten nun an der Peripherie errungen werden und sich nach griechischer Vorstellung auf die gesamte Oikumene ausdehnen. Das globale Denken der griechischen Geographen hellenistischer Zeit wurde damit gewissermaßen von der römischen Expansion eingeholt. Vor diesem Hintergrund konnte es nicht ausbleiben, dass sich römische Feldherrn an einem Vorbild zu orientieren begannen, das wie kein zweites für Eroberungen bis zu den Grenzen der Welt stand:

Männer wie Lucullus und Pompeius, die ihre Truppen im Osten bis nach Armenien führten und über den Kaukasus fast das Kaspische Meer erreichten, fühlten sich in der Nachfolge Alexanders, der in dieser Zeit den Beinamen »der Große« erhielt. Pompeius hatte zwei Jahre vor Caesars Gallienfeldzug eine Statue von sich als Weltherrscher mit dem Globus in der Hand auf dem Marsfeld aufstellen lassen und behauptete, die Reichsgrenzen »bis an die Enden der Erde vorgeschoben« zu haben.[21] Doch die Erfolgsbilanz wies Lücken auf: den Nordwesten und den Atlantik, den Alexander erstrebt, aber nicht erreicht hatte. Caesar deutete seine Ambitionen an, als er sich in Gades mit Alexander verglich und bis Brigantium segelte. Der Gallienfeldzug ist eine logische Fortsetzung des Strebens zum Okeanos.

Doch zunächst galt es, Truppen ins Land zu führen. Die Schriften des Poseidonios vermittelten Hinweise über die Kampfesweise der Kelten und die Stellung der Druiden. Einblicke in die aktuellen politischen und geographischen Verhältnisse verschafften ihm frühere Statthalter, keltische Gesandte wie der 61 v. Chr. in Rom weilende Diviciacus und Kaufleute, die entlang der Rhône bis zum Genfer See und entlang der Saône nach Burgund vorgedrungen waren und den Kelten italischen Wein von angeblich bis zu 100.000 Hektolitern im Jahr gegen Sklaven, Metalle und Felle verkauften. Sie alle schilderten eine zersplitterte Welt rivalisierender Stämme unter Adelsfamilien, die verbissen um die Vorherrschaft kämpften, aber nicht die Kraft hatten, die Provinzen anzugreifen, sondern vom guten Willen römischer Kommandeure abhängig waren.[22]

Diese Konstellation gab den Anlass zum Eingreifen: Als der Stamm der Helvetier, von den Sequanern und suebischen Söldnern bedrängt, um die Erlaubnis bat, durch die römische Provinz in ihr neues Siedlungsgebiet um Tolosa (Toulouse) zu ziehen, lehnte Caesar ab. Daraufhin wandten sich die Helvetier gegen die mit Rom verbündeten Häduer. Von ihnen um Hilfe gebeten, überschritt Caesar 58 v. Chr. die Grenze zum Keltenland. Die Helvetier waren nicht nur ein geeigneter Kriegsgegner – Caesar besiegte sie in einer Feldzugssaison –, sondern auch berühmt für ihren Goldreichtum. Als Caesar fünf Jahre später nach der Eroberung fast ganz Galliens zurückkehrte, war der Goldpreis in Italien um ein Viertel gesunken.[23]

Die Britannienexpedition und ihre Deutung

Im Frühjahr 57 überschritt Caesar erneut die Provinzgrenze. Der neue Gegner war kein Unbekannter: Der Suebe Ariovist hatte sich vor Jahren mit seinen Mannen den Kelten als Söldner angedient und sich in der Folge eine so bedeutende Macht in Gallien aufgebaut, dass ihm der Senat den Ehrentitel *rex* (»König«) verlieh und ihn in die Liste der Freunde aufnahm.[24] Für Caesar war der Suebenkönig nichts anderes als ein Konkurrent, der nicht gewillt war, sich den Befehlen Roms zu beugen und sich zurückzuziehen. Auch Ariovist wurde erstaunlich schnell besiegt. Erst jetzt begann ein Krieg, dessen Dimensionen weit über die machtpolitischen und materiellen Erfolgszwänge der Anfangszeit hinausgingen; er führte zu einer der folgenreichsten Verschiebungen des geographischen und ethnographischen Horizontes, den die Antike kannte.

Nach weiteren Erfolgen gegen die Belger und ihre Nachbarn wandte sich Caesar in westlicher Richtung nach Aquitanien und zog gegen die Stämme der Atlantikküste. Noch im Sommer befahl er seinem Legaten Publius Licinius Crassus, dessen Familie große Interessen am Zinnhandel hatte (s. o. S. 324), die nordwestlichen Küstenvölker zu unterwerfen. Alle Operationsgebiete lagen entlang der Zinnhandelsroute nach Britannien; manche bargen reiche Zinn-, Kupfer- und Silbervorkommen. Crassus überwinterte an der unteren Loire nahe dem alten Seehandelszentrum Corbilo/Korbilon, dessen Einwohner bereits Scipio 150/51 v. Chr. über die Route nach Britannien befragt hatte.[25] Im Frühjahr 56 ließ Caesar Kriegsschiffe an der Loire bauen und beorderte weitere ligurische Einheiten an Gades vorbei zur bretonischen Küste. Dort besiegte sein Unterfeldherr Decimus Brutus die Flotte der Veneter, die »an Erfahrung im Seewesen alle übrigen übertreffen und fast alle dortigen Seefahrer abgabenpflichtig gemacht hatten«. Die Veneter kontrollierten offenbar den Seehandel nach Britannien. Ihre Unterwerfung war eine notwendige Etappe auf dem Weg zu den Zinninseln, auch deshalb, weil Caesar fortan auf ihre für die atlantische Tide geeigneten Schiffe setzen konnte.[26]

Caesar gab später einen militärischen Grund für seinen Vorstoß nach Britannien an: Er wollte die Hilfe unterbinden, welche die Britannier regelmäßig seinen gallischen Feinden auf dem Festland gebracht hätten. Das war übertrieben, aber nicht ganz falsch: Tatsächlich siedelten seit der Mitte des

5. Jahrhunderts v. Chr. keltische Stämme neben älteren Bewohnern auf der Insel, ein besonders intensiver Austausch bestand zwischen den Belgern und den britannischen Küstenvölkern. Insofern konnte man leicht argumentieren, dass eine Befriedung Galliens nur möglich sein werde, wenn zumindest das südliche Britannien unterworfen wäre.[27]

Doch erneut verbanden sich mit den militärischen Erwägungen materielle und handelspolitische Hoffnungen. Caesar hatte nach den Erfolgen gegen die Sueben und Belger die römischen Kaufleute von den hohen Zollgebühren befreit, die sie den heimischen Fürsten an den Grenzübergängen und Furten entrichten mussten.[28] Nun fanden sich erneut viele Händler aus der *Gallia Narbonensis* in Caesars Hauptquartier ein und hofften, mit seiner Hilfe in das von den gallischen Kaufleuten und Häuptlingen dominierte Handelsmonopol mit der britischen Insel einzubrechen; zu den begehrtesten Produkten gehörten neben Zinn Felle und Sklaven. Das adlige Offizierskorps war von Gerüchten um Silber und Gold sowie wertvollen Perlen beeindruckt, die es tatsächlich als Naturprodukte in Britannien gar nicht gab. Offensichtlich vermischten sich Legenden über atlantische Wunderländer mit den Erzählungen über gallische Weiheschätze; vielleicht wusste man auch von Gold- und Silbermünzen, die keltische Stammesführer nördlich der Themse prägen ließen. Wo es Goldmünzen gab, mussten auch Goldschätze sein.[29]

Caesar trug so die Erwartungen einer gierigen Generation von Händlern und Adligen mit sich: Die einen stellten Mut und Tatkraft, die anderen Schiffe zur Verfügung. Gallische Kaufleute waren nicht bereit, Informationen preiszugeben. Eine erste Erkundungsfahrt an der Küste Kents erbrachte deshalb keine klaren Landungspunkte. Dennoch zog Caesar im Herbst des Jahres 55 rund 80 Schiffe wahrscheinlich in Portus Itius (Boulogne-sur-Mer oder Wissant) zusammen. Um Mitternacht legte die Flotte ab und erreichte durch die schwarzen Wogen des Kanals die Küste bei Dover. Die Kelten machten jedoch eine Landung unmöglich. So segelte Caesar die Küste in nordöstlicher Richtung entlang, bis er seichte Uferlinien fand. Unter großen Mühen und flankiert von Schiffsgeschützen gelang es, einen Brückenkopf zu bilden.[30]

In der Nacht griff der Atlantik an: Stürme erfassten 18 Pferdetransporter. Springfluten – von denen Poseidonios nichts wusste – ließen die Kriegsschiffe vollaufen, fast die ganze Flotte wurde zerstört. Am nächsten Tag erneuerten die Kelten ihre Attacken. Das ganze Unternehmen drohte in einer Katastrophe zu enden, und es war wohl nur der Kaltblütigkeit des Feldherren und seiner Offiziere zu verdanken, dass man die Feinde in Schach halten und die beschädigten Schiffe ausbessern oder ersetzen konnte. Jetzt zeigte sich der Wert des Venetersieges: Caesar konnte ungehindert Material vom Festland heranschaffen. Hätten dagegen die Gallier das Meer beherrscht, wären die Römer von jeglicher Versorgung abgeschnitten gewesen. Am Ende schloss er mit den Kelten einen Frieden, der die Oberhoheit Roms anerkannte. Anstelle von Gold und Silber nahm er die doppelte Zahl von Geiseln mit.[31]

Die erste Britannieninvasion verschaffte Caesar notwenige Informationen über Landungsplätze und Kampfesweise der Gegner, um eine zweite Fahrt in ganz anderen Dimensionen zu wagen. Für den Winter ordnete er ein gewaltiges Bauprogramm für Schiffe unterschiedlichster Art an, die für die atlantischen Gewässer besser geeignet waren. »Alles zur Ausrüstung Notwendige ließ er von Spanien heranschaffen«[32], was erneut zeigt, wie eng seine Statthalterschaften in Spanien und Gallien zusammenhingen und wie langfristig die Britannieninvasion geplant war. Im Sommer 54 setzte er mit einer Armada von 800 Einheiten, fünf Legionen und 2000 Reitern über den Kanal. Es war die erste amphibische Großexpedition in das Nordmeer.

Widerstand leisteten die Küstenstämme diesmal nicht. Ungefährdet konnten die Truppen südöstlich von Kent landen. Dann zog Caesar wahrscheinlich über den Fluss Stour (nahe Canterbury) bis zur Themse. Hier eroberte er die Residenz des Cassivellaunus, des einflussreichen Häuptlings der Trinovanten. Nach weiteren Erfolgen gegen benachbarte Stämme bot Cassivellaunus Frieden und Unterwerfung an. Im Gegenzug erhielt er bevorzugten Zugang zu römischen Handelswaren (besonders Wein), was auch die Kaufleute in Caesars Lager befriedigte. Rom brachte der Vertrag jährliche Tribute, Geiseln und die Anerkennung des römischen Machtanspruches ein, aber, wie Caesar gegenüber Cicero zugab, keine sonderlich große Beute.[33]

Immerhin konnte der Feldherr den Schleier, der sich seit Pytheas über die Insel des Nordens gelegt hatte, weiter lüften. Ein (wohl später integrierter) Exkurs der *commentarii* Caesars berichtet über die Ethnographie der Britonen.[34] Besonders beeindruckend waren die Streitwagen der Häuptlinge, eine altertümliche Waffengattung, die in Gallien längst aufgegeben war und manche Römer an die Zeiten der homerischen Helden denken ließ. »Ich sehe nun«, schrieb Cicero an seinen als Offizier in Britannien weilenden Bruder, »dass sich Dir ein hervorragendes Thema für Deine Schriftstellerei bietet. Wie interessant sind die Gegenden, der Charakter der Ereignisse und der Örtlichkeiten, die Sitten und Gebräuche, die Völker«.[35] Caesar selbst behauptete, er habe in Britannien – wie ein zweiter Odysseus – »den Menschenschlag erforschen und die Gegend … kennenlernen wollen«.[36] Ferner nahm er in der Tradition des Pytheas Messungen der Tageslänge vor; sie ergaben, dass die Nächte kürzer waren als am Festland. Offenbar zog er auch Erkundigungen über die Zeit der Wintersonnenwende ein. Und er benannte zwei Inseln an der Westküste: Hibernia (Irland) und Mona (Isle of Man).[37]

All das zeigt, dass Caesar die Britannieninvasion auch als ein Entdeckungsunternehmen sah oder sie zumindest als solches verstanden wissen wollte. Abgesehen von der technischen und militärischen Leistung, ein ganzes Heer über den Atlantik gesetzt und einen gut gerüsteten Gegner zur Anerkennung von Roms Herrschaft gezwungen zu haben, konnte er damit die enttäuschten Beutehoffnungen überspielen. Und wieder spielte auch das Konkurrenzdenken als Triebkraft der Fernerkundung eine wichtige Rolle. Pompeius hatte nach eigener Aussage die Reichsgrenzen »*bis* an die Enden der Erde vorgeschoben«.[38] Caesar dehnte »die römische Herrschaft *über* die Grenzen des bekannten Erdkreises hinaus« aus, und er hatte – so ein Historiker der nächsten Generation – in Britannien eine »andere Welt« *(alter orbis)* mit der bekannten verbunden.[39] Die in Rom einlaufenden Nachrichten sprachen von riesigen Felsbarrieren, mit denen diese »andere Welt« das Eindringen erschwerte, ein Bild, das gut zur Vorstellung vom unbezwingbaren Ozean passte. Caesar hatte jedoch die Natur bezwungen wie Alexander im Osten. Stolz führte er ein Standbild des gefesselten Okeanos im Triumphzug durch Rom und weihte der Venus Genetrix (als Göttin des Meeres) einen mit britannischen Perlen besetzten Brustschild; Pompeius hatte sein eigenes, perlenbesetztes Standbild mitgetragen.[40]

All das zeigt, in welchem Maße der innerrömische Konkurrenzkampf und die Waffenerfolge der Feldherren das Blickfeld der Republik über die Grenzen der Welt hin ausgedehnt hatten. Nicht ohne Grund spielte der Okeanos in der außenpolitischen Sprache der römischen Literatur des 1. Jahrhunderts v. Chr. eine gewichtige Rolle: Nach Sallust beabsichtigte Sertorius, sich zu den entfernten Rändern des Ozeans zurückzuziehen; Cicero behauptete, Mithridates habe bei der Vereinigung seiner Truppen mit denen des Sertorius Pontos und Okeanos verbinden wollen. Nach Pompeius' Piratenkrieg war Roms Seemacht über das gesamte Mittelmeer ausgedehnt. Wenn jetzt mit Caesar die »Bezwingung« des Okeanos im Westen (in der Nachfolge Alexanders im Osten) als höchste Ruhmestat und Ergänzung der Herrschaft über die Oikumene gefeiert wurde, so war das eine logisch erscheinende Fortsetzung des maritimen Expansionsstrebens, die als imperiales Pendant zur Erforschung des westlichen Okeanos verstanden werden konnte, wie sie von Poseidonios forciert worden war.[41] Sein Zug gegen die Britannier – so bilanziert Plutarch Caesars Expedition[42] – »ist wegen seiner Kühnheit berühmt. Als erster wagte sich Caesar mit einer Kriegsflotte auf das Weltmeer hinaus und segelte mit einer Armee über den Atlantischen Ozean gegen eine Insel, an die man wegen ihrer Größe nicht glauben wollte«.[43]

Doch es kam noch besser: Im gleichen Jahr überquerte er den Rhein und durchzog Gegenden, die kein römischer Eroberer zuvor betreten hatte. Jetzt konnte er von sich behaupten, zweimal – zu Wasser und zu Lande – siegreich die Grenzen der bekannten Welt überschritten zu haben. Damit hatte er endgültig Pompeius übertrumpft. »Genug habe er für seinen Ruhm und den Nutzen erreicht«, so notierte Caesar, als er im Sommer in die Provinz zurückkehrte.[44]

Caesar als Ethnograph – die Erfindung der Germanen

»Landstriche und Völker«, so jubelte Cicero in Rom, »von denen uns bislang kein Buch, keine Erzählung, kein Gerücht Kunde gebracht hatte, hat unser Feldherr, hat unser Heer, haben die Waffen des römischen Volkes durchzogen.«[45] Die Vielzahl *neuer* Völker und Landschaften – das war es, was im letzten Jahrhundert einer Republik zählte, deren Feldherren die Ränder des Vertrauten erreichten.[46] Manche ließen bebilderte Itinerare anfertigen, um das heimische Publikum an ihren Erfolgen teilhaben zu lassen. Pompeius präsentierte im Triumph Piraten und Fürsten in einheimischen Trachten; unter ihnen waren weibliche Gefangene, die man als Herrscherinnen der Skythen (Amazonen) deuten mochte. Caesar gestaltete den Vorstoß über den Rhein in Anlehnung an die Überquerung der Donau und den Skythenfeldzug des Dareios aus der Feder Herodots.[47]

Tatsächlich wusste Caesar nach fünf Jahren Krieg mehr über das Keltenland sowie die rechtsrheinischen Gebiete als jeder andere Feldherr vor ihm. Doch anstatt dieses Wissen vor dem Hintergrund hellenistischer Gelehrsamkeit zu entfalten, bleiben die geographischen und topographischen Angaben seiner *commentarii* auf den militärischen und machtpolitisch-strategischen Bereich konzentriert. Sie sollen dem Leser suggerieren, dass der

Kommandeur die Geographie Galliens und seiner Randgebiete (Britannien, Germanien) im Hinblick auf seine militärischen und sicherheitspolitischen Aufgaben durchschaut, kontrolliert und intellektuell gemeistert hat. Die ausführliche Schilderung des Hercynischen Waldes und seiner Tierwelt ist wahrscheinlich ein späterer Einschub.[48] Außerhalb der Exkurse über die Gallier, Britannier und Sueben (deren Autoren ebenfalls umstritten sind) finden sich nur wenige keltische Begriffe sowie kaum völkerkundliche Angaben über Essgebräuche, Kleidung, Hochzeitsriten oder andere Sitten.[49] Caesar war eben kein Gelehrter, der sich wie Poseidonios um ein umfassendes Bild eines Ethnos bemühte, sondern Feldherr, der demonstrieren wollte, dass er sich über die Gegner bestens informiert hat und deshalb in der Lage ist, seine Operationen mit optimaler Erfolgsaussicht auf diese Verhältnisse hin abzustimmen.

Von Interesse sind deshalb allein die militärischen Verhältnisse, die Sozialordnung und die Machtlagerung in den gallischen Stämmen, die Gruppen *(factiones)*, das Gefolgschaftswesen, die einflussreichen Druiden und die Fürsten *(principes)*, die mit ihren Privatarmeen aus Schuldnern und Klienten ohne Rücksicht auf das Volk um die Macht kämpfen.[50] Diese konsequente Reduzierung des Ethnographischen auf den militärischen und machtpolitischen Bereich entspricht dem literarischen Genre der *commentarii* und ist eine eigenständige Leistung Caesars. Sie befähigte ihn auch dazu, den neu erschlossenen Raum unabhängig von den Vorgaben der hellenischen Wissenschaft zu ordnen.

Bisher hatten griechische Gelehrte die nördlichen Teile der Oikumene in zwei große Ethnien geteilt: die der Skythen im Nordosten und die der Kelten im Nordwesten; dort, wo sich beide Gruppen trafen, sprach man von Kelto-Skythen. Konsequent hielt man die in das Alpengebiet und nach Norditalien vorstoßenden Teutonen für Kelten, die Kimbern für Kelto-Skythen. In der Folgezeit drangen immer wieder Söldner und Räuberscharen aus dem rechtsrheinischen Gebiet in das Land der Kelten ein, um von den Dauerfehden der dortigen Fürsten zu profitieren. Die Sueben unter Ariovist waren die erfolgreichsten. Als Caesar während der letzten Verhandlung erkannte, dass der Suebenkönig Keltisch als Fremdsprache gebrauchte, lag der Schluss nahe, es müsse sich bei den Sueben um eine nichtkeltische Völkergruppe handeln. Caesar nannte sie Germanen, ein Begriff, den wahrscheinlich Poseidonios auf einen ostkeltischen Stamm angewandt hatte und den die Römer in den 60er-Jahren von einer in Nordgallien lebenden Stammesgruppe auf die Verbände Ariovists übertrugen.[51] Nachdem Caesar sie besiegt sowie den Rhein überquert hatte, übertrug er den Namen *Germani* auf alle Bewohner rechts des Rheines. Damit hatte er eine neue Großethnie in das nördliche Völkerbild eingeführt und dem gesamten Raum von der Rhônemündung bis zum Atlantik und den rheinischen Gebieten einen historisch-politischen Eigenwert verliehen, den er vorher nicht besaß. Die Bezeichnung *Germania* war wohl als Gegenstück zu *Gallia* gedacht. Zwischen den Kelten im Nordwesten sowie den Britanniern und den Skythen im Nordosten leben fortan die Germanen. Sie sind von den Kelten durch den Rhein geschieden; Caesar ist damit der Erfinder der Rheingrenze als kulturelles Konstrukt, indem er Geographie und ethnische Differenzierung in Deckung brachte.

Man rätselt bis heute darüber, was Caesar zu dieser Konstruktion bewog: wohl kaum der Ehrgeiz, in die Geschichte der Ethnographie einzugehen; eher der Versuch, den riesigen mitteleuropäischen Raum zu ordnen und seinen Feldzug zu legitimieren: Die Sueben waren – so Caesar – aufgrund ihrer Agrar- und Militärverfassung mit jährlichem Wechsel zwischen Ackerbau und Krieg in der Lage, ein Heer von bis zu 100.000 Kämpfern zu unterhalten. Sie kannten keinen privaten Grundbesitz, längere Sesshaftigkeit war verboten. Deshalb lebten sie frei, waren aber zu ständigen Raub- und Eroberungszügen gezwungen.[52] Das machte sie zu dem gefährlichsten Gegner, mit dem es Caesar zu tun hatte. Und was für die Sueben gilt, trifft, so suggeriert Caesar, auf alle Germanen zu. »Ihr ganzes Leben besteht aus Jagd und kriegerischem Treiben. Von klein auf sind sie auf Strapazen und Abhärtung ausgerichtet.« Keuschheit gelte als ruhmvoll, weil das ihre Kräfte steigere und ihre Muskeln härte. Um das Kriegshandwerk nicht zu vernachlässigen, teilten die Fürsten den Sippen ihr Land jeweils für ein Jahr zu und zwangen sie danach woanders hinzuziehen.[53] Idealisierungen der Nordvölker, ihr anspruchsloses und naturverhaftetes Leben und eine merkwürdige Sozialordnung verdichten sich zum Bild einer ungewöhnlich kriegerischen Großethnie, die selbst für Rom gefährlich werden kann. Deshalb sind für Caesar auch die Kimbern und Teutonen Germanen, und er erinnert seine Leser daran, dass sie einmal vor der Kriegswut dieser Völker gezittert hatten.[54]

Wenn aber alle Germanen so kriegerisch und damit viel gefährlicher waren als die Kelten, dann musste man Caesar dafür loben, dass er sie rechts des Rheins besiegte.[55] Allerdings waren seine Feldzüge nur kurz. Vielleicht wollte er verdeutlichen, dass sich ein weiteres Vordringen nicht lohne. Denn wie sollte man Menschen, die im Gegensatz zu den Galliern ohne feste Siedlungen ruhelos und bildungsresistent in einem unwegsamen Land lebten, dauerhaft in die römische Herrschaft integrieren? Dass es bei ihnen weder Gold noch Silber gab, mag die Wertlosigkeit weiterer Feldzüge bekräftigt haben.[56] Die nunmehr von Rom kontrollierten linksrheinischen Gebiete mussten gesichert werden. Das schloss eine künftige Expansion nicht aus, aber wie schwer es sein würde, für diese ein Ziel zu bestimmen, sollte Augustus, der politische Erbe Caesars, noch erfahren.

Hinter dieser politisch-militärischen Botschaft stecken bekannte ethnographische Konzepte. Poseidonios hielt die am weitesten vom Mittelmeer entfernt lebenden Kelten für die wildesten, triebhaftesten und grausamsten und benannte als entscheidenden Grund die Anpassung an das nördliche Klima. Caesar betont die Distanz zur römischen Zivilisation (in Form der Provinz) und ihrer Produkte und dreht die Wertigkeiten um, indem er den entfernt lebenden Barbaren neben der größeren Kampfkraft die alte Kategorie der Gerechtigkeit nordischer Randvölker zuerkennt.[57] Damit gewinnt er ein zusätzliches Argument, um Entwicklungen im Operationsgebiet im Sinne eigener Legitimation zu erklären: Einst seien die Gallier den Germanen an Kampfkraft überlegen gewesen, doch dann hätten sie ihre Kriegstüchtigkeit in dem Maße verloren, wie sie sich Kaufleuten öffneten und ihre Kräfte in Gastmählern und Machtkämpfen vergeudeten; ihre Adligen seien ungerecht geworden, indem sie nach materiellen Gewinnen strebten und Entscheidungen ohne Rücksicht auf die Interessen des Volkes fällten. Dem gegenüber hätten es die Einfachheit, die Vermeidung von Goldgier, eine gewisse »Sittenstrenge« und *iustitia* den weiter entfernt lebenden Germanen ermöglicht, ihre *virtus* zu wahren und zu steigern.[58]

Der Verweis auf den schädlichen Einfluss der Provinzen, der Kaufleute und ihrer Waren auf die »guten« Eigenschaften der nordischen Völker steht den düsteren Bildern nahe, die Caesars Zeitgenossen Sallust und Cicero von dem durch Geldgier und Luxusstreben geprägten moralischen Verfall der *nobiles* zeichnen. Caesar verändert die Perspektive, indem er die Reichweite der negativen Wirkung römischer Zivilisation auf die außerhalb der Provinzgrenzen lebenden Barbaren ausdehnt. Gleichzeitig versichert er, dass die römische Wehrkraft von den schlechten Einflüssen der eigenen Zivilisation (noch) nicht betroffen ist. Schon Poseidonios fühlte sich durch den Sieg über die Kimbern und Teutonen darin bestätigt, dass sich die mediterran-römische Stadtkultur (bei all ihren Schwächen) gegenüber der nordischen Kriegstüchtigkeit durchsetzen werde, auch weil die Römer (wie einst die Griechen) im Zentrum des bewohnbaren Erdkreises einem optimalen, mittleren Klima zwischen den Extremen ausgesetzt waren, das ihnen sowohl körperliche als auch geistige Spannkraft verschaffe.[59] Caesar bewies mit seinem Erfolg über Ariovist, dass auch die *virtus* der Germanen durch die *ratio* des römischen Feldherrn überwunden werden kann.

1A. SCHIFFSFRESKO VON THERA/SANTORIN: Dieser Teil eines fast sechs Meter langen Freskos von der Insel Thera aus minoischer Zeit (16. Jahrhundert v. Chr.) zeigt zunächst die Ausfahrt mehrerer Schiffe aus dem Hafen einer wohlgeordneten Küstenstadt. Auffällig ist der friedlich-feierliche Charakter, weshalb manche Forscher das Ganze als eine Art Prozession deuten.

1B. SCHIFFSFRESKO VON THERA/SANTORIN: Ein zweiter Teil führt in die Welt des Krieges. Dargestellt sind offensichtlich Kämpfe bei der Eroberung einer Küstenstadt durch minoische Angreifer. In welchem Zusammenhang dieser Teil mit der friedlichen Ausfahrt der »Flotte« steht, ist umstritten, beide Szenen zeigen aber, welche große Bedeutung die Seefahrt in der Lebenswelt der Minoer einnahm.

2. AUSSCHNITT AUS DEM RELIEF IM PALAST DES SARGON II. IN KHORSABAD (ENDE DES 8. JAHRHUNDERTS V. CHR., HEUTE IM PARISER LOUVRE): Dargestellt sind phönikische Schiffe (offenbar aus Tyros), die Zedernholz transportieren und an der Küste ausladen. Die Regenten von Tyros hatten auch den »Königen« von Israel Rohmaterialien und Facharbeiter gestellt. Als sie unter assyrische Herrschaft gerieten, mussten sie Holz als Tribut liefern.

3. ARIMASPE IM KAMPF MIT GREIFEN (ROTFIGURIGER KRATER, 4. JH. V. CHR.): Der Kampf der Arimaspen gegen die Gold bewachenden Greifen war ein Thema der antiken Kunst, das sich in der attischen Vasenmalerei des 4. Jh. v. Chr. einiger Beliebtheit erfreute. Der Greif ist ein Mischwesen, das sich aus dem Körper eines geflügelten Löwen und dem Kopf eines Raubvogels (Adlers) zusammensetzt (siehe S. 112). Die Arimaspeia des Aristeas sowie archäologische Zeugnisse wie die Kertscher Vasen aus Athen, benannt nach dem hauptsächlichen Fundort im nördlichen Schwarzmeergebiet, mit Darstellung der Grypomachie weisen auf nordasiatisch-sibirische Mythentraditionen.

4. HEIRAT VON PROTIS UND GYPTIS: Das Bild des Künstlers Joanny Rave (1827–1887) zeigt die Schlüsselszene der Gründungslegende von Massilia, wie sie der romanisierte Gallier Pompeius Trogus im 1. Jahrhundert v. Chr. überlieferte (s. S. 117). Im Stil der Salonmalerei des 19. Jahrhunderts werden die Ankunft der Griechen wie auf einer Bühne am weißen Strand vor dem Kontrast des dunkelblauen Meeres und die Begegnung mit der strahlend weißen Fürstentochter pathetisch, überhöht und nicht ohne sinnliche Reize dargestellt. Die Realität dürfte nüchterner gewesen sein.

5. ANSICHT DER RUINEN VON BAKTRA: Baktra im nördlichen Afghanistan war die Hauptstadt des städtereichen Baktriens und Schnittpunkt mehrerer Handelswege, die China mit Nordindien, Iran und Syrien verbanden. 329/28 nahm Alexander auf seinem Marsch nach Indien hier Quartier. Später gehörte die Residenz zum graeco-baktrischen Reich. Die wüstenartige Umgebung und die Ruinen lassen heute kaum noch etwas von der einstigen Bedeutung der Stadt erahnen.

6. MÜNZE EINES INDO-BAKTRISCHEN KÖNIGS (AGATHOKLES?) MIT (BUDDHISTISCHEM?) SPEICHENRAD/BAKTRIEN: Die in Baktrien und Nordindien residierenden griechischen Könige prägten im 2. Jahrhundert v. Chr. Silbermünzen, die einheimische und indische Symbole mit aufnahmen. Das achtspeichige Rad auf der in Ai Khanum (am Oxos, Nordafghanistan) gefundenen Münze (links) könnte mit dem von Buddha in Bewegung gesetzten Rad der Lehre (Dharma Cakra) gleichgesetzt werden (vgl. S. 292).

7. BUDDHA-STATUE MIT GRIECHISCHEM FALTENWURF (GANDHARA-KUNST): Die im heutigen Pakistan gefundene Statue Buddhas der sog. Gandhara-Kunst aus dem 3. Jahrhundert n. Chr. vereint griechische und indische Kunstelemente. Während Haarpracht und Untergewand wohl indische Mode wiedergeben, deuten die Statue an sich und der Faltenwurf des Obergewandes auf hellenistische Vorbilder.

8. TURFAN/XINJANG – ZENTRALER KNOTENPUNKT DER SEIDENSTRASSE: Die Oase von Turfan (heute in der chinesischen Provinz Xinjang) war eine der wichtigsten Stationen auf der nördlichsten Route der sog. Seidenstraße am östlichen Ausgang des Tian Shan, die sehr wahrscheinlich schon im 7. Jahrhundert v. Chr. benutzt wurde (s. S. 108). Das Bild vermittelt einen guten Eindruck von den extrem heißen (bis zu 50° ansteigenden Temperaturen im Sommer.

9. STATUE DES GYMNASIUMVORSTEHERS VON AI KHANUM: Bei dieser Herme (einer auf einem Pfeilerschaft aufgesetzten Halbstatue) eines Mannes aus Ai Khanum (1. Hälfte des 2. Jahrhunderts v. Chr.) handelt es sich möglicherweise um den Vorsteher des Gymnasiums. Das Gymnasium ist in hellenistischer Zeit gerade in einer so weit entfernten Gründung im heutigen Afghanistan ein Zentrum griechischer Bildung und Identität. Der Vollbart und die Gewandung weisen den Dargestellten als angesehenen älteren Bürger aus.

10. GRABRELIEF DER PETICII: Das Grabrelief ist ein wichtiges Zeugnis für die weitreichenden Verbindungen italischer Handelsfamilien in der frühen Kaiserzeit. Das mit Amphoren beladene Dromedar deutet auf den Weinexport hin, den die apulische Familie der Peticii von Alexandria über das Rote Meer in den fernen Osten (Arabien und Indien). betrieb (S. 373). Graffiti eines C. Peticius sind auf der Wüstenroute von Koptos nach Berenike nachgewiesen.

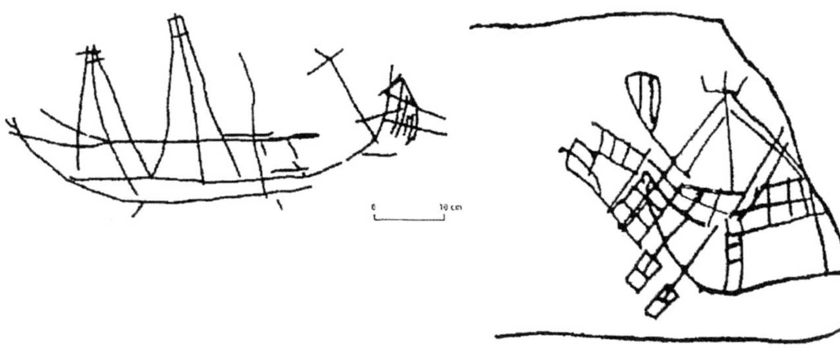

11. FELSZEICHNUNGEN VON DREIMASTERN IM ROTEN MEER (MYOS HORMOS) UND ARIKAMEDU (OSTINDIEN) 1. JH. N. CHR.?: Das Graffito aus dem Wadi Quaseir al-Qadim nahe der Hafenstadt Myos Hormos, dem berühmten Ausgangspunkt der Indienfahrer seit dem 1. Jahrhundert v. Chr., zeigt einen großen Dreimaster. Ein ähnliches Modell mag dem Fragment aus dem von westlichen Kaufleuten angelaufenen Hafen Arikamedu zugrunde liegen. Allerdings verlegen einige Forscher das Aufkommen des Dreimasters erst in die nachantike Zeit.

Siehe rechte Seite, Abb. 13 (1493): Die »Monster und Fabelwesen« der Neuen Welt aus dem Liber Chronicarum des Nürnberger Gelehrten Hartmann Schedel erscheinen auf einer Bildleiste am Rande des Textes. Sie sind dem Katalog der Wundervölker entnommen, die Plinius und Solinus überlieferten. Sie konnten nach den Fahrten des Kolumbus in die »Neue Welt« versetzt werden.

12. WANDBILD DER EXPEDITION ZHANG QIANS: Das Felsbild stammt aus einer Grotte nahe der Mogao-Oase an der Seidenstraße in der heutigen Provinz Gansu. Buddhistische Mönche haben die Höhlen ausgemalt. Das Bild aus der frühen Tang-Dynastie (7. Jahrhundert v. Chr.) zeigt den Abschied Zhang Qians von Kaiser Wu anlässlich seiner Expedition in die Westländer (S. 395).

13. ÖSTLICHE WUNDERVÖLKER IN DER WELTCHRONIK DES HARTMANN SCHEDEL

14. FABELWESEN IN DER NEUEN WELT: Der aus Flandern stammende und ebenfalls in Nürnberg tätige Levin(us) Hulsius (1546–ca 1600) veröffentlichte mehrere Beschreibungen von Fahrten in ferne Länder, darunter auch die in das imaginäre Königreich Guinea in Amerika. Hier erscheinen die von Plinius als Menschen ohne Kopf (Akephale) und mit dem Gesicht auf der Brust beschriebenen Menschen, die man in der Antike in Afrika (Libyen) vermutete.

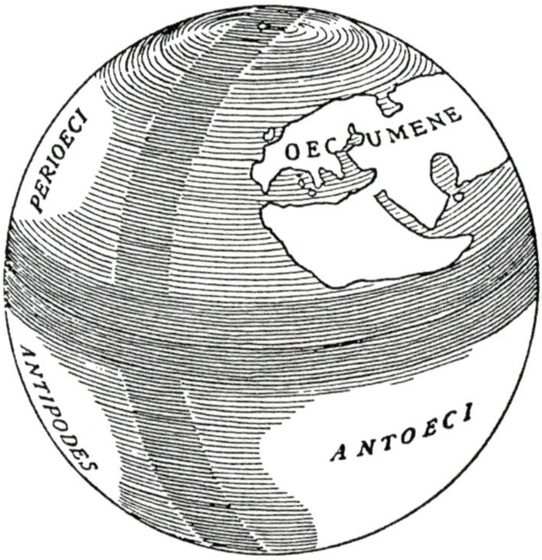

15. ANTIKE ERDKUGEL: Rekonstruktion des Globus, den der Gelehrte Krates von Mallos in der Mitte des 2. Jahrhunderts v. Chr. anfertigte. Er weist neben der bekannten Oikumene nordöstlich (im rechten oberen Segment) drei weitere »Erdinseln«, die der Antoikoi, der Perioikoi und der Antipodes, auf. Zwischen ihnen fließt der Ozean kreuzförmig zu den Polen und entlang des Äquators. Es ist eines der wirkungsmächtigsten Weltmodelle der Antike, das über das Mittelalter bis in die Zeit des Kolumbus tradiert wurde und die Entdeckung des amerikanischen Doppelkontinents hypothetisch vorwegnahm (s.S. 446).

3.
ZUR ELBE UND OSTSEE

Weltherrscher und Welteroberer: Die Neuordnung des Augustus

Caesars Verzicht auf eine Invasion der rechtsrheinischen Gebiete war auch der Situation in Gallien geschuldet. In den Jahren 53 bis 52 v. Chr. konnte der Arvernerfürst Vercingetorix zahlreiche Stämme zum Widerstand vereinen. Es folgte ein brutaler Krieg, der sich auf die Nachschublinien und Befestigungen des Gegners konzentrierte und nach manchen Rückschlägen in der Belagerung von Alesia gipfelte. Auf dem Höhepunkt der Kämpfe mussten sich die Legionäre vier Tage lang in einer doppelten Front der Verteidiger und einer Entsatzarmee erwehren – eine Konstellation, die am Ende unter großen Opfern zu Gunsten der Römer ausschlug. Vercingetorix kapitulierte. Eine Million seiner Landsleute soll während des Krieges umgekommen, eine weitere Million versklavt worden sein.

Lange konnte sich Caesar seines Erfolges nicht erfreuen. Sofort setzten die Mechanismen des spätrepublikanischen Macht- und Konkurrenzkampfes ein, die einen wesentlichen Teil der expansiven Dynamik bewirkt hatten, sich nun aber wieder nach innen wendeten. Caesar hatte mit seinen Siegen in Gallien das Image des Pompeius als größten Feldherren der Zeit empfindlich beschädigt. Die Liebesehe zwischen Pompeius und Caesars Tochter Julia verhinderte für gewisse Zeit eine Entfremdung. Als jedoch der dritte Triumvir im Bunde, Crassus, 52 gegen die Parther fiel und Julia im gleichen Jahr starb, waren die entscheidenden personellen Bande zwischen den beiden großen Eroberern dahin. Die Caesargegner witterten ihre Chance. Caesar hatte die Nobilität während seines Konsulats so rücksichtslos brüskiert und sich in Gallien ein so bedeutendes militärisches Machtpotential aufgebaut, dass man nicht willens war, ihn als Politiker überleben zu lassen, abgesehen davon, dass Caesar inzwischen für sich einen Rang beanspruchte, der den legitimen Rahmen aristokratischen Strebens nach Ehre und Einfluss *(dignitas)* sprengte. Nur ein erneutes Konsulat hätte ihn vor einer Flut von Anklagen bewahrt. Als aber der Senat darauf bestand, dass Caesar sich als Privatmann in Rom um das Amt bewerben müsse, war das für den Feldherrn mehr als ein Ränkespiel. Aus seiner Sicht verweigerten ihm seine Standesgenossen die verdienten Ehren, und so wählte er den Krieg. Seine Gegner hatten inzwischen Pompeius das Oberkommando über die Truppen in Italien und in den Provinzen übertragen.

Caesar setzte sich in dem Ringen um die Macht nach zwei Jahren durch, doch er konnte seine Alleinherrschaft nicht verstetigen und mit dem Gleichheitsanspruch der *nobiles* versöhnen. Nach seiner Ermordung an den Iden des März 44 v. Chr. folgte eine über 10 Jahre währende Phase blutiger Bürgerkriege, die nur selten durch brüchige Friedenszeiten unterbrochen war. An große Feldzüge im Stile des Pompeius und Caesar über die Grenzen hinaus war nicht zu denken; am weitesten griff der mit Kleopatra in Alexandria residierende Antonius, als er einen Partherfeldzug vom Zaune brach. Die militärische Entscheidung musste aber im mediterranen Zentrum fallen. Im Jahre 31 v. Chr. siegte Oktavian bei Actium. Er konnte erstmals in der Antike daran gehen, den gesamten Mittelmeerraum unter einer Herrschaft zu vereinen.

Seine erste Aufgabe war es, die auf dem Schlachtfeld usurpierte Macht auf Dauer zu sichern und die Zustimmung der überlebenden Aristokraten zu suchen, ohne deren Hilfe das Weltreich nicht zu regieren war. So legte er im Jahre 27 v. Chr. öffentlichkeitswirksam seine außerordentlichen Vollmachten nieder und ließ formal die Republik wiederaufleben. Im Gegenzug erhielt er neben dem Ehrennamen *Augustus* (der Erhabene) mehrere Ehrungen sowie Amtsgewalten, die ihm die konkurrenzlose Leitung des Staates, die Regierungsgewalt in allen noch unbefriedeten Provinzen und das Oberkommando über das gesamte Heer verschafften. Augustus behauptete, dass seine Herrschaft auf Rechtsgewalten beruhte, die sich an den Traditionen der Republik orientierten. Jeder wusste, dass es die Summe der Einzelgewalten war, die den republikanischen Rahmen sprengte und dem Herrscher eine unangefochtene Machtposition sicherte. Augustus betonte voller Stolz, dass er an Einfluss und Ansehen alle Zeitgenossen überragte. In der Republik hießen die führenden Senatoren *principes*, nun wurde Oktavian zum (alleinigen) *princeps*, ohne dass ein anderer diesen Titel beanspruchen durfte.

Ansehen beruhte vor allem auf militärischer Tatkraft *(virtus)*. Wenn Augustus beanspruchte, alle Römer an *virtus* und *dignitas* zu überragen, erwarteten der Senat und die Öffentlichkeit, dass er seine herausragende Stellung auch durch die Eroberung neuer Länder unterstrich. Augustus war dazu bestimmt, zu vollenden, was Iuppiter den Römern (bei Vergil in der *Aeneis*) geweissagt hatte. »Weder in Raum noch Zeit setze ich Rom eine Grenze. Ein Reich ohne Ende habe ich verliehen.« Augustus habe – so die Überschrift seines Tatenberichtes – »den Erdkreis der Befehlsgewalt des römischen Volkes« unterworfen. Die Dichter träumten von Triumphen über Indien und China.[1]

Tatsächlich besaß Augustus beste Voraussetzungen, um eine Expansionspolitik neuen Stils zu organisieren. Das (Berufs)-Heer war durch die Integration der provinzialen Hilfstruppen flexibler geworden und bereit zu marschieren, wohin immer der kaiserliche Befehl es führte. Die Zentralisierung der Heeresleitung eröffnete die Chance, eine kohärente Kriegspolitik zu betreiben, in der Feldzüge nicht mehr der Willkür und dem Konkurrenzkampf einzelner Kommandeure, sondern längerfristigen Plänen entsprangen. Die modernste Logistik der Antike nutzte das gesamte Mittelmeer als einen befriedeten Versorgungs- und Transportraum und ermöglichte es, weitgreifende Operationen nach umfassenden strategischen Gesichtspunkten durchzuführen. Und es gab nun auch das Bemühen, geographische Expertisen, Länderbeschreibungen und Itinerare zentral auszuwerten.[2] Die günstige geostrategische Gesamtlage, ein befriedeter Innenraum, die Zentralisierung der Befehlsgewalt über die schlagkräftigste Armee der Zeit sowie ein ungebrochenes imperiales Leistungserbe – all diese Faktoren zusammen waren die Voraussetzungen dafür, dass die Antike noch einmal einen gewaltigen Expansionsschub erlebte und der geographische Erfahrungshorizont in Dimensionen ausgedehnt wurde, den erst die Frühe Neuzeit wieder erreichte.

Alte Gegner und neue Ziele

Schon zwei Jahre nach der Begründung des Prinzipats im Jahre 27 v. Chr. stieß eine Armee unter Aelius Gallus entlang der Weihrauchstraße nach Südarabien vor. 20 v. Chr. genügte der Anmarsch von sechs Legionen unter Tiberius, um einen romfreundlichen König in Armenien einzusetzen und den parthischen Einfluss im Land zurückzudrängen. Die Parther waren bereit, die Feldzeichen des Crassus zu übergeben. Ohne einen Schwertstreich rächte Augustus damit die Schmach von Carrhae und sicherte die außenpolitische Lage auf Jahrzehnte. Gaius Caesar, der Enkel und Adoptivsohn von Augustus aus der Ehe zwischen dessen Tochter Julia und dem militärischen Gefährten Agrippa, führte noch einmal ein Expeditionsheer nach Mesopotamien und an den Golf von Akaba. Doch Arabien stellte sich als ungeeignet für den Aufbau einer Provinzialherrschaft heraus, ein weiteres Vorrücken der Armee nach Osten hätte sie der Kontrolle des Kaisers entzogen und die Kräfte des Reiches überdehnt.

Stattdessen widmete sich Augustus einem Angriffsobjekt, das schon Caesar anvisiert hatte: die nordeuropäischen Binnenräume. Die Statthalter der gallischen Provinz waren ständig damit beschäftigt, germanische Einfälle zu bekämpfen. 16 v. Chr. erlitt der Legat Lollius schwere Verluste gegen die Sugamber und verlor einen Legionsadler. Solche Niederlagen konnte Augustus nicht auf sich sitzen lassen, wenn er dem Erbe Caesars und dem Ruf eines Weltherrschers gerecht werden wollte.

Schon Caesar hatte die nahen Alpenübergänge unter seine Kontrolle zu bringen gesucht. Mit der Provinzialisierung ganz Galliens war das Alpengebiet als Verbindungs- und Kommunikationsraum nach Norditalien noch wichtiger geworden. Händler und Kaufleute kannten die Passwege, und kein Römer hatte vergessen, dass Hannibal über die Alpen nach Norditalien eingefallen war. Dennoch war die seit 25 v. Chr. einsetzende Eroberung des Alpengebietes eine explorative Leistung. Die Feldherren drangen in Gebiete vor, die keine römische Armee zuvor betreten hatte. In mehreren Kampagnen wurden die Alpentäler zwischen Comer See und Gardasee unterworfen. Dann stieß Drusus, der Stiefsohn des Augustus, von der *Gallia Comata* in die Alpen vor, während der zweite Stiefsohn Tiberius eine Armee durch das Etsch- und Eisacktal über den Brenner bis zum Bodensee und von dort zum Schwarzwald führte. Hier besiegte er die Räter in einer großen Landschlacht.[3]

Die Alpenfeldzüge erbrachten viele neue geographische Erkenntnisse. Der als undurchdringliche Masse wahrgenommene Hercynische Wald löste sich in mehrere Gebirgssysteme auf. Tiberius soll eine Tagesreise vom Bodensee die Quelle der Donau erblickt haben. Von ihrem Oberlauf hatte man nur vage Vorstellungen, doch nun galt der Strom definitiv als Südgrenze Germaniens. Der Feldzug des Augustus in Illyricum brachte weitere Klärungen des Stromverlaufs. Ferner schuf er mit der Unterwerfung Pannoniens eine

Landverbindung zwischen Gallien und den 15 v. Chr. eingerichteten Provinzen Noricum und Raetien sowie den illyrischen Provinzen diesseits des Rhein-Donausystems.[4]

Römische Karten und Weltvorstellungen als Grundlage militärischer Strategien?

Es scheint rückblickend, als hätten die Römer generalstabsmäßig die territorialen Lücken ihrer Herrschaft zu schließen und ihren Einflussbereich systematisch nach Norden auszudehnen gesucht. Eine solche Sicht ist mit dem Blick auf moderne Karten verführerisch. Aber hatten die Römer die gleichen Raumvorstellungen wie wir? Kann man voraussetzen, dass sie ihre Operationen an geographischen Vorgaben orientierten und neues Wissen zur Erweiterung des geographischen Weltbildes einsetzten, das über die administrativen und militärischen Bedürfnisse hinausging?

Die dürftigen geographischen Informationen Caesars lassen zunächst daran zweifeln. Entsprechend vermuten viele Forscher, dass römische Militärs nur eindimensionale Aufzeichnungen (Itinerare) von Strecken und Fixpunkten – vergleichbar den Periploi – benutzten. Andererseits ist es schwer vorstellbar, dass sorgfältig koordinierte und auf ein gemeinsames Zielgebiet ausgerichtete Feldzüge wie die in das Alpengebiet ohne großflächige Kartenwerke möglich waren. Die Darstellung von (eroberten) Ländern oder Gebieten in Form von öffentlich ausgestellten, gemalten »Karten« und Bildern hatte in Rom eine lange Tradition; geographische Informationen über die von den Kommandeuren durchzogenen oder verwalteten Gebiete wurden zwar in der Republik noch nicht zentral ausgewertet, aber seit dem 1. Jahrhundert v. Chr. in Archiven aufbewahrt. Den gebildeten Adligen und Feldherren waren die wichtigsten Werke der wissenschaftlichen Geographie bekannt, und sie werden vor dem Ausgreifen auf unbekanntes Terrain entsprechende Spezialliteratur gesichtet haben.[5] Allerdings mussten sich römische Kommandeure nicht mit den Problemen einer Übertragung der Daten in eine Weltkarte beschäftigen. Denn eine an astronomischen und mathematischen Berechnungen orientierte und die Krümmung der Erdoberfläche berücksichtigende Erfassung der Oikumene, wie sie die wissenschaftliche Geographie anstrebte, hatte für Militärs wenig Nutzen; ihnen kam es nicht auf die exakte Erfassung der Welt, sondern auf die Erschließung eines begrenzten

Gebietes an. Dafür reichte es, die Angaben über Flussläufe, Seen, Gebirge und Handelsplätze in ein grobes Raster, ein Rechteck oder Quadrat zu integrieren und durch die Aneinanderlagerung dieser Großeinheiten die Räume zu ordnen, so wie es auch späthellenistische Historiker taten, die Feldzugsberichte benutzten sowie geographisches Wissen als unerlässlich für die Feldherrnkunst und das Verständnis historischer Zusammenhänge erachteten.[6]

Verändert hatten sich allerdings die Bedingungen der Datensammlung und -auswertung. Die Republik kannte keine Institution, die vergleichbar dem Museion in Alexandria das Einzelmaterial militärischer Expeditionen zur Erstellung eines den gesamten Herrschaftsraum umfassenden Kartenwerkes einsetzte. Auch die kurze Zeit der Diktatur Caesars ließ hierfür keine Zeit. Doch unter Augustus wandelten sich die Vorzeichen. Der Kaiser konnte Feldzüge zentral vorbereiten und koordinieren. Klientelkönige wie Iuba versorgten ihn und seine Berater mit Memoranden über die Randgebiete und verfassten geographische Werke über Libyen und Arabien.

Eine wichtige Rolle bei der Auswertung dieser Arbeiten dürfte sein engster Freund und Schwiegersohn M. Vipsanius Agrippa gespielt haben.[7] Als führender General der Bürgerkriege und als Statthalter verschiedener Provinzen im Nordwesten des Reiches war er mit den Fluss- und Landschaftsverhältnissen der Randgebiete und mit den Problemen der geographischen Vorbereitung militärischer Operationen und herrschaftlicher Organisation bestens vertraut; bei der Leitung infrastruktureller Aufgaben im Reichsinnern, dem Bau von Straßen und Aquädukten musste er sich mit Messverfahren und mathematischen Raumordnungen beschäftigen. Schließlich agierte er in einem intellektuellen Klima, das zahlreiche hellenistische Gelehrte, Historiker und Geographen an den Kaiserhof zog. Einer von ihnen war Strabon von Apameia. Er verfasste eine *Geographiká* der von Rom beherrschten Oikumene und behandelte die Völker außerhalb des Imperiums nur summarisch.[8] Dabei versuchte er zwischen der mathematisch-wissenschaftlichen und der beschreibenden Ausrichtung zu vermitteln: Bei der Schilderung von Großräumen und Inseln orientierte er sich an dem Prinzip geometrischer (Rauten, Dreiecke, Rechtecke) Figuren, wie er sie in den Sphragiden des Eratosthenes und bei Polybios vorfand, unternahm aber gar nicht erst den Versuch, das gewachsene Wissen über die Weltränder zu einem neuen Bild der Erdkugel zusammenzufügen.[9] Agrippa dürfte sowohl diese Arbeiten als auch das Werk des Eratosthenes studiert haben, bevor er daran ging, das auf seinen Feldzügen und Statthalterschaften gewonnene Wissen mit den vorhandenen Itinerarien zu einem großen »geographischen Kommentar« zu verarbeiten.[10] Er bildete die Grundlage für den Plan, die Einzelinformationen zur Erstellung einer Weltkarte zusammenzufassen und dem Weltherrschaftsanspruch des Imperiums eine visuelle Grundlage zu geben.

Erst 25 Jahre nach dem Tod Agrippas vollendete Augustus das Projekt seines Freundes und ließ wahrscheinlich eine Karte in einer Höhe von 6–10 Metern an den Wänden einer Säulenhalle am Marsfeld *(porticus Vipsania)* anbringen.[11] Hauptquellen für den Norden der Oikumene (Daten für die fernöstlichen Gebiete wurden aus »wissenschaftlichen« Werken geschöpft) waren wohl die Aufzeichnungen der römischen Feldzüge in Form von Wegbeschreibungen und *commentarii*, wie sie nicht nur Caesar, sondern wohl auch andere Feldherren und Augustus selbst hinterlassen hatten, ferner römische Provinzialstatistiken und Messungen, wie sie Caesar in Britannien andeutet. Agrippa konnte auf der Grundlage dieser Daten und Distanzen mehrere Großgebiete wie Britannia, Gallien oder das nördlich der Alpenprovinzen erforschte beziehungsweise angenommene Germanien in Form von Rechtecken abbilden und deren Ausdehnung von Nord nach Süd und West nach Ost angeben. Die auf diesen Angaben beruhenden kongruenten Winkel und proportionalen Strecken der Rechtecke erlaubten es dem Betrachter, bei aller geometrischen Abstrahierung das Größenverhältnis zwischen den Großräumen plastisch zu erfahren; die Summe der Lage der einzelnen Rechtecke ergab – und darauf kam es an – einen Gesamteindruck von der Welt, soweit sie den Römern bekannt war: Im Norden umfasste sie wohl auch die Ostseeküste und zeigte die Weichsel *(Vistula)* als Grenze zwischen Germanien und Sarmatien, offensichtlich weil der Fluss für den Bernsteinhandel so bedeutsam war (s.u.S. 227). Die zentrale Orientierungslinie *(Diaphragma)*, von der aus sich die Rechtecke nach Norden und Süden hin aufbauten und in ein geordnetes Verhältnis zueinander gebracht wurden, bildete der Breitengrad in 36° Nord; er entsprach nach dem Vorbild des Eratosthenes der Strecke von Gibraltar bis zum Golf von Iskenderun und setzte sich bis nach Indien fort. Vielleicht hat Agrippa darüber hinaus noch andere Breitenkreise benutzt.[12]

Feldzüge zur Elbe und Kriegsschiffe im Nordmeer

Die Karte des Agrippa ist in mehrfacher Weise repräsentativ für das Denken der augusteischen Zeit über die Welt. Die Gesamtausdehnung der Oikumene dürfte entsprechend den Berechnungen des Poseidonios im Vergleich zur Realität viel zu klein ausgefallen sein.[13] Eine solche Konstellation hatte schon Alexander in der Überzeugung bestärkt, die Enden der Welt relativ schnell erreichen und die Oikumene auch vom Ozean aus erobern zu können. Nun sahen sich Politiker und Literaten in ihrer Auffassung bestätigt, dass die Römer von den Göttern zur Weltherrschaft auserkoren und die noch nicht eroberten Räume zumal im Norden in überschaubarer Zeit dem Imperium anzugliedern seien. Tatsächlich war die Weltkarte nicht nur ein Produkt römischer Reichsideologie, sondern sie entsprach mit ihrer Kombination aus linearen und punktuellen Ortsangaben und abstrakten, aber in ihrer Proportion kongruenten Flächen auch den Raumauffassungen römischer Feldherren.

Deutlich wird das an den militärischen Unternehmungen der Jahre 12–9 v. Chr. des Drusus gegen die Germanen und unter Tiberius gegen die Pannonier im illyrischen Raum. 11 v. Chr. erreichten die Römer unter Drusus – wahrscheinlich über den Hellweg – erstmals (vielleicht auf der Höhe von Höxter und Corvey) die Weser, zwei Jahre später stießen sie zu einem weiteren großen Strom vor, von dem die griechische Gelehrtenwelt nur vage Vorstellungen hatte: den »Bernsteinfluss« Eridanos, die Römer nannten ihn Albis = Elbe.[14] Wieder hatte ein römischer Feldherr eine neue Grenzmarkierung am Ende der Welt erreicht; ein Denkmal dokumentierte (vielleicht in Anlehnung an Alexander) das Unerhörte. Zu Hause ließ sich Drusus dafür feiern, dass er Roms Macht in neue Länder ausgedehnt hatte – wie Pompeius am Kaukasus und Caesar am Rhein sowie in Britannien.[15]

Schwellen zu einer unbekannten Welt sind voller Magie und Wunder: Plötzlich soll eine Frau von übermenschlicher Größe am Ufer erschienen sein und Drusus zur Umkehr gemahnt sowie sein nahes Lebensende prophezeit haben. Vielleicht waren die Römer auf eine germanische Gesandtschaft mit einer alten Seherin gestoßen. Letztlich ging es aber der Überlieferung wohl nur darum, die Entscheidung der römischen Armeeführung, die Elbe nicht zu überqueren, in eine mystische Aura zu rücken. Manche werden an die Umkehr Alexanders am Hyphasis gedacht haben; damit wäre der Drususfeldzug auf eine vergleichbare exploratorische Dimension gehoben worden wie der Indienzug. In Wirklichkeit waren es (wie so oft in der Entdeckungsgeschichte) Versorgungsprobleme, die eine Umkehr ratsam erscheinen ließen. Dass Drusus auf dem Rückmarsch überraschend starb, wird der Legende von der hellseherischen Germanin zusätzlich Nahrung gegeben haben.[16] Danach übernahm Tiberius das Kommando und konnte nach einem weiteren Jahr verkünden, dass alle Stämme »zwischen Rhein und Elbe« kapituliert hätten. Fünf Jahre später holte L. Domitius Ahenobarbus von der Donau bzw. dem oberen Maingebiet kommend das nach, was Drusus verwehrt blieb: Er überquerte wahrscheinlich zwischen Wittenberg und Schönebeck die Elbe und drang so weit in ostelbisches Gebiet vor wie kein römischer Feldherr vor ihm.[17]

Von Beginn an begleiteten spektakuläre Flottenoperationen die Eroberung des rechtsrheinischen Germaniens. Nachdem Drusus 12 v. Chr. die Sugambrer am Niederrhein zurückgeworfen hatte, zog er den Rhein abwärts bis zu einem Punkt wahrscheinlich bei Vechta und ließ von einem Rheinarm einen Kanal *(fossa Drusiana)* bis zum Ijsselmeer graben. Mit Schiffen fuhr er in die Nordsee, unterwarf die Friesen und segelte bis zur Insel Byrchanis, wahrscheinlich Borkum *(Burcana)*, die in der Antike viel größer war und wohl mit Juist und Norderney zusammenhing. Von dort entdeckte er das Mündungsgebiet der Ems *(Amisia)* und lieferte den Brukterern ein Seegefecht. Auf der Rückfahrt wurde seine Flotte von der Tide überrascht. Offenbar hatte sich die römische Führung noch nicht ausreichend die nautischen Kenntnisse des Nordseeraums angeeignet, welche die Griechen über das Wattenmeer besaßen. Rettung brachten die Friesen, die an der Küste die Fahrt begleiteten. Noch vor Winter kehrte die Flotte über den Rhein zurück. Drusus wurde als der erste Feldherr gefeiert, der den nördlichen Okeanos befahren hatte, obwohl diese Ehre eigentlich Caesar gebührte.[18]

Die Nordseefahrt des Drusus lässt vermuten, dass die Armeeleitung zu dieser Zeit ein Kartenwerk, orientiert am nordwestlichen Teil des eratosthenischen Weltbildes, entwickelte, wie es den Werken Agrippas und Strabons zugrunde lag. Germanien wurde durch den Rhein und die Nordseeküste begrenzt. Ziel der Flottenfahrt war es wohl auch, die genaue Position der Flussmündungen und ihre Entfernung vom Rhein in Erfahrung zu bringen.[19] Weitere Flottenoperationen von der Rheinmündung erschlossen die übrigen ost- und westfriesischen Inseln und erkundeten den Verlauf der Nordseeküste sowie der jütländischen Halbinsel. Zwölf Jahre, nachdem Domitius Ahenobarbus von der Donau ins ostelbische Gebiet vorgedrungen war, soll eine Flotte die Westküste Jütlands entlang bis zum Kimbernkap, wahrscheinlich Kap Skagen/Skagens Horn gesegelt sein. Dann fuhr sie durch den Skagerrak, wo die Römer »ein ungeheures Meer teils selbst erblickte(n), teils durch Hörensagen kennen lernte(n)«.[20] Weiter ging es bis zum »Skythenstrand und zu Gegenden, die von übergroßer Feuchtigkeit starrten«, wahrscheinlich die Westküste Skandinaviens[21], vielleicht eine größere Insel der deutschen Ostseeküste.

In der Regel blieben die Nordseefahrten gebunden an den Auftrag, die zu Land operierenden Heere von der Seeseite zu unterstützen und Verbindungen zwischen den Flusssystemen und dem Okeanos herzustellen sowie die für die Koordination von Landheer und Flotte notwendige Kenntnis der Küsten zu verbessern. Manche glauben denn auch, die Flotte sei nach der Jütlandfahrt in die Elbe eingebogen und habe sich weiter aufwärts mit einem Heer getroffen, das Tiberius durch ganz Germanien an die Elbe geführt hatte.[22] Sicher ist jedoch eine solche Verbindung nicht. Denn der spektakuläre Vorstoß in die Ostsee lässt sich nur schwer mit einer parallelen Landoperation kombinieren. Vielleicht hatte sich inzwischen ein explorativer Impetus unabhängig von machtpolitischen oder militärischen Erwägungen entwickelt, so wie bei Alexander am Hyphasis. Ein naheliegendes Ziel könnte gewesen sein, das Bernsteinland sowie die »Nordostpassage« von der Nordsee zum Kaspischen Meer zu finden, von dem man immer noch annahm, es sei eine Ausbuchtung des Okeanos. Das wäre eine Tat, die dem Anspruch des Princeps entsprach, alle Meere und Länder dem Imperium erschlossen zu haben. Es war eine staunenswerte Leistung, weil es für solche Operationen im Norden keine Vorbilder gab. Sie sind ohne ein geographisches Konzept, das Wegstrecke, Küsten und Großflächen in ein korrektes Verhältnis zueinander brachte, schwer vorstellbar.[23]

Angriff auf das Marbodreich und der Feldzug des Germanicus

Noch deutlicher wird das an dem Großunternehmen, das die Römer im Jahre 6 n. Chr zur Unterwerfung des Marbodreiches im Böhmischen Becken planten. Marbod hatte sich ein Heer von angeblich 70.000 Fußsoldaten und 4.000 Reitern geschmiedet, das nach römischer Einschätzung nicht nur eine dauernde Gefahr für Noricum und Pannonien, sondern auch für Italien bedeutete. Zwei römische Heeressäulen sollten den Gegner in die Zange nehmen, die eine unter dem Legaten Sentius Saturninus vom Rhein (Mainz) nach Osten durch das Gebiet der Chatten und den Hercynischen Wald, die andere unter Tiberius von Carnuntum (an der Donau) aus nach Nordwesten. Die Koordination großer Heeresverbände über derart weite Strecken und deren Vereinigung mit dem Ziel eines zeitlich aufeinander abgestimmten Angriffs sind wie die See- und Landoperationen an Nordsee und Elbe nur bei genauer Kenntnis von Linien und Flächen, der Wegstrecken und Aufmarschrouten sowie der anvisierten Großräume denkbar. Ebenso deutet der Hinweis auf die Bedrohung Italiens und der Provinzen darauf hin, dass die römische Führung eine recht klare Vorstellung von der Ausdehnung der mitteleuropäischen Binnenräume hatte und ihr Herrschaftsgebiet bis zu einer Linie auszudehnen suchte, die durch Elbe und Donau sowie der zwischen ihnen zu verlängernden Verbindungslinie markiert wurde.[24]

Wenige Tage vor dem Zusammentreffen der beiden Heeressäulen zerstörte ein Aufstand in Dalmatien und Pannonien alle Hoffnungen. Nach einem hastigen Frieden mit Marbod führte Tiberius seine Truppen über die Donau zurück. Drei Jahre später erlitten die römischen Legionen unter Quinctilius Varus auch in den scheinbar befriedeten und zur Provinzialisierung gereiften germanischen Gebieten jenseits des Rheins eine vernichtende Niederlage gegen die Cherusker unter Arminius. Rom ließ diese Schmach nicht auf sich sitzen. Noch einmal befahl Tiberius den Angriff. Unter dem Befehl des präsumptiven Thronfolgers Germanicus, einem Sohn des Drusus, drang die bis dahin größte Armee tief in die germanischen Wälder, um das Verlorene zurückzugewinnen. Noch einmal bewiesen die Römer ihre Fähigkeit, die Angriffe mehrer Verbände über große Räume zu koordinieren. Vier Legionen unter Caecina marschierten von Xanten aus durch die norddeutsche Tiefebene bis zur mittleren Ems. Etwa auf der Höhe von Rheine, wo der Fluss noch schiffbar war, traf man sich mit der durch das Gebiet der Friesen kommenden Reiterei des Pedo und den restlichen vier Legionen, die Germanicus vom Niederrhein durch den Drususkanal in die Zuidersee und dann über die Nordseeküste die Ems flussaufwärts führte.[25] Danach drangen die vereinten Heere entlang der Ems bis in die Gegend des heutigen Paderborn vor. Nach dem Besuch des Ortes der Varusniederlage und dem gescheiterten Versuch, die Cherusker unter Arminius zur Schlacht zu stellen, führte der Oberbefehlshaber die Truppen an die Ems zurück. Auf dem Rückmarsch in die Winterlager konnte Caecina ein verloren geglaubtes Treffen mit den Germanen zu seinen Gunsten entscheiden.

Germanicus war inzwischen mit der Flotte zurückgekehrt, nachdem er wie seinerzeit Tiberius durch die Tide des Wattenmeeres große Verluste erlitten hatte. Ein durchschlagender Erfolg gelang ihm erst im folgenden Jahr, als er erneut von der Ems kommend die Weser überschritt und bei Idistaviso (zwischen Porta Westfalica und Steinhuder Meer) die Truppen des Arminius besiegen und wenig später die Angrivarier unterwerfen konnte. Auch wenn die Rückfahrt über die Ems aufgrund der sommerlichen Gewitterstürme und Untiefen sehr verlustreich war, konnte Germanicus ruhmreiche Erfolge aufweisen: Er hatte Arminius besiegt und die römische Waffenehre wiederhergestellt.[26]

Doch dieser Erfolg veranlasste Tiberius zum Abbruch der Germanenkriege. Es war abzusehen, dass Germanicus im (wahrscheinlichen) Falle eines endgültigen Sieges von der Rheinarmee zum Kaiser ausgerufen würde. In Abwägung von Nutzen und Aufwand einer weiteren Expansion angesichts der innenpolitischen Folgen berief Tiberius seinen besten General ab, gab die Brückenköpfe in der *Germania Libera* auf und verlegte die Legionen auf linksrheinisches Gebiet. Zwar stießen die Römer immer wieder über die Flussgrenzen ins Feindesland, doch fehlte den Unternehmungen der Schwung koordinierter Zangenoperationen. Nun bestimmte eine andere Politik die Planungen. Die Kriege der augusteischen Zeit hatten eine Fülle von Informationen über Germanien erbracht. Niemals zuvor besaß eine mediterrane Macht so intime Einblicke in die Verhältnisse der rechtsrheinischen Völker, ihre labile wirtschaftliche Basis, die Dauerrivalitäten zwischen den Eliten und deren Abhängigkeit von Ruhm und Beute.[27] Die Römer nutzen fortan ihr Wissen, spielten Häuptlinge gegeneinander aus, unterstützten befreundete durch Geschenke und ließen unliebsame ermorden.

Die Ostsee

Diese Politik war lange erfolgreich, doch mit dem Verzicht auf die Okkupation des rechtsrheinischen Gebietes erlahmten auch die explorativen Energien. Niemand habe – so klagte Tacitus – nach den Sturmverlusten des Germanicus die Nordsee mehr befahren; tatsächlich hat man bisher keine römischen Wracks in der Ostsee gefunden.[28] Die Bezwingung des Okeanos blieb zwar ein Leitbild des kaiserlichen Leistungsideals, doch wurde es nur noch symbolisch und in Gefilden umgesetzt, in denen Erfolge sicher waren.

Caligula begnügte sich damit, die Legionäre am Nordseestrand Muscheln sammeln zu lassen und als Beweis für die Unterwerfung des Okeanos nach Rom zu bringen.[29] Als Kaiser Claudius eine Armee zur Eroberung Britanniens entsandte, konnte er von sich behaupten, die römische Herrschaft bis an die Grenzen der Welt vorgeschoben zu haben; die Anwesenheit weniger Tage gegen Ende des Feldzuges genügte, um einen Triumph zu feiern.[30] Selbst die Flottenfahrt, die C. Iulius Agricola, der Statthalter Britanniens, 84 n. Chr. um die gesamte Insel führte, war kein Entdeckungsunternehmen, sondern sie bestätige Meldungen, die Pytheas 400 Jahre zuvor viel ausführlicher gemacht hatte. Immerhin scheint auch Agricola die Orkneys, vielleicht die Shetlands erreicht zu haben.

Doch wenn Tacitus behauptet, dass die Orkneys bis dahin unbekannt gewesen wären und Reminiszenzen an den Pytheasbericht einfließen lässt, dann tat er das, um seinen Schwiegervater zu einem neuen Alexander zu stilisieren. Tatsächlich wusste der rund 40 Jahre früher schreibende Geograph Pomponius Mela über die Orkneys und die Hebriden gut Bescheid. Auch andere Schriftsteller hatten die Erweiterung des geographischen Horizontes zur Kenntnis genommen und konnten sich nach Abbruch der kaiserlichen Feldzüge durch germanische Gesandte oder in Rom lebende Germanen informieren.[31] Wenn Tacitus klagt, dass die Elbe und die Räume weiter östlich in Vergessenheit geraten seien, gilt das deshalb nur bedingt; nach wie vor reichte die Diplomatie der Kaiser auch in diese Räume.[32]

Pomponius Mela und Plinius zeichneten denn auch ein Bild der Ostsee *(sinus Codanus)*, das über die Angaben ihrer Vorgänger hinausgeht: Strabon hatte die Küste des Nordmeeres ohne Kenntnis Jütlands in einer geraden Linie bis zum Schwarzen Meer verlaufen und die bekannte Welt am Albis enden lassen.[33] Plinius, einer der wenigen Schriftsteller, der längere Zeit in Germanien weilte und als Marineoffizier leichten Zugang zu Küstenperiploi hatte, kennt dagegen die Flüsse östlich des Albis und vermittelt eine richtige Vorstellung von der sich gen Norden erstreckenden Landbarriere Jütlands. Danach schweift sein Blick nach Norden, er nennt *Scatinavia* als große Insel sowie das südliche Norwegen *(mons Sevo)*, fährt dann nach Osten fort in Richtung auf die Weichsel, nennt erneut eine Insel, Küsten und Bewohner, um durch den Skagerrak in die Nordsee zu kommen. Gut bekannt sind ihm Südschweden (Uppland) und seine Bewohner (500 *pagi* der Suionen).[34]

Tacitus fügte einige Jahrzehnte später in seiner *Germania* genauere Angaben über die pommersche, preußische und baltische Küste hinzu und erwähnt erstmals Finnland, von dem man in der Kaiserzeit offenbar mehr wusste als von Norwegen.[35] Die finnischen Sithonen lieferten Pelze und Felle, die Suionen im schwedischen Uppland und die Bewohner der baltischen und preußischen Küsten waren durch den Handel mit Bernstein vertraut. Die Ostsee galt nun als Binnenmeer, das vom äußeren Ozean (durch die norwegische Küste) geschieden ist.[36] Doch anders als in der Zeit des Hellenismus hat der Wissenszuwachs über die nördlichen Breiten nicht zu einer Weiterentwicklung des von Eratosthenes begründeten Weltbildes geführt, obwohl Plinius mit den Grundzügen der wissenschaftlichen Geographie vertraut war. Der Periplus blieb das einzige Medium, an dem er und Pomponius Mela ihre Beschreibung der Ostsee orientierten. Beide stützen sich wahrscheinlich auf den Geographen Philemon, der den Kenntniszuwachs seit Augustus nach Art der Okeanos-Literatur beschrieben und wohl erstmals den Namen *Scandinavia* verwendet hatte. Philemon bewies, dass man die neuen Erkenntnisse nach den Maßstäben hellenistischer Gelehrsamkeit ordnen und interpretieren konnte, doch fehlt auch ihm das Bemühen, den Norden als geographischen Großraum in ein neues Weltbild zu integrieren. Das Weltwissen parzellierte sich in große Periploi, die den Mittelmeerraum und die nördlichen sowie südöstlichen Meere beschrieben, aber zu einer Synthese auf mathematischer Grundlage (noch) nicht die Kraft hatten.[37]

Expeditionen der Kaufleute und die »Bernsteinstraße«

Mit dem Abbruch der Großoffensiven in Germanien verlagerte sich der Drang in die Ferne wieder auf die Menschen, die schon immer wichtige Wegbereiter von Erkundungen waren: die Kaufleute. Auf ihren Informationen beruhten wesentliche Erkenntnisse der Geographen, und ohne ihre Hilfe hätten weder Caesar noch die Feldherren der Kaiserzeit ihre Erfolge feiern können. Horaz schreibt, ein römischer Händler könne »ungestraft« drei- oder viermal den Atlantik befahren.[38] Der Handel war auch weitgehend unabhängig von militärischen Planungen und Machtkonstellationen aktiv; Kaufleute aus den Provinzen erscheinen z.B. am Hofe des Marbod vor dem geplanten Zangenangriff. Händler nutzten auch nach Ende der römischen Seeoperationen die Routen von der Rheinmündung nach Britannien und in die Nord- und Ostsee, wobei der Anteil der von Römern selbst unternommenen Fahrten gegenüber denen der lokalen Seehändler deutlich geringer ausfällt.[39]

Dennoch forcierten die maritimen Operationen in die Nordsee die Entwicklung von Siedlungen, die sich auf die Speicherhaltung und Versorgung römischer Verbände spezialisierten, aber auch römische Keramik und Amphoren an germanische Herrensitze weiterhandelten. Eine solche Mittlerfunktion besaß die Siedlung bei Bentumersiel an der unteren Ems, die von den Römern als Flottenstützpunkt und Nachschubstation genutzt wurde. Ähnliche Anlagen entstanden an der Elbmündung und anderen verkehrstechnisch günstigen Küsten. Es bildete sich ein Verbund küstennaher Umschlagplätze, Siedlungen und Fürstensitze im Landesinneren, die für Händler gute Anlaufpunkte boten.[40]

An dieser Konstellation änderte der Abbruch der Germanenkriege seit Tiberius wenig, ganz im Gegenteil: Der Limes bildete eine zusätzliche Zone des Handels. Die im Limesumfeld lebenden Kaufleute kannten die Bedürfnisse germanischer Fürsten und unternahmen von hier aus weite Reisen ins Landesinnere.[41] In ihrem Gepäck befanden sich Luxusartikel, Bronze- und Glasgefäße für die Oberschicht. Die Herstellungszentren verlagerten sich in der Frühen Kaiserzeit nach Gallien und in die Rheingebiete und damit näher zu den Abnehmern des mittel- und nordeuropäischen Raumes. Vom Rhein führte eine Route zu den dänischen Inseln, während ein Landweg von der Donau die Händler nach Böhmen und in die Slowakei, also in das Einzugsgebiet des Marbod und in das Nachfolgereich des Vannius, und von da aus in das elbgermanische Gebiet brachte. Im weiteren Verlauf trafen sich See- und Landroute an der Weichsel.[42]

Doch was lockte die Händler an die Ostseeküsten? Neben Fellen und Sklaven ein Produkt, das im 1. Jahrhundert die römischen Eliten zu regelrechten Großeinkäufen veranlasste: Bernstein. Das »Gold des Nordens« wurde als Weihrauchersatz sowie pulverisiert und in Salbenform zu medizinischen Zwecken benutzt; vor allem aber war es als Schmuck begehrt. Plinius erzählt, ein römischer Ritter, offenbar ein in Germanien versierter Händler, sei in neronischer Zeit im Auftrag des *procurator* der Gladiatorenspiele ins Samland geschickt worden. Er habe die Handelsplätze und Küsten durchwandert und eine solche Menge Bernstein mitgebracht, »dass in Rom die Netze und die Schutzwehren des Podiums (des Theaters) gegen die wilden Tiere mit Bernstein verknotet waren, ebenso der Streusand, die Totenbahren und der ganze Festapparat des einen Tages überall von Bernstein strotzten. Bernsteingeschmückte Bahren geleiteten die getöteten Gladiatoren aus der Arena. Das größte Bernsteinstück wog 13 Pfund.«[43] Offensichtlich suchte der Ritter neue Geldquellen zu erschließen, indem er germanische Zwischenhändler umging. Wahrscheinlich verband er die Suche nach Bernstein mit dem Ankauf von Auerochsen und Bären sowie Sklaven für die Gladiatorenkämpfe.[44]

Wichtig ist der Bericht des Plinius aber vor allem deshalb, weil er der einzige konkrete literarische Hinweis auf die Bernsteinstraße ist, der sich mit den archäologischen Funden deckt: Auf ihr hatten die Germanen das begehrte Gut bis nach Pannonien gebracht. Der Ritter nahm die Gegenrichtung. Sein Weg führte von der nördlichen Adria (Aquileia) über die Julischen Alpen nach Carnuntum, dann durch die Mährische Pforte und vereinte sich mit der genannten Überlandroute zur Mündung der Weichsel übers Haff zur samländischen Küste.[45] Dass er derart große Mengen transportieren konnte und von mehreren Handelsplätzen spricht, deutet auf die Stabilität des Handelssystems, die allen militärischen und politischen Umwälzungen trotzte. Das Unternehmen war der Beginn einer hundert Jahre dauernden Blüte des baltischen Bernsteinhandels, an dem römische Kaufmannsfamilien wie die der *Barbii* und der *Caesarnii* aus Aquileia mit ihren Dependancen an der Donau beteiligt waren. Sie lieferten Wein, Öl sowie italische und provinziale Gewerbeerzeugnisse für Rohbernstein, der in den norditalischen Werkstätten zu Halsketten, Gemmen und Figürchen verarbeitet an die Eliten Italiens und des Rheinlandes verkauft wurde.[46] Über den Rohbernsteinimport gelangten Nachrichten in das Imperium, die wenig später auch von Tacitus in seiner *Germania* verwertet wurden. Spätestens jetzt bildete der Ostseeraum einen integralen Teil der römischen Weltsicht.[47]

VII.
DIE GLOBALISIERUNG EURASIENS

IM 1. UND 2. JAHRHUNDERT N. CHR.

1.
PFEFFER UND WEIHRAUCH
DIE SUCHE NACH DEN SCHÄTZEN DES INDISCHEN OZEANS

Der Aufschwung der kaiserzeitlichen Wirtschaft

Gegen Ende des 1. nachchristlichen Jahrhunderts hatte das Imperium seine Expansionspläne in die nordwestlichen Binnenräume aufgegeben. Doch das war kein Zeichen von Schwäche. Vorstöße in das *Barbaricum* demonstrierten nach wie vor militärische Stärke und die Fähigkeit, in jedem Teil der Welt zuschlagen zu können. Auch das Partherreich war zu sehr von internen Machtkämpfen geprägt, als dass es zu einem ernsthaften Konkurrenten hätte aufsteigen können. Der Mittelmeerraum und seine Randgebiete erfreuten sich so eines dauerhaften Friedens unter einer einzigen Herrschaft, die Angriffe von außen (etwa von Seiten der Steppenvölker) so gut wie nicht kannte.

All das waren beste Voraussetzungen für eine Fortsetzung des wirtschaftlichen Aufschwungs, der in der Späten Republik begonnen hatte. Die Urbanisierung des Westens, die Entwicklung Roms zu einer ›Megacity‹ von rund einer Million Einwohnern, eine immer reicher werdende Grundbesitzerelite und die stehende Armee schufen neue »Bedarfszentren«, deren Versorgung die Agrar- und Warenproduktion antrieb und den Handel auch über große Entfernungen befruchtete.[1] Das Reich vergrößerte seine Finanz- und Ressourcenbasis in einem Ausmaß, wie es die europäische Geschichte erst wieder mit der Entdeckung der Neuen Welt erlebte.[2] Die Übernahme des ptolemäischen Staatsschatzes, die Integration der reichen Provinzen der Levante und die intensivierte Ausbeutung der Minen (in Spanien, Noricum, Pannonien und Dakien) versorgten den kaiserlichen Haushalt mit einem steten Zufluss an Edelmetallen bzw. Münzgeld (von bis zu einer Billion *denarii*). Sie wurden über Ausgaben für die Armee, die Hofhaltung, das Verwaltungspersonal und die Ämterbesoldung sowie öffentliche Bauvorhaben und die Ausrichtung von Festen und Spielen in den Wirtschaftskreislauf eingespeist. Die Wirtschaft war zu Beginn der Kaiserzeit mit einer großen Geldmenge versorgt.[3] Die Schaffung eines auch die fernen Provinzen umfassenden einheitlichen Münz- und Rechtssystems sowie kaiserliche Investitionen in die maritime Infrastruktur, Hafenanlagen und Kanäle verringerten die Transport- und Transaktionskosten und erhöhten die Kreditbereitschaft (bei anfangs fallenden Zinsraten auf bis zu 4 % unter Augustus) für einträgliche Handelsgeschäfte[4]; gleichzeitig erleichterten sie den für Händler und Kaufleute wichtigen Informationsfluss, ferner die Ausbreitung technischer Innovationen (wie der »turbinengetriebenen« Wassermühle) und neuer Anbaustrategien (des gezielten Einsatzes von Düngemittel, Kalk und Kompost) zur Effizienzsteigerung der Agrarproduktion. Auch infolge der Erschließung neuer Ackerflächen in den Provinzen wuchs die Reichsbevölkerung so schnell wie niemals zuvor in der Geschichte des Mittelmeerraums.[5] Das Handwerk erlebte einen spürbaren Aufschwung, erkennbar an der Steigerung der Keramikproduktion und der Metallverarbeitung, im Agrarsektor, im Schiffbau und Transportgewerbe.[6]

Die Ausweitung des moderaten Steuersystems auf die Provinzen regte die lokale Produktion an und schuf neue Märkte, die den gesamtmediterranen Handel weiter befruchteten und auch zu Neuerungen im Bereich der maritimen Infrastruktur und des Seehandels führten: Der im 2. Jahrhundert (wahrscheinlich in Kampanien) entwickelte Wassermörtel revolutionierte den Bau von Hafenanlagen; er ermöglichte selbst an ungeschützten Küsten die Konstruktion von weit ins Meer ragenden Molen, die größeren Transportschiffen Anlegeplätze in 2–3 Meter tiefem Wasser boten. Eigens konstruierte Baggerschiffe schützten die Häfen vor Versandung, neue Krankonstruktionen beschleunigten den Warenumschlag mit Transportamphoren von bis zu 100 Litern sowie zwei Meter hohen Fässern mit fast 1000 Liter Fassungsvermögen. Die Erfindung der Kettenpumpe (zum Ausschöpfen der Bilge) nach dem Paternoster-Prinzip ermöglichte den Einsatz von 1000–1200 Tonnen fassenden Transportern (üblich waren 299–350-Tonner), die sogar die größten Schiffe der Venezianer in der Frühen Neuzeit übertrafen. Wenn die archäologischen Funde von Schiffwracks nicht trügen, erreichte das Seehandelsvolumen zwischen 200 v. und 200 n. Chr. Höhen, wie sie erst wieder im 16. Jahrhundert n. Chr. erzielt wurden; zeitsparende Fahrten über große Distanzen über das offene Meer mit Zwei- und vielleicht sogar Dreimastern sogar im Winter gehörten zum vertrauten Bild.[7]

All diese Faktoren zusammen – die günstige außenpolitische Gesamtlage, rechtliche und politische Stabilität im Innern, der stete Zufluss und die Bereitstellung liquider Mittel, eine allgemeine Produktionssteigerung, technische Erfindungen im Schiff- und Hafenbau sowie nicht zuletzt ein für vormoderne Gesellschaften ungewöhnlich hoher Grad an elementarer Bildung und Schriftlichkeit bewirkten, dass das Imperium sich unter den Kaisern der ersten Jahrhunderte zum produktivsten und wirtschaftlich fortgeschrittensten Reich der Antike entwickelte mit einer Konzentration von Ressourcen und Handelsenergien in einem globalen Raum, wie sie erst wieder die Zeit der transatlantischen Großreiche Europas im 17. und 18. Jahrhundert erlebte.[8]

Treibender Faktor des Aufschwungs blieben die superreichen Großgrundbesitzer in Rom und Italien. Dabei fanden auch Menschen außerhalb des Senatoren- und Ritterstandes Zugang zu vorher nicht gekannten Reichtümern. Symbol der ungeahnten Möglichkeiten wurden die Freigelassenen, die häufig im Auftrag oder mit Protektion ihrer ehemaligen Herren und ausgestattet mit einer durch ihre Herkunft begründeten Risikobereitschaft, Multilingualität und Mobilität auf den verschiedensten Geschäftsfeldern – als Leiter größerer Bauvorhaben, Geldverleiher, Steuerpächter, Großkaufleute oder Reeder – vom »Schuhputzer zum Millionär« aufstiegen (aber auch große Verluste erlitten).[9] Mehrere Indizien weisen ferner darauf hin, dass sich unterhalb der Reichselite eine wohlhabende Mittelschicht bildete, die immerhin rd. 10% der Gesamtbevölkerung umfasste, und dass die Masse der Bevölkerung einen höheren Lebensstandard genoss als in den Jahrhunderten zuvor. Auch der kleine Bauer konnte von den neuen Agrartechniken durch (gemessen an der Ertragssteigerung) geringen Mitteleinsatz profitieren. Der Fleischverzehr – im Mittelmeerraum ein wichtiger Indikator von Prosperität – nahm zumindest in Italien zu.[10] Nach Ausweis archäologischer Funde aus den westlichen Provinzen wurden große Teile der Reichsbevölkerung von einer regelrechten »Konsumrevolution« erfasst. Sie schlug sich in einer wachsenden Nachfrage nach Produkten nieder, die nur über große Entfernungen von jenseits der Reichsgrenzen zu beschaffen waren.[11]

Der Hunger nach fernöstlichen Produkten

Spätestens seit den Feldzügen des Lucullus und Pompeius fanden fernöstliche Gewürze und Aromatika ihren Weg in den Haushalt der Reichen (s. o. S. 309); mit Augustus erweiterte sich der Warenstrom auf breitere Schichten. Horaz bezeichnete Pfeffer noch als selten und teuer. Eine Generation später verfeinerte er das Speiserepertoire auch des »normalen« Bürgers. Nach Aussage pompeianischer Graffiti gehörte er zu den täglichen Verbrauchsgütern einer dreiköpfigen Familie, auch wenn ein Pfund Pfeffer immerhin 32 mal so viel wie ein Pfund Brot kostete.[12] Besonders für die Speisen der Reichen war Pfeffer unverzichtbar. Die Rezepte des Apicius nennen regelmäßig Pfeffer als Gewürz in großen Mengen.[13] Auf der Grundfläche der *horrea piperataria* in Rom konnten bis zu 5.800 Tonnen Gewürze in einem Gesamtwert von rd. 240 Millionen Sesterzen gelagert werden; rein statistisch verbrauchte damit jeder fünfte Reichsbewohner ein Pfund.[14] Pfeffer (und Weihrauch) wurde von dem 25-prozentigen Importzoll ins römische Wirtschaftsgebiet befreit, offenbar weil der Kaiser sich als Patron des Volkes in die Pflicht genommen fühlte, aber vor allem, weil er die Versorgung des Heeres sicherstellen und finanzielle Belastungen von ihm fernhalten wollte: Denn selbst die Legionäre an den fernen Nordgrenzen mochten auf Pfeffer nicht verzichten, wie Funde aus dem augusteischen Militärlager in Oberaden sowie später aus Vindolanda am Hadrianswall beweisen; ein Pfefferstreuer in Form eines schwarzen Sklaven aus Nordfrankreich zeigt die Präsenz des Gewürzes am Atlantik.[15] Erst durch das Römische Reich wurde die Verfeinerung der Speisen durch Pfeffer und andere Gewürze in ganz Europa und im atlantischen Handelssystem heimisch gemacht.[16] Neben Pfeffer galten andere fernöstliche Gewürze und Pflanzenextrakte als Verbrauchsgüter der Eliten. Myrrhe, Weihrauch, Zimt sowie wohlriechende Öle wurden seit Urzeiten für Opferriten im Tempeldienst und Totenkult (nicht zuletzt aus hygienischen Gründen) eingesetzt. Bei Beisetzungen – so heißt es in einem Gedicht des 1. Jahrhunderts n. Chr. – erfüllten die Ernten Arabiens, Kilikiens, der Sabäer und Inder die Luft. Der Kaiserkult steigerte noch einmal den Bedarf.[17]

Nicht weniger wichtig waren fernöstliche Gewürze und Aromatika als Heilmittel und Gegengifte, ein Aspekt, der bereits in den ältesten Epen angedeutet wird: so, wenn Odysseus als Gegenmittel gegen die Zauberkünste Kirkes das Wunderkraut Moly anwendet. Indische Pflanzenextrakte galten für Ktesias als wirkungsvolle Antidoseis.[18] Mit den Kriegen gegen Mithridates im ersten vorchristlichen Jahrhundert drang das Wissen um die therapeutische Wirkung fernöstlicher Pflanzen nach Westen; ein aus 36 Gewürzen bestehendes Theriak-Rezept des Mithridates *(Mithridaticum)*, das durch tägliche Einnahme angeblich gegen alle möglichen Gifte immunisierte, war in Rom bekannt.[19] Seit der Späten Republik brachten die besten Ärzte des Ostens die hoch entwickelte hellenistische Medizin sowie zahlreiche therapeutische Drogen und Heilsalben an den Tiber. Die Enzyklopädie des Cornelius Celsus (1. Jh. n. Chr.) empfahl Pfeffer, Weihrauch und Myrrhe gemischt mit anderen Essenzen u. a. gegen Husten oder Krankheiten der Leber.[20] Dioskurides aus Kilikien erklärte in seiner Schrift *De materia medica*, wie man Myrrhe, Zimt, Cassia, Narde und Malabathron als Heilmittel oder zur Herstellung von Heilmitteln für die Wundreinigung, zur Abwehr von Infektionen und als Gegenmittel gegen Gifte verwenden könne.[21] Selbst gewürzte Weine dienten therapeutischen Zwecken: Rosenwein gegen Magenschmerzen und Durchfall, Myrthenwein gegen Zahnfleisch- und Mandelschwellung, Myrrhe- und Pfefferwein gegen Katarrh und Husten, Wein aus Narde und Malabathron gegen Nieren- und Leberleiden sowie Gelbsucht.[22]

Die Häufigkeit und Beiläufigkeit, mit der die Quellen auf fernöstliche Heilprodukte anspielen, lassen darauf schließen, dass sie in großer Menge zur Verfügung standen. Dabei war die Grenze zwischen seriösen Heilanwendungen und Quacksalbertum fließend. Römische Schriftsteller empfahlen exotische Essenzen als Aphrodisiaka, und natürlich wurden wohlriechende Salben und Öle zur Körperpflege verwendet: Was für den kleinen Mann eine seltene Ausgabe für Notzeiten (Krankheit) oder feierliche Anlässe (Begräbnisse) war, bildete für die Reichselite den unverzichtbaren Bestandteil eines neuen Lebensstils: Als Kaiser Nero einen Gast mit einer kostbaren Essenz besprengen und salben ließ, konterte der Beglückte mit einer Gegeneinladung in einen Raum, aus dessen seitlich angebrachten goldenen und silbernen Röhren wohlriechende Salben hervorströmten.[23]

Das Beispiel zeigt bei aller Überspitzung, in welchen Mengen fernöstliche Aromatika und Wundersalben verbraucht und wie schnell sie beschafft wurden.[24] Die Eliten besaßen weniger politische Gestaltungsmöglichkeiten in Rom, gaben aber Unsummen aus, um ihren gesellschaftlichen Status mit der Zurschaustellung von exotischen Kostbarkeiten und Luxusgütern zu dokumentieren. Sie fanden zwar nicht ausschließlich (auch Bauern trugen Bernsteinschmuck, Dienstmädchen benutzten Silberspiegel), aber in wachsender Menge Eingang in die Villen der Superreichen, genauso wie Papageien und Elfenbeinstatuetten aus Indien bald zum gewohnten Anblick eines senatorischen Haushaltes gehörten und Zeichen eines exotischen Luxus waren, den sich nur die Reichen leisten konnten.[25]

Die meisten Luxusgüter kamen aus dem Osten, der schon immer für seinen verschwenderischen Lebensstil berüchtigt war. Dementsprechend beklagen römische Autoren den vermeintlich einseitigen Geldabfluss, weil sie sich um den moralischen Verfall der Sitten ihrer Mitbürger sorgen.[26] *Ein* Trend schien besonders bedenklich: Schon in der Späten Republik konnte man in dem vornehmen Viertel *vicus Tuscus* chinesische Seide erwerben. Die neuen Stoffe gaben mehr frei, als sie verbargen, passten sich allerdings den Sommertemperaturen perfekt an. In der Frühen Kaiserzeit waren Seidentextilien in der höheren Gesellschaft so verbreitet, dass im Jahre 16 n. Chr. ein Senatsbeschluss den Männern das Tragen des »entehrenden« Stoffes verbot. Gehalten haben sich daran nicht viele, am wenigsten die Kaiser: Caligula war *seriacus* (seidengekleidet), Vespasian und Titus trugen seidene Togen bei Triumphzügen, Heliogabalus trat angeblich ausschließlich in Seidengewändern auf.[27]

Die kaiserliche Kriegspolitik

Manche Forscher meinen, der enorme Bedarf der Eliten nach fernöstlichen Waren habe sogar die kaiserliche Kriegspolitik beeinflusst. Als Belege dienen die Feldzüge, die der ägyptische Präfekt Aelius Gallus im Jahre 25 v. Chr. und Gaius Caesar, der Enkel und Adoptivsohn des Augustus, im Jahre 1 v. Chr. führten (s. o. S. 340). Beide hätten dazu gedient, dem Kaiser einen direkten Zugriff auf die Weihrauchgebiete Arabiens zu verschaffen und den Indienhandel besser zu kontrollieren.[28]

Gallus segelte mit einer neugebauten Flotte aus einem Hafen nahe Suez[29] nach Leuke Kome und marschierte dann mit 10.000 Mann sowie der Unterstützung eines Hilfskontingentes der arabischen Nabatäer entlang der Westküste der Arabischen Halbinsel auf die Fürstentümer im Südjemen zu. Als Ziel vermutet man das Königreich der Himyar, die kurz zuvor die Häfen Aden und Mesala unter ihre Kontrolle gebracht hatten. Er kam nach der Einnahme mehrerer Städte allerdings nur bis Mariba (Marib), Hauptstadt der Sabäer (nahe Sama). Hier musste er nach gescheiterter Belagerung den Rückzug antreten. Die Gewinnung von Weihrauch kann allerdings kaum der Grund für die Anstrengungen gewesen sein, denn auf dem Gebiet der Sabäer wurde er gar nicht angebaut, und ebenso wenig engagierten sich die Sabäer im Weihrauchhandel. Dagegen waren sie als sehr kriegerisches Volk bekannt![30]

Über 20 Jahre später schickte der Kaiser seinen Enkel Gaius »zur Regelung der parthischen und arabischen Angelegenheiten« *(ad Parthicas Arabicasque res)* nach Osten.[31] Offensichtlich sollte der Orientfeldzug Gaius die Gelegenheit geben, sich als präsumtiver Nachfolger des Augustus in Szene zu setzen und bei den Truppen beliebt zu machen.[32] Mit den »parthischen Angelegenheiten« war die Thronnachfolge in Armenien gemeint, doch Gaius konnte keine endgültige Entscheidung im prorömischen Sinne erzielen, weil er eine tödliche Verwundung erlitt. Vorher hatte er sich nach

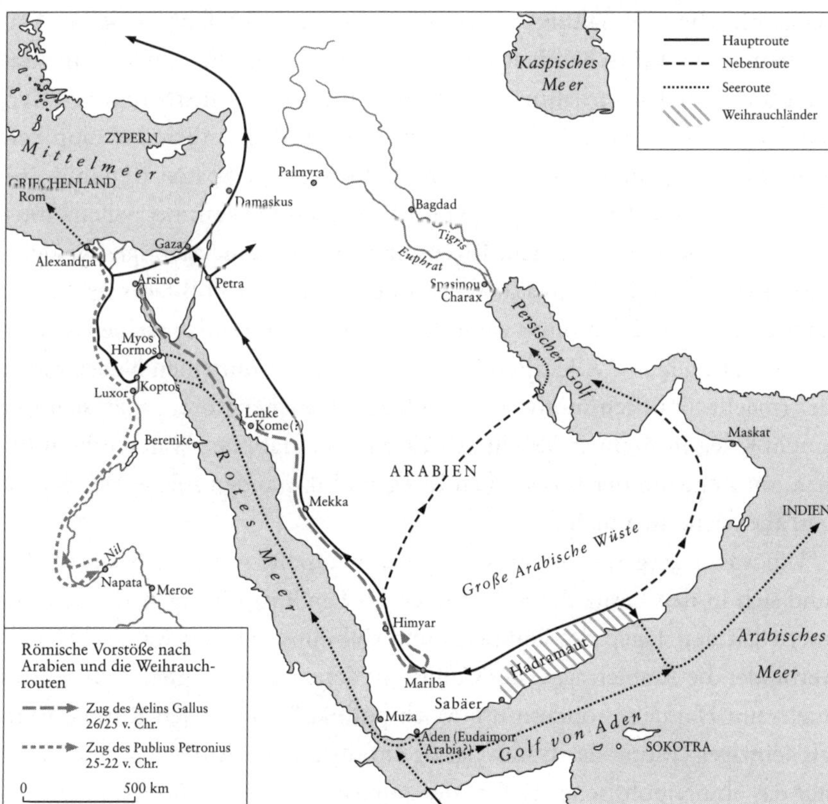

Arabien gewandt, um »Ruhm zu erwerben«. Manche kombinieren diese Angabe mit dem Hinweis anderer Quelle und glauben, dass er *Eudaimon Arabia* (Aden) zerstörte und Informationen über den Weihrauchbaum sammelte.[33]

Kann man nun aber aus diesen Hinweisen schließen, dass Augustus neben dem Kalkül, seinen Adoptivsohn als Nachfolger aufzubauen, »kommerzielle Interessen« verfolgte, dass er fremde Hafenstädte zerstören sowie arabische Königtümer erobern oder einschüchtern wollte, weil sie römische Handelsinteressen behinderten und weil er römischen Händlern neue Erwerbsmöglichkeiten eröffnen wollte? Abgesehen davon, dass die Zerstörung von Aden durch Gaius auf einer unsicheren Quellenkombination beruht[34] – was hätte er »handelspolitisch« damit gewonnen? Sollten römische Militärs und Kaufleute den Hafen besetzen und die Rolle der einheimischen Händler und Seefahrer übernehmen?

Das ist angesichts ihrer Unkenntnis der komplizierten maritimen und geographischen Verhältnisse sowie ihrer völligen Unerfahrenheit im Arabienhandel unwahrscheinlich. Und das unterscheidet die Situation in Arabien auch von den Verhältnissen in Gallien und dem rechtsrheinischen Germanien, wo römische Händler den römischen Waffen zeitlich und räumlich weit vorausgingen. Zweifellos haben Feldherren der Späten Republik bei der Planung und Durchführung von Feldzügen die »kommerziellen« Interessen ihrer Klienten aus dem Ritterstand mit zu berücksichtigen gesucht. Caesar rühmte sich, die *mercatores* von den gallischen Zollstationen befreit zu haben.[35] Marcus Antonius wollte mit seinem Partherkrieg »seinen Rittern Profit verschaffen«.[36] Allerdings bildeten diese Ziele nur einen Nebenaspekt der (macht-)politisch motivierten Feldzüge. Mancher Römer mag sich mit einem Krieg in Arabien verbilligten Zugriff auf arabische Waren erhofft haben; im Zentrum der kaiserlichen Kriegspolitik standen solche Überlegungen aber sicherlich nicht.[37]

Um was es ging, sagt Strabon: Augustus wünschte *Arabia Felix* zu erobern und sich in den Besitz der Reichtümer des Landes zu bringen, die den Römern seit den Tagen des Pompeius und Gabinius bekannt waren.[38] Plinius verbindet die Arabienpläne des Gallus mit denen in Armenien; dort ging es nicht um Handels-, sondern um Machtpolitik. Wenn er den Ruhmerwerb als (einziges) Motiv des Gaius Caesar anführt, dann deutet das zum einen auf das »innenpolitische« Kalkül des Augustus, seinen Adoptivsohn als designierten Nachfolger zu stärken. Weiterhin zeigt sich, dass die Arabienfeldzüge in der Tradition römischer Kriegspolitik auf militärische Erfolge und die Eroberung neuer Territorien zielten; mit beiden musste Augustus seine Machtstellung legitimieren; nicht ohne Grund rühmt sich der Prinzeps in seinen *Res Gestae*, dass zwei Armeen unter seinen Auspizien nach Aithiopien und Arabien gezogen seien, viele Schlachten gewonnen und Städte erobert hätten.[39] Von Handel ist nirgends die Rede, was allein zählt, ist imperialer Ruhm *(gloria)*.

Nicht zufällig ähnelten die Feldzüge des Gallus und des Gaius den Arabienplänen Alexanders; vielleicht zielten sie nicht nur auf eine Eroberung des Landes, sondern auch auf dessen Umsegelung. Augustus beauftragte Isidor von Charax und Iuba von Mauretanien damit, »Memoranden« über Arabien und Parthien zu verfassen, so wie Alexander vor der Eroberung Arabiens das Land erkunden ließ. Wie in Alexanders Armee Gelehrte die Botanik des fernen Ostens studierten, so ließ Gaius Informationen über den Weihrauchbaum sammeln und stellte sie Iuba zur Verfügung.[40]

Nun bewegten sich solche Alexanderimitationen nie in einem machtpolitisch leeren Raum. Wenn Plinius die Armenienfrage so eng mit der Arabienexpedition des Gaius verband, darf man schließen, dass sie auch vergleichbare Ziele verfolgten: nämlich die Schwächung der Parther. Beide Feldzüge sollten die römische Position in Arabien stärken, indem sie partherfreundliche Fürstentümer zerstörten und romfreundliche unterstützten. Das Unternehmen des Gallus war wahrscheinlich Teil eines strategischen Konzepts, das Partherreich über die Eroberung seiner arabischen Klientelfürstentümer (v. a. die Hadramiter) einzukreisen.[41] Eine vergleichbar großräumige Politik verfolgte Augustus im Westen gegenüber Marbod.

In diesem Rahmen wird man den Gallusfeldzug als eine Art Test verstehen: Er sollte die Möglichkeit einer Provinzialisierung Südarabiens ausloten; das meint Strabon, wenn er schreibt, Augustus habe *Arabia Felix* erobern wollen. Der »gescheiterte« Feldzug belehrte den Kaiser darin, dass die schwierigen Anmarschwege und die komplizierte Versorgungslage eine Ausweitung des direkten Herrschaftsgebietes von Ägypten aus, auf die schon die Ptolemäer verzichtet hatten, wenig erfolgversprechend machten. Offenbar erkannte Augustus wie später in Germanien, dass die finanziellen Gewinne einer direkten Herrschaft den enormen Einsatz an militärischer Energie und logistischem Aufwand nicht aufwogen. Dementsprechend begnügte er sich mit einer Politik, die sein Nachfolger Tiberius auch im freien Germanien verfolgte (s. o. S. 348). Er setzte auf »Klientelkönige«, die auch tatsächlich nach dem Gallusfeldzug Gesandtschaften an den Kaiserhof schickten und um die Begründung einer *amicitia* nachsuchten, hielt sich aber die Möglichkeit offen, Strafexpeditionen gegen missliebige Mächte zu führen, die militärischen Ruhm ermöglichten.[42]

Finanzielle Interessen, aber keine Handelspolitik

Erkundungsfeldzüge, Strafexpeditionen und die Begründung von Freundschaftsbeziehungen mit arabischen Kleinkönigen dienten dazu, den Einfluss Roms in den südlichen Gewässern zu stärken, und sie schließen finanzielle Interessen natürlich nicht aus: Wenn Strabon sagt, der Kaiser habe sich die Reichtümer Arabiens sichern wollen, dann meint er hiermit zunächst einmal Kriegsbeute[43]; sie motivierte die Legionäre, die nach Ende der Bürgerkriege im Reichszentrum beschäftigt und belohnt werden mussten. Viele hofften sicherlich auf stattliche Mengen an Myrrhe und Weihrauch, die den begleitenden Händlern verkauft und später als Tribute eingezogen werden konnten. Dass aber Gallus und Gaius über Land nach Arabien zogen, um die Weihrauchstraße sowie den Indienhandel unter Kontrolle zu bringen und arabische Mittelsmänner auszuschalten, ist schon deshalb unwahrscheinlich, weil der Weihrauchhandel fast ausschließlich über See abgewickelt wurde und sich auch der Indienhandel von arabischen Zwischenstationen wie Aden zu lösen begann und direkt über das Meer führte.[44] Rom besaß aber keine staatliche Handelsflotte[45], es gab auch keine »Staatsunternehmen«, die nach Art neuzeitlicher Handelskompanien die Außenpolitik hätten beeinflussen können. Es fehlen ferner Anzeichen für eine Fortführung des ptolemäischen Handelsmonopols oder für den Versuch, die Handelsströme in irgendeiner Weise zu lenken oder neue Märkte zu erschließen. Schon das ungewöhnliche Engagement der Ptolemäer im Roten Meer hatte militärische und finanzielle, nicht ökonomische Gründe (s.o.S. 295, 304).[46]

Die Interessen der Kaiser waren demnach nicht merkantilistischer, sondern fiskalischer Natur: Nachdem Augustus Ägypten zu seinem Kronbesitz (offiziell: zum Besitz des römischen Volkes) erklärt hatte, war es nur folgerichtig, so große Gewinne aus dem Land und seinen Nachbarräumen abzuziehen wie möglich. Es ging dabei in erster Linie (wenn nicht ausschließlich) um die Maximierung der Zolleinnahmen an den Außengrenzen, die mit 25% auf den Güterwert erhebliche Einnahmen versprachen; die Erlöse aus dem Fernhandel mit Südarabien, Ostafrika und Indien wurden jüngst für den Beginn des 2. Jahrhunderts n. Chr. auf jährlich rund 200 Millionen Sesterzen geschätzt; damit hätte man fast die gesamte Reichsarmee für ein Jahr besolden können! Hinzu kamen interprovinziale Zölle von 2,5 %.[47]

Dass unter diesen Umständen die Kaiser an einem reibungslosen Seehandelsverkehr interessiert waren und ihn vor Piratenüberfällen und Zugriffen feindlicher Mächte zu schützen suchten, liegt auf der Hand. Auch deshalb hat Augustus so viele arabische (und vielleicht auch indische) Kleinkönige in seine *amicitia* aufgenommen; deshalb gab es wohl schon im 1. Jahrhundert römische Kriegsschiffe im Roten Meer; wir finden Soldaten bei der Überwachung lokaler Märkte, bei der Steuererhebung, dem Schutz der ägyptischen Karawanen (mit Luxusgütern!) und sogar als »supercargos« auf den Schiffen; im 2. Jahrhundert wurde ein römischer Militärstützpunkt (Präfektur) auf einer Hauptinsel des Farasan-Archipels im Süden des Roten Meeres eingerichtet; eine seiner Aufgaben dürfte der Schutz der Handelsschiffe vor Piraten gewesen sein; andere vermuten, dass die Präfektur eine Zollstation beherbergte und der Präfekt und seine Soldaten den Warenschmuggel schon bei der Einfahrt ins Rote Meer bekämpfen sollten.[48]

All das hat jedoch nichts oder allenfalls indirekt etwas mit »Handelspolitik« oder der »Steuerung von Handelsabläufen« zu tun, sondern vor allem mit der Steigerung der Staatseinnahmen. Abgesehen davon, dass die Sicherung der innerprovinzialen Produktionszentren und Verkehrswege (vor Räubern und Piraten) eine selbstverständliche Aufgabe der römischen Amtsmacht war, dienten der Schutz der Gold- und Edelsteinminen in der Wüste westlich des Roten Meeres, die hiermit verbundene Kontrolle von Handel und Transport sowie der Märkte und Zollstationen in erster Linie dazu, die Staatseinnahmen zu vermehren, nicht zuletzt zur Finanzierung der Armee. Denn der Schutz war nicht kostenlos: So verkauften römische Soldaten im Auftrag des Kaisers Pässe zur Benutzung der zentralen Karawanenrouten über Koptos.[49] Wie die Errichtung einer römischen Zollstation im nabatäischen Rotmeerhafen Leuke Kome (an der Küste von Hejaz) zeigt, brauchte man zur Vermehrung der Zolleinnahmen nicht einmal fremdes Land zu erobern.[50] Bezeichnenderweise investierten die Kaiser in den Auf- und Ausbau solcher Zollstationen, in Forts und Straßen sowie in eine Küstenflotte zum Schutz der Steuer- und Minenerträge (vor Piraten), nicht aber in die Infrastruktur der für den Indienhandel so wichtigen Rotmeerhäfen.[51] Selbst der von Trajan wiedereröffnete »Suez-Kanal« wird von den Quellen nur ein einziges Mal im Zusammenhang mit dem Indienhandel erwähnt; er diente deshalb wahrscheinlich wie schon unter den Persern strategischen Zwecken.[52] Als Trajan während seines Partherkrieges im Jahre 116 n. Chr. die bedeutendste Hafenstadt des Persischen Golfes Spasinou Charax eroberte, zählten ökonomische oder handelspolitische Aspekte wenig: Er sonnte sich vielmehr in dem Gedanken, eine von Alexander gegründete Stadt erreicht zu haben! Der Kaiser habe den Krieg begonnen, um militärischen Ruhm zu erwerben, und als er die nach Indien in See stechenden Schiffe sah, träumte er von den Eroberungen Alexanders, nicht aber von Handelsgewinnen, die die Kapitäne erzielen mochten.[53]

Nun kann man freilich argumentieren, dass die Quellen »profane« Motive wie Handelsgewinne bewusst unterdrücken, weil sie dem militärischen Ruhm der Kaiser widersprechen. Und es gibt recht späte und vage Andeutungen, die über die Vorteile eines von der römischen Macht kontrollierten »Welthandels« spekulieren.[54] Gerne verweist man auf die Klagen kaiserzeitlicher Autoren über den Abfluss von Edelmetall (s.o.S. 360) und möchte von ihnen auf eine negative Handelsbilanz schließen, die den Kaiser zum Eingreifen veranlasste. Solche Kombinationen halten jedoch angesichts des literarischen Kontextes und des Fehlens serieller Quellen der Prüfung an der Realität kaum stand. Es ist überhaupt fraglich, ob ein einseitiger Abfluss stattfand: Die römischen Eliten gaben zwar viel Geld aus für den Erwerb und Konsum östlicher »Luxusprodukte« – das ist für Plinius Grund zum Klagen –, doch real verließ wohl nur ein kleiner Teil das Reich, weil er in den Taschen römischer Zwischenhändler und Steuerpächter landete und durch Steuer- und Zolleinnahmen in die kaiserliche Kasse zurückfloss (was freilich die kaiserliche Verwaltung im Einzelnen nicht nachvollziehen konnte).[55] Rechnet man den durchschnittlichen Warenwert eines Indienfrachters von neun Millionen Sesterzen auf die 120 Schiffe um, die jährlich von Myos Hormos in See stachen, dann verließen das Reich pro Jahr für Indien bestimmte Exportwaren von rd. 108 Millionen Sesterzen; im Gegenzug kehrten jedoch Güter im Mindestwert von 1.080 Millionen Sesterzen zurück, was dem Staat mehr als 300 Millionen Sesterzen pro Jahr an Zolleinnahmen einbrachte – eine gewaltige Summe, wenn man bedenkt, dass die Gesamtausgaben des Staates auf rd. 800 Millionen pro Jahr kalkuliert werden.[56]

Insofern wird verständlich, weshalb der Kaiser zwar öffentlich den Klagen der stoischen Moralapostel zustimmte, aber faktisch nichts tat, um den Handel mit östlichen Luxuswaren zu unterdrücken und den vermeintlichen

Geldabfluss zu stoppen – er hätte sich damit einer seiner wichtigsten Einnahmequellen beraubt. Es mag sein, dass die kaiserliche Familie ihre Freigelassenen mit gutem Silbergeld versorgte, um sich Waren aus Übersee bevorzugt zu verschaffen. Solches Handeln entsprang jedoch dem »privaten« Bedürfnis nach östlichen Produkten, nicht einer staatlichen Handelspolitik.[57]

Gewinne und Kosten des Indienhandels

Der Handel mit fernöstlichen Produkten verlief demnach weitgehend unabhängig von staatlichen Direktiven.[58] Militärische Eroberungen und machtpolitische Veränderungen setzten den Rahmen, doch private Geldgeber, Verbraucher und Händler bestimmten die Quantität, die Konjunkturen und räumliche Richtung der Warenströme. *Sie* trieben den Entdeckungsfortschritt im Ostmeer voran, so wie ja auch in früherer Zeit die Suche nach exotischen Heilpflanzen und Aromatika ein wichtiger Motor von Fernerkundungen war. Der wesentliche Unterschied zu früher waren die steigenden Verdienstmöglichkeiten und die Verdichtung der Handelsströme über große Entfernungen. Man wird sich zwar davor hüten, das Volumen des Indienhandels der Kaiserzeit zu überschätzen: Er machte nur einen Bruchteil im Vergleich zum Gesamthandel im Reichsinnern aus.[59] Dennoch eröffneten Handelsunternehmungen mit Indien die Chancen auf extrem hohe (angeblich bis zu 10-fache) Gewinne – weil die reichen Abnehmer bereit waren, erhebliche Summen zu zahlen. Aber gleichzeitig verlangten sie wegen der Länge der Transportwege, der Risiken (infolge von Piraterie und naturalen Gefahren) und der großen Zahl von Zwischenhändlern sowie Hafen- und Zollgebühren einen großen Kapitaleinsatz, in der Regel mehrere Millionen Sesterzen.[60] Moderne Kalkulationen gehen davon aus, dass eine Schiffsladung Pfeffer, die in Rom einen Verkaufswert von rd. 4.000.000 *denarii* (16 Millionen Sesterzen) besaß, mehrere Millionen Sesterzen im Voraus erforderte. Sie mussten u.a. für den Einkaufspreis in Indien, den in den Rotmeerhäfen oder in Alexandria erhobenen 25-prozentigen Importzoll auf den Warenwert *(ad valorem)* sowie Gebühren für den Hafenservice *(ellimenion)*, die in den Mittelmeerhäfen verlangten Taxen für die angelandete und wieder an Bord genommen Ware *(eisagoge/exagoge)* sowie für Kameltransporte aufgewendet werden, wobei Pfeffer nicht einmal das teuerste Einkaufsprodukt war.[61] Nach Aussage eines im indischen Hafen von Muziris geschlossenen

Darlehensvertrages besaß eine in Indien zusammengestellte Schiffsladung (unter anderem 4700 Pfund Elfenbein und 790 Pfund Textilien) den Wert von rd. 9 Millionen Sesterzen, der sich nach Abzug der Zollgebühren von 2 Millionen (!) auf 7 Millionen verringerte; eine ganze Legion kostete pro Jahr 12 Millionen Sesterzen![62]

Einzelne Händler und ihre Familien konnten solche Summen nicht aufbringen, weil sie anders als die Handelskompanien der Neuzeit nicht über einen fixen Kapitalstock verfügten. Stattdessen mussten sie sich zu *consortia* oder *societates* zusammentun und für jede größere Transaktion durchschnittlich vier oder fünf Geldgeber zusammenbringen. Bei einer üblichen Indienfracht (von 1 Million Sesterzen) musste jeder über ein Schiffsdarlehen (*pecunia traiecticia*) 200.000 Sesterzen zahlen, es gab aber wohl auch niedrigere Einlagen ab 20.000 Sesterzen. Je mehr Partner und je größer die Zahl der finanzierten Schiffe, desto geringer fiel das Risiko durch Verluste aus.[63] Es gibt aber auch Beispiele dafür, dass ein Finanzier aus der ritterlichen oder senatorischen Elite mehrere Kaufleute zur Durchführung des Unternehmens versammelte oder seine Geschäfte über Freigelassene abwickelte.[64] Wahrscheinlich spezialisierten sich parallel eine Reihe von Familien auf den Geldverleih und die Kreditübertragung mit transregionalen Kontakten nach Alexandria und in die großen Rotmeerhäfen.[65]

Solange die Zinsraten für Darlehen und Kredite (nach dem gesetzlichen Höchstzinssatz) mit 1% pro Monat (10% für die gesamte Indienfahrt) vergleichsweise niedrig waren sowie Kapital in so großen Mengen wie zur Zeit des Augustus zur Verfügung stand, scheint es trotz der enormen Zeitspanne zwischen getätigter Einlage und Verkaufsgewinn (eine Fahrt von Puteoli oder Ostia nach Indien und zurück dauerte durchschnittlich zehn Monate) kein Problem gewesen zu sein, genügend Darlehensgeber zu finden, zumal diese im Falle von Totalverlusten (durch Sturm und Piraterie) abgesichert waren oder die reichen Geldgeber die Risiken auf ihre freigelassenen Mittelsmänner abwälzten; dass der hohe Importzoll von 25% den Handel mit indischen Luxuswaren (außer Pfeffer) nicht »abwürgte« (die Rate entspricht heutigen Strafzöllen), zeigt zudem: es muss immer noch genügend Endkonsumenten gegeben haben, die fähig und bereit waren, die steigenden Preise zu zahlen.[66]

Die Schiffe der Indienfahrer

Als jedoch die Kreditzinsen unter Tiberius allmählich stiegen und schließlich ein für die Darlehensnehmer und Händler kritisches Niveau erreichten sowie erste Anzeichen von Bargeldmangel (erstmals offenbar im Jahre 30 n. Chr., dann wieder unter Nero) sich offenbarten, mussten die Kaufleute nach neuen Wegen suchen, um die Gewinnspannen auch im Sinne der Geldgeber und Anteilseigner hoch zu halten.[67] Ein in der Antike wie in der Neuzeit üblicher Weg war es, die Transporttonnage einer Einzelfahrt zu erhöhen. Die Veränderungen des Handelschiffbaus in der frühen Kaiserzeit bildeten in dieser Hinsicht eine wichtige Voraussetzung für den Boom des Indienhandels. Nach Ausweis archäologischer Funde aus den Rotmeerhäfen Myos Hormos und Berenike dürften zumindest einige der in den Indischen Ozean segelnden Schiffe vom gleichen Bautyp wie die im Mittelmeer eingesetzten Schiffe gewesen sein.[68] Während im Mittelmeer eine mittlere Größe von 60 bis 80 Tonnen (außer den Getreideschiffen) die Regel bildete und auch im Indischen Meer vorkam, waren römische Zweimaster (vielleicht sogar Dreimaster) mit einer Tonnage von bis zu 500 Tonnen in den Häfen des Roten Meeres und den Gewässern bis in den Golf von Bengalen keine Seltenheit, wie Graffiti und literarische Notizen beweisen. Sie waren wegen ihres robusten Rumpfes und ihrer stabilen Bauweise offenbar den arabischen Booten *(madarate)* überlegen und besser gefeit gegen Wind und Stürme, die während des (Südwest-)Monsuns Stärken von 7 bzw. 10 erreichten. Das minderte Verlustrisiken und erlaubte die Aufnahme zusätzlicher Söldner und Bogenschützen zur Piratenabwehr.[69]

Ein weiterer Kosten senkender (weil Material und Zeit sparender) Faktor bestand im Übergang von der Schalen- zur Skelettbauweise: Ein Handelsschiff von 300 Tonnen kostete im Mittelmeerraum rd. 400.000 Sesterzen, die untere Vermögensgrenze für den Ritterstand. Neubauten waren damit billiger als die Kosten vergleichbarer Einheiten des 15. und 16. Jahrhunderts n. Chr. und in jedem Falle weniger wert als die von ihnen im Indischen Meer transportierte Ware.[70] Wenn es dann noch gelang, die Zahl der Zwischenhändler zu verringern und selbst die von ihnen kontrollierten Routen zu nutzen[71] – so wie es ein römischer Ritter in der Zeit Neros auf der Bernsteinstraße tat –, dann lockten immer noch märchenhafte Gewinne.

Der Persische Golf und die arabischen Handelsnetze

Leicht war es freilich nicht: Die mediterranen Kaufleute stießen auf etablierte Netzwerke ausländischer Händler, die viel größere Erfahrung und weiter reichende Kontakte im Indischen Ozean besaßen. Der Warenverkehr im Persischen Golf – nach wie vor eine Drehscheibe des ost-westlichen Fernhandels – wurde fast vollständig von arabischen Händlern und Handelsstädten dominiert; römische Kaufleute im engeren Sinne sind in den Häfen des Persischen Golfes nicht nachgewiesen; doch gab es viele Männer aus der Oasenstadt Palmyra, die spätestens unter Tiberius Teil des Römischen Reiches war. Ihre Adligen organisierten, schützten und kontrollierten den Karawanenhandel, der sich vom Zweistromland über die Syrische Wüste nach Antiocheia bewegte (wo wahrscheinlich die über Palmyra laufenden Waren verzollt wurden). Darüber hinaus segelten palmyrenische Kaufleute in der Mitte des 2. Jahrhunderts n. Chr. vom mesopotamischen Königreich von Mesene aus dem Persischen Golf an die nordindische Westküste und waren in den Häfen des Roten Meeres wie auf den Karawanenrouten Ägyptens aktiv; ein Palmyrer war sogar Satrap des Mesenischen Königs auf Tylos (Bahrein).[72] Ihr Erfolg in den östlichen Häfen und Handelsrouten beruhte sicherlich auch darauf, dass sie als Untertanen des Imperiums *und* in den östlichen Verhältnissen erfahrene Einheimische wahrgenommen wurden (einige Palmyrener besaßen das römische Bürgerrecht) und sich über Generationen ein Netzwerk aufgebaut hatten, das von Westindien über den Persischen Golf, Südarabien und das Rote Meer bis in den Mittelmeerraum reichte.[73] Ihre Rolle als Mittelsmänner im syrischen Transithandel ließ sie an den Vorteilen der Golfroute partizipieren, die die längere Landroute durch die Wüste wettmachte: Die über das Königreich der Charakener und deren Haupthafen Spasinou Charax euphrataufwärts durch die syrische Wüste angelieferten Waren (Gewürze, Seide, Aromatika, exotische Tiere sowie indische Sklaven) erreichten wahrscheinlich schon im Frühjahr zu Beginn der mediterranen Schifffahrtssaison die Mittelmeerküsten, während die über das Rote Meer gelieferten Produkte im Herbst ankamen, weil diese wegen des Monsuns erst im November die indischen Küsten verlassen hatten. Die beiden Routen über den Persischen Golf und das Rote Meer konkurrierten somit nicht miteinander, sondern ergänzten sich und beließen den Akteuren vergleichsweise sichere Verdienste und Handlungsspielräume, über die der Mittelmeerraum zweimal im Jahr mit Fernwaren versorgt wurde.[74]

Ein zweiter bedeutender Akteur innerhalb der östlichen Warenströme waren die seit dem 1. Jahrhundert v. Chr. mit Rom verbündeten arabischen Nabatäer. Sie besaßen mit Leuke Kome einen Hafen am Roten Meer, zu dem lange vor dem Eingreifen der Römer nabatäische Kapitäne arabische Aromatika und indische Produkte heranschafften.[75] Rom erwartete von ihnen vor allem eine Bekämpfung der Piraten des Roten Meeres und eine aktive Unterstützung von Expeditionen in Arabien. So hatte sich der nabatäische Anführer Syllaios mit 1000 Kriegern am Feldzug des Aelius Gallus beteiligt (s.o.S. 360). Wenn Syllaios laut Strabon angeblich selbst die Kontrolle oder Herrschaft über Südarabien anstrebte[76], dann ist damit vielleicht die Hoffnung gemeint, ähnlich wie der palmyrenische Satrap auf Bahrein für den König von Mesene als Vertreter Roms die Aufsicht über das strategisch wichtige Gebiet in Südarabien übernehmen zu können.

Auch wenn es dazu nicht kam und Augustus stattdessen auf den Ausbau der *amicitia*-Verhältnisse zu einheimischen Fürsten und Kleinkönigen setzte, so haben die Nabatäer ähnlich wie die Palmyrener im Persischen Golf von der Anlehnung an die römische Militärmacht profitiert: Laut einer zweisprachigen Inschrift aus Sirwah (Jemen) konnten Nabatäer in der Zeit ihres Königs Harithat (= Arethas IV.) im ersten Jahrzehnt des 1. Jahrhunderts v. Chr. im Tempel des sabäischen Hauptgottes ihrem eigenen Gott eine Weihung darbringen[77]; derlei Privilegien deuten auf die längere Anwesenheit von Händlern oder Seefahrern in fremden Ländern hin. Trifft das auch in diesem Falle zu, dann hätten die Nabatäer ihre Handelskontakte im Windschatten der römischen Inbesitznahme Ägyptens und der fiskalisch-steuerlichen Interessen des Kaisers an einem Schutz der Rotmeerschifffahrt von der Sinaihalbinsel und Nordarabien bis in den Persischen Golf, wo ebenfalls nabatäische Händler unterwegs waren, und südwestlich über das Rote Meer bis nach Südarabien ausgedehnt. Die von Arabien, dem Roten Meer oder dem Persischen Golf kommenden Karawanenwege sammelten sich in ihrer Hauptstadt Petra, von wo aus die Warenströme zu den Mittelmeerhäfen gelenkt wurden; manche nabatäische Adlige besaßen Warenhäuser und Docks in Puteoli und Ostia und stießen sogar in den Atlantik vor.[78]

Alexandria, das Tor zum Osten

Angesichts der Dominanz arabischer und palmyrenischer Händler im Persischen Golf sowie auf den Karawanenwegen der arabischen Halbinsel erscheint es nur logisch, dass Ägypten und seine Rotmeerhäfen zur entscheidenden Ausgangsbasis mediterraner Händler wurden, die im indischen Ozean aktiv werden wollten. Verließen früher nach der Eudoxos-Expedition jährlich nicht mehr als 20 Schiffe die Häfen des Roten Meeres gen Osten, so machten sich nun ganze Flotten nach Indien auf, wie Strabon schreibt.[79] Ägypten bildete die zentrale Scharnierfunktion zwischen den drei großen maritimen Handelsräumen: dem Mittelmeer, dem Arabischen Meer und Indischen Ozean; es war trotz des machtpolitischen Aufstiegs südarabischer und aithiopischer Königtümer weniger von militärischen und außenpolitischen Krisen betroffen als der syrisch-mesopotamische Raum. Das Nilland avancierte zum wichtigsten Getreideexporteur in den Mittelmeerraum, und die Route zwischen Alexandria und Ostia war der am meisten frequentierte Seehandelsweg der Alten Welt. Gleichzeitig bildete Alexandria eine Durchgangs- und Sammelstation für arabische Aromatika und indische Gewürze sowie umgekehrt für mediterrane Waren in den fernen Osten: »Alexandria«, so Dio Chrysostomos, »liegt an der Verkehrskreuzung der gesamten Welt, und es versorgt die Welt wie der Markt eine Stadt versorgt. Es ist mit den entferntesten Völkern verbunden, und sein Markt bringt alle Arten von Menschen an einem Ort zusammen«.[80]

An der Spitze der Wunschliste indischer Fürsten und höherer Gesellschaftsschichten standen rote Korallen, Öl, Textilien (Leinen), Safran und hochwertige Glaswaren, während Wein offenbar nicht für die Inder selbst, sondern vornehmlich für die in Indien ansässigen mediterranen Händler gedacht war.[81] Ägypten exportierte eigene Handwerksprodukte aus Glas, Kupfer, Zinn, Gold- und Silberplatten, Korallen, Textilien; ferner Wein, Pferde und Maultiere sowie Getreide in die trockenen Gebiete Südarabiens[82] und verarbeitete umgekehrt östliche Waren (Weihrauch, Myrrhe und Textilien, v.a. Seide) für den Weiterexport in den Westen.[83] Alexandria konnte auf diese Weise auch nach Verlust seines Status als Residenzstadt der Ptolemäer seine Funktion als wichtigste Handelsmetropole des Ostens nicht nur wahren, sondern sogar ausbauen. In der Kaiserzeit gehörte Alexandria mit rd. 500.000 Einwohnern zu den größten Städten der Welt.

Auch Händler unterhalb der reichen Elite machten gute Geschäfte und kooperierten mit Kaufleuten jeder Herkunft: Griechen, Syrern, Juden, Arabern und Indern genauso wie mit Männern aus Ost- und Westafrika; umgekehrt waren Alexandriner in fast allen Häfen des Mittelmeerraums, natürlich auch in Ostia, anzutreffen.[84] Kaufmannsfamilien aus Puteoli wie die *Peticii* oder die *Annii* besaßen in Alexandria oder in den Handelszentren am Nil Verwandte oder Freigelassene, die ihre Geschäfte vor Ort besorgten.[85] Im Falle der *Peticii* war die älteste nachweisbare Generation zunächst im Getreidehandel, die folgende im Weinhandel tätig, bis sich die letzte auch auf östliche Waren konzentrierte. Vermutlich haben deshalb schon in frühkaiserlicher Zeit die großen puteolanischen Handelshäuser ihre Aktivitäten im Getreidetransport mit dem Export von (kampanischem) Wein und dem Import östlicher Waren kombiniert und mit den in Puteoli oder anderen Hafenzentren ansässigen und weltweit aktiven Bankiersfamilien und Geldgebern zusammengearbeitet, um die Kosten aufzubringen und die Risiken zu verteilen.[86]

Der Periplus des Roten Meeres

Aus dem gesteigerten Interesse der italischen Händler am Handel mit fernöstlichen Produkten ist nun aber keineswegs zu schließen, dass sie stets selbst an Bord ihrer Schiffen in See stachen und das Indische Meer durchkreuzten. Die in den Quellen erwähnten Seefahrer tragen durchweg griechische Namen; es sind in Syrien oder Alexandria ansässige Kaufleute, die sich aufs Meer Richtung Indien wagen. Selten transportierten dagegen italische Händler eigene Schiffe ins Rote Meer. Ein Neubau am Roten Meer war wegen der Holzarmut Ägyptens teuer und zeitaufwendig, Materialien und zerlegte Schiffe mussten an die Rotmeerhäfen transportiert werden.[87] Nur ein General des Augustus wie Aelius Gallus hatte die Möglichkeit, sich in Clymsa 80 Kriegsschiffe und 130 Transportschiffe zu bauen.[88] Wenn italische oder in Ägypten ansässige Geschäftsleute eigene Schiffe im Roten Meer besaßen, dann war ihre Zahl geringer; mitunter teilte man sich den Besitz eines Schiffes.[89] Größere Einheiten wurden häufiger an den Rotmeerhäfen gechartert, nicht selten waren sie im Besitz indischer Reeder, die den Handel über Sokotra an die Pfefferküste von Malabar zu Beginn des 1. Jahrhunderts noch dominierten; oder man beauftragte griechische bzw. alexandrinische Kapitäne, die sich in den Gewässern des Roten Meeres auskannten und bereits Fahrten mit ägyptischen, indischen oder griechischen Matrosen nach Indien absolviert hatten.[90]

Von einem besitzen wir eine Aufzeichnung sämtlicher Routen, Häfen sowie der im Indischen Ozean gehandelten Waren. Der Verfasser dieses um die Mitte des 1. Jahrhunderts n. Chr. verfassten »Periplus des Roten Meeres« *(Periplus Maris Erythraei)* war wahrscheinlich ein in Ägypten ansässiger Kaufmann oder »Handelskapitän« (er benutzte neben dem römischen Kalender ägyptische Monatsbezeichnungen) mit besten Reise- und Handelserfahrungen in Westindien und Ostafrika. Seine Aufzeichnungen dürften als eine Art Segelhandbuch oder Führer für Händler oder deren Agenten gedient haben, die wie diejenigen der *Peticii* oder *Annii* Neulinge im Indiengeschäft waren und in erster Linie mit Luxusartikeln handelten.[91] Es ist damit das einzige aus der Antike erhaltene Werk eines Händlers und es passt in eine Zeit, die spezialisierte Segel- und Navigationshandbücher *(grammata kybernetika, libri navales)* auch im Mittelmeerraum (offenbar für römische Getreidehändler und Armeeführer) hervorbrachte.[92] Der Periplus listet penibel die Produkte auf und beschreibt wo, was und in welchen Mengen eingekauft werden kann, wie man zu den Häfen und Handelsplätzen gelangt, welche Winde und Strömungen zu beachten sind und mit welchen politischen Mächten man als Händler zu rechnen hatte. Ähnlich wie im Westen das *militärische* Interesse der römischen Feldherren zu einer konsequenten Reduzierung ethnographischer Daten auf das praktisch Notwendige und Wichtige geführt hat, so zwang das wachsende Interesse römisch-mediterraner *Händler* im Falle des Periplus zu einer weitgehenden Ausscheidung des ethnographischen Beiwerkes, der Kuriosa und historischen Hintergründe. Alles konzentriert sich darauf, einem als Händler tätigen Kapitän notwendige Informationen zu liefern. Bot der Periplus des Agatharchides aus dem 2. Jahrhundert v. Chr. noch reichhaltige und teilweise anekdotische Geschichten über Elefantenjagden und einheimische Gebräuche, so begnügt sich der neue Periplus meist mit knappen Angaben über die Strömungsverhältnisse im fremden Hafen und die politische Verfassung derjenigen Macht, die Küste und Inland kontrolliert; Hinweise auf Piraten und Kannibalen sollen nicht das Sensationsbedürfnis der Leser befriedigen, sondern den Seefahrer warnen.[93]

Hatte ein Händler in Alexandria seine Vorbereitungen abgeschlossen, so fuhr er in der Regel mit seinen Waren nilaufwärts nach Koptos (Qift), dem uralten Knotenpunkt der Handelsrouten und Zollstation am mittleren Nil.[94] Hier wurden die Waren umgeladen und von Kamelen über die kürzeste (sechs bis sieben Tagesreisen) und durch Militäreinheiten geschützte Route zum Roten Meer nach Myos Hormos (Queseir al-Quadim?) oder dem 300 km südlicheren Berenike geschafft (umgekehrt lief der Warenstrom auf dem gleichen Weg). Beide stiegen in der frühen Kaiserzeit zu den bedeutendsten Häfen der afrikanischen Rotmeerküste auf und zogen einen Großteil des indischen Transithandels an sich: Hier liefen Handelsverbindungen von Gallien bis in das chinesische Meer (China, Vietnam, Java) zusammen, und hier verhandelten die Agenten der Kaufmannsfamilien aus Puteoli mit Steuereintreibern und Beamten, um günstigere Zoll- und Hafengebühren zu erwirken.[95] In beiden Häfen konnte ein Händler indische Waren direkt erwerben oder sich einen Teil des Schiffsraums reservieren und mitfahren, um die Einkaufsmöglichkeiten im Osten wahrzunehmen.[96] Reichere Kaufleute charterten dagegen ganze Schiffe mit Personal, nicht nur Matrosen, sondern auch Söldner (zum Schutz gegen die Piraterie); und es gab die superreichen, in Alexandria ansässigen Geschäftsleute – unter ihnen auch Frauen wie Aelia Isidora und Aelia Olympias (Ende des 2. Jahrhunderts n. Chr.) –, die als Eigner mehrere Handelsschiffe (vielleicht im Konvoi) im Indischen Meer laufen ließen sowie mit Darlehen und Beteiligungen an fremden Warenlieferungen engagiert waren.[97] Dieses Geflecht der Millionäre, mittelreicher Kaufleute und kleiner Händler hielt den Indienhandel stabil und eröffnete zum Teil erhebliche Gewinne für all diejenigen, die die Risiken zu tragen bereit und in der Lage waren.[98]

Somalia und Arabien

Der Periplus empfahl, im September die Anker zu lichten, um die Zeit der herbstlichen Weihrauchernte nicht zu verpassen. Steuerte man die südarabischen Anbaugebiete an, so musste man mit einer Fahrt von 30 Tagen rechnen. Der wichtigste Hafen war der von M(o)uza an der Ostküste des Roten Meeres. Weiter westlich folgten die von König Charibael von Saba und Himyar kontrollierten Häfen Okelis und Aden, die wohl erst im 2. Jahrhundert n. Chr. zu echten Handelsstützpunkten aufstiegen. Auch in Arabien trafen mediterrane Händler auf gut organisierte Handelsnetze, die von heimischen Machthabern geschützt wurden.[99] Im 1. Jahrhundert übten die arabischen Hymyaeiten eine begrenzte Seeherrschaft über die nahen Gewässer aus und besaßen Stützpunkte an der somalischen Küste (Azanien).[100] Auch die am Ausgang des Roten Meeres gelegene Insel von Sokotra wurde von einem »König des Weihrauchlandes« regiert.

Die südarabischen Kaufleute und Seefahrer hatten früh gelernt, den Monsun zu nutzen (das Wort *Monsun* kommt aus dem Arabischen). In den Häfen konnte man gegen Textilien und Safran, Metallarbeiten, Wein, Getreide, Reis, Honig, Sesamöl neben Weihrauch und Myrrhe auch Waren erwerben, die aus anderen Gebieten stammten.[101] Viele Produkte – u.a. Aloe, Weihrauch und beste (troglodytische) Myrrhe – wurden von arabischen oder somalischen Booten an die arabischen Häfen verschifft; nur selten segelten Kaufleute aus dem Römischen Reich selbst bis zur südlichsten Handelsstation Rhapta nördlich von Sansibar, um Elfenbein, Schildpatt, Rhinozeroshorn, Zimt und Cassia einzuhandeln, das sehr wahrscheinlich von Südostasien quer über den Indischen Ozean auf der Höhe der Malediven oder der Chagos-Inseln nach Madagaskar (das von Indonesien aus besiedelt wurde) und an die Küsten Somalias und Tansanias gebracht wurde.[102]

Indien!

Nach Plinius, der zum Teil andere Routen als der Periplus kennt, konnte man vom südarabischen Okelis (am Ausgang des Roten Meeres) nach Muziris (Pattanam) an der südindischen Küste segeln und im Dezember mit Einsetzen des Nordostmonsuns wieder zurückkehren.[103] Wollte man dagegen von den Rotmeerhäfen direkt unter Umgehung der Küstenschifffahrt die indische Westküste ansteuern, musste man sich im Juli einschiffen. Die Überfahrt vom Ausgang des Roten Meeres dauerte rund 20 Tage. Ziel waren Barbarikon und Barygaza (Bharuch/Broach an der Mündung des Narmada in der Provinz Gujarat) oder Muziris und Nelkynda im Süden des Subkontinents[104]: »Hier liegt die blühende Stadt Muziris – so ein tamilisches Gedicht – »wo die schönen und großen Schiffe der *Yavanna* (das Wort steht für alle aus dem Westen kommenden) landen und Gold bringen, den weißen Schaum in die Gewässer des Periyar spritzen und dann mit Pfeffer beladen zurückkehren. Hier hört die Musik der Meeresbrandung niemals auf. Und der große König zeigt den Besuchern die seltenen Produkte der See und der Berge.«[105] In den nördlichen Häfen konnte man Sklaven (beiderlei Geschlechts), Glas, Gold, Silbergefäße, Korallen, gemustertes Leinen verkaufen, aber auch Weihrauch einführen, den man in einem der südarabischen Häfen erworben hatte, mitunter auch Topas aus dem Roten Meer.[106] Im Gegenzug erwarb man Bdellium und Narde, Lapislazuli und Türkis aus Afghanistan, Elfenbein, Baumwollkleidung und Seide, vor allem aber den von »Ausländern geliebten«[107] schwarzen Pfeffer (aus dem Südwesten) und langen Pfeffer (aus dem Südosten Indiens).

Auch in Indien mussten sich die mediterranen Kaufleute in ein etabliertes Seehandelssystem einfügen: Unser auf die griechisch-römische Überlieferung fixierter Blick übersieht leicht, dass indische Händler schon zur Zeit der Mauryas und wahrscheinlich sogar noch früher Fahrten über das offene Meer bis ins Rote Meer wagten. Fernhandel über See kennen bereits die ältesten literarischen Quellen Indiens, die Rig-Veden. Kaufleute, die des Profits wegen lange Reisen über Meer und Land unternehmen, bilden eine sozial geachtete und von den Königen geschützte Gesellschaftsschicht.[108] Diese Tradition setzte sich in der Zeit des Hellenismus fort. Indische Händler lebten auf Sokotra sowie in Alexandria, bevor der erste Römer seinen Fuß an ihre Küsten setzte.[109] Buddhistische (sowie jainistische) Mönche und Pilger hatten Jahrhunderte vor dem Erscheinen westlicher Kaufleute die Urbanisierung des Subkontinents und die Ausdehnung der Handelsnetze befördert sowie das Münzwesen der Mauryas bis an die Küste gebracht. Viele indische Fürsten besaßen – wie die Ptolemäer und Mauryas – Monopole auf bestimmte Waren; der Fürst von Cēra verkaufte über Muziris Elfenbein aus den königlichen Elefantenparks. Ferner bezogen sie Abgaben für die Sicherheit, die sie Kapitänen vor Piraten und Betrug boten. Mit den Gewinnen bauten sie Warenhäuser und unterstützten Handwerkergilden.[110]

Während die Herrscher im Norden an einem Handel mit dem Westen, nicht aber an einer dauerhaften Niederlassung römisch-griechischer Kaufleute interessiert waren und arabische Seefahrer aus dem Persischen Golf die Szene beherrschten, trafen mediterrane Händler im Süden auf günstigere Bedingungen. Hier waren die Organisationsformen des Handels noch unterentwickelt und viele Rajas der Küste glaubten, von westlichem Know-how profitieren zu können. In Barygaza und Muziris entstanden eigene Quartiere für römisch-griechische Kaufleute (Yavanas = Ionier), eines – das gut erforschte Arikamedu (wahrscheinlich das im Periplus genannte Poduke) – befindet sich an der Ostküste nahe des heutigen Pondicherry.[111] Sie ähneln den Ausländerquartieren, die indische Rajas des 17. Jahrhundert einrichteten. Nach tamilischen Quellen arbeiteten die »Yavanas« als Techniker und Ingenieure, Palastgarden und Söldner an den Höfen der Rajas in Madurai, Pumuhat oder Kaveri-Pumpattinam. Ferner dienten sie als Verbindungsmänner zwischen ihren Landsleuten und den indischen Machthabern und organisierten den Rücktransport der Waren nach Alexandria.[112] Viele der in Arikamedu gefundenen westlichen Produkte, vor allem Glas, Wein(-amphoren) und (italische und südgallische) Keramik *(terra sigillata)* dürften nicht nur für den Gebrauch des lokalen Herrschers oder den Weiterhandel in den fernen Osten (China, Pazifik), sondern für die angesiedelten Händler bestimmt gewesen sein.[113] Sie brachten ihren gewohnten Lebensstil mit, doch hielt sie das nicht davon ab, Buddha zu verehren und buddhistische Klöster zu beschenken, weil sie von deren Infrastruktur profitierten. Ihre Ansiedlung beförderte zudem die heimischen Fertigungsstätten für Baumwolle und Glasperlen.[114] Die »Ausländerquartiere« waren Kulminationszentren des kulturellen und technischen Austausches. Und es sind erneut nicht die Soldaten und Feldherren, sondern die hochmobilen, anpassungsfähigen und multilingualen Kaufleute, die den Vorstoß in die Fremde vorantreiben.

2.
DIE JUWELENINSEL
TAPROBANE UND DAS EURASISCHE HANDELSNETZ

Neue Herausforderungen

Ein Pluspunkt für den römischen Osthandel war, dass er über bewährte Techniken des Transports und der Haltbarkeit von Nahrungsgütern verfügte. Weinamphoren (kampanischer Provenienz) sind in größerer Zahl in Indien und in den Häfen des Roten Meeres nachgewissen als solche für Öl und *garum*. Allerdings reichte der Verkaufs- bzw. Tauschwert der mediterranen Stapelwaren wohl nicht an den der indischen Exportprodukte heran, weil der Bedarf für östliche Waren im Römischen Reich größer war als der für westliche Waren in Indien.[1] Wenn demnach Händler den mehrfach verzollten mediterranen Wein als Tauschobjekt gegen Pfeffer an die indische Westküste brachten, dann mussten sie zusätzlich größere Münzmengen aufbringen, um ihr im Dezember oder Januar heimkehrendes Schiff mit Pfeffer und anderen Produkten völlig auszulasten.[2] Bis zum Ende der Regierungszeit des Tiberius dominierten Silbermünzen, ihr hoher Metallwert war dem schwankenden und lokal differenzierten Münzwesen Indiens überlegen; nicht von ungefähr hat man in Westindien Hortfunde von rd. 6000 *denarii* augusteischer und tiberischer Prägung gefunden.[3] Doch dann gewannen Goldmünzen an Bedeutung; sie wurden in Indien relativ höher bewertet als im Römischen Reich. Deshalb verlagerte sich nach der Reduzierung des Silbergehaltes der *denarii* unter Nero der Import von Münzen auf vorneronische *aurei*, die von den Händlern für den Indienhandel reserviert oder aussortiert worden waren.[4] Ein tamilisches Gedicht über die Yavanas bestätigt: »Sie kommen an mit Gold und fahren weg mit Pfeffer.«[5] Mit einer Schiffsladung von 800.000 Sesterzen Gold konnte man indische Waren einkaufen, deren Handelswert im Mittelmeerraum bei rd. 8 Millionen Sesterzen lag. Die Münzen waren »Handelsgüter«, die im Rahmen eines meist per Tausch abgewickelten Warenverkehrs dem Erwerb indischer Produkte dienten.[6]

Goldmünzen steigerten allerdings die Investitionskosten des Indienengagements noch einmal erheblich in einer Zeit, in der parallel zur relativen Münzverschlechterung die Darlehenszinsen im Römischen Reich stiegen. Um dem entgegenzuwirken, gab es für Indienfahrer und ihre Geschäftsfreunde zwei Möglichkeiten: Entweder man suchte durch Patronage mächtiger Familien Sonderbehandlungen bei der Ableistung von Zöllen und Abgaben auszuhandeln. Oder man trat selbst in den Dienst der Steuereintreiber und verband die Zollerhebung mit eigenen Geschäften. Eine solche Verbindung war nicht unüblich, schon während der Republik engagierten sich Steuerpächter im Kreditgeschäft und im Sklavenhandel. Auch unter Augustus wurde der Einzug der ägyptischen Straßen- und Hafenzölle an Privatunternehmer versteigert, die ihre Freigelassenen mit der Aufgabe der Eintreibung betrauten. Dass sie die staatlich nicht festgesetzten Warentaxen (nur für bestimmte »Waren« wie Sklaven war der Zollpreis fix) relativ flexibel gestalten konnten und ihre eigenen Geschäfte gewinnbringend mit denen der Steuer- und Zollerhebung verbanden, liegt auf der Hand. Es wird durch die Tatsache bestätigt, dass man im Laufe der Kaiserzeit die Auswüchse ihres Gebarens z. B. bei der Erhebung ungerechtfertigter Gebühren gesetzlich einzudämmen suchte und ihnen immer häufiger Kontrollbeamte an die Seite stellte, bis sie schließlich gänzlich aus dem Geschäft der Steuer- und Zollerhebung verdrängt wurden. Bis zur Mitte des 1. Jahrhunderts n. Chr. war das jedoch zumal im Bereich des Indienhandels noch nicht der Fall, und so bildete die Kombination von Zollerhebung und Privathandel für die geschäftstüchtigen Freigelassenen eine ideale Basis der Ausweitung ihrer Einkommensquellen.[7]

Die Juweleninsel

Die Geschichte eines dieser Freigelassenen erzählt Plinius: Er sollte in der Zeit des Claudius (41–54 n. Chr.) im Auftrag des Annius Plocamus, offensichtlich ein in Alexandria ansässiger Grieche, der durch die Vermittlung der *Annii* das römische Bürgerrecht erhalten hatte, die Steuer *(vectigal)* des Roten Meeres (wahrscheinlich das *portorium* und/oder die 25-prozentige Steuer auf Importgüter) eintreiben.[8] Während der Fahrt an der südarabischen

Küste wurde er von Nordwinden erfasst und in 15 Tagen an den Hafen Hippuros von Taprobane (Ceylon) verschlagen. Dort genoss er sechs Monate die Gastfreundschaft des Königs, lernte die einheimische Sprache und erzählte von seiner Heimat. Besonders angetan war der König von den *denarii* des Freigelassenen – offenbar das Resultat der Zolleinnahmen. Sie hatten nämlich trotz unterschiedlicher Münzbilder alle das gleiche Gewicht. Daher wünschte er sich die Freundschaft mit den Römern und schickte eine Gesandtschaft an den Tiber.[9]

Einige Teile der Geschichte erinnern an bekannte Seefahrererzählungen: Widrige Winde mussten schon immer dafür herhalten, um geplanten Fahrten einen abenteuerlichen Zug zu verleihen. Ähnlich – nur in umgekehrter Richtung – war vor der Eudoxosexpedition ein Inder nach Ägypten verschlagen worden (s.o.S. 303); wie der Freigelassene lernte er die fremde Sprache (Griechisch) und ermöglichte den Ptolemäern einen Direktkontakt in seine Heimat. Nun sind zwar die Wind- und Strömungsverhältnisse östlich von Aden tatsächlich sehr gefährlich. Westliche Kapitäne mieden die Fahrt nach Ceylon jedoch vor allem deshalb, weil sie zu zeitaufwendig und der schmale Kanal zwischen Südindien und Nordceylon für ihre großen Schiffe zu schwierig war. Die Niederlassung westlicher Händler in Arikamedu an der indischen Ostküste wurde offenbar nur von den kleineren indischen Schiffen *(sangara)* angelaufen bzw. über den Landweg erreicht.[10] Das Zollschiff des Freigelassenen war dagegen kleiner als die großen Transporter. Vielleicht hat er aber auch ein indisches Schiff benutzt. Traditionelle indische Auslegerboote waren zwar nicht für den Monsun geeignet, doch wir wissen, dass im Indischen Ozean (und noch weiter östlich) ein reger Austausch zwischen indischen und mediterranen Schiffsbaumaterialien und -techniken stattfand; in Indien konnten Schiffe (mit bis zu drei Masten und 75 Tonnen Traglast) im 1. Jahrhundert nach der traditionellen mediterranen Zapfenmethode gebaut und repariert sowie indisches Teakholz (neben libanesischem Zedernholz) verwendet werden, sodass sie auch während des Monsuns eingesetzt werden konnten.[11]

Dass der Freigelassene die Monsunwinde nutzte, deutet der sechsmonatige Aufenthalt in Taprobane an. Es ist genau der Zeitraum, den auch andere Händler in Indien verbrachten, um im Winter wieder in das Rote Meer zurückzukehren. Nicht zufällig lief er Hippuros (Hippuri), einen der nordwestlichen Häfen Ceylons, den »Pferdeberg«, an. Die Gegend ist wahrscheinlich identisch mit dem tamilischen Kudira-Malai (»Pferd-Berg«, altsingalesisch:

Sindu Kanda) im Gebiet »Iogana«, was auf die regelmäßige Anwesenheit von Griechen und »Westlern« *(Yavana)* deutet.[12]

Tatsächlich finden sich die Namen des Plocamus und seines Freigelassenen (Lysias) auch auf einem Graffito nahe der so intensiv benutzten Karawanenstraße von Koptos.[13] Die Zeugnisse stammen zwar aus dem Jahr 6 n. Chr. und sind damit um rd. 40 Jahre jünger als die von Plinius erwähnte und in die Zeit des Claudius datierte Fahrt; doch kann es sich um zwei Generationen der Familie handeln.[14] Die Abfolge mehrerer im Orientgeschäft tätiger Familienmitglieder über ein halbes Jahrhundert ist nicht untypisch. Oder aber Annius Plocamus war zunächst in Handelsgeschäften tätig und erwarb Jahrzehnte später die Steuerpacht. In jedem Fall ist es offensichtlich, dass die Freigelassenen der *Annii* die Steuereintreibung im Roten Meer, die wohl auch die arabische Südküste umfasste, mit Handelsaufträgen verbanden und sich im Laufe der Zeit immer weiter auf der Suche nach Perlen, Pfeffer und Elfenbein vorwagten. Unter den Freigelassenen waren vielleicht auch ehemalige indische Sklaven, die sich in den heimischen Gewässern auskannten.[15]

Was aber machte Ceylon/Taprobane so attraktiv, dass ein Freigelassener die schwierige Seeroute dorthin nahm, sich so lange auf der Insel aufhielt und sogar Kontakte zum heimischen Königshaus knüpfte? Er musste die heimische Sprache lernen, was zeigt, dass die Insel bisher vom römischen Orienthandel ausgeschlossen war. Indische Kaufleute hatten aus gutem Grund falsche Angaben über die Lage und Größe Taprobanes gemacht.[16] Auf Ceylon konnte man nicht nur die gleichen Güter erwerben, die es in Indien gab, nämlich Pfeffer, Perlen, Zimt, Honig und Textilien, ferner Elfenbein und Schildkrötenpanzer, Tiger und Elefanten. Darüber hinaus soll es Gold gegeben haben; schon die vage Kunde wirkte wie ein Magnet.[17] Noch berühmter war Taprobane für seine Perlen; buddhistische Quellen bezeichnen sie als »Perleninsel«. Chinesische Pilger und christliche Kaufleute erwähnen einen feuerroten Edelstein. Er ist vielleicht der gleiche, den Marco Polo im Besitz des ceylonesischen König erwähnt und der von Kublai Khan begehrt wurde. Der erwähnte Haupthafen von Ceylon lag westlich der berühmten Perlenbänke des Golfes von Mannar. Noch heute ziehen sich die Perlenbänke über 80 Kilometer von Adam's Bridge bis Puttalam hin.[18]

Bisher hatten indische Zwischenhändler den Export ceylonesischer Güter dominiert; möglicherweise bevorzugten sie dabei den an der Südküste Sri Lankas gelegenen Hafen von Godavaya.[19] Umging man sie, so bot sich für einen westlichen Händler ein Schlüssel zur Profitsteigerung, der die wachsenden Kosten der Darlehen und Kredite mehr als wettmachte. Und es eröffnete sich noch ein weiterer Vorteil: Der ceylonesische König war über die Qualität der *denarii* des Freigelassenen deshalb so erstaunt, weil er zum ersten Mal mit ihnen in Berührung kam. Hält man die Geschichte des Plinius im Kern für authentisch, dann wäre das ein Hinweis darauf, dass die römischen Münzen auf Taprobane einen höheren Wert besaßen als in Indien, wo die südindischen Fürsten den *denarius* gewohnt waren und bereits Horte angelegt hatten.[20] Der Freigelassene konnte somit auf der Insel größere Warenmengen einhandeln als in Indien.

Das Geheimnis des Rajias

Die römischen Denare waren aber nicht das einzige Produkt, mit dem ein römischer Händler auf Ceylon »wuchern« konnte. Mindestens genauso begehrt waren rötliche Korallen. Sie besaßen im gesamten Raum des Indischen Ozeans (und darüber hinaus) den gleichen Wert wie östliche Perlen im Mittelmeer.[21] Wir wissen zwar nicht, ob der Freigelassene Korallen an Bord hatte. Doch allein die Gewissheit, dass er aus dem Mittelmeerraum kam und mit mediterranen Waren handelte, dürfte für den ceylonesischen König ausgereicht haben. Er witterte die Chance, sich von den indischen Zwischenhändlern zu lösen und Korallen direkt aus dem Westen zu beziehen. Nach einem Kommentar zu einer ceylonesischen Chronik des 5. Jahrhunderts n. Chr. *(Mahâvamsa)*[22] habe einst König Bhâtikabhaya (35/8–63/6 n. Chr.) eine Gesandtschaft nach »Romanukharattha« (in das Rhomanukha-Reich) geschickt, um große Mengen roter Korallen für den Bau heimischer Tempel zu erhalten. »Rhomanukha« ist sehr wahrscheinlich eine erweiterte Form von »Romanus«; mit »Romanukharattha« wäre demnach das Römische Reich gemeint. Die Regierungszeit des genannten Königs lässt sich in die Zeit des Kaisers Claudius datieren. Es spricht alles dafür, in ihm den König zu sehen, der den Freigelassenen aufnahm und die Römer so bewunderte.[23]

Beide Quellen erwähnen zudem eine Gesandtschaft, die der König nach Rom schickte. Wahrscheinlich suchte er eine *amicitia* (Freundschaft) zu begründen, so wie das andere Kleinkönige des Indischen Ozeans auch taten. Offizielle Kontakte zum Kaiser und eine politische Stabilisierung des Handels mochten auf weitere *denarii* hoffen lassen, ferner auf Korallen und die von den Fürsten des Indischen Ozeans so begehrten Gold- und Silberplatten sowie exquisite Textilien (als Geschenk). Ähnliche Ziele verfolgten andere Gesandtschaften indischer und arabischer Fürsten, die am römischen Hof vorstellig wurden.[24] Vielleicht wollte sich der König von Taprobane sogar selbst auf Kosten indischer Konkurrenten in das lukrative Handelssystem des Arabischen und Roten Meeres einklinken, so wie es ceylonesische Herrscher 1000 Jahre später gegenüber den Venezianern taten. Immerhin war es den Ceylonesen wahrscheinlich in der Zeit nach dem Untergang der Mauryas gelungen, die Produktion von Perlen vom indischen Kontinent auf ihre Insel zu verlagern.[25]

In diesen Zusammenhang wird man die Bemühungen des Königs einordnen. Die politische Akzeptanz der Kleinfürsten des Indischen Ozeans einschließlich Taprobanes basierte auch auf den Gewinnen, die sie aus den Handelserträgen und Zollabgaben erzielten, sowie auf der Zurschaustellung fremder Luxusprodukte. Insofern verfolgte ihre Unterstützung heimischer Händler und Handwerksgilden nicht nur einen fiskalischen, sondern auch einen politischen Zweck. Die Vielzahl konkurrierender Kleinherrschaften lässt darüber hinaus vermuten, dass die Freundschaft mit dem römischen Kaiser auch als Druckmittel im heimischen Konkurrenzkampf eingesetzt wurde. Hierzu passt der Titel des Gesandtschaftsleiters: *Rachias* bezeichnet wahrscheinlich einen militärischen Rang (vielleicht den Oberbefehlshaber der Streitkräfte), der offenbar üblicherweise den Leitern von Gesandtschaften an fremde Mächte zukam.[26] Im Gegenzug dürfte der König den Römern Sonderkonzessionen, z. B. den Zugriff auf heimisches Schiffsbauholz (das im indischen Ozean rar war) und (wie üblich) den Schutz vor Piraten, angeboten haben.[27]

Doch der Anführer der Gesandtschaft eröffnete den Römern noch etwas anderes, viel Erstaunlicheres: Sein Vater habe während einer Reise in den Norden (jenseits der *Hemodi* = wahrscheinlich des Himalaya) die Bekanntschaft von »Serern« gemacht, sie seien größer als die üblichen Menschen, hätten rotes bzw. blondes Haar, blaue Augen und eine raue Stimme und benutzten eine unverständliche Sprache.[28] »Serer« waren den Griechen seit dem 2. Jahrhundert v. Chr. bekannt. Ihr Name ist wahrscheinlich abgeleitet vom chinesischen *ssu* für »Seide«. »Serer« sind demnach »Seidenleute«, doch handelt es sich augenscheinlich nicht um Chinesen, die Seide *produzierten*, sondern um Menschen, die mit Seide *handelten*.[29] Mitunter hat man die Angaben über ihre Blauäugigkeit und ihr helles Haar als ethnographische Phantasie abgetan, bis spektakuläre Funde europider Mumien im Tarimbecken, dem zentralen Verbindungskorridor zwischen China und dem Nordiran, die Angaben bestätigten. Vom westlichen Ausgang des Tarimbeckens führte ein Handelsweg über Baktrien zu den indischen Häfen. Indien versorgte somit auch den fernen Osten und diente als Zwischenstation anderer Waren, die von einem bis zum anderen Ende Eurasiens gehandelt wurden.[30]

Die Seidenleute

Erst vor diesem Hintergrund wird die Erzählung des Rajias über die »Seidenleute« verständlich. Seidenstoffe waren schon den Kelten und Griechen bekannt, die Römer sahen sie bei den Parthern. Seidengewänder gehörten in der frühen Kaiserzeit zum extravaganten Lebensstil der Elite (s.o.S. 360).[31] Just in der Zeit des sich ausweitenden römischen Osthandels erlebte das chinesische Han-Reich (206 v. Chr. – 220 n. Chr.) einen Höhepunkt der Seidenproduktion. Seide gelangte nicht nur über Baktrien und Nordmesopotamien sowie die syrische Wüste (Palmyra) nach Westen, sondern auch über Patna an die indische Nordwestküste nach Barbarikon respektive über Sialkot, Mathura und Ujjain nach Barygaza und Muziris (Südwestküste). Im Gegenzug wurden über die gleichen Wege römische Güter nach Zentralasien transportiert.

Eine dritte Route verlief den Ganges entlang über Palimbothra (Pataliputra) nach Tamralipti (Tamluk) an die Küste Bengalens. Von hier brachte man die Produkte per Schiff oder über Land an die Häfen der Malabarküste zum Verkauf ins Reich.[32] Die Ceylonesen besaßen Kontakte nach Patna, der Verfasser des Periplus kannte den Golf von Bengalen als wichtigen Markt für chinesische Seide und Zimtblätter, die vielleicht von den erwähnten Serern und heimischen Mittelsmännern herangeschafft wurden.[33] In Patna oder Bengalen dürfte demnach der Vater des ceylonesischen Gesandtschaftsführers vermutlich ebenfalls im Rang eines Rajias auf offizieller Mission die »Seidenleute« getroffen haben, wobei möglicherweise buddhistische Klöster eine Vermittlerrolle spielten.[34]

Der Rajias wusste, dass Seide im Westen aufgrund der langen Transportwege und der großen Zahl von Zwischenhändlern ein teurer Luxusartikel war. Die Erschließung einer maritimen Direktroute nach China musste demnach mindestens so attraktiv erscheinen wie diejenige an die indischen und arabischen Küsten. Taprobane spielte eine Schlüsselrolle. Die Insel bildete eine natürliche Zwischenstation für alle Seefahrer auf dem langen Weg nach Südostasien. Die Kombination des Nordostmonsuns mit entsprechenden Strömungen des ostindischen Ozeans brachte die Schiffe sehr viel wahrscheinlicher an die Küsten Malaysias als in den bengalischen Golf (obwohl auch dieser von der Insel gut zu erreichen war).[35] Kurzum: Die Römer besaßen – so die Botschaft des Rajias – mit Hilfe des Herrschers von Taprobane beste Chancen, einen direkten Seeweg zum Land der Seide zu finden. Vielleicht konnte er sogar auf Kontakte zum chinesischen Kaiserhof verweisen, wenn die Angaben der chinesischen Chronik Han Shu über eine Reise von Beauftragten des Kaisers im Indischen Meer auf Taprobane zu beziehen sind. (Rote) Korallen waren am chinesischen Hof genauso begehrt wie am Hofe von Taprobane.[36]

Taprobane hatte aber noch in andere Welten Verbindungen: Der Haupthafen Mantai war ein Herstellungszentrum von Glasperlen, die bis in den pazifischen Raum gelangten. Vielleicht wiesen die Ceylonesen die Römer darauf hin, dass aus dem fernen Osten nicht nur Seide, sondern auch viele Heilpflanzen und Aromatika kamen, die in Rom auch wegen des durch Raubbau bedingten Ausfalls des Kyrenischen Silphium so begehrt waren:[37] Zimt (Cinnamon) vermuteten Römer und Griechen in Somalia, seine eigentliche Heimat war jedoch Südchina und Südostasien. Wahrscheinlich wurde es zum einen von »austronesischen« Booten über eine ozeanische Direktroute nach Madagaskar und Azanien, teilweise aber auch über Indien und Ceylon (hier heißt es *kurundu*) nach Westen gebracht.[38] Malaysia lieferte Indien, China und dem Westen Gewürzhölzer wie das zum Räuchern sowie als Antidosis benutzte *Costum* (wohl das malayische *Putchuk*, chinesisch *mu-hisiang*, indisch/buddhistisch *ku-so-t'o*) und Tarumm/Aloe (chinesisch *ch'en hsiang*, *kilam* oder *bac*), von dem Plinius sagt, es käme von den Grenzen der Zimt- und Kassoaländer, ferner das Ingwergewächs Amomum, das auch in Thailand, Kambodscha, Laos und Java gefunden wurde und noch heute in China für medizinische Zwecke verwendet wird.[39] Aus China kamen die Gewürze Galaga, Ginger (ein Bestandteil des *Mithridaticum*) und Camphor (Kampfer), eine aromatische Substanz aus *Cassia* (chinesisch *kwei-shi*) war bereits im 3. Jahrhundert v. Chr. in China ein so prominentes Produkt, dass der Herrscher des Nordens ganze Provinzen, nämlich Kweichow, Kwangtung und Kwangsi, nach ihm benannte.[40] Ginger wurde wie Benzoin und das aus Indien und Indonesien stammende Sandelholz über Ceylon gehandelt. Selbst Pfeffer – so konnte man in Ceylon erfahren – wuchs östlich von Indien auf der Halbinsel von Malaysia![41]

3.
»KORALLEN UND SEIDE«
CHINA, ROM UND DIE EURASISCHE WELT IM 1. UND 2. JAHRHUNDERT N. CHR.

Nach Kattigara! – Alexandros segelt ins chinesische Meer

So groß die Verlockung auch war – es brauchte Zeit, bis ein Seefahrer die Chance ergriff und sich in das »Indien jenseits des Ganges« (unser »Hinterindien«) vorwagte.[1] Der Verfasser des *Periplus Maris Erythraei* kannte das ostindische Meer bis Malakka und wusste von einem Handelsweg, der vom Bengalischen Golf über Land bis China (Thin, abgleitet vom ersten Kaiserhaus der Qin) führte.[2] Doch von einer Direktverbindung an Malaysia (Halbinsel von Chryse) entlang berichtet er nichts. Erst der Geograph Ptolemaios (2. Jh. n. Chr.) lüftet das Geheimnis. Er hatte bereits bessere Informationen über die Ostküste Indiens als über die Westküste. Sein Gewährsmann für die Gebiete jenseits der Straße von Malakka ist ein Kapitän namens Alexandros.[3]

Er folgte wahrscheinlich den Spuren indischer Seefahrer, die seit dem Zerfall des Mauryareiches auf der Suche nach den »Goldinseln« in die südasiatischen Gewässer vorgestoßen waren.[4] Sein Schiff fuhr vom Bengalischen Golf gegen Ende des 1. Jahrhunderts n. Chr. entlang der burmesischen Küste entweder durch die nahe, aber wegen der Piraten und ungünstigen Windverhältnisse nicht ungefährliche Straße von Malakka (zwischen Malaysia und Sumatra, in diesem Fall wäre der »Goldene Chersonnes« die Halbinsel von Malaysia); oder er segelte durch die sich weiter südlich bei Java öffnende Sundastraße; Ptolemaios scheint die Insel Java (Jabadiu) zu kennen.[5] Von dort gelangte das Schiff angetrieben von südlichen Sommerwinden und günstigen Strömungen in 20 Tagen zu einer Hafenstadt namens Zabae, vielleicht Singapur oder Kampot am Golf von Thailand. Wenige Tagesreisen segelte Alexandros weiter in südöstlicher Richtung nach Kattigara, dem öst-

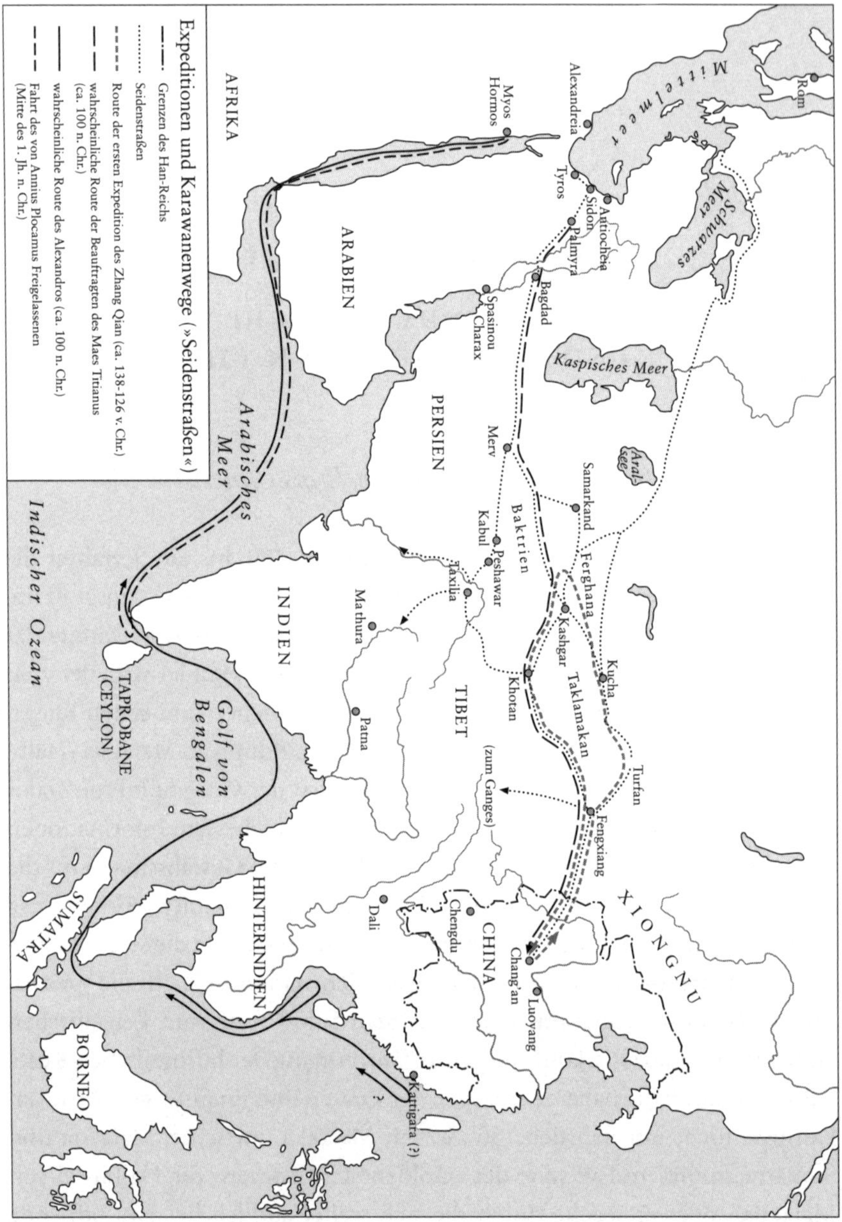
Expeditionen und Karawanenwege (»Seidenstraßen«)
Grenzen des Han-Reichs
Seidenstraßen
Route der ersten Expedition des Zhang Qian (ca. 138-126 v. Chr.)
wahrscheinliche Route der Beauftragten des Maes Titianus (ca. 100 n. Chr.)
wahrscheinliche Route des Alexandros (ca. 100 n. Chr.)
Fahrt des von Annius Plocamus Freigelassenen (Mitte des 1. Jh. n. Chr.)
Rom
Mittelmeer
Schwarzes Meer
Alexandreia
Myos Hormos
Tyros
Sidon
Antiocheia
Palmyra
Bagdad
Spasinou Charax
Kaspisches Meer
Aralsee
AFRIKA
ARABIEN
PERSIEN
Merv
Samarkand
Baktrien
Kabul
Peshawar
Taxila
Ferghana
Kashgar
Kucha
Khotan
Taklamakan
Turfan
Fengxiang
(zum Ganges)
TIBET
INDIEN
Mathura
Patna
Arabisches Meer
Indischer Ozean
Golf von Bengalen
TAPROBANE (CEYLON)
XIONGNU
CHINA
Chang'an
Luoyang
Chengdu
Dali
HINTERINDIEN
SUMATRA
BORNEO
Kattigara (?)

lichsten Punkt, den je ein mediterraner Seefahrer erreichte. Martianus, der Verfasser eines Periplus über das Äußere Meer, nennt die Stadt »einen Platz der Bewohner von Sinae (Thinae = China) und den Anfang der unbekannten Erde«.[6]

Die Identifizierung Kattigaras hat bis heute eine nicht enden wollende Diskussion ausgelöst: Die einen wollen in dem Ort Singapur wiederentdecken, andere sprechen sich für Hanoi aus und wieder andere plädieren für Kanton oder einen chinesischen Hafen in der Nähe des modernen Hai-Phòng (Nordvietnam) im Golf von Tonking oder in der Bucht von Hangzhou am Südarm des Jangtsekiang, von dem aus der Kaiserkanal bzw. ein Überlandweg über die Anbaugebiete von Cassia und Zimt ins Zentrum des Han-Reiches und dessen Kaiserresidenzen Chang'an/Luoyang verlief.[7] Unbestreitbar ist: Alexandros hatte Anschluss an den Seehandel im Chinesischen Meer und einen Zugang zu den Produkten Ostasiens gefunden – eine Leistung, die nicht hinter den Fahrten der Portugiesen im 16. Jahrhundert zurücksteht.

Eine »Gesandtschaft« des Königs An-tun

Wie so oft in der Geschichte antiker Fernfahrten scheint jedoch die Unternehmung des Alexandros keine unmittelbaren Folgen gehabt zu haben, auch wenn wir nicht ausschließen können, dass andere Händler und Kapitäne, von denen wir nichts wissen, ihm gefolgt sind. Die chinesischen Quellen sind eindeutiger: Laut einer glaubwürdigen Chronik der jüngeren Han (Hou-Han-Shu) gelangte erst 60 Jahre später eine Gesandtschaft des Königs An-tun von Ta-ch'in (Daqin) über See »von der Grenze von Annam« (wahrscheinlich Tongking) über den chinesischen Außenposten in Vietnam zum Hofe des Han-Herrschers. Ta-ch'in ist sehr wahrscheinlich die Bezeichnung für das Römische Reich und unter König An-tun könnte man Kaiser Mark Aurel verstehen.[8] Doch ob es sich um eine offizielle Gesandtschaft handelte, wird heute zu recht bezweifelt. Westliche Quellen wissen von einer Gesandtschaft nichts, und welchen Zweck hätte sie auch gehabt? Die römische Administration unterhielt diplomatische Kontakte in der Regel nur mit Mächten im provinzialen Nahbereich, Fernbeziehungen ohne konkreten militärischen oder politischen Anlass waren Sache von Händlern und Kaufleuten.

Bezeichnenderweise brachten die »Gesandten« – so die Chronik – Elfenbein, das Horn des Rhinozeroses und Schildpatt als Geschenke. Die Produkte gehörten gerade nicht zu den klassischen römischen Exportwaren, sondern stammten aus dem Indischen Ozean.[9] Der Chronist vermutet, die »Gesandten« hätten wertvollere Geschenke wie Edelstein unterschlagen.[10] Edelsteine und Juwelen aus Indien und Ceylon wurden im Mittelmeerraum verarbeitet und gen Osten reexportiert. Offensichtlich waren es syrische oder griechische Händler, die sich als Gesandte ausgaben, weil sie so auf größeres Entgegenkommen am Hof hofften. Wahrscheinlich wiesen sie darauf hin, dass die Parther sie an der Nutzung der Landrouten gehindert hatten; dass die Parther lediglich Gesandte, nicht aber Händler aus dem Römischen Reich abfingen, wussten die Chinesen nicht. Insofern konnten die Händler hoffen, dass ihr Argument ihre wahren Motive verbarg: nämlich unter Umgehung indischer und indonesischer Zwischenhändler Seide und Gewürze in China zu erwerben.[11]

Wir wissen nicht, wie überzeugend sie waren und ob ihnen weitere Seefahrer folgten. Chinesische Quellen berichten erst für das 3. Jahrhundert über Fahrten von Kaufleuten aus dem Römischen Reich nach Indochina (Funan = Kambodscha), Jih-nan (Annam), Chiao-chih (Tongking) sowie nach Ostchina. Eine Chronik erwähnt einen gewissen Qin Lun (Leon?), der im Jahre 226 n. Chr. in Tongking landete und an den Kaiserhof nach Nanking gebracht wurde.[12] Doch nach wie vor dominierten indische und arabische Seefahrer den Fernhandel im Indischen Ozean (auch über Ceylon), und es waren in der Regel indische oder ceylonesische Gesandtschaften, die vom Meer kommend die chinesische Hauptstadt besuchten.[13] Ebenso dürfte den Chinesen bekannt gewesen sein, dass malayische und indonesische Seefahrer (auf Booten mit doppeltem Ausleger) Zimt sowie Benzoeharz *(cancanum)* auf einer südlicheren Direktroute nach Madagaskar und von dort nach Rhapta an die somalische Küste lieferten (s.o.S. 376).[14]

Das Wunder der »Seidenstraßen«

Obwohl also Alexandros die Seeroute ins Chinesische Meer erschlossen hatte, blieben er und andere westliche Kaufleute Außenseiter im Seehandel Hinterindiens. Das gleiche trifft aber auch auf die chinesischen Seefahrer zu. Sie kamen kaum über Tongking hinaus.[15] Das Interesse der chinesischen Herrscher richtete sich zwar schon früh auch auf das Meer, aber vornehmlich in Richtung Japan und Korea. Nach den Angaben der ersten chinesischen

Chronik soll in der Zeit der Qin (spätes 3. Jh. v. Chr.) ein Mann aus Qi zu den östlichen Inseln entsandt worden sein, um Wunderkräuter, wohl eine Art »Unsterblichkeitsdroge« für den Kaiser zu sammeln – ein Motiv, das der Reise des Gilgamesh zur Insel des unsterblichen Utnapishtim ähnelt (s. o. S. 60). Vielleicht sind die »östlichen Inseln« mit Japan identisch, und man könnte hieraus auf reale Interessen an japanischen Naturprodukten schließen. Doch im Zentrum der maritimen Bemühungen der nachfolgenden Han-Herrscher stand – hierin gleichen sie der Politik Roms – nicht der Handel, sondern die Ausweitung der *machtpolitischen* Kontrollen nach Süden; zu diesem Zweck wurden im 2. und 1. Jahrhundert v. Chr. ganze Kriegsflotten gebaut, der Schiffbau intensiviert sowie maritimes, navigatorisches und astronomisches Wissen gesammelt und weiterentwickelt. Im Rahmen dieser Bemühungen gelangten auch Informationen über Indien (Huangzhi?) und das Indische Meer an den chinesischen Kaiserhof; sie bildeten aber nur Nebenaspekte eines machtpolitischen Denkhorizontes, der sich auf das Südchinesische Meer konzentrierte. Impulse für chinesische Handelsfahrten in das Indische Meer ergaben sich hieraus nicht, zumal erhebliche naturale Hindernisse zu überwinden waren: Eine Seefahrt um die malayische Halbinsel war wegen des Monsuns sowie der Untiefen und widrigen Strömungen sehr gefährlich, und wenn ein chinesischer Händler in den ersten nachchristlichen Jahrhunderten in den Golf von Siam (Thailand) gefahren ist, wird er vor der Umrundung der malayischen Halbinsel auf einen arabischen oder indischen Segler umgestiegen sein. Landrouten waren in jedem Falle aus chinesischer Sicht weniger riskant und kostenintensiv; eine solche Route führte wahrscheinlich über die malayische Halbinsel und verband den Golf von Tongking mit dem Ostteil des Bengalischen Golfes (Andamatisches Meer).[16]

Die Bevorzugung der Landrouten traf sich mit der grundsätzlichen machtpolitischen Ausrichtung der Han-Herrscher. Mochten sie auch zur Ausweitung ihres Einflussgebietes zeitweise beachtliche Kriegsflotten im Südchinesischen Meer unterhalten – die Küstenräume blieben »zweitrangig, in politischer wie wirtschaftlicher Hinsicht.«[17] Ihr Hauptinteresse galt den Landmassen Asiens. Denn von hier aus drohte die größte Gefahr. Schon vor der Fahrt des Alexandros war China mit dem Westen über ein Netz von Überlandrouten verbunden. Sie werden gemeinhin mit dem Begriff »Seidenstraße« zusammengefasst, ein in mehrerer Hinsicht missverständlicher Terminus, der weder Chinesen noch Römern bekannt war. Es handelt sich nicht um eine »Straße«, sondern um ein Bündel sich selbst organisierender

Routen, die nicht nur den Osten und Westen des eurasischen Kontinents miteinander verbanden, sondern bis nach Südsibirien und im Süden bis an die großen Seehandelsrouten des Indischen Ozeans reichten. Seide war ein wichtiges, aber keineswegs das einzige Handelsprodukt (daneben wurden Zimt, Heilpflanzen, Keramik, Textilien, Glas, Edelsteine und Metalle sowie Vieh transportiert), und schon gar nicht verlief der Austausch wie auf einer Einbahnstraße nur nach Westen.[18] An den großen Knotenpunkten wie Baktrien und den Rändern des Tarimbeckens wurden hochwertige lokale Erzeugnisse – v.a. Textilien – in das Netzwerk eingespeist; neben den Waren zirkulierten Techniken, Ideen und Glaubensvorstellungen.[19]

Wo immer möglich nutzten die Menschen die großen Flüsse: im Osten den Jangtse, im Westen den Oxos und im Südosten neben dem Euphrat den Indus, und umgingen die zentralasiatischen Wüsten auf Wegen nördlich und südlich an den Abhängen der Gebirge, wo Schmelzwasser und Oasen Landwirtschaft ermöglichten. Die älteste Landverbindung verlief vom Mündungsgebiet des Gelben Flusses (Huangho) entlang des Altai zu den Südausläufern des Ural und von dort nördlich am Kaspischen Meer den Tanais (Don) entlang zum Schwarzen Meer. Aristeas und Herodot hatten von ihr eine vage Ahnung (s.o.S. 106–112). Auf ihr wurde bereits in der Archaik unregelmäßig neben Zobelfellen Gold und Seide nach Westen (Skythien) und Osten (China) geliefert, Seidenstoffe wurden am Perserhof getragen und gelangten im 5. Jahrhundert nach Athen, ein Jahrhundert zuvor vielleicht über skythische Händler sowie über Massilia und die Burgundische Pforte in das Gebiet der Kelten. Sicher nachgewiesen sind Seidenexporte in den Permafrost-Gräbern des östlichen Altai aus dem 4. oder 3. Jahrhundert v. Chr. sowie in skythischen Kurganen der Krim und der mittleren Wolga.[20] Die Verbindungswege blieben bis in die Zeit der Späten Republik intakt und wurden stetig ergänzt; Pompeius sammelte während des letzten Krieges gegen Mithridates VI. am Kaukasus alle Informationen über eine kaspische Handelsroute nach Indien, wie es bereits Alexander und die hellenistischen Expeditionsleiter getan hatten.[21]

Einen zweiten Verkehrsknotenpunkt bildete das Tarimbecken zwischen den Gebirgszügen des Thian Shan und den Ausläufern des tibetischen Hochlandes. Es grenzt im Westen an den Pamir und reicht damit fast an das von Alexander erschlossene Karakorum-Gebirge. Ferner gab es Passwege über den Hindukusch nach Nordindien, im Osten führte der Weg nach Nordchina. Das Tarimbecken war zwar nur sehr schwer zu durchqueren, verband aber an seinen Rändern unterschiedliche Vegetationszonen und Lebensweisen: Am West- und Ostrand die urbanisierten Agrarräume Mesopotamiens und Baktriens, des Nordindusgebietes und des Gelben Flusses; nördlich die Steppengebiete vom mongolischen Hochland entlang des Altai bis zur Ungarischen Ebene, eine durch Gebirge kaum unterbrochene ökologische Zone, die, je weiter man sich gen Westen bewegt, Weidewirtschaft und Pferdezucht erlaubte; und schließlich noch weiter nördlich die bewaldete Taiga.

Jede dieser drei Zonen besaß Produkte und Ressourcen, die von den Bewohnern der jeweils anderen Zonen hoch begehrt waren, mitunter als lebensnotwendig angesehen wurden: So lieferten die Jäger der Taiga den Nomaden neben Fellen vor allem Bernstein und Gold, das wiederum von den Nomaden (mit Hilfe wandernder Handwerker) weiterverarbeitet und an die Agrargesellschaften des Südens gegen bäuerliche Naturprodukte getauscht wurde.[22] Es war der Güteraustausch zwischen den drei Lebensräumen, der auch den Ausbau regionaler Kontaktzonen zu transregionalen Transferräumen forcierte und am Leben hielt. In der Regel haben bäuerliche Gesellschaften dabei die größte Chance zu prosperieren und zu expandieren. Es entsteht ein Ungleichgewicht des Wohlstandes, auf das die Reitervölker zunächst mit saisonalen, dann mit groß angelegten Plünderungszügen reagierten: Seit dem 7. Jahrhundert v. Chr. wurde nicht nur der kleinasiatisch-nordmesopotamische Raum durch Angriffe asiatischer Nomadenverbände (»Massageten«) erschüttert (s.o.S. 106). Die gleiche Bedrohung traf im 5. Jahrhundert die sieben Fürstentümer (475–221 v. Chr.), die in der »Zeit der Streitenden Reiche« um die Vorherrschaft im Gebiet des Gelben Flusses und des Yangtse rangen.

Die Expeditionen des Zhang Qian

Das mächtigste dieser Nomadenvölker – von den Chinesen als Xiongnu (oder Hsiung-nu) bezeichnet – fiel immer wieder plündernd aus dem Gebiet der mongolischen Grassteppen in die nördlichen Königtümer Qin, Zhao und Yan ein. Schnell errichtete Wallanlagen konnten lediglich verhindern, dass die Reiter unverhofft die bäuerlichen Gebiete überfielen. Um den Nomaden offensiv begegnen zu können, begannen die chinesischen Fürsten im 4. Jahrhundert ihre Streitwagenarmeen durch Infanterie und Reiterabteilungen zu ersetzen.[23] Seit Ende des 2. Jahrhunderts schlossen sich die Xiongnu – wahrscheinlich in Reaktion auf die Expansion der Qin und die Etablierung des

Han-Reiches – zu einer großen Föderation zusammen und verstärkten ihre Überfälle auf die verloren gegangenen Gebiete. Als sie 200 v. Chr. dem Gründer der Han-Dynastie eine vernichtende Niederlage zufügten, reagierten die Chinesen mit dem Ausbau der Verteidigungsanlagen im Norden (mit wenigen Durchlässen für den Handel) und suchten die Angriffslust der Nomaden durch Friedensverträge, jährliche Geschenke in Form von Gold, Seide, Reis und Getreide zu bändigen sowie ihre Führer durch Heiratsabkommen an sich zu binden (Politik der »Harmonie und Verwandtschaft«).[24]

Gleichzeitig trieben sie den Ausbau der Reiterei weiter voran – ein Prozess, dem die Römer 300 Jahre später gegenüber den sarmatischen und hunnischen Reitervölkern folgten. Er ist im Hinblick auf die Verdichtung der Seidenstraßen von großer Bedeutung. Die Chinesen besaßen nur eine begrenzte Erfahrung in der Pferdezucht und waren nicht bereit, Agrarland in Weideflächen umzuwandeln; der Bedarf an Pferden konnte so durch das Land selbst nicht befriedigt werden. Der Erwerb bzw. Import von Kriegsrössern und Berufskriegern war deshalb spätestens seit der Han-Dynastie eine Konstante chinesischer Außenpolitik.[25] Der Blick wandte sich vor allem in den fernen Westen, wo die »blutschwitzenden« Pferde der Ferghana (Usbekistan entlang des Flusses Syr) als wichtige Nachschubressource dienen sollten. Die landwirtschaftlich hochentwickelte Ferghana war das von China aus gesehen weitentfernteste Gebiet der sich um das Tarimbecken gruppierenden »Westländer«. Diese wurden allerdings zu großen Teilen von den Xiongnu kontrolliert. Die sesshafte Bevölkerung sicherte den Nomaden die Versorgungsgrundlage, die ihnen die Expansion der Han-Chinesen an anderer Stelle entzogen hatte. Spätestens seit dem letzten Drittel des 2. Jahrhunderts erkannten Kaiser Wu (141–87 v. Chr.) und seine Berater, dass die Gefahr der Xiongnu nur dann gebannt werden könnte, wenn man ihnen den Zugriff auf diese Ressourcen verwehrte, ihnen auf diese Weise »den rechten Arm abschlüge«.[26]

Genau so klar war aber auch, dass eine Westexpansion neben der Verteidigung der Nordgrenzen angesichts der hohen Kosten nur mit außenpolitischen Verbündeten Aussicht auf Erfolg hatte. Ein naheliegender Partner war eine von den Chinesen als Yuezhi bezeichnete indoeuropäische Nomadengruppe, die im Grasland nördlich des Tian Shan lebte und die chinesischen Herrscher nicht nur mit Jade, sondern auch mit Pferden (gegen Seide) versorgen konnte. Als der Kaiserhof erfuhr, dass die Xiongnu auch die Yuezhi besiegt hatten, schien die Zeit reif für ein Militärbündnis, das über die Pferdelieferung hinausging. 140–138 n. Chr. beauftragte Kaiser Wu einen hohen Offizier namens Zhang Qian, die Yuezhi zu finden.

Nach einer wahren Odyssee, zehnjähriger Gefangenschaft bei den Xiongnu und wilden Verfolgungen erreichte er sein Ziel, allerdings nicht dort, wo er vermutet hatte. Die Yuezhi waren nach der Niederlage gegen die Xiongnu über die Nordausläufer des Tian Shan in das Gebiet südlich des Aralsees geflüchtet und ließen sich zunächst am Nordufer und dann südlich des Flusses Amur nieder, der den Griechen als Oxos bekannt war. Als Zhang die Yuezhi über die Ferghana (Da-yuan) in Baktrien (Daxia/Ta-hsia) erreichte, war er so weit gekommen wie nie ein Chinese zuvor. 200 Jahre vorher wäre er den Truppen Alexanders begegnet.[27]

Ein Jahr blieb Zhang am Hofe des Yuezhi-Herrschers, doch es gelang ihm nicht, ihn zu einem Militärbündnis zu bewegen. Die Yuezhi führten inzwischen ein bäuerliches Leben und orientierten sich nach Westen und Süden.[28] Dennoch war der Aufenthalt des chinesischen Gesandten nicht umsonst, langfristig hatte er nicht weniger als welthistorische Bedeutung. Als Zhang nach elf Jahren an den Kaiserhof zurückkehrte, öffnete er seinen Landsleuten eine Welt, die bisher nur Gegenstand wundersamer Mythen gewesen war und nun Eingang in die chinesischen Chroniken (Han-Shu und Shi-Chi) fand:[29] Er wusste zu erzählen von Nordindien (Shengdu/Sheng-tu) und den Parthern (An-hsi), die das Land der Seleukiden (Li-Kann/T'iao-chih) erobert hatten; er schilderte ihre Politik, Menschen und Gebräuche, zeigte unbekannte Pflanzen wie Kräuter und berichtete, dass in Baktrien eine besondere Form des chinesischen Bambusrohrs (Ch'iung-chu) sowie Kleidung aus Südwestchina nach Indien gehandelt wurde. Zhang zeigte nicht nur, dass es unabhängig von staatlichen Initiativen Verbindungen nach Westen und Indien gab; er schuf auch die Voraussetzung dafür, dass sich die strategischen Planungen des Kaisers bezüglich der Westländer mit dem Interesse an deren Produkten verbanden.[30]

Schon die alten Mythen vom »Reich der Großen Mutter« im Westen, welche die Medizin der Unsterblichkeit besitzt, sprachen von außergewöhnlichen Bäumen und Tieren, von Jade und Edelsteinen.[31] Sie spiegelten die Sehnsüchte nach exotischen Kostbarkeiten, doch wohnte den Sehnsüchten immer auch ein politischer Aspekt inne: Der Besitz seltener Exotika war für den »Sohn des Himmels« Beweis seiner weltumspannenden Herrschaft, sie dokumentierten, dass er die entferntesten Völker und deren Güter an seinen Hof ziehen konnte. Der mit tropischen Pflanzen und exotischen Tieren, einem schwarzen Rhinozeros, weißen Elefanten und Papageien angereicherte kaiserliche Park symbolisierte die Insel der Unsterblichen.[32]

Mit dem kaiserlichen Kult des Exotischen verband sich bald ein Bedürfnis nach westlichen Luxuswaren, die dem Lebensstil des Hofes und seiner Elite entsprachen: Neben den exotischen Tieren für die kaiserlichen Parks waren das kostbare Gläser, Kristalle, Textilien, Silber, Zinn und besonders rote Korallen, die in China den gleichen Wert besaßen wie Juwelen im Mittelmeerraum. Kaiser Wu soll auf der Suche nach Unsterblichkeit einen Schrein mit Fenstergittern aus Korallen inmitten von Korallenbäumen errichtet haben; eine ähnliche Manie pflegte der König von Ceylon (s.o.S. 383). Davon abgesehen ähneln die in den chinesischen Chroniken der Han verzeichneten Listen frappierend den Angaben des Periplus über das Rote Meer, nur dass genaue Ortsangaben fehlen.[33]

Kaiser Wu dürfte demnach aufgemerkt haben, als Zhang ihm von einer Handelsroute berichtete, die das chinesische Shu (die heutige Sichuan-Provinz) mit Indien verband und exotische Güter nach Norden lieferte.[34] Nur kurz ließ er seinen besten Mann rasten, dann entsandte er ihn nach Süden. Diesmal blieben jedoch alle Anstrengungen erfolglos, zumindest was den Erwerb der begehrten Güter betraf. Immerhin kam es zu einer Kontaktaufnahme mit dem Partherkönig Mithridates II., der eine Gegengesandtschaft in den Jahren 101–100 v. Chr. folgte. Über die Parther gelangte der Name der Serer zu den baktrisch-indischen Griechen und weiter an die Levante in das Geschichtswerk des Apollodoros von Artemita. Der Fall des baktrischen Königreiches ist das erste Ereignis, das von chinesischen und indischen Quellen erwähnt wird.[35] Die Römer lernten rund 100 Jahre später durch die Vermittlung Kleopatras chinesische Seide kennen, in den 30er Jahren sahen die Soldaten des Crassus parthische Standarten aus Seide.[36]

Die chinesische Expansion in das Tarimbecken

Nach einer alten, sich aus der Kombination mehrerer Quellenhinweise ergebenden These seien von den Parthern nach Antiocheia Margiana (Merv in Turkmenistan) deportierte Legionäre der Crassus-Armee in die Dienste der Xiongnu getreten und nach einer Schlacht mit der chinesischen Armee als Gefangene in einer Stadt namens Liqian (heutige Provinz Gansu) angesiedelt worden.[37] Auch wenn diese These bis heute nicht verifiziert werden konnte, so steht sie im Zusammenhang mit der Tatsache, dass die »Westländer«, besonders die Ferghana (Dayuan), die bereits Alexander erobert hatte und Teil des graeco-baktrischen Reiches gewesen war, militärisch und außenpolitisch für die Han-Chinesen immer wichtiger wurden.[38] Da sich der Herrscher von Ferghana weigerte, selbst gegen Gold und Seide Pferde zu liefern, schickte Wu seine Truppen. 101 n. Chr. wurde die Ferghana nach dem bis dahin längsten und teuersten Feldzug der chinesischen Geschichte erobert.[39] Ähnlich wie die Römer in der ägyptischen Wüste sicherten die Chinesen den Weg über den nördlichen Rand der Taklamakan mit Garnisonen und Soldatensiedlern, die das karge Land mit Hilfe von Bewässerungssystemen beackerten. Gleichzeitig erweiterten sie die Große Mauer von Gansu, dem westlichen »Horn« Chinas, entlang des sog. Hexi-Korridors (einer ariden Landzone zwischen den mongolischen Wüsten, den Qilian-Bergen und dem Tarimplateau in der heutigen Provinz Gansu) bis zum sog. Jadetor (Yumen). Neues militärisches Hauptquartier wurde Anxi (»friedlicher Westen«).[40] Das militärische Engagement trug wesentlich zur Verdichtung der zentralasiatischen Karawanenroute zur Seidenstraße bei. Es verschaffte dem Han-Kaiser eine Überlandtrasse, die seine Hauptstadt Luoyang mit dem für den Pferdebedarf wichtigen Nordiran verband und die diplomatische Kontrolle westlicher Mächte entlang der Route erleichterte. Gleichzeitig konnten nun regelmäßig westliche Produkte wie Traubenwein und Kulturpflanzen bis nach China geliefert und gegen chinesische Produkte getauscht werden.[41]

Ausgangspunkt der von Ost nach West ziehenden Karawanen bildete Chang'an, die ältere Kaiserresidenz und Hauptstadt der Han.[42] Hier ergänzten die Kaufleute die Rohseide mit Ginger, Zimtblättern, Kassiarinde sowie anderen Gewürzen, ferner chinesischer Tinte sowie Halbfertigprodukten und Eisen aus den Minen von Shensi (Shanxi), Hupei (Hubei), Kansu (Gansu) und Szechwan (Sichuan).[43] Bei Fengxiang verlief die Südroute über Lhasa am Himalaya entlang nach Patna (Palimbothra) zum Mündungsgebiet des Ganges; auf ihr dürften die Serer Rohseide in den Golf von Bengalen geliefert haben; ein zweiter Weg führte von Yunnan in das Gebiet des modernen Burma zur Küste nahe Rangun.[44]

Die Hauptroute nach Westen wandte sich weiter nordöstlich zum neuen Militärstützpunkt Anxi und von da aus über die Oasen von Turfan, Kucha und dem Tal des Issyk entlang bis zum Jaxartes und Samarkand. Die Südroute umging die Taklamakan im Norden (Pei-lu, Beilu) und Süden (Nan-Lu, Nanlu) und vereinigte sich bei Kashgar (Issedon Scythia) am Fuße des östlichen Pamir.[45] Der nördliche Weg wurde vor allem im Sommer genutzt und war ab 100 v. Chr. durch Mauern und Forts geschützt. Die südliche Route passierte die Jademinen von Khotan; wahrscheinlich hatte sie auch Zhang bei seiner ersten Expedition genommen.[46] Von ihr verlief ein Passweg über den Pamir nach Baktrien und von dort zu den Häfen der indischen Westküste, wo westliche Händler »chinesische Häute« und »chinesisches Garn« erwarben.[47] In Merv vereinigte sich die Südroute mit dem durch das Ferghanabecken über Samarkand verlaufenden Nordabzweigers. Weiter ging es durch den Nordosten Irans zum südlichen Euphrat. Hier traf sich der Warenverkehr mit der über den Persischen Golf gehandelten Seide und endete in den syrischen Metropolen Antiocheia und Seleukia, wo viele westliche Seidenhändler ihr Hauptquartier hatten.[48]

Die Verdichtung der Seidenstraße ging somit von Osten aus, wobei sich die militärischen Ziele Schritt für Schritt mit handelspolitischen Erwägungen verbanden. Seide wurde nicht mehr nur gegen Pferde und Exotika getauscht, sondern diente auch der Köderung der Feinde – eine ähnliche Politik verfolgten die Römer gegenüber den Barbaren jenseits von Rhein und Donau.[49] »Jeder Grenzmarkt«, so ein Han-Beamter, »sollte mit Läden bestückt sein, und diese Läden müssen 100–200 Menschen bedienen. Die Xiongnu werden dann nach unseren Produkten flehen, und das wird ihre fatale Schwäche sein.« »Ein Stück chinesischer Seide« – so ein anderer Kommentar – »kann mit den Xiongnu gegen Artikel eingetauscht werden, die mehrere Stücke Gold wert sind. So können wir die Ressourcen des Feindes schrittweise reduzieren.«[50]

Dieses Kalkül war in Verbindung mit der Qualitätssteigerung der Armee durch Armbrustbewaffnung und Reiterei erfolgreich.[51] Im Laufe des 1. vorchristlichen Jahrhunderts zerfiel die Koalition der Xiongnu, ausgezehrt durch Hunger, Zwist und die chinesische Handelspolitik.[52] Mit dem Wegfall der unmittelbaren Bedrohung verloren aber auch die Seidenstraßen an Bedeutung. Am Kaiserhof gewannen wieder die Stimmen Gehör, die einer Abschottung gegenüber dem Westen das Wort redeten und zu enge Handelskontakte für unvereinbar mit chinesischer Tradition erachteten. Lokale Klientelfürsten übernahmen anstelle chinesischer Truppen die Überwachung der nordwestlichen Grenzen. »Mit Hilfe von Barbaren die Barbaren kontrollieren«, so lautete die Parole.[53] Die Kontakte zum Westen brachen in den ersten sieben oder acht Dekaden des 1. Jahrhunderts v. Chr. ab.

Das Reich der Kushanas als Drehscheibe des Handels

Wie immer in der Geschichte konnten jedoch außenpolitische und militärische Veränderungen etablierte Handelsströme nur unwesentlich beeinflussen oder gar eindämmen. Sie fanden andere Wege, politische Grenzen zu überwinden. So fällt der Rückzug der chinesischen Militärs aus dem Tarimbecken zeitlich in etwa parallel mit dem Aufschwung des Fernosthandels über das Rote Meer und Indien.[54] Einmal geweckte Warenbedürfnisse sind nur schwer durch staatliche Entscheidungen zurückzudrängen. Besonders Traubenwein war auch nach Ende der Expansionspolitik eine willkommene Alternative zum Reiswein; sogar Weinstöcke scheinen in China angebaut worden zu sein. Umgekehrt hatte sich chinesische Seide zu einem Exportschlager entwickelt, auf den nicht nur die römischen Eliten, sondern genauso wenig die Fürstentümer auf der Wegstrecke bis zum Iran verzichten wollten.[55]

Der Handel mit diesen und anderen Produkten bildete die Basis, welche die Abschwächung expansionistischer Energien überbrückte und zur Etablierung neuer machtpolitischer Großräume beitrug. In der Mitte des 1. Jahrhunderts n. Chr. hatten die alten Verbündeten der Chinesen, die Yuezhi, den Hindukusch überschritten und ihre Stämme auf indischem Boden zum Großreich der Kushanas vereint. Das Kushanareich wurde zu einem der reichsten und bedeutendsten Mächte der antiken Welt. In seiner Blütezeit reichte es von den Grenzen Chinas über Zentralasien bis zu den Häfen der westindischen Küste. Es umfasste damit mehrere ökologische Großzonen inmitten des territorialen und maritimen Seidenstraßengeflechts; zahlreiche im Westen begehrte Pflanzenprodukte wie Bdellium, Narde, Costus, Lapislazuli oder Türkisblau konnte man nur in den Kerngebieten der Kushanas erwerben. Die Kushanas selbst waren an westlichem Glas, Silbergeschirr, Edelsteinen und Figuren sowie Gold (*aurei*-Münzen) für ihre Münzproduktion interessiert. Moderate Zölle und Steuern sowie eine liberale Förderung des Handels ließen das Handwerk erblühen, förderten die Urbanisierung des Landes und garantierten einen nicht gekannten Wohlstand.[56]

Eine treibende Kraft des Fernhandels bildete erneut der Buddhismus. Schon in der frühen Zeit waren die meisten Anhänger Buddhas Kaufleute, die in den Klöstern Unterkunft fanden und im Gegenzug Schenkungen machten; die buddhistische Literatur lobt den reichen Kaufmann, der die

Gemeinschaft unterstützte. Der Kushanherrscher Kanishka I. (1.-2. Jahrhundert n. Chr.) war wohl selbst zum Buddhismus übergetreten und förderte (wie vor ihm Aśoka) dessen Ausbreitung. In seiner Zeit wurde das buddhistische Pantheon um zahlreiche Götter erweitert und die Vorstellung verbreitet, man könne dem Ziel einer unsterblichen Existenz im Paradies durch reiche Gaben nahekommen; die sieben Schätze *(sapta ratna)* umfassten Gold, Silber, Perlen, Edelsteine und Korallen; viele Gläubige spendeten Perlen, Glaswaren, Korallen, Seide und Lapislazuli.[57]

Da viele dieser Luxusprodukte nur im fernen Westen (Rom) oder Osten (China) erhältlich waren, stimulierten die Neuausrichtung des Glaubens sowie der Aufschwung des buddhistischen Klosterwesens den Fernhandel zusätzlich. Viele Klöster beteiligten sich am Handel, dienten (vergleichbar den hellenistischen Tempeln) als Finanzagenten und als geschützte Orte der Geschäfte mit fernen Produkten; ein Kloster entwickelte wahrscheinlich auf Anregung westlicher Weinhändler Destillationsanlagen für hochprozentigen Alkohol.[58] Im ersten Jahrhundert n. Chr. bewegten sich Händler und buddhistische Mönche Hand in Hand über den Khyber-Pass bis Merv und fanden in östlicher Richtung durch das Tarimbecken ihren Weg nach China, wo Gemeinschaften buddhistischer Kaufleute und Mönche aus Indien in den größeren Städten und der neuen Kaiserresidenz Luoyang nachgewiesen sind.[59] Indische und kushanische Händler lieferten Seide nach Indien und dem Iran, umgekehrt Jade sowie die anderen in China so begehrten Waren von den indischen Häfen nach China. Die vom Periplus des Roten Meeres genannte große Hauptstadt eines Königs, zu der alle in Barbaricum angelieferten Waren flussaufwärts geschafft wurden, war sehr wahrscheinlich Purushapura, die nördliche Residenz der Kushanas nahe dem heutigen Peshawar in der Gegend von Gandhara. Deshalb waren die Han-Kaiser auch bereit, Händler aus dem Kushanareich in ihr Gebiet zu lassen, sodass der Kontakt zum Westen auch nach dem Erlahmen der Expansionspolitik Kaiser Wus nicht abriss.[60]

Pan Chao und die Suche nach einer Verbindung zu Rom

Seit den 80er Jahren des 1. nachchristlichen Jahrhunderts bedrohten jedoch erneut die nördlichen Nomaden den Warenverkehr. Der westliche Zweig der Xiongnu oder ihre ehemaligen Untertanen – von den Quellen Xianbei genannt[61] – nahmen ihre Plünderungszüge auf chinesisches Gebiet wieder auf und bedrohten wahrscheinlich auch die Karawanenrouten (obwohl Pferde in der Wüste an sich schwer zu gebrauchen waren), Grund genug für die chinesischen Herrscher, gegen die »Piraten der Steppe« aktiv zu werden und das Tarimbecken erneut unter Kontrolle zu bringen. Seit 73 n. Chr. führte General Pan Chao mehrere erfolgreiche Feldzüge gegen die Fürstentümer am Rand der Taklamakan und die nördlichen Xiongnu. Im Jahr 91 wurde er mit dem Rang eines »Protektor-Generals der westlichen Territorien« belohnt, eine Art Vizekönigtum über das Tarimbecken bis fast zum Kaspischen Meer.[62] Mit der Rückeroberung des Tarimbeckens und der Abwehr der Reiterangriffe war zwar keine »Neueröffnung der Seidenstraße« verbunden, doch gewann der Warenaustausch eine vorher nicht gekannte Stabilität. Die an der Süd- und Nordroute der Taklamakan aufblühenden Oasen führten die Händler sicher vom Jadetor im Osten bis an die Grenzen Afghanistans und Usbekistans und von dort zum iranischen Hochplateau oder zum indischen Subkontinent.[63]

Die kraftvolle Sicherung der Karawanenrouten durch das Tarimbecken scheint auch chinesische Fernhändler angezogen zu haben, wobei ihr Verhältnis zur kaiserlichen Handels- und Militärpolitik schwer zu bestimmen ist. Anders als die römischen Kaiser besaßen die Han-Kaiser wahrscheinlich Monopole auf Seide, Eisen und Salz. Und sie haben in der Tradition der Qin den Außenhandel und die Aktivitäten chinesischer Kaufleute zu regulieren und zu kontrollieren gesucht, etwa indem sie klar abgegrenzte Areale auf den städtischen Märkten errichteten, die Händler dazu verpflichteten, ihre Gewinne in Bodenbesitz anzulegen, und sie mit einer doppelten Steuer belegten. Das ging jedoch nicht auf eine grundsätzliche Abneigung gegen den Handel zurück – auch wenn orthodoxe konfuzianische Gelehrte ähnlich wie ihre römischen Pendants dem Kaiser dies einzureden suchten und Ackerbau gegenüber dem Handel priesen.[64] Ganz im Gegenteil haben die Han-Herrscher durch die Einführung einer reichsweiten (Kupfer-)Währung, einheitlicher Maße und Gewichte sowie den Ausbau des Straßensystems viel für die Verbesserung des Warenaustausches getan; es gibt keine Hinweise darauf, dass der Handel mit direkten Steuern oder Gebühren belegt war.[65]

Die Gründe für die gesetzlichen Beschränkungen der Kaufleute waren vielmehr fiskalischer und politischer Art[66]: Während römische Fernhändler und ihre Freigelassenen niemals mit dem Kaiser konkurrierten, rührten in China die doppelte Besteuerung und das Verbot einer Ämterkarriere aus der

Sorge, dass reiche Händler mit ihrem Zugriff auf die für die Legitimität des Kaisers wichtigen Waren eine politische Gefahr für das Establishment werden könnten (die kaiserfreundlichen Quellen begründen das mit dem Verdacht, die Händler würden die Beamten korrumpieren). Die Verpflichtung, Handelsgewinne in Bodenbesitz anzulegen, sollte die steuerliche Erfassung von Handelsgewinnen erleichtern, die sonst leicht der kaiserlichen Kontrolle entglitten.

In Bezug auf die innerhalb des Reiches und nahe der Hauptstadt tätigen Kaufleute waren diese Maßnahmen nicht besonders effektiv, gegenüber den mit »Luxusprodukten« handelnden Fernhändlern versagten sie völlig. Zum einen war der Kaiserhof auf deren Mitarbeit bei der Beschaffung westlicher und südlicher Exotika angewiesen; deshalb haben die späteren Han-Kaiser ihre repressive Politik gegenüber ihren Händlern aufgegeben. Zum anderen besaßen reiche Handelsfamilien wie die des Liu Pao, die in Luoyang oder Chang'an ansässig waren und Dependancen in jeder Provinzhauptstadt hatten (allerdings erst in der Zeit der nördlichen Dynastien), beste Verbindungen zu den höheren Kreisen und zu den im Westen tätigen Militärs.[67] Als Pan Chao drei Jahre nach seiner Ernennung zum Protektor der Westlande einen Feldzug gegen das Königreich Karashar im nördlichen Tarimbecken führte, folgten ihm mehrere hundert chinesische Kaufleute, ähnlich wie sich römische Händler den Vorstößen Caesars nach Gallien anschlossen. Und ähnlich wie Cicero auf reiche Gewinne in Britannien hoffte, so hatte der Bruder des Pan Chao, der Historiker Pan Ku, um den Erwerb von Wolldecken und Teppichen gebeten.[68]

Man sieht hier, wie leicht sich offizielle militärische Aufträge und individuelle Erwerbsinteressen verbanden. Der Bruder des Pan Chao wird nicht der einzige gewesen sein, der diese Chance nutzte. Pan Chao hatte schon vorher auf eine bunte Mischung von Reitersöldnern (aus den Reihen der Nomaden) und Abenteurern gesetzt; er wird die Kenntnisse der mit ihm ziehenden Kaufleute geschätzt und deren Interessen mit seinen eigenen zu verbinden gesucht haben, so wie auch spätere Gouverneure mit westlichen Produkten (Gold, Silber, Pferde) handelten.[69] Aber auch der Hof wusste über ein ausgefeiltes Zoll- und Kontrollsystem über die Luxusgüter aus dem Westen bzw. dem Römischen Reich Bescheid: Gold, Silber, Jade, Perlen und Glas. Vieles gelangte in den Palast, doch daneben verschlangen der Unterhalt von Armee und Söldnern in den westlichen Regionen sowie die Beschwichtigungsdiplomatie gegenüber den Barbaren neben Seide auch Edelmetalle.[70]

Bei deren Erwerb befanden sich die Chinesen in einer ähnlich günstigen Position wie die indischen Fürstentümer: Seide war in China seit der Zeit der »Streitenden Reiche« (475–221 v. Chr.) genauso wie Pfeffer in Indien ein Massenprodukt, das allerdings intensiver und langer Pflege bedurfte und im Ausland einen hohen Tauschwert besaß. Dabei war den chinesischen Fachleuten nicht bewusst, dass ein Großteil der Rohseide von römischen und syrischen Textilhandwerkern weiterverarbeitet und reexportiert wurde.[71] Wahrscheinlich war es westlichen Händlern nur durch die Gewinne des Rückexportes möglich, immer wieder Geld in den Erwerb von Rohseide zu investieren. Für die chinesische Perspektive – das zeigen die Listen der späten Han-Chroniken – war hingegen Gold wie für die Inder weniger ein Zahlungsmittel als vielmehr eine Ware. Je mehr man zum Erwerb von Pferden sowie zur Beschwichtigung der Barbaren benötigte, umso größer war der Wunsch, weitere Mengen unter Ausschaltung von Zwischenhändlern zu erhalten, die Gold allzu gerne in die eigenen Taschen verschwinden ließen.[72] Das war der entscheidende Grund, weshalb sich der Han-Kaiser bzw. sein General für eine Direktverbindung zum Römischen Reich interessierte.

Eine wichtige Rolle spielte dabei der Aufstieg des Kushanareiches. Seit der Mitte des 1. Jahrhunderts n. Chr. siedelten Inder und Kushaner im Süden des Tarimbeckens (der Norden wurde von Sogdianern aus dem heutigen Usbekistan bevorzugt), und sie erschienen in den chinesischen Städten sowie in der Residenz Luoyang; über sie dürften der chinesische Kaiser und seine Generäle erfahren haben, dass es eine Handelsverbindung von Indien über See zum Reich der Römer gebe, das die Chinesen wahrscheinlich Ta-ch'in (Daqin) nannten. Dieses Reich würde – so die Hou-Han-Shu – allein aus dem Seehandel (vor allem dem Export von Korallen und Glas) mit Parthien und Indien zehnfachen Gewinn ziehen![73]

Im Jahre 97 n. Chr. nahm Pan Chao die Sache selbst in die Hand und schickte seinen Gesandten Gan Ying nach Parthien; es ist der erste und offenbar einzige Versuch eines hohen chinesischen Repräsentanten, das Römische Reich zu erreichen. Gan Ying kam vom Oxos über Merv bis nach Tiao-zhi (Tiao-chih); das könnte die chinesische Übersetzung des Tigris sein oder auf eine Hafenstadt an dessen Ufern nahe dem Meer deuten, offensichtlich Spasinou Charax, das Tor zum Persischen Golf.[74] Gan Ying stand demnach genau dort, wo zwanzig Jahre später Trajan den nach Indien absegelnden Schiffen wehmütig hinterhersah (s. o. S. 366). Der Sinn des Chinesen richtete sich auf die Gegenrichtung: Auf die Frage, ob es von hier aus eine Seeverbindung ins Mittelmeer gebe, erhielt er die Antwort, das Meer sei riesig und eine Fahrt dauere bei gutem Wind drei Monate, bei widrigem zwei Jahre.[75] Damit waren recht zutreffend die Schwierigkeiten einer Umrundung der Arabischen Halbinsel westwärts ins Rote Meer beschrieben, auch wenn der Chinese sich über die genauen geographischen Verhältnisse wohl nicht im Klaren war und von der Existenz Arabiens nichts wusste.[76]

Die kürzere und häufiger genutzte Verbindung vom Euphrat über Palmyra und die syrische Wüste wurde dem Gesandten dagegen verschwiegen. Die Parther wollten verhindern – so die übliche Vermutung –, dass Chinesen und Römer in direkten Handelskontakt kamen.[77] Tatsächlich erzählt die gleiche chinesische Chronik (Hou-Han-Shu) in einem anderen Zusammenhang, dass die Römer an Kontakten mit den Han-Chinesen interessiert waren, von den Parthern aber daran gehindert wurden, weil diese (allein) mit den Chinesen Handel mit Seide treiben wollten.[78] Wenn diese Nachricht tatsächlich auf die Gesandtschaft des Gan Ying und nicht auf die viel spätere, um 160 über See am Kaiserhof eintreffende zu beziehen ist (s.o.S.389f.)[79], dann traf der chinesische Gewährsmann hiermit nur einen Teil der Wahrheit. Zweifellos wollte Pan Chao erkunden, ob man über See mit den Römern Kontakt aufnehmen könne. Doch inwieweit den Parthern aus einem solchen Kontakt Nachteile entstanden wären, ist schwer zu erkennen. Eher träfe das auf die Palmyrener zu. Ihre Existenz hing tatsächlich von ihrer zentralen Rolle im Ost-West-Transithandel ab.[80] Auf die Parther passen solche Überlegungen jedoch nicht. Es gibt außer der genannten Quelle keine Hinweise darauf, dass sie den Seidenhandel monopolisierten, dazu waren zu viele Akteure beteiligt, neben den Palmyrenern die Kushanas und die indischen Zwischenhändler. Selbst wenn es den Parthern gelungen wäre, Kontakte zwischen Römern und Chinesen zu unterbinden, so hätten sie sich damit einer ihrer wichtigsten Einnahmequellen beraubt. Umgekehrt hätten westliche oder chinesische Kaufleute auch bei einer Annäherung ihrer Regierungen nach wie vor durch Parthien reisen und entsprechende Abgaben leisten müssen. Dass der Weg durch Parthien nach Zentralasien (und China) im 1. Jahrhundert häufig benutzt wurde, zeigt das »Reisehandbuch« des Isidor aus Charax, gewissermaßen das territoriale Pendant zum Periplus des Roten Meeres.[81]

Was sich hinter der parthischen Sorge um den Verlust eines Handelsmonopols verbirgt, war wohl etwas viel Gravierenderes: die Angst vor einer globalen Verschiebung der machtpolitischen Verhältnisse. Die Parther waren seit dem frühen 1. Jahrhundert v. Chr. mit der chinesischen Politik vertraut und wussten, dass deren handelspolitische Ziele in der Regel den strategischen und machtpolitischen Reichsinteressen nach- bzw. untergeordnet waren; nicht ohne Grund war es ein offizieller Gesandter, der in Parthien Erkundigungen über die Seeverbindungen mit dem Römischen Reich einzog. Seit dem Aufstieg der Kushanas sahen sich die Parther nun auch im Osten einem Konkurrenten gegenüber, der großes Interesse an Kontakten zu Rom und seinen östlichen Gebieten hatte; die Kushana imitierten offenbar römische *aurei*, und der Kushana-Herrscher Kanishka II. benutzte den Titel »kaisar«, suchte dagegen parthische Territorien seit geraumer Zeit zu plündern; im 2. Jahrhundert n. Chr. gab es sogar Krieg zwischen beiden Reichen. Die Parther hatten seit ihrer ersten Kontaktaufnahme (unter Mithridates II.) gehofft, mit den Chinesen einen Verbündeten im Rücken ihrer nordöstlichen Nachbarn zu finden.[82] Als sich Gan Ying nach einer direkten Verbindung zu Rom erkundigte, drohte dieses Kalkül durchkreuzt zu werden, und noch schlimmer: Die Sorge war groß, dass sich zwischen den Römern und den bis an die Nordgrenzen Indiens vorstoßenden Chinesen eine Allianz bilden könnte, so wie es die Chinesen mit den Yuezhi gegenüber den Xiongnu versucht hatten.

Die Agenten des Maes Titianus in China

Doch was auch immer die Motive der Parther waren – es gelang ihnen zwar, den chinesischen Gast von der Sinnlosigkeit maritimer Kontakte mit Rom zu überzeugen und die Route durch die syrische Wüste zu verheimlichen, doch sie konnten nicht verhindern, dass die Ost-West-Verbindungen im Norden ihres Reiches weiter zusammenwuchsen. Wenn ein chinesischer Gesandter wie Gan Ying vom Pamir über Baktrien, Merv und Ekbatana, also entlang der von Alexander in der Gegenrichtung benutzten Handelsstraße nach Parthien zog, dann verbreitete sich eine solche Nachricht unter Kaufleuten in Windeseile. Die Botschaft war eindeutig: China zeigte wieder Interesse am fernen Westen und hatte die wichtige Verbindungszone des Tarimbeckens so weit gesichert, dass auch für westliche Händler der erhoffte Profit das Risiko ausglich. Der Gewinn bestand darin, dass man unter Umgehung der kushanischen, sogdianischen und palmyrischen Zwischenhändler mit großen Mengen chinesischer Produkte – insbesondere Seide – heimkehrte.

Einen Mann namens Maes, der sich auch Titianus nannte, muss diese Botschaft elektrisiert haben. Nach Aussage des Geographen Marinos von Tyros (bei Ptolemaios) soll Maes »bestimmte Personen« – offensichtlich seine Freigelassenen – zu den Serern geschickt haben.[83] Es wird zwar nicht gesagt, zu welchem Zweck, doch der Erwerb von Seide und anderer chinesischer Produkte liegt nahe. Manche haben deshalb vermutet, dass Maes und seine Familie in Tyros ansässig waren und Marinos persönlich kannten. Das ist allerdings nicht mehr als eine ingeniöse Spekulation, die vor allem seine Handelsinteressen erklären soll.[84] Die syrischen Küstenstädte waren berühmt für ihre Glasmanufakturen und Textilwerkstätten, die chinesische Rohseide verarbeiteten sowie Seidenstoffe mit Purpur färbten; sie bildeten also zentrale Herstellungs- bzw. Verarbeitungszentren für das wichtigste Exportprodukt nach und die wertvollste Importware aus China.[85]

Es kann vor diesem Hintergrund durchaus sein, dass Maes und seine Familie Geschäftsbeziehungen in Syrien unterhielten und sich dort aufhielten, doch gegen eine *Herkunft* aus dem Lande spricht die Aussage des Ptolemaios, der Maes als Makedonen und Sohn eines makedonischen Kaufmanns bezeichnet. Hierzu passt, dass der griechische Name Maes vor allem im Pontosraum und Kleinasien vorkommt. Der Beiname Titianus konnte von den Eltern und dem Träger frei gewählt werden, galt zumal im Osten als chic und in Handelskreisen als förderlich, lässt aber nicht darauf schließen, dass der Mann mit der Patronage eines Titius das römische Bürgerrecht besaß;[86] in solchen Fällen übernahm ein Freigelassener üblicherweise das *nomen gentile* seines ehemaligen Herren (im vorliegenden Falle also Titius).

Alles in allem wird man nicht mehr sagen können, als dass Maes und seine Beauftragten sehr wahrscheinlich aus dem Osten des Reiches, also dem kleinasiatischen oder syrischen Raum, ihre Reise antraten und die gleiche Nordroute von Ekbatana entlang der Südküste des Kaspischen Meeres über Merv und Baktrien/Bactra auf baktrischen Kamelen gen Osten nahmen, die der chinesische Gesandte benutzt hatte und auch den Palmyrenern vertraut war.[87] Vielleicht haben sie sich der chinesischen Reisegruppe auf deren Rückweg angeschlossen. Nach Passieren der Nordausläufer des Hindukusch kamen die Makedonen an die erste große Wach- und Zollstation der chinesischen »Westländer«, den »Steinernen Turm«, irgendwo östlich von Baktrien zwischen dem Pamir und dem Tian Shan, rund 3.600 km von der mediterranen Küste entfernt.[88] Nach Erledigung der Formalitäten entließ Maes seine Freigelassenen in das große Abenteuer. Wie weit sie kamen, ist umstritten. Marinos von Tyros berechnete für die Entfernung vom Steinernen Turm bis zur *sera metropolis* sieben Monate. Einige Forscher glauben, dass diese Angaben auf chinesische oder indische Wegbeschreibungen zurückgehen, doch die meisten verbinden sie mit dem Weg, den die Agenten des Maes, wahrscheinlich in Begleitung einer Karawane nördlich oder südlich entlang der Taklamakan genommen haben.

Mit *sera metropolis* als Ziel und Endpunkt der Hinreise könnte Chang'an (heute Xi'an), die Hauptstadt der frühen Han und Umschlagplatz westlicher und chinesischer Waren, Xianyang, Hauptstadt der Qin, oder die neue Han-Residenz Luoyang gemeint sein.[89] Für die letzte Deutung sprechen chinesische Quellen, die für die Zeit um 100 n. Chr. eine Gesandtschaft mit Tributen nach China aus den Ländern Meng-ch'i (mengqi 蒙奇) und Tou-le (doule 兜勒) erwähnen. Liest man beide Ländernamen zusammen, so ergäbe sich ein Begriff, den manche für eine Übersetzung von »Macedonia« halten[90], der Heimat des Maes. Dass sich westliche Händler gerne als Gesandte ausgaben, ist bekannt. Wenn demnach tatsächlich die Agenten des Maes bis zur Residenz der Han kamen, dann überreichten sie dem »Sohn des Himmels« vielleicht goldene Teller, Münzen und Seidengewänder.[91] Reichlich beschenkt traten sie die Rückreise an und trafen nach einem weiteren Jahr wieder in Syrien (oder Makedonien) ein.

Ob man aber wirklich von einem solchen Szenario ausgehen kann, wird von chinesischen Forschern bezweifelt.[92] Um Seide oder gar das »Goldene Siegel am purpurnen Band« des Kaisers zu erhalten, musste man nicht in das Herz Chinas und die kaiserliche Residenz reisen; westliche Quellen enthalten zudem nichts Genaues über die Landschaft Chinas und das Aussehen der Han-Chinesen. Der kaiserliche Hof besaß ein eigenes Büro (»für den Umgang mit fremden Gesandtschaften«), das die Nachrichten fremder Besucher auswertete; doch wenn Ta-Ch'in (Daqin) tatsächlich das Römische Reich meint[93], so enthalten auch die Hou-Han-Shu wenig, was man auf typische Phänomene des Imperiums zurückführen könnte: dazu gehören die ummauerten Städte, Poststationen, die Landwirtschaft und die Verwendung von Edelmetallen für Münzen (wobei der Umrechnungskurs für die Münzen falsch ist) sowie über botanische Phänomene (wie Pinien), die es nur im Mittelmeerraum gibt. Daneben finden sich Elemente, die nur durch Übertragungen chinesischer Vorstellungen erklärbar sind, so die Idee, die römischen Paläste würden von kristallenen Säulen getragen. Abgesehen von der physikalischen Unmöglichkeit spiegelt sich hierin die chinesische Wertschätzung für Glas und Kristall. Ferner soll es in Rom Baldachinwagen geben, die aber vor allem in China verbreitet sind. Dass sich der Herrscher durch Leistung legitimiert, steht der chinesischen Tradition noch näher als der Prinzipatsideologie. Insgesamt orientiert sich die Beschreibung an den eigenen gesellschaftlichen Normen und (daoistischen) Utopien: »Ta-Ch'in« ist das »Große China«, ein ideales Land der Wunder, voller Gold, Silber und Edelsteinen, deren Bewohner gütig, ehrlich, und edel sind und nur den stillen Tauschhandel kennen.[94]

4.
VON KATTIGARA BIS THULE … OHNE AMERIKA?

DAS BILD EINER GLOBALISIERTEN WELT IM 2. JAHRHUNDERT N. CHR.

Transfer medizinischer Kenntnisse und religiöser Bewegungen

Auch wenn offizielle Kontakte ausblieben und der chinesische und römische Kaiserhof wenig voneinander wussten, so markieren die Reisen der Agenten des Maes und der »Gesandten« des An'tun den Höhepunkt der antiken Entdeckungsgeschichte. Der gesamte eurasische Raum vom Chinesischen Meer bis zur Ostsee war durch ein Netz maritimer und territorialer Handelsrouten erschlossen. Sie reichten über Malaysia bis in den Pazifik, auf dem afrikanischen Kontinent mindestens bis zum Tschadsee und im Norden über das Kaspische Meer zu den Tundren Sibiriens.

Gefördert wurde der Austausch – abgesehen von den handels- und machtpolitischen Faktoren sowie dem Hunger nach Fernprodukten – durch ein Phänomen, das häufig übersehen wird: Herrscher, gesellschaftliche Eliten und große Teile der am Handel beteiligten Akteure des Mittelmeerraums, Indiens und Chinas besaßen kompatible Wissens- und Erfahrungstraditionen, welche die Wahrnehmung der Fremde bestimmten und Kontakte erleichterten: Alle drei Kulturräume hatten großen Respekt vor den riesigen Meeren an ihren östlichen, westlichen oder südlichen Küsten. Alle drei wussten um die Bedeutung der großen inländischen Ströme, an denen sich politische Herrschaft organisierte und an denen sich Handel und Militär entlang bewegten. Alle grenzten im Norden an die eurasischen Steppengebiete und nomadische Völker, die man als Barbaren von der eigenen Zivilisation absetzte, aber in ihrer Andersartigkeit auch verstehen und in die Ordnung der Welt integrieren wollte. Chinesische Schriftsteller entwickelten dabei ethnographische Modelle, die sich mit denen des griechischen Raumes vergleichen lassen. Die Angaben des Historikers Sima Quian (ca. 145–49 v. Chr.) über die Xiongnu decken sich über weite Strecken mit den Beschreibungen der Skythen durch Herodot, auch wenn sie eingebunden bleiben in die Ordnung einer sinozentrischen Welt.[1] Griechen, Inder und Chinesen (sowie Perser) erzählten ferner von legendären Kriegerinnen der Steppe. Sie bezeugen nicht nur die Kenntnis kaukasisch-zentralasiatischer Epik, sondern auch eine archäologisch bestätigte Realität: nämlich die Tatsache, dass sich bei den nördlichen Reiternomaden vom Schwarzen Meer bis Nordchina die Lebenswelten der Geschlechter sehr ähnelten und Frauen wie die Männer kämpften.[2]

Wo genauere Informationen fehlten, ergänzten zählebige Topoi das Bild. Alle drei Kulturräume kannten »Hundsköpfige«, die zusammen mit Kriegerfrauen den Norden bevölkerten; die Legende stammt wohl aus dem mongolisch-turkestanischen Zentralasien.[3] In indischen, griechisch-römischen und chinesischen Schriften finden wir aber auch paradiesartige Gegenwelten im hohen Norden (Hyperboreer, Ottarakorra = Uttarakuru des Ramayana jenseits der Hundsköpfigen) sowie im westlichen und östlichen Ozean. Der Legende nach entdeckte Kaiser Mu von Chou das Paradies der »Königlichen Mutter des Westens«. Anfang des 5. Jahrhunderts wollte Xu Fu die schwimmenden Inseln der Seligen im östlichen Ozean finden und seinem Herrn das Kraut der Unsterblichkeit bringen.[4] In diesen Paradieswelten gab es Gold und Edelsteine, Quellen bewässerten Gärten mit wundersamen Pflanzen, die ein langes Leben und Unsterblichkeit versprachen.

Derartige Elemente spiegeln auch die uralte Suche nach Heilpflanzen, die Gebrechen und Krankheiten der Heimat besiegen. Auch wenn sich die medizinische Kunst in Griechenland, Ägypten, Vorderasien und China in zeitlich größeren Abständen voneinander und in unterschiedlichen Ausdrucksformen entwickelte sowie in verschiedene gesellschaftliche Kontexte eingebunden war[5], so einte sie das Interesse an Pflanzen, Wohlgerüchen und Edelsteinen mit magischer und therapeutischer Kraft. Chinesische und griechische Texte sprechen mit Bewunderung von den gleichen indischen und südasiatischen Heilpflanzen. Manche Therapien wie der Aderlass waren der griechischen, indischen und chinesischen Heilkunde vertraut. Von China wurde medizinisches Wissen über Indien nach Rom und umgekehrt weitergetragen. Im Westen fungierten Ärzte, Gesandte und Kaufleute als Vermittler. Im Osten waren buddhistische Mönche Wegbereiter einer rational-empirischen *materia medica*, die mit der griechischen kompatibel erschien.[6]

Der Zusammenhang zwischen der Ausbreitung des Buddhismus und der Verdichtung der indischen und chinesischen Handelswege ist ein mehrfach genannter Aspekt dieser Verhältnisse. Er steht für ein weiteres historisch bedeutsames Phänomen des eurasischen Fernhandels. Wenige Berufsgruppen sind so abhängig von göttlicher Hilfe wie Fernhändler und Seefahrer, wenn sie sich See und Wüste aussetzen, Räuber und Piraten fürchten und nicht wissen, ob sie wieder heimkehren. Deshalb versprachen buddhistische Klöster nicht nur Seligkeit im Nirwana, sondern auch eine glückliche Reise im Diesseits.[7] Griechen und Phöniker stifteten dem Weltenwanderer Herakles/Melkart Tempel nach überstandenen Stürmen und geschäftlichem Erfolg. Andere bauten in Muziris einen Apollontempel, Kaufleute sammelten sich in China um die Religion ihrer Heimat. Die Palmyrer errichteten Tempel, wohin ihre Fernfahrten sie längere Zeit verschlugen.[8]

Der Indische Ozean war ein besonders fruchtbarer Raum des religiösen Transfers und Austausches, weil hier so viele unterschiedliche Ethnien unterwegs waren und die Bedingungen des Monsunsystems ein langes Verweilen in der Fremde und auf den Inseln erforderten.[9] Auf der Insel Sokotra nutzten Inder, Araber und Palmyrer das gleiche Höhlenheiligtum für Weihungen im Zusammenhang mit der Schifffahrt.[10] Kaufleute aus Alexandria, die bis zu fünf Monate an den Häfen der Malabarküsten zubrachten, kannten Buddha und seine Lehren; von ihnen erfuhren die Christen Einzelheiten über die Geburt des Meisters. Umgekehrt wandten sich indische Geschäftsleute und Seefahrer in Alexandria und den Häfen des Roten Meeres auch an die Gottheiten ihrer griechisch-ägyptischen Kollegen, so wie ein gewisser Sophron, der in einem Graffiti im Pan-Tempel von El-Kanais und Edfu-Berenike eine sichere Reise erbat. In Berenike sind Nabatäer, Männer aus Palmyra, Aksum, den südsaharischen Gebieten, Südarabien sowie Indien nachgewiesen.[11] Indische Reisende kamen in Koptos, wo der Sage nach Isis vom Tod des Osiris erfuhr, mit dem Isis-Osiris-Kult in Berührung, während Händler aus Koptos ihre Kulte nach Indien brachten. Hieraus ergaben sich Synkretismen zwischen dem Isis-Osiris-Kult und den indischen Göttinnen Svara und Isis sowie Parallelen zwischen Isis und der indischen Göttin Pattini (in Indien und Ceylon); in einem ägyptischen Papyrus des 2. Jahrhunderts erscheint Isis als Mutter Buddhas. Hierzu passt, dass erst mit der Intensivierung des Handels im 1. Jahrhundert n. Chr. (und nicht bereits in der Blütezeit der baktro-indischen Griechen) im nordwestlichen Pakistan sowie im östlichen Afghanistan die Gandhara-Kunst Statuen mit Buddha im Porträt, Faltenwurf der Gewänder und Ponderierung hervorbringt, die den Darstellungen griechischer Götter, Redner und Philosophen nachempfunden sind.[12]

Gegenüber den polytheistischen hatten die monotheistischen Religionen und Welterklärungen Vorteile: Ihre Anhänger können ihren Glauben überall ausüben und sich mit Gleichgesinnten unterschiedlicher Herkunft zusammentun, während in den »alten« Religionen der griechischen Welt die Bindung an Polis und Familie eine größere Rolle spielte. Vor diesem Hintergrund wird klar, warum Mission und Fernhandel so eng miteinander verbunden waren. Händler und Missionare sind aufeinander angewiesen: Der Kaufmann stellt seine Erfahrungen und Netzwerke zur Verfügung, der Heilige Mann seinen Segen und göttliche Hilfe. Beide einten der Drang in die Ferne und der unbedingte Wille, ihre Ziele zu erreichen. Beide müssen sich fremden Sitten anpassen und aufgeschlossen sein gegenüber den Lebensbedingungen des Zielgebietes, um Erfolg zu haben.[13] Deshalb hatte Aśoka seine *dhamma*-»Gesandten« über die großen Handelswege nach Westen geschickt; der buddhistische Weise Nagasena schloss sich nach Aussage der *Milindapanha* auf dem Weg nach Pataliputra einer Karawane an, deren Anführer in der *dhamma*-Lehre unterwiesen werden wollten. Der »Meisterkapitän« *(mahanavika)* war eine respektvolle Bezeichnung der buddhistischen Literatur und Epigraphik.[14] Gläubige werden der Legende nach von Buddha vor Seemonstern gerettet und wahren durch Meditation im Sinne des Meisters Ruhe im Sturm, ähnlich wie Jesus den Jüngern während des Sturmes auf dem See Genezareth Mut zuspricht und die Naturgewalten bändigt.[15] Paulus schrieb: »... dreimal erlitt ich Schiffbruch, 24 Stunden trieb ich einmal hilflos auf den Wellen herum. Oft war ich auf Reisen, in Gefahr durch Stromüberschwemmungen, durch Räuber, durch Juden, durch fremde Völker, in der Großstadt, in der Wüste, durch das Meer, durch falsche Brüder.« Lässt man die Hinweise auf Juden und falsche Brüder weg, ist es das Psychogramm maritimer Fernhändler, die mit fast identischen Wendungen ihr Leben bilanzierten und schon bald (teilweise bis heute) neben Isis die Gottesmutter Maria als Beschützerin und Retterin aus Seenot verehrten.[16]

All das hat einen realen Hintergrund: Das Christentum breitete sich vornehmlich über Seerouten und Hafenstädte nach Westen sowie über die Handelszentren von Alexandria und Syrien nach Baktrien und Indien aus, so wie es auch Mani tat, um seine Lehre zu verbreiten. Manichäer, Buddhisten und Nestorianer nutzten die gleichen Heiligtümer, nestorianische Händler brachten im 7. Jahrhundert das Christentum nach China.[17] Buddhistische Klöster spielten als Treffpunkt für Händler und Gläubige eine ähnliche Rolle wie christliche Klöster an den Karawanenrouten Westarabiens und christliche Kirchen an den Küsten des Indischen Ozeans seit dem 2. Jahrhundert.[18] Nicht zufällig war Syrien Heimat der mutigsten Kaufleute *und* eifrigsten Missionare. Die Legenden über die Indienmissionare Thomas und Bartholomäus spielen mit einem soliden Informationsgerüst des indischen Osthandels, später waren die am Roten Meer, in Aithiopien (Aksum) und Arabien tätigen Bischöfe auf die Infrastruktur des Seehandels angewiesen.[19] Der Buddhismus breitete sich über Südostasien parallel mit der Verdichtung der Handelsrouten über den Khyber-Pass nach Merv und über die Taklamakan nach China aus. Der Islam bewegte sich entlang der arabischen Handelsrouten nach Osten und über Nordafrika. Er klinkte sich in Kommunikationsnetze ein, die Jahrhunderte vor ihm gelegt waren.

Die Verarbeitung des Weltwissens in der Perspektive des Reichsdieners – Die naturalis historia des Plinius

Einen Römer der frühen Kaiserzeit muss die Verdichtung der Handelsnetze und Ausdehnung des Welthorizontes mit Stolz und Unbehagen erfüllt haben: Stolz über die Erfolge der Waffen, die bis an die Grenzen der Oikumene reichten und die Versorgung mit den exotischsten Köstlichkeiten ermöglichten; Unbehagen über die chaotische Mannigfaltigkeit der Welt, die an ihren Rändern immer neue Völker und Wunderlichkeiten offenbarte. Überstieg das alles nicht doch die Kapazität eines Regiments, das viel größere Räume beherrschen wollte, als Alexander erobert hatte? Und war die Gefahr nicht groß, dass angesichts der enormen Weitung des Blickes der innere Kompass verloren ging?

Ein probates Mittel, derlei Sorgen zu begegnen, besteht erfahrungsgemäß darin, durch Sammlung und Ordnung Kontrolle und Handlungsmaximen zu gewinnen. In der Antike gab es für Werke, die solche Zwecke verfolgten, den Begriff Enzyklopädie. Im 2. Jahrhundert v. Chr. entstanden Lehrschriften zur praktischen Unterweisung, so wie sie der ältere Cato über die Landwirtschaft und das Kriegswesen verfasste, oder Überblickswerke antiquarischer Art wie die des Varro, die auf Sicherung und Erweiterung der Bildung und des Wissens ohne praktische Handlungsanweisung zielten. Mit Beginn der Kaiserzeit weitete sich der enzyklopädische Blick auf die gesamte Oikumene unter strenger Wahrung einer romzentrierten Hierarchie; ähnliche Entwicklungen gab es in China auf dem Höhepunkt der Han-Expansion. Eine Generation nach den *Geographiká* Strabons schuf Plinius der Ältere das größte erhaltene Prosawerk der lateinischen Antike.

Plinius gehört zur großen Zahl der Profiteure des frühkaiserlichen Weltreiches. Nach langjährigem Offiziersdienst in den germanischen Provinzen arbeitete er als Prokurator in der Finanz- und Zivilverwaltung und stieg am Ende zum Flottenbefehlshaber in Italien und Berater des Kaisers auf. Während seiner Laufbahn schrieb er an seiner dem Kaiser Titus gewidmeten »Naturkunde« *(naturalis historia)*. Das Werk konzentriert sich wie die Kulturgeographie Strabons auf die bekannte und zivilisierte Oikumene, doch ist die Geographie nur ein Aspekt, der nach der Kosmologie in den Büchern 3–6 abgehandelt wird. Danach folgen umfangreiche Bücher über die Anthropologie, Zoologie und Botanik, ferner über die medizinischen Aspekte von Tieren und Pflanzenkunde und fünf Bücher über Mineralogie. Das Werk war ein Kompromiss zwischen römischer Fachschriftstellerei und der geographisch-ethnographischen Literatur des Hellenismus. Der Verfasser bemühte sich, über Händler und Seefahrer neueste Informationen zu bekommen, er orientierte sich aber im großen und ganzen an klassischen Buchtraditionen; so rühmt er sich, 100 Schriftsteller exzerpiert zu haben.[20] Wichtig für den fernen Osten sind die Alexanderhistoriker und Megasthenes sowie die hellenistischen Sammlungen von Horror- und Wundergeschichten (Paradoxographie). Für den Westen konnte er auf eigene Erfahrungen während der Germanenkriege zurückgreifen und nahm neben griechischen Geographen (Iuba) auch lateinische Werke in Anspruch.

Anders als die »technischen« Fachschriftsteller gibt Plinius keine expliziten Empfehlungen etwa in Bezug auf die Beherrschung fremder Völker, die Eroberung neuer Gebiete oder den Erwerb exotischer Produkte; die *naturalis historia* möchte nicht belehren, sondern den von Rom erschlossenen *orbis terrarum* präsentieren, mit all seinen Wundern und großartigen Erscheinungen. Diese bleiben stets bezogen auf die römische Welt, indem sie mit ihr kontrastiert oder in ihrer Bedeutung für die Römer und als Beweis für die Macht ihres Imperiums kenntlich gemacht werden. Der zu Beginn verfasste Themenindex gleicht so einer Triumphprozession und die folgenden Kapitel ähneln einer Weltkarte, die sich in konzentrischen Kreisen um Rom lagert.[21]

Vielfach versieht Plinius Tiere, Pflanzen, Heilmittel sowie Kunstwerke mit dem Hinweis, sie seien infolge der Eroberungen der Kaiser und ihrer Triumphe eingeführt worden.[22] Damit dokumentieren sie die Leistungsfähigkeit des Imperiums. Machtausdehnung und Wissenserweiterung sind eins: Wenn die *mirabilia* der Randzonen die Macht der Natur beweisen, dann belegt das Wissen über sie die noch größere Macht der Kaiser. Verwalteten in der Republik die Häupter der Adelsfamilien die Wissensbestände, so ist nun der Kaiser die einzige Autorität, die Expeditionen anordnet und die Erklärung der Naturphänomene und deren Weitergabe in den Kenntnishorizont der Reichsbewohner bestimmt.[23] »Wer nämlich dächte nicht« – so bilanzierte Plinius -,»dass durch die Vereinigung der ganzen Erde unter der Hoheit des römischen Reiches auch das Leben aus dem Handelsverkehr und aus einem gemeinsamen glücklichen Frieden Vorteile erhalten habe und alles, auch das, was früher verborgen war, zum allgemeinen Nutzen freigegeben sei.«[24]

Als Garant der Stabilität und des universalen Friedens ist der Kaiser Herr über die Natur und ihre Wunder. Sichtbare Inszenierungen dieses Machtverhältnisses waren in den Amphitheatern des Reiches zu bestaunen, wenn wilde, exotische Tiere aus fernen Gegenden vorgeführt und von versierten Jägern getötet wurden – die Zivilisation setzte sich auch an ihren geographischen Rändern durch. Das Verständnis der Welt*natur* geht einher mit der Fähigkeit zum Welt*regiment*: Wer die Grenzen der Natur zu bestimmen weiß, der bestärkt die Römer in ihrem Selbstverständnis, die bestmögliche Lebensform unter dem Palladium des Kaisers gefunden zu haben. Auffällige Naturphänomene und extreme Fremdheit barbarischer Völker: das elende Leben der Chauken, die ungewöhnlichen Sitten der Essener und die fernöstlichen Wundervölker – all das befriedigt das Sensationsbedürfnis der Leser. Gleichzeitig vermittelt es die behagliche Gewissheit, dass es im Reich viel besser, vernünftiger und stabiler zugeht.[25]

Allerdings ist auch Plinius ein viel zu nüchterner Realist und in römischer Tradition sozialisiert, als dass er nicht um die Risiken der kaiserlichen Weltordnung wüsste. Diese sieht er vor allem in der verführerischen Sättigung, die mit der Weltordnung des Imperiums eingetreten sei. Sie stehe einer Erweiterung des Wissens entgegen – die Schilderung von *mirabilia* soll neue Anreize setzen[26] – und verleite zum trägen Genuss: die »Neu«- und »Wissensgier« der Expansionszeit droht durch die materielle Gier nach Luxusgütern und finanziellen Gewinnen ersetzt zu werden. Doch anders als die republikanischen Vorväter rät er nicht explizit zu einer Rückkehr zu altrömischen

Tugenden, sondern zu einer neuen »Finanzethik« (auf Seiten der Verkäufer) und (auf Seiten der Konsumenten) zu einem aufgeklärten Umgang mit den Gütern und Segnungen, die auf die Menschen des Reiches einströmen.

Ein solcher Umgang setzt vor allem eines voraus: das Wissen um die wahren Werte von Gütern und die vielfach mit Betrug und Gewinnsucht einhergehenden Vorgänge ihrer Verbreitung. Bürokratisch versieht der ehemalige Prokurator die Schilderung der nach Rom strömenden Güter mit Hinweisen auf ihren Preis und demonstriert, dass sich die ursprünglichen Kosten erst durch lange Importrouten, Zwischenhändler und Verkaufstricks ins Unermessliche steigerten.[27] Indem er auf den im Ursprungsland viel geringeren Wert deutet und die Leser mit dem Verweis auf die Wunder der Welt dazu anhält, sich nicht mit äußerem Schein zu begnügen, führt er den unbedarften Römer in die »Gesetze« des Überseehandels ein und möchte ihn wappnen vor skrupellosen Verkäufern, Korruption und Betrug.[28] Gleichzeitig soll der Leser durch die Erkenntnis des wahren, d.h. ursprünglichen Wertes der Fernprodukte und seiner »künstlichen« Steigerung Einsicht in die Unsinnigkeit des Luxusstrebens erhalten. Nicht einmal Taprobane sei – so Plinius – »frei von unseren Lastern«, doch in Rom mache man mehr von dem Wohlstand Gebrauch.[29] Die Maßlosigkeit und der Egoismus orientalischer Monarchen und das Beispiel der Araber, die als Handelsvolk nur noch von den Gewinnen ihrer Güter leben und ihre ganze Existenz dem Handel mit »Luxuswaren« verschreiben, zeigen, dass die Verführung überall lauert.[30] Immerhin: Die Zuversicht überwiegt, das Vertrauen in die Kraft besseren Wissens bleibt mächtig und die Kenntnis der Welt und ihrer Geheimnisse ist auch für Plinius mehr Segen und Heilmittel als leeres Vergnügen.

Facetten der Geographie – römische Schriftsteller und die Weltkarte des Ptolemaios

Das Bewusstsein von der machtpolitischen Einmaligkeit des Imperium Romanum hat auch das geographische Interesse römischer Schriftsteller geprägt. Obwohl die Weltreichsbildung Werke mit einer größeren zeitlichen und räumlichen Reichweite inspirierte und seit Augustus zahlreiche Nachrichten über den Indischen Ozean, die europäischen Binnenländer und vor allem den Ostseeraum den Kenntnishorizont der gebildeten Römer erreichten, wurde dieser Wissenszuwachs nicht zu einer grundsätzlichen Neujustierung des an Eratosthenes orientierten Weltbildes verwendet. Stattdessen hielten sich Plinius und andere im Sinne der militärischen und herrschaftlichen Interessen Roms an die (lineare) Form des Periplus; man suchte Positionen von Orten, Flüssen oder Küstenabschnitten zu bestimmen, indem man die Entfernungen zwischen ihnen, nicht aber Längen und Breitenangaben lieferte. Was römische Schriftsteller ihrem Publikum bieten wollten, war keine mathematische Geographie, sondern eine literarisch ansprechend gestaltete Landeskunde, sei es im großen, enzyklopädischen oder im kleinen, handbuchartigen Format. Da die Landeskunde zur »schönen Literatur« zählte, nahm man die Resultate der Wissenschaft zur Kenntnis, präsentierte sie aber nur zurückhaltend und hielt sich im Übrigen an die Klassiker.

So fügt der unter Claudius schreibende Geograph Pomponius Mela (ca. 37–41 n. Chr.) in seinem Überblick über die Welt ähnlich wie später Plinius ältere Quellen, empirische Neuinformationen (z. B. über das Kattegat = Codanus) sowie traditionelle Mythen über den Norden in das klassische Weltbild ein und hält an der Vorstellung fest, dass die Oikumene vollständig vom Okeanos umgürtet wird. Verschiedene Distanzangaben werden geboten[31], doch weder dehnen sich dabei die Gebiete um die und jenseits der Ostsee signifikant nach Norden hin aus noch ist im Südosten das seit dem 2. Jahrhundert angewachsene hellenistische Wissen um die Südausdehnung Indiens berücksichtigt. Desgleichen zeichnet Plinius ein Bild des Landes, das sich im Wesentlichen auf Megasthenes stützt und den Subkontinent in geographischer Hinsicht im Anschluss an Eratosthenes als Rechteck konzipiert. Indien, Taprobane und der Indische Ozean erscheinen zwar näher an die römische Welt herangerückt und den Römern zugänglich;[32] empirische Daten über Küsten- und Fahrtdistanzen, die Monsunroute sowie über jüngst durch Handel erschlossene Gebiete wie die Insel Chryse (Malakka, Sumatra oder Java) werden jedoch außerhalb der auf literarischen Quellen basierenden Indienabschnitte, an unpassender Stelle oder falsch eingefügt; damit vermeidet Plinius eine grundsätzliche Modifizierung des Eratosthenes-Bildes, nirgends versucht er, Altes und Neues zu einem geschlossenen Bild zu verbinden, beides steht beziehungslos nebeneinander.[33]

Ähnlichen Prinzipien folgte Plinius im Norden, obwohl er bessere Informationen hatte als viele seiner Zeitgenossen. Wie bei Mela führt die Kenntnis der Ostseeländer weder zur Konzeption eines den bekannten Teilmeeren gleichrangigen Okeanosteils noch zur Annahme eines neuen *orbis*; das gleiche gilt im Osten für Taprobane, das früher für einen *alter orbis* gehalten wurde, nun aber eine sieben Segeltage von Indien entfernte Insel ist. Die Gegenoikumene im geographischen Sinne liegt südlich des Äquators, ohne dass sie einer weiteren Spekulation für wert erachtet wird.[34]

Die für römische Schriftsteller wichtige ethnographisch-ideologische »Gegenwelt« zum zivilisierten Zentrum des Imperium Romanum sind die barbarischen Randvölker. Hier tauchen die aus der griechischen Literatur bekannten Wundervölker auf. Mela, Plinius und später Solinus siedeln sie im Indischen Osten an, einige – wie die kopflosen Blemmyer mit Gesicht auf der Brust – gibt es im Süden, andere im hohen Norden.[35] Gleichzeitig werden die bekannteren Zonen mit Ethnien und Stämmen bevölkert, mit denen der römische Feldherr, Soldat oder Kaufmann in Berührung kam. Anstelle einer geographischen Neukonzeption drückt sich das erweiterte empirische Wissen dadurch aus, dass man die Räume Mitteleuropas und der Ostseeländer sowie Indiens durch die Vielzahl ihrer Völker füllt, ohne den geographischen Details viel Interesse zu widmen.[36] Dieses Verfahren gipfelt in der *Germania* des Tacitus, für den nicht einmal mehr die Elbe als Orientierungslinie eine Rolle spielt. Stattdessen bilden die von ihm genannten Gruppen von neuen Stämmen eine Siedlungseinheit gegenüber den Sarmaten weiter im Osten.

Das Desinteresse an der Weiterentwicklung der Geographie im Sinne des Eratosthenes sowie der relativ unkritische Umgang mit alten Berichten haben die römischen Schriftsteller allerdings zu einer für die spätere Rezeption wichtigen Einschätzung geführt; sie spiegelt in mancher Hinsicht den aufblühenden Seehandel im nördlichen und südöstlichen Okeanos, dessen positive Rolle als Völker verbindendes Element der früher so weitentfernten Erdteile von Plinius (und später auch von christlichen Autoren!) ausdrücklich gewürdigt wird. Ganz im Zuge dieser Zuversicht schlossen Pomponius Mela und Plinius aus den Expeditionen des Hanno und Eudoxos, dass Afrika im Süden von West und Ost aus umfahren werden könne. Beide wissen unter Berufung auf Cornelius Nepos von Indern, die wegen des Handels den Atlantik überquert haben, aber (wie in derlei Geschichten üblich) von Stürmen an die germanische Küste verschlagen wurden – während griechische Geographen wie der notorisch kritische Strabon gegenüber solchen Nachrichten zumal über eine Umrundung Afrikas skeptisch blieben.[37]

Strabon verstand sich allerdings nicht in erster Linie als »Fachgeograph«, sondern als weltweiser Gelehrter (»Philosoph«), der seinem Publikum einen enzyklopädischen Überblick über die von Rom eroberte und weiter erschlossene Oikumene geben wollte (in dieser Hinsicht ähnelt er Plinius). Zu diesem Zweck verfasste er eine nicht erhaltene Universalgeschichte und eine »Kulturgeographie« der Welt *(Geographiká)*, die Expeditionsberichte und ethnographische Nachrichten kritisch verarbeitete. Strabon war davon überzeugt, dass die Reichsbildungen der Parther und Römer das Wissen über die Welt und ihre entfernten Regionen gegenüber der Zeit des Eratosthenes noch einmal entscheidend gefördert haben.[38] Auch das erklärt – neben der Überheblichkeit des »Weltweisen« – seine zur Hyperkritik neigende Unabhängigkeit gegenüber älteren Werken. Anders als römische Autoren hält er die klassischen Indienschriftsteller nach Alexander sämtlich für Lügner. Gegenüber Eratosthenes sucht er die Südausdehnung Indiens korrekter abzubilden, indem er die beiden Küstenlinien des Ozeans im Osten und Süden um jeweils 3000 Stadien (= 600 m) länger denkt als die durch Indus und Himalaya gebildete Seite gegenüber.[39] Für den fernen Osten (Chinesen), Süden und den fernen Norden zeigt er dagegen wenig Interesse. Das Gebiet jenseits der Elbe bleibt ihm fast unbekannt, obwohl manche griechische Geographen den Erkenntniszuwachs der Kaiserzeit im Norden und der Ostsee verarbeiteten. Doch konnten auch sie der Erforschung dieser Räume keine neuen Impulse geben. Das Imperium ist sich selbst genug, da es die bewohnte Erde und ihre Menschen nahezu umfasst. »Jetzt ist es nicht nötig« – so Aelius Aristeides (2. Jh. n. Chr.) vor dem Kaiser in Rom – »eine Beschreibung der Erde zu verfassen und Gesetze aufzuzählen, welche jedes Volk besitzt; denn ihr (die Römer) seid für alle gemeinsam die ›Ethnographen‹«.[40]

Anders sah es im Osten aus. Dort suchten Geographen in Alexandria noch weithin unbeeinflusst von römischen Interessen die bis nach China erweiterten Kenntnisse zu einer verbesserten kartographischen Sicht der Welt zusammenzufügen. Wichtigster Vertreter und Höhepunkt dieser Bemühungen ist Klaudios Ptolemaios. Er verfasste im 2. Jahrhundert n. Chr. neben seinem astronomischen Hauptwerk, die »Große Zusammenstellung« (von den Arabern *Almagest* genannt) eine *Geographia* oder *Cosmographia*. Das erste Buch und der Anfang von Buch 2 bieten eine Anleitung zur Zeichnung von Karten der Oikumene. Bis einschließlich Buch 7 folgt eine Zusammenstellung von etwa 8100 Ortsbestimmungen nach geographischer Breite und Länge nach einem einheitlichen Koordinatensystem, das sich von dem modernen nur in der Festlegung des Nullmeridians unterscheidet. Die Daten dienen der Erstellung einer Weltkarte sowie 26 Einzelkarten unter Berücksichtigung der Erdkrümmung; Breiten- und Längenangaben werden mit ethnographischen Informationen sowie den natürlichen Ressourcen zumal östlicher

Länder ergänzt, was einmal mehr die geschmeidige Brückenfunktion der Ethnographie beweist.[41]

Für die Ortsbestimmungen schöpfte Ptolemaios neben den Aufzeichnungen früherer Geographen (Marinos von Tyros) Itinerare und Feldzugsberichte sowie Wegbeschreibungen, Fahrtberichte und Entfernungsangaben von Kaufleuten und Kapitänen aus: für die Küste Ostafrikas die Berichte griechischer Händler und Seefahrer (Theophilos, Dioskoros und Diogenes), für die Meere jenseits der Straße von Malakka die des Alexandros, für den Norden die des Philemon. Für den Süden stützt er sich (über Vermittlung des Marinos von Tyros) auf einen gewissen Julius Maternus, der vermutlich als römischer Offizier von Leptis Magna aus an einem Feldzug der Garamanten teilnahm und südlich bis zu einer Landschaft namens Agisymba kam, »wo sich die Nashörner versammeln«, also vermutlich die Sahara bis in die wasserreiche Gegend des Tschad-Sees.[42] Für den Land- und Seeweg nach China nutzte er den Fahrtbericht des Alexandros und die Angaben, welche die Agenten des Maes notiert hatten und von ihrem Herrn zusammengefasst worden waren (s.o.S. 405–407). Sie verschafften Ptolemaios eine realistische Vorstellung vom Weg nach China, wie überhaupt die aus dem Osten und Südosten stammenden Informationen akkurat erscheinen.[43] Auf den Angaben der Chinareisenden beruht wesentlich auch die Schätzung der West-Ost-Ausdehnung der Oikumene (China – kanarische Inseln/ Island) von ca. 16.740 km (von 15° West bis ca. 120° Ost) auf dem Parallelkreis von Rhodos (36. Breitengrad), während er die Nord-Südausdehnung (Thule – südliche Sahara) auf umgerechnet ca. 7.440 km bemaß.[44] Da er den Gesamtumfang der Erde auf nur 180.000 Stadien (= 33.480 km) berechnete, musste die maritime Verbindung zwischen dem Ost- und Westende der Oikumene weiter schrumpfen. Im Südosten nahm Ptolemaios eine Landbrücke zwischen Afrika und China an, wohl infolge der Informationen, die er von den Fahrten des Alexandros nach Kattigara erhielt; vielleicht wusste er von den Fahrten der Indonesier entlang der Zimtroute nach Nordwestaustralien.[45]

Die östlichen Weltgegenden zwischen Ideal und Realität

Ptolemaios gehört zur Welt der Wissenschaft. Seine Werke waren nur wenigen (griechischen) Gelehrten vertraut. Plinius repräsentiert dagegen das traditionsgebundene Interesse des gebildeten Römers sowie die Ausrichtung auf das Imperium Romanum als politisches Zentrum der Welt. Während die eine Form kritik- und diskussionsfreudig nach Neuem strebte, suchte die andere intellektuelle Erkenntnis und Sicherheit gleichermaßen zu vermitteln, indem sie vorhandenes Wissen nach bewährten Vorbildern ordnete und als »Bildungswissen« zugänglich machte. Dazwischen gab es zahlreiche Abstufungen und literarische Varianten der geographischen und ethnographischen Welterfassung. Die Vielfalt der Ausdrucksformen war geradezu ein Kennzeichen der kaiserzeitlichen Verarbeitung des erweiterten Welthorizontes. Sie bot die Möglichkeit, das Erfahrene auf unterschiedliche Weise zu deuten sowie Wissenslücken mit Imagination zu füllen.[46]

Das gilt insbesondere für die fernsten Randländer der Oikumene. Römische Autoren wenden vergleichbare Topoi der Idealisierung auf China (im Osten) wie umgekehrt die Chinesen auf das Land Ta- ch'in (im Westen) an: Die Chinesen kennen nur den Tauschhandel, sie sind die friedliebendsten Menschen in einem fruchtbaren Land mit gesundem Klima, das ein langes Leben in Glück und Frieden ermöglicht; sie kennen keine Folter und staatlichen Zwang, keine Räuber und Plünderer. Die Serer lösen in dieser Hinsicht die Hyperboreer ab. Christen lokalisieren das Reich der Serer in die Nähe des irdischen Paradieses.[47]

Vielschichtiger (weil viel älter und faktengesättigt) war das Bild Indiens. Auf der einen Seite schwelgte man in den Geschichten Aelians (172–235 n. Chr.) und des Pseudo-Aristoteles über die seltsamen Tiere, Pflanzen und monströsen Völker, von denen schon Ktesias und Megasthenes zu erzählen wussten. Auf der anderen Seite las man bei Megasthenes aber auch Sätze wie diese: »Die Inder essen einfach, besonders wenn sie auf Feldzügen sind, sie halten immer gute Ordnung und halten sich fern von Diebstahl. Sie trinken keinen Wein, außer bei Opfern. Die Einfachheit zeigt sich auch in ihren Gesetzen und Verträgen.«[48] Arrian sah es 400 Jahre später nicht anders, wenn er behauptete, die Inder besäßen kein Gold und verschmähten eine extravagante Kleidung und Lebensweise. Plinius schilderte sie als ein Volk auf einer primitiven Kulturstufe, das sich (wie die skythischen Nomaden) von Milch und Fleisch ernährt sowie Edelsteine und Perlen gegen importiertes Kupfer und Blei eintauscht.[49] Dieses Idealbild des bedürfnislosen Nomaden widersprach zwar der Realität indischer Fürstentümer, und viele Römer wussten das. Doch wie viele Daten Händler und Geographen auch sammelten; empirisches Wissen kam nicht an gegen die Autoritäten der Alexanderzeit. Selbst wenn die römischen Oberschichten seit dem Partherfeldzug Trajans noch einmal ein gesteigertes Interesse an Indien zeigten – das im frühen Hellenismus geformte Bild blieb eingefroren und immun gegenüber korrigierenden Neuinformationen.[50]

Ein weiteres Kernelement dieses Bildes war die uralte Weisheit des Landes, repräsentiert durch die »nackten Weisen« (Gymnosophisten). Sie leben asketisch inmitten eines von Natur und Rohstoffen überschwellenden Landes und adeln jeden, der mit ihnen verkehrt: Galt Ägypten vor Alexander als das ultimative Studienziel griechischer Intellektueller, so wird nun jedem Gelehrten oder Wundermann eine Reise nach Indien angedichtet, weil er nur so als weiser Mann akzeptiert wird. Plotin und Apollonios von Tyana pilgern zum Subkontinent, um in die Geheimnisse indischer Weisheit einzutauchen, genauso wie es vor ihnen angeblich Platon und Pythagoras getan hatten; selbst Alexander konnte zum Philosophenkönig mutieren. Den Christen galt Buddha als der weiseste östliche Heilige; die asketischen Brahmanen waren Geistesverwandte nahe dem Paradies, die sich von den Reizen der Natur nicht verführen ließen.[51]

»Vertraute Weltränder« – Indien und Germanien als Gegenwelten und Spiegel des eigenen Niedergangs

Die vielschichtigen Bilder von Indien bedienten nicht nur literarische Konventionen und Erwartungen, sondern auch alte Sehnsüchte nach einer idealen Gegenwelt. Schon Cicero nahm die Verweichlichung und den Sittenverfall seiner Gesellschaft aufs Korn, als er die Unempfindlichkeit der »barbarischen« Inder gegenüber Kälte und Feuer sowie die Tugendhaftigkeit ihrer Frauen herausstrich. Plinius dürfte seine Landsleute an ihre alten Tugenden gemahnt haben, als er das einfache Leben der Inder betonte.[52] Schon immer hatten die Römer Laster und Luxus als Ursache eigenen Übels und des politischen Niedergangs diagnostiziert. In der Kaiserzeit registrierten nicht wenige Senatoren mit Verbitterung, dass der Prinzeps auf ihre aristokratischen Freiheitsrechte immer weniger Rücksicht nahm. Die Enttäuschung über die Entwicklung im Innern lenkte den Blick an die Weltränder, wo man vieles von dem wieder zu erkennen glaubte, was man unter dem Prinzipat verloren hatte.

Die Welt des Ostens war allerdings ambivalent. Mit ihr verband man nicht nur Genügsamkeit und Weisheit, sondern auch Luxus, Despotie und sexuelle

Freizügigkeit.[53] Plinius beschreibt das Königreich von Taprobane als eine Mustermonarchie, deren Vertreter nach dem Kriterium ihrer *clementia* gewählt und von einer Bürgerkommission kontrolliert werden. Doch im gleichen Zug schildert er, wie sehr sich der König für römische Münzen interessierte; Gold, Silber und Edelsteine würden auf Taprobane genauso geschätzt wie in Rom, nur der Prunk sei geringer.[54]

Passgenauer und unverfänglicher als Gegenbild römischen Niedergangs erschien der ozeanische Nordwesten, dort wo die Natur und das Leben nachweislich alles andere als angenehm, aber die klassischen Phänomene der Randwelten gleichermaßen zu Hause waren: Britannien ist ein Land voller Schrecken und Wunder, doch gerade deshalb für Tacitus der einzige Ort, an dem sein Schwiegervater Agricola unter der »tyrannischen« Herrschaft Domitians als idealer Feldherr und Römer glänzen kann.[55] Entsprechend ließen sich die Wildheit und Primitivität der Barbaren auch als Freiheit von politischer Bevormundung positiv wenden und als urtümliche Sittenreinheit verstehen: Die Germanen waren freie Männer und kannten (angeblich wie die Inder) weder Sklaven noch die Gier nach Gold und Silber; ihre kulturlose Lebensweise gleicht der des Goldenen Zeitalters und kann der glaubwürdigen System- und Zivilisationskritik dienen.[56] So fügt Tacitus in der *Germania*, der einzigen ethnographischen Spezialschrift der römischen Antike, topische Elemente, ethnographische Informationen und die Kategorie der germanischen Freiheit zu einer prinzipatskritischen Gegenwelt zusammen, die – gerade weil sie mit nachprüfbaren Details angereichert war – den Anspruch objektiver Realität für sich reklamieren konnte.

Den Regionen noch weiter am Weltenrand, dort wo Himmel und Erde ineinander übergehen, bescheinigte man die gleiche Weisheit und Heiligkeit wie China und Indien: Hekataios von Abdera setzte die Kelten mit den Hyperboreern gleich, die auf einer großen Insel im Ozean gegenüber dem Keltenland lebten. Auf den Inseln westlich von Britannien wohnten nur heilige Männer – so ein gewisser Demetrios bei Plutarch.[57] Und ähnelten nicht die weisen Druiden und ihre Lehre von der Unsterblichkeit der Seele den indischen Brahmanen?[58] Beide Idealisierungskonzepte des fernen Ostens und Westens konnten literarisch mehr oder weniger gleichzeitig abgerufen werden: Seneca soll eine Arbeit über Indien geschrieben haben, die der *Germania* des Tacitus zeitlich unmittelbar vorausging.[59] Taprobane und den Inseln des Indischen Ozeans mit ihrer utopischen Gesellschaftsordnung entsprachen die Geschichten über glückliche Eilande im Atlantik. Schon Sertorius hatte den Rückzug auf die Inseln der Seligen erwogen, Horaz pries sie als Zufluchtstätte der Enttäuschten. Auf ihnen hatte sich die Goldene Zeit konserviert, die Augustus für die von ihm geordnete Oikumene reklamierte, und auf ihnen meinte man die idealen Zustände wiederzufinden, die man im Innern so vermisste.

Utopische Reiseromane als Gegenmodell

Dem kaiserzeitlichen Publikum stand somit ein großes Ensemble konkurrierender und korrespondierender Modelle zur Verfügung, mit dem der Entdeckungsfortschritt verarbeitet werden konnte. Sie waren geprägt von Traditionen und Klischees, die gebrochen durch aktuelle Erfahrungen und Bedürfnisse neue Ausdrucksformen fanden. Zu ihnen zählte auch ein Genre, das wie die Ethnographie utopische und zivilisationskritische Züge annehmen konnte: der Abenteuerroman.

Dass Helden auf eine Wunderinsel verschlagen werden, gehört zu den ältesten Erzählelementen mediterran-vorderasiatischer Literatur. Hinter ihnen stand die Erfahrung von Händlern, die ihre Fahrten an ferne Küsten und Inseln in ein geheimnisvolles Ambiente rückten und zu einem gefährlichen Abenteuer machten. Auch Herodots Geschichtswerk zieht einen Großteil seiner Faszination daraus, dass es den Ablauf der kriegerischen Ereignisse im Zentrum der Welt mit Erzählungen über Expeditionen an deren Ränder unterbricht. Spätestens mit Alexander sind Indien und der Indische Ozean neben Ägypten der bevorzugte Schauplatz exotischer Abenteuer. In der Kaiserzeit werden die Taten des Makedonen mit zahlreichen Legenden und Ausschmückungen zum Alexander-Roman des Pseudo-Kallisthenes verschmolzen.[60]

Bald folgten andere Helden den Spuren des Makedonen. Ihr bevorzugter Weg ist das Meer – angesichts des Aufblühens des Überseehandels nicht überraschend. Euhemeros von Messene behauptet, er sei nach mehreren Reisen im Auftrag des Makedonenkönigs Kassander (305–297 v. Chr.) zu einer Insel im Indischen Ozean namens Pancheia gelangt. Hier fand er auf einem Hügel in einer paradiesartigen Landschaft einen Zeustempel. Eine Säule im Innern offenbarte die Entstehung des Götterglaubens. Offensichtlich will Euhemeros hiermit »kritisch-aufklärerische« Gedanken über den olympischen Götterglauben und den hellenistischen Herrscherkult vermitteln.[61] Manche

Elemente der Inselbeschreibung übertrug er aus seiner Heimat Sizilien, Flair und Ambiente gehören jedoch in die Südsee. Diodor hielt die Fahrt für real, und noch heute sucht mancher Gelehrter Pancheia mit einer wirklichen Insel im Indischen Ozean (Sokotra oder Taprobane) zu identifizieren.[62]

Noch deutlicher werden reale Kenntnisse und literarische Topoi in einer anderen Geschichte vermischt. Sie handelt von Iambulos, dem Sohn einer Kaufmannsfamilie. Er wird im Weihrauchland Arabien von Räubern überfallen, kann fliehen und erreicht nach einer viermonatigen Fahrt sieben Inseln. Auf einer verbringt er sieben Jahre unter seltsamen Einheimischen: Sie sind groß und außergewöhnlich schön, besitzen trotz biegsamer Knochen mehr Kraft als gewöhnliche Menschen. Frauen gehören allen, Kinder müssen als eine Art Mutprobe auf Vögel gebunden eine Strecke weit fliegen. Alle sprechen mit gespaltenen Zungen jede Sprache, auch die der Vögel.[63] Erneut vertrieben gelangt der Held wiederum nach viermonatiger Reise an den Hof des Königs im indischen Palibothra. Der Herrscher ermöglicht ihm die Rückkehr nach Griechenland.

Trotz der epischen Motive und symbolischen Andeutungen (Siebenzahl) liegt auch dieser Erzählung eine »reale« Grundkonstellation zu Grunde. Der König ist ein Herrscher der Mauryadynastie, die Reiseroute entspricht den üblichen Handelswegen der Zeit. Der Roman spiegelt offensichtlich Fahrten von Griechen in den Golf von Bengalen, und auch die sieben Inseln lassen sich mit Eilanden auf den Routen verbinden.[64] Doch wiederum dient der realistische Rahmen dazu, eine Botschaft zu vermitteln: nämlich die von einer Gemeinschaft bescheidener, friedlicher und gebildeter Menschen in einem Land des Überflusses. Sie leiden selten an Krankheiten und erreichen ein Alter von 150 Jahren, verehren das All, die Sonne und alle Himmelskörper. Sie vereinen in sich die idealen Eigenschaften östlicher Randvölker.

Das ferne Abenteuer als Ausweg aus gesicherter Nähe

Erneut dient die Idealisierung dazu, dem schlechten Zustand der eigenen Welt einen Spiegel vorzuhalten. Doch darin erschöpfte sich nicht die Funktion der Romane, und vor allem kann die Gegenwartskritik allein nicht das Aufblühen ähnlicher Geschichten erklären, die eine solche Note *nicht* enthielten. Hinzu kam etwas Naheliegendes: Abenteuerliche Schicksale auf dem Meer und an fernen Gestaden waren, wenn sie kunstvoll alte Motive mit neuen Taten verbanden, zunächst und immer auch ein ästhetisches Vergnügen. Viele Reichsbewohner des 1. und 2. Jahrhunderts n. Chr. lebten in einer gesicherten Welt des Friedens: »Schau auf den großen Frieden« – so Arrian –, »den der Kaiser uns gebracht hat: Keine Kriege mehr, keine Schlachten, kein Raub im großen Stile und keine Piraten!« Das Reisen nimmt touristische Formen an, »Wanderlust« wird aristokratischer Zeitvertreib.[65]

Erfahrungsgemäß entwickelt eine solche Gesellschaft, die von Krieg, Bedrohung und unmittelbarer Not befreit ist, ein besonderes Bedürfnis nach exotischen Abenteuern, ähnlich wie heutige Menschen vom Lehnsessel oder der Spielekonsole aus in Abenteuer- und Horrorgeschichten eintauchen – in der Gewissheit, dass sie sich jederzeit aus der virtuellen Gefahr ausklinken können. Eine ähnliche Lust an Unsicherheit in Zeiten der Sicherheit dürften viele Menschen der Kaiserzeit verspürt haben: Das Rote Meer und der Indische Ozean waren als Schauplätze so beliebt, weil hier die Gefahren noch real waren. Nach Plinius fuhren Kohorten von Bogenschützen auf den Schiffen mit, »denn Seeräuber machten die Fahrt ganz unsicher«.[66] Aelian beschrieb in seiner »Naturgeschichte der Tiere« Meeresungeheuer, die – aus dem Mittelmeer längst verschwunden – Reisenden im Roten Meer und Indischen Ozean auflauerten.[67]

Derlei Horrorgeschichten verbanden sich mit der knisternden Atmosphäre der Hafenstädte: Hier zeigte man bei öffentlichen Spielen exotische Tiere. Hier schmeckte man die wunderbarsten Gewürze. Hier sah man Bilder der geheimnisvollen Fabelvölker und hier gab es eine buntgemischte Gesellschaft von Seefahrern, Sklaven, Händlern und Prostituierten, die den Geruch der Ferne und des Abenteuers mit sich trugen. In dieser Welt blühten Geschichten, die auch ohne philosophische oder politische Botschaften auskamen, wie die vom Schicksal des Charition, der von Piraten gefangen in die Hände indischer Barbaren fiel, bis ihn sein Bruder befreite. Das Stück gehörte zum Repertoire des Theaters von Alexandria. Es wurde laut Dion Chrysostomos nicht nur von Einheimischen, sondern auch von Indern, Arabern und Aithiopiern besucht.[68] Der indische König sprach Griechisch, sein Gefolge verwendete Worte, die indisch klangen und deshalb komisch wirkten.[69] Nach einer anderen Geschichte werden zwei Liebende von Piraten in Alexandria verkauft, das Mädchen Anthia gelangte in den Besitz eines reichen indischen Prinzen, der in der Stadt aus geschäftlichen Gründen und zum Sightseeing weilte. Sein Heimweg führte ihn nach Koptos. Hier töten ihn Räuber und seine mit Gold und Silber beladene Karawane.[70]

Natürlich sind diese Geschichten nicht real in dem Sinne, dass sie wirklich so passiert sind. Sie wollen auch keine geographischen Daten vermitteln, aber sie spielen mit einem soliden Informationsgerüst der östlichen Seefahrerwelt.[71] So schlagen die Karawanenräuber just an der vielbenutzten Route von Kaufleuten zu, die nach Aithiopien und Somalia reisen.[72] In den »Aithiopischen Geschichten« beschreibt Heliodor, wie ein Handelskapitän dem Usus der Zeit entsprechend einen Teil seines Schiffsraumes für Kaufleute reserviert.[73] Der reale Rahmen erhöhte die Glaubwürdigkeit der Geschichte und er bot Identifizierungsmöglichkeiten: Meist vermutet man das Lesepublikum in der Honoratiorenschicht des hellenistischen Ostens. Für sie war der Reiseroman ein Medium, sich ihrer Bildung zu versichern in einer Welt, die politische Teilhabe auf lokaler Ebene, aber keine Gestaltungsräume im Zentrum der Macht bot. An deren Stelle traten virtuelle Bewährungsräume der Ferne. Es sind griechische Händler, Abenteurer und Liebespaare, die sich in der Welt bewähren, anfangs namenlos, am Ende glücklich, berühmt und reich werden. Vielleicht lag deren Abenteuern auch das Bedürfnis der Händlereliten zu Grunde, der geringen Wertschätzung durch die kaiserliche Führungsschicht und die griechisch-römischen Schriftsteller ein Ethos entgegenzusetzen, das in der Ferne zum Tragen kommt sowie literarische Kenntnis und fachliches Wissen miteinander vereint.[74]

Diesem Erfolgsmodell konnten sich auch die Christen nicht entziehen. Auch sie wollten mehr wissen über die Taten und Wege *ihrer* Helden. War Indien für griechische Philosophen das ultimative Ziel von Bewährung und Weisheit, so ist es für die Christen das äußerste Ziel der Mission. Die um 240 n. Chr. etwa zeitgleich mit dem Roman über Apollonios von Tyana entstandenen Thomasakten erzählen im Wissen um reale Handelswege, wie Jesus in Gestalt eines Geschäftsmannes den Thomas einem indischen Kapitän als Zimmermann für König Gundafor (Gondophernes) vermittelte. Der Weg nach Indien entspricht der Handelsroute vom Persischen Golf ins Industal. Jüdische Frauen fungieren als Dolmetscher, Bankette, wie in griechischen Hafenstädten üblich, als Kommunikationsraum.[75] Wie »Yavanas« an den Höfen der Rajas als Handwerker dienten, so steigt Thomas zum Hofarchitekt des Königs auf. Doch das Schloss, das er errichtet, besteht nicht aus Steinen, sondern darin, dass er mit dem Geld des Königs den Armen hilft. Bevor Thomas bestraft wird, bewirkt er Wunder, wahrt wie die Liebenden der Romane seine körperliche Unschuld und besiegt jede Verführung, bis er das Martyrium erfährt und in seine himmlische Heimat zurückkehrt, so wie die Indienfahrer der Romane nach überstandenen Abenteuern in ihrer irdischen Heimat ankommen.[76]

Der nördliche Okeanos und die letzte Botschaft der Antike

Jeder wusste, dass die nautischen Bedingungen des Roten Meeres und des Monsunsystems tatsächlich viel schwieriger und die Gefahren viel größer waren als im Mittelmeer. Noch bedrohlicher aber war das Nordmeer *(okeanos)*, das »unter seinen trägen Wellen gewaltige Ungeheuer, das überall wütende Haie und Seehunde birgt«, das mit gewaltigen Stürmen die Schiffe ergreifen oder im Schlick festhalten kann.[77] Dass dennoch der Norden als Schauplatz der Romane eine geringere Rolle spielte, lag wohl daran, dass hier das Vorbild Alexanders fehlte. Was blieb, waren die Sagen um Aristeas, die Hyperboreer und die Kunde von der Nordlandfahrt des Pytheas. Einer der berühmtesten Romane, die »Wunderdinge jenseits von Thule« (Ende 1. Jahrhunderts n. Chr.), vereint noch einmal all die Elemente nördlicher Randwelten, welche die griechische Kultur kannte: Wundersame Naturphänomene, Zauberpraktiken, Scheintote, rätselhafte Orakelsprüche, Irrfahrten und Liebesabenteuer, alles verpackt in die verwickelte Handlung einer Geschichte, welche die Helden über die Grenzen des Okeanos hinaus fahren lässt.[78] In der gleichen Zeit diskutiert Plutarch die Frage, ob menschliches Leben auf dem Mond und im Kosmos möglich sei; er hielt es für wahrscheinlich. Denn auch die unwirtlichsten Wüsten und Ozeane der Erde erlaubten Leben. Andere Romane und Persiflagen schildern (als Pendant zu den Unterwelts- und Höllenfahrten der Helden), wie griechische Aeronauten per Schiff zu den Sternen fliegen und den Mond betreten. Der Mond wird zur neuen Oikumene. Die Sterne sind Inseln im Meer des Weltraums.[79]

Die Lust, den alten Geschichten immer neue Varianten hinzuzufügen und andere Schriftsteller durch phantastische Steigerungen zu übertreffen oder deren Texte zu persiflieren, liegt wohl auch der ganz zu Beginn zitierten Erzählung Plutarchs über einen geheimnisvollen Fremden in Karthago zu Grunde, der behauptet von einem großen, von Griechen besiedelten Festland jenseits des Atlantiks zu kommen (s.o.S. 7).[80] Es ist eine Geschichte mit einem Feuerwerk von Motiven, die auf reale Fahrtberichte im Atlantik, geographische Konstruktionen und älteste Epen zurückgehen: dem Totenland Homers, den Erdinseln und dem »Wahren Festland« Platons sowie dem legendären Kontinent Meropis, von dem Theopomp von Chios (378–323/300 v. Chr.) in etwa der gleichen Zeit erzählte, als Pytheas Thule entdeckte.[81]

Solche Spekulationen über Inseln und unbekannte Kontinente hatten in der Kaiserzeit im Zuge eines sich nach Osten und Nordwesten ausdehnenden Entdeckeroptimismus Hochkonjunktur. Sie verbanden sich mit Motiven, die ihre Erreichbarkeit suggerierten. So soll der Grammatiker Demetrios von Tarsus im Auftrage Trajans die Inseln nördlich von England besucht und die Kunde mitgebracht haben, dass einige wirklich Inseln der Dämonen genannt wurden.[82] Tacitus spekuliert nach dem Vorbild des Krates darüber, ob Odysseus nach Germanien gekommen sei und den Ozean befahren habe.[83] Pausanias (ca. 115–180 n. Chr.) erzählt (wohl in Anklang an die Fahrten des Eudoxos) von einem gewissen Euphemos von Karia, dessen Schiff durch die Straße von Gibraltar über den Ozean auf eine Insel verschlagen worden sei, auf der rothäutige (!) Menschen mit Pferdeschwanz lebten.[84] Strabon und Ps.-Aristoteles erwägen die Existenz unbekannter Welten in der gemäßigten Zone, und Seneca ist gewiss, dass Jahrhunderte kommen werden, in welchen »Oceanus die Fesseln der Elemente lockern/und ein ungeheures Land sich ausbreiten/ und Thetys (die Beschützerin der Argonauten) neue Erdkreise (bloßlegen) wird …«[85]. 1000 Jahre später bezog Kolumbus am Orinoko die Prophezeiung auf sich und machte aus den neuen Welten *(novos orbes)* eine einzige: Er glaubte, eine Neue Welt entdeckt zu haben, von der die Alten längst wussten.[86] Hatte er recht?

Auch nach Kolumbus haben viele aus den Hinweisen des Plutarch, den Erzählungen Platons und anderer auf eine Kenntnis Amerikas in der Antike geschlossen und geglaubt, schon ein antiker Seefahrer (wie der mysteriöse Euphemos von Karia) habe den Atlantik überquert und Kunde von dem großen Land im Westen und den ihm vorgelagerten Inseln (Antillen) heimgebracht. Und tatsächlich passen sie in die Zeit eines von Kraft und Reichtum strotzenden Imperiums, dem man (neben den Karthagern) solche Unternehmungen zutrauen mag. Allerdings missachten solche Überlegungen häufig das literarische Genre und die Intention der Quellen. Sie alle entstammen weder der geographischen Literatur im engeren Sinne noch dem schmalen Bestand »realer« Entdeckungsberichte, sondern basieren auf spekulativen Konstruktionen und spielen mit literarischen Traditionen. Diese werden in unterschiedliche Kontexte des Romans, der Novelle, des philosophischen Dialogs, der Tragödie oder des Satyrspiels eingefügt, die vieles, aber kaum erdkundliche Neuentdeckungen spiegeln. Denn anders als im Falle der im

Indischen Ozean spielenden Romane sind in diesen Geschichten keine zeitgenössischen Realien nautischer und kaufmännischer Art eingewoben. Der Eindruck einer Verdichtung und Steigerung der alten Motive von Inseln und Oikumenen im Atlantik ist demnach schwerlich auf empirische Nachrichten zurückzuführen, sondern eher auf den Variantenreichtum der literarischen Ausdrucksformen sowie das Bemühen, in Konkurrenz zueinander ein bekanntes Thema immer wieder neu zu erfinden. Sicherlich steht dahinter auch das in der Kaiserzeit reale Gefühl, den Okeanos und die Welt in ihrer Gesamtheit besser als je zuvor verstehen und meistern zu können[87]; doch bezeichnenderweise wissen gerade diejenigen Autoren wie Pomponius Mela, Plinius und Seneca, die diesen Optimismus auch in erdkundlicher bzw. naturkundlicher Hinsicht durch die Überzeugung nähren, dass der Okeanos im Süden vollständig zu umfahren und der Atlantik von Spanien nach Indien (»in wenigen Tagen«) überquerbar sei, nichts Genaues von einem großen Kontinent im Westen; Seneca verweist vage auf die Zukunft.

Das ist ernüchternd, aber zu akzeptieren. Mochte sich auch in der Kaiserzeit das Tor zur Entdeckung Amerikas von Spanien aus so weit wie nie zuvor geöffnet haben. Solange keine eindeutigen Fakten vorliegen, die auf eine Kenntnis des Kontinents schließen lassen, können die vorliegenden literarischen Hinweise nicht als Indiz dafür in Anspruch genommen werden, dass es tatsächlich durchschritten wurde.

Eine verpasste Chance?

Warum aber wagte die Antike nicht den Schritt über den Atlantik, und wenn sie ihn tat, warum ist uns davon keine sichere Kunde erhalten, obwohl sich doch die Voraussetzungen, Kenntnisse und Mittel in der Kaiserzeit kaum von denen der Frühen Neuzeit zu unterscheiden scheinen (s.o.S. 316)? Die Alten kannten wie Kolumbus die Kanaren und eine Westfahrt von dort war an sich keine große Herausforderung (das viel größere Problem ist die Rückfahrt!). Wer regelmäßig das Rote Meer und den Indischen Ozean befuhr, musste sie jedenfalls nicht scheuen.[88] Dass antike Schiffe selbst die stürmischen Wogen des Atlantiks meistern konnten, hatte Pytheas demonstriert. Pytheas steht auch für das mit Neugier gepaarte Selbstvertrauen griechisch-römischer Entdecker, das die Überwindung der Furcht vor den Gefahren der Fremde zu einer produktiven Herausforderung machte, ähnlich wie der christliche

Glaube den Anführern der neuzeitlichen Entdeckungsunternehmen half, ihre Ängste und die ihrer Mannschaft zu überwinden. Vermutlich bestehen auch in dieser Beziehung Traditionslinien von der klassischen Antike in die Frühe Neuzeit, die bislang noch gar nicht richtig ausgeleuchtet sind. Der Zuversicht entsprechen die technisch-nautischen Mittel, die kaum hinter den Standards frühneuzeitlicher Expeditionen zurückblieben (s.o.S. 316). Die ozeanische Navigation nach den Sternen bzw. nach dem Sonnenstand war für kaiserzeitliche Kapitäne kein Problem; sie bildete noch zur Zeit des Kolumbus neben der Beobachtung der naturalen Verhältnisse (Wind, Vogelflug, Strömungen, Wasser) die wesentliche Orientierung, die durch den Kompass nicht ersetzt, sondern lediglich ergänzt wurde (die Wikinger haben ohne ihn um 900 n. Chr. Grönland und Vinland/Labrador erreicht).[89] Die nautischen Voraussetzungen für eine Atlantiküberquerung waren demnach in der Antike gegeben – es gibt nicht die geringsten Hinweise, dass die Zeitgenossen gerade hierin ein Problem sahen – ebenso wie die globalen Raumkonzeptionen und die Zuversicht, Erfolg zu haben. Die Pläne lagen gewissermaßen in der Schublade. Warum wurden sie nicht herausgeholt?

Der entscheidende Unterschied bestand in den politischen und wirtschaftlichen Rahmenbedingungen und den sich aus ihnen ergebenden Antriebskräften. Solange die Versorgung des westlichen Mittelmeerraums mit Edelmetallen und fernöstlichen Produkten so reibungslos funktionierte und solange auch die agrarische Versorgung der ärmeren Provinzen gesichert war wie in der Blütezeit des Imperiums in den ersten eineinhalb Jahrhunderten n. Chr., bestand einfach keine Notwendigkeit, eine Westfahrt über den Atlantik zu wagen: Zu groß erschienen Aufwand und Risiko gegenüber den Vorteilen, die eine ozeanische Umgehung der Zwischenhändler und Zollgebühren versprach. Es gab (im Westen!) auch keine religiösen oder gesellschaftlichen Impulse wie den spätmittelalterlichen Missionseifer oder die Hoffnung, durch maritime Entdeckungen seinen sozialen Status zu erhöhen, die das Fehlen materieller Zwänge hätte ausgleichen können. Vor allem aber – das ist entscheidend – fehlten eine entsprechende politische Figuration, staatliche Unterstützung und das Interesse von Herrschern, die auch in der Antike Wegbereiter weiträumiger Entdeckungsfahrten zumal auf dem Meer im Westen waren: Während in der Zeit vor dem Aufbruch des Kolumbus mehrere miteinander konkurrierende Königreiche auf der iberischen Halbinsel die westafrikanisch-atlantischen Gewässer als »zweites Mittelmeer« und Zone ureigener Interessen entdeckten und in ihrer rivalisierenden Expansionsdynamik von keiner übergeordneten Macht eingeschränkt wurden, ließ das Römische Kaiserreich solche Eigenentwicklungen gar nicht erst zu. Das machtpolitische Zentrum des Imperiums lag im Mittelmeer, nicht am Atlantik. Solange es den Mittelmeerraum kontrollierte, entstanden nirgendwo an den westlichen Rändern politisch und wirtschaftlich motivierte Initiativen oder Konkurrenzsituationen, die eine Verwirklichung der von den Intellektuellen als realisierbar erachteten Atlantiküberquerung vorangetrieben hätten.

Damit ergibt sich abschließend die Aufgabe zu prüfen, welche Faktoren in den rund 1000 Jahren zwischen der römischen Kaiserzeit und dem Beginn der frühneuzeitlichen Expansion die Veränderungen bewirkten, um das von den Alten spaltweit geöffnete Tor zum Atlantik endgültig aufzustoßen. Im Zentrum wird die Frage stehen, welche Rolle die Tradierung des antiken Konzepts der Atlantikfahrt und des geographisch-explorativen Weltwissens gespielt hat. Angesichts des großen Zeitraums können nur Schneisen geschlagen und Perspektiven aufgezeigt werden, die viele Details ausblenden, aber vielleicht gerade deshalb die Bedeutung des Gesamtphänomens erhellen.

VIII.
WIE DIE ALTE WELT IN DIE NEUE KAM

DIE REZEPTION ANTIKEN WELTWISSENS UND DIE FRÜH-NEUZEITLICHE EXPANSION

Ihr sollt Euch der Erforschung nicht verschließen / der Sonne folgend, unbewohnte Länder ... Ihr seid nicht da zu leben wie die Tiere / Ihr sollt nach Tugend und – nach Wissen streben.

(Dante Alighieri, Göttliche Komödie Inf. 26, 116/7; 119/20)

Das Ende des Aufbruchs und der Verlust der mediterranen Einheit

Seit der Mitte des 2. Jahrhunderts und vor allem im 3. Jahrhundert n. Chr. bedrohten Angriffe germanischer Ethnien die machtpolitische Einheit des Imperiums; zudem verschlechterten sich die Beziehungen zu den Parthern und mit dem Aufstieg des neupersischen Reiches der Sasaniden betrat ein neuer Gegenspieler die Bühne, der seine Interessen im Persischen Golf und Arabischen Meer selbstbewusster vertrat. In etwa zeitgleich zerfiel am östlichen Ende der Seidenstraßen das Han-Reich. China blieb für drei Jahrhunderte – außer einer kurzen Periode 280–316 n. Chr. – geteilt und lockerte seine Herrschaft über Turkestan. In Indien brach das Kushanareich im 4. Jahrhundert n. Chr. vor den Angriffen der Hephtaliten zusammen.

Das stabile Nebeneinander der großen eurasischen Reiche war damit vorbei. Die Verbindungen zwischen China, Indien und dem ostmediterranen Raum wurden zwar nie vollkommen gekappt, aber seit Beginn des 3. Jahrhunderts n. Chr. unsicherer. Zusätzlich belastete eine über die asiatischen Karawanenwege nach China und Rom eingeschleppte Epidemie (»Antoninische Pest«) den Handel. Vor allem aber fehlte angesichts der sich verschlechternden außenpolitischen Lage das Geld, um weiterhin regelmäßig große Mengen östlicher Luxusprodukte zu erwerben, wie man das in der Zeit des Frühen Kaisertums getan hatte. Ein verändertes Konsumverhalten, verbunden mit dem Wechsel der Bestattungsriten im Zuge der Christianisierung (Körperbestattung) schwächte den Bedarf nach afrikanischen und arabischen Aromatika zusätzlich.[1]

Als sich zu Beginn des 4. Jahrhunderts das Römische Reich stabilisierte, hatte die Welt ihr Gesicht verändert. Die Auswirkungen der Abwehrkämpfe gegen die Barbaren und der inneren Kriege um den Kaiserthron bekam vor allem der Westen zu spüren. Konstantin konnte zwar den Verfall der Reichswährung stoppen, in Italien und in einigen Provinzen des Westens kam es jedoch zu einer Abnahme der Agrarproduktion und des Wohlstandes. Nach wie vor gab es die Superreichen mit gewaltigen Grundbesitzungen, doch waren sie weniger als in den Jahrhunderten zuvor bereit, sich in den Dienst des Staates zu stellen und einen Teil ihres Vermögens *freiwillig* öffentlichen Belangen zu opfern. Die für den Überseehandel einst so gedeihliche Solidarität zwischen staatlichen und privaten Interessen, zwischen den über Steuern und Zöllen zu deckenden Staatseinnahmen und dem Bedarf der Eliten nach Luxuswaren brach auseinander.

All das hatte erhebliche Auswirkungen auf die Bereitschaft, neue maritime Verbindungswege zu erschließen. Während in der frühen Kaiserzeit der ökonomische und politische Druck zu gering war, so fehlten jetzt die Kraft und machtpolitischen Voraussetzungen für die Suche nach einer Alternativroute zu den Schätzen des Ostens über den Atlantik. Als die Kaiser des Westens seit Beginn des 5. Jahrhunderts immer mehr Land an germanische Eindringlinge abgaben und das Westreich ums Überleben kämpfte, erschöpfte dies alle Energien für weitere Erkundungsfahrten. Nun waren es die »Barbaren des Nordens«, die als Eroberer zu Entdeckern wurden und diese Rolle über 800 Jahre nicht abgeben sollten.

Anders sah die Lage im östlichen Teil des Reiches aus. Hier dauerte es noch einige Jahrhunderte, bis die Araber unter den Fahnen des Islam nicht nur zu Eroberern, sondern auch zu großen Entdeckern (zumal des afrikanischen Kontinents sowie der südöstlichen und vielleicht sogar der westlichen Ozeane) wurden und dabei auch antike Traditionen verarbeiteten und weiterführten. Im 4. Jahrhundert ahnte man davon noch nichts. Den Kaisern in Konstantinopel gelang es, die Gefahren, die von germanischer (Goten) und asiatischer (Hunnen) Seite drohten, durch Diplomatie und Geldzahlungen zu bannen oder nach Westen abzulenken. Im Osten konnten die Grundbesitzer viel enger in die staatlichen Belange eingebunden werden, und Konstantinopel besaß mit Syrien und Ägypten die reichsten Provinzen; Syrien erlebte in der Spätantike sogar einen beispiellosen wirtschaftlichen Aufschwung. Deshalb wurde auch der Handel mit Indien, Arabien und Somalia sowie den fernasiatischen Räumen mit neuen Partnern (Aksum in Aithiopien/Eritrea, das Königtum der Himyar in Südarabien) wieder aufgenommen, obwohl diese sich im Roten Meer bekriegten. Aromatika und Gewürze gelangten wie früher über Alexandria ins Reich, und nicht selten ergänzten sich Handel, Mission und Diplomatie, wie die Fahrt des alexandrinischen Kaufmannes und zum Missionar konvertierten Kosmas Indikopleustes nach Ostafrika, Arabien und Ceylon (vielleicht auch Indien) und die Reise des Theophilos nach Arabien, Indien und Aksum im Auftrag des Kaisers Constantius II. bezeugen.[2]

Auch der Kontakt zu China riss nicht ab. Den byzantinischen Historiographen und Ethnographen war es als Land der *Sinai* bekannt, Kosmas benutzte die persische Bezeichnung Tsinista(n) für das Herkunftsgebiet der Seide.[3] Obwohl das Geheimnis der Seidenwürmer um 552 nach Byzanz kam, wurde chinesische Rohseide weiterhin in Syrien verarbeitet. Als Gegenware fungierten u.a. Wein und Goldmünzen, von denen rund 30 (inklusive der Imitate), datiert zwischen 450 und 641, in China gefunden wurden. Die Sicherung des Seidenimports über Land entlang des Kaukasus war Gegenstand von Gesandtschaftsreisen. Drei oder vier byzantinische Delegationen kamen 643–719 n. Chr. bis nach China.[4]

Der Westen erfuhr von alldem nichts. Jüdische und arabische Händler lieferten Seide in die europäischen Binnenräume, doch schlug sich das nicht in der Verbreitung geographischer Ferninformationen nieder. Die meisten waren des Griechischen nicht mehr mächtig und besaßen keinen Zugang zu byzantinischen Reiseberichten. Die Angaben des Ptolemaios über die Fahrt des Alexandros ins chinesische Meer und die Ausdehnung der Oikumene bis China, vielleicht Java und Borneo, waren seit dem Verlust der *Geographia* im Westen nicht mehr präsent; was man über die Serer wusste, beschränkte sich auf die vagen Hinweise des Plinius.[5]

Die Unkenntnis antiker griechischer Quellen und aktueller byzantinischer Explorationsbemühungen ging einher mit einem veränderten Verhältnis des Westens zum Wissen um die Welt insgesamt. Begründet hat es die Autorität des Augustinus. Der Kirchenvater war wie viele seiner westlichen Glaubensbrüder in einem Dilemma gefangen: Einerseits forderte der Missionsauftrag Jesu die Erkundung der Oikumene bis zu ihren Rändern (Indien), andererseits hatte – so Augustinus – Gott dem Wissensdrang Grenzen gesetzt. Die Welt könne als Schöpfung Gottes studiert werden, die Erkenntnis ihrer materiellen Struktur blieb jedoch von der Offenbarung abhängig. Da nur wenige Menschen kraft ihres Intellektes dieser Offenbarung teilhaftig seien, habe

Gott zu ihrer Unterstützung die Schriften bewirkt, während empirische, durch die Augen und Ohren, von Kaufleuten und Seefahrern gewonnene Daten zu vernachlässigen seien[6] – eine Arroganz gegenüber dem Fahrensvolk, die auch heidnischen Schriftstellern nicht fremd war.

Was die zu konsultierenden Schriften anging, stand die Bibel als Referenzwerk an erster Stelle, doch dann wurde es schwierig: Augustinus sah kein Problem darin, lateinische Klassiker zu bemühen, und er besaß dementsprechend ein »profundes geographisches und astronomisches Wissen;«[7] andere warnten vor der Beschäftigung mit den »heidnischen Schriften« griechischer Philosophie und Wissenschaften.[8] Wie so häufig war die Situation im Westen komplex. Man rang mit sich und der Welt, zerrissen von dem Wunsch nach Erkenntnis und der Sorge, gegen göttliche Gebote zu verstoßen. Diejenigen, die eine Lektüre heidnischer Autoren zuließen und auf ihre erzieherische und propädeutische Funktion setzten, taten das in der Überzeugung, diese hätten einen Funken des göttlichen Geistes empfangen.[9] Auf diese Weise wurden die Enzyklopädien des Plinius, des Solinus und das »Lehrbuch« des Martianus Capella von der »Hochzeit der Philologie und des Merkur« sowie die lateinische Version des Alexanderromans (des Iulius Valerius, Beginn des 4. Jahrhunderts n. Chr.) zu Autoritäten in Bezug auf die Weltränder, ähnlich wie die Indienschriftsteller nach Alexander in der Kaiserzeit als allein maßgebliche Zeugen verehrt wurden.

Die Beschränkung auf wenige Autoren führte allerdings dazu, dass sich ein zählebiges Bild des fernen Ostens ergab, das die Akzentuierungen der Kaiserzeit auf zwei Pole zuspitze: die eines von sprießender Fruchtbarkeit, Reichtum und Glückseligkeit erfüllten Wunderlandes; und die einer fremden Gegenwelt, die nicht nur von harmlosen, sondern auch von bösartigen Monstervölkern bewohnt wurde; die friedlichen Wunderwesen erscheinen vorzugsweise in Indien, die aggressiven werden im Alexanderroman vom Makedonenkönig bekämpft. Beiden Polen ließen sich biblische Motive zuordnen: der positiven Seite die Suche Alexanders nach dem irdischen Paradies (bzw. dem Land der Seligen), der negativen die Nachricht, Alexander habe die Schreckensvölker Gog und Magog (mit Menschenfressern und Hundsköpfigen) hinter die Kaspischen Tore eingeschlossen; da sie am Ende der Zeiten hervorbrechen würden, konnten sie als Versatzstücke auf alle realen Völker (Hunnen, Mongolen) angewandt werden, die aus der Tiefe der asiatischen Räume das christliche Europa bedrohten.[10]

Aber auch die harmlosen Wunderwesen fanden ihren Platz in der christlichen Weltsicht: Augustinus war zwar von ihrer Existenz nicht vollkommen überzeugt, doch wenn es sie gäbe, seien sie lediglich missgestaltete Menschen und Teil des unergründlichen Gesamtplanes Gottes.[11] Andere erklärten, es müsse sich um die Kainskinder handeln, die das Zeichen ihrer Sünde am Leib trugen, und wieder andere glaubten, die Nachkommen Evas hätten die Warnungen Gottes über den Verzehr gefährlicher Pflanzen missachtet und seien mit Missgeburten bestraft worden. Auf den Gedanken, dass es sie gar nicht gab, kam niemand (Strabons Kritik war im Westen unbekannt). Selbst die kritischsten Köpfe wie Roger Bacon (1214–1292/94) oder Albertus Magnus (ca. 1200–1280) zweifelten nicht an ihrer Existenz.[12] Sicherlich spielten dabei die Faszination des exotisch Schrecklichen sowie das Bedürfnis, sich seiner selbst durch die Abgrenzung gegenüber Anormalitäten zu vergewissern, eine ähnlich große Rolle wie in der römischen Kaiserzeit (s. o. S. 426f.). Doch genauso wichtig war, dass die Klassiker von ihnen erzählten. Was sie überlieferten, hatte Gewicht, zumal man mit Hilfe der Wundervölker – wie das berühmte Tympanon der Abteikirche St. Madeleine in Vezelay zeigt – den Missionsauftrag an die Welträner wunderbar illustrieren, also heidnisches Faszinosum mit christlichem Selbstverständnis verbinden konnte.[13]

Isidor von Sevilla über die Welt

Trotz der Reduzierung des Fernblicks auf wenige Autoritäten und die von ihnen vermittelten Topoi unter Beifügung biblischer Motive blieb eines auch im Westen erhalten: Der Wunsch, sich *selbst* als Menschengeschlecht in dieser Welt räumlich und zeitlich zu verorten. Während man sich im griechischen Osten auf die erzieherische Funktion der Philosophie stützte, schien im Westen die Geschichtsschreibung das geeignete Medium.[14] Paulus Orosius ist der erste christliche Schriftsteller, der zu Beginn des 5. Jahrhunderts in einem Vorspann seiner »Geschichte gegen die Heiden« die Geographie als Schauplatz der Historie würdigt. Er beschränkt sich dabei konsequent auf die bewohnte Oikumene.[15] Gleiches tat Bischof Isidor von Sevilla in den gegen Ende des 6. Jahrhunderts verfassten *Etymologiae* (oder *Origines*). Das Werk wollte auf der Grundlage von Worterklärungen das gesamte heidnische und christliche Wissen darstellen. Grundlage der Geographie und Völkerkunde bildeten die Schriften des Plinius, Solinus und Orosius. Die Oikumene wird in die drei Erdteile Asien, Europa und Afrika (Libyen) geteilt und mit der Besiedlung der Söhne Noahs: Sem, Cham und Japhet verbunden. Asien ist der bedeutendste Kontinent, nicht nur wegen seiner Größe, sondern weil er die Hauptstätten der Heilsgeschichte barg.[16] Neue Ethnien und veränderte Grenzen interessierten Isidor wenig.[17] Von China als territorialem oder geographischem Großraum wusste er nichts, die Serer waren »ein Volk, das im Osten wohnt, bei welchem von den Bäumen Wolle herunterwächst.«[18] In Indien verhindern »Drachen, Greife und Monster von übermenschlicher Größe« die Besteigung der goldenen Berge, in Arabien wird der (für die christliche Mythologie wichtige) Phönix geboren, in Skythien leben Amazonen und die »Grausamkeit der Greife« behindert den Zugriff auf Gold- und Edelsteine. Von den in den Mittelmeerraum vorstoßenden Völkern werden neben germanischen Stämmen Sarmaten und Hunnen genannt. Sie seien aus dem kaukasischen Felsen, »wo der Riegel Alexanders die wilden Völker abgehalten hatte«, hervorgebrochen. Knapp ist die Beschreibung Europas, von Libyen interessieren nur die ehemals römischen Provinzen. Am weitesten südlich leben die Garamanten, in Bezug auf Aithiopen und Troglodyten wird Klischeewissen wiederholt.[19]

»Reale« Zielprojektionen – Antipoden und irdisches Paradies

So sehr der Blick auf die bewohnte Oikumene gerichtet ist, den Rändern dagegen nur geringes Interesse widmet, zwei Aspekte der Ferne erscheinen auch Isidor – neben den beiläufig genannten Wunderwesen Skythiens und Indiens – erwähnenswert; sie wurden in der Folgezeit zu den großen Konstanten imaginierter Fernziele, welche die seit dem 3. Jahrhundert erlahmenden Explorationsenergien neu entfachen sollten: Zum einen stellt er fest, dass es einen vierten Erdteil gibt, »auf der anderen Seite des Ozeans, weiter unten im Süden, der uns wegen der Glut der Sonne unbekannt ist.« Diese *terra australis* war seit der Entdeckung Taprobanes (Sri Lanka) im 4. Jahrhundert v. Chr. Gegenstand der Spekulation. Dass sie von den Antipoden bewohnt sei, hält Isidor nach dem Vorbild des Augustinus »vernünftigerweise« zwar nicht für glaubhaft;[20] doch Zweifel an der Bewohnbarkeit bedeutete keinen Zweifel an der Existenz. Macrobius vermutete den Antipodenkontinent in der nördlichen und südlichen Hemisphäre. Der von den Christen verehrte Seneca hatte die Entdeckung neuer Landmassen im Okeanos prophezeit (s.o.S. 429) und der Anonymus von Ravenna schrieb, dass gewaltige Berge *(maximi montes)* auf göttlichen Befehl dort lägen. Für die *terra australis* der Antipoden blieb in der mittelalterlichen Vorstellungswelt ein Platz reserviert, sie war ein lebendiger Stimulus, den Blick über die von strengeren Glaubensgenossen gesetzten Grenzen zu wagen und sogar von einer Weiterreise zu träumen.[21]

Ein zweites Objekt spekulativer Sehnsucht bildet das von Isidor am östlichen Rand Asiens verortete irdische Paradies. Gott hatte gemäß der Genesis »fern im Osten« den Garten Eden angelegt; für ausreichend Wasser sorgte ein Strom, der sich nach dem Heraustreten aus dem Paradies in vier Arme teilte: den Pischon, der das Land Hawila umfließt, wo es Gold, Bdelliumharz und Edelsteine gab; den Gihon, der an Kusch vorbeifließt, den Hiddekel (Tigris) und den Euphrat. Schon in der vorchristlichen Antike identifizierte man den Gihon mit dem Nil, den Pischon mit dem Ganges (oder der Donau).[22] Auch was den Garten Eden selbst betraf, so sprachen sich Augustinus und Hieronymus für eine wörtliche Deutung aus (ohne eine bildlich-symbolische Deutung gänzlich zu verwerfen):[23] Da Gott am Freitag den Menschen geschaffen und wenige Stunden später Adam und Eva aus dem Garten Eden vertrieben hatte, war das Paradies nicht nur auf der diesseitigen Welt verortet und besaß Eigenschaften, die mit den Topoi des reichen und fruchtbaren Ostens verbunden werden konnten; es hatte auch am Anbeginn der Geschichte eine präzise Lokalisierung in der Zeit. Dementsprechend reservieren die nach Osten ausgerichteten Weltkarten dem Garten Eden einen prominenten Platz am östlichsten Ende Asiens, wo der aromatische Duft der Bäume aus der Nähe zum Paradies und von den hinübergetragenen Samen paradiesischer Pflanzen herrühre.[24]

Wenn aber der Garten Eden auf der Erde existierte, konnte man ihn dann heute noch erreichen? Nach der Vertreibung der Menschen – so die Genesis – habe Gott die Cherubim und das zuckende Flammenschwert aufgestellt, um den Weg zum Baum des Lebens zu bewachen.[25] Hieß das aber, dass den Menschen fortan der Zutritt verwehrt war? Die Hinweise des Alten Testaments ähneln den Angaben griechischer Schriftsteller bezüglich der Insel der Seligen bzw. des Elysiums. Wie nur wenige Helden durch die Götter dorthin versetzt wurden, so entrückte Gott lediglich die Propheten Henoch und Elijah ins Paradies.[26] Die menschliche Phantasie suchte zwar – ähnlich der Erweiterung des Elysiums in der griechischen Archaik (Pindar) – das Paradies weiter zu bevölkern; so soll Paulus auf der letzten Etappe seiner

Entrückung neben Henoch und Elijah, Moses, Petrus, Lukas sowie die großen Patriarchen und Propheten, ja sogar Adam im irdischen Paradies wiedergesehen haben.[27] Durchsetzen konnte sich diese Version jedoch nicht. Die Mehrheit der Schriften hielt daran fest, dass Elijah und Henoch die einzigen Menschen waren, die *körperlich entrückt* im Paradies lebten. Für die Übrigen gibt es kein Zurück. Sie konnten nur hoffen, dass ihre Seelen *nach dem Tod* in das Paradies gelangten als Vorbereitung zum ewigen Glück, so wie es Jesus dem Schächer am Kreuz versprochen hatte.[28] Zu Lebzeiten war der Zugang durch eine bis in den Himmel strebende Mauer und Feuerwälle, durch von Bestien und Schlangen bewohnte Wüsten und Meere, durch die Lage auf einem in den Himmel ragenden Berg oder auf einer hafenlosen Insel verwehrt (die Paradiesströme fließen unterirdisch und kommen in Asien und Afrika empor).[29] Der Weg dorthin, so das Henochbuch, wurde nie gefunden, er war aussichtslos.[30]

Doch wie so häufig setzte sich menschliche Phantasie über theologische Verbote hinweg. Das Mittelalter kennt eine Reihe christlicher Schriften, die von Reisen zum Paradies handeln. Vorbild ist der Alexanderroman und die mit ihm verbundenen Legenden. So erzählte man sich, der Makedonenkönig sei auf der Suche nach dem Ende der Welt und dem Land der Seligen bzw. der Quelle des Lebens bis an die Flammenwälle des Paradieses gelangt und habe von dort den Ozean überquert.[31] Der Anonymus von Ravenna musste gegen Berichte ankämpfen, wonach es Menschen gegeben habe, die das Paradies nicht nur erreicht und gesehen, sondern sogar durchwandert hätten.[32] Beweise hierfür gebe es nicht, ganz im Gegenteil hätten »die meisten Philosophen (= Theologen) geurteilt, dass es keinem Menschen gestattet ist, hinter den Landrücken Indiens den Ozean zu suchen.«[33]

Wohlgemerkt: »nicht gestattet«, aber nicht »unmöglich«. Die Hoffnung, zumindest in die Nähe des Paradieses zu gelangen, wurde durch *theologische* Verbote kaum unterdrückt, und zwar nicht nur, weil man so einen Abglanz der ewigen Glückseligkeit erhaschen konnte, sondern weil die Angaben der Genesis über die Gold- und Edelstein führenden Paradiesflüsse – in Analogie zu den duftenden Hölzern benachbarter Regionen – auf unermesslichen Reichtum der nahen Länder schließen ließen, was wiederum mit den Angaben der heidnischen Autoren über die östlichen Weltränder übereinstimmte.[34] Deshalb platzieren mittelalterliche Karten das Paradies nahe Indien und Taprobane, den Edelsteinländern der Antike, und lassen es von einem Goldstrom (Chrysorrhoas) umfließen.[35] Dass Indien (repräsentiert von den Brahmanen) darüber hinaus als Land der heiligen Weisheit galt, war ein weiteres Indiz dafür, dass das Paradies nicht fern sein konnte.

Die Idealisierung fernöstlicher Länder und seliger Orte am Rande der Welt verband sich so ganz ungezwungen mit der christlichen Vorstellung vom irdischen Paradies zu einem faszinierenden Ziel, das zu suchen alle Mühen lohnte. Es konnte sich sogar mit griechisch-römischen (Insel der Seligen, Garten der Hesperiden), keltisch-irischen (Avalon) und orientalischen Motiven zu einem Inselparadies im fernen Westen verbinden: Nach der im 10. Jahrhundert verfassten Version der *navigatio* des Heiligen Brendan machten sich der Held und seine Gefährten auf eine siebenjährige Reise, bis sie durch einen dichten Nebelring (das irische Äquivalent des Feuerwalls) eine Insel erreichten, die mit Ausnahme der fehlenden Paradiesflüsse viele Gemeinsamkeiten mit dem Garten Eden aufwies: Sie ist äußerst fruchtbar, voller Quellen, ewig reifer Früchte und Edelsteine; in späteren Versionen bewachten ein gewaltiges Tor sowie ein lanzenbewehrter Drache den Zutritt zum Paradiesberg.[36]

Geographisch-kosmologische Grundlagen der Fernerkundung: Erdkugelthese, Klimazonen und Umfangsmessungen

Die Brendan-Erzählung ist der gelungene Versuch, klassische und irisch-keltische Vorbilder von der wundersamen Insel im fernen Westen mit der Paradieserzählung der Genesis zu verbinden. Auch wenn der Westen nie mit der Faszination des Ostens konkurrieren konnte; der Verdacht lag nah, dass es sich auch geographisch um den gleichen Ort handelte, der von verschiedenen Seiten der Erdkugel zu erreichen war.

Hartnäckig hält sich bis heute die Ansicht, die mittelalterliche Geisteswelt habe, befangen in theologischen Verboten sowie in Folge der Reduzierung des geographischen Weltwissens auf handliche Kompendien, wesentliche Erkenntnisse der antiken Geographie und Kosmologie aufgegeben: An prominentester Stelle auf der Verlustliste steht das Erdkugelmodell, das angeblich durch das archaische Scheibenmodell ersetzt und erst wieder durch die Kolumbusfahrt »wiederentdeckt« wurde. Diese bis heute durch die Medien geisternde Vorstellung ist seit mehr als 20 Jahren als Erfindung neuzeitlicher Gelehrter (schon des 17. Jahrhunderts) entlarvt worden, die sich und ihre Zeit durch die Konstruktion eines primitiven Mittelalters als aufgeklärt und fortschrittlich profilieren wollten.[37] Tatsächlich hat während des gesamten Mittelalters »kein nennenswerter Kosmograph die Kugelgestalt der Erde in Frage gestellt«.[38] Die paganen Gelehrten waren ohnehin von ihr überzeugt, und seit Augustinus geschrieben hatte, dass Gott bei der Schöpfung die kugelförmige Masse (*moles globosa*) der Erde in den Händen gehalten habe[39], war unter den christlichen Intellektuellen mit ganz wenigen, im Westen weitgehend unbekannten oder vernachlässigten Ausnahmen (Laktanz, Bonifatius, Kosmas) seit der Mitte des 6. Jahrhunderts die Kugelgestalt weithin unbestritten.[40] Sie wurde bruchlos als eine der stabilsten Wissenstraditionen der Antike nicht nur von den kosmologischen Schriften, sondern auch über »fiktionale« Literatur wie den Alexanderroman bis in die Frühe Neuzeit bewahrt. Die christlichen Interpreten hatten keinen theologischen Grund, an ihr zu zweifeln. Stattdessen setzten sie das Sphärenmodell ein, um die Angaben der Genesis plausibel zu machen, indem sie (nach orphischer Tradition) den Schöpfungsakt mit der Bildung des Welteneis verglichen und so die Erdkugelthese mit der biblischen Überlieferung in Einklang brachten.[41]

Die immer wieder ins Feld geführten mittelalterlichen Weltkarten *(mappae mundi)*, wegen der Zuordnung der Kontinente T-O-Karten genannt, taugen als Gegenargumente nicht. Tatsächlich repräsentieren sie eine Weltgeographie in einem mehrdimensionalen Sinn, der die Vorstellung von der sphärischen Gestalt durchaus mit einschließt und sogar voraussetzt.[42] Auf einer ersten Ebene sollen sie die Sinnhaftigkeit der Schöpfung Gottes in dieser Welt darstellen, deshalb beschränken sie sich darauf – vielleicht aufbauend auf Illustrationen römischer Geographie sowie dem Buch der Jubiläen (2. Jh. v. Chr.) –, den bewohnten Teil der Erde, also die drei Kontinente der Oikumene (deren Besiedlung durch die drei Söhne Noahs und deren Nachkommen nahegelegt war)[43] und ihre topographischen Einzelheiten nach dem Kriterium ihrer heilsgeschichtlichen Bedeutung in eine übersichtliche Ordnung zu bringen. So führte die biblische Aussage, Gott habe Erlösung *in medio terrae* gebracht und Jerusalem in *medio gentium* gestellt, dazu, dass (nach den Kreuzzügen und dem Verlust des »Heiligen Landes«) die heilige Stadt in die Mitte platziert wurde; das Paradies lag nahe bei Indien.[44]

Die Ausrichtung auf heilsgeschichtliche Ereignisse und Symbole sowie die Beschränkung auf die planiglobe Darstellung der eurasisch-afrikanischen Kontinentalplatte heißt nun aber nicht, dass die Karten die Abbildung der physikalischen Wirklichkeit dem theologischen Sinn opfern, ganz im Gegenteil: Spirituelle Orte wie Jerusalem und das Paradies waren »reale« Teile der irdischen Naturalgeographie, die man möglichst genau, aber nicht nach heutigen Maßstäben und mit heutigen Mitteln zu bestimmen suchte. Deshalb sind die *mappae mundi* so anpassungsfähig gegenüber geographischen und kartographischen Horizonterweiterungen (Ptolemaios, Byzanz, Araber) sowie den sich hieraus ergebenden machtpolitischen Darstellungszielen. Die Heilsgeographie verlangte, dass man die Erde als Schöpfung Gottes in ihrer physikalisch-naturwissenschaftlichen Dimension so korrekt wie möglich abbildete.[45] Das erlaubte nicht nur begleitende Hinweise auf die Wundervölker[46] sowie Tiere und Erzeugnisse der Ostländer (neben dem Paradies!) sowie die Inseln im Atlantik; es schloss auch die Vorstellung einer kugelförmigen Erde mit ein, die bei der ovalen oder runden Darstellung der Erde vom Betrachter wie selbstverständlich mitgedacht wurde. Denn wie sollte man anders den Ausschnitt einer Kugel auf einer Fläche auch darstellen? In manchen mittelalterlichen Handschriften erscheinen die *mappae mundi* mit solchen, welche die Hemisphären und fünf Klimazonen (zwei kalte, zwei gemäßigte und eine heiße) mit abbilden (Zonenkarten); die meisten gehen auf den Kommentar des Macrobius (5. Jh. n. Chr.) zu Ciceros *Somnium Scipionis* zurück. Auch Isidor kannte die Zoneneinteilung in Form eines leicht memorierbaren Fingermodells. Zonenkarten und Zoneneinteilungen sind ohne die Annahme einer sphärischen Erdform unverständlich; deshalb enthalten die zugehörigen Texte Erörterungen der Erdkugel.[47]

Die Verbindung von Klimalehre und Erdkugelmodell mit dem christlichen Weltbild war unbedenklich, solange sie nicht das Problem der Bewohnbarkeit weiterer Kontinente (wie die *terra australis* der Antipoden) und damit die theologisch heikle Frage berührte, wie und ob denn Menschen nach Adams Vertreibung aus dem Paradies sowie der Sintflut über die verbrannte Zone dorthin gelangt seien und ob sie der Frohen Botschaft Jesu teilhaftig waren.[48] Dagegen wurden die klassischen Determinismen von Klima und ethnischen Unterschieden (die sich in Aussehen, Charakter und Sitten niederschlugen) unbedenklich mit den Vorgaben der Bibel (der Verteilung der Noahsöhne) kombiniert und zur ethnographischen Differenzierung und ideologisch-theologischen Abgrenzung (z. B. gegenüber den Muslimen) eingesetzt.[49] Kluge Köpfe nutzten die Lehre von den Klimazonen auch dazu, die Natur und Lage des Paradieses zu erklären. Christliche Autoren beschrieben es mit ähnlichen Elementen, wie es die heidnischen Schriftsteller in Bezug auf das Leben im Goldenen Zeitalter taten: Es ist eine Zeit des ewigen Frühlings mit einem gleichbleibend angenehmen (und »gesunden«) Klima, das eine duftende Pflanzenpracht mit überquellenden Früchten sprießen lässt und ein seliges Dasein ohne Mühe und Arbeit erlaubt.[50]

Frühmittelalterliche Kosmographen des syrischen Raums (Cosmas, Ephraim) verschmolzen die platonische Lehre vom »Wahren Festland« (s.o. S. 214) mit der Vorstellung eines den gesamten Okeanos umgebenden Landes, auf dem auch das Paradies gedacht wurde.[51] Diese (offenbar eine plane Erdoberfläche voraussetzende) Vorstellung konnte sich im Westen jedoch nicht durchsetzen. Dagegen befürwortete schon Origines die klassische These von den vier (bewohnten!) Oikumenen auf der Erdkugel.[52] Auch die in der Folge nie völlig unterdrückte Frage nach den Antipoden südlich der verbrannten Zone sowie die Überlieferung des vielgelesenen Martianus Capella (5./6. Jh. n. Chr.) weisen darauf hin, dass die Thesen des Krates über die Verteilung von vier Landmassen auf je einem Viertel der Erdoberfläche zum Denkhorizont christlicher Enzyklopädisten und Kosmographen gehörten, zumal die Vierteilung als *forma quadrati mundi* mit dem Symbol des Kreuzes in Verbindung gebracht werden konnte. Vielleicht haben mittelalterliche Kosmographen wie die Mönche von St. Gallen schon um 1000 n. Chr. mit der Darstellung eines Erdglobus *(spera)* experimentiert, die der des Krates ähnelte.[53]

Wie aufgeschlossen christliche Denker für die geographischen Konstruktionen und Berechnungen der Antike waren, zeigt schließlich die Tatsache, dass die Fächer Geographie und Naturkunde zu der an der Artistenfakultät gelehrten Geometrie gehörten; dementsprechend beschrieben geographische und astronomische Lehrbücher auch die klassische Erdumfangsberechnung des Eratosthenes. Schon der unter Theoderich wirkende Senator Cassiodorus (ca. 490–580) stellte die Verfahren zur Messung des Erdumfanges in den Dienst christlicher Welterkenntnis. Ambrosius von Mailand (ca. 333–397) kannte die von Ptolemaios übernommene Schätzung des Poseidonios (s.o.S. 314).[54] Isidor setzte sich mit der Erdmessung des Eratosthenes und deren Ergebnissen auseinander. Der irische Mönch Dicuil (2. Hälfte des 8. Jh.–1. Hälfte des 9. Jh.) verfasste ein Werk *de mensura orbis terrae*, sein Landsmann Johannes Scottus Eriugena berechnete nach dem Vorbild des Eratosthenes nicht nur den Erdumfang, sondern auch den Abstand der Erde zum Mond.[55]

Das lateinische Christentum als Traditionsbrücke

Bei allen politischen Brüchen und Umschwüngen, welche die mediterran-europäischen Zivilisationen seit der Spätantike erfuhren – sie bewahrten ihre Neugier und Offenheit für unterschiedliche Modi der Welterfassung, solange sie nicht direkt mit der biblischen Überlieferung im Widerspruch standen: Genauso wie in der Antike Wunder- und Abenteuergeschichten neben nüchternen geographischen Berichten, die mathematische und beschreibende Geographie sowie empirisch-naturwissenschaftliche Beobachtung neben philosophisch-kosmologischer Konstruktion existierten und sich gegenseitig befruchteten, so bildete das mittelalterliche Denken über die Welt einen breiten, durch zahllose Nebenflüsse gespeisten Strom unterschiedlicher Denkstile, der durch die christliche Lehre kanalisiert, aber nur selten in seinem Fluss gebremst wurde. Das Christentum war viel zu sehr von griechisch-römischer Denk- und Wissenstradition geprägt, als dass sich seine Intellektuellen gegenüber der klassischen Naturphilosophie, Geographie und physikalischer Welterklärung gänzlich hätten verschließen können; im Gegenteil scheint der christliche Glaube der menschlichen Neugier stützendes Gerüst und Antrieb gewesen zu sein, sich über abergläubische Furcht hinwegzusetzen und das Wissen über die Wunder der von Gott geschaffenen Welt zu erweitern. Immer gab es auch die Stimmen einiger Gelehrter aus Irland und Schottland, die unter der Schirmherrschaft aufgeschlossener Herrscher und von Rom wenig beeinflusst die Erforschung des sichtbar Seienden als eine von Gott gestellte Aufgabe erachteten (so wie es bereits Origines und Tertullian getan hatten).[56] Alle stimmten darin überein, dass die Propheten nur einen Teil des Wissens um die Welt offenbart hatten. Doch während Augustinus hieraus den Schluss zog, auf die Untersuchung der materiellen Welt zu verzichten, war es für Johannes Scottus Eriugena (9. Jh.) Ansporn, das Gegenteil zu tun: »Gleichwohl hindert uns die göttliche Autorität nicht bloß nicht, sondern sie fordert uns geradezu auf, nach den Gründen der sichtbaren und unsichtbaren Dinge zu forschen.«[57]

Ausgangspunkt der Überlegungen bildete das Bemühen, die Angaben der Genesis, die Gott dem Moses defizitär und in mystischer Form offenbart hatte, mit den Mitteln antiker Wissenschaft zu erklären. Männer wie Eriugena, die des Griechischen mächtig waren, griffen auf die Auslegungen des »von göttlicher Gnade erleuchteten« Basilius von Caesarea (ca. 330–379) zurück, der während des Studiums in Athen heidnische Schriften (u.a. des Aristoteles) konsultiert hatte, und kombinierten sie mit ihren Überlegungen zu einem Panorama naturwissenschaftlichen Wissens.[58] Die christliche Botschaft wurde auf diese Weise einem Rationalisierungsprozess unterworfen, der Mythen nicht ausschloss, sie aber jederzeit in den Dienst vernünftiger Welterkenntnis stellen konnte, offen blieb für neues und sich kritisch mit überkommenem Wissen auseinandersetzte.

Diesem kräftigen Impuls der rational-kritischen Welterklärung im christlichen Gewande war es auch zu verdanken, dass die wesentlichen geographischen und kosmologischen Konzeptionen der Antike in den Wissenshorizont der germanischen Welt eindrangen. Diese speiste im Gegenzug neue empirische Daten und Erfahrungen über die Bewohnbarkeit und Befahrbarkeit des hohen Nordens in den Erkenntnisvorrat der Romanen ein und glich sie mit antiken Traditionen wie der des Pytheas über die gen Norden verschobene *zona habitabilis* ab. Adam von Bremen bewahrte auf diese Weise Kunde von den Fahrten der Wikinger nach Nordamerika (Vinland).[59] Das lateinische Christentum war in dieser Hinsicht nicht Wissenszerstörer, sondern Wissensvermittler, nicht Totengräber der klassischen Geographie und Kosmologie, sondern Multiplikator und Traditionsbrücke zu den *ignorantes pagani* der nordischen Welt. Spätestens zu Beginn des 13. Jahrhunderts verdrängte die antike Erdkugelthese die Scheibenvorstellung der nordischen Kosmologie, ähnlich wie Pythagoras und Parmenides einst den Anstoß gegeben hatten, das homerische Scheibenmodell durch die Kugelgestalt zu ersetzen, mit dem Unterschied, dass die christlichen Denker diese Erkenntnis in Auseinandersetzung mit den als defizitär empfundenen Angaben der Genesis aufnahmen und weiterentwickelten.[60]

In diesem Rahmen blieb auch die Möglichkeit einer maritimen Verbindung zwischen dem östlichen (Indien) und westlichen (Iberien) Weltende »als mentale Konstante des Raumbewusstseins« präsent, sie musste sich lediglich mit der Antipodenthese und dem kratesischen Kontinentmodell auseinandersetzen sowie mit der Frage, welche Ausdehnung der Atlantik hat. Das entscheidende Argument gegen eine Überschreitung der Oikumenegrenzen war zunächst theologischer Natur: Im Osten versperrte das Paradies den Zugang zum Weltmeer. Im Westen wirkte die religiöse Scheu vor dem riesigen *Oceanus dissociabilis*;[61] nur Noahs Arche habe ihn durchfahren, bevor er am Ararat landete. Das Meer galt seitdem als Ort des Jüngsten Gerichts und Schranke vor dem irdischen Paradies. Jeder Atlantikfahrer musste mit der Strafe Gottes rechnen. Wer sich auch davon nicht abhalten ließ, den mahnte die Geschichte Alexanders, der vor den Mauern des Paradieses mit dem *non plus ultra* am Weitermarsch und einer Überquerung der Meere gehindert worden war.[62]

Doch unter der Oberfläche theologischer Selbstbegrenzungen brodelte es. Eine Quelle des Unbehagens war die empirische Erfahrung: Auch im Westen ahnte man, dass der fernste Osten erreichbar war. Woher kamen sonst die Seidenstoffe an die fränkischen Höfe? Und bewiesen nicht die Seefahrer Britanniens sowie die kühnen Nordmänner, dass man den Atlantik trotz der Kälte der nördlichen Meere befahren konnte, auch wenn man an der Möglichkeit einer *vollständigen* Überquerung »zu den fernsten Enden des Ozeans« (noch) zweifelte.[63] Zweifel milderten immerhin die Legenden wundersamer Inseln im Atlantik; sie waren konkrete Ziele und Sprungbrett zu Wunderwelten, von denen auch mittelalterliche Menschen nie aufhörten zu träumen.[64]

Der Beginn des Aufbruches: Mobilität, Wissenstransfer und Aristoteles-Renaissance des 12. und 13. Jahrhunderts

Wie fast immer in der Entdeckungsgeschichte war es ein Zusammenspiel machtpolitischer, wirtschaftlicher und sozialer Veränderungen, die diese Impulse aufnahmen und intensivierten. Seit der Mitte des 11. Jahrhunderts wurde das christliche Europa – angetrieben von Urbanisierung, demographischem Wachstum sowie wirtschaftlicher Prosperität und transregionalem Handel – von einer Mobilitätswelle erfasst, die das individuelle und gemeinschaftliche Ausgreifen in ferne Länder zu einer Tugend erhob.[65] Missionare, Eroberer und Bauern drangen in die letzten Bastionen slawischer Ethnien im Baltikum vor. Auf der Iberischen Halbinsel begannen die von den Mauren bis auf die Küstenregionen zurückgedrängten christlichen Königreiche verlorene Gebiete zurückzuerobern (Reconquista). Im Zuge der Kreuzzugsbewegung machten sich ganze Ritterheere sowie in ihrem Gefolge Händler, Priester und Kolonisten auf, um das Heilige Land zu befreien. Auch die Verbindungen von Nord nach Süd verdichteten sich: Von der Normandie zogen die »Nordmänner« über das Mittelmeer und begründeten in Sizilien ein vom Papst legalisiertes Königreich, stießen bis nach Griechenland vor und beteiligten sich an den Kämpfen in Spanien und der Levante.

Gewinner dieser Expansionsbewegungen waren die italienischen Handelsstädte. Sie unterstützten die Kriegszüge nach Osten logistisch sowie finanziell und weiteten im Laufe der Zeit ihre Verbindungen bis nach Alexandria, Indien und China aus. Begleitet wurde der militärische Aufbruch von einem Aufblühen des Pilgerwesens von Norden (Skandinavien) bis an die äußersten Grenzen Spaniens (Santiago de Compostela) sowie über Byzanz bis ins Heilige Land. Auch die Gelehrten zogen auf der Suche nach Wissen von Ort zu Ort, Mönche gaben das Gelübde der Ortsbeständigkeit auf; »der in die Fremde Ziehende (wurde) geradezu zum Leitbild der Gesellschaft« (Hagen Keller)[66] – ein Vorgang, der in vieler Hinsicht, besonders was den Kultur- und Wissenstransfer an die Residenzen angeht, an die Anfangszeit des Hellenismus erinnert:[67] In Kastilien (Toledo), im normannischen Sizilien, im Maghreb und Byzanz förderte die Expansion die Austauschbereitschaft zwischen den vorher nur über wenige Kanäle miteinander verbundenen Welten des lateinischen Westens und des islamisch-arabischen Südens. Im Zuge dieser Kontakte wurden die Arbeiten arabischer Astronomen und Geographen, welche die *Geographia* des Ptolemaios kannten und zur Vorlage eigener Weltkarten nutzten, sowie die Schriften des Aristoteles ins Lateinische übersetzt.[68] Die in der Mitte des 12. Jahrhunderts einsetzende Aristoteles-Renaissance und mit ihr die aufblühenden Domschulen waren für all diejenigen ein enormer Antrieb, die keine theologischen Hemmungen hatten, die Natur der Welt bis auf ihre verborgensten Geheimnisse mit »Beobachtung und Erfahrung anstelle der dogmatischen Tradition« (Jacques Le Goff) zu erforschen.[69] Ihnen bot sich an den Universitäten ein inspirierender Ort der Diskussion, der die Überlegungen über die Gestalt der Erde, das Verhältnis von Wasser und Land sowie die Lage der Kontinente auf eine neue Basis stellte.

Die geographischen und kosmologischen Schriften des Aristoteles gehörten zum Grundkanon der Artistenfakultät und wurden fleißig studiert und kommentiert. Sie beruhten auf dem methodischen Grundprinzip, Einzelaussagen und -beobachtungen aus einem Gesamtsystem abzuleiten und mit diesem in Beziehung zu setzen. Das gilt auch für die berühmte Elementenlehre. Sie diente nun dazu, die These von der sphärischen Gestalt der Erde im Rahmen des göttlichen Schöpfungsaktes weiter zu untermauern.[70] Demnach hätten sich die vier Elemente Erde, Wasser, Luft und Feuer nach dem Kriterium der Schwere und ihrer Stofflichkeit (fest, flüssig, gasförmig, feuerartig) aus der unstrukturierten Materie *(hyle)* zu vier konzentrischen Sphären zusammengetan. Da Erde das schwerste Element sei und die schwersten

Atome sich besonders anziehen, hätte sich im Zentrum des Universums eine kugelförmige Masse gebildet (wie schon Augustinus geschrieben hatte).

Das Modell der konzentrisch geschichteten Sphären mit der Erde im Zentrum ließ sich gut mit dem (auch von arabischen Gelehrten angewandten) Bild des kosmischen Eies verbinden (s.o.S. 444); und es wurde als Argument für eine komplett zu umrundende Erdkugel aufgegriffen: Nach Meinung des französischen Mathematikers Gossouin de Metz (1247) würden sich zwei Menschen auf der anderen Seite der Erde treffen, wenn sie von einem Ort in verschiedene Richtungen aufbrechen.[71] Aber es evozierte auch neue Fragen: Wenn nach Aristoteles die Erdsphäre *(sphaera terrae)* von der des Wassers getrennt war und die der Erde wegen ihres größeren Gewichtes im Zentrum liegt, wie konnten dann eine Landmasse wie die Oikumene oder andere Oikumenen wie die der Antipoden aus dem Wasser ragen und sich über die Sphäre des leichteren Elements erheben?[72] Aristoteles hatte in einer anderen Schrift die strenge Scheidung der Elemente Wasser und Erde aufgelöst und eine annähernd gemeinsame Sphäre angenommen, ohne sie auf die Empirie der Erdoberfläche und deren Veränderungen anzuwenden.[73] Ähnlich argumentierten spätantike Astronomen. Einige nahmen (wie die arabischen Gelehrten) ein Eingreifen Gottes am dritten Schöpfungstag an, der die Erde aus der Wasserfläche hervorbrechen ließ, um Leben zu ermöglichen.[74]

Schließlich war die Sphärenfrage mit einem weiteren Kernproblem verbunden, das schon die antiken Gewährsmänner beschäftigt hatte, nämlich dem Verhältnis von Erde und Wasser auf dem Globus. Der in Oxford und Paris lehrende Franziskaner Roger Bacon (ca. 1210–1292) hielt sich an Ptolemaios, der in einer verlorenen Schrift *De Dispositione Sphaerae* behauptet hatte, dass nur ein Sechstel der Erdoberfläche bewohnbar, der Rest von Wasser bedeckt sei. Später bevorzugte Bacon eine Angabe des Ptolemaios im Almagest über ein Viertel bewohnbaren Landes (hieran hielten sich auch die meisten arabischen Gelehrten). Wieder andere wiesen auf den Propheten Esra, der das Verhältnis umdrehte und verlautet hatte, dass sechs Teile der Erde trockenes Land seien, dagegen nur der siebte Teil von Wasser bedeckt werde.[75]

All diese Konstruktionen hatten erheblichen Einfluss auf die alte Frage, ob eine vollständige Atlantiküberquerung möglich sei: Denn je größer man den Anteil der bewohnbaren Fläche gegenüber der des Wassers taxierte und je kleiner man gleichzeitig den Umfang der Erdkugel insgesamt bemaß, desto geringer musste der (maritime) Abstand zwischen den Enden der Landmassen ausfallen. Aristoteles hatte den Umfang der Erdkugel mit 400.000 Stadien größer angenommen als Eratosthenes, aber dennoch die Erdkugel »im Verhältnis zu den anderen Gestirnen« als klein eingeschätzt, eine Aussage, die schon den Drang Alexanders an die Weltgrenzen beflügelt hatte. Des Weiteren hielt es Aristoteles nicht für unwahrscheinlich, dass »die Gegend um die Säulen des Herakles mit derjenigen um Indien« durch ein Meer in Verbindung stehe, und da es an den äußeren Enden Elefanten gäbe, könne man schließen, dass das Meer nicht sehr breit sei.[76]

Der arabisch-iberische Philosoph Ibn-Rusd (Averroës, ca. 1126–1198) resümierte in seinem Kommentar zu *De caelo et terra*, wie man im Mittelalter *de caelo* nannte, »dass Indien am westlichen Horizont von Gades und Spanien am östlichen Rand von Indien liege«.[77] Thomas von Aquin kommentierte (ca. 1260), es sei von Spanien nach Indien nicht weit, wenn man nach Westen aufbräche, »denn Indien liege am westlichen Horizont von Gades (Cádiz) und Gades am östlichen Rand von Indien.«[78] Roger Bacon verband die Vorstellung eines schmalen Atlantiks mit der Feststellung, dass weit mehr als ein Viertel der Erdoberfläche bewohnbar sei. 100 Jahre später übernahm Petrus de Alliaco (Pierre d'Ailly, 1350–ca. 1420), der Kanzler der Universität Paris, Bacons Interpretation der Aristoteles-Argumente und fügte die Aussage Senecas hinzu, dass das Meer bei günstigem Wind in wenigen Tagen durchquert werden könne.[79]

Die »Öffnung des irdischen Paradieses« und die Suche nach dem Priesterkönig Johannes – von Rubruk bis Marco Polo

Noch handelte es sich um akademische Diskussionen mit didaktischem Zweck in den Zirkeln gelehrter Spezialisten. Um ihre Welt mit realen Zielen zu verbinden, bedurfte es zweierlei: einer Auflösung der mentalen und religiösen Barrieren, die nach wie vor einer Umrundung der Erde von Ost nach West bzw. von Nord nach Süd im Wege standen (worauf Pierre d'Ailly ausdrücklich verwies)[80], sowie einer Veränderung der Weltlage, welche die reale Lebenswelt für die fernsten Ziele öffnete und die Impulse des 12. Jahrhunderts auf die Meere lenkte.

Bis zur Mitte des 13. Jahrhunderts war der lateinische Westen von Informationen byzantinischer Diplomaten sowie arabischer und jüdischer Kaufleute über Zentralasien und den Fernen Osten (China) weithin abgeschnitten.[81]

Eine Wende leitete der Aufstieg der italienischen Hafenstädte ein, die von den Kreuzzügen sowie dem wachsenden Bedarf Europas nach fernöstlichen Produkten (Seide, Gewürze) am meisten profitierten und den Einkauf unter Umgehung der Zwischenhändler zu tätigen suchten. Als im 13. Jahrhundert die Expansion der Mongolen den Westen erreichte, öffnete sich eine transasiatische Landbrücke, die auch nach dem Zerfall der mongolischen Gesamtherrschaft direkte Kontakte zwischen Europa und Asien bis China ermöglichte. Das war auch gegenüber der Antike neu, wo es direkte Kontakte nur vereinzelt zwischen den ostmediterranen Ländern (Syrien, Makedonien, Ägypten) und dem Reich der Mitte gab. In der gleichen Zeit wurde Eurasien für rd. 100 Jahre von einem wirtschaftlichen Aufschwung erfasst, wie ihn die Welt seit der Blütezeit des Han-Reiches und des Imperium Romanum im 1. Jahrhundert n. Chr. nicht mehr erlebt hatte[82] – damals wie nun eine wichtige Voraussetzung für die Verdichtung der transkontinentalen Verbindungen. Während italienische Kaufleute satte Gewinnspannen aus der Direkteinfuhr östlicher Luxuswaren gegen leicht transportable westliche Handelswaren (Bernstein, Korallen, Schmuck) erhofften, suchten der Papst und mit ihm einige Könige des Westens die Chancen einer Bekehrung des Großkhans sowie einer militärischen Kooperation gegen die Sarazenen auszuloten. Viele vermuteten zudem das Reich des mysteriösen Priesterkönigs Johannes im Fernen Osten nahe dem Paradies, von wo aus er als Herr der Heerscharen von Amazonen, Wundervölkern und Christen den Glaubensgenossen bei ihrem Kampf gegen die Muslime im Heiligen Land zu Hilfe kommen würde.[83]

Es war eine Mischung außenpolitischer Ziele, finanzieller Hoffnungen und machtpolitischer Visionen, die im 13. Jahrhundert westliche Missionare, Diplomaten und Kaufleute bis zu den Residenzen des Großkhans zunächst nach Karakorum, seit der Thronbesteigung Kublais nach Täbriz drängten. Ihnen folgten zu Beginn des 14. Jahrhunderts (auch über Indien) Missionare, die in China eine eigene Kirchenorganisation aufbauten.[84] Die Intensität der Fernkontakte begann sich zwar mit dem Ende der Mongolenherrschaft in China und Persien und mit dem Aufstieg der Osmanen abzuschwächen und auch die Chinamission endete zunächst mit der Etablierung der nationalen Ming-Dynastie (1368); doch das mit den Reisen erweiterte Wissen blieb erhalten. Es schlug sich zum einen in einer globalen *geographischen* Horizonterweiterung nieder.[85] Der bis nach Karakorum gereiste Flame Wilhelm von Rubruk konnte die auch in der Antike so umstrittene Frage nach dem

Binnenseecharakter des Kaspischen Meeres klären und setzte Cathay mit dem Land der Serer gleich, während das Mündungsgebiet des Ganges aus westlicher Sicht das östliche Weltende markierte.[86] Damit hatte der Westen im Prinzip und ohne Ptolemaios wieder den Kenntnisstand der mittleren römischen Kaiserzeit erreicht.

Zum anderen hoben die Berichte der vom Papst und dem französischen König instruierten Erkundungsreisen zu den Mongolen das Niveau der *ethnographischen* Analyse.[87] Sie verschafften der Augenzeugenschaft als Kriterium glaubhafter Nachrichten auch bei den Zuhausegebliebenen ein ganz neues Gewicht. Diese Entwicklung ähnelt dem Anspruch Herodots und sie traf sich mit der seit dem 12. Jahrhundert gewachsenen Aufgeschlossenheit für empirische Experimente und Autopsie. Neue Schriften konnten nun selbstbewusst und vergleichend neben die alten gestellt werden, und altes wie die Lehre von der Ozeanausbuchtung des Kaspischen Meeres durch Reiseerfahrung überzeugend kritisiert werden, was erneut zeigt, wie wichtig herrschaftliches Informationsinteresse für die Ausbildung des auf genauer Beobachtung fußenden ethnographischen Schrifttums war.[88]

Dieses Phänomen ist uns aus der Antike vertraut ebenso wie der Umstand, dass die ins Mongolenland vordringenden Missionare trotz ihrer neuen Erfahrungen auch die Existenz der Wundervölker in der einen oder anderen Form bestätigten. Sie gehörten genauso zu den ethnographischen »Realien« wie die Angaben über die Lebensweise der Mongolen.[89] Beides erklärt, warum die auch mündlich weiter getragenen Expeditionsberichte zu einer Wiederbelebung der aus Empirie *und* Randvölkertopik schöpfenden Reiseliteratur führten. Zu einem Bestseller avancierte der Roman des Sir John Mandeville über seine Reisen ins Heilige Land, nach Afrika, Indien, China, zum mongolischen Großkhan und in das Reich des Priesterkönigs Johannes. Gerade weil er mit so vielen Wundern der Randwelten aufwarten konnte, hielten ihn die Zeitgenossen für authentisch, jedenfalls für viel glaubwürdiger als die im Genueser Gefängnis verfasste Erzählung Marco Polos über seine Reisen im Dienste des Großkhans.[90] Heute weiß man, dass der anonyme Autor, der sich als Ritter Jean de Mandeville ausgab, zumindest die Reisen über Jerusalem hinaus nie angetreten hat, sondern seine Informationen aus einem bunten Pool unterschiedlichster Quellen zusammenfügte. Immerhin waren unter ihnen neben dem Alexanderroman auch nichtfiktionale Werke wie der Reisebericht Rubruks. Diese haben zwar im Gegensatz zu Mandeville den Hoffnungen auf das Reich des Erzpriesters Johannes zum Teil einen

Dämpfer verliehen (Rubruk fand ihn nicht und Marco Polo schrieb, er sei auf dem Schlachtfeld gestorben). Der Idealisierung des Fernen Ostens als einer viel reicheren Welt haben sie jedoch erneut Vorschub geleistet und gleichzeitig den geographischen Horizont des Westens nicht unbeträchtlich erweitert. Marco Polo schob mit der Nachricht über die Goldinsel Cipangu (= Japan) das östliche Weltende noch weiter in den Okeanos hinaus.[91]

Die Südverlagerung der paradiesischen Welten und der Vorstoß der Portugiesen nach Afrika

Eines enthielten die Berichte über den fernen Osten freilich nicht oder nur ganz selten: Hinweise auf das irdische Paradies; selbst Mandeville bekannte freimütig, er könne »vom Paradies eigentlich nichts aussagen«[92]. Das war ein negativer Befund von erheblicher Tragweite: In dem Maße, wie sich der *reale* Wissenshorizont der Europäer nach Osten weitete und mit Marco Polo bis Japan ausdehnte, je mehr sich also die paradiesischen Reichtümer des Ostens als Reichtümer *ohne* irdisches Paradies erwiesen, desto häufiger begannen Gelehrte daran zu zweifeln, ob die Lokalisierung des Paradieses im Osten überhaupt richtig sei; manche Bildkarten des frühen 15. Jahrhunderts wiesen deshalb kein Paradies mehr auf. Damit schien sich eine der wichtigsten religiösen Barrieren für eine Ost-West-Überquerung des Ozeans zu verflüchtigen, während parallel der Optimismus wuchs, die Welt umrunden zu können: John Mandeville war sich sicher, dass man mit einem Schiff und guter Mannschaft die Erde umfahren könnte, wenn nicht Berge und Länder das verhinderten.[93]

An der Existenz des irdischen Paradieses an sich mochte freilich noch niemand zweifeln. Wenn es nicht im Osten lag, dann vielleicht in einer anderen Weltgegend. Und hier kam den Gelehrten einmal mehr die uralte Gleichsetzung (bzw. Verwechselung) Indiens mit Aithiopien zu Gute, die auch von den byzantinischen Schriftstellern geteilt wurde.[94] Schon immer vermutete man identische Merkmale ethnographischer und naturaler Art in beiden Erdteilen und es konnten typische Phänomene aus dem einen in den anderen verschoben werden. Seit der Mitte des 12. Jahrhunderts gab es Theologen, die denn auch das Paradies südlich der Äquatorialzone vermuteten.[95] War nicht das Flammenschwert der Cherubim eine Anspielung auf diese »verbrannte« Zone? Sie verwehrte nach klassischer Lehre den Übertritt zur gemäßigten Zone der Antipoden, genauso wie natürliche Hindernisse (hoher Berg, Erdwall, Wasser) neben den übernatürlichen (Cherubim) den Zugang zum Paradies verhinderten. Der besondere Charme einer solchen Südverlagerung des Paradieses bestand ja gerade darin, dass das theologisch begründete Verbot des Zugangs ganz im Zuge der Zeit durch ein wissenschaftliches Argument aus dem Bereich der antiken Klimalehre ergänzt wurde.[96] Selbst Roger Bacon erwog die Möglichkeit einer Lage des Paradieses in der südlichen Hemisphäre. Er zitiert Aristoteles' Argument, wonach der südliche Teil der Erdkugel der beste sei.[97] Erstmals hatten sich damit die beiden großen Determinanten mittelalterlicher Fernprojektion – das irdische Paradies und der Antipodenkontinent – angenähert und sie wurden noch durch ein drittes Motiv, das Reich des Priesterkönigs Johannes ergänzt, das seit dem 14. Jahrhundert (mit der Kunde von christlichen Nestorianern) nach Aithiopien, also in die südlichen bzw. südöstlichen Hemisphären verlegt werden konnte.[98]

Mit der Südverlagerung der Ziele einher ging erneut die Sehnsucht, zu ihnen zu gelangen. Mut machte die reale Erweiterung des Welthorizontes: In der Mitte des 13. Jahrhunderts gab es Stimmen, die eine Überquerung und sogar Bewohnbarkeit der Äquatorialzone für möglich hielten, wie es die arabischen Kartographen und Astronomen (im Anschluss an Ptolemaios) nahelegten, wie es Dante angedeutet und Marco Polo bestätigt hatte, als er davon erzählte, dass er auf Java und Sumatra den Polarstern nicht mehr sehen konnte, mithin den Äquator südlich überschritten hatte.[99] Und man erinnerte sich auch wieder daran, dass Plinius und Ambrosius von Völkern jenseits des Äquators schrieben.[100] Pierre D'Ailly konstatierte, es gebe über den Äquator hinaus viele Siedlungen. Das Verdikt des Augustinus über die Existenz der Antipoden verlor damit endgültig seine Verbindlichkeit; einem Vorstoß in die südlichen Breiten stand nichts mehr im Wege, er wurde geradezu herausgefordert.[101]

Bekanntlich waren es die Portugiesen, die dieser Forderung rund 100 Jahre später folgten, nachdem sie zu Beginn des 15. Jahrhunderts das muslimische Ceuta erobert hatten und 1434 Kap Bojador umschifften. Die Suche nach dem irdischen Paradies und dem Reich des Johannes, das man am Oberlauf des Nils vermutete, waren sicherlich wichtige Motive.[102] Doch wie immer mussten mentale Dispositionen sowie die Hoffnung auf konkrete Gewinne materieller und/oder politischer Art hinzukommen, die den Einsatz lohnten. Im Falle der Portugiesen waren es der ritterlich-aristokratische Drang ehrgeiziger Prinzen nach ruhmreichen Taten auf dem Meer und die »verwünschte

Gier nach Gold« *(auri sacra fames)*, die sich mit dem Kampf gegen die Mauren verbanden und die Kapitäne nach Süden trieben.[103] Heinrich, genannt der Seefahrer, benötigte Gold, um seine Gefolgsleute bei Laune zu halten und seine Herrschaft zu sichern. Gold war in Europa an der Wende vom 14. zum 15. Jahrhundert so begehrt wie nie, weil der defizitäre Ostasienhandel zu einer drastischen Verknappung der Edelmetalle als Zahlungsmittel geführt hatte.[104] Seit Jahrhunderten lieferten Karawanen das begehrte Metall aus Ghana und dem legendären Bambuk gegen Glaswaren, Textilien, Kupfer und Korallen an die Küsten, und so lag es nahe, dass die portugiesischen Regenten im Zuge ihres Kampfes gegen die Mauren die Chance suchten, mit den Goldländern direkt Kontakt aufzunehmen.

Unterstützt wurden sie dabei durch das Know-how italienischer Kapitäne und Kaufmannsfamilien aus Genua. Sie erhofften sich im Westen ohne die Konkurrenz Venedigs bessere Verdienstmöglichkeiten als im unsicheren, durch den Aufstieg der Osmanen bedrohten Osten und benötigten selbst dringend Gold für die Herstellung von golddurchwirkten Tuchen und für den Erwerb fernöstlicher Waren. Die Kooperation zwischen machtpolitischem und aristokratischem Erfolgstreben und wirtschaftlichem bzw. kaufmännischem Kalkül bildete schon immer einen der stärksten Antriebsfaktoren ausgreifender Entdeckungsfahrten. Sie erhielten in der Mitte des 15. Jahrhunderts einen zusätzlichen wirtschaftspolitischen Impuls, als (am 29. Mai 1453) die Osmanen Konstantinopel eroberten und die ohnehin schon gestörten Handelsbeziehungen der italienischen Städte mit Fernost erschütterten. Da der Bedarf nach fernöstlichen Luxusprodukten und Gewürzen sowie Edelmetallen groß blieb und sogar noch stieg (die europäische Seidenindustrie erlebte im 13. Jahrhundert ähnlich wie die Levante in der frühen Kaiserzeit einen Aufschwung), bekam die Suche nach alternativen ozeanischen Verbindungen einen neuen Schub, der auch die portugiesische Expansion erfasste. Der Plan, Indien bzw. China auf dem Seeweg um Afrika zu erreichen, wurde nun neben der Suche nach innerafrikanischem Gold zu einem lohnenswerten Ziel, das mit dem Verweis auf antike Nachrichten (v.a. des Plinius) über geglückte Umrundungen zusätzlich gerechtfertigt werden konnte. Wahrscheinlich hatten ihn bereits die Brüder Vivaldi aus Genua Ende des 13. Jahrhunderts – als mit Akkon der letzte Stützpunkt der Kreuzfahrer gefallen war – auf der Suche nach Gold schon einmal zu verwirklichen gesucht.[105]

Kolumbus und die Westfahrt über den Atlantik

Durch die Rückschau verführt, vergisst man leicht, dass die portugiesische Krone bei allem Bemühen um die Erschließung der westafrikanischen Küstenrouten den nordwestlichen Atlantik und seine sagenumwobenen Inseln nie aus den Augen verlor, bis in die 70er und 80er Jahre sogar Patentbriefe für die Entdeckung und Inbesitznahme von Inseln und Ländern im Westen vergab und auch eine Fahrt über den Atlantik nach Indien nicht ausschloss.[106]

Auch bei diesen Bemühungen wurden sie von den Genuesen unterstützt, die bereits an der wirtschaftlichen Erschließung Madeiras und der Azoren (durch die Einführung von Zuckerrohr) beteiligt waren.[107] Als Ende der 1470er Jahre der Genuese Kolumbus wie viele seiner Landsleute an den portugiesischen Hof nach Lissabon zog – wie einst Cádiz das Tor zum Okeanos und Zentrum der atlantischen Schifffahrt – folgte er keiner göttlichen Eingebung, sondern einem Trend, genauso wie sein Plan, Indien über den Atlantik zu erreichen, nichts Revolutionäres an sich hatte. In gewisser Hinsicht waren die portugiesischen Erkundungen an der afrikanischen Küste sogar hilfreich: Sie hatten die Küsten Guineas erreicht und damit endgültig bewiesen, dass die Lehre von der Unüberwindbarkeit der Äquatorialzone falsch und die These Pierre d'Aillys über deren Bewohnbarkeit richtig war.[108] Klimatologische Argumente gegen eine Überquerung des Atlantiks auf einer südlichen Route (die Portugiesen vergaben eher Patente für den nördlichen Atlantik) von den Kanaren aus fielen damit weg.

Unentschieden blieb dagegen noch die Frage nach den Antipoden sowie anderen Landmassen im Atlantik. Die Meinung, Kolumbus habe alternativlos an eine freie Durchfahrt gedacht und Indien bzw. das goldreiche Cipangu als einziges Ziel ausgegeben, ist angesichts der Jahrhunderte langen Diskussionstradition über die Erde und ihre Beschaffenheit ganz unwahrscheinlich.[109] Kolumbus war wie jeder seiner halbwegs gebildeten und mit der Seefahrt vertrauten Landsleute zumindest mittelbar Teil dieser Diskussion. In den 1458 übersetzten *Geographiká* Strabons fand er den elektrisierenden Satz, dass auf der gleichen gemäßigten Klimazone möglicherweise zwei oder sogar mehr bewohnte Welten liegen, »besonders in der Nähe des Parallelkreises durch Athen, welcher durch das Atlantische Meer gezogen wird.«[110] Ferner kannte er die berühmte Seneca-Prophezeiung (durch die Lektüre der 1474–1484 in Ferrara edierten Tragödien), wobei er den Plural *novos orbes* durch *nuebo mundo* ersetzte. Als er auf der dritten Reise die mit gewaltigen Donnern in den Golf von Paria strömenden Süßwasserfluten des Orinoko gewahrte, folgerte er, »einem sehr großen Kontinent nahe« zu sein, »der bis heute unbekannt ist.«[111]

Mit der Kontinenttheorie verbunden waren die Antipoden, die seit der Spätantike in der nördlichen *und* südlichen Hemisphäre vermutet wurden. Drei Jahre bevor Kolumbus sein Projekt dem portugiesischen König unterbreitete, ließ Luigi Pulci (1481/82) in seinem Gedicht Morgante den »Teufel« Astarotte erklären, dass jenseits der Säulen des Herakles die Welt der Antipoden läge, ähnlich der unseren, mit Städten und Königreichen, aber bewohnt von Heiden, die darauf warteten, bekehrt zu werden. Wenige Jahre später beanspruchte Kolumbus für sich diese Rolle des universellen Missionars, der Christus über den Okeanos trägt (*Christoph = Christum ferrens,* wie Kolumbus unterschrieb).[112] Dass er die Antipoden als Ziel seiner Fahrt nicht ausschloss, deutet die Antwort eines Kommissionsmitglieds an, der sein Projekt mit dem Satz beschied, »St. Augustinus bezweifelt es«.[113] Kurz nach der ersten Atlantikfahrt schrieb der Humanist Petrus Martyr (Pietro Martire d'Anghiera), Christophorus sei von den »westlichen Antipoden« *(ab Antipodibus occiduis)* zurückgekehrt.[114] Italienische Kommentatoren beschrieben das neu entdeckte Land nach Art der Antipoden.[115] Und mit den Antipoden blieb auch der Traum vom Paradies lebendig. Kolumbus glaubte ihm am Orinoko nahe zu sein.[116]

Anders als in der Rückschau häufig vermutet, rechnete Kolumbus dem nach mit mehreren, zum Teil sich ergänzenden, zum Teil ausschließenden Möglichkeiten: mit einem freien Atlantik bis Cathay bzw. *Asia*, mit den Antipoden bzw. einem neuen Kontinent oder mit den mythischen Atlantikinseln, der des heiligen Brendan oder Antilia, die Kolumbus auf dem Weg nach Cathay zu finden hoffte.[117] Selbst (das in Indien vermutete) Ophir und Tartessos, von denen einst Salomon seine Goldschätze bezog, gehörten zum Repertoire möglicher Ziele in einer Zeit, die nach Gold nur so gierte.[118] Kolumbus war auf alle, durch antike und mittelalterliche Tradition vorgegebenen Eventualitäten vorbereitet und sprach sie je nach politischer Konstellation und Adressateninteressen an. Die Formulierung der spanischen Kommission, die nach den Portugiesen das Projekt des Genuesen begutachtete und »Inseln und Kontinente« als Objekt der Fahrt nannte, gab die Bandbreite der Möglichkeiten gut wieder.[119] Kolumbus segelte und argumentierte auf der Bugwelle einer Jahrtausend alten Diskussion, die eine große Palette wohl durchdachter Konzepte über die Welt zwischen Spanien und Indien entwickelt hatte.

Was die Realisierung seines Planes verzögerte und die Ablehnung der Portugiesen und der ersten spanischen Kommissionen bewirkte, war neben der geographischen Spekulation die unkalkulierbare Länge der Fahrt.[120] Die Frage nach der Ausdehnung des Atlantiks erhielt neuen Zündstoff, als in den 60er und 70er Jahren des 15. Jahrhunderts die ersten lateinischen Ausgaben von Ptolemaios' *Geographie* in Norditalien publiziert wurden. Ptolemaios hatte nicht nur den Erdumfang mit 180.000 Stadien (33480 km) fast um ein Viertel kleiner gegenüber der Realität und fast um die Hälfte geringer als Eratosthenes geschätzt, sondern auch die Oikumene mit 180 Längengraden (von den Kanarischen Inseln) zu weit nach Osten hin ausgedehnt. Immerhin ging er – wie die meisten Zeitgenossen des Kolumbus – davon aus, dass sie die Hälfte des Erdumfangs einnahm, der Atlantik entsprechend die andere, auch wenn die noch unbekannten Teile der Oikumene im Osten eine Fahrt verkürzen würden.[121]

Andere stützten sich auf Pierre d'Ailly, der in Anschluss an Roger Bacon und Aristoteles behauptet hatte, ein Großteil der Erde sei nicht von Wasser, sondern von Land bedeckt, und sogar spekulierte, ob die Antipoden mit der bekannten Oikumene verbunden waren. Ausgangspunkt dieser These war eine Angabe des Marinos von Tyros über die sehr weite Ostausdehnung der Oikumene von 225 Längengraden, die von Ptolemaios eigentlich abgelehnt worden war; Kolumbus behauptete gegen Ende seines Lebens, bewiesen zu haben, dass Ptolemaios irrte und Marinos recht habe.[122] Die sich hieraus ergebende Konsequenz eines sehr schmalen Atlantiks und einer vergleichsweise kurzen Westfahrt hatte bereits 1474 der Geograph und Astronom Paolo Toscanelli dem portugiesischen Hof schmackhaft zu machen versucht: Er schätzte die Distanz zwischen Lissabon und Quinsay (entspricht Peking) auf 6500, die zwischen den Kanaren und Cathay (China) auf 5000 Seemeilen. Der Kosmograph Martin Behaim, der viele Jahre als Berater des Königs am Lissaboner Hof weilte, übertrug Toscanellis Sicht auf seinen 1492 in Nürnberg ausgestellten Erdglobus; ein Jahr später forderte der in Nürnberg tätige Arzt und Geograph Hieronymus Münzer (ca. 1447–1508) den portugiesischen König schriftlich auf, die Atlantikroute zu erforschen.[123]

All das zeigt, dass das Projekt einer Atlantiküberquerung seit den 70er Jahren des 15. Jahrhunderts nicht nur in Norditalien en vogue war. Auch in dieser Hinsicht reihte sich Kolumbus in eine bestehende und seit der Übersetzung des Ptolemaios mit neuem Schwung entfachte Diskussion ein. Er war kein einsamer Kämpfer, sondern repräsentierte eine gut etablierte Wissens-

und Denktradition (unter mehreren), die er auf sein Projekt hin zuspitzte. Mit Überzeugung verteidigte er die Aussage der Esra-Apokalypse über den gewaltigen Anteil der Erde gegenüber Wasser auf der Erdkugel.[124] Ferner besaß er von dem Brief Toscanellis wahrscheinlich schon vor seiner ersten Fahrt eine Kopie. Zu den Angaben des Marinos rechnete er noch die von Marco Polo erwähnten Gewürzinseln (Indonesien) und Cipangu (Japan) hinzu, von denen Ptolemaios nichts wusste. Nachdem er dann noch fälschlicherweise die arabische Meile auf die italienische Meile übertrug, kam er auf eine Distanz Cipangus vom Westen von »nur« 2400 italienischen nautischen Meilen; das entspräche einer Entfernung von ca. 4000 km.[125]

Auch wenn Ptolemaios den Vorstellungen des Kolumbus im Hinblick auf die Ausdehnung des Atlantiks widersprach, in anderer Hinsicht lieferte er ihm ein gewichtiges Argument, die Atlantiküberquerung als lohnende Alternative zu den portugiesischen Versuchen um Afrika herum zu nutzen. Wenn nämlich die Vorstellung des Ptolemaios zutraf, dass Afrika im Süden mit Indien über eine Landbrücke verbunden (der vermeintliche Antipodenkontinent) und Indien von einem Binnenmeer umgeben war, dann war der maritime Zugang nach Indien blockiert bzw. er konnte nur mühsam von seiner südöstlichen Flanke über Land erreicht werden. Diese Möglichkeit wurde auch von den Portugiesen ernst genommen und deshalb eine Westfahrt über den Atlantik nicht ausgeschlossen.

Was sie davon abhielt, Toscanellis Initiative aufzunehmen, waren vornehmlich politische Gründe: Portugal befand sich in einem verlustreichen Erbfolgekrieg mit Kastilien. Als Kolumbus mit dem gleichen Projekt 1484 vorstellig wurde, lehnte die *Junta de Matemáticos* seinen Plan vor allem deshalb ab, weil sie sich auf Ptolemaios berief und die Berechnungsfehler des Kolumbus aufdeckte. Außerdem waren die Afrikafahrten gerade in einer entscheidenden und viel versprechenden Phase: Diogo Cão hatte den Kongo erreicht und Kunde von einem blühenden Reich (»Kongo-Reich«) mitgebracht, was viele mit der so lange gesuchten Herrschaft des Erzpriesters Johannes in Verbindung brachten und folgern ließ, man stehe kurz vor der Einbiegung in den Indischen Ozean.[126] Drei Jahre später (1487/88) umrundete Bartolomeu Dias die Südspitze Afrikas und erschloss tatsächlich den Seeweg nach Indien. 1490 sandte man eine Mission in den Indischen Ozean, um endgültig die ptolemäische Vorstellung einer Landbrücke zwischen Indien und Afrika zu überprüfen bzw. zu widerlegen.[127] Wahrscheinlich überzeugten die Portugiesen darüber hinaus arabische Karten, dass Ptolemaios in diesem Punkte irrte. So zeigte die nach Süden (nicht nach Osten) gerichtete – und vielleicht auf Veranlassung Heinrich des Seefahrers angefertigte – Karte des Fra Mauro (ein Mönch aus St. Michele bei Venedig) aus dem Jahre 1459 einen zwar weit gen Osten gestreckten afrikanischen Kontinent, der aber nicht mit Asien verbunden war; andere fügten der ptolemaischen Landbrücke im Süden den kritischen Zusatz hinzu: »Terra incognita secundum Ptolemaeum«.[128]

So wandte sich Kolumbus deprimiert und wie viele Entdecker vor und nach ihm von drängenden Geldproblemen geplagt nach Spanien. Befreundete Franziskaner und Aristokraten eröffneten ihm neue Geldquellen und Kontakte zum Königshaus. Auch die spanische Kommission war mit den Berechnungsproblemen vertraut, wenn auch vielleicht weniger als die nautisch versierten Portugiesen[129], doch nach der Eroberung Granadas, der letzten muslimischen Bastion, deutete sich ein Stimmungsumschwung an, der nach zähen Verhandlungen (bei denen es um Geld und Privilegien ging) am 17. April 1492 zur offiziellen Unterstützung der Kolumbusfahrt führte (Kronvertrag von Santa Fé).

Die Alte in der Neuen Welt

Der Entschluss, die Westfahrt zu wagen, war demnach wie alle großen Entdeckungsunternehmungen eine Frucht politischer Konstellationen und langfristiger Trends; ihre Grundlage bildete die Kooperation norditalienischer Seemannskunst mit einem Konsortium einflussreicher Handels- und Finanzinteressen sowie dem Willen der spanischen Krone, am Wettlauf um die Erschließung der Seewege nach Indien aktiv teilzunehmen, hierin vergleichbar den Expeditionen, welche die Karer einst unter persischem Oberkommando nach Indien oder die Phöniker unter ägyptischer Flagge in Afrika durchgeführt hatten. Der Missionsgedanke dürfte zumindest in den Planungen der Auftraggeber gegenüber den materiellen und politischen Zielen eine untergeordnete Rolle gespielt haben; Kolumbus hatte wie die portugiesischen Kapitäne nicht einmal einen Priester an Bord, der Großkhan galt sowieso als christenfreundlich.[130]

Dennoch bewegten sich die frühneuzeitlichen Planungen der Afrikaumrundung und der Atlantiküberquerung in einem intellektuellem Erklärungskontext, der mittelbar und unmittelbar auf antike Gewährsmänner zurückgriff und aus deren Autorität sie einen Großteil ihrer Zuversicht bezogen: So wie einst die griechischen Seefahrer in der hoffnungsvollen Gewissheit aufbrachen, dass sie auf den Spuren ihrer großen Helden, Herakles, Jason und Odysseus wandelten und sich in einer durch den Mythos vertrauten Welt bewegten, so waren sich die frühneuzeitlichen Kapitäne bei aller nautischen Erfahrung, die sie im Atlantik gewonnen hatten, sicher, dass sie erprobten und verwirklichten, was die Alten real oder konzeptionell vorexerziert hatten[131]; niemand war sich zu schade, sich auf sie zu berufen, wenn gefährliche Ziele angesteuert werden mussten: »Dem Infanten« – so der portugiesische Chronist über Heinrich – »war auch bekannt, dass Hanno, der karthagische Kapitän, entlang der afrikanischen Küste bis fast unter die Linie der Tag- und Nachtgleiche gesegelt war. Nach den Aufzeichnungen über seinen Reiseweg und den Zeichnungen von dem, was er gesehen hatte, zeigte sich deutlich, dass er bis jenseits des heute so genannten Sierra Leone gelangt sein muss. Er hielt es auch für wahr, was Herodot, ein sehr ernstzunehmender Autor ... über die Seereise schreibt, die Neco, ein ägyptischer König, von erfahrenen phönizischen Seeleuten durchführen ließ.«[132]

Und so traf denn auch Kolumbus, als er von einem Hafen nahe des alten Tartessos (!) aufbrach und über die Kanaren nach 36 Tagen die Karibikinsel Guanahani erreichte, auf eine Welt, die (nicht nur) er als eine durch die Lektüre der alten Schriften und Geographen vertraute wahrnahm. Zu seinen Lieblingstexten gehörten die biblischen Erzählungen über die Königin von Saba und das goldreiche Tarsis, die er mit Cathay und Cipangu in Verbindung brachte und nach seiner Atlantikfahrt mit Hispaniola/Haiti bzw. Jamaika identifizierte; seine Gönnerin Isabella besaß Bildteppiche, die den Besuch der Königin bei König Salomon und die Reichtümer der Tarsiskönige zeigten.[133] Später versicherte er Papst Alexander VI., er habe auf Hispaniola die Minen Salomons entdeckt, am Orinoko (in der temperierten Zone) wähnte er sich nahe dem Paradies.[134]

Zurückhaltend verhielt er sich gegenüber den mythischen Motiven der klassischen Antike. Kolumbus repräsentiert damit die seit den Reisen ins Mongolenland ausgeprägte Auffassung, dass Augenzeugenschaft größeres Gewicht besitzt als altes Buchwissen und dieses korrigieren kann (s. o. S. 454): Sein Rechenschaftsbericht meldete an den Hofbeamten Luis de Santangel, er habe nicht die Ungeheuer *(monstra)* getroffen, die viele erwarteten. Doch ganz konnte er seine Leser nicht enttäuschen; im Bordbuch der ersten Reise weist er beiläufig darauf hin, es gäbe auf einer Insel Menschen, die mit Schwanz geboren werden (wie es Ptolemaios in Indonesien vermutet hatte).[135] Ferner habe er Sirenen in den Gewässern der Karibik erblickt (die ihm schon an der Küste Guineas begegnet waren!) und er war wachsam gegenüber Monstren und lederbewehrten Kriegerinnen auf einer einsamen Insel; spätere Kommentatoren schlossen auf Amazonen. Dagegen erschienen ihm die »nackten Wilden« auf Hispaniola friedlich und unschuldig, doch der nahe liegende Schluss, dass sich bei ihnen das Goldene Zeitalter konserviert hatte und sie keine Scham kannten, weil sie aus der Zeit vor dem Sündenfall stammten, zog er nicht (es hätte theologische Probleme gegeben). »Berichten« von Menschenfressern (Anthropophagen), den Kariben auf den Kleinen Antillen, begegnete er skeptisch.[136] Doch wie sehr auch er bei allem Bemühen um nüchterne Beobachtung und Konzentration auf die materiellen Erträge (Gold, Mastix) der karibischen Inselwelt in den Topoi der Alten befangen war, zeigt sein Hinweis, die Einheimischen hätten ihm von Menschen mit nur einem Auge und Hundeschnauzen erzählt. Kein Spanier war in der Lage, aus den Angaben und Gebärden der Einheimischen die der Randvölkertopik vertrauten Hundsköpfigen und Einäugigen herauszulesen; Kolumbus oder sein Dolmetscher haben sie in ihre Äußerungen hineinprojiziert.[137]

Und selbst als ihm und den nachfolgenden Entdeckern dämmerte, dass es sich bei den angesteuerten Ländern nicht um Cipangu oder den Ostteil Asiens, sondern um eine »Neue Welt« handelte, konnte man sie nicht anders schildern als mit den Kategorien und Bildern der Alten: Amerigo Vespucci beschrieb die Bewohner der Karibischen Inseln ähnlich ambivalent, wie es Mandeville in Bezug auf den fernen Osten und Kolumbus getan hatten: hier die friedlichen, harmlosen und nackten Wilden die (wie die Einwohner der Insel des Iambulos, s.o.S. 425) bis zu 150 Jahre alt werden, dort die bedrohlichen Kannibalen. Der Humanist Peter Martyr verglich das Leben der Insulaner Hispaniolas mit dem Goldenen Zeitalter Vergils und Hesiods, die karibischen Kannibalen mit den Thrakern, die einst auf Lesbos die Amazonen geschwängert hätten.[138] Francisco de Orellama erzählte von weiblichen Bewohnern des großen Flusses in Südamerika so überzeugend, dass man den Strom nicht nach ihm, dem Entdecker, sondern nach den Amazonen benannte. Cortés glaubte, ihr Reich beinahe erobert zu haben, Buchillustrationen zeigten die personifizierte Amerika als vollbusige »Amazone« mit Menschen im Hintergrund, die Gold aus den Minen des legendären Ophir bargen und ihrer Herrin zu Füßen schütteten (Ophir wurde mit Peru gleichgesetzt).[139] So wurde denn das Arsenal antiker Träume abgerufen, um die

Neue in die Alte Welt zu integrieren. Auch die Monstervölker fanden sich in ihrer aggressiven und friedlichen Variante: Buchillustrationen des frühen 16. Jahrhunderts zeigen Indianer als hundsköpfige Kannibalen (Kynokephalen) oder Wesen mit Gesichtern auf der Brust in der Idylle goldener Zeiten. Der *Liber Chronicarum* des Hartmann Schedel aus dem Jahr 1493 präsentiert als bunte Bildleiste den kompletten Katalog der antiken Wundervölker in der Neuen Welt.[140]

Und auch als man sich bemühte, die indianischen Völker in ihrer ethnischen Originalität zu erfassen und um ihre Rechte stritt, griff man wie selbstverständlich auf das ethnographische Raster Herodots zurück, der unter Missionaren, Entdeckern und Historikern eine unvergleichliche Renaissance erlebte und zum meist gelesenen Autor avancierte.[141] Genauso selbstverständlich sah man sich bei der Analyse der verwirrenden Pflanzenvielfalt in der Tradition der antiken Botaniker Theophrast und Dioskurides.[142] Fernández de Oviedo y Valdez, Autor der ältesten Geschichte der Pflanzen, Tiere und Menschen Amerikas, gestand gegen Ende seines Lebens, er befände sich erst »ganz am Anfang (seines Verstehens) der Kernprobleme dieser großen und zahllosen Geheimnisse …, die es in dieser zweiten Hemisphäre und in diesen Gebieten zu entdecken gibt, welche den Menschen der Antike unbekannt waren.«[143] Selbst in der Erkenntnis von der Unkenntnis der Antike blieb die Antike Maßstab des Wissens über die Welt.

EPILOG

Alle Menschen wünschen von Natur aus zu wissen.
(Aristoteles, Metaphysik 980A)

1874 veröffentlichte der Direktor des brasilianischen Nationalmuseums die Abschrift einer Steintafel, die angeblich ein Sklave bei Pauso Alto in der Nähe des Paraiba-Flusses gefunden hatte. Das Original war verloren, der Inhalt sensationell: Männer aus dem phönikischen Sidon beschrieben in einem hebräisch-aramäischen Dialekt ihre Landung an der Küste, nachdem sie »im 19. Jahr des Königs Hiram« vom Roten Meer aufgebrochen und bei der Umsegelung Hams (= Afrikas) von der Hauptflotte getrennt worden waren. Die Diskussion um die Echtheit des Dokuments hält bis heute an.[1] Zu faszinierend ist der Gedanke, endlich das Beweisstück in den Händen zu halten, das die antiken Erzählungen über den Kontinent im fernen Westen und die Herkunft des Fremden aus Karthago bestätigt, mit der unser Gang durch die antike Entdeckungsgeschichte begann.

Auch wenn die Skepsis überwiegt, die Begeisterung lebt: Immer wieder machen sich Forscher auf die Suche nach Indizien, die eine Landung antiker Schiffe an den Küsten der Neuen Welt belegen sollen. Sie konnten bisher keinen durchschlagenden Beweis liefern, doch eines treibt sie unverdrossen an: die Überzeugung, dass man solches den antiken Seefahrern grundsätzlich zutrauen kann (und muss). Sie erinnern an die Weite des Blickes, mit der die Antike die Welt durchmaß, an ihre Zuversicht, über alle Meere und Wüsten die letzten Winkel des Globus zumindest gedanklich zu durchdringen. Auch wenn wir niemals *genau* wissen werden, wie weit antike Entdecker kamen – die Verbindung der realen Entschleierung der eurasisch-nordafrikanischen Welt mit der rationalen Erfassung des gesamten Globus ist das inspirierende Erbe, das sie der Neuzeit hinterließen. Es lohnt sich, zusammenfassend nach den Gründen, Antriebskräften und Entwicklungen zu fragen.

Am Anfang stand der Aufbruch der Seefahrer aus Ugarit und anderen Küstenstädte der Levante, die seit Beginn des 2. Jahrtausends v. Chr. für sich und ihre mächtigen Nachbarn wertvolle Güter von fernen Küsten heranschafften: Metalle, die man zum Aufbau der Armeen, der Ausgestaltung der Paläste und der Herstellung von Kunstprodukten und Tempelwerkzeugen benötigte – Kupfer und Eisen aus Zypern, Norditalien sowie der Nord- und Südküste Kleinasiens, Gold und Silber aus dem südlichen Spanien und Nubien, Zinn aus Nordeuropa. Andere suchten exotische Pflanzen, die für den Tempeldienst, die Heilkunst und ein luxuriöses Leben unabdinglich waren: Weihrauch und Myrrhe aus Südarabien und Somalia, bald auch Pfeffer aus Indien und Seide aus China. Ihre Herkunftsgebiete wurden zu mythischen Wunderländern, wie das »silberne« Tartessos in Spanien, Punt und Ophir in Arabien und Somalia oder Dilmun, die legendäre Zwischenstation auf dem Weg nach Indien.

Kein Herrscher konnte es sich leisten, auf die Produkte der Ferne zu verzichten. Der Stolz, sie am eigenen Hofe vorzuführen, war Teil seiner Legitimation. Sie zeigten, dass der Arm des Regenten bis an die Weltränder reichte und den Zugriff auf deren Reichtümer ermöglichte. Dabei suchten die Pharaonen, Assyrer, Babylonier und Perser in dem Maße, wie sie große Landarmeen zur Verteidigung und Erweiterung ihres Herrschaftsgebietes unterhalten mussten, die technisch anspruchsvollen Fernfahrten auf Küstengemeinden abzuwälzen, die auf solche Aufgaben spezialisiert waren. Für sie war das Meer nicht bedrohlicher Grenzraum, sondern Fluchtweg, Ventil innerer Spannungen und stets das Tor zu all den Reichtümern, die es zu Hause nicht gab.

Aus dieser Konstellation heraus sind die großen Seefahrertraditionen der Phöniker und Griechen entstanden. Tyros und Sidon schickten ihre Kapitäne im 8. und 7. Jahrhundert über die Inseln und Küsten des westlichen Mittelmeers bis in den Atlantik, um für die Assyrer und Ägypter Zinn, Silber und Gold heranzuschaffen. Griechische Abenteurer folgten ihren Spuren zur Provence und nach Tartessos an der spanischen Atlantikküste. Sie erschlossen die Küsten des Schwarzen Meeres, wo der Sage nach Jason und seine Argonauten das Goldene Vlies erbeuteten.

Die Dynamik ihrer Erkundungen erklärt sich nicht nur aus politischen oder materiellen Zwängen, aus der ungleichen Verteilung wertvoller Güter im Mittelmeerraum und den begrenzten agrarischen Ressourcen der Ausgangsgebiete – ähnliche Bedingungen galten ja auch für andere, dem Mittelmeerraum vergleichbare Regionen der Welt.[2] Selten war es drängende Land- oder Nahrungsnot, welche die Ruderbänke der Schiffe füllte, sondern die Aussicht auf zusätzliche Gewinne und Erfolgschancen sowie eine für die Menschen der Küsten- und Handelstädte typische Mobilitäts- und Risikobereitschaft, die sich durch stete Erfahrung zu selbstbewussten Routinen verfestigt und Menschen in die Lage versetzte, auch unsichere Wege zu meistern und selbst nur vage bekannte Ziele anzusteuern. In dem Ausgreifen der archaischen Seefahrer in die Welt manifestierte sich eine *Mentalität der Neugier, des Wagens und des Lernens*, welche die Wissbegier des Menschen auch unbeeinflusst von staatlichen oder religiösen Autoritäten in die Ferne lenkte.

Wir finden sie verewigt im homerischen Odysseus, doch vieles deutet darauf hin, dass schon die Kapitäne der Bronzezeit und der phönikischen Handelsstädte von ihr geprägt waren: Odysseus – der »vielgewanderte«, der »vielgewandte«, aber auch der »vielduldende« – ist der Prototyp des wagemutigen Seefahrers: Durch seine Anpassungsfähigkeit, Intelligenz und Beharrlichkeit verkraftet er alle Rückschläge, um am Ende reich und ruhmvoll sein Ziel zu erreichen. Odysseus wurde zum Leitbild all der großen und kleinen Entdecker, die immer wieder aus den mediterranen Küstenstädten aufbrachen, weil in der Ferne ihre Fähigkeiten gefragt waren: als Ärzte auf der Suche nach Heilpflanzen und Anstellung an den Höfen der Mächtigen, als Kapitäne königlicher Fernexpeditionen, als Handwerker und Künstler sowie als Söldner, Piraten und Kaufleute, welche die materiellen Bedürfnisse ihrer Heimat und der Fremde gleichermaßen zu bedienen verstanden.

Solche Menschen sind gezwungen, sich auf fremde Verhältnisse einzustellen. Sie lernen die Sprache der Zielgebiete, pflegen Gastfreundschaften mit fremden Granden, nehmen sich bei längerem Aufenthalt ein einheimisches Mädchen zur Frau und zeugen Kinder, die zweisprachig aufwachsen. Aus alldem entwickelt sich eine über Generationen aufgebaute *Fremderfahrung*, die es in dieser Form und vor allem über einen so langen Zeitraum in anderen Weltgegenden der Antike wohl nicht gab, aber erstaunliche Parallelen (vielleicht sogar Kontinuitäten) zur Mentalität der frühneuzeitlichen Europäer aufweist.

Herrscher inländisch orientierter Reiche nutzten sie für ihre Zwecke. Tyros schickte für König Salomon Expeditionen in das Gold- und Gewürzland Ophir, und angeblich umrundete ein phönikischer Kapitän um 600 v. Chr. im Auftrag des Pharao vom Roten Meer aus Afrika, wahrscheinlich um auf einer Alternativroute an die Schätze des spanischen Tartessos heranzukommen. Griechen kämpften nicht nur als Söldner fremder Herrscher, sondern waren auch für den persischen Großkönig auf den Weltmeeren unterwegs: Einer von ihnen fuhr den Indus hinab, segelte bis zum Eingang des Persischen Golfes und umrundete die arabische Halbinsel, um durch das Rote Meer wieder den Boden Ägyptens zu erreichen.

Diese Fremd- und Mobilitätserfahrung, verbunden mit der an das neuzeitliche Entdeckungszeitalter erinnernden Mentalität des neugierigen Wagens, trug wesentlich dazu bei, natürliche Ängste zu überwinden, die mit dem Aufbruch in die Ferne verbunden waren. Griechische Seefahrer und Landreisende waren der Überzeugung, sie würden auf Wegen wandeln und sich Zielen nähern, die Helden und Halbgötter wie Odysseus oder Herakles bereits erschlossen hatten. Selbst wenn man sich den Enden der Welt näherte, war man sicher, auf Räume zu treffen, die – von wem auch immer – bewohnt waren und deshalb die Chance des Überlebens boten. Anders konnte man sich Fernexpeditionen angesichts der enormen Risiken auch gar nicht vorstellen und gegenüber den Mannschaften rechtfertigen.

Aus Sicht der Antike war deshalb überregionale Mobilität selten eine »Entdeckung« im Sinne eines bewussten, geplanten und gezielten Durchbruches zu etwas völlig Neuem (wie überhaupt das Neue in der Antike einen negativen Beigeschmack hatte). Die Griechen kannten hierfür auch gar keinen Begriff. *Heuriskein* heißt so viel wie »finden« oder »vorfinden« im Sinne von »*wieder*finden« eines stets Vorhandenen, dessen Geheimnissen man durch Erkundung und »Wissenwollen« *(historie)* auf den Grund geht.

Die Selbstgewissheit, auf vertrauten Pfaden zu wandern und sich wie Odysseus überall zurechtzufinden, lähmte dabei keineswegs den Willen zum Aufbruch, sondern beflügelte ihn. Während Menschen anderer Weltgegenden die natürliche Angst vor dem Unvertrauten sowie den Gefahren von Wasser und Wüste davon abhielt, sich von der Heimat zu lösen, sahen antike Seefahrer und Landreisende hierin Chance und Herausforderung zugleich: Chance, indem man die Angst überwand und damit Ruhm, Reichtum und Erfahrungen gewann, die zu Hause geschätzt waren; Herausforderung, weil die Wege von Ungeheuern und todbringenden Fallen gesäumt waren, und es selbst bei der Annäherung an vermeintlich bekannte und vertraute Räume eine Schwelle zum Unbekannten gab, welche die eigene Erfahrung überschreiten konnte (und musste).

Neugierige Offenheit für das Fremde, Mobilitätsbereitschaft und Anpassungsfähigkeit waren schließlich wichtige Voraussetzungen dafür, dass Fernerkundungen nachhaltig wurden: dass man fremde Meere und Küsten nicht nur erschloss, sondern auch neue Siedlungen anlegte, häufig in Kooperation mit den Einheimischen. Auf diese Weise wurden im Laufe der Archaik (8.–6. Jahrhundert v. Chr.) die Ausgangspunkte der Fernerkundungen an den östlichen Küsten des Mittelmeeres durch neue urbane Zonen an der nördlichen und westlichen Peripherie ergänzt. Die Poleis des Nordpontos, das phokaiische Massilia und seine Subkolonien sowie Karthago und seine am Atlantik jenseits der Straße von Gibraltar angelegten Gründungen befanden sich außerhalb der Reichweite großer Territorialreiche. Sie konnten so auf der Suche nach Gold, Silber, Zinn sowie anderen hochwertigen Naturprodukten und häufig in Konkurrenz zueinander eine neue Phase der Fernerkundung entfalten, die sich auf außermediterrane Räume richtete: in die Welt der atlantischen Zinninseln und Bernsteinküsten, in die Weiten Südsibiriens und die Wüsten der Sahara.

Drang man tiefer ins Landesinnere vor, nutzte man neben den Karawanenrouten die großen Flusssysteme. Ströme wie die Rhône, der Guadalquivir, die in das Schwarze Meer mündenden Don und Dnjepr oder der westafrikanische Senegal waren natürliche Einfallschneisen in Binnenräume, die allein auf dem Landwege nicht hätten erschlossen werden können. Sie verbanden sich mit den territorialen Verbindungen zu Mobilitätskorridoren, die später auch manchen Eroberern den Weg wiesen. Indem sich die Stadtstaaten der westlichen und nördlichen Peripherie in die Erschließung dieser Verbindungswege einschalteten, wurden sie zu zentralen Anlaufpunkten, Verteilern und Vermittlern – nicht nur von Waren, sondern auch von Techniken, Kulten und Wissen: Über Karthago gelangte neue Kunde über die Völker, Tiere und Pflanzen Nordafrikas in den griechischen Raum; Bernsteinhändler machten die Griechen mit nordischen Mythen und Kulten bekannt. Bei den Skythen erfuhren griechische Heiler und Händler von der Weisheit der Schamanen. Und es ist gewiss kein Zufall, dass sich wenige Jahrzehnte, nachdem sich Aristeas über Olbia in die südsibirischen Steppen aufmachte sowie massiliotische und etruskische Händler immer weiter in die keltischen Gebiete vordrangen, eine neue Vorstellung von der göttlichen Abkunft der unsterblichen Seele im Mittelmeerraum verbreitete und sich mit griechischen Mythen zu großen Denkgebäuden wie der Orphik verdichtete.

Während sich so an der nördlichen und westlichen Peripherie bis weit in das 4. Jahrhundert v. Chr. eine eigene Dynamik der Fernerkundung und Welterkenntnis weitgehend ohne militärische Expansionsabsichten entfaltete – machtpolitische Ambitionen richteten sich vornehmlich auf die Sicherung mediterraner Einflusssphären –, blieb der Osten bis in die Spätantike im Einzugsbereich der großen Territorialreiche. Das Perserreich bildete die Brücke, auf der Produkte aus und Informationen über Indien und Arabien in den Mittelmeerraum gelangten; es war gleichzeitig Bewahrer östlicher Weisheit, die sich schon vor der Expansion des Kyros in den kleinasiatischen Küstenstädten mit den Erfahrungen ihrer Kapitäne und Kolonisten zu einer besonderen Form rationaler Welterkenntnis (»Ionische Naturphilosophie«) verbunden hatte. Wenn die hellenistischen Monarchen auch in der Nachfolge der Perser ihrerseits Erkundungsfahrten zur Vorbereitung oder Begleitung von Eroberungen planten, stellten sie das Material und die Logistik zur Verfügung, griffen aber nach wie vor auf die Expertise ostmediterraner Küstenstädte zurück.

Man darf sich durch den Glanz der Generäle nicht täuschen lassen: Ähnlich wie sich Dareios zur Erkundung des Seeweges vom Indus in das Rote Meer die Erfahrung karisch-griechischer Kapitäne zunutze machte, beauftragte Alexander den Kreter Nearchos und Onesikritos aus der Inselpolis Astypalaia mit der Rückfahrt von der Indusmündung in den Persischen Golf. Wieder eine Generation später erschlossen Kapitäne aus Rhodos und Kyzikos für die Ptolemäer das Rote Meer und die Monsunroute nach Indien. Griechen aus Kleinasien besiedelten Ai Khanum in Nordostafghanistan, und Männer aus Milet und der Ägäis führten für den Seleukidenkönig Heeresabteilungen über den Jaxartes (Syr Darja) und weilten als Gesandte in Pataliputra am Ganges. Als Seleukos seinen General Patrokles auf der Suche nach einer Verbindung zwischen Schwarzem Meer und Indien in das Kaspische Meer entsandte, mag er von den Zolleinnahmen geträumt haben, welche die neue Handelsroute eröffnete. Entscheidend waren die strategischen Optionen einer Nordostpassage, die schon die Perserkönige und Alexander zu Fernexpeditionen auch im Süden (Nil) veranlasst hatten.

Die Explorations- und Kolonisationsdynamik der frühen hellenistischen Könige vollzog sich vor dem Hintergrund einer allgemeinen Mobilitätswelle, die erstmals über Land bis nach Indien und Afghanistan reichte. Sie wurde unterstützt durch einen wirtschaftlichen Aufschwung sowie die finanziellen Ressourcen, die ihnen Alexander und die persischen Staatsschätze hinterlassen hatten. Doch das eigentliche Erfolgsgeheimnis auch dieser dritten Phase antiker Entdeckungen war und blieb die symbiotische Verbindung urbaner Fernerfahrung mit der materiellen Rückendeckung und den machtpolitischen Ambitionen der Großreiche. Sie unterscheidet den ostmediterranen

Raum von anderen Weltregionen, wo es diese Verhältnisse nicht oder nur für eine bestimmte Zeit gab: Die staunenswerten Fernfahrten indischer, arabischer und südostasiatischer Kapitäne auf dem Indischen Ozean gingen von kleinen Gemeinwesen aus, doch waren deren Regionalfürsten nicht in der Lage, der kommerziellen Fernerkundung eine nachhaltige militärische Expansion folgen zu lassen; deshalb sind deren Unternehmungen im Einzelnen auch schwer zu fassen. Dagegen fehlten den Städten im Schwemmgebiet des Gelben Flusses (Hwangho) das maritime Tor in die Ferne und die Möglichkeit, Erfahrung beim Erwerb und dem Transport von Fernprodukten zu sammeln. Sie gerieten in den Sog der Territorialherrscher und dann der Han-Kaiser, welche die Autonomie der Stadtstaaten im Netzwerk imperialer Versorgungszentren aufgehen ließen und die urbanen Märkte einer immer strikteren Kontrolle unterwarfen.[3]

Demgegenüber haben die griechischen (und wahrscheinlich auch die phönikischen) Hafenstädte ihre Märkte von fremder Kontrolle freihalten können und Fernhändlern – abgesehen von den üblichen Gebühren und Aufsichtsmaßnahmen – weite Entfaltungsspielräume eingeräumt (was sich auch daran zeigt, dass sie sich nicht in den Zahlungsverkehr mit fremder Währung unterhalb der Silbermünzen einmischten). Sie konnten selbst dann, wenn sie in den Einzugsbereich anderer Mächte gerieten oder in das Territorium der Großreiche integriert wurden, ihre Einheit sowie eine größere Eigenständigkeit wahren als z. B. die chinesischen Stadtstaaten und damit eine Tradition fortsetzen, die bis zurück in die Bronzezeit und Archaik reichte (Ugarit gegenüber den Hethitern, Milet gegenüber den Lydern). Falls sie doch einmal erobert oder zerstört wurden, bemühten sich die neuen Herrscher um alternative Partner oder suchten den Verlust durch Neugründungen zu kompensieren.

Alexandria war die erfolgreichste und etablierte sich als Tor zum Indischen Ozean, aber auch Alexanders weitere Gründungen in Asien wurden vielfach zu Kulminationszentren von Mobilität und Fernhandel in der Nähe der Seidenstraßen. Ebenso ging der Erkundung des Roten Meeres und seiner Nahräume (Meroe) durch die Ptolemäer eine intensive Kolonisationspolitik an den Küsten voraus. Nicht zufällig wurde Baktrien, eines der am dichtesten urbanisierten Gebiete ganz Asiens, zur Drehscheibe der Fernrouten nach China und Indien *und* zum Aufmarschgebiet aller Eroberer, die nach Nordindien drängten.

Urbane Welterfahrung und expansiver Ehrgeiz fanden nicht nur deshalb immer wieder zueinander, weil sie voneinander profitierten; sie einte auch ein Faktor, der die Entdeckungen der Antike beschleunigte und nie gänzlich erlahmen ließ, und das ist die Konkurrenzsituation der Akteure. Städte mit maritimer Erfahrung und weitreichenden Handelsverbindungen standen in einem dauernden Wettbewerb mit anderen Küstengemeinden; Anführer von Kolonisationsfahrten mussten sich gegenüber heimischen und fremden Konkurrenten bewähren, Kaufleute und Fernhändler gegenüber inländischen und ausländischen Kollegen durchsetzen. Kapitäne und Karawanenführer konkurrierten um das »Geheimwissen« von Routen und Wegen (und vermieden deshalb schriftliche Fixierungen), Ärzte suchten sich in der Kenntnis exotischer Heilpflanzen zu übertreffen, und auch die Gelehrten, welche die Ergebnisse eigener und fremder Erkundungen verarbeiteten, trieb der Drang, konkurrierende Meinungen zu widerlegen, Vorgänger zu kritisieren und altes Wissen durch neues zu ersetzen.

Antike Entdeckungen wurden so getragen von einer produktiven Atmosphäre der Rivalität (des »agonalen Geistes«, wie man früher sagte), die auch vor militärischen Unternehmungen nicht haltmachte: Die Regenten pochten darauf, dass ihre Herrschaft bis zu den Welträndern reichte, und sie suchten ihren Anspruch in Konkurrenz zu anderen zu untermauern, indem sie fremd aussehende Sklaven, exotische Tiere und Pflanzen zur Schau stellten. Feldherren wetteiferten mit lebenden Rivalen und verstorbenen Vorbildern (Alexander) nicht nur um die Zahl ihrer Siege, sondern auch um die Reichweite ihrer Eroberungen, und wenn man fast alles besiegt hatte, dann kämpfte man mit Göttern und Halbgöttern oder nur noch mit sich selbst, wie Arrian über Alexander sagt.[4]

Dabei bestand die Leistung der großen Eroberer weniger darin, dass sie neue Länder entdeckten, sondern ferne, aber den Händlern bekannte Räume einer herrschaftlichen und kolonialen Erschließung zugänglich machten. Sie schufen damit neue urbane Ausgangspunkte von Fernerkundungen und intensivierten Kontakten zwischen weit entfernten Kulturräumen, die bisher nur über den Fernhandel verbunden waren: Ohne die Eroberungen Alexanders, ohne die asiatische Kolonisationstätigkeit der Seleukiden und ohne den Aufstieg des Mauryareiches in Indien wäre es nie zu einer so engen Verflechtung griechischer und indischer Kultur gekommen, wie sie sich in der Gandhara-Kunst, dem Austausch von Ärzten und Gelehrten oder der Übernahme des Buddhismus und hinduistischer Göttervorstellungen durch griechische Siedler, Diplomaten und vielleicht sogar griechische

Regenten auf indischem Boden manifestierte. Dass diese Adaptionsprozesse just in einer Zeit stattfanden, in der neue Küstenstädte und Residenzen in Indien entstanden, zeigt einmal mehr, welche Bedeutung Urbanität nicht nur als Ausgangs-, sondern auch als Anknüpfungspunkt von Fernerkundung und transregionalem Kulturaustausch hatte.

In etwa zeitgleich mit der Eroberung Nordindiens durch die baktrischen Griechen (2. Jahrhundert v. Chr.) leitete die römische Expansion die vierte und letzte Phase der antiken Entdeckungsgeschichte ein. Zunächst holten die Römer im Westen das nach, was die Perser und Alexander im Osten vorgemacht hatten: Sie eroberten die Küstenzonen des Mittelmeerraums und gliederten innerhalb eines Jahrhunderts die in der Fernerkundung so erfolgreichen Stadtstaaten Karthago und Massilia und deren Landbesitzungen ihrem Herrschaftsgebiet ein, sei es durch militärische Unterwerfung oder durch politische Integration, so wie es die Perser und Alexander mit den phönikischen und kleinasiatischen Städten getan hatten.

Als Caesar und die Generäle des Augustus in den Atlantik und die mitteleuropäischen Binnenräume vordrangen, nutzten sie die Mobilitätskorridore, die Jahrhunderte zuvor die Fernhändler von Massilia, Gades und der etruskischen Küstenstädte erschlossen hatten. Caesar stützte sich auf die maritime Erfahrung der Gaditaner und Bretonen, als er über den Kanal nach Britannien setzte. Ähnlich dürften die Feldherren des Augustus vorgegangen sein, als sie – vergleichbar den Ozeanfahrten Alexanders – ihre Flotten parallel zu den Landoperationen an den Küsten der Nordsee entlang- und in die großen inländischen Ströme (Ems, Elbe) führten.

Auch wenn sie dabei in Räume vordrangen, die nie ein Römer zuvor betreten hatte (so Augustus in den *Res Gestae*), so blieben ihre Operationen abhängig von militärischen Zielen und Zwängen – *exploratio* meint so viel wie »Aufklärung« feindlicher Gebiete.[5] Sie folgten den Routen, die Kapitäne und Händler mehrere hundert Jahre zuvor erschlossen hatten, genauso wie Nearchos im Osten auf einem bekannten, aber den Makedonen noch nicht vertrauten Seeweg vom Indus in den Persischen Golf fuhr. Ein Feldherr kann sich eben nicht einfach Karawanen anschließen oder auf Schiffen einmieten, wie das Pytheas tat, als er von der Bretagne bis zu den Shetlands und vielleicht sogar bis Island kam; er muss für seine Armee sorgen und ist abhängig von der in einem fremden Land schwierigen Logistik.

Das ist der Grund, warum Alexander am Hyphasis und Drusus an der Elbe kehrtmachten und andere römische Generäle »nur« nach Südarabien, an die

Grenze Nubiens und in das Fezzan (Fessan) kamen und die Bernsteinroute nicht von einer Armee, sondern von einem römischen Händler erschlossen wurde. Das Gewinnstreben, die Kontakte und die Unabhängigkeit des Fernhändlers führten allemal weiter als der Stiefel des Soldaten.

Anders als im Osten konnte sich darüber hinaus im Westen ein den hellenistischen Verhältnissen vergleichbarer Kulturaustausch jenseits der Reichsgrenzen schon allein deshalb nicht entwickeln, weil die Urbanisierungspolitik der Römer in den Weiten der mitteleuropäischen Räume scheiterte. Germanen und Sarmaten kannten im Gegensatz zu Baktriern und Indern keine eigenständige Tradition urbanen Lebens, mit denen sich die mediterrane Stadtkultur hätte verbinden können. Das Land jenseits von Rhein und Donau blieb für die Römer unzivilisiertes Barbarikum, während man Indien in der Tradition der Griechen als einen wegen seiner Fruchtbarkeit und Weisheit bewunderten Kulturraum zu achten lernte.

Insofern wundert es nicht, dass sich die letzte große exploratorische Dynamik der Antike weniger auf den Westen, sondern auf den fernen Osten richtete. Die Ausdehnung der römischen Herrschaft bis nach Ägypten ließen die Meere von der Nord- und Ostsee über das Mittelmeer bis ins Rote Meer und den Indischen Ozean zu einem interagierenden Seehandelsraum zusammenwachsen. Gleichzeitig führte zu Land die Westexpansion des Han-Reiches zu einer Verdichtung der transasiatischen Karawanenrouten. Die Reiche der Parther und der Kushanas schlossen die Lücke zwischen Rom und China; Kleinstaaten und Oasenstädte an den Knotenpunkten der Handelswege konnten nicht nur ihre Erfahrungen, sondern auch eigene Produkte in das pulsierende Netz des globalen Austausches einspeisen.

Eine wesentliche Voraussetzung für die Ausweitung des Fernhandels war das relativ stabile Verhältnis der großen Reiche untereinander. Roms Kriege gegen Parthien waren viel seltener als gegen die Germanen – Kaiser Caracalla soll den Partherkönig sogar zur Bildung eines gemeinsamen Handels- und Wirtschaftsgebietes aufgefordert haben.[6] Die Han-Chinesen suchten in den Parthern (und Römern?) Bündner gegen die nördlichen Nomaden; eine Eroberung des indischen Kushanareiches stand nie zur Debatte.

Im Rahmen dieser machtpolitischen Stabilität erlebten die Großmächte einen wirtschaftlichen Aufschwung: Im Han-Reich und im Imperium der römischen Kaiser stieg im 1. Jahrhundert n. Chr. die Agrarproduktion. Beide Reiche besaßen urbane Bedarfszentren mit bis zu 1 Million Einwohner, deren Versorgung sichere Profite versprach.[7] Allein die mittelmeerweite *Pax*

Romana führte zu einer Konzentration von finanziellen Ressourcen in einem riesigen Raum, wie sie die Welt erst wieder in der Neuzeit erleben sollte. Der enorme Hunger der Reichseliten, großer Teile der Armee und städtischer Schichten nach östlichen Fernprodukten zur Verfeinerung von Speisen und Getränken, als Heilmittel und zur Demonstration eines stilvollen Lebens verband sich mit einem ähnlichen Bedarf der Führungsschichten östlicher Reiche. Das geschah in einer Weltregion, die fast überall urbane oder protourbane Anknüpfungspunkte (»Oasenstädte«) zumal an den Kreuzungspunkten der großen Karawanenwege von der syrischen Wüste bis zum Tarimbecken und der malayischen Halbinsel besaß.[8]

So entwickelte sich eine fast global zu nennende Warenzirkulation:[9] Bernstein aus der Ostsee, gallische Korallen, Glaswaren und Perlen gelangten an die Höfe östlicher Herrscher.[10] Indische Baumwolle war in China und Ostafrika genauso begehrt wie indischer Pfeffer im Mittelmeerraum und am Gelben Fluss.[11] Chinesische Rohseide wurde nach Indien, Persien, Mittelasien und in die Levante geliefert, in indischen und syrischen Hafenstädten sowie in Alexandria zu lichtdurchlässigen Textilien verarbeitet und nach China reexportiert sowie in den Mittelmeerraum weiterverkauft. Arabien und die Somaliaküste sandten Weihrauch und Myrrhe und erhielten im Gegenzug Edelmetall (Gold), Glaswaren, italische und griechische Weine, ferner Korallen. Der südostasiatische Raum versorgte China und den Mittelmeerraum mit Zimt, der mit Produkten aus China (Eisen, Pelzen) nach Westen gehandelt wurde.[12] Versuche, Pfeffer und Hirse in Italien, Weihrauch und Pfeffer am Nil oder Wein in Indien heimisch zu machen, schmälerten den Bedarf nach den Originalen nicht, da Kopien mit der Qualität und dem Renommee der Importprodukte nicht konkurrieren konnten.[13]

Und wie immer so wanderten auch diesmal nicht nur Waren und materielle Werte, sondern auch Wissen und Weisheiten: über die Kunst des Schiffbaus, die in den schwierigen Gewässern des Roten Meeres und des Indischen Ozeans noch wertvoller war als im Mittelmeer; über die Kunst des Heilens, die in Indien, Griechenland und China einen weiteren Aufschwung erlebte und in bestimmten Bereichen ähnliche Techniken entwickelte; und schließlich, um neue Heilsbotschaften zu verkünden: Christliche Missionare nutzten die nach Indien führenden Handelswege auf die gleiche Weise, wie es buddhistische Mönche bei ihren Wanderungen nach China und Fernindien taten.

Die Stabilität der weitgespannten Kommunikationsnetze basierte auf einer engen Zusammenarbeit von Händlern, Schiffsbesitzern und Bankiers, die unter dem Schutz des Staates ihre Geschäfte tätigten. Den Kaufmannsfamilien und Geldgebern des Römischen Reiches entsprachen die Händlerfamilien und Kaufmannsgilden indischer Küstenstädte mit ihren buddhistischen Finanziers und klösterlichen Gelddepots. Sie alle suchten mit der Rückendeckung ihrer Regenten und Patrone Gewinne zu erzielen: Indische Händler pflegten Freundschaften mit lokalen Fürsten, römische Händler übernahmen Aufträge im Dienst des Fiskus, und auch chinesische Großkaufleute unterhielten enge Beziehungen zu den Armeekommandeuren.[14]

Allerdings unterschieden sich Rolle und Anteil der Herrscher an der Fernerkundung entsprechend den politischen Traditionen und dem militärpolitischen und geostrategischen Kontext: Den Han-Kaisern war die im griechisch-römischen Westen beliebte Ideologie der Eroberung bis an die Weltgrenzen fremd. Sie nutzten exotische Fernprodukte zur Ausgestaltung ihres Hoflebens sowie zur Demonstration ihrer universellen Macht, und sie haben wie westliche Könige durch Zölle und Monopole von dem intensivierten Warenstrom zu profitieren gesucht. Doch letztlich war es die Suche nach Streitrössern und Bündnispartnern gegen die nördlichen Nomaden, also ein strategisches und militärisches Kalkül, das sie veranlasste, nach Süden (Vietnam) zu expandieren sowie Expeditionen in die Westländer (Ferghana, Baktrien) zu entsenden und die Seidenstraßen entlang der Taklamakan durch Militärstützpunkte zu sichern.[15]

Die römischen Kaiser haben – auch wenn ihre Dichter anderes forderten – auf eine vergleichbare Expansions- und Erkundungspolitik in die asiatischen Räume verzichtet. Räumlich begrenzte Feldzüge (vornehmlich gegen die Parther und das Nabatäerreich) und Verträge mit lokalen Fürsten sollten das Vorfeld der Ostprovinzen sichern, von Soldaten bewachte Zollstationen (wie die auf den Farasan-Inseln) und Kriegsschiffe den Handelsverkehr im Roten Meer vor Piraten schützen und die staatlichen Einnahmen erhöhen; doch niemals haben römische Generäle sich um direkte Kontakte mit indischen Rajas oder gar dem chinesischen Kaiser bemüht. Stattdessen waren es Kapitäne und Händler aus Alexandria und den syrischen Städten, die ausgestattet mit Geldern und Aufträgen italischer und syrischer Kaufmannsfamilien durch die Straßen von Malakka ins Chinesische Meer vorstießen und auf der Seidenstraße die Hauptstadt der Han erreichten.

Am Ende ergibt sich eine Bilanz, die verblüfft, fehlten doch moderne

Orientierungs- und Kommunikationsmittel sowie ein öffentliches, von politischem Herrschafts- und Geltungswillen unabhängigen Mäzenatentums exploratorisch-geographischer Forschung. Auch deshalb war die antike Entdeckungsgeschichte immer wieder Schwankungen und Wissensverlusten unterworfen. Dennoch haben Seefahrer, Gesandte, Händler und Feldherren binnen 2000 Jahren den gesamten eurasischen Raum von West nach Ost sowie große Teile Nordafrikas bis zum Tschadsee durchstreift. Sie haben die See von der Nord- und Ostsee über das Mittelmeer und das Rote Meer in die Weiten des Indischen Ozeans bis zum Chinesischen Meer verbunden, im Norden das Kaspische Meer und im Süden große Teile der afrikanischen Küsten bis zur Straße von Sansibar und dem Kap Delgado im Osten sowie bis zum Golf von Biafra (Kamerun) im Westen erkundet und vielleicht sogar den ganzen Kontinent umfahren – eine gewaltige Horizonterweiterung, die verarbeitet werden musste und dem Nachdenken über die Welt immer neue Impulse verlieh.

Die Antike hatte einen ganzheitlichen Blick auf die Ferne. Deren Erkundung vollzog sich vor dem Hintergrund materieller und expansiver Ziele, räumlicher Orientierungssysteme sowie menschlicher Kontakterwartungen. Dabei erzeugte der letzte Bereich den größeren Verarbeitungsdruck, was mit der für die Menschen der Küstenstädte so typischen Mentalität neugieriger Fremderfahrung zusammenhängt. »Von vielen Menschen sah er die Städte und lernte ihre Sinnesart«, so bilanziert Homer die Irrfahrten des Odysseus,[16] und es ist nicht die Landschaft oder die Lage der Kyklopeninsel, die den Helden zum Landen veranlasst, sondern die Neugier zu erfahren, »was für Männer dort wohl leben«.[17]

Tatsächlich erwuchsen Impulse zum Aufbruch selten aus der Erschließung von Naturräumen, sondern aus der Begegnung mit Menschen und unbekannten Lebewesen. Der neuzeitliche Wunsch, naturale Fixpunkte und Einöden wie den Nordpol um ihrer selbst willen zu erreichen oder die Gipfel des Himalaya zu besteigen, sind der Antike jedenfalls weitgehend fremd – reine Forschungsexpeditionen in die Welt des Unbekannten hat es nicht gegeben, auch wenn einige Quellen und moderne Forscher das gerne im Nachhinein so sehen. Männer wie Pytheas aus Massilia, die angeblich ausschließlich der Forschung wegen in die Welt des Unbekannten vorstießen, taten das im Anschluss oder im Rahmen strategischer oder handelspolitischer Ziele und diese waren abhängig von politischen und wirtschaftlichen Konjunkturen.

Demgegenüber bewegten sich Gelehrte wie Hekataios, Herodot oder Poseidonios, die ihre Heimat nach eigener Aussage vornehmlich der Forschung *(historie)* wegen verließen, auf gut erschlossenen Wegen und in dem engen Radius lange bekannter Räume, aber nicht an deren unbekannten Rändern. Die Suche nach den Nilquellen oder nach einer Nordostpassage über das Kaspische Meer mochte die Neugier der Geographen beflügeln, für Herrscher und Eroberer hatte sie strategisch-militärische sowie macht- und handelspolitische (und propagandistische) Bedeutung,[18] und deshalb waren es immer maritime, fluviale oder territoriale Verbindungswege zu bewohnten Räumen oder Menschengruppen, die sie als Ziele der Erkundung ausgaben.

Das Interesse an den Menschen und Lebewesen spiegelt sich auch in der großen Bedeutung des *ethnographischen Denkens*, das die Entdeckungsfahrten von Beginn an begleitete. Alle großen Kulturen der Antike kannten die Faszination magischer Ferne am Rande der Welt. Sie schlug sich in Legenden von Seligen Inseln, heiligen Bergen, fernen Kontinenten oder paradiesartigen Ländern mit gerechten, frommen und glücklichen Völkern nieder, aber auch in der Vorstellung von tierisch-menschlichen Mischwesen.

Während sich jedoch in China und Indien solche Konzepte nur schwer aus ihrem mythisch-religiösen Kontext lösen konnten und in China das reale Erreichen ferner Wunderländer von der Initiative des Himmlischen Herrschers abhing,[19] hat die griechische Poliswelt seit ihren Anfängen eine geradezu obsessive Lust entwickelt, die Ränder der Welt mit immer neuen Farben auszumalen und wundersamen Wesen zu bevölkern, die tief in die Alltagswelt der Menschen hineinragten: in Form von Fresken an den Molen der Hafenstädte, in Büchern, die man für billiges Geld erstehen konnte, und vor allem durch Erzählungen von Seefahrern, Kaufleuten und Abenteurern wie Odysseus, von denen die Mittelmeerwelt nie genug bekommen konnte. Sie bildeten das mentale Fluidum, das die Fernerkundungen umgab, und sie waren Brücken in die noch nicht erschlossene Ferne. Mythische Bilder, epische Motive und ethnographische Topoi waren auch dann, wenn sie im Zuge explorativer Horizonterweiterung durch Empirie ergänzt oder »entzaubert« wurden, geeignet, um Neues in das Vertraute zu integrieren und den Schock des Unerwarteten zu verkraften.

Mythisches Denken und episches Erzählen sind deshalb auch kein Zeichen von Primitivität, das allmählich vom Logos abgelöst wird. Vielmehr bildeten sie bis zum Ende der Antike und weit darüber hinaus (man denke nur an das portugiesische Nationalepos der Luisaden) flexible Kategorien, um Wissen zu bewahren, Fernexpeditionen literarisch zu verarbeiten sowie ethnographische Daten zu interpretieren und in die verwirrende Vielfalt der Welt einzuordnen.[20] Sie waren so aufnahme- und anpassungsfähig, dass sie sich sogar mit den Erzählungen fremder Völker (der Kelten, Skythen und Inder) verbinden ließen und aus Sicht der Griechen zu einem fast universalen Code der Welterklärung wurden.

Vor diesem Hintergrund entwickelte sich auch das ethnographische Denken zu einer flexiblen Art des Begreifens und Deutens, die seit dem 5. Jahrhundert unterschiedlichen Wissensbereichen zugewiesen werden konnte: der Medizin, deren Vertreter aus der Analyse entfernter Völker und ihrer fremdartigen Erscheinung Erkenntnisse für die Natur des Menschen und ihrer Heilung erhofften; der Geschichtsschreibung, die mit Herodot ein großes Kriegsgeschehen mit dem Staunen über die Vielfalt menschlicher Gebräuche verband und als eigenständigen Faktor der Lebensäußerung würdigte; und der geographischen Weltbeschreibung, die auffällige Lebensweisen von Völkern mit räumlichen Fixpunkten kombinierte und in den großen Länderbeschreibungen *(Indiká, Persiká, Aithiopiká)* zu einer schlüssigen Gesamtschau verband.

Man hat den Griechen im Besonderen und der Antike im Allgemeinen vorgehalten, nie einen unverstellten Blick auf fremde Kulturen entwickelt zu haben, ablesbar an der Tatsache, dass die Griechen sich nicht ernsthaft um das Erlernen fremder Sprachen bemüht hätten.[21] Das gilt allerdings nur für die kurze Zeit in ausländischen Diensten stehenden Söldner und Kapitäne und besonders für die Schreibtischgelehrten, die selten über die Peripherie des Bekannten hinauskamen. Es gilt nicht für Männer wie Ktesias oder Megasthenes, die über Jahre an den Höfen persischer oder indischer Könige weilten, oder für Griechen, die in den Dienst indischer Rajas traten und zu Anhängern des Buddhismus oder altindischer Gottheiten wurden; und es gilt insbesondere nicht für all die Menschen, die an den peripheren Kontaktzonen in engstem Austausch mit Skythen und Kelten sowie mit Baktriern und Indern lebten. Sie waren durchaus in der Lage, in fremde Kulturen einzudringen, und auch wenn sie nicht alles verstanden und sich griechischer Analogien bedienten, so haben sie einen Wissensschatz bewahrt, von dem noch heute die Rekonstruktion der Frühgeschichte der betreffenden Gebiete zehrt.

Natürlich nutzten Griechen und Römer (und sicherlich die Karthager) ethnographische Daten auch dazu, barbarische Kriegsgegner zu degradieren und Eroberungen zu legitimieren. Umgekehrt barg das utopische Bild ferner

Völker die Möglichkeit, der eigenen Zivilisation den Spiegel vorzuhalten. Doch zum einen war es nur ein beschränkter Kreis von Autoren, Politikern und Philosophen (wie Isokrates und Aristoteles), die unter bestimmten Umständen und nicht zuletzt aus intellektuellem Vergnügen an kontrastiven Polarisierungen derartige Konstrukte entwarfen, während die Männer vor Ort realistischere Einschätzungen verbreiteten. Zum zweiten kam auch die politische, zivilisationskritische oder fiktionale Verarbeitung von Fremderfahrungen nie ohne empirische Daten aus.[22] Das Interesse an den fernen Völkern schimmerte immer durch und war so flexibel, dass sich eine breite Palette konträrer Deutungen ein und desselben Volkes entwickeln und in unterschiedlichen literarischen Genera ausdrücken konnte: mal als idealisiertes Gegenbild in Form des »edlen Wilden«, des gerechten Monarchen oder einer Gesellschaft der Frommen und Genügsamen; mal als Inbegriff eines verweichlichten Luxus oder Zerrbild Menschen fressender Barbaren; aber eben immer auch als Objekt ethnographischer Forschung, die sich für die Ausprägungen menschlicher Gebräuche interessierte. Ohne diese Interpretationsbreite ethnographischen Denkens wären Griechen und später die Römer wohl kaum imstande gewesen, die stete Erweiterung des Wissenshorizontes um fremde Völker zu verarbeiten. Es war so erfolgreich, dass es vielfach gebrochen bis in die Frühe Neuzeit bewahrt und dort auf Neue Welten angewandt wurde.

Eng verbunden mit der ethnographischen Erfassung der Welt war die *naturale Einordnung des Neuen*. Auch hierbei haben antike Fernerkundungen Großes geleistet. Schon Homer bemühte sich, ein stimmiges Bild der Völker, auf die Odysseus traf, in ihrer natürlichen Umgebung zu zeichnen, und die literarischen Fahrtberichte *(Periploi)* verbanden ethnographische Daten mit Angaben über die ökologischen und geographischen Auffälligkeiten des Landes. Hinter diesem Bemühen steckt zum einen das Interesse der Auftraggeber, die sich vor der Eroberung und kolonialen sowie handelspolitischen Erschließung ein genaues Bild von der Fremde, ihren Reichtümern, politischen Zuständen und geographischen Verhältnissen machen mussten.

Daneben spiegelt es das Interesse an Pflanzen und Naturprodukten, das Händler und Heiler seit der Bronzezeit in die Ferne trieb und Ärzte zu den heimlichen Helden (nicht nur) der antiken Entdeckungsgeschichte macht. Und schließlich faszinierten die sprießende Natur und die damit verbundene Hoffnung auf langlebige Gesundheit jeden Bewohner der Mittelmeerküsten, die beides nicht boten. Deshalb haben die Entdeckungen der Antike nicht nur botanische und zoologische Werke angeregt, deren Inhaltsreichtum und methodische Prämissen bis weit in die Neuzeit Maßstäbe setzten; das Interesse an der Natur prägte auch die großen Länderbeschreibungen des Ostens, dessen Exotik fremde Besucher schon immer in Staunen versetzte.

Seit dem späteren 5. Jahrhundert v. Chr. drängte das Staunen zu der Frage, ob es Zusammenhänge zwischen der Welt der Pflanzen und Tiere auf der einen und den menschlichen Lebensäußerungen auf der anderen Seite gäbe. Auf die Suche machten sich Philosophen, Historiker und Ärzte mit ihren spezifischen Erkenntnisinteressen. Schnell erkannten sie Übereinstimmungen zwischen naturalen Großräumen auch jenseits politischer Grenzen. Aus diesen Beobachtungen und entsprechenden Analogieschlüssen entstanden die berühmten Klimatheorien, die den Globus parallel zum Äquator in Zonen (oder Gürtel) einteilten, entsprechend der unterschiedlichen Sonneneinstrahlung. Auch wenn dieses Schema der Wirklichkeit nur annähernd entsprach, hat es die Erwartungen antiker (und moderner) Entdecker nicht unwesentlich beeinflusst, indem es die extremen Bereiche der Erde wegen der intensiven Hitze oder der eisigen Kälte für unpassierbar erklärte, und indem es die Ferne innerhalb der gemäßigten Zonen erreichbar machte. Aristoteles schließt aus dem Vorkommen gleicher Tiere auf eine Verbindung zwischen Spanien und Indien; Eratosthenes rechnet (nach Strabon) mit »zwei oder mehreren Welten (außer der Oikumene) in derselben gemäßigten Zone« und hält eine Fahrt von Spanien nach Indien auf »demselben Breitenkreis«, d. h. innerhalb der gleichen Klimazone, für möglich, wenn die Weite des Meeres es nicht verhinderte.[23]

Auch wenn Atlantiküberquerungen nicht gewagt, dagegen die mentalen Barrieren der heißen und extrem kalten Zone durch mutige Entdecker immer wieder durchbrochen wurden – die Klimalehren eröffneten reiche Deutungs- und Adaptionsmöglichkeiten: Man konnte sie leicht modifiziert auf ganze Erdteile übertragen und pauschal mit den Charaktereigenschaften der Bewohner (südöstlich-heiß = feige und sklavisch; nördlich-kalt = ungestüm und dumm) verbinden, demgegenüber der eigenen Kultur eine ideale Mischungsmitte zuweisen. Der politischen Instrumentalisierung war damit ein weites Feld eröffnet, zumal wenn sie sich mit negativen Topoi verband. Dieser Mechanismus regte aber auch dazu an, Zusammenhänge zwischen Klima, Ökologie sowie der Pflanzen- und Tierwelt und den Lebensäußerungen menschlicher Gemeinschaften durch rationale Analogien zu erklären und in eine übergreifende Deutung der Welt zu integrieren.

Die Blüte dieser Betrachtungen setzte nach den Eroberungen Alexanders ein. Eine gewaltige Fülle ethnographischer, botanischer und zoologischer Daten aus Indien und Arabien sowie den Küsten und Ländern des Roten Meeres gelangte in den Wissenshorizont griechischer Gelehrter und konnte an den Musenhöfen der Monarchen mit neuen Expeditionsberichten verglichen werden. Die in dieser Atmosphäre entstandene Schrift des Agatharchides über das Rote Meer vereint detailgenaue Beobachtung mit einfühlsamer Interpretation zu einer Milieuschilderung, deren Inhaltsreichtum erst wieder in der Frühen Neuzeit erreicht wurde. Im Westen setzte Poseidonios die Tradition bei der Beschreibung des Keltenlandes fort. Spätere Darstellungen der Länder jenseits von Rhein und Elbe blieben jedoch hinter der intellektuellen Tiefe der Analyse zurück, die sich auf den Südosten richtete. Offensichtlich übten die für Mittelmeermenschen öde wirkenden Weiten der nordwestlichen Binnenräume einen geringeren Reiz aus. Sie waren mehr Objekt militärpolitischen Kalküls als naturkundlich-ethnographischer Detailforschung.

Die für die Antike so typische und fruchtbare Verbindung empirischer Datensammlung, synthetischer Ordnungssuche und rational-spekulativer Modellbildung hat schließlich auch die *geographische Verarbeitung* der Entdeckungsfahrten bestimmt; sie blieb aufs engste verbunden mit der ethnographischen und naturalen Erfassung der Welt, schöpfte aus ihr und gab ihr eine räumliche Ordnung. Die Verortung diente dabei nicht oder jedenfalls nicht in erster Linie der praktischen Orientierung von Fernerkundungen oder Feldzügen, sondern allenfalls macht- oder außenpolitischen Demonstrationszwecken. Entscheidend war die Zusammenfassung der Einzelinformationen zu einer an rationalen Kriterien orientierten Gesamtschau des Wissens, in Form der sich allmählich von der Kreisform lösenden Oikumenekarten, als beschreibende Kulturgeographie und seit dem 3. Jahrhundert v. Chr. in Gestalt der mathematischen Geographie, welche die Landmassen in ein Gitternetz von Längen- und Breitengraden integrierte. Auch dieses Prinzip war angewiesen auf möglichst viele ethnographische und geographische Daten und Entfernungsangaben, die Fernreisende und Expeditionen lieferten. Die *Geographie (Geographike hyphegesis)* des Ptolemaios, das letzte große Werk der mathematischen Geographie, dokumentierten so auch die letzten Grenzen antiken Wissens bis nach Java und ins Chinesische Meer.[24]

Was jenseits dieser Grenzen lag, interessierte die Geographie dagegen wenig, obwohl die Entdeckung der Kugelgestalt der Erde dafür neue konzeptionelle Voraussetzungen geschaffen hatte. Gegründet auf philosophischer Spekulation und geometrischer Analogiebildung und bestätigt durch Naturbeobachtungen, ist sie für uns heute eines der wertvollsten Traditionselemente antiken Weltwissens.

Die Antike selbst scheint weniger euphorisch gewesen zu sein, vielleicht deshalb weil die Kenntnis einer gewölbten Erdoberfläche ohnehin zum praktischen Erfahrungswissen jedes Seefahrers gehörte. In den gelehrten Diskussionen erscheint die Erdkugelthese jedenfalls weniger als fundamentaler Paradigmenwechsel, sondern zunächst als willkommene Hilfe, mit der man astronomische Phänomene, Sonnenstrahlungen und bewegliche Sternenkonstellationen besser erklären konnte als mit dem Scheibenmodell. Immerhin wurde die »Weltkugel« spätestens seit dem 3. Jahrhundert v. Chr. zu einem so selbstverständlichen Teil auch der allgemeinen Erfahrungswelt, dass sie Eingang in die politische Selbstdarstellung der Mächtigen und Erfolgreichen fand und aus ihr nicht mehr wegzudenken war.

Gleichzeitig wirkte das Erdkugelmodell in eine Richtung, die sich mit der uralten Faszination der Menschen an fernen Welten verband: Spekulationen über fremde Erdinseln und die Ausdehnung und Gestalt der Weltmeere hat es gegeben, seit die Kulturen Chinas, Mesopotamiens und des Mittelmeers ihren eigenen Lebens- und Zivilisationsraum auf der Erde zu verorten begannen. Doch erst mit der Vorstellung einer Erd*kugel* wurden diese Vorstellungen zum Objekt rationaler Spekulationen und mathematischer Wahrscheinlichkeiten. Die Frage stellte sich, wie viele »Erdinseln« (außer der bekannten) auf dem Globus Platz fänden, ob und welche Verbindungsmöglichkeiten es zwischen ihnen gab und in welchem Größen- und Abstandsverhältnis man sich Weltmeere und Landmassen zu denken habe. Die Beantwortung dieser Fragen bewegte sich nicht mehr nur im Kontext epischer und mythischer Überlieferungen, sondern logischer und nachvollziehbarer Erörterungen, die auf die Errungenschaften der vergleichenden Landeskunde und Klimalehre (s. o.) und – noch wichtiger – sogar der empirischen und mathematischen Geographie zurückgreifen konnten: Diese hatte im 3. Jahrhundert v. Chr. zwar ungenaue, aber wiederholbare Verfahren der Erdumfangsmessung entwickelt und sammelte ständig neue Entfernungsdaten bekannter Räume. Nun wurde es erstmals möglich, aus dem Größenverhältnis zwischen bekannter Oikumene und der gesamten Erdoberfläche die Ausdehnung des Atlantiks abzuschätzen sowie die Existenz unbekannter Kontinente und deren Lage zu prognostizieren.

Das ist die eigentliche Geburtsstunde der Globalisierung als mentaler Prozess. Er war weder durch religiöse noch herrschaftliche Instanzen gesteuert, sondern verlief in der knisternden Atmosphäre kritischen Ringens um überzeugende Argumente und in der Selbstgewissheit, auf der Grundlage des bereits Erforschten den Blick auf das Ganze werfen zu können.

Dieser Blick eröffnete Perspektiven von weltgeschichtlicher Bedeutung. Denn wenn die einen von der Möglichkeit einer Fahrt von Spanien über den Atlantik bis nach Indien träumten, andere überzeugt waren, dass man den fernsten Osten auch südlich um Afrika herum erreichen könne, und wieder andere das Land der Antipoden und eine *terra australis* im Süden sowie einen riesigen Kontinent im Westen vermuteten, dann nahmen sie das vorweg, was neuzeitliche Entdecker realisieren sollten. Diese waren sich sicher, auf den Spuren der Antike zu wandeln und in der Neuen Welt einer Welt zu begegnen, die ihnen durch die Antike vorgezeichnet war. Sie hätten auch nicht an der Tafel von Paraiba gezweifelt, die von der Ankunft der Alten an den Küsten Brasiliens kündete. Und wer weiß …

DANK

Dieses Buch geht auf Forschungen zurück, die vor mehr als einem Jahrzehnt begannen und mit zahllosen Hürden zu kämpfen hatten. Eine moderne, integrierte Entdeckungsgeschichte muss vertraute Epochen- und Raumbegrenzungen überschreiten und den Blick auf Kulturen wagen, die dem klassischen Althistoriker in der Regel nicht zugemutet werden: die Zivilisationen der Südsahara, Arabiens, Indiens und Chinas sowie Zentralasiens. Er hat sich mit der Archäologie dieser Räume und der Logistik der Verbindungen zu beschäftigen: der Organisation von Karawanen, der Nautik sowie der Astronomie, und er muss Texte studieren, die eigentlich außerhalb seiner Zuständigkeit liegen. Zahllose Kollegen, Freunde und Fachleute haben mich dabei mit ihrem Rat unterstützt und/oder Teile des Manuskripts kritisch kommentiert. Ihnen allen schulde ich großen Dank:

Franz Arlinghaus (Bielefeld), Ingrid Baumgärtner (Kassel), Frank Bernstein (Frankfurt), Reinhold Bichler (Innsbruck), Ronald Bockius (Mainz), Werner Dahlheim (Berlin), Christian Ellinghaus (Bielefeld), Beate Engelen (Bielefeld), Johannes Engels (Köln), Antje Flüchter (Bielefeld), Klaus Geus (Berlin), Tommaso Gnoli (Bologna), Thomas Grammes (Berlin), Hermann Hiery (Bayreuth), Reinhard Krüger (Berlin/Stuttgart), Matthäus Heil (Berlin), Jan Ottmar Hesse (Bielefeld/Bayreuth), Dierk Lange (Bayreuth), Arndt Latußek (Hildesheim), Eckhard Meyer-Zwiffelhoffer (Bielefeld/Tübingen), Jacqueline Passon (Freiburg), Robert Rollinger (Innsbruck), Felicitas Schmieder (Hagen), Peter Schuster (Bielefeld), Eivind Heldaas Seland (Bergen), Michael Sommer (Oldenburg), Tim Trampedach (Berlin), Thomas Welskopp (Bielefeld), Josef Wiesehöfer (Kiel).

Ein ganz besonderer Dank gebührt meinem Freund und Kollegen Uwe Walter, der die Mühe auf sich nahm, alle Kapitel in einer späteren Version mitzulesen. Wie gewohnt konnte ich mit ihm wesentliche Aspekte und Probleme durchsprechen und diskutieren; sein historischer 7. Sinn bewahrte mich vor manchen Fehlurteilen. Mein ehemaliger Assistent Sven Günther (jetzt Universität Changchun, China) hat große Teile des Manuskripts durchgearbeitet, wichtige inhaltliche Anregungen gegeben und Kontakte zu chinesischen Forschern vermittelt. Dorothea Rohde korrigierte das Literaturverzeichnis, Anja Hemminghaus versorgte mich pausenlos mit wissenschaftlicher Literatur, erarbeitete das Register und warf zusammen mit Simon Temme einen prüfenden Blick auf Formalia und Rechtschreibfehler.

Gewohnt reibungslos verlief die Kooperation mit Christoph Selzer und Johannes Czaja vom Verlag Klett-Cotta. Christoph Selzer begleitete mich von Anfang an, bestärkte mich darin, den eingeschlagenen Weg fortzusetzen und vor der Masse des Stoffes nicht zu kapitulieren. Johannes Czaja danke ich unter anderem für seine unendliche Mühe bei der Erstellung des Registers und eines fehlerfreien Manuskriptes.

Mut und Inspiration gaben mir darüber hinaus besonders: Karl May (Radebeul bei Dresden), der seine Helden über alle Meere und Länder schickte, Jean-Luc Picard, der Schiff und Mannschaft auf der Suche nach neuen Welten in grenzenlose Räume führt, und die 11 Männer, die im Jahre 2014 den Ozean überquerten und am Schönen Horizont des 8. Juli die grünen Auen des Elysiums eroberten.

Bielefeld/Hildesheim im Herbst 2015

ANHANG

ZEITTAFEL

Ab ca. 3500	Fernfahrten Ugarits im östlichen und westlichen (?) Mittelmeer
Ca. 3000	Beginn der Bronzezeit
Ca. 2400–1100	Puntexpeditionen der Ägypter
Ende des 14. Jhs.	Fahrt des Uluburun-Schiffes
Ca. 1400–1200	Mykenische Palastkultur, Ausweitung des mykenischen Seehandels in den ostmediterranen Raum
1300–1200	Einführung des italischen Langschwertes und Entwicklung des Fünfzigruderers im ostmediterranen Raum. Mykenische Seefahrer erreichen Süditalien; italische Krieger (Sherdana) kommen in den ostmediterranen Raum.
1213	Sieg Merenptahs über Libyer und Seevölker
1194 und 1186	Zerstörung Ugarits durch die »Seevölker«
1187–1156	Siege Ramses' III. über Libyer und »Seevölker«
Ca. 1000–609	Vorherrschaft des Assyrischen Reiches
Um 900 v. Chr.	Phöniker erreichen die spanische Atlantikküste (Tartessos); Anlage von Huelva und Gades.
Um 800	Phönikische Seefahrer und Künstler in Kommos (Kreta)
Um 800	Übernahme der phönizischen Konsonantenschrift durch Griechen
9. Jh.	Zyprer übernehmen den Seehandel der Ugariter.
9. Jh.	Kooperation der Tyrer mit den Hebräern; Expeditionen nach Ophir
Ca. 770	Gründung von Pithekussai durch die Euböer (und Phöniker?)
Ab ca. 750	Anlage von griechischen Siedlungen im Mittelmeerraum und etwas später auch im Schwarzmeerraum
8. Jh.	Verschriftlichung der letzten Version des Gilgamesch-Epos
700–650	Verschriftlichung der homerischen Epen
8.-6. Jh.	Entstehung der ältesten Partien des AT
Seit Ende des 7. Jhs.	Gelehrte in Milet entwickeln schematische Darstellungen der Welt.
Um 600	Fahrt phönikischer Kapitäne ins Rote Meer und angebliche Umrundung Afrikas im Auftrag des Pharao Necho

Um 600	Phokaier legen eine erste Siedlung auf dem Boden des späteren Massilia an und dienen dem Herrscher von Tartessos als Söldner.
2. Hälfte des 7. Jhs. (?)	Aristeas reist bis zum Ural und erhält Kunde von den transasiatischen Handelsrouten; Abfassung der *Arimaspeia*
Seit der Mitte des 6. Jhs.	Massilia dehnt seine Kontakte zur keltischen Hallstatt-Kultur (Heuneburg) aus und schickt Seefahrer in den Atlantik auf der Suche nach den Zinninseln; Samier (Kolaios) und Rhodier knüpfen Handelskontakte mit Tartessos.
	Milet legt mehrere Kolonien im nördlichen Schwarzmeerraum an.
	Delphi etabliert sich als Treffpunkt und Austauschzentrum von Kolonistenführern und Seefahrern.
Ende des 6. Jhs. (?)	Fahrt des Massiliers Euthymenes (zu den Zinninseln?) ins Nordmeer und an der marokkanischen Küste entlang (bis zum Senegal?)
	Der Karthager Himilko sucht die Route zu den Zinninseln.
	In den italischen Kolonien (Elea?) wird die These von der Kugelgestalt der Erde entwickelt.
525–523	Der Perserkönig Kambyses erobert Ägypten und versucht, die Siwah-Oase zu erreichen.
518–516	Der Karer Skylax erkundet im Auftrag des Dareios den Seeweg vom Indus zum Eingang des Persischen Golfes und umfährt wahrscheinlich die Arabische Halbinsel; gleichzeitig beginnt die persische Erkundung des Roten Meeres.
514 (?)	Skythenfeldzug des Perserkönigs Dareios
Ab ca. 500	Entstehung protourbaner, Eisen produzierender Kulturen am Tschadsee, am Senegal und Nigerbogen
Erstes Drittel des 5. Jhs. (?)	Fahrt des karthagischen Strategen Hanno entlang der westafrikanischen Küste (wahrscheinlich bis zum Kamerunberg), Anlage von Kolonien in Marokko; Erkundung des Chretes (Senegal?)
	Erkundung transsaharischer Karawanenwege durch die Karthager (Mago?) und Kontakte in das Fezzan (Garamanten und Nasamonen)
Ende des 6./Anfang des 5. Jhs.	Hekataios (ca. 560–480 v. Chr.) fasst die Ergebnisse der Expeditionen in einer Gesamtdarstellung der Erde (*periegesis ges*) zusammen.
Um 470	Sataspes erkundet im Auftrag des Xerxes die westafrikanische Küste (bis zum Senegal?).
Mitte bis Ende des 5. Jhs.	Blütezeit der Sophisten (in Athen), Herodot hält um 440 Lesungen aus seinen »Historien« und verarbeitet das neue ethnographische Wissen in Exkursen. Entstehung hippokratischer Schriften
Anfang bis Ende des 4. Jhs.	Philosophische Spekulationen über die Größe und Gestalt der Erde und ihre Oikumenen (Platon, Aristoteles), Möglichkeit einer Seeverbindung zwischen Spanien und Indien; Eudoxos aus Knidos (ca. 391–338 v. Chr.) wird zum Begründer der mathematischen Astronomie und berechnet den Erdumfang.

Anfang des 4. Jhs.	Ktesias von Knidos weilt als Arzt am Perserhof und verfasst *Persiká* und *Indiká.*
401	»Zug der 10 000« durch das Land der Karduchen zum Schwarzen Meer; Schriften Xenophons
Ab Mitte des 4. Jhs.	Ablösung der Hallstatt-Kultur durch die La-Tène-Kultur in Mitteleuropa
340–330 (?)	Fahrt des Pytheas nach Britannien, zu den Shetlands und Thule (Island?), Erkundung der Nordsee (Helgoland?) sowie vielleicht der Ostsee und der Ausgangspunkte der Bernsteinrouten
334–323	Zug Alexanders gegen Persien und nach Asien 329–328: Alexander in Baktrien; 327–325: in Indien
325–323	Fahrt des Nearchos vom Indus zum Euphrat; Alexanders Rückmarsch durch die Gedrosische Wüste nach Babylon.
	Auftrag an Herakleides zum Flottenbau in Hyrkanien und zur Erkundung des Kaspischen Meeres
324 (?)	Androsthenes von Thasos segelt nach Tylos und Arados und versucht die Arabische Halbinsel zu umfahren.
	Anaxikrates versucht von Hieropolis (Ägypten) in entgegengesetzter Richtung zu segeln; Hieron von Soloi erkundet die arabischen Küsten.
311–304	Indienfeldzug des Seleukos; Gründung von Antiocheia in Skythien; Vertrag mit dem Mauryakönig Chandragupta (Sandrokottos). Daraufhin lebhafter Gesandtenverkehr und Handelsaustausch
310–300	Demodamas von Milet überschreitet mit einer Armee im Auftrag des Seleukos den Syr Darja (Iaxartes).
285–282 (?)	Patrokles erkundet im Auftrag des Seleukos das Kaspische Meer.
Um 300	Megasthenes weilt als Gesandter des Seleukos in Pataliputra und verfasst *Indiká.*
Um 300	Anlage von Ai Khanum (vielleicht Alexandreia am Oxos)
Mitte des 3. Jhs.	Der Mauryakönig Aśoka (270–235) errichtet Säulenedikte in seinem Reich und schickt »Boten« des *dhamma* an die hellenistischen Königshöfe.
	Die Karthager entdecken Madeira (?).
Zweite Hälfte des 3. Jhs.	Forschungen und Erdmessungen des Eratosthenes in Alexandria, Abfassung der *Geographika*
Ab 280	Ptolemaios II. schickt Expeditionen (unter Ariston, Timosthenes und Pythagoras, dem »Nauarchen«) nach Arabien, Ostafrika und in den Sudan.
Nach 270	Satyrus gründet am Ausgangsort der pharaonischen Puntfahrten Philotera sowie wenig später Berenike (Trogodytike); Eumedes errichtet *Ptolemais Ton theron* (Marsa Aqiq)
Um 238	Gründung des graeco-baktrischen Königreiches durch Eukratides
Ca. 180–160	Eroberung des Industals und Teile des Gangesgebietes durch Demetrios I. und seine Nachfolger
166–150 oder 155–130	Menander I. (Soter) König des indo-griechischen Reiches; enge Beziehungen zum Buddhismus

	Ptolemaische Gesandte (Simonides, Bion, Basilis, Damokritos und Charon) weilen am Königshof in Meroe und verfassen *Aithiopiká.*
	Dionysios im Auftrag Ptolemaios II. in Pataliputra
	Unter Ptolemaios' IV. stoßen Expeditionen durchs Rote Meer bis nach Azanien vor und entdecken die Insel Sokotra (Soquotra).
Erste Hälfte des 2. Jhs.	Agatharchides von Knidos verfasst einen *Periplus Maris Erythraei.*
Um 145	Polybios segelt im Auftrag Scipios entlang der nordafrikanischen und (vielleicht) der westafrikanischen Küste (bis Marokko?).
Ende des 2. Jh.	Eudoxos von Kyzikos erschließt unter Ptolemaios IX. Euergetes das Monsunsystem und die Direktroute zur indischen Westküste; danach mehrere Expeditionen von Gades aus an der westafrikanischen Küste zur Umsegelung Afrikas
138–114	Zhang Qian gelangt im Auftrag des Han-Kaisers Wu von Longxi auf der Suche nach den Yuezhi über die Ferghana nach Baktrien.
	Eine weitere Expedition führt ihn zu den Wusun (am Balkaschsee).
Anfang des 1. Jhs.	Poseidonios von Apameia betreibt Forschungen in Gades und besucht das Keltenland nahe der römischen Provinzgrenzen.
	Artemidoros von Emesa erstellt eine Karte der spanischen Küsten.
	Licinius Crassus segelt entlang der spanischen Atlantikküste auf der Suche nach den Zinninseln.
61	Caesar stößt in Spanien zu Wasser und zu Lande bis Brigantium (La Coruña) vor.
58–54	Caesar dringt in das »Freie Gallien« vor, besiegt die Veneter, setzt zwei Mal nach Britannien über und überschreitet den Rhein. *Germanen* und *Germania* werden als neue ethnographisch-geographische Großkonzepte zur Ordnung des nordeuropäischen Binnenlandes eingeführt.
Um 40	Der Nubierkönig Iuba II. besucht die (schon von den Karthagern entdeckten) Kanaren.
27	Feldzug des Aelius Gallus nach Südarabien (Mariba)
25–15	Römische Feldherrn erobern das Alpengebiet und stoßen unter Tiberius bis zum Bodensee und Schwarzwald vor.
25–22	C. Petronius zieht mit einer Armee gegen Königin Kandake von Aithiopien ins obere Nilgebiet (Sudan).
20/19	L. Cornelius Balbus führt römische Verbände gegen die Garamanten im Fezzan.
16 v.-9 n. Chr.	Eroberung und Provinzialisierung der Alpenländer Raetien und Noricum
12–2 v. Chr.	Weltkarte des Agrippa wird in der Porticus Vipsania aufgestellt.
12 v. Chr.	Drusus (Nero Claudius D.) fährt über das Ijsselmeer in die Nordsee und entdeckt das Mündungsgebiet der Ems.
11–9 v. Chr.	Drusus zieht über die Weser bis zur Elbe.

7 v. Chr.	Domitius Ahenobarbus dringt von den »Donauländern« über den Thüringer Wald in ostelbisches Gebiet vor.
1 v. Chr.	Gaius Caesar zieht nach Mesopotamien und an den Golf von Akaba.
5–3 n. Chr.(?)	Eine römische Flotte fährt von der Rheinmündung durch die Nordsee und über Kap Skagen in die Ostsee und wahrscheinlich bis zur Westküste Skandinaviens; auf der Rückkehr evtl. Einfahrt in die Elbe
16	Weitere Nordseeexpeditionen bis Helgoland(?)
65–66	Erschließung der Bernsteinroute von Aquileia durch die Mährische Pforte an die samländische Küste und die Ostsee durch römische Ritter
84	C. Iulius Agrippa umsegelt Britannien und erreicht die Orkneys.
1.-2. Jh.	Italische Geldgeber und Händler engagieren sich über Alexandria im Indienhandel.
Mitte des 1. Jhs.	Abfassung des *Periplus Maris Erythraei* Indische Fürsten richten in Barygaza und Muziris Quartiere für Yavanas (»Westler«) ein. Römische Steuerpächter (Annius Plocamus) nehmen Kontakt mit dem König von Taprobane auf. In der Folge Gesandtschaften nach Rom und Aufnahme eines *amicitia*-Verhältnisses; römische Kaufleute erhalten Informationen über die Verbindungen nach China.
91	Der Han-General Pan Chao wird »Protektor-General der westlichen Länder«.
97	Pan Chao erreicht vom Tarimbecken aus über die Seidenstraße das Kaspische Meer.
97	Gan Ying reist im Auftrag Pan Chaos ins Partherreich bis nach Mesopotamien (Spasinou Charax?) auf der Suche nach einer Verbindung zum Römischen Reich.
Um 100	Alexandros fährt über den Indischen Ozean durch die Straße von Malakka in das Chinesische Meer und nach Kattigara (Kanton?). Agenten des Kaufmannes Maes Titianus erreichen über die (südliche) Seidenstraße das Han-Reich (Luoyang?) Diogenes segelt aus dem Roten Meer und von Indien kommend nach Azanien (Rhapta). Julius Maternus zieht mit den Garamanten nach Agisymba (am Tschadsee?).
Ca. 160	Griechische Kaufleute (aus Alexandria) gelangen über den See- und Landweg an den Hof des Han-Reiches und geben sich als offizielle Gesandtschaft (Mark Aurels) aus.

ANMERKUNGEN

Einleitung

1 Plut. De specie lunae 26.
2 Cary-Warmington (1966). Beachtenswert sind der von J. Beaujeu verfasste, 150-seitige Antike-Teil im Rahmen der *Histoire universelle des explorations* (1955) sowie wegen kluger Argumente Krämer (1971). Daneben gibt es instruktive kürzere Überblicke: Bringmann (1993) sowie Casson (2001), zur maritimen Exploration; Cobet (2013), zur Erweiterung des antiken Weltwissens.
3 Von den jüngeren: Roller (2006) zum Atlantik und Timpe (1989) zum europäischen Binnenraum sowie zur Nord- und Ostsee sowie die in den Einzelkapiteln angeführte Literatur. Teilaspekte bearbeiten: Gómez Espelosín (2000) und Pardo (2000).
4 Vgl. Moore/Lewis (1999).
5 Vgl. die Arbeiten von Engels, Geus, Brodersen und Rathmann unter II 3 und den Einzelkapiteln; Überblicke bei Sonnabend (2007); Bianchetti (2008); Dueck (2013) unter II 3.
6 Dougherty (2001) sowie die instruktiven Arbeiten von Bichler unter II 4.
7 Vgl. die im Literaturverzeichnis unter I. angeführten Arbeiten.
8 O. Murray, Herodotus and Hellenistic Culture, CQ NS 22 (1972), 200; Clarke (1999), 69f.; Elliot (1970), 39f. Auch der arabischen Expansion vom 9. bis zum 11. Jahrhundert folgten große Werke der Geographie, Ethnographie und Geschichtsschreibung (al-Mas'udi betrachtete Geographie und Geschichte als Einheit), im Zuge der europäischen Expansion nach Amerika verfasste Las Casas seine *Apologetica Historia*, in der er die Gebräuche der Griechen, Römer, Ägypter, Gallier und Briten mit denen der Azteken und Inkas vergleichend beschreibt.
9 Broodbank (2013), 326, 514.
10 Aug.civ. 16,8; vgl. Wittkower (1983), 99.
11 Gell. 9,4.
12 Antike Wundervölker – Science Fiction: White (1991), 208f. Es wäre an der Zeit, diesem Komplex eine umfassende Arbeit zu widmen; vgl. soweit die Sammelbände von Pérez Jiménez/ Cruz Andreotti (1998) und Gómez Espelosín 2010.
13 »Exploration ist stets auch potentielle Exploition.« Stagl (2002), 35.
14 Liedl (2009), 65.
15 Vgl. als Einführung Harris (2005). Viele Mittelmeerstudien stammen aus der Feder angloamerikanischer Historiker und Archäologen, z.B. Abulafia (2003), Broodbank (2013).
16 Die Forschung hat die Bedeutung dieser »middle grounds« oder »third spaces« an mehreren Fallbeispielen aufgezeigt; Sommer (2005) zur Grenzregion in Syrien und den Oasen; mit theoretischer Grundierung ders. (2010), 8–9, Ulf (2009) und Ruffing (2014).
17 Köster (1923), 186; Höckmann (1985), 161; Gelsdorf (1994), 751; Warnecke (2002), 97. Schifffahrt im Winter: Morton (2001), Arnaud (2005); Beresford (2013), alle unter II,2.
18 Warnecke (2002), 96, Warnecke (2006a), 443.
19 Zu diesen Stereotypen u.a. Fabre (2004/2005), XXi, 4ff. mit Literatur.
20 Vgl. Schottenhammer (2011), 59 und das ältere, aber sehr instruktive Werk von Lippmann (1932).
21 Fabre (2004/2005), 117; Medas (2004), 191–199 (Kreuzen), 172f. (»bussola« solare); Gelsdorf (1994), 753; Picard (1992), 187 zu Lukian, Schiff 9. Zur Einführung des Latein-

segels (vielleicht über Alexandria aus Indien im 1. Jh. n. Chr.) vgl. Medas (2004), 201–205, Fabre (2004/2005), 118 f. und Rougé (1975), 51 (skeptisch).

22 Hüttel (1982), 105 f.; Höckmann (1985), 161 ff.; Meijer (1986), 1 ff., Medas (2004), 155 f.; alle unter II,2.

23 Broodbank (2013), 330 (Sardinien-Sizilien), 374 (Ägäis, Kreta, Ägypten).

24 Suet. Claud.18, Rougé (1952); Warnecke (2002), 105, (2006a), 443 und unten S.X.

25 Hornig (1888), 11; Börstinghaus (2010), 32 A. 54, 39 A. 17, 163 A. 180, 200 A. 80 mit Jos. Bell.Jud. 3,9,3; App.civ. 5,10 (88–100), Plut.Dio 25,7 f.; Sen. epist. 53,2 f.; Ach.Tat. 3,4,3 (4,6); Hld. 5,17,5; Arist. Or. 48,66; Lukian ver.hist. 1,6; Merc.Cond. 1 f., Synes. epist. 4,160c – 161c/ 164d-165a; Apg. 27,17–29.

26 Richtig erkannt, aber m. E. zu pauschal verallgemeinert von Geus (2002), 270 (»... Entdeckungsfahrten, die sich von der Küste entfernten, (wurden) in der Antike nicht unternommen ...«). Bezeichnenderweise heißt es in der von ihm angeführten Belegstelle Strab.1,3,2, dass nur die *ältesten* (!) Griechen die Hochseegewässer *mieden* und *vorzugsweise* Küstenschifffahrt betrieben (*kursiv* meine Hervorhebungen).

27 Warnecke (2002), 98 f.; Fabre (2004/2005), 20 f.; Medas (2004), 19 f., 36, 54–7; McGrail (2001), 95 zur Brise, 156 ff. zur Sternennavigation mit Plin.nat.7, 209 und Strab.16,2, 24 (c 757).

28 Warnecke (2002), 98.

29 Zur »kleinen« und »großen« Kabotage vgl. Medas (2004), 12 f.

30 Vgl. die Sanskritbeschreibung (1. Jh. n. Chr.) zu Suparaga: »(he) knows the course of the stars and can always orientate himself; he knows the value of the signs, both regular, accidental and abnormal, of good and bad weather; he distinguishes the regions of the ocean by the fish, the colour of the water, the nature of the bottom, the birds, the mountains and other indications.« Übers. bei McGrail (2001), 258 Kevaddha Sutta von Digha sowie den Sutta Pitaka, Methoden, die in indischen Gewässern bis ins 20. Jh. genutzt wurden.

31 McGrail (2001), 101; Medas (2004), 13 f.: »(...) il sapere pratico e il senso marino sono stati strumenti altrettanto potenti«, 23 f. Vögel: Medas (2004), 88–92; Senkblei: 93 ff. Das indische Arthasastra nennt Kaufleute, die über Tag mit Karawanen durch die Wüste ziehen und nachts von Führern geleitet werden, welche mit den Sternen vertraut sind; McGrail (2001), 253, vgl. ders. 258 zum indischen Seepiloten Suparaga und dessen Aufgaben.

32 Hüttel (1982), 197: Melanesien; Rotes und Arabisches Meer: Fernández Armesto (2001), 13 f., Atlantik (keine »entity in maritime terms«): McGrail (2001), 12.

33 McGrail (2001), 92; Warnecke (2006b), 447.

34 Das ist oft betont und ausgeführt worden: vgl. etwa Horden/Purcell (2000), 51–172.

35 »Above all, the clear, crisp and luminous air of the Mediterranean region provides a stimulus such as few other parts of the world can offer«; Cary (1949), preface v.

36 Dougherty (2001), 135 f.; vgl. im universalhistorischen Kontext: Fernández-Armesto (2001), 8.

37 Reisende übernachteten auf offenem Deck, Kabinen (*thalamos, diaeta*) gab es nur für den Kommandanten und auf großen Nil-Schiffen; Rougé (1075), 40; Fabre (2004/2005), 110.

38 Fabre (2004/2005), XVII, Zur Wanderung von Wissen um Heilpflanzen und -produkte (Opium, Kanabis) in der Bronzezeit vgl. Hughes-Brock (2005), 310 mit Literatur.

39 Broodbank (2013), 277, 279–83. Eliten: z. B. 296 f. Schrift: Stangl (2002), 32 f. mit D. Schmandt-Basseratt, The earliest precursor of writing, Scientific American 238/6 (1978), 50–9.

40 Broodbank (2013), 373; Bowen (1960); Roberts (1987).

41 Cunliffe (2011), 188 f.; Broodbank (2013), 288–292, 327 ff.; in China wurde das Segel erst später bekannt; Einführung des Kamels/Dromedars aus Arabien: Bulliet (1975), 28–56, Broodbank (2013), 453. Dromedarknochen tauchen im 14. und 13. Jh. in der Levante auf. Pferd (um 3500 v. Chr.).

42 Fabre (2004/2005), 98; Broodbank (2013), 330 zur maritimen Kultur.

43 Cunliffe (2011), 219; Broodbank (2013), 329, 324 f. und ebd. zum »new age of connectivity«.

I, 1.
Kapitäne und Krieger der Bronzezeit

1 Nougayrol (CRAI), 165, akzeptiert von Sasson (1966), 132. Sherratt/Sherratt (1991), 364 halten 225-Tonner für die Norm. Zu kleineren Schiffen vgl. das Point-Iria-Wrack mit Vichos (1999).

2 Klengel (1990), 37, 45; Sherratt/Sherratt (1991), 361, 365; Bennet (2013), 206f. Zu Ugarit vgl. den jüngsten Überblick bei Broodbank (2013), 393 (Einwohnerzahlen, Sprachenvielfalt etc.).

3 Liverani (1987), 67–72; Klengel (1990), 45; Jung (2005), 46; Routledge/McGeough (2009), 28.

4 Linder (1981), 33f.; Pulak (1997), 256.

5 Burns (2010a), 296; (2010), 118f.; Warren (1991), 295ff.; Getreide: Routledge/ McGeough (2009), 24. Sherratt/Sherratt (1991), 365 und Broodbank (2013), 356f., 394f. (mit Beispielen aus Ugarit und Karte) nehmen Händler an, die frei innerhalb der diplomatischen Netze agierten und Zölle zahlten. Auf sie mussten die Palastherren zurückgreifen, wenn sie ferne Waren erwerben wollten; kritisch Routledge/ McGeogh (2009); vgl. Fabre (2004/2005) zu Zypern.

6 Mee (2008), 363; Moorey (2001), 4. Optimistischer Broodbank (2013), 394–6. Kleine Kompanien: Broodbank (2013), 367. Reichweite begrenzt: Broodbank (2013), 356ff. Die Gesamtbevölkerung des mediterranen Raums wird für den Verlauf des 2. Jahrtausends auf 15 Millionen geschätzt, »with perhaps a quarter of the whole in the 10–15 per cent in the east thar came under palatial sway.« Bewegung auf den Netzwerken: Zaccagnini (1983), 250f.; Moorey (2001), 9; Burns (2010), 297.

7 Jung (2005), 51; Tartaron (2013), 16–20, 26f.; Bennet (2013), 177, 200f. (Mykene und Kreta); Voutsaki (2001); Punt: Sommer (2013), 19; Willeitner (2013), 24. Exotik, Wunder und Domestizierung durch Verarbeitung: Burns (2010), 32, 78, 133–5 (Elfenbein), 174–8, 192f.

8 Linder (1981), 33; 36–40; Sasson (1966), 132ff.; Knapp (1991), 37 zum Getreide. Der beste neuere Überblick über Ugarit bei Broodbank (2013), 391–395.

9 Linder (1981), 34; Sasson (1966), 132–135; Knapp (1991), 48. Fremde Kaufleute: Klengel (1990), 44f. Marineprogramme: Sasson (1966), 132; Finanzierung: Linder (1981), 34; Knapp (1991), 21–68; auswärtige Händler und Seemänner: Linder (1981), 35; Kuhrt (2000), 302; Demand (2011), 168. Dolmetscher und Kreter kauft Zinn: Knapp (1991), 38.

10 Linder (1981), 32, 37, Broodbank (2013), 393 (Metall-/Kupferverarbeitung); Demand (2011), 188; Kuhrt (2000), 302. Holz nach Ägypten: Knapp (1991), 34. Das Nildelta erlebte im 2. Millenium einen Boom, was Qualität und Quantität seiner Erzeugnisse und Artefakte angeht; vgl. Broodbank (2013), 345.

11 Einzelheiten bei Pulak (1997), gute neuere Zusammenfassung von Broodbank (2013), 401ff.

12 Mee (2008), 364; Jung (2005), 54. Charakter und Umfang des bronzezeitlichen Handels: Tartaron (2013), 24ff.

13 Das ist ein Viertel der jährlichen Goldeinfuhren, die Spanien im 16. und frühen 17. Jh. aus den Amerikas bezog; Broodbank (2013), 389.

14 Burns (2010 a), 290; Klengel (1990), 33–37; zum »disadvantaged maritime status of much of the African shore«: Broodbank (2013), 79. Gold aus Nubien: Sherratt/Sherratt (1991), 361; Punt: Fabre (2004/2005), 38–42; 80f.; Breyer (2003); Broodbank (2013), 285; Ausgangspunkt war war wohl der Rotmeerhafen Marsa Gawasis; Ray (2003), 83. Harappa (wohl das Meluha der Texte)-Mesopotamien, auch nach 1800: Ray (1994), 12; Ray (2003), 99; Ratnagar (1981), 70f.; Broodbank (2013), 284, McGrail (2001), 58. Auch die Glasproduktion begann um 1500. Vgl. zu den frühen Verbindungen Mesopotamiens über Dilmun den Mythos von Enki und Ninkhusarg, in dem Enki seiner Tochter, der Schutzgöttin von Dilmun verkündet, dass das Land Melukkha (= Industal) wunderbare Karnelien, Hölzer aus Magan und exzellente Mangroven auf großen Schiffen bringen wird; Potts (1995), 1453. Auch am Indus gab es Gold; Ray (2003), 96.

15 Pulak (1997), 251; Burns (2010), 300 mit Varianten der Identifizierung der Mykener;

Tartaron (2013), 26; C. Pulak, Who were the Myceneans aboard the Uluburun Ship? In: Emporia 2005, 295–310. Handel mit Kreta: Klengel (1990), 41f.; Export der Minoer: Knapp (1991), 29.

16 Broodbank (2013), 393ff. Auch kleinere Schiffe hatten gemischte Besatzungen: Vichos (1999), 84.

17 Rivalitäten und Konkurrenz innerhalb der mykenischen Palastgesellschaft, angefeuert durch den Erwerb exotischer Produkte betont Burns (2010), 115, 128, 161, 191, 195f.

18 Jung (2005), 46; Broodbank (2013), 394; Routledge/McGeough (2009), 24f., 27: »Certainly, cases such as that of Sinaranu, point to the existence of non-royal merchants with ships conducting overseas trade.« Dabei hing deren Bedeutung auch vom Charakter des Staates ab, in dem sie agierten. Ägypten hat den Kaufleuten geringere Handlungsspielräume eröffnet als z.B. Ugarit; Broodbank (2013), 396.

19 Demand (2011), 178–181. Sardinien: Sommer (2005), 128; Lane Fox (2011), 153–155. Schwert: Pulak (1997), 254. Kommos löst Mochlos ab: Demand (2011), 137; Shaw (2004).

20 Dossin (1970), 97–106; Klengel (1990), 39; Demand (2011), 143.

21 Knapp (1991), 33; Burns (2010 a), 299; (2010), 94ff.; Tartaron (2013), 82f., 111ff. (Navigation nach den Sternen), 192; Sherratt/Sherratt (1991), 370 zu Kretern in Ägypten. Zu den kretischen Kontakten in Avaris im Nildelta: Broodbank (2013), 383–89.

22 Meijer (1986), 3f. Direkte Fahrt über das Meer nach den Sternen: Broodbank (2013), 465.

23 Broodbank (2013), 325–339.

24 Sherratt/Sherratt (1991), 369; Stos-Gale (2001), 199–204; Broodbank (2013), 353, 370 (Silber, Kupfer); Ägypten: Burns (2010), 87, 94f.

25 Cunliffe (2001), 259ff., Knapp (1991), 43ff. Pfeffer: Miller (1969), 81; Bennet (2013), 190ff. Exotische Waren in Mykene: Broodbank (2013), 410.

26 Broodbank (2013), 465 zur These, dass Zyprer oder andere den Handel für die Mykener übernahmen; Yasur-Landau (2010), 42. Mykener übernehmen Handelsbeziehungen der Minoer: Georganas (2010), 313.

27 Von Hase (1990), 105f.; Sherratt/Sherratt (1991), 358f., 370ff.

28 Weidig (2013), 34; Vanschoonwinkel (2006), 97; Harding (1984), 58ff., 68–87; Demand (2011), 145. Wessex/Britannien: Harding (1990), 139–154; Eogan (1990), 155f. Atlantik: Cunliffe (1999), bes. 1–4 sowie (2001), 34 zu den Hauptkontaktzonen. Implikationen der Minos-Legenden auf Sizilien: Vanschoonwinkel (2006), 83. Bernstein: Vanschoonwinkel (2006), 97. Zu den mykenischen Exportwaren in Italien: Jung (2005), 61. Baltischer Bernstein zunächst über die Karpathen, dann über die Adria: Broodbank (2013), 432. Kontakte nach Sardinien ebda., 444.

29 Von Hase (1990), 101 (Zypern-Sardinien); Jones/Vagnetti (1991), 139.

30 Jung (2005), 62. Von Hase (1990), 97 benennt nur einen Fund aus Sardinien, der als Beispiel für den »Export sogar hochwertiger Luxusgüter im Zuge des spätmykenischen Fernhandels nach Westen« herhalten soll. Das Hauptexportgut war Keramik. Zwischenhandel, Anlaufpunkte und Anwesenheit in lokalen Siedlungen: ebda. 105. Kein Mykener im Norden: Thrane (1990), 176. Zu den kontinentalen »small chiefdoms« vgl. Broodbank (2013), 431.

31 Jung/Mehofer (2005/2006), 118–123; 131, 134; Jung/Mehofer (2013), 177, 185f.

32 Broodbank (2013), 464; Emanuel (2013), 6–8 mit Spezialliteratur in den Anmerkungen.

33 Tartaron (2013), 59–68; Georganas (2010), 306f.; Jung/Mehofer (2005/2006), 133.

34 Jung (2009), 145; Jung/Mehofer (2013), 185; Veenhof (2001), 197, 200. Sherdana in Ägypten: Jung/Mehofer (2005/2006), 134. Troia: Vanschoonwinkel (2006), 77f. Silber in Troia: Broodbank (2013), 337; Schwarzmeerraum: Vanschoonwinkel (2006), 57ff.; Tartaron (2013), 36; Hiller (1991), skeptisch Ivantchik (2005), 106. Doppeläxte und Lanzenspitzen interpretiert Petropoulos (2005), 17 als Gastgeschenke. Ferner wurden Steinanker an der Bulgarischen Küste gefunden, die den ägäischen Ankern der Späten Bronzezeit ähneln. Mykener an der kleinasiatischen Küste: Niemeuer (1998); Margalith (1994), 73, 75 zu einer mykenischen Kolonie in Ugarit und an der Levante.

35 Cunliffe (2011), 196f., 226f., 234; Georganas

(2010), 305. Vgl. Yasur-Landau (2010), 42f., hierzu passt, dass z. B. keine mykenischen (Handels-)Waren in Ugarit gefunden wurden und ägäische Händler weder in den nahöstlichen Quellen noch in den Linear-B-Texten oder den hethitischen Dokumenten erwähnt werden; Yasur-Landau (2010), 55. Offenbar wurden die Mykener ausschließlich als Krieger und Piraten wahrgenommen!

36 Jung/Mehofer (2005–2006), 124–131; Jung (2009), 138; Jung/Mehofer (2013), 185f. gegen einen regulären Waffenhandel. Vgl. Deger Jalkotzy (2008), 389.

37 Prien (2005), 48ff.; Jung (2009), 147; Sherratt/Sherratt (1991), 372; Broodbank (2013), 456f.

38 Vgl. Drews (1993), 108ff., 140–149 zur Rekrutierung von Söldnern. Ferner Sherratt/Sherratt (1991) 373f. zu Söldnern und Piraten. Dass sich die Assyrer früh eine eigene Infanterie hielten, erklärt ihr Überleben während der »Seevölkerzeit« und ihre späteren Erfolge.

39 Vgl. Broodbank (2013), 456 mit bildlicher Darstellung von Sherdana-Kriegern 9,9.

40 Jung/Mehofer (2005/2006), 134 mit Literatur A. 175. Artzy (1997), 4; Söldner als »guards«: Heltzer (1983), 13. Maryannu als Streitwagenkämpfer: Drews (1993), 112; Hirelings als Grundlage der bronzezeitlichen Wirtschaft: Artzy (1998), 445. Fesko aus Pylos: Dothan (1995), 231; Drews (1993), 141–147, 155; Jung/Mehofer (2005/2006), 120f.; Söldner im Guerillakrieg. Italien: Jung/Mehofer (2013); Libyen: Driessen/MacDonald (1984).

41 Veenhof (2001), 201; Dothan (1995), 226, 230; Drews (1993), 153f. zum Abydos-Relief, und 161. Nahkämpfer: Drews (1993), 137ff., 148ff., 152; Dietrich/Loretz (1972); Barako (2003). Nahkämpfer und Bewaffnung: Drews (1993), 180, 225, 201 zu den Zeugnissen in Medinet Habu.

42 Vgl. für viele mit älterer Literatur: Yasur-Landau (2010), 39 und passim.

43 Söldner: Broodbank (2013), 468. Emanuel (2013), 21ff. sieht in der Lügengeschichte des Odysseus (u.S. 000) einen Reflex dieser Verhältnisse. Vielleicht suchten Ugariter und Hethiter *Lukka* für den Küstenschutz »umzupolen«. Artzy (1997), 5; Demand (2011), 196. Lukka als Piraten und Söldner: E.H. Cline/D. O'Connor, The Mystery of the ›Sea Peoples‹, in: O'Connor/ Quirke (2003), 111; Broodbank (2013), 469.

44 Übersicht bei Cline (2013), 139–170 und Dickinson (2010).

45 Stein-Hölkeskamp (2015), 29.

46 Diskussion bei Niemeyer (1998). Italien und Piraten: Jung (2009), 41, 44. Drews (1993), 218f. Wachsmann (1997), 339–356. Piraterie der Lukka (aus »Lykien?«): Broodbank (2013), 412, 461. Ägyptische Quellen: Schipper (2005), 134; Helck (1995), 110; Noort (1994), 54f. Fortifikationen, Küstenschutz in Pylos: Tartaron (2913), 18, 64f.

47 Vgl. Jung (2013), 184; Dickinson (2010), 485 zur Möglichkeit innermykenischer Kämpfe.

48 Snodgrass (1991), 16. Vgl. Broodbank (2013), 414f. zur Unabhängigkeit von Händlern.

49 Whitelaw (2001); Fischer (2012), 64–74; Burns (2010), 189; Tartaron (2013), 16, 29; Halstead (1992); Yasur-Landau (2010), 36f. »It (sc. the palace) did not monopolize crafts or industries such as metallurgy. The palaces exercised direct supervision over only the most important industries that provided goods for trade, and they had symbiotic relationship with a large private sector that practiced much of its economic activity outside palace control.« Kritisch Routledge/McGeough (2009), 26. Mykenische Exportwaren: Mee (2008), 363. Auch Elfenbein konnte außerhalb des Palastes verarbeitet werden: Burns (2010), 122–4.

50 Wedde (2005), 33–36; Tartaron (2013), 69, 75, 124–132, vgl. Cunliffe (2011), 86.

51 Yasur-Landau (2010), 48; Tartaron (2013), 124–138. Vgl. ähnliche Überlegungen bei Broodbank (2013), 468.

52 Jung (2009), 44; Deger Jalkotzy (2008), 389: »Do these novel elements imply that the palaces employed foreigners (tradesmen? craftsmen? mercenaries?) at that time?«

53 Ähnlich Yasur-Landau (2010), 189, 207, 215 zu den Söldnern der Sherdana (u.a. in Ägypten) als Informanten.

54 Jung (2009), 41.

55 Abhängigkeit des bronzezeitlichen Handels von Sicherheit und Frieden sowie Söldner als Störung: Artzy (1998), 445. Störung des Zinnnachschubes: Drews (1993), 87. Zur Piratenthese vgl. Schipper (2005), 135 mit weiterer Literatur, u.a. Helck (1995), 110.

56 Sasson (1966), 133; Sommer (2005), 46–49 zu Versorgungsproblemen und Hungersnöten im Hethiterreich; ferner Yasur-Landau (2010), 98. Vorsichtig abwägend: Jung (2009), 33.

57 So (allerdings nicht unbestritten) Sherratt/Sherratt (1991), 366 f., 371 mit weiterer Literatur. Ernteausfälle etc.: Demand (2011), 196; Besteuerung und Abgabenlast: Panagioptopoulos (2007), 360.

58 Vgl. Tartaron (2013), 69.

59 Yasur-Lindau (2010) mit Wachsmann (1998, 160) zu den Schiffstafeln von Pylos.

60 Demand (2011), 204; Yasur-Landau (2010), 59, 69, 82; Stein-Hölkeskamp (2015), 33.

61 Drews (1993), 14; Schipper (2005), 115.

62 Vgl. Jung (2009), 39 auch zu den Fünfzigruderern.

63 Dietrich/Loretz (2002), 53–74; Jung (2009), 37 f.; Yasur-Landau (2010), 164; Yon (1992). Schiffe mit 60 Mann: Jung (2009), 39.

64 Zusammenhang zwischen Pionieren, Anlaufpunkten und Orientierungshilfen: Jung (2009), 44.

65 Sommer (2001), 174 f.

66 Demand (2011), 201 f.; Cline/O'Connor (2003), 129–132. Seevölkerflotte: Barako (2003b). Abgabendruck: Sommer (2005), 50 f. Angriffe auf das Nildelta real: Jung (2009), 32. Mehr Migration als reguläre Schlacht: Yasur-Landau (2010), 175. Familien: Aus dem Medinet-Habu-Relief erschlossen von Yasur-Landau (2010), 177 ff.

67 Dothan (1995), 145, 182 f.; Drews (1993), 216 f. Libysche Söldner: Zimmermann (1999), 12.

68 Schipper (2005), 141 f.; Sommer (2005), 57 f.; Veenhof (2001), 202 f. Mykenische Kontakte usw.: Dothan (1995), 180 f., 191, 218; Margalith (1994), 42; Cline/ O'Connor, in: O'Connor/Quirke (2003), 120; Yasur-Landau (2010), 180 ff., 194 ff. Vorsichtiger Vanschoonwinkel (2006), 75, wonach die Philister mykenische Keramik kopierten, R. Liwak, DNP 9 (2000), 816, ferner Cunliffe (2011), 240.

69 2 Sam 8,18; 15,18; 20,7; 20,23; 23,23; 1 Chr. 18,17. Bei den Kretern handelt es sich um Palastgarden oder Leibwachen, die als Flüchtlinge gekommen waren; Lane Fox (2013), 94. Margalith (1994), 47 bevorzugt Karer und Plethi als Übersetzung (2 Könige 11,4,19). Keine Fernhändler: Yasur-Landau (2010), 331.

70 Peatfield (2008), 93; Georganas (2010), 310. Bewaffnung und Vergleich: Dothan (1995), 19; Bild S. 55, zur Ausrüstung und zum Wurfspeer Goliats: 185.

71 Vgl. Yasur-Landau (2010), 208 f., 338; ders. (2012).

72 Georganas (2010), 308; Galling (1966), 150–169; Tov (1986), 34–41; Margalith (1994), 49.

I, 2.
Phöniker und Euböer

1 Sommer (2013), 42 f.; Tartaron (2013), 22. Wissen der Küstengemeinden ebda., 126, 133.

2 Wedde (1998); Yasur-Landau (2010), 104.

3 Broodbank (2013), 494 (Phöniker); Schipper (2005), 146; Bonatz (1993); Tartaron (2013), 22 f.

4 Demand (2011), 207; Lane Fox (2013), 127; Niemeyer (2006), 146: Keine Zerstörungen der Region zwischen Arwad und Akko. Kooperation mit den Seevölkern: Bikai (1992), 135 ff., Yasur-Landau (2010) mit weiterer Literatur. Keine Veränderungen: Röllig (1982), 16. Handlungsspielräume: Sommer (2013), 43. Vgl. Broodbank (2013), 484–7 zur Anknüpfung der Phöniker an bronzezeitliche Traditionen.

5 Lane Fox (2011), 42 f.; Niemeyer (2006), 158; Bondi (1995), 290–302.

6 Vgl. Röllig (1982), 19.

7 Röllig (1982), 19 ff., 25; Lane-Fox (2011), 43; phönikischer Wein: Temin (2006), 143 f.

8 Ezechiel 27; Sommer (2013), 46; Niemeyer (2006), 158 f. nach Bondi (1995), 346 f.

9 Fantar (1988), 167 f.; Pritchard (1968), 100 mit Bezug auf B. Mazar.

10 Barako (2003), 22 f.; Niemeyer (2006), 146 ff.; Bewahrung des Wissens über Fernrouten: 148: »There are good reasons to assume that expansion to the West used old routes of the Late Bronze Age. Indeed, these may never have been entirely forgotten. Infor-

mation and tales about practicable trans-Mediterranean East-West sea routes would have been passed on from generation to generation amongst sailors, skippers and merchants involved in overseas trade.«

11 1 Kg 5, v.15–32, 7 v. 13–14 (Hiram und Tempelbau); 9, v. 26–28 (Schiffe von Ezeon Geber nach Ophir und Gold); 10, v. 11–12 (Gold, Sandelholz und Edelsteine aus Ophir, vgl. 2 Chron. 9,10); 22, v. 48–49 (Schiffe König Josaphats) mit Hennig (1994), 28–39 und Briquel-Chatonnet (1992), 28–58. Niemeyer (2006), 149 weist auf die Parallelen zu Ilias 6,288–295, wo Paris erfahrene Weber und Färber aus Sidon an den Hof seines Vaters brachte. Zur Lokalisierung von Ophir vgl. Aubet (2001), 45. Ältere Thesen bei Miller (1969), 265ff. Hennig (1944), 28–34 spricht sich für Nubien aus, De Give (2005), 46–53 für die indische Westküste. Mit Indien als mögliche Lokalisierung könnte man die alte Diskussion verbinden, ob mit den in den Rig-Veden genannten *Pani* Phöniker gemeint sind; so Prasad (1977), 35f., 47, 50f.

12 Vgl. z.B. Kratz (2009), 71f.; Liverani (2012), 100–116.

13 Finkelstein/Silberman (2006), 113–158; Sommer (2005), 111; Liverani (2012), 117f.; Kretz (2009), 74. Beziehungen zwischen Tyros und Israel vgl. Briquel-Chatonnet (1982), 70ff.

14 Parrot (1950), 115–117; M. Wäfler, Nicht-Assyrer in neuassyrischen Darstellungen, AOAT 26, Neunkirchen/Vlyn 1975, 95–96. Briquel-Chatonnet (1992), 51ff. erwägt Heiratsbeziehungen zwischen Phönikern und Hebräern sowie phönikische Kulte in Jerusalem.

15 Sandelholz aus Indonesien, Java wird als »algum« oder »almung« im Alten Testament als Ziel der Tarsisfahrt Salomons und Hirams erwähnt; s.o. 1 Kg. 10, v.11; 2 Chron. 9, v. 10; Miller (1969), 62. Vertragliche Grundlage 1 Kg. 5,25; Briquel-Chatonnet (1992), 44ff., 229–270, 250ff. sowie M. Elat, Economic Relations in the Bible Lands (1000–539 BC), Jerusalem 1977.

16 Briquel-Chatonnet (1992), 277–283. Beutefahrt: Hennig (1944), 37ff. Zum zweiten Versuch des Josaphat (1 Kg. 22, v.49); Margalith (1994), 60. Militärische Reputation der Hebräer: 1 Sam. 30,1–3; Joshua 11,11; A. van Selms, The Armed Forces of Israel under Saul and David, in: Studies on the Books of Samuel, 1960, 55–66. Mangelnde maritime Traditionen der Hebräer als Grund für die Kooperation: Briquel-Chatonnet (1992), 259.

17 Aubet (2001), 45. Zimt etc.: Miller (1969), 164f. Indien: Robert (1997), 228. Die Ägypter stießen in der mittleren Königszeit von Mersa Gawasis nahe Suez nach Punt vor; J.P. Cooper, The Nile versus the Red Sea in ancient and medieval N-S navigation, in: Harris/Iara (2011), 206.

18 Hdt. 2,159; Fabre (2004/2005), 36.

19 Hdt. 4,42. Die Historizität ist umstritten, wobei sich in jüngerer Zeit die Zahl der Zweifler vermindert; Huss (1989), 2f., Cunliffe (2001), 107; Zimmermann (2007); J.F. Quack, ZDMG 155 (2005), 609 zu den Argumenten der Skeptiker. Gegenüberstellung der Positionen bei Cary-Warmington (1966), 179–188. Unentschlossen ist Asheri (2006), der die Angaben Herodots zu Länge und Sonnenstand für realistisch hält, aber Zweifel hegt, weil das Unternehmen »absolutely exceptional for the time« ist. Rotmeerspezialisten: Fabre (2004/2005), 156. Bezug zu den vorausgegangenen Puntfahrten: McGrail (2001), 42.

20 Ez. 27,17; Briquel-Chatonnet (1992), 240, 268; Miller (1969), 101.

21 Vgl. Miller (1969), 165, der die Suche nach Gold als entscheidenden Faktor ausmacht. Königin von Saba: Briquel-Chatonnet (1992), 46ff.; Willeitner (2013), 30f.; ägäische und phönikische Seeleute bei frühen Puntexpeditionen: Dayton (1984), 364ff.

22 Vgl. Zimmermann (2007), 44 mit Literatur.

23 Hdt. 4,42,3; realistisch: Asheri (2007), 611.

24 Beide Alternativen erklärt bei Zimmermann (1999), 99ff. und 116ff. (Mittagssonnen).

25 Chami (1999).

26 Deme/ McIlntosh (2006), 317–47; Broodbank (2013), 572, 507 zu Zinkekra im Wadi al-Ajat.

27 So Werner (1993), 13f.; Cary-Warmington (1966), 185 weist auf die Erschließung eines neuen Seeweges und entsprechende Handelsmöglichkeiten, bleibt aber vage und verworren.

28 Vgl. Asheri (2007), 611.

29 1 Kg 10,22; 2 Chron. 9,21. Breusing (1886), 22f. erklärt den Dreijahresrythmus der Tarsisschiffe mit dem Monsun des Indischen

Ozeans: Im Sommer fuhr man aus dem Roten Meer ab, im ersten Winter erledigte man die Geschäfte in Ophir (= Indische Westküste) und im Frühjahr des dritten Jahres kehrte man zurück. Das Problem bei dieser Interpretation ist, dass man die Tarsisfahrt mit der Ophirfahrt identifizieren muss.

30 Vgl. Sommer (2005), 135; Cunliffe (2001), 44.

31 Aubet (1982), 324; zum bronzezeitlichen Kupferabbau, dem Beginn des Überseehandels mit Silber im 8./ 7. Jh. sowie der Rolle der Phöniker: A.P. Macías/ G. Schattner, Retaining and Renewing. The Roman Municipium Munigua in the Light of technical developments in mining in the Hispanic Southwest (2013), 246ff.

32 Broodbank (2013), 491f. zu Verbindungen zwischen tyrrhenischem Meer und Atlantik.

33 Blázquez Martínez/ Gárcia-Gelabert Pérez (1990), 109–115; Aubet (1982), 313f.; Cunliffe (2001), 46–48, 256ff. Vielleicht hatte man Zugang zum atlantischen Goldsystem.

34 Jeremia 10,9. Sommer (2005), 135; Lane Fox (2003), 48; Niemeyer (2006), 152.

35 Bikai (1987), 126; Demand (2013), 223ff.; bronzezeitliche Traditionen: Broodbank (2013), 494.

36 So die Deutung des Tekke-Schatzes; Coldstream (1982), 267f. Die Beantwortung der Frage, ob die Grabfunde aus lokaler oder phönikisch-kanaanitischer Produktion stammen, hängt davon ab, inwieweit man der heimischen Produktion eine so hohe Technik zutraut; nach Shaw (1989) diente der Altar Einheimischen und dem Schiffspersonal. Diskussion bei Hoffmann (1997), 172–175; Lane Fox (2013), 196f. und Niemeyer (2006), 150.

37 Diskussion der Assyrerthese bei Lane Fox (2013), 45f., Niemeyer (2006), 159f., Röllig (1982), 24f.; Boardman (2006), 198; Lane Fox (2013), 88 zu den Euböern.

38 Shefton (1982), 341 mit Ps.-Arist. De mirabilibus auscultationibus 135.

39 Broodbank (2013), 500f.; Lane Fox (2013), 78ff. Dass der König ein phönikischer Aristokrat war, ist eine Minderheitenmeinung; W. Gauer (1996), Überlegungen zum Mythos vom Krieg um Troia und zur Heimat Homers, Gymnasium 103 (1996), 516; vorsichtig Niemeyer (2006), 149.

40 Nordsyrische Frauen in Al Mina: Lane Fox (2013), 135. Zusammentreffen phönikischer und euböischer Händler auf Zypern: Lane Fox (2013), 83. Euböische Waren in Tyros: Haider (1996); Waldbaum (1994), 54ff. Kooperation mit gemischten Mannschaften: Demand (2011), 228f. Euböa-Philister: Lane Fox (2013), 115. Euböer in der Nordägäis: V. Desborough, The background to Euboean participation in Early Greek maritime enterprise, in: F. Emmison/ R. Stephenms (Hg.), Tribute to an antiquary, 1976, 25ff.; Coldstream (1982), 266. Zu Thasos ebda. mit Hdt. 6,47 und Braun (1982), 11.

41 Vgl. Riis (1982), 253; Braun (1982), 9. Lane Fox (2013), 135 tendiert dazu, die Initiative der Euböer stark zu betonen. Euböer – Osten: Rollinger (2007), 282ff.

42 Murray (1991), 91ff. Euböische Keramik in Al Mina: Lane Fox (2013), 131. Al Mina als Ausgangsbasis von Raub und Söldnerdienst: Lane Fox (2013), 138ff., Riis (1982), 244, 251–255.

43 Demand (2011), 223. Transport durch phönikische Schiffe: Domínguez (2006), 433. Shefton (1982), 343 spricht von einer »happy symbiosis of Greek material and Phoenician carriers«.

44 Demand (2011), 223; Boardman (2006), 196; Treidler (1959); Lane Fox (2013), 175f.

45 Boardman (2006), 199; Lane Fox (2013), 177; Karthago: Niemeyer (2006), 162; Docter/ Niemeyer (1995), 101–115. Mykenische Keramik in Karthago: Fabre (2004/2005), 64; F. Rakob, Bulletin CEDAC Carrthage 15 June 1996, 53.

46 Vgl. Boardman (2006), 197f.; Niemeyer (2006), 150ff.; Ridgway (1992), 108ff.

47 Broodbank (2013), 512. Ridgway (2004), 18–24 zu den Tendenzen, Pithekussai als alleinigen Siedlungsplatz der Euböer auszuweisen oder sie zu verbannen (anti-Euboean campaign, 24).

48 Lane Fox (2013), 169; Buchner (1982), 295 (Salböl). Lane Fox (2013), 173 vermutet Gold auf Ischia bzw. in Etrurien. Wein und Ölanbau in Pithekussai: Lane Fox (2013), 178.

49 Buchner (1982), 294; Lane Fox (2013), 182, 187–191 auch zum Nestorbecher. Die Griechen übernahmen von den etruskischen Frauen runde Metallspangen (*fibulae*).

50 Broodbank (2013), 518; Pithekussai: Buchner (1982), 296.

51 Rüter/Matthiessen (1968), 241f. mit den Erklärungen.
52 Vgl. Schipper (2005), 114 zu Zypern (Kition).
53 Zu den Stadtstaaten der »Seevölker« vgl. Schipper (2005), 141f.
54 Schätzungen belaufen sich für 800 v. Chr. auf 20 Mio.; Broodbank (2013), 506f.
55 Sherratt/Sherratt (1991), 373; Tartaron (2013), 71f.
56 Vgl. Lane Fox (2011), 52ff., 110–113, 696; Piraterie der Nachbronzezeit: Tartaron (2013), 67.
57 Burkert (1984), 17 erwägt zudem Athener.
58 Sklaven: Lane Fox (2013), 160 zu Sizilien; Fünzigruderer: Tartaron (2013), 68.
59 Lane Fox (2013), 211; Tartaron (2013), 134.
60 Sherratt/Sherratt (1991), 374ff.; Eisenproduktion: Broodbank (2013), 451.
61 Lane Fox (2011), 118. Kleinere Schiffe: Sherratt/Sherratt (1991), 373. Die Transportkapazität phönikischer Schiffe betrug ca. 30 Tonnen. Besatzungen: Artzy (1998), 439–448; Schipper (2005), 135, 138, 116–122. Zum Händler als Prototyp des Mobilen: Broodbank (2013), 603.
62 Demand (2011), 235, 244; Niemeyer (2006), 150. Spezialisten »in mining and metalworking«, über das Mittelmeer: Giardino (1995); Ridgway (2004), 16ff.; allg. Broodbank (2013), 375.
63 Strukturelle Parallelen (Fortifikation, Mischehen) zwischen den Neugründungen der Philister und der Griechen im Westen erkennt Yasur-Landau (2010), 294, 314.
64 Foxhall (2005), 75–92. Bevölkerungsanstieg in Phönikien: Röllig (1982), 29f.
65 Lane Fox (2013), 153. Vgl. Niemeyer (2006), 150 zu den Phönikern.

I, 3.
Wunderinseln, Bestien und schöne Frauen

1 Tartaron (2013), 26, 128f.
2 Tartaron (2013), 40. Prozession: Strasser (2010). Ausführliche Interpretation der Schiffstechnik etc. bei McGrail (2001), 113–122.
3 Morris (1989); Demand (2011), 156; Hoekstra (1981), 34; Lyra: Hurwit (1987), 48f.
4 West (1988), 161f.; Hurwit (1987), 49; Broodbank (2013), 460.
5 Vanschoonwinkel (2006), 84f.; Lacroix (1974), 36f. Geryon: Hes. Theog. 287–294. Hesperiden-Bernstein: Broodbank (2013), 432.
6 Brommer (1986), 65; Herr der Tiere etc.: Burkert (1979), 94ff., Lacroix (1974), 41- 5.
7 Vgl. Lacroix (1974), 41f.; Georges (1994), 4 zu Herakles in Ägypten gegen Pharao Busiris.
8 Hom.Il. 9,328–29; Lane Fox (2013), 80. Eine andere vorhomerische Heroengestalt ist Aiax.
9 Wenamun: Schipper (2005), 286–298, Fabre (2004/2005), 184–7. Schiffbrüchiger: Fabre (2004/2005), 41ff.; A. Loprieno, Travel and Fiction in Egyptian Literature, in: O'Connor/ Quirke (2003), 38f.
10 Vgl. Loprieno (2003), 40. Demand (2011), 220–223. Das Angebot der Regentin, mit Wennamun die Nacht zu verbringen, ähnelt odysseischen Abenteuern; Schipper (2005), 286–291.
11 R. Streng, Topoi Forschungsbibliographie Antike Karten und Diagramme, 18; Werner (1990), 65. Horowitz (1998), 20–42. Weltsicht des 7. Jhs.: Rollinger (2013), 112.
12 Hennig (1934), 36. Der Wasserkreis lässt sich bereits für das Ägypten des 19. Jh. v. Chr. nachweisen; hier heißt er »Großer Grüner« und später »Großer Umkreisender« W. Helck, Lex.Äg. 3 (1980), Sp. 1276–1279 s.v. Meer.
13 Zur Frage des Inselcharakters der *nagu*: Horowitz (1998), 32f.
14 Bunnens (1979), 116, 283; Blásquez Martínez/ Gárcia-Gelabert Pérez (1990), 109, 116. Hohe Stellung von Priesterinnen etc.: Rice (1985), 87f., 103. In Bezug auf die Heiligkeit der Inseln ergeben sich Parallelen zu Delose und den Inseln der Seligen; Alster (1983), 59f. Drachen und Schlangen als Bewacher der Tempel- und Goldschätze: M.P. Nilsson, The Dragon on the Treasure, AJPh 63,3 (1947), 308.
15 Dilmun = Bahrein: Rice (1985), 15ff., 99ff.; zu Failaka: 212f.; Kupfer und Perlen auf Bahrein: Alster (1983), 39f., der 44f. Dilmun mit

Arabien gleichsetzt. Gefährliche Fahrt: Alster (1983), 49. Von Dilmun brachte ein Gott den Sumerern die Kunst des Schreibens und die Künste. Handel und Schreibkunst: Rice (1985), 50f.; Dilmun = Paradies: 52. Schlangen als Begleiterinnen der Großen Mutter verehrt: S.P. Harvey, Interpreting Punt: Geographic, Cultural and Artistic Landscapes, in: O'Connor/ Quirke (2003), 88. Puntexpeditionen als Grundlage der Erzählung vom Schiffbrüchigen: McGrail (2001), 36.
16 Lane Fox (2011), 255ff.
17 R. Eisler, Weltenmantel und Himmelszelt, II, München 1910, 528 mit bildlichen Darstellungen, vgl. den Gott Enki, der mit dem amphibischen Oannes (Ea) der Griechen gleichgesetzt werden kann; Rice (1985), 54, 111ff.
18 Burkert (1984), 15.
19 Lane Fox (2011), 51; Pritchett (1993), 68f. zu Helena in Ägypten. Szenen auf phönikischen Elfenbein- und Metallarbeiten weisen auf Musiker: Lane Fox (2011), 156 zur Nora-Stele, die einen Gott ehrt, dem gedankt wird für die Ankunft nach einem Sturm.
20 Patzek (2003), 50; W. Culican, Opera Selecta. From Tyre to Tartessos, 1986, 581–614.
21 Vgl. Strasburger (1998), 5.
22 Lane Fox (2013), 321f.; Burkert (1984), 15. Griechische Besucher könnten das hethitische Lied vom Königtum (um 1200) zu Ehren des Hazzi gehört haben.
23 Ugaritische Mythen in der Bibel: Margalith (1994), 12f.
24 Margalith (1994), 11f., 28–40 zu Apollo Smintheus, der in der Ilias eine Plage bringt. Ungefähr die Hälfte der Wörter der Bibel mit griechischem Ursprung beziehen sich auf den Umgang mit den Philistern, philistische Namen weisen griechische Ursprünge auf: Margalith (1994), 41.
25 Brody (1998), 23–37, 58f.
26 Radermacher (1903), 66–68 mit Bild sowie Verweis auf Jona und Lukian sowie neuzeitliche Sagen Livlands. Ausführliche Interpretation der Parallelen zwischen Jonah und Jason bei Hamel (1995), vgl. ferner Follis (1978), Brody (1998), 16; Isaia 18,1; Hom.Od. 11,125. Das Jonabuch ist ein »Fremdling« im Zwölfprophetenbuch; Börstinghaus (2010), 184.
27 Lane Fox (2013), 115; Yasur-Landau (2010) zu Mischehen zwischen Kanaanitern und Philistern.
28 Ackermans/Schwartz (2003), 327–29, 346–8; Broodbank (2013), 390. Philister: Yasur-Landau (2010), 251, 264.
29 Margalith (1994), 32, 91, 123; Kampf- und Schlachtrufe: Burkert (1984), 41f.
30 1 Sam.17,45; vgl. R. Eisler, Weltenmantel und Himmelszelt, I, München 1910, 308f.
31 Margalith (1994), 47f., 95 (Ugarit) und 81, 84 zu hebräisch-griechischen Mythenparallelen. Herakles- und Samsonlegende: 100f. Margalith (1994), 111 glaubt an den ägäischen Ursprung der Samsongeschichte. Translatoren waren die Philister; 110–114. Die Geringschätzung der Götter teilen Griechen mit dem Gilgamesh-Epos.
32 Vgl. Lanfranchi (2000), 7.
33 Vgl. Schniedewind (2004), 66 und 17. Assyrien als Beschleunigungsfaktor vgl. Briquel-Chatonnet (1982), 73f. und H. Tadmor, Assyria and the West: the ninth Century and its Aftermath, in: H. Goedicke/ J.J.M. Roberts (Hg.), Unity and Diversity, Baltimore 1975, 36–48.
34 Finkelstein/Silberman (2006), 249; Schniedewind (2005), 66ff.
35 Schniedewind (2005), 74; Black/ Tait (1995); Rice (1985), 254; Horowitz (1998), 25f. Ordnungsinteresse hervorgerufen durch assyrische bzw. babylonische Expansion: Smith (1996).
36 West (1986), 85f. Einen Katalog mythischer Völker bietet auch Alkman PMG 148; vgl. 156.
37 Hölscher (1949), 33.
38 Vgl. Finkelstein/Silberman (2006), 122–131; Demand (2011), 230.
39 Finkelstein/Silberman (2001), 249; Schniedewind (2005),18f., 89f.; Broodbank (2013), 534 zum Aufstieg von Jahwe zu einer exklusiven Gottheit eines erwählten Volkes.
40 Zur Parallelität zwischen Entstehung der Bibel und den homerischen Epen vgl. Finkelstein/Silberman (2001), 229–313 und Broodbank (2013), 535.
41 Vgl. Lanfranchi (2000), 12–21, 32ff.
42 Phokylides Frg. 4 (Gentili-Prato). Übers. U. Walter.

I, 4.
Odysseus

1 Vgl. Stanford (1968), 75. Auch Gilgamesh wird zu Beginn des Epos als Allwissender und Geheimnis Enthüllender vorgestellt, und er war müde von der langen Reise zum Ende der Welt, doch fehlt der für die Odyssee wichtige Aspekt des Lernens; er wird nur von der Suche nach dem ewigen Leben angetrieben, während Odysseus unfreiwillig verschlagen wird und Verantwortung für seine Schiffsmannschaften trägt; dies gegen Michaux (2003), 12.
2 Stanford (1968), 86f. mit Hom. Od. 10,464; 15,343–5. Vgl. aber Hom. Il. 15,80–83.
3 Hom. Od. 4,81–90; Stanford (1968), 74.
4 Die Idee eines »griechischen Pessimismus« wurde einflussreich vorgetragen von Jacob Burckhardt im zweiten Band seiner »Griechischen Kulturgeschichte«; GW 6, Basel 1956, 349ff.
5 Hdt. 1,207.
6 Vgl. Hölscher (1989), 43; Odysseus als »wanderer« und »explorer«: Silk (2004), 39.
7 Manche ergänzen, dass sich Odysseus dabei selbst entdeckt, die äußeren Abenteuer also mit einem charakterlichen Selbstfindungsprozess einhergehen; Silk (2004), 39. Nicht zufällig haben die Philosophen Max Horkheimer und Theodor W. Adorno Odysseus zum Leitbild eines neuen Typs von Intelligenz gewählt: Dialektik der Aufklärung (zuerst 1947).
8 Vgl. Stanford (1968), 66f., der hierin einen Typus des welterfahrenen adligen Piraten sieht.
9 Für die Argonauten z.B. Severin (1985).
10 Eine Übersicht über die Thesen z.B. bei Wolf (2009), 225ff.
11 Lesky (1948), 151f.; Aia, Gesammelte Schriften, hg. W. Kranz, Bern 1966, 60f.; Paulsen (2004), 32; Bichler (1995), 19: »Nun liegt der gewaltige Eindruck räumlicher Vielfalt und Weite in der Odyssee aber darin begründet, dass eine Reihe ihrer Schauplätze nicht nur phantasievoll ausgestaltet ist, sondern sich überhaupt nicht mehr im realen Raum aufspüren lässt.«
12 Strab. 1,2,15.
13 Vgl. Marinatos (1995), 134ff.; R. Wildhaber, Kirke und die Schweine, in: Festschrift K. Meuli, Basel 1951, 233–236; Ch. Segal, Circean Temptations, TAPA 99 (1968), 419–442.
14 Petersmann (1981), 43ff. Reine Märchen sind »als positive Form« in der griechischen Literaturgeschichte nicht fassbar: W. Kullmann, Ergebnisse der motivgeschichtlichen Forschung zu Homer (Neoanalyse), in: ders., Homerische Motive. Beiträge zur Entstehung, Eigenart und Wirkung von Ilias und Odyssee, hg. R.J. Müller, Stuttgart 1992, 133.
15 Meuli (1921) 58; Hölscher (1989), 168ff. zur epischen Transformierung der abenteuerlichen Märchengeschichten. 148 zur Verlagerung der Geschichten an die Grenzen des Erdraums. Hölscher (1990), »Auf der Stufe des heroischen Mythos haben Zaubertiere keinen Platz mehr. Die Umwandlung entspricht der Transmutation der einfachen Geschichte zum Mythos.«
16 Ballabriga (1998), 94f.; Page (1973), 73–78. Eliminierung: Petersmann (1981), 61ff. Zur universalen Verbreitung der »Walfischmythen« vgl. Radermacher (1906).
17 Bowra (1964), 143; vgl. Käppel (2001), 15f.: »Und doch sind die Abenteuer der Odyssee nicht außerhalb jeglicher Geographie.« Dies gegen Bichler (1995), 19.
18 Page (1973), 4 und Luce (2000), 63: »Was wir als mythisches Geschehen betrachten, hatte bei den Griechen normalerweise einen geographisch genau lokalisierbaren Schauplatz.« Dies gegen rigorose Vertreter der Märchenwelt, die gerade umgekehrt die »Odyssee zum Prototyp aller Fantasy-Literatur machen« und die Abenteuer »in eine phantastische, geographisch nicht mehr lokalisierbare Welt« verlegen; Zitate: Paulsen (2004), 32.
19 Vgl. Hennig (1934), 4f.; Ballabriga (1998), 8. Auch in den arabischen Erzählungen von Sindbad dem Seefahrer findet man »im allgemeinen wenig eigentlich märchenhafte Elemente«. J. Henninger, Der geographische Horizont der Erzähler von 1001 Nacht, Geographica Helvetica 4 (1949), 214–229, Zitat: 225.
20 Anders Bichler (2008), 174ff. Marinatos

(1995), 134 vermutet in der Circe-Insel »a bridge« bzw. »a kind of gate« zwischen zwei Welten. Seine Argumente überzeugen mich nicht.

21 Hom.Od. 7,321f.; Hölscher (1989), 140f.

22 Vgl. Hölscher (1989),140f.

23 Hom.Od. 11,367–368; Tartaron (2013), 111.

24 Dougherty (2001), 43.

25 Werner (1990), 60; Homer kennt die Zirkumpolarsterne (Il. 5,5–6; 18,485–489; Od. 5,275) und den Großen Bären. Die Sonne erhebt sich aus dem Okeanos und geht wieder in den Okeanos unter und verschwindet unter der Erde (d.h. unter dem Horizont). Ferner kannte er die (Sommer-)Sonnenwenden: Od. 10,470; vgl. Hes. erg. 5,564–567.

26 Scodel (2004), 53; Stanford (1968), 73 (Kikonen); Skinner (2012), 55f. zu den Lotusessern.

27 Dass zumal die ethnographischen Beschreibungen der Odyssee auch dem Interesse der Hörer entsprechen, »to learn about the world«, betont Scodel (2005), 156.

28 Vgl. Skinner (2012), 49 zur Universalität des Ethnographischen.

29 Gen.10 mit Neiman (1980), bes. 39ff. mit Skizze S. 41.

30 Hes.Frg. 98. Gisinger (1963), 319ff.; Skinner (2012), 63. Boreadenjagd in Hes. Frg.150–157; M./W; Hirschberger (2004), 12f. und (2004), 318–328. Die Verfolgungsjagd in der Luft ging von den Skythen über Asien und Afrika. Zum Periplus als Grundlage: Werner (1990), 62.

31 Corral (2002), 151ff.

32 Vgl. Od. 5, 270–277; Danek (1998), 233; Dougherty (2001), 31ff.

33 Scodel (2004), 48; Sirenen und ihr »global news-service«: Stanford (1968), 77; Od. 12,191.

34 Hom. Od. 6,4–10; vgl. Welwei (2002), 46.

35 Hom. Od. 9,174–175; Nippel (2000), 17; Stanford (1968), 76 meint, dass Odysseus »wanted to do some anthropological research«. Eher ist es doch so, dass er im Kolonisationsmodus prüfen möchte, ob ein Übersetzen auf das Kyklopenland möglich und vorteilhaft sei.

36 Hölscher (1990), 159; Ivantchik (2005), 60f.

37 Vgl. Hölscher (1989), 117.

38 Vgl. Lane Fox (2013), 152, wonach Nachrichten über Tartessos in die Beschreibung der Gegend integriert wurden, in der sich nach Homer der Eingang zur Unterwelt befindet. Die Unterwelt im fernsten Westen: Bichler/Sieberer (1996), 122. Auch Bichler (2008), 175 A. 5 konstatiert ein merkwürdiges Auseinanderklaffen zwischen den »Grenzen dieses rein poetisch-imaginären Bereichs« und den »Grenzen der bekannten Welt!«

39 Hom. Od. 4,85ff. (Menelaos in Libyen); 19, 246f. (der »schwarze« Eurybates); Treidler (1959), 260; Berger (1904), 28; Vanschoonwinkel (2006), 88f., Lane Fox (2013), 150f., 177. Zur Syrte bereits Wilamowitz (1884), 164 und Meuli (1921), 76; Djerba: Hennig (1934), 11; vgl. Wolf (2009), 27.

40 Hölscher (1990), 143; Datteln: Hölscher (2009), 28; semitischer Ursprung: B. Herzhoff, Lotos. Botanische Betrachtungen zu einem homerischen Pflanzennamen, Hermes 112 (1984), 268ff. Literatur zur Identifikation der Pflanze bei Pritchett (1993), 52.

41 Hom. Od. 9, 97–104.

42 Hom. Od. 9,116–124; Dickie (1995), 35f. Ziegen(-felle) in Libyen: Hdt. 4,189; Hippokr. de sacr.morb. 2; Herrmann (1926), 9 (südliches Tunis).

43 Funktion des Maron und der Geschichte: Newton (2005), 138ff. Wein bei den Kikonen: Dickie (1995), 49f.

44 Vgl. Meuli (1921), 80; Mondi (1983), 37; O'Sullivan (1990), 12f. gegen die These, wonach es einen relativen Unterschied zwischen Polyphem und den übrigen Kyklopen gibt.

45 Hom. Od. 9,321–324; 383–384; Dougherty (2001), 124: »The narrative thus presents maritime expertise as the appropriate and successful response to the threats posed by the Cyclops.«

46 Müller (1997), 59 denkt an vorderasiatische »Modellvorstellung(en) von der Lebensweise extrem niedrig stehender Populationen«, die zu Homers Zeit Eingang in die griechische und phönikische Mittelmeerwelt fanden.

47 Hom. Od. 9,107–112; Mondi (1983), 19, 37; Scodel (2005), 148, 152.

48 Hom. Od. 9,218–223; Schulz (2005), 18.

49 Hölscher (1989), 143.

50 Hes. theog. 146; Meuli (1921), 75; Mondi (1983), 18.

51 Hom. Od. 10,1–55; Hölscher (1989), 143f.;

Westfahrt: Wilamowitz (1884), 164; Meuli (1921), 53; Maaß (1915), 15.
52 Hom. Od. 10,116–124. Märchenmotive: R. Nünlichst, Laistrygonen, DNP 6 (1999), 1068.
53 Dicks (1970), 33.
54 Hom.Od. 10,82–86; Hölscher (1989), 144f. Zur Deutung. Bichler/Sieberer (1996), 138. Die Skythen werden erstmals im Rahmen der Boreadenjagd erwähnt: Hes. Frg. 150; Ivantchik (2005), 26f. Rossemelker: Hom. Il. 2,851–857; 13, 5–6; interpretiert als Nomaden nördlich des Schwarzen Meeres von West (2003), 154f.; Rossemelker – Skythen: Ivantchik (2005), 66. Warum Bichler (1995), 18 hierin »ethnographische Phantasien« sieht, ist unklar. Dagegen Ivantchik (2005), 19–33, der im Melken von Stuten und im Genuss von Milch »reale Züge des Nomadenalltags« erkennt. Erst hinter den Stutenmelkern sind die gerechten Abier, ein Idealvolk vergleichbar den Hyperboreern, zu erkennen.
55 Vgl. Ivantchik (2005), 85–89f.
56 Hes.theog. 337–345; vgl. Gisinger (1924), 315–328. Bestritten von Eck (2003), 31f., der aus der Nennung allein nicht eine Kenntnis von ihrer Mündung in den Pontos konstatieren will. Andererseits spricht die Nennung aber eben auch nicht gegen eine Kenntnis, sondern eher dafür; vgl. Vanschoonwinkel (2006), 85f.; Petropoulos (2005), 16–19 und 21: »For the time being, we can speak with certainty of the fact that during the 8th century B.C. the Greeks had not simply heard of the expanse of sea beyond the Hellespont though literary and oral tradition, but that they had also seen it first hand.« Die gerne ins Feld geführten nautischen Schwierigkeiten einer Fahrt durch die Dardanellen ins Schwarze Meer haben sich als gegenstandslos erwiesen: Severin (1985); Petropoulos (2005), 15–18, 21. Skeptisch hierzu und überhaupt zu homerischem Wissen vom Pontosgebiet dagegen Eck (2003), 23–30, der insbesondere eine Verortung der Argonautenerzählung im Schwarzen Meer verneint. Das Argument, Il. 2, 853–855 seien interpoliert, scheint eine Notlösung. Immerhin gibt auch er S. 38 zu, »… le Bosphore n'aurait jamais été un obstacle infranchissable et, malgré un fort courant hostile, il n'aurait pas retardé la colonisation de facon décisive.«
57 Hom.Il. 2,851–855.
58 Zu den Amazonen als Skythen jetzt überzeugend Mayor (2014). Hes. theog. 337–345; Petropoulos (2005), 17–19; Insellosigkeit und Nebel: West (2003), 156ff. Das Schwarze Meer bietet »abundant material for traveller tales«.
59 West (2003), 159; Börner (2010), 17–23; Makhortykh (2010), 146–149.
60 Hom.Od. 10, 392–397. Die Rückverwandlung der Mannschaft in Menschen macht sie jünger und schöner, ähnlich wie die dem Gilgamesh von Utnapishtin übergebene Pflanze die Jugend zurückbringt; Stanford (1968), 47; Michaux (2003), 14.
61 Hom.Od. 10,210–36; 276 (Meisterin des Giftes). Kirke als Herrin der Tiere: Marinatos (1995), 136ff. Dass Heilmittel nach Griechenland gebracht wurden, deutet Homer an, wenn er sagt, Helena habe (wie Kirke) Telemach Mittel gegen Trauer und zum Vergessen gegeben, die ihr Polydamna aus Ägypten gebracht hatte, also offenbar Drogen aus Ägypten; Od. 4,219–232. Auch die Lotophagen kennen solche Drogen. Das Interesse an exotischen Pflanzen (und Tieren) zeigt sich auch in der spätgeometrischen Vasenkunst.
62 Hom.Od. 10,136–137. Genealogie: P. Dräger, Kirke, DNP (1999), 487. Homer versetzt die ursprünglich im Westen gedachte Kirkeinsel in den Osten, weil die Nichte der Kirke »Medea eine Generation zuvor von den Argonauten entführt worden war«, und gibt ihr die Insel Aiaia.
63 Eumelos F 3 Kinkel; Vanschoonwinkel (2006), 90. Lordkipanidzè/Léveque (1990), 167–187. Skeptisch bleibt Eck (2003), 32f. Die Datierung der »Korinthiaka« ist ebenfalls umstritten; West (2002) setzt ihre Verschriftlichung erst in das 6. Jh. v. Chr., ältere Elemente reichen sicherlich weiter zurück; Inantchik (2005), 63.
64 Mimnermos F 11; 11a West, Vanschoonwinkel (2006), 90; West (2003), 159; Eck (2003), 35.
65 Hom. Od. 11,11; 12, 3–4; Hölscher (1989), 152–155.
66 Wilamowitz (1884), 165; Maaß (1915), 19; Hölscher (1989), 148; Gisinger (1924), 534; Berger (1904), 15; von den jüngeren: Käppel (2001), 17. Herrmann (1926), 16f. setzt die Laistrygonen mit den Tauriern der südlichen Krim gleich.

67 Hennig (1926), 273.

68 Schwarzmeerthese: Maaß (1915), 15f.; Schichten: Herrmann (1926); Mischung: Kranz (1915), 99ff. Dass Homer in den Gesängen 10–12 Material der Argonautendichtung verarbeitete, gilt seit Meuli als ausgemacht: Überblick bei Ivantchik (2005), 60f.

69 Schwarzes Meer – Teil des Okeanos: Ivantchik (2005), 67–106 mit Strab. 1,2,10. Auch die Argonautensage spielt im Okeanos und im Schwarzen Meer. Dementsprechend lässt sich die Insel Leuke, auf die Achilles versetzt wurde, als Äquivalent der Insel der Seligen im Okeanos deuten. Nach Wilamowitz war die Kirkeinsel ein Ort im äußersten Nordosten nahe des Okeanos, da von ihr aus es »eine unbedeutende Fahrt zum Eingang des Okeanos am anderen Ufer des Hades sei«. Aia liegt im hohen Norden, und da Odysseus von dem Totenreich wie die Argonauten von Kolchis durch die »Klappfelsen« (Plankten) zurück muss, liegt die Vermutung nahe, dass diese zweite Phase der odysseischen Abenteuer im Schwarzmeerraum spielte.

70 Hom. Od. 10,491–492.

71 Hom. Od. 10,507; 11,14–22; Maaß (1915), 23; Berger (1904), 14; Diskussion bei Hölscher (1989), 152. An einer anderen Stelle lässt Homer die Seelen der Freier vorbei am Strom des Okeanos und am Leukadischen Felsen zur Unterwelt ziehen; der Leukadische Felsen wurde von Arktinos von Milet (ca. 750 v. Chr.) im Norden des Pontos als Grabstätte des Achilles erwähnt. Offensichtlich gab es unterschiedliche Traditionen der Hadeslokalisierung, die auch die nördliche Sphäre des Schwarzen Meeres mit einschloss.

72 Hom. Od. 11,14–16.

73 Ivantchik (2005), 58. Mit dem Dunkel ist sicherlich auch immer die Vorstellung vom Totenreich verbunden, das man ebenfalls im Schwarzen Meer vermutete; ebda. 81.

74 Berger (1904), 15; Bury (1906), 87f.; Gisinger (1924), 534. Bernsteinhandel: ebda., 535. Hölscher (1989), 153ff. Vielleicht hat Homer von den historischen Kimmeriern gehört, die um 700 v. Chr. von Südrussland nach Kleinasien einbrachen. Es könnte aber auch sein, dass man umgekehrt dem historischen Volk den Namen nach dem Vorbild der Odyssee gab. Vgl. Ivantchik (2005), 56ff., der sich gegen die Deutung der Dunkelheit als Polarnacht wendet; Bury (1906), 81–86 deutet das von Prokop (Perserkriege IV, 15,16) erwähnte Geistervolk auf der Insel Brittia als eine an der Elbe erzählte Legende, die über die Phöniker zu Homer gelangte und durch die Verlagerung der Irrfahrten ins Schwarze Meer mit den Kimmeriern vermischt wurde.

75 Hom. Od. 11, 638–640; 12,1–4.

76 Vgl. Hölscher (1989), 155. Gilgamesh: 1. Tafel, 40: »... der den Ozean überquerte bis zum Aufgang der Sonne ....« Rückkehr der Sonne auf Schiff oder Becher: Berger (1904), 7.

77 Hom. Od. 12,39–54.

78 Hom. Od. 12,73–110; 12,60–72; Hölscher (1989), 155f.

79 Meuli (1921), 86ff.; Hölscher (1989), 156. Skylla und Charybdis wurden erst im späten 5. Jh. an die Meerenge von Messina verlegt; Eur.Med. 1342; Thuk. 4,24,5; Werner (1990), 63.

80 Maaß (1915), 31f.

81 Maaß (1915), 32f. Herodot (4,85ff.) identifizierte im 5. Jh. nicht Skylla und Charybdis, sondern die Plankten mit den »Kaneai« am Bosporus und verstand sie als »Tor des Pontos«. Homerische Untersuchungen, 165; Maaß (1915), 31. Nach Strabon sind es zwei Inseln an der Mündung des Pontos; 6,12,13. Atlantik: Maaß (1915), 33; Hennig (1934), 22f., 32f.

82 Hom. Od. 12, 260–269.

83 Hom. Od. 12,287–288; 325–326; vgl. 313–314.

84 Hom. Od. 12,403–424. Vgl. Hölscher (1989), 156 und Berger (1904), 20 zu den Windangaben, Meuli (1921), 56 zur Aiolosinsel, die den Wechsel des Odysseus von West nach Ost bewirkt.

85 Hom. Od. 12, 447. Anders z. B. H. von Gärtringen, KlP 4 (1979), 249. Hom. Od. 1, 50–54; 7,244–245; Hölscher (1989), 157, nicht in der Ägäis, wie Maaß (1915), 37 und Wilamowitz (1884), 55, 100 mit dem Argument meinen, dass Ino Leukothea an der ionischen Küste verehrt wurde.

86 Hennig (1934), 41, 46f.

87 Hom. Od. 6,204f.; 18 Tage: 5,278; Hennig (1934), 42f.

88 Hom. Od. 5,271–277; vgl. Hennig (1934), 44f.

89 Die Versuche zur Lokalisierung der Phäakeninsel und von Ogygia sind Legion, einige bei Hennig (1934), 59. Metz hält die Insel

der Kirke für Madeira, die Insel der Kalypso für eine der Azoren; Skylla und Charybdis seien in der Bucht von Fundy, Scheria in der Karibik zu suchen.
90 Hom. Od. 13,81–88; 8,557–563.
91 Hom. Od. 7,315; vgl. Thornton (1970), 19; Stanford (1968), 63.
92 Hom. Od. 5,451–452.
93 Vgl. Hennig (1934), 60.
94 Apollod. 2,107; Hes. theog. 274; 294; Nesselrath (2005), 155f.; ders. (2009), 228.
95 So Wolf (2009); ders., Odysseus im Phäakenland – Homer in der Magna Graecia, in: E. Olshausen/H. Sonnabend (Hg.), Troianer sind wir gewesen – Migrationen in der antiken Welt, Stuttgarter Kolloquium zur Historischen Geographie des Altertums 8 (2002), Stuttgart 2006, 20–53.
96 Hölscher (1989), 109.
97 Hölscher (1989), 109f.; Radermacher (1915), 38ff.
98 Cook 1992, 252; Strasburger (1998), 17. Vgl. Michaux (2003), 20. Zum Märchenmotiv des Wunderschiffes, das der Held benutzt vgl. Meuli (1921), 17.
99 Hom. Od. 7,85–128. Reichtum der Phäaken: 5,38f.; 6,308–309; 7,86–92; 98–102; vgl. Cook (1992), 242.
100 Hölscher (1989), 136f.; 172; Käppel (2001), 15 mit Quellen. Temese und Mentes: 1,184; Sizilien: 20,383; 24, 211. Den Vorgang der Anpassung des Mythos in die Realerfahrung beschreibt Meuli (1921), 83 sehr schön mit dem Ausdruck: »in die hellen Bezirke der wechsel- und schicksalsreichen Wirklichkeitswelt hineinziehen.« Zum Westen ebda., 82.
101 Dougherty (2001), 112; Weisung Richtung Scheria: Hom. Od. 5,344–345.
102 Hennig (1934), 41f.; Vasen: Gehrig (1990), 27–31.
103 Timpe (1985), 198; Warnecke (2006), 65; Meuli (1921), 65. Dass Homer an einen Magnetkompass denkt oder die selbstfahrenden Schiffe an die mit einem Auge geschmückten Bug erinnern, erscheint zu vage; Gades: Hennig (1925), 54ff.
104 Hom. Od. 3,318–322.
105 Hom. Od. 4,85–89. Bichler/Sieberer (1996), 134 schließen nicht aus, »dass in diese Schilderung auf Realkenntnis Libyens beruhende Informationen eingeflossen sind.«
106 Snowden (1970), 102f.; Ivantchik (2005), 22f. Strab. 7,3,7.
107 Hom. Od. 5,283; 1,22–24; Il. 1,423; 23,203; Romm (1992), 49ff.; Bichler/Sieberer (1996), 135 mit A. 85. Ich folge der These, dass die Aithiopen in homerischer Zeit mit Bekanntwerden der Schwarzen südlich von Ägypten von einem mythischen zu einem »realen« Volk wurden. Einige Gelehrte vermuten in der Doppelung eine Aufnahme des Meluha-Landes, das nach dem Untergang der Induskultur in Aitiopien (Kusch) und Indien aufgeteilt worden wäre und die Ähnlichkeit zwischen beiden Ländern begründet habe.
108 Von Soden (1959), 27 und die komplizierte Replik von Bichler/Sieberer (1996), 133.
109 Berger (1903), 446; Hennig (1925), 81; (1926), 272.
110 Von Soden (1959), 26–29. Zustimmend Zimmermann (2007), 44.
111 Hierzu passt, das etwa zeitgleich auch Hesiod (F 252 a,b Most) es für möglich hielt, dass die Argonauten auf ihrer Rückkehr ihr Schiff vom Okeanos durch Libyen ins Mittelmeer trugen.
112 Zimmermann (2007), 44; (1999), 18; Gisinger (1924), 535 erwägt Kunde Homers von Nordwestafrika; die Vorstellung von den gottgefälligen Aithiopen, bei denen Zeus 12 Tage weilt, könnte auf Nachrichten über König Piankhi (ca. 751–716 v. Chr.) zurückgehen, der sich in einer Stele respektvoll gegenüber den Tempeln und Göttern Ägyptens zeigt; Snowden (1970), 144. Wiederaufnahme des Arabienhandels, unterstützt durch Ausweitung der Kameldomestizierung: Rice (1985), 20f., Crone (1987), 17. Herodot glaubt, dass die Phöniker aus der Region des Persischen Golfes in die Levante eingewandert seien. G.W. Bowersock, Tylos and Tyre: Bahrain in the Graeco-Roman World, in: S. Haya Ali Al Khalifa/ M. Rice (Hg.), Bahrain through the ages: the Archaeology, Abingdon 2013, 240ff. Später unterstützten Griechen und Phöniker den Aufbau der ägyptischen Flotte; Corral (2002), 83.
113 Vgl. Strab. 3,2,14 (c 150); Zimmermann (1999), 17; Latacz (1990), 11–21 erklärt die unterschiedlichen Wertungen der »Sidonier« damit, dass sie verschiedenen Epochen angehören.

114 Hom. Od. 19, 246–247 (Eurybates); Hes. Frg. 98,15 (Most) im Rahmen der Boreadenverfolgung; Romm (1992), 29; Ivantchik (2005), 23. Ob den Pygmäen realethnographisches Wissen zu Grunde liegt, ist umstritten; Snowden (1970), 102–122; Skinner (2012), 96; als Topos für den Kampf der »schwachen« Bauern gegen die wilde Natur bzw. Vögel: Hölscher (1989), 216. Hom.Il. 10,295; Bernstein: Patzek (2003), 88; Silberner Krug: Hom. Od. 4,612–619.

115 Den Assyrern, Babyloniern und Hebräern ist das Mittelmeer wohl nur bis Kreta, höchstens bis zur Ostküste Siziliens und Süditaliens vertraut; Bichler/Sieberer (1996), 121f.; Müller (1997), 56. Eine Ausnahme ist Tartessos; W. Elliger, Spanien, Neues Bibel-Lexikon III, Sp. 651.

116 Scodel (2005), 157 sowie 155 zu Ithaca.

II, 1.
Geheimnisse des Nordens – Griechen in Westsibirien

1 Hom. Od. 23,267–273. Die Prophezeiung selbst in Hom. Od. 11,134–135.

2 F. Dornseiff, Odysseus' letzte Fahrt, Hermes 72 (1937), 353f.; Romm (1992), 74. Die Deutung Doughertys (2001), 161–176, wonach die Teiresias-Prophezeiung auf eine Art Wiedergründung Ithakas und eine Abkehr von der Seefahrt zum Landleben hinweise, ist schon allein deshalb nicht überzeugend, weil Odysseus der Penelope die Worte des Sehers *nach* der Ermordung der Freier offenbart. Im Übrigen bedeutet der Übergang von der Koloniegründung keineswegs – wie Dougherty S. 174 behauptet – eine gänzliche Abkehr von der Seefahrt. Ähnliche Kritik an Dougherty bei A. Purves, Odysseus and the Inland Journey, Arethusa 39,1 (2006), 17f. Als Sühneopfer haben auch die nachhomerischen Epen über das Ende des Odysseus den Auftrag des Teiresias verstanden: Hartmann (1917), 62ff. Der Weg führt den Helden nach Elis; das ist vielleicht der Grund, weshalb er entgegen der Prophezeiung von seinem Sohn getötet wird.

3 Lindegger (1979), 56; Asheri (2007), 582. Datierung: Sauter (2000), 108f.

4 Übersetzung (und Interpretation) nach H. Fränkel. Dichtung und Philosophie des frühen Griechentums, 4. Aufl. München 1993, 278.

5 Bowra (1956), weiterentwickelt von Fränkel (1993), 278; Romm (1992), 73 und Skinner (2012), 67.

6 Romm (1992), 72; Bolton (1962), 8–19 glaubt, weil das Fragment einen so ungewöhnlichen Perspektivwechsel vornimmt, es nicht dem Aristeas und dem 7. Jahrhundert zuweisen zu dürfen, ein schwaches Argument, das mit dem Verweis auf die Teiresiasprophezeiung an Gewicht verliert.

7 Pritchett (1993), 198.

8 Hdt. 4,13–16.

9 Vgl. Ivantchik (2005), 105.

10 Hdt. 4,14–15; Philipps (1955), 162; Lindegger (1979), 57; Pritchett (1993), 25f.

11 Hdt. 4,13,1. Prooemium: Asheri (2007), 582.

12 Burkert (1977), 178; Bolton (1962), 135–141.

13 Immerhin glaubte man in der Antike, Homer sei von Aristeas beeinflusst worden: Tomaschek (1888), 732. Zitat: W. Burkert, Gnomon 35 (1963), 239; ders., Goes. Zum griechischen ›Schamanismus‹, RhM 105 (1962), 41.

14 Hdt. 4,36,1. G. Baudy, DNP 1 (1996), s.v. Abaris, 5–6. Kleomenes und Abaris: Sauter (2000), 111; Dodds (1951), 141; Nilsson (1955), 615ff.; Eliade (1992), 42.

15 Maximos von Tyros, Philosophumena 10,2f., 38,3c = Lindegger, Q 18. Meuli (1935), 154f., 158ff; Dodds (1951), 141; Philipps (1955), 162, 176 oder Sauter (2000), 110 glauben, dass Maximos ältere Erklärungen über eine Schamanenreise bewahrt hat; vgl. Meuli (1935), 124f.; Burkert (1962), 124f. und jüngst wieder dezidiert Dowden (1980), 491: »Aristeas voyageait en esprit, au moins … dans un état de délire.«

16 Plin. nat. 7,174; C. Colpe, RAC XVII (1996), s.v. Jenseitsreise (Reise durch das Jenseits), 503.

17 Hdt. 4,15; Philipps (1955), 176.

18 West (2003), 162f. Rabe und Seeleute: Medas (2004), 88f. Zur Beischrift auf der Vase: Ivantchik (2005), 74, ebd. auch die Interpretation der Achilles-Vase. Die Entrückung einer

Person stellte man sich häufig als einen Flug vor: W. Burkert, Gnomon 35 (1963), 238f. Die Achillesentrückung ist wohl von Homer unterdrückt, weil sie nicht in das Konzept der Nekyia des Odysseus passt; Edwards (1985), 223. Ikykos (PMG 291) und Simonides (PMG 558) versetzen Achilles auf das Elysische Gefilde, wo er Medea heiratet. Pindar lässt Achilles auf die Insel der Seligen verbringen; Nisetich (1988), 9f.

19 Achilles wird zum Herrn der Skythen; West (2003), 164: Alkaios frg. 354. Vogt = Z 31; seit dem 6. Jahrhundert wird die Weiße Insel mit Leuke an der Donaumündung identifiziert; Rohde (1921), I, 86f.; Identität: Roloff (1970), 93–96.

20 Thornton (1970), 26; Hermes als Seelengeleiter in der »zweiten Nekyia«: Hom. Od. 24,9–14; Sauter (2000), 193; Burkert, RhM 105 (1962), 46. Hoher Norden: Telepylos, das Land der Laistrygonen, heißt »Ferntor«, das mythische Tor zum Jenseits; Käppel (2001), 18. Der gesamte Erzählzyklus von der Ankunft bei Kirke bis zur Ankunft der Phäaken ist dem Mythos vom Gang eines Helden in die Unterwelt bzw. der Reise ins Jenseits nachgebildet, wobei Unterwelt und Paradies als seliger Ort der Unsterblichen changieren.

21 Asheri (2007), 583; Meuli (1935), 157f.; Philipps (1955), 176. Schamanismus und Bilokation: Dodds (1956), 140; Bolton (1966), 126; Sauter (2000), 111.

22 Thornton (1970), 30; Burkert (1977), 228. Rabe als Urbild des Schamanen: Phillips (1955), 176.

23 Bolton (1962), 123 mit dem Argument des abrupten Abbruches; Lindegger (1979), 61. Kritik an der Schamanenvorstellung jüngst bei Bremmer (1983); vgl. dazu aber M.L. West, CR, NS 35,1 (1985), 56 und Kingsley (1995), 226.

24 Timpe (1985), 191. Früher Händlerkontakt: Bridgeman (2005), 32. Alkman (7. Jahrhundert), dem wohl das Arimaspen-Epos vorlag, erwähnt einige den Skythen benachbarte Stämme und Kolaxais als einen ihrer ersten Könige; Grakow (1990), 4.

25 Hdt. 4,108, mit R. Rolle, Skythen in Griechenland – Griechen im Skythenland, in: Rolle (1991), 204. Zwischen Dionysos und Apoll gibt es funktionale Überschneidungen: Auf einem etruskischen Spiegel aus dem 5. Jahrhundert v. Chr. sieht man einen alten Mann mit Flügeln auf seinem Rücken und hinter ihm einem Weinkrug. Wahrscheinlich handelt es sich um den Apollpriester Kalchas, der in Folge einer Prophezeiung und durch Wein zur Ekstase stimuliert auf eine spirituelle Reise emporgehoben wird. Thornton (1970), 25. Zur Lokalisierung der Budiner vgl. Hudson (1924).

26 Hdt. 4,75.

27 Hdt. 4,75; Kannabis in skythischen Gräbern: T. Taylor, Thracians, Scythians, and Dacians, 800 BC-AD 300, in: Cunliffe (2001), 393. Zur Deutung der »Schwitzbäder« vgl. die Literatur bei Pritchett (1993), 208f.

28 R. Turcan, The Cults of the Roman Empire, Oxford 1996, 221ff. zum Mithraskult.

29 S.S. Bessonova, Skythische Glaubensvorstellungen und Kulte, in: Rolle (1991), 151. Hdt. 4,73–75. Andraschko/Andraschko (1991), 159; Jettmar (1982), 530–536; Meuli (1935), 121–125.

30 Dodds (1951), 141; C. Colpe, RAC XVII (1996), s.v. Jenseitsreise, 503; Meuli (1935), 152f.

31 Vgl. Thornton (1970), 25.

32 Hdt. 4,16.

33 Hdt. 4,13.

34 Philipps (1955), 163; Bolton (1962), 76; Kristensen (1988); I. von Bredow, DNP (1999), s.v. Kimmerioi, 458–459; Nissen (2012), 12 8f., 142f. Ob die Kimmerier von den Skythen verdrängt wurden, ist allerdings zweifelhaft: Sauter (2000).

35 Parzinger (2004), 14. Vornehme Familie: Hdt. 4,14 mit Bolton (1962), 2, 131f. Priester des Apollon: Tomaschek (1888), 725, 731 sowie Bolton (1962), 141, der allerdings meint, Aristeas habe von einer solchen Expedition zu den Nordküsten des Pontos lediglich gehört und sei dadurch angeregt worden, zu den Hyperboreern zu reisen.

36 Asheri (2007), 586; Handelsgüter und Auftrag olbischer Kaufleute: Hennig (1944), 72–77.

37 Hdt. 4,22–23.

38 Z.B. How/Wells (1928), Vol. I, 310.

39 Hennig (1944), 72; Hübner (2005), 96.

40 Hennig (1935), 245f.; Hennig (1944),74ff.

41 Hdt. 4,23–24. Vgl. Philipps (1955), 168f.; Kochanek (2003), 54f.; Thomson (1948), 62; Asheri u.a. 2007, 598 und ältere Literatur.

42 Hdt. 4,24.

43 Hdt. 4,25.
44 Vgl. Bolton (1962), 9.
45 Hdt. 4,26; Parzinger (2004), 26. Herodot geht auf Aristeas zurück: Bolton (1962), 76.
46 Tomaschek (1888), 751 (Geschlechter), 755 (Handelstätigkeit).
47 Parzinger (2004), 26; Hennig (1944), 74; (1935), 246ff.; Asheri u.a. (2007), 600f. Die Beschreibung deckt sich mit der Schilderung der Massageten bei Hdt. 1,215–216. Kannibalismus: Murphy/Mallory (2000). Dass es sich um die in den chinesischen Quellen genannten Wu-sun handelt, ist keineswegs, wie Reichert (1992), 18 meint, heute allgemein akzeptierter Wissensstand.
48 Asheri u.a. (2007), 599.
49 K. Ziegler, DKP 2 (1979), s.v. Greif, 876.
50 Phillips (1955), 161; Romm (1992), 69.
51 Tomaschek (1888), 758; Dodds (1951), 14; Sauter (2000), 109.
52 Tzetzes, Chiliades VII, 687–692. Übers. Fränkel (1993), 278f. Vgl. Romm (1992), 72.
53 Hes. frg. 98,15; Romm (1992), 69f.; Parzinger (2004), 28; Philipps (1955), 173. Hesiod hatte die Skythen als »Stutenmelker« bezeichnet.
54 Mayor/Heaney (1993), 54f., 58f.; Philipps (1955), 174. Das mongolische *almas* wurde offenbar durch das skythische *arimasp-* wiedergegeben. Tomaschek (1888), 758ff. verbindet die Hunnen mit den Arimaspen, was aber gegen die historische Chronologie verstößt.
55 Hennig (1944), 76 zu Aischyl. Prom. 805–808.
56 Philips (1955), 170; Asheri (2007), 595. Zwischen 1860 und 1950 wurden über 100 antike Goldminen gefunden, die seit 1500 v. Chr. aktiv waren: Mayor/Heaney (1993), 52.
57 Mayor (2014), 113ff. Der Drache, der die Goldberge bewacht, gehört in den religiösen Umkreis des mythischen Königs, der als Himmelsvater herrscht und als Ahnherr großer Dynastien unter den Mongolen, Chinesen und Turkvölkern figuriert: Meuli (1935), 156f.; Philipps (1955), 174; Bolton (1962), 84. Tschuden: Hennig (1944), 75f.
58 Hennig (1944), 71; Philipps (1955), 171; Mayor/Heaney (1993), 49ff. Tomaschek (1888), 764 weist auf den Reisebericht des Naturforschers Ad. Ermann (Reise um die Erde I 1, 710) hin, wonach Russen die Mammutzähne und Pachydermen als »Vogelklauen« bezeichneten und die Einheimischen davon erzählten, ihre Vorfahren hätten mit diesen gekämpft.
59 Meuli (1935), 156f.; Phillips (1955), 176; Bolton (1962), 89.
60 Hdt. 4,13.
61 Tomaschek (1888), 769ff.; Meuli (1935), 155; Bolton (1962), 100 mit älterer Literatur (S. 31) sowie Asheri (2007).
62 Athen: A. Stewart, Greek Skulpture, Vol. 1, New Haven 1990, 166. Indoeuropäische Völker: H. Mair, Mummies of the Tarim Bassin, Archaeology 1995, 28–35; Shankman/Durrant (2000), 2. Tomaschek (1888), 729 zum innerasiatischen Karawanenhandel mit Gold; Asheri (2007), 599; Hundt (1969).
63 Hes. frg. 98, 20–24; vgl. Hom.Hymn. Dionys. 28f.; Skinner (2012), 63.
64 Hdt. 4,25. 36; Bolton (1966), 102; Parzinger (2004) 106; Brown (1992), 98.
65 Bolton (1966), 92–97.
66 Vgl. Kochanek (2004), 8–38, 49 (orientalischer Ursprung der Hyperboreer-Legende).
67 Brown (1992), 100f.; Thornton (1970), 24; Skinner (2012), 63; Bakchylides 3,58–62 lässt Kroisos von Apoll zu den Hyperboreern versetzen.
68 Alkman frg. 307c V.; Aischyl. frg. 68,197; Pind. Olymp. 10, 29–47; Käppel (2001), 24f.; Romm (1992), 64f.; H. Daebritz, RE 9 (1914), s.v. Hyperborei, 259 (Rhipäen), 277.
69 Vgl. Tomaschek (1888), 768, 774; Käppel (2001), 22f.
70 Vgl. Pritchett (1993), 102f. zu Phoenix; vielleicht ist der Name im Mykenischen *(po-ni-ke)* nachgewiesen und wurde mit dem Greif gleichgesetzt. Van den Broek (1972); Käppel (2001), 23; Schwäne um Delos: Kallim. Del. 249; H. Daebritz, RE 9 (1914), s.v. Hyberborei, 275.
71 H. Daebritz, RE 9 (1914), s.v. Hyperborei, 278 mit den Quellen. Entsprechend wurde das Gebirge, das ihr Land von den übrigen Menschen trennt, mit dem Haemus in Nordthrakien identifiziert; Bridgman (2005), 28–37; Timpe (1985), 185 zu den Hippomolgen (Hom. Il. 13,5).
72 Ahl (1982), 390f.; Gelling/Davidson (1969), 117ff.; Sprockhoff (1962); Käppel (2001), 25.
73 Hes. frg. 261a, b, 262 a,b, 98 Vers 24 (Most); Käppel (2001), 24; P. Madejski, Bernstein in

den Schriftquellen: Totenkult – Mythologie – Wert, in: Quast/Erdrich (2013), 53.
74 Spekke (1957), 3; Burkert (1977), 230; Ahl (1982), 395. Skeptisch: Asheri (2007), 604.
75 Hdt. 4,33 f.; Paus. 1,31,2; Plin. nat. 4,91; Romm (1989), 103 f.; Burkert (1977), 92 f., 311 ff.
76 Harrison (1904) mit Bild (248).
77 Tomaschek (1888), 768; Timpe (1985), 194, 201; H. von Geisau, DKP 2 (1979), s.v. Hyperboreer, 1275; Gisinger (1924), 538 erwägt die Kenntnis eines alten Bernsteinweges von der Rhônemündung aufwärts, dann den Rhein entlang bis zu dessen Mündung; vielleicht sogar die Kunde von der Elbe. Erntefest: Daebritz, RE 9 (1914), s.v. Hyperborei, 278. Skeptisch zur Bernsteinroute und Bernstein als Erstlingsgaben: Tréhaux (1953), 763–766.
78 Hdt. 4,32 ff.; Burkert (1977), 230; Bridgman (2005), 49, 55 (Deutung der Erstlingsgaben); Nilsson (1955), 549. Karte bei Bridgman (2005), 54. Andere Deutungen bei Asheri (2007), 605.
79 Sie nutzen ja den Adriaweg; vgl. Kochanek (2004), 53 Anm. 190 mit Hdt. 4,13.
80 Verger (2006), 48–53.

II, 2.
Go West! Die Fernfahrten der kleinasiatischen Griechen

1 Athen. 13,576a-b; Iust. 43,3; Pralon (1990), 51–56. Griechische Handwerker und Händler bei den Kelten: Shefton (1994), 62–68.
2 Pralon (1992), 55; vgl. *Mahabharata* 1,185,4–37. 3,54 f. Auf zahlreiche Märchenmotive verweist Radermacher (1916).
3 Verg. Aen. 7,50–58; 358–362. Phokaier als Übermittler: Bömer (1951), 11–37; W. Eisenhut, DKP 1 (1979), s.v. Aineias, 174 mit anderen Varianten.
4 Vgl. Dougherty (1993) und Bernstein (2002).
5 Seide: Cunliffe (2011), 43. Schier (1998), 511 f. zu den Fernbeziehungen der Herrenhöfe; Meid (2007), 25 (Zitat), Kuckenberg (2010), 224; Siedlungsgröße: Maier (2012), 39 f., 69 f.
6 Wells (1980), 21, 60 f. zu Kontakten vor der Massilia-Gründung. Dass die Entwicklung zur keltischen »Urbanität« bereits vor der Ankunft der Phokaier einsetzte, ist wohl communis opinio.
7 Bouffier (2013), 129.
8 Shefton (1994), 61 ff.; Bouffier (2013), 129; Hodge (1998), 143 zu St. Blaise als »a kind of joint Etruscan-Greek-Ligurian trading centre«. Für eine »heterogeneous mixture of merchants« Dietler (1997), 277–299; Hodge (1998), 65 f. zur phokäischen Kenntnis der Gegend. Vor den Phokaiern waren Rhodier an der Rhônemündung: Hodge (1998), 163.
9 Nachweise bei Radermacher (1916), auch zu Nanus, dem »Zwerg«.
10 Aristoteles bei Ath. 13,576 a.
11 Pralon (1992), 54; etruskisches Handelsnetz in Mitteleuropa: Pape (2000), 74 f. mit Karte.
12 Cunliffe (2011), 76–81.
13 Aristoteles bei Ath. 13,576b; Pralon (1992), 53.
14 Vgl. Morel (2006), 366; Mischehen als Integrationsfaktor: ders., 135. Frauenmangel: Bernard (2002), 148 und Morel (2006), 365 mit A. 25 zu vergleichbaren Geschichten. Andere griechisch-keltische Mischsiedlungen sind Arles und Glanum: Hodge (1998), 160.
15 Strab. 4,1,5; Shefton (1994), 65 ff.; Morel (2006), 365; vgl. Bernard (2002), 150. Getreide am Languedoc, Import und keltische Getreidespeicher: Morel (2006), 381–383; Hodge (1998), 44 f., 59. Weiter entlang der Côte d'Azur gibt es kein ackerfähiges Küstenland. Die Bedeutung des massiliotischen Weinanbaus darf nicht überschätzt werden, das meiste waren Importe aus Kampanien und Apulien; Hodge (1998), 52 f.
16 U. Yalcin/ Ö. Özyigit, Die Schmiedewerkstatt aus Phokaia: Ein Kurzbericht, in: Der Anschnitt. Zeitschrift für Kunst und Kultur im Bergbau, Beiheft 25: Anatolian Metal VI (2013), 239–246.
17 Iust. 43,3,5. Morel (2006), 360.
18 Broodbank (2013), 548 für die Anfänge. Salmon (1984), 129; De Angelis (2003), 51; (2009), 241; Osborne (2007), 283. Silos in Megara Hyblaia lassen bereits um 700 v. Chr. auf Exportüberschüsse schließen, in Metapont

überstiegen die Agrarerzeugnisse im 6. Jahrhundert den eigenen Bedarf.

19 Wallinga (1993), 93–96; Möller (2000), 50, 78ff., 199; 210; Riehll (1996), 90f.

20 Pomey (2011). Erfindung in Phönikien: ebd., 44, 53; Bild: 44. Triere: Dunbabin (1948), 419.

21 Riehll (1996), 103–107, Osborne (2007), 293f., Broodbank (2013), 556 zur Levante.

22 Vgl. Hdt. 4,152 zu Sostratos aus Ägina. Vielleicht bezog die Stadt Silber aus Tartessos für ihre Münzen; Sklavenhandel: Broodbank (2013), 549.

23 Hdt. 1,163.

24 Shefton (1994), 72f.; Wallinga (1993), 70. Geringe Bedeutung phokaischer Exportkeramik im Westen: Kerschner (2004), 126–129, 135f.; Morel (2006), 371; Shefton (1982), 350f. (»diplomatic gifts«). Silbermangel in Ägypten und Import durch Griechen: Osborne (2007), 290. Pentekontere: Hdt. 1,163; Braun (2004), 339f.; Morrison / Williams (1968), 109–112, 162, 194.

25 Hdt. 1,163; Shefton (1982), 345f. Söldner: Wallinga (1993); Soldvertrag und Ansiedlung: Domínguez (2000), 509. Shefton (1982), 345 spekuliert, dass die Griechen für die Phöniker Söldnerdienste geleistet hätten. Entwicklung von Tartessos: Aubet (1982), 317ff., 323.

26 Hdt. 1,163; Özyigit, DNP (2009), s.v. Phokaia, 940; Braun (2004), 337; Domínguez (2006), 434–440: Interesse an den Metallen von Tartessos. Keltische Namensableitung: Meid (2007), 42.

27 Vgl. Domínguez (2007), 436, 453.

28 Malkin (2011), 156f.; Bouffier (2013), 129f.

29 Shefton (2000), 33ff.; Bernard (2000), 150; van den Boomape (2000), 59.

30 Wells (1980), 74 (»gifts presented to chiefs or kings for the purpose of making an alliance, securing a friendship, or establishing trade relations«). Shefton (2000), 39: »diplomatic, ›introductory‹ gifts; ders. (1994), 214f. mit A. 33–36. Geringe Bedeutung massiliotischer und ostgriechischer Keramik gegenüber der etruskischen: Pape (2000), 81, 92f. gegen eine »präkoloniale Handelsphase« sowie 85: »Daher können die attischen Gefäße von Massilia nicht im Gepäck der Gründungskolonisten mitgebracht worden sein. Sie sind entweder als echte Handelsware oder aber als »Umzugsgut« eines späteren Kolonistenschubes anzusprechen. Als Vermittler dieser Ware kommen aber auch etruskische Händler in Frage.« Pape nimmt (S. 92) (neben Amphoren) Schläuche für den Landtransport etruskischen Weines an.

31 Thuk. 1,13,6; Paus. 10,18,7; 8,6; Malkin (2011), 152f. Dass die Angaben auf die Mitte des 6. Jahrhunderts v. Chr. und die Schlacht von Alalia verweisen, ist unwahrscheinlich; denn die Quellen sagen deutlich, dass die Massilia gründenden Phokaier die Seekämpfe bestritten.

32 Iust. 43,3–5; vgl. Strab. 4,1,5; H.G. Wackernagel, RE 28 (1930), s.v. Massilia, 2131; Timpe (1985), 208; Wells (1980), 73.

33 Bernard (2000), 150. Kooperation der Kelten und Massilier gegen Ligurer: Botermann (2005), 50.

34 Liv. 5,34,8.

35 Bockius (2007), 267.

36 Kuckenberg (2010), 35–40 (aber ebd., S. 245 gegen südliche Einflüsse); Shefton (2000), 38; Maier (2012), 74 erwägt Anregungen aus dem etruskisch-norditalischen Raum und der Magna Graecia. Wells (1980), 3, 25, 59, 74, zur Herkunft des »Architekten« und gegen eine einfache Wissensvermittlung durch Händler. Der für mitteleuropäische Verhältnisse singuläre Apsidenbau auf dem Mont Lassois dürfte ebenfalls auf griechische (oder etruskische) Architekten zurückgehen. Hier stand wohl eindeutig das Prestigebedürfnis des einheimischen Fürsten (»Versammlungshalle zum Weinsymposion«) im Vordergrund: Kuckenberg (2010), 236–239.

37 Schier (1998), 513.

38 Vgl. Wells (1980), 7f., 79 und 51 zum »chief« als »center of the economic system«. Kuckenberg (2010), 201 zu den Heiratsverbindungen, die vielleicht sogar in einer weiteren Phase mediterrane Frauen zu Gemahlinnen keltischer Fürsten machten; H. Zürn, Hallstattforschungen in Nordwürttemberg, Stuttgart 1970, 119.

39 Pape (2000), 75ff., 81; Wells (1980), 38–46, 68f. (Getreide und Holz) und oben S. 000.

40 Vgl. Kuckenberg (2010), 97f., 142ff. Der keltische Schiffbau bezog sich wahrscheinlich nur auf die atlantischen Gewässer (Veneterschiffe) und auf die Binnenschifffahrt, von

keltischen Einheiten im Mittelmeer weiß man nichts; vgl. Maier (2012), 109.

41 Vgl. Braun (2004), 341; Wallinga (1993), 341; zur Rolle griechischer Produkte als Prestigeobjekte für keltische Fürsten vgl. Wells (1980), 96f.

42 Van den Boom (2000), 44.

43 Pape (2000), 136f.; Wells (1980), 130f.; Kuckenberg (2010), 170f. mit Karten.

44 Pare (1991), 191; Pape (2000), 86, 96–102, 120–123 (Routen); 109 (symposionartige Gelage), S. 112f. spricht er von einer »massiven massiliotischen Marktoffensive in Richtung Atlantik und nach Norden, besonders entlang der Saône bis zum Oberrhein und an die obere Donau.« Ähnlich 122 (»gezielte Handelsoffensive«). Es gibt aber auch Stimmen, die einen direkten Handel mit dem Keltengebiet und der Hallstattkultur nördlich der Alpen bestreiten: M. Dietler, EtMass 3 (1992), 408; F. Fischer, Germania 51 (1973), 436ff. Wein für keltische »Fürsten«: Hodge (1998), 122; Wells (1980), 64ff., 70f. (attische Keramik).

45 Wells (1980), 62f. und 74f. Zum »politischen« Charakter des Handels mit den Kelten ebd., 90. gegen ein massiliotisches Handelssystem und einen organisierten Fernhandel zu keltischen Fürstensitzen: Eggert (1991), 1–28; vgl. Schier (1998), 500; Kuckenberg (2010), 187–199.

46 Shefton (1994), 64f.; Hodge (1998), 113; Bernard (2002), 152, 154; Dietler (1997), 282, 298. Verfassung: Bouffier (2013), 131; Reichtum als Qualifikation: Cunliffe (2002), 11. Zuzug der Phokaier: Pape (2000), 124, und als »crucial factor quickly leading to Massilia's dominance and far-reaching influence«: Pare (1991), 191. Im Zuge des Wohlstandes und der Verlagerung bürgerlicher Aktivitäten auf den Handel war Massilia seinerseits auf keltische Söldner angewiesen. Münzen und ihre Verbreitung im keltischen Raum: Bouffier (2013), 133; Hodge (1998), 124–127. Über Ampurias hatte Massilia Zugang nach Innerspanien.

47 Morel (2006), 361, 384f., 401; Malkin (2011), 154; Hodge (1998), 53–58, 116f.: Sklaven nach Rom und die Episode in Diod. 5,26; Cunliffe (2001), 306; Pape (2000), 123 zum Zinn. Massiliotische Weinamphoren entlang der Rhône und Saône bis zur Heuneburg (Karte bei Shefton, 1994, 712): Hermary (2004), 67. Zum Nutzen, den Griechen und die atlantischen Gesellschaften hieraus zogen, vgl. Cunliffe (2001), 273.

48 Timpe (1985), 203ff.; Strab. 4,1,5 zur maritimen Ausrichtung der Wirtschaft von Massilia. Morel (2006), 366 vermutet, dass sich Massilia in die Handelsnetze der Phokaier einschaltete.

49 Werner (1990), 75; Hennig (1944); 96–107; Ausgaben: Murphy (1977); Berthelot (1934); Spanien: Gisinger (1924), 559.

50 Plin. nat. 7,197; Bosch-Gimpera (1944), 53f.; Cunliffe (2001), 306; Morel (2006), 367–373. Datierung: Domínguez (2007), 442, Malkin (2011) zu phokaiischen und massaliotischen Kolonien und *emporia*. Die in Hdt. 1,163 genannten Zielgebiete sind unklar, von einer Fahrt in die Adria wissen wir sonst nichts, während Herodot die französische Mittelmeerküste unerwähnt lässt; Hermary (2004), 63; Kromer (1986), 15 spricht sich dagegen für Handelsfahrten der Phokaier um 600 v. Chr. in der Adria aus.

51 Hdt. 4,152; Hennig (1944), 51ff.; Asheri (2007), 678 mit Hom. Il. 6,171; Od. 5,32. Herodot konnte wohl die Inschrift des samischen Seefahrers lesen, die dieser auf dem großen Kessel angebracht hatte, und nutzte sie als Grundlage seiner Geschichte; Domínguez (2006), 433.

52 Hennig (1944), 52ff. und Cary-Warmington (1966), 46 nehmen die Geschichte für bare Münze. Dagegen z. B. Cunliffe (2001), 270; Shefton (1982).

53 Bouffier (2013), 129. Karthager: Freyer-Schauenburg (1966), 99f.; Kerschner (2004), 132f.

54 Timaios (Pseudo-Skymnos, Periegesis 202).

55 Shefton (1994), 61f.; Braun (2004), 337f. Domínguez (2007), 442 plädiert für Routen über die südliche Mittelmeerküste. Erstkontakte: Hdt. 1,163; Hennig (1944), 57; Kerschner (2004), 132.

56 Vgl. Domínguez (2000), 507.

57 Domínguez (2000), 507; Malkin (2011), 196–201. Artemisheiligtum: Malkin (2011), 172ff. Strab. 4,1,4. 85% der Weihegaben in Samos stammten aus nichtgriechischen Gebieten: Osborne (2007), 284.

58 Vgl. Tsetskhladze, in: Tsetskhladze/De Angelis (1994), 125f.

II, 3.
Eine neue Ordnung der Welt

1 Schulz (2005), 70.

2 Pichot (2000), 283–289; Röd (1988), 33, 39; Dicks (1970), 45 zu Anaximander. Zur »nautischen Astronomie« des Thales vgl. Van der Waerden (1988), 13f.; ebd., 17–22 mit Diog. Laert. 2,1 zu Anaximanders Gnomon. Praktiker: Dicks (1970), 43.

3 Zur ionischen Prosatradition vgl. Aly (1969), 208ff.

4 Aristot. meteor. 981 b 20.

5 Hdt. 1,17; 141–143; 169.

6 Ninck (1945), 24ff.; Kahn (1985), 135; Burkert (2003), 69.

7 Ninck (1945), 32; Röd (1988), 40ff.; Romm (1992), 11.

8 Die Namen der Anführer wechseln in den Quellen (Protis – Euxenos).

9 Strab. 4,1,4; Malkin (2000), 76.

10 Kall. H Ap. 66–68 zu Kyrene mit Schmidt (2002), 23 sowie anderen Parallelen (zwei Raben weisen Alexander den Weg nach Siwah); Apollon Archegetes auf Naxos als panhellenischer Kult eingerichtet: Thuk. 6,6,1; vgl. App. civ. 5,109,454f.; Schmidt (2002), 24; Morgan (1990), 176.

11 Anders Malkin (2011), 151; skeptisch dagegen z.B. Londey (1990), 121f. Vgl. Scott (2014), 62f.

12 Deshalb unterhielten in der frühen Archaik (neben Kreta) vor allem die nahegelegenen, wohlhabenden und im Überseehandel gen Westen sehr aktiven Poleis wie Korinth und Chalkis enge Beziehungen zum Delphischen Orakel, und nach Aussage der Legenden waren es Oikisten ihrer Kolonien in Italien und Sizilien, die Orakelsprüche erhielten; Parke/Wormell (1956), Vol. 1, 78; Morgan (1990), 116f., 161–168; 137. Zu Kreta ebd. 142ff. Nur ein einziges Mal konsultierte ein milesischer Exilant den delphischen Apoll; Parke (1985), 10f. sowie 120.

13 Londey (1990), 123f.

14 Deshalb spielt bei der Anlage von Scheria durch Nausithoos, dem Prototyp der früharchaischen Kolonisationslegende, Apoll auch keine Rolle; Hom. Od. 6,3–10. Die homerischen Hymnen an Apoll mögen auf eine Verehrung des »panhellenischen« Gottes bei der Kolonisation hindeuten (Malkin 2011, 197f.; I. Malkin, Foundations, in: Raaflaub/Van Wees (2009), 383f.), doch ob man deshalb Delphi besuchen musste, steht keineswegs fest; vgl. Graf (1979), 2–8 zu Apollon Delphinios.

15 Strab. 4,1,4 mit der Interpretation von Malkin (2011), 199f.

16 Verbindung der Geschichte zur Kolonisationsthematik: Schmidt (2002), 23f. Was hätten die jungen Phokaier auch mit einem Orakelspruch gewonnen? Geographische oder ethnographische Expertise sicherlich nicht, denn niemand wusste mehr über den fernen Westen als sie selbst. Vgl. Morgan (1990), 177 bezüglich Korinth und Chalkis.

17 So auch Morgan (1990), 17.

18 Meier (1989), 73, 113; ders. (1987), 109f.; Malkin (2011); Heilen, in: Hübner (2000), 33–54.

19 Tsetskhladze (2004), 226–278, bes. 247–256, 264ff., 269f.; ders., (2002), 81–96.

20 Das beschreibt Marshall (2000) am Beispiel der Kyrener gegenüber den Libyern. Zum nördlichen Schwarzmeerraum vgl. Heinen (2001) und Okhotnikov (2001).

21 Hdt. 4,76–80 mit Asheri (2007), 635ff.

22 Für die skythische Seite: Heinen (2001), 10ff. sowie 6f. zur Skytheslegende und der Frage der Sprachkenntnis. Zur griechischen Seite und der Kolaxis der skythischen Mythologie bei Alkman: Zaikov (2004), 69–84, ferner jetzt ausführlich Mayor (2014), 104ff, 114ff., 358ff.

23 Petropoulos (2005), 53.

24 Hdt. 4,108,2.

25 R. Sherk, ZPE 93 (1992), 235–236; Pritchett (1993), 194.

26 Hdt. 4,59; Asheri (2007), 625.

27 Schmidt (2002), 27f., 159. Pharmakosritual und Kolonisation: Burkert (1977), 142. Hdt. 4,178; Malkin (1987), 78, 90. Ekstatische Mantik: Nilsson (1976), 544f., 569, 625. Reinigungspriester wie Abaris oder Epimedes: Hoessly (2001), 58–63, 72f., 83, 173–197.

28 Chang (2005); Kosak (2000), 37f.

29 Vgl. Marshall (2000). Apoll als Heiler- und Gründergott: Pind. Pyth. 4,270–374, Apoll als

»Arzt«: Kall. Hymn. Apoll. 2,45–6. Stasis als Krankheit der Bürgerschaft: Brok (2000).
30 Vgl. Pritchett (1993), 195; Ivantchik (2005), 166f., 245; Mayor (2014).
31 Dousa (2011). Nach Diod. 5,28,6 war bei den Kelten die Lehre von der Wiedergeburt der Seele verbreitet.
32 Parker (1995), 484–495f., 502. Im Hinblick auf die heftig diskutierte Frage, ob die orphische Lehre die Seelenwanderung kannte, folge ich Kalogerakos (1996), 343f.
33 Vgl. Burkert (1977), 445ff.; Pritchett (1993), 25f.; Schmidt (2002), 23.
34 Donlan (1980), 77–99. Zu Pythagoras in Kroton vgl. Morrison (1956), 143f.
35 Kalogerakos (1996), 351ff.
36 Zhmud (1997), 127f.
37 Diod. 10,7.
38 Parker (1995), 488, 492f.
39 Kalogerakos (1996), 268–342.
40 Heilen, in: Hübner (2000), 35f.; Romm (1992), 26f.; Kahn (1960), 83; Küstenbeschreibungen als »Ausgangsform der ionischen Geographie«: Timpe (1985), 183.
41 Aristot.Cael. 2,13; Ps.-Plut.plac.Phil. 3,10. Europa-Asien und umflossen vom Ozean: geschlossen aus Hdt. 4,36 mit Couprie (2001), 83 und der dort angegebenen Literatur.
42 Heilen (2000), 34f.; Gehrke (1998), 35; Jacob (2000), 271.
43 Gisinger (1924), 533, 542, 573; Heilen (2000), 57; östliche Vorbilder: Berger (1903), 176 sowie Jensen (1890).
44 Gisinger (1924), 541; Dicks (1970), 72f.
45 Zur Zahlenlehre: Bechtle (2000), 52f.
46 Diog.Laert. 9,21.
47 Gisinger (1924), 573f.; Abel (1974), 996–998 mit Diskussion.

III, 1.
Verlockungen des Südens

1 Hdt. 1,164–166.
2 Vgl. Huss (1985), 59–65.
3 Vgl. Huss (1985), 67. Fabre (1992), 12f. spricht sich für freundschaftliche Verbindungen zu Karthago für die Zeit des 6. Jahrhunderts aus, da beide in Syrakus ihren Gegner gehabt hätten.
4 Wenn man die Passagen aus Avienus' *ora maritima* sowie des Pseudo-Skylax auf Euthymenes bezieht; vgl. Fabre (1992), 15; Hennig (1944), 80ff.; Roller (2006), 16ff. (Argumente für die Frühdatierung). Identifizierung der Oestrymniden mit Grand Brière: Fabre (1992), 15.
5 Vgl. Cary-Warmington (1966), 94; Huss (1989), 12; Fabre (1992), 14; Roller (2006), 17f.
6 FGrHist 1 F 18a. (Schilderung der Argonautenfahrt). Zimmermann (1999), 60, 77.
7 Die Verbindung zur Diskussion um die Nilfrage ist das wichtigste Indiz zur Datierung der Euthymenesfahrt; Hennig (1944), 83; Cary-Warmington (1966), 94. Ich halte die Argumente für die Frühdatierung in die erste Hälfte des 6. Jahrhunderts – »wahrscheinlich vor dem Karthager Hanno« – mit Huss (1989), 12, Mourre (1964), 135 und Fabre (1992), 13 gegen Zimmermann (1999), 77 A. 291 und Werner (1993), 14 A. 30 für ausreichend. Andere (z.B. Hennig, 1944, 83) ziehen die angebliche Sperrung der Straße von Gibraltar in den letzten Jahrzehnten des 6. Jhs. als terminus ante quem heran. Ob es aber eine solche »Sperrung« gegeben hat, ist sehr zweifelhaft.
8 Quellen bei Hennig (1944), 80. Vgl. Carpenter (1966), 101. Euthymenes verwechselte hierbei die Etesien mit den Kernpassaten. Vgl. Werner (1993), 14.
9 Sen. nat. 4,2,22; Hennig (1944), 80.
10 Gisinger (1924), 566. Nach Desanges (1978), 21 könnten die Etesien nur den Monsunwinden entsprechen, die von Juli bis Oktober von Südwesten wehen. In der Zeit führt der Fluss Hochwasser wie der Nil. Damit ergeben sich zwei Probleme: Erstens widerspricht die Tatsache, dass beide Ströme gleichzeitig Hochwasser hätten, der Annahme der kommunizierenden Röhren, zweitens müssten die Nilschwemmen blaues Ozeanwasser und nicht dickes Süßwasser aufweisen, während umgekehrt der Ozean vor dem Senegal eigentlich blau sein müsste. Diese Einwände sind nicht zwingend. Zweitens hätte Euthymenes

argumentieren können, dass das Ozeanwasser vom Atlantik auf der langen Reise vom Senegal zur Nilmündung seine Klarheit und Farbe verliert. Ferner ist unklar, ob ihm die zeitliche Koinzidenz überhaupt bewusst war. Denn das setzt ja voraus, dass er mehrere Monate am Senegal verweilte.

11 Hdt. 4,43; Hennig (1944), 133–137; Ferguson (1969), 8f. Kamerun: Asheri (2007), 613; Roller (2006), 21. Bis Südmarokko: Mauny (1978), 296. Identifikation: Snowden (1970), 105.

12 Herakleides Pontikos bei Strab. 2,3,4 (c. 98) mit den Erklärungen bei Huss (1989), 3 A. 4.

13 Barceló (1989), 28. Vgl. Bosch-Gimpera (1944), 55f. wonach auch die Spartaner von Nordafrika (Syrtegebiet) ferngehalten wurden.

14 Von der Annahme einer regelrechten Sperrung der Meerenge, wie sie die ältere Literatur behauptete, ist man zu Recht in jüngerer Zeit abgerückt; vgl. Fabre (1992), 12 und Zimmermann (1999), 92 A. 373 mit der dort angegebenen Literatur.

15 Hennig (1944), 96–107; Cary-Warmington (1966), 65ff. mit Diskussion der Zielgebiete. Huss (1985), 84 setzt die Ostrymniden mit den von Herodot genannten Kassiteriden gleich, die wohl die Scilly-Inseln sind; das bei Avienus erwähnte Tartessos stammt vielleicht aus einer Übersetzung des Fahrtberichtes des Himilko; vgl. Zimmermann (1999), 94.

16 Huss (1985), 85 und Cary-Warmington (1966), 66f.; Küstenverlauf: Gisinger (1924), 531; Irland und Zinninseln: Roller (2006).

17 Vgl. Huss (1985), 70.

18 Zimmermann (1999), 94.

19 Werner (1990), 72 für östliche Ursprünge.

20 Weggelassen ist die für phönikische Dokumente übliche Weihung an die Götter; Segert (1969), 509f. Datierung der Übersetzung und Authentizität: Geus (1994), 98f.

21 Bichler (2008), 185; Fage (2002), 47: »Nothing more than a conflation of ancient myths.«

22 Segert (1969), 518; Picard (1982), 179 zur Zweiteilung der Texte: Plin.nat. 5,8. Werner (1990), 71 zur literarischen Ergänzung und zur Authentizität 68 A. 78.

23 Z.B. Mauny (1970), 22, 91, 93; (1978), 296f.; Fage (2002), 47. Die schwierigen Bedingungen setzen am marokkanischen Cap Blanc ein.

24 Lonis (1978); Werner (1990), 68 A. 78; Picard (1992), 186f. (Kreuzen) sowie bereits L. Delekat, Phönizier in Amerika (Bonner Biblische Beiträge 32), Bonn 1969, 34: »Diese Technik war den Phöniziern bekannt, sie konnten nur nicht so hart am Wind segeln wie moderne Yachten.« mit älterer Literatur. Authentizität: Medas (2004), 143, Zimmermann (2007), 457. Dagegen gilt Austen (2012), 30 der Periplus »heute als literarische Erfindung.« Die Argumente – nautische Technik und fehlende archäologische Quellen – treffen jedoch nicht zu oder sind für eine Entdeckungsfahrt irrelevant.

25 Medas (2004), 142 speziell zur Hannofahrt.

26 Mauny (1970), 93, 99. Vgl. skeptischer Picard (1992), 187f.

27 Vgl. Lhote (1982), 48f., 78f., 86. Verbindung der *chariot routes* mit der Küste vermutet (aber nicht bewiesen) von Mauny (1947), 341–357; diskutiert bei Lhote (1982), 48f.

28 Fabre (2004/2005), 83–85 zu Koptos und den guten Schiffsbauhölzern in dessen Umgebung; Theophr. H. plant. 2,4, 2,8. Offenbar wurden die vorgefertigten Schiffsteile von Koptos ans Rote Meer transportiert und dort zusammengesetzt, um die ungünstigen nautischen Bedingungen des Roten Meeres weiter nördlich zu umgehen.

29 Vgl. Hennig (1928), 110–114 (»Schiffstrageplätze und Schleppwege«); Vian (1988), 14.

30 Vgl. die Verweise von Huss (1985), 83 A. 59 und Vivenza (1980), 102ff., 107f.

31 Hanno, Peripl. 1; Cary-Warmington (1966), 96; Huss (1985), 83. Dass die Karthager Pentekonteren benutzten, spricht nicht gegen eine Datierung in die Zeit Himeras. Trieren waren für Großexpeditionen und Kolonisation nicht geeignet. Dies gegen Rebuffat (1995), 24.

32 Hdt. 1,164–166. Die Zahl von 60 Pentekonteren scheint die Standardgröße der phokaischen Flotte gewesen zu sein; vgl. Asheri (2007), 186. Ferner Vivenza (1980), 104 zu den Parallelen.

33 So bereits Hennig (1944), 91f.

34 Vgl. Page (1978), 95.

35 So dezidiert Werner (1990), 72. Vgl. Hands (1969), 85; Barceló (1989), 26f. und Page (1978), 121, 129, der (wie ich) die Verbindung zu den

Expeditionen des Himilko und Hanno sieht. Zur Diskussion über die Datierung der Expedition vgl. ältere Literatur bei Hennig (1944), 91. Für eine Datierung »rather later in the fifth century«: Ferguson (1969), 5.
36 Text und Übersetzung: Oikonomodes/ Miller (1995); Hennig (1944), 86–89 (deutsch).
37 Cary-Warmington (1966), 97.
38 Huss (1985), 79 f. mit unterschiedlichen Lokalisierungsversuchen und Huss (1994), 100 f.
39 Cary-Warmington (1966), 97.
40 Vgl. Hennig (1944), 93; Dolmetscher: Geus (1994), 101. In Lixos gab es wohl schon im 8. Jh. phönikische Händler.
41 Cary-Warmington (1966), 97; Mauny (1970), 94; F. Lasserre, Trog(l)odytai, DKP 5 (1979), 977.
42 Killick (2004).
43 Blomquist (1984), 56. Rio Oro: Huss (1985), 80; Geus (1994), 101 ist für die »Ile d'Arguin«.
44 Huss (1985), 81; Cary-Warmington (1966), 99. Lokalisierung Kernes: Vivenza (1980), 108 f.
45 Huss (1985), 81.
46 Bichler (2011), 332.
47 Blomquist (1985), 58 ff. Ferner erwarb man Felle und Sklaven; vgl. Cunliffe (2001), 302.
48 Vivenza (1980), 108; Huss (1989), 4. Goldhandel im Senegalgebiet: Ferguson (1969), 7.
49 Vgl. Page (1978), 138 gegen die Skepsis von Mauny (1970), 82 und Garrard (1982), 443 f., ferner Beaujeu (1955), 164.
50 Palaiphatos § 31; vgl. Law (1967), 188; Page (1978), 138 f.; Snowden (1970), 106.
51 Hdt. 4,196.
52 Ps.-Skylax Periplus 112,7. Für eine Verbindung dieses Berichtes mit dem des Hanno: Huss (1989), 4. Skeptisch Asheri (2007), 718.
53 § 15; Blomquist (1984), 57.
54 Blomquist (1984), 58.
55 Plin. nat. 5,8. Dass den Karthagern die Umrundung bekannt war und ihnen Informationen über die nautischen Verhältnisse zur Verfügung standen, wird z. B. von Vivenza (1980), 106 f. akzeptiert. Dass die letzte Etappe »nicht ausschließlich mit kommerziellen Motiven zu begründen« ist, erkennt auch Geus (1994), 102 an. A. 597 gibt eine Erklärung.
56 § 14. Vgl. Cary-Warmington (1966), 100.
57 Hdt. 4,195.
58 Vgl. Asheri (2007), 717.
59 Huss (1985), 81; Cary-Warmington (1966), 100; Snowden (1970), 106.
60 Hennig (1944), 93–95; Huss (1985), 81 mit A. 50 und 51; Geus (1994), 102.
61 Plin.nat. 6,200; vgl. Geus (1994), 103.
62 § 18. Vermutlich fehlt das Ende des Textes. Der Hinweis auf den Mangel an Lebensmitteln scheint mir gegen einen fiktionalen Fahrtbericht (Bichler 2008, 186 zur Stelle) zu sprechen.
63 Andere Rekonstruktionsversuche mit Karten bei Beaujeu (1955), 162 ff.

III, 2.
Der Weg nach Timbuktu

1 Vgl. Lhote (1982), 49–52, 81 f., 86 f., 208 sowie 82 und 162 zu den libyschen Seevölkern.
2 Mauny (1978), 280–283; skeptisch MacDonald (2011), der in ihnen »sports cars for the local Saharan aristocracy« sieht und die Einführung von Maultieren und Pferden viel später datiert.
3 Mauny (1970), 60 f.; Wagenrouten und Felszeichnungen; 129 f. (Kamele); (1978), 278–292.
4 Zu den Tichitt und Berbern: MacDonald (2011), 72 ff., ders. (1998), 91 f. geht von ursprünglichen »Chiefdomes« am Mittleren Niger aus. Zu den urbanen Kulturen am Tschadsee: Lange (2010a), 104–107; (2010b), 49–55, 59 f., Breuning (2006). Verbindungen assyrischer Händler bzw. Flüchtlinge über Nubien in das Tschadgebiet: Lange (2011a), ders (2011b), 23–27.
5 Mattingly (2011), 50–58; ders. (2015), 779 zum frühen Transsaharahandel. MacDonald (1998) und (2011), 74 f., 80.
6 Die Skeptiker (z. B. Austen 2012, 39) argumentieren textimmanent und meinen, aus fehlenden bzw. geringen Hinweisen der Quellen oder gar archäologischen Hinterlassen-

schaften schließen zu können, dass es einen Transsaharahandel nicht gab. Dass Herodot nicht ausdrücklich, aber verklausuliert auf Sklaven und Gold als Bestandteil des Handels hindeutet, ergibt sich aus der Natur der Sache. Zu beanstanden, dass es keine Reste von Fellen im Rahmen des Saharahandels gibt (Swanson 1975, 597), ist reichlich naiv; vgl. zum Problem Mauny (1970), 81.

7 Hdt. 2,32,4. Asheri (2007), 261 spricht von vier Zonen (Wüste + Sandhügel). Hdt. 2,32 und 4,181 lassen sich unproblematisch in drei Zonen aufteilen.

8 Hdt. 4,181–185.

9 Hdt. 4,174, 184; Liverani (2000), 498; Sommer (2011), 62.

10 Liverani (2000), 497ff. Inzwischen von vielen akzeptiert; s. u. a. Mattingly (2012), 50.

11 Kádár (1972).

12 Law (1967), 183.

13 Vgl. Law (1967), 182–185.

14 Liverani (2000), 508, Oasen: 499–502.

15 Bichler (2011), 318f., vgl. ders. (2000), 40f.

16 Carpenter (1966), 111ff., Pritchett (1993), 97ff. sowie Asheri (2007), 261ff. Skeptisch Bichler (2008), 182f.

17 Hdt. 2,32; Hennig (1944), 127f.

18 Hennig (1944), 132. Ausrüstung: Huss (1989), 7; Desanges (1978), 179; Mauny (1978), 283f.

19 Hdt. 4,182.

20 Liverani (2000), 505, 511; Asheri (2007), 261; Mauny (1970), 63; (1978), 284.

21 Vgl. Huss (1989), 7f.

22 Vgl. Mattingly (2011), 52–55.

23 Hdt. 4,183; Liverani (2000), 501.

24 Hdt. 4,183.

25 Hdt. 4,174.

26 Hdt. 4,183; Law (1967), 187; Liverani (2000), 512; Carpenter (1966), 117f.

27 Vgl. Carpenter (1966), 128f.; Desanges (1978), 182; Oase Ghat: Liverani (2000), 502.

28 Hdt. 4, 185; Liverani (2000), 503.

29 Mauny (1970), 120; Asheri (2007), 262. Auch Sataspes war auf sie gestoßen; Roller (2006), 21. Zur Topik der Pygmäen und des Kontrastes zu den Aithiopen vgl. Bichler (2000), 41.

30 Vgl. Law (1967), 186.

31 Hdt. 2,32.

32 Dass dagegen das Fezzan das Zielgebiet der Expedition war, wie Hennig (1944), 130f. annimmt, scheint mir wenig plausibel. Die Identifizierungen des Flusses mit dem Wadi esch Schergi sowie die Gleichsetzung der Elefanten mit dem Wüstenwaran wirken gezwungen, und sie wurden, soweit ich sehe, auch von der Forschung nicht übernommen.

33 Carpenter (1966), 128ff.; Cary-Warmington (1966), 348f. Bodélé-Senke: Asheri (2007), 262; G. Nachtigall, Sahara und Sudan, II, Berlin 1881, 77ff.

34 Zu den Vorgängersiedlungen von Timbuktu: Park (2011), bes. 30ff., 38f. »... it is now clear that Timbuktu's prehistoric urbanism was far greater than it ever was during the historic period. Vgl. Huss (1989), 7; Windberg, RE 17, 1 (1936), 199 s.v. Niger; Zimmermann (2007), 47.

35 Vgl. Law (1967), 185; Mauny (1970), 120; Liverani (2000), 503; Mattingly (2011), 50.

36 Liverani (2000), 504; Thomson (1948), 70; Ferguson (1969), 3, 10.

37 Hdt. 2,33,2–34,2; Zimmermann (1999), 92 A. 377; Desanges (1975), 181f. Auch andere Flüsse der Sahara, die heute ausgetrocknet sind, beherbergten Krokodile; Desanges, 182.

38 Hrbek (1992), 306ff.

39 Suche nach Gold: Liverani (2000), 513; Law (1980), 188f.; Senegal: Ferguson (1969), 7.

40 Vgl. Blomquist (1984), 57f.

41 Hdt. 4,181–185; Law (1967), 182ff.

42 Hdt.4,183.

43 Vgl. Asheri (2007), 706.

44 Law (1967), 183; Liverani (2000), 508. Skelettfunde und Bewässerung: Austen (2012), 35; Sklaven beim Ackerbau und Bewässerung: Wilson (2006) sowie Fentress (2011), 69.

45 Hanno Periplus § 7. Zur Topik der Troglodyten vgl. Bichler (2000), 40.

46 Huss (1989), 7; Zimmermann (2007), 47. Immerhin müssen die Karthager an die Geschichte geglaubt haben: Cary-Warmington (1966), 349.

47 Hdt. 4,43; 195f.; Berger (1903), 231. Dass Herodot »dunkle, ferne Kunde vom Oberlaufe des Niger« hatte, nimmt auch Gisinger (1924), 571 an.

48 Vgl. Law (1989), 187; Page (1978), 127.

49 Z.B. Fage (2002), 44.

50 Vgl. Bosch-Gimpera (1944), 55f.; Page (1978), 109.
51 Austen (2012), 40. Inschriften: Lange (2004), 15; Rouillard u.a., in: Krings (1995), 776–844.
52 Lange (2004), 15–19.
53 Page (1978), 127; Lange (2004), 16–19; Snowden (1970), 24ff. mit Bildmaterial; Fentress (2011), 66f. Schwarze Auxilien der Karthager: Frontin Strat. 1,11,18; Fentress (2011), 68.
54 Huss (1989), 6f. Handelsbeziehungen: Diod. 13,81,5; Page (1978), 127. Warum Garrard (1982), 443f. bezüglich des Goldhandels skeptisch ist, erschließt sich mir nicht. Dass Herodot keine »ausdrücklichen« Hinweise gibt, ist ein schwaches Argument.
55 Ath. II 44e; Mauny (1970), 120; Geus (1994), 179f.; Ferguson (1969), 8; Huss (1989), 7. Law (1967), 188 und Page (1978), 127 lassen Mago nur bis ins Fezzan kommen.
56 Mauney (1947), 341–357; Huss (1989), 7; Fage (2002), 45. Strab. 17,3,3–7 schreibt über die »Streitwagenräuber« der Nigritae (wohl bei der Oase Tuat in Algerien) und der Pharusii nahe der Atlantikküste, was auf eine Verbindung auch gen Westen zwischen Lixos und Tripoli hindeutet.
57 Snowden (1970), 103f, 122. Xenophanes F 16 beschreibt die Aithioper als schwarzgesichtig mit flacher Nase, ein Söldner der Armee des Psammetichos II. war ebenfalls Kolophonier.
58 Pind.Pyth. 4,20–21 mit Zimmermann (1999), 114 und Schema ebda.

III, 3.
Persiens Vorstoß nach Indien

1 Hdt. 3,25.
2 Brown (1962); Grenzsicherung als Herrscherpflicht: Asheri (2007), 417, 423 mit Hdt. 97,2. Asheri (2007), 397. Apis: Hdt. 3,27 mit Asheri (2007), 424–427.
3 Fentress (2011), 68.
4 Vgl. Asheri (2007), 425.
5 Vgl. Hdt. 4,87ff. zu dem Baumeister Mandrokles.
6 Wiesehöfer (2007), 32, 38ff.; Rollinger (2014), 109.
7 Hdt. 3,136.
8 Schiwek (1962), 8ff. meint, die Eroberung sei gleichzeitig mit der Fahrt des Skylax erfolgt. In dem Parallelfall bezeugt Herodot (3,136) eine schriftliche Aufzeichnung des Küstenverlaufs, wie es von Skylax im Falle der Indienfahrt belegt ist; vgl. Taylor (1956), 50. An der Historizität der Skylax-Fahrt wird kaum noch gezweifelt; die Argumente bei Allain (1977), 54ff. und Salles (1988), 83. Zu den persischen Interessen vgl. Wiesehöfer (2007), 32. Der neu eröffnete Kanal des Necho, der seinerzeit die Afrikaumsegelung der Phöniker initiiert haben soll, wurde erst 20 Jahre nach der Indienexpedition ausgehoben; er gab dem Überseehandel keine Impulse, sondern war vor allem ein Prestigeobjekt.
9 Karttunen (1989), 40 mit Literatur. Cary-Warmington (1966), 121 vermuten weitere Griechen als Teilnehmer. Dass Skylax ein Mathematiker und Musiker gewesen sei, wie Suda, s.v. Skylax, behauptet, dürfte ein Missverständnis sein und sich auf Cic. Div. 2,42 beziehen.
10 Vgl. Pedersén (2005), 267–272; Kessler (2006), 487–490; Rollinger (2007), 259–330.
11 Karttunen (1989), 41 mit Herzfeld (1968), 8f., 42ff. und 275–287.
12 Hdt. 4,44.
13 Hdt. 4,43; Hennig (1944), 133–137.
14 Dan (2013), 89.
15 Quellen und Interpretation bei Geus (2003), 239ff. Vgl. Wiesehofer (2007), 32.
16 Hdt. 3,102. 4,44. Die Identifizierung des Ortes wird heftig diskutiert; Karttunen (1989), 41f. Paktyer werden als indische Einheiten in der Armee des Xerxes erwähnt, Hdt. 7,67. Herodot (3,93) unterscheidet *Paktuiké* vom Land der *Gandarioi* und nennt ein Gebiet *Paktyika* nahe Armenien in der 13. Satrapie. Zu lösen ist das Problem nur, indem man dieses Gebiet von dem in Indien liegenden trennt; Allain (1977), 56. *Paktuiky* (vgl. das vedische *Paktah*) könnte man auf das *pashto*, eine im modernen Afghanistan gesprochene

Sprache beziehen; Asheri (2007), 613 und Karttunen (1989), 44.

17 Vgl. Allain (1977), 56. Das Land der *Gandaraioi* wird von Hdt. 3,91 sowie 7,66 in der 7. Satrapie des Dareios erwähnt: Kontingente der Gandarier dienten wie die Baktrier in der Armee des Xerxes. Spätere Erwähnungen bei Plin. nat. 6,48; Mela 1,2. Kiesling, Gandaritis, RE 7 (1910), 696–701; Allain (1977), 55. In Hindu-Legenden taucht ein Volk der *Gandharas* auf, das in dieser Region nahe des modernen Kandahar lebte. Kaspapyros: Hekataios FGrH 1 F 295.

18 Hekat. F 297; Schiwek (1966), 12f.; V. Tomaschek, Argante, RE 2,1 (1901), 686.

19 Die Angabe Herodots, wonach sich der Indus nach Osten und dem Sonnenaufgang hin bewegte, erklärt sich wohl daraus, dass der Autor aus der Lage der Inder am östlichen Rand der Welt auf den Ostlauf des Indus schloss und den Verlauf der großen Ströme der Oikumene nach einer kurzen Nord-Süd-Richtung parallel auf den nördlichen und südlichen Breiten annahm. Karttunen (1989), 42; Panchenko (1998), 213f. Vielleicht hat er den nach Osten fließenden Kabul mit dem Indus gleichgesetzt; Gisinger (1924), 622; Allain (1977), 56f.; Geus (2003), 239.

20 Hekat. F 299. So Gisinger (1924), 629; anders Schiwek (1966), 13; Karttunen (1989), 47.

21 Panchenko (1998), 236; Karttunen (1989), 36.

22 Hekat. F 298; Hdt. 3,38. Vgl. Schiwek (1966), 13.

23 Hier siedelte der Stamm der *Mukoi*. Das entspricht dem in achaimenidischen Inschriften genannten Land Maka an der Küste Karmaniens und der arabischen Küste des Golfes von Oman; Hekat. F 298; Schiwek (1966), 14; Gisinger (1924), 630f.

24 Hekat. F 271; Schiwek (1966), 14f.; Gisinger (1924), 630f.; Salles (1986), 80, der auf Skylax' Kenntnis der Troglodyten an der afrikanischen Küste des Roten Meeres verweist.

25 Breton (1999), 71. Expansion der Perser im Roten Meer: Salles (1986), 86.

26 Hdt. 4,44. Vgl. Panchenko (2003), II, 284.

27 In der frühen griechischen Literatur bestand keine Klarheit über die Existenz von *zwei* großen Strömen. Der in den Oikumenedarstellungen südöstlich fließende Indus könnte der von Skylax *korrekt* wiedergegebene Verlauf des Ganges sein, der dann von Herodot und späteren auf den Indus übertragen wurde; Panchenko (1998), 214–221. Ein weiteres Argument ergäbe sich aus dem Hinweis des Onesikritos, Taprobane liege 20 Tagesreisen vom Festland (dem Volk der *Prasii* am Gangestal) entfernt; Plin.nat. 6,82. Hekataios bemaß Distanzen nach Tagesfahrten (FGrH 709 T 6), und so könnte die Information von Skylax stammen, der von der Gangesmündung nach Taprobane gesegelt wäre.

28 Später plädiert Panchenko (2003), 293 für Hastinapura nordöstlich von Dehli, der Hauptstadt der Kurus, am rechten Ufer des Ganges; vgl. zu den Städten: Strab. 15,1,11; Arr. Ind. 2,4.

29 Strab. 15,1,30; Panchenko (1998), 213, 233.

30 Hdt. 3,94. Vgl. Panchenko (1998), 237f.; Karttunen (1989), 37.

31 Vgl. Solomou (1993), 27f., 34f.

32 Vgl. Kaplan (2009), Biographical Essay. Die Vermutung, es handele sich bei der Angabe um ein Versatzstück aus Herodots Erzählung über die Afrikaumrundung der Phöniker (Asheri 2007, 613 und Karttunen 1989, 47 A. 313), spräche nicht gegen, sondern eher für eine Umrundung. Vgl. Sedlar (1980), 11, der die Fahrtdauer nur mit einer Umrundung Indiens erklären kann, deshalb aber den gesamten Bericht für fiktiv hält. Cary-Warmington (1966), 122 erklären die lange Fahrtdauer damit, dass Skylax gegen den Monsun segelte, Allain (1977), 57 meint, die Fahrt hätte sich durch Handelsaufenthalte verzögert.

33 Medas (2004), 114–117; Prontera (1992), 36–42.

34 Dezidiert Meyer (1998), 202f.; vgl. Karttunen (1989), 65 zum Prosabericht. Auch Bichler (2011) spricht vom »Fahrtbericht.« Dagegen geht Werner (1990), 68ff. von einer Verschriftlichung logbuchartiger Aufzeichnungen aus. Zur Literaturform des Periplus vgl. Meister (1990), 17; Allain (1977), 61f. Tatsächlich wurde die Form des Periplus von den Persern auch bei anderen Expeditionen als geeignete Form der Aufzeichnung genutzt: Hdt. 3,136; Werner (1990), 72.

35 FGrH 709; Zambrini (1982), 105: »Rilaborazione letteraria«; Allain (1977), 59–63;

Gisinger (1924), 625. Informationen über Indien: Lassen (1874), 557f. Anders Karttunen (1989), 16–19. Ein dem Skylax zugeschriebener Periplus der bewohnten Welt wird mehrheitlich in das 4. Jh. v. Chr. datiert. Es handelt sich um eine Kompilation, deren Kern oder einzelne Fragmente auf Skylax zurückgehen. Allain (1977), 65–77 vermutet, dass Skylax nach seiner Indienfahrt diesen älteren Kern eines universalen Periplus verfasste.

36 FGrHist 709 F. 3–4; Reese (1914), 47f.; Karttunen (1989), 66f.; Kaplan (2009), comm.

37 De Jong (1973), 136; Karttunen (1989), 21, 25; Filliozat (1964), 244, 257. Demokedes: Hdt. 3,129–138; Indisches Holz in Babylonien: Ray (1994), 56; Karttunen (1989), 25.

38 Die archäologische Forschung ist regional im Fluss: Kenoyer (2006), Witzel (2003), 58ff., Karttunen (1989), 30f., Ray (1994), 17. Kastenwesen: Reese (1914), 47; Witzel (2003), 44ff.

39 Zambrini (1982), 106f.

40 Karttunen (1989), 67. Einäugige: Hom. Od. 9 zu den Kyklopen; Aisch. Prom. 804; Skiapoden: Alkman *(Steganopodes)*; Strab. 1,2,35; 7,3,6; Makrokephalen bei Strab. 1,2,35; Reese (1914), 50. Hundsköpfige: Dihle (1994), 25; Reese (1914), 49ff.

41 Reese (1914), 49; korrigierend Karttunen (1989), 132; Lindegger, II (1982), 22, 93f.

42 Reese (1914), 50ff.; 85; Karttunen (1989), 126–134.

43 Vgl. Schmieder (1994), 210 zu Berichten über Tartaren. Niccolò de Conti erzählte, dass Inder sich den »Westlern« überlegen fühlten, weil diese nur ein Auge hätten.

44 Jacoby (1912), 2687f., 2700; Prontera (2001), 130. Skylax und Hekataios: Zambrini (1982), 107f.; Karttunen (1989), 69; die Ausdehnung der Reisen ist unklar, er dürfte sich aber kaum über das Perserreich und Ägypten (Hdt. 2,143) hinausbewegt haben. Ich halte eine Karte des Hekataios angesichts der doxographischen Tradition und v.a. deshalb für wahrscheinlich, weil er von Eratosthenes als einer der ersten Geographen bezeichnet wird.

45 Gisinger (1924), 553; Zimmermann (1997), (1999), 25, 39–43, 59–63; Heilen (2000), 47f.

46 Jacoby (1912), 2703; Meister (1990), 21; Heilen (2000), 48.

47 Heilen (2000), 46; Meister (1990), 22.

48 Müller (1997), 94ff.; Heilen (2000), 51. Informationen der Perser: Prontera (2001), 132. Krokodiljagd: Hdt. 2,70–73; Dihle (1994), 31f. Die Fragmente sind gesammelt bei G. Nenci, Hecataei Milesii fragmenta, Florenz 1954.

49 Zit. bei Walter (2010), 405.

III, 4.
Das Wesen des Menschen in der Welt

1 Aischyl.Pers. 402ff.

2 Aischyl.Pers. 394; vgl. Jouanna (1981), 6.

3 Hdt. 8,109; Aischyl.Pers. 744–751. 345; 362; 454f.; 472f.; 495; 513–516; Hutzfeld (1999), 79.

4 In dieser Beziehung ist die Forschung allerdings gespalten. Während Hall (1989) in den »Persern« den Beginn des negativen Barbarenbildes sieht, betont Gruen (2012), bes. 10–21 die Gemeinsamkeiten zwischen Griechen und Persern. M.E. ist in den »Persern« beides angelegt, und die literarische Qualität des Stückes besteht darin, dass es vom Publikum in verschiedene Richtungen ausgedeutet werden konnte.

5 Hutzfeld (1999), 44ff. Georges (1994), 119f. zu den *Persiká*.

6 Aischyl. Pers. 321, 326ff.; 441–444. Georges (1994), 82f. Gegensatz Dareios-Xerxes: 88f. 115 wird das Dareiosbild auf die Zeit der freundschaftlichen Beziehungen zu Persien zurückgeführt.

7 Soph.Ant. 332–337, Übers. nach Meier (1989), 457f.

8 Quellen bei Meister (2010), 120–127 sowie 101–110 zu den Kulturentstehungslehren.

9 Xenophanes 21 B 16; Meister (2010), 193f.

10 Thomas (2000), 14, 22.

11 Heinimann (1965), 14–19.

12 Vgl. Thomas (2000), 43ff.

13 Hippokrates. Von der Umwelt. Fünf auserlesene Schriften. Eingeleitet und neu

übertragen von W. Capelle, Zürich/ München 1955, ND 1991, 87–122. hier das Kap. 14.
14 Thomas (2000), 61 sowie 63–70 zur Schrift über die Umwelt.
15 C. M. Danoff, Makrokephaloi, DKP 3 (1979), 922; Müller (1997), 132; Karttunen (1989), 133.
16 Heinimann (1965), 27f.; Meister (2010), 84f.
17 Zu dieser Verbindung von »Mythistorie« und »Realhistorie« vgl. Meier (2004), 45f.
18 Meier (1989), 430–433.
19 Hdt.1,1. Übers. Walter (2010), 405.
20 Meier (1989), 376.
21 Zu dem gesamten Komplex überzeugend Thomas (2000), 235–248.
22 Walter (2010), 405; R. Bichler/R. Rollinger, Herodot, 3. Aufl. Hildesheim u.a. 2011, 14f.
23 Thomas (2000), 222 sowie 221–8 zur Bedeutung von *apodeixis* bei Herodot und den Sophisten und Ärzten; demgegenüber betonen Walter (2010), 404ff. und Paulsen (2004), 181 stärker die ansprechende Wirksamkeit, die dem Publikum mit dem Begriff *apodeixis* angekündigt wird.
24 Vgl. Meier (1989), 361.
25 Vgl. Meier (2004), 337f.
26 Hdt.1,1–5.
27 Vgl. Meier (2004), 39f.
28 Vgl. Walter (2010), 407.
29 Meier (1989), 373; Walter (2010), 407.
30 Hdt. 1,5,4; vgl. Immerwahr (1966), 306ff.; Walter (2010), 407.
31 Hdt. 7,101–104.
32 Vgl. Dihle (1962), 208ff. mit den Ergänzungen von Thomas (2000), 109ff.
33 Hdt. 5,66,1, 78. Demokratie als *nomos*: Thomas (2000), 114–117.
34 Hdt. 8,144,2; Thomas (2000), 112 A. 19.
35 Vgl. Cobet (1971), 101ff.; Müller (1997), 104. Genaue Übersicht: ebd. 113f.
36 Hdt. 2,77,3; vgl. 3,22,4; 106. Rood (2006), 297.
37 Hdt. 2,77,2; 4,187; Borca (2003), Kap. 1 und Heinimann (1965), 174–177, 180.
38 Thomas (2000), 108f.; Bichler (2007a), 58f., (2007b), 18f.; Rood (2006), 303; Georges (1994), 181, 186. Zu den Topoi seit Homer: Bichler (2008a), 86.
39 Bichler (2007a), 61f. (2008a), 86; Rood (2006), 302; Nippel (1990), 18f., 22–6.
40 Heinimann (1965), 147–152; Nippel (1990), 24. f.; Bichler (2003), 94f., 103.
41 Hdt. 3,38.
42 Cobet (1971), 111; Walter (2010), 406.
43 Zitiert nach Nippel (1990), 13.
44 Hdt. 1,35,1–2; 74,4; 94,1; 2,64; 92,1.
45 Hdt. 1,140,3; 1,198; 2,80.
46 Hdt. 3,80–83.
47 Lewis (1984), 101–111; Kim (2009), 24–27; O. Murray, Omero e l'etnografia, in: Atti del VII Congresso Intern. di Studi sulla Sicilia Antica, Rom 1992, 8.
48 Hdt. 3,23. Im Auftrag des Dareios segelten phönikische Schiffe entlang der griechischen Küste, die (sie) »betrachtete(n) und aufzeichnete(n); Hdt. 3,136. Xerxes soll sich in Kleinasien und Griechenland über heimische Gebräuche und Landschaften erkundigt haben; Hdt.7,43, 128.
49 Vgl. z.B. 4 Mos. 13,17–20; vgl. den Fragenkatalog, den Papst Innocenz IV. offenbar den Mongolenreisenden an die Hand gab, bei Schmieder (1994), 206.
50 Die Nordvölker sind »Verzehrer von Fleisch, Milch und gerösteten Korn, deren Herzen keinen Ofen, und deren Bauch kein Bier kennt«; Liverani (1999–2000), 83; Rochberg (2012), 35; Horowitz (1998), 92: »Like Herodotus, the author of *The Sargon Geography* seems to be interested in the customs and life-styles of foreign nation.«
51 Prontera (2001), 132 und Kim (2009), 24f. dezidiert zur persischen Perspektive.
52 Murray (2001), 36–40; Wells (1923) zu den persischen Kontaktleuten und ihren Geschichten.
53 Hdt. 1,1,5.
54 Hdt. 4,37–41; 7,61–80; Dan (2013), 102f.; Dayton (1984), 369; Pearson (1939), 76f. Zum nördlichen Schwarzmeerraum und Westeuropa: Sieberer (1995), 88ff.
55 Nippel (1990), 20 mit den Belegen. Klima bei Herodot: z.B. 1,143; 3,106.
56 Auch das fruchtbare Tartessos wird laut Herodot von einem König regiert, der 120 Jahre alt wurde; Karttunen (2002), 46ff.; Bichler (2000), 29–60; Nippel (1990), 25f.
57 Hinzu kommt die Abgeklärtheit gegenüber den Reichtümern: Bichler (2007b), 16.
58 Zambrini (1982), 115–123. Zur Methodik

Herodots: Nippel (1990), 13; Bichler (2007c), 79f.
59 Hdt. 3,107–109; 4,13, 25; 27, 191; Müller (1997), 126; Dihle (1990), 53–55.
60 Hdt. 3,97; Dihle (1990), 53.
61 Anders Dihle (1994), 31f.
62 Karttunen (1989), 53; Karttunen (2002), 75ff.; Dihle (1990), 45.
63 Dihle (1994), 32, (1990), 58; Asheri (2007), 499, Baumwolle: Karttunen (1989), 52.
64 Rollinger (2004), 3ff.; Dihle (1990), 47; Karttunen (1989), 171–176. Pritchett (1993), 93f.
65 Hdt. 3,97.

IV, 1.
Große Entwürfe

1 Dueck (2013), 47.
2 Hdt. 2,21,23; 3,113; 4,8, 36, 45; vgl. Heilen (Eudoxos, 2000b), 55.
3 Sieberer (1995), 21.
4 Bichler (2011), 316f.; Müller (1997), 125; Karttunen (2002), 457; Romm (1992), 20ff., 32ff. und Zimmermann (1997) zur Zweiteilung durch Hekataios; Müller (1997), 125 für Dreiteilung.
5 Bichler (2011), 320ff.
6 Sieberer (1995), 21–24; Dihle (1990), 43. Zur Namensherleitung des »Erythräischen Meeres«: Berger (1903), 58ff. Atlantik: Gisinger (1924), 569. Hdt. 1,202f., Aristot. de mundo 392b 22f.
7 Hdt. 1,180; 2,21–23, 4,8; 6, 20; 7,80; Prontera (2001), 131; Berger (1903), 56ff.; Müller (1997), 124; Dihle (1990), 42f.; Karttunen (2002), 457.
8 Blázquez Martínez/ García-Gelabert Pérez (1990), 120; Gisinger (1924), 561, 572; 568. Plut. Alkibiades 17. Nordpontos: Bacon (1961), 46f.
9 Dicks (1970), 56–59, 151–153, 189, 357f. A. 255. Messungen: Szabó (1992), 129–143.
10 Plat. leg. 809c-d; 817e-818a; Rep. 820e-821b zur Klage des Atheners über die schlechte Qualität astronomischer Studien; Dicks (1970), 108ff., 138, 148ff.; Waschkies (1993), 36ff.
11 Vgl. Berger (1903), 121ff.
12 Hdt. 4,24f.; Berger (1903), 195.
13 Berger (1903), 126, 173, 190; Krüger (2012), 185f. für das Mittelalter.
14 Aristot. meteor. 1,13 (350b); 2,1 (354a). So wurde nur die Entstehung von Tag- und Nachtschatten erklärt.
15 Berger (1903), 171; Heilen (2000), 56; Abel (1974), 1003ff., 1013.
16 Od. 10,81ff.; 11,41ff.; Abel (1974), 993; Berger (1903), 196f.; Gisinger (1924), 578f.
17 Abel (1974), 996; Berger (1903), 189ff.; Gisinger (1924), 568.
18 Vgl. Berger (1903), 190f.
19 Abel (1974), 1008–1010; Szabó (1992), 126–128; Heilen (2000b), 62; Dicks (1970), 157.
20 Heilen (2000b), 58; Berger (1903), 202–208, 301; Abel (1974), 999f.
21 Vgl. Abel (1974), 1002f.
22 Vgl. Eudoxos F 276a Lasserre; Abel (1974), 1019; Dicks (1970), 189; Gisinger (1924), 553. Gnomon und Sternenglobus: Van der Waerden (1988), 93–100; Dicks (1970), 9f.
23 Heilen (2000b), 59; Plat.Tim. 63A. Die südliche Oikumene entsprach der südlich gemäßigten Zone. F. Gisinger, Die Erdbeschreibung des Eudoxos von Knidos, Amsterdam 1967, 16.
24 Eudoxos F 288 Lasserre. Zimmermann (1999), 104; Heilen (2000b), 59; Gisinger (1924), 582.
25 Zimmermann (1999), 104; Abel (1974), 1018; F 289 Lasserre.
26 Zimmermann (1999), 102. Gisinger (1924), 582 glaubt, dass Eudoxos eine sich ebenfalls gen Norden weit erstreckende Landmasse angenommen hat.
27 Phaidon 108e5 und 110b6–7; Ebert (2004), 445.
28 Phaidon 109 b, 112e. Berger (1903), 314; Abel (1974), 1015; Zimmermann (1999), 102f.; Ebert (2004), 441f. Vielleicht hat bereits Eudoxos Perioikumenen und Antipoden angenommen; vgl. Gisinger (1924), 582; Gemin. el.astr.16, 1ff. p. 162ff. Reichsapfel: Berger (1903), 216, F. Lasserre, Okeanos, KlP 4 (1979), 269. Dagegen Gisinger (1924), 581.
29 Vgl. Abel (1974), 1015; Gisinger (1924), 582 zu Vorbildern bei Eudoxos.
30 Berger (1903), 311 mit Strab. 2,5,3. Eudoxos

argumentierte, dass der Nil beim Durchfluss durch die verbrannte Zone von Süd nach Nord infolge der Hitzeeinwirkung seinen Salzgehalt verliere und deshalb in Ägypten süßwasserhaltig sei. Vgl. Abel (1974), 1018

31 Plat. Tim. 2424e-25a; Zimmermann (1999), 103; Geus (2000), 58 mit A. 14. Diese These setzt ebenfalls einen riesigen Erdglobus voraus; Gisinger (1924), 581; Abel (1974), 1012.

32 Grundlage ist das lateinisch überlieferte Buch *de inundatione Nili*; dessen Datierung und Identifizierung als Übersetzung eines Werkes des Aristoteles nicht ganz gesichert ist.

33 Aristot.cael. 2,13; 293b 30ff.; Abel (1974), 1020.

34 Cael. 2,14; 297b 30ff.; 2,298 a 15f.; Abel (1974), 1021f.; Gisinger (1924), 577; Szabó (1992), 131; Dicks (1970), 76, 196f.

35 Vgl. Abel (1974), 1022; Gisinger (1924), 576. Geminos el.astr. XVI 29 p. 176.

36 Gisinger (1924), 580; Bolchert (1908), 2; Abel (1974), 1002, 1024f.

37 Aristot. meteor. 2,5,16, p. 326, 30f. Berger (1903), 322f.; Burr (1947), 92; Bolchert (1908), 3.

38 Aristot. cael. 2,14. 298a 9ff.; Gisinger (1924), 585; Abel (1974), 1026.

39 Cael. 2,14 298a; meteor. 2,5.362 b 27ff.; Berger (1903), 317ff.; Geus (2003), 233; Dicks (1970), 198. Vielleicht sah Aristoteles Atlantis als ehemaligen Teil dieser Verbindung, gab es doch laut Platon dort Elefanten; Krit. 114 E ff.; Berger (1903), 320–323.

IV, 2.
Der Vorstoß in den nordwestlichen Okeanos

1 Cunliffe (2002), 20; Pape (2000), 134f.; Konkurrenz: Kuckenberg (2010), 259–262. Handelsbeziehungen: Maier (2012), 43.

2 Vgl. Kuckenberg (2010), 263f.: martialischer Habitus.

3 Cunliffe (2002), 20.

4 Pape (2000), 134f.

5 Pape (2000), 134–139; Kuckenburg (2010), 171f.

6 Das Verhältnis zwischen wissenschaftlichen und handelspolitischen Zielen zu bestimmen, fällt der Forschung schwer; vgl. die gewundenen Erklärungen von Johne (2006), 31; ähnlich Werner (1990), 73 mit A. 89. Dass Pytheas »seine Reise methodisch und bezüglich ihrer Ziele rein wissenschaftlich ausrichtete« (Heilen 2000, 64) ist eine Verengung, die sich mit der Ansteuerung der Zinnabbaugebiete nicht vereinbaren lässt.

7 Kleomed. Met. 1,208–210; Mart.Cap. 6,609; Roller (2006), 63. Aufenthalt in Athen und Kontakt zu Aristoteles sowie athenisch-massaliotische Handelskontakte: Roller (2006), 63. Schüler des Eudoxos: Gisinger (1963), 316; Heilen (2000b), 61–63. Datierung: Roller (2006), 64–66. Zinn und Bernstein als Ziel und Unterstützung der Kaufleute: Kleineberg u. a. (2010), 104.

8 Heilen (2000b), 61ff. Dicks (1970), 165f. hält den *Polos* nicht für eine *Skaphé*, sondern für eine andere Bezeichnung des *Gnomon*.

9 Taylor (1956), 44f.; Roseman (1994), 4, 32, 34; Szabó (1992), 172f. Gebrauch des *Gnomon*: Dicks (1970), 21–23.

10 Hipparch. Geogr. Frg. 53–55 = Strab. 1,4,4; 2,1,12; 2,5,8; A. Szabó, Strabon und Pytheas – die geographische Breite von Marseille, Historia Scientiarum 29 (1985), 3–15; Roller (2006), 68; Kleineberg u. a. (2011), 105. Observatorium und Gnomon in Massilia: Journès/Georgelin (2000), 21–39. Messungen der Breiten: Cunliffe (2002), 60f.

11 Die These des Überlandweges und der Benutzung fremder Schiffe bei Hennig (1944), 161f. und anderen deutschen Forschern, aufgenommen von Roseman (1994), 148ff. und Cunliffe (2002), 54ff.; ders. (2001), 307f.; vgl. Ellmers (2010), 370–374 zu Schiffen und Saumpfaden.

12 Strab. 1,4,3; Cunliffe (2002), 61f., 68; Roseman (1994), 24–29, 38 zu Ouexisame und Ushant.

13 Diod. 5,22; Wenskus (1985), 95; Cunliffe (2002), 76f. Zinnbarren: Ellmers (2010), 367f.

14 Strab. 1,4,3; Wenskus (1985), 96; Roller (2006), 70f. Cornwall: Diod. 5,22 mit Roller (2006), 72. Zinnabbaugebiete: Cunliffe (2001), 92. Keltische Schiffe: Cunliffe (2002), 103–106.

15 Cunliffe (2002), 94f.
16 Pol. 34,5 = Strab. 2,4,1 (Reise durch ganz Britannien); Diod. 4,5,5 (Ernährung, Lebensweise etc.), vgl. 5,21–22; Timpe (1989), 326; Cunliffe (2002), 95ff., 107ff. Kritiker: Roseman (1994), 126; vgl. Strab. 1,4,1–3.
17 Cunliffe (2002), 98–100, Hipparch wusste, dass im hohen Norden die Sommernächte sehr kurz waren und die Sonne durch die Dämmerung sichtbar blieb; Roseman (1994), 43. Gezeiten: Roller (2006), 75ff.; Cunliffe (2002), 101–103. Galway: Ps-Arist. de Mundo 3 geht wohl auf Pytheas zurück. St. Georges Channel: Cunliffe (2002), 98.
18 Roller (2006), 71f.; Dicks (1960), 186f. Fahles Sonnenlicht bei Nacht: Hipp. Geogr. Frg. 58 = Strab. 2,1,18; Dicks (1960), 184f.; Roseman (1994), 57. Je weiter man nach Norden kommt, desto länger werden die Stunden des sommerlichen Tageslichts; man sieht einen Lichtbogen, bis der Schatten während des Sommersolstitiums einen Kreis in einer 24-Stunden Periode einnimmt.
19 Cunliffe (2002), 101; Roseman (1994), 92f. mit Plin.nat. 4,104. Caesar Gall. 6,16 sagt später, die Gallier »sprechen ausführlich über die Gestirne und ihre Bewegung.«
20 Plin.nat. 2,187; Roseman (1994), 75.
21 Diskussion bei Cunliffe (2002), 132–135.
22 Vgl. jüngst Kleineberg u.a. (2011), 105–113.
23 Roseman (1994), 157; Cunliffe (2002), 119–135; Roller (2006), 81–87. Südisland liegt auf der Breite N 63°–64°.
24 Strab. 4,5,5; Roseman (1994), 138; Hawkes (1975), 37; Heilen (2000b), 70.
25 Hawkes (1975), 38. Zusammenhang Natur – Lebensweise: Müller (1997), 234.
26 Strab. 2,5,8; Kleomed. Cael. 1,5; Heilen (2000), 66f.
27 Geminos, El. astron. 6,9; Übersetzung nach Heilen (2000b), 68.
28 So die überzeugende Deutung von Heilen (2000b), 68; vgl. Kleineberg (2011), 112.
29 Vgl. Cunliffe (2002), 126f.; Roeseman (1994), 121.
30 Strab. 2,4,1.
31 Roseman (1994), 127f. Andere Deutungen 130f. und bei Timpe (1989), 327f.
32 Hennig (1944), 176; Cunliffe (2002), 139, 143 zum jütländischen Bernsteingebiet.
33 Plin.nat. 37,35; Roseman (1994), 95ff.; Wenskus (1985), 102; Johne (2006), 33.
34 Plin.nat. 4,94–5; 37,35–6; Cunliffe (2002), 146–149; Roseman (1994), 83f., 102 mit weiterer Literatur zu Basilia. Alternativen: Fünen, Zeeland, Sylt oder Amrum.
35 Wenskus (1985), 97–100; Cunliffe (2002), 152; Roseman (1994), 92; Hennig (1944), 174f.
36 Roller (2006), 87–89; Wenskus (1985), 84ff. Anders Hennig (1944), 172f.; Timpe (1989), 329.
37 Hennig (1944), 179.
38 Strab. 2,4,1; vgl. 1,4,3; Mela 3,33. So dezidiert Hawkes (1975), 5f.; Hennig (1944), 180; Roller (2006), 90f.; J. Herrmann, Volksstämme und nördlicher Seeweg in der älteren Eisenzeit, ZfA 19 (1985), 106f. Für die Gleichsetzung Don-Elbe: Johne (2006), 32.
39 Roller (2006), 91; Timpe (1989), 328f. über ost-westlichen Zusammenhang der Oikumene.
40 Strab. 2,5,43; Roseman (1994), 56; Cunliffe (2002), 162–170 sowie Radt, Strabon Bd. 4 (2006), 176 mit weiterer Literatur für Pytheas' Glaubwürdigkeit und Strabons »Krittelsucht«.
41 Abel (1974), 1029–1030, 1045; Heilen (2000), 64f.; Van der Waerden (1988), 172f. Korrektur der Zonen: Timpe (1989), 331. Aristoteles' Fehleinschätzungen: Dicks (1970), 210; Strabon: Szabó (1985), 3. Die Griechen verstanden unter dem »arktischen Kreis« einen am Himmel sich ziehenden Kreis mit dem Himmelspol als Zentrum. Wir meinen mit dem Polarkreis einen um die Erde sich ziehenden Kreis auf der Breite, wo der himmlische arktische Kreis (im griechischen Sinne) mit der täglichen Sonnenbahn zur Zeit des Sommersolstitiums zusammenfällt.
42 Pol. 34, 10 (= Strab. 4,2,1); Literatur und Lokalisierungen bei Bockius (2003), 230 mit A.151.

IV, 3.
Der Nahe und Ferne Osten

1 Madreiter (2012), 184f.; Miller (1997) zum Odeion 218ff. mit Paus. 1,20,4; Plut. Per. 13,5–6.
2 Ausführliche Belege und Diskussion bei Mitchell (2007), 27–28.
3 Mitchell (2007), 28f. Archaische Wurzeln: Xenophanes DK 21 B 16, vgl. 14–15; Pind. Frg. 215a 2–3; Die Vasenkunst zeigt neben Negativklischees (Eurymedonvase) seit 460 Perser in Szenen, die vorher Griechen reserviert waren, z. B. den Kriegerabschied. Zur positiven Sicht der Perser vgl. Isaac (2004), 264, 269 mit Hdt. 7,238 und 136.
4 So lässt er Iphigenie (1400f.) sagen, Hellenen sollten über Barbaren herrschen, aber nicht umgekehrt; Isaac (2004), 278.
5 Thomas (2000); Isaac (2004), 58f.
6 Triebel-Schubert (1990), 90; Cartledge (1998), 40; Isaac (2004), 67.
7 Hippokr. aër 16; 20 (Skythen); Bäbler (1998), 169f.; Müller (1997), 135.
8 Isaac (2004), 62; Thomas (2000), 70–78, 91–94.
9 Plat. rep. 4,435e; Romm (2010), 224; Isaac (2004), 71.
10 Aristot. pol. 1327b29–32; vgl. Cartledge (1998), 39f.; Romm (2010), 225; Thomas (2000), 71.
11 Isokr. pan. 179. Cartledge (1998), 43, 50; Madreiter (2012), 180–184. Gleichzeitig entwickelte Isokrates das Modell des ›Kulturgriechen‹ und löste damit das »Hellenensein« von der ethnischen Zugehörigkeit und der geographischen Lage: Wer sich die Errungenschaften der griechischen (faktisch: der athenischen) Kultur aneignete (Sprache, Bildung, Lebensweise, Aktivität in der Polis), konnte der hellenischen Kultur ›beitreten‹. Dieser Gedanke sollte im Hellenismus große praktische Bedeutung erlangen.
12 Xen.an. 3,2,25; 5,1,2; Mitchell (2007), 23.
13 Xen.an. 7,3; Hirsch (1985), 61–97.
14 Xen.an. 1,9,3; Georges (1994), 211f.; Isaac (2004), 288.
15 Xen.Kyr. 8,8,15; Mitchell (2007), 22, 132.
16 Vgl. Hisch (1985), 42f.; Anabasis: Hirsch (1985), 14–38, Oikonomikos: Hirsch (1985), 11.
17 Xen.Hell. 4,1,29–39; Cartledge (1998), 46f.; Georges (1994), 218f.; Mitchell (2007), 21f. Panhellenismus und Lächerlichkeit des Reichtums: Georges (1994), 118.
18 Plat. epist. 7,332A-B; leg. 3,695C-D; Phaidr. 258 B; Hirsch (1985), 7.
19 Plat. Phaidr. 258b. Vgl. Georges (1994), 109ff.; 114, 221.
20 Xen. an.1,9,13; Georges (1994), 50–53, 212f., Isaac (2004), 290, 297.
21 Herodot glaubte, dass es im Norden Gebiete gäbe, die für Siedlungen ungeeignet seien, und die südliche Hitze menschliches und vegetabilisches Leben nicht gedeihen ließ. Ähnlich Xen.an. 1,7,6; Kyr. 8,6,21. Er kennt zwar den Unterschied zwischen Griechen und Skythen einerseits sowie den in wärmeren Klimata lebenden Persern andererseits, zieht hieraus aber nicht die Konsequenz einer grundsätzlichen Inferiorität der Perser. Stattdessen weist er auf unterschiedliche Ressourcen hin und auf die Landesnatur, die über militärische Erfolge entscheidet. Vgl. Romm (2010), 220. Hdt. 7,102; 9,122.
22 Cartledge (1998), 38ff.
23 Vgl. die überzeugenden Überlegungen von Hirsch (1985), passim und explizit 3, 12.
24 Vgl. Madreiter (2012), 40, 125. Die Versuche, Ktesias' Stellung als Arzt als literarische Fiktion zu erweisen (Dorati 1995, vorsichtig zustimmend Bichler 2007d, 231:»… nicht ohne beachtliche Argumente«), scheinen mir überzogen und sind von Tuplin (2004) ausgeräumt worden; vgl. Eck (1990); Dueck (2013), 49 und Brown (1978), bes. 9f. zu den Daten.
25 Ktes. FGrHist 688 T 8.
26 Bichler (2007d), 212f. Allerdings attestiert Bichler (2007c) auch Herodots Historien einen »poetisch-fiktionale(n) oder novellistisch-fabulöse(n) Charakter«, womit sich der angenommene Gegensatz eigentlich entschärfen müsste.
27 *Persiká* als warnende Exempla: Madreiter (2012), 106, 110; 132; Sittengemälde: 144; Motive und Charaktere: 112, 117, 128; Frauen: 101, 117, 129; keine einseitigen Charaktereigenschaften und Stereotype: 99; 132; Roman und Novelle: 118–220f.; Cartledge (1998), 46. Die Skepsis gegenüber dem Realitätsgehalt der *Persiká* nimmt zu; Madreiter (2012). Je näher er dem

Herrschaftszentrum kam, desto obskurer werden die Nachrichten; Georges (1994), 51.
28 Zum nachlassenden Interesse an der persischen Ethnographie vgl. Madreiter (2012), 194.
29 Vgl. Madreiter (2012), 131 und die dort in A. 601 angegebene Literatur, sowie 165.
30 Ich folge der Argumentation von Karttunen (1991), 74–77.
31 Arist. Historia Animalium 2,8; Aischylos bei Strab. 7,3,6; Hdt. 4,191.
32 Ktes. Frg. 45, 40–44; Karttunen (1989), 180ff., Nichols (2011), 123f.; White (1991), 72ff. Topoi: Pritchett (1993), 272f.; Reichert (1992), 25 mit älterer Literatur.
33 Karttunen (1991), 77f.; Nichols (2011), 19f.; Lindegger II (1982), 51.
34 Thomas (2000), 138; Karttunen (1989), 81.
35 Thomas (2000), 72: Hippokratische Rezepturen: 138f. Indische Medizin: De Give (2005), 169–173. Nach F. De Romanis, in: M.-F. Boussac/ J.-F. Salles (Hg.), A Gateway from the Eastern Mediterranean to India. The Red Sea in Antiquity, Neu Delhi 2005, 23 gelangte das Wort für indischen Pfeffer *(peperi)* kurz vor der Abfassung der hippokratischen *Gynaikeia* in den griechischen Sprachraum. Indische Perlen waren in Griechenland seit dem 5. Jh. v. Chr. bekannt.
36 De Give (2005), 169–173; Arr.Ind. 15,11–12; Strab. 15,1,45; 60.
37 Xen. Kyr. 1,2,1; 13; 1,4,25; 27; 8,5,28. Vgl. Hirsch (1985), 62–67. Zugang zu königlichen Dokumenten: Nichols (2010), 22f. Baktrier als Informanten: Frg. 45 h (Nichols, 65). Vgl. Romm (1992), 86; dass Ktesias Persisch sprach, scheint unzweifelhaft zu sein. Murray (2001), 42 erwägt, ob in die *Persiká* des Ktesias originär persische Historie und orientalische Novelle eingeflossen sind.
38 Vgl. Brown (1978), zum Galenzitat FGrHist 67: »… (it) shows that he was not a traditionalist but a believer in improving medical practices by experimentation.« Informationen über das ferne Land: Nichols (2011), 20, 22ff.; Karttunen (1989), 83.
39 Thomas (2000), 204f. zur Diskussion der Hippokratiker um das Ungesehene *(aphaneia)*.
40 F 45, 19 Nichols (2011), 49f. Hdt. 2,22; 3,101; Lindegger II (1982), 105; Lenfant (2004), 175; Karttunen (1991), 79.
41 F. 45, 32; Lenfant (2004), 310. Auch die Uttarukuru-Legende kennt die extreme Langlebigkeit.
42 Vgl. Parker (2008), 29.
43 F 45, 31. vgl. F 45, 33–35 über die Verwendung von Giften, die man aus einer indischen Schlange und den Exkrementen eines Vogels namens *dikairon* gewinnt.
44 F 45, 49; Nichols (2011), 58, 138. Indienreisende: Lenfant (2004), 310.
45 F 45,45; Pritchett (1993), 273f. Lenfant (2004), 315f.; Nichols (2011), 130ff. zur Identifizierung mit dem Rhinozeros und zu iranisch-indischen Parallelen bzw. Vorbildern.
46 F 45 7; vgl. Nichols (2011), 47, 96f.; Wellensittich: 98; Hunde: 100f. Tierwelt und Fauna: Burr (1947), 92; Bolchert (1908), 15–19ff.
47 F 45, 15; Nichols 48f., Karttunen (1991), 79; Lenfant (2004), 302; Pritchett (1993), 273.
48 Ktes. Frg. 45, 16; Nichols (2011), 49, 106; Karttunen (1989), 80f.; Vassiliades (2004), 137.
49 Ktes. Frg. 45, 29; Nichols (2011), 49 mit Kommentar 115 sowie Lenfant (2004), 309f.
50 Ktes. Frg. 45,21; Nichols (2011), S. 50, 109f. mit Argumenten; Reichert (1992), 26f.
51 Ktes. Frg. 46 b 18–22; Frg. 45 a 41–45; Lindegger II (1982), 104–105 (= 45 9, Nichols).
52 Ktes. F 45, 36; Nichols (2011), 53, 121. Choaspes: Bolchert (1908), 39. Andere Thesen: Lindegger II (1982), 83; Karttunen (1989), 83f. Skeptischer zum Ganges: Lenfant (2004), 312.
53 Vgl. Karttunen (1989), 84; Nichols (2011), 101f.
54 Bolchert (1908), 39. Totes Meer: Bolchert (1908), 26f., 41.
55 Ktes. Frg. 59; *Stoicheia* 6,17,3; Phot.bibl. p. 47 b; Plin.nat. 37,39; Gisinger (1924), 572; Parker (2008), 33.

IV, 4.
Alexanders Suche nach den Enden der Welt

1 Lane Fox (2004), 50–59; Gehrke (2005), 20f.

2 Gehrke (2011), 56.

3 Herodot: Gehrke (2011), 54f.; Nichols (2011), 28; Parker (2008), 33. Vertrautheit mit der Geographie: Burr (1947), 91; Bolchert (1908), 67. Gegen eine Kooperation zwischen Alexander und Aristoteles z.B. Romm (1989), 567ff. 572f.

4 Berve (1949), 90; Burr (1947), 93 spricht von einer »eigene(n) topographische(n) Abteilung im Hauptquartier (Alexanders)«.

5 Hdt. 5,21,2; 8,136,1; Georges (1994), 78.

6 Vgl. Georges (1994), 246.

7 Arr.anab. 1,17,11; Diod. 17,7,2–3; 8–10; Polyain. Strat. 5,44. Kritisch Briant (2002), 817f.

8 Vgl. Burr (1947), 93.

9 Arr.anab. 3,3,1–4,5; Curt. 4,7,5–32; Plut. Alexander 26,11–27,9.

10 Hdt. 3, 25; Arr.anab. 3,3,1.

11 Bosworth (1996), 130.

12 Geus (2003), 237. *Pothos*: Gehrke (2011), 57.

13 Wilcken (1931), 142; Burr (1947), 93f. Deportierte Griechen: Holt (1988), 73ff.

14 Holt (1988), 11ff., 27–31 zur Urbanisation, den Bewässerungsanlagen und Handelsbeziehungen. Zur Topographie: Von Schwarz (1906)

15 Geus (2003), 237.

16 Gehrke (2011), 55f.; Burr (1947), 91; Geus (2003), 237. Dass eine solche, offenbar von Kallisthenes geleitete Expedition nach Aithiopien tatsächlich durchgeführt wurde, bestreitet zu recht Malinowski (2014), bes. 278f. gegen Burstein (1976).

17 Berve (1949), 92f.; Wilcken (1931), 142; Lane Fox (2004), 358; Geus (2003), 237.

18 Arr.anab. 7,16,1–2; Geus (2003), 237; Burr (1947), 94.

19 Vgl. Lane Fox (2004), 363f.

20 Vgl. Lane Fox (2004), 365; Engels (2006), 57.

21 Arr.anab. 5,3,2; Ind. 5,11; Burr (1947), 94; Geus (2003), 238.

22 Holt (1988), 38, 42, 46.

23 Lane Fox (2004), 391ff. zum Oxos, von Arr. anab. 3,29,2–3 als der größte Fluss Asiens beschrieben. Wüste von Turkestan: Holt (1988), 49 Curt. 7,5,1–18; vgl. Arr.anab. 3,28,8.

24 Vgl. Berve (1949), 93; Aristoteles – Ktesias – Araxes: Burr (1947), 94. Baktrien: Ktes. F 45, 48); Holt (1988), 34, 37. Baktrien als östliches Weltende: Holt (1988), 71f.

25 Vgl. Hennig (1944), 196; Geus (2003), 238.

26 Berve (1949), 93f.; Burr (1947), 94. Von der Existenz des Aralsees wussten die Griechen und Makedonen offensichtlich nichts; vgl. Bolchert (1908), 10.

27 Lane Fox (2004), 394; Holt (1988), 23, 54f. Arr.anab. 4,4,1; Curt. 7,6,25–26. Die Gründung sollte wie vorher die persische Festung Baktrien gegen die Skythen verteidigen.

28 Holt (1988), 53.

29 Holt (1988), 72, 76.

30 Vgl. Engels (2006), 58ff.

31 Vgl. Bosworth (1996), 29, 133–165 zu den Massakern in Indien, besonders an den Mallern. Unter den Achaimeniden gab es drei indische Satrapien: Gandhara, Thatagus (Sattagydia) und Hindus, auf die die persischen Könige ihren Anspruch nie aufgaben; Bosworth (1996), 154.

32 Aristot.meteor. 1,13; 350a; Burr (1947), 95; Berve (1949), 95f.; Geus (2003), 235.

33 Vgl. Lane Fox (2004), 438; Burr (1947), 95; Bolchert (1907), 7.

34 Berve (1949), 95f.; Burr (1947), 96. Die Landbrücke vertrat Aischyl. Prom. 807ff. Nil: Lucan. 10,272–5; Phot.Bibl.cod. 2489:441b; Geus (2003), 237. Erythräisches Meer: Geus (2003), 240.

35 Vgl. Betzl (1903), 191–203.

36 Arr. Ind. 1,4–5; Thapar (1998), 129; Lascarides (1991), 63. Ashtadhyayi 4,1,49.

37 Hahn (2000), 10f.; Bosworth (1996), 83, 86: Herakles und Dionysos als Elemente der Selbstdarstellung Alexanders als Weltherrscher. Ganz abwegig waren die Legenden vom Goldreichtum Indiens nicht. Für die Zeit der Mauryas bezeugen glaubwürdige Quellen die weite Verbreitung von Gold, Silber und wertvollen Edelsteinen im Land; Thapar (1998), 75f.

38 Diese Interpretationen knüpften an eine Dionysos-Tradition an, die vor dem Alexanderzug die Taten des Dionysos nach Arabien, Syrien und Aithiopien verlegt hatte. Eine Übertragung nach Indien war angesichts der

Gleichsetzung Indiens mit Aithiopien nicht schwer; Dihle (1987), 55f.; Bosworth (1996), 121–124. Dionysos in Baktrien war durch Euripides' Bakchen bekannt; De Give (2005), 43. Dass Alexander und seine Leute den Skylaxperiplus kannten, ergibt sich schon aus der Tatsache, dass Nearch erzählt, der Schatten der Sonne sei während der Fahrt über den Okeanos nach Süden gefallen, während mittags kein Schatten mehr bestand; das kann er nur aus Herodot (4,42,4) erfahren haben; vgl. Högemann (1985), 65 mit A. 19.
39 Bosworth (1996), 83, 141f., 166ff.
40 Hahn (2000), 15; Bosworth (1996), 84f., 123ff. Krishna – Herakles: Bosworth (1996), 183.
41 Gehrke (2004), 75; Lane Fox (2004), 458.
42 Strab. 15,1,63–65; Plut. Alex. 65. Guter Überblick über die Quellen bei Hansen (1965).
43 Vgl. Lane Fox (2004), 460f.
44 Lane Fox (2004), 460f.
45 Bosworth (1998), 188 A. 70.
46 Bosworth (1998), 192f.
47 Hansen (1965), 356. Selbst Sedlar (1980), 69 ist für die Authentizität.
48 Bosworth (1998), 185–187.
49 Strab. 15,1,66 = FGrH 133 F 23. Dagegen Bosworth (1998), 186 A. 63 und 200; Hahn (2000), 26 erwägt Yoghis, Sadhus oder Brahmanen. Unorthodoxe Schule: Bosworth (1998), 202. Der Name Brahmanen taucht zum ersten Mal bei Nearch auf; Hansen (1965), 358. Erstes Asram: Agrawala 81–82, 2380–1; Manu 3,1. Bosworth (1996), 93; Bosworth (1998), 192.
50 Bosworth (1996), 94ff.; Informationen: Bosworth (1998), 176, Gefangenenbefragung, 197ff.
51 Lane Fox (2004), 462ff.
52 Arr.Ind. 5,8,5; Bosworth (1996), 12f.; Heckel (1992), 58–64.
53 Lane Fox (2004), 479; Banane (wohl nicht Mango): Bretzl (1903), 191f.
54 Lane Fox (2004), 488; Bosworth (1996), 74f. Zur Historizität der Informationen über das Reich des Xandrames: Bosworth (1996), 76ff. Jha (2004), 87ff. zur Armee des Nandareiches.
55 Lane Fox (2004), 488f.; Bosworth (1996), 199f.
56 Ich folge Lane Fox (2004), 483ff. und Bosworth (1996), 186–200, weil die skeptischen Überlegungen anderer nicht begründet oder nicht einleuchtend sind; unentschieden Hahn (2000), 25; skeptisch Berve (1949), 98 (für Identifikation des Flusses mit dem Satledsch); Berger (1903), 330 und Burr (1947), 97 für Ganges. Geus (2003), 240 bleibt vorsichtig.
57 Vgl. Bosworth (1996), 77f.
58 Arr.anab. 6,1,2–3; Geus (2003), 239 auch zu den Krokodilen am Indus mit den Quellen.
59 Bisherige Marschleistung: Burr (1947), 97. Offensichtlich wussten die Makedonen aus Ktesias, dass der Indus südlich floss; Bolchert (1908), 7. Lotus und Krokodile: Burr (1947), 96; Bosworth (1996), 70f. Arr.anab. 6,1,5 mit den gegenteiligen Aussagen indischer Informanten.
60 Lane Fox (2004), 482.
61 Vgl. Droysen (1980), I, 377; Engels (2006), 63; kombinierte See- und Landoperation: Wilcken (1931), 182: Krateros mit Veteranen und Infanterie: Lane Fox (2004), 503; 513; Bosworth (1996), 181; Arr.anab. 6,17,3; Strab. 15,2,4–5;11, Iust. 12,10,1.
62 Vgl. Geus (2003), 240; Arr. Ind. 30,1.
63 Arr. Ind. 20,1.
64 Plut. Alex. 66,2.
65 Vergleich bei Bosworth (1996), hier: 171.
66 Übertreffen der Semiramis und des Kyros: Arr.Anab. 6,24,2–3; Strab. 15,1,5 (686), 2,5 (722) = FGrH 133 F 3; Bosworth (1996), 126, 182f.
67 Bolchert (1908), 12f. Dass man der Fahrt des Skylax misstrauisch begegnete, mag sein (Högemann, 1985, 65 A. 19; Geus 2003, 236); tatsächlich ging es Alexander aber wohl nicht darum, die Fahrt zu wiederholen, sondern den von Skylax ausgesparten Persischen Golf anzusteuern.
68 Hennig (1944), 214; Berve (1949), 100f.; Seel (1961), 67; zur »elaborazione letteraria« des Journals durch Nearch vgl. Medas (2004), 144f. (2003).
69 Engels (2013), 358–363 gegen Bosworth (1996), 172.
70 Hennig (1944), 214; Seel (1961), 73; Kommandoverhältnisse: Högemann (1985), 73. Schifffahrt im Winter: Bretzl (1903), 140f. (zur Androsthenes-Expedition).
71 Arr. Ind. 23, 40,11.
72 Arr. Ind. 23,4 zum Getreide um Turbat. Günstige Bedingungen: Bosworth (1996), 173–178ff.
73 Bosworth (1996), 180. Plut.Alex. 66,5 ist übertrieben, die Zahlenangaben in der Literatur schwanken: Berve (1949), 102 spricht

von einer Gesamtstärke der Armee von 90.000 Mann, von denen drei Viertel umkamen; Lane Fox (2004), 525 nimmt weniger als die Hälfte an. Für noch geringere Verluste: Hahn (2000), 27 mit Verweis auf andere Forscher.

74 Arr.anab. 6,28,1–2; Curt. 9,10,24–28; Plut. Alex. 67,1–6. Lane Fox (2004), 526f.

75 Hennig (1944), 205; Seel (1961), 79. Die viel günstigeren Versorgungsbedingungen der Seefahrt sind ein wesentliches Argument gegen die nur noch von wenigen (z.B. Badian 1998, 209) geäußerte grundsätzliche Skepsis gegenüber der Historizität des Skylaxunternehmens.

76 Arr. Ind. 29.

77 Lane Fox (2004), 522; Dolmetscher und Lotsen sowie die Probleme der Informationsbeschaffung: Bosworth (1996), 72. Arr. Ind. 30,3; Strab. 15,2,12 (725).

78 Vgl. Hennig (1944), 214: »Seine Fahrt verlief abenteuerlos und wenig aufregend«.

79 Arr.Ind. 25. Auch die Klimazonenlehre kannte er.

80 Hennig (1944), 216f.; Einfluss des Aristoteles: Seel (1961), 72, Bosworth (1996), 69. Taprobane: Nach Onesikritos: Diod. 17,93,2; 15,1,14–15; Plin. nat. 6,81. Pédech (1980), 143, Dihle (1984), 110; erst von Megasthenes erkannt: K. Ziegler, Taprobane, DKP (1979), 516.

81 Arr.Ind. 15,11–12; Parker (2008), 89, 94. Strab. 15,1,28; 45. Schlangen genossen große Aufmerksamkeit. Alexander ließ das Wissen der Ärzte sammeln.

82 Vgl. Seel (1961), 76.

83 Hennig (1944), 207; Seel (1961), 77; Lane Fox (2004), 522; Geus (2003), 240.

84 Datierung: Hennig (1944), 214. Hormuz: Berve (1949), 101. Am Amasisfluss haben Nearchos und seine Leute auch ihre Studien über die Mangrove fortsetzen können; Bretzl (1903), 28.

85 Arr.anab. 7,16,1–2; Burr (1947), 98; Berve (1949), 107; Geus (2003), 241. Okeanisches Denken: Burr (1947), 97 und ergänzend Högemann (1985), 69 sowie Geus (2003), 241.

86 Potts (1990), 8 mit den Quellen.

87 Vgl. Högemann (1985), 45f., 77; zustimmend G. Bowersock, Gnomon 59 (1987), 509.

88 Arr.anab. 7,20,2; Hdt. 3,89,95; 108–109; Plin.nat. 12,40,80. Skeptischer Potts (2011), 93; Bosworth (1996), 153; Högemann (1985), 130f.; Hennig (1944), 216.

89 Arr.anab. 7,20,7; 8,18,3.

90 Bolchert (1908), 12, 19; Geus (2003), 241. Zu Anaxikrates und seinem Einfluss auf Theophrast (hist.plant. 4,7,7–8): Tarn (1929), 13; Amigiues (2005). Vielleicht brachte Androsthenes Weihrauch mit, den Alexander angeblich seinem Lehrer Leonidas schenkte; Potts (1990), 9.

91 Arr.anab. 8,43,7; Theophr.hist.plant. 9,4,2–4; Strab. 16,4,4; Potts (1990), 6. Hieron: Arr.anab. 7,20,8.

92 Berve (1949), 105f. Überblick bei Bosworth (1988), 185–211. Ich teile die Einschätzung von Gehrke (2011), 63 und Geus (2003), 241: »... there is no valid reason to reject them outright.«

93 Arr.anab. 6,28,6; Hennig (1944), 214.

V, 1.
Seleukiden und Mauryas

1 Wahrscheinlich unterhielten schon die ersten Seleukidenkönige Kriegsschiffe im Arabischen Golf; Potts (1990), 10f. mit Plin. nat. 2,167.

2 Androsthenes FGrH 711. Dihle (1984), 109; Potts (1990), 126. Androsthenes noch unter Alexander: Roller (2006), 92: Arr.anab. 7,20,7; Strab. 16,3,2; Athen. 3,93.

3 Wiesehöfer (1998), 14f., Plischke (2014), 11, 92, 97–99, 294f., 319.

4 Bretzl (1903), 29f., 76ff., 115–123, 132–145 mit den Ergänzungen von Potts (1990), 128ff. Zu den Mangrovenbeschreibungen Nearchs in Belutschisten vgl. 57f. Fahrt im Winter: Bretzl (1903), 140ff.; Baumwolle: Potts (1990), 133f.

5 Wöhrle (1985), 36, 73f. Zu den Quellen und zum Wissenskontext Theophrasts vgl. P.M. Fraser, The World of Theophrast, in: Hornblower (1994), 167–191 (mit ausgewählten Texten).

6 Vgl. Parker (2008), 65 gegen eine Überbewertung Alexanders. Zur Tradition des Wissens des Orients über Düfte und Aromatika: Casanova (2010).
7 Plischke (2014), 173–179; Ressourcen und Bevölkerung: Mairs (2014), 28.
8 Kosmin (2014), 63; Plischke (2014), 46, 117.
9 FGrH 711f.; Strab. 11,6,1, 7,3; 11,7; Plischke (2014), 46, 198; Grainger (1990), 83, 153f.; Kosmin (2014), 68f. Arr.anab. 7,16,1–3; Demodamas: Plin.nat. 6,49; Mehl (1986), 218; Ehling (2002), 47. Jaxartes und Kaspisches Meer: Hennig (1944), 233–235.
10 Cary-Warmington (1966), 239f.; indische Waren über den Oxos: Plin.nat. 6,52; Strab. 11,7,3; Hennig (1944), 235. Große Indische Straße: Plischke (2014), 94.
11 Plin.nat. 6,58; Hennig (1944), 236. Zimmermann (1999), 87.
12 Vgl. u.a. Mehl (1986), 157–166. Über Chandragupta und die Entstehung des Mauryareichs gibt es eine kaum noch zu übersehende Spezialliteratur. Zusammenfassung bei Kulke/Rothermund (1982), 65ff. und die Beiträge in H. Brinkhaus / J. Wiesehöfer (Hg.), Megasthenes und seine Zeit (2015). Dass Chandragupta in seiner Jugend Alexander getroffen und sich in Taxila seinem Heer angeschlossen habe, ist eine immer wieder geäußerte Spekulation, die aber außer einer Plutarchstelle jeder Grundlage entbehrt; Halkias (2014), 79f. mit A. 42.
13 Vgl. Plischke (2014), 193.
14 App.Syr. 55, 282; Strab. 15,2,9. Mehl (1986), 170–186; Witzel (2003), 79f.; Kosmin (2014), 33 und v.a. Plischke (2014), 180–195, 191 sowie Mairs (2014), 111f., 132 zur Ehevereinbarung. Seleukidische Prinzessin: Thapar (1997), 17. Der Vertrag ähnelte dem, den Alexander mit Poros schloss; Scharfe (1971), 216f. Die Zahl der Kriegselefanten wird oft auf 150 reduziert: Mehl (1986), 178–180 mit weitreichenden Deutungen, wonach die Übergabe der Elefanten ein Zeichen der Anerkennung des Siegers und »Oberherren« Seleukos bedeutete, sowie Plischke (2014), 187–190, die die Zahl von 500 Elefanten als »durchaus realistisch« einschätzt. Dass sich auch die indische Seite der Besonderheit ihres Kastensystems bewusst war, zeigt die *Majjhima Nikaya*, in denen Buddha fragt: »Habt ihr gehört, dass in Yona (»Land der Griechen«) und in Kamboja sowie anderen Distrikten es nur zwei Kasten gibt, die des Herren und des Sklaven.« Mairs (2014), 129, 132. Kaste umfasst zwei Kategorien: »Varna« bezeichnet vier hierarchische Gruppen der Brahmanen, das jaiti-System bewegt sich dagegen auf einer pragmatisch-moralischen Ebene und dürfte leichter für Griechen geöffnet worden sein. Wahrscheinlich gab es so etwas wie eine »gemischte Kaste«.
15 Thapar (1997), 63f. zu den unterschiedlichen Kategorien des Besitzes der Mauryas. Multiethnische Reiche etc.: Thapar (1997), 20–216, und 129 zu den sich hieraus ergebenden Kontakten; Mairs (2014), 10.
16 Poliorketik des Deimachos: Schwarz (1969), 297. Einen Einfluss frühhellenistischer Poliorketik, wie sie bei Philon von Byzanz (ca. 240 v. Chr.) beschrieben wird, vermutet Potts (2011), 96f. in Nordostarabien. Staatsmonopole im Mauryareich: Jha (2004), 105. Stadtgründungen, Bürokratie und Steuererhebung: ebda. 100ff.
17 Hist.Plant. 8,4,2; 9,20,1; Handel bis nach China: Plischke (2014), 249, 285.
18 Plin.nat. 16,135; Faure (1993), 198ff.; Mehl (1986), 184; Thapar (1997), 17. Handel der Seleukiden mit den Mauryas: Wiesehöfer (1998), 15; Plischke (2014), 193.
19 Ath. XIV 67, 652–53; F; Eggermont (1984), 79; Plischke (2014), 194.
20 CVRAI 1968; Shipley (2000), 269f.; Plischke (2014), 47f., 111f.; Mairs (2014), 73f.
21 Mairs (2014), 28f., 51f., 59 sowie 38 zum Bewässerungssystem, 57–101 zur Stadt insgesamt.
22 Shipley (2000), 323; Plischke (2014), 31, 137 zu Mischehen und indigener Bevölkerung in seleukidischen Gründungen, 136ff. und ausführlich Mairs (2014), 68ff. zur Architektur.
23 Manu 7,43; vgl. Winiarczyk (2009), 35. Alexander soll von einem Brahmanen dafür gelobt worden sein, dass er sein Wissen vertiefen wollte.
24 Vgl. Thapar (1998), 138f.; Halkias (2014), 84.
25 Hinzu kommen die Laghman-Inschriften; Überblick bei Norman (2012). Neue Inschriften bei Kumar Thaplyal (2009) und Gail (2009). Vgl. Kulke/Rothermund (1982), 71; Thapar (1998), 125f. Die Inder galten den Griechen bis dahin als immobiles Volk, das seine Heimat nie verließ; vgl. Strab. 15,1,6–8.

26 Altheim/Stiehl (1970), 303, 307f.; Thapar (1997), 41f.; Norman (2007). Von Hinüber, in: JAOS 2010.
27 Edikt XIII § Q; Schneider (1978), 118f. Gegen »Bekehrung« zum Buddhismus oder Wandel zum buddhistischen Mönch, für politische Motive: Jha (2004), 98f., Hiltebeitel (2011), 43f.
28 Vgl. Thapar (1997), 3: »The policy of Dhamma was a policy rather of social responsibility than merely of demanding that the entire population should favour Buddhism«; ferner 5, 37. Überblick über die *dhamma*-Politik bei Thapar (1998), 137–181. Dass Aśoka kooperationswillige Griechen an sich ziehen wollte (sie existierten auch in seinem Reich im Ostiran), unterstreicht Schmitt (1990), 43ff.
29 Schwarz (1969), bes. 292–300; Thapar (1997), 17f. Zu anderen Parallelen (das delphische *eukrateia*) vgl. Halkias (2014), 90.
30 Kosmin (2014), 58. In den Edikten des Aśoka wird nur der Seleukidenkönig als »griechischer König« genannt, was dessen Stellung und das besondere Verhältnis zu Aśoka unterstreicht.
31 Ath. 14,652 f- 653a: Schwarz (1969), 293; Inschriften und Schreiber: Halkias (2014), 88.
32 Plischke (2014), 185 bestreitet, dass sich *dhamma*-Lehren über das Mauryareich verbreiteten.
33 Halkias (2014), 87; Scott (1985), 133ff.; Okeanische Verbindungen: Ray (1994), 21–28.
34 Vgl. Zsyk (2000), 5f., 19; Fehlen einer medizinischen Botanik in den Veden: 24f. Brahmanen hielten Ärzte für unrein. 27–80: Asketen und Medizin; 80: Pfefferextrakte etc. Ein Bereich widmete sich Vergiftungen, was das Interesse des Ktesias erklärt.
35 Vgl. Fussman (1993), 69.
36 Megasthenes bei Strab. 15,1,60; Zsyk (2000), 28f. Zweites Edikt: Zsyk (2000), 44; Thapar (1998), 99. Klöster und Handelswege und Verbreitung unter Aśoka: Zsyk (2000), 44, 118.
37 McClish (2009).
38 Thapar (1998), 99; Halkias (2014), 82; Eggermont (1984), 77f.
39 Vassilaides (1999), 142.

V, 2.
Griechen am Ganges

1 Arr.Ind. 6,9; Strab. 15,690 und 694; vgl. Dihle (1984b), 49–53.
2 Curt. 8,9,23–31; Müller (1997), 221–224.
3 Arr.Ind. 5,6,2. Frühdatierung bei Bosworth (1996), 80; vgl. Mehl (1986), 187f. und Kosmin (2014), 38 zur Mitwirkung des Megasthenes am Vertrag.
4 Plin.nat. 6,82; Dihle (1984), 110.
5 Kosmin (2014), 38; Zambrini (1982), 147ff. Strab.15,1,53 (C 709) = FGrHist 715 F 32. Dass Megasthenes »travelled extensively in the country«, wie Jha (2004), 97 behauptet, oder »probably travelled in areas outside the empire, as indeed did later travellers like Fa-hsien and Hsüan Tsang« (Thapar, 1997, 18), ist spekulativ.
6 Kosmin (2014), 47.
7 Meister (1990), 141; Abhängigkeit von griechischen Kategorien: Thapar (1998), 296.
8 Quellen bei Kosmin (2014), 41. Arr. Ind. 7,2–9 = FGrH 715 F 12; Diod. 2,38,2–6 = FGrH 715 F 4; Bosworth (1998), 125; (1996), 123. Dionysos und Herakles Diod. 2,34 = F 4.
9 Bosworth (1998), 126.
10 Kosmin (2014), 38–46. Vgl. Zambrini (1982), 148.
11 Skylax-Ktesias-Tradition: Zambrini (1982), 126–138. Ameisen: Arr. Ind. 15,5; Strab. 15,1,44; 53; Lindegger (1979), II, 35f. Wundervölker: Wittkower (1977), 89f.
12 FGrH 715 F 32 ap. Strab. 15, 1,53. Dihle (1984a), 39; Müller (1997), 227.
13 Arr.Ind. 10,8–9; Müller (1997), 227; Bosworth (1996), 88; Thapar (1998), 89ff.
14 Bosworth (1996), 88f.; Jha (2004), 107; kein Arier Sklave: Diod. 2,39,5.
15 Einen Überblick über ältere Interpretationen der Forschung gibt Zambrini (1982), 71–102.

16 Kosmin (2014), 49 f., 53.
17 Strab. 15,1,60. Ich beziehe mich auf das Vortrags-MS von S. Janshari und R. Ricot, Megasthenes and the Atomoi: a case study, das in dem von J. Wiesehöfer herausgegebenen Sammelband zu Megasthenes und seiner Zeit erscheint. Vgl. Hosten (1912), 291 ff.
18 Janshari, Ricot 6–8. Rezeption: Strab. 15,1,57; Plin.nat. 7,25.
19 Thapar (1997), 57 ff.
20 Vgl. Kulke/Rothermund (1982), 67.
21 Vgl. Jha (2004), 106.
22 Guter Überblick bei Singh (2008), 291–294.
23 Arr. Ind. 11,10; vgl. Strab. 15,1,40 (704); Diod. 2,40,4; Witzel (2003), 84.
24 Bosworth (1998), 93.
25 Bosworth (1998), 89; Arr.Ind. 11,1–12.9; Strab. 15,1,39–40 (703–704); FGrH 715 F 19; Diod. 2,40; 1–41,5 (FGrH 715 F 4). Kastenwesen: Stein (1921); Breloer (1934); Thapar (1987), 33–60.
26 Vgl. Altheim/Stiehl (1970), 293; Aristot. Pol. 2,1267b 22–69a, 28. Zum Vorbild des Hekataios von Abdera: Zambrini (1982), 140 ff.
27 Vgl. Bosworth (1996), 124; Thapar (1997), 58; Diod. 2,40.
28 Bosworth (1998), 198 f.; Arr. Ind. 12,6–7; Strab. 15,1,49 (707) = Megasthenes FGrH 715 F 19.
29 Kulke/Rothermund (1982), 74; Bosworth (1998), 91. Weiteres bei Thapar (1997), 62 ff. zum Landeigentum des Königs, das kaum so flächendeckend war, wie es Megasthenes (in Anlehnung an seleukidische Verhältnisse?) suggeriert. Arr. Ind. 12,5; Strab. 15,1,48 (707); Diod. 2,41,3.
30 Die beste kommentierte Ausgabe ist: P. Olivelle, King, Governance, and Law in Ancient India: Kautilya's Arthasastra, Oxford 2013 mit der Interpretation von McClish (2009).
31 Witzel (2003), 79; Kulke/Rothermund (1982), 67.
32 Thapar (1998), 91.
33 Witzel (2003), 86.
34 Thapar (1997), 56.
35 Vgl. Jha (2004), 109: *dhamma* gegen religiöse Spannungen und zur Einschärfung des Pflichtgefühls.
36 Plischke (2014), 230–234; Ausbau unter den graeco-baktrischen Königen: 63.
37 Mairs (2014), 49 f., 82: graeco-baktrischer Gouverneur.
38 M. Alram, Die Geschichte der Seidenstraße im Spiegel der Münzen. MÖNG 42, 2002, 38.
39 Witzel (2003), 94; Plischke (2014), 270–279, 106 ff. und Mairs (2014), 112–117 zu Sophytos. Die Nachricht des Dio Chrysostomos von den Indern, die Homer in Übersetzung lesen, dürfte sich gegen Mairs (2014), 137 nicht nur auf die Indogriechen beziehen, vielleicht aber auf spätere Jahrhunderte der römischen Kaiserzeit.
40 Die literarischen Quellen sind dürftig: Pomp.Trog. 41 Prol. PME 47; sonst durch Münzen; Kulke/Rothermund (1982), 79; Altheim/Stiehl (1970), 419 f., 425.
41 Altheim/Stiehl (1970), 418 f.; Kulke/Rothermund (1982), 78 f., Narain (1957), 76–81.
42 O. Bopearachchi, Indo-Greek Dynasty, in: E. Yarshater (Hg.): Encyclopaedia Iranica (2004), Abs. suppl. 4, Stand: 9. November 2004; Plischke (2014), 117; Mairs (2014), 90 f., 173, 176.
43 Plischke (2014), 51. Zu Menander: Paranavitana (1971), 12; Narain (1957), 74 ff.
44 Vgl. Fussman (1993), 104 ff.
45 Halkias (2014), 95; Vassiliades (1999), 145.
46 Text: Horner (1963/64); zur Einordnung: von Hinüber (2000), 82–86.
47 Horner (1963), 5; Halkias (2014), 91 ff.; Scott (1985), 141.
48 Von Hinüber (2000), 83; Vassiliades (1999), 147 ff. Optimistischer sind Halkias (2014), 90–94; ferner: Bivar (1998), 47: griechische und buddhistische Tugendideale.
49 Plut.Mor. 821; Vassiliades (1999), 148 f. mit reicher Literatur.
50 Ausführliche Besprechung bei Mairs (2014), 117–128, 142 f.; griechischer Mönch: Halkias (2014), 95. Im 2. Jh. v. Chr. gab es in Baktrien und Arachosien eine weitgehend gemischte Bevölkerung; Mairs (2014), 140.
51 Mairs (2014), 123 mit Diskussion 137 f.
52 Vgl. Allchin (1997), 23 ff.; Halkias (2014), 103 ff.

V, 3.
Expeditionen der Ptolemäer

1 Plin.nat. 6,58; FGrHist 717 T Ia.

2 Plin.nat. 37,32; Hofmann (1975), 67, 85.

3 Ath.183f., 633f.; Ail. Nat. 17,8; Iuba FGrHist 275 F 73–76 (78?); F. Lasserre, s.v. Pythagoras (5), DKP 4 (1979), Sp. 1269.

4 Hubbell (1935), 56, 69ff.; Burstein (2005), 150.

5 Tarn (1929), 9ff.; Dihle (1984d), 109.

6 Huss (2001), 289; Roschinski (1981), 8f.; Diod. 3,18,4; Ios. ant. Iud. 8,163–164; Wiesehöfer (1998), 12; Gerrha, Marib und Petra-Route: Potts (1990), 91–97f. Anders Lorton (1971). Monopol: Desanges (1978), 298–300. Produkte und Weiterverarbeitung: Sidebotham (1986), 10f., 13f. Zölle: Sidebotham (2011), 34. Die Erhebung wurde verpachtet. Der Anbau von Weihrauch und Myrrhe in Ägypten scheiterte. Maritime Politik und Zölle der Seleukiden im Persischen Golf: Potts (1990), 11–20.

7 Wiedereröffnung des Kanals: Strab. 17,1,25; Plin. nat. 6,165; Desanges (1978), 263; Wilcken (1925), 87; Hofmann (1975), 86; Nabatäer: Tarn (1929), 15; Nabatäer als Konkurrenten im Transithandel: Sidebotham (2011), 35. Straßen: Manning (2005), 166.

8 Strab. 16,4,5; Plin.nat. 6,167 168; Hölbl (1994), 56. Kolonisationspolitik: Desanges (1978), 267ff.

9 Vgl. Wiesehöfer (1998), 15f.; Salles (1987), 75–108.

10 Hofmann (1975), 32, 45, 52–58. Jagdtechnik und Domestizierung von Elefanten, wie sie Strab. 15,2,9; 16,1,42–43 und Arr.Ind. 13,1–14,9 beschreiben, ähneln den Methoden, welche die Ptolemäer und die Einwohner von Meroe (s.u.) anwandten: Sidebotham (2011), 45f.

11 Hofmann (1975), 86f., 100; Wiesehöfer (1998), 12; Sidebotham (1986), 4. Agath. Photh. 23–29 (Diod. 3,12–14) zur Goldgewinnung im Wadi Alaki; Kortenbeutel (1931), 17. Deshalb hatte vielleicht schon Ptolemaios II. den Philon nach Aithiopien entsandt. Gold, Amethyst und Elfenbein zur Finanzierung: Sidebotham (2011), 43f.; Burstein, in: Boussac/Salles (2005), 152ff.

12 Strab. 16,76–17,78; PME 3,1. Elefantenjagd: Huss (2001), 288. Die afrikanischen Elefanten waren nicht kleiner als die indischen, wie manch antiker Gewährsmann (Polyb. 5,84 zur Schlacht bei Raphia) behauptet, sondern größer: Hubbell (1935), 72. Zum ständigen Strategenkommando: Wilcken (1925), 87.

13 Desanges (1978), 298f.; Huss (2001), 292; Werner (1993), 19 mit Literatur in Anm. 42. Musiker wurden auch als Sklaven eingeführt, wie es die Inder in Barygaza machten: PME 49.

14 Huss (2001), 291f.; Zoo: Desanges (1978), 262–267; Hubbell (1935), 68–77; Strab. 1,4,2 nennt das Land südlich von Meroe »Zimt-produzierend«.

15 Strab. 17,1,2 mit Huss (1989), 15f.; Huss (1990), 335f. Philon: Hofmann (1975), 67; Strab. 2,133; Ath. 9,390b; 13,566c; Agath. 64; Diog. Laert. 4,58; Huss (1989), 15. Simonides, Dalion u.a.: Plin.nat. 6,183; Hennig (1944), 239, 244; Hofmann (1975), 27, 70f.; Kortenbeutel (1931), 18. Die früheste Beschreibung von Meroe lieferte Herodot, er kam aber sicher nicht weiter als Elephantine. Philon: Strab. 2,77; Plin. nat. 2,183; 6,171; Préaux (1957), 310. Dalion u.a.: Plin.nat. 6,183; Snowden (1970), 127.

16 Plin.nat. 6,195.

17 Plin.nat. 6,183; Huss (1989), 15 Anm. 91; Desanges (1978), 258f.; Prontera (2013), 208 (Betonung des Neuen sowie Marinearchive als Quellen); Meyer (1998), bes. 204ff. Ethnographisches: 300 Volksstämme am Schwarzen Meer: Timosthenes Frg. 25; Meyer (1998), 209.

18 Vgl. Prontera (2013), 209–212, 217. Die Angaben der »nautical geography« finden später ihre Entsprechung im Werk des Eratosthenes (s.u. S. 000), der Timosthenes reichlich benutzte.

19 Agath. Frg. 41; Hofmann (1975), 95; Meyer (1998), 209.

20 Diod. 3,18; Übers.: Hennig (1944), 237.

21 Woelk (1966), 23–35.

22 Vgl. Desanges (1978), 292.

23 Das Folgende v.a. nach Geus (2000) und ders. (2002), 26–30.

24 Aristot. cael. 2,14 298a15; Geus (2000), 76; ders. (2002), 225f.

25 Vgl. Geus (2000), 78f.

26 Vgl. Geus (2002), 363.
27 Vgl. Geus (2000), 90–92; Geus (2002), 282ff.; Potts (1990) II, 6.
28 Geus (2002), 270f.
29 Strab. 14,6, C64; Geus (2002), 270.
30 Geus (2002), 285.
31 Geus (2000), 89–92.
32 Vgl. Hofmann (1975), 74, 97, 104–111, 130.
33 Dihle (1978), 548ff., (1984), 85 mit Quellen. Südaraber: Drexhage (1988), 5.
34 Woelk (1966), 30; Seland (2009), 180f.
35 Vgl. Dihle (1978), 552–566; (1984d), 112–115. Monsunschifffahrt: Böker (1962), 403–411. Der Gewürzhandel zwischen Indien und dem Mittelmeerraum über See wurde seit dem 4. Jahrhundert von indischen Seefahrern getragen: S. Amigues, in: Boussac/Salles (2005), 19. Sokotra etc.: Wilcken (1925), 88; Huss (2001), 425; indisch-arabischer Handel: Huss (2001), 617f.
36 Strab. 2,98–99; Poseid. FGrH 87 F 28; Wiesehöfer (1998), 9f.; Hennig (1944), 271–275; Thiel (1967). Roman: »The Golden Wind« von L. Sprague de Camps (Deutsch: Frankfurt 1988).
37 Ray (1994), 79. Frühdatierung: Cary-Warmington (1966), 138f., Spätdatierung: Hennig (1944), 271ff.; Dihle (1978), 548; Huss (2001), 617. Gegen märchenhafte Elemente: Laffranque (1963), 205.
38 Vgl. Thiel ((1967), 16. Kyzikos und Eudoxos: Laffranque (1963), 209; Habicht (2013), 199; zu Einzelheiten der bei Strabon bewahrten Geschichte vgl. den Kommentar von Radt, Bd. 5 (2006), 240–245.
39 Rückfahrt und Nordostmonsun: Cary-Warmington (1966), 140; Thiel (1967), 16f. Zu den ptolemäischen Regenten vgl. Desanges (1978), 151ff.; ebd., 153ff. zur Datierung. Monopol des Ptolemaios: Thiel (1967), 20ff.; Desanges (1978), 299f.; Habicht (2013), 199.
40 Ptol. geogr. 1,9,1 (nach Marinos) mit Geus (2013), 227ff. sowie A. 24 und 27 (Parallele Diogenes-Eudoxos), der sich für eine Datierung der Fahrt in die späte Ptolemäerzeit ausspricht. Zur Glaubwürdigkeit der Eudoxosgeschichte (»… niemand zweifelt heute an der Historizität der Geschichte«) und zur »recht irritierende(n) Krittelsucht« Strabons vgl. Radt, Bd. 5 (2006), 245. Diskussion um Hippalos (Steuermann des Eudoxos, Kapitän oder Phantom): Desanges (1978), 158f. Ich folge Habichts (2013), 205f. Deutung als Windbezeichnung, Plin.nat. 6.172; PME 57.
41 Strab. 2,5,12; Dihle (1978), 548f.; Desanges (1978), 303. Die Zahl wird häufig als übertrieben angesehen: Ray (1994), 66. Abkürzung der Indienfahrt: Hennig (1944), 281. Strategie und Reorganisation: Desanges (1978), 304; Dihle (1984d), 116. Reorganisation der Küstengebiete und Zolleinnahmen: Gabrielsen (2013), 73–77 zur Rhodos-Alexandria-Route, die sicherlich auch auf das Rote Meer zu übertragen sind.

VI, 1.
Amerika rückt näher

1 Strab. 2,99; Hennig (1944), 272; Cary-Warmington (1966), 197.
2 Thiel (1967), 23; Cary-Warmington (1966), 201.
3 Roller (2006), 100–104. Ältere Überlegungen bei Hennig (1944), 248f.
4 Polyb. 34,1,7; 5,9 (zu Pytheas); Clarke (1999), 78, 91, 100f., 112; Paus. 8,30,8.
5 Ladewig (2014), 84 A. 202. Optimistischer: Roller (2006), 100–102; Hennig (1944), 250.
6 Vgl. Horden/Purcell (2007), 140–145; Gabrielsen (2013), 78–81.
7 Plaut. Cn. 426; P.Berl. 5883 und 5835; SB III 7169; Hauben (1985), 135–136; Whittaker (2004), 163.
8 Vgl. J. Whitewright, Efficiency or Economies? Sail Developments in the Ancient Mediterranean, in: Harris/Iara (2011), 92f., mit Entwicklungsschema: 90.
9 Vgl. Whitewright (2011), 93, 99ff., 102.
10 Beide Handelsbereiche wurden aber offenbar getrennt voneinander bedient: A. Marzano, Sails, Wine and Winter Navigation, in: Harris/Iara (2011), 179, 184ff.
11 Vgl. Cary-Warmingon (1966), 197; Desanges (1978), 165.

12 Roller (2006), 108 mit Quellen; ferner Desanges (1978), 166; Laffranque (1963), 217.
13 Vgl. Thiel (1967), 24f.
14 Hennig (1944), 278; R. El Houcine, Les périples de Poseidonius et d'Eudoxe de Cyzique et les contraintes en Occident, L'Africa Romana XIV (2002), 113; Roller (2006), 109.
15 Laffranque (1963), 217ff.; Bocchus in Volubilis: Desanges (1978), 170.
16 Strab. 2,99.
17 Vgl. Cary-Warmington (1966), 198f.
18 Schmitt (1968).
19 Plin.nat. 6,201–205 = Iuba frg. 43,44; Cary-Warmington (1966), 104, 199; Schmitt (1968), 366–371. Gegen eine Identifizierung mit Madeira oder den Kanaren: Desanges (1976), 169. Iuba entdeckte eine Insel, auf der er eine Färberei mit Purpur aufbaute (Kerne oder Mogador?); vgl. Roller (2005), 4f., 159f. zu Asarubas, der am Hofe Iubas ein Werk über die Geographie Mauretaniens verfasste, 183–243 zu Iubas geographischen Schriften.
20 Diod. 5,19–20; vgl. Plut. Sert. 8–9; Sall. hist. 1, F 100–102; Roller (2005), 46–53; Cary-Warmington (1966), 106f.
21 Vgl. Cary-Warmington (1966), 106f.; Cunliffe (2001), 10.
22 Vgl. Gifhorn (2013), 96f.
23 Strab. 1,4,6 (p. 64f.).
24 Sen.nat. 1 praef. 13. Poseidonios: Strab. 2,2,2 (p. 95); 2,3,6 (p. 102).
25 Plin. nat. 2,170; Hennig (1944), 289–292; zu einer ähnlichen Geschichte: Thomson (1948), 199.
26 Deshalb kommt es auch nicht darauf an, die Identität der »Inder« zu entschlüsseln (Eskimos, Indianer?). Entscheidend ist, dass die Zeitgenossen die Inder als Inder identifizierten. Spätere Nachrichten gleichen Typs bei H. Plischke, Verschlagungen von Bewohnern Amerikas nach Europa im Altertum und Mittelalter, Petermanns Geographische Mitteilungen 62 (1918), 93–95.
27 Plin. nat. 6,201–202; Solin. 52; vgl. F. F. Hudemann, Der Römische Seefahrer Statius Sebosus, in: Zeitschrift für die Alterthumswissenschaft 10,3 (1852), 17–23; Schulz (2005), 183.
28 Ps.-Aristoteles, de cosmo 392 b 24–30; Strab. 1,2,24; 2,5,10. Roller (2006), 51. Rekonstruktion des Krates-Globus z.B. bei Thomson (1948), 203.
29 Vgl. Medas (2004), 40–43. Geschwindigkeiten zwischen 1 und 5 Knoten waren möglich.
30 Gifhorn (2013), 83.
31 Gifhorn (2013), 89, 105.
32 Gifhorn (2013), 113.
33 Vgl. Roller (2006), 50.
34 Vgl. Roller (2006), 54ff. Ob man aus Min. Fel. Oct. 32,4f. auf die Kenntnis des Golfstroms schließen kann, bezweifelt Clarke (1967); Inschrift: Delekat (1969), Böhm (1993).
35 Plin. nat. 5,9; Hennig (1944), 248–251.
36 Vgl. Thomson (1948), 147; Timpe (1989), 337, 339.

VI, 2.
Roms Vorstoß in die mitteleuropäischen Binnenräume

1 Die frühere Meinung ausgedehnter Reisen im freien Gallien ist revidiert. Heute nimmt man einen bescheideneren Radius an; von Mittel- und Nordgallien erhielt Poseidonios wohl nur durch Informanten genauere Kunde; Martin (2012), 61f.; Hofeneder (2005), 113 mit Literatur A. 592.
2 Strab. 3,4,3; Woolf (2011), 24; Karte: Brodersen/ Elsner (2009); Whittaker (2004), 64; »chorographical-map«: Rathmann (2013), 213–216.
3 Strab. 14,2,13; Clarke (1999), 129.
4 F 217–19 (EK), Reinhardt (1921), 123f.; Kidd (1999), III, 13.
5 Strab. 2,3,5–6. Berger (1903), 574–582; B. Inwood, Poseidonios, DNP 10 (2001), 211–214. Zitat: Müller (1997), 289, dort auch 380 zur Okeanosschrift
6 Reinhardt (1921), 73f.; Dihle (1984a), 30ff.; Dihle (1984b), 52–60.
7 Vgl. Schmidt (1980), 17f.
8 Vgl. Reinhardt (1921), 95. Zu den Reisen vgl. die Testimonia T 14–37 bei Kidd (1999) III mit Kommentar II, 10–28. Reinhardt (1921), 74 zur Botanik; Clarke (1999), 153, 173, 178, 183.
9 Vgl. Johne (2006), 54. Kaufleute: Woolf (2011), 18, 57 zu Nordafrika.

10 Ath. 4,151E-152C = F 67 (EK); Müller (1997), 302f.
11 Marco (2002); Voillat-Sauer (1992). Ferner umfassend Kistler (2009), 298–303 und passim.
12 Quellen und Interpretation bei Müller (1997), 301ff. sowie Martin (2012) passim.
13 Vitr. 6,1,3–11, von Edelstein/Kidd m.E. zu unrecht nicht aufgenommen: Reinhardt (1921), 84–86; Müller (1997), 304; Schmidt (1980), 27, 36; Ruggieri (2000), 64 mit Aristot. pol. 7,7 1327b, 23ff. Kelten und Klimalehre: Tierney (1960); Timpe (1996), 45.
14 Diod. 5,31 (von Edelstein/Kidd nicht aufgenommen); vgl. Kidd (1988), 308–310. Dass Diodor Poseidonios nicht ausdrücklich nennt, halte ich für ein unzureichendes Argument gegen die Benutzung. Traditionelle Annahmen bei Müller (1997), 304 und Hofeneder (2005). Poseidonios kombiniert Klimalehre und zivilisatorischen Determinismus, indem er sich an der Zonenlehre des Parmenides orientierte und ethnische Kriterien hinzufügte; Strab. 2,2,2–3.
15 Ath. 4,40 p. 154 B-C (Theiler F 171a); Diod. 5,23,3; 32 (Theiler F 169); Hofeneder (2005), 115f., 152f.; Müller (1997), 298, 303. Zu den Hintergründen: Martin (2012), 153–177. Diod. 5,28,5 = Theiler F 169; Hofeneder (2005), 138–141; Müller (1997), 306; rituelle Nacktheit: Kistler (2009), 101, 189. Todesverachtung: Hofeneder (2005), 142f. Unsterblichkeit der Seele als Lehre der Druiden und Pythagoreismus: Martin (2012), 308, 253–371.
16 Müller (1997), 299f. und Hofeneder (2005), 125f. 136f.
17 Theiler F 190 = Strab. 4,1,13; Hofeneder (2005), 125ff.; Woolf (2011), 75. Vielleicht hat Poseidonios ein eigenes Werk »Über Gold und Silber« verfasst: Clarke (1999), 177.
18 Strab. 4,1.13 (p. 188).
19 Tectosagenschatz: Strab. 4,1,13; F 273 (EK).
20 Schulz (2005), 184f.
21 Diod. 40,4 mit Sen. suas. 1,9.
22 Woolf (2011), 85 nimmt an, dass spätere Beamte auf Memoiren römischer Generäle sowie administrative Listen zurückgreifen konnten. Kaufleute: Caes. Gall. 3,1,2; Timpe (1989), 354; Johne (2006), 84 A. 4. Gallischer Handel: Cunliffe (2001), 389, 386f.; Tchernia 2009, 91–113. Vgl. App. Celt. frg. 12,1 über einen Besuch des Allobrogerkönigs Bituitus bei C. Domitius Ahenobarbus in Südgallien 120 v. Chr.: Woolf (2011), 97. Händler, Kundschafter und Informationen: Johne (2006), 69.
23 Will (1992), 66ff. Poseidonios bei Strab. 4.3,3 (p. 193; vgl. p. 293); Ninck (1945), 234.
24 Caes. Gall. 1,31,10; 35,1–2; 43,4–5; App. Celt. 16; Plut. Caes. 19; Cass. Dio 38,34,3; Sueben als Machtfaktor: Johne (2006), 61f.
25 Corbilo (Korbilon) wurde von Pytheas erwähnt; Strab. 4,2,1; Cunliffe (2001), 335.
26 Caes. Gall. 3,12–16; Cass. Dio 39,40–43. Veneter als Mittelsmänner »in the coastal trading networks«: Cunliffe (2001), 395, 402.
27 Caes. Gall. 4,20,1. Beziehungen der Kelten Britanniens und Galliens und Caesars Motive: Webster (1999), 34–36, (weniger kritisch) Peddie (1987), 6.
28 Caes. Gall. 3,1,2; Timpe (1989), 354; Johne (2006), 84 mit Anm. 4. Zu den finanziellen und wirtschaftlichen Zielen sowie zum Fall des Goldpreises: Will (1992), 66ff. Gallischer Handel: Cunliffe (2001), 389, 386f. zum Weinhandel; Tchernia (2009), 91–113.
29 Webster (1999), 41–51; Cunliffe (2001), 369; Cic. fam. 7,7,1f.; Caes. Gall. 5,4. Suet. Caes. 47 zu Perlen; britische Perlen galten als minderwertig.
30 Caes. Gall. 4,23–27; Peddie (1987), 7.
31 Caes. Gall. 4,36,1. Zu den Sturmfluten etc. vgl. Webster (1999), 37.
32 Caes. Gall. 5,1,4.
33 Marsch von Kent über Canterbury etc.: Webster (1999), 38f.; »Handelsabkommen« und Wein: Peddie (1998), 14f.; Webster (1999), 53; Dedition des Cassivellaunus: Caes. Gall. 5,22,4.
34 Caes. Gall. 5,12–14.
35 Cic. Quint. 2,16,4.
36 Caes. Gall. 4,20,2.
37 Timpe (1989), 351; Caes. Gall. 5,12,6–8; 13,7; Dobesch (2001), 490.
38 Diod. 40,4 (Inschrift im Tempel der Venus Victrix); Schulz (2003), 34.
39 Vell. 2,46,1. Herrschaft über die Grenzen: Plut. Caes. 23,3.
40 Plin. nat. 9,34,116; 27,1,11–12; Flor. 2,13; Cic. Quint. 2,16,4; Schulz (2003), 34.
41 Vgl. Clarke (1999), 192, 308ff. mit den Quellen und 311 zum Alexandervorbild.
42 Plut. Caes. 23,2.

43 Plut. Caes. 23,2; Krebs (2006), 118.
44 Caes. Gall. 4,19,4; Krebs (2006), 127ff.
45 Cic. prov. 33; vgl. auch 22.
46 Vgl. Whittaker (2004), 63; R. Laurence, Afterword. Travel and Empire, ebd., 167. »The role of the army ... as an explorer of new parts of the globe.«
47 Vgl. Krebs (2006), 130–132.
48 Timpe (1989), 349. Hercynischer Wald: Caes. Gall. 6,24,2. Immerhin findet sich der Begriff *Hercynia silva* erstmals bei Caesar, er steht seitdem für alle Gebirge »nördlich der Donau vom Schwarzwald und der Schwäbischen Alb bis hin zu den Ost- und Südkarpaten«; Johne (2006), 72; St. Zimmer/ P. Kehne, Hercynia silva, RGA 14 (1999), 396–400. Caesar zitiert für die Kenntnis des Hercynischen Waldes Eratosthenes: Caes. Gall. 6,24,2.
49 Müller (1997), 398; Hofeneder (2005), 174; Ruggieri (2000), 72f.; Woolf (2011), 87f.; Krebs (2006), 111–136; Bell (1995), 754ff.
50 Müller (1997), 400–4; Martin (2012), 205–18 zu Klienten der Gallier im Vergleich zu Poseidonios. Übergewicht des Militärischen: Beckmann (1930), 132ff.
51 Wolfram (1997), 25; Dreyer (2009), 33f. Korrektur des Poseidonios: Johne (2006), 70. Ob Poseidonios den Begriff »Germani« in gräzisierter Form kannte, ist umstritten, da er nur in dem von Athenaios überlieferten Exkurs auftaucht (4,39 p. 153e). Vielleicht hat ihn Athenaios eingefügt; wenn Poseidonios ihn kannte, dann nicht in Abgrenzung zu den Kelten: Ruggieri (2000).
52 Caes. Gall. 4,1,3; vgl. Timpe (1989), 351f. Sueben wie Nomaden: Krebs (2006), 122.
53 Caes. Gall. 6,21–23.
54 Caes. Gall. 1,40,5–7; Germanenexkurs: Müller (1997), 404–407.
55 So explizit Caes. Gall. 4,16,1.
56 Todd (2000), 24; Dreyer (2009), 30. Skeptisch Hofeneder (2005), 190f.; Johne (2006), 70. Für Caesar ist Germanien eine unendliche Öde ohne Grenzen und Markierungen: Krebs (2006), 120.
57 Caes. Gall. 1,1,3; 6,24,3f. Vgl. Hom. Il. 2,13,6.
58 Caes. Gall. 1,1; 6,24; vgl. 2,15; Müller (1997), 410f. Dass Poseidonios Charakteränderungen ohne Wechsel des Klimas und des Ortes auf Einflüsse von außen (Handel) zurückführte, geht aus der von Müller (1997), 306 angeführten Strabonstelle 7,3,7 nicht hervor.
59 Vitr. 7,1,10–11; Reinhardt (1921), 85; Müller (1997), 292f., 314; Schmidt (1980), 101.

VI, 3.
Zur Elbe und Ostsee

1 Hor. carm. 1,12,53–60; carm. saec. 56 mit Sidebotham (1986), 138f. Reich ohne Ende: Verg. Aen. 6,851ff. Tatenbericht (Mon. Anc. tit.).
2 Vgl. Whittaker (2004), 71.
3 Hennig (1944), 314f. mit den Quellen sowie Timpe (1989), 354.
4 Johne (2006), 85; Timpe (1989), 355 mit den Einzelheiten und Quellen.
5 Cic. Att. 2,4,1; 2,6; Hänger (2001), 137; Whittaker (2004), 65; geographisches Material in Archiven und Tradition der Bilder und Karten: zuletzt ausführlich Engels (1999), 359–363.
6 Vgl. Clarke (1999), 91, 105 (geographische Figuren), 108 (Feldzugsberichte).
7 Das Folgende orientiert an Hänger (2007), 137–142 und Whittaker (2004), 66f.
8 Clarke (1999), 318 auch zu Asklepiades und seinem Werk über turditanische Stämme.
9 Strab. 1,1,16–19; 2,1,22f. Hänger (2001), 128–131; Clarke (1999), 203–207; 236; Engels (2007), 124ff. zu Strabons »kulturgeographisch-historischer« Beschreibung der Oikumene; 126; Timpe (1989), 360–363. Strabons Verständnis der Barbaren ist umstritten: sicherlich mischten sich ethnographische Vergleiche (z. B. zwischen Kelten und Germanen) mit dem Bemühen, die Vorstöße Roms zu legitimieren. Ferner kannte er die ethnographische Zonenlehre des Poseidonios (2,5,33); Clarke (1999), 215, 295 mit M. Sechi, La costruzione della scienza geografica nei pensatori dell'antichitá classica, Rom 1990, 224.
10 Vgl. Roller (2003), 4: »Juba was constantly sending information to Marcus Agrippa for

his map of the Roman World«. Ebd., 71 zum Verhältnis Iubas II. zu Agrippa, 183- 243 zu Iuba II.
11 Plin. nat. 3,17; Johne (2006), 86; Hänger (2001), 148–156. Dass es sich nicht um eine »Karte« handelte, sondern um eine Inschrift (Brodersen, 1995, 268–287), dürfte heute eine Minderheitsmeinung sein; vgl. Whittaker (2004), 66.
12 Hänger (2001), 138f., 153. Andere Breitenkreise: Schnabel (1935), 414f., Meridiane: 417f. Vistula: Timpe (1989), 357; Johne (2006), 86. Provinzialstatistiken und Messungen: Timpe (1989), 356f.
13 Vgl. Moynihan (1985), mit den Folgerungen für die Außenpolitik.
14 Vgl. Johne (2006), 26f., 83. Weser: 92f.
15 Zitat: Johne (2006), 83. Als Entdecker gefeiert: ebd., 108 mit Cons. Liv. 313–314; 391.
16 Umsichtige Diskussion des gesamten Problems bei Johne (2006), 98–100.
17 Vgl. Hennig (1944), 320 mit Quellen und Interpretation sowie Johne (2006), 121f., 134, 140. Zitat: Vell. 2,97,4.
18 Quellen und Interpretation bei Hennig (1944), 316–319; Timpe (1989), 358 und ausführlich Johne (2006), 90f. zur Borkumfrage.
19 Vgl. Hänger (2001), 181f. Er geht davon aus, dass auch dem Drusus das Weltbild des Eratosthenes vertraut war. Zu Caesar und Eratosthenes: Caes. Gall. 6,24,2.
20 Plin. nat. 2,167; Mon. Ancyr.26; Johne (2006), 142f.
21 Hennig (1944), 333ff. mit Diskussion gegenteiliger Meinungen.
22 Hänger (2001), 186f.
23 Vgl. Hänger (2001), 188; Roller (2006), 121, der Reminiszenzen an Pytheas erwägt. Johne (2006), 142 zur unabhängigen Erkundungsfahrt; vgl. 148 zum Bernsteinland.
24 Vgl. Timpe (1989), 359; Hänger (2001), 189ff.
25 Tac. ann. 2,6,3; 8,1. Vgl. Johne (2006), 188f.; Hänger (2001), 217.
26 Hennig (1944), 336–341. Alexanderimitatio des Germanicus: Hänger (2001), 237.
27 Vgl. Timpe (1989), 359.
28 Tac. Germ. 34; Hennig (1944), 337f., 341.
29 Quellen bei Brodersen (1998), 54–57.
30 Cass. Dio 60,21,5; vgl. Timpe (1989), 363.
31 Vgl. Cass. Dio 67,5,3; Johne (2006), 222f. Mela 54; Hennig (1944), 380–382 ist skeptisch bezüglich der Ausdehnung der Fahrt; optimistischer Roller (2006), 123, die aber auf die Anklänge an Pytheas verweist. Timpe (1989), 364 zur Alexanderimitatio.
32 Tac. Germ. 41,2; Timpe (1989), 371.
33 Vgl. Hänger (2001), 140; Johne (2006), 201.
34 Plin. nat. 4,96f.; Timpe (1989), 368; Johne (2006), 204 und 207 zur korrekten Beschreibung Jütlands durch Plinius, 208 zum *mons Sevo* (Plin. nat. 4,96).
35 Vgl. Timpe (1989), 370; Marineoffizier und *Periploi*: Whittaker (2004), 68.
36 Tac. Germ. 17,2; Timpe (1989), 372f.
37 Dies tat erst Ptolemaios, der u.a. die Sachsen als neue germanische Ethnie einführte und drei Sachseninseln nennt, offenbar Sylt, Föhr und Amrum (Ptol. geogr. 2,11,5 und 11; Johne 2006, 241), ferner die Silinger als Teilstamm der Vandalen, woher Schlesien seinen Namen bekam (Ptol. geogr. 2,11,9–10). Vgl. Johne (2006), 242 mit den Fragen des Bernsteinhandels. Philemon: Timpe (1989), 366f., 375; Hänger (2001), 138.
38 Hor.carm. 1,31,13–15; vgl. Roman (1983), 261.
39 Vgl. Cunliffe (2001), 407, 418f., 421. Interessant ist die Entdeckung eines griechisch römischen Ankers nahe der Küste von Nordwales aus dem 2. oder 1. Jahrhundert v. Chr. sowie des Wracks eines Handelsschiffes im Hafen von Guernsey. Kaufleute am Hofe des Marbod: Tac. ann. 2,62,2f.; Timpe (1989), 371; Johne (2006), 156.
40 Vgl. Schmid (1985), 451–459.
41 Vgl. Kunow (1985), 430–432 mit dem eindrucksvollen Beispiel des Q. Atilius Pedius.
42 Vgl. zu den Handelsrouten und Importwaren: Kunow (1985), 434–450.
43 Plin. nat. 37,43; vgl. Hennig (1944), 263ff. und jüngst M. Erdrich, Römische Importe im Barbaricum – ein Reflex des Bernsteinhandels, in: Quast/ Erdrich (2013), 72ff.
44 Vgl. Johne (2006), 215; Woolf (2011), 98f. Vgl. Cass. Dio 77,1.
45 Vgl. Wielowiejski (1984), 75f.; Johne (2006), 215.
46 A. Koster, Römische Bernsteinkunst aus der Provinz Germania inferior, in: Quast/ Erdrich (2013), 65–71.
47 Wielowiejski (1984), 80ff.; Timpe (1989), 373; Ostsee und Tacitus: Johne (2006), 230–234.

VII, 1.
Pfeffer und Weihrauch

1 Morley (2007), 574–580; Scheidel (2011), 33.

2 Hitchener (2005), 213; McLaughlin (2010), 28.

3 Whittaker (2004b), 170; Lo Cascio (2007), 628f.; allein die Mittel für die Besoldung der Armee schätzt Wolters (1999), 213–218 auf rd. 180 Mio. Sesterzen pro Jahr, die für das gesamte Heer auf 400–450 Mio. Sesterzen, für das Beamten- und Hilfspersonal auf 50–55 Mio. Sesterzen. Die Erhöhung des Geldvolumens unter Augustus ging auf Entwicklungen der späten Republik zurück; Wolters (1999), 41f. Minen: Plin. nat. 33,96; Lo Cascio (2007), 643f. Auch aus Sardinien wurde Silber bezogen; Plin. nat. 33,66. Zu recht weist Hitchener (2005), 210 darauf hin, dass der Friede im Innern und die seit Ende der Germanenkriege nachlassende Expansionsbereitschaft höhere Investitionen in die »zivile« Infrastruktur erlaubten.

4 Hitchener (2005), 210f.; Lo Cascio (2007), 625; Jongman (2007), 609; Kredite und Zinssätze: Whittaker (2004b), 170; Schartmann (2012), 156 mit Cass.Dio 51,21 und Suet.Aug. 41. Skeptischer im Hinblick auf den Handel: Bang (2008), 188.

5 Vgl. Hitchener (2005), 208, 212, 219; etwas vorsichtiger Bang (2008), 124: Von rd. 45 Mio. Bewohnern unter Augustus auf 60 Mio. in der Mitte des 2. Jh. n. Chr. Institutionen und Recht: Hitchener (2005), 211.

6 Hitchener (2005), 213–217 mit weiterer Literatur.

7 McGrail (2001), 158f. (Dreimaster mit strukturiertem Kiel); Morley (2007), 572f.; Hitchener (2005), 212. Wassermörtel und Hafen: Wilson (2012), 225f.; Bagger etc. 226–228; Amphoren und Fässer: 228f. Fahrten über offenes Meer. Bau von 1000–1200-Tonnern, Kettenpumpe und Venedig: Ray (1994), 166; Wilson (2011), 222–224. Wintersegeln: A. Marzano, Sails, Wine and Winter Navigation, in: Harris/Ilara (2011), 179, 184ff.; P. Arnaud, Ancient Sailing-Routes and Trade Patterns, in: Robinson/Wilson (2011), 70f. Segeln gegen den Wind mit Besanmast: Arnaud (2011), 147–160; Ray (1994), 166.

8 Hitchener (2005), 207, 209, 211: »... a truly global economy«; Bang (2008), 126.

9 Mrozek (1975), 311–316; Zitat: ders., (2001), 23.

10 Jongman (2007), 594–605., 614–616. Hitchener (2005), 214 »Middling class«: Kehoe (2012), 115. Reallöhne: Jongman (2007), 592–618.

11 »Consumer revolution«: Hitchener (2005), 218; Bang (2008), 298: »an extremely elaborate culture of luxurious consumption«. Wachsender Bedarf nach »goods that could not (or at least for the moment) be produced locally, or which were desirable precisely because they were not produced locally«: Morley (2007), 574.

12 CIL IV 5380; Cass. Dio 72, 24,1–2; Hor. epist. 2,1,270; Miller (1969), 82; Whittaker (2004b), 172; Tomber (2008), 16, 55; Young (2001), 23f.

13 Whittaker (2004b), 172; Miller (1969), 10. In der Republik rösteten die Reicheren Mohnsamen mit Honig; in der Kaiserzeit verlagerte sich die Praxis, Brot durch Mohn und andere Aromatika zu verfeinern, auf das Land, während in der Stadt gefüllte Haselmaus mit Honig und Pfeffer geröstet wurde; Petr. sat. 31; Young (2001), 14.

14 Vgl. McLaughlin (2010), 144.

15 Vgl. Heimberg (1981), 8.

16 Whittaker (2004b), 172; Tomber (2008), 174; Miller (1969), 110.

17 Stat.silv. 5,1,210–213; Schmidt (1924), 39–48; Sidebotham (2011), 230; Heimberg (1981), 7; Tomber (2008), 16; Miller (1969), 25: Schwarzer Pfeffer und Weihrauch »were considered to be necessities rather than luxurities«. Sidebotham (1986), 15 mit A. 5 (1991), 22; Pfeffer wurde seit dem 2. Jahrtausend v. Chr. in den Mittelmeerraum importiert.

18 Auch die von Gallien bis China gehandelten Korallen hatten medizinische Funktionen; Plin. nat. 32,11,24; Sidebotham (2011), 238f., Pfeffer als Heilmittel: Sidebotham (2011), 258.

19 Cels. 5,23,3; Whittaker (2004b), 164; G. Watson, Theriac and Mithridatium. A Study in Therapeutics, London 1966, 35; S. Vogt, Magie und Rationalität in der griechisch-römischen

Gifttherapie, Antike Naturwissenschaft und ihre Rezeption 14 (2004), 145.

20 Vgl. Sidebotham (2011), 14. Ärzte am Tiber: Miller (1969), 1. Indische Meinungen wurden von westlichen Ärzten übernommen, denn indische Thesen über die Balance der Körpersäfte ähnelten denen der mediterranen Mediziner.

21 Sidebotham (1986), 21; (2011), 14; Young (2001), 17. Indigo als Heilmittel: Plin. nat. 35,27,46.

22 Vgl. Schmidt (1924), 15, 62. Gewürze in Wein und Speisen in der täglichen Kost der Armen und Reichen ist eine kaiserzeitliche Entwicklung, die auf republikanische Anfänge zurückgeht, ablesbar an der neuen Komödie, an Ennius sowie Plautus; Miller (1969), 8f.

23 Plut. Galba 19; Schmidt (1924), 31. Aphrodisiaka: Schmidt (1924), 53; Miller (1969), 4ff.

24 Morley (2007), 574. Nach Plin. nat. 12,65 wurde Weihrauch für 3 bis 6 *denarii* pro Pfund verkauft. Im Höchstpreisedikt Diokletians (36,56) kostete der feinste Weihrauch 100 *denarii* pro Pfund; Sidebotham (2011), 247.

25 Parker (2008), 161 mit Ov. am. 2,6,1–2; HA Heliogab. 20,4; 21,1 (Papagei), 162–165 mit Bild. Sullas Stiefsohn Scaurus besaß als erster eine Edelsteinsammlung. Bauern und Dienstmädchen: Plin.nat. 34; Mrozek (2001), 14.

26 Plin. nat. 12,84; Young (2001), 25; Tomber (2008), 3. Die genannten 50.000.000 Sesterzen sind keine außergewöhnlich hohe Summe, der Reichtum einiger Senatoren war sechsmal höher.

27 Senatsbeschluss: Tac.ann. 2,33,1; Cass.Dio 57,15; Seidengewänder der Kaiser: W. Richter, Seide, DKP 5 (1979), col. 78; Vicus Tuscus: Heimberg (1981), 28f.

28 Sidebotham (1991), 15, 26f. (2011). Nach Miller (1969), 13ff. war sich Augustus des Reichtums der arabischen Südhalbinsel um Hadramaut bewusst. Der Gewürzhandel war »a matter of revenue and food supply« zur Versorgung einer wachsenden Bevölkerung und zur Steigerung der öffentlichen Einnahmen. Zu diesem Zweck habe er bereits Ägypten zur Provinz gemacht.

29 Mayerson (1995).

30 Beeston (2005), 57–60. Im 1. Jahrhundert v. Chr. war die Situation wohl noch anders: Das Reich von Ma'in wurde von dem Königreich von Saba absorbiert; Sidebotham meint, die Sabäer produzierten Weihrauch und Myrrhe und erhoben Zölle auf den Karawanenhandel. Von ihrer Hauptstat Marib (Marsiaba) aus hielten sie große Teile des südwestlichen Arabiens bis zum 1. Jahrhundert unter ihrer Kontrolle. Sabäer waren ferner auf der Überlandroute vom Roten Meer nach Koptos aktiv; später übernahm dann das Königreich der Himyar mit ihrer Hauptstadt Zafar ihre Rolle; S.E. Sidebotham, Romans and Arabs in the Red Sea, in: Boussac/Salles (2005), 165f. Der Hauptversorger der alten Welt mit Weihrauch war das Königtum von Hadramaut.

31 Plin. nat. 6,141.

32 Plin. nat. 12,55–6.

33 PME 26; Tomber (2008), 102.

34 Seland (2009) argumentiert, dass mit *Eudaimon Arabia* nicht Aden, sondern gemäß den *Res Gestae* des Augustus ganz Arabien gemeint sei. Young (2001), 102f. und McLaughlin (2010), 71 beziehen die Zerstörung Adens auf den Gallus-Zug, wobei der Hafen längst seine handelspolitische Bedeutung verloren gehabt habe. Vielleicht handelt es sich um die Angabe eines schleichenden Niedergangs. Zu den Expeditionen zweier Zenturionen zur Entdeckung der Nilsümpfe vgl. Hennig (1944), 356–362. Auch hier vermutet Sidebotham (2012), »economic motives«, die er aber nicht genauer benennt und tatsächlich weder aus den Quellen noch aus dem Kontext heraus zu erkennen sind.

35 Vgl. zur Britannieninvasion Crone (1987), 77: »There is no doubt that the desire for wealth played a role in Caesar's decision, but it was made for booty, not trade opportunities.«

36 App. civ. 5,9.

37 Vgl. Goldschmidt (1970), 161, wonach Gallus »billige Einkaufsquellen« erschließen sollte.

38 Strab. 16,4,22; Young (2001), 101. Vgl. Sidebotham (1986), 2 zu den Angaben Theophrasts über arabische und indische Produkte.

39 RgdA 5,26; Seland (2008), 63.

40 Plin. nat. 12,55–6; Drexhage (1988), 13. Umsegelung und Alexander: Miller (1969), 15; McLaughlin (2010), 72. Legitimation: Drexhage (1988), 12 mit weiterer Literatur.

41 Vgl. Marek (1993), 121–156, besonders 145f.; Wiesehöfer (1998), 26. Sidebotham (1986), 168, meint, der Gallusfeldzug habe für Rom »tremendous political, diplomatic and, concomitantly, commercial advantages« erbracht. Worin diese bestanden, sagt er nicht. Immerhin meint er (170f.), dass das römische Engagement im Roten Meer auch dadurch begründet gewesen sei, durch die Unterstützung des Indienhandels die kostenintensivere und von den Parthern kontrollierte Überlandroute gen Osten besser nutzen zu können.

42 Young (2001), 101f. zu Plin. nat. 2,168 und 6,160. Klientelkönige: Vgl. Casson (1989), zu Charibael (PME 23, 29–30); Speidel (2014) sieht in diesen *amicitia*-Verhältnissen eine entscheidende Basis der römischen Politik im Indischen Ozean, die den Handel schützen sollte. Dass zur Agenda der Gesandtschaften handelspolitische Aspekte zählten (so Sidebotham, 1991, 27), ist eine Vermutung, die (leider) durch die Quellen nicht belegbar ist.

43 Vgl. Simon (2002), 316: »... we may come to the conclusion that Augustus' main purpose was the conquest of Arabia Felix and plunder.«

44 Goldschmidt (1970), 161 (spät angesetzt) und Crone (1987), 18–26.

45 Miller (1969), 14f. vermutet dagegen, dass Augustus größere Schiffe für den indischen Gewürzhandel bauen ließ und den Bau mit der besten Gold- und Silberwährung finanzierte; ferner einen direkten Dienst zwischen Ägypten und Indien einrichtete, der nach der Entdeckung des Monsuns zur Wasserannahme im arabischen Hafen von Ocelis einen Zwischenstopp machte.

46 Das wird selbst von den Befürwortern einer staatlichen Handelspolitik zugegeben, z.B. Sidebotham (1991), 12; vgl. Young (2001), 89; Whittaker (2004b), 167. Gegen eine Übernahme des ptolemäischen Handelsmonopols: Whittaker (2004b), 167, vgl. 176: »Just as in studying the Middle Ages, we have to distinguish between ›exploition *of* trade‹ (through taxes, tolls or the like) and exploition *by* trade.« Dass Augustus den Bau einer »commercial fleet (...) based on the Red Sea ports«, beschloss (so Miller 1969, 194), entbehrt jeder Grundlage.

47 Bang (2008), 233, 236; Robinson/Wilson (2011), 7. Besoldung der Armee: Speidel (2014), 6.

48 Speidel (2014), und A. 12 mit Literatur. Belege für die vorher genannten Überwachungs- und Stationierungsfunktionen bei Alston (1995), 79–81. Kriegsschiffe und *amicitia*: Ruffing (2011), 28; Speidel (2007); Speidel (2014), 5.

49 OGIS 674=IGRR 1,1183 mit Sidebotham (1991), 26. Zölle: Vgl. Wolters (1999), 209: »Auch die Zölle hatten im Grundsatz keine Handel steuernde Funktion, sondern ihre Einforderung diente der Vermehrung der Staatseinnahmen.« Ferner Young (2001), 70–73; Tomber (2008), 100; McLaughlin (2010), 80f. und 27 zur Ausbeutung der Minen. Die Anlagen verschlangen einen Großteil der römischen Investitionen und des Personals. Gold- und Edelsteinminen: Sidebotham (2011), 172. Zölle: Sidebotham (2011), 219. Organisation: Miller (1969), 225. Farasanstützpunkt gegen Piraterie: Wilson (2011), 233.

50 PME 19; McLaughlin (2010), 64; Young (1997), 266–8. Ähnliche Zollgebühren wurden in Palmyra erhoben. Bang (2008), 214 zweifelt an der 25%-Abgabe. Wenn der Staat Veteranen und Offizieren Zollfreiheit gewährt, ist das eine Belohnung, aber keine staatliche Wirtschaftspolitik; Bang (2008), 217. Piraten im Roten Meer: Sidebotham (1991), 23.

51 Vgl. Ray (1994), 65; Tomber (2008), 154; McLaughlin (2010), 80; Robinson/Wilson (2011), 7. Die Kaiser erstrebten eine Erhöhung der Zolleinnahmen, ohne die infrastrukturellen Bedingungen des Handels zu verbessern. Für eine staatliche Beeinflussung der Märkte fehlten die organisatorischen Voraussetzungen; Bang (2008), 179.

52 Vgl. Young (2001), 76f. Die Flotte ging vielleicht auf die Schiffe zurück, die Aelius Gallus für seine Afrikaexpedition in Cleopatris (Ägypten) hatte bauen lassen. Vielleicht nutzte sie Myos Hormus als Ausgangshafen. Reduzierung der Transportkosten: Sidebotham (2011), 180.

53 Cass. Dio 67,7; 68,17. Vgl. McLaughlin (2010), 230f., der dennoch »the profits of Eastern commerce« als ein zusätzliches Movens erwägt.

54 Herod. 4,10.

55 Sidebotham (1986), 38f.; (1991), 23: mora-

lischer Impetus der Quellen; Young (2001), 202ff.

56 Vgl. McLaughlin (2010), 161, 164, 166f. Die jährlichen Gesamteinnahmen des Reiches über Provinzsteuern und Zölle beliefen sich auf über 680 Mio. Sesterzen. Etwas andere Rechnungen bei Parker (2008), 186 nach Duncan-Jones (1994), wonach ein Achtel des Gesamtbudgets des Reiches von rd. 800 Mio. Sesterzen jährlich in die Rote Meer-Region abfloss. Daraus ergäbe sich, dass die von Plinius genannten Zahlen (nat. 12,84: 100 Mio. Sesterzen nach Indien, Arabien, China; nat. 6,101: 50 Mio. Sesterzen nach Indien pro Jahr) nicht übertrieben sind. Vgl. Goldsmith (1984). In jedem Fall erlebten die Provinzialabgaben aus Ägypten eine stete Steigerung, von 40 Mio. auf mehr als 500 Mio. Sesterzen unter Vespasian; Wolters (1999), 226.

57 Vgl. Casson (1989), 33 A. 50; Sidebotham (1986), 89ff.; (1991), 31; Tomber (2008), 82. Wenn seit Nero der Abfluss von Silberdenarien gegenüber Goldmünzen reduziert wurde, so lag der Grund hierfür wohl in der Reduzierung des Gewichtsstandards; andere spekulieren, die Kaiser benötigten mehr Silbermünzen zur Besoldung der Truppen; Whittaker (2004b), 175; Sidebotham (1986), 30; Parker (2008), 178 vermutet, dass bereits vorher die lokalen Händler (in Indien) das Vertrauen in die Silberwährung verloren hatten.

58 Vgl. Wiesehöfer (1998), 30, Whittaker (2004b), 176 und Young (2001), 38, 62f., 74; 135 zum nabatäischen Handel in Arabien: »The Romans relationship with the incense trade was strictly reactive: they acted only to secure and protect a source of direct income to the state, never to enrich the merchants themselves or to influence directly the course of trade.« 214f. »An absolute minimum of government interference and regulation«. Wie einträglich der Indienhandel war, zeigt allein die Tatsache, dass ganze Räuberbanden von ihm lebten; Young (2001), 72.

59 Vgl. Whittaker (2004b), 171. Auch die Zahl der Transportschiffe, die indischen Pfeffer und andere Luxuswaren über das Mittelmeer nach Italien brachten, kam nicht annähernd an die gewaltigen Getreideflotten von bis zu 1000 Schiffen heran, die jedes Jahr Rom ansteuerten.

60 Miller (1969), 222; McLaughlin (2010), 157. Plin. nat. 12,65 sagt, dass die Kosten für eine Karawanenladung von Südarabien nach Gaza 688 Denare betrugen, bevor die Zollpächter ihre Abgaben erhoben; das entspricht dem Jahreseinkommen von drei Legionären; Bang (2008), 202. Zwischenhändler als Kostentreiber: Drexhage (1988), 5, 16 gegen Raschke (1978), 637–650.

61 Plin. nat. 12,29 mit Whittaker (2004b), 169 und A. 53; Drexhage (1988), 122 zum Zollsatz von einem Viertel des Warenwertes; wahrscheinlich für alle Waren (außer Pfeffer). Erhebung in Alexandria: Seland (2011), 402. Nach dem Muziris-Papyrus kostete ein Schiff, das 700 bis 1700 Pfund Narde, ca. 4700 Pfund Elfenbein und 790 Pfund Textilien, also insgesamt 7190 Pfund transportierte, 131 Talente auf einem 500-Tonner. »There could well have been over 150 times that amount aboard with an aggregate value of 20.000 talents, a great sum indeed«. Casson (1989), 35. Dagegen scheinen arabische Zwischenhändler (wie die von Palmyra) nur dann Zölle erhoben zu haben, wenn die Waren im Land verblieben: Drexhage (1988), 120ff. zum Fiskalgesetz von Palmyra. Hafengebühren und Taxen: Arnaud (2011), 66f. Die übliche Praxis war wohl, dass ein Schiff zunächst seine Waren ausladen musste, dann die Taxen bezahlt wurden und nach der Zahlung der Exporttaxe der Rest der Waren wieder an Bord genommen wurde.

62 P.Vindob. G 40822, verso 29; McLaughlin (2010), 40, 158.

63 Vgl. Whittaker (2004b), 173ff.; Tomber (2007), 153; McLaughlin (2010), 157f.; Rathbone (2003), 211. Deshalb musste auch Eudoxos vor seiner Afrikaexpedition so lange im westlichen Mittelmeer nach Geldgebern suchen; McLaughlin (2010), 157.

64 Vgl. Whittaker (2004b), 173. Zu den Geldgebern der mit hohen Raten von bis zu 30 Prozent (und mehr) belasteten Indienfahrten und den Warenwerten vgl. Sidebotham (2011), 217f. Im 2. Jh. n. Chr. wird ein 6.930.000 Drachmen-Transport erwähnt. Es gab auch Bodmerei: Der Kreditnehmer musste für das gewährte Darlehen die Ladung oder das Schiff als Sicherheit stellen; sank das Schiff, war das Geld verloren. Der Darlehensgeber trug das Risiko, erhielt aber Gewinnraten von

bis zu 30%. Er schickte häufig einen Vertreter mit auf die Reise; Bang (2008), 270, 280ff.

65 Vgl. Rathbone (2003), 31; 208, 210 zu den international tätigen »Banken«.

66 Drexhage (1994), 8 zu Importzöllen; Whittaker (2004b), 174f.; steigende Preise für Luxuswaren werden in der zeitgenössischen Literatur erwähnt: Mrozek (2001), 48. Fahrt von Ostia oder Puteoli nach Indien: Whittaker (2004)b, 168f.

67 Whittaker (2004b), 164, 170; Bargeldmangel und »Wucherzinsen« nach der »goldenen« Frühphase unter Augustus, mit Auswirkung besonders auf die »höheren sozialen Schichten«: Mrozek (2001), 39; Wolters (1999), 166; 248; Schartmann (2012), 150: Steigerung der »Zinsen«.

68 Ray (1994), 85; Blue/Whitewright/Thomas (2011); Seland (2014), 283.

69 Vgl. Casson (1991), 8–11; Casson (1989), 17, 35, 291f.; McLaughlin (2010), 29, 36. Zweimaster und hohe Qualität mit indischem und afrikanischem Teakholz: Blue/Whitewright/Thomas (2011), 188, 195; Ray (2003), 60–63. Graffiti mit Dreimastern: A. Tchernia, Arikamedu et le graffito naval d'Alagankulam, Topoi 8 (1998), 447–463. Dazu: Plin. nat. 19,5; Pollux 1,91; Ath. 5–208e; Lukian. nav. 14, Pseudol. 27, Lexiphanes 15; Plilostr. Apoll. 4,9 mit Arnaud (2011), 155. Vorsichtiger zu Dreimastern ist Ray (2003), 63. Größere Schiffe gegen Sturm und Verminderung der Risiken: Ray (1994), 85; Wilson (2011), 217, 232, ebd. Wind und Sturmverhältnisse im Indischen Ozean. Söldner gegen Piraten: Scheidel (2011), 26f. 60- bis 80-Tonner im Mittelmeer und Indischen Ozean: Rathbone (2003), 201; Whitewright (2007), 83f. Arabische Schiffe, gebaut aus indischem Teak und Kokosnussholz: PME 36 mit Ray (1994), 173.

70 Wilson (2011), 219; Scheidel (2011), 34; Rathbone (2003), 203, 211, 215.

71 Vgl. Whittaker (2004b), 175 mit Plin. nat. 6,101 und Petron. sat. 76.

72 Healy (1996), 33–37; Gawlikowski (1994), 27–33; Seland (2014), 375. Karawanen von Palmyra liefen Städte in Südmesopotamien an, die ihre Güter über See aus Indien erhielten; Palmyrenische Aristokraten als Anführer und Finanziers von Karawanen: Young (2001), 155–157f. Exotische Tiere für die römischen Spiele: Tiger, einhornige Rhinozerosse, Papageien, Pfauen und andere Vögel, Jagdhunde, Panther, Leoparden, große Schlangen. Seide in Palmyra: Sidebotham (2011), 212.

73 Drexhage (1988), 81; 104; McLaughlin (2010), 102ff. Palmyrenisches Netzwerk bei Seland (2013), 381–384 mit Karte 382; Bürgerrecht: 383.

74 Seland (2011),401–406.

75 Nabatäer im Persischen Golf: Plin.nat. 6,145 mit Seland (2014), 374 und weiterer Literatur. Nach Strab. 16,4,23 verband eine Karawanenroute Leuke Kome und Petra; ebenso PME 19; Sidebotham (2011), 177, 209; Young (2001), 19, 90–99; Tomber (2008), 68; S.E. Sidebotham, Romans and Arabs in the Red Sea, in: Boussac/Salles (2005), 160–162. Ferner Drexhage (1988), 70–76; Whittaker (2004b), 170; Young (2001), 22f.; Sidebotham (1986), 20–23.

76 Strab. 16,1,22; 24.

77 Nebes (2009). Ich folge der Argumentation von Speidel (2014).

78 McLaughlin (2010), 150; Ruffing (1989), 116; Young (2001), 148. Zu Charakene und Spasinou Charax: Wiesehöfer (1998), 16 und J.-F. Salles, The Periplus of the Erythraean Sea and the Arab-Persian Gulf, in: Boussac/Salles (1995)), 116f. Keine römischen Händler in den Golfhäfen; ebd. 136–140. Nabatäer in Puteoli, Ostia und Britannien: McLaughlin (2010), 155f.

79 Strab. 17,1,13.

80 Dion Chr. 32,36; McLaughlin (2010), 141.

81 Ruffing (2014), 152; vgl. Sidebotham (2011), 250f.

82 Sidebotham (1986), 18, 20; Young (2001), 53.

83 Young (2001), 53 zum mediterranen Weinexport nach Indien und Arabien: Sidebotham (2011), 233.

84 Strab. 16,4,21; Dion Chr. 32,40 zu indischen Händlern in Alexandria; Sidebotham (1986), 101; (2011), 224; Young (2001), 55ff. (Kaufleute unterhalb der Eliten), 58ff. (Händler und Frauen). Zu einem *rajah*, der nach Alexandria wegen Handelszwecken und aus touristischen Gründen kam: Xen. Eph. 3; Young (2001), 62. Ein Vorteil des Osthandels war, dass er in einer literalen Kultur stattfand; Tomber (2008), 20.

85 Casson (1989), 32; McLaughlin (2010), 34 und Wiesehöfer (1998), 27f. mit Literatur

zu Gaius Numidius Eros, der nach seiner Rückkehr aus Indien an der Karawanenroute von Berenike nach Koptos seinen Namen auf einen Stein ritzte. Ein anderes Beispiel ist der auf der Koptos-Berenike-Route inschriftlich belegte Titus Vestorius aus einer puteolanischen Handels- und Bankerfamilie, die mit Cicero Geschäfte machte und im 1. Jh. n. Chr. die Technik für die Herstellung von »ägyptischem Blau« *(caeruli temperationes)* nach Puteoli brachte; De Romanis (2005).

86 Vgl. Whittaker (2004b), 169f.; Tchernia (1997), 239, 243; McLaughlin (2010), 156, zu den vier Generationen der *Peticii* und deren Handelsaktivitäten sowie Tomber (1997), 152. Wein und Weinamphoren im Roten Meer: McLaughlin (2010), 19f. Ein weiteres Beispiel für eine mittelmeerweit agierende Handels- und Bankiersfamilie sind die *Sulpicii*; vgl. Bang (2008), 272ff. Finanzierung des Osthandels durch die Aristokratie: Bang (2008), 284f.

87 Ray (1994), 167 (Holzarmut Ägyptens und Zerlegung von Schiffen); McLaughlin (2010), 37.

88 Ray (1994), 169; Tomber (2008), 65f.; McLaughlin (2010), 28.

89 Vgl. McLaughlin (2010), 35; Rathbone (2003), 203f. Trimalchio ließ sich zweimal fünf Schiffe bauen (Petron. 76,3–8).

90 Vgl. Miller (1969), 190; Young (2001), 54; McLaughlin (2010), 33, 35, 39: von Clymsa nach Berenike und Myos Hormus; eine Rückkehr nach Clymsa war wegen der Nordwinde schwieriger. Tomber (2008), 108; zu anderen Alexandrinern im Südosthandel: Strab. 2,5,12; die Inder bauten Schiffe, die den römischen ähnelten und reparierten solche; beide Schiffsbautraditionen näherten sich an. In Ägypten sind Inder durch Keramik und Graffiti nachgewiesen; sie durchquerten die Wüstenzonen auf bekannten Karawanenrouten; Tomber (2008), 74ff. Indische Schiffsbesitzer und Reeder: Ray (2003), 75. Herkunft der Schiffe, die zu Beginn des 1. Jahrhunderts von Ägypten aus das Indische Meer befuhren: J.-F. Salles, Rez. H.P. Ray, The Winds of Change, in: Boussac/ Salles (2005), 264.

91 Tomber (2008), 20: »a practical guide aimed at merchants«; Wiesehöfer (1998), 17: Segelhandbuch; Miller (1969), 18; Ray (1994), 67: neue Literaturgattung angesichts des boomenden Seehandels. Luxusartikel: Casson (1989), 16.

92 Strab. 1,1,21.

93 Casevitz (2005), 227f. Dass der Periplus für die römische Regierung verfasst wurde, wie Miller (1969), 210 entsprechend seiner These vom staatsgelenkten Osthandel meint, ist abwegig. Unterschiede des PME gegenüber früheren Periploi: Casson (1989), 8f. Die wenigen ethnographisch-historischen Hinweise bespricht Casson (1989), 9.

94 Vgl. Tchernia (1997), 239; Casson (1989), 13 A. 10.

95 Agenten der Kaufleute in den Häfen: Casson (1989), 32. PME 1,19; in Koptos gab es eine »Vereinigung der palmyrischen Rote-Meer-Schiffseigner«. Ihre Schiffe lagen in Myos Hormos und Berenike. Vgl. Tomber (2008), 57ff. zu den anderen Häfen. Sidebotham (2011), 196, 206, 223 zu Berenike. In Berenike wurden Perlen gefunden, die wahrscheinlich in Vietnam oder Thailand hergestellt wurden, obwohl sie aus Sri Lanka stammten. Der PME (56, 60, 63) und Ptolemaios (geogr. 1,17,5 u.ö.) nennen die fernen Länder *Sinae* (China) und *Chryse Chersonnes* (Malayische Halbinsel). Mediterrane Objekte wie Lampen, Gemmen und Münzen wurden u.a. in Thailand und Vietnam gefunden. Der Handel wurde von Mittelsmännern getragen (v.a. Inder); Sidebotham (2011), 223. Warum Berenike sich gegenüber Myos Hormos halten konnte, diskutiert Tomber (2008), 63f. Wahrscheinlich wurde die kürzere Überlandverbindung von Myos Hormos durch schwierigere Wind- und Strömungsverhältnisse aufgewogen. Nach Berenike benötigte man von Koptos 11 bis 12 Tage; Plin. nat. 6,104. Beide Häfen ergänzten sich »symbiotisch«.

96 Vgl. McLaughlin (2010), 157. Der Kapitän in Heliodors aithiopischen Geschichten (5,13–15) reservierte einen Teil seines Frachtraums für andere Kaufleute; Bang (2008), 195.

97 Sidebotham (2011), 219; Ruffing (2011), 24ff.

98 McLaughlin (2010), 158; Young (2001), 42–51; Sidebotham (2011), 69, 185. McLaughlin (2010), 40, 55 schätzt, dass jedes Jahr tausende römische Söldner in Indien zum Schutz der Kaufleute und als Palastgarde ankamen. Wiesehöfer (1998), 27 und Tomber (2008), 72 zu den östlichen Waren; schwarzer Pfeffer

aus Südindien sowie Reis, nachgewiesen in Berenike und Myos Hormos; Narde, *costum*, *bedillium* und langer Pfeffer aus Nordindien, verschifft in Barygaza: Miller (1969), 24. Der Preis östlicher Salben aus indischer Narde fiel von bis zu 300 *denarii* für den Liter auf 100 *denarii* bei Plin. nat. 12,85–98; vgl. 13,18; Miller (1969), 24.

99 Vgl. Wiesehöfer (1998), 30 mit Literatur (A. 73).

100 PME 23; vgl. Tomber (2008), 100; Wiesehöfer (1998), 27.

101 Miller (1969), 103 ff.; Ray (1994), 117; Tomber (2008), 54, 95; Plin. nat. 12,69; PME 7. Routen nach Arabien: Robert (1996), 200 f.; Azanien: Young (2001), 36 f. Fahrtdauer: Plin. nat. 6,26,104; Sidebotham (2011), 193. Monsun: Liu/ Shaffer (2007), 47.

102 Plin. 12,85, dazu Ray (1994), 120. Diese von Miller (1969) begründete These ist jüngst von Chami/Msemwa (1997), 673–677; Chami (1999), 205–214 und Gupta (2005), 148 f. erhärtet worden; Ray (1994), 114–120 zu den südostasiatischen Seehandelsnetzen; Ptak (2007), 62 f. postuliert aus unersichtlichem Grund eine Alternative zwischen Ozeanüberquerung und asiatischer Küstenfahrt. Römische Händler selten an der somalischen Küste: PME 16 mit Stern (1991), 114. Südostasien versorgte Indien mit Zinn und Sandelholz; Ray (1994), 116. Die Fahrten eines gewissen Diogenes und Theophilos bezeichnen die Quellen als Ausnahme; Ptol. geogr. 1,9; PME 6, 18; Mc Laughlin (2010), 69. Berggren/Jones (2000), 68. Verschiffung an die arabischen Häfen von somalischen Schiffen usw.: Young (2001), 20 und 35 (Weihrauch von Somalia nach Arabien und königliches Monopol).

103 Vgl. Young (2001), 34 f.; Wiesehöfer (1998), 26 f.; Selvakumar/Shaiari/Tomber (2009). PME 25, 56, 63; Plin. nat. 6,100–106 sowie Tomber (2008), 22, 157 f.

104 Ray (1994), 11–47, 122; Young (2001), 29; zu Barygaza; Stern (1991), 115; Tomber (2008), 125–130; die Güter, die in Barygaza gen Westen verschifft wurden, kamen auch aus dem Osten über Ozene. Aus der Gangesregion erwähnt der PME 63 Baumwolle und Narde (über Muziris). Römer scheinen nicht in Bengalen gelebt zu haben, jedoch chinesische Pilger.

105 Text bei Parker (2008), 173.

106 PME 49. Deshalb hatte schon Eudoxos Sklavenmusiker an Bord; Casson (1989), 21; Sidebotham (1986), 24 f.; Wiesehöfer (1998), 29; Parker (2008), 158. Einige Sklaven wurden nach Fernosten und China gehandelt: Y.-S. Yü (1967), 180. Wein: McLaughlin (2010), 51.

107 Vgl. Tomber (2008), 16. Zum Einfluss des Buddhismus auf den Handel vgl. Tomber (2008), 121, Ray (1994), 8, 121–143 und Chakravarti (2002), 24–31.

108 Prasad (1977), 11–25 mit den Quellen und ihrer Interpretation.

109 Vgl. Whittaker (2004b), 168; Tomber (2008), 108; Ray (1994), 79 zu Sokotra. Zu frühen Ozeanfahrten: Ray (1994), 2 f., 13 mit Hinweisen der *Rigveda*. Zur Organisation des Seehandels und frühen buddhistischen Quellen: Ray (2003), 75.

110 Tomber (2008), 147 f.; Whittaker (2004b), 168, 175; Sidebotham (2011), 252 ff.; Abgaben: Salles (1995), 132; Fürst von Cēra: F. De Romanis, Ivory from Muziris, ISAW Papers 8 (2014). Buddhistische Mönche: Ray (1994), 11–47, 122.

111 Vgl. A. Dihle, Indische Philosophen bei Clemens Alexandrinus, in: ders. (1984), 82 f.

112 Whittaker (2004b), 168; Sidebotham (1886), 27, 93, 100 f.; Casson (1989), 14 (Muziris-Papyrus), 24. Young (2001), 30 f.; Tomber (2008), 26–8, 148 f.; Nappudanar, Mulleippattu, Zeilen 59–66; Ray (1994), 84; Thorley (1969), 188; McLaughlin (2010), 18 f.

113 Stern (1991), 117 f.; Raman (1991), 125 ff., Comfort (1991), 135–148; Will (1991), 151–154.

114 Raman (1991), 131 f. Buddhismus: McLaughlin (2010), 18; Wiesehöfer (1998), 34.

VII, 2.
Die Juweleninsel

1 Casson (1989), 17: »The goods imported from southern India were so costly that they far outpriced what Western goods were sold there.« Römische Stapelgüter in Indien, durch Amphoren erschlossen: Tomber (2008), 42f. und 55. Der lange Pfeffer wurde besonders für medizinische Zwecke verwendet; schwarzer Pfeffer war billiger. Ob das vom PME 36 erwähnte Holz und Kupfer aus Indien Reexport aus dem Westen waren, ist unklar. Weinamphoren häufiger: Tomber (2008), 148–150, 157. Tausch als Grundlage des Handels: Sidebotham (1991), 23.
2 Young (2001), 28; Sidebotham (1986), 26. Rückkehr im Winter: Plin. nat. 6,101–106; Monsun im Sommer: PME 39,49,56. Arabischer Wein: Tomber (2008), 79. In Berenike erwähnen Zollpässe italische Weinamphoren zur Verladung in Schiffe: Tomber (2008), 81; McLaughlin (2010), 31.
3 Nach dem PME 49 brachten Schiffe aus dem Imperium Gold nach Barygaza. Die meisten römischen Münzen, 70% Silber, 90% Gold, erscheinen in Horten des Südwestens, meist aus julisch-claudischer Zeit; Tomber (2008), 31. Römische Münzen als »Handelsgut«, Walser (2001), 92–96. Tauschhandel: Sidebotham (1986), 31.
4 Vgl. die Überlegungen mit reicher Literatur bei Wolters (1999), 390–393.
5 Sidebotham (1986), 21. Das Hauptgebiet der Pfefferproduktion war Kerala. Der PME nennt Häfen an der Malabarküste, an erster Stelle Muziris (53–55); Plinius rät, in Bakare (Becare) zu landen, obwohl er Muziris als *primum emporium Indiae* lobt (nat. 6,104–105); die unterschiedliche Bevorzugung geht vielleicht auf Stammesrivalitäten zurück. Die zentrale Rolle von Muziris wird im Muziris-Papyrus und in der Sangam-Dichtung dokumentiert; De Romanis (1997), 94f.
6 Sidebotham (2011), 225; Drexhage (1988), 20. Schiffsladung von 800.000 Sesterzen usw.: McLaughlin (2010), 161; Tomber (2008), 25; De Romanis (1997), 183ff. Auf der Rückfahrt von Indien haben manche Händler in Südarabien Halt gemacht, um Teile der indischen Waren gegen Weihrauch einzutauschen; Tomber (2008), 159. Nach Strab. 16,4,22 verkauften auch die Händler von Arabia Felix ihre Waren für Gold und Silber; Young (2001), 114.
7 Vgl. Rathbone (2003), 224; Günther (2013), 116; Patronage: Bang (2008), 228.
8 Plin. nat. 6, 84–85; Faller (2000), 63f.; Abeydeera (2009), 148. Die *tetrarte* wurde in Alexandria, wahrscheinlich in Antiochia sowie Leuke Kome erhoben. Das Cognomen Plocamus deutet laut Weerakkody (1997), 51 A. 5 auf kampanische Ursprünge.
9 Plin. nat. 6,85: »... legatos quattuor misit«. Dass die Gesandten *nach Rom* geschickt wurden, steht zwar nicht bei Plinius, ergibt sich aber aus dem Kontext; Faller (2000), 60–95. Dass die Geschichte von keinem anderen Autor erwähnt wird, spricht allein nicht gegen deren Authentizität; dann müsste man auch die Fahrt des Kolaios oder des Eudoxos verwerfen.
10 Weerakkody (1997), 10; Casson (1989), 24.
11 Seland (2014), 284, 382. Indische Schiffe, die nicht im Monsun fuhren, Auslegerboote, die zwischen Indien und Sri Lanka verkehrten: Ray (1994), 179. 75-Tonner: Plin. nat. 6,24.
12 Schwarz (1974), 168; Faller (2000), 66f.; Carswell (1991), 200; Weerakkody (1997), 14, 56. Hippuros ist die Wiedergabe von *Sindu Kanda* bei Ptol.geogr. 7,1,12; Abeydeera (2009), 149.
13 Young (2001), 60. Andere im Osthandel tätige Familien des gleichen Typs: De Romanis (1996), 241–259; für Freigelassene im Indienhandel, die inschriftlich belegt sind: Sidebotham (2011), 72.
14 Vgl. Schwarz (1974), 173f.; De Romanis (1997), 188.
15 Faller (2000), 65 und Young (2001), 60, der an der Windepisode festhält; Sidebotham (2011), 192 zur zeitlichen Differenz zwischen Inschrift und Pliniusdatierung. Steuerpacht umfasst arabische Südküste: Weerakkody (1997), 55.
16 Schwarz (1974), 169; De Romanis (1997), 181; McLaughlin (2010), 54.
17 Vgl. Weerakkody (1997), 35; Faller (2000), 37; Young (2001), 32; Gollwitzer (1998), 45–47. Waren aus Ceylon: Sidebotham (2011), 193 und Faller (2000), 118 mit den Quellen.

18 Plin. nat. 9,106; Carswell (1991), 200; Faller (2000), 37, 47, 97; »Perleninseln«: Schwarz (1974), 174f. In Indien wurden Edelsteine auch unter griechisch-römischem Einfluss bearbeitet. Roter Edelstein: Faller (2000), 157. Cosmas Top. Chr. 11,14. Weerakkody (1997), 35. Westliche Händler kamen bis Poduca (nahe Pondichery), wo man ebenfalls Perlen erwerben konnte; Liu/Shaffer (2007), 51.

19 Ein im Jahre 2008 im Hafen Godavaya entdecktes Wrack eines Schiffes enthielt wahrscheinlich Glas- und Metallwaren indischer Herkunft; Lawler (2012); Seeland (2014), 373.

20 Die Prüfung entspricht indischem Usus: De Romanis (1997), 181ff. Gefunden ist eine handvoll frühkaiserzeitlicher Münzen auf Sri Lanka, das ändert sich erst in der Spätantike; Walburg (1985), (2008); Weisshaar (2001).

21 Plin. nat. 32,21–24; vgl. De Romanis (1997), 190.

22 Abeydeera (2009), 159; *Mahâvamsa* 34.50; W. Geiger/M.H. Bode (Hg.), The Mahâvamsa or the Great Chronicle of Ceylon, Colombo 1950; A.W.P. Guruge, Mahâvamsa: The Great Chronicle of Sri Lanka, A New Annotated Translation with Prolegomena, ANCL Colombo 1989; G.P. Malalasakera (Hg.), Vamsatthappakâsinî Commentary on the Mahâvamsa, London 1935, II, 630.

23 Schwarz (1974), 172–175; De Romanis (1997), 188–194, 200ff.; Faller (2000), 75–78.

24 De Romanis (1997), 185–190; 201. Diplomatische Geschenke Roms an die Fürsten, inklusive Gold- und Silberplatten: Schwarz (1974), 166. Vgl. zu den Silbermünzen als mögliches Motiv der *amicitia*-Begründung Speidel (2014), 17.

25 Vgl. Gundawardana (1990), 38.

26 Schwarz (1974), 170; Diskussion bei Weerakkody (1997), 57f. und Abeydeera (2009), 151–3.

27 PME. 40; Gundawardana (1990), 31. Schiffsbauholz: ebd.

28 Plin. nat. 6,88; weitere Angaben zu den Serern bei Plin. nat. 6,54; 7,27; 12,17; 12,38.

29 Die Pliniusangabe hat eine wuchernde Spezialliteratur hervorgebracht. Einiges bespricht Weerakkody (1997), 72ff.; Faller (2000), 90–94 vermutet die Yuezhi, andere sprechen sich für den Stamm der Kummis aus, die nördlich von Indien über Südsibirien bis zu den Grenzen Chinas lebten; andere Autoren nennen die Serer, Einwohner von *Sinae* und der *Chryse Chersonnes*. Sidebotham (2011), 157. Bogenschützen und Wagenlenker: Hor. carm. 1,29,7ff.; Prop. 4,8,23. Der erste Autor über die *Seres* ist Apollodoros von Artemita (Ende des 2. Jh. v. Chr.; FGrHist 779 F 7a); Serer = Chinesen: Gundawardana (1990), 27. Ptolemaios nennt einige ihrer Städte (u. a. Issedon).

30 Miller (1969), 195; Faller (2000), 89.

31 Suet. Cal. 52; Flor. 1,46,8 (*serica vexilla* in der Schlacht von Carrhae); Cass. Dio 43.24,2 (seidene Zeltplanen, die Caesar während des Triumphes über Gallier, Ägypter, Pharnakes und Iuba aufspannen ließ) 59,17, 3; HA Heliog. 26,1.

32 McLaughlin (2010), 44; Seide in Barbarikon: PME 39, 49 (zu Baryzaga), 56 (zu Muziris) mit Casson (1989), 30. PMA 56, 64 zur Route ins Gangesdelta; Ptol.geogr. 1,17,4; Casson (1989), 26f. Routen nach Indien: Chandra (1977).

33 Miller (1969), 75f.; Faller (2000), 94; Kontakte Ceylons nach Patna: Faller (2000), 92. Verbindungsweg von Sinai und den Serern über Patna: Ptol.geogr. 1,17,5. Zu den Routen von Indien nach China: Faller (2000), 92; vielleicht wurde ein Teil der Seide zum Gangesdelta über See aus der Straße von Malakka herangeschafft, Casson (1989), 27.

34 Neue Inschriftenfunde bezeugen einen »chief Raki« als Weihegeber in Inschriften von buddhistischen Höhlen; Abeydeera (2009), 154f.

35 Gunawardana (1990), 34; Seland (2014), Direktkontakte zwischen Ceylon und China begannen in der Spätantike; Prickett-Fernando (1990), 61, 71.

36 Ray (1994), 77f. mit PME 28,39, 49; Plin. nat. 32,11. Chinesische Chronik: Werake (1978); ders. (1990), 220. Die nächste Nachricht über eine ceylonesische Gesandtschaft in China stammt erst aus dem Jahr 131; ebd. 221.

37 Miller (1969), 100; McLaughlin (2010), 170. Mantai: Carswell (1991), 200.

38 Miller (1969), 47; 74; De Romanis, in: Boussac/Salles (2005), 20; 25.

39 Miller (1969), 30–38, 84f. Vgl. 57ff.: Lakaholz, wahrscheinlich das von Plinius

erwähnte *serichatum*; Nutmeg und Mace aus Indonesien *(Myristica fragrans)*; Sandelholz aus Indonesien, Java und Ostaustralien; das als *algum* oder *almung* im AT als Ziel der Tarsisfahrt erwähnt wird; 1 Kön 10,11,2; Chron 9,10; Miller (1969), 62; ferner Turmeric aus China, Malaysia und Indonesien.

40 Cassia und Zimt: Miller (1969), 44; Ginger aus Java oder Thailand: Parker (2008), 152. Theophrast nennt sie als prominente Aromatika. Cinnamon und Cassia kannten bereits die Hebräer (Ex 30,23, Ez 27,19; Psal 45,8 u.a.); auch die Gewürznelke *(cloves)*, die von chinesischen, indischen (im *Ramayana* ca. 200 v. Chr.) sowie in den medizinischen Schriften des Hinduarztes Charaka (1. Jh. n. Chr.) und Susrata (2. Jh. n. Chr), ferner von klassischen Autoren als Parfüme, Arzneiingredienz und als Speisezusatzmittel erwähnt wird. Direktroute von Java nach Ostafrika bzw. Madagaskar: Miller (1969), 66. *Cardamomum* ist wohl das von Plinius erwähnte *siliquastrum* (nat. 19,87; 20,174), der den Portugiesen in Indien als *silkiquastro* bekannte »Pfeffer von Calicut«; Miller (1969), 73.

41 Vgl. Miller (1969), 38, 40; 51–57, 80, 86f.; Ptol. geogr. 7,4,1; PME 36.

VII, 3.
»Korallen und Seide«

1 Young (2001), 34, 87; Gollwitzer (1998), 47 zu den Fundmünzen auf Ceylon. Der Höhepunkt des römischen Handels mit Ceylon folgte in der Spätantike. Auch McLaughlin (2010), 57f. verbindet die Fahrt nach Ceylon mit der Erschließung der westindischen Gewässer und verweist auf Sklaven, die westliche Kaufleute dem König von Burma lieferten und in chinesischen Chroniken erwähnt werden.

2 PME 64, vgl. 55; es ist die erste Nennung Chinas in westlichen Quellen: Leslie/Gardiner (1996), 124.

3 Ptol. geogr. 1,14,1; Leslie/Gardiner (1996), 124f.

4 Hall (2010), 4f.

5 Hennig (1944), 407f. Martiani Heracleensis Periplus maris exteri: 1,43ff.; indische Seefahrer: Dihle (1984), 215. Indische Schiffe, die zur Chryse-Halbinsel fahren: Robert (1996), 259.

6 Martiani Heracleensis Periplus maris exteri 1,46; Wind- und Strömungsverhältnisse im ostasiatischen Meer: Ptak (2007), 28f.

7 Hennig (1944), 410f.; Cary-Warmington (1966), 165; Ferguson (1978), 584; Leslie/Gardiner (1996), 14. Überlandweg über *Cassia*-Anbaugebiete: Miller (1969), 141, 182; Ptol. geogr. 1,17,5.

8 Vgl. Hennig (1944), 434–441; Raschke (1978), 645, Leslie/Gardiner (1996), 153–158.

9 Miller (1969), 120; dagegen Hennig (1944), 438ff.; Bang (2009), 120.

10 Leslie/Gardiner (1996), 156, meinen, dass sich die kritischen Zeilen nicht auf die Geschenke der Römer beziehen. Die Rhinozeroshörner werden in einer anderen Chronik zu den wertvollen Importgütern gezählt (*Sung-Shu* 97 bzw. *Lieh-Chuan* 57, in: Leslie/Gardiner (1996), 104).

11 Leslie/Gardiner (1996), 154–157; Casson (1989), 27; dagegen McLaughlin (2010), 134. Nur Gesandte: Häufig wird auf Tac.ann. 14,25, verwiesen, wo aber von Gesandten die Rede ist, die im Krieg von den parthischen Posten abgefangen zu werden drohten. Edelsteine und Juwelen aus Indien usw.: Miller (1969), 199. Ähnliches gilt für Parfüme. Im Anschluss schreibt Fan Yeh in einem Zusatz: »The document listing their tribute had nothing at all precious or rare. Thus one suspects that those who have written about it [*Ta-Ch'in*] have erred.« Leslie/Gardiner (1996), 51.

12 Hennig (1944), 435; Leslie/Gardiner (1996), 100; 159f.; Ferguson (1978), 594; McLaughlin (2010), 136–146, 176. Römische Artefakte in Indochina: Young (2001), 34; Kordosis (1992), 169. Der Seehandelsweg über Ceylon blühte erst im 4. Jahrhundert n. Chr. auf.

13 Siriweera (1990), 125f. Südindische Fürsten verhinderten einen Kontakt griechisch-römischer Seefahrer mit Ceylon: Perera (1951), 301.

14 Miller (1969), 36; 147, die Argumente 154–171; Auslegerboote: 157. PME 60. K. MacPherson, Traditional Indian Ocean Shipping Technologies, in: Bandaranayake (1990), 262ff. Nach Robert (1996), 236f. verheimlichten die Araber die Herkunft des Zimtes. Von Raphta übernahmen arabische Händler den Weitertransport an die Rotmeerhäfen.

15 Leslie/Gardiner (1996), 137f. 159. Vgl. Miller (1969), 180 mit Gungwu (1958). Es gibt einen zweifelhaften Bericht über eine Handelsmission nach Huang-chi (Kanci) und Ceylon im 1. Jh. v. Chr.; Miller (1969), 184. Vgl. Leslie/Gardiner (1996), 161f. zu einer Nachricht des Han shu 28B, 1671 über Schiffe, die von Xuwen und Hepu (Guangxi und Guangdong) vielleicht bis Madras kommen, ferner über »chinesische Schiffe« nach Arabien. Es handelt sich um Schiffe »aus China« oder um solche, die chinesische Produkte transportieren. Das gesamte Thema einer *angeblich* frühen maritimen Ausdehnung chinesischer Aktivitäten behandelt umsichtig und mit wohltuend nüchternem Blick: A. Schottenhammer, Schifffahrt und Überseebeziehungen bis ins 3. Jahrhundert: Ein Überblick, in: M. Friedrich unter Mitwirkung von R. Emmerich und H.v. Ess (Hg.), Han-Zeit. Festschrift für Hans Stumpfeldts, Wiesbaden 2006, 600–621, bes. 604f.

16 Ptak (2007), 38, 55–62, 86ff. (Umsteigen auf fremde Schiffe und nach Indien / Huangzhi).

17 Ptak (2007), 38, 59.

18 Ferner pontischer Medizinalrhabarber (*rha ponticum, rha barbarum*); vielleicht schon von Aristeas gesucht; Liu/Shaffer (2007), 4; C. Lind, Ursprünge der Seidenstraße. Einführung zur Ausstellung, in: A. Wieczorek, C. Lind, (Hg.), Ursprünge der Seidenstraße. Sensationelle Neufunde aus Xinjiang, China, Stuttgart 2007, 21f. Zum Katalog vgl. jedoch die kritische Rezension von E. und M. Heil in H-Soz-Kult.

19 Vgl. A. Stauffer, Textilien aus Xinjiang. Textilherstellung und Kulturtransfer entlang der Handelsrouten an der Taklamakan, in: A. Wieczorek, C. Lind, (Hg.), Ursprünge der Seidenstraße. Sensationelle Neufunde aus Xinjiang, China, Stuttgart 2007, 73–86.

20 Kritische Diskussion der Befunde mit reicher Literatur bei Hübner (2005), 94–97f. Heuneburgfunde: Boulnois (2008), 40; Miller (1969), 140f., 182 (Gold aus dem Altai und Sibirien nach China); Zobelfelle, deshalb auch »Fellroute« genannt.

21 Vgl. McLaughlin (2010), 90f.

22 Vgl. Liu/Shaffer (2007), 5–15.

23 Lewis (2007), 31f., 128–132; Liu/Shaffer (2007), 24f. Auf dem Höhepunkt der Kämpfe konnten die »Streitenden Reiche« wohl an die 600.000 Krieger mobilisieren.

24 Vgl. Lewis (2007), 132.

25 Vgl. Boulnois (2004), 75–85; Lewis (2007), 129; Vogelsang (2013), 152.

26 Vogelsang (2013), 180 bezogen auf die späten Han; vgl. Y. Ying-Smith, The Hsiung-nu, in: D. Sinor (Hg.), The Cambridge History of Early Inner Asia, Cambridge 1990, 128 sowie 127, 131. Zur Ferghana und ihrer Erforschung vgl. Parzinger (2006), 795–802.

27 Liu/ Shaffer (2007), 27, 31f.; Boulnois (2004), 16, 58ff.; Lewis (2007), 141. Zur Bedeutung von Baktrien als Kontaktzone zwischen Chinesen und dem Westen: Poinsette (1979), 436ff. Mitunter wird an der militärischen Funktion der Ferghana-Pferde gezweifelt, sie hatten wohl auch eine religiöse Bedeutung.

28 Vgl. Boulnois (2008), 65; Beckwith (2009), 72, 77; Harrison (2012), 308–10.

29 Leslie/Gardiner (1996), 24, 33–39.

30 SC 123,3166. Dass vor der Mission des Zhang kein nennenswerter Handel mit dem fernen Westen bestand, betont Lewis (2007), 141f.

31 Vgl. Ying (2004), 338.

32 Vgl. Lewis (2007), 94 (Park = Insel der Unsterblichen), 152ff.; Ying (2004), 338.

33 Die Chronik der Han sagt, dass mit der Einführung der Bronzewährung »solche Dinge wie Perlen, Jade, Schildkrötenschalen, Silber und Zinn als Objekte zur Dekoration und als kostbare Schätze benutzt wurden«; Lewis (2007), 55.

34 Vgl. Graf (1996), 200.

35 Vgl. Leslie/Gardiner (1996), 23; Dihle (1984), 85 (indische Philosophen bei Clemens Alexandrinus), 201 (Serer und Chinesen).

36 Liu /Shaffer (2007), 28f.; Boulnois (2008), 66ff., 93. Bündnis mit den Parthern und Gesandtschaft: Thorley (1971), 71; Boulnois

(2008), 71f. Seidengewänder Kleopatras: Dihle (1984), 202 und Standarten aus Seide: Flor. 1,46,8 (3,11).

37 Vgl. zuletzt mit den Quellen und vorsichtig optimistisch Manthe (2014).

38 Vgl. Emmerich (2009), 287f.; Robert (1993), 35; Boulnois (2008), 58.

39 Liu/Shaffer (2007), 36; Lewis (2007), 143; Cambridge History of China Vol. 1 (1989), 410.

40 Vgl. Liu/Shaffer (2007), 77f., 82, 29f., 77; Boulnois (2008), 88; McLaughlin (2010), 86.

41 Schmidt-Glintzer (2009), 423.

42 Miller (1969), 121.

43 Miller (1969), 123; 197; PME 6 und 39. Dieser Stahl wurde auch an die indischen Ausfuhrhäfen der Malabarküste geliefert.

44 Miller (1969), 124–126. Golf von Bengalen: 181: »... the carriers would be Chinese or Yüeh to the border and thereafter Besatae and Cirrhadeae ...«, Yü (1967), 112.

45 Miller (1969), 123f.; Boulnois (2008), 90f.; Robert (1996), 214 zu den Temperaturbedingungen in der Wüste.

46 Vgl. Schmidt-Glintzer (2009), 420.

47 PME 39; es sind Roh- oder Halbfertigprodukte, aus denen die in Griechenland bekannten Kaschmir-Schals *(kaunakai/gaunakai)* hergestellt wurden. Miller (1969), 198; Plin. nat. 27,77.

48 Miller (1969), 120 schließt das daraus, dass Seleukia durch Mark Aurel 164 zerstört wurde und die dortigen Händler die Gesandtschaft an den Han-Kaiser schickten.

49 Liu/Shaffer (2007), 36f.

50 Chi I, Hsin Shu 4,41; Huan Kuan, Yan Tie Lun 2,14; McLaughlin (2010), 4, vgl. 84.

51 Lewis (2007), 136.

52 Thorley (1971), 72; Lewis (2007), 137f.

53 Schmidt-Glintzer (2009), 424.

54 Vgl. Boulnois (2008), 97.

55 Liu/Shaffer (2007), 37.

56 Liu/Shaffer (2007), 44–58; Liu (1988), 3–8, 36 zu den kosmopolitischen (Handels-)Städten und den von den Kushanas begehrten Waren. Im Gegensatz zu China bildeten die großen Handelsfamilien auch die politische Führung in den Städten (40). Vgl. ferner 80. Thorley (1979), 182ff, 188f. zu römischen Händlern.

57 Liu (1988), 93–96, 175f.; Dihle (1984), 80; Kaniska: Liu (1988), 90f.

58 Liu/Shaffer (2007), 62; Liu (1988), 122 und 93f. zu Schenkungen und Weihegaben. Reichtum der Klöster: Liu (1988), 105–113. Kaufleute und buddhistische Lehre: ebda. 112f. Redefiguren Buddhas benutzen das Bild der Karawane, Buddha ist Führer der reisenden Händler, auch auf See: ebd. 114f. Buddha trug 500 Kaufleute von den Inseln der Sirenen auf dem himmlischen Pferd Késin (Geschichte des Dharmaladbudha, Geschichte des Ajnata Kaundinya III, 67–90; pp. 70–93). Griechische Namen unter den Buddhisten: 115; Klöster als Finanzagenten: ebd. 122.

59 Liu/Shaffer (2007), 63–70.

60 Liu/Shaffer (2007), 34, 38f. Peshawar/Gandhara: ebd. 50.

61 Lewis (2007), 26.

62 Graf (1996), 200; Leslie/Gardiner (1996), 135; 141; Loewe (2010), 80.

63 Vgl. Liu/Shaffer (2007), 77. »Neueröffnung der Seidenstraße«: z. B. Miller (1969), 124.

64 Lewis (2007), 22, 66–70; Boulnois (2008), 70f.; Monopole: Yü (1967), 167 (Eisen); Lewis (2007), 63; Liu (1996), 14f., 48 zur feindlichen Politik der Han-Kaiser und der Kritik der konfuzianischen Gelehrten gegenüber den Kaufleuten.

65 Lewis (2007), 63ff.; Liu (1994), 49.

66 Lewis (2007), 84, 105f.

67 Vgl. Liu (1994), 50, 80. Aufgabe der repressiven Politik: Liu (1994), 16, 167: »No matter how much the Chinese Rulers claimed they disliked merchants and artisans, they always wanted the commodities and service they supplied«. Versagen der Maßnahmen gegenüber Fernhändlern: Lewis (2007), 76; Liu (1994), 48f., wonach trotz der Gesetze in Luoyang der Handel mehr Menschen beschäftigte als der Ackerbau sowie der Handel nicht behindert wurde.

68 HHS 77,4; Yü (1967), 138; Liu (1996), 16; McLaughlin (2010), 86.

69 Liu (1996), 44 zu Hsü Miao und Yüan Hsien; Liu (1996), 18 vermutet, dass die Kaufleute »(were) closely attached to the Chinese authority.« Reitersöldner und Abenteurer waren eine Konsequenz der Professionalisierung der Armee; Lewis (2007), 138f. Ähnlich ging Rom im 2. Jahrhundert n. Chr. vor, um

gegen Sarmaten und später die Hunnen gewappnet zu sein.

70 Yü (1967), 123 f.; Liu/Shaffer (2007), 83. Selbst die im Tarimbecken stationierten Soldaten bezahlten ihren Lebensunterhalt mit Seide; Liu/Shaffer (2007), 80; Boulnois (2008), 56. Passportsystem: Liu/Shaffer (2007), 80; Boulnois (2008), 90; Liu (1996), 18; HHS 58, 2931.

71 McLaughlin (2010), 107. Wei-Lüeh (in San-Kuo-Chih 30), Leslie/Gardiner (1996), 72; Stauffer (1996), 425–430. Chinesische Quellen nehmen an, dass die Römer die Seide herstellten; erst nach 400 n. Chr. wußte man, dass allein chinesisches Material zu hochwertigen Waren weiterverarbeitet werden konnte. Ferguson (1978), 590 f.; Leslie/Gardiner (1996), 225–229.

72 Vgl. Boulnois (2008), 75–85. Listen: HHS 88d, Leslie/Gardiner (1996), 49–50; vgl. 72 ff.; 81.

73 HHS 88; Leslie/Gardiner (1996), 50, 61, 87–92; Liu (1996), 28; Liu/Shaffer (2007), 52.

74 Leslie/Gardiner (1996), 44 ff., 140–147; Liu/Shaffer (2007), 52; Graf (1996), 200 ff. Merv: Hennig (1944), 398 gegen Auffassungen, wonach Ying über Syrien das Mittelmeer erreichte.

75 Hennig (1944), 395; Leslie/Gardiner (1996), 46; Liu/Shaffer (2007), 53.

76 Vgl. Graf (1996), 204. Dass sich die Frage des Gan Ying auf die Seeroute um Arabien und nicht um das Mittelmeer selbst bezog, darf als sicher gelten: Leslie/Gardiner (1996), 147.

77 So Miller (1996), 133–136; dagegen die Diskussion bei Young (2001), 195 f.

78 HHS 88; Leslie/Gardiner (1996), 51 A. 51; Hill (2009), 27; McLaughlin (2010), 107.

79 Was wahrscheinlicher ist: Dihle (1984), 211 f.; Leslie/Gardiner (1996), 26, 51, 146 (HHS 88).

80 Drexhage (1988), 126–145; Young (2001), 100, 111, 125 und jüngst in Bezug auf den Seidenhandel: K. Ruffing, Seidenhandel in der Römischen Kaiserzeit, Textile trade and distribution in antiquity, Wiesbaden 2014, bes. 72 ff. Deshalb vermuten manche, dass es Palmyrener waren, die mit Gan Ying in Merv Kontakt aufnahmen und in Spasinou Charax die Chinesen und Römer an einer Kontaktaufnahme hinderten; Metzler (1989), 197; Drexhage (1988), 80–86; Graf (1996), 204.

81 Robert (1993), 45; Young (2001), 197 f. Zwischenhandel mit Seide wichtige Einnahmequelle: Yü (1967), 157; ebd. 158 zu den Nabatäern.

82 Boulnois (2008), 72; Thorley (1979), 189. Chinesische Chroniken berichten von frühen Feindseligkeiten zwischen Parthern und den kushanischen Verbänden, als diese die Kabulregion eroberten; McLaughlin (2010), 107, 129, der dafür plädiert, dass die Parther politische Gründe bewogen. Kontakte zu Rom: Thorley (1979), mit Interpretationen der Gesandtschaften.

83 Ptol. geogr. 1,11,6; Hennig (1944), 401; Young (2001), 196.

84 Hübner (2005), 80 f. und Hennig (1944), 402. Bereits kritisch annotiert von W. Kubitschek, Maes qui est Titianus, RE Suppl. 6 (1935), 235.

85 Cary (1956), 30–134; Poinsette (1979), 443; Paul (2005), 930; Hübner (2005), 82 f., 100 f.

86 McLaughlin (2010), 126 f. mit weitreichenden Folgerungen.

87 Young (2001), 191, 194. Rekonstruktion bei Paul (2005), 944–960: Poinsette (1979), 444 ff. Von Palmyra führte der Weg über die Zeugma-Route, Nisibis und Ktesiphon / Seleukia am Tigris über die Königsstraße nach Ekbatana und nach Zentralasien; Young (2001), 190 194.

88 Boulnois (2012), 149 ff., Paul (2005), 955–957; ältere Positionen bei Hennig (1944), 403 f.

89 Paul (2005), 958; Robert (1993), 216 ff. Luoyang: McLaughlin (2010), 132; Xianyang: Reichert (1992), 55. Maes' Agenten als »Mitglieder einer offiziellen Delegation nach China«: Hübner (2001), 81 ff.

90 Leslie/Gardiner (1996), 14, 25, 164; Pulleyblank (1999).

91 HHS 4; Leslie/Gardiner (1996), 148; McLaughlin (2010), 127.

92 Zhang Xushan (2004) mit Argumenten und weiterer Literatur.

93 Für Leslie/Gardiner (1996) ist *Ta-ch'in* das Römische Reich, *Hai-hsi* bezieht sich auf Italien oder Rom. Lewis (2007), 143 hält *Ta-ch'in* für »a mythic realm of fantastic plants and animals«

94 Bauer (1974), 166 ff.; Ying (2004), 339; Kordosis (1992), 161–165; 168 f.

VII, 4.
Von Kattigara bis Thule

1 Kim (2009), 115–124; vgl. 61f. Ce, 68f. zu konfuzianischen Grundlagen.
2 Mayor (2014), 31, Archäologie: 63–83, Indien/China: 406–429.
3 White (1991), 18ff., 115f., 123ff., 180–190, vgl. 131–139 zu chinesischen Traditionen, 139 zu Adam von Bremen über das Land der Amazonen an der Küste der Baltischen See, wo sie mit hundsköpfigen Männern zusammenwohnen, 93f., 71ff. zu indischen Wundervölkern, 58 zu den Amazonen, die mit skythischen Kriegerinnen identifiziert werden. Vgl. Mayor (2014).
4 Vermutlich liegt den Nachrichten der Versuch des Ausgreifens in das Chinesische Meer (nach Taiwan; Werner 1982, 87–89) zugrunde. Der Wohnort der Mutter des Westens wandert nach Westen; Kordosis (1992), 171f.; Adaption westlicher Legenden (Goldenes Vlies): Leslie/Gardiner (1996), 238f.; 273ff. Daoistische Utopien: Bang (2009), 120; Raschke (1978), A. 840–850.
5 Lloyd/Sivin (2002), 61, 65f., 88, 147ff., 247ff., Shankman/Durrant (2000) 48ff.
6 Zsyk (1991), 47f., 65, 96; Ray (1994), 8, 124–130; zur Augenheilkunde: Nielsen (1988). Einige Formen der medizinischen Praxis Indiens scheinen identisch mit chinesischer Therapeutik gewesen zu sein.
7 Ray (1994), 124, 133–150 (zu den buddhistischen »trading networks«), 149.
8 Schneider (1970), 402; Sidebotham (2011), 255; Bang (2008), 131f. zu Votivgaben für die Göttin Nehalenia an der holländischen Küste; 261 mit Macr. Sat.3,6,11 zu Palmyra. Zum Verhältnis der griechischen zur indischen Astronomie: Van der Waerden (1988), 238–251.
9 Ruffing (2014), 148; ein Zensusregister aus Arsinoe (Ägypten) aus den Jahren 72–73 nennt einen 32-jährigen Mann, der abwesend in Indien ist: P.Lon.2.260.
10 Ruffing (2014), 148f.; Biedermann (2006), 31f. zur Rolle der Insel im Weihrauchhandel.
11 Ruffing (2014), 149; Dridi (2002), 592f.
12 Isis-Patine: Sidebotham (2011), 255; Fynes (1993); Parker (2008), 300: Isis Mutter Buddhas: P.Oxy.1380; Schneider (1970), 340. Christen – Buddha: Dihle (1984), 101; Karttunen (1986), 193f. zu buddhistischen Mönchen in Alexandria. Graffiti des Sophron: Ray (1994), 66.
13 Vgl. dazu die Kooperation zwischen Handel und Mission im Mongolengebiet im 14. Jh. n. Chr. bei Schmieder (1994), 152–166. Zum »ethnographischen« Interesse der Mission: 14.
14 Ray (1994), 36; 153f. Nagasena: Ray (1994), 132.
15 Mk 4,35–41; Lk 8,22–25, Mt 8,23–27 vgl. Iambl. V.P. (28), 135; Börstinghaus (2010), 233–5.
16 Schneider (1970), 405, 67. Paulus: 2 Kor.11, 25–26; Fernhändler: CIL IX 60, Z. 2–9.
17 Loewe (2005), 87; Parker (2008), 295; Dihle (1984), 65 A. 18; Schneider (1970), 338f.; 403.
18 Ray (1994), 126ff.; Seland (2013), 387f.; (2012), 78 mit weiterer Literatur.
19 Tomber (2007); Seland (2012), 78ff., 81ff.
20 Whittaker (2004), 155; Naas (2011), 60. Auch hierin ähnelt er Strabon: Engels (1998).
21 Murphy (2004), 20, 23, 156f., 211–214. Karte und Triumph: Nicolet (1991), 23.
22 Naas (2004), 253f. zur »imperialistischen Perspektive« der *naturalis historia*; dies. (2011), 62; Murphy (2004), 29, 45ff., 160–4. Kontrast als Prinzip: 94. Ausdrücklich betont nicht nur Plinius, sondern auch Seneca (nat. 6,8,3–4); dass die Kaiser für die Erforschung fremder Weltgegenden verantwortlich sind: Murphy (2004), 141, 155.
23 Naas (2011), 57–59; Murphy (2004), 213f., vgl. 15 zur Rolle des Kaisers.
24 Plin.nat. 14,1,2. Zum Übrigen Bang (2009), 112–114.
25 Murphy (2004), 15, 213f.; Naas (2011), 57–67; Woolf (2011), 83ff.; Naas (2011), 66f. glaubt, mit dem wachsenden Interesse an Mirabilia auf einen Niedergang der Wissenschaft schließen zu können. Plinius (nat. 2,189–290) war aber vertraut mit der eratosthenischen Geographie, den Klimata und deren Einfluss auf das Völkerleben; Murphy (2004), 23f., 134f.
26 Vgl. Beagon (2011), 80f.
27 Lao (2011), 36f.
28 Lao (2011), 40–52. In den medizinischen Kapiteln will Plinius seine Leser befähigen,

sich Elementarwissen ohne Rückgriff auf griechische Ärzte anzueignen; Doody (2011), 120.

29 Plin. nat. 6,89; Parker (2008), 92.

30 Murphy (2004), 105–198 und 95f. Zum Arabienhandel: Plin. nat. 12,51ff.

31 Mela 1,67; 2,4; 2,6; Dueck (2013), 59; Brodersen (1994).

32 O'Doherty (2013), 16, 18. Eratosthenes und Plinius: Sallmann (1971), 64.

33 Dihle (1984), 177–182.

34 Plin. nat. 6,81–82; 89; O'Doherty (2013), 26; Timpe (1989), 376f.

35 Zu den Blemmyern und möglichen Vorbildern: Barnhard (2005); Cappuis Sandoz (2008).

36 Vgl. O'Doherty (2013), 15: »Identifying Indian space principally through the peoples who occupy it, Pliny in Book VI places the ›gens Indorum‹ ... in the eastern and southern quarters of the known world.« Nördliches Mitteleuropa: Timpe (1989), 272, ders. (1995), 42f.

37 Hennig (1944), 289ff.; Bichler (2011), 337 mit Mela 3,90 und Plin.nat. 2,169.

38 Vgl. detailliert Engels (1999) sowie 94 mit Strab. 2,1,9 zu den Indienschriftstellern, 96 zu Parthien und Rom.

39 Dihle (1984), 178.

40 Aristeid. or. 102.

41 Vgl. Clarke (1999), 142.

42 Ptol. geogr. 1.8,4; Hennig (1944), 416f.; Cary-Warmington (1966), 350f. Auf einen militärischen Kontext deutet das *ἐπερχόμενος*, wie im Fall des Septimius Flaccus im Sudan (Ptol. geogr. 1,8,4).

43 Ptolemaios räumte auf mit der verwirrenden Gleichsetzung von Serern und Sinern, weist diesen die Wohngebiete nordöstlich der Inder, jenen den Nordwesten der Siner zu; Dihle (1984), 207, 212. Zum Übrigen: Dihle (1984), 209f.; Clarke (1999), 142.

44 Ein Längengrad für die Ostgrenze bei Ptolemaios kann nicht festgelegt werden. Weil er 180 Längengrade für die Oikumene ansetzt, spricht einiges dafür, bis zur Küste Chinas auf 120° östlicher Länge zu gehen, da hier die bekannten Länder endeten. Er nahm irrtümlich an, dass die Oikumene die Hälfte der Erde (also 180 Längengrade) bedeckt; da er aber den Erdumfang zu gering einschätzt, kommt er für die absolute Länge zu einem guten Ergebnis (geogr. 1,14,10).

45 Nach Plin. nat. 6,81 hielt man Taprobane lange für den nördlichsten Zipfel eines unbekannten Südkontinentes (Antichthones).

46 Vgl. Strab. 8,1,1 mit O'Doherty (2013), 19 zum »double image that is critical to the formation of geographical and imaginative conceptions of the Indies ...«

47 Dihle (1984), 86, 203–215; Ferguson (1979), 592f.; Hor. carm. 1,12; 3,3,42ff.; Prop. Eleg. 3,12,1–14; 4,3; Stat. silv. 4,1.

48 Parker (2008), 62f., 93, 107f. zu Strab. 15,1,53 (C 798 = Megasthenes). Auch in neuzeitlichen Texten gibt es einen Zusammenhang zwischen sozialem Idealbild und fernem Ort: Raphael Hythlodaeus, der Hauptsprecher in Morus' Utopia begleitet Vespucci auf seiner Reise in die Neue Welt. Campanellas »Sonnenstaat« wird geographisch im Indischen Ozean lokalisiert.

49 Arr.Ind. 5,4,4; Plin.nat. 34,163; Parker (2008), 6; 43, 65, 161, 232f.; Free (2011), 81.

50 Cass. Dio 68,29,1; Whittaker (2004), 152–154; Parker (2008), 3f., 72. Das Interesse an Indien spiegelt sich auch an der Vorliebe für Dionysos in Keramik und Sarkophagreliefs; Parker (2008), 126ff.

51 Parker (2008), 251ff.; 270–276. Clemens, Gegen Jovinianus 1,42. Brahmanen als Asketen und heiliges Volk: Parker (2008), 285f., Whittaker (2004), 149; vgl. den Inder bei Sokrates (Eus. Pr.Ev. 11,3); Männlein-Robert (2009), 340–350; Ägypten und Intellektuelle: Kim (2009), 47. Weisheit des Landes: Diod. 2,36,1 (Megasthenes); Reichert (1992), 23. Reisen griechischer Weiser. Dihle (2000), 185.

52 Free (2011), 81; Parker (2008), 106, 109; Woolf (2011), 100; Cic.Tusc. 5,77–78; Prop. 3,13.

53 Spencer (2002), 193; Whittaker (2004), 151; Herod. 3,101; Strab. 15,1,54/56; Arr. Ind. 15,4.

54 Plin. nat 6,89; Free (2011), 80; Murphy (2004), 108: Taprobane als »trading nation«. Mustermonarchie: Starr (1956), 27–30; Murphy (2004), 106.

55 Woolf (2011), 91, Britannien als Ort des Horrors und der Wunder: ebd. 93f. Zu den Parallelen des Indien- und Germanenbildes auch Free (2011), 77–80.

56 Whittaker (2004), 149 mit Strab. 15,1,34; 54; 66; Diod. 2,39; Arr.Ind.10,1.

57 Plutarch, Über den Niedergang der Orakel 18; Woolf (2011), 93.
58 Martin (2012), 319, 336, 349 (Idealisierung) mit Literatur.
59 Parker (2008), 70.
60 Schneider (1969) II, 319f. Einfluss Herodots auf die Entwicklung des Romans: Romm (2008), 113–115.
61 Diod. 5,41–46; 6,1; Holzberg (2001), 24f.; Helm (1956), 25f.; Schneider (1969), 322.
62 Winiarczyk (2011), 130–133.
63 Helm (1956), 26f.; Schneider (1969), 321.
64 Dihle (1984), 178.
65 Arr. Epiktet 3,13,9; Montiglio (2005), 221f.; Scheider (1970), 112; vgl. 114.
66 Plin. nat. 6,101. Unsicherheit-Sicherheit: Fauth (1979), 41; Dihle (1984), 84.
67 Ail. nat. 16,18. Die Geschichten gingen auf Agatharchides zurück; Seland (2009), 182f.
68 Dion Chrys. 32,40; Ruffing (2014), 149.
69 POxy.III. 413; Whittaker (2004), 156; Tsitsiridis (2011); Andreassi (2001). Versuche, indisch klingende Worte auf eine reale Sprache zurückzuführen, blieben erfolglos.
70 Xenophon von Ephesos: Whittaker (2004), 156.
71 Vgl. Ruffing (2014), 149–154 und De Romanis (2002), 356f.
72 Vgl. X. Eph.12–14; Börstinghaus (2010), 210; Parker (2008), 195; Whittaker (1996), 160f.
73 Hel. Aethiopica 5,13–15; Bang (2008), 195.
74 So wie sich chinesische Händler in Liedern und Balladen gegen herrschaftliche Restriktionen wehrten. Zur »literary experience« der Händler vgl. Ruffing (2014); zum »gehobenen sozialen Status« ders. (2011), 29. Dass der Roman offenbar geringere Verbreitung selbst im griechisch-ägyptischen Raum fand (Stephens 1994), als man gemeinhin dachte, spricht nicht gegen diese Deutung.
75 Reger (2009); Karttunen (1986), 196f. zur Identifizierung der indischen Könige.
76 Hennecke/Schneemelcher (1964), 297–372. Bartholomäus soll den südwestlichen Teil Indiens über das Rote Meer angesteuert haben, während die Thomas-Tradition sich im Persischen Golf und im parthisch-kushanischen Bereich bewegt; Dihle (1984), 68–71. Im 4. Jh. verbinden christliche Autoren Motive des Romans mit der Frömmigkeit indischer Asketen: Eine dem Palladios zugeschriebene Schrift schildert, wie ein *scholasticus* mit einem Geistlichen auf der Suche nach Taprobane ins Land der großköpfigen Bedsades kommt. Er wird zum Dienst in der Backstube verpflichtet, lernt die Sprache und wird am Ende entlassen, weil der König den Konflikt mit den Römern fürchtet; Parker (2008), 278f.
77 Albinovanus Pedo in Sen. suas. 1,15. vgl. Hor. carm. 4,14,47–48.
78 Helm (1956), 29–32. Die Christen nutzten diese Effekte; Schneider (1970), 454.
79 Fauth (1979), 49f.; Plutarch: Coones (1983), 365.
80 Plut. de specie lunae 26.
81 Clayurvis (1999), 41ff.; Nesselrath (1998), 1–8; Aalders (1978). Roman und Plutarch: Rohde (1914), 230.
82 Ebner (1906), 70; Flacelière (1947), 26–28.
83 Tac. Germ. 3,2; Woolf (2011); Amazonen, Trajan: Ebner (1906), 70.
84 Paus. 1,23,4–6; Cary-Warmington (1966), 110.
85 Sen. Med. 374–379; Strab. 1,4,6 (p. 65); Ps-Arist. de mundo 3,20.
86 Vgl. Fernández-Armesto (1992), 32, 43, 128.
87 Die Griechen schließen sich dieser Einschätzung schon im 1. Jh. v. Chr. an, vielleicht sind sie die Wegbereiter; vgl. Dion.Hal. 1,3,3.
88 Dom Joam de Castro schrieb nach der Rückkehr von der portugiesischen Rotmeerexpedition 1541: »Dieses Meer … birgt mehr Schwierigkeiten als der Große Ozean selbst, alles trägt zu diesen Schwierigkeiten bei, die Windrichtungen, der Mangel an Trinkwasser …« zit. nach der engl. Übersetzung bei D. Fabre, Seafraing in ancient Egypt, London 2004/2005, 36; A. Kammerer, Le routier de Dom Juan des Castro, l'exploration de la mer Rouge par les Portugais en 1541, 1936.
89 Höckmann (1985), 161; Krüger (2000), 46f., 228; Der frühneuzeitliche Kartograph Fra Mauro erklärt, in der Baltischen See werde nicht mit Karte oder Kompass, sondern mit Senkblei navigiert: »per questo mar non se navega cum carta ni bussola, ma cum scandaio.« Falchetta (2006), 669; Hinkkanen/Kirby (2000), 283, A. 6. Vgl. Lindgren (1993), 102 zu Problemen des Kompasses bei Atlantikfahrten infolge der starken magnetischen Deklination. Wichtiger war die Beobachtung der nordatlantischen Strömungen. Ebd.: »Wich-

tige Instrumente und Messmethoden, die im Entdeckungszeitalter eine zentrale Bedeutung hatten, d. h. mit deren Hilfe die Orientierung auf See … möglich war, sind also im Hellenismus erfunden und genau beschrieben worden. Darüber hinausgehende Entwicklungen dienten vor allem dazu, die Verfahren wesentlich zu vereinfachen.« Hierzu passt, dass die Bedeutung der Portulankarten für die navigatorische Praxis zunehmend relativiert wird: Falchatta (2008).

VIII. Wie die Alte Welt in die Neue kam

1 Reichert (1992), 59f. zur Krise des Osthandels: Crone (1987), 24–8; Nappo (2007) und in Bezug auf Arabien: De Maigret (1991), 61.
2 Dihle (1984), 102–108; Seland (2012), 83f.
3 Kosmas 2,45f.; Reichert (1992), 62; Wright (1965), 70; Kordosis (1999), Xu-Shan (2004). Vgl. Schleicher (2014), 144–152 zu Jakob von Edessa und der Ptolemaios-Rezeption im syrischen Raum, 246ff. zu Kosmas und China.
4 Mango (1996), 145–159; Thierry/ Morrisson (1994); Wright (1965), 271.
5 Wright (1965), 41f.
6 Aug. civ. 11,2–3 mit Lozovsky (2000), 141f.
7 Schleicher (2014), 331.
8 Wright (1965), 47; Schneider (1970), 180; Schleicher (2014), 39.
9 Schneider (1970), 182ff.
10 Reichert (1992), 34 (aggressive Wundervölker), 63f.; Stoneman (1994), 93f., 97ff.; Wright (1965), 72f. Suche nach dem Paradies: Pfister (1976); im Mittelalter: Iter Alexandri ad Paradisum ed. A. Hilka, in: L.P.G. Peckharn/ M.S. Ladu, The Prise de Defur, Princeton 1935.
11 Aug. civ. 16,8; Scafi 2006, 111; vgl. von den Brincken (1992), 93.
12 Simek (1992), 117, 122; Steinicke (2005), 17f.
13 Von den Brincken (1992), 95f.; Steinicke (2005), 43ff.
14 Schneider (1970), 188f., 446.
15 Von den Brincken (1992), 31ff.; Lozovsky (2000), 14.
16 Vgl. Simek (1992), 56. Zur kanonischen Dreiteilung der Kontinente: Lozowsky (2000), 95.
17 Die jüngste Nachricht über die Gothia ist, dass sie nach Magog benannt wird und nahe Dakien liegt; Isid. orig. 14,3,31; Lozovsky (2000), 107. Plinius etc.: Philipps (1911); Uhden (1935/36).
18 Isid. orig. 9,2,40. Isidor benutzt hier »ältere Geographen«; A. Hermann, China, RAC II (1954), 1092. Schleicher (2014), 367 schließt hieraus vorsichtig auf ein Weiterbestehen des Seidenhandels.
19 Isid. orig. 9,2,64; 125; 14,3,7; Sarmaten und Hunnen: Isid. orig. 9,2,66. Gothen: 9,2,89.
20 Isid. orig. 9,2,133; 14,5,17; Augustinus: civ. 16,9; Diederich (2000), 235; Randles (1994), 16, 19. Erdteile: 14, 3,1–15. Isidor scheint einiges verwechselt zu haben: Schleicher (2014), 368ff.
21 Anon. Rav. 24; Krüger (2000), 93ff., 140f.; Flint (1984); von den Brinken (1992), 76 zu Lambert von Saint-Omer. Die Autorität des Augustinus konnte die Anerkennung der Antipoden als häretisch erscheinen lassen, Bonifatius bat den Papst, die Lehre des Feirgil von Aghaboc (Virgil von Salzburg) über die Antipoden als Häresie zu brandmarken; Wright (1965), 56f.
22 Kominko (2008), 146f.
23 Aug. de Gen. ad lit. 8,1;7; Lozovsky (2000), 51; Grimm (1977), 58ff.; Kominko (2008), 146.
24 Anon.Rav. 14; Scafi (2006), 59, 89; Simek (1992), 59 (Lokalisierung in der Zeit); Krüger (2000), 123f. Gemäß einiger Ausleger wurde den Paradiespflanzen besondere Heilkraft zugesprochen, vgl. Grimm (1977), 143 zu Ernaldus. Von den westlichen Exegeten scheint nur Johannes Scotus die Existenz des irdischen Paradieses abgelehnt zu haben.
25 Gen. 3,24.
26 Gen. 5,24 (Henoch); 4 Könige 2,1,11.
27 Apokalypse des Paulus, 46–51 (Hennecke/ Schneemelcher 1964, II, 561–566); Scafi (2006), 56.
28 Grimm (1977), 17f., 36, 53; Krüger (2000), 125 zum Anonymus Ravennatis.
29 Von den Brincken (1992), 70, 94 (Insel); Scafi (2008), 163; Gewecke (1992), 68; Schlei-

cher (2014), 159; Isid. orig. 20,14,3, 2ff. Ephraim der Syrer beschreibt das irdische Paradies als einen Berg, der in die göttliche Sphäre reicht. Auf dem Gipfel ist Gott, darunter der Baum des Lebens; in der Mitte der Baum des Wissens. Zwischen ihm und den Grenzen des Paradieses ist die von Adam und Eva bewohnte Region, reserviert für die Gerechten. Am Fuß des Berges sind die Cherubim mit dem Flammenschwert: Ephraim the Syrian, Hymns on Paradise, ed. Brock 1990.

30 Anon.Rav. 12,1; Reichert (1992), 64; Grimm (1977), 80–90.

31 Phillips (2009), 36; Simek (1992), 78; Grimm (1977), 103ff. zu Aethicus aus Istrien (8. Jh.). Paradiesreisen christlicher Mönche: Pfister (1976), 139. Weiteres bei Wright (1965), 263.

32 Anon.Rav. 1,7; Krüger (2000), 124f.; Lozovsky (2000), 146.

33 Anon.Rav. 14; 19; Krüger (2000), 122; Lozovsky (2000), 146.

34 Gewecke (1992), 68f.; Reichert (1992), 65.

35 Scafi (2006), 102.

36 Grimm (1977), 104–110; Sanchez (1994), 200; Moretti (1994), 269; Schmitt (1986), 11–22. Text und Kommentar: Burghess/Strijbosch (2006), Strijbosch (2000). Einige Kirchenväter spekulierten gemäß der Hyperboreerlegende über das Paradies im hohen Norden; Wright (1965), 71.

37 Decot (1993), 114; Simek (2000), 52f.; von den Brincken (1992), 3f.; Wolf (2004).

38 Krüger (2000), 152 (2012), 23–51; Lozowski (2000), 120; Simek (1992), 16–38. Krüger bietet (2012), 66–69 eine Liste von 79 Personen, vgl. 207.

39 Aug. De Genesi ad litteram 1,21, Sp. 255. Krüger (2012), 43, 70f., 207.

40 Ausnahmen: Krüger (2012), 92–95; von den Brincken (1992), 204–8; Schleicher (2014), 317 zu Hieronymus 260 gegen die Sonderstellung des Kosmas, aber 387 und 122, 134, 169–175, 194–205, 216–221ff., 230f., 262ff. zur Opposition der syrisch-antiochenischen Schule gegen die Erdkugel (stattdessen rechteckiges Gebäude mit dem mosaischen Bundeszelt als Himmelszelt), deren Verbreitung allerdings begrenzt war und im 9. Jh. auch in Konstantinopel erlosch. Anders Neukirch (1992), 200, der von einem fast 1000 Jahre dauerndem Einfluss des Kosmas ausgeht.

41 Wright (1965), 151; Krüger (2012), 73ff., 144. Ephraim der Syrer hatte das »kosmische Ei« in die Genesis-Exegese eingeführt (306–373). Basilius, Hieronymus: Krüger (2012), 167ff.; Parker (2008), 225; Marks (1985).

42 Ich folge den mehrfach dargelegten Überlegungen von F. Schmieder.

43 Gen. 9,18–19.

44 Psalm 73,12; Scafi (2006), 96f. 153. Beispiel: Vatikankarte (Pseudo-Isidor; spätes 8. Jh.).

45 Vgl. Schmieder (2013), 244f. gegen Simek (2000), 53, 58f.; 62; Scafi (2006), 87. Kontinentalplatte: Krüger (2012), 82.

46 Vgl. zu den Wundervölkern auf den *mappae mundi*: Münkler (2007).

47 Simek (2000), 40, 58; Krüger (2012), 79; von den Brincken (1992), 37f. Fingermodell Isidors: Krüger (2000), 53–61, 85f. mit Abbildung.

48 Um diesen Schwierigkeiten zu entgehen, erwähnten viele Schriftsteller die Antipoden nicht. Dabei hatten frühe Kirchenlehrer (vor Augustinus) – Clemens, Origines und vielleicht Tertullian – an den Antipoden nichts auszusetzen (Moretti 1994, 262–266). Zu den Gegenargumenten und den zweifelnden Autoren (Beda Venerabilis, De temporum ratione 34, Eriugena (zugeschrieben), Glosse zu Boethius, Liber contra Eutychon et Nestorium, Kap. 5): Vogel (2001), 93–97; Randles (1994) und Simek (2000), 66. Zu den theologischen Problemen der Kratestheorie: Randles (1994), 20. Antipoden: Krüger (2012), 79f., 84. Die Gründe gegen eine Bewohnbarkeit des Antipodenlandes bei Isid. De natura rerum 40,3.

49 Wright (1965), 180; Metzler (2009), 381–389; Rubiés (2009), XXXV; Phillips (2007), 45f. R. Bartlett, Gerald's Ethnographic Achievement, in: Rubiés (2009), bes. 254–258.

50 Scafi (2006), 164; Grimm (1977), 78; Plat. rep. 272a-b; Ov. met. 1,107–108; Hes. erg. 170–175; Hom. Od. 4,563–568; Johannes von Damaskus, de fide orthodoxa II, 11, PG XCVIV, col. 464; Isid. orig. II, XIV 3,2–3. Zum einen erklärte man sich das Klima des Paradieses damit, dass der es tragende Berg in die höheren Himmelsregionen reicht (Scafi, 175, 187 A. 54; Alexander of Hales, Summa Theologica II. Inqu. IV., tract.2, sect.2, q 1.). Zum

anderen suchte man es mit einer Verortung auf den Klimazonen in Einklang zu bringen. Zonenkarten zeigen zwar kein irdisches Paradies. Doch gibt es einige Karten, die beide Prinzipien zu vereinigen suchen. Hier ist das Paradies in Form eines Rechteckes dem Globus angeheftet; Scafi (2006), 166ff.

51 Kominko (2008), 142–145; Schleicher (2014), 211, 216, 245f. zu indischen Einflüssen. Auch die Ozeanfrage und die Teilmeere wurden kontrovers diskutiert: Schleicher (2014), 131.

52 Orig. sel. in Gen.25 mit Schleicher (2014), 56f.

53 Ich verdanke den Hinweis F. Schmieder; Cod. Sang. 8125; von den Brincken (1992), 205; Wright (1965), 157–160. Großer Einfluss des Krates im Mittelalter: Stahl (1962), 41; Krates und *mappae mundi*: Münkler (2007), 157.

54 Ambr.hex. 6,7; Schleicher (2014), 307.

55 Lozovsky (2000), 27; 123–130 zu Martianus Capella; Krüger (2000), 224–236; Isid. nat. Sp. 327; Krüger (2000), 83f. zu Dicuil: Krüger (2000), 157ff., ders. 328ff. zu Gerbert von Aurillac; Cassiodor: Krüger (2000), 20–25, 30ff.

56 Schneider (1970), 248f.

57 Er. de divis. 3,35, Sp. 723; Krüger (2000), 242. Gegen Augustinus: ebd. 245 und 251. Ähnlich Johannes Scottus 3,35.7234 B-C, p. 263; Lozovsky (2000), 131: »Ut enim per sensus pervenitur ad intellectum it per creaturam venitur ad deum.« Basilius-Übersetzung: Eustathius. Ancienne version latine des neuf Homélies sur l'Hexaéméron de Basile de Césarée, hg. v. E. Amand de Mendieta u. S. Y. Rudberg, Berlin 1958.

58 Krüger (2000), 201–211f., 240: Grimm (1977), 71; Schleicher (2014), 93; Lindgren (1997), 514ff. zu Eruigena. Zitat: Er. de divis. 3,31, Sp. 708; von den Brincken (1992), 127.

59 H. Krabbo, Nordeuropa in der Vorstellung Adams von Bremen, HGB 36 (1909), 37–52; von den Brincken (1992), 132f.; Wright (1965), 256; Krüger (2000), 88 zur nach Norden verschobenen *zona habitabilis* bei Isidor; 166ff. zu Dicuil und Pytheas, ferner 262 zu Hermann dem Lahmen und 396 zu Adam von Bremen. Die Krates-Karte wurde im nordischen Raum bekannt: von den Brincken (1992), 130; Horizonterweiterung im Norden: Lindgren (1997), 509.

60 Krüger (2000), 97–100 zum Interesse des Westgotenkönigs Sisebut. Hohes Reflexionsniveau: 135–140, Überwindung des Augustinus: ebd. 205, 217. Transformation des Scheibenmodells: ebd. 380–394; Simek (1990). Übernahme der Klimazonen etc.: Krüger (2000), 389f.

61 So schon bei Sen.suas. 1,15,19–23.

62 Heydenreich (1970), 67–71; Scafi (2006), 162; Moretti (1994), 248 zu Dante. Von den Brincken (1992), 167 zu Hugo von St. Viktor, De archa Noe mystica c. 14, PL 176, Sp. 700D. Nach Hieronymus vermag nur die »Seele des Menschen« in Gegenden und möglichen Oikumenen jenseits des Ozean zu schweifen, Schleicher (2014), 314f.

63 Anon. Rav. 25; er weiß (9), dass man Land im westlichen Ozean suchte; Krüger (2000), 20ff. (24): »Denn andere Philosophen und weise Männer können sagen, dass sich im arktischen Teil jenseits des Ozeans in einem Meer von unendlicher Größe, auf keinem Weg befahrbar *(investigabili itinere)* auf göttlichen Befehl hin Berge befinden.« Andererseits sagt er, dass die »fernen Grenzen des Ozeans auf göttlichen Befehl hin keinesfalls gefunden werden können.« Dass der Ozean undurchdringbar ist, glauben frühe christliche Schriftsteller: 1 Clem.20,1; Schleicher (2014), 75.

64 G. Hamann, Atlantische Inseln, Lexikon des Mittelalters 1 (1980), 1170ff.; Schmieder (2011).

65 Le Goff (1998), 34ff., 45ff.

66 Keller (1990), 220.

67 Fried/ Grebner (2008).

68 Krüger (2012), 235; Araber und Erdkugel: Wiedemann (1984), 326, 102; G.C. Anawati, L. Hödl, H. Greive, ›Averroes‹, in: Lexikon des Mittelalters, 1 (1980), 1291–1295.

69 Von den Brincken (1992), 203f.; Keller (1990), 301.

70 Aristot.cael. 2,4; 14. Methode: Büttner (1979), 17, 20; das Folgende nach ihm und Krüger (2012), 49–71. Für die Tradierung der Elementen- bzw. Sphärenlehre wurde der spätantike Kommentar des Alexander von Aphrodisias (2.-3. Jh. n. Chr.) wichtig, der im 13. Jh. ins Lateinische übersetzt wurde; Sharples (1990). Zur Aristoteleslektüre an den Universitäten: Decot (1993), 109f.

71 Vogel (2001), 143; von den Brincken (1992),

203; Krüger (2012), 62, 92,113 f., 270. Gleiches beschrieben etwa zeitgleich arabische Gelehrte: Vogel (2001), 228 ff. zu den »Erdreisen«.

72 Krüger (2012), 247; Randles (1994), 23 ff.; Vogel (2001), 119–125. Zu den Klimamodellen der Araber, »mediated through the notions of humoral medicine« vgl. Metzler (2009), 387.

73 Aristot. de gen. 2, 4; vgl. meteor. 1, 3; Horn (1975), 344.

74 Vogel (2001), 60–64, 135 f., 148, 159, 162 ff.

75 Wright (1965), 188; Apokalypse des Esra IV 6,42 (= Esra II,6 v.42) Text bei; Klijn (1983), 41; vgl. Randles (1994), 23–28; von den Brincken (1992), 104, ebd. 187–189 mit Liste.

76 Aristot. cael. 2,14.

77 Krüger (2012), 63; De caelo et mundo = de caelo: Wright (1965), 9. *De caelo* und die Meterologie erreichten den Westen vor 1187.

78 Krüger (2012), 20, 71: Thomas von Aquin, in Aristotelis libros de caelo et mundo (ca. 1260).

79 Petrus de Alliaco, Imago mundi 8; Stückelberger (1987), 338; Vogel (2001), 172 ff., 258 f.

80 Von den Brincken (1992), 144 f.

81 Reichert (1992), 68; Hyde (2009), 71.7.

82 Edson (2007), 112; zur Partizipation auch der islamischen Welt vgl. Feldbauer (1999), 115 ff.

83 Knefelkamp (1986), 40 ff., 55 ff.; Schmieder (1994), 24, 27.

84 Schmitt (1986), 95–124; Reichert (1992), 69–97, bes. 83 und Schmieder (1994), 167 zur *pax mongolica*. Johannes: Hamilton (2009), 125–132; Steinicke (2012), 10. Rubruk, Serer, Cathay, Ganges: Hyde (2009), 71, 88; Phillips (2009), 37 ff.; Bacon übernahm das im *opus magnum,* I, pp. 387 f.

85 Von den Brincken (1992), 98, 105, 119 f.; Phillips (1988), 79; Hyde (2009), 87 zur Integration des Rubruk-Berichtes bei Bacon; 115 zur Weltkarte des Pietro Vesconte; 118 zu den Portulanen.

86 Rubr. XVIII,5 S. 211 mit Schmieder (1994) zum Kaspischen Meer.

87 Elsner/Rubiés (1990), 31 ff.; Phillips (2009), 5; Phillips (1988), 79; Rubiés (2009), 45–50; Hyde (2009), 172 f. Einseitig die Übertragung antiker Topik (ohne die es in der Ethnographie der Alten nie ging) betont Nippel (1990), 30. Rubruks Briefe wurden dürftig rezipiert. Er ist aber der erste, der einen vernünftigen Bericht über den Buddhismus lieferte; Jackson (2009), 284. Die Mongolen wurden mit Gog und Magog gleichgesetzt, die Alexander hinter den Kaspischen Toren eingeschlossen habe. Sie waren als heidnische Tartaren klassische Barbaren; Anderson (1932). Interessant sind ferner die im Westen fast idealisierten positiven »Eigenschaften« der Mongolen v.a. im Bereich der Kriegskunst und Genügsamkeit; Schmieder (1994), 126 f.

88 Autopsie, Augenzeugenschaft, Experimente: Schmieder (2012), 66–70, dies. (2013), 240 f.

89 Edson (2007), 94 f.

90 Greenblatt (1998), 52 f.; Schmieder (1994), 319.

91 Christian (2002), 6; Reichert (1992), 114 f. Bedeutung Cipangus: Hyde (2009), 88; Steinicke (2005), 115; Reichert (1992), 69, 112 zum Vorwissen Rubruks bei Isidor; Idealisierung Indiens und Gegenwelt (mit geringem Realwissen): le Goff (2009), 161 f.; Hahn (2009), 210 und 226 ff. zu den Brahmanen und den Indern als bestem Volk unter den Heiden. Sarnowsky (2015), 11 zu den Quellen Mandevilles.

92 214–215; zit. Greenblatt (1998), 52; Scafi (2006), 241; Giovanni Marignolli (Mitte des 14. Jh.) verlegte es 40 italienische Meilen jenseits der Küste Ceylons; Hyde (2009), 99 f., Flint (2009), 336. Der einzige Reisebericht mit Erwähnung des Paradieses ist der Roman Mandevilles.

93 Krüger (2012), 92; von den Brincken (1992), 125, 201; 136 f. zur Reimser Mela-Initiale. John Mandeville II, 331, 333. Die Leser machten keine klaren Unterschiede zwischen wissenschaftlicher Literatur, fiktionaler Literatur und Reiseberichten; le Goff (2009), 159.

94 Mayerson (1993).

95 Gervasius von Tilbury (1150–1235), Robert Grosseteste spricht von Theologen, welche das Paradies unterhalb des Äquators vermuten; Wright (1965), 262.

96 Macr.Sat. 2,5,22–36; Mart.Cap. 6,602–608; 7,874; Moretti (1994), 269 f.; Scafi (2006), 170, 176 zu Michael Scot. 193. Kritik bei Duns Scotus; Scafi (2006), 194 f. Die Annäherung der Antipoden an das Paradies wurde vielleicht dadurch genährt, dass antike Autoren (Ser-

vius) das Antipodenland als Aufenthaltsort der Reinkarnierten sahen, ähnlich wie das irdische Paradies als Aufenthaltsort der Seelen gedeutet wurde; vgl. Moretti (1994), 256.
97 Wright (1965), 163f.; Scafi (2006), 176–8; 218ff. Aristot. cael. 2,2,285b15–28.
98 Knefelkamp (1986), 74–77; Edson (2007), 98. Später vermutete man ihn auch in Cathay. Schon in der Antike konnten Motive von Indien nach Afrika und umgekehrt wandern: die Inseln der Seligen wurden auf den Antipoden platziert; Wright (1965), 28.
99 Krüger (2000), 15f.; (2012), 86; Wright (1965), 162f.; Metzler (2009), 383 zu arabischen Vorbildern, Marco Polo und Albertus Magnus, der 1260 die Bewohnbarkeit der heißen Zonen postulierte. Das hatte schon Ptolemaios (geogr. 4,8) gesagt. Ein Beda (7. Jh.) zugeschriebenes Werk hatte als erstes die Undurchdringbarkeit der heißen Zone formuliert; Metzler (2009), 382.
100 Plin.nat. 2,75,183–185; Ambr. Hex. 4,5,23; Auch Ptolemaios hatte die Bewohnbarkeit der verbrannten Zone angenommen; geogr. 4,8; Schleicher (2014), 297. Manche Kartenzeichner fanden einen Kompromiss, indem sie die Antipoden mit Wunderwesen bevölkerten; von den Brincken (1992), 194.
101 Pierre d'Ailly, L'imago 6–12, ed. Burton 1, S. 194ff.; Epilogus 2, S. 520ff.; von den Brincken (1992), 143, vgl. 201: »Der vierte Kontinent wird zur erkundbaren Realität.«
102 Unentschieden: Lehners (1999), 137; deutlicher Knefelkamp (1986), 107ff.; Scafi (2006), 240; Prest (1981), 27–37; Hamilton (2009), 139f.; Le Goff (2009), 162; Hamann (1968), 40.
103 Fernández-Armesto (1987), 76, 90, 185f. (aristocratic ethos, code of chivalry), 189f. (Gold); Diskussion sowie weitere Motive bei Lehners (1999), 138.
104 Dipper (1993), 143ff.; Lehners (1999), 138f. Heinrich und Gold: Fernández-Armesto (1987), 189f.
105 Schmitt (1986), 40–47. Seidenindustrie: Le Goff (1998), 193; Gewürze: Lehners (1999), 140.
106 Schmitt (1986), 100.
107 Kohler (2006), 114ff.; Dipper (1993), 140–144; Knefelkamp (1986), 107; Genua gilt neben Katalonien als Geburts- und Pflegestätte der Portolankartographie. Inseln: Sanchez (1994), 199–202; Philipps (2009), 11f.; Hamann (1968), 58f.
108 Kohler (2006), 135f. Lissabon als Zentrum: Dipper (1993), 138f.
109 Fernández-Armesto (1991), 23–44.
110 Strab. 1,4,6 (p. 65). Dass Kolumbus Strabon gelesen hat, ist dadurch wahrscheinlich gemacht, dass eine Kartusche zu einer seinem Bruder zugeschriebenen Karte Strabo neben Ptolemaios, Plinius und Isidor aufführt; Fernández-Armesto (1991), 29.
111 Christobal Colón, hg. Varela 1982, 327. Zit. bei Pagden (1996), 38; Moretti (1994), 277f. zur Senecaprophezeiung.
112 Moretti (1994), 271–275; Padgen (1996), 34.
113 Fernández-Armesto (1991), 29.
114 Pietri Martyris Anglerii Opus Epistolarum, ep. 131, p. 360; Moretti (1994), 275f.
115 Fernández-Armesto (1991), 29.
116 Padgen (1996), 23; Scafi (2006), 242; Moretti (1994), 281. Garten Eden am Golf von Paria. Rubiés (2009), XXXIII. Viele italienische Autoren des 14. und 15. Jahrhunderts sahen in klassischer Tradition in den Kanaren eine wichtige Etappe auf dem Weg zum Elysium.
117 Phillips (2009), 11; Grimm (1977), 106.
118 Sanchez (1994), 197f.; Ophir in Indien: Wright (1965), 275.
119 Fernández-Armesto (1992), 32; Flint (2009), 344.
120 Kohler (2006), 40; Dipper (1993), 153.
121 Fernández-Armesto (1992), 35f.; Kohler (2006), 45f.; Stückelberger (1987), 333–5.
122 Fernández-Armesto (1992), 37.
123 Neukirch (12992), 210f.; Fernández-Armesto (1992), 30–36; Stückelberger (1987), 335; Toscanelli und Portugal: Hamann (1968), 121f.
124 Flint (2009), 338.
125 Kohler (2006), 45f.; Grafton (1992), 77.
126 Vgl. Hamann (1968), 175–185; Knefelkamp (1986), 110f.
127 Fernández-Armesto (1992), 35f.
128 Hamann (1968), 69ff.; Grafton (1992), 54 mit Karte S. 57; Neukirch (1992), 212f. Zu Mauro: Falchetta (2006). Vgl. Schmieder (1994), 320 zur Syntheseleistung des Fra Mauro, beruhend auf Informationen von Reisenden, Kaufleuten und dem portugiesischen Hof. Veranlassung Heinrichs: Kohler (2006), 34, ders. 149 meint aus der Mauro-Karte schlie-

ßen zu können, dass arabische Seefahrer um 1420 eine Umsegelung von Osten her versucht hatten; ähnlich Wright (1965), 87, der darauf verweist, dass die Araber zwischen dem 7. und 9. Jahrhundert n. Chr. China über Land und See erreicht hatten. Die erste mittelalterliche Karte mit einem offenen Indischen Ozean war die des Antonin de Virga (1415), akzeptiert von Maretellus Germanus (1489) und Martin Behaim; le Goff (2009), 190.

129 Schmitt (1984), 92.

130 Dipper (1993), 156.

131 Schön ausgedrückt bei Grimm (1995), 100 f. zu Kolumbus.

132 Damiao de Gois, bei Schmitt (1984), 53.

133 Flint (2009), 339 f. Kolumbusabfahrt von Tartessos: Hamann (1968), 20.

134 Padgen (1996), 34, 38 f.; Flint (2009), 341 f.

135 Kolumbus, Der erste Brief aus der Neuen Welt, 13, 15 und 16.; Bitterli (1993), 170 f.; Philipps (2009), 3. Ptol. geogr. 7,2,27–31.

136 Kolumbus, Der erste Brief 17; Nippel (1990), 32; Decot (1993), 117; Bitterli (1993), 169 f. Sirenen, Monstren, Amazonen: Flint (2009), 336; Sanchez (1994), 203 ff.

137 Bordbuch, ed. Gewecke, 92, 116.

138 Amerigo Vespucci, Mundus novus, 4; Grafton (1992), 83; Peter Martyr: Grafton (1992), 55.

139 Padgen (1993), 23, 49, Amazone und Ophir: 243 f. Ophir = Peru: Sanchez (1994), 198.

140 Frübis (1995), 35; Grafton (1992), 36.

141 Grafton (1992), 138 ff.; Pritchett (1993), 289.

142 Grafton (1992), 164 ff.

143 Zitiert bei Padgen (1996), 90.

Epilog

1 Für die Echtheit vehement von wissenschaftlicher Seite: Delekat (1969) mit freilich sehr weitreichenden Spekulationen über die Ziele der Phöniker.

2 Broodbank (2013), 60 f. zu »mediterranoid regions« der Welt.

3 Yates (1997); Lewis (2006), 136–187, bes. 141 ff, 147 ff., 150 ff.

4 Arr.anab. 7,1,4; Bichler (2011), 326.

5 Plat. Phaidros 274c/d. Ich danke Peter Prestel für Hinweise. Zur Verbindung von Aufklärung und Exploration vgl. 4 Mos. 13,17–20, 2 Sam. 24,1,1; 1 Chron. 21,1.

6 Herod. 4,10,2 f. Wenn Dichter den Kaiser einen Krieg gegen Indien planen lassen oder Indien zum Teil des Imperiums erklären, so erinnerte man an das Vorbild Alexanders. Tatsächlich aber hat kein Kaiser eine Eroberung des Subkontinents ins Auge gefasst; Prop. 3,4,1–4; 3,1,15–16; Hor.carm. 1,12,53–57; Kriege im Osten seltener: Parker (2008), 221 ff.; Bang (2009), 105.

7 Bang (2008), 66,77; 142–145; 174. Seleukia soll in der Mitte des 1. Jahrhunderts 600.000 Einwohner beherbergt haben; Plin. nat. 6,122.

8 Di Cosmo (2000), 405: »Around the second century B.C. the ›city-state‹-civilization of the Tarim Basin comprised a tight network of communities whose political structure was centered in fortified settlements and based on the oasis economy.« Zu den Stadtstaaten der Taklamakan: Parzinger (2006), 829.

9 Bang (2008), 299.

10 Liu (1994), 8; Ferguson (1978), 590.

11 Heimberg (1981), 36 f.; Leslie/Gardiner (1996), 162, 218; Gopal (1961).

12 Plin. nat. 34,41; PME 39; Ferguson (1978), 589.

13 Philostr. Ap. 3–5; Plin.nat. 12,29; 18,10,55; Dion. Per. 1126; Silvae 4,9,12; Bang (2008), 138 f. und 194.

14 Bang (2008), 152; Rathbone (2003), 219. Freundschaften: Ray (1994), 43 zur »competition between the merchant families«.

15 Zum Süden: Hall (2011), 59. Keine Ideologie der Herrschaftsbildung »usque ad fines«: Yü (1967), 67.

16 Hom.Od. 1,3.

17 Hom.Od. 9,174.

18 Sehr schön ist das auch im Falle der Zenturionen zu sehen, die Nero – so Sen. nat. 6,8,3 – angeblich »ad investigandum Nili caput« ausgesandt hatte, weil Nero eine besonders ausgeprägte Liebe zur Erkenntnis der Wirklichkeit (veritatis in primis amantissimus)

besaß. Um was es wirklich ging, stellt Plinius nat. 6,181, klar: nämlich einen Feldzug nach Aithiopien (Sudan/Meroe) vorzubereiten (... inter reliqua bella et Aethiopicum cogitanti (s. Neroni). Gut besprochen bei Gauly (2004), 198ff. mit Forschung.

19 Lewis (2006), 252–260.

20 Vgl. Timpe (1989), 313.

21 Für die Abneigung, fremde Sprachen zu lernen, s. z. B. Hansen (2000), 143.

22 Vgl. Stuurman (2008), 22: »... but the entire ethnography cannot be reduced to an admire-your-enemies-enemies logic«.

23 Aristot. Cael. 2,14; Strab. 1,4,6 (p. 64–65; Radt (2006), Bd. 5, 180f. Vgl. Sen. Nat. pr.13. Zur Diskussion um die Ausrichtung der sich aus der Analogie ergebenden Verbindung: Spanien-Indien über den Mittelmeerraum und den Indischen Ozean oder über den Atlantik vgl. Gauly (2004), 179–181.

24 Ptol. geogr. 1,14,1; 13,5–9; 7,1,12,16; 8,1,15; 2,3; 3,3. Bringmann (1993), 60.

LITERATURVERZEICHNIS

I. Quellen, Quellensammlungen und Kommentare

P. Aalto, T. Pekkanen, Latin Sources on North-Eastern Eurasia, 2 Bde. (Asiatische Forschungen Bd. 44), Wiesbaden 1975–1980.

M. L. Allain, The Periplous of Skylax of Karyanda, Ann Arbor 1977.

A. B. Asheri/ A. Corcella, A Commentary on Herodotus Books I–IV, Oxford 2007.

L. Berggren/ A. Jones, Ptolemy's Geography. An Annotated Translation of the Theoretical Chapters, New York 2000.

A. Bertholet, Avienus, Ora maritima, Paris 1934.

S. Bianchetti, Pitea di Massilia, L'Oceano, Introduzione, testo, traduzione e commento, Pisa/Rom 1998.

N. Biffi, L'Estremo Oriente di Strabone. Libro XV della Geografia. Introduzione, traduzione e commento, Bari 2005.

N. Biffi, L'Africa di Strabone: Libro XVII della Geografia. Introduzione, traduzione e commento, Modugno 1999.

K. Brodersen, Pomponius Mela, Kreuzfahrt durch die Alte Welt, Darmstadt 1994.

M. Burstein, Agatharchides of Cnidos, On the Erythraean Sea, London 1989.

L. Casson, The Periplus Maris Erythraei. Text with Introduction, Translation and Commentary, Princeton 1989.

Ctésias de Cnide, La Perse, L'Inde. Autres Fragments, Texte établi, traduit et commenté par D. Lenfant, Paris 2004.

Ctesias on India, Introduction, translation and commentary by A. Nicols, London 2011.

J. De Jong, A Narratological Commentary on the Odyssee, Cambridge 2001.

L. Edelstein, I. G. Kidd, (Hg.), Poseidonios, Part 1: The Fragments, Part 2: Commentary. 2. Aufl., Cambridge 1989, 1982.

Die Fragmente der griechischen Historiker online: http://referenceworks.brillonline.com/entries/fragmente-der-griechischen-historiker-v/maes-titianos-2213-a2213

Das Gilgamesch-Epos, neu übersetzt und kommentiert von S. M. Maul, 5. Aufl., München 2012.

J. Gilmore (Hg.), The Fragments of the Persika of Ktesias, London/New York 1988.

R. Hennig, Terrae incognitae. Eine Zusammenstellung und kritische Bewertung der wichtigsten vorcolumbischen Entdeckungsreisen an Hand der darüber vorliegenden Originalberichte. Altertum bis Ptolemäus, 2. Aufl., Leiden 1944 (= Hennig 1944).

J. Herrmann (Hg.), Griechische und lateinische Quellen zur Frühgeschichte Mitteleuropas. Bis zur Mitte des 1. Jahrtausends u. Z., Teil 1: Von Homer bis Plutarch (Schriften und Quellen der Alten Welt Bd. 37,1), Berlin 1988.

J. E. Hill, Through the Jade Gate to Rome. A Study of the Silk Routes during the Later Han Dynasty, 1st to 2nd Centuries CE. An annotated Translation of the Chronicle on the »Western Regions« in the Hou Hanshu, Charleston/South Carolina 2009.

G. W. B. Huntingford (Hg.), The Periplus of the Erythraean Sea by an unknown Author. With some extracts from Agatharkhid's »On the Erythraean Sea«. Hakluyt Society, London 1980.

A. Jirku, Kanaanäische Mythen und Epen aus Ras Schamra-Ugarit, Gütersloh 1962.

D. Leslie, D. Kenneth, H. J. Gardiner, The Roman Empire in Chinese Sources (Università di Roma »La Sapienza«) (Studi

Orientali 15), Rom 1996 (= Leslie-Gardiner 1996).

P. Lindegger, Griechische und römische Quellen zum peripheren Tibet. Teil 1: Frühe Zeugnisse bis Herodot (Der ferne skythische Nordosten). Opuscula Tibetana Fasc. 10, Zürich 1979, Teil 2: Überlieferungen von Herodot bis zu den Alexanderhistorikern. Die nördlichsten Grenzregionen Indiens. Opuscula Tibetana Fasc. 14, Zürich 1982 (= Lindegger 1979/1982).

J. W. McCrindle, Ancient India as described by Ktesias the Knidian, Calcutta 1982. ND Patna 1987.

H. J. Mette, Pytheas von Massilia, Berlin 1952.

Milinda's Questions. Vol. 1, translated from the Pali by I. B. Horner, London 1963.

K. Müller (Hg.), Geographi Graeci Minores, Paris 1855 (1–3). ND Hildesheim 1965.

J. P. Murphy, Ora maritima or Description of the Seacoast, Chicago 1977.

V. A. N. Oikonomodes/M. C. Miller (Hg.), Hanno the Carthaginian, Periplus, 2. Aufl., Chicago 1995.

G. F. J. Ponce, Periplógrafos griegos I. Época Arcaica y Clásica I. Periplo di Hanón y Autores de los Siglos VI y V a.C., Zaragoza 2009.

Pytheas of Massilia, On the Ocean, Text, Translation and Commentary by C. H. Roseman, Chicago 1994.

S. Radt, Strabons Geographika 10 Bde., Göttingen 2002–2011.

J. Ramin, Le Périple d'Hannon. The Periplus of Hanno, London 1976.

T. W. Rhys Davids, The Questions of King Milinda, 2. vol., Oxford 1890–1894.

F. E. Romer, Pomponius Mela's description of the world, Ann Arbor 1998.

W. H. Schoff, The Periplus of Hanno, with Translation and Commentary, Philadelphia 1912.

A. Schulten, Avieni ora maritima (Periplus Massiliensis saec. VI a.Chr.). Adiunctis ceteris testimoniis anno 500 a.C. antiquioribus, Berlin 1922.

O. Seel (Hg.), Antike Entdeckungsfahrten. Zwei Reiseberichte, Zürich 1961.

G. Shipley, Pseudo-Skylax's Periplous. The Circumnavigation of the inhabited World, Bristol 2011.

Sima Qian, Records of the Grand Historian of China: Han Dynasty, 2 Vol. rev.ed. transl. by B. Watson, New York 1993.

D. Stichtenoth, Pytheas von Marseille, Über das Weltmeer. Die Fragmente übersetzt und erläutert, Weimar 1959.

D. Stichtenoth, Ora maritima, lat. u. dt., Darmstadt 1968.

A. Stückelberger / G. Graßhoff (Hg.), Klaudios Ptolemaios. Handbuch der Geographie. Griechisch – Deutsch. Einleitung. Text und Übersetzung. Einleitung und Buch 1–4. 2. Teilband: Buch 5–8 und Indices, Basel 2006.

The Amarna Letters, ed. and transl. by W. L. Morgan, Baltimore/London 1992.

Texts of Greek and Latin Authors on the Far East from the 4th B.C. to the 14th C.E., überarbeitet und übersetzt von J. Sheldon, Turnhout 2010.

D. Woelk, Agatharchides von Knidos, Über das Rote Meer. Übersetzung und Kommentar, Bamberg 1964.

II. Literatur zu Einzelthemen

1. Gesamtüberblicke zur antiken Entdeckungsgeschichte

F. Barker, Aufbruch ins Unbekannte. Entdeckungsfahrten im Altertum, Gütersloh 1977.

J. Beaujeu, L'Antiquité, in: L.-H. Parias (Hg.), Histoire Universelle des explorations. De la Préhistoire à la fin du Moyen Âge, Paris 1955.

H. E. Burton, The Discovery of the Ancient World, Cambridge 1969.

M. Cary, E. H. Warmington, Die Entdeckungen der Antike, Zürich 1966 (= Cary-Warmington 1966).

R. Carpenter, Beyond the Pillars of Hercules, London 1966.

L. Casson, Die Seefahrer der Antike, München 1979.

F. J. Gómez Espelosín, El Descubrimiento del mundo. Geografía y viajeros en la Antigua Grecia, Madrid 2000.

W. Krämer, Geheimnisse der Ferne. Die frühesten Entdeckungsfahrten unserer Erde, 2. Aufl., Leipzig/Jena/Berlin 1971.

2. Handel, Schifffahrt und maritime Archäologie

C. E. P. Adams, R. Laurence (Hg.), Travel and Geography in the Roman Empire, London/New York 2001.

P. Arnaud, Les routes de la navigation antique: itineraries en Méditerranée, Paris 2005.

P. Arnaud, La Mer. Vecteur de la Diaspora grecque, in: L. Capdetrey/J. Zurbach (Hg.), Mobilités grecques. Mouvements, Résaux, Contacts en Méditerranée, de l'Époque Archaique à l'Époque Hellénistique (Ausonius Èditions Scripta Antiqua 46), Bordeaux 2012, 89–135.

P. F. Bang, The Roman Bazaar, Cambridge 2008.

J. Beresford, The Ancient Sailing Season (Mnemosyne Suppl. 351), Leiden/Boston 2013.

R. Bockius, Abdichten, Beschichten, Kalfatern. Schiffsversiegelung und ihre Bedeutung als Indikator für Technologietransfers zwischen den antiken Schiffbautraditionen, Jahrbuch des Römisch-Germanischen Zentralmuseums Mainz 49 (2002), 189–232 (mit Tafeln).

R. Böker, Monsunschifffahrt, RE Suppl. 9 (1962), 403–411.

A. Breusing, Die Nautik der Alten, Bremen 1886.

L. Capdetrey, J. Zurbach (Hg.), Mobilités grecques, Paris 2012.

P. D. Curtin, Cross-cultural Trade in World History, Cambridge 1984.

R. P. Duncan Jones, Giant Cargo-Ships in Antiquity, CQ 71 (1977), 331–332.

D. Fabre, Seafaring in Ancient Egypt, London 2004.

P. Jr. Francis, Asia's Maritime Bead Trade. 300 B.C. to the Present, Honolulu 2002.

A. Göttlicher, Seefahrt in der Antike. Das Schiffswesen bei Herodot, Darmstadt 2006.

N. Groom, Frankincense and Myrrh, New York 1981.

W. V. Harris, K. Iara (Hg.), Maritime Technology in the Ancient Economy. Ship-Design and Navigation, Portsmouth/Rhode Island 2011.

R. Hennig, Abhandlungen zur Geschichte der Seefahrt, Jena 1928.

O. Höckmann, Antike Seefahrt, München 1985.

R. J. Hopper, Handel und Industrie im klassischen Griechenland, München 1982.

P. Horden, Travel Sickness. Medicine and Mobility in the Mediterranean, in: W. V. Harris (Hg.), Rethinking the Mediterranean, Oxford 2005, 179–199.

P. Horden, N. Purcell, The Corrupting Sea. A Study of Mediterranean History, Malden 2000.

A. Köster, Das antike Seewesen, Berlin 1923.

A. Köster, Die Nautik im Altertum, Berlin 1914.

J.-M. Kowalski, Navigation et Géographie dans l'Antiquité greco-romaine, Paris 2012.

O. von Lippmann, Geschichte der Magnetnadel bis zur Erfindung des Kompasses (gegen 1300), Quellen und Studien zur Geschichte der Naturwissenschaften und der Medizin 3,1 (1932), 1–49.

S. McGrail, Boats of the World. From the Stone Age to Medieval Times, Oxford 2001.

S. Medas, De rebus nauticis: L'arte della navigazione nel mondo antico, Rome 2004.

F. Meijer, A History of Seafaring in the Classical World, London/ Sydney 1986.

J. S. Morrison, R. T. Williams, Greek Oared Ships 900–322 B.C., Cambridge 1968.

J. Morton, The Role of the Physical Environment in Ancient Greek Seafaring, Leiden 2001.

E. Olshausen, Der Periplus zwischen Seehandbuch und Literatur, in: J. Cobet (Hg.), Weltwissen vor Kolumbus (Periplus 23), Berlin u. a. 2013, 35–57.

D. P. S. Peacock, D. Williams, (Hg.), Food for the Gods. New Light on the ancient Incense Trade, Oxford 2007.

H. P. Ray, The Archaeology of Seafaring in Ancient South Asia (Cambridge World Archaeology), Cambridge 2003.

C. M. Reed, Maritime Traders in the Ancient Greek World, Cambridge 2003.
D. Robinsohn, A. Wilson (Hg.), Maritime Archaeology and ancient Trade in the Mediterranean, Oxford 2011.
J. Rougé, Ships and Fleets of the Ancient Mediterranean, transl. S. Frazer, Middleton 1981.
W. Scheidel u. a. (Hg.), The Cambridge Economic History of the Greco-Roman World, Cambridge 2007.
R. Schulz, Die Antike und das Meer, Darmstadt 2005.
B. Sirks, Sailing in the Off-Season with Reduced Financial Risk, in: J. J. Aubet/ B. Sirks (Hg.), Speculum Iuris, Roman Law as a Reflection of Social and Economic Life in Antiquity, Ann Arbor 2002, 134–150.
A. Tchernia, Les Romains et le Commerce, Neapel 2011.
P. Temin, Mediterranean Trade in Biblical Times, in: R. Findlay u. a. (Hg.), Elli Heckscher, International Trade, and Economic History, Cambridge 2006, 141–56.
D. Timpe, Griechischer Handel nach dem nördlichen Barbaricum, in: K. Düwel u. a. (Hg.), Untersuchungen zu Handel und Verkehr der vor- und frühgeschichtlichen Zeit in Mittel- und Nordeuropa, Teil 1: Methodische Grundlagen und Darstellungen zum Handel in vorgeschichtlicher Zeit und in der Antike, Göttingen 1985, 181–213 (= Timpe 1985).
J. Tracy (Hg.), The Political Economy of Merchant Empires, Cambridge 1991.
H. Warnecke, Zur Phänomenologie und zum Verlauf antiker Überseewege, in: E. Olshausen (Hg.), Zu Wasser und zu Land – Verkehrswege in der antiken Welt (Stuttgarter Kolloquium zur Historischen Geographie des Altertums 7), Stuttgart 2002, 93–107.
H. Warnecke, Schifffahrtswege, in: H. Sonnabend (Hg.), Mensch und Landschaft in der Antike. Lexikon der Historischen Geographie, Stuttgart/Weimar 2006, 442–446. (= 2006a)
H. Warnecke, Schiffbarkeit, in: H. Sonnabend (Hg.), Mensch und Landschaft in der Antike. Lexikon der Historischen Geographie, Stuttgart/Weimar 2006, 446–449 (= 2006b).
H. Warnecke, Segeln, in: H. Sonnabend (Hg.), Mensch und Landschaft in der Antike. Lexikon der Historischen Geographie, Stuttgart/Weimar 2006, 463–464 (= 2006c).
J. Whitewright, The potential Performance of ancient Mediterranean Sailing Rigs, The International Journal of Nautical Archaeology 40,1 (2011), 2–17.

3. Geographie, Astronomie und Klimalehre

K. Abel, Zone, RE 14 (1974), 989–1188.
G. Aujac, La géographie dans le monde antique, Paris 1975.
S. Bianchetti, Geografia storica del mondo antico, Bologna 2008.
E. H. Berger, Geschichte der wissenschaftlichen Erdkunde der Griechen, Leipzig 1903.
K. Brodersen, Terra Cognita. Studien zur Römischen Raumerfassung, Hildesheim u. a. 1995.
E. Cordano, La geografia degli antichi, Rom/ Bari 1992.
D. R. Dicks, Early Greek Astronomy to Aristotle, Bristol 1970.
D. Dueck, The Parallelogram and the Pinecone. Definition of Geographical Shapes in Greek and Roman Geography on the Evidence of Strabo, Ancient Society 35 (2005), 19–57.
D. Dueck, Geographie in der antiken Welt, Darmstadt 2013.
A. Engel-Braunschmidt u.a (Hg.), Ultima Thule. Bilder des Nordens von der Antike bis zur Gegenwart (Imaginatio Borealis 1), Frankfurt am Main 2001.
K. Geus, Utopie und Geographie. Zum Weltbild der Griechen in frühhellenistischer Zeit, Orbis Terrarum 6 (2000), 55–90.
K. Geus, M. Rathmann (Hg.), Vermessung der Oikumene (Topoi 14), Berlin/Boston 2013.
F. Gisinger, Geographie, RE Suppl. 4 (1924), 521–685 (= Gisinger 1924).
R. Güngerich, Die Küstenbeschreibung in der griechischen Literatur, Münster 1950.
B. Harley, B. Woodward, Greek Cartography in the Early Roman World, in: dies. (Hg.), History of Cartography, Vol. 1: Cartography in Prehistoric, Ancient, and Medieval Europe and the Mediterranean, Chicago/ London 1987, 161–176.

C. Jacob, Geographie, in: J. Brunschwig, G. Lloyd (Hg.), Das Wissen der Griechen. Eine moderne Enzyklopädie, München 2000, 269–280.

P. Janni, La Mappa e il Periplo. Cartografia antica e Spazio odologico, Rom 1984.

W. Kubitschek, Erdmessung, RE Suppl. 6 (1935), 31–54.

D. Marcotte, La climatologie d'Ératosthène à Poséidoneios. Genèse d'une science humaine, in: G. Argoud, J.-Y. Guillaumin (Hg.), Sciences exactes et sciences appliqués à Alexandrie, Saint-Étienne 1998, 263–267.

R. Miller, Mappae Mundi. Die ältesten Weltkarten, Bd. 4: Rekonstruierte Karten, Stuttgart 1898.

P. Pédech, La géographie des Grecs, Paris 1976.

F. Prontera, Geografia e geografi nel mondo antico. Guida storica e critica, Rom/Bari 1983.

F. Prontera, Períploi. Sulla tradizione della geografia nautica presso i Greci, in: L'uomo e il mare nelle civiltà occidentale. Da Ulisse a Cristofero Colombo (Atti della Società Ligure di Storia Patria, N.S. 32,2), Genf 1992, 25–44.

K. A. Raaflaub, R. J. A. Talbert (Hg.), Geography and Ethnography. Perceptions of the World in Pre-Modern Societies (The Ancient World. Comparative Histories), Malden/Oxford 2010.

M. Rathmann (Hg.), Wahrnehmung und Erfassung geographischer Räume in der Antike, Mainz 2007.

M. Rathmann, Die Tabula Peutingeriana und die antike Kartographie, in: J. Cobet (Hg.), Weltwissen vor Kolumbus (Periplus 23), Berlin u. a. 2013, 92–120.

P. Schneider, L'Éthopie et L'Inde. Interférences et confusions aux extrémités du monde antique (Collection de l'École Francaise de Rome 335), Rom 2005.

H. Sonnabend, Die Grenzen der Welt. Geographische Vorstellungen der Antike, Darmstadt 2007.

M. Sordi (Hg.), Geografia e storiografia nel mondo classico, Mailand 1988.

J. O. Thomson, History of Ancient Geography, New York 1948.

C. Van Paassen, The Classical Tradition of Geography, Groningen 1957.

B. L. Van Der Waerden, Die Astronomie der Griechen. Eine Einführung, Darmstadt 1988.

4. Fremde Völker, Ethnographie und Reisen

E. Almagor, J. Skinner (Hg.), Ancient Ethnography. New Approaches, London 2013.

R. Bichler, Von der Insel der Seligen zu Platons Staat. Geschichte der antiken Utopie, Teil 1, Wien u. a. 1995.

R. Bichler, Historiographie – Ethnographie – Utopie. Gesammelte Schriften, hrsg. von R. Rollinger, Teil 1: Studien zu Herodots Kunst der Historie, Teil 2: Studien zur Utopie und der Imagination fremder Welten, Wiesbaden 2007–2008.

R. Bichler, An den Grenzen zur Phantastik. Antike Fahrtberichte und ihre Beglaubigungsstrategien, in: ders., Historiographie – Ethnographie – Utopie. Gesammelte Schriften, hrsg. von R. Rollinger, Teil 2: Studien zur Utopie und der Imagination fremder Welten (Philippika 18,2), Wiesbaden 2008, 173–192.

R. Bichler, Die Fahrt zu den Grenzen der Erde. Von Herodot bis zur Alexander-Historiographie, Gymnasium 118 (2011), 315–344.

L. Casson, Travel in the Ancient World, London 1994.

V. Dasen, Dwarfs in Ancient Egypt and Greece, Oxford 2013.

E. Dench, Ethnography and History, in: J. Marincola (Hg.), A Companion to Greek and Roman Historiography, Oxford 2007, 493–503.

A. Dihle, Die Griechen und die Fremden, München 1994.

T. Fischer-Hansen (Hg.), East and West. Cultural Relations in the Ancient World (Acta Hyperborea 1), Copenhagen 1988.

S.S. Gosch, P.N. Stearns (Hg.), Premodern Travel in World History (Themes in World History), New York/ London 2008.

F. Hartog, The Mirror of Herodotus. The Representation of the Other in the Writing of History, Berkeley 1988.

F. Hartog, Memories of Odysseus. Frontier Tales From Ancient Greece, Edinburgh 2001.
T. Hölscher (Hg.), Gegenwelten zu den Kulturen Griechenlands und Roms in der Antike, Leipzig 2000.
D. Lenfant, Monsters in Greek Ethnography and Society in the Fifth and Fourth Centuries, in: R. Buxton (Hg.), From Myth to Reason, Oxford 1999, 197–214.
A. O. Lovejoy u. a. (Hg.), Primitivism and Related Ideas in Antiquity, London 1997.
S. Montiglio, Wandering in the Ancient Greek Culture, Chicago/London 2005.
K. E. Müller, Geschichte der antiken Ethnologie, Reinbeck 1997 (= Müller 1997).
W. Nippel, Barbaren und Indianer. Antike Ethnographie und neuzeitliches Völkerrecht, in: T. Hölscher (Hg.), Gegenwelten zu den Kulturen Griechenlands und Roms in der Antike, Leipzig 2000, 111–127.
K. A. Raaflaub, R. J. A. Talbert, Geography and Ethnography. Perceptions of the World in Pre-Modern Societies, Malden/Oxford 2010.
J. S. Romm, The Edges of the Earth in Ancient Thought. Geography, Exploration, and Fiction, Princeton 1992.
B. Shaw, ›Eaters of Flesh, Drinkers of Milk‹. The Ancient Mediterranean Ideology of the Pastoral Nomad, AncSoc 13/14 (1982/83), 5–31.
J. E. Skinner, The Invention of Greek Ethnography, Oxford 2012.
R. Stoneman, Romantic Ethnography. Central Asia and India in the Alexander Romance, The Ancient World 25 (1994), 93–107.
C. J. Tuplin, Greek Racism? Observations on the Character and Limits of Greek Ethnic Prejudice, in: G. R. Tsetskhladze (Hg.), Ancient Greeks West and East (Mnemosyne Suppl. 196), Leiden u. a. 1999, 47–75.

5. Paradiesvorstellungen, Utopien und wundersame Inseln

G. Amiotti, Le Isole Fortunate. Miti, utopia, realtà geografica, in: M. Sordi (Hg.), Geografia e storiografia nel mondo classico, Milano 1988, 166–177.
E. Brandenburg, Greif, RAC 12 (1983), 951–5.
J. N. Bremmer, Paradise. From Persia, via Greece, into the Septuagint, in: G. P. Luttikhuizen (Hg.), Paradise Interpreted. Representation of Biblical Paradise in Judaism and Christianity, Leiden u. a. 1999, 21–36.
A. S. Brown, From the Golden Age to the Isles of the Bless, Mnemosyne 51 (1998), 385–410.
W. Burkert, Structure and History in Greek Mythology and Ritual (Sather Classical Lectures 47), Berkeley 1979.
T. J. Cachey, Le Isole Fortunate, Rom 1995.
P. Capelle, Elysium und Inseln der Seligen, ARW 25 (1927), 245–264; 26 (1928), 17–40.
F. Cardono, I Mari degli Iperborei, MGR 21 (1997), 17–26.
C. Colpe, Jenseitsreise, RAC 17 (1996), 490–543.
H. Daebritz, Hyperboreer, RE 9,1 (1914), 258–279.
P. Dion, La notion d'Hyperboréens. Ses vicissitudes au cours de l'Antiquité, BAGB 2 (1976), 143–157.
K. Fabian, Die Hyperboreer, Frankfurt am Main 1997.
W. Fauth, Utopische Inseln in den »Wahren Geschichten« des Lukian, Gymnasium 86 (1979), 39–58.
C. Th. Fischer, Fortunatae insulae, RE 7 (1912), 42–43.
H. Freyer, Die politische Insel. Eine Geschichte der Utopien von Platon bis zur Gegenwart, Leipzig 1936.
C. Gill, The Genre of the Atlantis Story, CPh 72 (1977), 287–304.
M. Görg, Paradies, Neues Bibel-Lexikon 3,11 (1997), 65.
M. Görg, Paradiesgeographie, Neues Bibel-Lexikon 3,11 (1997), 65–66.
F. J. Gomez Espelosin, Geografie fantastiche nelle Grecia antica, Rom 2010.
R. Günther, R. Müller, Das goldene Zeitalter. Utopien der hellenistisch-römischen Antike, Stuttgart 1988.
A. Hultgard, Das Paradies. Vom Park des Perserkönigs zum Ort der Seligen, in: M. Hengel u. a. (Hg.), La Cité de Dieu/Die Stadt Gottes, Tübingen 2000, 1–43.
A. Pérez Jiménez, G. Cruz Andreotti (Hg.), Los limites de la tierra. Fantasía y realidad

del espacio geográfico en las culturas mediterráneas, Madrid 1998.
G. Lanczkowski, Die Insel der Seligen und verwandte Vorstellungen, Frankfurt am Main u. a. 1986.
V. Manfredi, Le Isole Fortunate. Topografia di un mito, Rom 1993.
J. Mette, Zwei Fahrten über die Grenzen des sichtbaren Kosmos hinaus, in: ders., Kleine Schriften, Frankfurt am Main 1988, 340–349.
R. V. Munson, Telling Wonders, Michigan 2001.
L. Radermacher, Das Jenseits im Mythos der Hellenen. Untersuchungen über antiken Jenseitsglauben, Bonn 1903.
S. Rodenkranz, Paradies I–III, Theologische Realenzyklopädie 25 (1995), 705–714.
A. Schulten, Makaron nesoi, RE 27 (1928), 628–632.
F. Solmsen, Achilles on the Islands of the Blessed, AJPh 103 (1982), 19–24.

III. Literatur zu den Einzelkapiteln

Einleitung

D. Abulafia (Hg.), The Mediterranean in History, London 2003.
K. Boshnakov, The »Sacred Counsel«. On some Features of the Periegesis, Periodos, and their Originators, in: K. Geus, M. Rathmann (Hg.), Vermessung der Oikumene (Topoi 14), Berlin/Boston 2013, 25–64.
R. L. Bowen, Egypt's Earliest Sailing Ships, Antiquity 34 (1960), 117–131.
K. Bringmann, Veränderungen des antiken Weltbildes, in: C. Dipper, M. Vogt (Hg.), Ringvorlesung: Entdeckungen und frühe Kolonisation, Darmstadt 1993, 45–63.
C. Broodbank, The Making of the Middle Sea. A History of the Mediterranean from the Beginning to the Emergence of the Classical World, Oxford 2013.
N. Brox, Zur Legitimität der Wissbegier (curiositas), in: H. Bungert (Hg.), Das antike Rom in Europa, Regensburg 1985, 33–52.
R. W. Bulliet, The Camel and the Wheel, Cambridge Mass. 1975.
K. Clarke, Between Geography and History. Hellenistic Constructions of the Roman World, Oxford 1999.
J. Cobet, Weltwissen vor Kolumbus, in: ders. (Hg.), Weltwissen vor Kolumbus (Periplus 23), Berlin u. a. 2013, 1–6.
J. Cobet, Die Horizonte der antiken Oikumene: eine Vorgeschichte zu Kolumbus, in: ders. (Hg.), Weltwissen vor Kolumbus (Periplus 23), Berlin u. a. 2013, 7–34.
M. Cary, The Geographic Background of Greek and Roman History, Oxford 1949.
L. Casson, Seaborne Exploration in the Ancient World, in: D. Finamore (Hg.), Maritime History as World History. New Perspectives on Maritime History, Gainsville 2001, 35–46.
A.-H. Chroust, Did the ancient Greeks ever see America or set foot on American soil?, HBZ (1979), 9–15.
B. Cunliffe, Europe between the Oceans 9000 BC-AD 1000, New Haven/London 2011.
H. Elliot, The Old World and the New, Cambridge 1970.
D. Fabre, Seafaring in Ancient Egypt, London 2004.
F. Fernández-Armesto, Maritime History and World History, in: D. Finamore (Hg.), Maritime History as World History. New Perspectives on Maritime History, Gainsville 2001, 7–34.
K. Geus, Eratosthenes von Kyrene. Studien zur hellenistischen Kultur- und Wissenschaftsgeschichte (Münchener Beiträge zur Papyrusforschung und antiken Rechtsgeschichte 92), München 2002.
R. R. Grimm, Das Paradies im Westen, in: W. Wehle (Hg.), Das Columbus-Projekt, München 1995, 73–113.
W. W. Harris (Hg.), Rethinking the Mediterranean, Oxford 2005.
H. Hiery, Die Europäisierung der Welt, Jahrbuch für Europäische Überseegeschichte 7 (2007), 29–64.
P. Horden, N. Purcell, The Corrupting Sea.

A Study of Mediterranean History, Maldenxford 2000.
K. Hornig, Die antike Navigation und Thales, in: K. Döring u. a. (Hg.), Antike Naturwissenschaft und ihre Rezeption 8, Trier 1998, 7–24.
H. Hughues-Brock, Amber and Some Other Travellers in the Bronze Age Aegean and Europe, in: A. Dakouri-Hild (Hg.), Autochthon. Papers presented to O.T.P.K. Dickinson, Oxford 2005, 301–316.
H.-G. Hüttel, Zur frühen Seefahrt in Polynesien, in: H. Müller-Karpe (Hg.), Zur geschichtlichen Bedeutung der frühen Seefahrt, München 1992, 97–120.
G. Liedl, Seefahrt im islamischen Westen. Spätmittelalter und Frühe Neuzeit, in: A. Marboe, A. Obenaus (Hg.), Seefahrt und die frühe europäische Expansion, Wien 2009, 61–92
S. Montiglio, Wandering in the Ancient Greek Culture, Chicago/London 2005.
K. Moore, D. Lewis, Birth of the Multinational. 2000 Years of Ancient Business History. From Ashur to Augustus, Aarhus 1999.
O. T. P. Roberts, Wind-power and the Boats from the Cyclades, International Journal of Nautical Archaeology 16 (1987), 309–311.
K. Ruffing, Cultural Encounters between Rome and the East, in: L. Lindstedt u. a. (Hg.), Case Studies in Transmission (JHMNE 1), Münster 2014, 143–157.
R. Schlesier, Menschen und Götter unterwegs: Rituale und Reise in der griechischen Antike, in: T. Hölscher (Hg.), Gegenwelten zu den Kulturen Griechenlands und Roms in der Antike, München, Leipzig, 2000, 129–157.
F. Schmieder, Europa und die Fremden. Die Mongolen im Urteil des Abendlandes vom 13. bis in das 15. Jahrhundert (Beiträge zur Geschichte und Quellenkunde des Mittelalters 16), Sigmaringen 1994.
M. Sommer, Roms orientalische Steppengrenze. Palmyra – Edessa – Dura- Europos – Hatra. Eine Kulturgeschichte von Pompeius bis Diocletian (Oriens et Occidens 9), Wiesbaden 2005.
M. Sommer, *Homo Mercator:* Handelsvölker und interkulturelle Netzwerke zwischen Orient und Okzident. In: R. Rollinger u. a. (Hg.), Interkulturalität in der Alten Welt. Vorderasien, Hellas, Ägypten und die vielfältigen Ebenen des Kontakts (Philippika 34), Wiesbaden 2010, 1–12.
J. Stagl, Eine Geschichte der Neugier. Die Kunst des Reisens 1550–1800, Wien u. a. 2002.
C. Ulf, Rethinking Cultural Contacts, AWE 8 (2009), 91–132.
H. Warnecke, Zur Phänomenologie und zum Verlauf antiker Überseewege, in: E. Olshausen (Hg.), Zu Wasser und zu Land – Verkehrswege in der antiken Welt (Stuttgarter Kolloquium zur Historischen Geographie des Altertums 7), Stuttgart 2002, 93–107.
D. G. White, Myths of the Dog-Man, Chicago/London 1991.

I. Eine Welt in Bewegung – Herrscher, Händler und Helden der Frühzeit

1. Kapitäne und Krieger der Bronzezeit

B. Alster, Dilmun, Bahrain, and the Alleged Paradise in Sumerian Myth and Literature, in: D. T. Potts (Hg.), Dilmun: New Studies in the Archaeology and Early History of Bahrain, Berlin 1983, 39–74.
M. Artzy, Nomads of the Sea, in: R. L. Hohlfelder, S. Swiny, H. W. Swiny (Hg.), Res Maritimae. Cyprus and the Mediterranean from Prehistory to Late Antiquity (CAARI 1), Atlanta 1997, 1–16.
M. Artzy, Routes, Trade, Boats and ›Nomads at the Sea‹, in: S. Gitin, A. Mazar, E. Stern (Hg.), Mediterranean Peoples in Transition. Thirteenth to Early Tenth Centuries BCE, Jerusalem 1998, 439–448.
T. J. A. Barako, Rebuttal. Philistines Upon the Seas, Biblical Archaeology Review 29(2003), 22–23.

J. Bennet, C. W. Shelmerdine, Mycenaean States. An Economy and Administration, in: C. W. Shelmerdine (Hg.), Cambridge Companion to the Aegean Bronze Age, New York 2008, 289–309.

J. Bennet, The Geography of the Mycenaean Kingdoms, in: Y. Duhoux, A. Morpurgo Davies (Hg.), A Companion to Linear B. Mycenaean Greek Texts and their World, Bd. 2, Leuven 2011, 137–168.

J. Bennet, The Aegean Bronze Age, in: W. Scheidel u. a. (Hg.), The Cambridge Economic History of the Greco-Roman World, Cambridge 2007, 175–210.

F. Breyer, Punt und die Seefahrer. Zum Nutzen von Logbüchern in der Punt-Diskussion, in: K. Geus, M. Rathmann (Hg.), Vermessung der Oikumene (Topoi 14), Berlin/Boston 2013, 311–319.

C. Broodbank, The Making of the Middle Sea. A History of the Mediterranean from the Beginning to the Emergence of the Classical World, Oxford 2013.

A. R. Burn, Minoans, Philistines, and Greeks, 1400–900 B.C., London 1930.

B. E. Burns, Trade, in: E. H. Cline (Hg.), The Oxford Handbook of the Bronze Age Aegean (ca. 3000–1000 BC), Oxford 2010, 291–304 (= 2010a).

B. E. Burns, Mycenaean Greece, Mediterranean Commerce, and the Formation of Identity, Cambridge 2010.

E. H. Cline, D. O'Connor, The Mystery of the »Sea Peoples«, in: D. O'Connor, S. Quirke (Hg.), Mysterious Lands, London 2003, 107–138.

E. H. Cline, 1177 B.C. The Year Civilization collapsed, Princeton(Oxford 2014.

B. Cunliffe, Atlantic Sea-Ways, Revista de Guimaraes 1 (1999), 93–105.

B. Cunliffe, Facing the Ocean. The Atlantic and its Peoples, 8000 BC–AD 1500, Oxford 2001.

N. H. Demand, A History of Ancient Greece in Its Mediterranean Context, 3. Aufl., Cornwall-on-Hudson 2013.

O. Dickinson, The Collapse at the End of the Bronze Age, in: E. H. Cline (Hg.), The Oxford Handbook of the Bronze Age Aegean (ca. 3000–1000 BC), Oxford 2010, 483–490.

M. Dietrich, O. Loretz, Die Schardana in den Texten von Ugarit, in: Antike und Universalgeschichte, FS H. Stier, Münster 1972, 39–42.

G. Dossin, La route de l'etain en Mesopotamie au temps de Zimri-Lim, Revue d'Assyriologie 64 (1970), 97–106.

T. u. M. Dothan, Die Philister. Zivilisation und Kultur eines Seevolkes, München 1995.

R. Drews, The End of the Bronze Age. Changes in Warfare and the Catastrophe ca. 1200 B.C., Princeton 1993.

J. Driessen, C. MacDonald, Some Military Aspects of the Aegean in the late 15th and 14th Centuries B.C., BSA 79 (1984), 49–74.

J. Emanuel, Cretan Lie and Historical Truth. Examining Odysseus' Raid on Egypt in its Late Bronze Age Context, in: V. Bers u. a. (Hg.), Donum natalicium digitaliter confectum Gregorio Nagy septuagenario a discipulis collegis familiaribus oblatum, Harvard u. a. 2013, 1–41.

G. Eogan, Possible Connections between Britain and Ireland and the East Mediterranean Region During the Bronze Age, in: Orientalisch-Ägäische Einflüsse in der Europäischen Bronzezeit (Römisch-Germanisches Zentralmuseum Monographien 15), Bonn 1990, 155–163.

J. Fischer, Die mykenische Palastwirtschaft. Aspekte frühgriechischen Wirtschaftslebens im Spiegel der Linear B-Texte, in: S. Günther (Hg.), Ordnungsrahmen antiker Ökonomien. Ordnungskonzepte und Steuerungsmechanismen antiker Wirtschaftssysteme im Vergleich (Philippika 53), Wiesbaden 2012, 41–81.

N. H. Gale (Hg.), Bronze Age Trade in the Mediterranean (Studies in Mediterranean Archaeology 90), Oxford 1991.

K. Galling, Goliath und seine Rüstung, VTS 15 (1966), 150–169.

I. Georganas, Weapons and Warfare, in: E. H. Cline (Hg.), The Oxford Handbook of the Bronze Age Aegean (ca. 3000–1000 BC), Oxford 2010, 305–14.

A. F. Harding, The Myceneans and Europe, Bath 1984.

A. F. Harding, The Wessex Connection. Developments and Perspectives, in: Orientalisch-Ägäische Einflüsse in der Europäischen Bronzezeit (Römisch-Germanisches Zentralmuseum Monographien 15), Bonn 1990, 139–154.

W. Helck, Die Beziehungen Ägyptens und Vorderasiens zur Ägäis bis ins 7. Jahrhundert v. Chr., 2. Aufl., Darmstadt 1995.

S. Hiller, The Mycenaeans and the Black Sea, in: R. Laffineur, L. Basch (Hg.), Thalassa. L'Egée préhistorique et la mer (Aegaeum 7), Liège 1991, 207–216 mit Tafeln.

R. Jung, I »bronzi internazionali« ed il loro contesto sociale fra Adriatico, Peninsola balcanica e coste levantine, in: E. Borgna, P. Cassola Guida (Hg.), Dall'Egeo all'Adriatico. Organizzazioni sociali, modi di scambio e interazzione in età postpalaziale (XII–XI Sec. AC) – From the Aegean to the Adriatic. Social Organisations, Modes of Exchange and Interaction in Postpalatial Times (12th-11th B.C.), Rom 2009, 129–157.

R. Jung, Aspekte des mykenischen Handels und Produktaustausches, in: B. Horejs u. a. (Hg.), Interpretationsraum Bronzezeit. FS B. Hänsel (Universitätsforschungen zur prähistorischen Archäologie 121), Bonn 2005, 45–70.

R. Jung, M. Mehofer, Mycenaean Greece and Bronze Age Italy. Cooperation, Trade or War?, AkorrBl 43,2 (2013), 175–193.

R. Jung, M. Mehofer, A Sword of Naue II Type from Ugarit and the Historical Significance of Italian-Type Weaponry in the Eastern Mediterranean, AEA 8 (2005–2006), 111–135.

R. Jung, Sie vernichteten sie, als ob sie niemals existiert hätten. Was blieb von der Zerstörung der Seevölker?, in: H. Meller (Hg.), Schlachtfeldarchäologie, Halle 2009, 31–48.

H. Klengel, Geschichte des hethitischen Reiches, Leiden u. a. 1999.

H. Klengel, Bronzezeitlicher Handel im Vorderen Orient. Ebla und Ugarit, in: Orientalisch-Ägäische Einflüsse in der Europäischen Bronzezeit (Römisch-Germanisches Zentralmuseum Monographien 15), Bonn 1990, 33–46.

A. B. Knapp, Spice, Drugs, Grain and Grog. Organic Goods in the Bronze Age East Mediterranean Trade, in: N. H. Gale (Hg.), Bronze Age Trade in the Mediterranean, Jonseres 1991, 21–68.

A. B. Knapp, Thalassocracies in Bronze Age Eastern Mediterranean Trade. Making and Breaking the Myth, World Archaeology 24 (1993), 332–347.

E. Kozal, M. Novak, Geschenke, Tribute und Handelswaren im Hethiterreich. Eine Archäologische Bestandsaufnahme am Fallbeispiel Hattusa, in: S. Klinkott, S. Kubisch, R. Müller-Wollermann (Hg.), Geschenke und Steuern, Zölle und Tribute. Antike Abgabenformen in Anspruch und Wirklichkeit (Culture and History of the Ancient Near East 29), Leiden/Boston 2007, 323–346.

A. Kuhrt, The Ancient Near East c.3000–330 BC, Teil 1, Abingdon 1995, ND New York 2000.

R. Lane Fox, Reisende Helden. Die Anfänge der griechischen Kultur im homerischen Zeitalter, Stuttgart 2011.

H. von Wissmann, Ophir und Hawila (Mamal und Haulan), das westarabische Goldland, RE Suppl. 12 (1970), 906–980.

E. Linder, Ugarit. A Canaanite Thalassocracy, in: G. D. Young (Hg.), Ugarit in Retrospect. Fifty years of Ugarit and Ugaritic, Winova Lake 1981, 31–42.

M. Liverani, Prestige and Interest. International Relations in the Near East ca. 1600–1100 BC, Padua 1990.

M. Liverani, The Collapse of the Near Eastern Regional System at the End of the Bronze Age. The Case in Syria, in: M. Rowlands, M. Larsen, K. Kristiansen (Hg.), Centre and Periphery in the Ancient World, Cambridge 1987, 66–73.

O. Margalith, The Sea People and the Bible, Wiesbaden 1994.

R. P. S. Moorey, The Mobility of Artisans and Opportunities for Technology Transfer Between Western Asia and Egypt in the Late Bronze Age, in: A. J. Shortland (Hg.), The Social Context of Technological Change. Egypt and the Near East 1650–1550 BC, Oxford 2001, 1–14.

S. P. Morris, A Tale of Two Cities. The Miniature Frescoes from Thera and the Origins of Greek Poetry, AJA 93 (1989), 511–535.

J. D. Muhly, The Bronze Age Setting, in: T. A. Wertime, J. H. Muhly (Hg.), The

Coming of the Age of Iron, New Haven 1980, 25–67.

W.-D. Niemeyer, The Mycenaeans in Western Anatolia and the Problem of the Origins of the Sea Peoples, in: S. Gitin, A. Mazar, E. Stern (Hg.), Mediterranean Peoples in Transition. Thirteenth to Early Tenth Century BCE, Jerusalem 1998, 17–65.

J. Nougayrol, Nouveaux textes accadiens de Ras Shamra, CRAI (1960), 163–172.

E. Noort, Die Seevölker in Palästina, Kampen 1994.

D. Panagiotopoulos, Geschenke und Abgaben in der Mykenischen Palastkultur, in: H. Klinkott, S. Kubisch, R. Müller-Wollermann (Hg.), Geschenke und Steuer, Zölle und Tribute. Antike Abgabenformen in Anspruch und Wirklichkeit (Culture and History of the Ancient Near East 29), Leiden/Boston 2007, 347–367.

A. Peatfield, Minoan and Mycenean Warfare, in: P. De Souza (Hg.), The Ancient World at War, London 2008, 87–99.

D. T. Potts, Distant Shores. Ancient Near Eastern Trade with South Asia and Northeast Africa, in: J. M. Sasson (Hg.), Civilizations of the Ancient Near East III, New York u. a. 1995, 1451–1463.

C. Pulak, The Uluburun Shipwreck, in: S. Swiny, R.L. Hohlfelder, H. Wylde Swiny (Hg.), Res Maritimae. Cyprus and the Mediterranean from Prehistory to Late Antiquity (ASOR Archaeological Reports 4), Atlanta 1997, 232–262.

B. Routledge, K. McGeough, Just What Collapsed? A Network Perspective on ›Palatial‹ and ›Private‹ Trade at Ugarit, in: Ch. Bachhuber, R. G. Roberts (Hg.), Forces of Transformation. The End of the Bronze Age in the Mediterranean (Themes from the Ancient Near East BANEA Publication Series 1), Oxford 2009, 22–29.

J. M. Sasson, Canaanite Maritime Involvement in the Second Millennium B. C, Journal of the American Oriental Society 86,2 (1966), 126–138.

J. W. Shaw, Kommos. The Sea-Gate to Southern Crete, in: L. P. Day u. a. (Hg.), Crete beyond the Palaces, Philadelphia 2004, 43–51.

A. und S. Sherratt, From Luxuries to Commodities. The Nature of Mediterranean Bronze Age Trading Systems, in: N. H. Gale (Hg.), Bronze Age Trade in the Mediterranean (Studies in Mediterranean Archaeology 90), Jonsered 1991, 351–82.

B. U. Schipper, Die Erzählung des Wenamun. Ein Literaturwerk im Spannungsfeld von Politik, Geschichte und Religion, Göttingen 2005.

A. M. Snodgrass, Bronze Age Exchange. A Minimalist Position, in: N. H. Gale (Hg.), Bronze Age Trade in the Mediterranean (Studies in Mediterranean Archaeology 90), Jonsered 1991, 15–20.

M. Sommer, Der Untergang des Hethitischen Reiches. Anatolien und der Östliche Mittelmeerraum um 1200 v. Chr., Saeculum 52 (2001), 157–176.

N. C. Stambolidis, V. Karageorghis (Hg.), Sea Routes. Interconnections in the Mediterranean 16th-6th B.C., Athen 2003.

E. Stein-Hölkeskamp, Das archaische Griechenland. Die Stadt und das Meer, München 2015.

Z. Stos-Gale, Minoan foreign Relations and Copper Metallurgy in MMIII-LMIII Crete, in: A. J. Shortland (Hg.), The Social Context of Technological Change. Egypt and the Near East 1650–1550 BC, Oxford 2001, 195–210.

T. R. Tartaron, Maritime networks in the Mycenaean world, Cambridge 2013.

P. Temin, Mediterranean Trade in Biblical Times, in: E. Mechscher (Hg.), International Trade and Economic Society, Cambridge/Mass. 2006, 141–156.

H. Thrane, The Mycenaean Fascination. A Northerner's View, in: Orientalisch-Ägäische Einflüsse in der Europäischen Bronzezeit (Römisch-Germanisches Zentralmuseum Monographien 15), Bonn 1990, 165–179.

E. E. Tov, The David and Goliath Saga. How a Biblical Editor Combined Two Versions, BibRev 11 (1986), 34–41.

J. Vanschoonwinkel, Mycenaean Expansion, in: G. R. Tsetskhladze (Hg.), Greek Colonisation. An Account of Greek Colonies and Other Settlements Overseas, Bd. 1, Boston/Leiden 2006, 41–113.

Y. Vichos, The Point Iria Wreck. The Nautical Dimension, in: W. Phelps (Hg.), The Point Iria Wreck. Interconnections in the Mediterranean ca. 1200 B.C., Athen 1999, 77–98.

F.-W. von Hase, Ägäische Importe im zentralen Mittelmeergebiet in späthelladischer Zeit (SH I-SH III C), in: Orientalisch-Ägäische Einflüsse in der Europäischen Bronzezeit (Römisch-Germanisches Zentralmuseum Monographien 15), Bonn 1990, 80–108.

S. Voutsaki (Hg.), Economy and Politics in the Mycenaean Palace States, Cambridge 2001.

S. Wachsmann, Seagoing ships and Seamenship in the Bronze Age Levant, London 1998.

P. Walcot, The Comparative Study of Ugaritic and Greek Literatures, UF 1 (1969), 111–118.

J. C. Waldbaum, Early Greek Contacts with the Southern Levant ca. 1000–600 B.C. The Eastern Perspective, BASOR 293 (1994), 53–66.

M. Wedde, Toward a Hermeneutics of Aegean Bronze Age Ship Imagery, Mannheim 2000.

M. Wedde, The Mycenaean Galley in Context. From Fact to Idée Fixe, in: R. Laffineur, E. Greco (Hg.), Emporia. Aegeans in the Central Mediterranean (Aegaeum 25), Liège 2005, 29–38.

J. Weidig, Kunsthandwerkliche Verarbeitung im vorrömischen Italien, in: D. Quast, M. Erdrich (Hg.), Die Bernsteinstraße (Archäologie in Deutschland Sonderheft 4), Darmstadt 2014, 34–45.

T. Whitelaw, Reading between the Tablets. Assessing Mycenean Palatial Involvement in Ceramic Production and Consumption, in: S. Voutsaki, J.T. Killen (Hg.), Economy and Politics in the Mycenean Palace States, Cambridge 2001, 51–79.

A. Yasur-Landau, The Philistines and Aegean Migration at the End of the Late Bronze Age, Cambridge 2010.

A. Yasur-Landau, The ›Feathered Helmets‹ of the Sea peoples: Joining the iconographic and archaeological evidence, Talanta 44 (2012), 27–40.

M. Yon, The End of the Kingdom of Ugarit, in: W. A. Ward, M. S. Joukowski (Hg.), The Crisis Years: The 12th Century B.C. from beyond the Danube to the Tigris, Dubuque 1992, 111–122.

C. Zaccagnini, Patterns of Mobility Among Ancient Near Eastern Craftsmen, Journal of Near Eastern Studies 42 (1983), 245–264.

2. Phöniker und Euböer auf dem Weg in die Ferne

P. M. M. G. Akkermans, G. M. Schwartz, The Archaeology of Syria: From Complex Hunter-gatherers to Early Urban Societies (ca. 16.000–300 BC), Cambridge 2003.

A. B. Asheri/ A. Corcella, A Commentary on Herodotus Books I–IV, Oxford 2007.

M. E. Aubet, Aspects of Tyrian Trade and Colonization in the Eastern Mediterranean, MBAH 19,1 (2000), 70–120.

M. E. Aubet, Zur Problematik des orientalisierenden Horizontes auf der Iberischen Halbinsel, in: H. G. Niemeyer (Hg.), Phönizier im Westen (Madrider Beiträge 8), Mainz 1982, 309–335.

M. E. Aubet, The Phoenicians and the West. Politics, Colonies, and Trade, Cambridge u. a. 1997.

P. Bikai, Trade Networks in the Early Iron Age. The Phoenicians at Palaepaphos, in: B. W. Rupp (Hg.), Western Cyprus: Connections, Göteburg 1987, 125–128.

P. Bikai, The Phoenicians, in: W. A. Ward, M. Joukowsky (Hg.), The Crisis Years. The 12th Century, Iowa 1992, 132–141.

J. M. Blázquez, Tartessos, Salamanca 1968.

J. M. Blázquez Martínez, M. P. García-Gelabert Pérez, Ägäische Einflüsse auf das Gebiet am oberen Guadalquivir, in: Orientalisch-Ägäische Einflüsse in der Europäischen Bronzezeit (Römisch-Germanisches Zentralmuseum Monographien 15), Bonn 1990, 109–124.

C. Baurain, C. Bonnet, Les Phéniciens. Marins des trois Continents, Paris 1992.

S. F. Bondi, Les Institutions, l'organisation politique et admininistrative, in: V. Krings (Hg.), La civilisation phénicienne et punique. Manuel de recherche, (HdO I, Der nahe und mittlere Osten 20), Leiden 1995, 290–302.

J. Boardman, Early Euboean Settlements in the Carthage Area, Oxford Journal of Archaeology 25 (2006), 195–200.

J. A. Brody, Each Man cried out to His God. The specialized Religion of Canaanite and Phoenician Seafarers (Harvard Semitic Museum Publications 58), Atlanta 1998.

T. F. R. G. Braun, The Greeks in the Near East, in: J. Boardman, N. G. L. Hammond (Hg.), The Cambridge Ancient History, Teil 3: The Expansion of the Greek World. Eigth to sixth Century B.C., 2. Aufl., Cambridge 1982, 1–31.

F. Briquel-Chatonnet, Les relations entre les cites de la Côte phénicienne et les royaumes d'Israel et de Juda (Orientalia Lovaniensia Analecta 46), Leuven 1992.

C. Broodbank, The Making of the Middle Sea. A History of the Mediterranean from the Beginning to the Emergence of the Classical World, Oxford 2013.

G. Buchner, Die Beziehungen zwischen der euböischen Kolonie Pithekussai auf der Insel Ischia und dem nordwestsemitischen Mittelmeerraum in der zweiten Hälfte des 8. Jhs. v. Chr., in: H. G. Niemeyer (Hg.), Phönizier im Westen (Madrider Beiträge 8), Mainz 1982, 277–306.

G. Bunnens, L'expansion phénicienne en méditerranée, Brüssel/Rom 1979.

G. Bunnens, Tyr et la Mer, in: E. Gubel u. a. (Hg.), Studia Phoenicia I–II, Leuven 1983, 7–21.

F.A. Chami, The Early Iron Age on Mafia Island and Its Relationship with the Mainland, Azania 34 (1999), 1–10.

J. N. Coldstream, Greeks and Phoenicians in the Aegean, in: H. G. Niemeyer (Hg.), Phönizier im Westen (Madrider Beiträge 8), Mainz 1982, 261–275.

M. A. Corral, Ezekiel's Oracles against Tyre. Historical Reality and Motivations (Biblia and Orientalia 46), Rom 2002.

B. Cunliffe, Facing the Ocean. The Atlantic and its Peoples, 8000 BC–AD 1500, Oxford 2001.

J. Dayton, Herodotus, Phoenicia, the Persian Gulf and India in the First Millenium, AOMIM (1984), 363–75.

N. H. Demand, A History of Ancient Greece in its Mediterranean Context, 3. Aufl., Cornwall-on-Hudson 2013.

A. Deme, S.K. McIntosh, Excavations at Waladé. New Light on the Settlement of the Middle Senegal Valley by Iron-using Peoples, Journal of African Archaeology 4 (2006), 317–347.

B. de Give, Les rapports de l'Inde et de l'Occident des origines au règne d'Aśoka, Paris 2005.

M. Görg, Ophir, Tarschisch und Atlantis. Einige Gedanken zur symbolischen Geographie, Biblische Notizen 15 (1981), 76–86.

P. W. Haider, Griechen im Vorderen Orient und in Ägypten bis ca. 590 v. Chr., in: C. Ulf (Hg.), Wege zur Genese griechischer Identität. Die Bedeutung der früharchaischen Zeit, Berlin 1996, 59–115.

R. G. Kratz, Das antike Israel, in: G. A. Lehmann, H. Schmidt-Glintzer (Hg.), WBG Weltgeschichte. Eine Globale Geschichte von den Anfängen bis ins 21. Jahrhundert, Teil 2: Antike Welten und neue Reiche 1200 v. Chr. bis 600 n. Chr., Darmstadt 2009, 68–91.

R. Lane Fox, Reisende Helden. Die Anfänge der griechischen Kultur im Homerischen Zeitalter, Stuttgart 2011.

E. Lepinski, Tarsis, Theologisches Wörterbuch zum Alten Testament 8 (1994–1995), 778–781.

M. Liverani, Oltre la Bibbia. Storia antica di Israele, Bari 2012.

J. I. Miller, The Spice Trade of the Roman Empire. 29 B.C. to A.D. 641, Oxford 1969.

K. Momrak, The Phoenicians in the Mediterranean. Trade, Interaction and cultural Transfer, Altorientalische Forschungen 32,1 (2005), 168–181.

R. Mondi, The Homeric Cyclopes. Folktale, Tradition, and Theme, Transactions of the American Philological Association 113 (1983), 17–38.

J. S. Morrison, R. T. Williams, Greek Oared Ships 900–322 B.C., Cambridge 1968.

D. Neiman, Ethiopia and Kush. Biblical and Ancient Greek Geography, The Ancient World 3 (1980), 35–42.

H. G. Niemeyer, Zur Einführung: Frühformen der Globalisierung im Mittelmeerraum, in: K. J. Hopt u. a. (Hg.), Herausforderungen der Globalisierung, Göttingen 2003, 47–55.

H. G. Niemeyer, Die frühe phönizische Expansion im Mittelmeer. Neue Beiträge zu ihrer Beschreibung und ihren Ursachen, Saeculum 50 (1999), 153–175.

H. G. Niemeyer, The Phoenicians in the Mediterranean, in: G. R. Tsetskhladze (Hg.), Greek Colonisation. An Account of Greek Colonies and Other Settlements Overseas, Bd. 1, Boston/Leiden 2006, 143–68.

A. Parrot, La »scène maritime« de Khorsebad, Sumer 6 (1950), 115–117.

A. Popham, I. S. Lemos, An Euboean Warrior Trader, Oxford Journal of Archaeology 14 (1995), 151–158.

P.C. Prasad, Foreign Trade and commerce in Ancient India, Neu-Delhi 1977.

P. J. Riis, Griechen in Phönizien, mit 13 Textabbildungen, in: H. G. Niemeyer (Hg.), Phönizier im Westen (Madrider Beiträge 8), Mainz 1982, 237–260.

W. Röllig, Die Phönizier des Mutterlandes zur Zeit der Kolonisierung, in: H. G. Niemeyer (Hg.), Phönizier im Westen (Madrider Beiträge 8), Mainz 1982, 15–30.

R. Rollinger, Das altorientalische Weltbild und der ferne Westen in neuassyrischer Zeit, in: P. Mauritsch u. a. (Hg.), Antike Lebenswelten. Konstanz – Wandel – Wirkungsmacht. FS I. Weiler (Philippika 25), Wiesbaden 2008, 683–695.

B. B. Shefton, Greeks and Greek Imports in the South of the Iberian Peninsula. The Archaeological Evidence, in: H. G. Niemeyer (Hg.), Phönizier im Westen (Madrider Beiträge 8), Mainz 1982, 337–370.

C. D. Smith, Imago Mundi's Logo. The Babylonian Map of the World, Imago Mundi 48 (1996), 209–211.

M. Sommer, Die Phönizier. Handelsherren zwischen Orient und Okzident, Stuttgart 2005.

J. C. Waldbaum, Early Greek Contacts with the Southern Levant ca. 1000–600 BC. The Eastern Perspective, Bulletin of the American Schools of Oriental Research 293 (1994), 53–66.

M. Wedde, Across the Bronze/Iron Divide: Thoughts on Continuity and Discontinuity: Ship Building as a case study. An abstract of a lecture in the Trade and Production VIII: Crossing Borders, Swedish Institute Athens, Dec. 12–13, 1998.

M. Wedde, Towards a Hermeneutics of Aegean Bronze Age Ship Imagery (Peleus. Studien zur Archäologie und Geschichte Griechenlands und Zyperns 6), Manheim 2000.

J. Willeitner, Die Weihrauchstraße, Darmstadt 2013.

K. Zimmermann, Libyen. Das Land südlich des Mittelmeeres im Weltbild der Griechen, München 1999.

3. Wunderinseln, Bestien und schöne Frauen

B. Alster, Dilmun, Bahrain, and the Alleged Paradise in Sumerian Myth and Literature, in: D. T. Potts (Hg.), Dilmun: New Studies in the Archaeology and Early History of Bahrain, Berlin 1983, 39–74.

J. Baines, Interpreting the Story of the Shipwrecked Sailor, JEA 76 (1990), 55–72.

J. M. Blázquez Martínez, M. P. García-Gelabert Pérez, Ägäische Einflüsse auf das Gebiet am oberen Guadalquivir, in: Orientalisch-Ägäische Einflüsse in der Europäischen Bronzezeit (Römisch-Germanisches Zentralmuseum Monographien 15), Bonn 1990, 109–124.

E. Blumenthal, Èxpeditionsberichte, LA 2 (1977), 59–61.

F. Briquel-Chatonnet, Les Relations entre les Cites de la Côte phénicienne et les Royaumes d'Israel et de Juda (Orientalia Lovaniensia Analecta 46), Leuven 1992.

A. Brody, »Each man cried out to his God«. The specialized Religion of Canaanite and Phoenician Seafarers (HSM 58), Atlanta 1998.

F. Brommer, Heracles. The Twelve Labors of the Hero in Ancient Art and Literature, New York 1986 (= ders. Die zwölf Taten des Helden in antiker Kunst und Literatur. 5. Aufl., Darmstadt 1986).

C. Broodbank, The Making of the Middle Sea. A History of the Mediterranean from the Beginning to the Emergence of the Classical World, Oxford 2013.

G. Bunnens, L'expansion phénicienne en Méditerranée, Brüssel/Rom 1979.
G. Burkard, Überlegungen zur Form der ägyptischen Literatur. Die Geschichte des Schiffbrüchigen als literarisches Kunstwerk (ÄAT 22), Wiesbaden 1993.
W. Burkert, Die orientalisierende Epoche in der griechischen Religion und Literatur, Heidelberg 1984.
W. Burkert, Orientalische und griechische Weltmodelle von Assur bis Anaximander, Wiener Studien 107 (1994), 179–186.
J. P. Crielaard, The Euboeans Overseas. Long-Distance Contacts and Colonization as Status Activities in Early Iron Age Greece, Leiden 1996.
W. Culican, Opera selecta. From Tyre to Tartessos, Philadelphia 1986.
M. J. Dahood, The Phoenician Contribution to Biblical Wisdom Literature, Beirut 1968.
R. F. Docter, H. G. Niemeyer, Pithecoussai. The Carthaginian Connection. On the Archaeological Evidence of Euboeo-Phoenician Partnership in the 8th and 7th Century B.C., in: B. d'Agostino, D. Ridgway (Hg.), Apoikia. FS G. Buchner, Neapel 1994, 101–115.
D. Fabre, Seafaring in Ancient Egypt, London 2004.
F. C. Fensham, The Treaty between the Israelites and Tyrians, Vetus Testamentum Supplements 17 (1969), 71–87.
I. Finkelstein, N. A. Silberman, The Bible Unearthed: Archaeology's New Vision of Ancient Israel and the Origin of Its Sacred Texts, New York/London 2001.
I. Finkelstein, N. A. Silberman, David und Salomo. Archäologen entschlüsseln einen Mythos, München 2006.
E. R. Follis, Israel and the Sea. A Test Case in Hellenosemitic Studies, Society of Biblical Literature: Seminar Papers 13 (1978), 407–415.
P. Garelli, Gilgames et sa legende, Paris 1960.
M. Gelinne, Les champs elysées et les iles des bienheureux chez Homère, Hésiode et Pindare, LEC 56 (1988), 225–40.
C. Giardino, Il Mediterraneo Occidentale fra XIV ed VIII secolo a.C. Cerchie minerarie e metallurgiche, Oxford 1995.
M. Görg, Der Ekstatiker von Byblos, GM 23 (1977), 31–33.
P. W. Haider, Griechen im Vorderen Orient und in Ägypten bis ca. 590 v. Chr, in: C. Ulf (Hg.), Wege zur Genese griechischer Identität. Die Bedeutung der früharchaischen Zeit, Berlin 1996, 59–115.
G. Hamel, Taking the Argo to Niniveh: Jonah and Jason in a Mediterranean Context, Judaism 44 (1995), 341–359.
A. Harding, H. Brock, Amber in the Mycenaean World, ABSA 69 (1947), 145–170.
M. Hattstein, Mythen der Welt. Helden, Sagen und Symbole, München 2010.
M. Hirschberger, Genealogie und Geographie. Der hesiodische Gynaikon Katalogos als Vorläufer von Hekataios und der ionischen Historié, in: J. Althoff u. a. (Hg.), Antike Naturwissenschaften und ihre Rezeption 14, Trier 2004, 7–24.
A. Hoekstra, Epic Verse before Homer. Three Studies, Amsterdam u. a. 1981.
G. Hölscher, Drei Erdkarten. Ein Beitrag zur Erderkenntnis des hebräischen Altertums (SAH 1944/8, 3. Abhandlung), Heidelberg 1949.
W. Horowitz, Mesopotamian Cosmic Geography (Mesopotamian Civilizations 8), Winona Lake 1998.
J.M. Hurwit, The Art and Culture of Early Greece, 1100–480 B.C., Ithaca/London 1987.
A. Jirku, Kanaanäische Mythen und Epen aus Ras Schamra-Ugarit, Gütersloh 1962.
D. Kurth, Zur Interpretation der Geschichte des SchiffbrüchigenSAK 14 (1987), 167–179.
L. Lacroix, Héracles, héros voyageur et civilisateur, BAB 60 (1974), 34–59.
R. Lane Fox, Reisende Helden. Die Anfänge der griechischen Kultur im Homerischen Zeitalter, Stuttgart 2011.
G. Lanfrinchi, The Ideological and Political Impact of the Neo-Assyrian Imperial Expansion on the Greek World in the 8th and 7th Century, in: R. Whiting, S. Aro (Hg.), The Heirs of Assyria, Helsinki 2000, 7–34.
J. Leclant, Les relations entre l'Egypte et la Phenicie du voyage d'Ounamon a l'expedition d'Alexandre, Beirut 1968.
A. Lesky, Thalatta. Der Weg der Griechen zum Meer, New York 1947.
E. Linder, The Khorsabad Wall Relief. A Me-

diterranean Seascape or River Transport of Timbers, JAOS 106 (1986), 273–281.
M. Liverani, The Sargon Geography and the Late Assyrian Mensuration of the Earth, State Archives of Assyria Bulletin 13 (1999–2000), 57–85.
M. Liverani, Oltre la Bibbia. Storia antica di Israele, Bari 2003.
O. Margalith, The Sea Peoples in the Bible, München 1994.
S. P. Morris, A Tale of Two Cities. The Miniature Frescoes from Thera and the Origins of Greek Poetry, AJA (1989), 511–535.
O. Neghi, Early Phoenician Presence in the Mediterranean Islands. A Reappraisal, AJA 96 (1992), 599–615.
W.-D. Niemeyer, The Mycenaeans in Western Anatolia and the Problem of the Origins of the Sea Peoples, in: S. Gitin, A. Mazar, E. Stern (Hg.), Mediterranean Peoples in Transition. Thirteenth to Early Tenth centuries BCE, Jerusalem 1998, 17–65.
H. G. Niemeyer, Phönizier im Westen, Mainz 1982.
D. O'Connor, S. Quirke (Hg.), Mysterious Lands, London 2003.
E. Otto, Die Geschichten des Sinuhe und des Schiffbrüchigen als lehrhafte Stücke, ZÄS 93 (1966), 100–101.
B. Patzek, Homer und seine Welt, München 2003.
C. Priebe, Gold und Weihrauch. Ägyptische Expeditionen nach Punt, Bretten 2004.
J. B. Pritchard, New Evidence on the Role of the Sea Peoples in Canaan at the Beginning of the Iron Age, Oxford 1968.
W. K. Pritchett, The Liar School of Herodotos, Amsterdam 1993.
L. Radermacher, Das Jenseits im Mythos der Hellenen. Untersuchungen über antiken Jenseitsglauben, Bonn 1903.
M. Rice, Search for the Paradise Land. An Introduction to the Archaeology of Bahrein and the Arabian Golf. From the Earliest Time to the Death of Alexander, London 1985.
R. Rollinger, The View from East to West: World View and Perception of Space in the Neo-Assyrian Empire, in: N. Zenzen u. a. (Hg.), Aneignung und Abgrenzung. Wechselnde Perspektiven auf die Antithese von ›Ost‹ und ›West‹ in der griechischen Antike (Oikumene. Studien zur antiken Weltgeschichte 10), Heidelberg 2014, 93–161.
P. J. Riis, Griechen in Phönizien, mit 13 Textabbildungen, in: H. G. Niemeyer (Hg.), Phönizier im Westen (Madrider Beiträge 8), Mainz 1982, 237–260.
B. U. Schipper, Die Erzählung des Wenamun. Ein Literaturwerk im Spannungsfeld von Politik, Geschichte und Religion, Göttingen 2005.
W. M. Schniedewind, How the Bible became a Book. The Textualization of Ancient Israel, Cambridge 2004.
A. Schulten, Tartessos. Ein Beitrag zur ältesten Geschichte des Westens, Hamburg 1950.
G. Strasburger, Die Fahrt des Odysseus zu den Toten im Vergleich mit älteren Jenseitsfahrten, A&A 44 (1998), 1–29.
T. R. Tartaron, Maritime Networks in the Mycenaean World, Cambridge 2013.
J. Vanschoonwinkel, Mycenaean Expansion, in: G. R. Tsetskhladze (Hg.), Greek Colonisation. An Account of Greek Colonies and Other Settlements Overseas, Bd. 1, Boston/Leiden 2006, 41–113.
R. Werner, Zur Geschichte der vorderorientalisch-phönikischen und mykenisch-griechischen Handels- und Kolonisationsfahrten im Spiegel der Epos- und Periplusliteratur, in: Orientalisch-Ägäische Einflüsse in der europäischen Bronzezeit (Römisch-Germanisches Zentralmuseum Monographien 15), Bonn 1990, 47–77.
M. L. West, The Rise of the Greek Epic, JHS 58 (1988), 151–172.
M. L. West, The Hesiodic Catalogue of Women. Its Nature, Structure, and Origins, Oxford 1986.
R. Whiting, S. Aro (Hg.), The Heirs of Assyria, Helsinki 2000.
A. Yasur-Landau, The Philistines and Aegean Migration at the End of the Late Bronze Age, Cambridge 2010.
S. Yeivin, Did the Kingdoms of Israel have a Maritime Policy?, The Jewish Quarterly Review 50 (1960), 193–228.
A. Zgoll, Mythologie des alten Orients, in: M. Hattstein (Hg.), Mythen der Welt. Helden, Sagen und Symbole, München 2010, 14–53.

4. Odysseus

O. Anderson, M. Dickie (Hg.), Homer's World. Fiction, Tradition, Reality, Bergen 1995.

I. R. Bacon, The Voyage of the Argonauts, Methusen 1925.

A. Ballabriga, Les Fictions d'Homère. L'invention mythologique et cosmographique dans l'Odyssée, Paris 1998.

E. H. Berger, Mythische Kosmographie der Griechen, Leipzig 1904 (ND Hildesheim 1965).

R. Bichler, Von der Insel der Seligen zu Platons Staat. Geschichte der antiken Utopie, Teil 1, Wien u. a. 1995.

R. Bichler, W. Sieberer, Die Welt in Raum und Zeit im literarischen Reflex der episch-früharchaischen Ära, in: C. Ulf (Hg.), Wege zur Genese griechischer Identität. Die Bedeutung der archaischen Zeit, Berlin 1996, 116–155.

R. Bichler, An den Grenzen zur Phantastik. Antike Fahrtberichte und ihre Beglaubigungsstrategien, in: ders., Historiographie – Ethnographie – Utopie. Gesammelte Schriften, hrsg. von R. Rollinger, Teil 2: Studien zur Utopie und der Imagination fremder Welten (Philippika 18,2), Wiesbaden 2008, 173–192.

L. Börner, Als die »männergleichen« Amazonen kamen, in: Amazonen. Geheimnisvolle Kriegerinnen, hrsg. vom Historischen Museum der Pfalz Speyer, München 2010, 16–23.

C. M. Bowra, H. G. Schürmann, Heldendichtung. Eine vergleichende Phänomenologie der heroischen Poesie aller Völker und Zeiten, Stuttgart 1964.

E. D. S. Bradford, F. Güttinger, Reisen mit Homer. Auf den wiederentdeckten Fahrten des Odysseus zu den schönsten Inseln, Küsten und Stätten des Mittelmeers, Frankfurt am Main 1989.

J. B. Bury, The Homeric and the Historic Kimmerians, Klio 6 (1906), 79–88.

R. Carpenter, Folk Tale, Fiction, Sage in the Homeric Epics, Berkeley 1946.

E. Cook, Ferrymen of Elysium and the Homeric Phaeacians, JIES 20 (1992), 239–269.

M. A. Corral, Ezekiel's Oracles against Tyre. Historical Reality and Motivations (Biblia and Orientalia 46), Rom 2002.

P. Crone, Meccan Trade and the Rise of Islam, Princeton 1987.

G. Danek, Epos und Zitat. Studien zu den Quellen der Odyssee, Wien 1998.

M. Dickie, The Geography of Homer's World, in: O. Andersen, M. Dickie (Hg.), Homer's World. Fiction, Tradition, Reality, Bergen 1995, 29–56.

C. Dougherty, The Raft of Odysseus. The Ethnographic Imagination of Homer's Odyssey, Oxford 2001.

P. Dräger, Argo Pasimelousa. Der Argonautenmythos in der griechischen und römischen Literatur, Teil 1: Theos aitios (Palingenesia 43), Stuttgart 1993.

B. Eck, Voyageurs grecs et exploration de la mer Noire, in: H. Duchêne (Hg.), Voyageurs et antiquité classique, Dijon 2003, 23–50.

W. Elliger, Die Darstellung der Landschaft in der griechischen Dichtung (Untersuchungen zur antiken Literatur und Geschichte 15), Berlin/New York 1975.

J. Fabre-Serris, Rome, l'Arcadie et la mer des Argonautes. Essai sur la naissance d'une mythologie des origins en occident, Villeneuve d'Alsq 2008.

A. T. Fear, Odysseus and Spain, Prometheus 18 (1992), 19–26.

F. Gauer, Überlegungen zum Mythos vom Krieg um Troia und zur Heimat Homers, Gymnasium 103 (1996), 507–534.

U. Gehrig, Die Phönizier in Griechenland, in: U. Gehrig, H. G. Niemeyer (Hg.), Die Phönizier im Zeitalter Homers, Mainz 1990, 23–32.

W. Haas, Jasons Raub des Goldenen Vliesses im Lichte hethitischer Quellen, in: Ugarit-Forschungen 7 (1975), 227–233.

P. W. Haider, Griechenland-Nordafrika (Impulse der Forschung 53), Darmstadt 1988.

R. Hennig, Neue Erkenntnisse zur Geographie Homer, RhM 75 (1926), 266–286.

R. Hennig, Die Geographie des homerischen Epos. Eine Studie über die erdkundlichen Elemente der Odyssee, Wiesbaden 1934.

A. Herrmann, Die Bedeutung Homers für die griechische Geographie, Zeitschrift

der Gesellschaft für Erdkunde zu Berlin 61 (1926), 171–196.
A. Herrmann, Die Irrfahrten des Odysseus, Meereskunde 15,3 (1926), 1–32.
P. Hernández, Back in the Cave of the Cyclops, AJPh 121 (2000), 345–366.
M. Hirschberger, Genealogie und Geographie. Der hesiodische Gynaikon Katalogos als Vorläufer von Hekataios und der ionischen Historié, in: J. Althoff u. a. (Hg.), Antike Naturwissenschaften und ihre Rezeption 14, Trier 2004, 7–24.
M. Hirschberger, Gynaikôn Katalogos und Megalai Ehoiai. Ein Kommentar zu den Fragmenten zweier hesiodeischer Epen (BzA 198), München/Leipzig 2004.
U. Hölscher, Die Odyssee. Epos zwischen Märchen und Roman, 2. Aufl., München 1989.
A. I. Ivantchik, Am Vorabend der Kolonisation. Das nördliche Schwarzmeergebiet und die Steppennomaden des 8.–7. Jhs. v. Chr. in der klassischen Literaturtradition. Mündliche Überlieferung, Literatur und Geschichte (Pontus Septentrionalis 3), Berlin/Moskau 2005.
O. Jessen, Argonautai, RE 2 (1895), 743–787.
L. R. Johnson, Shining in the Ancient Sea. The Astronomical Ancestry of Homer's Odyssey, Portland 1999.
I. J. F. de Jong, A Narratological Commentary on the Odyssey, Cambridge 2001.
L. Käppel, Bilder des Nordens im frühen antiken Griechenland, in: A. Engel-Braunschmidt u. a. (Hg.), Ultima Thule. Bilder des Nordens von der Antike bis zur Gegenwart (Imaginatio Borealis 1), Frankfurt am Main 2001, 11–27.
A. Klotz, Die Irrfahrten des Odysseus und ihre Deutung im Altertum, Gymnasium 59 (1952), 289–302.
W. Kranz, Die Irrfahrten des Odysseus, Hermes 50 (1915), 93–112.
J. Latacz, Die Phönizier bei Homer, in: U. Gehrig, H. G. Niemeyer (Hg.), Die Phönizier im Zeitalter Homers, Mainz 1990, 11–21.
A. Lesky, Aia, WS 63 (1948), 22–68.
J. Lindsay, The Clashing Rocks, London 1965.
O. Lordkipanidze, P. Léveque (Hg.), Sur les traces des Argonautes. Actes du 6e Symposion de Vani, Colchide 1990.
O. Lordkipanidze, P. Léveque, Le Pont Euxin vu par les Grecs, Paris 1990.
J. V. Luce, Die Landschaften Homers, Stuttgart 2000.
O. Maaß, Die Irrfahrten des Odysseus im Pontos. Wissenschaftliche Beilage des Jahresberichtes des Evangelischen Gymnasiums in Gütersloh, Gütersloh 1915, 5–40.
S. Makhortykh, Die Frauen in der skythischen Gesellschaft, in: Amazonen. Geheimnisvolle Kriegerinnen, hrsg. vom Historischen Museum der Pfalz Speyer, München 2010, 144–149.
N. Marinatos, Circe and Liminality. Ritual Backgrounds and Narrative Structure, in: O. Andersen, M. Dickie (Hg.), Homer's World. Fiction, Tradition, Reality, Bergen 1995, 133–140.
A. Mayor, The Amazons. Lives and Legends of Warrior Women Across the Ancient World. Princeton/Oxford 2014.
H. Mertz, The Wine Dark Sea. Homer's Heroic Epic of the North Atlantic, Bloomington 1964.
K. Meuli, Odyssee und Argonautika. Untersuchungen zur griechischen Sagengeschichte und zum Epos, Basel 1921.
G. Michaux, Gilgamesh and Homer. A Comparative Study of Motif Sets, Distinctions and Similarities, Mathesis 12 (2003), 9–25.
D. Muhly, Homer and the Phoenicians, Berytus 19 (1970), 19–64.
O. Murray, Omero e l'Etnografia, Kokalos 34–35 (1988–9), 1–13.
D. Neiman, Aithiopia and Kush. Biblical and Ancient Greek Geography, The Ancient World 3 (1980), 34–42.
H.-G. Nesselrath, Die Säulen des Herakles – eine mythische Landmarke und ihre Bedeutung in der Klassischen Antike, Jahrbuch der Akademie der Wissenschaften zu Göttingen 2008, 226–232.
H.-G. Nesselrath, Where the Lord of the Sea Grants Passage to Sailors Through the Deep-Blue Mere No More: The Greeks and the Western Seas, G&R 52 (2005), 153–171.
R. M. Newton, The Ciconians, revisited: Homer, Odyssey 9, 39–66, in: R. J. Rabel (Hg.), Approaches to Homer. Ancient and Modern, Swansea 2000, 135–146.

K. Oberhuber, Das Gilgamesch-Epos, Darmstadt 1977.
J. N. O'Sullivan, Nature and Culture in Odyssey?, SO 65 (1990), 7–17.
D. L. Page, Folktales in Homer's Odyssey, Cambridge 1973.
D. Papenfuß, V. M. Strocka (Hg.), Gab es das griechische Wunder? Griechenland zwischen dem Ende des 6. und der Mitte des 5. Jahrhunderts v. Chr., Mainz 2001.
S. B. Parker, M. S. Smith, Ugaritic Narrative Poetry, Atlanta 1997.
B. Patzek, Homer und seine Welt, München 2003.
T. Paulsen, Geschichte der griechischen Literatur, Stuttgart 2004.
C. Pellech, Die Argonauten. Eine Weltkulturgeschichte des Altertums, Wien 1992.
H. Petersmann, Homer und das Märchen, WS 15 (1981), 43–68.
E. K. Petropoulos, Hellenic Colonization in Euxeinos Pontos. Penetration, Early Establishment, and the Problem of the »Emporion« Revisited (BAR International Series 1394), Oxford 2005.
L. Radermacher, Mythos und Sage bei den Griechen, Leipzig 1943.
L. Radermacher, Walfischmythen, Archiv für Religionswissenschaften 9 (1906), 248–252.
M. Reichel, Der Übergang von der Mündlichkeit zur Literatur bei den Griechen, Tübingen 1990.
K. Reinhardt, Die Abenteuer der Odyssee, in: Tradition und Geist 63 (1960), 47–124.
M. Rice, Search for the Paradise Land. An Introduction to the Archaeology of Bahrein and the Arabian Golf. From the Earliest Time to the Death of Alexander, London 1985.
B. S. Ridgway, Archaic architectural Sculpture and Travel Myths, in: DHA 17 (1991), 95–112.
E. Robbins, Jason and Cheiron. The Myth of Pindar's Fourth Pythian, Phoenix 29 (1975), 205–213.
J. S. Romm, The Edges of the Earth in Ancient Thought. Geography, Exploration, and Fiction, Princeton 1992.
R. Scodel, The Story-Teller and His Audience, in: R. Fowler (Hg.), The Cambridge Companion to Homer, Cambridge 2004, 45–55.
E. Scodel, Odysseus' Ethnographic Digressions, in: R. J. Rabel (Hg.), Approaches to Homer. Ancient and Modern, Swansea 2005, 147–165.
C. P. Segal, The Phaeacians and the Symbolism of Odysseus' Return, Arion 1 (1962), 17–64.
T. Severin, The Jason Voyage. The Quest for the Golden Fleece, London 1985.
M. Silk, The Odyssee and its Explorations, in: R. Fowler (Hg.), The Cambridge Companion to Homer, Cambridge 2004, 31–44.
J. E. Skinner, The Invention of Greek Ethnography. From Homer to Herodotus, Oxford 2012.
F. M. Snowden, Blacks in Antiquity. Ethiopians in the Greco-Roman Experience, Cambridge/Mass. 1970.
W. B. Stanford, The Ulysses Theme. A Study in the Adaptibility of a Traditional Hero, 2. Aufl., Oxford 1968.
G. Steiner, Die Unterweltsbeschwörung des Odysseus im Lichte hethitischer Texte, Ugarit-Forschungen 3 (1971), 265–283.
G. Strasburger, Die Fahrt des Odysseus zu den Toten im Vergleich mit älteren Jenseitsfahrten, A&A 44 (1998), 1–29.
T. F. Strasser, Location and perspective in the Theran Flotilla Fresco, Journal of Mediterranean Archaeology 23 (2010), 13–26.
T. R. Tartaron, Maritime networks in the Mycenaean world, Cambridge 2013.
A. Thornton, People and Themes in Homer's Odyssey, London 1970.
H. Treidler, Eine alte ionische Kolonisation im numidischen Afrika – ihre historische und geographische Grundlage, Historia 8 (1959), 257–283.
J. Vanschoonwinkel, Mycenaean Expansion, in: G. R. Tsetskhladze (Hg.), Greek Colonisation. An Account of Greek Colonies and Other Settlements Overseas, Bd. 1, Boston/Leiden 2006, 41–113.
F. Vian, Poésie et géographie. Les retours des Argonautes, CRAI 131 (1987), 249–62.
F. Vian, Les navigations des Argonautes. Elaborations d'une legende, BAGB 1 (1982), 273–85.
P. Vidal-Naquet, Land and Sacrifice in the Odyssey. A Study of religious and mythical

Meanings, in: R. L. Gordon (Hg.), Myth, Religion, and Society, Cambridge 1981, 80–94.
M. Vojatzi, Frühe Argonautenbilder, in: R. Hampe, T. Hölscher, E. Simon (Hg.), Beiträge zur Archäologie, Wien 1982.
W. von Soden, Die Eremboi der Odyssee und die Irrfahrt des Menelaos, WS 72 (1959), 26–29.
U. von Wilamowitz-Moellendorf, Die Rückfahrt der Argonauten, SBBA 117 (1924), 109–120.
U. von Wilamowitz-Möllendorf, Die Irrfahrten des Odysseus, in: A. Kisshty, U. von Wilamowitz-Moellendorf (Hg.), Homerische Untersuchungen (Philologische Untersuchungen 7), Berlin 1884, 163–198.
P. Walcott, The Comparative Study of Ugaritic and Greek Literature, Ugaritische Forschungen 118 (1969), 111–118.
H. Warnecke, Die homerische Hafenstadt der Phaiaken. Das Idealbild einer frühen ionischen Kolonie?, in: E. Olshausen, H. Sonnabend (Hg.), Troianer sind wir gewesen – Migrationen in der antiken Welt (Stuttgarter Kolloquium zur Historischen Geographie des Altertums 8), Stuttgart 2006, 54–69.
W. F. Wehrli, Die Rückfahrt der Argonauten, MH 12 (1955), 154–157.
R. Werner, Zur Geschichte der vorderorientalisch-phönikischen und mykenisch-griechischen Handels- und Kolonisationsfahrten im Spiegel der Epos- und Periplusliteratur, in: Orientalisch-Ägäische Einflüsse in der europäischen Bronzezeit (Römisch-Germanisches Zentralmuseum Monographien 15), Bonn 1990, 47–77.
M. L. West, Eumelos. A Corinthian Epic Cycle?, JHS 122 (2002), 109–133.
S. West, ›The Most Marvellous of All Seas‹. The Greek Encounter with the Euxine, G&R 50 (2003), 151–67.
A. Wolf, Homers Reise. Auf den Spuren des Odysseus, Köln 2009.
K. Zimmermann, Die Raumwahrnehmung bei den Karthagern, in: M. Rathmann (Hg.), Raumwahrnehmung und Raumerfassung in der Antike, Mainz 2007, 41–50.
K. Zimmermann, Libyen. Das Land südlich des Mittelmeeres im Weltbild der Griechen, München 1999.

II. Junger Apolls

1. Geheimnisse des Nordens – Griechen in Westsibirien

F. M. Ahl, Amber, Avallon, and Apollo's Singing Swan, AJPh 103 (1982), 373–411.
A. B. Asheri, A. Corcella, A Commentary on Herodotus Books I-IV, Oxford 2007.
J. D. P. Bolton, Aristeas of Proconnesus, Oxford 1962.
D. Braund, Writing and Re-inventing Colonial Origins. Problems from Colchis and the Bosporus, Stuttgart 1998.
D. Braund, Georgia in Antiquity. A History of Colchis and Transcaucasian Iberia 550 BC-AD 562, Oxford 1994.
B. Bravo, Une lettre sur ›Plomb de Berezan‹. Colonisation et modes de contact dans le pont, DHA 1 (1974), 111–187.
T. P. Bridgman Hyperboreans: Myth and History in Celtic Hellenic Contacts, London 2005.
C. G. Brown, The Hyperboreans and Nemesis in Pindar's »Tenth Pythian«, Phoenix 46 (1992), 95–107.
W. Burkert, Weisheit und Wissenschaft. Studien zu Pythagoras, Philolaos und Platon, Nürnberg 1962.
W. Burkert, Goes. Zum griechischen Schamanismus, RhM 105 (1962), 36–55.
W. Burkert, Griechische Religion der archaischen und klassischen Epoche (Die Religionen der Menschheit 15), Stuttgart u. a. 1977.
J. B. Bury, The Homeric and the Historic Kimmerians, Klio 6 (1906), 79–88.
R. Carpenter, The Greek Penetration of the Black Sea, AJA 52 (1948), 1–10.

B. Cunliffe (Hg,), The Oxford History of Prehistoric Europe, Oxford 2001.
R. Daebritz, Hypobreer, RE 9 (1916), 258–279.
E. R. Dodds, The Greeks and the Irrational, Berkeley u. a. 1951.
K. Dowden, Deux Notes sur les Scythes et les Arimaspes, REG 93 (1980), 486–492.
R. Drews, The Earliest Greek Settlements in the Black Sea, JHS 96 (1976), 18–31.
A. T. Edwards, Achilles in the Underworld. Iliad, Odyssey, and Aithiopis, GRBS 26 (1985), 215–227.
M. Eliade, Schamanen, Götter und Mysterien. Die Welt der alten Griechen, Freiburg u. a. 1992.
A. J. Graham, The Date of the Greek Penetration of the Black Sea, BICS 5 (1958), 25–42.
B. N. Grakow, Die Skythen, Berlin 1990.
J. E. Harrison, Mystica Vannus Iacchi, JHS 24 (1904), 241–254.
A. Hartmann, Untersuchungen über die Sagen vom Tod des Odysseus, München 1917.
R. Hennig, Herodots Handelsweg zu den sibirischen Issedonen, Klio 28 (1935), 242–254.
G. F. Hudson, The Land of the Budini. A Problem in Ancient Geography, CR 38 (1924), 158–162.
H. J. Hundt, Über vorgeschichtliche Seidenfunde, JRGR 16 (1969), 59–71.
A. I. Ivantchik, Am Vorabend der Kolonisation. Das nördliche Schwarzmeergebiet und die Steppennomaden des 8. – 7. Jhs. v. Chr. in der klassischen Literaturtradition. Mündliche Überlieferung, Literatur und Geschichte (Pontus Septentrionalis 3), Berlin/Moskau 2005.
U. Jäger, Nochmals zum Buddha von Helgö/Schweden. Ein Dokument zu voreisenzeitlichen Handelskontakten nach Zentralasien, MBAH 17,1 (1998), 90–99.
L. Käppel, Bilder des Nordens im frühen antiken Griechenland, in: A. Engel-Braunschmidt u. a. (Hg.), Ultima Thule. Bilder des Nordens von der Antike bis zur Gegenwart (Imaginatio Borealis 1), Frankfurt am Main 2001, 11–27.
P. Kingsley, Greeks, Shamans and Magi, Studia Iranica 23 (1994), 187–198.
P. Kingsley, Ancient Philosophy, Mystery, and Magic. Empedocles and Pythagorean Tradition, Oxford 1995.
P. Kochanek, Die Vorstellung vom Norden und der Eurozentrismus. Eine Auswertung der patristischen und mittelalterlichen Literatur, Mainz 2004.
A. K. G. Kristensen, Who Were the Cimmerians, and Where Did They Come From?, Kopenhagen 1988.
B. Lincoln, The Ferryman of the Dead, Journal of Indo-European Studies 8 (1980), 41–59.
O. Lordkipanidzé, P. Lévêque, Le Pont-Euxin vu par les Grecs. Sources écrites et archéologie, Paris 1990.
A. Mayor, M. Heaney, Griffins and Arimaspeans, Folklore 104 (1993), 40–66.
A. Mayor, The Amazons. Lives and Legends of Warrior Women Across the Ancient World. Princeton/Oxford 2014.
S. Medas, De rebus nauticis: L'arte della navigazione nel mondo antico, Rome 2004.
K. I. Meuli, Scythica, Hermes 70 (1935), 121–176.
E. M. Murphy, J. P. Mallory, Herodotus and the Cannibals, Antiquity 74 (2000), 388–394.
F.J. Nisetich, Immortality in Acragas. Poetry and Religion in Pindar's Second Olympian Ode, CPh 83 (1988), 1–19.
M.P. Nilsson, Geschichte der griechischen Religion I, 2. Aufl., München 1955.
H. J. Nissen, Geschichte Alt-Vorderasiens, 2. Aufl., München 2012.
H. Parzinger, Die Skythen, München 2004.
E. K. Petropoulos, Hellenic Colonization in Euxeinos Pontos. Penetration, Early Establishment, and the Problem of the »Emporion« Revisited (BAR International Series 1394), Oxford 2005.
E. D. Phillips, The Legend of Aristeas. Fact and Fancy in early Greek Notions of East Russia, Siberia, and Inner Asia, Artibus Asiae 18 (1955), 161–177.
W. K. Pritchett, The Liar School of Herodotos, Amsterdam 1993.
A. Purves, Unmarked Space: Odysseus and the Inland Journey, Arethusa 39 (2006), 1–20.
D. Quast, M. Erdrich (Hg.), Die Bernsteinstraße, Archäologie in Deutschland Sonderheft 4, Darmstadt 2014.
E. Rohde, Psyche. Seelencult und Unsterblichkeitsglaube der Griechen, 7. u. 8. Aufl., Tübingen 1921.

D. Roloff, Gottähnlichkeit, Vergöttlichung und Erhöhung zu seligem Leben, Berlin 1970.
R. Rolle u. a. (Hg.), Gold der Steppe. Archäologie der Ukraine, Schleswig 1991.
J. S. Romm, Dragons and Gold at the Edges of the Earth. A Folktale Motiv Developed by Herodotus, Wonders and Tales 1 (1987), 45–55.
J. S. Romm, The Edges of the Earth in Ancient Thought. Geography, Exploration, and Fiction, Princeton 1992.
H. Sauter, Studien zum Kimmerierproblem, Bonn 2000.
S. Shankman, S. Durrant, The Siren and the Sage. Knowledge and Wisdom in Ancient Greece and China, London/New York 2000.
D. Sinor (Hg.), The Cambridge History of Early Inner Asia, Cambridge 1990.
A. Spekke, The Ancient Amber Routes and the Geographical Discovery of the Eastern Baltic, Stockholm 1957.
E. Sprockhoff, Nordische Bronzezeit und frühes Griechentum, in: Bremer Archäologische Blätter 3 (1962), 28–110 (= JRGZ 1 (1954), 28–110).
T. Taylor, Thracians, Scythians, and Dacians, 800 BC–AD 300, in: B. Cunliffe (Hg.), The Oxford History of Prehistoric Europe, überarb. Oxford 2001.
A. Thornton, People and Themes in Homer's Odyssey, London 1970.
W. Tomaschek, Kritik der ältesten Nachrichten über den skythischen Norden, Teil 1: Über das Arimaspische Gedicht des Aristeas, HBZ 1 (1888), 715–780.
J. Tréhaux, La réalité historique des offrandes hyperboréennes, in: Studies Presented to D. Moore Robinson, Vol. 2, Saint Louis 1953, 763–766.
G. R. Tsetskhladze, Did the Greeks go to Colchis for Metals?, OJA 14 (1995), 307–331.
G. R. Tsetskhladze, Greek Colonisation of the Black Sea Area. stages, models, and native Population, in: ders. (Hg.), Thr Greek Colonisation of the Black Ses area: historical Interpretation of Archaeology (Historia Einzelschriften 121), Stuttgart 1998, 9–68.
R. Van den Broek, The Myth of the Phoenix according to Classical and Early Christian Traditions, Leiden 1972.
M. Vassileva, Greek Ideas of the North and the East. Mastering the Black Sea Area, in: G. R. Tsetskhladze (Hg.), The Greek Colonisation of the Black-Sea area: historical Interpretation of Archaeology, (Historia Einzelschriften 121), Stuttgart 1998, 131–152.
S. Verger, Des hyperboréens aux Celtes. L'extreme-nord occidental des grecs à l'épreuve des contacts avec les cultures de l'Europe tempérée, in: D. Vitali (Hg.), Celtes et Gaulois. L'archéologie face à l'histoire. La préhistoire des celtes. Bibracte/Glux-en-Glenne 2006, 48–53.
J. Walters, Die Vorstellungen über das ostasiatische Ende der Seidenstraße in den antiken griechischen Quellen, in: J. Göbel, T. Zech (Hg.), Exportschlager. Kultureller Austausch, wirtschaftliche Beziehungen und transnationale Entwicklungen in der antiken Welt, München 2011, 86–106.
H. M. Werhahn, Hyperboreer, RAC 16 (1994), 967–986.
S. West, ›The Most Marvellous of All Seas‹. The Greek Encounter with the Euxine, G&R 50 (2003), 151–67.

2. Go West! Die Fernfahrten der kleinasiatischen Griechen

W. Aly, Die Entdeckung des Westens, s 62 (1927), 299–341.
J. Andreau, C. Virlouvet (Hg.), L'Information et la mer dans le monde antique (Collection de l'École française de Rome 297), Paris/Rom 2002.
L. Bernard, Massilia und sein Hinterland als Ausgangspunkt von Fernkontakten mit der Celtica, in: A. Lang/V. Salac (Hg.), Fernkontakte in der Eisenzeit, Prag 2000, 147–159.
F. Bernstein, Konflikt und Migration. Studien zu griechischen Fluchtbewegungen im Zeitalter der sogenannten Großen Kolonisation (Mainzer althistorische Studien 5), St. Katharinen 2004.
A. Bertholet (Hg.), Avienus, Ora maritima, Paris 1934.
J. Boardman, Kolonien und Handel der Griechen. Vom späten 9. bis zum 6. Jahrhundert v.Chr, München 1981.

R. Bockius, Spuren griechisch-etruskischen Knowhows im keltischen Schiffbau, in: H. Kelzenberg, P. Kußling, St. Weber (Hg.), Forschungen zur Vorgeschichte und Römerzeit im Rheinland. FS H.-E. Joachim (BJ Beiheft 57), Bonn 2007, 253–267.

F. Bömer, Rom und Troja, Baden-Baden 1951.

S. Bouffier, Evacuer l'eau hors des fortifications en occident grec, in: S. Bouffier, A. Hermary (Hg.), L'occident grec de Marseille à Mégara Hyblaea. FS H. Tréziny, (BAMA 13), Aix-en-Provence/Paris 2013, 121–136.

C. Bonnet, Melqart est-il vraiment le Baal de Tyr?, Studia Phoenicia 8 (1995), 695–701.

P. Bosch-Gimpera, The Phokaians in the Far West. An Historical Reconstruction, CQ 38 (1944), 53–59.

H. Botermann, Wie aus Galliern Römer wurden. Leben im Römischen Reich, Stuttgart 2005.

T. Braun, Hecataios' Knowledge of the Western Mediterranean, in: K. Lomas (Hg.), Greek Identity in the Western Mediterranean. FS B. Shefton, Leiden/Boston 2004, 287–347.

C. Broodbank, The Making of the Middle Sea. A History of the Mediterranean From the Beginning to the Emergence of the Classical World, Oxford 2013.

B. Cunliffe, Europe between the Oceans 9000 BC–AD 1000, Yale 2011.

B. D'Agostino, The First Greeks in Italy, in: G. R. Tsetskhladze (Hg.), Greek Colonisation. An Account of Greek Colonies and Other Settlements Overseas, Bd. 1, Boston/Leiden 2006, 19–27.

F. De Angelis, Megara Hyblaia and Selinous. The Development of Two Greek City-States in Archaic Sicila, Oxford 2003.

F. De Angelis, Ancient Sicily: The Development of a Microregional Tessera in the Mediterranean Mosaic«, in: E. Hermon (Hg.), Societé et climats dans L'Empire romain. Pour une perspective historique et sytematique de la gestion des resources en eau dans l'Empire romain, Naples 2009, 235–250.

J.-P. Descoeudres (Hg.), Greek Colonists and Native Populations, Oxford 1990.

A. J. Domínguez, Phocaeans and Other Ionians in Western Mediterranean, in: F. Krenzinger (Hg.), Die Ägäis und das westliche Mittelmeer. Beziehungen und Wechselwirkungen 8. bis 5. Jh. v. Chr. (Archäologische Forschungen Bd. 4), Wien 2000, 507–513.

A. J. Domínguez, Greeks in the Iberian Peninsula, in: G. R. Tsetskhladze (Hg.), Greek Colonisation. An Account of Greek Colonies and Other Settlements Overseas, Bd. 1, Boston/Leiden 2006, 429–505.

C. Dougherty The Poetics of Colonization. From City to Text in Archaic Greece, New York/Oxford 1993.

T. J. Dunbabin, The Western Greeks. The History of Sicily and South Italy from the Foundation of the Greek Colonies to 480 BC, Oxford 1968.

K. H. M. Eggert, Prestigegüter und Sozialstruktur in der Späthallstattzeit, Saeculum 41 (1991), 1–28.

N. Ehrhardt, Zur Geschichte der griechischen Handels- und Kolonisationsfahrten im östlichen Mittelmeer im Spiegel von Epos und Periplus-Literatur, in: Orientalisch-Ägäische Einflüsse in der europäischen Bronzezeit (Römisch-Germanisches Zentralmuseum Monographien 15), Bonn 1990, 13–32.

P. Fabre, Les grecs et la connaissance de l'occident, Lille 1981.

P. Fabre, Les grecs à la découverte de l'Atlantique, REA 94 (1992), 11–21.

B. Freyer-Schauenburg, Kolaios und die westphönizischen Elfenbeine, MDAI (M) 7 (1966), 89–108.

M. Gras, Trafics tyrrhéniens archaïques, Rom 1985.

A. Hermary, Marseille grecque, Marseille 1999.

A. Hermary, The Greeks in Marseilles and the Western Mediterranean, in: V. Karageorghis (Hg.), The Greeks Beyond the Aegean. From Marseilles to Bactria, Nicosia 2004, 59–77.

A. T. Hodge, Ancient Greek France, Bristol 1998.

V. Karageorghis, The Greeks beyond the Aegean. From Marseilles to Bactria, Papers Presented at an International Symposium Held at the Onassis Cultural Center, New York 2002.

W. Kimmig, Die griechische Kolonisation im westlichen Mittelmeergebiet und ihre Wirkung auf die Landschaften des westlichen Mitteleuropa, JRGZ 30 (1983), 5–78.

K. Kromer, Das östliche Mitteleuropa in der Frühen Eisenzeit (7.-5. Jh. v. Chr.). Seine Beziehungen zu Steppenvölkern und antiken Hochkulturen, JRGZ 33 (1986), 3–93.

M. Kuckenberg, Das Zeitalter der Keltenfürsten. Eine europäische Hochkultur, Stuttgart 2010.

E. Langlotz, Die kulturelle und künstlerische Hellenisierung der Küsten des Mittelmeers durch die Stadt Phokaia, Köln 1966.

B. Maier, Geschichte und Kultur der Kelten, München 2012.

I. Malkin, A Small Greek World. Networks in the Ancient Mediterranean, Oxford 2011.

W. Meid, Die Kelten, Stuttgart 2007.

A. Möller, Naukratis. Trade in Archaic Greece, Oxford 2000.

J.-P. Morel, L'expansion phocéenne en Occident. Dix années de recherches (1966–1975), BCH 99 (1975), 853–96.

J.-P. Morel, Les Phocéens en Occident. Certitudes et hypothèses, PP 21 (1966), 378–420.

J.-P. Morel, Phocaean Colonisation, in: G. R. Tsetskhladze (Hg.), Greek Colonisation. An Account of Greek Colonies and Other Settlements Overseas, Bd. 1, Boston/Leiden 2006, 359–428.

J. S. Morrison, R. T. Williams, Greek Oared Ships 900–322 B.C., Cambridge 1968.

J. P. Murphy (Hg.), Avienus: Ora maritima or Description of the Seacoast, Chicago 1977.

H.-G. Nesselrath, Where the Lord of the Sea Grants Passage to Sailors Through the Deep-Blue Mere No More: The Greeks and the Western Seas, G&R 52 (2005), 153–171.

M. H. Ninck, Die Entdeckung von Europa durch die Griechen, Basel 1945.

R. Osborne, Archaic Greece, in: W. Scheidel u. a. (Hg.), The Cambridge Economic History of the Greco-Roman World, Cambridge 2007, 277–301.

J. Pape, Die attische Keramik der Heuneburg und der keramische Südimport in der Zone nördlich der Alpen während der Hallstattzeit, in: W. Kimmig (Hg.), Importe und mediterrane Einflüsse auf der Heuneburg (Heuneburgstudien 11), Mainz 2000, 71–175.

C. Pare, Fürstensitze, Celts and the Mediterranean World. Developments in the West Hallstatt Culture in the 6th and 5th Centuries BC, in: Proceedings of the Prehistoric Society 57 (1991), 183–202.

P. Pomey, Les conséquences de l'évolution des techniques de construction navale sur l'économie maritime antique: quelques exemples, in: W. V. Harris, K. Iara (Hg.), Maritime Technology in the Ancient Economy. Ship-Design and Navigation, Portsmouth/Rhode Island 2011, 39–55.

D. Pralon, La légende de la fondation de Marseille, in: M. Bats u.a (Hg.), Marseille grecque et la Gaule (Ètudes Massaliètes 3), Aix-en-Provence 1992, 51–56.

L. Radermacher, Die Gründung von Marseille. Ein Versuch zur Geschichte von Sage und Sitte, RhM 71 (1916), 1–16.

D. Ridgway, The First Western Greeks, Cambridge 1992.

T. Riehll, The Origin and Establishment of Ancient Greek Slavery, in: M. L. Bush u. a. (Hg.), Serfdom and Slavery. Studies in Legal Bondage, London/New York 1996, 89–111.

J. B. Salmon, Wealthy Corinth. A History of the City to 338 B.C., Oxford 1984.

W. Schier, Fürsten, Herren, Händler? Bemerkungen zu Wirtschaft und Gesellschaft der westlichen Hallstattkultur, in: Archäologische Forschungen in urgeschichtlichen Siedlungslandschaften. FS G. Kossack, Regensburg 1998, 493–514.

B. B. Shefton, Greeks and Greek Imports in the South of the Iberian Peninsula. The Archaeological Evidence, in: H. G. Niemeyer (Hg.), Phönizier im Westen (Madrider Beiträge 8), Mainz 1982, 337–70.

B. B. Shefton, On the Material in Its Northern Settings, in: W. Kimmig (Hg.), Importe und mediterrane Einflüsse auf der Heuneburg (Heuneburgstudien 11), Mainz 2000, 27–41.

B. B. Shefton, Massilia and Colonization in the North-eastern Mediterranean, in: G. R. Tsetskhladze/D. De Angelis (Hg.), The Archaeology of Greek Colonization. FS Sir J. Boardman, Oxford 1994, 61–86.

G. R. Tsetskhladze, Greek Penetration of the Black Sea, in: G. R. Tsetskhladze/D. De Angelis (Hg.), The Archaeology of Greek

Colonization. FS Sir J. Boardman, Oxford 1994, 111–136.
G. R. Tsetskhladze (Hg.), Greek Colonization. An Account of Greek Colonies and Other Settlements Overseas, Bd. 2, Boston/Leiden 2008.
G. Vallet, F. Villard, Les Phocéens en méditerranée occidentale à l'époque archaique et la fondation de Hyélè, in: G. Vallet (Hg.), Le monde grec colonial d'Italie du Sud et du Sicile, Paris 1996, 207–228.
G. Vallet (Hg.), Le monde grec colonial d'Italie du Sud et de Sicile, Paris 1996.
H. Van den Boom, J. Pape, Die massaliotischen Amphoren, in: W. Kimmig (Hg.), Importe und mediterrane Einflüsse auf der Heuneburg (Heuneburgstudien 11), Mainz 2000, 43–70.
H. T. Wallinga, Ships and Sea-Power before the Great Persian War. The Ancestry of the Ancient Trireme, Leiden u. a. 1993.
P. S. Wells, Culture Contact and Culture Change. Early Iron Age Central Europe and the Mediterranean World, Cambridge 1980.

3. Eine neue Ordnung der Welt

K. Abel, Zone, RE 14 (1974), 989–1188.
W. Aly, Volksmärchen, Sage und Novelle bei Herodot und seinen Zeitgenossen, repr. Göttingen 1969.
G. Bechtle, Pythagoras. Zwischen Wissenschaft und Lebensführung, in: M. Erler/A. Graeser (Hg.), Philosophen des Altertums. Von der Frühzeit bis zur Klassik. Eine Einführung, Darmstadt 2000, 36–55.
R. Brok, Sickness in the Body Politic. Medical Imagery in the Greek Polis, in: V. M. Hope/E. Marshall, Death and Disease in the Ancient City, London/New York 2000, 24–34.
W. Burkert, Die Griechen und der Orient. Von Homer zu den Magiern, München 2003.
W. Burkert, Griechische Religion der archaischen und klassischen Epoche (Die Religionen der Menschheit 15), Stuttgart u. a. 1977.
H. Chang, The Cities of the Hippocratic Doctors, in: P. Van der Eiyk (Hg.), Hippocrates in Context, Boston/Leiden 2005, 156–170.
D. L. Couprie, Heaven and Earth in Ancient Greek Cosmology: From Thales to Heraclides Ponticus (Astrophysics and Space Science Library 374), New York 2011.
D. L. Couprie u. a., Anaximander in Context. New Studies in the Origins of Greek Philosophy, Albany 2002.
F. De Angelis, B. Garstad, Euhemeros in Context, ClAnt 25 (2006), 211–242.
D. R. Dicks, Early Greek Astronomy, Bristol 1970.
E. R. Dodds, The Greeks and the Irrational, Berkeley u. a. 1951.
W. Donlan, The Aristocratical Ideal in Ancient Greece, Colorado 1980.
C. Dougherty, The Poetics of Colonization. From City to Text in Archaic Greece, Oxford 1993.
T. M. Dousa, Common Motifs in the »Orphic« B Tablets and Egyptian Finery Texts. Continuity or Convergence?, in: R. G. Edmonds III (Hg.), The »Orphic« Gold Tablets and Greek Religion. Further Along the Path, Cambridge 2011, 120–164.
J. Fontenrose, The Delphic Oracle, Berkeley 1978.
H.-J. Gehrke, Raumbilder in der griechischen Geographie, in: T. Hantos, G. A. Lehmann (Hg.), Althistorisches Kolloquium aus Anlass des 70. Geburtstages von J. Bleicken, Stuttgart 1998, 29–41.
F. Graf, Apollon Delphinios, MH 36 (1979), 2–22.
J. Grethlein, Divine, Human and Poetic Time in Pindar, Pythean 9, Mnemosyne 64 (2011), 383–409.
W. A. Heidel, The Frame of the Ancient Greek Maps. With a Discussion of the Discovery of the Sphericity of the Earth (American Geographical Society Research 20), New York 1937.
S. Heilen, Die Anfänge der wissenschaftlichen Geographie. Anaximander und Hekataios, in: W. Hübner (Hg.), Geographie und verwandte Wissenschaften, Stuttgart 2000, 33–54.
H. Heinen, Greeks, Iranians and Romans on the Northern Shore of the Black Sea, in: G. R. Tsetskhladze (Hg.), North Pontic Archaeology. Recent Discoveries and Studies, Leiden 2001, 1–23.

K. Held, Die Entdeckung der Welt bei den Griechen als Ursprung Europas, in: K. Rosen (Hg.), Das Mittelmeer – die Wiege der europäischen Kultur, Bonn 1998, 26–45.
F. Hoessly, Katharsis. Reinigung als Heilverfahren. Studien zum Ritual der archaischen und klassischen Zeit sowie zum Corpus Hippocraticum, Göttingen 2001.
A. I. Ivantchik, Am Vorabend der Kolonisation. Das nördliche Schwarzmeergebiet und die Steppennomaden des 8.–7. Jhs. v. Chr. in der klassischen Literaturtradition. Mündliche Überlieferung, Literatur und Geschichte (Pontus Septentrionalis 3), Berlin/Moskau 2005.
C. Jacob, Geographie, in: J. Brunschwig, G. Lloyd (Hg.), Das Wissen der Griechen. Eine moderne Enzyklopädie, München 2000, 269–280.
P. Jensen, Die Kosmologie der Babylonier, Straßburg 1890.
C. H. Kahn, Anaximander and the Origins of Greek Cosmology, 2. Aufl., New York/London 1985.
I. G. Kalogerakos, Seele und Unsterblichkeit. Untersuchungen zur Vorsokratik bis Empedokles, Stuttgart/Leipzig 1996.
J. C. Kosak, Polis Nosousa. Greek Ideas about the City and Disease in the Fifth Century BC, in: V. M. Hope, E. Marshall (Hg.), Death and Disease in the Ancient City, London/New York 2000, 35–54.
P. Londey, Greek Colonists and Delphi, in: J.-P. Descoudres (Hg.), Greek Colonists and Native Populations, Oxford 1990, 117–127.
I. Malkin, A Small Greek World. Networks in the Ancient Mediterranean, Oxford 2011.
I. Malkin, Religion and Colonization in Ancient Greece, Leiden 1987.
I. Malkin, The Returns of Odysseus. Colonization and Ethnicity, Berkeley 1998.
I. Malkin, La fondation d'une colonie apollinienne: Delphes et l'hymne homérique à Apollon, in: A. Jacquemin (Hg.), Delphes cent ans après la grande fouille. Essai de bilan (BCH Suppl. 36), Athen 2000, 69–77.
E. Marshall, Death and Disease in Cyrene. A Case Study, in: V. M. Hope, E. Marshall (Hg.), Death and Disease in the Ancient City, London/New York 2000, 8–23.
A. Mayor, The Amazons. Lives and Legends of Warrior Women across the Ancient World, Princeton/Oxford 2014.
C. Meier, Die Entstehung einer autonomen Intelligenz bei den Griechen, in: S. N. Eisenstadt (Hg.), Kulturen der Achsenzeit. Ihre Ursprünge und ihre Vielfalt, Bd. 1, Frankfurt am Main 1987, 89–127.
C. Meier, Die Entstehung des Politischen bei den Griechen, 2. Aufl., Frankfurt am Main 1989.
T. Miller, Die griechische Kolonisation im Spiegel literarischer Zeugnisse, Tübingen 1997.
C. Morgan, Athletes and Oracles, Cambridge 1990.
J. Morrison, Pythagoras of Samos, CQ 6 (1956), 135–156.
M. P. Nilsson, Geschichte der Griechischen Religion, München 1977.
M. Ninck, Die Entdeckung von Europa durch die Griechen, Basel 1945.
S. B. Okhotnikov, Settlements in the Lower Reaches of the Dniester (6th-3rd Century BC), in: G. R. Tsetskhladze (Hg.), North Pontic Archaeology. Recent Discoveries and Studies, Leiden 2001, 91–115.
H. W. Parke, D. E. Wormell, The Delphic Oracle, 2 Bde., Oxford 1956.
H. W. Parke, The Oracles of Apollo in Asia Minor, London 1985.
R. Parker, Early Orphism, in: A. Powell (Hg.), The Greek World, London/New York 1995, 483–510.
E. K. Petropoulos, Hellenic Colonization in Euxeinos Pontos. Penetration, Early Establishment, and the Problem of the »Emporion« Revisited (BAR International Series 1394), Oxford 2005.
A. Pichot, Die Geburt der Wissenschaft. Von den Babyloniern zu den frühen Griechen, Köln 2000.
K. A. Raaflaub, H. Van Wees (Hg.), A Companion to Archaic Greece, Malden 2009.
W. Röd, Die Philosophie der Antike, Teil 1: Von Thales bis Demokrit, 2. Aufl., München 1988.
L. J. Sanders, Dionysios I. of Syracuse and the Origins of the Ruler Cult in the Greek World, Historia 40 (1991), 275–287.
G. Schmidt, Rabe und Krähe in der Antike.

Studien zur archäologischen und literarischen Überlieferung, Wiesbaden 2002.
R. Schulz, Die Antike und das Meer, Darmstadt 2005.
M. Scott, Delphi. A History of the Center of the Ancient World, Princeton/Oxford 2014.
G. R. Tsetskhladze, On the Earliest Greek Colonial Architecture in the Pontos, in: C. J. Tuplin (Hg.), Pontus and the Outside World. Studies in Black Sea History, Historiography and Archaeology (Colloquia Pontica 9), Leiden/Boston 2004, 226–278.
G. R. Tsetskhladze, Ionians Abroad, in: A. M. Snodgrass, G. R. Tsetskhladze (Hg.), Greek Settlements in the Eastern Mediterranean and the Black Sea, Oxford 2002, 81–96.
C. J. Tuplin (Hg.), Pontus and the Outside World. Studies in Black Sea History, Historiography and Archaeology (Colloquia Pontica 9), Leiden/Boston 2004.
B. L. van der Waerden, Die Astronomie der Griechen, Darmstadt 1988.
J.-P. Vernant, The Origins of Greek Thought, London 1982.
A. V. Zaikov, Alcman and the Image of Scythian Steed, in: C. J. Tuplin (Hg.), Pontus and the Outside World. Studies in Black Sea History, Historiography and Archaeology (Colloquia Pontica 9), Leiden/Boston 2004, 69–84.
L. Zhmud, Wissenschaft, Philosophie und Religion im frühen Pythagoreismus, Berlin 1997.

III. Jenseits des Mittelmeeres

1. Verlockungen des Südens – Karthager an der westafrikanischen Küste

A. B. Asheri, A. Corcella, A Commentary on Herodotus Books I–IV, Oxford 2007.
R. A. Austen, Die Sahara. Tausend Jahre Austausch von Ideen und Waren, Berlin 2012.
P. Barcelo, Zur karthagischen Überseepolitik im VI. und V. Jahrhundert v. Chr., Gymnasium 86 (1989), 13–37.
S. Bianchetti, Eutimene e Pitea di Massilia. Geografia e storiografia, in: R. Vattuone (Hg.), Storici greci d'Occidente, Bologna 2002.
R. Bichler, Die Fahrt zu den Grenzen der Erde. Von Herodot zur Alexander-Historiographie, Gymnasium 118 (2011), 315–344.
R. Bichler, An den Grenzen zur Phantastik. Antike Fahrtberichte und ihre Beglaubigungsstrategien, in: ders., Historiographie – Ethnographie – Utopie. Gesammelte Schriften, hrsg. von R. Rollinger, Teil 2: Studien zur Utopie und der Imagination fremder Welten (Philippika 18,2), Wiesbaden 2008, 173–192.
J. Blomquist, Reflections of Carthaginian Commercial Activity in Hanno's Periplus, Orientalia Suecana 33–34 (1984), 53–62.
P. Bosch-Gimpera, The Phokaians in the Far West. An Historical Reconstruction, CQ 38 (1944), 53–59.
R. Carpenter, Beyond the Pillars of Hercules, London 1966.
J. Desanges, Recherches sur l'activité des méditerrannéens aux confins de l'Afrique, Rom 1978.
M. Enzennat, Le periple d'Hannon, CRAI (1994), 559–580.
D. Fabre, Seafaring in Ancient Egypt, London 2004.
P. Fabre, Les grecs à la découverte de l'Atlantique, REA 94 (1992), 11–21.
J. D. Fage, A History of Africa, 4. Aufl., London/New York 2002.
J. Ferguson, Classical Contacts with West Africa, in: L. A. Thompson, J. Fertuson (Hg.), Africa in Classical Antiquity. Nine Studies, Ibadan 1969, 1–25.
K. Geus, Prosopographie der literarisch bezeugten Karthager, Leuven 1994.
E. Goebel, Die Westküste Afrikas im Altertum, Leipzig 1887.
A. R. Hands, The Consolidation of Carthaginian Power in the Fifth Century B.C, in: L. A. Thompson, J. Ferguson (Hg.), Africa in Classical Antiquity. Nine Studies, Ibadan 1969,81–98.

W. Huss, Geschichte der Karthager, München 1985.

W. Huss, Die antike Mittelmeerwelt und Innerafrika bis zum Ende der Herrschaft der Karthager und der Ptolemaier, in: H. Duchhardt u. a. (Hg.), Afrika: Entdeckung und Erforschung eines Kontinents (Bayreuther Historische Kolloquien 3), Köln/Wien 1989, 1–29.

D. Killig, Review Essay: What Do We Know About African Iron Working, Journal of African Archaeology 2 (2004), 97–112.

R. Lonis, Les conditions de la navigation sur la côte atlantique de l'Afrique dans l'antiquité. Le problème du retour, in: Afrique noire et monde méditerranéen dans L'antiquité, Dakar 1978, 147–162.

R. Mauny, Une route préhistorique à travers le Sahare occidental, BIFAN 9 (1947), 341–357.

R. Mauny, Les siècles obscures de l'Afrique noire. Histoire et Archéologie, Nancy 1970.

R. Mauny, Trans-Saharan Contacts and the Iron Age in West Africa, in: J. D. Page (Hg.), The Cambridge History of Africa, Vol. 2: From c. 500 BC to AD 1050, Cambridge u. a. 1978, 272–341.

S. Medas, De rebus nauticis. L'arte della navigazione nel mondo antico, Rome 2004.

C. Mourre, Euthyménès de Marseille, Revue d'Études ligures 1 (1964), 133–139.

V. A. N. Oikonomodes, M.C. Miller (Hg.), Hanno the Carthaginian, Periplus, 2. Aufl., Chicago 1995.

C. Picard, Les navigations de Carthage vers l'ouest, mit einer Textabbildung, in: H. G. Niemeyer (Hg.), Phönizier im Westen (Madrider Beiträge 8), Mainz 1982, 167–173.

G. Ch. Picard, Der Periplus des Hanno, in: W. Huss (Hg.), Karthago (WdF 654), Darmstadt 1992, 182–192 (= Le Périple d'Hannon, in: H. G. Niemeyer (Hg.), Phönizier im Westen (Madrider Beiträge 8), Mainz 1982, 175–180).

H. Proto, G. M. Beltrami, Sul periplo d'Africa voluto dal Faraone Nekao, in: M. Khanoussi u. a. (Hg.), L'Africa romana XV, Rom 2004, 959–972.

R. Rebuffat, Les penteconteres d'Hannon, Karthago 23 (1995), 20–30.

D. W. Roller, Through the Pillars of Herakles, New York 2006.

S. Segert, Phoenician Background of Hanno's Periplus, Mélanges de l'Université Saint-Joseph 45 (1969), 501–518.

F. M. Snowden, Blacks in Antiquity. Ethiopians in the Greco-Roman Experience, Cambridge/Mass. 1970.

M. F. Vian, Les retours des Argonautes de la progrès des connaissances géographiques, REL 64 (1988), 13–15.

G. Vivenza, Altre considerazioni sul periplu di Annone, Economia e storia 1 (1980), 101–110.

R. Werner, Zum Afrikabild der Antike, in: K. Dietz u. a. (Hg.), Klassisches Altertum, Spätantike und Frühes Christentum. FS A. Lippold, Würzburg 1993, 1–36.

K. Zimmermann, Libyen. Das Land südlich des Mittelmeers im Weltbild der Griechen, München 1999.

2. Der Weg nach Timbuktu – Karthago und die Sahara

P. Breunig, K. Neumann, Continuity or Discontinuity? The 1st Millennium BC-Crisis in West African Prehistory, in: T. Lenssen-Erz u. a. (Hg.), Tides of the Desert. Contributions to the Archaeology and Environmental History of Africa in Honour of Rudolph Kuper, Köln 2002, 491–503.

P. Breuning u. a., G(l)anz ohne Eisen: Große Siedlungen aus der Mitte des 1. Jahrtausends BC im Tschadbecken von Nordost-Nigeria, in: H. P. Wotzka (Hg.), Grundlegungen, Tübingen 2006, 255–270.

G. Camps, Chars (Art Rupestre), in: G. Camps (Hg.), Encyclopédie berbère 12 (1993), 1877–1899.

J. Desanges, Recherches sur l'activité des méditerrannéens aux confins de l'Afrique, Rom 1978.

J. D. Fage, A History of Africa, 4. Aufl., London/New York 2002.

E. Fentress, Slavers on Chariots, in: A. Dowler, E. R. Galwin (Hg.), Money, Trade and Trade Routes in Pre-Islamic North Africa (British Museum Research Publication 176), London 2011, 65–71.

J. Ferguson, Classical Contacts with West Africa, in: L. A. Thompson, J. Fertuson (Hg.), Africa in Classical Antiquity. Nine Studies, Ibadan 1969, 1–25.

T. F. Garrard, Myth and Metrology. The Early Trans-Saharan Gold Trade, JAH 23 (1982), 443–461.

E. F. Gautier, Anciennes voies du commerces transsahariens, Geografiska Annaler 17 (1935), 550–562.

K. Geus, Prosopographie der literarisch bezeugten Karthager, Leuven 1994.

M. El Fasi (Hg.), Africa From the Seventh to the Eleventh Century, Paris u. a. 1988.

W. Huss, Die antike Mittelmeerwelt und Innerafrika bis zum Ende der Herrschaft der Karthager und der Ptolemaier, in: H. Duchhardt u. a. (Hg.), Afrika. Entdeckung und Erforschung eines Kontinents. (Bayreuther Historische Kolloquien 3), Köln/Wien 1989, 1–29.

Z. Kadar, Some Problems Concerning the Scientific Authenticity of Classical Authors on Libyan Fauna, ACD 8 (1972), 11–16.

V. Krings (Hg.), La civilisation phénicienne et punique. Manuel de recherche, Leiden 1995.

D. Lange, Afrika südlich der Sahara. Von den Sakralstaaten zu den Großreichen, in: J. Fried, E. D. Hohl (Hg.), WBG Weltgeschichte, 3. Bd., Darmstadt 2010, 103–116 (2010a).

D. Lange, The Emergence of Social Complexity in the Southern Chad Basin toward 500 BC: Archaeological and Other Evidence, Borno Museum Society Newsletter (2010), 68–71 (= 2010b).

D. Lange, Abwanderung der assyrischen Tamakarui nach Nubien, Darfur und ins Tschadgebiet, in: B. Nowak u. a. (Hg.), Miscellanea Tymoreski, Warschau 2011, 199–266 (= 2011a).

D. Lange, The Founding of Kanem by Assyrian Refugees ca. 600 BCE: Documentary, Linguistic, and Archaeological Evidence, Boston 2011, 23–27 (= 2011b).

R. C. C. Law, The Garamantes and Trans-Saharan Enterprise in Classical Times, JAH 8 (1967), 181–200.

R. Law, The Horse in African History, Oxford 1980.

H. Lhote, Les chars rupestres sahariens. Des Syrtes au Niger, par le pays des Garamantes et des Atlantes, Toulouse 1982.

M. Liverani, The Libyan Caravan Road in Herodotus IV.181–189, JESHA 43 (2000), 496–520.

D. E. McCall, Herodotos on the Garamantes. A Problem in Protohistory, History in Africa 26 (1999), 197–217.

K. C. MacDonald, A View from the South. Sub-Saharan Evidence for Contacts Between North Africa, Mauretania and the Niger 1000 BC–AD 700, in: A. Dowler, E. R. Galwin (Hg.), Money, Trade and Trade Routes in Pre-Islamic North Africa (British Museum Research Publication 176), London 2011, 72–82.

K. C. MacDonald, Before the Empire of Ghana. Pastoralism and the Origins of Cultural Complexity in the Sahel, in: G. Connah (Hg.), Transformations in Africa. Essays on Africa's later Past, London 1998, 71–103.

S. Magnavita u. a. (Hg.), Crossroads: Cultural and Technological Developments in First Millennium BC/AD West Africa (Journal of African Archaeology Monograph Series 2), Frankfurt am Main 2009.

S. Magnavita u. a. (Hg.), Zilum. A Mid-first Millennium BC Fortified Settlement Near Lake Chad, Journal of African Archaeology 4 (2006), 153–170.

P. Masonen, Trans-Saharan Trade and the West African Discovery of the Mediterranean World, in: M. Sabour, K. S. Vikor (Hg.), Ethnic Encounter and Cultural Change, Bergen 1997, 116–142.

D. Mattingly, A. I. Wilson, Concluding Thoughts: Made in Fazzan?, in: D. Mattingly (Hg.), The Archaeology of Fazzan III, London 2010, 523–530.

D. Mattingly, The Archeology of Fezzan, 2 Bde., London 2003–2007.

R. Mattingly, The Garamantes of Fazzan. An early Libyan State with Trans-Saharan Connections, in: A. Dowler/E. R. Galwin (Hg.), Money, Trade and Trade Routes in Pre-Islamic North Africa (British Museum Research Publication 176), London 2011, 49–60.

R. Mattingly, Transsaharahandel, in: A.-M.

Wittke (Hg.), Frühgeschichte der Mittelmeerkulturen. Historisch-archäologisches Handbuch (Der Neue Pauly Suppl.Bd. 10), Stuttgart/Weimar 2015), 779–783.

D. F. McDall, Herodotus on the Garamantes. A Problem in Protohistory, History in Africa 26, (1999), 197–217.

R. Mauny, Une route préhistorique á travers le Sahara occidentale, BIFAN 9 (1947), 341–357.

R. Mauny, Les siècles obscures de l'Afrique noire. Histoire et archéologie, Nancy 1970.

R. Mauny, Trans-Saharan Contacts and the Iron Age in West Africa, in: J. D. Page (Hg.), The Cambridge History of Africa, Teil 2: From c. 500 BC to AD 1050, Cambridge u. a. 1978, 272–341.

P. Mitchell, African Connections. Archaeological Perspectives on Africa and the Wider World, Walnut Creek 2005.

P. Munson, Archaeology and the Prehistoric Origins of the Ghana Empire, Journal of African History 21 (1980), 457–466.

D. P. Park, Climate Change, Human Response, and the Origins of Urbanism at Timbuktu: Archaeological Investigations into the Prehistoric Urbanism of the Timbuktu Region of the Niger Bend, Mali, West Africa, Ann Arbor 2011.

A. Roe, The Old *Darb al Arbein* Caravan Route and Kharga Oasis in Antiquity, JARCE 42 (2005–2006), 119–129.

A. Schmidt, Metaux, in: R. M. A. Bendaux u. a. (Hg.), Recherches archéologiques á Dia dans le delta intérieur du Niger (Mali). Bilan des saisons de fouilles 1998–2003, Leiden 2005, 257–262.

M. Sommer, Trans-Saharan Long-Distance Trade and the Helleno-Punic Mediterranean, in: A. Dowler, E. R. Galwin (Hg.), Money, Trade and Trade Routes in Pre-Islamic North Africa (British Museum Research Publication 176), London 2011, 61–64.

J. T. Swanson, The Myth of Transsaharan Trade during the Roman Era, International Journal of African Historical Studies 8 (1975), 582–600.

E. A. Thompson, Eastern Africa and the Graeco-Roman World (to A.D. 641), in: L. A. Thompson, J. Ferguson (Hg.), Africa in Classical Antiquity. Nine Studies, Ibadan 1969, 26–61.

A. Wilson, The Spread of Foggara-Based Irrigation in the Ancient Sahara, in: D. Mattingly u. a. (Hg.), The Libyan Desert. Natural Resources and Cultural Heritage, London 2006, 205–216.

3. Persiens Vorstoß nach Indien und die Expedition des Skylax von Karyanda

M. Albaladejo-Vivero, La India en la griega literatura: un estudio etnográfico, Alcalá de Henares 2005.

M. L. Allain, The Periplous of Skylax of Karyanda, Diss. Ohio State University 1977.

A. B. Asheri, A. Corcella, A Commentary on Herodotus Books I–IV, Oxford 2007.

U. P. Arora, Graeco-Indica, Neu-Delhi 1991.

H. Bengtson, Skylax von Karyanda und Herakleides von Mylasa, Historia 3 (1955), 301–307.

T. S. Brown, Herodotus' Portrait of Cambyses, Historia 31 (1962), 387–403.

J. F. Breton, Arabia Felix. From the Time of the Queen of Sheba. Eighth Century B.C. to First Century A.D., Notre Dame 1999.

P. Briant, From Cyrus to Alexander. A History of the Persian Empire, Winona Lake 2002.

S. Conermann, Der Indische Ozean in historischer Perspektive, Hamburg 1998.

P. Daffinà, On Kaspapyros and the So-called »Shore of the Scythians«, AAnt 28 (1980), 1–8.

A. Dan, Achaemenid World Representations in Herodotos' *Histories.* Some Geographic Examples of Cultural Translation, in: K. Geus, E. Irwin, T. Poiss (Hg.), Herodots Wege des Erzählens. Logos und Topos in den *Historien,* Frankfurt am Main 2013, 83–121.

B. De Give, Les rapports de l'Inde et de l'Orient, Paris 2005.

J. W. de Jong, The Discovery of India by the Greeks, Asiatische Studien 27 (1973), 115–142.

R. Delbrueck, Südasiatische Seefahrt im Altertum, BJ 155/156 (1955/1956), 229–308.

A. Dihle, Die Griechen und die Fremden, München 1994.

S. Doshi, India and Greece, Bombay 1985.
A. Dowler, E. R. Galvin (Hg.), Money, Trade and Trade Routes in Pre-Islamic North Africa (British Museum Research Publications 176), London 2011.
T. J. Dunbabin, The Greeks and Their Eastern Neighbours. Studies in the Relations between Greece and the Countries of the Near East in the Eighth and Seventh Century BC, London 1957.
G. Filliozat, The Classical Doctrine of Indian Medicine. Its Origins and Its Greek Parallels, Delhi 1964.
K. Geus, Space and Geography, in: A. Erskine (Hg.), A Companion to the Hellenistic Culture, Malden/Oxford 2003, 232–245.
S. Gupta, Monsoon Environments and the Indian Ocean Interaction Sphere in Antiquity. 3000 B.C.–A.D. 300, in: Y. Yasuda (Hg.), Monsoon and Civilization, Neu-Delhi 2004, 133–160.
C. Grottanelli, Yoked Horses, Twins, and the Powerful Lady. India, Greece, Ireland, and elsewhere, JIES 14 (1986), 125–152.
E. Herzfeld, The Persian Empire, Wiesbaden 1968.
S. Heilen, Die Anfänge der wissenschaftlichen Geographie: Anaximander und Hekataios, in: W. Hübner (Hg.), Geographie und verwandte Wissenschaften, Stuttgart 2000, 33–54.
F. Jacoby, Hekataios (3), RE 7 (1912), 2667–2750.
P. Kaplan, Skylax of Karyanda (709), Brill's New Jacoby, http://referenceworks.brillonline.com/entries/brill-s-new-jacoby/skylax-of-karyanda-709-a709 (17. 9. 2009).
K. Karttunen, India in Early Greek Literature (Studia Orientalia 65), Helsinki 1989.
J. M. Kenoyer, New Perspectives on the Mauryan and Kushan Periods, in: P. Olivelle (Hg.), Between the Empires. Society in India 300 BCE to 400 CE, Oxford 2006, 33–49.
K. Kessler, Neue Informationen zu den Ioniern und Karern in Babylonien, in: A. Erkanal-Öktü u. a. (Hg.), Cultural Reflections, FS H. Erkanal, Istanbul 2006, 487–490.
C. Lassen, Indische Altertumskunde. Bd. 2, 2. Aufl., Leipzig 1874.
M. Liverani, Prestige and Interest. International Relations in the Near East ca. 1600–1000 B.C., Padua 1990.
V. Martin, La Politique des Achéménides. L'Exploration prélude de la Conquête, MH 22 (1965), 38–48.
S. Medas, De rebus nauticis. L'arte della navigazione nel mondo antico, Rome 2004.
K. Meister, Die griechische Geschichtsschreibung. Von den Anfängen bis zum Ende des Hellenismus, Stuttgart u. a. 1990.
D. Meyer, Hellenistische Geographie zwischen Wissenschaft und Literatur. Timosthenes von Rhodos und der griechische Periplus, in: W. Kullmann u. a. (Hg.), Gattungen wissenschaftlicher Literatur in der Antike (ScriptOralia 95), Tübingen 1998, 193–215.
D. Panchenko, The City of the Branchidae and the Question of Greek Contribution to the Intellectual History of India and China, Hyperboreus 8 (2002), 244–267.
D. Panchenko, Scylax in Philostratus' Life of Apollonius of Tyana, Hyperboreus 8 (2002), 5–13.
D. Panchenko, Scylax's Circumnavigation of India and Its Interpretation in Early Greek Geography. Ethnography and Cosmography, Teil 1, Hyperboreus 4 (1998), 211–241; Teil 2, Hyperboreus 9 (2003), 274–295.
O. Pedersén, Foreign Professionels in Babylon. Evidence from the Archive in the Palace of Nebuchadnezzar II., in: W. H. Van Soldt (Hg.), Ethnicity in Ancient Mesopotamia (CRRAI 48), Leiden 2005, 267–272.
F. Prontera, Periploi. Sulla tradizione della geografia nautical presso i greci, in: L'uomo e il mare nella civiltà occidentale. Da Ulisse a Cristoforo Colombo (Atti della Società Ligure di Storia Patria 32), Genf 1992, 25–44.
F. Prontera, Hekataios und die Weltkarte des Herodot, in: D. Papenfuß, V. M. Strocka (Hg.), Gab es das griechische Wunder? Griechenland zwischen dem Ende des 6. und der Mitte des 5. Jahrhunderts v. Chr., Mainz 2001, 127–135.
H. P. Ray, J.-F. Salles, Tradition and Archaeology. Early Maritime Contacts in the Indian Ocean, Neu-Delhi 1996.
H. P. Ray, The Windes of Change: Buddhism and the Maritime Links of Early South Asia, Delhi/Oxford 1994.

W. Reese, Die griechischen Nachrichten über Indien bis zum Feldzuge Alexanders des Großen, Leipzig 1914.

F. Rochberg, The Expression of Terrestrial and Celestial Order in Ancient Mesopotamia, in: A. Talbert (Hg.), Ancient Perspectives. Maps and Their Place in Mesopotamia, Egypt, Greece and Rome, Chicago/London 2012, 9–46.

R. Rollinger, Zu Herkunft und Hintergrund der in altorientalischen Texten genannten »Griechen«, in: R. Rollinger, A. Luther, J. Wiesehöfer (Hg.), Getrennte Welten?, Kommunikation, Transkulturalität und Wahrnehmung zwischen Ägäis und Vorderasien im Altertum (Oikumene – Studien zur antiken Weltgeschichte 2), Frankfurt am Main 2007, 259–330.

R. Rollinger, Dareios und Xerxes an den Rändern der Welt und die Inszenierung von Weltherrschaft. Altorientalisches bei Herodot, in: B. Dunesch, K. Ruffing (Hg.), Herodots Quellen. Die Quellen Herodots (Classica et Medievalia 6), Wiesbaden 2014, 95–116.

F.-J. Salles, La circumnavigation de l'Arabie dans l'antiquité classique, in: ders., L'Arabie et ses mers bordières, Teil 1: Itinéraires et voisinages, Lyon/Paris 1988, 75–102.

H. Schiwek, Der Persische Golf als Schifffahrts- und Seehandelsroute in Achaimenidischer Zeit und in der Zeit Alexanders des Großen, BJ 162 (1962), 4–97.

F. Schmieder, Europa und die Fremden. Die Mongolen im Urteil des Abendlandes vom 13. bis in das 15. Jahrhundert (Beiträge zur Geschichte und Quellenkunde des Mittelalters 16), Sigmaringen 1994.

F. F. Schwarz, Griechenland und Indien im Spiegel der antiken Literatur, 36. Jahresbericht des Bundesgymnasiums und Bundesrealgymnasiums Fürstenfeld für das Schuljahr 1965/66, 62–86.

J. W. Sedlar, India and the Greek World. A Study in the Transmission of Culture, Totowa/New Jersey 1980.

E. H. Seland, The Indian Ocean and the Globalisation of the Ancient World, Ancient West & East 7 (2008), 65–77.

S. Solomou, Greek Knowledge of India before the Fourth Century B.C., MA-thesis Univ. British Columbia 1992. http://circle.ubc.ca/bitstream/handle/2429/1735/ubc_1993_spring_solomou_stavros.pdf?sequence=3 (2. 11. 2015).

W. J. Vogelsang, The Achaemenids and India, in: H. Sancisi-Weerdenburg, A. Kuhrt (Hg.), Centre and Periphery (Achaemenid History 4), 93–110.

U. Walter, Herodot und Thukydides – die Entstehung der Geschichtsschreibung, in: E. Stein-Hölkeskamp, K.-J. Hölkeskamp (Hg.), Die Griechische Welt. Erinnerungsorte der Antike, München 2010, 400–417.

R. Werner, Zur Geschichte der vorderorientalisch-phönikischen und mykenisch-griechischen Handels- und Kolonisationsfahrten im Spiegel der Epos- und Periplusliteratur, in: Orientalisch-Ägäische Einflüsse in der europäischen Bronzezeit (Römisch-Germanisches Zentralmuseum Monographien 15), Bonn 1990, 47–77.

S. West, Skylax's Problematic Voyage. A Note on Hdt. IV 44, Eikasmos 23 (2012), 159–167.

J. Wiesehöfer, Das Frühe Persien. Geschichte eines antiken Weltreiches, 3. Aufl., München 2006.

J. Wiesehöfer, Ein König erschließt und imaginiert sein Imperium. Persische Reichsordnung und persische Reichsbilder zur Zeit Dareios I. (522–486 v. Chr.), in: M. Rathmann (Hg.), Wahrnehmung und Erfassung geographischer Räume in der Antike, Mainz 2007, 31–40.

M. Witzel, Das alte Indien, München 2003.

A. Zambrini, Di Indika di Megastene, ASNP 12 (1982), 71–149.

M. Zimmermann, Hdt. IV 36,2 et le developement de l'image du monde d'Hécatée à Hérodote, Ktema 22 (1997), 285–298.

4. Das Wesen des Menschen in der Welt

B. Bäbler, Ein Spiegel im Sprung. Das Skythenbild in Francois Hartogs »Le miroir de Hérodote«, in: N. Povalahev, V. Kuznetsov (Hg.), Phanegoreia und seine historische Umwelt. Von den Anfängen der griechischen Kolonisation (8. Jh. v. Chr.) bis zum Chasarenreich (10. Jh. n. Chr.), Göttingen 2011, 111–136.

B. Bäbler, Fleißige Thrakerinnen und wehrhafte Skythen. Nichtgriechen im klassischen Athen und ihre Archäologische Hinterlassenschaft, Stuttgart/Leipzig 1998.

L. Bertelli, Hecataeus: From Genealogy to Historiography, in: N. Luraghi (Hg.), The Historian's Craft in the Age of Herodotus, Oxford 2001, 67–94.

R. Bichler, Herodots Welt, Berlin 2000.

R. Bichler, Herodotus' Ethnography, in: V. Karageorghis, I. Taifacos (Hg.), The World of Herodotos, Nicosia 2004, 91–112 (= R. Bichler, Historiographie – Ethnographie – Utopie. Gesammelte Schriften, hrsg. von R. Rollinger, Teil 1: Studien zu Herodots Kunst der Historie (Philippika 18,1), Wiesbaden 2007, 143–160).

R. Bichler, Der Barbarenbegriff des Herodot und die Instrumentalisierung der Barbaren-Topik in politisch-ideologischer Absicht, in: ders., Historiographie – Ethnographie – Utopie. Gesammelte Schriften, hrsg. von R. Rollinger, Teil 1: Studien zu Herodots Kunst der Historie (Philippika 18,1), Wiesbaden 2007, 55–64 (= 2007a).

R. Bichler, Herodot und die Macht des Geldes, in: ders., Historiographie – Ethnographie – Utopie. Gesammelte Schriften, hrsg. von R. Rollinger, Teil 1: Studien zu Herodots Kunst der Historie (Philippika 18,1), Wiesbaden 2007, 11–26 (= 2007b).

R. Bichler, Geschichte und Fiktion. Bemerkungen zur klassischen Historie der Griechen, in: ders., Historiographie – Ethnographie – Utopie. Gesammelte Schriften, hrsg. von R. Rollinger, Teil 1: Studien zu Herodots Kunst der Historie (Philippika 18,1), Wiesbaden 2007, 75–89 (= 2007c).

R. Bichler, Wahrnehmung und Vorstellung fremder Kultur. Griechen und Orient in archaischer und frühklassischer Zeit, in: ders., Historiographie – Ethnographie – Utopie. Gesammelte Schriften, hrsg. von R. Rollinger, Teil 2: Studien zur Utopie und der Imagination fremder Welten (Philippika 18,2), Wiesbaden 2008, 69–88 (= 2008a).

F. Borca, Luoghi, corpi, costume. Determinismo ambientale ed etnografia antica, Roma 2003.

J. Cobet, Herodots Exkurse und die Frage der Einheit seines Werkes (Historia Einzelschriften 17), Wiesbaden 1971.

A. Dan, Achaemenid World Representations in Herodotus' Histories: Some Geographic Examples of Cultural Translation, in: K. Geus u. a. (Hg.), Herodots Wege des Erzählens. Logos und Topos in den Historien (Zivilisation und Geschichte 22), Frankfurt am Main 2013, 83–121.

J. Dayton, Herodotus, Phoenicia, the Persian Gulf, and India in the First Millenium, AOMIM (1984), 363–375.

A. Dihle, Herodot und die Sophistik, Philologus 106 (1962), 207–220.

A. Dihle, Arabien und Indien, in: G. Nenci, O. Reverdin (Hg.), Hérodote et les peuples non Grecs (Entretiens sur l'antiquite classique 35), Vandoeuvres/Geneve 1990, 41–61.

M. Dorati, Le storie di Erodoto. Etnografia e raconto, Pisa/Rom 2000.

M. Dorati, Travel Writing, Ethnographical Writing, and the Representation of the Edges of the World in Herodotus, in: R. Rollinger u. a. (Hg.), Herodot und das Persische Weltreich, Wiesbaden 2011, 273–312.

R. L. Fowler, Early History and Literacy, in: N. Luraghi (Hg.), The Historian's Craft in the Age of Herodotus, Oxford 2001, 95–115.

R. L. Fowler, Herodotus and his Contemporaries, JHS 116 (1996), 62–87.

P. Georges, Barbarian Asia and the Greek Experience. From the Archaic Period to the Age of Xenophon, Baltimore/London 1994.

V. Gray, Herodotus and the Rhetoric of Otherness, AJPh 116 (1995), 185–211.

E. S. Gruen, Rethinking the Other in Antiquity, Princeton/ Oxford 2012.

E. Hall, Inventing the Barbarian. Greek Self-Definition through Tragedy, Oxford 1989.

F. Heinimann, Nomos und Physis. Herkunft und Bedeutung einer Antithese im griechischen Denken des 5. Jahrhunderts (Schweizerische Beiträge zur Altertumswissenschat 1), Basel 1965.

I. Hofmann, A. Vorbichler, Der Äthiopenlogos bei Herodot (Beiträge zur Afrikanistik 3), Wien 1979.

W. Horowitz, Mesopotamian Cosmic Geography (Mesopotamian Civilizations 8), Eisenbrauns/Winona Lake 1998.

R. W. Hutchinson, The Flying Snakes of Arabia, CQ 52 (1958), 100–101.

B. Hutzfeld, Das Bild der Perser in der griechischen Dichtung des 5. vorchristlichen Jahrhunderts, Wiesbaden 1999.

H. R. Immerwahr, Form and Thought in Herodotus, Cleveland 1966.

J. Jouanna, Les causes de la défaite des barbares chez Eschyle, Hérodote et Hippocrate, Ktema 6 (1981), 3–15.

K. Karttunen, Expedition to the End of the World. An Ethnography Topos in Herodotus, Studia Orientalia 64 (1988), 177–181.

K. Karttunen, India in Early Greek Literature (Studia Orientalia 65), Helsinki 1989.

K. Karttunen, The Ethnograpy of the Frings, in: E. J. Bakker, I. F. de Jong, H. van Wees (Hg.), Brill's Companion to Herodotos, Leiden u. a. 2002, 457–474.

H. J. Kim, The Invention of the ›Barbarian‹ in Late Sixth Century BC Ionia, in: E. Almagor, J. Skinner (Hg.), Ancient Ethnography. New Approaches, London 2013, 25–48.

H. J. Kim, Ethnicity and Foreigners in Ancient Greece and China, London 2009.

D. M. Lewis, Persians in Herodotus, in: M. H. Jameson (Hg.), The Greek Historians. Literature and History. FS A. E. Raubitschek, Stanford 1984, 101–117.

M. Liverani, The Sargon Geography and the Late Assyrian Mensuration of the Earth, State Archives of Assyria Bulletin 13 (1999–2000), 57–85.

R. Lo Presti, Shaping the Difference. The medical Inquiry into the Nature of Places and the Early Birth of Anthropology in the Hippocratic Treatise Airs, Waters, Places, in: P. A. Baker u. a. (Hg.), Medicine and Space. Body Surroundings and Borders in Antiquity and the Middle Ages, Leiden 2011, 169–196.

C. Meier, Die Entstehung des Politischen bei den Griechen, 2. Aufl., Frankfurt am Main 1989.

M. Meier, Die Deiokes-Episode im Werk Herodots – Überlegungen zu den Entstehungsbedingungen griechischer Geschichtsschreibung, in: ders. u.a. (Hg.), Deiokes. König der Meder: Eine Herodot-Episode in ihren Kontexten, Stuttgart 2004, 27–51.

K. Meister, »Aller Dinge Maß ist der Mensch«. Die Lehren der Sophisten, München 2010.

R. V. Munson, Telling Wonders. Ethnographic and Political Discourse in the Work of Herodotus, Ann Arbor 2001.

O. Murray, Herodotus and Oral History, in: N. Luraghi (Hg.), The Historian's Craft in the Age of Herodotus, Oxford 2001, 16–44.

W. Nippel, Ethnographie und Anthropologie bei Herodot, in: ders., Griechen, Barbaren und »Wilde«. Alte Geschichte und Sozialanthropologie, Frankfurt am Main 1990, 11–29.

V. Nutton, Ancient Medicine, ND Abingdon 2009.

T. Paulsen, Geschichte der griechischen Literatur, Stuttgart 2004.

L. Pearson, Early Ionian Historians, Oxford 1939.

W. K. Pritchett, The Liar School of Herodotos, Amsterdam 1993.

F. Prontera, Hekataios und die Weltkarte des Herodot, in: D. Papenfuß, V. M. Strocka (Hg.), Gab es das griechische Wunder? Griechenland zwischen dem Ende des 6. und der Mitte des 5. Jahrhunderts v. Chr., Mainz 2001, 127–135.

F. Rochberg, The Expression of Terrestrial and Celestial Order in Ancient Mesopotamia, in: A. Talbert (Hg.), Ancient Perspectives. Maps and Their Place in Mesopotamia, Egypt, Greece and Rome, Chicago/London 2012, 9–46.

R. Rollinger, Herodot (II 75f. II 107–109), Asarhaddon, Jesaja und die fliegenden Schlangen Arabiens, in: H. Heftner, K. Tomaschitz (Hg.), Ad Fontes. FS G. Dobesch, Wien 2004, 927–946.

R. Rollinger, M. Lang, Die fliegenden Schlangen Arabiens. Transfer und Wandlung eines literarischen Motivs in der antiken Überlieferung. Ein Florilegium, in: F. Beutler, W. Hameter (Hg.), »Eine ganz normale Inschrift« und ähnliches. Zum Geburtstag von E. Weber (Althistorisch-Epigraphische Studien 5), Wien 2004, 101–109.

T. Rood, Herodotus and Foreign Lands, in: C. Dewald, J. Marincola (Hg.), The Cambridge Companion to Herodotus, Cambridge 2006, 290–305.

W. H. Roscher, Das Alter der Weltkarte des Hippocrates *peri abdromadon*, Philologus 70 (1911), 537–538.

F. Schmieder, Europa und die Fremden. Die Mongolen im Urteil des Abendlandes vom 13. bis in das 15. Jahrhundert (Beiträge zur Geschichte und Quellenkunde des Mittelalters 16), Sigmaringen 1994.

W. Sieberer, Das Bild Europas in den Historien. Studien zu Herodots Geographie und Ethnographie Europas und seiner Schilderung der persischen Feldzüge, Innsbruck 1995.

R. Thomas, Herodotus in Context. Ethnography, Science, and the Art of Persuasion, Cambridge 2000.

K. Vlassopoulos, The Stories of the Others: Storytelling and Intercultural Communication in the Herodotean Mediterranean, in: E. Almagor, J. Skinner (Hg.), Ancient Ethnography. New Approaches, London 2013, 47–75.

M. Vogelsang, The Achaemenids and India, Achaemenid History 4 (1990), 93–110.

U. Walter, Herodot und Thukydides – die Entstehung der Geschichtsschreibung, in: E. Stein-Hölkeskamp/ K.-J. Hölkeskamp (Hg.), Die Griechische Welt. Erinnerungsorte der Antike, München 210, 400–417.

J. Wells, The Persian Friends of Herodotus, in: ders., Studies on Herodotus, Oxford 1923, 95–111.

O. Wenskus, Vergleich und Beweis im Hippokratischen Corpus, in: F. Lasserre, P. Mudry (Hg.), Formes de pensée dans la collection Hippocratique, Genève 1983, 393–406.

S. West, Scythians, in: E. J. Bakker, I. F. de Jong, H. van Wees (Hg.), Brill's Companion to Herodotos, Leiden u. a. 2002, 437–456.

S. West, Herodotus' Portrait of Hecataeus, JHS 111 (1991), 144–160.

S. West, Herodotus and Scythia, in: V. Karageorghis, I. Taifacos (Hg.), The World of Herodotus, Nicosia 2004, 73–89.

IV. Neue Welterkenntnis und das Ausgreifen in den Okeanos

1. Große Entwürfe – die kosmologischen und geographischen Grundlagen globaler Fernerkundung

K. Abel, Zone, RE 14 (1974), 989–1188.

H. Bacon, Barbarians in Greek Tragedy, New Haven 1961.

E. H. Berger, Geschichte der wissenschaftlichen Erdkunde der Griechen, Leipzig 1903.

R. Bichler, Die Fahrt zu den Grenzen der Erde. Von Herodot bis zur Alexander-Historiographie, Gymnasium 118 (2011), 315–344.

J. M. Blázquez Martínez, M. García-Gelabert Pérez, Ägäische Einflüsse auf das Gebiet am oberen Guadalquivir, in: Orientalisch-Ägäische Einflüsse in der europäischen Bronzezeit (Römisch-Germanisches Zentralmuseum Monographien 15), Bonn 1990, 109–123.

P. Bolchert, Aristoteles' Erdkunde von Asien und Libyen (Quellen und Forschungen zur Antiken Geschichte und Geographie 15), Berlin 1908.

V. Burr, Das geographische Weltbild Alexanders des Großen, WJA 2 (1947), 91–99.

D. R. Dicks, The Geographical Fragments of Hipparchus, London 1960.

D. R. Dicks, Early Greek Astronomy, Bristol 1970.

A. Dihle, Arabien und Indien, in: G. Nenci, O. Reverdin (Hg.), Hérodote et les peuples non grecs (Entretiens sur l'antiquite classique 35), Vandoeuvres/Genève 1990, 41–61.

D. Dueck, Geographie in der antiken Welt, Darmstadt 2013.

K. Geus, Utopie und Geographie. Zum Weltbild der Griechen in frühhellenistischer Zeit, Orbis Terrarum 6 (2000), 54–91.

K. Geus, Space and Geography, in: A. Erskine (Hg.), A Companion to the Hellenistic World, 2003, 232–245.

S. Heilen, Eudoxos von Knidos und Pytheas von Massilia, in: W. Hübner (Hg.), Geographie und verwandte Wissenschaften, Stuttgart 2000, 55–74 (= Heilen 2000b).

K. Karttunen, The Ethnograpy of the Frings, in: E. J. Bakker, I. F. de Jong, H. van Wees (Hg.), Brill's Companion to Herodotos, Leiden u. a. 2002, 457–474.

R. Krüger, *moles globosa*, *globus terrae* und *arenosus globus* in Spätantike und Mittelalter. Eine Kritik des Mythos von der Erdscheibe, Berlin 2012.

Platon, Phaidon, Übersetzung und Kommentar von T. Ebert, Göttingen 2004 (= Ebert 2004).

F. Prontera, Hekataios und die Weltkarte des Herodot, in: D. Papenfuß, V. M. Strocka (Hg.), Gab es das griechische Wunder? Griechenland zwischen dem Ende des 6. und der Mitte des 5. Jahrhunderts v. Chr., Mainz 2001, 127–135.

J. Romm, Continents, Climates, and Cultures. Theories of Global Structure, in: K. A. Raaflaub, R. J. A. Talbert (Hg.), Geography and Ethnography. Greek Perceptions of the World in Pre-Modern Societies, Malden/Oxford 2010, 215–235.

J. S. Romm, The Edges of the Earth in Ancient Thought. Geography, Exploration, and Fiction, Princeton 1992.

P. Schneider, L'Éthiopie et l'Inde. Interférence et confusions aux extrémités du monde antique (CEFR 335), Paris 2004.

W. Sieberer, Das Bild Europas in den Historien. Studien zu Herodots Geographie und Ethnographie Europas und seiner Schilderung der persischen Feldzüge, Innsbruck 1995.

J. F. Staszak, Le géographie d'avant la géographie. Le climat chez Aristote et Hippocrate, Paris 1995.

A. Szabó, Das geozentrische Weltbild. Astronomie, Geographie und Mathematik der Griechen, München 1992.

B.L. van der Waerden, Die Astronomie der Griechen, Darmstadt 1988.

H.-J. Waschkies, Kosmologische Spekulationen bei Platon und Aristoteles als Reflex der exakten Wissenschaften ihrer Zeit, in: K. Döring, G. Wöhrle (Hg.), Antike Naturwissenschaft und ihre Rezeption 3, Bamberg 1993, 31–59.

K. Zimmermann, Hdt. IV 36,2 et le dévelopement de l'image du monde d'Hécatée à Hérodote, Ktema 22 (1997), 285–298.

K. Zimmermann, Libyen. Das Land südlich des Mittelmeeres im Weltbild der Griechen, München 1999.

2. Der Vorstoß in den nordwestlichen Okeanos – Pytheas aus Massilia

S. Bianchetti, Pitea di Massalia. L'Oceano, Pisa/Rom 1998.

R. Bockius, Abdichten, Beschichten, Kalfatern. Schiffsversiegelung und ihre Bedeutung als Indikator für Technologietransfers zwischen den antiken Schiffbautraditionen, Jahrbuch des Römisch-Germanischen Zentralmuseums Mainz 49 (2002), 189–232 (mit Tafeln).

B. Cunliffe, The Extraordinary Voyage of Pytheas the Great, New York 2002.

D. R. Dicks, Early Greek Astronomy, Bristol 1970.

M. K. H. Eggert, Prestigegüter und Sozialstruktur in der Späthallstattzeit. Eine kulturanthropologische Perspektive, Saeculum 42 (1991), 1–28.

D. Ellmers, Der Krater von Vix und der Reisebericht des Pytheas von Masssilia, AKB 40 (2010), 363–381.

P. Fabre, Ètude sur Pythéas le Massiliote et l'époque de ses travaux, EtClass 43 (1975), 25–44, 147–165.

F. Fischer, Zum »Fürstensitz« Heuneburg, in: W. Kimmig (Hg.), Importe und mediterrane Einflüsse auf der Heuneburg (Heuneburgstudien 11), Mainz 2000, 215–227.

F. Gisinger, Pytheas (1), RE 24 (1963), 314–66.

C. F. Hawkes, Pytheas: Europe and the Greek Explorers. A Lecture delivered at New College, Oxford on 20th May, Oxford 1975.

S. Heilen, Eudoxos von Knidos und Pytheas von Massilia, in: W. Hübner (Hg.), Geographie und verwandte Wissenschaften, Stuttgart 2000, 55–74 (= Heilen 2000b).

M. Johne, Die Römer an der Elbe, Berlin 2006.

H. Journès, Y. Georgelin, Pythéas, Explorateur et Astronome, Ollioules 2000.

A. Kleineberg u. a. (Hg.), Germania und die Insel Thule. Die Entschlüsselung von Ptolemaios' Atlas der Oikumene, Darmstadt 2011.

M. Kuckenberg, Das Zeitalter der Keltenfürsten. Eine europäische Hochkultur, Stuttgart 2010.

B. Maier, Geschichte und Kultur der Kelten, München 2012.

W. Mohr, Des Pytheas von Massilia Schrift »Über den Ozean«, Hermes 77 (1942), 28–45.

J. Pape, Die attische Keramik der Heuneburg und der keramische Südimport in der Zone nördlich der Alpen während der Hallstattzeit, in: W. Kimmig (Hg.), Importe und mediterrane Einflüsse auf der Heuneburg (Heuneburgstudien 11), Mainz 2000, 71–176.

C. Pare, Fürstensitze, Celts and the Mediterranean World. Developments in the West Hallstatt Culture in the 6th and 5th Centuries BC, Proceedings of the Prehistoric Society 57 (1991), 183–202.

D. W. Roller, Through the Pillars of Herakles, New York 2006.

C. H. Roseman, Pytheas of Massilia. A Critical Examination of the Texts, Seattle 1983.

D. Stichtenoth, Pytheas von Marseille, der Entdecker Mittel- und Nordeuropas, Weimar 1961, 156–166.

A. Szabó, Das geozentrische Weltbild. Astronomie, Geographie und Mathematik der Griechen, München 1992.

D. Timpe, Entdeckungsgeschichte, RGA 7 (1989), 307–389.

B.L. van der Waerden, Die Astronomie der Griechen, Darmstadt 1988.

R. Wenskus, Pytheas und der Bernsteinhandel, in: K. Düwel u. a. (Hg.), Untersuchungen zu Handel und Verkehr der vor- und frühgeschichtlichen Zeit in Mittel- und Nordeuropa, Teil 1: Methodische Grundlagen und Darstellungen zum Handel in vorgeschichtlicher Zeit und in der Antike, Göttingen 1985, 84–108.

R. Werner, Zur Geschichte der vorderorientalisch-phönikischen und mykenisch-griechischen Handels- und Kolonisationsfahrten im Spiegel der Epos- und Periplusliteratur, in: Orientalisch-Ägäische Einflüsse in der europäischen Bronzezeit (Römisch-Germanisches Zentralmuseum Monographien 15), Bonn 1990, 47–77.

I. Whitaker, The Problem of Pytheas' Thule, CJ 77 (1981), 148–164.

St. Zimmer, Die Kelten. Mythos und Wirklichkeit, Stuttgart 2009.

3. Der Nahe und Ferne Osten

J. Auberger, L'Inde de Ctésias, in: J.-C. Carrière u. a. (Hg.), Inde, Grèce ancienne. Regards croisés en anthropolgie de l'espace, Paris 1995, 39–59.

W. Backhaus, Der Hellenen-Barbaren-Gegensatz und die hippokratische Schrift *peri aerōn hydatōn topōn*, Historia 25 (1976), 170–185.

B. Bäbler, Fleißige Thrakerinnen und wehrhafte Skythen. Nichtgriechen im klassischen Athen und ihre Archäologische Hinterlassenschaft, Stuttgart/Leipzig 1998.

R. Bichler, Ktesias »korrigiert« Herodot. Zur literarischen Einschätzung der Persika, in: ders., Historiographie – Ethnographie – Utopie. Gesammelte Schriften, hrsg. von R. Rollinger, Teil 1: Studien zu Herodots Kunst der Historie (Philippika 18,1), Wiesbaden 2007, 229–245 (=2007d).

R. Bichler, Geschichte und Fiktion. Bemerkungen zur klassischen Historie der Griechen, in: ders., Historiographie – Ethnographie – Utopie. Gesammelte Schriften, hrsg. von R. Rollinger, Teil 1: Studien zu Herodots Kunst der Historie (Philippika 18,1), Wiesbaden 2007, 75–89 (= 2007c).

P. Bolchert, Aristoteles' Erdkunde von Asien und Libyen, Berlin 1908.

T. S. Brown, Suggestions for a Vita of Ctesias of Cnidos, Historia 27 (1978), 1–19.

V. Burr, Das geographische Weltbild Alexanders, WJ 1 (1947), 91–99.

P. Cartledge, Die Griechen und wir, Stuttgart/Weimar 1998.

Ctésias de Cnide, La Perse, L'Inde. Autres Fragments, übers. u. komm. v. D. Lenfant, Paris 2004 (= Lenfant 2004).

W. R. Dawson, Herodotus as a Medical Writer, BICS 33 (1986), 87–96.

J. Dillery, Xenophon and the History of His Times, London 1995.

M. Dorati, Ctesia falsario?, QS 21 (1995), 33–52.

R. Drews, The Greek Accounts of Eastern History, Cambridge 1973.

D. Dueck, Geographie in der antiken Welt, Darmstadt 2013.

B. Eck, Sur la Vie de Ctésias, REG 103 (1990), 409–434.

J. R. Gardiner-Garden, Ktesias on Early Central Asian History and Ethnography (Papers on Inner Asia 6), Bloomington 1987.

P. Georges, Barbarian Asia and the Greek Experience. From the Archaic Period to the Age of Xenophon, Baltimore/London 1994.

F. Gisinger, Die Erdbeschreibung des Eudoxos von Knidos, Leipzig/Berlin 1921.

E. Hall, Inventing the Barbarian. Greek Self-Definition Through Tragedy, Oxford 1989.

S. W. Hirsch, The Friendship of the Barbarians. Xenophon and the Persian Empire, Hannover/ London 1985.

B. H. Isaac, The Invention of Racism in Classical Antiquity, Princeton/Oxford 2004.

F. Jacoby, Hekataios, RE 8 (1912), 2667–2769.

H. A. Kahn, The Birth of the European Identity The Europe-Asia Contrast in Greek Thought 490–322 B.C., Nottingham 1994

K. Karttunen, India in Early Greek Literature, Helsinki 1989.

K. Karttunen, The Reliability of the Indika of Ktesias, Studia Orientalia 50 (1980), 197–205.

K. Karttunen, The India of Ctesias and Its Criticism, in: U. P. Arora (Hg.), Graeco-Indica. India's Cultural Contects with the Greek World, Neu-Delhi 1991, 74–85.

F. W. König, Die Persika des Ktesias von Knidos, Graz 1972.

F. W. König, Ktesias (Archiv für Orientforschung Suppl. 18), Graz 1972.

W. Klinger, Hundsköpfige Gestalten in der antiken und neuzeitlichen Überlieferung, BAPC (1936), 119–123.

E. Lieber, Herodotus and the Hippocratic »Airs, Waters, Places« on Eunuchs. Natural and Decline, Antwerpen 1991, 169–173.

I. Madreiter, Stereotypisierung – Idealisierung – Indifferenz. Formen der Auseinandersetzung mit dem Achaimeniden-Reich in der griechischen Persika-Literatur (Classica et Orientalia 4), Wiesbaden 2012.

T. McEvilley, The Shape of Ancient Thought. Comparative Studies in Greek and Indian Philosophies, New York 2002.

M. C. Miller, Athens and Persia in the Fifth Century BC. A Study in Cultural Receptivity, Cambridge 1997.

L. G. Mitchell, Panhellenism and the Barbarian in Archaic and Classical Greece, Swansea 2007.

O. Murray, Herodotus and Oral History, in: N. Luraghi (Hg.), The Historian's Craft in the Age of Herodotus, Oxford 2001, 16–44.

G. R. Parker, The Making of Roman India, Cambridge/New York 2008.

M. Pfister, Von den Wundern des Morgenlandes, in: ders., Kleine Schriften zum Alexanderroman (Beiträge zur Klassischen Philologie 61), Meisenheim a. Glan 1976, 120–142.

W. K. Pritchett, The Liar School of Herodotos, Amsterdam 1993.

F. E. Reichert, Begegnungen mit China. Die Entdeckung Ostasiens im Mittelalter, Sigmaringen 1992.

J. Romm, Continents, Climates, and Cultures. Theories of Global Structure, in: K. A. Raaflaub, R. J. A. Talbert (Hg.), Geography and Ethnography. Greek Perceptions of the World in Pre-Modern Societies, Malden/ Oxford 2010, 215–235.

R. Thomas, Herodotus in Context. Ethnography, Science and the Art of Persuasion, Cambridge 2000.

C. Triebel-Schubert, Anthropologie und Norm. Der Skythenabschnitt in der hippokratischen Schrift »Über die Umwelt«, Medizinhistorisches Journal 25 (1990), 90–103.

A. Tuplin, Doctoring the Persians. Ctesias of Cnidus, Physician and Historian, Klio 86 (2004), 305–347.

D. Vassaliades, Greeks and Buddhism. Historical Contacts in the Development of a Universal Religion, The Eastern Buddhist 36 (2004), 134–183.

U. Walter, Isokrates metanoon? Traditionen athenischer Kriegs- und Außenpolitik bei Isokrates, in: W. Orth (Hg.), Isokra-

tes. Neue Ansätze zur Bewertung eines politischen Schriftstellers (Europäische und Internationale Studien 2), Trier 2003, 78–94.
D. G. White, Myths of the Dog-man, Chicago 1991.

4. Alexanders Suche nach den Enden der Welt

A. Abramenko, Alexander vor Mazagae und Aornus. Korrekturen zu den Berichten über das Massaker an den indischen Söldnern, Klio 76 (1994), 192–207.
I. Ahmad, Ancient Greeks in Kashmir. Evidences of Ancient Greeks Found in Jammu Kashmir, Ladakh and in Its Frontier Districts, Neu-Delhi 2011.
S. Amigiues, Anaxikrates' Expedition to Western Arabia, in: J. M. F. Boussac, J. F. Salles (Hg.), A Gateway From the Eastern Mediterranean to India, Neu-Delhi 2005, 189–95.
E. H. Berger, Geschichte der wissenschaftlichen Erdkunde der Griechen, Leipzig 1903.
H. Berve, Alexander der Große als Entdecker, in: ders., Gestaltende Kräfte der Antike. Aufsätze zur griechisch-römischen Geschichte, München 1949, 88–108.
A. B. Bosworth, Calanus and the Brahman Opposition, in: W. Will (Hg.), Alexander der Große. Eine Weltordnung und ihr Hintergrund, Bonn 1998, 173–203.
A. B. Bosworth, Conquest and Empire. The Reign of Alexander the Great, Cambridge 1988.
A. B. Bosworth, Alexander and the East. The Tragedy of Triumph, Oxford 1998.
A. B. Bosworth, From Arrian to Alexander. Studies in Historical Interpretation, Oxford 1988.
H. Bretzl, Botanische Forschungen des Alexanderzuges, Leipzig 1903.
P. Briant, From Cyrus to Alexander. A History of the Persian Empire, Winona Lake 2002.
V. Burr, Das geographische Weltbild Alexanders, WJ 1 (1947), 91–99.
S. M. Burstein, Alexander, Callisthenes, and the Sources of the Nile, GRBS 17 (1976), 135–146.
M. Daumas, Alexandre et la reine des Amazones, REA 94 (1992), 347–354.
J. G. Droysen, Geschichte des Hellenismus Bd. 1: Geschichte Alexanders des Großen, 1952, ND München 1980.
P. H. L. Eggermont, Alexander's Campaign in Gandhāra and Ptolemy's List of Indo-Scythian Towns, Orientalia Lovaniensia Periodica 1 (1970), 63–123.
P. H. L. Eggermont, Alexander's Campaigns in Sind and Baluchistan and the Siege of the Brahmin Town of Harmatelia, Leuven 1975.
P. H. L. Eggermont, Alexander's Campaign in Southern Punjab, Leuven 1993.
D. Engels, Logistics. Sinews of War, in: B. Campbell, L. A. Tritle (Hg.), The Oxford Handbook of Warfare in the Classical World, Oxford 2013, 360–368.
J. Engels, Philipp II. und Alexander der Große, Darmstadt 2006.
H.-J. Gehrke, Alexander der Große, 4. Aufl., München 2005.
H.-J. Gehrke, Alexander der Große – Welterkundung als Welteroberung, Klio 93 (2011), 52–65.
P. Georges, Barbarian Asia and the Greek Experience. From the Archaic Period to the Age of Xenophon, Baltimore/London 1994.
K. Geus, Space and Geography, in: A. Erskine (Hg.), A Companion to the Hellenistic Culture, Malden/Oxford 2003, 232–245.
J. Hahn (Hg.), Alexander in Indien, Sigmaringen 2000.
G. C. Hansen, Alexander und die Brahmanen, Klio 43–45 (1965), 351–380.
W. Hebette, Les Connaissances géographiques d'Alexandre le Grand, Louvain 1943.
W. Heckel, The Marshals of Alexander's Empire, London 1992.
P. Högemann, Alexander der Große und Arabien, München 1985.
F. L. Holt, Alexander the Great and Bactria, Leiden 1988.
D. N. Jha, Early India. A Concise History, Neu-Delhi 2004.
K. Karttunen, The Country of Fabulous Beasts and Naked Philosophers. India in Classical

and Medieval Literature, Arctos 21 (1987), 43–52.
R. Lane Fox, Alexander der Große. Eroberer der Welt, ND Stuttgart 2004.
E. Lascarides Zannas, A Millenary of Greek Chroniclers in India, in: U. P. Arora (Hg.), Graeco-India. India's Cultural Contacts with the Greek World, Neu-Delhi 1991, 63–73.
S. Lauffer, Alexander der Große, 2. Aufl., München 1981.
G. Malinowski, Alexander and the Beginning of the Greek Exploration in Nilotic Africa, in: V. Grieb u. a. (Hg.), Alexander the Great and Egypt. History, Art, Tradition (Philippika 60), Wiesbaden 2014, 273–286.
S. Medas, Dall'esperienza nautica al racconta di viaggio nel mondo antico. Il caso del giornale di bordo di Nearco nell'*Indiké* di Arriano, in: A. Benini, M. Giarcobelli (Hg.), Atti del II Convegno Nazionale di Archeologia Subacquea, Bari 2003, 99–106.
S. Medas, De rebus nauticis. L'arte della navigazione nel mondo antico, Rome 2004.
J. Ozols u. a. (Hg.), Aus dem Osten des Alexanderreiches. Völker und Kulturen zwischen Orient und Okzident. Iran, Afghanistan, Pakistan, Indien, Köln 1984.
G. R. Parker, The Making of Roman India, Cambridge/New York 2008.
P. Pédech, L'Expédition d'Alexandre et la science grecque, in: M. Vapheiadou-Vogiatzake (Hg.), Megas Alexandros, Thessalonike 1980, 135–156.
D. T. Potts, Old Arabia in Historic Sources, in: U. Franke, J. Gierlichs (Hg.), Roads of Africa. The Archaeological Treasures of Saudi Arabia, Tübingen 2011, 86–101.
H. P. Ray, D. T Potts (Hg.), Memory as History. The Legacy of Alexander in Asia, Neu-Delhi 2007.
J. S. Romm, Aristoteles' Elephant and the Myth of Alexander's Scientific Patronage, AJPh 110 (1989), 566–575.
A. Saleem, Alexander's Conquest of the Indus Valley, Karachi 2012.
F. Schachermeyr, Die letzten Pläne Alexanders des Großen, Berlin 1954.
J. W. Sedlar, India and the Greek World. A Study in the Transmission of Culture, Totowa/New Jersey 1980.
O. Seel (Hg.), Antike Entdeckungsfahrten. Zwei Reiseberichte, Zürich 1961.
R. Stoneman, Naked Philosophers, JRS 75 (1995), 99–114.
R. Stoneman, Who are the Brahmans?, CQ 44 (1994), 505–506.
H. Strasburger, Alexanders Zug durch die Gedrosische Wüste, Hermes 80 (1952), 456–493.
R. Thapar, Recent Perspectives on Early Indian History, Bombay 1998.
F. von Schwarz, Alexanders des Großen Feldzüge in Turkestan, 2. Aufl., Stuttgart 1906.
U. Wilcken, Alexander der Große, Leipzig 1931.
W. Will, Alexander der Große. Eine Welteroberung und ihr Hintergrund, Bonn 1998.
W. H. Willis, K. Maresch, The Encounter of Alexander with the Brahmans. New Fragments of the Cynic Diatribe (P. Genev. Inv. 271), ZPE 74 (1988), 59–83.
M. Winiarczyk, Die indischen Weisen bei den Alexanderhistorikern, Eos 96 (2009), 29–77.
A. Zambrini, Alessandro in India. Tra Conquista, Religione e Tolleranza, in: G. A. Cecconi (Hg.), Politiche religiose nel mondo antico e tardoantico. Poteri e indirizzi, forme del controllo, idee e prassi di tolleranza (Munera 33), Bari 2011, 57–66.

V. Die Erkundung des Ostens und die Forschungen der hellenistischen Zeit

1. Seleukiden und Mauryas

F. Altheim, R. Stiehl, Geschichte Mittelasiens im Altertum, Berlin 1970.

H. Bretzl, Botanische Forschungen des Alexanderzuges, Leipzig 1903.

K. Brodersen, Patrokles (3), DNP 9 (2000), 418.

M. Bussagli, Recent Research on Ancient Indian Medicine, EW 2 (1951), 147–150.

M. Casanova, Les origines de la parfumerie de l'Asie centrale au Levant, Dossiers d'Archéologie 337 (2010), 14–17.

P. H. L. Eggermont, Indien und die hellenistischen Königreiche. Zusammenschau einer west-östlichen Gesellschaft zwischen 550 und 150 v. Chr., in: J. Ozols u. a. (Hg.), Aus dem Osten des Alexanderreiches. Völker und Kulturen zwischen Orient und Okzident. Iran, Afghanistan, Pakistan, Indien, Köln 1984, 74–83.

K. Ehling, Gelehrte Freunde der Seleukidenkönige, in: A. Goltz u. a. (Hg.), Gelehrte in der Antike. FS A. Demandt, Köln u. a. 2002, 41–58.

P. Faure, Magie der Düfte. Eine Kulturgeschichte der Wohlgerüche, München 1993.

J. Filliozat, The Classical Doctrine of Indian Medicine. Its Origins and Its Greek Parallels, Delhi 1964.

P. M. Fraser, The World of Theophrastus, in: S. Hornblower (Hg.), Greek Historiography, Oxford 1994, 167–191.

G. Fussman, L'Indo-Grec Ménandre ou Paul Demièville Revisité, Jounal Asiatique 281 (1993), 61–138.

A. Gail, A New Discovery: Aśoka's Minor Rock Edict I, Pandanus 3 (2009), 127–129.

J. D. Grainger, Seleukos Nikator. Constructing a Hellenistic Kingdom, London/New York 1990.

G. T. Halkias, When the Greeks converted the Buddha. Asymmetrical Transfers of Knowledge in Indo-Greek Cultures, in: P. Wick, V. Rabens (Hg.), Religion and Trade. Religious Formation, Transformation and Cross-Cultural Exchange between East and West, Leiden/Boston 2014, 65–115.

A. Hiltebeitel, Dharma. Its Early History in Law, Religion, and Narrative, Oxford 2011.

S. Hornblower, Greek Historiography, Oxford 1994.

D. N. Jha, Early India. A Concise History, Manohar 2004.

J. P. Kosmin, The Land of the Elephant Kings. Space, Territory, and Ideology in the Seleucid Empire, Cambridge 2014.

N. J. Krom, Seleukos und Chandragupta, Hermes 44 (1909), 154–157.

H. Kuhlke, D. Rothermund, Geschichte Indiens, Stuttgart u. a. 1982.

K. Kumar Thaplyal, A New Aśokan Inscription from Ratanpurwa (Jnana-Pravaha Monograph 1), Benares 2009.

E. Lascarides Zannas, A Millinery of Greek Chroniclers in India, in: U. P. Arora (Hg.), Graeco-India. India's Cultural Contacts with the Greek World, Neu-Delhi 1991.

R. Mairs, The Hellenistic Far East. Archaeology, Language, and Identity in Greek Central Asia, Cambridge 2014.

M. R. McClish, Political Brahmanism and the State. A Compositional History of the Arthaśāstra, Diss. University of Texas 2009. https://repositories.lib.utexas.edu/handle/2152/10568 (2. 11. 2015).

A. Mehl, Seleukos Nikator und sein Reich, Teil 1: Seleukos' Leben und die Entwicklung seiner Machtposition (Studia Hellenistica 28), Leuven 1986.

K. R. Norman, Asokan Envoys and Buddhist Missionaries, in: ders., Collected Papers VIII, Lancester 2007, 183–198.

K. R. Norman, The Language of the Composition and Transmission of the Asokan Inscriptions, in: P. Olivelle u. a. (Hg.), Reimagining Aśoka. Memory and History, Delhi 2012, 38–82.

S. Paranavitana, The Greeks and the Mauryas, Colombo 1971.

G. R. Parker, The Making of Roman India, Cambridge/New York 2008.

S. Plischke, Seleukiden und Iran. Die seleukidische Herrschaftspolitik in den östlichen Satrapien (Classica et orientalia 9), Wiesbaden 2014.

D. T. Potts, Old Arabia in Historic Sources, in: U. Franke, J. Gierlichs (Hg.), Roads of Africa. The Archaeological Treasures of Saudi Arabia, Tübingen 2011, 86–101.

D. T. Potts, The Arabian Golf in Antiquity, 2 Bde., Oxford 1990.

H. P. Ray, The Winds of Change: Buddhism and the Maritime Links of Early South Asia, Delhi/Oxford 1994.

J.-F. Salles, The Arab-Persian Gulf under the Seleucids, in: A. Kuhrt, S. Sherwin-White (Hg.), Hellenism in the East. The Interaction of Greek and non-Greek Civilizations from Syria to Central Asia after Alexander, London 1987, 75–109.

H. Scharfe, The Maurya Dynasty and the Seleucids, Zeitschrift für Vergleichende Sprachforschung 85 (1971) 211–225.

R. Schmidt, EX OCCIDENTE LUX. Griechen und griechische Sprache im hellenistischen Fernen Osten, in: P. Steinmetz (Hg.), Beiträge zur Hellenistischen Literatur und ihrer Rezeption in Rom (Palingemesia 28), Stuttgart, 41–58.

U. Schneider, Die großen Felsen-Edikte Aśokas. Kritische Ausgabe, Übersetzung und Analyse der Texte, Wiesbaden 1978.

F. F. Schwarz, Neue Perspektiven in den griechisch-indischen Beziehungen, Orientalistische Literaturzeitung 67 (1972), 5–27.

F.F. Schwarz, Deimachos von Plataiai. Zum geistesgeschichtlichen Hintergrund seiner Schriften, in: R. Stiehl, H. E. Stier (Hg.), Beiträge zur Alten Geschichte und deren Nachleben. FS F. Altheim I, Berlin 1969, 293–304.

D. A. Scott, Ashokan Missionary Expansion of Buddhism Among the Greeks in North West India, Bactria and the Levant, Religion 15 (1985), 131–141.

G. Shipley, The Greek World after Alexander 323–30 B.C., London 2000.

F. Squarcini, La logica della tolleranza di Asoka e la genealogia de una nuova politica religiosa, a lato del mondo Ellenistico, in: G. A. Cecconi (Hg.), Politiche religiose nel mondo antico e tardoantico. Poteri e indirizzi, forme del controllo, idee e prassi di tolleranza (Munera 33), Bari 2011, 67–96.

R. Thapar, Aśoka and the Decline of the Mauryas. With a New Afterword, Bibliography, and Index, Delhi 1997.

R. Thapar, The Mauryas Revisited, Kalkutta 1987.

R. Thapar, A History of Early India, London 1990.

D. Vassaliades, Greeks and Buddhism. Historical Contacts in the Development of an Universal Religion, The Eastern Buddhist 36 (2004), 134–183.

O. von Hinüber, Did Hellenistic Kings Send Letters to Asoka?, JAOS 130 (2010), 261–266.

M. Winiaczyk, Die indischen Weisen bei den Alexanderhistorikern, Eos 96 (2009), 29–77.

J. Wiesehöfer, Geschenke, Gewürze und Gedanken. Überlegungen zu den Beziehungen zwischen Seleukiden und Mauryas, in: E. Dabrowa (Hg.), Ancient Iran and the Mediterranean World, Kraków 1998, 225–236.

J. Wiesehöfer, Mare Erythraeum, Sinus Persicus und Fines Indiae. Der Indische Ozean in hellenistischer und römischer Zeit, in: S. Conermann (Hg.), Der Indische Ozean (Asien und Afrika 1), Hamburg 1998, 9–36.

M. Witzel, Das alte Indien, München 2003.

G. Wöhrle, Theophrasts Methode in seinen botanischen Schriften (Studien zur antiken Philosophie 13), Amsterdam 1985.

K. Zysk, Ascetism and Healing in Ancient India. Medicine in the Buddhist Monastery, New York/Oxford 1999.

2. Griechen am Ganges/ Megasthenes/ Menander

M. Alram, Die Geschichte der Seidenstraße im Spiegel der Münzen, MÖNG 42 (2002), 34–45.

R. Allchin, u. a. (Hg.), Gandharian Art in Context. East West Exchanges at the Crossroades of Asia, Neu-Delhi 1997.

P. C. Almond, Buddhism in the West. 300 BC–AD 400, Journal of Religious History 14 (2007), 235–245.

C. Beckwith, Empires of the Silk Road. A History of Central Eurasia From the Bronze Age to the Present, Princeton/Oxford 2009.

R. Bichler, Politische Utopie und fremde Kultur im Bild der hellenistischen Utopie, in: ders., Historiographie – Ethnographie – Utopie. Gesammelte Schriften, hrsg. von R. Rollinger, Teil 2: Studien zur Utopie und der Imagination fremder Welten (Philippika 18,2), Wiesbaden 2008, 106–127 (= 2008b).

D. Bivar, Die Nomadenreiche und die Ausbreitung des Buddhismus, in: G. Hambly (Hg.), Zentralasien (Fischer Weltgeschichte 16), Augsburg 1986, 46–60.

O. Bopearachchi, Mènandre Soter, un roi indo-grec. Observations chronologique et géographiques, Studia Iranica 19 (1990), 39–85.

A. B. Bosworth, Alexander and the East. The Tragedy of Triumph, Oxford 1998.

A. B. Bosworth, The Historical Setting of Megasthenes' Indica, CPh 91 (1996), 113–127.

M. Brandtner, Taxila. Geschichte und Deutungen einer Stadt am indischen Ausläufer der Seidenstraßen, in: U. Hübner u. a. (Hg.), Asien und Afrika. Die Seidenstraße, Hamburg 2005, 35–61.

B. Breloer, Megasthenes über die indische Gesellschaft, ZDMG 88 (1934), 130–163.

O. Coloru, Da Alessandro a Menandro: il regno greco di Battriana (Studi ellenistici 21), Pisa/Rom 2009.

A. Dihle, Zur hellenistischen Ethnographie, in: ders., Antike und Orient. Gesammelte Aufsätze, hrsg. von V. Pöschl und H. Petersmann, Heidelberg 1984, 21–46. (= Dihle 1984a)

A. Dihle, Der fruchtbare Osten, in: ders., Antike und Orient. Gesammelte Aufsätze, hrsg. von V. Pöschl und H. Petersmann, Heidelberg 1984, 47–60 (= Dihle 1984b).

A. Dihle, Der Seeweg nach Indien, in: ders., Antike und Orient. Gesammelte Aufsätze, hrsg. von V. Pöschl und H. Petersmann, Heidelberg 1984, 109–117 (= Dihle 1984d).

L. Finot, Les questions de Milinda, Paris 1992.

G. Fussman, L'indo-grec Ménandre ou Paul Demièville revisité, Jounal Asiatique 281 (1993), 61–138.

S. Goyal, The Indica of Megasthenes. Its Content and Reliability, Jodhpur 2000.

G. T. Halkias, When the Greeks Converted the Buddha. Asymmetrical Transfers of Knowledge in Indo-Greek Cultures, in: P. Wick, V. Rabens (Hg.), Religion and Trade. Religious Formation, Transformation and Cross-Cultural Exchange between East and West, Leiden/Boston 2014, 65–115.

O. von Hinüber, A Handbook of Pali Literature (Indian Philology and South Asian Studies 2), Berlin/New York 2000.

I. B. Horner, Milinda's Questions. Translated From the Paly, 2 Bde., London 1963–1964.

H. Hosten, The Mouthless Indians, JPASB 8 (1912), 291–301.

K. Karttunen, India and the Hellenistic World (Studia Orientalia 83), Helsinki 1997.

P. J. Kosmin, The Land of the Elephant Kings. Space, Territory, and Ideology in the Seleucid Empire, Cambridge Mass./London 2014.

C. M. Kraay, Demetrius in Bactria and India, NAC 10 (1981), 219–233.

H. Kulke, D. Rothermund, Geschichte Indiens, Stuttgart u. a. 1982.

M. R. McClish, Political Brahmanism and the State. A Compositional History of the Arthaśāstra, Diss. University of Texas 2009, https://repositories.lib.utexas.edu/handle/2152/10568 (2. 11. 2015).

A. Mehl, Seleukos Nikator und sein Reich, Teil 1: Seleukos' Leben und die Entwicklung seiner Machtposition (Studia Hellenistica 28), Leuven 1986.

A. K. Narain, The Indo-Greeks, Oxford 1957.

P. Olivelle, King, Governance, and Law in Ancient India. Kautilya's Arthasastra, Oxford 2013.

J. W. Sedlar, India and the Greek World. A Study in the Transmission of Culture, Totowa/New Jersey 1980.

H. Sidky, The Greek Kingdom of Bactria. From Alexander to Eucradides the Great, Philadelphia 2000.

U. Singh, A History of Ancient and Early Medieval India. From the Stone Age to the 12th Century, Delhi u. a. 2008.

O. Stein, Megasthenes und Kautilya, SAWW 191,5 (1921), 119–232.

D. Vassaliades, Greeks and Buddhism. Historical Contacts in the Development of an Universal Religion, The Eastern Buddhist 36 (2004), 134–183.

R. Wittkower, Die Wunder des Ostens. Ein Beitrag zur Geschichte der Ungeheuer, in: ders., Allegorie und der Wandel der

Symbole in Antike und Renaissance, Köln 1977, 87–150.
A. Zambini, Gli Indica di Megastene, ASNP 12,1 (1982), 71–149.
A. Zambrini, Gli Indica di Megastene, ASNP 15 (1985), 781–853.

3. Die Expeditionen der Ptolemäer und die Geographie des Eratosthenes

S. Bianchetti, Die Seerouten nach Indien in hellenistischer und in römischer Zeit, in: E. Olshausen, H. Sonnabend (Hg.), Zu Wasser und zu Lande – Verkehrswege in der antiken Welt (Stuttgarter Kolloquium zur historischen Geographie des Altertums 7), Stuttgart 2002, 22–27.
R. Böker, Monsunschifffahrt, RE 9 (1962), 403–411.
J. M. F. Boussac, J. F. Salles (Hg.), A Gateway From the Eastern Mediterranean to India, Neu-Delhi 2005. (= Boussac/Salles 2005).
K. Buraselis u.a. (Hg.), The Ptolemies, the Sea, and the Nile. Studies in Waterborne Power, Cambridge 2013.
S. M. Burstein, Ivory and Ptolemaic Exploration of the Red Sea. The Missing Factor, Topoi 6 (1996), 799–807.
S. M. Burstein, The Hellenistic Fringe. The Case of Meroe, in: P. Green (Hg.), Hellenistic History and Culture, Berkeley u. a. 1993, 38–66 (mit Diskussion).
J. Desanges, Recherches sur l'activité des méditerranéens aux confins de l'Afrique, Rom 1978.
A. Dihle, Der Seeweg nach Indien, in: ders., Antike und Orient. Gesammelte Aufsätze, hrsg. von V. Pöschl und H. Petersmann, Heidelberg 1984, 109–117 (= Dihle 1984d).
A. Dihle, Die entdeckungsgeschichtlichen Voraussetzungen des Indienhandels der römischen Kaiserzeit, ANRW 2,9,2 (1978), 546–580.
R. Drexhage, Untersuchungen zum römischen Osthandel, Bonn 1988.
D. P. M. Weerakkody, Taprobane. Ancient Sri Lanka as Known to Greeks and Romans, Turnhout 1997.
T. Fahd, L'Arabie préislamique et son environement historique et culturel, Leiden 1989.
S. Faller, Taprobane im Wandel der Zeit. Das Sri-Lanka-Bild in griechischen und lateinischen Quellen zwischen Alexanderzug und Spätantike, Stuttgart 2000.
J. Filliozat, La valeur des connaissances grécoromaines sur l'Inde, JS (1981) 97–135.
V. Gabrielsen, Rhodes and the Ptolemaic Kingdoms. The Commercial Infrastructure, in: K. Buraselis u. a. (Hg.), The Ptolemies, the Sea, and the Nile. Studies in Waterborne Power, Cambridge 2013, 66–81.
K. Geus, Eratosthenes, in: W. Hübner (Hg.), Geographie und verwandte Wissenschaften, Stuttgart 2000, 75–92.
K. Geus, Eratosthenes von Kyrene. Studien zur hellenistischen Kultur- und Wissenschaftsgeschichte, München 2002.
K. Geus, Claudius Ptolemy on Egypt and East Africa, in: K. Buraselis u. a. (Hg.), The Ptolemies, the Sea, and the Nile. Studies in Waterborne Power, Cambridge 2013, 218–231.
F. Gisinger, Timosthenes, RE 6 A2, (1937), 1310–1322.
C. Habicht, Eudoxos of Cyzicus and Ptolemaic Exploration of the Sea Route to India, in: K. Buraselis u. a. (Hg.), The Ptolemies, the Sea and the Nile. Studies in Waterborne Power, Cambridge 2013, 197–206.
G. Hagenow, Untersuchungen zu Artemidors Geographie des Westens, Erlangen 1932.
G. Hölbl, Geschichte des Ptolemäerreiches. Politik, Ideologie und religiöse Kultur von Alexander dem Großen bis zur römischen Eroberung, Darmstadt 1994.
I. Hofmann, Wege und Möglichkeiten eines indischen Einflusses auf die meroitische Kultur, St. Augustin 1975.
M. Hubbell, Ptolemy's Zoo, CJ 31 (1935), 68–77.
W. Huss, Die antike Mittelmeerwelt und Innerafrika bis zum Ende der Herrschaft der Karthager und der Ptolemaier, in: H. Duchhardt u. a. (Hg.), Afrika: Entdeckung und Erforschung eines Kontinents (Bayreuther Historische Kolloquien 3), Köln/Wien 1989, 1–29.
W. Huss, Die Quellen des Nils. Chronique d'Egypte 65 (1990), 334–343.

W. Huss, Ägypten in hellenistischer Zeit 332–30 v. Chr., München 2001.
E. Kiessling, Hippalon pelagos, RE 8 (1913), 1656–1657.
H. Kortenbeutel, Der ägyptische Süd- und Osthandel in der Politik der Ptolemäer und römischen Kaiser, Berlin 1931.
M. Laffranque, Poseidonios, Eudoxe de Cyzique et la Circumnavigation de l'Afrique, RPFE 153 (1963), 199–222.
E. Lascarides-Zannas, Greece and South India. From Ptolemy Philadelphus (283–246 B.C.) to Cosmas Indicopleustes (c. 545 A.D.), in: M. Aruṇācalam (Hg.), Proceedings of the Fifth International Conference-Seminar of Tamil Studies, Madras 1981, 1–11.
D. Lorton, The Supposed Expedition of Ptolemy II to Persia, JEA 57 (1971), 160–164.
J. G. Manning, The Relationship of Evidence to Models in the Ptolemaic Economy (322 BC–30 BC), in: ders., I. Morris (Hg.), The Ancient Economy, Stanford 2005, 163–186.
D. Meyer, Hellenistische Geographie zwischen Wissenschaft und Literatur. Timosthenes von Rhodos und der griechische Periplus, in: W. Kullmann u. a. (Hg.), Gattungen wissenschaftlicher Literatur in der Antike (ScriptOralia 95), Tübingen 1998, 193–215.
D. T. Potts, The Arabian Golf in Antiquity, 2 Bde., Oxford 1990.
C. Préaux, Les grecs à la découverte de l'Afrique per l'Egypte, CE 32 (1957), 284–312.
F. Prontera, Timosthenes and Eratosthenes. Sea Routes and Hellenistic Geography, in: K. Buraselis u. a. (Hg.), The Ptolemies, the Sea, and the Nile. Studies in Waterborne Power, Cambridge 2013, 207–217.
H. P. Ray, The Winds of Change: Buddhism and the Maritime Links of Early South Asia, Delhi/Oxford 1994.
H. P. Roschinski, Geschichte der Nabatäer, in: G. Salies (Hg.), Die Nabatäer. Erträge einer Ausstellung im Rheinischen Landesmuseum Bonn (Kunst und Altertum am Rhein 106), Köln/Bonn 1981, 1–26.
J. F. Salles, The Arab-Persian Gulf Under the Seleucids, in: A. Kuhrt, S. Sherwin-White (Hg.), Hellenism and the East, Berkeley 1987, 75–108.
E. A. Seland, Shipwreck, Maroons and Monsters. The Hazards of Ancient Red Sea Navigation, in: L. Blue u. a. (Hg.), Connected Hinterlands. Proceedings of the Red Sea Project 4, Oxford 2009, 179–185.
S. E. Sidebotham, W. Ashworth, Roman Economic Policy in the Erythra Thalassa. 30 BC–AD 217, Leiden 1986.
S. E. Sidebotham, Berenike and the Ancient Maritime Spice Route, New York 2011.
F. M. Snowden, Blacks in Antiquity, Cambridge Mass. 1970.
W. Tarn, Ptolemy II and Arabia, Journal of Egyptian Archeology 15 (1929), 9–25.
J. H. Thiel, Eudoxus of Cyzicus. A Chapter in the History of the Sea-Route to India and the Route Round the Cape in Ancient Times, Groningen 1967.
E. A. Wagner, Die Erdbeschreibung des Timosthenes von Rhodos, Leipzig 1888.
R. Werner, Zum Afrikabild im Altertum, in: K. Dietz u. a. (Hg.), Klassisches Altertum, Spätantike und Christentum. FS A. Lippold, Würzburg 1993, 1–36.
J. Wiesehöfer, Mare Erythraeum, Sinus Persicus und Fines Indiae, in: S. Conermann (Hg.), Der Indische Ozean in hellenistischer und römischer Zeit (Asien und Afrika 1), Hamburg 1998, 9–36.
U. Wilcken, Punt-Fahrten in der Ptolemäerzeit, Zeitschrift für Ägyptische Sprache und Altertumskunde 60 (1925), 86–102.
D. Woelk, Agatharchides von Knidos, Über das Rote Meer, Übersetzung und Kommentar, Bamberg 1966.

VI. Die Erschließung des Nordens durch die Römer

1. Amerika rückt näher – Die atlantischen Inseln im 2. Jahrhundert v. Chr.

G. Böhm, Die iberische Inschrift von Paraíba (Beiträge zur Afrikanistik 46), Wien 1993.

G. W. Clarke, Ancient Knowledge of the Gulf Stream, CPh 62 (1967), 25–31.

K. Clarke, Between Geography and History. Hellenistic Constructions of the Roman World, Oxford 1999.

B. Cunliffe, Facing the Ocean. The Atlantic and Its Peoples, 8000 BC–AD 1500, Oxford 2001.

L. Delekat, Phönizier in Amerika. Die Echtheit der 1873 bekannt gewordenen kanaanäischen (altsidonischen) Inschrift aus Paraiba in Brasilien nachgewiesen (Bonner biblische Beiträge 32), Bonn 1969.

V. Gabrielsen, Rhodes and the Ptolemaic Kingdoms. The Commercial Infrastructure, in: K. Buraselis u. a. (Hg.), The Ptolemies, the Sea, and the Nile. Studies in Waterborne Power, Cambridge 2013, 66–81.

H. Giffhorn, Wurde Amerika in der Antike entdeckt? Karthager, Kelten und das Rätsel der Chachapoya, München 2013.

H. Hauben, Ceux qui naviguent sur la mer extérieure (SB III 7169), ZPE 59 (1985), 135–136.

W. V. Harris, K. Iara (Hg.), Maritime Technology in the Ancient Economy. Ship-Design and Navigation, Portsmouth/Rhode Island 2011.

P. Horden, N. Purcell, The Corrupting Sea. A Study of Mediterranean History, Malden 2007.

P. Kay, Rome's Economic Revolution (Oxford Studies on the Roman Economy), Oxford 2014.

P. T. Keyser, From Myth to Map. The Blessed Isles in the First Century B.C., AncW 24 (1993), 149–168.

M. Ladewig, Rom – Die antike Seerepublik. Untersuchungen zur Thalassokratie der *res publica populi romani* von den Anfängen bis zur Begründung des Principats (Potsdamer Altertumswissenschaftliche Beiträge 48), Stuttgart 2014.

M. Laffranque, Poseidonios, Eudoxe de Cyzique et la circumnavigation de l'Afrique, RPFE 153 (1963), 199–222.

P. Mayerson, Aelius Gallus at Cleopatris (Suez) and on the Red Sea, GRBS 36 (1995), 17–24.

S. Medas, De rebus nauticis. L'arte della navigazione nel mondo antico, Rome 2004.

P. Pédech, Un texte discuté de Pline. Le voyage de Polybe en Afrique (NH 5, 9–10), REL 33 (1955), 318–32.

P. Pédech, La culture de Polybe et la science de son temps, in: E. Gabba (Hg.), Polybe, Genf 1974, 39–60.

G. Pollet (Hg.), India and the Ancient World. History, Trade and Culture before A.D. 650. FS P. H. L. Eggermont (Orientalia Lovaniensia Analecta 25), Leuven/Louvain 1987.

D. W. Roller, Through the Pillars of Herakles, New York 2006.

D. W. Roller, The World of Juba II and Kleopatra Selene. Royal Scholarship on Rome's African Frontier, London/New York 2003.

K. Ruffing, Das Imperium Romanum als Wirtschaftsraum, MBAH 27, 2009, 63–94.

P. Schmitt, Connaissance des îles Canaries dans l'antiquité, Latomus 27 (1968), 362–391.

R. Schulz, Roms Griff nach dem Meer, in: T. Hantos, G. A. Lehmann (Hg.), Althistorisches Kolloquium aus Anlaß des 70. Geburtstags von Jochen Bleicken, Stuttgart 1998, 121–134.

J. H. Thiel, Eudoxus of Cyzicus. A Chapter in the History of the Sea-Route to India and the Route Round the Cape in Ancient Times, Groningen 1967.

J. O. Thomson, A History of Ancient Geography, Cambridge 1948.

D. Timpe, Entdeckungsgeschichte, RGA 7 (1989), 307–389.

F. W. Walbank, The Geography of Polybius, C&M 9 (1948), 155–182.

R. Whittaker, Indian Trade Within the Roman Imperial Network, in: ders., Rome and its Frontiers. The Dynamics of Empire, London/New York 2004, 163–180 (= 2004b).

2. Roms Vorstoß in die mitteleuropäischen Binnenräume – Poseidonios – Caesar

F. Beckmann, Geographie und Ethnographie in Caesars Bellum Gallicum, Dortmund 1930.

B. M. Bell, The Contribution of Julius Caesar to the Vocabulary of Ethnography, Latomus 54 (1995), 753–767.

E. H. Berger, Geschichte der wissenschaftlichen Erdkunde der Griechen, Leipzig 1903.

K. Brodersen, Terra cognita. Studien zur römischen Raumerfassung, Spudasmata 59 (1995), 221–224.

K. Brodersen, Das römische Britannien. Spuren seiner Geschichte, Darmstadt 1998.

K. Brodersen, J. Elsner (Hg.): Images and Texts on the »Artemidorus Papyrus«, Stuttgart 2009.

K. Clarke, Between Geography and History. Hellenistic Constructions of the Roman World, Oxford 1999.

B. Cunliffe, La Gaule et ses voisins. Le grand commerce dans l'antiquité, Paris 1993.

B. Cunliffe, Facing the Ocean, Oxford 2001.

D. Detlefsen, Die Entdeckung des germanischen Nordens in Altertum, London 1904.

A. Dihle, Zur hellenistischen Ethnographie, in: ders., Antike und Orient. Gesammelte Aufsätze, hrsg. von V. Pöschl und H. Petersmann, Heidelberg 1984, 21–46 (= Dihle 1984a).

A. Dihle, Der fruchtbare Osten, in: ders., Antike und Orient. Gesammelte Aufsätze, hrsg. von V. Pöschl und H. Petersmann, Heidelberg 1984, 47–60 (= Dihle 1984b).

B. Dreyer, Arminius und der Untergang des Varus. Warum die Germanen keine Römer wurden, Stuttgart 2009.

P. Freeman, Ireland and the Classical World, Austin 2001.

J. Gagé, L'Inde et les navigations atlantiques dans l'antiquité, RH 205 (1951), 189–216.

L. A. Garcia Moreno, Las navegaciones romanas por el Atlántico norte, in: V. Alonso Troncoso (Hg.), Guerra, exploraciones y navegación, Coruña 1995, 101–110.

B. Günneweg, Das Bild der Germanen und Britannier. Untersuchungen zur Sichtweise von fremden Völkern in antiker Literatur und moderner wissenschaftlicher Forschung (Europäische Hochschulschriften 3. Geschichte und ihre Hilfswissenschaften 792), Frankfurt am Main u. a. 1998.

O. Hansen, Did Poseidonios Give Germania Her Name?, Latomus 48 (1989), 878–979.

R. Hennig, Die britischen Inseln im Altertum, Saeculum 3 (1952), 67–78.

A. Hofeneder, Die Religion der Kelten in den antiken literarischen Zeugnissen, Teil 1, Wien 2005.

S. Hutter, Vestis virum reddit. Zur Beurteilung des äußeren Erscheinungsbildes von Fremdvölkern in der Ethnographie der späten Republik und frühen Kaiserzeit (Grazer Altertumswissenschaftliche Studien 8), Frankfurt am Main u. a. 2002.

K.-P. Johne, Die Römer an der Elbe. Das Stromgebiet der Elbe im geographischen Weltbild und politischen Bewusstsein der griechisch-römischen Antike, Berlin 2006.

E. Kistler, Funktionalisierte Keltenbilder. Die Indienstnahme der Kelten zur Vermittlung von Normen und Werten in der hellenistischen Welt, Berlin 2009.

C. B. Krebs, »Imaginary Geography« in Caesar's Bellum Gallicum, AJPh 127 (2006), 111–136.

A. Kühnen: Die imitatio Alexandri in der römischen Politik (1. Jh. v. Chr. bis 3. Jh. n. Chr.), Münster 2008.

J. Kunow, Zum Handel mit römischen Importen in der Germania Libera, in: K. Düwel u. a. (Hg.), Untersuchungen zu Handel und Verkehr der vor- und frühgeschichtlichen Zeit in Mittel- und Nordeuropa, Teil 1: Methodische Grundlagen und Darstellungen zum Handel in vorgeschichtlicher Zeit und in der Antike, Göttingen 1985, 430–450.

J. Malitz, Die Historien des Poseidonios, München 1983.

M. Marco, Omero come achetipo culturale nell'etnografia celtica di Posidonio d'Apamea (con un confronto con l'etnografia Britannica di Timeo di Tauromenio), in: F. Montanari (Hg.), Omero. Tremila anni dopo (Storia e Letteratura 210), Rom 2002, 579–623.

M. Martin, Posidonio d'Apamea e i Celti. Un viaggiatore greco in Gallia prima di Cesare, Rom 2012.

G. M. Morgan, Imperium sine fine. Romans and World Conquest in the First Century B.C. in: S. M. Burstein, L. A. Okin (Hg.), Panhellenics. FS T. S. Brown, Laurence 1990, 143–154.

J. Peddie, Conquest. The Roman Invasion of Britain, Sutton 1998.

H. Plischke, Verschlagungen von Bewohnern Amerikas nach Europa im Altertum und Mittelalter, Petermanns Mitteilungen 62 (1916), 93–95.

M. Rathmann, The Tabula Peutingeriana in the Mirror of Ancient Carthography. Aspects of a Reappraisal, in: ders./K. Geus (Hg.), Vermessung der Oikumene (Topoi 14), Berlin/Boston 2013, 203–218.

M. Reddé, La navigation au large des côtes atlantiques de la Gaule à l'époque romaine, MEFR 91 (1979), 481–489.

K. Reinhardt, Poseidonios, München 1921.

F. Richard, La victoire mystique de l'empereur sur l'océan, Chiron 37 (1982), 163–166.

M. Ruggierei, Poseidonio e i Celti, Florenz 2000.

P. Schmid, Der Handel der römischen Kaiserzeit im niedersächsischen Nordseeküstengebiet aufgrund archäologischer Zeugnisse, in: K. Düwel u. a. (Hg.), Untersuchungen zu Handel und Verkehr der vor- und frühgeschichtlichen Zeit in Mittel- und Nordeuropa, Teil 1: Methodische Grundlagen und Darstellungen zum Handel in vorgeschichtlicher Zeit und in der Antike, Göttingen 1985, 451–459.

K. Schmidt, Kosmologische Aspekte im Geschichtswerk des Poseidonios, Göttingen 1980.

R. Schulz, Die Antike und das Meer, Darmstadt 2005.

W. Seston, Gades et l'Empire romain, Hispania 2 (1968), 1–14.

W. Sieglin, Entdeckungsgeschichte von England im Altertum, in: Verhandlungen des siebenten Internationalen Geographenkongresses (Berlin 1899), Berlin 1901, 845–876.

A. Spekke, The Ancient Amber Routes and the Geographical Discovery of the Eastern Baltic, Stockholm 1957.

R. J. A. Talbert, The Roman Worldview. Beyond Recovery?, in: K. A. Raaflaub, R. J. A. Talbert (Hg.), Geography and Ethnography. Perceptions of the World in Pre-Modern Societies, Malden/Oxford 2010, 252–272.

A. Tchernia, L'exportation du vin. Interprétations actuelles de l'exception gauloise, in: J. Carlsen, E. Lo Cascio (Hg.), Agricoltura e scambi nell'Italia tardo-repubblicana, Bari 2009, 91–113.

J. J. Tierney, The Celtic Ethnography of Posidonius, PRIA C 60 (1959), 189–275.

D. Timpe, Rom und die Barbaren des Nordens, in: M. Schuster (Hg.), Die Begegnung mit dem Fremden. Wertungen und Wirkungen in Hochkulturen vom Altertum bis zur Gegenwart (Colloquium Rauricum 4), Stuttgart/Leipzig 1996, 34–50.

M. Todd, Die Germanen. Von den frühen Stammesverbänden zu den Erben des Weströmischen Reiches, Darmstadt 2000.

A. Tomaschitz, Die Wanderungen der Kelten in der antiken literarischen Überlieferung, Wien 2002.

D. Vitali (Hg.), Celtes et Gaulois, Teil 2: La Préhistoire des Celtes, Glux-en Glenne 2006.

A. J. Voillat-Sauer, Entre exotisme et héroisme. Les Celtes des Poseidonios, in: C. Calame (Hg.), Figure grecques, Lausanne 1992, 103–122.

G. Webster, The Roman Invasion of Britain, 1980, ND London/New York 1999.

C. R. Whittaker, Rome and Its Frontiers. The Dynamics of Empire, London/New York 2004.

W. Will, Julius Caesar. Eine Bilanz, Stuttgart u. a. 1992.

H. Wolfram, Die Germanen, 3. Aufl., München 1997.

G. Woolf, Tales of the Barbarians. Ethnography and Empire in the Roman West, London 2011.

3. Zur Elbe und Ostsee

K. Brodersen, Das römische Britannien. Spuren seiner Geschichte, Darmstadt 1998.

K. Clarke, Between Geography and History. Hellenistic Constructions of the Roman World, Oxford 1999.

A. Dihle, Plinius und die geographische Wissenschaft in der Römischen Kaiserzeit, in: ders., Antike und Orient. Gesammelte Aufsätze, hrsg. von V. Pöschl und H. Petersmann, Heidelberg 1984, 174–190.

J. Engels, Augusteische Oikumenegeographie und Universalhistorie im Werk Strabons von Amaseia (Geographica Historica 12), Stuttgart 1999.

J. Engels, Die Raumauffassung des augusteischen Oikumenereiches in den Geographika Strabons, in: M. Rathmann (Hg.), Wahrnehmung und Erfassung geographischer Räume in der Antike, Mainz 2007, 123–134.

J. Engels, Strabons Weltbild, seine Horizonte und die Ränder der Oikumene, in: J. Cobet (Hg.), Weltwissen vor Kolumbus (Periplus 23), Berlin u. a. 2013, 58–75.

J. Gagé, Hercule-Melqart, Alexandre et les Romains à Gades, REA 42 (1940), 425–437.

C. Hänger, Die Karte des Agrippa, in: M. Rathmann (Hg.), Wahrnehmung und Erfassung geographischer Räume in der Antike, Mainz 2007, 135–142.

C. Hänger, Die Welt im Kopf. Raumbilder und Strategie im römischen Kaiserreich, Göttingen 2001.

K.-P. Johne, Die Römer an der Elbe. Das Stromgebiet der Elbe im geographischen Weltbild und politischen Bewusstsein der griechisch-römischen Antike, Berlin 2006.

J. Kunow, Zum Handel mit römischen Importen in der Germania Libera, in: K. Düwel u. a. (Hg.), Untersuchungen zu Handel und Verkehr der vor- und frühgeschichtlichen Zeit in Mittel- und Nordeuropa, Teil 1: Methodische Grundlagen und Darstellungen zum Handel in vorgeschichtlicher Zeit und in der Antike, Göttingen 1985, 430–450.

R. Moyhihan, Geographical Mythologie and Imperial Ideology, in: R. Winkes (Hg.), The Age of Augustus, Louvrain/Rhode Island 1985, 149–162.

C. Nicolet, Space, Geography, and Politics in the Early Roman Empire, Ann Arbor 1991.

D. Quast, M. Erdrich (Hg.), Die Bernsteinstraße, Archäologie in Deutschland Sonderheft 4, Darmstadt 2014.

F. Richard, La victoire mystique de l'empereur sur l'océan, Chiron 37 (1982), 163–170.

D.W. Roller, The World of Juba II and Kleopatra Selene. Royal Scholarship on Rome's African Frontier, London/New York 2003.

Y. Roman, Auguste, l'océan et l'imperialisme romain, Ktema 8 (1983), 261–268.

P. Schnabel, Die Weltkarte des Agrippa als wissenschaftliches Mittelglied zwischen Hipparch und Ptolemaeus, Philologus 90 (1935), 432–439.

S. E. Sidebotham, Roman Economic Policy in the Erythra Thalassa. 30 BC–AD 217, Leiden 1986.

J. Svennung, Skandinavien bei Plinius und Ptolemaios. Kritisch-exegetische Forschungen zu den ältesten nordischen Sprachdenkmälern, Stockholm 1974.

D. Timpe, Romano-Germanica, Stuttgart 1995.

D. Timpe, Wegeverhältnisse und römische Okkupation Germaniens. in: H. J. Jankuhn u. a. (Hg.), Untersuchungen zu Handel und Verkehr der vor- und frühgeschichtlichen Zeit in Mittel- und Nordeuropa, Teil 5: Der Verkehr. Verkehrswege, Verkehrsmittel, Organisation, Göttingen 1989, 83–107.

D. Timpe, Entdeckungsgeschichte, RGA 7 (1989), 307–389.

C. R. Whittaker, Rome and Its Frontiers. The Dynamics of Empire, London/New York 2004.

J. Wielowiejski, Bernsteinstrasse und Bernsteinweg während der römischen Kaiserzeit im Lichte der neueren Forschung, MBAH 3 (1984), 69–87.

VII. Die Globalisierung Eurasiens

1. Pfeffer und Weihrauch – Die Suche nach den Schätzen des Indischen Ozeans

R. Alston, Soldier and Society in Roman Egypt, London 1995.

P. Arnaud, Ancient Sailing-Routes and Trade Patterns. The Impact of Human Factors, in: D. Robinsohn, A. Wilson (Hg.), Maritime Archaeology and Ancient Trade in the Mediterranean, Oxford 2011, 61–80.

P. Arnaud, Sailing 90 degrees from the Wind. Norm or exception, in: W. V. Harris, K. Iara (Hg.), Maritime Technology in the Ancient Economy. Ship-Design and Navigation, Portsmouth/Rhode Island 2011, 147–160.

S. Bandaranayake u. a. (Hg.), Sri Lanka and the Silk Road of the Sea, Colombo 1990.

P. F. Bang, The Roman Bazaar. A Comparative Study of Trade and Markets in a Tributary Empire, Cambridge 2008.

A. F. L. Beeston, The Arabian Aromatics Trade in Antiquity, in: M. C. A. MacDonald, C. S. Philipps (Hg.), A. F. L. Beston at the Arabian Seminar and Other Papers, Oxford 2005, 53–64.

J. L. Berggren, A. Jones, Ptolemy's Geography: An Annotated Translation of the Theoretical Chapters, New York 2000.

L. Blue, J. Whitewright, R. Thomas, Ships and Ships' Fittings, in: L. Blue, D. Peacock (Hg.), Myos Hormos – Quseir al-Qadim. Roman and Islamic Ports on the Red Sea, Teil 2: Finds from the Excavations 1999–2003 (BAR International Series 2286), Oxford 2011, 179–209.

J. M. F. Boussac, J.-F. Salles (Hg.), A Gateway from the Eastern Mediterranean to India. The Red Sea in Antiquity, Neu-Delhi 2005.

J.-F. Breton, Arabia Felix from the Time of the Queen of Sheba, übers. v. A. LaFarge, Notre Dame 1999.

K. Buschmann, Motiv und Ziel des Aelius Gallus-Zuges nach Südarabien, Die Welt des Orients 22 (1991), 85–93.

M. Casevitz, Who Used to Read the Periplus Maris Erythraei?, in: J. M. F. Boussac, J. F. Salles (Hg.), A Gateway From the Eastern Mediterranean to India, Neu-Delhi 2005, 225–229.

L. Casson, Rome's Trade with the East. The Sea Voyage to Africa and India, TAPhA 110 (1980), 21–36.

L. Casson, The Periplus Maris Erythraei. Text with Introduction, Translation and Commentary, Princeton 1989.

L. Casson, Ancient Naval Technology and the Route to India, in: V. Begley, R. D. De Puma (Hg.), Rome and India. The Ancient Sea Trade, Madison 1991, 8–11.

R. Chakravarti, Traders and Trade in Early Indian Society, Delhi 2002.

F. Chami, Graeco-Roman Trade Link and the Bantu Migration Theory, Anthropos 94 (1999), 205–215.

F. Chami, P. J. Msemwa, A New Look at Culture and Trade on the Azanian Coast, Current Anthropology 38 (1997), 673–677.

M. Chandra, Trade and Trade Routes in Ancient India, Neu-Delhi 1977.

H. Comfort, Terra Sigillata from Arikamedu, in: V. Begley, R. D. De Puma (Hg.), Rome and India. The Ancient Sea Trade, Madison 1991, 134–150.

P. Crone, Meccan Trade and the Rise of Islam, Princeton 1987.

F. De Romanis, Greek Graffiti Found in the Wadi Menih El-Her. A Vestorius Between Coptos and Berenike, in: J. M. F. Boussac, J. F. Salles (Hg.), A Gateway From the Eastern Mediterranean to India, Neu-Delhi 2005, 43–57.

F. De Romanis (Hg.), Crossings. Early Mediterranean Contacts with India, Manhohar 1997.

F. De Romanis, Cassia, cinnamomo, ossidiana, Rom 1996.

R. Dellbrück, Südasiatische Seefahrt im Altertum, BJb 155–6 (1955–6), 8–58, 229–309.

A. D'Hautcourt, Les romains et le commerce des aromates dans l'ocean indien, in: A. Verbanck-Pierard, u.a. (Hg.), Parfums de l'antiquité. La rose et l'encun en méditerranée, Marlanwelz-Mariemort 2008, 317–322.

A. Dihle, Umstrittene Daten: Untersuchungen zum Auftreten der Griechen am Roten Meer, Köln 1965.

R. Drexhage, Untersuchungen zum römischen Osthandel, Bonn 1988.
H.-J. Drexhage, Einflüsse des Zollwesens auf den Warenverkehr im Römischen Reichs-handel-hemmend oder handelsfördernd?, MBAH 13 (1994), 1–15.
R. Duncan-Jones, Money and Government in the Roman Empire, Cambridge 1994.
H. A. El-Sheikh, Roman Expeditions to the Upper Nile, in: A. Mandruzzato (Hg.), Roma e l'Egitto nell'antichita classica, Rom 1993, 157–160.
M. P. Fitzpatrick, Provincializing Rome. The Indian Ocean Trade Network and Roman Imperialism, Journal of World History 22 (2011), 27–54.
H.-U. Freyberg, Kapitalverkehr und Handel im Römischen Kaiserreich (27 v. Chr.-235 n. Chr.), Freiburg im Breisgau 1989.
M. Gawlikowski, Palmyra as a Trading Centre, Iraq 56 (1994), 27–33.
R. W. Goldsmith, An Estimate of the Size and Structure of the National Product of the Early Roman Empire, Review of Income and Wealth 30 (1984), 263–299.
C. Golfschmidt, Die Weihrauchstraße. Zur Geschichte des ältesten Welthandelsweges, in: M. Lindner (Hg.), Petra und das Königreich der Nabatäer. Lebensraum, Geschichte und Kultur eines arabischen Volkes in der Antike, München 1970, 157–164.
N. Groom, The Periplus, Pliny and Africa, AAE 6 (1995), 180–195.
S. Gupta, Monsoon Environments and the Indian Ocean Interaction Sphere in Antiquity. 3000 BC–AD 300, in: Y. Yasuda, V. Shinde (Hg.), Monsoon and civilization, Neu-Delhi 2004, 133–160.
J. F. Healy, Palmyra and the Arabian Gulf Trade, ARAM 8 (1996), 33–37.
U. Heimberg, Gewürze, Weihrauch, Seide. Welthandel in der Antike (Schriften Limesmuseum Aalen 27), Stuttgart 1981.
R. B. Hitchener, The Advantages of Wealth and Luxury. The Case for Economic Growth in the Roman Empire, in: G. Manning, I. Morris (Hg.), The Ancient Economy. Evidence and Models, Stanford 2005, 207–222.
W. M. Jongman, The Early Roman Empire: Consumption, in: W. Scheidel u. a. (Hg.), The Cambridge Economic History of the Greco-Roman World, Cambridge 2007, 592–618.
L. Kainz, Der Princeps und Indien: Augustus zwischen Alexanderrezeption und Herrschaftslegitimation, in: J. Göbel, T. Zech (Hg.), Exportschlager. Kultureller Austausch, wirtschaftliche Beziehungen und transnationale Entwicklungen in der antiken Welt, München 2011, 55–72.
D. Kehoe, Contract Labor, in: W. Scheidel (Hg.), The Cambridge Companion to the Roman Economy, Cambridge 2012, 114–130.
E. Lo Cascio, The Early Roman Empire: The State and the Economy, in: W. Scheidel u. a. (Hg.), The Cambridge Economic History of the Greco-Roman World, Cambridge 2007, 619–647.
C. Marek, Die Expedition des Aelius Gallus nach Arabien im Jahre 25 v. Chr., Chiron 23 (1993), 121–156.
C. Marek, Zu neuen römischen Inschriften in Südarabien, Gymnasium 120 (2013), 307–314.
C. Margabandhu, Trade Contacts between Western India and the Graeco-Roman World in the Early Centuries of the Christian Era, Journal of the Economic and Social History of the Orient 8 (1965), 316–322.
G. Mathew, The Dating and Significance of the Periplus of the Erythraean Sea, in: H. N. Chittick, R. J. Rotberg (Hg.), East Africa and the Orient, New York 1975, 147–165.
D. Mattingly, Impacts Beyond Empire. Rome and the Garamantes of the Sahara, in: L. De Blois (Hg.), The Transformation of Economic Life Under the Roman Empire, Amsterdam 2002, 184–203.
P. Mayerson, Aelius Gallus at Cleopatris (Suez) and on the Red Sea, GRBS 36 (1995), 17–24.
S. McGrail, Boats of the World. From the Stone Age to Medieval Times, Oxford 2001.
R. McLaughlin, Rome and the Distant East. Trade Routes to the Ancient Lands of Arabia, India and China, London/New York 2010.
R. McLaughlin, The Roman Empire and the

Indian Ocean. The Ancient World Economy and the Kingdoms of Africa, Arabia, and India, Barnsley 2014.

P. Meile, Les Yavanas dans l'Inde tamoule, JA 232 (1940), 85–123.

D. Meridith, Annius Plocamus. Two Inscriptions from the Berenice Road, JRS 43 (1953), 38–40.

J. Miller, The Spice Trade of the Roman Empire 29 BC–AD 641, Oxford 1969.

N. Morley, The Early Roman Empire: Distribution, in: W. Scheidel u. a. (Hg.), The Cambridge Economic History of the Greco-Roman World, Cambridge 2007, 570–591.

S. Mrozek, Faenus. Studien zu Zinsproblemen zur Zeit des Prinzipats, Stuttgart 2001.

S. Mrozek, Wirtschaftliche Grundlagen des Aufstiegs der Freigelassenen im Römischen Reich, Chiron 5 (1975), 311–316.

N. Nebes, Die Nabatäer in Südarabien. Eine datierte nabatäisch-sabäische Inschrift (Bilingue) aus Sirwah/Jemen, AW 40 (2009), 52–53.

C. Parker, Ex Oriente Luxuria. Indian Commodities and Roman Experience, Journal of the Economic and Social History of the Orient 45 (2002), 40–95.

G. R. Parker, The Making of Roman India, Cambridge/New York 2008.

D. Peacock, D. Williams (Hg.), Food for the Gods. New Light on the Ancient Incense Trade, Exeter 2007.

P. C. Prasad, Foreign Trade and Commerce in Ancient India, Neu-Delhi 1977.

K. V. Raman, Further Evidence of Roman Trade from Coastal Sites in Tamil Nadu, in: V. Begley, R. D. De Puma (Hg.), Rome and India. The Ancient Sea Trade, Madison 1991, 125–133.

M. G. Raschke, Papyrological Evidence for Ptolemaic and Roman Trade with India, Proceedings of the 14th International Congress of Papyrologists, London 1975, 241–246.

M. G. Raschke, New Studies in Roman Commerce with the East, ANRW 2,9,2 (1978), 604–1378.

D. Rathbone, The Muziris Papyrus (SB 18 13167). Financing Roman Trade with India, in: Alexandrian Studies 2. FS M. el Abbadi (Bulletin de la Société Archéologique d'Alexandrie 46), Alexandria 2001, 39–50.

D. Rathbone, The Financing of Maritime Commerce in the Roman Empire I–II AD, in: E. Lo Cascio (Hg.), Credito et moneta nel mondo romano, Bari 2003, 197–230.

H. P. Ray, J.-F. Salles (Hg.), Tradition and Archaeology. Early Maritime Contacts in the Indian Ocean, Neu-Delhi 1996.

H. P. Ray, The Winds of Change. Buddhism and the Maritime Links of Early South Asia, Delhi 1994.

H. P. Ray, The Archaeology of Seafaring in Ancient South Asia (Cambridge World Archaeology), Cambridge 2003.

D. Robinsohn, A. Wilson (Hg.), Maritime Archaeology and Ancient Trade in the Mediterranean, Oxford 2011.

K. Ruffing, Wege in den Osten. Die Routen des römischen Süd- und Osthandels (1. und 2. Jh. n. Chr.), in: E Olshausen, H. Sonnabend (Hg.), Zu Wasser und zu Land. Verkehrswege in der antiken Welt (Stuttgarter Kolloquium zur historischen Geographie 7), Stuttgart 2002, 360–278.

K. Ruffing, Militärische und zivile Seefahrt im Roten Meer. Einige Überlegungen zu SEG VIII 703 = SB V 7539 = AE 1930, 53, in: B. Onken, D. Rohde (Hg.), In omni historia curiosus. Studien zur Geschichte von der Antike bis zur Neuzeit. FS H. Schneider (Philippika 47), Wiesbaden 2011, 23–30.

K. Ruffing, The Trade with India and the Problem of Agency in the Economy of the Roman Empire, in: S. Bussi (Hg.), Egitto dai Faraoni agli Arabi, Pisa/Rom 2013, 199–210.

K. Ruffing, Cultural Encounters between Rome and the East, in: L. Lindstedt u. a. (Hg.), Case Studies in Transmission (JHMNE 1), Münster 2014, 143–157.

J.-F. Salles, The Periplus of the Erythraean Sea and the Arab-Persian Gulf, in: J. M. F. Boussac, J.-F. Salles (Hg.), Athens, Aden, Arikamedu. Essays on the Interrelations between India, Arabia, and the Eastern Mediterranean, Neu Delhi 1995, 115–146.

J. Scarborough, Roman Pharmacy and the Eastern Drug Trade, Pharmacy in History 24 (1982), 135–143.

G. Schartmann, Die Krise des Jahres 33 n. Chr., in: S. Günther (Hg.), Ordnungsrahmen antiker Ökonomien. Ordnungskonzepte und Steuerungsmechanismen antiker Wirtschaftssysteme im Vergleich (Philippika 53), Wiesbaden 2012, 145–164.

W. Scheidel, A Comparative Perspective on the Determinants of the Scale and Productivity of Maritime Trade in the Roman Mediterranean, in: W. V. Harris, K. Iara (Hg.), Maritime Technology in the Ancient Economy. Ship-Design and Navigation, Portsmouth 2011, 21–37.

A. Schmidt, Drogen und Drogenhandel im Altertum, Leipzig 1924.

W. Schmitthenner, Rome and India. Aspects of Universal History During the Principate, JRS 69 (1979), 90–106.

W. H. Schoff, The Periplus of the Erythraean Sea. Travel and Trade in the Indian Ocean, New York 1912.

F. F. Schwarz, Magna India Pliniana, WS 197–8 (1994–5), 439–465.

E. H. Seland, The Indian Ocean in the Ancient Period, Oxford 2007.

E. H. Seland, The Indian Ships at Moscha and the Indo-Arabian Trading Circuit, Proceedings of the Seminar for Arabian Studies 38 (2008), 283–288.

E. H. Seland, The Periplus' Report of a Roman Attack on Aden: An Unintended Result of Successful Propaganda?, SO 80 (2009), 60–67.

E. H. Seland, The Persian Gulf or the Red Sea? Two Axes in Ancient Indian Ocean Trade: Where to Go and Why, World Archaeology 43 (2011), 398–409.

E. H. Seland, Archaeology of Trade in the Western Indian Ocean. 300 BC–AD 700, Journal of Archaeological Research 22 (2014), 367–402.

S. H. Selassie, Beziehungen Äthiopiens zur griechisch-römischen Welt, Bonn 1964.

V. Selvakumar, K. P. Shajan, R. Tomber, Archaeological Investigations at Pattanam, Kerala. New Evidence for the Location of Ancient Muziris, in: R. Tomber, L. Blue, S. Abraham (Hg.), Migration, Trade and Peoples, Teil 1: Indian Ocean Commerce and the Archaeology of Western India, London 2009, 29–41.

S. E. Sidebotham, Berenike and the Ancient Maritime Spice Route, Berkeley u. a. 2011.

S. E. Sidebotham, Roman Economic Policy in the Erythra Thalassa. 30 BC–AD 217, Leiden 1986.

S. E. Sidebotham, Ports of the Red Sea and the Arabia-India Trade, MBAH 5 (1986), 16–36 (= in: V. Begley, R. D. De Puma (Hg.), Rome and India. The Ancient Sea Trade, Madison 1991, 12–38).

R. Simon, Aelius Gallus' Campaign and the Arab Trade in the Augustan Age, ActaOrientHung 55 (2002), 309–318.

A. K. Singh, Indo-Roman Trade. An Archaeological Perspective, Patna 1988.

M. Sommer, Roms orientalische Steppengrenze: Palmyra – Edessa – Dura Europos – Hatra. Eine Kulturgeschichte von Pompeius bis Diocletian, Stuttgart 2005.

M. A. Speidel, Außerhalb des Reiches? Zu neuen lateinischen Inschriften aus Saudi-Arabien und zur Ausdehnung der römischen Herrschaft am Roten Meer, ZPE 163 (2007), 296–306.

M. A. Speidel, Fernhandel und Freundschaft. Zu Formen römischer Wirtschaftsförderung am Roten Meer und am Indischen Ozean, erscheint in: A. Jördens / C. Schönberger (Hg.), Akten des Symposiums »Römisches Reich und Europäische Union«, Altertumswissenschaftliches Kolleg Heidelberg 5.

E. Stechow, Kannte das Altertum die Insel Madagaskar?, Petermanns Geographische Mitteilungen 90 (1944), 84–85.

M. Stern, Early Roman Export Glass in India, in: V. Begley, R. D. De Puma (Hg.), Rome and India. The Ancient Sea Trade, Madison 1991, 113–124.

A. Tchernia, Moussons et monnaies. Les voies du commerce entre le monde greco-romain et l'Inde, Annales HSS 50 (1995), 991–1009.

A. Tchernia, Le Dromedaire des Peticii, MEFR 104 (1992), 293–301.

J. Thorley, The Development of Trade between the Roman Empire and the East Under Augustus, G&R 16 (1969), 209–222.

R. Tomber, Indo-Roman Trade. From Pots to Pepper, London 2008.

F. Villeneuve, L'armée romaine en mer rouge

aux IIe-IIIe siècles après J.-C. À Propos des inscriptions de Farasân, in: A. Lewin (Hg.), Actes du colloque l'esercito romano tardo-antico nel vicino orient, Oxford 2007, 13–27.

F. Villeneuve, Farasân Inscriptions and Bukharin's Ideas. No Pontifex Herculis and Other Comments, Arabia 3 (2005–2006), 289–296.

A. V. Walser, Zur Rolle des Geldes im Handel zwischen dem Imperium Romanum, Südarabien und Indien in der frühen Kaiserzeit, MBAH 20 (2001), 81–107.

E. H. Warmington, The Commerce Between the Roman Empire and India, London 1974.

R. Whittaker, Indian Trade Within the Roman Imperial Network, in: ders., Rome and its Frontiers. The Dynamics of Empire, London/New York 2004, 163–180 (= 2004b).

R. E. M. Wheeler, Roman Contact with India, Pakistan and Afghanistan, in: W. F. Grimes (Hg.), Aspects of Archaeology in Britain and Beyond, London 1951, 345–381.

R. E. M. Wheeler, Der Fernhandel des Römischen Reiches in Europa, Afrika und Asien, München 1965.

J. Whitewright, How fast is fast? Technology, Trade and Spead Under Sail in the Roman Red Sea, in: J. Starkey u. a. (Hg.), Natural Resources and Cultural Connections in the Red Sea, Oxford 2007, 77–87.

J. Wiesehöfer, Mare Erythraeum, Sinus Persicus und Fines Indiae. Der Indische Ozean in hellenistischer und römischer Zeit, in: S. Conermann (Hg.), Der Indische Ozean in historischer Perspektive (Afrika und Afrika 1), Hamburg 1998, 9–36.

E. Will, The Mediterranean Shipping Amphoras from Arikamedu, in: V. Begley, R. D. De Puma (Hg.), Rome and India. The Ancient Sea Trade, Madison 1991, 151–156.

A.L. Wilson, The Economic Influence of Developments in Maritime Technology in Antiquity, in: W. V. Harris, K. Lara (Hg.), Maritime Technology in the Ancient Economy. Ship-Design and Navigation, Portsmouth/Rhode Island 2011, 211–233.

R. Wolters, Nummi signati. Untersuchungen zur römischen Münzprägung und Geldwirtschaft, München 1999.

G. K. Young, The Customs Officer at the Nabatean Port of Leuke Kome, ZPE 119 (1997), 266–268.

G. K. Young, Rome's Eastern Trade. International Commerce and Imperial Policy 31 BC–AD 305, London/New York 2001.

2. Die Juweleninsel – Taprobane als Teil des eurasischen Handelsnetzes

A. Abeydeera, Raki's Mission to Romanukharattha. New Evidence in Favour of Pliny's Account of Taprobane, N.H. 6.84–91, Habis 40 (2009), 145–165.

S. Bandaranayake u. a. (Hg.), Sri Lanka and the Silk Road of the Sea, Colombo 1990.

O. Bopearachchi, Sea-Borne Trade and Inland Trade of Ancient Sri Lanka. First Results of the Sri Lanka-French Exploratory Programme, in: R. und B. Allchin (Hg.), South Asian Archaeology, Oxford/ Neu-Delhi 1995, 461–468.

J. Carswell, The Port of Mantai, Sri Lanka, in: V. Begley, R. D. De Puma (Hg.), Rome and India. The Ancient Sea Trade, Madison 1991, 197–203.

L. Casson, The Periplus Maris Erythraei. Text with Introduction, Translation and Commentary, Princeton 1989.

M. Chandra, Trade and Trade Routes in Ancient India, Neu-Delhi 1977.

F. De Romanis, (Hg.), Crossings. Early Mediterranean Contacts with India, Manhohar 1997.

A. Dihle, Serer und Chinesen, in: ders., Antike und Orient. Gesammelte Aufsätze, hrsg. von V. Pöschl und H. Petersmann, Heidelberg 1984, 201–215.

S. Faller, Taprobane im Wandel der Zeit. Das Sri-Lanka-Bild in griechischen und lateinischen Quellen zwischen Alexanderzug und Spätantike, Stuttgart 2000.

S. Günther, *Res publica* oder *res popularis*. Die steuerpolitischen Maßnahmen des »schlechten« Kaisers Nero zwischen Haushaltsraison und Volksfreundlichkeit, in: C. Walde (Hg.), Neros Wirklichkeiten. Zur Rezeption einer umstrittenen Gestalt, Rahden 2013, 105–128.

R. A. L. H. Gundawaedana, Seaways to Sie-

lediba. Changing Patterns of Navigation in the Indian Ocean and their Impact on Precolonial Sri Lanka, in: S. Bandaranayake u. a. (Hg.), Sri Lanka and the Silk Road of the Sea, Colombo 1990, 25–44.
A. Lawler, Diving Into the Indian Ocean's Past, Science Magazine 337 (2012), 288–289.
S. Lieberman, Who were Pliny's Blue Eyed Chinese?, CPh 51 (1956), 174–177.
X. Liu, N. Shaffer, Connections Across Eurasia. Transportation, Communication, and Cultural Exchange on the Silk Roads, New York 2007.
G. R. Parker, The Making of Roman India, Cambridge/New York 2008.
M. Prickett-Fernando, Durable Goods: The Archaeological Evidence of Sri Lanka's Role in the Indian Ocean Trade, in: S. Bandaranayake u. a. (Hg.), Sri Lanka and the Silk Road of the Sea, Colombo 1990, 61–84.
H. P. Ray, The Winds of Change. Buddhism and the Maritime Links of Early South Asia, Delhi 1994.
F. F. Schwarz, Pliny the Elder on Ceylon, Journal of Asian History 8 (1974), 21–48.
F. F. Schwarz, Ein singhalesischer Prinz in Rom, RhM 117 (1974), 166–176.
E. H. Seland, Archaeology of Trade in the Western Indian Ocean. 300 BC–AD 700, Journal of Archaeological Research 22 (2014), 367–402.
S. E. Sidebotham, Berenike and the Ancient Maritime Spice Route, Berkeley u. a. 2011.
C. G. Starr, The Roman Emperor and the King of Ceylon, CPh 51 (1956), 27–30 (= in: Essays in Ancient History, Leiden 1979, 258–261).
R. Walburg, Antike Münzen aus Ceylon. Die Bedeutung römischer Münzen und ihrer Nachahmungen für den Geldumlauf auf Ceylon, Studien zu Fundmünzen der Antike 3 (1985), 27–260.
R. Walburg, Coins and Tokens from Ancient Ceylon, Ancient Ruhuna. Sri Lanka-German Archaeological Project in the Southern Province, Vol. 2, Wiesbaden 2008.
A. V. Walser, Zur Rolle des Geldes im Handel zwischen dem Imperium Romanum, Südarabien und Indien in der frühen Kaiserzeit, MBAH 20 (2001), 92–96.
H.-J. Weisshaar u. a. (Hg.), Ancient Ruhuna. Sri Lanka-German Archaeological Project in the Southern Province, Vol. 1, Mainz 2001.
M. Werake, A New Date for the Beginning of Sino-Sri Lankan Relations, The Sri Lanka Journal of the Humanities 4 (1978), 64–73.
M. Werake, Sino-Sri Lankan Relations During the Pre-Colonial Times, in: S. Bandaranayake u. a. (Hg.), Sri Lanka and the Silk Road of the Sea, Colombo 1990, 221–223.
D. P. M. Weerakkody, Taprobane. Ancient Sri Lanka as known to Greeks and Romans. Indicopleustoi: Archaeology of the Indian Ocean, Turnhout 1997.
G. K. Young, Rome's Eastern Trade. International Commerce and Imperial Policy 31 BC–AD 305, London/New York 2001.

3. »Korallen und Seide«

R. Adinolfi, I rapporti tra l'impero Romano e la Cina antica, Napoli 1977.
P. F. Bang, Commanding and Consuming the World. Empire, Tribute, and Trade in Roman and Chinese History, in: W. Scheidel (Hg.), Rome and China: Comparative Perspectives on Ancient World Empires, Oxford 2009, 100–120.
W. Bauer, China und die Hoffnung auf Glück. Paradiese, Utopien, Idealvorstellungen in der Geistesgeschichte Chinas, München 1974.
C. Beckwith, Empires of the Silk Road, Princeton NJ 2009.
L. Boulnois, Silk Road, Monks, Warriors and Merchants on the Silk Road, Geneva 2004.
M. Cary, Maes, Qui et Titianos, CQ 6 (1956) 130–134.
S. Chattopadyaya, The Periplus of the Erythraean Sea and Ptolemy's Account of the Ancient Geography of India, Calcutta 1980.
D. Christian, Silk Roads or Steppe Roads? The Silk Roads in World History, Journal of World History 11 (2000), 1–26.
J. Desanges, D'Axoum a L'Assam, aux portes de la Chine, Historia 18 (1969), 627–639.
N. Di Cosmo, Ancient China and Its Enemies.

The Rise of Nomadic Power in East Asian History, Cambridge 2002.

A. Dihle, Indische Philosophen bei Clemens Alexandrinus, in: ders., Antike und Orient. Gesammelte Aufsätze, hrsg. von V. Pöschl und H. Petersmann, Heidelberg 1984, 78–88.

A. Dihle, Serer und Chinesen, in: ders., Antike und Orient. Gesammelte Aufsätze, hrsg. von V. Pöschl und H. Petersmann, Heidelberg 1984, 201–215.

R. Drexhage, Untersuchungen zum römischen Osthandel, Bonn 1988.

R. Emmerich, China bis zum Ende der Han-Zeit, in: G. A. Lehmann, H. Schmidt-Glintzer (Hg.), WBG Weltgeschichte, Teil 2, Darmstadt 2009, 348–405.

J. Ferguson, China and Rome, ANRW 2,9,2 (1978), 581–603.

G. E. Gerini, Researches on Ptolemy's Geography of Eastern Asia (Further India and Indo-Malay Archipelago), 2.Aufl., ND Neu-Delhi 1974.

D. F. Graf, The Roman East from the Chinese Perspective, AAAS 42 (1996), 199–216.

W. Gungwu, The Nanhai Trade. A Study of the Early History of Chinese Trade in the South China Sea, Journal of the Malayan Branch of the Royal Asiatic Society 31(1958), 1–135.

K. R. Hall, A History of Early Southeast Asia: Maritime Trade and Social Developments 100–1500, Lanham 2010.

T. Harrison, The Horse Road, New York 2012.

A. Herrmann, Das Land der Seide und Tibet im Lichte der Antike, Leipzig 1968.

A. Herrmann, Die alten Seidenstraßen. Die Verkehrswege zwischen China, Indien und Rom um 100 n. Chr. (Veröffentlichungen des Forschungsinstituts für vergleichende Religionsgeschichte an der Universität Leipzig 7), Leipzig 1922.

F. Hirth, The Story of Chang K'ien, China's Pioneer in Western Asia. Text and Translation of Chapter 123 of Ssi-ma Ts'ien's Shi-ki, Journal of the American Oriental Society 37 (1917), 89–152.

U. Hübner, Palästina, Syrien und die Seidenstraße, in: ders., J. Kamlah, L. Reinfandt (Hg.), Die Seidenstraße. Handel und Kulturaustausch in einem eurasiatischen Wegenetz (Asien und Afrika 3), 2. Aufl., Hamburg 2005, 76–129.

H.-J. Hundt, Über vorgeschichtliche Seidenfunde, JRGZ 16 (1969), 59–71.

U. Jäger, Glasbeladene Kamele auf dem Weg nach Zentralasien und Ostasien?, Zum Handel mit Glasgefäßen auf den Landwegen der Seidenstraßen in der Antike und Spätantike (2.-3. Jh. n. Chr. bis 6.-7. Jh. n. Chr.), MBAH 22 (2003), 56–67.

J. Janvier, Rome e l'Orient lointain. Le problèmes des Seres, Ktema 9 (1984), 261–301.

M. Kordosis, China and the Greek World. An Introduction to the Greek-Chinese Studies with Special Reference to the Chinese Sources. Hellenistic-Roman-Early Byzantine period (2nd c. B.C.–6th c. A.D.), Thessaloniki 1992.

M. E. Lewis, The Early Chinese Empires. Qin and Han, Cambridge Mass./London 2007.

M. E. Lewis, The Construction of Space in Early China, New York 2006.

X. Liu, Ancient India and Ancient China. Trade and Cultural Exchanges AD 1–600, Oxford 1988.

X. Liu, L. N. Shaffer, Connections across Eurasia. Transportation, Communication, and Cultural Exchange on the Silk Roads, New York 2007.

M. Loewe, The Former Han Dynasty, in: D. Twitchett, M. Loewe (Hg.), The Cambridge History of China, Vol. 1: The Ch'in and Han Empires 221 B.C.-A.D. 220, Cambridge u. a. 1986, 103–222.

U. Manthe, Soldaten der Crassus-Armee in China?, Gymnasium 121 (2014), 477–492.

D. Metzler: Kaiserkult außerhalb der Reichsgrenzen und römischer Fernhandel, in: H.-J. Drexhage, J. Sünskes (Hg.): Migratio et commutatio. Studien zur Alten Geschichte und deren Nachleben. FS Th. Pékary, St. Katharinen 1989, 196–200.

R. McLaughlin, Rome and the Distant East. Trade Routes to the Ancient Lands of Arabia, India, and China, London/New York 2010.

J. Miller, The Spice Trade of the Roman Empire 29 BC–AD 641, Oxford 1969.

H. Parzinger, Die frühen Völker Eurasiens. Vom Neolithikum bis zum Mittelalter. München 2006.

B. Paul, De l'Euphrate à la Chine avec la caravane de Maes Titianos, CRAI 3 (2005), 929–969.

B. J. Perera, The Foreign Trade and Commerce of Ancient Ceylon, The Ceylon Historical Journal 1 (1951), 109–119.

J.-M. Poinsotte, Les romains et la Chine. Réalités et mythes, MEFR 91 (1979), 431–479.

R. Ptak, Die maritime Seidenstraße, München 2007.

E. G. Pulleyblank, The Roman Empire as Known to Han China, Journal of the American Oriental Society 119 (1999), 71–79.

M. G. Raschke, New Studies in the Roman Commerce with the East, ANRW 2,9,2 (1978), 604–1378.

C. Richter u. a., Die Seidenstraße. Mythos und Gegenwart, Hamburg 1999.

J.-N. Robert, De Rome à la Chine. Sur les routes de la soie au temps des Césars, Paris 1993.

D. Schlinghoff, Indische Seefahrt in römischer Zeit, in: H. Müller-Karpe (Hg.), Zur geschichtlichen Bedeutung der frühen Seefahrt (Kolloquium zur Allgemeinen und Vergleichenden Archäologie 2), München 1982, 51–85.

H. Schmidt-Glintzer, Die Religionen der Seidenstraße, in: G. A. Lehmann, H. Schmidt-Glintzer (Hg.), WBG Weltgeschichte, 2. Bd.: Antike Welten und neue Reiche 1200 v. Chr. bis 600 n. Chr., Darmstadt 2007, 406–432.

W. I. Siriweera, Pre-Colonial Sri Lanka's Maritime Commerce with Special Reference to Its Port, in: S. Bandaranayake u. a. (Hg.), Sri Lanka and the Silk Road of the Sea, Colombo 1990, 125–133.

P. Suter, Die Seidenstraßen. Handelsverbindungen zwischen China und dem Westen von der Frühgeschichte bis zur Mongolenzeit, Stäfa 1987.

J. Thorley, The Silk Trade between China and the Roman Empire at Its Height, G&R 18 (1971), 71–80.

H. Uhlig, Die Seidenstraße. Antike Weltkultur zwischen China und Rom, 2. Aufl., Bergisch-Gladbach 1990.

K. Vogelsang, Geschichte Chinas, 4. Aufl., Stuttgart 2013.

L. Ying, Rulers of the Treasure Country: The Image of the Roman Empire in Chinese Society from the First to the Fourth Century AD, Latomus 63 (2004), 327–339.

G. K. Young, Rome's Eastern Trade. International Commerce and Imperial Policy 31 BC–AD 305, London/New York 2001.

Y.-S. Yü, Trade and Expansion in Han China: A Study in the Structure of Sino-Barbarian Economic Relations, Berkeley 1967.

Y.-S. Yü, Han Foreign Relations, in: D. Twitchett, M. Loewe (Hg.), The Cambridge History of China, Vol. 1: The Ch'in and Han Empires, 221 B.C. – A.D. 220, Cambridge u. a. 1986, 377–462.

Zhang Xushan, 绪山:《关于"公元100年罗马商团到达中国"问题的–点思考》,《世界历史》, 2004 年第2期, 111–114页。= Some Consideration on Roman Merchants arrived China in AD 100, World History 2 (2004) 111–114.

4. Von Kattigara bis Thule … ohne Amerika?

G. J. Aalders, Die Meropes des Theopomp, Historia 27 (1978), 317–327.

A. Abeydeera, The Geographical Perceptions of India and Ceylon in the Periplus Maris Erythraei and in Ptolemy's Geography, Terrae Incognitae 30 (1998), 1–25.

J. Andrè, J. Filliozat, L'Inde vue de Rome, Paris 1986.

M. Andreassi, Mimi greci in Egitto. Chariton e Moicheutria, Bari 2001.

P. F. Bang, The Roman Bazaar: A Comparative Study of Trade and Markets in a Tributary Empire, Cambridge 2008.

H. Barnhard, Sire, il n'y a pas de Blamyres. The Re-Evaluation of Historical and Archaeological Data, in: J. C. M. Starkey (Hg.), People of the Red Sea (BAR 1395), Oxford 2005, 23–40.

M. Beagon, The Curious Eye of the Elder Pliny, in: R. K. Gibson, R. Morello (Hg.), Pliny the Elder: Themes and Contexts, Leiden/Boston 2011, 71–88.

B. Berg, Dandamis: An Early Christian Portrait of Indian Asceticism, CM 31 (1970), 269–305.

B. Berg, The Letter of Palladius on India, Byzantion 44 (1974), 5–16.

R. Bichler, Die Fahrt zu den Grenzen der Erde. Von Herodot bis zur Alexander-Historiographie, Gymnasium 118 (2011), 315–344.

Z. Biedermann, Soqotra. Geschichte einer christlichen Insel im Indischen Ozean vom Altertum bis zur frühen Neuzeit (Maritime Asia 17), Wiesbaden 2006.

J. Börstinghaus, Sturmfahrt und Schiffbruch. Zur lukanischen Verwendung eines literarischen Topos in Apostelgeschichte 27,1–28,6, Tübingen 2010.

L. Cansdale, Jews on the Silk Road, in: D. Christian, C. Benjamin (Hg.), Worlds of the Silk Roads. Ancient and Modern (Silk Road Studies 2), Turnhout 1998, 23–30.

L. Cappuis Sandoz, La survie des monsters. Ethnographie fantastique et handicap à Rome, la force de l'imagination, Latomus 67 (2008), 21–36.

G. W. Clarke, Ancient Knowledge of the Gulf Stream, CPh 62 (1967), 25–31.

K. Clarke, Between Geography and History. Hellenistic Constructions of the Roman World, Oxford 1999.

D. Clay, A. Purvis, Four Islands Utopias, Newburyport MA 1999.

P. Coones, The Geographical Significance of Plutarch's Dialogue Concerning the Face which Appeals in the Orb of the Moon, Transactions of the Institute of British Geographers 8 (1983), 361–372.

F. De Romanis, Immagini dell'India nell'Egitto romano. Note in margine al Chariton, in: F. Squarcini (Hg.), Verso l'India Olte l'India. Scritti e ricerche sulle tradizioni intellettuali sudasitiche, Mailand 2002, 361–371.

J. Derret, M. Duncan, The History of Palladius on the Races of India and the Brahmans, C&M 21 (1960), 64–99.

A. Dihle, Neues zur Thomas-Tradition, in: ders., Antike und Orient. Gesammelte Aufsätze, hrsg. von V. Pöschl und H. Petersmann, Heidelberg 1984, 61–77.

A. Dihle, Indische Philosophen bei Clemens Alexandrinus, in: ders., Antike und Orient. Gesammelte Aufsätze, hrsg. von V. Pöschl und H. Petersmann, Heidelberg 1984, 78–88.

A. Dihle, Plinius und die geographische Wissenschaft in der römischen Kaiserzeit, in: ders., Antike und Orient. Gesammelte Aufsätze, hrsg. von V. Pöschl und H. Petersmann, Heidelberg 1984, 174–190.

A. Dihle, Die Philosophie der Barbaren, in: T. Hölscher (Hg.), Gegenwelten zu den Kulturen Griechenlands und Roms in der Antike, München/Leipzig 2000, 183–203.

A. Doody, The Science and Aesthetics of Names in the *Naturalis Historia*, in: R. K. Gibson, R. Morello (Hg.), Pliny the Elder. Themes and Contexts, Leiden/Boston 2011, 113–130.

H. Dridi, Indiens et proche-orientaux dans un grotte de Suqutra, Journal Asiatique 290 (2002), 565–610.

E. Ebner, Geographische Hinweise und Anklänge in Plutarchs Schrift *De facie in orbe lunae*, München 1906.

J. Engels, Strabons Weltbild, seine Horizonte und die Ränder der Oikumene, in: J. Cobet (Hg.), Weltwissen vor Kolumbus (Periplus 23), Berlin u. a. 2013, 58–75.

J. Engels, Die strabonische Kulturgeographie in der Tradition der antiken geographischen Schriften und ihre Bedeutung für die antike Kartographie, Orbis Terrarum 4 (1998), 63–114.

J. Engels, Augusteische Oikumenegeograpie und Universalhistorie im Werk Strabons von Amaseia (Geographica Historica 12), Stuttgart 1999.

P. Falchetta, Fra Mauro's World Map. With a Commentary and Translation of the Inscriptions (Terrarum orbis 5), Turnhout 2006.

P. Falchetta, The Use of Portulan Charts in European Navigation During the Middle Ages, in: I. Baumgärtner, H. Kugler (Hg.), Europa im Weltbild des Mittelalters. Kartographische Konzepte, Berlin 2008, 269–276.

W. Fauth, Utopische Inseln in den ›Wahren Geschichten‹ des Lukian, Gymnasium 86 (1979), 39–58.

J. Ferguson, China and Rome, ANRW 2,9,2 (1978), 581–603.

F. Fernández-Armesto, Columbus, New York 1991.

R. Flacelière, Plutarque: Sur la disparition des oracles, Paris 1947.

E. Flintoff, Pyrrho and India, Phronesis 25 (1980), 88–108.
A. Free, Metus Germanicus et Luxuria Indica. Die römische Sicht auf auswärtige Völkerschaften, in: J. Göbel, T. Zech (Hg.), Exportschlager. Kultureller Austausch, wirtschaftliche Beziehungen und transnationale Entwicklungen in der antiken Welt, München 2011, 73–85.
R. C. C. Fynes, Isis and Pattinī: The Transmission of a Religious Idea from Roman Egypt to India. Journal of the Royal Asiatic Society of Great Britain and Ireland 3 (1993), 377–391.
L. P. Van den Bosch, India and the Apostolate of St. Thomas, in: J. N. Bremmer (Hg.), The Apocryphical Acts of Thomas, Paderborn 2001, 125–148.
K. Geus, »… wie man auch beim Fehlen einer Kartenvorlage nur anhand des Textes eine Weltkarte sehr leicht herstellen kann«. Die Darstellung der Oikumene bei Claudios Ptolemaios, in: J. Cobet (Hg.), Weltwissen vor Kolumbus (Periplus 23), Berlin u. a. 2013, 76–91.
R. K. Gibson, R. Morello (Hg.), Pliny the Elder. Themes and Contexts, Leiden/Boston 2011.
L. Gopal, Textiles in Ancient India, JESHO 4 (1961), 42–64.
J. F. Healy, Pliny the Elder on Science and Technology, Oxford 1999.
R. Helm, Der antike Roman, 2. Aufl., Göttingen 1956.
E. Hennecke, W. Schneemelcher, Neutestamentliche Apokryphen in deutscher Übersetzung, 3./4. Aufl. Bd. 1–2, Tübingen 1964–1968.
A. Henrichs, Thou Shalt Not Kill a Tree. Greek, Manichaean and Indian Tales, BASP 16 (1979), 85–108.
M.-L. Hinkkanen, D. Kirby, The Baltic and the North Seas, New York 2000.
O. Höckmann, Antike Seefahrt, München 1985.
N. Holzberg, Der antike Roman. Eine Einführung, Düsseldorf/Stuttgart 2001.
R. Hunter, Ancient Readers, in: T. Whitmarsh (Hg.), The Cambridge Companion to the Greek and Roman Novel, Cambridge 2008, 261–271.
P. T. Kayser, Greek Geography of the Western Barbarians, in: L. Bonfante (Hg.), The Barbarians of Ancient Europe. Realties and Interactions, Cambridge 2011, 37–70.
K. Karttunen, On the Contacts of South India with the Western World in Ancient Times and the Mission of the Apostle Thomas, in: A. Parpola, B. Smidt Hansen (Hg.), South Asian Religion and Society. Studies on Asian Topics, Kopenhagen/London 1986, 189–204.
J. H. Kim, Ethnicity and Foreigners in Ancient Greece and China, London 2009.
R. Krüger, Das lateinische Mittelalter und die Tradition des antiken Erdkugelmodells (ca. 550 – ca. 1080) (Eine Welt ohne Amerika 3), Berlin 2000.
E. Lao, Luxury and the Creation of a Good Consumer, in: R. K. Gibson, R. Morello (Hg.), Pliny the Elder. Themes and Contexts, Leiden/Boston 2011, 35–56.
M. Landfester, Reise und Roman in der Antike. Über die Bedeutung des Reisens für die Entstehung und Verbreitung des antiken Romans, Chloe 13 (1992), 29–41.
U. Lindgren, Von Ptolemaios zu Kolumbus. Das Problem der Zeit- und Ortsbestimmung, in: K. Döring, G. Wöhrle (Hg.), Antike Naturwissenschaft und ihre Rezeption 3, Bamberg 1993, 90–103.
G. E. R. Lloyd, N. Sivin, The Way and the Word. Science and Medicine in Early Greece and China, New Haven/London 2002.
G. Mair, Pytheas' Tanais und die Insel des Kronos in Plutarchs Schrift »Das Gesicht im Monde«, in: Jahresbericht des K. K. Staats-Gymnasiums in Marburg 1909, 4–22.
I. Männlein-Robert, Griechische Philosophen in Indien? Reisewege zur Weisheit, Gymnasium 116 (2009), 331–357.
A. Mayor, The Amazons. Lives and Legends of Warrior Women Across the Ancient World, Princeton/Oxford 2014.
S. Montiglio, Wandering in the Ancient Greek Culture, Chicago/London 2005.
J. R. Morgan, Make-believe and Make Believe: The Fictionality of the Greek Novels, in: C. Gill, T. P. Wiseman (Hg.), Lies and Fiction in the Ancient World, Austin 1993, 175–229.
R. Much, Die nördlichen Fabelvölker bei

Mela und Tacitus, in: FS M. Andree-Eysn, München 1928, 93–99.
B. N. Mukherjee, The Economic Factors in Kushana History, Calcutta 1970.
T. Murphy, Pliny the Elder's Natural History. The Empire in the Encyclopedia, Oxford 2004.
V. Naas, Imperialism, Mirabilia and Knowledge. Some Paradoxes in the Naturalis Historia, in: R. K. Gibson, R. Morello (Hg.), Pliny the Elder: Themes and Contexts, Leiden/Boston 2011, 57–70.
H-G. Nesselrath, Theopomps Meropis und Platon. Nachahmung und Parodie, Göttinger Forum für Altertumswissenschaft 1 (1998), 1–8.
C. Nicolet, Space, Geography, and Politics in the Early Roman Empire, Ann Arbour 1991.
H. Nielsen, Medicaments Used in the Treatment of Eye Diseases in Egypt, the Countries of the Near East, India, and China in Antiquity, Odense 1987.
M. O'Doherty, The Indies and the Medieval West. Thought, Report, Imagination, Turnhout 2013.
P. Olivelle (Hg.), Between the Empires. Society in India 300 BCE to 400 CE, Oxford 2006.
G. R. Parker, The Making of Roman India, Cambridge/New York 2008.
G. Parker, Ex Oriente Luxuria, Journal of the Social and Economic History of the Orient 45 (2002), 40–95.
N. Pigulevskaja, Byzanz auf den Wegen nach Indien, Berlin 1969.
L. Raphals, Knowing Words: Wisdom and Cunning in the Classical Traditions of China and Greece, Ithaca/London 1992.
M. G. Raschke, New Studies in the Roman Commerce with the East, ANRW 2,9,2 (1978), 604–1378.
H. P. Ray, Inscribed Pots, Emerging Identities. The Social Milieu of Trade, in: P. Olivelle (Hg.), Between the Empires. Society in India 300 BCE to 400 CE, Oxford 2006, 113–143.
H. P. Ray, The Winds of Change: Buddhism and the Maritime Links of Early South Asia, Delhi/Oxford 1994.
G. Reger, On the Road to India with Apollonios of Tyana and Thomas the Apostle, in: J. Malkin u. a. (Hg.), Greek and Roman Networks in the Mediterranean, London 2009, 249–263.
F. E. Reichert, Begegnungen mit China. Die Entdeckung Ostasiens im Mittelalter, Sigmaringen 1992.
E. Rohde, Der griechische Roman und seine Vorläufer, 3. Aufl., Leipzig 1914.
J. Romm, Travel, in: T. Whitmarsh (Hg.), The Cambridge Companion to the Greek and Roman Novel, Cambridge 2008, 109–126.
K. Ruffing, Cultural Encounters between Rome and the East, in: L. Lindstedt u. a. (Hg.), Case Studies in Transmission (JHMNE 1), Münster 2014, 143–157.
K. Sallmann, Die Geographie des älteren Plinius in ihrem Verhältnis zu Varro. Versuch einer Quellenanalyse, Berlin 1971.
D. Schaberg, Travel, Geography, and Imperial Imagination in Fifth Century Athens and Han China, Comparative Literature 51 (1999), 152–191.
C. Schneider, Kulturgeschichte des Hellenismus, Bd. 2, München 1969.
C. Schneider, Geistesgeschichte der christlichen Antike, München 1970.
J. M. Scott, On Earth As In Heaven. The Apocalyptic Vision of World Geography from Urzeit to Endzeit According to the Book of Jubilees, in: K. A. Raaflaub, R. J. A. Talbert (Hg.), Geography and Ethnography. Perceptions of the World in Pre-Modern Societies, Malden/Oxford 2010, 182–196.
E.A. Seland, Shipwreck, Maroons and Monsters. The Hazards of Ancient Red Sea Navigation, in: L. Blue u. a. (Hg.), Connected Hinterlands (Proceedings of the Red Sea Project 4), Oxford 2009, 179–185.
E. H. Seland, Networks and social Cohesion in Ancient Indian Ocean Trade. Geography, Ethnicity, Religion, Journal of Global History 8 (2013), 373–390.
S. Shankman, S. Durrant, The Siren and the Sage: Knowledge and Wisdom in Ancient Greece and China, London/New York 2000.
S. E. Sidebotham, Berenike and the Ancient Maritime Spice Route, Berkeley u. a. 2011.
E. L. Shaughnessy, Historical Geography and

the Extant of Early Chinese Kingdoms, Asia Major 2,2 (1989), 1–22.
M. Sommer, Roms orientalische Steppengrenze. Palmyra – Edessa – Dura- Europos – Hatra. Eine Kulturgeschichte von Pompeius bis Diocletian (Oriens et Occidens 9), Wiesbaden 2005.
C. G. Starr, The Roman Emperor and the King of Ceylon, CPh 51 (1956), 27–30.
S. A. Stephens, Who Read Ancient Novels?, in: J. Tanhun (Hg.), The Search for the Ancient Novel, Baltimore/London 1994, 405–418.
D. Timpe, Entdeckungsgeschichte, RGA 7 (1989), 307–389.
R. Tomber, Bishops and Traders. The Role of Christianity in the Ocean During the Roman Period, in: J. Starkey u. a. (Hg.), Natural Resources and Cultural Connections of the Red Sea, Oxford 2007, 219–226.
S. Tsitsiridis, Greek Mime in the Roman Empire (P.Oxy. 413: *Charition* and *Moicheutria*), Logeion 1 (2011) 184–232.
B. L. van der Waerden, Die Astronomie der Griechen, Darmstadt 1988.
S. Werner, Zur frühen chinesischen Seefahrt, in: H. Müller-Karpe (Hg.), Zur geschichtlichen Bedeutung der frühen Seefahrt (Kolloquium zur Allgemeinen und Vergleichenden Archäologie 2), München 1982, 87–92.
D. White, Myths of the Dog Man, Chicago 1991.
C. R. Whittaker, ›To Reach Out to India and Pursue the Dawn‹. The Roman View of India, in: ders., Rome and Its Frontiers: The Dynamics of Empire, London/New York 2004, 144–162.
M. Winiarczyk, Die hellenistischen Utopien. Berlin 2011.
G. Woolf, Tales of the Barbarians. Ethnography and Empire in the Roman West, London 2011.
K. G. Zsyk, Ascetism and Healing in Ancient India, Delhi 1991.

VIII. Wie die Alte Welt in die Neue kam

1. Texte und Kommentare

G. S. Burhesss, C. Strijbosch, The Brendan Legend. Texts and Versions, Leiden 2006.
E. Burton (Hg.), Ymago Mundi de Pierre d'Ailly. Texte latin et traduction française des quatre traits cosmographiques d'Ailly, Paris 1930.
A. de Cà da Mosto, G. E. de Zurara, J. de Barros, Heinrich der Seefahrer oder die Suche nach Indien 1415–1460, übertragen und hrsg. von G. Pögl und R. Kroboth, Wiesbaden 2013.
Cristóbal Colon, Textos y documentos completas. Relaciones de viajes, cartas y memorials, hrsg. von C. Varela, Madrid 1982.
Christoph Kolumbus, Bordbuch, mit einem Nachwort von F. Gewecke, Leipzig 1992.
Der lateinische Text der Apokalypse des Esdra, ediert von A. Frederik J. Klijn (Texte und Untersuchungen zur Geschichte der altchristlichen Literatur 131), Berlin 1983.
Ephraim the Syrian, Hymns on Paradise, übersetzt von S. Brock, Crestwood/New York 1990.
Kolumbus, Der erste Brief aus der Neuen Welt, lat./dt. von R. Wallisch, Stuttgart 2000.
E. Schmitt, Ch. Verlinden (Hg.), Die mittelalterlichen Ursprünge der europäischen Expansion (Dokumente zur Geschichte der europäischen Expansion 1), München 1986.
E. Schmitt u. a. (Hg.), Die großen Entdeckungen (Dokumente zur Geschichte der europäischen Expansion 2), München 1984.
C. Strijbosch, The Seafaring Saint. Sources and Analogues of the Twelfth-Century Voyage of Saint Brendan, Dublin 2000.
R. Wallisch, Der Mundus Novus des Amerigo Vespucci. Text, Übersetzung und Kommentar, Wien 2012.

Sekundärliteratur

A. R. Anderson, Alexander's Gate, Gog, Magog and the Enclosed Nations, Cambridge/ Mass. 1932.

R. Bartlett, Gerald's Ethnographic Achievement, in: J. P. Rubiés (Hg.), Medieval Ethnographies. European Perceptions of the World Beyond (The Expansion of Latin Europe 9), Farnham 2009, 231–272.

U. Bitterli, Kolumbus und die »Wilden«, in: Chr. Dipper, M. Vogt (Hg.), Entdeckungen und frühe Kolonisation, Darmstadt 1993, 165–186.

A.-D. von den Brincken, Fines Terrae. Die Enden der Welt und der Vierte Kontinent auf mittelalterlichen Weltkarten, Hannover 1992.

K. Brodersen, Vom Periplus zur Karte. Die Leistung des Gaius Iulius Solinus, in: K. Geus, M. Rathmann (Hg.), Vermessung der Oikumene (Topoi 14), Berlin/Boston 2013, 185–201.

M. Büttner, Die geographisch-cosmographischen Schriften des Aristoteles und ihre Bedeutung für die Entwicklung der Geographie in Deutschland. Ursachen und Folgen, in: ders., Wandlungen im geographischen Denken von Aristoteles bis Kant. Dargestellt an ausgewählten Beispielen, Paderborn u. a. 1979, 14–34.

G. Cary, The Medieval Alexander, Cambridge 1956.

W. H. Cassidy, Other Fortunate Islands and Some That Were Lost, Terrae Incognitae 1 (1969), 35–39.

A. H. Chroust, Did the Ancient Greeks Ever See America or Set Foot on American Soil?, in: R. Muth, G. Pfohl (Hg.), Serta Philologica Aenipontana 3 (Innsbrucker Beiträge zur Kulturwissenschaft 20), Innsbruck 1979, 9–15.

G. W. Clarke, Ancient Knowledge of the Gulf Stream, CPh 62 (1967), 25–31.

D. Clay, Columbus' Senecan Prophecy, AJPh 113 (1992), 617–620.

A. E. Coombes, Ethnography and the Formation of National and Cultural Identities, in: S. Hiller (Hg.), The Myth of Primitivism, London 1991, 189–214.

J. Clifford, G.E. Marcus (Hg.), Writing Culture. The Poetics and Politics of Ethnography, Berkeley/Los Angeles 1986.

P. Crone, Meccan Trade and the Rise of Islam, Oxford 1987.

A. Davies, Origins of Columbian Cosmography, Studi Columbiani 2 (1952), 59–67.

A. De Maigret, The Frankincense Trade, in: R. M. Cimino (Hg.), Ancient Rome and India. Commercial and Cultural Contacts between the Roman World and India, Neu-Delhi 1991, 60–61.

R. Decot, Weltbild und Erdform in der theologischen Betrachtung von 1450–1550, in: Chr. Dipper, M. Vogt (Hg.), Entdeckungen und frühe Kolonisation, Darmstadt 1993, 107–134.

A. Dihle, Die Sendung des Inders Theophilos, in: ders., Antike und Orient. Gesammelte Aufsätze, hrsg. von V. Pöschl und H. Petersmann, Heidelberg 1984, 102–108.

S. Diederich, Oikumene im Wandel – Isidor von Sevilla, in: K. Geus, M. Rathmann (Hg.), Vermessung der Oikumene (Topoi 14), Berlin/Boston 2013, 255–285.

O. A. W. Dilke, Ptolemy, in: S. A. Bedini (Hg.), The Christopher Columbus Encyclopedia, Vol. 2, New York 1992, 569–570.

H. Dippel, Faszination und Wandel im europäischen Amerikabild. Vom Eldorado zum Paradigma, in: H.-J. König (Hg.), Der europäische Beobachter außereuropäischer Kulturen: Zur Problematik der Wirklichkeitswahrnehmung, Berlin 1989, 83–96.

C. Dipper, Guanahaní, 12. Oktober 1492: Der welthistorische Augenblick, in: ders., M. Vogt (Hg.), Entdeckungen und frühe Kolonisation, Darmstadt 1993, 135–163.

E. Edson (Hg.), The World Map 1300–1492. The Resistance of Tradition and Transformation, Baltimore 2007.

J. H. Elliot, Die Neue in der Alten Welt. Folgen einer Eroberung 1492–1650, Berlin 1992.

J. Elsner, J.-P. Rubiés, Introduction, in: dies. (Hg.), Voyages and Visions. Towards a Cultural History of Travel, London 1999, 1–56.

A. Elter, Das Altertum und die Entdeckung Amerikas, RhM 75 (1926), 241–265.

P. Falchetta, Fra Mauro's World Map. With a Commentary and Translations of the

Inscriptions (Terrarum orbis 5), Turnhout 2006.

P. Feldbauer, Die islamische Welt seit der Jahrtausendwende, in: P. Feldbauer u. a. (Hg.), Von der mediterranen zur atlantischen Macht. Geschichte der europäischen Expansion bis in die Frühe Neuzeit (Querschnitte 2), Wien 1999, 102–125.

F. Fernández-Armesto, Before Columbus. Exploration and Colonization from the Mediterranean to the Atlantic. 1229–1492, London 1987.

F. Fernández-Armesto, Columbus, New York 1991.

V. I. J. Flint, Monsters and Antipodes in the Early Middle Ages and Enlightment, Viator 15 (1984), 65–80.

V. I. J. Flint, The Imaginative Landscape of Christopher Columbus, Princeton 1992.

V. I. J. Flint, Travel Fact and Fiction in the Voyages of Columbus, in: J. P. Rubiés (Hg.), Medieval Ethnographies. European Perceptions of the World Beyond (The Expansion of Latin Europe 1000–1500), Farnham/Burlington 2009, 329–345.

J. Fried, Auf der Suche nach der Wirklichkeit. Die Mongolen und die abendländische Erfahrungswissenschaft im 13. Jahrhundert, HZ 243 (1986) 287–332.

J. Fried, G. Grebner, Kulturtransfer und Hofgesellschaft im Mittelalter. Wissenskultur am sizilianischen und kastilischen Hofe im 13. Jahrhundert, Berlin 2008.

J. B. Friedman, The Monstrous Races in Medieval Art and Thought, Cambridge MA 1981.

H. Frübis, Die Wirklichkeit des Fremden. Die Darstellung der Neuen Welt im 16. Jahrhundert, Berlin 1995.

F. Gewecke, Wie die neue Welt in die alte kam, Stuttgart 1986.

J. Gießauf, Barbaren – Monster – Gottesgeißeln. Steppennomaden im europäischen Spiegel der Spätantike und des Mittelalters, Graz 2006.

A. Grafton, New Worlds, Ancient Texts: The Power of Tradition and the Shock of Discovery, Cambridge 1995.

S. Greenblatt, Wunderbare Besitztümer. Die Erfindung des Fremden. Reisende und Entdecker, Berlin 1998.

R. R. Grimm, Paradisus Coelestis. Paradisus Terrestris. Zur Auslegungsgeschichte des Paradieses im Abendland bis um 1200 (Medium Aevum 33), München 1977.

R. R. Grimm, Das Paradies im Westen, in: W. Wehle (Hg.), Das Columbus-Projekt, München 1995, 73–113.

W. Haase, M. Reinhold (Hg.), The Classical Tradition and the Americas. European Images of the Americas and the Classical Tradition, 2 Bde., Berlin 1994.

G. Hamann, Der Eintritt der südlichen Hemisphäre in die europäische Geschichte. Die Erschließung des Afrikaweges nach Asien vom Zeitalter Heinrichs des Seefahrers bis zu Vasco da Gama (SAWW 260), Wien 1968.

B. Hamilton, Continental Drift: Prester John's Progress Through the Indies, in: J. P. Rubiés (Hg.), Medieval Ethnographies. European Perceptions of the World Beyond (The Expansion of Latin Europe 9), Farnham/Burlington 2009, 121–153.

D. Harlfinger, Die Wiedergeburt der Antike und die Auffindung Amerikas. 2000 Jahre Wegbereitung einer Entdeckung. Bildkatalog zur Ausstellung in der Staats- und Universitätsbibliothek Hamburg-Carl von Ossietzky, Wiesbaden 1992.

T. Heydenreich, Tadel und Lob der Seefahrt. Das Nachleben eines antiken Themas in den romanischen Literaturen, Heidelberg 1970.

H. Hiery, Europa und die Öffnung der Welt, GfH 4 (2008), 42–58.

M. T. Hodgen, Early Anthropology in the Sixteenth and Seventeenth Century, Philadelphia 1964.

E. Honigmann, Die sieben Klimata und die Poleis episemoi. Eine Untersuchung zur Geschichte der Geographie und Astrologie im Altertum und Mittelalter, Heidelberg 1929.

R. A. Horn, Die Chemie des Aristoteles, in: G. A. Seeck (Hg.), Die Naturphilosophie des Aristoteles (Wege der Forschung 225), Darmstadt 1975, 339–347.

J. K. Hyde, Ethnographers in Search of an Audience, in: J. P. Rubiés (Hg.), Medieval Ethnographies. European Perceptions of the Worlds Beyond (The Expansion of Latin Europe 1000–1500), Farnham/Burlington 2009, 65–119.

B. S. J. Isserlin, Did Carthaginian Mariners Reach the Island of Corvo?, RStFen 12 (1984), 31–64.

P. Jackson, William of Rubruck in the Mongol Empire. Perception and Prejudices, in: J. P. Rubiés (Hg.), Medieval Ethnographies. European Perceptions of the Worlds Beyond (The Expansion of Latin Europe 1000–1500), Farnham/Burlington 2009, 273–290.

M. Kaminko, New Perspectives on Paradise. The Levels of Reality in Byzantine and Latin Medieval Maps, in: R. J. A. Talbert, R. W. Unger (Hg.), Cartography in Antiquity and the Middle Ages. Fresh Perspectives, New Models (Technology and Change in History 10), Leiden/Boston 2008, 139–153.

H. Keller, Zwischen regionaler Begrenzung und universalem Horizont. Deutschland im Imperium der Salier und Staufer 1024 bis 1250, Frankfurt am Main/Berlin 1990.

F. Klein Franke, Hat die Erde die Gestalt einer Kugel? Betrachtungen zum Verhältnis des Islam im Mittelalter gegenüber den physikalischen Wissenschaften, Muséon 102 (1989), 165–193.

U. Knefelkamp, Die Suche nach dem Reich des Priesterkönigs Johannes, Gelsenkirchen 1986.

A. Kohler, Columbus und seine Zeit, München 2006.

M. Kominko, New Perspectives on Paradise. The levels of Reality, Byzantine and Latin Medieval Maps, in: R. J. A. Talbert, R. W. Unger (Hg.), Cartography in Antiquity and the Middle Ages. Fresh Perspectives, New Methods, Leiden 2009, 139–153.

M. Kordosis, The Limits of the Known Lands (Ecumene) in the East according to Cosmas Indicopleustes. Tzinista (China) and the Ocean, Byzantium 69 (1999), 99–106.

R. Krüger, Das Überleben des Erdkugelmodells in der Spätantike (ca. 60 v. u. Z – ca. 550) (Eine Welt ohne Amerika 2), Berlin 2000.

R. Krüger, Das lateinische Mittelalter und die Tradition des antiken Erdkugelmodells (ca. 550 – ca. 1080) (Eine Welt ohne Amerika 3), Berlin 2000.

R. Krüger, »Atiro ao Oriente«: Die portugiesischen Seeunternehmungen des Spätmittelalters und die europäische Tradition des Erdraumbewusstseins, in: Lusorama 41 (2000), 9–44.

R. Krüger, Moles globosa, globus terrae und arenosus globus in Spätantike und Mittelalter. Eine Kritik des Mythos von der Erdscheibe, Berlin 2012.

J. Le Goff, Das Hochmittelalter, Fischer Weltgeschichte, Frankfurt am Main 1998.

J. Le Goff, The Medieval West and the Indian Ocean. An Oneiric Horizon, in: J. P. Rubiés (Hg.), Medieval Ethnographies. European Perceptions of the Worlds Beyond (The Expansion of Latin Europe 1000–1500), Farnham/Burlington 2009, 155–173.

J.-.P. Lehners, Die Anfänge der portugiesischen Expansion, in: P. Feldbauer u. a. (Hg.), Von der mediterranen zur atlantischen Macht. Geschichte der europäischen Expansion bis in die Frühe Neuzeit. Querschnitte, Bd. 2, Wien 1999, 126–147.

U. Lindgren, Geographie in der Zeit der Karolinger, in: P. Butzer u. a. (Hg.), Karl der Große und sein Nachwirken. Wissen und Weltbild, Teil 1, Brepols 1997, 507–519.

N. Lozowsky, »The Earth is Our Book«. Geographical Knowledge in the Latin West ca. 400–1000, Ann Arbor 2000.

M. M. Mango, Byzantine Trade with the East, Aram 8 (1996), 139–163.

J. H. Marks, Visions of One World: Legacy of Alexander, Guilford 1985.

P. Mayerson, A Confusion of Indias. Asian India and African India in the Byzantine Sources, Journal of the American Oriental Society 113 (1993), 169–174.

I. Metzler, Perceptions of Hot Climate in Medieval Cosmography and Travel Literature, in: J. P. Rubiés Mirabet (Hg.), Medieval Ethnographies. European Perceptions of the World Beyond (The Expansion of Latin Europe 9), Aldershot 2009, 379–415.

G. Moretti, The Other World and the ›Antipodes‹. The Myth of the Unknown Countries Between Antiquity and the Renaissance, in: W. Haase, M. Reinhold (Hg.), The Classical Tradition and the Americas, Vol. 1: European Images of the Americas and the Classical Tradition, Berlin/New York 1994, 241–284.

G. Moretti, Gli Antipode. Aventure letterarie di un mito scientifico, Parma 1994.

A. Morgan, Dante and the Medieval Other World, Cambridge 1990.

M. N. Mango, Byzantine Maritime Trade with the East (4th–7th century), ADAM 8 (1996), 139–163.

M. Münkler, Monstra und mappae mundi. Die monströsen Völker des Erdrands auf mittelalterlichen Weltkarten, in: J. Glauser, C. Gening (Hg.), Text – Bild – Karte. Kartographien der Vormoderne (Rombach Wissenschaften 105), Freiburg i. Br. u. a. 2007, 149–173.

D. Nappo, The Impact of the Third Century Crisis on the International Trade with the East, in: O. Hekster u. a. (Hg.), Crises and the Roman Empire (Impact of Empire 7), Leiden/ Boston 2007, 233–244.

D. Neukirch, Das Bild der Welt auf Karten des Mittelalters und der Frühen Neuzeit, in: X. von Ertzdorff, D. Neukirch (Hg.), Reisen und Reiseliteratur im Mittelalter und in der Frühen Neuzeit (Chloe 13), Amsterdam/Atlanta 1992, 191–225.

W. Nippel, Griechen, Barbaren und »Wilde«. Alte Geschichte und Sozialanthropologie, Frankfurt am Main 1990.

M. Oberweis, Die mittelalterlichen T-O-Karten, in: J. Cobet (Hg.), Weltwissen vor Kolumbus (Periplus 23), Berlin u. a. 2013, 121–134.

A. Padgen, Das erfundene Amerika. Der Aufbruch des europäischen Denkens in die Neue Welt, München 1996.

P. Parroni, Surviving Sources of the Classical Geographers Through Late Antiquity and the Medieval Period, Arctic 37 (1984), 352–358.

E. Peters, The Desire to Know the Secrets of the World, Journal of the History of Ideas 62 (2001), 593–610.

F. Pfister, Die *Odoiporia apo Edem Paradeisou* und die Legende von Alexanders Zug nach dem Paradies, in: ders., Kleine Schriften zum Alexanderroman (Beiträge zur klassischen Philologie 61), Meisenheim 1976, 150–159.

H. Philipp, Die historisch-geographischen Quellen in den Etymologiae des Isidorus von Sevilla, Berlin 1911.

J. R. S. Phillips, The Medieval Expansion of Europe, Oxford 1988.

J. R. S. Phillips, The Outer World in the European Middle Ages, in: J. P. Rubiés (Hg.), Medieval Ethnographies. European Perceptions of the Worlds Beyond (The Expansion of Latin Europe 1000–1500), Farnham 2000, 1–41.

J. M. Prest, The Garden of Eden. The Botanic Garden and the Re-creation of Paradise, New Haven 1981.

W. G. L. Randles, Classical Models of World Geography and Their Transformation Following the Discovery of America, in: W. Haase, M. Reinhold (Hg.), The Classical Tradition and the Americas Vol. 1, Part 1, Berlin/New York 1994, 5–76.

B. Rech, Bartolomé de las Casas und die Antike, in: W. Reinhard (Hg.), Humanismus und Neue Welt, Weinheim 1987, 167–198.

F. E. Reichert, Begegnungen mit China. Die Entdeckung Ostasiens im Mittelalter, Sigmaringen 1992.

V. Reichert, Columbus und das Mittelalter. Erziehung, Bildung, Wissen, GWU 44 (1993), 428–50.

J. P. Rubiés, The Emergence of a Naturalistic and Ethnographic Paradigm in Late Medieval Travel Writing, in: ders. (Hg.), Medieval Ethnographies. European Perceptions of the Worlds Beyond (The Expansion of Latin Europe 1000–1500), Farnham/Burlington 2009, 43–64.

J.-P. Sanchez, Myths and Legends in the Old World and European Expansionism on the American Continent, in: W. Haase/M. Reinhold (Hg.), The Classical Tradition and the Americas Vol. 1, Part 1, Berlin/ New York 1994, 189–240.

A. Scafi, Mapping Paradise. A History of Heaven on Earth, Chicago 2006.

F. Schleicher, Cosmographia Christiana. Kosmologie und Geographie im frühen Christentum, Paderborn 2014.

F. Schmieder, Europa und die Fremden. Die Mongolen im Urteil des Abendlandes vom 13. bis in das 15. Jahrhundert (Beiträge zur Geschichte und Quellenkunde des Mittelalters 16), Sigmaringen 1994.

F. Schmieder, »Den Alten den Glauben zu entziehen, wage ich nicht …«. Spätmittelalterliche Weltkenntnis zwischen Tradition und Augenschein, in: G. L. Polestà (Hg.),

Autorität und Wahrheit. Kirchliche Vorstellungen, Normen und Verfahren (13.-15. Jahrhundert) (Schriften des Historischen Kollegs 84) München 2012, 65–77.

F. Schmieder, Nachdenken auf der Karte. Mappae Mundi als Spiegel spätmittelalterlichen Weltwissens, in: J. Cobet (Hg.), Weltwissen vor Kolumbus (Periplus 23), Berlin u. a. 2013, 236–57.

F. Schmieder, Paradise Islands in the East and West. Tradition and Meaning in Some Cartographical Places on the Medieval Rim of the World, in: G. Jaritz, T. Jorgensen (Hg.), Isolated Islands in Medieval Minds. Culture and Nature, Budapest 2011, 3–22.

C. Schneider, Geistesgeschichte der christlichen Antike, München 1970.

A. M. Scott u. a. (Hg.), European Perspectives of Terra Australis, Farnham 2011.

E. H. Seland, Trade and Christianity in the Indian Ocean During Late Antiquity, Journal of Late Antiquity 5 (2012), 72–86.

R. W. Sharples, The School of Alexander?, in: R. Sorabji (Hg.), Aristotle Transformed. The Ancient Commentators and Their Influence, Ithaca/New York 1990, 83–111.

R. Simek, Erde und Kosmos im Mittelalter. Das Weltbild vor Kolumbus, München 1992.

R. Simek, Altnordische Kosmologie (Ergänzungsbände zum Reallexikon der Germanischen Altertumskunde 4), Berlin/New York 1990.

W. H. Stahl, Roman Science, Origins, Development, and Influence to the Later Middle Ages, Madison/Wisc. 1962.

W. B. Stanford, The Ulysses Theme. A Study in the Adaptability of a Traditional Hero, Oxford 1964.

M. Steinicke, Apokalyptische Heerscharen und Gottesknechte. Wundervölker des Ostens in abendländischer Tradition vom Untergang der Antike bis zur Entdeckung Amerikas, Diss. FU Berlin 2002. http://www.diss.fu-berlin.de/2005/290/ (2. 11. 2015).

R. Stoneman, Romantic Ethnography. Central Asia and India in the Alexander Romance, AncW 25 (1994), 93–107.

A. Stückelberger, Kolumbus und die antiken Wissenschaften, AKG 69 (1987), 331–340.

F. Thierry, C. Morrisson, Sur les monnaies byzantines trouvées en Chine, RN 36 (1994), 109–145.

R. Uhden, Die Weltkarte des Isidor von Sevilla, Mnemosyne 3 (1935/36), 1–28.

K. A. Vogel, Sphaera terrae. Das mittelalterliche Bild der Erde und die kosmographische Revolution, Diss. Göttingen 2001. http://webdoc.sub.gwdg.de/diss/2000/vogel/ (2. 11. 2015).

E. Wiedemann, Anschauungen der Muslime über die Gestalt der Erde (1909), in: ders., Gesammelte Schriften zur arabisch-islamischen Wissenschaftsgeschichte, Bd. 1, Frankfurt am Main 1984, 326–335.

J. Wolf, Die Moderne erfindet sich ihr Mittelalter – oder wie aus der »mittelalterlichen Erdkugel«eine »neuzeitliche Erdscheibe« wurde, Mainz 2004.

J. K. Wright, The Geographical Lore of the Time of the Crusades. A Study in the History of Medieval Science and Tradition in Western Europe. With a New Introduction by C. J. Glacken, New York 1965.

Z. Xu-Shan, The Name of China and Its Geography in Cosmas Indicopleustes, Byzantium 74 (2004), 452–462.

Epilog

P. F. Bang, The Roman Bazaar: A Comparative Study of Trade and Markets in a Tributary Empire, Cambridge 2008.

J. M. Blázquez Martínez, M. P. García-Gelabert Pérez, Ägäische Einflüsse auf das Gebiet am oberen Guadalquivir, in: Orientalisch-Ägäische Einflüsse in der Europäischen Bronzezeit (Römisch-Germanisches Zentralmuseum Monographien 15), Bonn 1990, 109–124.

K. Bringmann, Veränderungen des antiken Weltbildes, in: C. Dipper, M. Vogt (Hg.), Ringvorlesung: Entdeckungen und frühe Kolonisation, Darmstadt 1993, 45–63.

C. Broodbank, The Making of the Middle Sea. A History of the Mediterranean from the Beginning to the Emergence of the Classical World, Oxford 2013.

L. Delekat, Phönizier in Amerika. Die Echtheit der 1873 bekanntgewordenen kanaanäischen (altsidonischen) Inschrift aus Paraiba in Brasilien nachgewiesen (Bonner biblische Beiträge 32), Bonn 1969.

N. Di Cosmo, Ancient City-States of the Tarim Basin, in: M.H. Hansen (Hg.), A Comparative Study of Thirty City-State Cultures, Kopenhagen 2000, 393–407.

J. Ferguson, China and Rome, ANRW 2,9,2 (1978), 581–603.

B. M. Gauly, Senecas Naturales Quaestiones. Naturphilosophie für die römische Kaiserzeit (Zetemata 122), München 2004.

L. Gopal, Textiles in Ancient India, JESHO 4 (1961), 42–64.

K. R. Hall, A History of Early Southeast Asia: Maritime Trade and Social Developments 100–1500, Lanham 2011.

M. H. Hansen (Hg.), A Comparative Study of Thirty City-State Cultures, Kopenhagen 2000.

M. H. Hansen, The Hellenic Polis, in: ders. (Hg.), A Comparative Study of Thirty City-State Cultures, Kopenhagen 2000, 141–187.

U. Heimberg, Gewürze, Weihrauch, Seide. Welthandel in der Antike (Schriften Limesmuseum Aalen 27), Stuttgart 1981.

M. E. Lewis, The Construction of Space in Early China, New York 2006.

X. Liu, Ancient India and Ancient China. Trade and Religious Exchanges AD 1–600, Delhi/Oxford 1994.

G. Lidl, Seefahrt im islamischen Westen. Spätmittelalter und Frühe Neuzeit, in: A. Marboe, A. Obenaus (Hg.), Seefahrt und die frühe europäische Expansion, Wien 2009, 61–92.

G. R. Parker, The Making of Roman India, Cambridge/New York 2008.

P. C. Prasad, Foreign Trade and Commerce in Ancient India, Neu-Delhi 1977.

D. Rathbone, The Financing of Maritime Commerce in the Roman Empire I-II AD, in: E. Lo Cascio (Hg.), Credito et Moneta nel Mondo romano, Bari 2003, 197–230.

H. P. Ray, The Winds of Change: Buddhism and the Maritime Links of Early South Asia, Delhi/Oxford 1994.

H. P. Ray, The Archaeology of Seafaring in Ancient South Asia (Cambridge World Archaeology), Cambridge 2003.

S. Stuurman, Herodotus and Sima Qian. History and the Anthropological Turn in Ancient Greece and Han China, Journal of World History 19 (2008), 1–40.

D. Timpe, Entdeckungsgeschichte, RGA 7 (1989), 307–389.

R. D. S. Yates, The City-State in Ancient China, in: D. L. Nichols, T. H. Charlton (Hg.), The Archaeology of City-States: Cross-Cultural Approaches, Washington D.C 1997, 71–90.

Y.-S. Yü, Trade and Expansion in Han China. A Study in the Structure of Sino-Barbarian Economic Relations, Berkeley 1967.

BILDNACHWEIS

Vorsatzkarte (Ptolemäische Weltkarte): akg-images/British Library

Karten auf den Seiten 28, 51 108, 159, 221, 246, 249, 274, 325, 361 und 388: Grafisches Atelier Rudolf Hungreder

Tafelteil

akg-images/Jon Hios: Abb. 1A, 1B; akg-images/Erich Lessing: Abb. 2; akg-images/Jean-Louis Nou: Abb. 7; akg-images/Suzanne Held: Abb. 8.
Roland und Sabrina Michaud/akg-images: Abb. 5, 6, 9.

Private Collection. Foto: © Bonhams, London, UK/Bridgeman Images: Abb. 3.

Musee des Beaux-Arts, Marseille/Bridgeman Images: Abb. 4.

© Wang Miao/Redlink/Corbis: Abb. 12.

Nach: R.McLaughlin, The Roman Empire and the Indian Ocean, Barnsley 2014: Abb. 10.

Nach: A. Tchernia, L'utilisation des gros tonnages, in: W.V. Harris/K. Iara (Hg.), Maritime Technology in the Aegean Economy, 2011, S. 85: Abb. 11.

Aus: Hartmann Schedel'sche Weltchronik, 1493: Abb. 13.

Nach: Levinius Hulsius, Kurtze Wunderbare Beschreibung Deß Goldreichen Königreiches Guinea in America, oder newen Welt, Nürnberg: Abb. 14.

Aus: E.L. Stevenson, Terrestrial and Celestial Globes, Yale University, New Haven 1921, Vol. 1, fig. 5: Abb. 15.

PERSONENREGISTER

LÄNDER- UND ORTSREGISTER

CAVRVS·CHORVS·VEL·IAPIX·SIVE·ARGESTES
CIRCTVS
VEL·TRESIIAS
SEPT
FAVONIVS·ZEPHIRVS
mare glaciale
EVROPA
DATIA
Pontus euxinus
Sinus hesperus
LIBIA INTERIOR
AFFRICA
Circulus equinoctialis
ETHIOPIA INTERIOR
Barditi montes
Terra incognita secundum ptholomeum
Rubeum mare
5 10 15 20 25 30 35 40 45 50 55 60 65 70 75 80
AFRICVS·VEL·LIBS